Verfolgung und Ermordung der Juden 1933–1945

Die Verfolgung und Ermordung der europäischen Juden durch das nationalsozialistische Deutschland 1933–1945

Herausgegeben
im Auftrag des Bundesarchivs,
des Instituts für Zeitgeschichte und des Lehrstuhls für
Neuere und Neueste Geschichte an der Albert-Ludwigs-Universität Freiburg
von
Götz Aly, Wolf Gruner, Susanne Heim,
Ulrich Herbert, Hans-Dieter Kreikamp, Horst Möller,
Dieter Pohl und Hartmut Weber

R. Oldenbourg Verlag München 2008

Die Verfolgung und Ermordung der europäischen Juden durch das nationalsozialistische Deutschland 1933–1945

Band 1

Deutsches Reich 1933–1937

Bearbeitet von Wolf Gruner

R. Oldenbourg Verlag München 2008

Der vorliegende erste Band dokumentiert die kühl kalkulierte wie die unmittelbar gewalttätige Judenentrechtung und die vielfältigen Reaktionen darauf bis Ende 1937. Die in den einzelnen Quellen eingenommenen Blickwinkel wechseln von Königsberg i. Pr. nach Stuttgart, vom jüdischen Familienblatt zur antisemitischen Kampfzeitung, vom Gerichtssaal ins Kurbad, vom Sportverein in die Schule, von einer aus rassischen Gründen entlassenen Postbeamtin zu Hitler. Diese Darstellungsform wird in den folgenden Bänden beibehalten, allerdings werden sich die Akzente in der Quellenauswahl entsprechend den örtlichen Umständen und der mörderischen Dynamik des deutschen Projekts „Endlösung der Judenfrage" immer wieder verschieben.

Die ständig wechselnde Perspektive und die chronologische Anordnung erzeugen im Kleinen unübersichtlich erscheinende Dokumentenfolgen. Doch entspricht das zufällige und widersprüchliche Nebeneinander der Ereignisse besser der zeitgenössischen Wahrnehmung als ein nachträglich konstruierter Aufbau. Im Großen entsteht so ein notwendigerweise fragmentarisches, doch vielschichtiges Bild. Es ist unterschiedlichen analytischen Annäherungen zugänglich.

Selbstverständlich trägt ein solches Quellenwerk die Spuren seiner Entstehungszeit, seiner Entstehungsorte und der beteiligten Editoren. Es ist Ausdruck eines bestimmten, immer begrenzten Wissensstands. Doch erscheint den Herausgebern die Zeit für eine solche Dokumentation reif: Erstens konnte in der Forschung in den vergangenen Jahren ein hohes Maß an Konsens darüber erzielt werden, wie und unter welchen Voraussetzungen annähernd sechs Millionen Juden ermordet wurden; zweitens verbesserte sich die Quellenlage nach 1989 erheblich – dank des heute weit weniger restriktiven Archivzugangs nicht nur im ehemaligen Ostblock, sondern auch in Westeuropa; drittens ist der zeitliche Abstand nun so groß, dass das Aufschieben eines solchen Vorhabens von jetzt an als unnötige Verzögerung erscheinen lassen würde; viertens erscheint es wichtig, eine solche Edition in Deutschland zu erarbeiten.

Fünftens wird eine solche Edition wegen der Fülle von Publikationen, auch von Dokumentenwiedergaben, erforderlich. Thematisch übergreifende Dokumentationen sind fast durchweg unter Gesichtspunkten konzipiert, die auf die pädagogische Wirkung angelegt sind. Je nach Zielsetzung und Herkunftsland der Herausgeber wurden dabei bestimmte politisch-thematische Schwerpunkte gesetzt (in Deutschland die Geschichte der deutschen Juden, in Israel der jüdische Widerstand, in Polen die Hilfsbereitschaft der christlichen Mehrheitsbevölkerung usw.). Unter historiographischen Kriterien lassen sich gegen fast alle derartigen Werke zwei zentrale Einwände erheben: Zum einen werden die Quellen meist aus Platzmangel gekürzt abgedruckt, oft als Wiederabdruck schon publizierter Dokumente; zum anderen werden sie, und das ist der wichtigere Einwand, aus dem Kontext gerissen. Das heißt, die Herausgeber solcher Quellensammlungen gehen stillschweigend davon aus, die Dokumente würden wegen ihrer Ungeheuerlichkeit für sich selbst sprechen. Daraus folgt eine Zusammenstellung gekürzter Schriftstücke, die in einer selbstdramatisierenden, allerdings oft genug künstlichen Reihenfolge angeordnet werden.

Schließlich lässt das aktuelle Abheben der Diskussion auf Erinnerungskultur zunehmend das zu erinnerende Geschehen in den Hintergrund treten; dem soll diese Dokumentenedition entgegenwirken.

Die Quellenedition lässt sich als wissenschaftliches Nachschlagewerk benutzen, kann aber auch als Schriftdenkmal für die ermordeten Juden Europas gelesen werden. In jedem

Fall dient sie allen, die sich als Forscher, Lehrer oder Interessierte mit der Verfolgung und Ermordung der europäischen Juden durch das nationalsozialistisch regierte Deutschland auseinandersetzen und sich dabei auf nun besser zugängliche authentische Zeugnisse stützen wollen.

Die Arbeit wird von der Deutschen Forschungsgemeinschaft als geisteswissenschaftliches Langzeitprojekt großzügig gefördert. Das einjährige Vorprojekt konnte mit einem unkompliziert gewährten Stipendium der S. Fischer Stiftung in Gang gesetzt werden. Neben den Förderern schulden die Herausgeber den vielen Archivarinnen und Archivaren, den Vertretern von Behörden wie einer großen Zahl von Fachleuten und Privatpersonen herzlichen Dank: Sie unterstützten die Arbeit der Editoren mit Quellenhinweisen, Ratschlägen und Auskünften für die Kommentierung.*

Hinweise auf abgelegene oder noch nicht erschlossene Quellen zur Judenverfolgung, insbesondere auf private Briefe und Tagebuchaufzeichnungen, nehmen die Herausgeber für die künftigen Bände gerne entgegen. Da sich trotz aller Sorgfalt gelegentliche Ungenauigkeiten in einer solchen Edition nicht gänzlich vermeiden lassen, sind sie für entsprechende Mitteilungen dankbar; sie sollen in einer Nachauflage berücksichtigt werden. Die Adresse des Herausgeberkreises lautet: Institut für Zeitgeschichte, Edition Judenverfolgung, Finckensteinallee 85–87, D-12205 Berlin.

Berlin, München, Freiburg i. Br. im Oktober 2007

* Als studentische oder wissenschaftliche Hilfskräfte haben an diesem Band mitgearbeitet: Romina Becker, Giles Bennet, Natascha Butzke, Florian Danecke, Ulrike Heikaus, Ivonne Meybohm, Titus Milosevic, Remigius Stachowiak und Elisabeth Weber, als wissenschaftliche Mitarbeiterin Gudrun Schroeter.

standen war. Existenzangst, Verzweiflung, Not und dumpfer Trotz wurden für viele Deutsche zum beherrschenden Lebensgefühl. Von 1929 an begünstigte die Weltwirtschaftskrise die politische Radikalisierung zusätzlich. Zweifellos mobilisierte der NS-Staat auch den über Jahrhunderte gewachsenen christlichen Antijudaismus und die im 19. Jahrhundert entwickelten nationalistischen Ressentiments, von 1938 an auch in den annektierten und besetzten Ländern Europas. Doch ist die Annahme irrig, in Deutschland habe sich ein spezieller, besonders bösartiger Antisemitismus eingeschliffen, der schon lange auf Auschwitz zugesteuert sei. Methodisch und theoretisch fragwürdig, wird mit solchen teleologisch angelegten Erklärungskonzepten versucht, „die Ungeheuerlichkeit der Judenvernichtung durch eine ungeheuerliche Geschichte kausal zu begründen" und zu bannen.[2] Unter diesem Vorbehalt sind die folgenden, durchaus notwendigen Hinweise zur deutschen Nationalgeschichte im 19. Jahrhundert zu lesen.

Judenemanzipation und Kulturnation

Der aufgeklärte Etatismus des späten 18. Jahrhunderts führte in den deutschen Territorialstaaten zu beachtlichen Versuchen, aus dem Mittelalter überkommene Sondersteuern und Leibzölle, Aufenthaltsbeschränkungen und -verbote für Juden zu überwinden. Zu den Schrittmachern zählte Gotthold Ephraim Lessing schon mit seinem Erstlingsdrama „Die Juden" (1749) ebenso wie der zu Lebzeiten hoch angesehene Friedrich Gottlieb Klopstock, der 1782 in seiner „Ode an den Kaiser" beklagte: „Wie unser Pöbel Kanaans Volk entmenscht!" Im Jahr 1781 erschien in Berlin Christian Wilhelm Dohms Denkschrift „Über die bürgerliche Verbesserung der Juden". Im protestantischen Norden entstanden, gehörte sie zu den Grundtexten der europäischen Judenemanzipation und stützte sich auf das von Christen damals nur ausnahmsweise akzeptierte Argument: „Der Jude ist noch mehr Mensch als Jude."

Der Epochenbruch der Französischen Revolution und die napoleonischen Kriege erhöhten den Veränderungsdruck in den noch weitgehend feudal gebliebenen Staaten. In Preußen arbeitete eine Regierungskommission seit 1787 an einem Gesetz zur Rechtsstellung der Juden. 1812 unterzeichnete Friedrich Wilhelm III. das Edikt „betreffend die bürgerlichen Verhältnisse der Juden" als Teil der Stein-Hardenbergschen Reformen. Es garantierte den altpreußischen Juden die Staatsbürgerschaft, begrenzte jedoch ihren Zutritt zu Staats- und Wahlämtern. Während der Reaktionszeit wurden die Restriktionen etwas enger gezogen, in den Revolutionsjahren von 1848 deutlich gelockert. Den verfassungsrechtlichen Abschluss fand die Judenemanzipation in den deutschen Teilstaaten um 1860 und mit der Gründung des Kaiserreichs 1871 für ganz Deutschland.

Im Unterschied zu dem komplizierten, territorialstaatlich verschiedenartigen Verfahren im Alten Reich und seit 1815 in dem aus souveränen Einzelstaaten locker gefügten Deutschen Bund hatte Frankreich die Juden nicht mit der Revolution von 1789, sondern mit dem Gesetz vom November 1791 von heute auf morgen gleichgestellt, gefolgt von Beschränkungen in der Ära Napoleon. Beide Konzepte, das liberal-revolutionäre und das reformistisch-autokratische, zielten auf Assimilation, also darauf, „dass der Jude entjudet

2 Reinhart Koselleck, Deutschland – eine verspätete Nation? in: Ders., Zeitschichten. Studien zur Historik, Frankfurt a. M. 2003, S. 359–380, hier: S. 377.

werde“, wie es 1828 in einem württembergischen Kommissionsbericht hieß.[3] Betrachtet man die tatsächliche Lage der Juden im französischen Elsass und im benachbarten Baden, dann hielten sich die realen Unterschiede in Grenzen.
Russland umfasste im 19. Jahrhundert noch große Teile Polens und war die Heimat der meisten Juden der damaligen Welt. Vergleicht man die Judenemanzipation in Deutschland nicht mit Frankreich, sondern mit dem damals unmittelbar angrenzenden russischen Reich, dann schritt sie rasch und effizient voran. Für die in ihrer Bewegungsfreiheit reglementierten, immer wieder den Gewaltausbrüchen ihrer christlichen Nachbarn ausgesetzten Juden im zaristischen Russland bot der angrenzende preußische Westen seit 1812 das Gegenstück zu der erst 1917 von der Regierung Kerenskij gebrochenen antisemitischen Willkür: ein fast paradiesisches Maß an Rechtssicherheit, Gewerbefreiheit und Lebenschancen.
Wählt man die deutsche Innenansicht, so fand die positiv, als notwendiger Teil des bürgerlichen Fortschritts und Vernunftrechts verstandene Judenfrage für gut 100 Jahre engagierte Fürsprecher. Doch wurden sie lange gebremst und in hinhaltende öffentliche Diskussionen verwickelt. Als aus den Juden endlich gleichberechtigte Bürger geworden waren, meinten nicht wenige Angehörige der Mehrheitsgesellschaft, die lange umstrittenen Andersgläubigen könnten keine richtigen Deutschen sein. Der dauerhafte Zank hatte sie zusätzlich stigmatisiert und selbst unter den gut integrierten das Gefühl des Makels, der „infamen Geburt“ verfestigt.
„Was ist es garstig, sich immer erst legitimieren zu müssen! Darum ist es ja nur so widerwärtig eine Jüdin zu sein.“ So beschrieb Rahel Varnhagen im frühen 19. Jahrhundert ihr Lebensgefühl in Berlin.[4] Der Rechtfertigungszwang setzte sich nach 1871 fort. Angesichts des Berliner Antisemitismusstreits von 1879 verspürte der Marburger Philosophieprofessor Hermann Cohen, wie „die alte Beklommenheit wieder geweckt“ werde; und Theodor Mommsen, der als liberaler Integrationsbefürworter Partei für die von seinem Historikerkollegen Heinrich von Treitschke angefeindeten Juden ergriff, forderte diese auf, ihre „Sonderart nach bestem Vermögen von sich zu tun“. Doch wäre es falsch, von einem generellen bürgerlichen und kleinbürgerlichen Antisemitismus zu sprechen.[5]
Nicht allein im Hinblick auf die Juden, sondern insgesamt kennzeichneten übervorsichtige Reformen die Politik in den deutschen Staaten. Komplementär dazu vertraten die aufstrebenden, rechtlich noch lange gehemmten Bürger, Handwerker und Bauern, später dann die Proletarier, eine reduzierte Auffassung der Grundwerte Freiheit und Gleichheit. Bezeichnenderweise wandten sich 1814/15 auf dem Wiener Kongress die Abgesandten aus Frankfurt am Main, Hamburg, Bremen und Lübeck gegen die adeligen Befürworter der Judenemanzipation, ebenso verhielten sich die Interessenvertreter der süddeutschen Bürgerstädte. „Man stritt zwar für Rechtsgleichheit und Menschenwürde“, schreibt der Historiker Franz Schnabel über die wenig prinzipienfesten Repräsentanten des Dritten Standes, „man wollte die Schranken niederlegen, die der Freiheit des Erwerbes entgegen-

3 Zit. nach Reinhard Rürup, Emanzipation und Antisemitismus. Studien zur „Judenfrage“ der bürgerlichen Gesellschaft, Göttingen 1975, S. 24.
4 Zit. nach Hannah Arendt, Rahel Varnhagen. Lebensgeschichte einer deutschen Jüdin aus der Romantik, Neuausg. München 1981, S. 203.
5 Mommsen zit. nach Shulamit Volkov, Die Juden in Deutschland 1780–1918, 2. verb. Aufl. München 2000, S. 49.

standen: aber den Hausiererhandel bekämpfte man, die Juden wollte man niedergehalten wissen, die Prügelstrafe hielt man in Kriminalsachen für unentbehrlich."[6]
Für die derart reduzierte Idee von der bürgerlichen Freiheit steht exemplarisch Friedrich List. Der in Reutlingen geborene, dann in Tübingen lehrende Professor und Vorkämpfer des Zollvereins und Eisenbahnbaus bemerkte 1817: „Auch können Leute aus solchen Menschenklassen, deren Religion oder allgemeiner Charakter sich mit der bürgerlichen Gesellschaft nicht verträgt, z. B. Juden, Separatisten usw., keiner Gemeinde aufgebürdet werden." Mit Nachdruck trat er 1818 dafür ein, die Katholiken im lutherisch geprägten Königreich Württemberg als Gleichberechtigte zu akzeptieren, hieraus folge „aber nicht, dass man zum entgegengesetzten Extrem übergehen und z. B. jetzt den Gemeinden Bürger und Besitzer vom Stamme Israel aufdringen müsse".[7]
Nach dem Ende des Heiligen Römischen Reichs Deutscher Nation, das immer auch ein europäischer Herrschaftsverband gewesen war, gab es im Jahr 1806 – in der Sprache der Zeit – eine „deutsche Völkerschaft". Die Vorstellung vom deutschen Volk entsprach einer lange nicht verwirklichten Hoffnung. Die letzten Spuren davon finden sich noch zu Beginn der nationalsozialistischen Herrschaft: Albert Einstein wurde 1934 als Preuße ausgebürgert; erst Hitlers Innenminister Wilhelm Frick verfügte am 5. Februar 1934, dass seither das Wort „deutsch" in den Reisepässen steht.[8]
Da die deutschen Nationalrevolutionäre des Vormärz sich nicht auf einen bereits arrondierten Feudalstaat beziehen konnten, mussten sie ihr Programm doppelt formulieren: als republikanischen Umsturz einer nicht länger zweckmäßigen Rechtsordnung und als grenzüberschreitende, insofern hochverräterische Einheitsidee. Sie beriefen sich – „soweit die deutsche Zunge klingt", „von der Maas bis an die Memel, von der Etsch bis an den Belt" – auf die angebliche Gemeinsamkeit von Sprache und Geschichte, von deutschem Wesen und Blut. Der gesellschaftspolitische Prozess der Inklusion beförderte komplementär die Exklusion, die Abgrenzung gegen „Fremdlinge". Nach den Statuten der von Ernst Moritz Arndt begründeten Deutschen Gesellschaften konnten den nationalrevolutionären Vereinen nur Christen beitreten, nicht jedoch „Franzosen, Juden und Philister". Bald nach 1815 nahm die schwarz-rot-goldene Jenaer Urburschenschaft in ihr Statut den zuvor noch knapp abgewiesenen Passus auf, nach dem „nur ein Deutscher und ein Christ" Mitglied werden durfte. Die gegen Juden gerichteten Bestimmungen wurden 1831 aus den Satzungen der Burschenschaften getilgt, nach 1880 wieder aufgenommen.[9]
Eine Besonderheit blieb all das nicht. Während der folgenden Jahrzehnte inspirierte der deutsche Sprach- und Kulturnationalismus, den die Brüder Jacob und Wilhelm Grimm kanonisiert und die romantischen Dichter besungen hatten, die geistigen Führer der vielen erst spät formierten Nationen Europas: von Athen bis Helsinki, von Turin bis Buka-

6 Franz Schnabel, Deutsche Geschichte im neunzehnten Jahrhundert, Bd. 2: Monarchie und Volkssouveränität, Freiburg i.Br. 1933, S. 225; siehe Volkov, Die Juden, S. 20.

7 Friedrich List, Schriften, Reden, Briefe. Der Kampf um die politische und ökonomische Reform 1815–25, Aalen 1971, Bd. I,1 S. 158, Bd. I,2 S. 853; Schnabel, Deutsche Geschichte, Bd. 3: Erfahrungswissenschaft und Technik, Freiburg i. Br. 1934, S. 351.

8 RGBl., 1934 I, S. 85.

9 Georg Simmel, Untersuchungen über Formen der Vergesellschaftung, Berlin 1908, 6. Aufl. 1983, S. 509–526 (Exkurs über den Fremden); Schnabel, Deutsche Geschichte, Bd. 2, S. 248 f.; Norbert Kampe, Studenten und „Judenfrage" im Deutschen Kaiserreich. Die Entstehung einer akademischen Trägerschicht des Antisemitismus, Göttingen 1988.

rest, von Belgrad über Budapest und Prag bis Warschau und Riga, zuletzt den Baseler Zionistenkongress von 1897. Sie adaptierten die romantische Nationalstaatsidee der Deutschen und bildeten auf dieser gedanklichen Grundlage neue nationalistische Bewegungen. Nachdem spätestens 1918 aus Nationalrevolutionären Staatsführer geworden waren, kombinierten sie das deutsche Exportgut Sprachnationalismus – zum doppelten Unglück der jeweiligen nationalen Minderheiten – vorzugsweise mit dem französischen Zentralstaatsmodell.

Was die Vorkämpfer im 19. Jahrhundert als Aufbruch in den Völkerfrühling verstanden hatten, was Fürst Metternich als „Universitäts- und Turnerteutonismus" niederzuhalten versuchte,[10] artete im und nach dem Ersten Weltkrieg zum ebenso unduldsamen wie verbreiteten Hypernationalismus aus. Er legitimierte sich zuletzt aus dem Selbstbestimmungsrecht der Völker, das der amerikanische Präsident Woodrow Wilson im Januar 1918 für die künftige Friedensordnung Europas ins Spiel gebracht hatte. Kaum war das geschehen, notierte sein Außenminister Robert Lansing erschrocken: „Das ganze Wort ‚Selbstbestimmung' ist mit Dynamit bis zum Rande geladen. [...] Welch ein Verhängnis, daß dies Wort je geprägt wurde! Welch Elend wird es über die Menschen bringen!" Unter den europäischen Minderheiten gab es eine Minorität par excellence, die sich zu ihrem Schutz nicht auf einen Staat und notfalls auf dessen Armee verlassen konnte: die Juden. Als die Verhandlungsführer der westlichen Staatenwelt 1919/20 mit der Pariser Friedensordnung 20 000 Kilometer neuer Nationalstaatsgrenzen durch Europa zogen, sahen sie die Gefahren durchaus und sorgten, wenn auch halbherzig, für den vertraglichen Schutz der Minderheiten. Aber sie „wußten noch nichts von Bevölkerungstransfers, und sie ahnten noch nicht, daß es ganze Gruppen von Menschen in Europa geben könne, die ‚undeportierbar' waren".[11]

Vom Kaiserreich zum Ersten Weltkrieg

Im Vergleich zu England begann die Industrialisierung in Deutschland deutlich später und vollzog sich dann wesentlich rascher. So förderten beide Länder 1913 fast gleich viel Kohle, doch hatte sich die deutsche Förderung seit 1871 mehr als versechsfacht, während die britische nur noch um 150 Prozent gestiegen war. 1875 floss aus britischen Hochöfen dreimal so viel Roheisen wie aus deutschen, 1913 erzeugte das Reich 30 Prozent mehr als Großbritannien. In der Stahlproduktion verschob sich das Verhältnis noch stärker. Hinter solchen Indikatoren des industriellen Aufschwungs verbargen sich enorme soziale und kulturelle Erschütterungen: massenhafte Entwurzelung, Existenzangst und Elend, der Niedergang ganzer Berufsgruppen, Gewerbe, Städte und Regionen.

10 Klemens Wenzel Lothar von Metternich, Die Deutsche Frage. Genesis, Verlauf und gegenwärtiger Stand derselben. Denkschrift an Erzherzog Johann, Reichsverweser, London, August 1848, in: Richard von Metternich-Winneburg (Hrsg.), Aus Metternich's nachgelassenen Papieren, Bd. 8, Wien 1884, S. 443–453.

11 Robert Lansing, Die Versailler Friedensverhandlungen. Persönliche Erinnerungen, Berlin 1921, S. 73; generell: Carole Fink: Defending the Rights of Others. The Great Powers, the Jews, and International Minority Protection, 1878–1938, Cambridge 2004; Hannah Arendt, Elemente und Ursprünge totaler Herrschaft, Neuausg. München 1986, S. 435.

Großbritannien hatte gut 60 Jahre Zeit, sich mit den Folgen der Industrialisierung auseinanderzusetzen; es konnte die Probleme mithilfe der kolonialen Ressourcen lindern und verfügte über lange gewachsene, erprobte politische Institutionen. Das 1871 geschaffene Deutsche Reich gebot aufgrund seiner föderalen Tradition und Verfassungsstruktur bis 1919 nicht einmal über ein eigenes Finanzministerium und Steueraufkommen. Die Politiker und Ministerialbeamten mussten sich mit dem Sturm des produktiven Fortschritts und den gesellschaftlichen Verwerfungen auseinandersetzen, sich aber die dafür notwendigen institutionellen Instrumente erst noch schaffen. Das gelang nur unvollkommen; gemessen am Entwicklungstempo waren die Leistungen jedoch beachtlich, die das Kaiserreich auf den Gebieten der Gesetzgebung, der Bildung, der Wissenschaft, des Verkehrs, der Sozialpolitik und Hygiene erbrachte.

Viele Juden stellten sich den Herausforderungen der neuen Zeit mit Erfolg. Im wörtlichen Sinn rückhaltlos mussten und wollten sie die neuen Möglichkeiten ergreifen, während große Teile der christlichen Mehrheitsbevölkerung das Ende der seit Jahrhunderten überkommenen Ordnung als Verlust und Gefahr erlebten. Der alte Mittelstand der Handwerker, Ladenbesitzer und mittleren Bauern, der Amts- und Respektspersonen ging unter; jetzt trat der neue Mittelstand auf den Plan: die Anwälte, Ärzte, Prokuristen, Händler und Bierbrauer, die Börsenleute, Theaterdirektoren und Kaufhausgründer.[12] Die Juden zeigten sich bildungshungrig und aufstiegsorientiert und gehörten bald zum überproportionalen Teil dem Bürgertum an.

Im Jahr 1867 waren 14,8 Prozent der Berliner Gymnasiasten Juden, während sich nur vier Prozent der Einwohner zur jüdischen Religion bekannten. Am humanistischen Mommsen-Gymnasium in Berlin-Charlottenburg war 1910 die große Mehrheit der Sextaner Juden: „An intellektuellem Hochmut hat es nicht ganz gefehlt, aber die Kameradschaft war trotzdem gut", berichtet Rudolf Schottlaender in seinen Erinnerungen. „Auch die Lehrer, fast sämtlich Nichtjuden, vermieden judenfeindliche Äußerungen." Der Anteil jüdischer Studenten an preußischen Universitäten lag 1886/87 bei 9,6 Prozent, der Anteil der Juden an der Gesamtbevölkerung unter einem Prozent.

Von 1870 bis 1884 leitete Bürgermeister Leopold Guggenheim die Geschicke des südbadischen Gailingen. Die Gemeinde zählte 1875 rund 1700 Einwohner, darunter 700 Israeliten. Zum Verhältnis zwischen beiden Konfessionsgruppen hieß es in dem Inspektionsbericht des großherzoglichen Bezirksamts vom 12. September 1878: „Noch vor 40 bis 50 Jahren [hatte] die große Mehrzahl der Israeliten dem ärmeren Teil der Einwohnerschaft angehört", doch überträfen sie die christlichen Bürger jetzt „bedeutend an Vermögen": „Sie leben fast alle vom Handel (namentlich Viehhandel), während die christlichen Einwohner, mit wenigen Ausnahmen, auf die Landwirtschaft und auf den Taglohn angewiesen sind. Fast alle größeren Häuser sind im Besitz von Israeliten. [...] Aus dieser allmählich gewordenen Vermögensungleichheit dürfte es sich denn auch erklären, dass eine gewisse Spannung zwischen beiden Konfessionsteilen bemerklich ist."

Nach einer Statistik von 1895 war jeder zweite erwerbstätige Jude selbständig, aber nur jeder vierte Christ. Während elf Prozent der Juden als Angestellte arbeiteten, waren es unter den Christen drei Prozent. Das führte, wie Shulamit Volkov anhand der Steuerkraft ver-

12 Hans Paul Barth, Gesellschaftliche Voraussetzungen des Antisemitismus, in: Werner E. Mosse (Hrsg.), Entscheidungsjahr 1932. Zur Judenfrage in der Endphase der Weimarer Republik, Tübingen 1966, S. 135–155.

anschaulicht, zu deutlichen wirtschaftlichen Diskrepanzen: „So zahlten die Juden im frühen 20. Jahrhundert z. B. in Frankfurt a. M. durchschnittlich viermal so viel Steuern wie der durchschnittliche protestantische Stadtbürger und achtmal so viel wie ein Katholik. In Berlin machten die Zahlungen 30 % des städtischen Steueraufkommens aus, während die Juden nur 15 % der Steuerzahler und knapp über 4 % der Stadtbevölkerung bildeten."[13]

Die deutschen Juden hatten in der alten, für sie nicht günstigen und über Jahrhunderte mehr oder weniger statischen Ordnung nichts zu verlieren. Ihre Chance lag in der neuen Dynamik, im Unternehmertum, in den Sphären der Wissenschaft, in den Angestelltenetagen der Wirtschaft, des Rechts und der Medien. Diejenigen, die zu Wohlstand gelangten, engagierten sich vielfach in den Kommunen. Sie initiierten Stiftungen für Wohlfahrt, Bildung und Forschung; in Frankfurt am Main zählten sie zu den Gründern der Universität. Im israelitischen Krankenhaus von Gailingen fanden selbstverständlich auch Christen Aufnahme, allerdings monierte die badische Regierung: „Die israelitische Wohltätigkeit zieht auch viele ‚Schnorrer' an."

Die deutschen Juden verstanden sich als Teil der nationalen und lokalen Kultur. Parallel dazu bildeten sich eigene jüdische Gesellschaften und Logen heraus. Aus geduldeten Untertanen waren aktive Staatsburger geworden. Das symbolisierte noch vor der formellen rechtlichen Gleichstellung die 1859 bis 1866 errichtete Neue Synagoge in der Berliner Oranienburger Straße. Selbstbewusst und im Vergleich mit anderen europäischen Hauptstädten ungewöhnlich erhob sich ihre prächtig vergoldete Kuppel neben den Kuppeln des protestantischen Doms und des Hohenzollernschlosses.

In dieser Situation traten von 1871 an neuartige Judenfeinde hervor. Sie drehten den Begriff „Judenfrage" ins Negative. Beispielhaft spiegelt sich der Wandel in der Verlagsanzeige für ein antijüdisches Pamphlet aus dem Jahr 1879: „Es gab einst eine ‚Judenfrage', die hieß, dürfen wir die Juden unterdrücken und verfolgen? Diese ist abgetan; wir haben ihnen überall (selbst in Rumänien ist dies im Werden) gleiche Rechte wie uns selbst gewährt. Und was ist die Folge? Dass es jetzt eine neue Judenfrage gibt, und diese heißt: Sollen uns die Juden aussaugen und am Ende beherrschen?"[14] Der auf diese Weise politisch und sozial neu programmierte Antisemitismus nahm die Ängste der Alteingesessenen und Desorientierten, der Modernisierungsverlierer und -bedrohten auf. Daran knüpfte der berühmte, ebenfalls 1879 verfasste Aufsatz „Unsere Aussichten" an, mit dem Heinrich von Treitschke den Berliner Antisemitismusstreit vom Zaun brach. Er zielte auf den Aufstiegswillen der ostjüdischen Zuwanderer: einer „Schar strebsamer hosenverkaufender Jünglinge", deren „Kinder und Kindeskinder dereinst Deutschlands Börsen und Zeitungen beherrschen sollen". Treitschke geißelte im weiteren Verlauf des Streits die „Spottsucht" und den „Übermut" der Juden, die den deutsch-christlichen Biedersinn, „die bescheidene Frömmigkeit" und die „alte gemütliche Arbeitsfreudigkeit" verletzen würden.

13 Rudolf Schottlaender, Trotz allem ein Deutscher. Mein Lebensweg seit Jahrhundertbeginn, Freiburg i. Br. 1986, S. 8; Volkov, Die Juden, S. 53 f.; Eckhardt Friedrich, Dagmar Schmieder-Friedrich, Die Gailinger Juden. Materialien zur Geschichte der jüdischen Gemeinde Gailingen aus ihrer Blütezeit und den Jahren der gewaltsamen Auflösung, Konstanz 1981, S. 23 und 48; Reinhard Rürup, Emanzipation und Krise. Zur Geschichte der „Judenfrage" in Deutschland vor 1890, in: Werner E. Mosse, Arnold Paucker (Hrsg.), Juden im Wilhelminischen Deutschland, Tübingen 1976, S. 1–56, hier: S. 47.

14 Annonce für das Buch „Kulturgeschichte des Judentums" von Dr. Otto Henne-am Rhyn, in: Wilhelm Marr, Der Sieg des Judenthums über das Germanenthum, Bern 1879.

Im Jahr 1930 analysierte Arthur Rosenberg das starke Echo, das Treitschkes Akademiker-Antisemitismus fand, als „ideologische Korsettstange" christlicher Studenten und Graduierter, denen in der Wilhelminischen Gesellschaft der Geburtsadel fehlte, die in ihrer untertänigen Verhemmtheit nicht wüssten, wie sie die Möglichkeiten bürgerlicher Freiheiten nutzen sollten. Sie neideten ihren jüdischen Kommilitonen den Bildungshunger, die Zuversicht und Aufstiegslust, die sichtbare Freude an der Gegenwart und die erwartungsfrohe Neugierde auf die Zukunft. „Zur Verteidigung ihrer gesellschaftlichen Stellung" regredierten viele christliche Studenten in die germanophile Rassenlehre, weil sie sich damit gegenüber ihren jüdischen Kommilitonen selbst adelten.[15]

Nach 1880 entstanden zahlreiche Verbände, die Juden ausgrenzten – vom Reichsdeutschen Mittelstandsverein über den Bund der Landwirte bis zum Deutschnationalen Handlungsgehilfenverband, zur Vereinigung Christlicher Bauernvereine und zu den studentischen Verbindungen. Hinzu kamen alte und neue antisemitische Gruppen wie der Deutschbund, die Wagner- und Gobineau-Vereine oder der Reichshammerbund. Als Reaktion darauf konstituierte sich 1893 der Centralverein deutscher Staatsbürger jüdischen Glaubens (C.V.). In Paragraph 1 der Satzung wurde als wichtigste Aufgabe genannt, die Deutschen jüdischen Glaubens „in der tatkräftigen Wahrung ihrer staatsbürgerlichen und gesellschaftlichen Gleichstellung sowie in der unbeirrbaren Pflege deutscher Gesinnung zu bestärken".[16]

Unter ihren christlichen Landsleuten fanden die jüdischen Deutschen immer wieder herausragende Verteidiger. Beispielhaft kann Gerhart Hauptmann genannt werden, der den neuen Antisemitismus in seiner 1901 uraufgeführten Tragikomödie „Der rote Hahn" thematisierte. Zu den tragenden Figuren des Stücks gehört der sympathisch gezeichnete, rechtschaffene Dr. Boxer – „kräftiger Mann von sechsunddreißig Jahren, Arzt. Jüdischer Konfession", wie er im Personentableau charakterisiert ist. Bosheit, Betrug, Spekulation und Brandstiftung gehen in diesem Stück ausnahmslos von christlichen Akteuren aus. Hauptmann desavouiert den offen antisemitischen Bauführer Schmarowski als hinterhältige „kleine giftige Kröte", zeigt aber auch die dezente Form des antijüdischen Vorbehalts. Auf die Absicht Boxers, nach den Jahren, in denen er als Schiffsarzt gearbeitet hatte, nun in seiner Heimatgemeinde zu praktizieren, reagiert Amtsvorsteher Baron von Wehrhahn mit dem Einwand: „… ob das hier jrade Ihr Boden ist?" Von Wehrhahn zeigt sich vom sozialen Aufstieg des Heimkehrers irritiert („Ihre Mutter hat hier noch den kleinen Kramladen."), und Boxer muss ihn auf die soldatischen Meriten seines verstorbenen Vaters („ein Handelsmann") ausdrücklich hinweisen: „… war Landwehrmann und erhielt anno 70 das eiserne Kreuz." Statt zu antworten, murmelt von Wehrhahn ein wenig beifälliges „So, so!?". Zu dem Umstand, dass Boxers verwitweter Mutter gerade die Fenster eingeworfen worden waren, fällt ihm ein: „Übermütige Bengels jewesen!" Wer genau es gewesen ist, bleibt im Dunkeln.

15 Heinrich von Treitschke, Unsere Aussichten, in: Ders., Deutsche Kämpfe (Neue Folge). Schriften zur Tagespolitik, Leipzig 1896, S. 1–28, hier: S. 23; siehe Walter Boehlich (Hrsg.), Der Berliner Antisemitismusstreit, Frankfurt a. M. 1965; Der „Berliner Antisemitismusstreit" 1879–1881. Eine Kontroverse um die Zugehörigkeit der deutschen Juden zur Nation. Eine kommentierte Quellenedition, bearb. von Karsten Krieger, 2 Bde., München 2003; Arthur Rosenberg, Treitschke und die Juden. Zur Soziologie der deutschen akademischen Reaktion, in: Die Gesellschaft. Internationale Revue für Sozialismus und Politik, 7,2 (1930) S. 78–83, hier: S. 82.

16 Jüdisches Lexikon, Berlin 1927, Bd. 1; Avraham Barkai, „Wehr Dich!" Der Centralverein deutscher Staatsbürger Jüdischen Glaubens (C. V.) 1893–1938, München 2002.

Besonders mitgliederstark waren die dezidiert judenfeindlichen Vereinigungen im wilhelminischen Deutschland nicht, doch blieb deren Propaganda nicht wirkungslos.[17] Das geistige Zentrum bildete schließlich der Alldeutsche Verband. Sein Vorsitzender Heinrich Claß veröffentlichte 1912 unter dem Pseudonym Daniel Frymann das zeitdiagnostische Buch „Wenn ich der Kaiser wär'", an dem sich die Argumentationslinien des nach 1871 aufgekommenen modernen Antisemitismus exemplarisch darstellen lassen.

Claß integrierte Versatzstücke der Darwinschen Lehre von der Höherentwicklung der Arten im Kampf ums Dasein, der im Entstehen begriffenen Vererbungslehre und der rassenkundlich orientierten Anthropologie, die im Zeitalter des Kolonialismus zur Blüte gelangt war. Er stellte seine Überlegungen vor den kulturpessimistischen Hintergrund des „Zerfalls", beschrieb die Menschenagglomerationen in den industriellen Zentren, den Niedergang des alten Mittelstands und den gesundheitlichen Ruin der deutschen Volkskraft. Er wetterte gegen die Verkommenheit und Prunksucht in der Oberschicht, gegen die Sozialdemokratie und gegen den Trend der Gegenwartskunst zu Dekadenz und Amerikanisierung. Als wesentliche Ursache für diese Übel machte Claß die deutschen Juden aus. Sie wurden in dieser, später von der NSDAP weiterentwickelten Version des Antisemitismus als nicht bodenständige, ewig wandernde, sich immer neu anpassende Elemente beschrieben, die gleichsam als Infektionsquelle für die zentralen Bedrohungen standen, die Millionen von Menschen mit der Moderne verbanden: die Entwurzelung aus dem Althergebrachten, die Zerstörung der gewohnten Lebensweise, den Zwang zur Migration in die neuen Ballungsräume, die ewige Ungewissheit und den fortgesetzten Anpassungsdruck. Nach Claß war mit der Industrialisierung die „hohe Zeit" der Juden ausgebrochen. Deren „Instinkt" ziele auf nichts anderes als „den Erwerb". „Mit ihrer Skrupellosigkeit, ihrer Habgier, ihrer Gleichgültigkeit gegen Recht und Unrecht, Ehre und Unehre" würden sie das deutsche Wirtschaftsleben prägen und zudem die für die Meinungshoheit wichtigen Positionen der Publizistik, des Theaters, der Juristerei und der Medizin dominieren.

Zur Abwehr verlangte der alldeutsche Wortführer, allen Juden die Bürgerrechte zu nehmen. Sie sollten unter Fremdenrecht gestellt, ihre Steuern verdoppelt, der weitere Zuzug sollte unterbunden werden. Das Recht auf öffentliche und militärische Ämter, auf die Tätigkeit als Anwalt, Lehrer oder Theaterdirektor sei ihnen zu entziehen, ebenso das aktive und passive Wahlrecht. Dabei dürfe als Jude nicht allein derjenige gelten, der sich zur mosaischen Religion bekenne; vielmehr sei die Abstammung ausschlaggebend, da es um unveränderliche, vererbte Eigenschaften gehe. Auch der – germanisch-christlichen – Bevölkerungsmehrheit sprach Claß markante Erbeigenschaften zu, allerdings edle. Ausdrücklich lehnte er die Idee eines universellen Humanismus ab, reduzierte sie auf die „Solidarität der germanischen Völker" und fragte polemisch: „Wo fängt das an und wo hört es auf, was uns zugemutet werden soll, als zur Menschheit gehörig zu lieben? Ist der verkommene oder halbtierische russische Bauer des Mir, der Schwarze in Ostafrika, das Halbblut Deutsch-Südwests oder [sind] die unerträglichen Juden Galiziens oder Rumäniens ein Glied der Menschheit?" Thomas Masaryk kennzeichnete derartige Konzepte

17 Peter G. J. Pulzer, Die Entstehung des politischen Antisemitismus in Deutschland und Österreich 1867 bis 1914, Göttingen 2004; Fritz Stern, Kulturpessimismus als politische Gefahr. Eine Analyse nationaler Ideologie in Deutschland, Bern 1963.

Antisemitismus während der Weimarer Republik

Schon in der ersten Phase der Weimarer Zeit formierten sich die Antisemiten neu und in bis dahin nicht gekannter Zahl. Zunächst sammelten sie sich vorzugsweise im Deutschvölkischen Schutz- und Trutzbund, der 1922 rund 600 Ortsvereine mit 200 000 Mitgliedern hatte.[23] Erst jetzt, in der für Verschwörungs-, Verrats- und Untergangstheorien empfänglichen Nachkriegszeit, wurde das Buch „Protokolle der Weisen von Zion" in einer deutschen Ausgabe von 1920 wirksam. Es handelte sich um eine grobschlächtige Fälschung der Geheimpolizei des zaristischen Russland, in der fabuliert wird, führende jüdische Repräsentanten hätten sich am Rande des Baseler Zionistenkongresses von 1897 zur Übernahme der Weltherrschaft verschworen. Daneben wurde der Roman „Die Sünde wider das Blut" zum Erfolg. Er verkaufte sich von 1917 bis 1934 in 250 000 Exemplaren. Geschrieben hatte ihn der Chemiker Arthur Dinter, der darin den rassenbiologisch begründeten „Blutschutz" verfocht – ein Begriff, der nach dem opferreichen, noch dazu verlorenen Krieg auf das Interesse eines Publikums traf, das sich in extremer Weise schutzlos und ausgeblutet fühlte.

Als das Kaiser-Wilhelm-Institut für Anthropologie, menschliche Erblehre und Eugenik 1927 in Berlin-Dahlem gegründet wurde, berief die Kaiser-Wilhelm-Gesellschaft den Anthropologen Eugen Fischer zum Direktor. Zusammen mit dem Botaniker Erwin Baur, dem Direktor des Kaiser-Wilhelm-Instituts für Züchtungsforschung, und mit seinem Schüler Fritz Lenz hatte Fischer 1920/21 das zweibändige Grundlagenwerk „Menschliche Erblichkeitslehre und Rassenhygiene" veröffentlicht. Es wurde kurz „Baur-Fischer-Lenz" genannt, erschien bis 1944 in mehreren Auflagen und gab sich als seriöse Wissenschaft. Aber die dezente Form gelehrter Prosa ließ das rasse- und erbhygienische Denken in den Kreisen salonfähig werden, die der Gossenantisemitismus abstieß. Baur, Fischer und Lenz wandelten das grobe Vorurteil in scheinbar fundierte, biologisch begründete Erkenntnis, den „jüdischen Zinken" in eine dominant erbliche „konvexe Nase".

In dem von Fischer verfassten Abschnitt konnte man über „die Sonderstellung der Juden" lesen, dass sie „aus dem Bereich der Europäer völlig herausfallen". Daraus folgte für die „Bastardbevölkerung", also für die gemeinsamen Nachkommen von Juden und Fischerschen Normeuropäern, dass die dominanten Merkmale der Juden durchschlügen: „das schwarze Haar, die konvexe Nase und vielleicht noch das eine oder andere in der Physiognomie". Lenz legte in seinem Abschnitt die Gefahren dar, die in erbbiologischer Hinsicht von Juden ausgehen würden. Mit Statistiken unterlegt behauptete er, Juden seien wesentlich häufiger erblich blind und taubstumm, erkrankten öfter an Diabetes und seien besonders anfällig für „manische und melancholische Störungen". Hingegen überträfe „der nordische Mensch" alle anderen Rassen an „Willensstetigkeit und sorgender Voraussicht"; er marschiere „hinsichtlich der geistigen Begabung an der Spitze der Menschheit". Der Eliteforscher Lenz kam zu dem Ergebnis, die vorderasiatische Rasse, zu der er die Juden zählte, verfüge über Erbanlagen, die „weniger auf Beherrschung und Ausnützung der Natur als auf Beherrschung und Ausnützung der Menschen" gerichtet seien. Er schrieb den Juden eine „erstaunliche Fähigkeit" zu, „sich in die Seele anderer Menschen zu versetzen und sie nach ihrem Willen zu lenken".[24]

23 Uwe Lohalm, Völkischer Radikalismus. Die Geschichte des Deutschvölkischen Schutz- und Trutzbundes 1919–1923, Hamburg 1970.

Seit 1920 machte eine völkische Gruppierung von sich reden, die besonders radikal und kompromisslos gegen die Juden agitierte: die NSDAP. Im Jüdischen Lexikon, das 1927 in Berlin erschien, schrieb der bayerische Rechtsanwalt Wilhelm Levinger im Abschnitt „Antisemitismus, Geschichte (Deutschland)“: „Anfang 1920 war in München die ‚Nationalsozialistische Deutsche Arbeiterpartei‘ gegründet worden; ihr Führer wurde bald Adolf Hitler, der als junger Bautechniker in Wien christlich-soziale Gedankengänge in sich aufgenommen hatte und nach Rache für den Verrat der ‚Novemberverbrecher‘ schrie, weil Deutschland sich erst nach Vernichtung des ‚inneren Feindes‘, den er in Marxisten und Juden sah, von seinen äußeren Feinden befreien könne.“ Die zunächst nur in Bayern gewonnene „zahlreiche entschlossene Anhängerschaft“ stammte nach Levingers Eindruck „hauptsächlich aus akademischen, aber auch aus Arbeiterkreisen, die sich vom Kommunismus enttäuscht“ abgewandt hätten. Obwohl die Wahlerfolge rasch nachgelassen hatten, warnte Levinger 1927, „dass der völkische Gedanke und damit auch der davon kaum zu trennende Antisemitismus noch immer weite Kreise des deutschen Volkes beherrscht, die die Juden als volksfremdes Element ansehen, dem man in vaterländischen Angelegenheiten nur mit Misstrauen begegnen dürfe“.

Nach dem verlorenen Krieg erhoben die NSDAP und andere rechtsradikale Splittergruppen die nationale Eintracht zum Kern ihrer Programmatik. Sie knüpften an die populäre Vorstellung an, die Nation habe sich zu oft entzweit und um ihre historischen Chancen gebracht, eben weil sie, wie am Ende des Krieges und dann während der Friedensverhandlungen, aus den eigenen Reihen heraus verraten worden sei. Mit dieser Vorstellung verband sich die Phantasmagorie von heimtückischen, volksfremden Kräften, die den gewissermaßen natürlichen Einheitswillen immer wieder zersetzt hätten. Ins Zentrum dieser Obsession stellte die NSDAP mehrere, auf verschiedene Adressaten zugeschnittene Varianten „des Juden“: Mal wurde er als kaum noch erkennbarer, deshalb besonders verschlagener „jüdischer Assimilant“ ausgemalt, dann wieder als angeblich integrationsunwilliger, einer undurchsichtigen Parallelgesellschaft verhafteter „Ostjude“. Beiden Kunstgestalten schrieben die Meinungsführer des Antisemitismus volksfeindliche Merkmale zu wie zum Beispiel defätistisch, international verschworen und auf den eigenen Vorteil bedacht.

Die so gezeichnete Figur setzten die völkischen Propagandisten wahlweise als „plutokratischen Juden“ oder als „jüdischen Bolschewisten“ in Szene. Während der eine angeblich den Mittelstand vernichtete und die bäuerlichen wie die proletarischen Unterschichten in die Knechtschaft des großen Geldes stieß, wurde dem anderen die kommunistische Revolution zugeschrieben: das Ende von Anstand, Sitte und Religion, von Gesetz und rechtschaffen erworbenem Eigentum. Der derart obsessiv gezeichneten Bedrohungsszenerie fehlte es nicht an scheinbaren Stützen im Faktischen: der innere Zusammenbruch im Krieg, die russische Oktoberrevolution, der von fast allen Deutschen als schändlich empfundene Kriegsschuldparagraph des Versailler Vertrags, die Volkstumskämpfe an den Osträndern des Reichs, die blutigen linken wie rechten Putschversuche im Inneren und schließlich die Inflation. Daneben propagierten junge Rechtsintellektuelle eine trockene,

24 Erwin Baur, Eugen Fischer, Fritz Lenz, Menschliche Erblichkeitslehre und Rassenhygiene, Bd. 1, 3. verm. und verb. Aufl. München 1927, S. 119, 138, 148 f., 215, 290, 368, 547, 538, 557–559; Peter Weingart, Jürgen Kroll, Kurt Bayertz, Rasse, Blut und Gene. Geschichte der Eugenik und Rassenhygiene in Deutschland, Frankfurt a. M. 1988.

angeblich „sachliche" Form des Antisemitismus: „Wir hassen [...] den Juden nicht, weil er Jude ist, sondern wir lehnen ihn ab als Volksgenossen, weil er uns innerlich fremd gegenübersteht."[25] Freilich verzichteten die modernen Antisemiten deshalb nicht auf die überlieferten Stereotype christlicher Judenfeindschaft. Als Adolf Hitler 1920 im Münchener Zirkus Krone zum Thema „Politik und Rasse – Warum sind wir Antisemiten?" sprach, beendete er seine Rede mit dem Ausruf: „Wir wollen vermeiden, daß auch unser Deutschland den Kreuzestod erleidet!"[26]

Antisemiten begründeten ihre Agitation stets als Abwehr. Das Schlusskapitel von Hitlers „Mein Kampf" heißt „Notwehr als Recht". Dieselbe Botschaft findet sich im Titel des 1933 erlassenen „Gesetzes zur Wiederherstellung des Berufsbeamtentums". Die Gesetzesvorlage zur Teilenteignung der Juden, die Beamte des Reichsfinanzministeriums im Sommer 1937 ersannen, trug die Überschrift „Gesetz über den Ausgleich von Schäden, die dem Deutschen Reich durch Juden zugefügt werden" (Dok. 285). Diesem Paragraphenwerk lag die Behauptung zugrunde, die Juden hätten sich auf Kosten des deutschen Volks bereichert.

In seinen Grundgedanken stützte sich das Parteiprogramm der NSDAP auf zwei während des 19. Jahrhunderts entwickelte Formen des Gleichheitsgedankens. Beide ließen sich unschwer mit dem Antisemitismus kombinieren. Als Nationalsozialisten propagierten sie zum einen die politische Idee von der ethnischen Homogenität der Nation; zum anderen versprachen sie als nationale Sozialisten mehr soziale Gleichheit. Freilich fassten sie ihren egalitären Anspruch nicht universell, wie es die Sozialisten in der Theorie getan hatten. Stattdessen reduzierten sie ihr Gleichheitsideal auf das ethnisch definierte Großkollektiv „deutsches Volk". Denjenigen, die dazu gehörten, versprachen sie soziale Ausgewogenheit und bessere Aufstiegschancen.

Punkt 4 des NSDAP-Programms vom 25. Februar 1920 lautete: „Staatsbürger kann nur sein, wer Volksgenosse ist. Volksgenosse kann nur sein, wer deutschen Blutes ist, ohne Rücksichtnahme auf die Konfession. Kein Jude kann daher Staatsbürger sein." Punkt 16 behandelte die Kräfte, die „zersetzenden Einfluß auf unser Volksleben" ausüben. Im wirtschaftspolitischen Teil richtete sich das Programm gegen Kaufhausmagnaten, Kriegsgewinnler und Bodenspekulanten, gegen Wucherer und Schieber, die es zu enteignen gelte. Gemeint waren Juden.[27]

Neben der NSDAP bot die Deutschnationale Volkspartei eine politische Heimat für notorische Antisemiten. Der national-konservative Wehrverband Stahlhelm führte 1924 für seine knapp 400 000 Mitglieder den „Arierparagraphen" ein. Nicht anders verfuhren der Jungdeutsche Orden mit 200 000 Mitgliedern, der Deutschnationale Handlungsgehilfenverband mit 400 000 Mitgliedern, der Reichslandbund mit einer Million Mitgliedern, die Deutschen Burschenschaften und der Deutsche Turnerbund.[28]

Seinen gewalttätigen Niederschlag fand der Antisemitismus in den Freikorps und Geheimbünden. Sie verübten in den Nachkriegsjahren Attentate gegen angebliche Verräter

25 Zit. nach: Ulrich Herbert, „Generation der Sachlichkeit". Die völkische Studentenbewegung der frühen zwanziger Jahre, in: Ders., Arbeit, Volkstum, Weltanschauung. Über Fremde und Deutsche im 20. Jahrhundert, Frankfurt a. M. 1995, S. 31–58, hier: S. 49.

26 Eberhard Jäckel, Axel Kuhn (Hrsg.), Hitler. Sämtliche Aufzeichnungen, Stuttgart 1980, S. 906–909.

27 Gottfried Feder, Das Programm der N.S.D.A.P. und seine weltanschaulichen Grundlagen, München 1925.

28 Jochmann, Gesellschaftskrise (wie Anm. 19), S. 99–194.

der nationalen Sache im Allgemeinen, wie zum Beispiel Matthias Erzberger, und gegen prominente Politiker jüdischer Herkunft im Besonderen. Rosa Luxemburg, Walter Rathenau und Kurt Eisner waren die bekanntesten Opfer solcher als exemplarische Bestrafung und Propaganda der Tat gedachter politischer Morde.

Mit dem gescheiterten Hitler-Putsch und der geglückten Währungsreform vom Herbst 1923 begann sich die Republik zu stabilisieren. Die antisemitisch motivierten Gewalttaten gingen zurück. Im Reichsdurchschnitt kam es bis 1932 weniger als zwanzig Mal pro Jahr zu nächtlichen Schmierereien an Synagogen und zu Zerstörungen auf jüdischen Friedhöfen, Vorkommnissen, die auf ein unterdrücktes, nur in heimlichen Aktionen sich entladendes antijüdisches Aggressionspotenzial hindeuteten. In der Regel wurden Jugendliche als Täter festgestellt, nicht immer handelten sie aus politischen Motiven.[29]

Anders verhielt es sich im studentischen Milieu. Mit dem Deutschen Hochschulring, in dem sich ein Großteil der traditionellen studentischen Verbindungen zusammengeschlossen hatte, wurde bereits 1921 ein Verband tonangebend, in dem sich die antisemitische Richtung rasch durchsetzte. Der Hochschulring errang in diesen Jahren im Durchschnitt rund zwei Drittel der Sitze in den Studentenparlamenten und konnte deshalb die Leitung der Deutschen Studentenschaft (DSt) übernehmen. Als der preußische Kultusminister der DSt-Führung untersagte, Studenten jüdischer Abstammung auszuschließen, kam es im Dezember 1926 zu einer Urabstimmung an den preußischen Hochschulen. Dabei entschieden sich bei hoher Wahlbeteiligung 77,6 Prozent dafür, jüdischen Kommilitonen weiterhin die Mitgliedschaft zu versagen.

Das Ergebnis der Abstimmung ist bedeutsam, weil es darauf hinweist, wie stark viele Studierende selbst in der ruhigen Phase der Weimarer Republik dem völkischen Gedankengut anhingen. Viele der Studenten engagierten sich schon bald im antibürgerlich und antiakademisch auftretenden NS-Studentenbund. Der Ton dort war salopp-sarkastisch. Beispielsweise witzelte ein Rostocker Student im Frühjahr 1929, man möge doch rechtzeitig Bescheid sagen, wenn die Juden per Schiff vom Hamburger Auswandererkai aus nach Madagaskar abreisen würden: „Die Hamburger SA-Kapelle ist gern bereit, den Kehraus zu spielen." Bei den AStA-Wahlen 1930 gewann der NS-Studentenbund 32,4 Prozent der abgegebenen gültigen Stimmen an den deutschen Universitäten, 1931 waren es 44,8 und 1932 schon 49,1 Prozent.[30] Angesichts dieses politischen Stimmungsbilds an den deutschen Hochschulen verwundert es nicht, dass Zehntausende junge Akademiker wenig später zu Trägern und zu Profiteuren des NS-Staats wurden. Sie verwendeten alsbald ihre Energie darauf, die schwammige und bewegliche Nazi-Ideologie von innen heraus herrschaftsrational auszugestalten. Kaum zur Macht gelangt, organisierte die NSDAP den Führungs- und Generationswechsel in einem in Deutschland bis dahin nicht gekannten

29 Martin Sabrow, Der Rathenaumord. Rekonstruktion einer Verschwörung gegen die Republik von Weimar, München 1994; Dirk Walter, Antisemitische Kriminalität und Gewalt. Judenfeindschaft in der Weimarer Republik, Bonn 1999. Nach der Dokumentation des Centralvereins deutscher Staatsbürger jüdischen Glaubens kam es zwischen 1923 und Juni 1932 zu 125 Friedhofsschändungen und zu 48 Schmierereien und Zerstörungen an Synagogen im Deutschen Reich, abgedruckt in Harry Pross (Hrsg.), Die Zerstörung der deutschen Politik. Dokumente 1871–1933, Frankfurt a. M. 1959, S. 260–262.

30 Michael Grüttner, Studenten im Dritten Reich, Paderborn 1995, S. 26ff. und Tabelle 25, S. 496; zu Rostock: Akademischer Beobachter. Kampfblatt des Nationalsozialistischen Deutschen Studentenbundes, 1 (1929), S. 96.

Ausmaß – „die NS-Revolution war über weite Strecken eine Revolution der jungen Generation".[31]
Jedoch standen den Judenfeinden in Deutschland bis 1933 stets große Gruppen von Gegnern gegenüber. Im Verlauf der Weimarer Jahre gab es mehrfach Empörungswellen gegen den Antisemitismus, an denen sich alle Zeitungen von der gemäßigten Rechten bis zur Linken beteiligten: so nach schweren antisemitischen Gewalttaten und Plünderungen im Berliner Scheunenviertel (1923), nach dem Rathenau-Mord und nach den sich im Jahre 1924/25 häufenden Friedhofsschändungen.
Die linksliberale Deutsche Demokratische Partei erklärte ihren Wählern 1927: „Der Antisemitismus, zu deutsch ‚Judenhass', ist eine unmoralische Bewegung, weil er an die niedrigsten Instinkte appelliert." Engagiert nahm die Berliner Zeitung Der Abend 1930 den nazistischen Antisemitismus aufs Korn: „Es ist das Merkmal aller ethischen Unzulänglichkeit, sich selber für Höherwertigkeit oder geborene Überlegenheit zu halten", hieß es dort, und wenig später: „Es ist ein politisches Armutszeugnis für das deutsche Volk, dass wir zum zweiten Male durch eine Periode des Radauantisemitismus hindurch müssen. Aber die Zeit der politischen Kinderkrankheiten ist offenbar bei uns noch nicht überwunden." Selbstverständlich wandten sich deutsche Bischöfe gegen Ritualmord-Märchen, ebenso trat der republikanische Frontkämpferbund Reichsbanner Schwarz-Rot-Gold dem Antisemitismus entschieden entgegen. Der Heilige Stuhl veröffentlichte am 25. März 1928 ein Dekret, mit dem er „so ganz besonders den Hass gegen das einstmals von Gott erwählte Volk" verurteilte, „nämlich jenen Hass, den man gewöhnlich mit dem Wort ‚Antisemitismus' zu bezeichnen pflegt". Das entsprach älteren, in der Auseinandersetzung mit der antisemitisch orientierten Christlich-Sozialen Partei in Österreich entwickelten vatikanischen Lehrmeinungen zu den „Pflichten der Liebe" gegenüber „israelitischen Mitbürgern". Nach den 1931 von der Berliner NSDAP unter Graf Helldorf angezettelten Kurfürstendammkrawallen gegen Juden sprach die Zeitung Welt am Montag von „Pogrom", die Berliner Volkszeitung von einem „feigen Überfall", das Berliner Tageblatt sah „Terroristen" und der Vorwärts die „Meute" am Werk.
Der dem Zentrum angehörende Bürgermeister in dem schon erwähnten südbadischen Ort Gailingen setzte den antisemitischen Umtrieben der NSDAP, die dort 1928 begannen, energischen Widerstand entgegen. Er untersagte das öffentliche Ausschellen der Nazi-Treffen wegen der Störung des Ortsfriedens, ließ antisemitische Hakenkreuz-Aufkleber („Stoff und Seide verkaufen, das kann jeder Jud, aber am Webstuhl sitzen, das will er nicht!") beschlagnahmen und forderte in Konstanz berittene Polizei an, um 40 Aktivisten in Schach zu halten. Auch organisierten alle demokratischen Parteien in Gailingen 1930 eine Protestdemonstration, „um dem Hakenkreuzunwesen ein Ende zu machen"; die Badische Landesregierung ließ es an rechtlicher und politischer Unterstützung nicht fehlen.
Mit den genannten Beispielen ist wenig über die konkrete Haltung der einzelnen Katholiken, Protestanten, Sozialdemokraten oder Bürgerlich-Liberalen gesagt, doch so viel steht fest: Dem Antisemitismus wurde in der Weimarer Republik klar und deutlich widersprochen. Im Übrigen bot sie als Rechtsstaat allen Bürgern Schutz, auch den jüdischen. Zwar ergingen vereinzelt Gerichtsurteile, in denen die Sympathie mit den Antisemiten durch-

31 Horst Möller, Die Weimarer Republik. Eine unvollendete Demokratie, 8. Aufl. München 2006, S. 283 f.

klang – aber daraus entwickelten sich eben Skandale. Im Fall von Übergriffen, Beleidigungen oder Schmähpropaganda blieb der Gang zum Gericht bis zum Ende der Republik das wichtigste Mittel gegen die Antisemiten; der Centralverein deutscher Staatsbürger jüdischen Glaubens nutzte es mit Erfolg. Als die Berliner Synagoge am Kottbusser Tor in der Nacht vom 16. zum 17. Februar 1930 mit 20 Hakenkreuzen beschmiert und mit der Parole bemalt wurde: „Juda verrecke, Judas den Tod, die Rache naht", verurteilte das zuständige Berliner Schöffengericht die fünf Täter zu je fünf Monaten Gefängnis. Die Staatsanwaltschaft hatte neun Monate beantragt.[32]

Die deutschen Juden zu Beginn der NS-Zeit

Nach dem Ergebnis des Zensus vom Juni 1933 zählte das Deutsche Reich gut 65 Millionen Einwohner, davon bekannten sich 502 799 zum jüdischen Glauben. Von diesen lebten 144 000 in Berlin. Nur dort und in Frankfurt am Main erreichten sie einen Bevölkerungsanteil von rund vier Prozent, sonst lag ihr Anteil in den Großstädten bei etwa einem Prozent. 15,5 Prozent der jüdischen Bevölkerung wohnten in Orten, die weniger als 10 000 Einwohner zählten, 13,6 Prozent in der Ortsklasse zwischen 10 000 und 100 000 Einwohnern (Dok. 52). Ein Fünftel der jüdischen Bevölkerung besaß keine deutsche Staatsbürgerschaft. Die meisten Angehörigen dieser Gruppe waren in den Jahrzehnten vor 1933 aus den osteuropäischen Ländern nach Deutschland eingewandert: 56 000 waren polnische, jeweils gut 4 000 österreichische und tschechoslowakische Staatsangehörige, knapp 20 000 galten als staatenlos.[33]

Mehrheitlich gehörten die deutschen Juden zum städtischen Mittelstand. 1933 arbeiteten von den Berufstätigen 61 Prozent in Handel und Gewerbe, 23 Prozent in Industrie und Handwerk, 12,5 Prozent bezeichneten sich als Angehörige des öffentlichen Dienstes. In der Landwirtschaft waren 1,7 Prozent beschäftigt. Während von den christlichen Berufstätigen nur jeder Sechste als Selbständiger sein Geld verdiente, war es jeder Zweite unter den erwerbstätigen Juden. Da die Selbständigenstatistik auch die Bauern erfasst, differierten die realen Verhältnisse in den Städten noch wesentlich stärker als im statistischen Bild (Dok. 53). 1933 boten in Preußen unter 11 674 zugelassenen Rechtsanwälten 3 370 jüdische Kollegen ihre Dienste an. Unter den rund 52 500 Ärzten im gesamten Reichsgebiet gab es 8 500 Juden.[34]

Wegen der raschen Verstädterung und des in jüdischen Familien vergleichsweise früh einsetzenden Geburtenrückgangs hatte sich die Zahl der deutschen Juden zwischen der

32 Walter, Antisemitische Kriminalität (wie Anm. 29), S. 151–154, 211–221; Friedrich, Schmieder-Friedrich, Gailinger Juden (wie Anm. 13), S. 55–64; Pross (Hrsg.), Dokumente (wie Anm. 29), S. 262.

33 Statistik des Deutschen Reichs, Bd. 451. Volks-, Berufs- und Betriebszählung vom 16. Juni 1933. Volkszählung. Die Bevölkerung des Deutschen Reichs nach den Ergebnissen der Volkszählung 1933, H. 5: Die Glaubensjuden im Deutschen Reich, bearb. vom Statistischen Reichsamt, Berlin 1936, S. 13 f.

34 Esra Bennathan, Demographische und wirtschaftliche Struktur der Juden, in: Mosse (Hrsg.), Entscheidungsjahr 1932 (wie Anm. 12), S. 87–131; Tillmann Krach, Jüdische Rechtsanwälte in Preußen. Über die Bedeutung der freien Advokatur und ihre Zerstörung durch den Nationalsozialismus, München 1991, S. 39, 416; Konrad H. Jarausch, Jewish Lawyers in Germany 1848–1938. The Desintegration of a Profession, in: LBI Year Book XXXVI (1991), S. 171–190, hier: S. 181; Werner F. Kümmel, Die Ausschaltung rassisch und politisch mißliebiger Ärzte, in: Fridolf Kudlien (Hrsg.), Ärzte im Nationalsozialismus, Köln 1985, S. 56–81, hier: S. 76.

Volkszählung von 1925 und der vom Juni 1933 um 56 000 Personen vermindert (aus politischen Gründen dürften im ersten Halbjahr 1933 maximal 20 000 aus Deutschland geflohen sein). Repräsentanten des deutschen Judentums befürchteten in den Zwanzigerjahren den baldigen Niedergang der deutsch-jüdischen Gemeinden. So liest man im Jüdischen Lexikon von 1927: „Trotz Zunahme der Ehen um 29 Prozent in 50 Jahren" sei die Zahl der Geburten „in diesem Zeitraum um über 43 Prozent gefallen". In Berlin bedürfe es, um die jüdische Bevölkerung auf gleicher Höhe zu halten, „eines unaufhaltsamen Zuströmens jüdischer Menschen von außerhalb". Außerdem nahm die nach der Religionszugehörigkeit klassifizierte jüdische Bevölkerung wegen der starken Tendenz zur Assimilation ab. Nach dem Ersten Weltkrieg konvertierten immer mehr Juden zum Christentum oder wählten Ehepartner anderer Konfessionen. 1927 ging ein Drittel aller deutschen Juden und Jüdinnen Ehen mit nicht-jüdischen Partnern ein. Die gemeinsamen Kinder wurden in der Regel christlich oder laizistisch erzogen.

Die meisten Juden verstanden sich sozial, kulturell und politisch als Teil der deutschen Gesellschaft. Zugleich bewahrten viele eine zwar stark gelockerte, aber doch gelebte Bindung an Herkunft und Glauben. Unter den religiösen Richtungen dominierten die Liberalen; die orthodoxen Gemeinden verfügten über wenige Mitglieder. Die zionistische Bewegung spielte bis zum Ende der Weimarer Republik keine wesentliche Rolle.

Wenngleich die deutschen Juden überwiegend den liberalen Parteien zuneigten, gab es unter ihnen auch zahlreiche Anhänger kommunistischer und sozialistischer, konservativer und deutschnationaler Anschauungen.[35] Es lag ihnen fern, sich als nationale Minderheit zu verstehen und eine spezielle Partei zu gründen. Anders als etwa die Juden Polens oder Rumäniens beteiligten sie sich nicht an der 1925 in Genf geschaffenen nichtgouvernementalen Interessenvertretung „Kongress der organisierten nationalen Gruppen in den Staaten Europas". Sie betrachteten sich als Deutsche jüdischen Glaubens, die loyale Staatsbürger sein und bleiben wollten.

Antisemitismus als Staatsziel

Am 30. Januar 1933 übernahm mit der NSDAP eine „judenfeindliche Bewegung" die Herrschaft in Deutschland. So formulierte es der Leitartikler der Jüdischen Rundschau am selben Tag. Doch hoffte er auf diejenigen Kräfte in der deutschen Gesellschaft, die sich gegen eine „barbarische antijüdische Politik wenden würden" (Dok. 1). Reichspräsident Paul von Hindenburg hatte Adolf Hitler nur zögernd zum Reichskanzler ernannt und beauftragt, ein Koalitionskabinett zu bilden. Die Überwindung der Wirtschafts- und Staatskrise, die Revision der Schmach von Versailles, der sofortige Stopp der Reparationszahlungen und die Wiederaufrüstung Deutschlands, kurz: eine Politik der starken Hand, verbanden als gemeinsame Ziele Nationalsozialisten und nationalkonservative Kräfte in der neuen Regierung.[36]

35 Martin Liepach, Das Wahlverhalten der jüdischen Bevölkerung. Zur politischen Orientierung der Juden in der Weimarer Republik, Tübingen 1996.

36 Karl Dietrich Bracher, Die deutsche Diktatur, 7. erg. Aufl., Köln 1993; Martin Broszat, Der Staat Hitlers. Grundlegung und Entwicklung seiner inneren Verfassung, München 1969; Hans-Ulrich Thamer, Verführung und Gewalt. Deutschland 1933–1945, Berlin 1986; Ludolf Herbst, Das national-

Für den Erfolg der NSDAP war es entscheidend, dass sie nach außen als geeinte Kraft auftrat und sich als erste moderne Volkspartei weder regional, religiös oder schichtengebunden präsentierte.[37] Viele Deutsche hofften, dass sich mit einer solchen Politik das alte Nationaltrauma der inneren Zerrissenheit überwinden ließe: die geschichtlich als verhängnisvoll angesehene Trennung in Stämme und Konfessionen, die Selbstzerstörung im Dreißigjährigen Krieg, die Kleinstaaterei und die in der Weltwirtschaftskrise dramatisch zugespitzten sozialen Gegensätze. „Von den Fronten und Fragestellungen eines dreißigjährigen Religionskrieges haben die verschiedenartigsten Feinde unseres Volkes lange gelebt", so drückte es Carl Schmitt 1934 aus und fuhr fort: „Fast hätten wir uns daran zerrieben, daß wir Generationen hindurch auch innerlich der Kriegsschauplatz aller geistigen Kämpfe waren."[38] Nach dieser Lesart der deutschen Geschichte war das Staats- und Volkswohl allzu lange zu Gunsten von Partikularinteressen missachtet worden. Das hatte, so glaubten viele Deutsche, am Ende des Ersten Weltkriegs den Zusammenbruch der Heimatfront bewirkt, sich im Parteienstreit der Republik fortgesetzt und schließlich an den Rand des Bürgerkriegs geführt.

Kaum zur Macht gelangt, erhob die NSDAP den Antisemitismus zum wesentlichen Teil ihres Regierungsprogramms, das auf die nationale Selbstbefreiung Deutschlands zielte. Es kombinierte antijüdische Vorurteile mit der Furcht der kleinen Ladenbesitzer vor den Warenhäusern, der Handwerker vor der Industrialisierung, der Bauern vor billigen Importen, Preisverfall und Überschuldung. Es folgten konkrete Maßnahmen zur Entschuldung der Bauern, zur Stabilisierung der Erzeugerpreise von Lebensmitteln, der Stopp bereits rechtskräftiger Pfändungs- und Exmittierungstitel sowie das Verbot von Rabatten, um den Einzelhandel vor den Warenhäusern zu schützen; der Kündigungsschutz für Arbeiter wurde deutlich verbessert.

Die infolge der republikanischen Schul- und Hochschulpolitik verstärkt ausgebildeten Akademiker fürchteten um ihre Berufschancen. Die Forderung nach einem Numerus clausus für Juden an Hochschulen und Gymnasien – entsprechend ihrer Quote an der deutschen Gesamtbevölkerung – erschien ihnen als gerechter Weg zur Gleichstellung. Waren im Sommer 1932 fast 4 000 jüdische Studenten an deutschen Hochschulen immatrikuliert, so sank deren Anzahl bis zum Sommer 1934 auf 656. Wissenschaftliche Assistenten und Privatdozenten bewarben sich gern auf die frei werdenden Stellen der Juden, die aus ihren Ämtern gejagt wurden. 1933 mussten 5 700 Professoren, Hochschulassistenten und -angestellte die deutschen Universitäten verlassen, die meisten weil sie Juden waren. Dasselbe geschah in anderen Sektoren des öffentlichen Dienstes und zeitlich verzögert in der Privatwirtschaft. Die Massenentlassung jüdischer Lehrer im Jahr 1933 erlaubte trotz aller Sparzwänge und Haushaltssperren, 60 Prozent der 1 320 „arischen" Bewerber sofort einzustellen.

Selbstständige Kaufleute und Unternehmer priesen ihre Firmen plötzlich als „rein deutsch", profitierten vom politisch gewollten Niedergang ihrer jüdischen Konkurrenten:

sozialistische Deutschland 1933–1945, Frankfurt a. M. 1996; Norbert Frei, Der Führerstaat. Nationalsozialistische Herrschaft 1933–1945, 6. erw. Aufl., München 2001; Klaus Hildebrand, Das Dritte Reich, 6., neubearb. Aufl., München 2003.

37 Jürgen W. Falter, Hitlers Wähler, München 1991.

38 Rundfunkrede von Carl Schmitt (Richtstrahlsendung nach Amerika am 15./16. 4. 1934), abgedruckt in: Die Deutsche Studentenschaft. Nachrichtendienst, 7. Jg., Ausg. B, Nr. 6 vom 17. 4. 1934; BArch NS 38/I90p194/IV.

Sie übernahmen deren öffentliche Aufträge, gewannen deren Kunden für sich, bauten aus, für einen Spottpreis ersteigerten sie schließlich das Warenlager des in die Pleite getriebenen Konkurrenten. Der Druck auf die Unternehmen der Juden erleichterte den mittelständischen Konzentrations- und Rationalisierungsprozess und wälzte dessen Lasten auf eine diskriminierte Bevölkerungsgruppe ab. Manager von Konzernen, Banken und Versicherungen beteiligten sich auf ihre Weise an der mit den Mitteln der Rassendiskriminierung geförderten Wirtschaftsmodernisierung. So ging die Zahl der Privatbanken in Deutschland zwischen 1932 und 1939 von 1350 auf 520 zurück. Ende 1935 bestanden noch 915 Privatbanken, davon galten 345 als „nichtarisch"; sie wurden bis 1939 ausnahmslos von „arischen" Unternehmen aufgesaugt.[39] In den Jahren der Weltwirtschaftskrise suchten Millionen nach Arbeit, nur wenige hatten etwas gegen den Zuwanderungsstopp für „Ostjuden".

Wissenschaftler erfanden alsbald neue förderungsfähige Projekte. Der Wechsel gelang vielen ohne sichtbare Schwierigkeiten. Dank der staatlichen Vorgaben und infolge der Emigration ganzer wissenschaftlicher Schulen[40] gewannen schon lange völkisch denkende Wissenschaftler und anpassungsbereite Nachwuchskräfte rasch die Hoheit über Begriffe, Fragestellungen, Forschungsmethoden, Stipendienvergabe und Lehrstuhlbesetzungen. Jede akademische Disziplin arbeitete mehr oder weniger stark an der antisemitischen Ausformulierung ihres Fachs. Selbst die Physik blieb davon nicht frei, wenn es auch den Geisteswissenschaftlern, Biologen und Medizinern leichter fiel, ihre Themen ins Rassische und Völkisch-Sozialwissenschaftliche zu wenden. Vier Beispiele mögen genügen:

Im Jahr 1936 wurde der nationalkonservativ geprägte Münchener Historiker Karl Alexander von Müller zum Mitbegründer der „Forschungsabteilung Judenfrage des Reichsinstituts für Geschichte des neuen Deutschlands". In seiner Eröffnungsansprache schwärmte er, dass die historische und vergleichende Rassenforschung nicht länger „tabu" sei. Den neu geschaffenen Forschungs- und Drittmittelschwerpunkt feierte er als „Waffenstätte für den Kampf der Geister". Im selben Jahr eröffnete Carl Schmitt eine Tagung der Reichsgruppe Hochschullehrer zum Thema „Das Judentum in der deutschen Rechtswissenschaft" mit solchen Sätzen: „Was der Führer über die jüdische Dialektik gesagt hat, müssen wir uns selbst und unseren Studenten immer wieder einprägen, um der großen Gefahr immer neuer Tarnungen und Zerredungen zu entgehen. Mit einem nur gefühlsmäßigen Antisemitismus ist es nicht getan; es bedarf einer erkenntnismäßig begründeten Sicherheit." Der Göttinger Ordinarius für Systematische Theologie Emanuel Hirsch schilderte 1934 den Marxismus „als Ergebnis einer deutsch-jüdischen Mischehe und als Beleg für die Unmöglichkeit der Judenemanzipation auf dem Boden christlicher Volkstü-

39 Michael Grüttner, Sven Kinas, Die Vertreibung von Wissenschaftlern aus den deutschen Universitäten, in: Vierteljahrshefte für Zeitgeschichte 55 (2007), S. 123–188, hier: S. 126; Marion Kaplan, Der Mut zum Überleben. Jüdische Frauen und ihre Familien in Nazi-Deutschland, Berlin 2001, S. 44; Bennathan, Demographische Struktur (wie Anm. 34), S. 131; Günther Keiser, Der jüngste Konzentrationsprozeß, in: Die Wirtschaftskurve 1939, Nr. 18, S. 148, zit. nach Franz Neumann, Behemoth. Struktur und Praxis des Nationalsozialismus 1933–1944, Frankfurt a. M. 1984, S. 154; Albert Fischer, Jüdische Privatbanken im „Dritten Reich", in: Scripta Mercaturae, 28 (1994), H. 1/2, S. 1–54, hier: S. 19.

40 Biographisches Handbuch der deutschsprachigen Emigration nach 1933, hrsg. vom Institut für Zeitgeschichte, München, und Research Foundation for Jewish Immigration, New York, 4 Bde., München 1980 bis 1983, 2. Aufl., 3 Bde., München 1999; Horst Möller, Exodus der Kultur. Schriftsteller, Wissenschaftler und Künstler in der Emigration nach 1933, München 1984.

mer". Den Bolschewismus verstand er „vielleicht sogar als eine ungläubige Abart jüdischer Religion". Der Biologe Ernst Lehmann, ordentlicher Professor für Botanik in Tübingen, arbeitete an einer „Deutschen Biologie", der die Aufgabe zugewachsen sei, in „unendlicher Einzelarbeit" die „Erbanlagen und Merkmale verschiedener Menschenrassen" zu erfassen: „Wo nötig und möglich werden die sich ergebenden Konsequenzen gesetzlich unterbaut (Judengesetze)."[41]

Ähnliche Wendebereitschaft fand sich unter Musikern, Bildenden Künstlern, Journalisten, Filmregisseuren und Theaterleuten. Herbert Ihering bezog das Büro des Theaterkritikers Alfred Kerr im Berliner Tageblatt; später begann ein Mann wie Werner Höfer seine Feuilleton-Karriere, indem er das Publikum vor Heines Liedern warnte, die er als „schale" Früchte „politischer Dressur" und als „Mache" bezeichnete. Max Reinhardt musste Deutschland den Rücken kehren, sein Schüler Veit Harlan stieg zu Goebbels' bevorzugtem Filmregisseur auf und drehte den Spiel- und Hetzfilm „Jud Süß", uraufgeführt 1940 bei den Filmfestspielen in Venedig und mit erheblichem Erfolg in vielen europäischen Kinos gezeigt. Felix Mendelssohn-Bartholdy, der die Werke Johann Sebastian Bachs wiederentdeckt hatte, verschwand 1933 sofort von den Programmzetteln. Dafür wurde Bach zum Inbegriff „deutscher Stammesart" umgebogen – gemäß einem Aufruf vom Frühjahr 1933, mit dem führende Kantoren verhindern wollten, dass „unserem Volk eine nichtbodenständige, kosmopolitische Kirchenmusik dargeboten wird". Zu den Initiatoren gehörte Günther Ramin, Thomaskantor von 1940 bis zu seinem Tod 1956. Im Jahr 1936 hatte er die Hochzeit von Hermann Göring musikalisch umrahmt, im März 1941 die erste deutsche Schallplattenaufnahme der gesamten Matthäus-Passion produziert.

Den Opportunismus, das totalitäre Frühlingserwachen der Künstler und Journalisten dokumentierte nach dem Zweiten Weltkrieg Joseph Wulf. Der 1912 in Chemnitz geborene, in Krakau zum Rabbiner ausgebildete Historiker kam zu dem Schluss: „In unserem Jahrhundert könnte man fast sagen, der KZ-Insasse habe Charakter und Zweck der Begriffe Freiheit und öffentliche Meinung weit konkreter erfasst als der Denker."[42] Wulf wusste, wovon er sprach. Er war 1941 als Mitglied des jüdischen Widerstands in Polen verhaftet worden und hatte Auschwitz überlebt.

Im Februar 1933 organisierten SA- und SS-Leute an verschiedenen Orten erste, oft gewalttätige Boykottaktionen gegen jüdische Kaufleute und Hochschullehrer (Dok. 3). Nach der Reichstagswahl vom 5. März 1933, die nicht der NSDAP, sondern nur der Koalition eine

41 Ansprache von Professor Karl Alexander von Müller, in: Walter Frank (Hrsg.), Deutsche Wissenschaft und Judenfrage. Schriften des Reichsinstituts für Geschichte des neuen Deutschlands, Hamburg 1937, S. 5–14; Das Judentum in der deutschen Rechtswissenschaft. Ansprachen, Vorträge und Ergebnisse der Tagung der Reichsgruppe Hochschullehrer im Nationalsozialistischen Rechtswahrer Bund am 3. und 4. 10. 1936, Heft 1, Berlin 1936, S. 14; Hirsch zit. nach: Robert P. Erickson, Theologen unter Hitler. Das Bündnis zwischen evangelischer Dogmatik und Nationalsozialismus, München 1986, S. 210; Ute Deichmann, Biologen unter Hitler. Vertreibung, Karrieren, Forschung, Frankfurt a. M. 1992, S. 289–303.

42 Zu Harlan: Erwin Leiser, „Deutschland Erwache!". Propaganda und Film des Dritten Reiches, Reinbek bei Hamburg, erw. Neuausg. 1978, S. 141–146; zu Höfer: Zeitalter des Namenlosen? in: 12 Uhr Blatt vom 1. 11. 1943, zit. nach Friedrich Lambart (Hrsg.), Tod eines Pianisten. Karlrobert Kreiten und der Fall Werner Höfer, Berlin 1988, S. 179 f.; zu Ramin: Fred K. Prieberg, Musik im NS-Staat, Frankfurt a.M. 1982, S. 346; Joseph Wulf, Presse und Funk im Dritten Reich, Gütersloh 1964, S. 5; ders., Musik im Dritten Reich; Die bildenden Künste im Dritten Reich; Literatur und Dichtung im Dritten Reich; Theater und Film im Dritten Reich, alle vier Bde. Gütersloh 1963.

knappe Mehrheit der Stimmen gebracht hatte, beauftragte Hitler seinen Innenminister Wilhelm Frick mit dem Entwurf antijüdischer Gesetze. Wie schon 1923 und 1932 von konservativen Politikern diskutiert, wollte Frick zuerst alle Juden polnischer oder russischer Herkunft, die sogenannten Ostjuden, ausweisen und deren weitere Zuwanderung stoppen (Dok. 8). Nach außen verhielt sich die NS-Führung widersprüchlich. Während Hitler sich am 10. März 1933 öffentlich gegen unkontrollierte Einzelaktionen wandte, lehnte es Hermann Göring einen Tag später ab, jüdische Geschäfte von der Polizei schützen zu lassen. Mit der im Völkischen Beobachter am 19. März 1933 veröffentlichten Aufforderung, Juden aus den Berliner Amtsgerichten zu jagen, stachelte die NS-Führung die antisemitische Krawalllust ihrer Basis an.

Ein Teil der ausländischen Presse berichtete über die Diskriminierung der Juden in Deutschland von Beginn an kritisch. Jüdische und nichtjüdische Organisationen, vor allem in den USA und in Großbritannien, berieten über Hilfsmaßnahmen und organisierten öffentliche Proteste (Dok. 14 und 20). Einige riefen dazu auf, keine deutschen Waren mehr zu kaufen, um wirtschaftlichen Druck auf die NS-Regierung auszuüben. Daraufhin entschied sich Hitler, einen antijüdischen Boykott in Szene zu setzen. Am 1. April 1933, einem Samstag, blockierten SA-Posten und Aktivisten des deutschnationalen Stahlhelm überall im Deutschen Reich den Zugang zu Geschäften, Rechtsanwaltskanzleien und Arztpraxen von Juden. Sie kennzeichneten die Schaufenster, Türen und Bürgersteige mit antijüdischen Parolen. In seiner Rundfunkrede vom selben Tag ermunterte Joseph Goebbels „das deutsche Volk", sich an den Juden „schadlos" zu halten. Mancherorts wurden Geschäfte geplündert, Kunden, die sich dem Boykott widersetzten, fotografiert oder gefilmt, manchmal misshandelt. In Chemnitz, Plauen und Kiel kam es zu Morden[43] (Dok. 22).

Am Vorabend hatte Victor Klemperer in Dresden notiert: „Immer trostloser. Morgen beginnt der Boykott. Gelbe Plakate, Wachen. Zwang, christlichen Angestellten zwei Monatsgehälter zu zahlen, jüdische zu entlassen." Am Tag darauf beobachtete er: „Menschen strömten durch die Prager Straße und sahen sich das an. [...] Eine Explosion wird kommen, aber wir werden sie vielleicht mit dem Leben bezahlen, wir Juden." Eine Anordnung des Badischen Staatsministeriums zeigt, wie die antisemitische Staatspolitik im Handumdrehen die Kinder infizierte. Am 3. April 1933 wies das Ministerium in den badischen Zeitungen darauf hin, „daß Beschimpfungen jüdischer Schulkinder durch ihre Mitschüler nicht geduldet werden können".[44]

43 Michael Wildt, Volksgemeinschaft als Selbstermächtigung. Gewalt gegen Juden in der deutschen Provinz 1919 bis 1939, Hamburg 2007, S. 101–115; Armin Nolzen, The Nazi Party and its Violence against the Jews, 1933–1938/39: Violence as a Historiographical Concept, in: Yad Vashem Studies XXXI (2003), S. 245–285; Robert Gellately, Hingeschaut und weggesehen. Hitler und sein Volk, Stuttgart 2002, S. 45.

44 Victor Klemperer, Ich will Zeugnis ablegen bis zum letzten. Tagebücher von 1933–1945, Bd. 1, Berlin 1995, S. 18; Zeitungsausschnitt zit. nach Friedrich, Schmieder-Friedrich, Gailinger Juden (wie Anm. 13), S. 80.

Verhaltensweisen der „arischen" Mehrheit

Die Frage, wie es um den gesellschaftlichen Antisemitismus zu Beginn der NS-Herrschaft bestellt war, lässt sich schwer beantworten. Einiges spricht dafür, dass sich die meisten Deutschen den staatlich propagierten Hass in den ersten Jahren der NS-Herrschaft nicht zu eigen machten. Jedoch verhielten sie sich in ihrer übergroßen Mehrheit gleichgültig. Schon 1932 hatte der in der Judenmission engagierte Geistliche Otto von Harling beklagt: „Die Rohheit, mit der nicht bloß alles Jüdische in den Schmutz gezogen wird, sondern auch der Jude persönlich beleidigt wird, [...] das alles wird in weiten Volkskreisen kaum als Schande und Unrecht empfunden; [...] während in Amerika die Vertreter verschiedener Kirchen Erklärungen gegen die Auswüchse des Antisemitismus erlassen haben."[45] Franz Böhm, der später CDU-Bundestagsabgeordneter wurde und seit 1952 im Auftrag Konrad Adenauers die Restitutionsgespräche mit Israel leitete, urteilte im Rückblick auf die letzten Weimarer Jahre: „Soweit damals Parolen gegen Hitler aufgestellt wurden, rückten sie andere Dinge in den Vordergrund, aber nicht den Abscheu gegen den Antisemitismus."[46] Saul Friedländer stellt noch für das Jahr 1935 fest: „Die breite Masse war angesichts einer derartigen fortwährenden Agitation der Partei anscheinend überwiegend passiv: Gegen regelrechte antijüdische Gewalt gab es zwar keinen Widerstand, aber sie stieß oft auf Missbilligung."[47]

Aus dieser Sicht ist die fehlende Anteilnahme gegenüber dem Schicksal der Menschen, die nicht zur Volksgemeinschaft gerechnet wurden, das vielleicht wichtigste Verhaltensmuster der deutschen Gesellschaft gewesen, das den Mord an den europäischen Juden begünstigte. Dokumentarisch greifbar offenbarte es sich im April 1933 in der Antwort, die Michael Kardinal von Faulhaber, Oberhirte des Erzbistums München und Freising, auf den Brief eines wegen der Judenhetze zutiefst besorgten Katholiken gab. Faulhaber zeichnete die schiefe Bahn vor, auf der die zivilen Kräfte der deutschen Gesellschaft ins Rutschen gerieten. „Dieses Vorgehen gegen die Juden", so schrieb er, „ist derart unchristlich, daß jeder Christ, nicht bloß jeder Priester, dagegen auftreten müsste. Für die kirchlichen Oberbehörden bestehen weit wichtigere Gegenwartsfragen; denn Schule, der Weiterbestand der katholischen Vereine, Sterilisierung sind für das Christentum in unserer Heimat noch wichtiger, zumal man annehmen darf und zum Teil schon erlebte, daß die Juden sich selber helfen können, daß wir also keinen Grund haben, der Regierung einen Grund zu geben, um die Judenhetze in eine Jesuitenhetze umzubiegen" (Dok. 30).

Neben den Reaktionen der Vielen, denen das eigene Interesse näher lag als der verfolgte Nächste, war gewiss eine Haltung verbreitet, die sich als passiver Antisemitismus fassen lässt: Nicht wenige der „arischen" Deutschen betrachteten die jüdischen Deutschen als Fremdkörper, die sich in der Vergangenheit zuviel herausgenommen hätten. Daraus folgte zumeist das Ablehnen direkter Gewalt, aber keine Missbilligung der staatlich angeordneten Entrechtung.

45 Zitate aus Mosse (Hrsg.), Entscheidungsjahr 1932 (wie Anm. 12), darin: Hans-Joachim Kraus, Die evangelische Kirche, S. 249–270, hier: S. 259; Karl Thieme, Deutsche Katholiken, S. 271–288, hier: S. 272f.; P.B. Wiener, Die Parteien der Mitte, S. 288–321, hier: S. 290 f.; Hans-Helmuth Knütter, Die Linksparteien, S. 323–345, hier: S. 332.

46 Zit. nach Jochmann, Gesellschaftskrise (wie Anm. 19), S. 193.

47 Friedländer, Jahre der Verfolgung (wie Anm. 1), S. 142; David Bankier (Hrsg.), Probing the Depths of German Anti-Semitism. German Society and the Persecution of the Jews 1933–1941, New York 1999.

Da Juden rasch aus den Vereinen und dem öffentlichen Leben überhaupt ausgeschlossen wurden, Kollegen aus den Betrieben und Verwaltungen verschwanden, verloren sich die sozialen Kontakte fast von selbst. Wer nicht besonders mutig war, konnte sie einfach einschlafen lassen. Das taten längst nicht alle, wie sich am Beispiel von Ernst Loewenberg zeigen lässt. Er hatte an der reformerisch orientierten, koedukativen Hamburger Lichtwarck-Schule Deutsch unterrichtet und war als Träger des Eisernen Kreuzes erst im März 1934 entlassen worden. Die Schüler hielten die Verbindung zu dem verehrten Lehrer aufrecht, selbst diejenigen, die in die Hitler-Jugend eintraten. Im Schrebergarten sprach Loewenberg mit den Eltern: „Dort, wo sie unbeobachtet sind, sind auch sie wie früher." Ende 1934 entstand auf Wunsch seiner ehemaligen Schüler eine von Loewenberg geleitete Arbeitsgemeinschaft, in der Rilke-Gedichte gelesen und besprochen wurden. Erst als der Schulleiter einige Schüler und Schülerinnen einbestellte und ihnen vorhielt, sie hätten „ihre moralische Unreife durch Arbeiten mit einem Juden so eklatant bewiesen", beendete Loewenberg die Zusammenkünfte gegen den Wunsch der Schüler. Er fragte sich: „Ob ein Nazi-Mitbewohner unseres Hauses uns angezeigt hat? Wahrscheinlicher ist, dass es sich in der Schule herumgesprochen hat."[48]

Typisch ist diese Geschichte vermutlich nicht. Doch zeigt sie, wie auch das freundliche und von beiden Seiten gewollte Miteinander jäh zerreißen konnte. Das führte ziemlich rasch zum Entstehen unsichtbarer Barrieren, wie sie Rabbiner Joachim Prinz 1935 beschrieb: „Des Juden Los ist: nachbarlos zu sein." Und er fügte an: „Wir würden das alles nicht so schmerzlich empfinden, hätten wir nicht das Gefühl, dass wir einmal Nachbarn besessen haben" (Dok. 161). Den für die Überwachung der Juden zuständigen SD-Beamten, unter ihnen Adolf Eichmann, war das nicht genug. Nach ihrer Ansicht haperte es noch Ende 1937 erheblich an der „einmütige[n] Ablehnung der Juden durch alle Bevölkerungsteile".[49]

Reaktionen der Verfolgten

Die Vertreter der jüdischen Vereinigungen in Deutschland reagierten offensiv auf die unerwartet starke Bedrohung. Ungeachtet aller Differenzen gründeten sie im April 1933 den Zentralausschuss der deutschen Juden für Hilfe und Aufbau, der von jüdischen Gemeinden und ausländischen Hilfsorganisationen finanziert wurde.[50] In dem Ausschuss arbeiteten alle großen jüdischen Organisationen zusammen: der Centralverein deutscher Staatsbürger jüdischen Glaubens (CV), die Zionistische Vereinigung für Deutschland, der Hilfsverein der deutschen Juden, der Jüdische Frauenbund, der Preußische Landesverband Jüdischer Gemeinden, die Jüdische Gemeinde Berlin und die orthodoxe Vereinigung Agudas Jisroel. Der Zentralausschuss engagierte sich in der Wohlfahrtspflege und der Wirtschaftshilfe,

48 Bericht von Ernst Loewenberg, abgefasst 1940 in Boston, MA, in: Monika Richarz (Hrsg.), Bürger auf Widerruf. Lebenszeugnisse deutscher Juden 1780–1945, München 1998, S. 449–458.

49 Zit. nach Michael Wildt (Hrsg.), Die Judenpolitik des SD 1935 bis 1938. Eine Dokumentation, München 1995, S. 165.

50 Otto Dov Kulka (Hrsg.), Deutsches Judentum unter dem Nationalsozialismus, Bd. 1: Dokumente zur Geschichte der Reichsvertretung der deutschen Juden 1933–1939, Tübingen 1997; Yehuda Bauer, My Brothers Keeper. A History of the American Jewish Joint Distribution Committee 1929–1939, Philadelphia 1974.

sorgte für den bald notwendigen Ausbau jüdischer Schulen und unterstützte diejenigen mit Rat und Tat, die emigrieren wollten. Später bildete er den für praktische Arbeit wichtigsten Teil der Reichsvertretung der deutschen Juden, die am 17. September 1933 als Dachverband der großen politischen jüdischen Organisationen geschaffen wurde.
Hinter der Reichsvertretung standen im Wesentlichen die Gruppen, die schon den Hilfsausschuss gebildet hatten, nun aber beteiligte sich auch der ebenso einflussreiche wie deutsch-patriotisch gesonnene Reichsbund jüdischer Frontsoldaten. Zum Präsidenten der Reichsvertretung wählten die Versammelten den 1873 in der Nähe von Posen geborenen Religionswissenschaftler, Rabbiner und Philosophen Leo Baeck. Er galt als der weithin anerkannte Repräsentant des liberalen deutschen Judentums. Im Ersten Weltkrieg hatte er seit 1914 als Militärrabbiner im kaiserlichen Feldheer gedient. Seinem Pflichtgefühl folgend, nahm er 1933 den Vorsitz auf sich. Die erste öffentliche Erklärung der Reichsvereinigung trägt seine Handschrift: „In Tagen, die hart und schwer sind, wie nur je Tage der jüdischen Geschichte, aber auch bedeutungsvoll, wie nur wenige gewesen, ist uns durch gemeinsame Entschließung [...] die Leitung und Vertretung der Juden übertragen worden. [...] Im neuen Staate ist die Stellung der einzelnen Gruppen eine ganz andere geworden. Wir sollen dies einsehen ohne Selbsttäuschung."[51]
Während die deutschen Zionisten 1933 verstärkt versuchten, das jüdische Nationalgefühl zu wecken, die Emigration nach Palästina forcierten und als anti-assimilatorische Bewegung darin vom NS-Staat unterstützt wurden, traten die nationaldeutschen Juden bis zu ihrem Verbot 1935 dafür ein, die Rechte der Juden in Deutschland zu wahren. Jenseits solcher Differenzen verstand sich die Reichsvertretung als Gesamtrepräsentanz gegenüber der NS-Regierung und protestierte immer wieder gegen Willkür. Zum Beispiel schickte sie im Januar 1934 die Denkschrift „Zur gegenwärtigen Situation der Juden" an die Reichsregierung, die auf 80 Seiten die vielfältige Diskriminierung der jüdischen Bevölkerung in Deutschland vor allem auf wirtschaftlichem Gebiet dokumentierte (Dok. 99). Organisationen wie der Reichsbund jüdischer Frontsoldaten oder der CV sowie einzelne Synagogengemeinden richteten ebenfalls Petitionen und Beschwerden an Reichsministerien, Landesbehörden und Gemeindeverwaltungen (Dok. 47, 110 und 141).
Die Verfolgten wehrten sich. Aber sie taten es auf bürgerliche Weise, als seien ihre Kontrahenten demselben Rechtsdenken verpflichtet und würden sich an die Prinzipien von Treu und Glauben halten. Die Verfolger aber verhielten sich antibürgerlich, setzten die Regeln ständig neu, kannten ihre nächsten Schritte selbst nicht genau. Sie besaßen keinen ausgearbeiteten Plan, sondern entschieden meist ad hoc – getrieben und berauscht vom selbst erzeugten Sog fortgesetzter Radikalisierung. Sie handelten in der Überzeugung, dass es „nur ein Weiterschreiten auf dem eingeschlagenen Weg zu immer Neuem" gab.[52]
Noch 1936 wandten sich die Treuchtlinger Juden an die örtliche Polizei, als Jugendliche eine Totenfeier störten und die Trauernden mit Steinen bewarfen. Hannah Arendts Mut-

51 Barkai, „Wehr Dich!" (wie Anm. 16). Georg Heuberger, Fritz Backhaus (Hrsg.), Leo Baeck 1873–1956. Aus dem Stamme von Rabbinern, Frankfurt a. M. 2001; Erklärung der Reichsvereinigung, in: C.V.-Zeitung vom 20. 9. 1933, zit. nach Yahil, Shoah (wie Anm. 1), S. 125.

52 Theodor Maunz, Gestalt und Recht der Polizei, Hamburg 1943, zit. nach: Arendt, Elemente (wie Anm. 11), S. 617; Martin Broszat, Zur Erklärung des nationalsozialistischen Judenmords, in: Ders., Nach Hitler. Der schwierige Umgang mit unserer Geschichte, 2. Aufl., München 1988, S. 247; Hans Mommsen, Die Realisierung des Utopischen, in: Geschichte und Gesellschaft 9 (1983), S. 381–420.

ter Martha erdachte sich 1937 „kulinarische Programme für den Fall von Hitlers Sturz", träumte von der Rückkehr ihrer Tochter nach Deutschland und hatte sich wegen der relativen Ruhe nach den Nürnberger Gesetzen „mit Deutschland im allgemeinen wieder ganz ausgesöhnt".[53] Bemerkenswert an dieser Geschichte ist nicht so sehr die Gutgläubigkeit der Mutter, sondern die der klugen, hervorragend informierten, längst nach Paris emigrierten Tochter. Die beiden Frauen hatten sich nämlich in Genf getroffen, aber offenbar versuchte Hannah Arendt nicht, ihre Mutter an der Rückreise nach Königsberg zu hindern.

Zwischen Gewalt und Sonderrecht

Zu Beginn der NS-Herrschaft bestanden keine klaren Vorgaben für die antijüdische Politik. Diskriminierung und Verfolgung waren zunächst nicht Ergebnis von Führerbefehlen und Parteibeschlüssen. Dem Prinzip von Versuch und Irrtum folgend, bildete sich der neue Staatsantisemitismus in einem offenen, mehrere Jahre andauernden, immer wieder eskalierenden Prozess allmählich heraus. Daran beteiligten sich Politiker und Verwaltungsfachleute in den zentralen Schaltstellen des Reichs ebenso wie Gemeinderäte, aktive Parteigänger der NSDAP, Arbeitskollegen, unpolitische Vereinskameraden oder spontane Volksinitiativen.

Mal bremsend, mal beschleunigend wirkten auf die antisemitische Praxis vielerlei Faktoren und Interessen ein. In regelmäßigen Abständen zeigte sich das Bestreben der NS-Führung, den gewalttätigen Antisemitismus für kurze Zeit zu forcieren und dann wieder mit Hilfe von Gesetzen zu zügeln: Gesetzen, die den Juden Beschränkungen auferlegten, ihnen aber auch Restfreiheiten und Ausnahmen zu garantieren schienen. Aus vielen Einzelmaßnahmen und praktischen, oft nicht sofort aufgegriffenen Vorschlägen heraus entwickelte sich so ein unübersichtliches, aber konsequentes Staatshandeln. Der Antisemitismus der Straße wich weniger auffälliger Verwaltungsroutine, konnte jedoch im passenden Augenblick reaktiviert werden. Das tückische Wechselspiel zwischen willkürlicher Gewalt und vorübergehender Mäßigung kennzeichnete die deutsche Judenpolitik bis zum Novemberpogrom 1938 nach dem von Ian Kershaw beschriebenen Schema: „Druck von unten, grünes Licht von oben, weitere Gewalt von unten, Zügelung und Besänftigung der Radikalen durch diskriminierende Gesetzgebung. Durch diesen Prozess wurde die Verfolgung weiter verschärft."[54]

Ungeachtet der Methoden bestand das Ziel von Anfang an darin, die deutschen Juden in Angst zu versetzen. Sie sollten eingeschüchtert und zur Flucht getrieben werden. Dass die NS-Führung dabei zunächst keiner klaren Strategie folgte, sondern situativ und spontan improvisierend vorging, zeigt sich an dem unmittelbar nach dem Boykott Anfang April 1933 entworfenen „Gesetz über die Stellung der Juden". Erarbeitet hatte es eine informelle,

53 Michael Wildt, Gewalt gegen Juden in Deutschland 1933–1939, in: WerkstattGeschichte 6 (1997), H. 18, S. 5–80, hier: S. 65; Hannah Arendt, Heinrich Blücher, Briefe 1936–1968, Brief Arendts an Blücher vom 13. 9. 1937, S. 80.

54 Wolf Gruner, Die NS-Judenverfolgung und die Kommunen. Zur wechselseitigen Dynamisierung von zentraler und lokaler Politik 1933–1941, in: Vierteljahrshefte für Zeitgeschichte 48 (2000), H. 1, S. 75–126; Ian Kershaw, Hitler, Bd. 1: 1889–1936, Stuttgart 1998, S. 717.

vermutlich von Hitlers Stellvertreter Rudolf Heß geleitete Gruppe, um mit „legalen" Mitteln künftig direkte Gewalt und ausländische Proteste zu vermeiden. In dem Entwurf finden sich Berufsverbote, die Ausweisung ausländischer Juden und Verbote sexueller Kontakte zwischen Juden und Nichtjuden; Juden sollten durch ein „J" hinter dem Namen gekennzeichnet und als Zwangsmitglieder in einem staatlich überwachten „Verband der Juden in Deutschland" zusammengefasst werden (Dok. 27).

Hitler lehnte das ab. Er bevorzugte das langsamere Vorgehen. So richteten sich die ersten antisemitischen Gesetze gegen jüdische Angehörige einzelner Berufsgruppen, z. B. Rechtsanwälte sowie Beamte, Angestellte und Arbeiter im öffentlichen Dienst. Zu diesem Zweck musste im Kontext des Berufsbeamtengesetzes vom 7. April 1933 per Verordnung definiert werden, wer als Jude oder „jüdisch versippt" zu gelten habe, implizit wurde damit auch festgelegt, wer „arischer Volksgenosse" sei (Dok. 32). Die so gegebene gesetzliche Grundlage galt nur für Staats-, Landes- und Gemeindebedienstete. Doch wurde sie in den folgenden Monaten von den Vorständen der meisten deutschen Vereine und nichtstaatlichen Körperschaften dazu benutzt, sämtliche Juden auszuschließen oder sie ihrer haupt- oder ehrenamtlichen Funktionen zu berauben. Bis zum 31. Dezember 1933 schloss selbst der Bund erblindeter Krieger 17 Mitglieder wegen „nichtarischer" Abstammung aus.[55] Zum Protestantismus konvertierte Juden verwandelten sich plötzlich in „Judenchristen". Im September 1933 beschloss die Generalsynode der Evangelischen Kirche der Altpreußischen Union den Arierparagraphen für ihre Geistlichen und Beamten (Dok. 75). Andere protestantische Landeskirchen und Organisationen folgten.

Das Mitte Juli 1933 verkündete Ausbürgerungsgesetz schuf die Grundlage, vor allem „völkisch unerwünschten" Juden polnischer oder russischer Herkunft, die nach 1918 eingebürgert worden waren, die deutsche Staatsbürgerschaft zu entziehen. Ein Staat, der das tut, so schrieb Ernst Nolte in seinem 1963 bahnbrechenden Buch zum Faschismus, „erkennt im Grunde auch die übrigen aus der Vergangenheit herrührenden Verträge und Verpflichtungen nicht an". Parallel dazu diskutierten Ministerialbeamte ein Gesetz, das den deutschen Juden insgesamt die Staatsbürgerrechte nehmen und zwischen „arischen" Reichsbürgern und „nichtarischen" Reichsangehörigen unterscheiden sollte. Es wurde erst Ende 1935 als eines der beiden Nürnberger Gesetze erlassen.[56] Im Juli 1933 ordnete Göring an, die bis dahin begangenen antisemitisch motivierten Morde und Gewalttaten nicht länger gerichtlich zu verfolgen, weil sie im Zuge der nationalsozialistischen Revolution geschehen seien. Die bereits Verurteilten wurden amnestiert (Dok. 69).

Seit dem April-Boykott hatten verschiedene ausländische Regierungen gegen die Verfolgung der Juden interveniert, insbesondere sprach der polnische Botschafter immer wieder im Auswärtigen Amt vor. Im Inland protestierten die jüdischen Organisationen und Gemeinden, aber auch nichtjüdische Deutsche. Solange die Zeitungen noch nicht gleichgeschaltet waren, berichteten einzelne durchaus kritisch. So druckte die Deutsche Allge-

55 Gabriel Richter, Blindheit und Eugenik. Zwischen Widerstand und Integration, in: Blinde unterm Hakenkreuz. Erkennen, Trauern, Begegnen, Marburg a. L. 1991, S. 16–34, hier: S. 21.

56 Gesetz über den Widerruf von Einbürgerungen und die Aberkennung der Staatsangehörigkeit, RGBl., 1933 I, S. 480; Ernst Nolte, Der Faschismus in seiner Epoche. Action française – Italienischer Faschismus – Nationalsozialismus. Mit einem Rückblick nach fünfunddreißig Jahren, 5. Aufl. der Taschenbuchausg. München 2000, S. 459; Kurt Pätzold, Faschismus, Rassenwahn, Judenverfolgung. Eine Studie zur politischen Strategie und Taktik des faschistischen Imperialismus 1933–1935, Berlin 1975, S. 140.

meine Zeitung am 11. April 1933 Wilhelm Furtwänglers Protestbrief gegen den Ausschluss jüdischer Musiker aus dem deutschen Konzertleben. „Nur einen Trennungsstrich erkenne ich letzten Endes an", hatte der Chefdirigent der Berliner Philharmoniker an Goebbels geschrieben, „den zwischen guter und schlechter Kunst."

Martin Bormann vom Stab des Stellvertreters des Führers ordnete im September 1933 an, die in einzelnen Orten ergangenen Verbote aufzuheben, mit denen Juden untersagt worden war, städtische Bäder oder Märkte zu besuchen oder einzelne Dörfer zu betreten (Dok. 76). Doch änderte die Weisung nichts an der prinzipiell doppeldeutigen Politik. So kritisierte Innenminister Frick am 17. Januar 1934 zwar die zügellose Anwendung des „Arierparagraphen", bedeutete aber den Reichs- und Landesbehörden, die „Sonderbehandlung von Nichtariern" keineswegs behindern zu wollen.[57]

Von Ende 1933 an bis zum Jahresende 1934 verlagerte sich die Initiative zur Verfolgung der Juden auf lokale Instanzen. Während einige Städte in der zweiten Jahreshälfte 1933 ihre antijüdischen Bestimmungen wieder aufhoben, fällten in anderen Gemeinden Kommunalbeamte willkürliche Entscheidungen gegen jüdische Bürger und Organisationen. Vielerorts boykottierten NSDAP-Formationen wie die SA oder die NS-Hago (die Nationalsozialistische Handwerks-, Handels- und Gewerbeorganisation) ohne zentrale Vorgaben jüdische Firmen (Dok. 12, 15, 141, 143, 147). Nicht wenige Gastwirte, Hoteliers und Geschäftsleute untersagten Juden den Zutritt zu ihren Räumen. In den Aushangkästen des Hetzblattes Der Stürmer wurden diejenigen Deutschen, die weiterhin in jüdischen Geschäften einkauften, namentlich angeprangert, gelegentlich sogar mit Fotos.

Mehrfach intervenierte Hjalmar Schacht, Reichswirtschaftsminister und Reichsbankpräsident, gegen gesetzlich nicht gedeckte Diskriminierungen. Er ließ sich dabei nicht in erster Linie von humanitären und prinzipiellen rechtlichen Gründen leiten, hauptsächlich befürchtete er, die lokale Willkür würde die wirtschaftlichen, insbesondere die außenwirtschaftlichen Interessen des Landes schädigen (Dok. 189). Auch die deutschen Richter waren in den ersten Jahren der NS-Herrschaft längst nicht alle bereit, rassenpolitisch erwünschte Urteile zu fällen. Bis 1937 ergingen mehrere Urteile zugunsten jüdischer Händler, denen städtische Ordnungsämter das Aufstellen eines Marktstands verweigert hatten. Das preußische Oberverwaltungsgericht hob 1935 ein erstinstanzliches Urteil auf, in dem ausgeführt worden war: „Aufgrund der im Verlauf von Jahrhunderten gemachten Beobachtungen" und der „volkseigenen deutschen Auffassung" müssten jüdische Händler insgesamt „als unzuverlässig gelten und daher ausgeschaltet werden". Das Urteil wurde rechtskräftig, und die für Nachwuchsjuristen gemachte Zeitschrift Jugend und Recht schäumte: „Das deutsche Volk steht hinter diesem in seinem Namen ergangenen Urteil nicht."[58]

---

57 Herbert Michaelis, Ernst Schraepler (Hrsg.), Ursachen und Folgen. Vom deutschen Zusammenbruch 1918 und 1945 bis zur staatlichen Neuordnung Deutschlands in der Gegenwart. Eine Urkunden- und Dokumentensammlung zur Zeitgeschichte, Bd. 9: Das Dritte Reich. Die Zertrümmerung des Parteienstaates und die Grundlegung der Diktatur, Berlin 1964, Dokument Nr. 216, S. 397; Kurt Pätzold (Hrsg.), Verfolgung, Vertreibung, Vernichtung. Dokumente des faschistischen Antisemitismus 1933–1942, Leipzig 1983, Dokument 25, S. 70f.

58 Vermerk DGT/Abt. IV [1937], LA Berlin, Rep. 142/7, 4-10-2/Nr. 13; Ernst Fraenkel, Der Doppelstaat. Recht und Justiz im „Dritten Reich", Frankfurt a. M. 1984, S. 121.

Rückzug, Selbsthilfe und Emigration

Während sich die wirtschaftliche Lage für die Mehrheit der Deutschen seit 1933 stabilisierte und bald verbesserte, erlebten die jüdischen Familien einen drastischen sozialen Abstieg und sehr oft akute Geldnot. Schon im ersten Jahr der NS-Regierung wurden Zehntausende Juden entlassen oder mussten erhebliche Einkommensverluste hinnehmen. Von den 1933 rund 100 000 Betrieben und Geschäften jüdischer Inhaber verschwanden in den beiden Folgejahren 25 000. Die meisten Mittel-, Klein- und Kleinstbetriebe erlitten infolge des Boykotts schwere Umsatzeinbußen. Sie mussten Personal entlassen oder gingen bankrott. Da jüdische Ärzte schon im Sommer 1933 ihre Kassenzulassung und damit einen erheblichen Teil ihrer Patienten verloren hatten, schloss die Hälfte der Praxen bis 1937. Ähnlich erging es den jüdischen Rechtsanwälten: Um seine Interessen zu wahren, war ein nichtjüdischer Mandant de facto auf einen „arischen" Rechtsanwalt angewiesen.[59] Immer mehr jüdische Frauen begannen zu arbeiten, um zum Familieneinkommen beizutragen. Viele Kaufleute, die ihr Geschäft wegen der Verfolgungspolitik verloren, suchten ihr Auskommen als Hausierer oder fliegende Händler.

Das Gefühl wachsender Isolation traf insbesondere die assimilierten Familien und dort zuerst die Männer. Sie waren stärker als die Frauen in die Berufswelt und in das nichtjüdische Vereinsleben integriert gewesen. Zwangsläufig veränderten sie ihr Verhalten rasch. Sie versuchten, jedes Aufsehen, jeden Konflikt zu vermeiden, bevorzugten jetzt, was ihnen zuvor kaum in den Sinn gekommen wäre, die Gasthäuser jüdischer Wirte, die in den neuerdings abonnierten jüdischen Zeitungen inserierten. Die jüdischen Gemeinde- und Familienblätter forderten ihre Leser auf, sich nicht auffällig zu benehmen, druckten Stellenanzeigen, in denen Juden nach jüdischen Arbeitgebern suchten, und Annoncen, in denen von Juden geführte Geschäfte um jüdische Kunden warben.

Binnen weniger Monate wurden aus deutschen Juden oder aus Deutschen, die sich kaum noch ihrer jüdischen Wurzeln erinnerten, wieder Juden. Das zeigte sich im raschen, von Isolation und Angst bewirkten Aufschwung des jüdischen Vereinslebens. Der Reichsbund jüdischer Frontsoldaten und dessen Jugend- und Sportvereine gewannen in wenigen Jahren fast 50 000 neue Mitglieder. Trotz der starken, 1933 sofort einsetzenden Emigration nach Palästina steigerte die Zionistische Vereinigung für Deutschland ihre Mitgliederzahl von 7 000 (1932) auf 22 000 im Jahr 1935. Vor allem die jungen Leute wandten sich den Zionisten zu, so wuchs die zionistische Jugendorganisation Hechaluz (= Pionier) von 500 Mitgliedern im Jahr 1933 auf 16 000 Ende 1935.

In den Schulen herrschte dasselbe Bild: 1933 besuchten 75 Prozent aller jüdischen Schüler öffentliche Schulen, Ende 1937 nur noch 40 Prozent; in Berlin sank die Zahl jüdischer Kinder an öffentlichen Schulen im selben Zeitraum von 12 746 auf 2 704. Gleichzeitig stieg die Schülerzahl an jüdischen Schulen von 2 000 auf 8 845. Das war, wie W. Michael Blumenthal berichtet, für die meisten Schüler „ein angenehmer geschützter Ort mit engagierten Lehrerinnen und Lehrern, die alles taten, um uns Kinder vom Druck der Außenwelt abzuschirmen". Die meisten stammten aus assimilierten Elternhäusern und kamen hier „zum

59 Kümmel, Ausschaltung (wie Anm. 34), S. 76; Jacob Boas, The Shrinking World of German Jewry 1933–1938, in: LBI Year Book XXXI (1986), S. 241–266, hier: S. 254 f.; Avraham Barkai, Paul Mendes-Flohr, Deutsch-Jüdische Geschichte in der Neuzeit, Bd. 4: Aufbruch und Zerstörung 1918–1945, München 1997, S. 232.

ersten Mal im Leben mit jüdischer Religion und Tradition in Berührung"; die Eltern gerieten „in nachdenkliche Verlegenheit", wenn ihre Kinder plötzlich hebräische Gebete sangen.[60]

Der erzwungene Rückzug aus der nun „arisch" gewordenen deutschen Öffentlichkeit spiegelte sich im Aufschwung der neu gebildeten jüdischen Kulturbünde. Der erste derartige Bund entstand im Sommer 1933 in Berlin mit zunächst 12 500 Mitgliedern.[61] Geleitet wurde er von dem Arzt und Musikwissenschaftler Kurt Singer; zum Ehrenpräsidium gehörten Leo Baeck, Max Liebermann und Jakob Wassermann. Bald zählten die Kulturbünde mehr als 70 000 Mitglieder in rund 100 deutschen Städten. Die erste Theatersaison hatte der Berliner Kulturbund im Oktober 1933 noch mit „Nathan der Weise" eröffnen können. Es dauerte nicht lange, bis die Behörden jüdischen Schauspielern und Musikern untersagten, die Stücke „deutscher Komponisten" und „deutscher Dramatiker" aufzuführen.

Nach einiger Zeit veränderten die jüdischen Gemeinden ihren Charakter. Aus religiösen Zentren wurden Hilfsstellen für Rechtsberatung und Fürsorge. Boykottgeschädigten Geschäftsinhabern gewährten sie Kleinkredite, Entlassenen halfen sie bei der Stellungssuche, Jugendlichen vermittelten sie Ausbildungsplätze. Die Möglichkeiten dafür schrumpften in dem Maß, wie sich die Zahl der Rat- und Hilfebedürftigen vermehrte und sich – dazu spiegelbildlich – die Spenden- und Beitragseingänge verringerten. Staatliche Eingriffe erschwerten die Arbeit zusätzlich. In einzelnen Ländern des Deutschen Reichs verloren jüdische Gemeinden die ihnen bislang als öffentliche Körperschaften gewährten Steuerprivilegien; Vereine und Stiftungen wurden von der Gestapo aufgelöst und von den Finanzämtern enteignet, jüdische Arbeitsvermittlungen verboten. Ende 1936 entzog der Reichsfinanzhof jüdischen Stiftungen und Gemeinden rückwirkend die Vermögensteuerbefreiung, die mildtätige Organisationen bis dahin generell genossen hatten.

Weil die städtischen Fürsorgeämter seit 1935 jüdischen Armen staatliche Sozialleistungen kürzten, mussten jüdische Wohlfahrtsstellen helfend eingreifen. Im Oktober desselben Jahres wurden bedürftige Juden vom Winterhilfswerk des deutschen Volkes ausgeschlossen. Folglich mussten die jüdischen Gemeinden binnen Wochen eine aus eigenen Spendeneinnahmen gespeiste Winterhilfeorganisation aufbauen. Während die Zahl der „arischen" Arbeitslosen zwischen 1933 und dem Sommer 1936 um zwei Drittel zurückging, stieg die Zahl der jüdischen Arbeitslosen fortlaufend an: Mitte 1936 wurden mehr jüdische Arbeitslose als zu Beginn der NS-Diktatur gezählt, insgesamt 37 204[62] – und das, obwohl schon gut 80 000 Juden emigriert waren, weit überwiegend im besten Arbeitsalter.

60 Ebd., S. 237–240; Wolf Gruner, Die Reichshauptstadt und die Verfolgung der Berliner Juden 1933–1945, in: Reinhard Rürup (Hrsg.) Jüdische Geschichte in Berlin. Essays und Studien, Berlin 1995, S. 229–266, hier: Tabelle 2, S. 257; W. Michael Blumenthal, Die unsichtbare Mauer. Die dreihundertjährige Geschichte einer deutsch-jüdischen Familie, München 2000, S. 412 f.

61 Eike Geisel, Henryk M. Broder, Premiere und Pogrom. Der jüdische Kulturbund 1933–1941. Texte und Bilder, Berlin 1992.

62 Salomon Adler-Rudel, Jüdische Selbsthilfe unter dem Naziregime 1933–1939 im Spiegel der Berichte der Reichsvertretung der Juden in Deutschland, Tübingen 1974; Clemens Vollnhals, Jüdische Selbsthilfe bis 1938, in: Wolfgang Benz (Hrsg.), Die Juden in Deutschland 1933–1945. Leben unter nationalsozialistischer Herrschaft, München 1988, S. 314–411, hier: S. 374.

Allein im Jahr 1933 kehrten 37 000 deutsche Juden ihrer Heimat den Rücken.[63] Zunächst bildeten die europäischen Nachbarstaaten Frankreich, Niederlande, Schweiz und Tschechoslowakei die Hauptziele für die Flüchtlinge, außerdem Großbritannien und Palästina. Internationale jüdische Hilfsorganisationen unterstützten die Emigranten, von denen in den ersten Monaten viele überstürzt, nur mit einem Koffer in der Hand, geflohen waren. In den Jahren 1934 und 1935 sank die Zahl jüdischer Emigranten auf 23 000 beziehungsweise 21 000. Bis Ende 1937 hatten mehr als 125 000 Juden Deutschland verlassen; von insgesamt 116 000 Kindern und Jugendlichen im Alter von 6 bis 20 Jahren waren 67 000 ausgewandert. Wegen des raschen Mitgliederschwunds lösten sich schon 1933 und 1934 viele kleinere jüdische Gemeinden auf (Dok. 101).

Zehntausende jüdische Deutsche wählten einen zweiten Weg. Sie flüchteten aus den kleineren Gemeinden in die Großstädte. Im Allgemeinen verhielten sich die Menschen dort wesentlich liberaler, viele auch nur gleichgültiger; sie standen unter wesentlich geringerem sozialen Anpassungsdruck als in den kleineren Städten, Dörfern und Marktgemeinden. Ein guter Indikator dafür ist das Verschwinden der jüdischen Einzelhandelsgeschäfte. Insgesamt halbierte sich deren Zahl in Deutschland zwischen 1933 und 1937.[64] In den Dörfern und Kleinstädten mussten fast alle Einzelhandelsgeschäfte, die Juden gehörten, schon bald aufgegeben werden. Wegen der dort sehr viel dichteren sozialen Kontrolle blieb die Kundschaft aus. Während in Hamburg rund 20 und in Berlin 30 Prozent schließen mussten, waren es in Heidelberg 47 Prozent, in Göttingen 56 Prozent und in Marburg 69 Prozent.[65]

Von Auschwitz aus betrachtet, eröffnet sich eine tragische Einsicht: Je antisemitischer sich die „arischen" Nachbarn, Kunden und Arbeitskollegen zu Anfang der NS-Herrschaft verhielten, desto schneller entschlossen sich die Bedrängten zur Flucht und retteten so ihr Leben. Zeigten sich die alten christlichen Bekannten und Freunde freundlich und hilfsbereit, entschieden sich die Verfolgten eher zum Bleiben. Das minderte ihre Überlebenschancen dramatisch.[66]

Seit 1935 orientierten sich Emigranten nicht mehr nur nach Europa und Palästina, sondern in Richtung Südafrika, USA und Lateinamerika. In jenen Regionen blieb die Zahl der Immigranten jedoch zunächst gering. So gelangten von 1933 bis zum Juni 1937 etwa 17 000 Juden in die USA, deutlich weniger als die jährlich mögliche Quote von 26 000 deutschen Einwanderern. In den ersten Jahren unterstützte und privilegierte der deutsche Staat die Emigration nach Palästina und schloss zu diesem Zweck das Haavara-Abkommen, das über einen indirekten Kapitaltransfer der Emigranten zugleich den deutschen Warenexport mehrte. Zwischen 1933 und 1937 wanderten dort 40 000 deutsche Juden ein.[67]

63 Zur Emigration: Werner Rosenstock, Exodus 1933–1939. A Survey of Jewish Emigration from Germany, in: LBI Year Book I (1956), S. 373–390; Herbert A. Strauss, Jewish Emigration from Germany. Nazi Policies and Jewish Responses, in: LBI Year Book XXV (1980), S. 313–361, hier: S. 26 und XXVI (1981), S. 343–409.

64 Avraham Barkai, Vom Boykott zur „Entjudung". Der wirtschaftliche Existenzkampf der Juden im Dritten Reich 1933–1943, Frankfurt a. M. 1987, S. 122–124.

65 Frank Bajohr, Dieter Pohl, Der Holocaust als offenes Geheimnis. Die Deutschen, die NS-Führung und die Alliierten, München 2006, S. 29.

66 Konrad Kwiet, Gehen oder bleiben? Die deutschen Juden am Wendepunkt, in: Walter Pehle (Hrsg.), Der Judenpogrom 1938. Von der „Reichskristallnacht" zum Völkermord, Frankfurt a. M. 1988, S. 132–145.

67 Rosenstock, Exodus (wie Anm. 63), S. 376; Werner Feilchenfeld, Dolf Michaelis, Ludwig Pinner, Haavara-Transfer nach Palästina und Einwanderung deutscher Juden 1933–1939, Tübingen 1972.

Hilfsorganisationen in Deutschland und in den europäischen Nachbarstaaten organisierten und bezahlten für mittellose Emigranten Visa, Bahnfahrkarten und Schiffspassagen. Jüdische Zeitungen, insbesondere Gemeindeblätter, berichteten eingehend über Reise- und Aufnahmebedingungen in verschiedenen Ländern, ebenso über die Möglichkeiten zum Erlernen von Berufen und Sprachen oder zum Ablegen zusätzlicher Examina, die für die Emigration hilfreich sein konnten. Rechtsanwälte wie zum Beispiel Robert M.W. Kempner, der spätere US-Ankläger in den Nürnberger Prozessen, boten ihre Dienste „für die sachgemäße und schleunige Durchführung Ihrer Auswanderung" an; junge Frauen und – entsprechend abgewandelt – junge Männer veröffentlichten Heiratsanzeigen wie diese: „Ich suche einen Mann, der bereit ist, mit mir eine Existenz in Palästina zu gründen. Ich bin 23 Jahre alt, hübsch und vermögend."[68]

Da in Palästina, aber auch in Lateinamerika, Bauern und Handwerker als Einwanderer bevorzugt aufgenommen wurden, intensivierten insbesondere zionistische Organisationen eine in den Zwanzigerjahren entwickelte Strategie der Berufsausbildung auf landwirtschaftlichen Gütern und in Handwerkskursen. 1936 bestanden etwa 30 derartige von Zionisten betriebene Ausbildungsstätten in Deutschland und ein nicht-zionistisches Ausbildungslager im schlesischen Groß-Breesen (Dok. 266). Ähnliche Einrichtungen standen deutschen Juden in vielen europäischen Ländern offen. Die so vorbereiteten jungen Leute erhielten bevorzugt Einwanderungszertifikate für Palästina.

Die Jugendlichen lernten dort Viehzucht, Acker- und Gartenbau, um sich auf die Härten einer neuen Existenz in Palästina oder anderswo vorzubereiten. Weltanschaulich stützten sie sich auf den Ideenvorrat der Zeit: den Sozialismus, den Glauben an die aufbauende Rolle der Avantgarde wie auf die deutsche Jugendbewegung, die Abenteuerlust des Pioniers, die nationale Selbstfindung und die gegen eine immer rationellere Gegenwart gerichtete Romantisierung des einfachen Lebens. Vor allem aber konnten die jungen Leute sich dort relativ frei fühlen. Joel König berichtete über das westlich von Berlin gelegene Umschulungslager Steckelsdorf: Noch nach Kriegsbeginn sei es „eine friedliche Enklave" gewesen – „und dort durften wir leben".[69]

1935, das Jahr der Nürnberger Gesetze

Im Dezember 1934 setzten die Spitzen des NS-Staates die „restlose Ausschaltung des Juden aus der deutschen Lebensgemeinschaft" auf die Agenda. Sie diskutierten die schon mehrfach erwogene umfassende „gesetzliche Regelung der Judenfrage", die das Eheverbot zwischen Juden und Nichtjuden einschloss und die vollständige soziale Isolierung der jüdischen Deutschen bezweckte (Dok. 146). Im Januar 1935 begann abermals eine zentral gesteuerte Propagandaaktion, gefolgt von Gewaltakten, an denen sich neben SA und SS

68 Anzeigen aus der Jüdischen Rundschau 1935, abgedruckt bei Susanne Heim, „Deutschland muß ihnen ein Land ohne Zukunft sein". Die Zwangsmigration der Juden 1933 bis 1938, in: Arbeitsmigration und Flucht. Vertreibung und Arbeitskräfteregulierung in Zwischeneuropa (= Beiträge zur nationalsozialistischen Gesundheits- und Sozialpolitik, Bd. 11), Berlin 1993, S. 48–81, hier: S. 50.

69 Werner T. Angress, Generation zwischen Furcht und Hoffnung. Jüdische Jugend im Dritten Reich, Hamburg 1985; Joel König (= Ezra BenGershôm), David. Aufzeichnungen eines Überlebenden, Frankfurt a.M. 1979, S. 115.

zunehmend die Hitler-Jugend beteiligte (Dok. 169). Parallel dazu diffamierte die gelenkte Presse Juden als „Rasseschänder" und „Verbrecher".

Am 20. August 1935 fand im Reichswirtschaftsministerium eine interministerielle Besprechung über die wirtschaftlichen Folgen bestimmter Parteiaktivitäten statt (Dok. 189). Hjalmar Schacht berichtete über den Direktor der Reichsbankfiliale in Arnswalde, der in einem Stürmer-Kasten angeprangert worden war, weil er im Geschäft eines Juden eingekauft hatte. Schacht sprach „von höchster Perfidie und Gemeinheit" und forderte das Ende der Anschwärzerei. Während ein Vertreter des Propagandaministeriums darin „nichts Verwerfliches" sah, wandte sich Innenminister Frick gegen solche Übergriffe und kündigte an, sein Ministerium werde bald eine Reihe von Anordnungen vorlegen, um „die Judenfrage" auf „völlig legale Art und Weise zu lösen". Noch am selben Tag verkündete er per Erlass, Hitler habe kategorisch jede Einzelaktion verboten.[70] Im Fall solcher Anweisungen vertraten lokale Parteistellen nicht selten die Meinung, „gewisse Anordnungen, insbesondere auf dem Gebiet der Judenfrage, müssten dem Ausland gegenüber getroffen werden". Jedem „echten Nationalsozialisten" sei aber bekannt, wie „der wahre Wille des Führers [...] zu vollstrecken" sei.[71]

Wenige Wochen später berieten Hitler, Goebbels, Frick und Heß während des Nürnberger Parteitags die dann so bezeichneten Nürnberger Gesetze.[72] Sie wurden noch während des Parteitags auf einer Sondersitzung des Deutschen Reichstags akklamatorisch beschlossen und bestanden aus zwei Teilen: dem Reichsbürgergesetz und dem Gesetz zum Schutz des deutschen Blutes und der deutschen Ehre (Blutschutzgesetz). Ersteres nahm den deutschen Juden die politischen Rechte und erklärte sie zu bloßen Staatsangehörigen. Reichsbürger konnten fortan nur noch „arische" Deutsche sein. Das Blutschutzgesetz verbot Eheschließungen und nichteheliche sexuelle Beziehungen zwischen Juden und Nichtjuden, ebenso wurde Juden „zum Schutz der deutschen Ehre" untersagt, die Reichs- und die Hakenkreuzfahne zu hissen (Dok. 198 f.). Von nun an gab es im deutschen Strafrecht das Verbrechen „Rassenschande": In den folgenden Jahren wurden überall in Deutschland jüdische Männer wegen tatsächlicher Liebesbeziehungen zu „Arierinnen" oder einer bloß vermuteten proxima occasio von missgünstigen Nachbarn und Sexualneidern denunziert, von der Gestapo verfolgt und von den Gerichten zu Gefängnis- oder Zuchthausstrafen verurteilt. Die beteiligten Frauen wurden strafrechtlich nicht verfolgt, jedoch nicht selten wegen „Rassenverrats" öffentlich gedemütigt[73] (Dok. 186).

Das Leipziger Reichsgericht machte auf denkwürdige Weise von den neuen Gesetzen Gebrauch und stellte den „bürgerlichen Tod" der deutschen Juden fest. Am 27. Juni 1936 wies es die Schadensersatzklage eines jüdischen Filmregisseurs ab, dem der nichtjüdische Produzent im Februar 1933 den Vertrag aus rassenpolitischem Opportunismus gekündigt

70 Hilberg, Vernichtung (wie Anm. 1), S. 41–43.

71 Bericht des Regierungspräsidenten in Wiesbaden vom 31.8.1935, dokumentiert in: Otto Dov Kulka, Eberhard Jäckel (Hrsg.), Die Juden in den geheimen Stimmungsberichten 1933–1945, Düsseldorf 2004, beigelegte CD, Nr. 1141.

72 Neumann, Behemoth (wie Anm. 39), S. 151; Hans Mommsen, Die Entstehung der „Nürnberger Gesetze", in: ders., Auschwitz, 17. Juli 1942. Der Weg zur europäischen „Endlösung der Judenfrage", München 2002, S. 41–55; Cornelia Essner, Die „Nürnberger Gesetze" oder die Verwaltung des Rassenwahns 1933–1945, Paderborn 2002, S. 113–154.

73 Alexandra Przyrembel, „Rassenschande". Reinheitsmythos und Vernichtungslegitimation im Nationalsozialismus, Göttingen 2003.

hatte. Gestützt auf den Passus, dass dann kein Honorar fällig werde, wenn der Regisseur den Vertrag wegen Krankheit oder Tod nicht erfüllen könne, urteilte das höchste deutsche Gericht: Dem „leiblichen Tode“ entspreche der im älteren Fremdenrecht entwickelte Gedanke des „bürgerlichen Todes“, der mit der neuen Rassengesetzgebung für die Juden eingetreten sei. Wörtlich urteilten die Richter, dass die „aus gesetzlich anerkannten rassenpolitischen Gesichtspunkten eingetretene Änderung in der rechtlichen Geltung der Persönlichkeit“ dem in dem Regievertrag vorgesehenen Fall des physischen Todes „gleichzuachten“ sei.[74]

Nachdem die beiden Gesetze in Nürnberg verabschiedet worden waren, entbrannte eine Diskussion darüber, wie der Begriff „Jude“ zu definieren sei. Auf der einen Seite standen die Rassenwissenschaftler, die möglichst jedem denkbaren „jüdischen Blutseinschlag“ mit allerlei komplizierten Methoden auf die Spur kommen wollten. Auf der anderen Seite fochten die Beamten des Reichsinnenministeriums für ein möglichst rationelles, „automatisch“ funktionierendes bürokratisches Verfahren. Hitler schloss sich den Verwaltungspraktikern an. So wurde am 14. November 1935 die Erste Verordnung zum Reichsbürgergesetz erlassen (Dok. 210). Sie regelte, dass künftig als „Rassejude“ zu gelten habe, wer über mindestens drei Großeltern jüdischer Religion verfügte. Als Mischling 1. Grades wurden mit dieser Verordnung Menschen definiert, die zwei solcher Großeltern hatten, wer nur von einem Großelternteil jüdischer Religion abstammte, galt hinfort als Mischling 2. Grades.

Zur Gruppe der „Mischlinge“ gehörten 1933 rund 150 000 Menschen. Die Diskriminierung traf sie oft überraschender als sogenannte Volljuden. Sie verstanden sich fast ausnahmslos als Deutsche und konnten sich nur schwer erklären, warum ihnen – oft schon seit 1933 – der Zutritt zu Vereinen, zur Hitler-Jugend oder zur Offizierslaufbahn verwehrt wurde. Schon im Juni 1933 war deshalb der Reichsverband christlich-deutscher Staatsbürger nichtarischer oder nicht rein arischer Abstammung als Interessenvereinigung der „Mischlinge“ gegründet worden.[75]

Weitere 50 000 Juden lebten in „Mischehen“. Ihre Partner wurden als „jüdisch versippt“ eingestuft und deshalb stigmatisiert.[76] Um dem „arischen“ Partner die berufliche Zukunft zu sichern, ließen sich Tausende Ehepartner scheiden (Dok. 109). Blieben die Eheleute jedoch verheiratet, schützte das den jüdischen Partner später in den allermeisten Fällen vor der Deportation; dem christlichen Partner brachte die „Mischehe“ massive Nachteile (Dok. 191). Das 1946 erschienene Buch LTI widmete Victor Klemperer seiner nichtjüdischen Frau Eva, die mit ihm die Erniedrigung, die Dresdener Judenhäuser, die Angst und den Hunger durchlitten hatte: „Denn ohne Dich wäre heute dieses Buch nicht vorhanden und auch längst nicht mehr sein Schreiber.“[77]

74 Fraenkel, Doppelstaat (wie Anm. 58), S. 127.

75 Aleksandar-Saša Vuletić, Christen jüdischer Herkunft im Dritten Reich. Verfolgung und organisierte Selbsthilfe 1933–1939, Mainz 1999. Nach dem erzwungenen Ausschluss aller „Volljuden“ wurde der Reichsverband 1937 in Paulusbund, Vereinigung nichtarischer Christen e.V. umbenannt.

76 H. G. Adler, Der verwaltete Mensch. Studien zur Deportation der Juden aus Deutschland, Tübingen 1974, S. 278–322; Beate Meyer, „Jüdische Mischlinge“. Rassenpolitik und Verfolgungserfahrung 1933–1945, Hamburg 1999.

77 „Meiner Frau Eva Klemperer“, Widmung, Dresden, Weihnachten 1946, in: Victor Klemperer, LTI. Notizbuch eines Philologen, Leipzig 1947.

Von Anfang an – und verstärkt seit 1935 – wurden viele Beamte entlassen, die mit jüdischen Frauen verheiratet waren oder neben christlichen auch jüdische Großeltern hatten (Dok. 303). Der nie genau definierte Spielraum wurde im Fall der „Mischlinge" und „Mischehen" aus pragmatischen Gründen gewährt und um die „arische" Verwandtschaft ruhig zu halten. So verwandelte sich die familiär gegebene Kontaktsphäre zwischen nichtjüdischen und jüdischen Deutschen in eine undurchsichtige, von angst- und rücksichtsvollem Schweigen geprägte Trennzone, hinter der die „Volljuden" erst recht isoliert waren. Da die Nürnberger Gesetze die Segregation der deutschen Juden von der christlichen Mehrheitsbevölkerung bezweckten, löste das Geheime Staatspolizeiamt am 14. November 1935 den Verband nationaldeutscher Juden als staatsfeindlich auf und beschlagnahmte dessen Vermögen.[78] Der Centralverein deutscher Staatsbürger jüdischen Glaubens musste sich fortan Centralverein der Juden in Deutschland nennen; die Reichsvertretung der deutschen Juden hatte Reichsvertretung der Juden in Deutschland zu heißen.

Die Zentralisierung der Judenpolitik

Eine Organisation, die später für die Verfolgung der deutschen und der europäischen Juden zentrale Bedeutung erlangte, spielte in den ersten Jahren eine geringe Rolle: der Sicherheitsdienst (SD) der SS. Er war 1931 von der NSDAP als parteieigener Nachrichtendienst von dem damals 27-jährigen, aus der Marine entlassenen Offizier Reinhard Heydrich aufgebaut worden. Vom April 1933 bis 1934 leitete Heydrich zusammen mit seinem Mentor Heinrich Himmler zunächst die Bayerische Politische Polizei. Erst ein Jahr später gelang es den beiden, das Geheime Staatspolizeiamt in Preußen (Gestapa) zu übernehmen und sukzessive die Politischen Polizeien der Länder zur Gestapo zu vereinen und mit den Kriminalpolizeien zentralstaatlicher Leitung zu unterstellen.[79] Kripo und Gestapo fasste Heydrich zur Sicherheitspolizei zusammen, daneben leitete er weiterhin den SD, der sich langsam von einer Parteidienststelle in eine Staatsinstitution wandelte. In beiden Organisationen wurden Referate für Judenangelegenheiten eingerichtet, die erst langsam an Einfluss gewannen.

Die Gestapo versuchte seit Mitte 1935, die jüdische Bevölkerung auf der Basis von Mitgliederlisten jüdischer Organisationen individuell zu erfassen. Die örtlichen Dienststellen kontrollierten die dortigen jüdischen Organisationen. Sie verfolgten einzelne Juden wegen der Verletzung antijüdischer Bestimmungen, wegen Devisenvergehen und später wegen sogenannter Rassenschande. Das geschah in der Regel auf der Grundlage von Denunziationen. Hauptsächlich beschäftigte sich die Gestapo zunächst jedoch mit den politischen Gegnern des Regimes: So ging die Gestapo in Krefeld zwischen 1933 und 1937 gegen insgesamt 180 Personen vor, 19 davon waren Juden.[80]

Im Oktober 1935 folgte Hitler dem Vorschlag des Reichsführers der SS, Heinrich Himm-

78 Erlass des Gestapa (II 1 B 2 – 64640/ J. 577/35) vom 18. 11. 1935, zit. nach Joseph Walk (Hrsg.), Das Sonderrecht für die Juden im NS-Staat. Eine Sammlung der gesetzlichen Maßnahmen und Richtlinien. Inhalt und Bedeutung, Heidelberg 1981, S. 141.

79 Hans Buchheim, Die SS – Das Herrschaftsinstrument, in: Hans Buchheim, Martin Broszat, Hans-Adolf Jacobsen, Helmut Krausnick, Anatomie des SS-Staates, Bd. 1, Olten 1965, S. 38–54.

80 Eric A. Johnson: Der nationalsozialistische Terror. Gestapo, Juden und gewöhnliche Deutsche, Berlin 2001, S. 158–174.

ler, der gesamten Polizei einen weltanschaulichen Auftrag zu geben. Das bedeutete, ihr komplexe, über die gewöhnlichen Ordnungs-, Kontroll- und notfalls Terrorfunktionen hinausgehende Aufgaben zuzuschreiben. Sie wurde nun, wie Heydrichs Stellvertreter Werner Best sich ausdrückte, zum „Wächter über den politischen Gesundheitszustand des deutschen Volkskörpers". Am 17. Juni 1936 ernannte Hitler den Reichsführer SS Heinrich Himmler zum Chef der deutschen Polizei im Reichsministerium des Innern. Himmler gliederte die Polizei neu und schuf die beiden Hauptämter Ordnungspolizei und Sicherheitspolizei. Von nun an blieben Polizei und SS fest verbunden: Himmler bezeichnete sich als Reichsführer SS und Chef der deutschen Polizei, Reinhard Heydrich wurde in Personalunion Chef des Sicherheitsdienstes und der Sicherheitspolizei, formell erhielt er erst am 27. September 1939 den Titel Chef der Sicherheitspolizei und des SD.[81]

Im Hinblick auf die olympischen Winter- und Sommerspiele achtete die Reichsregierung 1936 verstärkt auf internationale Reaktionen. Die Winterspiele wurden vom 6. bis 16. Februar in Garmisch-Partenkirchen ausgetragen. Als David Frankfurter den Leiter der NSDAP-Landesgruppe Schweiz, Wilhelm Gustloff, am 4. Februar in Davos erschoss, sorgte die NS-Führung dafür, dass antijüdische Gewaltakte unterblieben (Dok. 225). Am 7. März besetzte die Wehrmacht das gemäß den Verträgen von Versailles (1919) und Locarno (1926) entmilitarisierte Rheinland. Weder England noch Frankreich intervenierten. So verhalf das riskante Unternehmen Hitler zu neuer innenpolitischer Stärke und erhöhte seine Handlungsfreiheit beträchtlich: „Ohne Zittern und Zagen, buchstäblich ohne Rücksicht auf Verluste, setzte das Regime von nun an auf Dynamik, Aufrüstung und Krieg. Stillstand lehnte es als Gefährdung seiner Existenz ab."[82]

Kaum hatte Hitler am 1. August 1936 die Olympischen Sommerspiele in Berlin eröffnet, verfasste er die geheime Denkschrift zum Vierjahresplan. Sie verfolgte das Ziel, Deutschland binnen vier Jahren für einen Angriffskrieg aufzurüsten. In diesem Geheimtext sprach er kaum verschlüsselt von der geplanten Enteignung der Juden: Sie sollten in ihrer Gesamtheit für alle Schäden haftbar gemacht werden, „die durch einzelne Exemplare dieses Verbrechertums der deutschen Wirtschaft und damit dem deutschen Volke zugefügt werden".[83] Für die Aufrüstung wurden derart hohe Kredite aufgenommen, dass sie nur mit der Beute eines Raubkrieges getilgt werden konnten. Auf die vielfältigen Einwände gegen das unprofitable Aufrüsten und die durch und durch unseriöse Finanzierung reagierte Göring am 17. Dezember 1938 mit der Bemerkung: „Es ist kein Ende der Aufrüstung abzusehen. Allein entscheidend ist hier der Sieg oder Untergang. Wenn wir siegen, wird die Wirtschaft genug entschädigt werden."[84]

Der Sicherheitsdienst der SS verfügte mit rund 200 Mitarbeitern im gesamten Reich 1934 weder über die personellen Ressourcen noch über die notwendige Autorität, um die antijüdische Politik wesentlich zu beeinflussen. Erst nach der Verabschiedung der Nürnber-

81 Buchheim, Herrschaftsinstrument (wie Anm. 79), S. 67–76; George C. Browder, Foundations of the Nazi State. The Formation of Sipo and SD, Lexington 1990, S. 208–249; Ulrich Herbert, Best. Biographische Studien über Radikalismus, Weltanschauung und Vernunft 1903–1989, Bonn 1996, S. 168–180, S. 186–191, Best-Zitat: S. 169.

82 Klaus Hildebrand, Das vergangene Reich. Deutsche Außenpolitik von Bismarck bis Hitler, 1871–1945, Stuttgart 1995, S. 611.

83 Wilhelm Treue, Hitlers Denkschrift zum Vierjahresplan 1936, in: Vierteljahrshefte für Zeitgeschichte 3 (1955), S. 184–210, hier: S. 210.

84 Zit. nach Hildebrand, Reich (wie Anm. 82), S. 623.

ger Gesetze begann im SD die planmäßige „Bekämpfung des Judentums". Im Januar 1936 wurde eigens dafür die Abteilung II 112 eingerichtet, in der Adolf Eichmann und Dieter Wisliceny, zwei der späteren Hauptorganisatoren der Deportation der europäischen Juden, von Anfang an mitarbeiteten, 1937 kamen Herbert Hagen und Theodor Dannecker dazu. Wisliceny sah die Aufgabe der Abteilung im April 1937 darin, „Staat und Partei das absolut stichhaltige Material" zu liefern, auf dessen Basis „gesetzgeberische und polizeiliche Maßnahmen" gegen die Juden erfolgen könnten.[85] Um den Terror möglichst zielsicher zu gestalten, versuchte die Judenabteilung des SD 1937, alle „in Deutschland vorhandenen Juden und Judenstämmlinge" in einer Kartei zu erfassen. Nach einigem Hin und Her wurde auf eine Anregung des Reichsinnenministeriums beschlossen, die Personendatei mit Hilfe der für den Frühsommer 1938 geplanten Volkszählung zu erstellen, weil ein solches Verfahren sehr viel billiger und vor allem zuverlässiger sei (Dok. 288). Wegen der Annexion Österreichs wurde die Zählung um ein Jahr auf 1939 verschoben; dann aber wurden die individuellen Daten aller deutschen Juden und der „Judenmischlinge" erhoben und in den Einwohnermelderegistern vermerkt.[86]

Am 1. November 1937 trafen sich 66 Abteilungsleiter, Referenten und Hilfskräfte des SD, die entweder in der Berliner Zentrale oder in den SD-Oberabschnitten für die Judenfrage zuständig waren. Sie hörten zwölf Kurzreferate und nahmen sich drei Stunden Zeit für den Tagesordnungspunkt „Allgemeine Aussprache". In seinem Referat erklärte Dannecker die „Methodik", mit der die SD-Männer den Juden das Leben unerträglich machen sollten: „Keine Minute Ruhe geben, stets die führenden Juden durch Vermahnungen in Atem halten, auf jede unseren Grundsätzen zuwiderlaufende Regung, auch die kleinste, sofort reagieren, kurz: völliges Eindringen in das jüdische und insbesondere das jüdisch-politische Eigenleben. Dadurch wird zwangsläufig der Auswanderungsgedanke genährt und die Idee von einem vielleicht doch noch möglichen Weiterverbleiben in Deutschland immer mehr untergraben."[87]

Schon bevor Göring offiziell zum Beauftragten für den Vierjahresplan ernannt worden war, hatte er als Leiter des im Frühjahr 1936 gebildeten Rohstoff- und Devisenstabs eine Vorläuferfunktion inne und in dieser Eigenschaft am 7. Juni 1936 den Chef des Sicherheitsdienstes Reinhard Heydrich mit dem Aufbau eines Devisenfahndungsamts beauftragt. Es war Göring „persönlich und unmittelbar" unterstellt und sorgte in der Folge bei den zuständigen Zoll- und Devisenprüfstellen dafür, dass die Devisenbestimmungen gegen die deutschen Juden exzessiv angewandt wurden. Göring brauchte die ausländischen Zahlungsmittel. Nur so konnten die für die Aufrüstung notwendigen Importe bezahlt und nur so die fünf Millionen Tonnen Getreide auf den ausländischen Märkten gekauft werden, die als Reichsgetreidereserve für den Kriegsfall gehortet wurden. In den folgenden zwölf Monaten trieb das neu geschaffene Amt Devisen im Gegenwert von 473 Millionen Reichsmark ein.[88]

85 Michael Wildt, Generation des Unbedingten. Das Führungskorps des Reichssicherheitshauptamtes, Hamburg 2002; ders. (Hrsg.), Judenpolitik (wie Anm. 49), S. 108–110 (Vermerk Wislicenys vom 7.4.1937); Herbert, Best (wie Anm. 81), S. 203–211.

86 Wildt (Hrsg.), Judenpolitik, S. 35–37, 153 f.; Götz Aly, Karl Heinz Roth, Die restlose Erfassung. Volkszählen, Identifizieren, Aussondern im Nationalsozialismus, überarb. Taschenbuchausg. Frankfurt a. M. 2000, S. 92–95.

87 Wildt (Hrsg.), Judenpolitik, Tagesordnung, S. 127–156, hier: S. 150.

88 Adam Tooze, Ökonomie der Zerstörung. Die Geschichte der Wirtschaft im Nationalsozialismus, München 2007, S. 255.

Um den für damalige Verhältnisse außerordentlich erfolgreichen Raub zu bewerkstelligen, ergingen zwei gegen wohlhabende Juden gerichtete Gesetze: zum einen das Gesetz zur Bekämpfung der Wirtschaftssabotage, das für die illegale Verbringung von Vermögen ins Ausland langjährige Haftstrafen oder die Todesstrafe vorschrieb; zum anderen das Gesetz zur Änderung des Gesetzes über die Devisenbewirtschaftung. Es erlaubte den Finanzämtern, von „auswanderungsverdächtigen" Personen einen beträchtlichen Teil des Vermögens als Sicherheit für die später zu entrichtende Reichsfluchtsteuer in Beschlag zu nehmen. Offiziell konnten Juden über die Deutsche Golddiskontbank ihr Vermögen in andere Länder transferieren. Dafür mussten sie im Januar 1934 einen Abschlag von 20 Prozent hinnehmen; im Juni 1935 wurde er auf 68 Prozent und im Oktober 1936 auf 81 Prozent hochgesetzt.[89] Die Auswanderung wurde weiter gefördert, aber daraus sollten „dem deutschen Staat keine Nachteile" entstehen. Die „Förderung" bestand vor allem darin, den Terror gegen „die jüdische Minderheit so zu erhöhen, daß deren Emigration billiger wurde – also möglichst viele Devisen eingespart, möglichst viel Eigentum konfisziert werden konnte".[90]

Damit begann im Sommer 1936 die Enteignung der Juden zum Vorteil der deutschen Staatskasse. Mehr noch: Von nun an war das Schicksal der Verfolgten mit einem Kriegsplan verbunden, der erklärtermaßen nur die Alternative „Sieg oder Untergang" zuließ. Bereits im Mai 1937 befasste sich der SD mit der Frage, wie mit den Juden im Fall eines Krieges zu verfahren sei (Dok. 283). In diesem Kontext erklärt sich, warum Göring 1938 die Gesetze durchpaukte, mit denen die Juden gezwungen wurden, ihr Vermögen anzumelden und mit denen ihnen endgültig die Freiheit genommen wurde, darüber zu verfügen.

Im April 1933 hatte der deutsche Staat den Juden das Recht abgesprochen, im öffentlichen Dienst zu arbeiten und als Beamte hoheitliche Funktionen zu erfüllen. Damit brach die NS-Regierung den praktisch erst 1919 gesetzten Schlussstein der Emanzipation deutscher Juden aus dem Verfassungsgefüge heraus. Als nächstes fiel im Mai 1935 die im Ersten Weltkrieg erlangte Wehrwürde.[91] Mit den Nürnberger Gesetzen wurde das alteuropäische Verbot der ehelichen Bindung zwischen Juden und Christen wiedererrichtet. In ihrer wirtschaftlichen Tätigkeit erlitten die Juden zwischen 1933 und 1937 in den verschiedenen Regionen, Gemeinden und Wirtschaftszweigen unterschiedliche Beschränkungen. Gesetzlich und faktisch „aus der deutschen Wirtschaft ausgeschlossen" wurden sie jedoch erst 1938. Damit fiel als letztes dasjenige Recht, das den Juden in Deutschland zu Beginn ihrer Emanzipation als erstes gegeben worden war.

89 Longerich, Politik (wie Anm. 1) S. 118–121 und 125 f.; Gesetze vom 1. 12. 1936: RGBl., 1936 I, S. 999 ff.
90 Heim, Deutschland (wie Anm. 68), S. 50.
91 Wehrgesetz vom 21. 5. 1935, RGBl., 1935 I, S. 609.

Dokumentenverzeichnis 1933–1937

122 Staatssekretär Pfundtner schlägt dem Reichslandwirtschaftsminister am 13. Juni 1934 vor, geschlossene Lager für die landwirtschaftliche Ausbildung von Juden einzurichten

123 Das Geheime Staatspolizeiamt ordnet am 14. Juni 1934 die Einziehung des Vermögens des Bundes der jüdischen Arbeitnehmer in Preußen an

124 Julius Plaut bittet den Hamburger Reichsstatthalter Karl Kaufmann am 14. Juni 1934 um die Rücknahme seiner Kündigung

125 Haynt: Artikel vom 15. Juni 1934 über die Bildung einer antijüdischen Internationale in Nürnberg

126 Kurt Rathenau unterrichtet seinen Bruder Fritz am 23. Juni 1934 über die katastrophale Lage seiner Firma Ernst Rosenberg & Co. GmbH Berlin

127 Eingabe an das Landesfinanzamt Schlesien vom 4. Juli 1934 zur Befreiung des an die Universität Istanbul berufenen Professors Erich Frank von der Reichsfluchtsteuer

128 Margot Littauer beschreibt ihren Schulalltag in Breslau Mitte 1934

129 Internationales Ärztliches Bulletin: Artikel vom Juli/August 1934 über den Mord an Erich Mühsam im Konzentrationslager Oranienburg

130 Die Geheime Staatspolizei verbietet am 2. August 1934 den Mitgliedern jüdischer Jugendverbände das Tragen von Uniformen und wehrsportliche Übungen

131 Verordnungsblatt der Obersten SA-Führung: Der Stellvertreter des Führers, Rudolf Heß, verbietet am 16. August 1934 den NSDAP-Mitgliedern den Umgang mit Juden

132 Der Mieterschutzverein Frankfurt a. M. schlägt dem Oberbürgermeister am 29. August 1934 die Umbenennung von Straßen und Plätzen vor

133 Die Reichsstelle für das Auswanderungswesen informiert am 29. August 1934 über Stand und Probleme der jüdischen Emigration aus Deutschland im zweiten Quartal

134 Reichsstatthalter Fritz Sauckel drängt Hitler und Heß am 31. August 1934, die Waffenfabrik Simson-Werke in Suhl zu enteignen

135 Der Historiker Willy Cohn berichtet am 16. September 1934 über einen Besuch in einem zionistischen Hachschara-Lager

136 Der Staatskommissar für Berlin trifft am 21. September 1934 Vorkehrungen anlässlich des jüdischen Laubhüttenfestes

137 Der National-Sozialistische Erzieher vom 13. Oktober 1934: Lehrplanentwurf zur Behandlung der Judenfrage an den sog. Staatsjugendtagen

138 Der Landesbauernführer Sachsen-Anhalt rechtfertigt vor dem Reichsbauernführer am 13. Oktober 1934 die Verdrängung der Juden aus der lokalen Wirtschaft

139 Der Regierungspräsident in Liegnitz berichtet dem preußischen Innenminister am 16. Oktober 1934 über einen Vorfall in Görlitz wegen des Hissens einer Hakenkreuzfahne auf einem „jüdischen Kaufhaus“

140 Der SA-Mann Werner Siemroth denunziert seinen Hamburger Arbeitgeber am 29. Oktober 1934 wegen der Beschäftigung von Juden

141 Der Centralverein informiert das Reichswirtschaftsministerium am 12. November 1934 über die Behinderung jüdischer Händler auf städtischen Märkten

142 Heinrich Himmler bittet Hitler am 22. November 1934, den Verband der Bayerischen Offiziers-Regiments-Vereine zum Ausschluss seiner jüdischen Mitglieder zu verpflichten

143 Ein NSDAP-Mitglied protestiert am 26. November 1934 anonym bei den Ministerien in Berlin gegen den fortwährenden Boykott jüdischer Geschäfte in Braunschweig

144 The New York Times: Meldung vom 4. Dezember 1934 über die Zusage Deutschlands, im Fall der Rückgliederung des Saargebiets ein Jahr lang die Rechte der Juden zu achten

145 Juristische Wochenschrift: Ein Urteil des Arbeitsgerichts Hanau hebt am 7. Dezember 1934 die Kündigung eines jüdischen Angestellten auf

DOK. 1
Jüdische Rundschau: Leitartikel vom 31. Januar 1933 zur Ernennung Adolf Hitlers zum Reichskanzler[1]

Regierung Hitler

Die Ernennung Hitlers zum Reichskanzler und die Bildung einer Regierung, in welcher die Nationalsozialisten die wichtigsten Machtpositionen inne haben, beendet einen Zustand der Unklarheit und sich immer erneuernden Verwirrungen, der die letzte Epoche innerer deutscher Geschichte charakterisiert. Wir stehen als Juden vor der Tatsache, daß eine uns feindliche Macht die Regierungsgewalt in Deutschland übernommen hat. Wer ein Gefühl für Realität hatte und sich nicht durch die Beschwichtigungen der liberalen Presse, die immer wieder einen Zerfall der nationalsozialistischen Bewegung zu sehen glaubte, beirren ließ, konnte sich freilich keiner Täuschung darüber hingeben, daß die in den großen nationalsozialistischen Wahlerfolgen zutage getretene politische Umgruppierung und geistige Umstellung des deutschen Volkes früher oder später auch in der Zusammensetzung der Regierung ihr Widerspiel finden müsse.

Der Nationalsozialismus ist eine *judenfeindliche Bewegung*, er ist programmatisch in einem Maße antisemitisch, wie es noch keine Partei war, er verdankt der skrupellosen Judenhetze einen großen Teil seiner agitatorischen Erfolge. Dies konnte uns aber niemals verhindern, die Tatsache anzuerkennen, daß der Nationalsozialismus eine entscheidende Kraft im deutschen Volke geworden ist, die geringzuschätzen irrig wäre. Darum haben wir uns auch, als Hitler am 13. August und am 25. November vom Reichspräsidenten[2] abgewiesen wurde, keineswegs so erleichtert und befriedigt gezeigt, wie ein Teil der Judenschaft, der Gesamtzusammenhänge nicht sehen will und an den politischen Einzelerscheinungen des Tages haftet. Hitler fand Gegner und Widerstände, aber wenn ihm im letzten halben Jahr der Weg zur Macht versperrt war, so gewiß nicht wegen seines antisemitischen Programms. Eher kann man sagen, daß unter dem Drucke der Hitlerpartei auch ohne Machtergreifung Hitlers die Ausschaltung der Juden bereits betrieben wurde.[3]

Die „Jüdische Rundschau" hat anläßlich der ersten Abweisung Hitlers auf die augenfällige Parallele mit dem Schöpfer der christlich-sozialen Partei in Wien, Dr. *Lueger*,[4] hingewiesen. Lueger, der zu seiner Zeit für die ganze Welt ebenso die Symbolgestalt des Antisemitismus war wie Hitler heute, wurde nach seiner Wahl zum Wiener Bürgermeister zweimal von Kaiser Franz Josef abgewiesen. Das dritte Mal mußte er bestätigt werden und errang

1 Jüdische Rundschau, Nr. 9 vom 31. 1. 1933, S. 1. Die JR ging 1902 als Organ der Zionistischen Vereinigung für Deutschland aus dem 1895 gegründeten Berliner Vereinsboten (von 1901 an Israelitische Rundschau) hervor. Als eine der größten jüdischen Wochenzeitungen im deutschsprachigen Raum propagierte sie die Ziele der zionistischen Bewegung. 1933 erschien sie, hrsg. von Heinrich Loewe, zweimal wöchentlich in Berlin. 1934 hatte sie eine Auflage von 37 000 Exemplaren. Nach dem Novemberpogrom 1938 in Deutschland verboten, wurde sie von März 1939 bis 1940 als Jüdische Weltrundschau in Jerusalem herausgegeben.

2 Reichspräsident war 1925–1934 Paul von Hindenburg (1847–1934).

3 So wurde z. B. Leo Kestenberg 1932 als Musikreferent vom preuß. Kultusministerium durch die Reichsregierung entlassen; zur Biographie siehe Dok. 5 vom 5./6. 3. 1933, Anm. 2.

4 Dr. Karl Lueger (1844–1910), Jurist; 1874–1896 Rechtsanwalt in Wien; 1891 Gründer der antisemitisch ausgerichteten Christlich-Sozialen Partei; 1897–1910 Bürgermeister von Wien.

so einen Triumph über den alten Kaiser. Unsere Vermutung, daß Hitler denselben Weg gehen wird, hat sich bestätigt. Noch vor 24 Stunden war man über die Lösung der Regierungskrise durchaus im Unklaren. Noch schien zwischen den einzelnen Gruppen der Rechten, die sich vor kurzem erbittert untereinander bekämpft haben, keine Einigung möglich. Auch die Rolle der einzelnen Persönlichkeiten in diesem Endspiel ist schwer zu durchschauen, aber es ist nicht unsere Sache, sie zu beurteilen. Die rechtsstehende „D.A.Z."[5] stellte in ihrer Sonntagsausgabe fest, daß Hindenburg sich bisher stets entschieden geweigert hat, Hitler als Führer eines Präsidial-Kabinetts zu akzeptieren, und da Hitlers Chancen auf eine parlamentarische Mehrheit gering sind, stellte die „D.A.Z." die Frage: „Hofft der Reichspräsident, daß die Hitler-Bewegung nachgeben wird oder hat er sich entschlossen, selbst nachzugeben?" Die Zeitung will damit wohl sagen, daß beide Möglichkeiten ausscheiden.[6]
Während diese Zeilen in Druck gehen, sind die Grundlagen, auf denen das neue Kabinett gebildet wurde, noch nicht bekannt. Unklar ist vor allem, ob das Zentrum eine parlamentarische Lebensform des Kabinetts ermöglicht. Die Regierung scheint auf die Unterstützung von Gruppen angewiesen zu sein, die durch ihre Grundsätze und durch das Gebot politischer Klugheit gebunden sind, über die Wahrung der verfassungsmäßigen Grundrechte der Staatsbürger zu wachen. Den Reichspräsidenten, der Hitler ernannt hat, bindet sein Verfassungseid, seine moralische Autorität und seine internationale Reputation. Die staatsbürgerliche Gleichberechtigung der deutschen Juden ist aber *in der Reichsverfassung verankert.* Wir können nur wiederholen, was wir am 12. August[7] an dieser Stelle schrieben: „Wird Hitler Reichskanzler, dann darf doch nicht das Programm der nationalsozialistischen Partei mit seinen bekannten antijüdischen Satzungen das Programm des Deutschen Reiches werden. Als Parteiführer konnte Hitler sich auf die von ihm fanatisierten Massen stützen, als Reichskanzler muß er wissen, daß Deutschland aus verschiedenen Elementen zusammengesetzt ist, die Anspruch auf Respektierung ihrer Eigenart haben." Die deutschen Juden, von der Partei des Reichskanzlers dauernd bedroht und beleidigt, herabgewürdigt und verleumdet, fordern von *jeder* Regierung, welche es auch sei, die Respektierung ihrer Existenz, ihrer Ehre und Art. Die ganze Welt blickt heute auf Deutschland, insbesondere das jüdische Volk. Trotz der numerischen Geringfügigkeit des deutschen Judentums steht für alle Juden der Welt das Schicksal der deutschen Juden im Mittelpunkt des Interesses. Wir sind überzeugt, daß auch im *deutschen Volk* die Kräfte noch wach sind, die sich gegen eine barbarische antijüdische Politik wenden würden. Darüber hinaus aber ist Deutschlands Stellung innerhalb der gesamten Kulturnationen abhängig von seinem Verhalten in der Judenfrage. Auch ein nationalsozialistisch regiertes Deutschland kann die Verschlungenheit der internationalen Beziehungen nicht ignorieren.
Die *deutschen Juden,* denen die neue Wendung nicht unerwartet kommen kann, haben ihre innere Ruhe und Würde zu wahren. Es ist selbstverständlich, daß das deutsche Judentum sich gegen jeden Versuch der formalen und tatsächlichen Entrechtung und Depossedierung mit *allen Mitteln und aller Energie zur Wehr setzen wird.* Diesen Kampf kann nur ein Judentum führen, das von unbeugsamem Stolz auf sein Volkstum erfüllt ist. Mit Versuchen der Anpassung und Selbstverleugnung ist es vorbei. Die deutschen Juden, die

5 D.A.Z.: Deutsche Allgemeine Zeitung.
6 Meldung unter der Rubrik „Unsere Meinung"; DAZ (Reichsausg.), Nr. 47/48 vom 29. 1. 1933, S. 1.
7 Leitartikel „Hitler Reichskanzler?"; JR, Nr. 64 vom 12. 8. 1932, S. 1.

den falschen Parolen ihrer Führer von gestern vertraut haben und sich dem Glauben an fortschreitende Besserung durch „Aufklärung“ hingaben, verlieren den Boden unter den Füßen. Angesichts der geschaffenen Bedingungen muß das deutsche Judentum mehr als bisher sich zur Selbsthilfe zusammenschließen. Den Geist des Judentums lebendig und aktiv zu erhalten – das ist die Aufgabe. Niemals war es so wichtig wie jetzt, den Glauben an das Judentum und seine Zukunft fest und unerschütterlich zu machen. Das jüdische Volk ist der Träger unvergänglicher Werte, der Fortsetzer einer unvergleichlichen Geschichte. In Zeiten der Gefahr und in Zeiten der Not gilt es, sich diese Tatsache mit aller Kraft ins Bewußtsein zu rufen.

DOK. 2
Nationalsozialistische Monatshefte: Leitartikel vom Januar 1933 zum Kampf gegen das internationale Judentum[1]

Arno Schickedanz,[2] Berlin:
Ein abschließendes Wort zur Judenfrage[3]
Einleitung

In der Erkenntnis, daß eine völkische Erneuerung Deutschlands nach dem geistigen und materiellen Zusammenbruch nur auf einer idealistischen, dem angestammten Charakter des deutschen Volkes entsprechenden und der ihm angeborenen Wesensart wieder zur Herrschaft führenden Grundlage erfolgen kann, sah sich der Nationalsozialismus gezwungen, von vornherein gegen alle fremdartigen Einflüsse Stellung zu nehmen. Wollte er eine Wiedergeburt Deutschlands erreichen, so mußte er auf dessen sich ewig erneuernde rassisch-seelischen Kräfte zurückgreifen, ihnen zum Siege verhelfen und nach Möglichkeit alle jene fremdrassischen seelischen Einwirkungen zurückdrängen und ausschalten, die eine Entfaltung der eigenen verhinderten oder sie verfälschten. Er war also gezwungen, die Nation zu nationalisieren, um sie zu retten und stieß damit auf den Widerstand jener Kräfte, die die Nation internationalisierten, um sie, bewußt oder unbewußt, zum eigenen Nutzen zu verderben. National oder international heißen die Losungen, denen gegenüber alle anderen zurücktreten; unter denen das Schicksal des deutschen Volkes entschieden wird. Damit aber ist die Auseinandersetzung zwischen der im Nationalsozialismus wiedererwachten Nation und dem Judentum unvermeidlich. In ihm, so merkwürdig das klingt, dem nationalsten Volke par excellence, verkörperten sich alle internationalisierenden Tendenzen, die auf die übrigen Völker und ganz besonders auf das deutsche Volk unablässig einwirkten, sowohl geistiger wie materieller Art. Schon in der französi-

1 Nationalsozialistische Monatshefte, 4 (1933), H. 34, S. 1–3. Die „Wissenschaftliche Zeitschrift der NSDAP“ wurde bis Ende 1933 von Adolf Hitler herausgegeben, die Schriftleitung hatte Alfred Rosenberg inne. Die Zeitschrift erschien von 1930 bis 1944.

2 Arno Schickedanz (1892–1945), Publizist; 1923 NSDAP-Eintritt und Teilnahme am Hitler-Putsch, 1930–1933 Leiter des Berliner Büros des Völkischen Beobachters, 1934–1945 Stabsleiter des Außenpolitischen Amts der NSDAP, 1940–1945 Hauptamtsleiter im Einsatzstab Rosenberg; Autor von „Die Juden. Eine Gegenrasse“ (1927).

3 Eine ausführliche Zusammenfassung des Artikels erschien im Völkischen Beobachter unter dem Titel „Die Judenfrage“; VB (Norddt. Ausg.), Nr. 36/37 vom 5./6. 2. 1933, 2. Beiblatt.

schen Revolution, die ein mißverstandenes und unglückliches Humanitätsideal in die Gleichheit alles Menschlichen verfälschte und ihren pazifistischen Befreiungsäußerungen nach außen eine Blutherrschaft nach innen gegenüberstellte, kommt diese Beeinflussung zu einer herrschenden Geltung, um mit dem wachsenden Wohlstand, unter Nutzbarmachung aller technischen Fortschritte, bis in die jüngste Vergangenheit an Umfang und Bedeutung zu gewinnen. Auf der einen Seite wuchsen sich die internationalen zwischenstaatlichen finanziellen Verpflichtungen unter jüdischer Leitung zu Schlinggewächsen aus und drohten die nationalen Volkswirtschaften zu erdrosseln. Dieser Prozeß wurde unterstützt von gleichzeitigen ungesunden Parallelerscheinungen innerhalb der einzelnen Volkswirtschaften, in denen durch Juden kontrollierte oder geleitete industrielle und kaufmännische Mammutsgebilde heranwuchsen, die unter Mißachtung nationaler Notwendigkeiten oder sogar in direktem Gegensatz zu ihnen untereinander ihre Kartelle schlossen oder ihre Konkurrenzkämpfe austrugen. Auf der anderen Seite bildete sich unter jüdischer Führung eine quer durch alle Volksgemeinschaften verlaufende innere Front, die die Volksgemeinschaften sprengte, unter dem Vorwand, jene parasitären Erscheinungen bekämpfen zu wollen. Hieß das Feldgeschrei, an dem sich während der französischen Revolution die Waffen berauschen sollten, „Freiheit, Gleichheit und Brüderlichkeit", die sich in der Praxis dann auf dem Schafott einstellte, so heißt es jetzt, in der nächsten Etappe, aufgebaut auf die Irrlehre des Juden Marx-Madochai,[4] schon: „Klassenherrschaft" und Vernichtung alles Bodenständigen, organisch Bedingten und Gewachsenen zuliebe einer schemenhaften, konstruierten internationalen Interessengemeinschaft aller angeblich von einem „Kapitalismus an sich" Ausgebeuteten. So ist durch diese intellektuelle Verfälschung des wirklichen Lebens das deutsche Volk wie jedes andere bedroht, und zwar von zwei Seiten, die beide unter einer internationalen Losung und unter einer jüdischen Führung stehen: durch das jüdische spekulative Finanzkapital und durch den Marxismus.
Der endgültige Sieg, gleich welcher Seite, bedeutet den völkischen Untergang Deutschlands. Im ersten Falle durch ein sich langsam verschärfendes Siechtum, das den endgültigen Verfall aller noch gesunden Lebenskräfte und Säfte der Nation einschließt, denen mit künstlichen Maßnahmen wie Ausfuhr von Arbeitssklaven, Auswanderung usw. usw. nachgeholfen werden kann, während andere kräftigere Völker den freiwerdenden Raum besetzen. Im zweiten Fall durch einen inneren Blutstrom ohnegleichen, der die Ausrottung der rassisch wertvollsten Elemente, der Schöpferischen, der Eigenwilligen, der an Charakter und Wesen Deutschesten bedeuten würde, die sich einer derartigen Herrschaft artfremder Wahnideen nie und nimmer beugen könnten. In beiden Fällen wäre das Schicksal Deutschlands besiegelt. Es wäre ausgetilgt aus der Geschichte der Völker und das Judentum hätte dann zwar nicht seinen ersten, wohl aber größten Triumph erlebt.
Insofern bedeutete der Kampf gegen das Judentum den Angriff auf die gegnerische Zentralmacht. Natürlich kann er erst nach Niederringung der jüdischen Hilfsstellungen, insbesondere seiner Schutzgarde, des Marxismus, gewonnen werden. Ihn aber sofort aufgenommen und als einen Programmpunkt seiner Forderungen verkündet zu haben, ohne von ihm trotz einer beispiellosen Gegenwirkung des auf der Höhe seiner Macht befindlichen Gegners abgewichen zu sein, ist schon an und für sich ein ungeheures geschichtliches Verdienst des Nationalsozialismus, das erst spätere Geschlechter voll würdigen wer-

4 Gemeint ist Karl Marx.

den. Die in den weitesten deutschen Volkskreisen bereits erwachte Erkenntnis, daß es ohne Ausscheidung des Judentums und Überwindung seiner Wahnideen keine Genesung des deutschen Volkes gibt, keine Befreiung von der Herrschaft Minderwertiger, keine Erlösung von der Phrase als Deckmantel antinationaler Bestrebungen, ist bereits eine Folge dieses Kampfes um die deutsche Wiedergeburt. So heißt es im Programm der N.S.D.A.P.: „Staatsbürger kann nur sein, wer deutschen Blutes ist, ohne Rücksichtnahme auf Konfession. Kein Jude kann daher Volksgenosse sein." Wozu die nächstfolgende Forderung tritt: „Wer nicht Staatsbürger ist, soll nur als Gast in Deutschland leben können und muß unter Fremdengesetzgebung stehen."[5]

DOK. 3
C.V.-Zeitung: Bericht vom 9. Februar 1933 über antijüdische Ausschreitungen in Gersfeld/Hessen[1]

Terror in Gersfeld

Im Laufe der vergangenen Woche sind in Gersfeld verschiedenen jüdischen Familien die Fensterscheiben eingeworfen worden; außerdem wurde ein jüdischer Kaufmann, der auf das Klirren der Scheiben die Verfolgung aufnahm, durch Messerstiche erheblich verletzt. Die Täter flüchteten, ließen aber eine Mütze und Handschuhe zurück, so daß mit der Feststellung ihrer Personalien gerechnet werden dürfte.
Zu größeren Ausschreitungen kam es am Sonnabend, dem 4. Februar, abends. Der Führer der NSDAP, Schreiner Heun,[2] forderte auf dem Marktplatz seine Anhänger auf, die jüdischen Einwohner aus ihren Häusern zu holen. Die fanatisierte Menge zog hierauf vor das Haus des angesehenen Kaufmanns Bachrach[3] i.Fa. Liebstädter; drei Nationalsozialisten verschafften sich mit Gewalt Eingang in das Haus und verletzten den ahnungslos im Kreise seiner Familie sitzenden Kaufmann Bachrach durch Schläge und Tritte so schwer, daß Herr Bachrach zusammenbrach und ärztliche Hilfe in Anspruch nehmen musste. Der rohe Überfall ist um so unverständlicher, als Kaufmann Bachrach niemals politisch hervorgetreten ist und sich persönlich wie geschäftlich allgemeiner Beliebtheit erfreut.

5 Zitiert wurden hier die Punkte 4 und 5 des NSDAP-Programms vom 24. 2. 1920; Der Nationalsozialismus, Dokumente, S. 28.

1 C.V.-Zeitung, Nr. 6 vom 9. 2. 1933, S. 41. Wochenzeitung mit dem Untertitel „Blätter für Deutschtum und Judentum". Organ des Centralvereins deutscher Staatsbürger jüdischen Glaubens seit Mai 1922, Nachfolgerin des CV-Organs Im Deutschen Reich (1895–1922). Die C.V.-Zeitung berichtete über das jüdische Leben in der deutschen Gesellschaft und setzte sich mit dem Antisemitismus auseinander. Ihre Auflage betrug 1935 40 000 Exemplare.
2 Wilhelm Heun (*1894), Tischler; 1930 NSDAP-Eintritt.
3 Richtig: Sally Bacharach (*1881), Kaufmann; wohnte von 1909 an in Gersfeld und verzog im März 1934 mit seiner Ehefrau Ida nach Fulda.

DOK. 4
C.V.-Zeitung: Artikel vom 23. Februar 1933 gegen antijüdische Propaganda auf den Straßen Berlins und in der NS-Presse[1]

Wem nützt das?
Neue judenfeindliche Hetze – Ritualmordlüge – Die „Protokolle". Die „jüdische Hamsterparole" und andere Verdächtigungen. Was sagen unsere Freunde?

I.

L. H.[2] Am Kurfürstendamm und in der Tauentzienstraße in Berlin wird seit einigen Tagen eine Broschüre zum Verkauf ausgerufen: *„Die Forderung der Stunde: Juden raus!"*[3] Die Verordnung zum Schutze des deutschen Volkes vom 4. Februar bedroht periodische Druckschriften mit dem Verbot (Abschnitt 2, § 9, Nr. 6), „wenn in ihnen eine Religionsgemeinschaft des öffentlichen Rechts, ihre Einrichtungen, Gebräuche und Gegenstände ihrer religiösen Verehrung beschimpft oder böswillig verächtlich gemacht werden". Der Sinn dieses Paragraphen geht eindeutig dahin, Religionsgesellschaften und ihre Einrichtungen, die an sich schon durch das Strafgesetzbuch (§ 166) geschützt sind, aus dem politischen Tageskampf herauszuheben. Die Achtung vor der Religion soll auch von den Andersdenkenden heilig gehalten werden. Es kann nicht das Ziel des Gesetzgebers sein, diesen auch von uns bejahten *Sinn* der Notverordnung lediglich auf *periodische* Druckschriften zu beschränken. Es muß darum auf das äußerste befremden, daß ein bekanntes Mitglied der Nationalsozialistischen Partei, deren verantwortlicher Regierungsübernahme unmittelbar jene Notverordnung folgte, Dr. von Leers,[4] eine Flugschrift verfaßt hat, die schwere Beschimpfungen nicht nur gegen das Judentum als angebliche politische Macht, sondern auch gegen die *jüdische Religion* enthält. Wir sind die letzten, die nach einer Zensur für Druckschriften schreien. Aber wir halten es für unsere Pflicht, darauf hinzuweisen, daß Schriften wie diese, „Forderung der Stunde", *Bürgerkriegs- und Pogromstimmung* zu erregen geeignet sind, und daß ihre Verbreitung in diesen Tagen nicht nur für die Juden, sondern für die Gesamtheit des deutschen Volkes eine direkte Gefahr bedeutet. Auch wenn Herr Dr. von Leers in seinem Nachwort schreibt:
„Nicht, um den armen Juden Gewalt anzutun, sondern um einem herrschsüchtigen fremden Volk die Beeinflussungsmöglichkeit zu nehmen, nicht um Pogrome zu veranstalten, sondern um die landesschädlichen Ostjuden hinauszutun, die übrigen Juden als Fremde politisch und wirtschaftlich ungefährlich zu machen, kämpft der Nationalsozialismus gegen Juda", schwächt er die Wirkung damit nicht ab.

1 C.V.-Zeitung, Nr. 8 vom 23. 2. 1933, S. 58 f.

2 L.H.: Dr. Ludwig Holländer (1877–1936), Jurist; 1908 Syndikus, später Direktor des CV, 1932 Chefredakteur der C.V.-Zeitung; Autor u. a. von „Deutsch-Jüdische Probleme der Gegenwart" (1929).

3 Die Broschüre wurde von Nationalsozialisten in Uniform u. a. vor dem Kaufhaus des Westens mit dem Ruf verteilt: „Juden raus! Aus den Geheimakten der Staatsanwaltschaft, von Minister Göring"; zit. nach einer Eingabe von Jean Sklarz vom 23. 2. 1933. Er hatte sich bei Göring darüber beschwert, dass sein Name in der Broschüre als „jüdisch und galizisch" bezeichnet werde; GStAPK, I HA, Rep. 90 B/133, Bl. 1.

4 Dr. Johann von Leers (1902–1965), Jurist und Publizist; 1926–1928 Attaché im auswärtigen Dienst; 1929 NSDAP- und 1936 SS-Eintritt, von 1929 an Hauptschriftleiter der NS-Zeitschrift Wille und Weg; 1938 Professor in Jena; von 1945 an in Italien, 1950 in Argentinien, 1955 in Ägypten; Autor u. a. von „Juden sehen dich an" (1933) und „Die Verbrechernatur der Juden" (1944).

Dr. von Leers wird den Vorwurf, daß er das Judentum als Religionsgemeinschaft verletzt, wahrscheinlich als üble Nachrede zurückweisen. Wir können es ihm aber aus seiner eigenen Schrift nachweisen. Er widmet ein großes Kapitel seiner Schrift angeblichen Talmudzitaten und dem angeblichen Ritualmordgebot. „Stundenlang", so schließt er sein Kapitel, „könnte man noch Fälle jüdischer Ritualmorde aufführen, wo arme, unschuldige kleine Kinder von Judenteufeln geschlachtet und gemein zu Tode gequält worden sind." In Fettdruck fügt er hinzu: „Mütter, sorgt dafür, daß die jüdische Gefahr für eure armen Kinder aus dem Lande kommt."
Das Reichsgericht hat wiederholt in Talmud-Prozessen dahin erkannt, daß die Behauptung, es gebe einen jüdischen Ritualmord, unsinnig sei. Aber selbst, wenn Dr. Leers mit der Rechtsprechung des Reichsgerichts nicht vertraut ist, so hätte er, da er sich ja mit der Frage des Ritualmordes eingehend beschäftigt hat, auch die Gegenliteratur und die vielen Aeußerungen führender christlicher Wissenschaftler lesen müssen, die ausdrücklich erklärt haben, daß es einen jüdischen Ritualmord nicht gibt. Er hätte wissen müssen, daß selbst ausgesprochene Judengegner von diesem Vorwurf abgerückt sind, und daß dieselben Blutbeschuldigungen von den Römern gegenüber den Christen, von den Chinesen gegen die europäischen Missionare, von den französischen Katholiken gegen die französischen Protestanten, kurz überall da erhoben worden sind, wo religiöse Minderheiten sich inmitten herrschender Anschauungen behaupten wollen. Er hätte des berühmten evangelischen Theologen *Strack* Werk „Das Blut im Glauben und Aberglauben der Menschen"[5] und die Sammlungen päpstlicher Bullen lesen sollen, die sich gegen solche Mordbeschuldigungen zur Wehr setzten. Dr. von Leers, der in Jahrhunderte zurückliegenden Fällen herumwühlt, hätte besser die Bulle des *Papstes Paul III.* vom 14. Mai 1450 zitiert, in der es heißt:
„Wir haben mißfällig vernommen, daß seit einigen Jahren gewisse Herren als heißspornige und, wie man sagt, tödliche Feinde derselben Juden, von Haß und Neid, oder, was mehr wahrscheinlich scheint, von Habsucht verblendet, damit sie das Hab und Gut selbiger Hebräer mit einem gewissen Anstand sich anzueignen imstande seien, ihnen fälschlich andichten, daß sie kleine Kinder umbringen, deren Blut trinken und andere verschiedene und mannigfache ungeheuerliche Verbrechen begehen, welche sich namentlich gegen unseren besagten Glauben richten – und in solcher Weise bemüht sind, die Gemüter der einfältigen Christen gegen sie aufzuhetzen, wodurch es geschieht, daß letztere häufig nicht bloß ihres Habes und Gutes, sondern sogar des Lebens in ungerechter Weise beraubt werden ... " – oder jene Bulle des *Papstes Innozenz IV.* vom 25. September 1253, der die Verbreitung der *Ritualmordbeschuldigung mit Exkommunikation* bedroht. Er hätte die Urkunde vom Juli 1236 lesen sollen, in der der *Hohenstaufe Kaiser Friedrich II.* „ein für allemal" verbietet, daß die Juden des Ritualmordes bezichtigt werden. Schließlich hätte er bei seinen Studien auch die Resolution des *Orientalistenkongresses* zu Rom vom Oktober 1899 finden müssen, die, auf Antrag des Kirchenrats Professor *Kautzsch*,[6] einstimmig aussprach:

5 Richtig: Hermann L. Strack, „Das Blut im Glauben und Aberglauben der Menschheit. Mit besonderer Berücksichtigung der Volksmedizin und des jüdischen ‚Blutritus'", 5.–7. Aufl. 1900; zuerst unter dem Titel „Blutaberglaube bei Juden und Christen" 1891. Strack (1848–1922) war Professor für evangelische Theologie und engagierter Kritiker des Antisemitismus.

6 Dr. Emil Kautzsch (1841–1910), evang. Theologe; Professor für das Alte Testament.

„Die Beschuldigung, daß jemals durch irgendwelche, für Anhänger der jüdischen Religion geltende Vorschriften die Benutzung von Christenblut für rituelle Zwecke gefordert oder auch nur angedeutet worden wäre, ist schlechthin unsinnig und des zu Ende gehenden Jahrhunderts unwürdig."
Ein zweites wichtiges Moment zu seiner Titelforderung „Juden raus!" entnimmt Dr. von Leers den „Protokollen der Weisen von Zion". Er behauptet, diese „Protokolle" seien völlig zu Unrecht angezweifelt und tatsächlich eine Zusammenstellung von Beschlüssen einer jüdischen Geheimkonferenz des Jahres 1897.[7]
Es ist unnötig, auf das längst als Fälschung gebrandmarkte und selbst von judenfeindlicher Seite als solches anerkannte Buch näher einzugehen. Genug davon, wir müssen auf diese Dinge, die beschämend für das ganze deutsche Volk sind, hinweisen, weil wir es für unsere Pflicht halten. Wir sehen aber auch leider, wie wenig sich die fanatischen Judenhasser um *tatsächliche Richtigstellungen kümmern*, die wir treffen.
II.
Am 18. Februar d. J. schrieb der „Angriff":[8] In Lübeck wurde *der Jude* und SPD-Führer *Leber*[9] aus der Haft entlassen. Der Jude Leber hätte zur Ermordung des Marinesturmmannes P.-G. Brüggemann aufgefordert.[10] Bereits in der letzten Nummer der „C.V.-Zeitung" haben wir darauf hingewiesen, daß Leber nicht das geringste mit dem Judentum zu tun hat.[11] Wozu wiederholt der „Angriff" diese Behauptung? Nur, um das Volk gegen die Juden aufzuwiegeln? Nach der gleichen Methode bezeichnet er die berüchtigten Skandalaffären der letzten Jahre, die mit Judenheit und Judentum auch nicht das geringste zu tun haben, fortgesetzt als jüdisch. Karl Marx, der als Mardochai bezeichnet wird, soll sein Werk „Das Kapital" im Auftrage der internationalen jüdischen Freimaurerlogen angefertigt haben. Ein Unsinn, der dadurch, daß er immerfort wiederholt wird, nicht wahrer wird.[12] So geht es mit allem.
III.
Kopfschüttelnd betrachten deutsche Juden jene Ausgeburten einer tollkühnen Phantasie, die sich bis in die letzten Tage hinein in nationalsozialistischen Blättern finden! Das Wirtschaftsgeschehen der letzten 14 Jahre soll vorwiegend jüdischem Einfluß entsprungen sein, jüdische Menschen sollen als Vampire des deutschen Volkes Kriegs-, Inflations- und Deflationserscheinungen gefördert und ausgenutzt haben und schließlich auch an der Deutschland zerstörenden Wirtschaftskrise reich geworden sein. Der „Angriff" gar führt die Erhöhung der Schmalzpreise, statt auf Zollerhöhungen, auf eine *jüdische Hamster-*

7 Die „Protokolle" bilden eine aus verschiedenen Texten (Teile stammen aus den 1860er-Jahren) montierte Fälschung, die in ihrer heutigen Fassung erstmals in Russland 1903 veröffentlicht wurde; siehe kritische Ausgabe: Die Protokolle der Weisen von Zion, S. 8–16, sowie Dok. 25 vom 4. 4. 1933, Anm. 4.

8 Der Angriff: Zeitung für den NSDAP-Gau Berlin.

9 Julius Leber (1891–1945), Volkswirt; 1924–1933 für die SPD Mitglied des Reichstags; 1933–1937 KZ- und Gefängnishaft; Mitglied des Kreisauer Kreises, nach dem Attentat vom 20. Juli 1944 verhaftet und 1945 hingerichtet.

10 Der Artikel erschien unter der Rubrik „Kurzmeldungen"; Der Angriff, Nr. 42 vom 18. 2. 1933, S. 2. Auch der Völkische Beobachter bezeichnete Leber als Juden; VB (Norddt. Ausg.), Nr. 50/51 vom 19./20. 2. 1933, S. 2.

11 Die C.V.-Zeitung kritisierte eine entsprechende Meldung des Westdeutschen Beobachters vom 2. 2. 1933; C.V.-Zeitung, Nr. 7 vom 16. 2. 1933, S. 50.

12 Siehe ähnliche Behauptungen auch in einem Artikel der NS-Monatshefte vom Januar 1933, Dok. 2.

parole zurück. Der „Völkische Beobachter" nennt uns „Wanzen" und fordert unsere Vernichtung.[13] Es lohne sich nicht, meinen viele Freunde, in diese Niederungen hinabzusteigen, jedes Wort der Auseinandersetzung sei überflüssig; denn wer so etwas schreibe, wisse, daß er nicht ernst genommen werde, wolle auch gar nicht ernst genommen werden. Man solle nicht Kraft und Geist an diese Elaborate verschwenden. So der selbstsichere Typ des kritischen, welterfahrenen deutschen Juden. Drüben, bis weit in die Reihen nationalsozialistischer Wählerschaft, das gleiche Urteil. Bedauern und Beschwerden der deutschen Juden seien zwar verständlich, aber als politisch erfahrene Menschen dürften deutsche Volksgenossen jüdischen Glaubens sich nicht erregen. Nichts werde so heiß gegessen, wie es gekocht würde, und man müsse zwischen überspitzten Phrasen der Volksversammlung und den wirklichen Zielen deutscher nationalsozialistischer Politik unterscheiden. Auch die Wanzenagitation werde abflauen, und deshalb sei kluge Zurückhaltung angebracht, nicht Protest.

Wir können diesem Rat nicht ohne weiteres folgen. Immer noch glauben wir, daß nicht Ueberschwang und Unüberlegtheit Redakteuren und Agitatoren das Wort eingeben, sondern wir müssen hinter Ton und Richtung jeder Agitation Absicht und Systematik suchen. Daß *vor* Erreichung des politischen Zieles judengegnerische Propaganda getrieben wurde, um die Massen zusammenzuhalten und ihnen den angeblichen Gegner zu symbolisieren, war uns bekannt. Daß auch *nach* Gewinnung der Macht in den Auslassungen offizieller Organe, wie des „Angriffs" und des „Völkischen Beobachters" der judenfeindliche Ton forte und fortissimo angeschlagen wird, muß uns stutzig machen. Was soll jetzt noch die Wanzenpropaganda, wo man doch wissen müßte, welche Probleme wirklich zur Debatte stehen. Das deutsche Volk will Arbeit und Brot, und es wünscht Lösung der *echten* Probleme, zu denen die sogenannte Judenfrage wirklich nicht gehört. Wir können uns mit der Zurückweisung jener ungeheuerlichen und niedrigen Angriffe nicht begnügen. Wir können nicht mit lässiger Handbewegung, wie es der frühere Reichsorganisationsleiter der NSDAP., Gregor Strasser,[14] in einer Erklärung im „Fränkischen Kurier" kürzlich getan hat, Auslassungen nationalsozialistischer Organe beiseite schieben, weil Niveau des „Stürmers" und die Person seines Herausgebers den Charakter der Angriffe von selber richten. Wir müssen bei Auslassungen politischer, wesentlicher, ja offiziell gewordener Organe wie des „Völkischen Beobachters" und des „Angriffs", die Frage „Wem zum Nutzen?" stellen und die Gefahren aufzeigen, die aus dem widerspruchslosen Gewährenlassen solcher ungehemmten Kampfmethoden entspringen. Heut ist es nicht mehr möglich, eine derartige Kampagne als gleichgültige Aeußerung irgendwelcher Journalisten oder Agitatoren abzuschütteln. Zündet der Funke und es entsteht Unglück, dann werden jene

13 In einem mit „KL." gezeichneten Artikel hieß es, im Berliner Stadtbild seien die „artfremden Juden" zu beobachten. Der Verfasser setzte sie mit Wanzen gleich, die sich in Nischen einnisteten und sich schnell vermehrten. Sie müssten, so der Artikel, einer Radikalkur unterzogen werden. Nur die „schärfste Ausräucherung des betroffenen Raumes" könne sie vertreiben; „Berliner Spaziergang: Die Wanzen", VB (Berliner Ausg.), Nr. 43/44 vom 12./13. 2. 1933, Berliner Beobachter. Tägliches Beiblatt zum VB, S. 2.

14 Richtig: Gregor Straßer (1892–1934), Apotheker; 1921 NSDAP- und SA-Eintritt, 1923 Teilnahme am Hitler-Putsch, Festungshaft in Landsberg a.L., 1925–1929 NSDAP-Gauleiter Niederbayern, 1926–1928 NSDAP-Reichspropagandaleiter, 1928–1932 NSDAP-Reichsorganisationsleiter, im Dezember 1932 Rücktritt von allen Parteiämtern; 1933–1934 Geschäftsführ. Direktor der Fa. Schering-Kahlbaum; am 30. 6. 1934 im Zusammenhang mit dem sog. Röhm-Putsch ermordet.

Kreise von der Verantwortung nicht freizusprechen sein, die das gehässige und unwahrhaftige Treiben kennen und es trotzdem gewähren lassen. Diese eindeutige Feststellung der Verantwortung ist wichtig.

DOK. 5
Völkischer Beobachter: Aufruf der NSDAP vom 5./6. März 1933 an die „deutschen Künstler" zur Reichstagswahl[1]

Jetzt wird der Schlußstrich gezogen!
Deutsche Männer! Deutsche Frauen!

Wir haben an dieser Stelle im Laufe des hinter uns liegenden Wahlkampfes, der einer der erbittertsten und ernsthaftesten unserer Geschichte war, eine *Generalabrechnung mit den Kultur-Sünden des verflossenen Systems* gehalten, die ein für allemal das Märchen vom Reich der „Schönheit und Würde" in seiner ganzen niederträchtigen Verlogenheit an den Pranger stellte. Es war das keine angenehme Arbeit, doch sie mußte geleistet werden, auf daß für alle Zeiten unvergessen bleibe, bis zu welchem Abgrund die Schlucht und der blinde Fanatismus volks- und rassefremder Elemente das Volk der Denker und Dichter gebracht haben. Es ist unumstößliche, grauenhafte Tatsache, *daß gerade auf dem Gebiet des kulturellen Lebens* dem deutschen Volksganzen *die schwersten inneren Schäden* zugefügt worden sind. Kein Zweig des Kulturlebens blieb von den zerfressenden und zersetzenden Einflüssen der zielbewußten Wühler verschont. *Das sei ihnen nie vergessen!*
Deutscher Dichter! Deutscher Schriftsteller!
Vergiß es nie, daß die sogenannten „Köpfe des Systems", alle die von uns an den Pranger gestellten Juden und Judengenossen, die heute mit hysterischem Geschrei nach „*Freiheit*" rufen, jahrzehntelang jede Freiheit zu Selbstzucht, Wehrwillen, Aufbauarbeit und völkischer Ehre *systematisch untergraben* haben. *Vergiß es nie*, daß sie jahrzehntelang den deutschen Büchermarkt zum Tummelplatz ihrer unzüchtigen, pazifistischen, hochverräterischen und gottesleugnenden literarischen Erzeugnisse machen durften, während du in verbissenem Zorn beiseite stehen mußtest, zur Tatenlosigkeit verurteilt!
Deutscher Bühnenautor! Deutscher Schauspieler!
Vergiß es nie, daß während der Nachkriegszeit bis auf diese Tage unter der liebevollen Duldung verantwortungsloser Theaterleiter *Hunderte von Juden und Ausländern* die deutschen Bühnen beherrschen durften, daß fremdrassige und fremdvölkische Künstler *Riesengagen* bezogen, während für dich in der eigenen Heimat kein Platz war, während du hungernd zusehen mußtest, wie andere sich mästeten! *Vergiß nie die Zeit*, da Nigger- und Meutererstücke, kommunistische Tendenzdramen, Unterwelts- und Sensationsreißer die Spielpläne füllten und alles in den Kot zogen, was dem deutschen Menschen hehr und heilig war!

1 Völkischer Beobachter (Norddt. Ausg.), Nr. 64/65 vom 5. /6. 3. 1933, 2. Beiblatt. Der VB war die Tageszeitung der NSDAP und erschien von 1927 an zunächst als Reichsausgabe in München. 1933–1945 erschienen zudem eine Berliner und eine Norddeutsche Ausgabe, von 1938 an eine Wiener Ausgabe.

Deutscher Architekt! Deutscher Bildhauer!
Vergiß es nie, daß im „deutschen Kunstreich jüdischer Nation" der Nachkriegszeit alles, was deutsche Schöpferfreudigkeit in Jahrhunderten aufgebaut hatte, in gewissenloser, überheblicher, verbrecherischer Anmaßung geschmäht und herabgezerrt werden durfte. Konstruktivisten, Psychopathen und Fremdbürtige wußten die Gunst skrupelloser Geldgeber zu gewinnen, während du übergangen wurdest und keine Aufgabe fandest, deine Fertigkeit und deines Geistes Kraft daran zu messen. *Vergiß es nie*, daß die Kunst, die ein hohes Schicksal uns Deutschen zur Pflege anvertraut hat, von fremden Händen an die Grenze des Irrsinns gebracht und als Ausdrucksmittel marxistischer Theorien mißbraucht wurde, während du verstoßen warst von dem Altar, dem du dein Leben weihtest!
Deutscher Tondichter! Deutscher Musiker!
Vergiß es nie, daß die ehrwürdigen Werte, die uns von unseren großen deutschen Meistern überkommen sind, unter einem Wust von *neuen Schlagworten und Lehren* verfälscht und beiseite geschoben wurden. *Vergiß es nie*, daß unter der Herrschaft des Juden Kestenberg[2] in aller Öffentlichkeit Propaganda für *marxistische Klassenkampfmusik* getrieben werden durfte, die kein anderes Ziel hatte als die *Zerstörung der deutschen Seele!* Du aber mußtest dein Instrument in die Ecke stellen, und der Beifall der verdorbenen Menge ward dir nicht zuteil; denn du hattest mit diesem Hexenkessel neudeutscher Musik-Kultur nichts gemein.
Deutscher Künstler! Deutscher Rundfunkhörer!
Vergiß es nie, daß sich zehn Jahre lang im Rundfunk, der eine Sache des gesamten Volkes sein sollte, *Konjunkturritter* breit machen durften, die zwar weder von ihrer Aufgabe, noch von ihrer Verantwortung durchdrungen waren, jedoch *Riesengehälter* einstecken konnten, nur weil sie es besser verstanden, nach „oben" hin einen krummen Buckel zu machen, als du, der du aufrecht bliebst in deinem Wesen! *Vergiß es nie*, was man dir unter schönfärbenden Ankündigungen als Kunst vorzusetzen wagte: *Kitsch und schleichendes Gift jüdischer Herkunft*, während du dir dafür die letzten Groschen vom Mund absparen mußtest!
Ihr alle, deutsche Männer und Frauen, die ihr in den weiten Kreis des deutschen Kunstlebens einbezogen seid, sei es, schöpferisch mitzuwirken oder sei es, freudig aufzunehmen: *Vergeßt es nie*, was ihr im Verlauf der letzten Jahre als „deutsche" Kunst über euch ergehen lassen mußtet, wehrlos dem Hohngelächter moskowitischer und jüdischer Kunstjobber preisgegeben! Euch allen bricht ein neuer Morgen an!
Es ist noch nicht lange her, daß *Adolf Hitler* die Regierung übernahm, und schon spürt ihr den frischen Wind, mit dem sich eine bessere Zeit ankündigt, schon hört ihr den hämmernden Schlag, unter dem der hohle, tönerne Bau erzittert, den der Kulturbolschewismus in unserer Mitte errichtete. Schon fliegen die ersten Steine aus dem morschen Gemäuer –.
Bei euch liegt es, nachzustoßen und der volksfremden Pseudo-Kunst der Nachkriegszeit den Rest zu geben!
Bei euch liegt es, ob ihr in dieser Schicksalsstunde abseits stehen wollt, oder ob ihr mitzuhelfen gewillt seid, dem deutschen Volk die Kultur zurückzubringen, die ihm nach seiner Art und Begabung zukommt.

2 Leo Kestenberg (1882–1962), Pianist und Musikreformer; von 1918 an Musikreferent im preuß. Kultusministerium, 1932 durch die Reichsregierung entlassen; emigrierte 1933 nach Prag, 1938 nach Palästina, dort u. a. Manager des Palestine Orchestra und Gründer des Music Teachers Training College Tel Aviv; Autor u. a. von „Musikerziehung und Musikpflege" (1921).

Bei euch liegt es, zu entscheiden, ob ihr für das Gestern seid oder für das Morgen, für Niedergang oder Aufgang, für Bolschewismus oder Deutschland!
Adolf Hitler ruft euch! Adolf Hitler kennt euch alle, ihr Namenlosen und Zurückgesetzten! Adolf Hitler wird euch herausführen, dem neuen Tag entgegen!
Faßt mit an das große Werk! Keine Stimme den Kultur-Verrätern!
Wählt Nationalsozialisten! Wählt Liste 1

DOK. 6
Walter Gyssling beschreibt Ausschreitungen und Misshandlungen in München am 9./10. März 1933[1]

Tagebucheintrag Walter Gyssling[2] vom 10. 3. 1933 (Abschrift)

10. März: Hinter uns liegt eine Nacht des Grauens. Es war schliesslich nicht anders zu erwarten. Wer die hemmungslosen Hetzreden gehört hat, die gestern Abend vor der Feldherrenhalle gehalten wurden, ist entsetzt, aber nicht überrascht. Die Esser,[3] Epp,[4] Röhm,[5] und wie die „Führer" noch alle heissen, haben unbedenklich Oel ins Feuer gegossen. Sie tragen Schuld an all den entsetzlichen Verbrechen, die heute Nacht geschahen. Die Arbeiterzeitungen zerstört, das Gewerkschaftshaus gestürmt, hunderte von kommunistischen und sozialdemokratischen Führern in Haft, es ist furchtbar, aber man ist daran schon irgendwie gewöhnt, zumal wenn man die Woche nach dem Reichstagsbrand in Berlin miterlebt hat. Aber dass blutgierige Verbrecher die Wohnungen friedlicher, unpolitischer

1 Abschrift des Tagebucheintrags in: Walter Gyssling, Mein Leben in Deutschland vor und nach Hitler (1940), S. 99–101; The Houghton Library Cambridge/MA, Preisausschreiben der Harvard-Universität „Mein Leben in Deutschland vor und nach dem 30. Januar 1933" (im Folg. Harvard-Preisausschreiben), Nr. 86. Abdruck in: Gyssling, Leben, S. 150–153. Der Wettbewerb „zum Zwecke der wissenschaftlichen Materialsammlung" für eine Untersuchung über die Wirkungen des Nationalsozialismus auf die deutsche Gesellschaft wurde im Sommer 1939 von der Harvard-Universität ausgelobt und mit einer Abgabefrist zum 1. 4. 1940 international bekannt gegeben; Pariser Tageszeitung, Nr. 1078 vom 19. 8. 1939, S. 4. Die Unterlagen des Wettbewerbs befinden sich in der Houghton Library der Harvard-Universität, eine Teilkopie (Mikrofilm) im ZfA/A Berlin.

2 Dr. Walter Gyssling (1903–1980), Journalist; Berufsoffizier, anschließend Studium; 1929 SPD-Eintritt; 1930–1933 leitender Mitarbeiter des CV-Büros zur Abwehr des Antisemitismus; März 1933 Flucht vor Verhaftung nach Basel; Autor von „Der Anti-Nazi" (1931, Reprint 2003).

3 Hermann Esser (1900–1981), Journalist; 1918 SPD- und 1920 NSDAP-Eintritt, 1921–1923 und 1925–1926 Propagandaleiter der NSDAP, 1923 Teilnahme am Hitler-Putsch, 1926–1932 Hrsg. des Illustrierten Beobachters; 1933–1935 bayer. Staatskommissar, dann Staatsminister ohne Geschäftsbereich (Leitung der Pressestelle und der Staatskanzlei), 1935–1945 Leiter der Fremdenverkehrsabt. im RMfVuP, von 1939 an StS; 1945 in Nürnberg interniert, 1949 bei der Entnazifizierung von der Spruchkammer München als Hauptschuldiger eingestuft und zu fünf Jahren Arbeitslager verurteilt, 1952 entlassen.

4 Franz Xaver Ritter von Epp (1868–1946), Berufsoffizier; 1887–1923 Militärlaufbahn, u. a. Einsatz in China und Deutsch-Südwestafrika, zuletzt als Generalleutnant; 1919 Führer des Freikorps Epp; 1928 NSDAP-Eintritt; 1933–1945 Reichsstatthalter in Bayern, 1934–1944 Reichsleiter des kolonialpolitischen Amts der NSDAP, 1936–1945 Bundesführer des Reichskolonialbunds; 1945–1946 interniert.

5 Ernst Röhm (1887–1934), Berufsoffizier; 1923 Teilnahme am Hitler-Putsch, dann Verabschiedung aus der Reichswehr; 1925 und 1930–1934 Führer der SA; 1928–1930 Militärinstrukteur in Bolivien; 1930 NSDAP-Eintritt; 1933–1934 bayer. Staatsminister, Reichsminister ohne Geschäftsbereich, Präsident des DAAD; am 30. 6. 1934 wegen eines angeblichen Putschversuchs ermordet.

Bürger stürmen, dass Menschen verschleppt, misshandelt werden, dass diesen Banden nichts, aber auch gar nichts heilig ist, das hat es bisher in Deutschland nicht gegeben.
Wir versuchen heute wenigstens einen Ueberblick über die Ereignisse der Nacht zu gewinnen.
Eben teilt uns ein Führer der Bayerischen Volkspartei mit, dass der bisherige Polizeiminister Dr. Stützel[6] nachts von S.A.-Leuten aus seiner Wohnung geholt, barfuss und im Nachthemd ins braune Haus[7] gebracht und dort unmenschlich geschlagen wurde. Ob er gestern Vormittag nicht vielleicht doch die Polizei hätte marschieren lassen, wenn er sein Schicksal geahnt hätte. Dann kommt ein Freund, der uns verstört erzählt, dass ein bekannter, politisch nie hervorgetretener Kaufmann, nachts in seiner Wohnung von der S.A. überfallen wurde. Mit den Worten „mir ham 14 Jahr' g'hungert und Du Saujud hast das Geld verfressen" rissen ihm die entmenschten Bestien buchstäblich einen Arm aus. Der Reklamechef eines Warenhauses wird verprügelt, in einen abgelegenen Wald verschleppt und dort nackt mit Stricken an einen Baum gebunden. Von einem jüdischen Möbelhändler hört man nur, dass er infolge einer nächtlichen Haussuchung durch S.A.-Leute mit einem Schädelbruch in der chirurgischen Klinik liegt. Die Frau eines Rechtsanwalts begegnete mir. Ihr Mann ist geflohen. Aus Wut darüber wurde sie nachts von den eindringenden S.A.-Leuten barbarisch misshandelt. Sie kann kaum gehen. All ihre Glieder sind mit Striemen und blauen Flecken bedeckt. Eine Verhaftung nach der anderen wird gemeldet. Nicht nur die Führer der Linksparteien, zahlreiche jüdische Kaufleute wurden einfach auf Grund irgendwelcher Proskriptions-Listen festgenommen. Wir begeben uns zu den Geschäftsräumen eines bekannten jüdischen Vereins. Was wir dort sehen, ist ein Bild sinnloser Verwüstung. Türen und Fenster zerschlagen, die Telefonapparate und Möbel mit Axthieben zertrümmert, alles durcheinander geworfen. Die dort beschäftigten Angestellten erzählen uns bleich und weinend von dem Ueberfall. Was nicht niet- und nagelfest war, Akten, Bücher, Bureaumaschinen, Geld, alles war geraubt worden. Nicht einmal ein Telefonbuch und einen Fahrplan hatten die Plünderer zurückgelassen. Dort höre ich auch näheres über das entsetzliche Schicksal des ehrwürdigen Rabbiners.[8] Er war in der Nacht von S.A.-Leuten ins braune Haus verschleppt worden, wo man ihn mit den Worten „da kommt er ja, der krumme Judenhund, der wird jetzt gleich erschossen", empfing. Er wurde dann auf den Exerzierplatz Oberwiesenfeld geführt, mit verbundenen Augen an einen Baum gestellt, ein Exekutionspeloton trat an, ein Offizier kommandierte, „legt an, gebt Feuer". Geschossen wurde aber nicht. Man wollte den würdigen Greis bloss „ein bisschen erschrecken" und liess ihn dann wieder laufen. Dafür kommt jetzt eine andere Jüdin und erzählt, wie in der Nacht Nationalsozialisten in ihre Wohnung eindrangen. Ihr Mann und ihr Sohn wurden gezwungen, einen Revers folgenden Inhalts zu unterzeichnen: „Ich, der Israelit, J.L., erkenne hiermit an, dass ich ein Landesverräter bin und verpflichte mich, unter Zurücklassung meiner dem deutschen Volk abgestohlenen Kapitalien, das Land binnen 4 Wochen zu verlassen". Kaum hatten sie im Angesicht

6 Dr. h.c. Karl Stützel (1872–1944), Jurist; 1918–1933 Mitglied der Bayer. Volkspartei; 1901–1914 u. a. Assessor in Landshut, 1914–1918 Bezirksamtmann in Vilshofen, 1918–1924 Ministerialrat im bayer. Ministerium für Soziale Fürsorge, 1924–1933 bayer. Innenminister, 1932 Initiator des SA und SS-Verbots; 1933 Inhaftierung durch die SA und Amtsenthebung.

7 Braunes Haus: Parteibezeichnung für die NSDAP-Parteizentrale, die sich 1930–1945 in der Brienner Straße 45 in München befand.

8 Vermutlich Rabbiner Leo Baerwald. Zu Baerwald siehe Dok. 42 vom 13. 5. 1933.

der drohend erhobenen Revolver-Läufe unterschrieben, da erklärte ihnen der S.A.-Führer, es habe einmal ein Jude verlangt, man soll Hitler aus Deutschland hinauspeitschen. Diese Aeusserung werde jetzt an ihnen gerächt. Beide wurden völlig entkleidet und mit Drahtpeitschen geschlagen, bis sie bewusstlos zusammenbrachen.
So geht es stundenlang. Eine Schreckensmeldung jagt die andere. Ich kann es schliesslich nicht mehr ertragen und gehe. Aber ich soll keine Ruhe haben. Auf der Strasse ist es noch ärger. Vor meinen Augen, begeifert und bespieen von hysterischen Bestien, treiben S.A.-Leute mit Peitschen am hellen Mittag einen Mann vor sich her. Er trägt weder Schuhe noch Strümpfe, keinen Rock, keine Hose, nur ein Hemd und zerrissene Unterbeinkleider. Um seinen Hals hängt ein Plakat mit der Inschrift „ich der Jude Siegel werde mich nie mehr über Nationalsozialisten beschweren".[9] Es ist einer der angesehensten Anwälte Münchens, der zu Gunsten eines verhafteten Freundes das Polizeipräsidium aufgesucht hatte, um dort zu intervenieren. Nachdem er zuerst unmenschlich verprügelt worden war, hetzte man ihn in dem geschilderten Zustand durch die Strassen.[10]
Ich weiss seit heute, was ein Pogrom ist.

DOK. 7
Hermann Badt bietet dem stellvertretenden Ministerpräsidenten am 14. März 1933 seinen Rücktritt als Vertreter Preußens vor dem Staatsgerichtshof an[1]

Schreiben des Ministerialdirektors Dr. Hermann Badt,[2] Krummhübel im Riesengebirge, an den stellv. Ministerpräsidenten Preußens, Staatsminister Dr. Hirtsiefer,[3] Berlin, vom 14. 3. 1933

Hochverehrter Herr Staatsminister –
Sie werden verstehen, dass ich mir Tag und Nacht die Frage vorlege, ob es im Interesse des Staatsministeriums liegt, dass ich wieder, zusammen mit Herrn Dr. Brecht,[4] die Vertretung der Preussischen Staatsregierung vor dem Staatsgerichtshof in Leipzig übernehme.[5]
Ich darf daran erinnern, dass Sie vor der ersten Verhandlung im Oktober v. J. in einer Sitzung des Staatsministeriums ausführten, es sei eigentlich unter den gegenwärtigen Umständen eine schwere Belastung des Staatsministeriums, wenn es in dieser Zeit durch einen – Juden und Sozialdemokraten – vertreten würde. Darauf seien Sie, sehr geehrter Herr Staatsminister, insbesondere auch aus Kreisen Ihrer Partei aufmerksam gemacht worden. Auch aus Kreisen des Reichsgerichts seien solche Hinweise erfolgt.
Ich habe damals erklärt, ich würde selbstverständlich nicht nach Leipzig fahren, wenn irgendeiner der Herren Staatsminister das im Interesse der Sache für richtiger hielte. Im Übrigen würde ich, ohne irgendwie gekränkt zu sein, meine volle Mitarbeit, insbesondere auch bei der Verhandlung dem Staatsministerium nach wie vor zur Verfügung stellen. Die Herren Staatsminister waren jedoch damals einmütig der Ansicht, ich sollte doch nach Leipzig fahren, freilich sollte ich mich in der Verhandlung selbst nach Möglichkeit zu-

9 Dr. Michael Siegel (1882–1979), Rechtsanwalt in München. Er emigrierte 1940 nach Peru.
10 Von dem Vorfall existiert ein häufig veröffentlichtes Foto, auf dem der von SA-Männern schwer misshandelte Siegel am 10. 3. 1933 barfuß und mit abgeschnittenen Hosenbeinen zu sehen ist. Um den Hals trug er ein Plakat mit der Aufschrift: „Ich werde mich nie mehr bei der Polizei beschweren". Siegel hatte zuvor im Münchener Polizeipräsidium gegen die KZ-Haft eines Mandanten protestiert.

rückhalten. Ich glaube, dass das nunmehr vorliegende Stenogramm der Leipziger Verhandlung beweist, wie sehr ich mich an diesen Auftrag gehalten habe. Inzwischen hat sich die Situation so gestaltet, dass ich volles Verständnis dafür habe, wenn nunmehr das Staatsministerium etwa beschliessen sollte, dass diesmal Herr Dr. Brecht allein die Vertretung Preussens übernimmt.

Darüber hinaus darf ich noch folgendes anmerken:

Falls etwa das Preussische Staatsministerium beschliessen sollte, dass bei dem geringen Umfang der ihm verbliebenen Befugnisse die Vertretung durch drei hauptamtliche Bevollmächtigte nicht mehr erforderlich ist, zumal ja auch seit längerer Zeit eine der drei Stellen im Haushalt als k.w. bezeichnet ist, halte ich mich, als der jüngste der drei Bevollmächtigten für verpflichtet, mein Amt zur Verfügung zu stellen. Sollte das Staatsministerium meine Zurdispositionstellung erst mit Wirksamkeit vom 1. Juli d. J. beschliessen und mich bis dahin beurlauben, so würde sich das mit Rücksicht darauf rechtfertigen lassen, dass ich an diesem Tag ein volles Vierteljahrhundert im Dienste des Preussischen Staates stehe. Ich bin aber auch damit einverstanden, dass ich zu einem früheren Zeitpunkt zur Disposition gestellt werde.

Für den Fall meiner Zurdispositionstellung bitte ich zu genehmigen, dass ich eine längst geplante, etwa einjährige Studienreise ins Ausland unternehme. Mein Wohnsitz wird weiterhin Berlin bleiben.

Mit dem Ausdrucke ganz besonderer Hochachtung und Verehrung

Ihr sehr ergebener

1 JMB, 2002-31-40.

2 Dr. Hermann Badt (1887–1946), Jurist; Zionist und Sozialdemokrat; 1919–1932 im preuß. MdI tätig, zuletzt als Ministerialdirektor, 1932 Vertreter der entmachteten preuß. Regierung im Verfahren um den Staatsstreich von Papens vor dem Staatsgerichtshof; 1933 Emigration über die Tschechoslowakei nach Palästina, dort gründete er 1933 eine Siedlungsgesellschaft.

3 Dr. h.c. Heinrich Hirtsiefer (1876–1941), Schlosser; bis 1904 Arbeiter bei Krupp, dann Funktionär christlicher Gewerkschaften; 1921 bis März 1933 preuß. Minister für Volkswohlfahrt, von 1925 an auch stellv. Ministerpräsident Preußens; September bis Oktober 1933 Haft in den Konzentrationslagern Kemna und Börgermoor.

4 Dr. Arnold Brecht (1884–1977), Jurist; 1921–1927 Ministerialdirektor im RMdI, 1927 Übertritt ins preuß. Staatsministerium, 1932 Vertreter Preußens vor dem Staatsgerichtshof in Leipzig; 1933 Haft nach einer Rede gegen Hitler, dann Emigration in die USA, dort Professor für Politikwissenschaften; Autor u. a. von Lebenserinnerungen „Aus nächster Nähe“ (1966) und „Mit der Kraft des Geistes“ (1967).

5 Der Staatsgerichtshof wies am 25. 7. 1932 eine von der preuß. Regierung beantragte einstweilige Verfügung gegen die VO des Reichspräsidenten vom 20. 7. 1932 ab, die den Reichskanzler als Reichskommissar für Preußen eingesetzt und die Regierung Preußens entmachtet hatte (sog. Preußenschlag). Der Gerichtshof entschied am 25. 10. 1932, dass die Einsetzung eines Staatskommissars mit Bezug auf Absatz 2 des Art. 48 der Verfassung (erhebliche Störung der öffentlichen Sicherheit und Ordnung im Reich) rechtmäßig sei, nicht aber die Absetzung der Landesregierung, die damit zunächst nominell im Amt blieb.

DOK. 8
Der Reichsinnenminister empfiehlt am 15. März 1933, die Zuwanderung und Einbürgerung von „Ostjuden" zu verhindern[1]

Runderlass des RMdI (II B 5002/9.3.), gez. Frick,[2] an die Landesregierungen, für Preußen: an den Kommissar des Reichs für das Preuß. MdI, vom 15. 3. 1933 (Abschrift)[3]

Zur ersten Einleitung einer bewußt völkischen Politik ist es zunächst erforderlich,
1. die Zuwanderung von Ausländern ostjüdischer Nationalität abzuwehren,
2. soweit solche Ausländer sich zur Zeit noch unbefugt im Inland aufhalten, sie zu entfernen,[4]
3. von der Einbürgerung ostjüdischer Ausländer bis auf weiteres abzusehen.[5]

Zu 1: habe ich den Herrn Reichsminister des Auswärtigen[6] gebeten, die deutschen Vertretungen im Ausland anzuweisen, Gesuche um Erteilung des Einreisesichtvermerks dieser Ausländer grundsätzlich abzulehnen, soweit nicht im Einzelfall zwingende Gründe entgegenstehen. Ist letzteres der Fall, wird vor der Entscheidung die Verbindung mit den Innenressorts aufgenommen werden.

Ich darf bitten, die Fremdenpolizeibehörden zu verständigen und ihnen erhöhte Aufmerksamkeit und scharfes Vorgehen gegen die Zuwanderung von Ausländern ostjüdischer Nationalität zur Pflicht zu machen.

Zu 2: Ich bitte ergebenst, gegen Ausländer ostjüdischer Nationalität, die sich unbefugt im Inland aufhalten, im Rahmen der bestehenden Gesetze und Staatsverträge mit Ausweisungsmaßnahmen vorzugehen.

1 BArch, R 43 II/134, Bl. 14+RS.

2 Dr. Wilhelm Frick (1877–1946), Jurist; von 1903 an im bayer. Staatsdienst tätig, 1919–1921 Leiter der Politischen Polizei und 1923 der Kriminalpolizei München; 1923–1924 Haft wegen Beteiligung am Hitler-Putsch, 1924 Dienstenthebung und Wiedereinsetzung; 1925 NSDAP-Eintritt; 1930–1931 Staatsminister für Inneres und Volksbildung Thüringens, 1933–1943 Reichsinnenminister, 1943–1945 Reichsprotektor für Böhmen und Mähren; 1946 nach Todesurteil im Nürnberger Prozess hingerichtet.

3 Nach einer Anregung von StS Bang (RWM) für Hitler vom 6. 3. 1933 hatte der Chef der Reichskanzlei, Lammers, am 9. 3. 1933 Frick gebeten, mit der „Vorbereitung einer bewußt völkischen Gesetzgebung" zu beginnen. Lammers schlug vor, a) gesetzgeberisch gegen die Zuwanderung von Ostjuden vorzugehen, b) sämtliche Namensveränderungen, die seit dem November 1918 vorgenommen worden waren, rückgängig zu machen sowie c) eine gewisse Zahl „der eingewanderten und nicht eingebürgerten Ostjuden" auszuweisen. Den dritten Punkt hatte Lammers den Plänen Bangs hinzugefügt; Schreiben Bang an Lammers vom 6. 3. 1933 sowie Lammers an den RMdI vom 9. 3. 1933; wie Anm. 1, Bl. 10+12; Abdruck in: AdR, Teil I/1, S. 182 f. Frick übermittelte deshalb Lammers und Bang das hier abgedruckte Schreiben vom 15. 3. 1933; wie Anm. 1, Bl. 13.

4 Vorschläge zur Ausweisung der „Ostjuden" wurden in Preußen und Bayern bereits in den frühen 1920er-Jahren diskutiert; dazu u. a. Walter, Antisemitische Kriminalität, S. 52–80.

5 Im Punkt 8 des NSDAP-Programms vom 24. 2. 1920 heißt es, jede weitere Einwanderung Nicht-Deutscher sei zu verhindern und alle seit 1914 eingewanderten Nicht-Deutschen seien zum Verlassen des Landes zu zwingen; Der Nationalsozialismus, Dokumente, S. 29.

6 Reichsaußenminister war 1932–1938 Konstantin Freiherr von Neurath (1873–1956), Diplomat; 1921–1930 Botschafter in Rom und 1930–1932 in London; 1937 NSDAP-Eintritt; 1939–1943 Reichsprotektor für Böhmen und Mähren; 1946 im Nürnberger Prozess zu 15 Jahren Haft verurteilt, 1954 entlassen.

Zu 3: Von der Einbürgerung von Ostjuden bitte ich bis auf weiteres abzusehen.
Wegen Einberufung einer Konferenz über Einbürgerungsfragen erfolgt demnächst weitere Mitteilung.
[...][7]

DOK. 9
Max Moses Polke berichtet über die Verfolgung jüdischer Richter und Anwälte in Breslau zwischen dem 11. und 17. März 1933[1]

Bericht von Max Moses Polke[2] für ein Preisausschreiben der Harvard University (1940)

[...][3]
Die nächste Aktion fand, nachdem die Reichstagswahlen vom 5. März 1933 den Nazis nicht die erwartete absolute Mehrheit gebracht hatten, am 11. März 1933 statt. Ich gehörte zu denen, die von dieser Aktion unmittelbar betroffen wurden, und habe darüber am 16. März 1933 an einen Freund in Palästina wie folgt geschrieben:
„Am 11. März zwischen 11 und 12 Uhr drangen etwa hundert Braunhemden in das Gebäude des Breslauer Landgerichts [ein] und durchsuchten die Sitzungssäle sowie die Arbeitszimmer der Richter nach Semiten mit den Worten ‚Juden und Judenstämmlinge raus.' Die Arbeit wurde gründlich geleistet, ein jüdischer Staatsanwalt und ein jüdischer Richter mitten aus der Sitzung gewaltsam hinausbefördert, ebenso mehrere jüdische Richter aus ihren Arbeitszimmern. Einem schwarzhaarigen nie jüdisch gewesenen Landgerichtsrat wiederfuhr dasselbe Schicksal. Ebenso erging es den jüdischen Anwälten, denen man bei Verhandlungen begegnete. Schliesslich drangen die Nazis mit erwähntem Ruf auch in das Anwaltszimmer ein und schlugen auf die ersten ein, die ihnen begegneten, wobei allerdings die Gummiknüppel mit den Rassenunterschieden nicht vertraut waren. Schwere Verletzungen sind hierbei, wie ich gleich bemerken möchte, nicht vorgekommen. Nur unser Freund, Maximilian W., trug eine blutende Kopfwunde davon, befindet sich aber auf dem Weg der Besserung. Selbstverständlich wurde dem Ruf ‚Juden raus' weitgehend Folge geleistet. Einige stürzten sogar ohne Mantel auf die Strasse. Einige sollen sogar die Robe anbehalten haben. Von den wenigen zurückgebliebenen Ariern versuchte ein Bekannter von mir, der mir darüber berichtet hat, mit den Braunen zu verhandeln. Diese beriefen sich auf einen Befehl Görings. Der Anführer erklärte jedoch, er habe keine Zeit, diesen Befehl vorzuzeigen. Die Zurückgebliebenen sollten

7 Dem Text folgen Schreiben Fricks an den RAM und an den RJM vom selben Tag, für letzteren mit der Bemerkung, dass zur Erörterung des Vorschlags, „sämtliche Namensänderungen jüdischer Personennamen, die seit dem November 1918 vorgenommen worden sind, rückgängig zu machen", eine „Ressortberatung mit tunlichster Beschleunigung einberufen" werden solle; wie Anm. 1, Bl. 14RS.

1 Max Moses Polke, Mein Leben in Deutschland vor und nach dem 30. Januar 1933 (1940), S. 58–63; Harvard-Preisausschreiben, Nr. 178.
2 Max Moses Polke (*1895), Jurist und Volkswirt; von 1924 an Rechtsanwalt in Breslau; SPD-Mitglied; aktiv in der Jüdischen Gemeinde Breslau; nach dem Pogrom 1938 KZ-Haft; am 18. 12. 1938 emigrierte er mit seiner Familie nach Palästina; Autor u. a. von „Die deutschen Juden als nationale Minderheit" (1934).
3 Der gesamte Lebensbericht umfasst 150 Seiten. Der Autor beschreibt im vorangehenden Teil seine Kriegsteilnahme, sein Studium und seine Anwaltstätigkeit in Breslau.

weiterhin die Garantie dafür übernehmen, dass das Gericht judenfrei bleibe, sonst würden sie ebenfalls hinausfliegen. Im Wege des Verhandelns erreichten sie schliesslich, dass für den Nachmittag eine Versammlung aller Richter und Rechtsanwälte unter Ausschluss der Semiten, aber in Anwesenheit von Vertretern der Braunen einberufen wurde. In dieser Versammlung wurde mit Mehrheit beschlossen, einen 3 tägigen vollkommenen Stillstand der Rechtspflege eintreten zu lassen. Vom 13. bis 15. März 1933 fanden also keine Termine statt.
Was sonst und mit wem in diesen Tagen verhandelt worden ist, entzieht sich meiner Kenntnis, einigermassen zuverlässlich weiss ich nur, dass der Vorstand des Deutschen Richtervereines und des Deutschen Anwaltvereines bei Papen war, und dass jener auf Hitler in dem Sinne eingewirkt hat, dass die Aktion abgeblasen wurde. Am Montag, den 13. März 1933 war jedenfalls das gesamte Gerichtsgebäude von SA-Mannschaften besetzt, am Dienstag den 14. März 1933 nicht mehr. Beim Oberlandesgericht fanden an diesem Tag sogar auch Verhandlungen statt, nachdem es dort nur zu einer Besetzung in den frühen Morgenstunden des 13. März gekommen war.
Heute sollte der Betrieb wie üblich stattfinden, die Zeitungen brachten jedoch eine WTB[4] *Nachricht, die niemand veranlasst haben will, wonach nur Prozesse verhandelt werden, an denen keine jüdischen Anwälte beteiligt sind, alle anderen Termine aber aufgehoben werden.*[5] *Ausserdem fand jeder Anwalt ein Schreiben wie Anlage vor, und es wurde von Telefon zu Telefon mitgeteilt, man sollte auch lieber nicht ins Büro gehen, was einige getan haben. Trotzdem fanden alle Termine statt, und es vergingen gegen die durch jüdische Anwälte vertretenen Parteien Versäumnisurteile. Im übrigen fanden im Laufe des heutigen Tages lauter Tagungen und Beratungen der verschiedensten Vorstände statt, über deren Ergebnis mir bisher nichts bekannt ist.*
Sämtliche jüdische Richter und Staatsanwälte haben ein Schreiben des Inhalts bekommen, die SA halte das Landgericht besetzt und gestatte nicht die Tätigkeit jüdischer Beamter. Der Empfänger des Schreibens sei daher als an der Ausübung seiner Funktionen tatsächlich behindert anzusehen und bis auf weiteres beurlaubt. Die Empfänger dieser Schreiben können augenblicklich im schönen Sonnenschein spazierengehen und haben heute pünktlich ihr Gehalt in die Wohnung gesandt bekommen. Sie fürchten aber, dass dieser Urlaub der Anfang vom Ende ist. Betroffen hiervon sind alle Semiten, also auch Leute, deren Grossvater sich bereits hat taufen lassen, und mit erstaunlicher Gründlichkeit waren alle in Frage kommenden Personen festgestellt worden, obgleich bekanntlich die Personalakten keine Anlage mehr über die Religion enthalten dürfen. Mir ist jedenfalls kein einziger Fall bekannt, dass auch nur ein Judenstämmling ausgelassen worden wäre.
Im übrigen muss man feststellen, dass bei dem ganzen Vorfall sich die höheren Beamten, also die Richter, korrekt und einwandfrei verhalten haben, bis sie dem Druck nachgeben mussten. Von den mittleren Beamten und Justizwachtmeistern berichtete man mir, dass einige bei der Judenaktion ihre Schadenfreude nicht haben unterdrücken können und jedenfalls nicht das Geringste dagegen taten. Die wenigen christlichen Kollegen, die ich in den letzten Tagen gesprochen habe, konnten die Freude über die zu erwartende Praxiszunahme kaum unterdrücken."
Das in diesem Brief erwähnte Schreiben des Vereins Breslauer Landgerichtsanwälte vom 15. März 1933 hatte folgenden Wortlaut:

4 Wolffsches Telegraphenbüro, gegründet 1849, von 1934 an Deutsches Nachrichtenbüro.
5 Nachricht nicht ermittelt.

An die Herren Mitglieder des Vereins Breslauer Landgerichtsanwälte.
Nach Mitteilung der Justizverwaltung sollen die Sitzungen beim Amtsgericht am Donnerstag, den 16. März 1933 wieder beginnen.
In den landgerichtlichen Kammersachen sind die Termine zum grössten Teil bis Sonnabend den 18. ds. Mts. aufgehoben. Der Vereinsvorstand hat versucht, von der Justizverwaltung Aufklärung darüber zu erhalten, ob und in welcher Weise beim Erscheinen jüdischer Anwälte auf dem Gericht Sicherungen dafür getroffen werden können und getroffen werden, dass die Anwälte unbehelligt ihre Geschäfte abwickeln können und zwar mit folgendem Ergebnis:
Ansammlungen vor den Toren der Gerichtsgebäude sollen von der Polizei verhindert werden. Eine Abteilung Polizei ist in dem Hauptportal Ecke Graupenstrasse und Stadtgraben stationiert. Nur durch dieses Tor soll der Verkehr sich in den nächsten Tagen abwickeln.
Es ist uns mitgeteilt worden, dass voraussichtlich in den Strassen um das Gericht nationalsozialistische Streifen stattfinden sollen. Aus diesem Grunde hat der Herr Oberlandesgerichtspräsident mitteilen lassen, dass er den jüdischen Anwälten das Fernbleiben vom Gericht bis auf weiteres empfiehlt.
Der Vorstand.

Während also Bemühungen stattfanden, den jüdischen Anwälten die Fortsetzung ihrer Tätigkeit zu ermöglichen, empfahl der Oberlandesgerichtspräsident Witte[6] den jüdischen Anwälten das Fernbleiben vom Gericht. Das war derselbe Witte, der noch kurz vorher bei der Feier für Geheimrat Heilberg,[7] dem jüdischen Anwalt, in überschwenglichen Worten gratuliert (vergl. Seite 52)[8] und auch sonst wert auf gute Beziehungen zu solchen jüdischen Anwälten gelegt hatte, die wichtige politische Aemter bekleideten. Ueber Wittes politische Einstellung pflegte man zu sagen „Weiss doch keiner, woran der glaubt." Jetzt versuchte er, sich mit den neuen Machthabern gut zu stellen. Es hat ihm nichts genützt. Schon Ende April 1933 wurde er in den gesetzlichen Ruhestand geschickt.
Ungleich anständiger benahm sich der Breslauer Landgerichtspräsident Zint,[9] der erst kurze Zeit im Amt war. Als die Nazis das Gerichtsgebäude besetzten und die Hakenkreuzflagge hissten, holte man ihn heraus mit der Aufforderung, die Flagge zu grüssen. Das lehnte er ab, worauf ihm 2 SA Leute, wie es im Bericht der Nazipresse hiess, Hilfestellung gaben. Noch am selben Tage reichte Zint sein Urlaubsgesuch bis zur Entlassung ein und zog sich in einen stillen Gebirgsort zurück. Er war als Frontkämpfer schwer kriegsbeschädigt worden und galt als hervorragender Jurist. Niemand hat von ihm anders als mit grösster Ehrerbietung gesprochen.
Es gehört zu den vielen unglücklichen Zufällen der Nazigegner, dass damals an der Spitze der Schlesischen Justizverwaltung nicht ein Mann wie Zint, sondern ein Witte stand, bereit um seines persönlichen Vorteiles willen jeden anderen Menschen zu opfern. Am

6 Dr. Max Witte (*1871), Jurist; 1913 Landgerichtsdirektor in Gnesen und 1920 in Hirschberg, 1921 Landgerichtspräsident in Breslau, 1925 Oberlandesgerichtspräsident in Königsberg i.Pr., 1927–1933 in Breslau.
7 Dr. Adolf Heilberg (1858–1936), Jurist; Rechtsanwalt und Notar in Breslau; Pazifist; Autor u. a. von „Die privatrechtlichen Bestimmungen des Friedensvertrages" (1919).
8 Bezieht sich auf einen hier nicht abgedruckten Teil des Erinnerungsberichts.
9 Dr. Hans Zint (1882–1945), Jurist; 1921 Landgerichtsdirektor in Danzig, 1930 Landgerichtspräsident in Stettin und 1932 in Breslau; aufgrund des Arierparagraphen des BBG vom April 1933 in den Ruhestand versetzt.

17. März 1933 ging allen Breslauer Anwälten nachstehendes Schreiben des Oberlandesgerichtspräsidenten Witte zu:
„*An alle an den Breslauer Gerichten zugelassenen Rechtsanwälte.*
In der Anlage gebe ich von einer Veröffentlichung Kenntnis, welche auf Veranlassung des kommissarischen Polizeipräsidenten[10] *in Breslau in der Tagespresse in Breslau erscheinen wird.*
Die hierin erwähnten Richtlinien haben folgenden Inhalt:
Unter allen jüdischen Breslauer Anwälten werden 17 ausgewählt, welche an den Breslauer Gerichten auftreten. Diese Herren erhalten zu ihrer Legitimation besondere polizeiliche Ausweise. Alle anderen jüdischen Rechtsanwälte halten sich vom Auftreten vor Gericht fern. Im übrigen sind sie in ihrer Berufstätigkeit unbeschränkt.
Wegen der Ausweise wird an die Herren, auf welche die Wahl gefallen ist, besondere Mitteilung ergehen.
Die in der Anlage ausgesprochene dringende Bitte an die jüdischen Rechtsanwälte, sich im Rahmen dieser Richtlinien zu halten, wiederhole ich hiermit. Ich verspreche mir davon eine Beruhigung der Bevölkerung und eine Entspannung der allgemeinen Lage. Insofern aber dürfte diese Regelung auch im eigenen Interesse der davon Betroffenen liegen.
gez. Witte.[11]
Diese in dem Brief erwähnte Anlage[12] enthält den Bericht über eine Besprechung vom 16. März 1933 zwischen dem Polizeipräsidenten und Vertretern der Justizverwaltung, also Witte, der SA und SS. Hierbei wurde der angebliche Wunsch der nationalen Bevölkerung auf Eindämmen der Einflüsse jüdischer Rechtspflegeorgane zum Ausdruck gebracht.[13] „Die Vertreter der Justizverwaltung", so heisst es wörtlich, „nahmen von dieser Erklärung Kenntnis." Sie haben sich also nicht gescheut, mit Menschen zu verhandeln, die widerrechtlich den Gerichtsbetrieb mit Gewalt stillgelegt hatten, und sich sogar ihrem gesetzwidrigen Verlangen in keiner Weise entgegengestellt.[14]
So kam es zu der in dem Brief angekündigten Regelung: 12 jüdische Anwälte beim Amts- und Landgericht von insgesamt 165 und 5 beim Oberlandesgericht von insgesamt 40 mussten bis auf weiteres auch die Termine der anderen jüdischen Kollegen wahrnehmen. Gleich nach Erhalt des Schreibens sprach ich meinen Kollegen Samuel Nothmann,[15] den Obmann der jüdischen Anwälte, und sagte ihm, wir müssen es ablehnen, dass 17 Anwälte bei Gericht tätig sind, die noch dazu von der Justizverwaltung ausgesucht werden, also nicht mehr unabhängig sind. Keiner der Ernannten dürfte das Amt annehmen. Dann

10 Edmund Heines (1897–1934); 1919–1920 Freikorpsmitglied; 1922 NSDAP- und SA-Eintritt, von 1922 an für die NSDAP tätig, 1923 Teilnahme am Hitler-Putsch, Inhaftierung; 1928–1929 wegen eines Fememords in Haft; 1933–1934 stellv. Gauleiter Schlesiens und Polizeipräsident in Breslau; am 30. 6. 1934 im Zuge der Aktion gegen den angeblichen Röhm-Putsch ermordet.

11 Rundschreiben des OLG-Präsidenten Breslau vom 16. 3. 1933; Einige Dokumente, S. 12.

12 Ebd., S. 12 f.

13 In Leipzig hatte der Bund Nationalsozialistischer Deutscher Juristen auf einer Tagung gefordert, alle deutschen Gerichte von Beamten „fremder Rasse unverzüglich zu säubern"; Vossische Zeitung (Abendausg.), Nr. 130 vom 17. 3. 1933, S. 2.

14 Am 31. 3. 1933 ordnete dann der Reichskommissar für das preuß. Justizministerium, Hans Kerrl, die Entfernung jüdischer Richter und Anwälte aus preußischen Gerichten an; GStAPK, I HA, Rep. 84a/35, Bl. 79 f.; Abdruck in: UuF, Bd. 9, S. 391 f.

15 Dr. Samuel Nothmann (1880–1962), Jurist; Rechtsanwalt in Breslau, zeitweise Prozessvertreter der Stadt Breslau; von 1919 an aktiver Zionist, 1933 emigrierte er nach Palästina.

würde die Justizverwaltung nebst den anderen Stellen nachgeben müssen, damit der Gerichtsbetrieb nicht völlig lahm gelegt bleibt. Nothmann erwiderte mir: „Wenn wenigstens 17 Existenzen gerettet werden können, dann soll man nicht auch noch auf diese verzichten." Unter den 17 von der Justizverwaltung noch Zugelassenen befanden sich bereits nur solche, die schon am 1. Juli 1914 tätig gewesen waren, oder den Krieg an der Front mitgemacht hatten. Es fiel ferner auf, dass kein Zionist darunter war. [...][16]

DOK. 10
Der Kampfbund für deutsche Kultur fordert vom preußischen Kultusminister am 18. März 1933 den Ausschluss von Juden aus dem Kulturbetrieb des Ruhrgebiets[1]

Schreiben des Kampfbundes für deutsche Kultur,[2] Landesleiter Nord-West (Lag/o 14), Lagemann,[3] an den kommissar. Kultusminister Preußens, Rust,[4] vom 18. 3. 1933 (Durchschrift)

Sehr geehrter Herr Minister!
Ich bestätige meine heutige fernmündliche Unterredung wie folgt:
1. *Zusammenarbeit zwischen Kampfbund und Partei*
Die am Sitz der Landesleitung Nord-West arbeitende Ortsgruppe Essen des Kampfbundes hatte gestern eine gemeinsame Sitzung mit der Abteilung für Volksbildung des Kreises Essen der NSDAP. Es nahmen hieran auch die Gauleiter Essen, Abteilung Volksbildung, sowie die Landesleitung des Kampfbundes mit einigen engeren Mitarbeitern und Landesfachgruppenleitern teil. Es wurde völlige Einigung darüber erzielt, dass nunmehr, nachdem nach siegreich beendetem Wahlkampf bei der Partei Kräfte für die kulturelle Arbeit frei werden, die NSDAP sich geschlossen hinter den Kampfbund stellt. Auch die Kampfbundmitglieder waren in letzter Zeit durch intensive Mitarbeit bei den Wahlkämpfen zum grössten Teil gehindert, in einem solchen Masse sich für den Kampfbund einzusetzen, wie es nunmehr möglich ist. Es wurde von den Vertretern der Partei rückhaltlos die Richtigkeit des Vertragsverhältnisses zwischen der Reichsleitung des KFDK und der Reichsleitung der NSDAP Abteilung Volksbildung anerkannt. Danach ist es Aufgabe der Abteilung Volksbildung der NSDAP, nur im Rahmen der eigenen Partei künstlerische oder literarische Unternehmungen zu veranstalten, während alle öffentlichen Veranstaltungen dieser Art Sache des Kampfbundes sind. Im Einzelnen auf diese Frage

16 Im folgenden Teil des Lebensberichts beschreibt der Autor u. a. die antijüdische Gesetzgebung, seine Verhaftung während des Novemberpogroms 1938 und seine Emigration nach Palästina.

1 GStAPK, I HA, Rep. 90 B/9, Bl. 3–5.
2 NSDAP-nahe Organisation, gegründet am 4. 1. 1928 als Nationalsozialistische Gesellschaft für deutsche Kultur und Wissenschaft, im Oktober 1928 umbenannt in Kampfbund für deutsche Kultur (KfdK) mit dem Ziel, so Alfred Rosenberg, gegen „Verbastardisierung und Vernegerung" zu kämpfen. Seit 1934 firmierte der Kampfbund als Nationalsozialistische Kulturgemeinde.
3 Paul Lagemann (1877–1936), Ingenieur; zunächst im Städte-, Wasser- und Eisenbahnbau tätig, von 1918 an Direktor der Rheinisch-Westfälischen Bank für Grundbesitz AG, unterhielt in den 1930er-Jahren ein Ingenieurbüro.
4 Bernhard Rust (1883–1945), Lehrer; 1925 NSDAP-Eintritt, 1925–1940 Gauleiter von Hannover; 1930 zwangsweise vom Schuldienst pensioniert; Februar–April 1933 Reichskommissar für das Preuß. Ministerium für Wissenschaft, Kunst und Volksbildung, 1934–1945 Reichsminister für Wissenschaft, Erziehung und Volksbildung; nahm sich 1945 das Leben.

einzugehen erübrigt sich wohl im Rahmen dieses Schreibens. Praktisch wurde die Zusammenarbeit dadurch sichergestellt, dass die Fachgruppenleiter des Kampfbundes zugleich Fachberater bei der Partei geworden sind. Bei einer ganzen Anzahl der Ortsgruppen meines Gebiets, vornehmlich im Gau Westfalen-Nord, aber auch in Westfalen-Süd bestand bereits seit langem engste Zusammenarbeit mit den massgebenden Parteistellen. Nunmehr soll in dem gestern für Essen festgelegten Sinne die Zusammenarbeit einheitlich im ganzen Landesgebiet Nord-West durchgeführt werden. Ich werde, soweit ich dies nicht selber wahrnehmen kann, Herrn Dr. Reismann-Grone,[5] Essen, der Ihnen ja bekannt ist, mit diesem besonderen Auftrag zu den einzelnen Ortsgruppen entsenden. Der Landesleitung steht seit langem ein Stab von gut eingearbeiteten und ehrenamtlichen Mitarbeitern zur Verfügung, die sich im Sinne unseres Reichsorganisationsplanes in die einzelnen Aufgabengebiete teilen und jeden an sie herantretenden Ansprüchen auch in verwaltungstechnischer Hinsicht gewachsen sind.
Eine Anzahl geeigneter Fachgruppenleiter – ich nenne hier nur Pg. Kunstmaler Willi Kelter[6] Duisburg für bildende Kunst, der zugleich Essener Gauleiter für Volksbildung ist, Rich. Euringer[7] für Schrifttum, Professor Aug. Weweler[8] Detmold für Musik, Dr. Litterscheid[9] von der Nationalzeitung für Theaterwesen – verbürgen m. E. einen einwandfreien sachgemässen kulturellen Kampf ohne irgendwelchen Dilettantismus.
2. *Säuberung der Kultur- und Kunststätten*
Bis zum 20. d. Mts. bekomme ich von sämtlichen Fachgruppenleitern eine Liste der im Gebiet Nord-West zunächst zu beseitigenden künstlerischen und sonstigen Kräfte. Ich teilte Ihnen, sehr geehrter Herr Minister, schon am Fernsprecher mit, dass der erste Dirigent der Essener Oper, der Jude Cohen,[10] sofort sein Amt niederlegen muss. Wir bitten Sie, sofort an die zuständige Stelle herantreten zu dürfen, um mit allen Mitteln die unverzügliche Beseitigung dieses Mannes zu erreichen. Ebenso ist vom Essener Schauspiel sofort der getaufte Jude Raabe[11] zu entfernen. Für Dortmund käme die Beseitigung des jüdischen Opernkapellmeister Wolfes[12] in Frage, wenn er auch mit Pfitzner[13] eng befreundet ist, und des Schauspielers Weltner.[14] Für Duisburg nenne ich den Namen Hanns van

5 Dr. Theodor Reismann-Grone (1863–1949), Historiker und Journalist; 1890/91 Mitbegründer des Alldeutschen Verbands, 1930 NSDAP-Eintritt; 1895–1932 Verleger der Rheinisch-Westfälischen Zeitung, 1933–1937 OB von Essen; Autor u. a. von „Der Erdenkrieg und die Alldeutschen" (1919).

6 Will (Willi) Kelter (1899–1978), Lehrer und Maler; 1925 NSDAP-Eintritt, 1929 Stadtverordneter in Duisburg, 1933 Leiter der Landesstelle Westfalen-Ruhr der Reichskammer der bildenden Künste, später Mitglied in deren Präsidialrat und im Reichskultursenat.

7 Richard Euringer (1891–1953), Schriftsteller; von 1931 an Mitarbeiter des VB, 1933 NSDAP-Eintritt; 1933–1937 Leiter der Stadtbücherei und 1934–1937 Ratsherr in Essen; 1939–1945 Kriegsdienst, 1945 interniert; Autor u. a. von „Deutsche Passion" (1933) und „Als Flieger in zwei Kriegen" (1941).

8 August Benedikt Weweler (1868–1952), Musiker; 1923–1931 Direktor am Lippischen Landeskonservatorium; 1932 NSDAP-Eintritt und Leiter des KfdK in Lippe; 1935 Lehrer an der Folkwangschule in Essen; Komponist u. a. der Oper „Dornröschen" (1903) und des Liedes der Lippischen SA (1929).

9 Dr. Richard Litterscheid (1904–1995), Musikpädagoge; Tätigkeit als Vortragsredner und Journalist; Autor u. a. von „Hugo Wolf" (1939) und „Johannes Brahms in seinen Schriften und Briefen" (1943).

10 Frederic Cohen (1904–1967), Musiker; Dirigent an den Stadttheatern Münster und Würzburg, 1928–1929 Musikprofessor an der Folkwangschule Essen, 1930 Musikdirektor der Bayreuther Festspiele und von 1930 an des Städt. Opernhauses Essen, dort 1933 entlassen; emigrierte nach Großbritannien, dann 1941 in die USA, dort Musikprofessor an mehreren Colleges, später Arbeit an verschiedenen Opernhäusern.

11 Hans Raabe (1887–1935), Schauspieler und Spielleiter, nahm sich 1935 in Wien das Leben.

Loewen.[15] Ich bin mir darüber klar, dass dies nur ein kleiner Anfang ist und beispielsweise am Essener Schauspiel mindestens 10 bis 12 Kräfte jüdischen oder sonstwie fremden Blutes oder einer im verderblichen Sinne wirkenden kommunistischen Gesinnung überfällig sind, aber nicht von heute auf morgen beseitigt werden können, es sei denn, man wolle den Theaterbetrieb vorübergehend stillegen. Es ist jedoch Eile geboten, da im Laufe der nächsten 14 Tage die neuen Engagements abgeschlossen werden.
Auch über die Lehrkräfte an höheren Schulen, Kunstschulen u. a. m. werde ich eingehend berichten. Ich erwähne hier nur den an einer hiesigen Oberrealschule tätigen jüdischen Studienrat Levy,[16] der in verderblichster Weise auf die Schüler einwirkt.
3. *Staatskommissar für Deutsche Kultur in Rheinland und Westfalen*
Ich betonte schon am Fernsprecher die dringende Notwendigkeit der Einrichtung einer solchen Stelle, über die sich die Gauleitung für Volksbildung Essen und die Landesleitung Nord-West einig sind. Das hiesige Gebiet ist so dicht besiedelt, es liegt Theater an Theater, Schule an Schule, ein Museum neben dem anderen. Jede grössere oder mittlere Stadt hat ein oder mehr bedeutende Orchester u. s. w. Es wird eine solche Fülle von Aufgaben sich in kürzester Zeit ergeben, dass ein Staatskommissar, der für einige Monate mit ausserordentlichen Vollmachten ausgestattet würde, gestützt auf die Fachgruppen des Kampfbundes und den dahinterstehenden Abteilungen für Volksbildung äusserst segensreiche und dringend notwendige Arbeit leisten könnte. Wir empfehlen ganz Rheinland und Westfalen, das Land Lippe und den Regierungsbezirk Osnabrück diesem Kommissar zu unterstellen. Dies entspricht in der Organisation des Kampfbundes den Landesleitungen Rhein-Saar und Nord-West. Ich betone, dass ich mich wegen der Dringlichkeit mit meiner benachbarten Landesleitung noch nicht ins Benehmen gesetzt habe, ohne mich damit irgendwie über diese Stelle hinwegsetzen zu wollen, mit der ich im besten Einvernehmen arbeite.
Der gleiche Vorschlag ist aus Kreisen der hiesigen Partei bereits den Reichsministern Göbbels und Goering unterbreitet worden unter Nominierung des Kunstredakteurs der Rhein. Westf. Zeitung Dr. Paul Joseph Cremers, des Verfassers der Marneschlacht, für diesen Posten.[17] Dr. Cremers soll gesinnungsmässig vollständig auf dem Boden des Nationalsozialismus stehen und wird sicherlich immer eine sehr wertvolle Kraft im kulturellen Kampfe darstellen. Wir möchten jedoch mit Zustimmung der Essener Gauleitung für Volksbildung einen weiteren Vorschlag machen. Es handelt sich um einen seit Jahrzehnten im ganzen hiesigen Gebiet bekannten Vorkämpfer für deutsche Kunst und deutsche Kultur, der zugleich auch Parteigenosse der NSDAP ist, Herrn Dr. Reismann-Grone, Essen. Er ist übrigens ja bei der R. W. Z. langjähriger Vorgesetzter von Dr. Cremers gewesen und wird ihn sicherlich an massgebender Stelle zur Mitarbeit heranziehen.

12 Felix Wolfes (1892–1971), Musiker; 1923–1931 Dirigent in Breslau und Essen, 1931–1933 Musikdirektor der Dortmunder Oper; emigrierte 1933 nach Frankreich, dann 1938 in die USA; 1938–1947 Tätigkeit an der Metropolitan Opera New York, danach in Boston.
13 Vermutlich Hans Pfitzner (1869–1949), Komponist und Dirigent.
14 Armin Weltner (1894–1990er Jahre); emigrierte 1933 in die Schweiz.
15 Hanns van Loewen, eigentlich Dr. Hans Löwenstein (*1901), Opernsänger.
16 Bertold Levy (*1906), Lehrer; nach Entlassung aus dem Schuldienst Emigration nach Schweden.
17 Dr. Paul Joseph Cremers (1897–1941), Journalist; Redakteur der Rheinisch-Westfälischen Zeitung; Autor mehrerer Theaterstücke, u. a. „Die Marneschlacht“ (1932).

4. *Gebietseinteilung des Kampfbundes*
Wir sprachen, sehr geehrter Herr Minister, heute morgen noch kurz über den Umfang des Landesgebiets Nord-West. Ich wiederhole, dass dieses Gebiet einschliesst die politischen Gaue Essen sowie Westfalen-Nord und Westfalen-Süd, also die ganze Provinz Westfalen und Lippe-Detmold, sowie auf ausdrücklichen Wunsch der Reichsleitung auch noch den Regierungsbezirk Osnabrück. Diese Gebietseinteilung ist s. Zt. nach meinen Vorschlägen von Herrn Rosenberg[18] vorgenommen worden, als die Westdeutsche Leitung Darmstadt aufgelöst wurde. Es ist dies von mir als geborenem Essener und genauen Kenner der hiesigen Verhältnisse im bewussten Gegensatz zu der politischen Einteilung in Landesinspektionen geschehen, weil die Provinzgrenze Rheinland Westfalen eine für die heutigen wirtschaftlichen, siedlungstechnischen und nicht zuletzt auch kulturellen Verhältnisse anorganische Zerschneidung eines Gebiets darstellt, das unter allen Umständen zusammengehört.
5. *Ermächtigungsgesetz*
Sie baten mich, sehr geehrter Herr Minister, am Mittwoch oder Donnerstag der kommenden Woche wegen des zu erwartenden Ermächtigungsgesetzes[19] nochmals an Sie heranzutreten und ggf. nach dort zu kommen. Ich weile nun sowieso dienstlich in diesen Tagen in Berlin und wäre Ihnen für eine kurze Mitteilung dankbar, wann eine persönliche Aussprache stattfinden könnte.
Ich gebe Herrn Reichsminister Goering, mit dessen Ministerium ich heute morgen, wie erwähnt, ebenfalls sprach, sowie dem Reichsminister für Volksaufklärung und Propaganda Dr. Göbbels sowie der Reichsleitung des Kampfbundes in München Durchschlag dieses Schreibens.[20]
Heil Hitler

DOK. 11

Der deutsche Botschafter in den USA telegraphiert am 20. März 1933 an das Auswärtige Amt wegen Presseberichten über die Judenverfolgung in Deutschland[1]

Telegramm (Geh.Ch.V.) Nr. 115 der Deutschen Botschaft Washington, Prittwitz,[2] aufgegeben am 20. 3. 1933, 00.02 Uhr, aufgenommen im AA Berlin am 21. 3. 1933, 8.30 Uhr (hat RM vorgelegen)[3]

Während direkte Meldungen aus Berlin über deutsche Vorgänge nunmehr vereinzelt in hiesiger Presse erscheinen, ist, wie bereits berichtet, diesbezügliche Berichterstattung aus deut-

18 Alfred Rosenberg (1893–1946); Architekt und Zeichner; 1919 DAP-, 1921 SA- und 1925 NSDAP-Eintritt, 1923 Teilnahme am Hitler-Putsch, 1923–1924 und 1926–1937 Hauptschriftleiter und 1938–1945 Hrsg. des Völkischen Beobachters, 1933–1945 Leiter des Außenpolitischen Amts der NSDAP, 1934–1945 Beauftragter für die Überwachung der weltanschaulichen Erziehung der NSDAP (Amt Rosenberg); 1941–1945 Reichsminister für die besetzten Ostgebiete; 1946 nach Todesurteil im Nürnberger Prozess hingerichtet; Autor u. a. von „Der Jude" (1918) und „Mythus des 20. Jahrhunderts" (1930).
19 Gesetz zur Behebung der Not von Volk und Reich vom 24. 3. 1933; RGBl., 1933 I, S. 141.
20 Schreiben von Lagemann an Göring am 18. 3. 1933, wie Anm. 1, Bl. 2.

1 PAAA, R 98468.
2 Dr. Friedrich Wilhelm von Prittwitz und Gaffron (1884–1955), Jurist; von 1908 an im AA tätig; 1918 DDP-Eintritt; von 1918 an Leiter des Referats Deutschland des AA, von 1927 an Botschafter in den USA, am 25. 3. 1933 in den Ruhestand versetzt, später Wirtschaftsberater in Berlin; nach 1945 Gründungsmitglied der CSU.
3 Im Original Aufdruck eines internen Verteilers des AA sowie handschriftl. Unterstreichungen.

schen Nachbarländern weiter im Anwachsen. Diese annimmt jetzt immer mehr Charakter der aus Kriegszeit her bekannten Greuel- und Hetzmeldungen. Verweise diesbezüglich beispielsweise auf in heutiger New York Times erschienenen,[4] mit Nr. 114[5] auszugsweise gegebenen Pariser Bericht. Unter Eindruck dieser Berichterstattung verschlechtert sich hier Einstellung Deutschland gegenüber ständig. Diese Stimmung kommt in zahllosen Protestversammlungen, die im ganzen Land veranstaltet werden, ebenso wie in ungezählten Protesttelegrammen, die hier und bei Konsulaten eingehen, zum Ausdruck.
Geschürt von gegnerischer Propaganda ist eine antideutsche Stimmung im Werden, die sich bereits ungünstig auf unsere Handelsbeziehungen insbesondere auf Warenabsatz und Reiseverkehr auswirkt. Durch Verhalten Einsteins[6] noch verstärkt, ist Aufregung in jüdischen Kreisen geradezu schon hysterisch und ganz besonders zugespitzt in New York. Auch der von Feuchtwanger[7] gestern veröffentlichte, durch WTB gemeldete Artikel,[8] der grösstes Aufsehen erregt hat, hat in gleicher Richtung schädlichst gewirkt.
Hier wird nichts unversucht gelassen, in Presse den Hetzmeldungen entgegen zu wirken. Auch im State Department ist in dieser Richtung gewirkt worden mit Ergebnis von WTB gegebener Erklärung Unterstaatssekretärs Phillips[9] vom 17. d. M.[10]
Zur Eindämmung dieser immer gefährlicher um sich greifenden Stimmung ist umgehende Abgabe eindeutiger autoritativer deutscher Erklärung über Schutz Fremder und Andersgläubiger unter Festnagelung Falschmeldungen und Übertreibungen und Weitergabe derselben durch dortige amerikanische Korrespondenten an hiesige Presse dringendst erforderlich.

4 Die NYT publizierte einen Bericht aus Paris, in dem, basierend auf Angaben von aus Deutschland kommenden Amerikanern, die im NS-Staat herrschende Willkür und Zensur, insbesondere aber die Verfolgung und Kriminalisierung der Juden, angeprangert wurde; „German Fugitives tell of Atrocities at Hand of Nazis", The New York Times vom 20. 3. 1933, S. 1 f.

5 Bezieht sich auf das vorhergehende Telegramm Nr. 114 an das AA; wie Anm. 1.

6 Albert Einstein hatte Anfang März 1933 der Internationalen Liga für die Bekämpfung des Antisemitismus eine viel beachtete Erklärung übergeben. Darin schrieb Einstein, er wolle nur in einem Land leben, in dem politische Freiheit, Toleranz und Gleichheit vor dem Gesetz herrschen; dies sei in Deutschland nicht mehr gegeben.

7 Dr. Lion Feuchtwanger (1884–1958), Schriftsteller und Theaterkritiker; 1933 Vortragsreise in die USA, dann Exil in Frankreich, 1940 Internierung und Flucht über Portugal in die USA; Autor u. a. der Romane „Jud Süß" (1925), „Der jüdische Krieg" (1932) und „Exil" (1940).

8 Feuchtwanger hatte in dem Artikel „Hitlers War on Culture" Deutschland der Barbarei beschuldigt; New York Herald Tribune Magazine, Section XI, vom 19. 3. 1933, S. 1 f.

9 William Phillips (1878–1968), Diplomat; 1922–1924 und 1933–1936 Staatssekretär, 1936–1941 Botschafter in Rom. Phillips befürwortete Einwanderungsrestriktionen und äußerte sich offen antisemitisch; Breitman/Kraut, American Refugee Policy, S. 36 f.

10 Nicht aufgefunden.

DOK. 12
Der Bürgermeister von München verfügt am 24. März 1933, städtische Aufträge nicht mehr an Juden und Ausländer zu vergeben[1]

Rundverfügung des kommissar. 1. Bürgermeisters Fiehler,[2] München, an sämtl. Referate und Dienststellen, Volks-, Berufs-, städt. Mittel- und höhere Schulen, die Inspektion der Kindergärten und Horte, die Singschuldirektion, die Fachberater, Schulzahnkliniken und hauptamtliche Schulärzte vom 24. 3. 1933

Betrifft: Erteilung von städtischen Aufträgen und Lieferungen.[3]
Mit Rücksicht auf die unbestreitbare, schwere Notlage des mittelständigen Handwerks, Gewerbes und Einzelhandels und unter Berücksichtigung der Tatsache, daß in den vergangenen Jahren ausgesprochen marxistische Unternehmungen und jüdische Großfirmen (letztere weit über den ihnen auf Grund des zahlenmäßigen Verhältnisses der jüdischen zur deutschen Bevölkerung zustehenden Anteil hinaus) mit städtischen Aufträgen und Lieferungen bedacht worden sind, verfüge ich auf Grund Art. 17 der Gemeindeordnung bis zur endgültigen Beschlußfassung durch eine erneuerte Stadtvertretung:
Grundsätzlich werden städtische Aufträge und Lieferungen *nicht* vergeben an Warenhäuser, Einheitspreis- und Großfilialgeschäfte sowie an Konsumvereine.
Aufträge an *nicht deutsche* Firmen werden nicht erteilt. Als *nicht deutsche* Firmen gelten alle Betriebe, die sich im ausschließlichen oder hauptsächlichen Besitz oder unter der verantwortlichen Leitung von Ausländern oder *Juden* befinden, oder als auf *marxistischer Grundlage* aufgebaute Unternehmungen anzusehen sind.
Es wird allen zuständigen Stellen zur Pflicht gemacht, bei jeder Auftragserteilung in dieser Hinsicht die *nötige Vorsicht* walten zu lassen. In *Zweifelsfällen* ist eine Anfrage beim „*Kampfbund für den gewerblichen Mittelstand*, München, Barer Str. 14“ angebracht.
Der schwer um seine Existenz ringende deutschstämmige und deutschbewußte Mittelstand hat unbedingt ein Anrecht darauf, daß die Stadt München sich mit allen Mitteln für seine Erhaltung und Förderung einsetzt. Das geschieht am besten dadurch, daß die Stadtverwaltung selbst mit gutem Beispiel vorangeht.[4]

1 StadtA München, Personalamt/405 II.
2 Karl Fiehler (1895–1969), Kaufmann und Beamter; 1919 Mitglied der Thule-Gesellschaft, 1923 NSDAP-Eintritt und Teilnahme am Hitler-Putsch, zu Festungshaft verurteilt, die er mit Hitler in Landsberg a. L. verbrachte; 1924–1933 ehrenamtlicher Stadtrat von München; 1927 Mitglied der NSDAP-Reichsleitung, 1933 SS-Eintritt; vom 20. 3. 1933 an kommissar. 1. Bürgermeister und 20. 5. 1933–1945 OB von München; 1933–1945 Leiter des NSDAP-Hauptamts Kommunalpolitik und Vorsitzender des Deutschen Gemeindetags; 1945–1949 Haft, danach Geschäftsführer eines Bauunternehmens.
3 Über diese Anordnung berichtete nur wenige Tage darauf die Londoner Times; „Discriminations against Jews in Bavaria“, The Times, Nr. 46403 vom 27. 3. 1933, S. 11.
4 Fiehler änderte diese Rundverfügung am 6. 4. 1933. Anstelle des Kampfbunds bestimmte er das städt. Gewerbeamt als Auskunftsstelle für nichtdeutsche Firmen. Der Stadtrat von München bestätigte diese Rundverfügung, nahm allerdings den Ausschluss ausländischer Firmen zurück; Rundverfügung vom 6. 4. 1933 und Bekanntmachung vom 15. 5. 1933, wie Anm. 1.

DOK. 13
Der Metallhändler Schünemann regt beim Münchener Bürgermeister am 25. März 1933 an, Altmetalle nicht an jüdische Firmen zu verkaufen[1]

Schreiben von Pg. Fritz Schünemann,[2] Inhaber der Fa. von Schirach & Co.,[3] München, Nymphenburger Str. 156/II, an Karl Fiehler, kommissar. 1. Bürgermeister, München, vom 25. 3. 1933 (Abschrift)

Sehr geehrter Herr Bürgermeister!
Mit grossem Interesse habe ich heute im V. B. Ihre Verfügung gelesen, dass seitens der Stadtverwaltung Aufträge nur an *deutsche* Firmen vergeben werden dürfen. Als Inhaber obiger seit 11 Jahren bestehenden reindeutschen Firma, welche von dem verstorbenen Baron Friedrich von Schirach gegründet wurde, möchte ich anregen, diese Verfügung sinngemäss zu ergänzen auch auf *Altstoffe irgendwelcher Art*, wie *Metallabfälle u.s.w.*, welche die städtischen Betriebe wie die Städt. Strassenbahnen, Elektrizitätswerke, Gaswerk u.s.w. fortlaufend verkaufen.[4] Meine Firma ist zwar fast regelmässig zu Gebotsabgaben aufgefordert worden, sie hat auch wiederholt Altstoffe erhalten; aber in erster Linie sind stets jüdische Firmen berücksichtigt worden. Ich habe in dieser Hinsicht vor kurzer Zeit eine längere Rücksprache mit Herrn Köhler von der Reichsleitung der Wirtschaftsabtg. gehabt. Ich bin seit 30 Jahren in leitenden Stellungen sowohl auf Metallhüttenwerken als auch im Metallgrosshandel tätig gewesen und habe es immer bedauert, dass 90 Prozent des Metallgrosshandels und der Metallhütten in *jüdischen* Händen sind, wo gerade die Wehrfähigkeit Deutschlands es erfordert, dass die Verwertung kriegswichtiger Metalle sich in *deutschen Händen* befindet.
Während des Krieges sind leider fast alle Direktorenstellen bei der Kriegsmetall A.G. in Berlin in *jüdischen Händen* gewesen und der Erfolg war, dass diese Kreise nur in jüdische Hände gearbeitet haben, sodass dadurch jetzt 90 % der Branche in jüdischen Händen ist. Ich bin gern bereit, der Stadtverwaltung uneigennützig meine Dienste zur Verfügung zu stellen, damit für die Folge eine volkswirtschaftlich richtige Verwertung der metallischen Altstoffe stattfindet. Ich füge meine Zeugnisabschriften bei, damit Sie sich von meinen Fachkenntnissen überzeugen können. Als Mitglied des Kampfbundes für den gewerblichen Mittelstand bin ich auch gern bereit, zusammen mit meinen christlichen Berufskollegen der Stadtverwaltung die wenigen christlichen Metallhandelsfirmen namhaft zu machen, welche für eine nationalwirtschaftliche Verwertung der metallischen Altstoffe der Stadtverwaltung eine unbedingte Gewähr bieten. Ich selbst vertrete 2 bedeutende Werke, nämlich die Illerwerke A.G. Metallhütte, Regensburg sowie die Bundesmontanverwaltung in Wien und Brixlegg (Tirol), da südlich der Mainlinie keine einzige Kupferelektrolyse existiert und die norddeutschen Firmen alle in jüdischen Händen sind bis auf ganz wenige Ausnahmen.
Heil Hitler!
Ihr sehr ergebener

1 StadtA München, Personalamt/405 II.
2 Fritz Schünemann (1884–1970), Vertreter und Metallgroßhändler; 1932 NSDAP-Eintritt; von 1938 an Beiratsmitglied der Fachuntergruppe Altmetalle der Fachgruppe Alt- und Abfallstoffe der Wirtschaftsgruppe Groß-, Ein- und Ausfuhrhandel.
3 Die Firma von Schirach & Co. verarbeitete Altmetall.
4 Die Stadt antwortete erst am 24. 6. 1933 und nachdem Schünemann mit OB Fiehler gesprochen hatte. Sie teilte mit, die für den Verkauf von Altstoffen in Frage kommenden städt. Betriebe seien über den Vorschlag in Kenntnis gesetzt worden; Schreiben der Stadt München an die Fa. Schirach vom 24. 6. 1933, wie Anm. 1.

DOK. 14
The New York Times: Artikel vom 27. März 1933 über die Vorbereitungen zu großen Protestveranstaltungen in den USA gegen Hitlers Judenpolitik[1]

250 000 Juden protestieren heute in der Stadt. Mehr als eine Million in allen Teilen des Landes wollen Hitlers Politik scharf kritisieren. Jewish Congress[2] handelt. Vier Petitionen, in denen ein Ende des Antisemitismus gefordert wird, sollen deutschen Gesandten übergeben werden. Berliner Juden dagegen. Die dortige nationale Organisation bittet um Absage der Großveranstaltung im Garden

Mehr als 250 000 Juden in New York und 1 000 000 im ganzen Land versammeln sich heute zu Protestveranstaltungen gegen die Verfolgung und Diskriminierung der Juden durch die Hitler-Regierung in Deutschland, während mehrere hunderttausend Juden einem Aufruf ihrer religiösen Führer folgen und den Tag mit Fasten und Gebeten für ein Ende der Verfolgungen verbringen.
Im Mittelpunkt der Proteste in New York steht eine Kundgebung im Madison Square Garden, auf der führende Vertreter des jüdischen Volkes und der christlichen Welt sprechen werden. Mehr als 20 000 Menschen werden im Madison Square Garden erwartet. Zur selben Zeit werden außerhalb des Garden und am Columbus Circle weitere Versammlungen abgehalten. Auch in Synagogen und in Sälen im gesamten Stadtgebiet wird es Veranstaltungen geben. Gleichzeitig finden Protestkundgebungen in mehr als 200 Städten in allen Teilen des Landes statt. Das Geschehen im Madison Square Garden wird über Lautsprecher auch von den Teilnehmern der anderen Veranstaltungen verfolgt werden können und außerdem ins gesamte Land sowie in 13 andere Länder übertragen. Die Tore des Madison Square Garden werden um 18:30 Uhr geöffnet. Rabbi Stephen S. Wise,[3] Ehrenpräsident des American Jewish Congress und Organisator der Protestdemonstration, wird das Treffen im Garden eröffnen und dann an Bernard S. Deutsch[4] übergeben, der als Präsident des Kongresses den Vorsitz innehaben wird. Zu den Rednern gehören der frühere Gouverneur Alfred E. Smith sowie Senator Robert F. Wagner, der aus Washington einfliegen wird; außerdem Bischof William T. Manning und Bischof John J. Dunn als Vertreter von Kardinal Hayes sowie Bischof Francis J. McConnell, Charles H. Tuttle und Bürgermeister John P. O'Brien. Gouverneur Lehman[5] hätte ebenfalls auf der Kundgebung sprechen sollen, doch teilte er Associated Press in Albany gestern Abend mit, er sei durch Staatsgeschäfte verhindert. William Green,[6] der Präsident der American Fe-

1 The New York Times vom 27. 3. 1933, S. 4. Der Artikel wurde aus dem Englischen übersetzt. Die Tageszeitung The New York Times wurde 1851 gegründet und erscheint noch heute.
2 Gemeint ist der American Jewish Congress (AJC). 1918 gegründet als Interessenverband des amerikanischen Judentums, übernahm der AJC später eine führende Rolle im Kampf gegen Antisemitismus und Nationalsozialismus.
3 Dr. Stephen Samuel Wise (1874–1949), Rabbiner; 1898 Delegierter des zweiten Zionistenkongresses in Basel, 1917 Mitbegründer des American Jewish Congress, 1936–1949 Präsident des neugegründeten World Jewish Congress.
4 Bernard S. Deutsch (1883–1935), Immobilienmakler und Politiker; Präsident des American Jewish Congress, 1934–1935 Präsident des New York City Council.
5 Herbert Henry Lehman (1878–1963), Politiker; 1932–1942 Gouverneur des Staates New York, 1949–1956 Mitglied des US-Senats.
6 William Green (1873–1952), Bergarbeiter; von 1924 an Präsident der American Federation of Labor; Autor von „Labour & Democracy" (1939).

deration of Labour, wird den Protest von 3 000 000 organisierten Arbeitern zum Ausdruck bringen.

Aufwändige Vorbereitungen der Polizei

Aufwändige Vorbereitungen für die Veranstaltung im Garden und die anderen Kundgebungen traf Polizeichef Mulrooney,[7] der die 700 Polizisten, die den einzelnen Veranstaltungen zugeteilt sind, darunter berittene sowie motorisierte Einheiten, persönlich befehligen wird. Motorisierte Polizisten werden die Redner zu den Veranstaltungen eskortieren.

In einer Rede vor einer Versammlung seiner Gemeinde in der Carnegie Hall hat Rabbi Wise gestern angekündigt, dass der American Jewish Congress der deutschen Regierung im Anschluss an die heutigen Kundgebungen durch Botschafter Wilhelm von Prittwitz vier „zentrale Forderungen" übermitteln wird.[8] Diese Forderungen lauten:

„1. Unverzügliche Einstellung aller antisemitischen Aktivitäten und Propaganda in Deutschland.

2. Beendigung der Politik der rassischen Diskriminierung der Juden und ihres Ausschlusses vom Wirtschaftsleben in Deutschland.

3. Schutz jüdischen Lebens und Eigentums.

4. Keine Ausweisung der ‚Ost-Juden',[9] die seit 1914 nach Deutschland gekommen sind."[10]

„Dies sind unsere Forderungen", sagte Rabbi Wise. „Wenn diese Forderungen erfüllt werden, und dies möge, bei Gott, geschehen, werden alle Protestpläne und Aktionen eingestellt werden."

Während Dr. Wise sprach, tagte das Exekutivkomitee des American Jewish Congress in seinem Arbeitszimmer nur ein paar Schritte entfernt. Die Sitzung dauerte mehrere Stunden.

Alle Plätze in der Carnegie Hall waren besetzt, als Rabbi Wise und B. Deutsch zur Versammlung sprachen. Hunderte mussten wieder weggeschickt werden. Herr Deutsch verlas eine Erklärung im Namen des Kongresses.

Rabbi Wise betonte, dass die Protestbewegung gegen die Verfolgungen in Deutschland nicht als Bewegung gegen Deutschland gedacht sei. Er gab bekannt, dass er eine Botschaft aus Berlin erhalten habe, in der die amerikanischen Juden aufgefordert würden, ihre „antideutschen Demonstrationen" einzustellen. „Ich möchte noch einmal meiner Überzeugung Ausdruck verleihen, dass der Versailler Friedensvertrag schon längst hätte revidiert werden müssen", erklärte er. „Die Alliierten haben in den letzten Jahren große Verfehlungen gegenüber Deutschland, dem deutschen Volk und dem deutschen Staat zu verantworten, und Deutschland hat das Recht zu verlangen, dass die Alliierten entweder abrüsten, wie sie es versprochen und wozu sie sich verpflichtet hatten, oder aber dass Deutschland das Recht auf Wiederbewaffnung haben sollte. Deutschland hat das Recht und hatte immer das Recht, Forderungen an die Alliierten zu stellen, die schon vor langer Zeit hätten erfüllt werden sollen. Und wären sie erfüllt worden, hätten wir vielleicht niemals diese Tage über Deutschland anbrechen sehen."

7 Edward P. Mulrooney (1874–1960), Polizist; von 1895 an im Polizeidienst, 1930–1933 Polizeipräsident von New York.

8 Zur Reaktion der deutschen Botschaft siehe Dok. 11 vom 20. 3. 1933.

9 Ost-Juden im englischen Original deutsch.

10 Zu solchen Plänen siehe Dok. 8 vom 15. 3. 1933.

Massenkundgebungen verursachen auch Proteste

Dr. Wise wollte zwar die Quelle der Nachricht, die er aus Berlin erhalten hatte, nicht nennen, doch wurde bekannt, dass ihm Ernest Wallach,[11] Vizepräsident des Centralvereins deutscher Staatsbürger jüdischen Glaubens, im Namen des Präsidenten dieser Organisation ein Telegramm geschickt hatte, in dem er darauf drängte, die heutige Kundgebung im Madison Square Garden abzusagen. Gleichlautende Telegramme wurden von Herrn Wallach auch an Gouverneur Lehman, Herrn Smith und andere geschickt, die an der Veranstaltung teilnehmen sollten. Herr Wallach befindet sich derzeit geschäftlich in den Vereinigten Staaten. In seiner Botschaft drängte Wallach darauf, dass die Redner, wenn die heutige Veranstaltung nicht abgesagt werden könne, „darauf verzichten sollten, die Emotionen der Zuhörer gegen Deutschland zu schüren".[12]

Im Telegramm hieß es: „Der unterzeichnende Vizepräsident des Centralvereins deutscher Staatsbürger jüdischen Glaubens hat eben ein Telegramm aus Berlin vom Präsidenten der Vereinigung, Dr. Julius Brodnitz,[13] bekommen: ‚Wir bitten Sie dringend, alles in Ihrer Macht Stehende zu tun, damit die Massenkundgebungen am Montag abgesagt werden, oder, wenn sich dies entgegen unseren aufrichtigen Hoffnungen als nicht möglich erweisen sollte, die Redner des Abends davon abzuhalten, die Emotionen ihrer Zuhörerschaft gegen Deutschland zu schüren. Wir können ihnen versichern, dass die deutsche Regierung fortwährend und erfolgreich bemüht ist, gleichermaßen Ruhe und Ordnung für alle Bürger sicherzustellen.' Wenn ich, als einer der Hauptredner der morgigen Veranstaltung, Ihnen den Inhalt dieses Telegramms mitteile, so bringe ich damit meine Unterstützung für den Aufruf der gewählten Repräsentanten der jüdischen Bevölkerung Deutschlands zum Ausdruck. Ich möchte Sie ernsthaft darum bitten, uns zu helfen, alles zu verhindern, was dazu führt, das Prestige unseres Landes und damit ernstlich unsere lebenswichtigsten Interessen zu beeinträchtigen."

Dr. Wise erklärte, dass der American Jewish Congress die öffentliche Meinung nicht aufgestachelt, sondern „lediglich versucht habe, die große Empörung und den ernsten Protest Amerikas in geordnete und wirkungsvolle Bahnen zu lenken". Dann zählte er die Forderungen auf, die an die deutsche Regierung zu stellen seien.

Beschwichtigungsversuche als „nicht glaubwürdig" erachtet

Die Erklärung des American Jewish Congress, vorgetragen von Herrn Deutsch, im Wortlaut: „Die Beschwichtigungsversuche des Centralvereins deutscher Staatsbürger jüdischen Glaubens, die am Freitag aus Berlin übermittelt wurden, sind leider nicht überzeugend.[14] Unter Eid haben amerikanische Bürger, die von den Nazis brutal angegriffen und gefol-

11 Richtig: Ernst Wallach (1878–1939), Bankier; 1921–1933 Seniorchef der Bank Goldschmidt-Rothschild Berlin (bis zur Übernahme der Bank durch die Reichs-Kredit-Gesellschaft AG), Aufsichtsratsmitglied der Dresdner Bank und anderer Unternehmen; 1919–1937 stellv. CV-Vorsitzender; er emigrierte 1938 in die USA.

12 Göring hatte am 25. 3. 1933 in einer Unterredung die Vertreter jüdischer Organisationen gedrängt, alles zu tun, um die antideutsche Propaganda in den USA zu beenden; Ministerbesprechung vom 29. 3. 1933, AdR, Teil I/1, Nr. 78, S. 271.

13 Julius Brodnitz (1866–1936), Jurist; Rechtsanwalt und Notar in Berlin; 1900 CV-Mitglied, 1920–1936 Präsident des CV; Mitbegründer der C.V.-Zeitung und des Philo-Verlags; 1933 Mitbegründer der Reichsvertretung der deutschen Juden; 1933 Entzug der Zulassung als Notar.

14 Die New York Times hatte am 25. 3. 1933 den Artikel „Jews in Reich Deny Atrocities" auf S. 1 veröffentlicht, in dem das CV-Statement gegen die antideutsche Propaganda vom 24. 3. 1933 ausführlich zitiert wurde; NYT vom 25. 3. 1933, S. 1 und 10.

tert wurden, weil sie Juden waren oder wie Juden aussahen, von ihren Erfahrungen berichtet. Daher wissen wir, dass es zu den gängigen Praktiken der Nazis gehört, von den Opfern ihrer Grausamkeiten unter Androhung weiterer Folter oder sogar des Todes ein schriftliches Dementi zu erpressen, in dem sie erklären müssen, keinen Misshandlungen oder Quälereien ausgesetzt gewesen zu sein. Wenn sich diese amerikanischen Bürger, obwohl sie wussten, dass die mächtige Regierung der Vereinigten Staaten hinter ihnen stand, genötigt sahen, unter Zwang exkulpierende Erklärungen für ihre Nazi-Peiniger zu unterschreiben – wie können wir dann jetzt Beschwichtigungsversuchen Glauben schenken, die von Seiten der terrorisierten Juden Deutschlands kommen, deren Bürgerrechte und vor allem Leben gefährdet sind und wahrscheinlich auf dem Spiel stehen.

Doch diese erzwungenen Dementis, lesen wir sie nur aufmerksam, widerlegen sich selbst – erstens durch das, was abgestritten wird, zweitens durch das, was trotz aller Sprachgewandtheit als Lüge aufscheint, und schließlich und entscheidend durch das, was konkret eingestanden wird. Geleugnet werden drei, und zwar nur drei, spezifische Vorwürfe, die in Bezug auf Zeit, Ort und Beschreibung deutlich eingegrenzt sind. Dass sich das Dementi einzig auf wenige besondere Vorwürfe bezieht, legt gleichzeitig nahe, dass alle anderen Anschuldigungen, welche die Welt in den letzten beiden Wochen beschäftigt haben, wahr sind und nicht bestritten werden können. Das Schreiben versucht nicht einmal, diese zu leugnen.

Es wird darin nicht abgestritten oder auch nur eine Erklärung dafür gegeben, dass führende Vertreter des deutschen Judentums und führende deutsche Intellektuelle wie Theodor Wolff, Alfred Kerr, Arnold Zweig, Bruno Walter und Dutzende andere, abgesehen von Abertausenden weniger prominenten deutschen Juden, unter Todesgefahr aus Deutschland fliehen mussten und nun Zuflucht in Prag, der Schweiz, Holland, Belgien, Frankreich und sogar Polen suchen. Es wird darin auch nicht geleugnet, dass viele andere deutsche Juden – unter ihnen bedeutende Schriftsteller, Physiker, Unternehmer und Anwälte, deren einziges Verbrechen es ist, dass sie jüdischen Glaubens oder jüdischer Rasse sind – nun in deutschen Gefängnissen schmachten. Es wird nicht abgestritten, dass die Krankenhäuser, Universitäten und Schulen Deutschlands, die Theater, Orchester und Banken systematisch von jüdischem Personal, um es mit dem Naziterminus auszudrücken, ‚gesäubert' wurden und weiterhin werden, völlig unabhängig davon, wie bedeutend, berühmt oder auch wie unbedeutend die Betroffenen sind. Dies geschah ohne Rücksicht auf den finanziellen Ruin der betroffenen Institutionen und ohne Rücksicht auf die Schande und den Schaden, den die deutsche Kultur, die Wissenschaft, Kunst und Finanzwelt davontragen. Es wird in dem Schreiben auch nicht abgestritten, dass jüdische Richter rücksichtslos von ihren Richterstühlen entfernt werden, ungeachtet ihrer verfassungsmäßig garantierten Amtsdauer, und dass jüdische Anwälte aus der Anwaltschaft ausgeschlossen werden. Es wird nicht geleugnet, dass alle jüdischen Beamten, ob in hohen oder niedrigen Positionen, rücksichtslos entlassen wurden und weiterhin werden.

Das Dementi bestreitet auch nicht – und es wäre auch zwecklos, dies angesichts der überwältigenden Beweise zu tun – die an Details reichen Berichte von Verfolgung und Gräueltaten, die Tausende von Juden und auch christliche Liberale erzählen, die gerade aus Deutschland entkommen sind, Berichte, die berechtigterweise die gesamte zivilisierte Menschheit schockiert haben. Es wird nicht geleugnet – und das kann es auch gar nicht –, dass die Verfolgung, Unterdrückung und sogar völlige Vertreibung der Juden aus Deutschland seit Jahren die erklärte Politik der Nazis war – ihr von ihnen selbst gerühmtes Programm für den Zeitpunkt, da sie an die Macht kämen; dass der für die Polizei im Kabinett verantwortliche Nazi-Minister[15] erst letzte Woche verächtlich in einer öffentlichen Rede erklärt hat, die Polizei könne sich unter seiner Führung nicht um den Schutz jüdischen Eigentums sorgen,[16] und dass Hitler selbst in seiner Rede in Potsdam bei der Eröffnung des Reichstags zu verstehen gab, die Juden Deutschlands seien Geächtete und Verbrecher, wie im Leitartikel der *New York Times* von Samstag (25. März) dargelegt wurde.[17] Wenn die führenden Vertreter des Staates öffentliche Erklärungen dieser Art abgeben, welche blutigen Exzesse muss man dann von ihren fanatischen Anhängern erwarten!"

„Offizielle" Bedrohung abgestritten

„Schließlich widerlegt die Erklärung des Centralvereins nicht – und kann dies auch gar nicht tun – die Meldungen eben des Tages, an dem die Erklärung hier veröffentlicht wurde, nämlich: dass die Juden aus der Pfalz oder Rheinpfalz von der Polizei zusammengetrieben werden und ihnen die baldige Vertreibung angedroht wird, dass ihre Bankkonten beschlagnahmt wurden, um in der Zwischenzeit eine Flucht unmöglich zu machen, und dass den auswärtigen Berichterstattern am Samstag ominöserweise von ‚einer offiziellen Quelle der Nazis' mitgeteilt wurde, dass ‚Kanzler Hitler handeln wird, um das gesamte Problem der Ostjuden, die seit 1914 in Deutschland Zuflucht gesucht hatten, zu regeln'.

Wie dem auch sei, am aussagekräftigsten sind die Zugeständnisse, die in dem Schreiben des Centralvereins enthalten sind. In dem Schreiben wird zugegeben, dass es ‚politische Racheakte, auch Repressalien gegen Juden gab'; und es wird darüber hinaus eingeräumt, dass die ‚offenkundigen antisemitischen Absichten in den verschiedenen Bereichen des Lebens und der Wirtschaft uns tatsächlich mit ernster Sorge erfüllen'. Allerdings sagt der Centralverein weiterhin, dies sei ‚eine rein deutsche Angelegenheit'. Dies wiederum bestreiten wir, und zwar ganz vehement. Es ist keineswegs eine ‚rein deutsche Angelegenheit', dass Antisemitismus in den verschiedenen Bereichen des Lebens und der Wirtschaft die offizielle Politik und das erklärte Programm der deutschen Regierung darstellt. Der Antisemitismus in Deutschland stellt eine Herausforderung an die gesamte Zivilisation dar; und alle zivilisierten Menschen und Völker haben das Recht und die Pflicht, dagegen zu protestieren. Ob es nun die Absicht ist, die 600 000 Angehörigen der jüdischen Rasse in Deutschland durch wirtschaftliche Repressionen und die Verweigerung der Bürgerrechte oder durch Blutvergießen zu vernichten – beides ist gleichermaßen ein Verbrechen – sowohl gegen Gott als auch gegen die Menschlichkeit – das nach einer Verurteilung durch die Menschheit sowie zum Einsatz aller geeigneten Mittel durch Außenstehende ruft, um diese Verbrechen zu verhindern."

Bernard H. Ridder,[18] Herausgeber der „Staats-Zeitung", der als einer der Redner für die Veranstaltung im Madison Square Garden vorgesehen war, wird sich nicht an die Versammlung wenden, wie gestern Abend berichtet wurde. Ein Vertreter Ridders erklärte, dieser habe sich mit dem American Jewish Congress nicht über den Inhalt seiner Rede ei-

15 Gemeint ist Hermann Göring, der als Ministerpräsident Preußens für die preuß. Polizei zuständig war.

16 Göring hatte am 11. 3. 1933 in Essen eine Rede zu den bevorstehenden Kommunalwahlen in Preußen gehalten; VB (Norddt. Ausg.), Nr. 71/72 vom 12./13. 3. 1933, S. 2.

17 In der Rede Hitlers am Tag von Potsdam, dem 21. 3. 1933, waren Juden nicht direkt erwähnt worden; VB, Nr. 31 vom 22. 3. 1933, S. 1–2. Die hier wiedergegebenen Schlussfolgerungen waren in einem Leitartikel unter der Rubrik „Topics of the Times" aus der Rede Hitlers gezogen worden; The New York Times vom 25. 3. 1933, S. C 14.

18 Bernard H. Ridder, Inhaber und Hrsg. der 1834 gegründeten deutsch-amerikanischen New Yorker Staats-Zeitung.

nigen können. Herr Ridder habe eine Rede vorbereitet und sein Manuskript dem AJC vorgelegt, äußerte sein Sprecher. Der AJC habe dieses Manuskript als nicht zufriedenstellend angesehen und auf Ridders Vorschlag hin eine andere Rede vorgelegt. Herr Ridder, so wird berichtet, war der Ansicht, diese enthalte schärfere Formulierungen, als er sie zu gebrauchen wünschte, und lehnte die Rede folglich ab. A.H. Cohen,[19] der Geschäftsführer des AJC, bestritt hingegen, dass Ridders Rede abgelehnt oder eine Ersatzrede vorbereitet worden sei. Er erklärte, nach Auskunft der Delegierten des AJC werde Herr Ridder auf der Veranstaltung am Abend sprechen.

Alle Inhaber von Karten für die Veranstaltung im Madison Square Garden heute Abend werden bis 19:30 Uhr eingelassen, danach werden die Tore, wenn es die Verhältnisse in der Halle erlauben, für die Öffentlichkeit geöffnet. Inhaber reservierter Plätze werden gebeten, den Eingang an der Eighth Avenue zu nutzen. Alle anderen nehmen die Eingänge an der 49. und 50. Straße.

Die Jewish Theatrical Guild, die sich gestern Nachmittag im Morosco-Theater traf, verabschiedete eine Protesterklärung gegen die antisemitischen Ausschreitungen. Sie forderte außerdem den Außenminister auf, bei der deutschen Regierung vorstellig zu werden, um eine Ende der Verfolgungen zu erwirken. An der Veranstaltung nahmen etwa 1 500 Menschen teil.

DOK. 15
Die Stadtverwaltung Frankfurt a. M. verfügt am 28. März 1933 die Entlassung ihrer jüdischen Bediensteten[1]

Verfügung (Dringende Terminsache) des Magistrats-Personaldezernenten der Stadt Frankfurt a. M., Linder,[2] an alle städt. Dienststellen sowie die Aufsichtsratsvorsitzenden der Gesellschaften mit städt. Kapitalmehrheit vom 28. 3. 1933

Betr.: Entlassung bzw. Beurlaubung von städtischen Beamten und Angestellten jüdischen Bekenntnisses.

I. Der Herr beauftragte Oberbürgermeister[3] hat folgendes verfügt:[4]

19 Abraham H. Cohen (*1900); 1924–1927 geschäftsführender Direktor des Palestine Foundation Fund (Keren Hajessod) und 1932–1934 des American Jewish Congress.

1 IfS Frankfurt a. M., Magistratsakten/5039, Bl. 5–6RS. Gekürzter Abdruck in: Dokumente Frankfurter Juden, S. 65 f.

2 Karl Linder (1900–1979), Beamter; 1923 NSDAP-Eintritt; 1923–1933 Finanzbeamter, 1933–1937 stellv. Bürgermeister von Frankfurt a. M.; 1933–1939 Vorstandsmitglied des Deutschen Gemeindetages, 1937–1945 stellv. Gauleiter von Hessen-Nassau; 1945 untergetaucht, 1950 interniert, Einstellung des Spruchkammerverfahrens.

3 Oberbürgermeister war Dr. Friedrich Krebs (1894–1961), Jurist; 1923–1925 Richter am Land- und Amtsgericht und 1928–1933 Landgerichtsrat in Frankfurt a. M.; von 1922 an beim Völkischen Block der NSDAP, 1929 NSDAP-Eintritt, von 1933 an NSDAP-Kreisleiter und 1933–1945 OB von Frankfurt a. M.; Aufsichtsratsvorsitzender der Deutschen Städte-Reklame GmbH; 1945–1948 interniert, bei der Entnazifizierung als minderbelastet eingestuft; bis 1952 als Mitglied der Deutschen Partei in der Frankfurter Stadtverordnetenversammlung, danach als Rechtsanwalt tätig.

4 Am 28. 3. 1933 um 10:30 Uhr hatte OB Krebs aus Berlin angerufen und die hier in Anführungszeichen stehende Anordnung durchgegeben, der zweite Teil der Verfügung wurde in der Stadtverwaltung entworfen; Vermerk vom 28. 3. 1933, wie Anm. 1, Bl. 3 f.

„Als Abwehrmaßnahme gegen die von zumeist aus Deutschland ausgewanderten Juden im Ausland betriebene, dem deutschen Ansehen und der deutschen Wirtschaft schädliche Greuelpropaganda wird angeordnet:
1.) Zum Zweck der unumgänglichen Ersparnis an Personalausgaben wird gemäß Viertem Teil, Kapitel I § 1 Abs. 2, der Preuß. Sparverordnung vom 12. 9. 1931 sämtlichen jüdischen Angestellten der Stadtverwaltung sowie der städtischen Gesellschaften mit städtischer Kapitalmehrheit das Dienstverhältnis zum gesetzlich zulässigen nächsten Termin unter Vorbehalt der fristlosen Kündigung im Falle entsprechender gesetzlicher Ermächtigung gekündigt.
2.) Ferner werden alle jüdischen Beamten mit sofortiger Wirkung bis auf weiteres beurlaubt. Sie haben sich demgemäß aller weiteren Amtshandlungen zu enthalten.
Ausnahmen sind nur da zulässig, wo nach pflichtmäßiger, sorgfältigster Prüfung durch den Dienststellenleiter bei Durchführung der angeordneten Maßnahme Allgemeininteressen oder lebenswichtige Belange von Privatpersonen gefährdet würden und nicht rechtzeitig Ersatzpersonen zugezogen werden können.
Soweit Ersatz erforderlich, dürfen nur *ehrenamtliche* Kräfte als Beamte oder Angestellte mit gleicher Vorbildung unter Mitwirkung der Leitung der entsprechenden nationalsozialistischen Organisationen (N.S. Lehrer, N.S. Ärzte, N.S. Juristen und N.S. Beamtenabteilung, N.S.B.O.) verwandt werden.
3.) Der Einkauf in jüdischen Geschäften aller Art wird sämtlichen Dienststellen auf das strengste untersagt. Zuwiderhandlungen werden unnachsichtlich verfolgt.
4.) Alle laufenden Verträge mit jüdischen Firmen sind sofort zum nächsten gesetzlich zulässigen Termin unter Vorbehalt fristloser Kündigung bei entsprechender gesetzlicher Ermächtigung zu kündigen."
II. a) In Ausführung der Ziffern 1.) und 2.) vorstehender Anordnung werden die städtischen Amts- und Dienststellen ersucht, spätestens im Laufe des morgigen Tages (29. 3. 33) ein Verzeichnis aller im städtischen Dienst beschäftigten jüdischen Beamten und Angestellten unter Angabe von Vor- und Zuname, Dienststellung sowie des Eintrittstages in den städtischen Dienst hierher zu übermitteln. Das Verzeichnis ist nach Dienststellen getrennt aufzustellen. Innerhalb der einzelnen Dienststellen ist zu unterscheiden nach
aa) Gemeindebeamten auf Lebenszeit,
bb) Gemeindebeamten auf Kündigung,
cc) außerplanmäßigen Beamten (Beamte zur Vorbereitung) und Anwärtern,
dd) planmäßig vertraglich Angestellten,
ee) außerplanmäßigen Angestellten *mit* den Vergünstigungen des § 7 des Nicht-Beamtenregulativs,
ff) außerplanmäßigen Angestellten *ohne* die Vergünstigungen des § 7 des Nicht-Beamtenregulativs,
gg) Tarifangestellten,
hh) Sondervertragsangestellten.
Gleichzeitig sind die Personalakten der betreffenden Bediensteten beizufügen.
b) Weiterhin wird gebeten anzugeben, bei welchen *lebenslänglich angestellten Gemeindebeamten* (siehe aa vorstehend) eine sofortige Beurlaubung bezw. Dienstenthebung aus den unter Ziffer 2, Absatz 2, der Anordnung des Herrn beauftragten Oberbürgermeisters angeführten Gründen nicht möglich ist.

c) Soweit Ersatzkräfte erforderlich sind, bitten wir uns diese Fälle ebenfalls im Laufe des morgigen Tages (29. 3. 1933) mitzuteilen, um entsprechende *ehrenamtliche* Kräfte im Benehmen mit den in Betracht kommenden nationalsozialistischen Organisationen alsbald zur Verfügung stellen zu können.

III. Bezüglich des im städtischen Dienst stehenden jüdischen Lehrpersonals werden die Schulbehörden beauftragt, das Erforderliche unmittelbar von sich aus in gleicher Weise zu veranlassen und uns das Ergebnis umgehend mitzuteilen.

IV. Für die fristgemäße und vollständige Durchführung vorstehender Anordnung werden die Dienststellenleiter verantwortlich gemacht.

V. Hinsichtlich der bei den städtischen Gesellschaften mit städtischer Kapitalmehrheit beschäftigten jüdischen Angestellten werden die Herren Aufsichtsratsvorsitzenden ersucht, das Erforderliche in gleicher Weise unverzüglich zu veranlassen und uns das Ergebnis umgehend hierher mitzuteilen.

VI. Zweifelsfragen bitten wir im Benehmen mit der Magistrats-Personalabteilung (Automat 1568) zu klären.

VII. Bezüglich der Ziffern 3) und 4) der Anordnung des Herrn beauftragten Oberbürgermeisters wird auftragsgemäß ersucht, nach den gegebenen Weisungen strikte zu verfahren bezw. das Erforderliche unverzüglich zu veranlassen.

DOK. 16
Der Staatskommissar für Berlin verbietet der Stadtverwaltung am 30. März 1933, in der „jüdischen Presse" zu inserieren[1]

Rundverfügung des Staatskommissars für Berlin z. b. V. (Na 2), gez. Lippert,[2] Berlin, an die zentralen Verwaltungen, die Bezirksämter und die städtischen Gesellschaften vom 30. 3. 1933 (Druck)

Verbot für die Aufgabe von Anzeigen in der jüdischen Presse.

Es ist festgestellt, daß einzelne Dienststellen der Stadt, hauptsächlich einzelne Bezirksämter, noch immer amtliche Ankündigungen in Anzeigenform an die jüdische Presse vergeben, dagegen andererseits die nationale, insbesondere aber die nationalsozialistische Presse dabei kaum oder gar nicht berücksichtigen.

Es muß darauf hingewirkt werden, daß in Zukunft die jüdische Presse solche amtlichen Anzeigen nicht mehr erhält, um so mehr, als dies augenblicklich im Sinne der antijüdischen Boykottbewegung liegen dürfte. Als jüdische Presse ist hauptsächlich das „Berliner Tageblatt", „Die Vossische Zeitung", „Die Morgenpost", „Tempo" und „8-Uhr-Abendblatt" anzusehen.

1 Dienstblatt des Magistrats von Berlin, 1933 Teil I/66, S. 122. Das Dienstblatt zur Veröffentlichung amtlicher Nachrichten der Berliner Stadtverwaltung erschien 1922–1944.

2 Dr. Julius Lippert (1895–1956), Journalist; 1927 NSDAP- und 1933 SA-Eintritt; 1927–1933 Hauptschriftleiter der NS-Zeitschrift Der Angriff; März 1933–1936 Staatskommissar für Berlin, 1937–1940 Stadtpräsident und OB von Berlin; dann als Kommandeur der Propagandaabteilung Südost, u. a. Aufbau des Soldatensenders Belgrad; 1943–1945 Kreiskommandant der Sicherheitspolizei in Arlon (Belgien); 1945 in alliierter Haft, 1946 nach Belgien ausgeliefert und wegen Kriegsverbrechen dort 1950 verurteilt, Haft bis 1952.

DOK. 17
Völkischer Beobachter: Die NSDAP ruft am 30. März 1933 zu einem reichsweiten antijüdischen Boykott auf[1]

Aufruf der Reichsleitung der N.S.D.A.P.[2]
Boykott-Komitees gegen das Judentum im ganzen Reich!
Am 1. April Schlag 10 Uhr setzt der Boykott aller jüdischen Waren, Geschäfte, Ärzte, Anwälte ein – Zehntausende Massenversammlungen. Das Judentum hat 65 Millionen Deutschen den Kampf angesagt, nun soll es an seiner empfindlichsten Stelle getroffen werden!

Aufruf an die Partei!
Nationalsozialisten! Parteigenossen! Parteigenossinnen!
Nach vierzehnjähriger innerer Zerrissenheit hat das deutsche Volk, seine Stände, Klassen, Berufe und konfessionellen Spaltungen politisch überwindend, *eine Erhebung* durchgeführt, die dem *marxistisch-jüdischen Spuk blitzschnell ein Ende* bereitete. In den Wochen nach dem 30. Januar hat sich eine einzigartige nationale Revolution in Deutschland vollzogen. Trotz langer, schwerster Bedrückungen und Verfolgungen haben die Millionenmassen, die hinter der Regierung der nationalen Revolution stehen, in vollster Ruhe und Disziplin *der neuen Reichsführung die legale Deckung gegeben zur Durchführung der Reform der deutschen Nation an Haupt und Gliedern.* Am 5. März hat die weitaus überwiegende Mehrzahl der wahlberechtigten Deutschen dem neuen Regiment das Vertrauen ausgesprochen. *Die Vollendung der nationalen Revolution ist dadurch zu der Forderung des Volkes geworden.*
In jämmerlicher Feigheit haben die jüdisch-marxistischen Bonzen ihre Macht[stellung]en geräumt. Trotz allen Geschreis wagte kein einziger ernstlichen Widerstand zu leisten. Zum größten Teil haben sie die von ihnen *verführten Massen im Stiche gelassen* und sind unter Mitnahme ihrer aufgefüllten Depots *ins Ausland geflüchtet. Nur der beispiellosen Disziplin und Ruhe, mit der sich dieser Akt des Umsturzes vollzog, haben es die Urheber und Nutznießer unseres Unglücks zuzuschreiben, wenn sie fast ausnahmslos ungeschoren blieben.* Kaum ein Härchen wurde ihnen gekrümmt. Man vergleiche mit diesem Akt der Selbstzucht der nationalen Erhebung in Deutschland etwa die *bolschewistische Revolution* in Rußland, der *über drei Millionen Tote zum Opfer fielen* und man wird erst ermessen, zu welchem Dank die schuldigen Verbrecher am deutschen Verfall den Kräften der nationalen Erhebung gegenüber verpflichtet wären. Man vergleiche weiter die *furchtbaren Kämpfe und Zerstörungen der Revolution dieser Novembermänner selbst, ihre Geisel-Erschießungen in den Jahren 1918 und 1919, das Niedermetzeln wehrloser Gegner, und man wird wieder den Unterschied zur nationalen Erhebung als einen unerhörten finden.*

1 Völkischer Beobachter (Norddt. Ausg.), Nr. 89 vom 30. 3. 1933, S. 1 f. Abdruck der Punkte 1–11 in: UuF, Bd. 9, S. 387 f.

2 Den Aufruf verfasste vermutlich Goebbels auf Anregung Hitlers; Einträge vom 27. und 28. 3. 1933, in: Goebbels-Tagebücher, Teil I, Bd. 2/III, S. 156 f.; Ministerbesprechung vom 29. 3. 1933, AdR, Teil I/1, Nr. 78, S. 271. Der Aufruf vom 28. 3. 1933 erschien zuerst am 29. 3. in einer Zusammenfassung; VB (Norddt. Ausg.), Nr. 88 vom 29. 3. 1933, S. 2. Gegen den Aufruf protestierten am 30. 3. 1933 die Reichsvertretung der deutschen Juden und der Vorstand der Jüdischen Gemeinde zu Berlin beim Reichspräsidenten, beim Reichskanzler und bei den Reichsministern; Abdruck in: Dokumentation Rheinland-Pfalz, S. 14 f. In der C.V.-Zeitung erschien ein Protest; C.V.-Zeitung, Nr. 13 vom 30. 3. 1933, S. 1.

Die regierenden Männer haben dabei feierlich der Welt verkündet, daß sie mit dieser in Frieden leben wollen. Das deutsche Volk leistet ihnen dabei treue Gefolgschaft. Deutschland will keine Weltwirren und keine internationalen Verwicklungen. *Aber das nationale revolutionäre Deutschland ist fest entschlossen, der inneren Mißwirtschaft ein Ende zu bereiten.* Nun, da die Feinde der Nation im Innern vom Volke selbst unschädlich gemacht worden sind, trifft das ein, was wir längst erwartet hatten. Die kommunistischen und marxistischen Verbrecher und ihre jüdisch-intellektuellen Anstifter, die mit ihren Kapitalien rechtzeitig *in das Ausland ausrückten*, entfalten nun von dort aus eine *gewissenlose landesverräterische Hetzkampagne gegen das deutsche Volk überhaupt.* Da ihnen das Lügen in Deutschland unmöglich wurde, beginnen sie von den Hauptstädten der ehemaligen Entente aus dieselbe Hetze gegen die junge nationale Erhebung, die sie zu Kriegsbeginn schon gegen das damalige Deutschland getrieben haben.

Lügen und Verleumdungen von geradezu haarsträubender Perversität werden über Deutschland losgelassen. Greuelmärchen von zerstückelten Judenleichen, von ausgestochenen Augen und abgehackten Händen werden verbreitet zu dem Zweck, das deutsche Volk in der Welt zum zweiten Male so zu verfemen, wie ihnen dies im Jahre 1914 bereits gelungen war. Millionen unschuldige Menschen, Völker, mit denen das deutsche Volk nur in Frieden leben will, werden von diesen gewissenlosen Verbrechern gegen uns aufgehetzt. Die deutschen Waren, die deutsche Arbeit sollen dem internationalen Boykott verfallen. Die Not in Deutschland ist ihnen also zu klein, sie muß noch größer werden! Sie lügen von Jüdinnen, die getötet wurden, von jüdischen Mädchen, die vor den Augen ihrer Eltern vergewaltigt worden seien, von Friedhöfen, die verwüstet sind! Alles nur eine einzige Lüge, zu dem Zweck erfunden, eine neue Weltkriegshetze zu entfachen! Wollte man diesem wahnwitzigen Verbrechen länger zusehen, würde man sich zum Mitschuldigen machen. Die nationalsozialistische Partei wird daher nunmehr den Abwehrkampf gegen dieses Generalverbrechen mit den Mitteln aufnehmen, die geeignet sind, die Schuldigen zu treffen. Denn *die Schuldigen* sind bei uns, sie leben unter uns und mißbrauchen Tag für Tag das Gastrecht, das ihnen das deutsche Volk gewährt hat. In einer Zeit, da Millionen Menschen von uns nichts zum Leben und nichts zum Essen haben, da Hunderttausende deutscher Geistesarbeiter auf der Straße verkommen, sitzen diese *jüdischen intellektuellen Literaten* zwischen uns und nehmen sehr wohl unser Gastrecht in Anspruch.

Was würde Amerika tun, wenn die Deutschen Amerikas sich so gegen Amerika versündigen würden, wie diese Juden gegen Deutschland? Die nationale Revolution hat ihnen kein Haar gekrümmt. Sie konnten ihren Geschäften nachgehen wie zuvor. *Allerdings, Korruption wird ausgerottet, ganz gleich, wer sie begeht.* Die Zugehörigkeit zur *jüdischen Rasse oder zur mosaischen Konfession* ist so wenig ein Freibrief für Verbrecher, als es die Zugehörigkeit zu einer christlichen Konfession oder zu unserem eigenen Volke sein kann. Jahrzehntelang hat Deutschland jeden Fremden wahllos hereingelassen. 135 Menschen leben bei uns auf dem Quadratkilometer. In Amerika nicht einmal 15. Trotzdem hat *Amerika* sehr wohl seine *Einwanderung kontingentiert* und bestimmte Völker von ihr überhaupt ausgeschlossen. Deutschland hat, ohne Rücksicht auf seine eigene Not, jahrzehntelang diese Maßnahme nicht ergriffen. Als Dank dafür hetzt jetzt, während Millionen eigene Volksgenossen von uns arbeitslos sind und verkommen, ein Klüngel jüdischer Literaten, Professoren und Geschäftemacher die Welt gegen uns. Damit ist jetzt Schluß! Das Deutschland der nationalen Revolution ist nicht das Deutschland einer feigen Bürgerlichkeit.

Wir sehen die Not und das Elend unserer eigenen Volksgenossen und fühlen uns verpflichtet, nichts zu unterlassen, was eine weitere Schädigung dieses unseres Volkes verhindern kann. Denn verantwortlich für diese Lügen und Verleumdungen sind die Juden unter uns. Von ihnen geht diese Kampagne des Hasses und der Lügenhetze gegen Deutschland aus. In ihrer Hand läge es, die Lügner in der anderen Welt zurechtzuweisen. Da sie dies nicht wollen, werden wir dafür sorgen, daß dieser Haß- und Lügenfeldzug gegen Deutschland sich nicht gegen das unschuldige deutsche Volk, sondern gegen die verantwortlichen Hetzer selbst richtet. Die Boykott- und Generalhetze darf und wird nicht das deutsche Volk treffen, sondern in tausendfacher Schwere die Juden selbst.
Es ergeht daher an alle Parteidienststellen und Parteiorganisationen folgende *Anordnung*:
Punkt 1: In jeder Ortsgruppe und Organisationsgliederung der N.S.D.A.P. sind sofort *Aktionskomitees zu bilden* zur praktischen, planmäßigen Durchführung *des Boykotts* jüdischer Geschäfte, jüdischer Waren, jüdischer Ärzte und jüdischer Rechtsanwälte. Die Aktionskomitees sind verantwortlich dafür, daß der Boykott keinen Unschuldigen, um so härter aber die Schuldigen trifft.
Punkt 2: Die Aktionskomitees sind verantwortlich für den nächsten Schutz aller Ausländer ohne Ansehen ihrer Konfession und Herkunft oder Rasse. Der Boykott ist eine *reine Abwehrmaßnahme*, die sich ausschließlich gegen die *Juden in Deutschland* wendet.
Punkt 3: Die Aktionskomitees haben sofort durch *Propaganda und Aufklärung* den Boykott zu popularisieren. Grundsatz: *Kein guter Deutscher kauft noch bei einem Juden* oder läßt sich von ihm und seinen Hintermännern Waren anpreisen. Der Boykott muß ein allgemeiner sein. Er wird vom ganzen Volk getragen und muß das Judentum an seiner empfindlichsten Stelle treffen.
Punkt 4: In Zweifelsfällen soll von einer Boykottierung solcher Geschäfte so lange abgesehen werden, bis nicht vom Zentralkomitee in München eine andere bestimmte Anweisung erfolgt. Vorsitzender *des Zentralkomitees* ist Pg. *Streicher*.[3]
Punkt 5: Die Aktionskomitees *überwachen auf das schärfste die Zeitungen*, inwieweit sie sich an dem Aufklärungsfeldzug des deutschen Volkes gegen die jüdische Greuelhetze im Ausland beteiligen. Tun Zeitungen dies nicht oder nur beschränkt, so ist darauf zu sehen, daß sie aus jedem Hause, in dem Deutsche wohnen, *augenblicklich entfernt* werden. Kein deutscher Mann und kein deutsches Geschäft sollen in solchen Zeitungen noch Annoncen aufgeben. Sie müssen der *öffentlichen Verachtung verfallen*, geschrieben für die jüdischen Rassegenossen, aber nicht für das deutsche Volk.
Punkt 6: Die Aktionskomitees müssen *in Verbindung mit den Betriebszellen-Organisationen* der Partei die Propaganda der Aufklärung über die Folgen der jüdischen Greuelhetze für die deutsche Arbeit und damit für den *deutschen Arbeiter* in die Betriebe hineintragen und besonders die Arbeiter über die Notwendigkeit des nationalen Boykotts als Abwehrmaßnahme zum Schutz der deutschen Arbeit aufklären.
Punkt 7: Die Aktionskomitees müssen *bis in das kleinste Bauerndorf* hinein vorgetrieben werden, um besonders auf dem flachen Land die jüdischen Händler zu treffen. Grund-

3 Julius Streicher (1885–1946), Lehrer; 1919–1921 Mitglied der Deutschsozialistischen Partei, 1922 NSDAP- und SA-Eintritt, 1923 Teilnahme am Hitler-Putsch, Suspendierung vom Schuldienst; 1923–1944 Hrsg. der Zeitschrift Der Stürmer, 1925–1928 Gauleiter von Nordbayern; 1926–1927 Gefängnishaft wegen übler Nachrede, 1928 Entlassung aus dem Schuldienst; von 1929 an Gauleiter von Franken; 1930 Gefängnis wegen antisemitischer Agitation; 1940 wegen persönlicher Bereicherung vom Amt des Gauleiters entbunden; 1946 nach Todesurteil im Nürnberger Prozess hingerichtet.

sätzlich ist immer zu betonen, daß es sich um eine uns aufgezwungene Abwehrmaßnahme handelt.

Punkt 8: Der Boykott setzt nicht verzettelt ein, sondern *schlagartig*. In dem Sinne sind *augenblicklich alle Vorarbeiten* zu treffen. Es ergehen die *Anordnungen an die SA. und SS.*, um vom Augenblick des Boykotts ab durch Posten die Bevölkerung vor dem Betreten der jüdischen Geschäfte *zu warnen*.

Der Boykottbeginn ist durch *Plakatanschlag und durch die Presse*, durch *Flugblätter* usw. *bekanntzugeben*.[4]

Der Boykott setzt *schlagartig am 1. April, Punkt 10 Uhr vormittags*, ein. Er wird fortgeführt so lange, bis nicht eine Anordnung der Parteileitung die Aufhebung befiehlt.

Punkt 9: Die Aktionskomitees organisieren sofort in *Zehntausenden von Massenversammlungen*, die bis in das kleinste Dorf hineinzureichen haben, die Forderung nach Einführung einer *relativen Zahl für die Beschäftigung der Juden* in allen Berufen entsprechend ihrer Beteiligung an der deutschen Volkszahl. Um die Stoßkraft der Aktion zu erhöhen, ist diese Forderung zunächst *auf drei Gebiete* zu beschränken:

a) auf den Besuch an den deutschen Mittel- und Hochschulen,
b) für den Beruf der Ärzte,
c) für den Beruf der Rechtsanwälte.[5]

Punkt 10: Die Aktionskomitees haben weiterhin die Aufgabe, dafür zu sorgen, daß jeder Deutsche, der irgendeine *Verbindung zum Ausland* besitzt, diese verwendet, um in Briefen, Telegrammen und Telephonaten *aufklärend die Wahrheit zu verbreiten*, daß in Deutschland Ruhe und Ordnung herrscht, daß das deutsche Volk keinen sehnlicheren Wunsch besitzt, als im Frieden seiner Arbeit nachzugehen und im Frieden mit der anderen Welt zu leben, und daß es den Kampf gegen die jüdische Greuelhetze nur führt als reinen *Abwehrkampf*.[6]

Punkt 11: *Die Aktionskomitees sind dafür verantwortlich, daß sich dieser gesamte Kampf in vollster Ruhe und größter Disziplin vollzieht. Krümmt auch weiterhin keinem Juden auch nur ein Haar! Wir werden mit dieser Hetze fertig, einfach durch die einschneidende Wucht dieser angeführten Maßnahmen.*

Mehr als je zuvor ist es notwendig, daß die *ganze Partei in blindem Gehorsam wie ein Mann hinter der Führung steht.*

Nationalsozialisten, ihr habt das Wunder vollbracht, in einem einzigen Angriff den November-Staat über den Haufen zu rennen, ihr werdet auch diese zweite Aufgabe genau so lösen. Das soll das internationale Weltjudentum wissen:

Die Regierung der nationalen Revolution hängt nicht im luftleeren Raum. Sie ist die Repräsentantin des schaffenden deutschen Volkes. Wer sie angreift, greift Deutschland an. Wer sie verleumdet, verleumdet die Nation! Wer sie bekämpft, hat 65 Millionen den Kampf angesagt!

4 Siehe den Plakatentwurf des Zentralkomitees zur Abwehr der jüdischen Greuel- und Boykotthetze, der von allen Parteiblättern nachzudrucken war; Nationalsozialistische Partei-Korrespondenz (NSK Pressedienst der NSDAP), Nr. 358 vom 30. 3. 1933, S. 3 f.

5 Zu den drei genannten Tätigkeitsfeldern wurden noch im April entsprechende Gesetze und Verordnungen erlassen: Gesetz über die Zulassung zur Rechtsanwaltschaft vom 7. 4. 1933, VO über die Zulassung von Ärzten zur Tätigkeit bei den Krankenkassen vom 22. 4. 1933 sowie Gesetz gegen die Überfüllung deutscher Schulen und Hochschulen vom 25. 4. 1933; RGBl., 1933 I, S. 188, 222 und 225.

6 Zur Umsetzung siehe das Rundschreiben des Vereins Deutscher Maschinenbau-Anstalten, Dok. 19 vom 30. 3. 1933.

Wir sind mit den marxistischen Hetzern in Deutschland fertig geworden, sie werden uns nicht in die Knie beugen, auch wenn sie nunmehr vom Ausland aus ihre volksverbrecherischen Verrätereien fortsetzen.
Nationalsozialisten! Sonnabend, Schlag 10 Uhr, wird das Judentum wissen, wem es den Kampf angesagt hat!
Nationalsozialistische Deutsche Arbeiterpartei. Parteileitung.

DOK. 18
Privatlehrer Ackermann regt am 30. März 1933 den Boykott jüdischer Privatlehrer in München an[1]

Handschriftl. Brief von Dr. Ackermann,[2] München, Schommerstr. 2 I, an das Aktionskomitee zur Abwehr gegen die jüdische Greuel- und Boykotthetze für München-Oberbayern (Eing. 3. 4. 1933), München, vom 30. 3. 1933[3]

Sehr geehrte Herrn!
Ich bitte im Interesse so vieler stellungslosen deutschen Privatlehrer auch gütigst mit den Boykott aller jüdischen *Privatlehrer* in München, wo angängig mit ins Auge zu fassen. Mir liegt als Adresse vor: Dr. K. Löwenstein,[4] München 13. Elisabethstr. 31, der für das Abitur vorbereitet. So gibt es noch eine stattliche Anzahl anderer Juden, die sich mit solchen Vorbereitungen befassen.
Besonders erlaube ich mir, auch auf das private Handelslehr-Institut der Frau Dr. Sabel in der Kaufingerstr. hinzuweisen.[5] Der Ehemann der Frau Dr. Sabel, welcher verstorben ist, soll, wie ich erfuhr, auch Jude gewesen sein. Nur weil Frau Dr. Sabel von ihrem Ehemann her überkommen hat und sich unter den alten Beziehungen einer *festen* Konzession erfreute, war es ihr möglich nicht nur die hiesige Schule zu führen, sondern noch einige andere Handelsschulen. Sie hat mit den fortgesetzt hohen Einnahmen sich mehrere Häuser hier anschaffen können. Gefordert wird zur Haltung der Schule dieser Art das nachgewiesene Diplom-Handelslehrexamen. Will aber hier ein Diplom-Handelslehrer sog. Kurse abhalten, so würde ihm die Konzession bisher in den meisten Fällen versagt. Nur solche Person, wie Frau Dr. Sabel, die gar kein Examen hinter sich hat, hat sich stets der Konzession erfreut und immer verstanden sich diese zu sichern. Ich setze das Komitee hiervon gern in Kenntnis und bitte diese Mitteilung gütigst *geheim* zu halten.[6]
Mit Parteigruß
Dr. jur. et phil. Ackermann
Diplom-Handelslehrer,
derzeit Privatlehrer für Vorbereitung auf das Abitur.

1 BArch, NS 12/1027.
2 Dr. Johann Ackermann. Näheres nicht ermittelt.
3 Grammatik und Rechtschreibung wie im Original; handschriftl. Unterstreichungen.
4 Dr. Karl Löwenstein, Privatgelehrter in München.
5 Handelsschule Rudolf Sabel in München, Kaufingerstraße 14, eröffnet 1900 nach dem Vorbild der in Nürnberg von Dr. Gottlob Sabel (1867–1911) für die kaufmännische Ausbildung 1896 gegründeten Sabel-Schule.
6 Das Boykott-Komitee des NSDAP-Gaus München-Oberbayern übermittelte das Schreiben am 12. 4. 1933 an den NS-Lehrerbund München zur weiteren Veranlassung; wie Anm. 1.

DOK. 19

Der Verein Deutscher Maschinenbau-Anstalten ruft am 30. März 1933 seine Mitgliedsfirmen auf, gegen die „internationale Greuel- und Boykotthetze" vorzugehen[1]

Rundschreiben (Reihe I, Nr. 13) des Vereins Deutscher Maschinenbau-Anstalten (II/Dr.Kl/Hy, Akt.-Z.: Wp 289), das geschäftsführende Vorstandsmitglied, (Unterschrift unleserlich), Berlin, Tiergartenstr. 35, an die Mitgliedsfirmen des VDMA sowie den Hauptvorstandsmitgliedern und Fachverbänden zur Kenntnis vom 30. 3. 1933

Betr.: Internationale Greuel- und Boykotthetze gegen Deutschland.

Die Greuel- und Boykotthetze, die in der jüngsten Zeit in einer gewissen Auslandspresse gegen Deutschland betrieben wird, hat jetzt auch Eingang in die private Geschäftskorrespondenz gefunden. Mitgliedern unseres Vereins wurden unter Wiederholung der lügenhaften Behauptung fortgesetzter Greueltaten gegen Staatsbürger jüdischen Glaubens in Deutschland bereits in mehreren Fällen Aufträge aus dem Ausland annulliert. Die betreffenden ausländischen Stellen scheuten sich nicht, zu erklären, dass sie nicht mehr gewillt wären, den deutschen „Mordbrennern" künftig noch Aufträge zu erteilen. Diese von einer gewissen Schicht geflüchteter sogen. Intellektueller genährte Hetze wird auch begierig von dem Teil der Auslandspresse aufgenommen, der sich von jeher, schon im Krieg, zur Aufgabe gemacht hat, Deutschland in jeder Weise zu verdächtigen und zu diffamieren, um es nicht allein durch Warenboykott zu treffen, sondern auch politisch zu isolieren und sein Ansehen im Auslande zur besseren Erreichung der eigenen politischen Zwecke zu schädigen.

Ehre und Ansehen der deutschen Nation erfordern es, dass alle Firmen unserer Industrie uns bei unserem Bestreben helfen, die Reichsregierung im Kampfe gegen diese lügenhafte ausländische Berichterstattung mit aller Entschiedenheit zu unterstützen. Dass die deutsche Regierung diese internationale Greuel- und Boykotthetze nicht stillschweigend hinnimmt, sondern – wenn diese im Ausland nicht schleunigst eingestellt wird – zu Abwehrmassnahmen greift, ist ein Akt der Notwehr und ausdrücklich in den amtlichen Erklärungen als solche bezeichnet.

Es ist also Pflicht jeder deutschen Maschinenfabrik, der sich im Auslande anbahnenden Diffamierung Deutschlands und der deutschen Waren entgegenzutreten und in Briefen, Telefongesprächen und auf jede andere geeignete Weise die ausländischen Geschäftsfreunde über die wahre Lage in Deutschland aufzuklären, und die Vertreter anzuweisen, sich für diese Aufklärungsarbeit in vollem Umfange zur Verfügung zu stellen. Insbesondere ist es wichtig, dass die Vertreter auch mit der ausländischen Presse in Verbindung treten, um auch ihrerseits für Abstellung der gegen Deutschland gerichteten Hetze in den Zeitungen zu sorgen.[2]

Um unsere Mitgliedsfirmen bei dieser Aufklärungsarbeit über ihre eigenen Massnahmen hinaus zu unterstützen, übermitteln wir Ihnen anliegend eine Stellungnahme unseres Vereins gegen diese unqualifizierbare Deutschenhetze, die an die ausländischen Geschäftsfreunde und Vertreter unserer Mitgliedsfirmen gerichtet ist. Wir bitten unsere Mitgliedsfirmen, sie unverzüglich den genannten Stellen zuzuleiten, und haben sie daher

1 Dok. in Clemens Berg (d.i. Max Kronenberg), Aus Deutschland vor und nach Hitler (26. 3. 1940); Harvard-Preisausschreiben, Nr. 123, Anhang.

2 Siehe die Aufforderung dazu in Punkt 10 des NSDAP-Aufrufs, veröffentlicht am Morgen desselben Tages; Dok. 17 vom 30. 3. 1933.

in zehnfacher Ausfertigung hier beigefügt. Weitere Exemplare stellen wir auf Anforderung in beliebiger Zahl kostenlos zur Verfügung.[3]
Wir bitten die Mitgliedsfirmen ausserdem, uns auf schnellstem Wege von allen Zuschriften aus dem Auslande Kenntnis zu geben, in welchen auf die in Rede stehende Greuel- und Boykotthetze gegen Deutschland Bezug genommen ist.
Wir werden diese Angaben bei den zuständigen Reichsbehörden verwerten, damit alles geschieht, was zur Wahrung der deutschen Belange möglich ist.

DOK. 20

Besprechung von Vertretern jüdischer Organisationen am 31. März 1933 in Paris über die Verfolgung der jüdischen Deutschen[1]

Vermerk, undat. und ungez., über eine Besprechung [31. 3. 1933][2]

Notizen über eine Unterredung in Paris, bei der die folgenden Herren anwesend waren:
Mr. Neville Laski,[3] Präsident des Board of Deputies[4] und einer der gemeinsamen Vorsitzenden des Joint Foreign Committee.[5]
Monsieur Israel Levi,[6] der Oberrabbiner Frankreichs.
Monsieur Oungre,[7] Generaldirektor der ICA.[8]
Monsieur Oungre,[9] Generaldirektor der HICEM.[10]

3 Hier nicht abgedruckt. Das Rundschreiben nimmt zu den „angeblichen Greueltaten nationaler Kreise in Deutschland gegen jüdische Staatsangehörige" Stellung. Die ausländischen Firmen werden gebeten, sich dafür einzusetzen, dass „die Presse Ihres Landes die Vorgänge in Deutschland nicht verzerrt, sondern objektiv darstellen möge"; wie Anm. 1.

1 LBIJMB, MF 129. Das Dokument wurde aus dem Englischen übersetzt.
2 Die Datierung ergibt sich aus einem Gespräch, das im Anschluss an diese Sitzung stattfand; Notes of Conversation with Dr. Kahn on afternoon of Saturday (?), March 31, 1933; ebd.
3 Neville Jonas Laski (1890–1969), Jurist; 1933–1939 Präsident des Board of Deputies of British Jews; Autor u. a. von „Jewish Rights and Jewish Wrongs" (1939).
4 Board of Deputies of British Jews, 1760 als The London Committee of Deputies of British Jews gegründet.
5 Joint Foreign Committee of the Board of Deputies of British Jews and the Anglo-Jewish Association. Das Conjoint Foreign Committee, später Joint, wurde 1878 gebildet. Die Anglo-Jewish Association wurde 1871 zur Förderung des Judentums gegründet.
6 Richtig: Dr. Israel Lévi (1856–1939), Rabbiner; von 1892 an Professor am Séminaire Israélite der Universität Paris; 1919–1938 Oberster Rabbiner Frankreichs; Autor u. a. von „Histoire des Juifs de France" (1903).
7 Dr. Louis Oungre (1880–1966), Kolonisationsexperte; Mitinitiator der 1924 gegr. Joint-ICA Foundation; 1940 Emigration aus Frankreich in die USA; 1946 Repräsentant der Alliance Israélite Universelle auf der Londoner Konferenz der jüdischen Organisationen.
8 ICA: Jewish Colonization Association. Die Auswanderungs- und Fürsorgegesellschaft wurde 1891 von Baron Moritz Hirsch in Form einer Aktiengesellschaft nach englischem Recht gegründet, um osteuropäische Juden in Südamerika anzusiedeln. Im Verwaltungsrat waren jüdische Organisationen aus Deutschland, Belgien, Frankreich und Großbritannien vertreten, Sitz war London. Später weitete die ICA ihre Tätigkeit auf Nordamerika und Palästina aus. Sie verfügte über Ackerbaukolonien in den USA, Argentinien und Brasilien.
9 Edouard Oungre, in den 1920er Jahren stellv. Direktor der ICA und HICEM-Vorstandsmitglied, 1938 Vertreter der HIAS auf der Evian-Konferenz, 1942 Leiter der HIAS für Südamerika, 1945 arbeitete er wieder für die ICA.

Monsieur Golschak,[11] Direktor für Fragen der Arbeitslosigkeit in Belgien.
Monsieur Voss, ein holländischer Parlamentsabgeordneter.
Professor Cohen[12] aus Holland.
Monsieur Dreyfus aus der Schweiz.
Professor Netter[13] und
Monsieur Bigart[14] als Repräsentanten der Alliance.[15]
Dr. Bernard Kahn,[16] Direktor des Joint Reconstruction Fund, der am Vorabend aus Deutschland angekommen war, nahm am Treffen teil. Er erklärte, dass es seiner Meinung nach nicht von Nutzen für die deutsche jüdische Gemeinde sei, wenn man lediglich den wirtschaftlichen Boykott beenden, nicht aber die folgenden drei Punkte umsetzen würde. Seine Punkte, die ich wortgetreu aufgeschrieben und ihm noch einmal vorgelesen habe, lauteten folgendermaßen:

1. Administrative Aufgaben müssen der Braunen Armee entzogen und in den Händen der Regierung konzentriert werden, da das Problem nicht auf Gesetzesebene liegt, sondern im Handeln einer politischen Partei.
2. Wenn die Regierung, der die Presseaufsicht obliegt, die Völkische Zeitung und den Angriff[17] nicht aufhalten kann, sind Verhandlungen sinnlos. Diese Zeitungen geben Erklärungen ab, ob es der Regierung passt oder nicht. Ein Stopp ist eine entscheidende und unverzichtbare Vorbedingung. Die Aktionen der Braunen Armee müssen beendet und das Land muss mit Polizeikräften kontrolliert werden. Stoppt die rote Provokation.
3. Nach Erfüllung des ersten Punkts muss zugesichert werden, dass es keine weitere Entrechtung und Diskriminierung geben wird. Dr. Kahn bezweifelte, dass man der deutschen

10 Die HICEM wurde 1927 mit Sitz in Paris gegründet. Sie sollte die Arbeit der HIAS in New York, der ICA in Paris und der Emigdirect in Berlin koordinieren, um die jüdische Auswanderung zu organisieren und die Emigranten in den Einwanderungsländern wirtschaftlich zu betreuen. Die Bezeichnung HICEM setzte sich aus den Abkürzungen der drei Organisationen zusammen. Die HIAS war als Jüdische Schutz- und Einwandererhilfsgesellschaft vor allem für osteuropäische Einwanderer 1898 in New York gegründet worden, die Emigdirect 1921 als Vereinigtes Komitee für jüdische Auswanderung.

11 Vermutlich Max Gottschalk (1889–1976), Volkswirt und Sozialpolitiker; 1923–1940 Beauftragter des International Labour Office für Belgien und Luxemburg, 1940–1949 Leiter des Research Institute for Peace and Postwar Problems des American Jewish Committee, 1956–1962 Präsident des Zentralrats der Juden in Belgien.

12 Vermutlich Dr. David Cohen (1882–1967), Historiker; Professor für Alte Geschichte in Leiden und Amsterdam; Zionist, gründete 1933 das Comité voor Bijzondere Joodse Belangen, zugleich Vorsitzender des Unterausschusses für jüdische Flüchtlinge, 1941–1943 Vorsitzender der Zwangsvereinigung Joodse Raad in Amsterdam, 1943 nach Theresienstadt deportiert; 1947 wegen Kollaboration von einem jüdischen Gemeindegericht verurteilt, 1950 Annullierung des Urteils.

13 Dr. Arnold Netter (1855–1936), Mediziner; Professor an der Universität Paris; von 1905 an Vizepräsident der Alliance Israélite Universelle, 1935–1936 deren Präsident; Autor diverser medizinischer Schriften.

14 Jacques Bigart (1855–1934), Jurist; 1892–1934 Generalsekretär der Alliance Israélite Universelle; Autor u. a. von „L'Alliance Israélite, son action éducatrice" (1900).

15 Die Alliance Israélite Universelle wurde 1860 in Frankreich zur Verteidigung des Judentums gegründet.

16 Richtig: Dr. Bernhard Kahn (1876–1955), Jurist; 1904–1921 Generalsekretär des Hilfsvereins der deutschen Juden; 1920 Vorsitzender des Arbeiterfürsorgeamts Berlin; 1924–1939 Generaldirektor des American Joint Reconstruction Fund und Direktor des Europa-Büros des Joint Distribution Committee, zunächst in Berlin, später in Paris; 1933 Emigration nach Frankreich, 1939 in die USA.

17 Beide Zeitungsnamen im Original in deutscher Sprache.

Regierung trauen könne, woraufhin Professor Netter folgendes erwiderte: „Sommes-nous décidés guèrre sans merci?“[18] Dr. Kahn sagte weiter, dass, wenn man Deutschland den Krieg erkläre, jeder für sich die Verantwortung übernehmen müsse. Hitler ist ein sehr schwacher Mann. Er hat gewisse Wertvorstellungen. Göring und Goebbels haben ihn in der Hand. Er kann seine eigene Armee nicht anführen. Er kann sie nicht zurückhalten. Wir müssen ihn ermutigen. Wenn die Regierung die oben genannten drei Punkte nicht zugesteht, kann den Juden alles zustoßen, und in diesem Fall wäre keine Gegenmaßnahme von außen zu hart. Jedoch sollte jede Waffe, die eingesetzt wird, möglichst eine nichtjüdische sein.

Am Vorabend hatte ich eine fast zweistündige Diskussion mit Dr. Grönemann, einem etwa 65jährigen jüdischen Anwalt und Autor aus Berlin.[19] Er ist ein Mann, den ich bei verschiedenen Gelegenheiten als erfahrene und angesehene Persönlichkeit kennen gelernt habe. Er äußerte, unabhängig von Dr. Kahn, sehr ähnliche Ansichten. Als sie danach gefragt wurden, erklärten sowohl Dr. Kahn als auch Dr. Grönemann, dass, wenn sie die Anstrengungen der vergangenen beiden Wochen noch einmal vor sich hätten, sie, um Dr. Grönemanns Formulierung zu verwenden, kein i-Tüpfelchen anders machen würden. Dr. Grönemann verwendete zwei Formulierungen, die mich besonders beeindruckten. (a) Er sagte, die deutsche Regierung biete dem Volk panem et circenses[20] und die Juden wären der Zirkus. (b) Er sagte, dass er es unter gewissen Umständen, so bedauerlich dies auch sei, für möglich halte, dass die deutschen Maßnahmen zu einem Massaker führen könnten, aber dass er der Überzeugung sei, dass dieses Massaker am Ende den Überlebenden zum Vorteil gereichen könnte. Er benutzte die Formulierung „sanguis martyrorum semen ecclesia.“[21]

Ich machte mir noch weitere Notizen über eine mehrstündige Unterhaltung mit Dr. Kahn, die im Anschluss an die eher formale Konferenz am Morgen stattfand und lege diese einem eigenen Memorandum bei.[22]

18 Im Original in franz. Sprache mit Schreibfehler: „Sind wir zum Krieg ohne Gnade entschlossen?“

19 Vermutlich Dr. Sammy Gronemann (1875–1952), Jurist und Schriftsteller; Zionist; von 1906 an Rechtsanwalt in Berlin, 1909 Gründungsmitglied und dann Syndikus des Schutzverbands Deutscher Schriftsteller; 1933 emigrierte er nach Frankreich, 1936 nach Palästina; Autor u. a. von „Tohuwabohu“ (1920).

20 Im Original in Latein. Panem et circenses: Lateinisch für Brot und Spiele.

21 Der von Tertullian stammende Ausspruch lautete, Apologeticus 50: „Plures efficimur quotiens metimur a vobis; semen est sanguis Christianorum.“ Oft auch als „Sanguis martyrum, semen Christianorum“ zitiert (das Blut der Märtyrer ist der Samen für Christen).

22 In diesem Gespräch ging es um die Probleme der Finanzierung der Emigration und um die Wirkung, die ausländische Berichte zur Judenverfolgung auf die Nazis hätten; Notes of Conversation with Dr. Kahn on March 31, 1933, wie Anm. 1.

DOK. 21

Henriette Necheles-Magnus beschreibt Solidaritätsbekundungen während des antijüdischen Boykotts am 1. April 1933 in Wandsbek[1]

Bericht von Henriette Necheles-Magnus[2] für ein Preisausschreiben der Harvard University (1940)

[…][3]
Als ich morgens zur Praxis kam, sah ich schon von weitem zwei stramme S.A. Männer vor meinem Eingang stehen. Über der Tür klebte ein grosses Plakat: Ein schwarzer Hintergrund mit einem leuchtenden gelben Fleck in der Mitte. Ich ging in meine Sprechstunde durch die Hintertür und setzte mich an meinen Schreibtisch. Zuerst musste ich meine weinende Einhüterin trösten. Ich bekam die Antwort: *Wir* schämen uns so für unsere Volksgenossen! (ihr Mann war Werftarbeiter). Gegenüber war ein kleines Eiergeschäft, das von einer Jüdin geleitet wurde (ihr Mann war im Kriege gefallen), auch davor die beiden Schutzengel. – Um 9 Uhr begann die Sprechstunde, 9 h 10 kam die erste Patientin. Aufgeregt, schnaubend, dass man sie hindern wollte zu ihrem Doktor zu gehen! „Sind wir in der Zeit der Christenverfolgung??" – 9 h 20 Lärm vor der Tür: „Wir wollen zu unserm Doktor!!!" S.A. Mann: „Die ist ja gar nicht da, die hat sich gedrückt!" Darauf geht mein Mädchen an die Tür: „Frau Doktor ist da. Sie sind nicht berechtigt, die Sprechstunde zu stören, sie sind nur da um zu zeigen, dass es ein jüdischer Doktor ist." So ging es weiter und weiter, die Patienten kamen und kamen mit Blumen, mit kleinen Gaben: „Wir wollen Ihnen zeigen, was wir von dieser Politik halten." „Ich bin nicht krank, Doktor, ich komme um zu sehen, wie es Ihnen geht." Eine kleine Handarbeit, die „Boykottdecke" liegt noch heute in meinem Zimmer. Eine Patientin häkelte sie für mich in jenen Tagen, um mir ihre Zuneigung zu beweisen. –
Nachmittags fing es an zu regnen (in Hamburg ist Aprilregen eine hässliche Sache). Unsere Beschützer wurden unwirsch und fingen vor der Tür zu trampeln an, die Patienten fingen zu lachen an und schlugen ihnen vor, doch in die Kneipe zu gehen und Skat zu spielen. Glücklicherweise ging es ohne Zusammenstösse ab, denn einige meiner Patienten waren ausserhalb des Wartezimmers richtige: tough boys. Meiner Nachbarin auf der andern Seite der Strasse ging es genau so, sie sagte, sie hätte noch nie so viel einzelne Eier verkauft als an diesem Tag, da die armen Leute nicht mehr Geld als zu einem Ei übrig hatten und doch irgendwie ihr das Gefühl des Zusammenhanges zeigen wollten. Es ging nicht überall so glatt und reibungslos ab. Der Inhaber eines Konfektionsgeschäftes in unserer Strasse versuchte, die S.A. Männer vom Blockieren des Eingangs abzuhalten (die Vorschrift war, dass die Posten nur zur Warnung dastehen sollten.) Er wurde mit den Wachen in ein Handgemenge verwickelt und zog natürlich den Kürzeren. Zu Todesfällen kam es in unserer kleinen Stadt nicht. Im ganzen war der Boykott unpopulär und wurde nach einem Tag abgebrochen, da die Bevölkerung noch an derlei Spektakel nicht gewöhnt war.
Mein schöner gelber Fleck wurde von einem davon beleidigten Nachbarn abgemacht. Er kratzte ihn nachts heimlich ab („Die arme Frau Doktor!"). […][4]

1 Henriette Necheles-Magnus, Text ohne Titel (25. 3. 1940), S. 17 f.; Harvard-Preisausschreiben, Nr. 163.
2 Dr. Henriette Necheles-Magnus (1898–1977), Medizinerin; von 1908 als Ärztin in Krankenhäusern in Wandsbek und Hamburg tätig, 1924–1935 eigene Praxis; nach 1936 Emigration in die USA.
3 Der gesamte Bericht umfasst 29 Seiten. Im ersten Teil beschreibt die Autorin kurz Kindheit und Studium sowie die Arbeit in ihrer Praxis bis 1933.
4 Im folgenden Teil des Lebensberichts beschreibt die Autorin die Vorbereitung ihrer Emigration.

DOK. 22
The Times: Artikel vom 3. April 1933 über den Mord an dem jüdischen Rechtsanwalt Schumm und weitere Gewalttaten am Tag des Boykotts[1]

Juden werden boykottiert. Szenen aus Berlin. Wirtschaft steht still. Lynchmordfall in Kiel

Von unserem Korrespondenten[2]
Berlin, 2. April. Gestern zwischen 10 Uhr morgens und Mitternacht wurde rücksichtslos eine Aktion durchgeführt, die die Nazi-Zeitung *Völkischer Beobachter* als „Generalprobe für den permanenten Boykott der Juden" bezeichnete. Der Boykott war äußerst wirksam, davon ausgenommen waren nur jüdische Zeitungen, Banken und wenige nicht eindeutig zuzuordnende Unternehmen. Er basierte auf Furcht und Gewalt und lief insgesamt ruhig ab, wenngleich es in Kiel zu einem ersten Fall von Lynchjustiz durch den Mob kam.
Das Opfer war ein jüdischer Anwalt namens Schumm,[3] der von einer aufgebrachten Menge in der Polizeizelle getötet wurde, in der man ihn festhielt. Der *Völkische Beobachter* erklärt, dass einer von drei SA-Männern von Schüssen getroffen wurde, die durch die Tür des Möbelgeschäfts von Schumms Vater abgegeben worden waren, als die Nazis davor Stellung bezogen. Weiter wird berichtet, dass, nachdem Schumm zur Polizeistation gebracht worden war, die Polizei sich nicht in der Lage sah, das Eindringen des Mobs zu verhindern.[4] Die katholische Zeitung „Germania" liefert eine etwas andere Darstellung. Dort heißt es, dass es einen Wortwechsel zwischen Schumm und einem der SA-Männer gegeben habe, worauf es zu einer Schlägerei gekommen sei, und dass erst dann ein Schuss (die Zeitung fragt „Von wem?") abgegeben worden sei, der einen Nazi namens Asthalter getroffen habe.[5] Die offizielle Erklärung schreibt den Schuss Schumm zu, der nach Kiel gekommen war, um an der Hochzeit seiner Schwester teilzunehmen. Es heißt weiter, dass Schumm und sein Vater in das Geschäft geflohen seien, verfolgt von SA-Männern, die gewaltsam eindrangen, die gesamte Familie festnahmen und zum Polizei-Hauptquartier brachten. Der Mob demolierte daraufhin das Möbelgeschäft und zog zum Polizei-Hauptquartier, wo einige Personen über die Mauer des Innenhofs stiegen, sich ihren Weg in die Zelle erzwangen und Schumm töteten.
Methoden der Gewalt
Der Boykott lähmte das jüdische Wirtschaftsleben vollständig. Schlag 10 Uhr bezogen uniformierte Nazis Stellung vor jedem jüdischen Geschäft, Kaufhaus, Café und anderen Unternehmen. Die Weisung des Anführers des Nazi-Boykotts, Herrn Streicher, dass we-

1 The Times, Nr. 46409 vom 3. 4. 1933, S. 14. Der Artikel wurde aus dem Englischen übersetzt. The Times, gegründet 1785 als The Daily Universal Register, erscheint seit 1788 als Tageszeitung unter dem heutigen Namen in London. In den 1930er-Jahren betrug ihre Auflage 190 000 Exemplare. The Times druckte in den Tagen vor und nach dem Boykott diverse Artikel über die Verfolgung der deutschen Juden.
2 Korrespondent der Times war Norman Ebbutt (1894–1968); von 1925 an in Berlin, leitete er von 1927 bis zu seiner Ausweisung 1937 das Berliner Büro der Times.
3 Der ermordete Dr. Friedrich Schumm (1901–1933) lebte als Rechtsanwalt in Neidenburg in Ostpreußen.
4 Siehe „Bluttat eines Juden"; VB (Norddt. Ausg.), Nr. 92/93 vom 2./3. 4. 1933, S. 1.
5 Asthalter erholte sich während eines längeren Krankenhausaufenthalts von seinem Leberdurchschuss und wurde mit dem Blutorden ausgezeichnet. Wilhelm Asthalter (1910–1982), technischer Angestellter; 1930 NSDAP- und 1931 SS-Eintritt; später Tätigkeit beim SD; nach 1945 in belgischer Haft.

der Gewalt noch Zwang angewandt werden sollten, wurde nicht beachtet. In den kleinen Geschäften stand meist der Nazi-Posten – oft einen Revolver tragend – mit gespreizten Beinen im Türeingang. Ihr Korrespondent sah, wie die Posten mehreren Menschen gewaltsam den Eintritt verwehrten bzw. diese brutal wegstießen.
Mr. Albion Ross, amerikanischer Staatsbürger und Präsident des Philadelphia „Public Ledger", versuchte das Wertheim-Kaufhaus in der Rosenthalerstraße zu betreten, wo vier Nazis postiert waren, doch er wurde fortgestoßen. Einer der Männer folgte ihm, schlug ihn zweimal auf den Kopf und nannte ihn „Du verdammter Hundekopf".[6] Ihrem Korrespondenten wurde zunächst der Eintritt in ein jüdisches Drogeriegeschäft von einem Nazi verwehrt, der sagte „Sie können hier nicht reingehen" und ihn gewaltsam am Eintreten zu hindern versuchte, dann allerdings bei dem Wort „Ausländer" nachgab. Ein Polizist, der nicht weit davon entfernt stand, äußerte, dass gewaltsames Vorgehen nicht erlaubt sei: Als er aber aufgefordert wurde, dorthin zu gehen und sich den Zwischenfall anzusehen, antwortete er, dass er sich nicht in solche Dinge einmischen würde.
Dann tauchten Gruppen von Nazis mit Kleistertöpfen auf und bald klebte an den Schaufenstern jedes jüdischen Geschäfts ein Plakat, auf dem Deutsche gemahnt wurden, nicht bei Juden einzukaufen. Ähnliche Plakate wurden auf den Namensschildern jüdischer Ärzte und Anwalte angebracht, und Posten wurden vor deren Häusern aufgestellt. In manchen Fällen wurden die Plakate vor die Eingangstüren der Geschäfte gehängt und die Juden daran gehindert, diese zu öffnen. Dann tauchten Nazis mit Farbtöpfen auf, und bald trugen die jüdischen Schaufenster in triefenden roten oder weißen Buchstaben das Wort „Jude!" oder Aufschriften wie „Einkäufe hier sind lebensgefährlich", „Jerusalem" und ähnliches mehr.

Leere Cafés

In den Markthallen trugen die verlassenen Stände jüdischer Händler Plakate mit den Worten „Geschlossen aus Protest gegen die jüdische Gräuelpropaganda hier und im Ausland – der jüdische Besitzer dieses Unternehmens ist verantwortlich für die Sicherheit des Plakats, das gut sichtbar angebracht sein muss". Der Zutritt zur Universität und zur Staatsbibliothek wurde Juden verwehrt. Besucher mussten ihre Mitgliedsausweise vorzeigen, die Juden abgenommen wurden.
Zunächst gab es noch vereinzelt Versuche, jüdische Geschäfte geöffnet zu halten, und in manchen Fällen nahmen die Posten die „Keine Gewalt"-Weisung ernst und hielten die Kunden nicht vom Besuch ab. Fest entschlossene Menschen gelangten so in die gedämpfte Stille solch riesiger Läden wie Wertheim in der Leipzigerstraße, wo die Verkäufer hinter den ungenutzten Kassen aufgereiht standen, oder sogar in die großen jüdischen Cafés Unter den Linden und am Kurfürstendamm, wo verängstigte Bedienungen die wenigen Gäste empfingen, die sich nicht von bösen Blicken hatten abschrecken lassen.
Gegen Mittag wurde es schwierig, noch ein geöffnetes jüdisches Geschäft zu finden, und vom frühen Nachmittag an war dies unmöglich. Der große Kurfürstendamm, eine der Haupteinkaufs- und Verkehrsstraßen Berlins, war zu drei Vierteln ausgestorben; der Boykott machte in besonderer Weise den starken jüdischen Einfluss im Geschäftsleben deutlich. Das Kaufhaus des Westens und andere große Läden waren geschlossen; Nazi-Posten standen teilnahmslos vor dem Café Wien oder Dobrin's und anderen großen Cafés, die die Fensterläden geschlossen hatten. Ihre Schließung, ebenso wie die der Kaba-

6 Zitat im Original in Deutsch.

retts in jüdischem Besitz, ließen große dunkle Lücken auf der „Lichterstraße“ entstehen, in die sich der Kurfürstendamm normalerweise nach Einbruch der Dämmerung verwandelt.

Nazi-Patrouillen

Polizisten waren kaum zu sehen. Am Nachmittag patrouillierten Nazis mit schweren Reitpeitschen über den Kurfürstendamm. In einem Fall stürmten sie in ein Mehrfamilienhaus, da, nervösen Gerüchten zufolge, von einem der Balkone Wurfgeschosse nach ihnen geworfen worden waren. Ihr Korrespondent sah, wie zwei Zivilisten von uniformierten Nazis festgenommen und abgeführt wurden, einer von ihnen zu einem „Nazi-Heim“. Ein ähnliches Bild ergeben Berichte aus den meisten Teilen des Landes. In Kassel wurde ein Teil eines öffentlichen Platzes vor einem jüdischen Geschäft mit Stacheldraht abgezäunt, an dem ein Schild mit den Worten „Konzentrationslager für widerspenstige Bürger, die ihre Einkäufe bei Juden machen“ befestigt war. In der Einzäunung befand sich ein lebendiger Esel. Züge an die tschechoslowakische Grenze wurden Freitagnacht durchsucht und viele Juden sollen verhaftet worden sein.

In Berlin wurde die Börse von Nazis umstellt und Juden der Zugang verweigert. Die offiziellen Kurse wurden „ausschließlich von christlichen Börsenmaklern“ festgesetzt, von denen viele Naziuniformen trugen. Der Markt erholte sich, aus unerklärlichen Gründen, vom steilen Kursverfall der vergangenen Tage. Es wird vermutet, dass die Überzeugung, der Boykott werde nicht fortgeführt, etwas damit zu tun gehabt haben könnte. Die Nachfrage in informierten Kreisen bestätigt jedoch den Eindruck, dass dies aller Wahrscheinlichkeit nach nicht der Fall war. Es gab keinen ökonomischen oder politischen Grund für diesen übermäßigen Kursanstieg und dieser kann nicht als realer Ausdruck für die Situation angesehen werden. Herr Streicher gab bekannt, dass er es für möglich halte, von einer Wiederaufnahme des Boykotts abzusehen, doch der Ton in der Nazipresse gibt wenig Anlass zur Beruhigung.

Die Haltung der Öffentlichkeit gegenüber den außergewöhnlichen Szenen des gestrigen Tages schien überwiegend passiver Natur. Spontaner und aktiver Antisemitismus ist unter den Massen nur wenig verbreitet. Doch es gibt ein weit verbreitetes Gefühl der Abneigung und des Misstrauens gegenüber bestimmten vermeintlichen Charakteristika einer Gemeinschaft, die, wie die gestrigen Ereignisse eindringlich zeigten, im Handelsleben stark vorherrscht, obwohl sie weniger als ein Prozent der Gesamtbevölkerung ausmacht. Eine weit verbreitete Überzeugung, ist die der vermeintlichen Ausbeutung von Frauen in der überwiegend unter jüdischem Einfluss stehenden Unterhaltungsindustrie. Diese Ansicht wurde vor einiger Zeit noch bestärkt durch die durchweg ablehnende Haltung einiger jüdischer Zeitungen gegenüber Klägerinnen in Gerichtsverfahren wegen unsittlicher Übergriffe. Ein anderes geläufiges Vorurteil besagt, dass Arbeiter in jüdischen Unternehmen rücksichtslos behandelt werden. Es gibt keine spontane Feindschaft gegenüber dem hart arbeitenden kleinen jüdischen Ladenbesitzer oder Händler.

Das Berliner Bankkonto von Dr. Einstein, der gerade aus der Preußischen Akademie der Wissenschaften ausgetreten ist, wurde beschlagnahmt und eine Summe von 30 000 Mark in Wertpapieren oder bar konfisziert.[7]

7 Albert Einstein, zu dieser Zeit in Belgien, hatte dort beim Deutschen Konsulat seine preuß. Staatsangehörigkeit zurückgegeben. Diese Tatsache benutzte das für die Einsteins zuständige Finanzamt als Vorwand für seine Aktion; siehe GStAPK, I HA, Rep. 77/6061, Bl. 5–16. Zur Diskussion um die zwangsweise Ausbürgerung Einsteins siehe Dok. 70 vom 14. 8. 1933.

DOK. 23
Direktor Eugen Feuchtmann berichtet dem Vorsitzenden des Aufsichtsrats der Johannes Jeserich AG am 3. April 1933 über den erzwungenen Rücktritt zweier jüdischer Direktoren[1]

Schreiben des Vorstandsmitglieds der Aktiengesellschaft Johannes Jeserich Berlin,[2] ungez. [Direktor Eugen Feuchtmann[3]], an den Vorsitzenden des Aufsichtsrats, Bankdirektor Ottomar Benz,[4] Deutsche Bank und Disconto-Gesellschaft in Berlin, vom 3. 4. 1933 (Durchschlag)

Sehr geehrter Herr Doktor!

Am Sonnabend, den 1. April, erschienen in unserem Büro 4 Beauftragte der NSDAP, Betriebszellen-Organisation, und verlangten die sofortige Entlassung jüdischer Angestellter. Daraufhin wurde durch Herrn Direktor Fuld[5] diesem Ansinnen entsprochen und die Herren Adam und Braun entlassen. Am Montag den 3. d. M. wurde der Linksunterzeichnete[6] von Herrn Oberbaurat Leipold[7] (Bezirksamt Mitte) zu einer Besprechung gebeten und ihm in Gegenwart unseres Herrn Prokuristen Dipl. Ingenieur Erfurth eröffnet, dass der Herr Staatskommissar für das Tiefbauwesen der Stadt Berlin, Herr Regierungsbaumeister Fuchs,[8] den Vorschlag des Bezirksamts zur Erteilung grösserer Strassenbauaufträge an unsere Firma abgelehnt habe. Als Begründung wurde mitgeteilt, dass es sich um ein jüdisches Unternehmen handelt. Herr Oberbaurat Leipold empfahl uns, umgehend Schritte zu unternehmen, diese Entscheidung dadurch rückgängig zu machen, dass die beiden jüdischen Vorstandsmitglieder aus dem Unternehmen ausscheiden, und gleichzeitig von diesem Vorgang dem Staatskommissar Meldung zu machen. Daraufhin wurde versucht, bei der Gauleitung der NSDAP vorzusprechen, um näheres über die Angelegenheit zu erfahren. Der Vertreter des Leiters der Betriebszellen-Organisation, Gau Berlin, erklärte, dass der Leiter erst um 4 Uhr zu sprechen und im übrigen das Ausscheiden der jüdischen Direktoren eine unbedingte Voraussetzung für irgendwelche Verhandlungen sei.

Zurückgekehrt nach dem Büro, erschien der Obmann der Betriebszellen-Organisation der NSDAP, Bezirk Charlottenburg, Herr Fengler, bei dem Linksunterzeichneten und teilte ihm mit, dass die Forderung der am Samstag erschienenen Betriebszellenobleute der NSDAP zur Entfernung der jüdischen Angestellten sich auch auf die jüdischen Direktoren erstrecke. Die gleiche Auskunft ist auch dem Rechtsunterzeichneten erteilt worden,

1 BArch, R 8119 F, Nr. 14732 (Mikrofiche P 2372), Bl. 2–4.
2 Die chemische Firma Johannes Jeserich Berlin wurde 1862 gegründet. Der Tiefbau- und Baustoffbetrieb produzierte in Berlin und Hamburg u. a. Lacke und Asphalt und war im Straßenbau tätig. Die Firma unterhielt nach 1933 Niederlassungen in vielen deutschen Städten.
3 Verfasser war Feuchtmann; siehe Anm. 1, Bl. 7. Dr. Eugen Feuchtmann (*1878), Dipl.-Bauingenieur; 1913 Dissertation an der TH Berlin über bituminöse Stoffe im Straßenbau, Regierungsbaumeister a. D.; Direktor der Jeserich AG.
4 Dr. Ottomar Benz (1880–1960), Bankier und Politiker; Bürgermeister von Hildburghausen, Landrat des Kreises Sonneberg/Thür., 1920–1921 Finanzminister Thüringens, von 1926 an in der Direktion der Disconto-Gesellschaft, dann Direktor der Hauptniederlassung Berlin der Deutschen Bank und Disconto-Gesellschaft.
5 Lothar Fuld (1886–1938), Direktor der Jeserich AG, nahm sich am 20. 11. 1938 das Leben.
6 Im Durchschlag des Originals finden sich keine Unterschriften.
7 Artur Leipold (*1884), Dipl.-Ing.; 1927 Magistratsoberbaurat; 1927–1933 DNVP-Mitglied, 1934 SA- und 1937 NSDAP-Eintritt.
8 Dipl.-Ing. Erwin Fuchs, 1933 Regierungsbaumeister a. D., 1933–1934 Stadtrat von Berlin.

als er versuchte, den ihm bekannten Staatssekretär Daluege[9] in der gleichen Angelegenheit zu sprechen.
Ueber alle diese Vorgänge hat der Linksunterzeichnete mit seinen Kollegen Herren Direktor Fuld und Dr. Stern[10] eingehend beraten mit dem Ergebnis, dass die beiden Herren erklärten, dass sie noch heute aus dem Unternehmen ausscheiden und wegen der Regelung ihrer persönlichen Angelegenheiten mit dem Herrn Vorsitzenden Rücksprache nehmen wollten.[11]
Des weiteren ha[ben] die Direktion, sämtliche Angestellte und der grösste Teil der Belegschaft eine Eingabe an den Magistrat gerichtet, die in der Anlage in Abschrift beigefügt ist und welche von den Herren Direktor Fuld und Dr. Stern gutgeheissen worden ist.[12]
Indem wir Ihnen von den Vorgängen hierdurch Mitteilung machen, stellen wir ergebenst anheim, uns Ihnen geeignet erscheinende Instruktionen zu geben, und empfehlen uns Ihnen hochachtungsvoll

DOK. 24
Patentanwalt Richard Wirth erklärt sich am 3. April 1933 mit seinen jüdischen Kollegen solidarisch[1]

Schreiben von Dr. Richard Wirth,[2] Frankfurt a. M., an die Patentanwälte Dr. Ing. G. Breitung, Berlin SW 11, Bernburger Str. 31, Dipl.-Ing. E. Jordan, Berlin W 35, Am Karlsbad 16, Dipl.-Ing. E. Heilmann, Berlin SW 61, Waterlooufer 16, Dipl.-Ing. P. Hapt, Berlin W 57, Yorckstr. 46, und Dr. Ing. R. Meldau, Berlin-Charlottenburg, Hochhaus am Knie, vom 3. 4. 1933 (Abschrift)[3]

Sehr geehrte Herren Kollegen!
Ich habe für mich persönlich zu den Vorgängen im Verband Deutscher Patentanwälte die folgende Erklärung abzugeben, welche nur durch meine besondere Lage mir möglich wird und geboten ist.
Ich erkläre mich mit den jüdischen Kollegen solidarisch in dem Augenblick, in welchem

9 Kurt Daluege (1897–1946), Bauingenieur; 1918–1920 Führer des Selbstschutzes Oberschlesien; 1922 NSDAP-Eintritt, gründete 1926 die SA Berlin und Norddeutschland; 1927–1933 Ingenieur bei der Stadt Berlin, 1933 Leiter der Sonderabteilung Daluege im preuß. MdI, 11. 5. 1933–1936 Chef der Polizei Preußens, 1936–1945 Chef der Ordnungspolizei, Juni 1942–1943 stellv. Reichsprotektor für Böhmen und Mähren, 1943 aus Gesundheitsgründen beurlaubt; 1946 in Prag hingerichtet.

10 Dr. Ernst Stern (1892–1963), Bankier und Publizist; von 1919 an Ministerialbeamter, von 1924 an in der Reichs-Kredit-Gesellschaft AG tätig; emigrierte 1933 nach London, dort als Wirtschaftsberater für Churchill und für mehrere Unternehmen tätig.

11 Am 13. 4. 1933 wurde der Rücktritt der Vorstandsmitglieder Fuld und Stern auf der von Benz geleiteten Aufsichtsratssitzung mit der Begründung akzeptiert, dass die Firma andernfalls keine Aufträge der öffentlichen Hand mehr erhalten würde. Ihre Posten wurden später mit NSDAP-Mitgliedern besetzt. Außerdem mussten die Aufsichtsratsmitglieder Ludwig Fuld (Mannheim), Dr. Theodor Reis, Justizrat Theodor Marba, Dr. Alfred Friedmann (alle Berlin) sowie Justizrat Emil Krämer (München) wegen ihrer jüdischen Herkunft aus dem Aufsichtsrat ausscheiden. Von nun an galt die Firma als „arisch"; wie Anm. 1, Bl. 49, 67–69.

12 Das hier nicht abgedruckte Schreiben der Betriebszellenorganisation der Johannes Jeserich AG an den Magistrat Berlin, Regierungsbaumeister Fuchs, vom 3. 4. 1933 enthielt die dann positiv beschiedene Bitte, nach dem Ausscheiden der jüdischen Vorstandsmitglieder Fuld und Stern die Firma künftig wieder bei städtischen Bauaufträgen zu berücksichtigen; wie Anm. 1, Bl. 5 und 9.

die Bewegung dieselbe Richtung einnehmen oder drohen sollte, wie die gegen die jüdischen Rechtsanwälte.[4] Ich teile das Schicksal der jüdischen Kollegen bis zum Ausscheiden aus dem Verband oder der Rationierung der Geschäfte oder der Löschung in der Rolle der Patentanwälte, mit der notwendigen Folge einer solchen weiteren Tätigkeit, wie das Gesetz sie gestatten sollte.
Es ist heute vielleicht nötig zuzufügen, dass allein mein Gerechtigkeitsgefühl mich zu diesem Schritt führt. Es sträubt sich dagegen, dass die gewollte oder ungewollte notwendige Folge der angegebenen Entwicklung die Aneignung der Praxis jüdischer Kollegen durch christliche wäre, während ich ein Urteil über Unterscheidung jüdischer und christlicher Patentanwaltsübungen sonst hier nicht zu fällen habe.
Die Bedingtheit der obigen Erklärung ist allein verursacht durch die völlige Ungeklärtheit der Lage, bei welcher für keine der Vorschlaglisten für den Vorstand irgendein neues Ziel der Verbandspolitik angegeben ist, geschweige eine Stellungnahme zu den obigen Punkten. Die Bedingung ist für die sonst in sich widerspruchsvollen Ziele der soeben eingetroffenen Einladung vom 1. ds. Mts. der Gruppe des Kollegen Ullrich bereits eingetreten.
Die Erklärung ist auch bedingt dadurch, dass ich nicht weiss, inwieweit die nationalsozialistischen Kollegen auf eigene Verantwortung vorgehen oder im Auftrag einer Stelle, welche heute gesetzliche Befugnisse hat.
Mit kollegialer Hochachtung

DOK. 25

Die Jüdische Rundschau vom 4. April 1933 fordert, als Antwort auf den Boykott ein neues jüdisches Selbstbewusstsein zu entwickeln[1]

[Robert Weltsch][2]
Tragt ihn mit Stolz, den gelben Fleck!

Der 1. April 1933 wird ein wichtiger Tag in der Geschichte der deutschen Juden, ja in der Geschichte des ganzen jüdischen Volkes bleiben. Die Ereignisse dieses Tages haben nicht nur eine politische und eine wirtschaftliche, sondern auch eine moralische und seelische

1 PAAA, R 98472.
2 Dr. Richard Wirth (1865–1947), Ingenieur und Jurist; 1894–1897 Stadtverordneter und 1897–1907 Stadtrat in Frankfurt a. M., Patentanwalt in Frankfurt a. M.; Autor u. a. von „Zur Rechtsfindung in Patentsachen" (1936).
3 Das Schreiben ist eines von zwei Dokumenten im Anhang eines Briefs von Richard Wirth an Reichsaußenminister Konstantin Freiherr von Neurath vom 11. 4. 1933; wie Anm. 1.
4 Am 12. 4. 1933 teilte der Völkische Beobachter mit, dass der NS-Juristenbund, dem die nationalsozialistischen Patentanwälte angehörten, „im Einvernehmen mit dem Reichspatentamt Schritte in die Wege geleitet" habe, um die Zulassung der jüdischen Patentanwälte in ähnlicher Weise wie für Rechtsanwälte zu regeln; VB (Norddt. Ausg.), Nr. 102 vom 12. 4. 1933, S. 2. Nach dem Gesetz über Patentanwälte vom 22. 4. 1933 wurden „Nichtarier" nicht mehr zugelassen bzw. konnten Zulassungen aufgehoben werden; RGBl., 1933 I, S. 217.

1 Jüdische Rundschau, Nr. 27 vom 4. 4. 1933, S. 131 f. Wiederabdruck in: Weltsch, Tragt ihn mit Stolz, S. 24–29.
2 Robert Weltsch (1891–1982), Journalist und Schriftsteller; aktiv in der zionistischen Studentenbewegung in Prag; 1919–1938 Redakteur der JR in Berlin; emigrierte im September 1938 nach Jerusalem, dort Redakteur der Jüdischen Weltrundschau; von 1946 an Korrespondent der Zeitung Ha'aretz in London, 1955–1979 Vorstandsmitglied des Leo Baeck Instituts London.

Seite. Ueber die politischen und wirtschaftlichen Zusammenhänge ist in den Zeitungen viel gesprochen worden, wobei freilich häufig agitatorische Bedürfnisse die sachliche Erkenntnis verdunkeln. Ueber die *moralische* Seite zu sprechen, ist *unsere* Sache. Denn so viel auch die Judenfrage jetzt erörtert wird, was in der Seele der deutschen Juden vorgeht, was vom *jüdischen* Standpunkt zu den Vorgängen zu sagen ist, kann niemand aussprechen als wir selbst. Die Juden können heute nicht anders als *als Juden* sprechen. Alles andere ist völlig sinnlos. Der Spuk der sogenannten „Judenpresse" ist weggeblasen. Der verhängnisvolle Irrtum vieler Juden, man könne jüdische Interessen unter anderem Deckmantel vertreten, ist beseitigt. Das deutsche Judentum hat am 1. April eine Lehre empfangen, die viel tiefer geht, als selbst seine erbitterten und heute triumphierenden Gegner annehmen.

Es ist nicht unsere Art zu lamentieren. Auf Ereignisse von dieser Wucht mit sentimentalen Salbadereien zu reagieren, überlassen wir jenen Juden einer vergangenen Generation, die nichts gelernt und alles vergessen haben. Es bedarf heute eines *neuen Tones* in der Diskussion jüdischer Angelegenheiten. Wir leben in einer neuen Zeit, die nationale Revolution des deutschen Volkes ist ein weithin sichtbares Signal, daß die alte Begriffswelt zusammengestürzt ist. Das mag für viele schmerzlich sein, aber in dieser Welt sich behaupten kann nur, wer den Realitäten ins Auge sieht. Wir stehen mitten in einer gewaltigen Umwandlung des geistigen, politischen, sozialen und wirtschaftlichen Lebens. *Unsere* Sorge ist: Wie reagiert das Judentum?

Der 1. April 1933 kann ein Tag des jüdischen Erwachens und der jüdischen Wiedergeburt sein. Wenn die Juden wollen. Wenn die Juden reif sind und innere Größe besitzen. Wenn die Juden nicht so sind, wie sie von ihren Gegnern dargestellt werden.

Das angegriffene Judentum muß sich zu *sich selbst bekennen.*

Auch an diesem Tage stärkster Erregung, wo im Angesicht des beispiellosen Schauspiels der universalen Verfemung der gesamten jüdischen Bevölkerung eines großen Kulturlandes die stürmischsten Empfindungen unser Herz durchzogen, haben wir vor allem Eines zu wahren: *Besonnenheit.* Stehen wir fassungslos vor dem Geschehen dieser Tage, so dürfen wir doch nicht verzagen und müssen uns ohne Selbsttäuschung Rechenschaft ablegen. Man müßte in diesen Tagen empfehlen: daß die Schrift, die an der Wiege des Zionismus stand, *Theodor Herzls „Judenstaat", in hunderttausenden Exemplaren unter Juden und Nichtjuden verbreitet wird.*[3] Wenn es noch Gefühl für Größe und Adel, für Ritterlichkeit und Gerechtigkeit gibt, müßte jeder Nationalsozialist, der dieses Buch zu Gesicht bekommt, vor seinem eigenen blinden Tun erstarren. Aber auch jeder Jude, der es liest, würde beginnen zu verstehen; und würde daraus Trost und Erhebung schöpfen.

Theodor Herzl, dessen reiner Name in diesen Tagen durch ein Zitat aus einer Fälschung vor der gesamten deutschen Oeffentlichkeit befleckt wurde,[4] schrieb in der Einleitung der genannten Schrift:

3 Theodor Herzl (1860–1904), Journalist; 1897 Mitgründer der Zionistischen Weltorganisation; Autor u. a. von „Der Judenstaat" (1896).

4 Bezieht sich auf folgende Passage des von Streicher unterzeichneten Aufrufs „Schlagt den Weltfeind" vom 30. 3. 1933: „Auf dem Zionistenkongreß in Basel war von den Juden zum Beschluß erhoben worden: ‚Sobald ein nichtjüdischer Staat es wagt, uns Juden Widerstand zu leisten, müssen wir in der Lage sein, seine Nachbarn zum Kriege gegen ihn zu veranlassen. Wollen aber auch die Nachbarn gemeinsame Sache mit ihm machen, so müssen wir den Weltkrieg entfesseln. Wir müssen die nichtjü-

„Die Judenfrage besteht. Es wäre töricht, sie zu leugnen. Sie ist ein verschlepptes Stück Mittelalter, mit dem die Kulturvölker auch heute beim besten Willen noch nicht fertig werden konnten. Den großmütigen Willen zeigten sie ja, als sie uns emanzipierten. Die Judenfrage besteht überall, wo Juden in merklicher Anzahl leben …
Ich glaube den Antisemitismus, der eine vielfach komplizierte Bewegung ist, zu verstehen. Ich betrachte diese Bewegung als Jude, aber ohne Haß und Furcht. Ich glaube zu erkennen, was im Antisemitismus roher Scherz, gemeiner Brotneid, angeerbtes Vorurteil, religiöse Unduldsamkeit – aber auch, was darin vermeintliche Notwehr ist. Ich halte die Judenfrage weder für eine soziale noch für eine religiöse, wenn sie sich auch noch so und anders färbt. Sie ist eine nationale Frage, und um sie zu lösen, müssen wir sie vor allem zu einer politischen Weltfrage machen, die im Rate der Kulturvölker zu regeln sein wird."
Man müßte Seite um Seite dieser 1896 erschienenen Schrift abschreiben, um zu zeigen: Theodor Herzl war der erste Jude, der unbefangen genug war, den Antisemitismus im Zusammenhang mit der Judenfrage zu betrachten. Und er erkannte, daß nicht durch Vogel-Strauß-Politik, sondern nur durch offene Behandlung der Tatsachen vor aller Welt eine Besserung erzielt werden kann. Gegen nichts hat er so leidenschaftlich Stellung genommen als gegen das, was ihm jetzt unterschoben wird, nämlich gegen den Gedanken, die Juden könnten eine nichtöffentliche Weltverbindung herstellen oder irgend etwas tun, was bei den anderen Völkern irrtümlicherweise solche Vorstellungen erwecken könnte. In seinem Aufsatz „Leroy-Beaulieu[5] über den Antisemitismus" schreibt er:
„Wir Zionisten sind auf das deutlichste und entschiedenste gegen jede internationale Vereinigung von Juden, die, wenn sie wirksam wäre, den mit Recht verpönten Staat im Staate vorstellte und, da sie machtlos und nichtssagend ist, nur Nachteile bietet … Nur das sei gesagt, daß wir zur Lösung der Judenfrage nicht einen internationalen Verein, sondern eine internationale Diskussion wünschen, das heißt: nicht Bündeleien, geheime Interventionen, Schleichwege, sondern *die freimütige Erörterung unter der beständigen und vollständigen Kontrolle der öffentlichen Meinung.*"
Wir im Geiste Theodor Herzls erzogenen Juden wollen auch heute nicht anklagen, sondern verstehen. Und uns fragen, was unsere eigene Schuld ist, was wir selbst gesündigt haben. Immer hat das jüdische Volk in kritischen Tagen seines Schicksals sich zunächst die Frage vorgelegt, was seine eigene Schuld ist. In unserem wichtigsten Gebete heißt es: „Um *unserer Sünden willen* wurden wir aus unserem Lande vertrieben."[6] Nur wenn wir kritisch gegen uns sind, werden wir gerecht auch gegen andere sein.

dischen Staatsleitungen zwingen, diesen breitangelegten Plan tatkräftig zu unterstützen. Als Mittel dazu werden wir die öffentliche Meinung vorschützen. Diese haben wir durch die sog. achte Großmacht, die Presse, in unserem Sinne bearbeitet. Mit ganz wenig Ausnahmen, die überhaupt nicht in Frage kommen, liegt die ganze Presse in unseren Händen"; NS-Partei-Korrespondenz, Nr. 358 vom 30. 3. 1933, S. 1. Nachdruck als Leitartikel in: VB (Norddt. Ausg.), Nr. 90 vom 31. 3. 1933, S. 1. In dem Aufruf wurde behauptet, dieses Zitat stamme von der siebten Sitzung des Baseler Zionistenkongresses. In dessen Protokoll findet sich diese Passage nicht; Zionisten-Congress in Basel (29., 30. und 31. August 1897). Officielles Protocoll, Wien 1898, S. 189–192. In Wirklichkeit stammen die Zitate aus den fiktiven Protokollen der Weisen von Zion. Sie finden sich wörtlich in den Abschnitten 3 und 5 des 7. – als Sitzung bezeichneten – Kapitels; Die Protokolle der Weisen von Zion, S. 53.

5 Anatole Leroy-Beaulieu (1842–1912), franz. Orientalist und Historiker; trat gegen Antisemitismus und für die Gleichberechtigung der russischen Juden auf; Autor von „L'Antisémitisme" (1897).

6 Aus dem sog. Mussafgebet, einem Zusatzgebet an jüdischen Feiertagen.

Die Judenheit trägt eine schwere Schuld, weil sie den Ruf Theodor Herzls nicht gehört, ja, teilweise verspottet hat. Die Juden wollten nichts davon wissen, daß „eine Judenfrage besteht". Sie glaubten, es komme nur darauf an, als Jude nicht erkannt zu werden. Man wirft uns heute vor, wir hätten das deutsche Volk verraten; die nationalsozialistische Presse nennt uns, und wir sind dagegen wehrlos, den „Feind der Nation".

Es ist nicht wahr, daß die Juden Deutschland verraten haben. Wenn sie etwas verraten haben, so haben sie sich selbst, das Judentum verraten.

Weil der Jude sein Judentum nicht stolz zur Schau trug, weil er sich um die Judenfrage herumdrücken wollte, hat er sich mitschuldig gemacht an der Erniedrigung des Judentums.

Bei aller Bitterkeit, die uns beim Lesen der nationalsozialistischen Boykottaufrufe und der ungerechten Beschuldigungen erfüllen muß, für eines können wir dem Boykottausschuß dankbar sein. In den Richtlinien heißt es in § 3:

„*Es handelt sich … selbstverständlich um Geschäfte, die sich in den Händen von Angehörigen der jüdischen Rasse befinden. Die Religion spielt keine Rolle. Katholisch oder protestantisch getaufte Geschäftsleute oder Dissidenten jüdischer Rasse sind im Sinne dieser Anordnung ebenfalls Juden.*"[7]

Dies ist ein Denkzettel für alle Verräter am Judentum. Wer sich von der Gemeinschaft wegstiehlt, um seine persönliche Lage zu verbessern, soll den Lohn dieses Verrats nicht ernten. In dieser Stellungnahme gegen das Renegatentum ist ein Ansatz zur Klärung enthalten. Der Jude, der sein Judentum verleugnet, ist kein besserer Mitbürger als der, der sich aufrecht dazu bekennt. Renegatentum ist eine Schmach, aber solange die Umwelt Prämien darauf setzte, schien es ein Vorteil. Nun ist es auch kein Vorteil mehr. Der Jude wird *als solcher* kenntlich gemacht. Er bekommt den gelben Fleck.

Daß die Boykottleitung anordnete, an die boykottierten Geschäfte Schilder „mit gelbem Fleck auf schwarzem Grund" zu heften, ist ein gewaltiges Symbol. Diese Maßregel ist als Brandmarkung, als Verächtlichmachung gedacht. Wir nehmen sie auf, und wollen daraus ein Ehrenzeichen machen.

Viele Juden hatten am Sonnabend ein schweres Erlebnis. Nicht aus innerem Bekenntnis, nicht aus Treue zur eigenen Gemeinschaft, nicht aus Stolz auf eine großartige Vergangenheit und Menschheitsleistung, sondern durch den Aufdruck des roten Zettels und des gelben Flecks standen sie plötzlich als Juden da. Von Haus zu Haus gingen die Trupps, beklebten Geschäfte und Schilder, bemalten die Fensterscheiben, 24 Stunden lang waren die deutschen Juden gewissermaßen an den Pranger gestellt. Neben anderen Zeichen und Inschriften sah man auf den Scheiben der Schaufenster vielfach einen großen Magen David,[8] den Schild König Davids. Dies sollte eine Entehrung sein. *Juden, nehmt ihn auf, den Davidsschild, und tragt ihn in Ehren!*

Denn – und hier beginnt die Pflicht unserer Selbstbesinnung –, wenn dieser Schild heute befleckt ist, so sind es nicht unsere Feinde allein, die dies bewirkt haben. Viele Juden gab es, die sich nicht genug tun konnten in würdeloser Selbstverhöhnung. Das Judentum galt als überlebte Sache, man betrachtete es ohne Ernst, man wollte sich durch Lächeln von seiner Tragik befreien.

Aber es gibt heute bereits den Typus des neuen, freien Juden, den die nichtjüdische Welt noch nicht kennt.

7 Das Zitat stammt aus den Anordnungen des Zentralkomitees zur Abwehr der jüdischen Greuel- und Boykotthetze vom 30. 3. 1933; VB (Norddt. Ausg.), Nr. 90 vom 31. 3. 1933, S. 2.

8 Sechszackiger Stern, Symbol des Judentums.

Wenn heute in der nationalsozialistischen und deutschnationalen Presse häufig auf einen Typus des jüdischen Literaten und auf die sogenannte Judenpresse hingewiesen wird, wenn das Judentum für diese Faktoren verantwortlich gemacht wird, so muß immer wieder gesagt werden, daß diese keine Repräsentanten des Judentums sind, sondern höchstens geschäftlich von den Juden zu profitieren versucht haben. In einer Zeit bourgeoiser Selbstgerechtigkeit konnten diese Elemente auf Beifall auch bei jüdischen Zuhörern rechnen, wenn sie Juden und Judentum verhöhnten und bagatellisierten. Wie oft wurden uns Nationaljuden von dieser Seite die Ideale eines abstrakten Weltbürgertums gepredigt, um alle tieferen Werte des Judentums zu vernichten. Aufrechte Juden waren stets entrüstet über die Witzeleien und Karikaturen, die von jüdischen Possenreißern genau so oder in noch höherem Maß gegen das Judentum wie gegen Deutsche oder andere gerichtet wurden. Das jüdische Publikum beklatschte seine eigene Erniedrigung, und viele versuchten, dadurch ein Alibi für sich zu schaffen, daß sie in den Spott miteinstimmten. Auch jetzt, in diesen schweren Tagen, glauben manche sich durch Fahnenflucht oder Anschmeißerei retten zu können. Der „Völkische Beobachter" vom 2. April berichtet schmunzelnd, daß die Boykottleitung von jüdischen Geschäftsleuten überlaufen wurde, die für sich eine Ausnahmebehandlung wünschten. Viele, so behauptet der „V. B.", hätten sich schnell taufen lassen, um sagen zu können, sie seien Christen.[9] Glücklicherweise geht selbst aus der Darstellung des „V. B." hervor, daß solche Fälle vereinzelt waren. Aber die Zeit des Druckes ist noch nicht vorüber, wir stehen am Anfang, und darum muß von dieser Gefahr die Rede sein.

Denn die Gefahr, die größte Gefahr, die dem Judentum droht, ist die einer Verderbnis und Verkrüppelung des Charakters. Die Nationalsozialisten erklären in ihren Reden und in ihren Kundgebungen, daß sie Charakterlosigkeit mehr verachten als alles. Dr. Goebbels hat sich in seiner letzten Rede über die Wandlung der „jüdischen Presse" lustig gemacht, die so schnell umgelernt habe, daß die Redakteure des „Angriff" vor Neid erblassen müßten.[10]

Wenn der Nationalsozialismus diese Sachlage erkennt, dann müßte er sich als jüdischen Partner ein Judentum wünschen, das seine Ehre hoch hält.

Er dürfte nicht jüdische Charakterlosigkeit fördern, um sie dann brandmarken zu können. Er dürfte dem Juden, der sich offen *als Jude* bekennt und der nichts verbrochen hat, seine Ehre nicht bestreiten. Ob dem so ist, wird sich bald erweisen: Man hat jetzt eine Prozentnorm für gewisse Berufe angekündigt oder kurzerhand bereits eingeführt. Wir werden noch davon zu sprechen haben, wie schwer diese Maßregel die deutschen Juden moralisch und wirtschaftlich trifft; aber wenn die Liste derer zusammengestellt wird, denen als *Juden* – denn als solche sind sie ja hier ausgewählt – innerhalb der Prozentnorm die Ausübung des Berufes gestattet wird, dann darf nicht derjenige benachteiligt sein, der offen und klar zum Judentum steht. Das ist die logische Konsequenz, die sich für die Nationalsozialisten aus ihrer eigenen Anschauung ergeben müßte.

Über die Judenfrage zu reden, galt noch vor dreißig Jahren in gebildeten Kreisen als anstößig. Man betrachtete damals die Zionisten als Störenfriede mit einer idée fixe. Jetzt ist die Judenfrage so aktuell, daß jedes kleine Kind, jeder Schuljunge und der einfache Mann auf der Straße kein anderes Gesprächsthema hat. Allen Juden in ganz Deutschland wurde

9 Siehe „Am Boykott-Tag im Berliner Aktions-Komitee. Massenandrang jüdischer Geschäftsleute – Tarnungen und ‚Umstellungen'"; VB (Norddt. Ausg.), Nr. 92/93 vom 2./3. 4. 1933, S. 2.

10 Nicht ermittelt.

am 1. April der Stempel „Jude“ aufgedrückt. Nach den neuen Anweisungen des Boykottkomitees soll, falls der Boykott erneuert wird, nur noch eine einheitliche Bezeichnung aller Geschäfte stattfinden: bei Nichtjuden der Vermerk „Deutsches Geschäft“, bei Juden einfach das Wort „Jude“. Man weiß, wer Jude ist. Ein Ausweichen oder Verstecken gibt es nicht mehr. Die jüdische Antwort ist klar. Es ist der kurze Satz, den Moses zum Ägypter sprach:[11] Iwri anochi.[12] Ja, Jude. *Zum Jude-Sein Ja sagen.* Das ist der *moralische Sinn* des gegenwärtigen Geschehens. Die Zeit ist zu aufgeregt, um mit Argumenten zu diskutieren. Hoffen wir, daß eine ruhigere Zeit kommt, und daß eine Bewegung, die ihren Stolz dareinsetzt, als Schrittmacherin der nationalen Erhebung gewürdigt zu werden, nicht ihr Gefallen daran finden wird, andere zu entwürdigen, selbst wenn sie meint, sie bekämpfen zu müssen. Aber wir Juden, – unsere Ehre können wir verteidigen. Wir gedenken aller derer, die seit fünftausend Jahren Juden genannt, als Juden stigmatisiert wurden. Man erinnert uns, daß wir Juden sind. Wir sagen Ja, und tragen es mit Stolz.

DOK. 26
Der Student Heinrich Marx erörtert am 5. April 1933 nach dem Boykott in Berlin die Frage „Bleiben oder gehen?“[1]

Handschriftl. Tagebuch von Heinrich Marx,[2] Eintrag vom 5. 4. 1933

Mi. 5.IV. Die Unruhe, Hast und Ratlosigkeit dieser Tage und Wochen läßt einen kaum zur Ruhe, zur Besinnung kommen. Gern möchte ich oft Eintragungen in dieses Buch vornehmen, aber es fehlt die Konzentrationskraft. Jeden Abend sitzen wir nun bei uns oder bei Bekannten, besprechen die Lage, erörtern neue Gedanken, dieser und jener Plan wird erwogen, zwischen Wegfahren und Hierbleiben gehen lebhafte Diskussionen hin und her. Das Ergebnis ist jedes Mal dasselbe, nämlich dieses eine: abwarten. Ich selbst vertrat von Anfang an den Standpunkt, hier in Berlin auszuhalten. Ich weiß, was dagegen spricht, ich sehe auch ein, daß es für ihres Lebens Unsichere falsches Märtyrertum wäre, hier zu bleiben. Aber man soll eins bedenken: ein Weggehen hat nur Sinn, wenn man imstande ist, alle Brücken hinter sich abzubrechen, wenn man die begründete Aussicht hat, sich im Ausland eine neue Existenz zu schaffen, ohne irgendwie darauf angewiesen zu sein, je wieder in dieses Land [mit] diesem Regime zurück [zu müssen]. Unter einem neuen würde man aber mit großer Reserve aufgenommen werden. Man darf sich nicht zu Kopflosigkeiten verlei-

11 Im Wiederabdruck korrigiert zu „den der Prophet Jona sprach“; Weltsch, Tragt ihn mit Stolz, S. 29.
12 Althebräisch: Ich bin ein Hebräer. Die Stelle bei Jona 1,9 lautet in der Buber/Rosenzweig-Übersetzung: „Er sprach zu ihnen. Ich bin ein Ebräer, und IHN, den Gott des Himmels, fürchte ich, der das Meer und das Trockene gemacht hat“; Die Schrift nach der Übersetzung Martin Bubers und Franz Rosenzweigs, Bd. XIII: Das Buch der Zwölf (verdeutscht von Martin Buber), Berlin o.J., S. 98.

1 Heinrich Marx, Tagebuch II: 9. März 1933 bis November 1934, S. 13 f.; DEA, EB 96/160, Nachlass Henry Marx.
2 Heinrich, später Henry Marx (1911–1994), Journalist; 1929–1933 Jurastudium und journalistische Tätigkeit in Berlin, 1933 erzwungener Abbruch des Studiums, 1934 Lehre im Bankhaus Gebrüder Arnold Berlin, im Sommer 1934 KZ-Haft; von November 1934 bis Januar 1937 bei den Zigarrenfabriken Heinrich Jacobi tätig; 1937 emigrierte er in die USA; 1937–1969 Hrsg. der New Yorker Staats-Zeitung und des Herold, 1985–1994 Chefredakteur der jüdischen Wochenzeitung Aufbau.

ten lassen. Alles will genau überlegt sein. – Immerhin: was die letzten Tage brachten, hat in vielen Leuten den letzten Rest an Überlegung abgetötet. Die Durchführung des Boykotts war das deprimierendste, das ich in meinem Leben durchzumachen hatte.

[…][3]

DOK. 27
Der nicht realisierte Entwurf eines Gesetzes „zur Regelung der Stellung der Juden" vom 6. April 1933[1]

Schreiben, gez. Dr. Rudolf Becker,[2] Berlin, vom 6. 4. 1933, als vertraulich übersandt vom StdF Heß[3] an Gauleiter Streicher, undat., mit Anlage (Durchschrift)[4]

Einführung zum Judengesetz.

Der anliegende Entwurf eines Gesetzes zur Regelung der Stellung der Juden nebst Anlagen ist das Werk einer mit dem Unterzeichneten tätigen Arbeitsgemeinschaft, der neben Oberregierungsrat Dr. Diels (derzeitiger Leiter der politischen Polizei),[5] Dr. Lippert (derzeitiger Staatskommissar für Berlin), Dr. Meier (Direktor des Deutschen Lichtspielsyndikats),[6] Oberregierungsrat Dr. Ziegler (Min. f. Propaganda),[7] Major Fischer (Verbandsleiter), als besondere Sachverständige die Herren Dr. Schulz[8] vom Preußischen Statistischen Landes-

3 Hier bricht der Eintrag ab. Es fehlen die Seiten 15 und 16 des Tagebuchs.

1 StA Nürnberg, Sammlung Streicher, Nr. 129.

2 Dr. Rudolf Becker (*1886), Jurist; von 1921 an Ministerialrat im preuß. Finanzministerium, 1931 dort in der ersten Finanzabt. tätig, 1939 Leiter des Referats für Wissenschaftsverwaltung, 1940 Ministerialdirigent.

3 Rudolf Heß (1894–1987), Kaufmann; Mitglied der Thule-Gesellschaft, 1920 NSDAP-Eintritt, 1923 Teilnahme am Hitler-Putsch, dafür Festungshaft in Landsberg a.L.; Privatsekretär Hitlers, 1933–1941 Stellvertreter des Führers; 1946 im Nürnberger Prozess zu lebenslanger Haft verurteilt, nahm sich 1987 in der Haft das Leben.

4 Im Original am linken Rand der ersten Seite handschriftl. Vermerk: „Pg. Streicher. Ich habe veranlaßt, daß bei künftigen Sitzungen dieser Arbeitsgemeinschaft Sie mit eingeladen werden. Heß." Eine andere Abschrift des Dokuments übersandte Becker später Vicco von Bülow-Schwante im AA; PAAA, R 98472. Zum Gesetzentwurf: Adam, Judenpolitik, S. 33–38.

5 Dr. Rudolf Diels (1900–1957), Jurist; 1930 Dezernent im preuß. MdI, April 1933–April 1934 Chef des Gestapa, 1934–1936 Regierungspräsident in Köln und von 1936 an in Hannover; 1939 SS-Oberführer (Ehrenrang); 1944 nach Attentat vom 20. Juli verhaftet; 1945–1948 interniert.

6 Dr. Alexander Meier, ab 1951 Meier-Lenoir (1896–1961), Jurist; 1929–1933 DVP-Mitglied, 1933 NSDAP-Eintritt; von 1926 an bei der Frankfurter Allgemeinen Versicherungs-AG, von 1930 an Rechtsanwalt in Berlin und Vorstandsmitglied der Syndikat-Film GmbH, 1933–1936 deren Geschäftsführer; von 1943 an Rechtsanwalt und Notar in Wiesbaden; nach 1945 Vorsitzender des Bundesverbands Hessen für Besatzungsgeschädigte.

7 Dr. Wilhelm Ziegler (1891–1962), Historiker; von 1933 an Referent im RMfVuP, 1941 Honorarprofessor für Neuere Geschichte, Politik und Judenfrage an der Berliner Universität, 1943 Judenreferent der Schrifttumsabt. im RMfVuP; 1953–1956 Staatskommissar für die Förderung der Zonengrenzkreise in der Hess. Staatskanzlei; Autor von u. a. „Die Judenfrage in der modernen Welt" (1937).

8 Dr. Edgar Hans Schulz, Autor u. a. von „Judentum und Kriminalität" (1934) und (zus. mit Rudolf Frercks) „Warum Arierparagraph? Ein Beitrag zur Judenfrage" (1934). Fußnote im Original: „Mitarbeiter an dem 1930 erschienenen Werk ‚Die Bevölkerungs- und Berufsstatistik der Juden im Deutschen Reich'." Gemeint ist: „Die Bevölkerungs- und Berufsverhältnisse der Juden im Deutschen Reich, Teil 1, Freistaat Preußen, Tabellen", hrsg. von Heinrich Silbergleit (Berlin 1930).

amt und der bekannte Schriftsteller und Volkstumsforscher Dr. von Leers angehört haben. Das Ergebnis der Arbeitstagungen und Einzelarbeiten ist von dem Unterzeichneten, wie geschehen, in der durch den Drang der Zeitumstände gebotenen Eile zusammengefasst worden. Einige wenige abweichende Vorschläge einzelner Bearbeiter zu einzelnen Punkten mussten hierbei der Geschlossenheit halber zurückgestellt werden, in allen wesentlichen Punkten führte die Arbeit selbst die Beteiligten zu sehr weitgehender praktischer Einigkeit. Ihnen kam es in erster Linie darauf an, unmittelbar praktische Arbeit zu leisten, [die] dem berufenen Minister und Führer[9] die schnelle Fertigstellung eines zugleich wirkungsvollen und politisch durchführbaren Judengesetzes erleichtern könnte. Wilde Tiraden, so erwünscht sie der innerdeutschen Propaganda sein und manchem berechtigten Rachegefühl entsprechen mögen, gefährden das gemeinsame Ziel: den historisch einzigartigen Augenblick restlos zu nutzen, um das deutsche Volk zu säubern und von fremder Macht, die es im eigenen Hause offen und heimlich in wesensgefährdender Weise beherrscht hat, zu befreien; allzu grosse Abstriche und Ausdrucksschwäche hinwiederum würde im Volk nicht verstanden werden. Dieses Dilemma galt es, durch rechte Gestaltung von Inhalt und Form zu überwinden. Der grossen Gefahr der öffentlichen Weltmeinung, die sich vor, in und nach dem Kriege als oft unterschätzter, in Wahrheit als gefährlichster Feind unseres Volkes erwiesen hat, sind sich die Bearbeiter bei Inhaltgebung und Fassung des Gesetzentwurfes ständig bewusst gewesen; sie haben in ihrer Mehrheit daher nicht ohne Sorge gesehen, wie ein rein taktisch und vielfach planlos geführter Kleinkrieg gegen das Judentum mit zahlreichen örtlichen, fast allzu vergnüglichen Einzelerfolgen, aber ohne die *entscheidende* und *dauerhafte* Generalreinigung von 100fach getarnten jüdischen Kräften und Einflüssen einen den entscheidenden Durchbruch gefährdenden Widerstand in der Welt hervorrief. „Viel Feind', viel Ehr" ist deutscher Übermut, nicht deutsche, sich der Verantwortung von deutscher Vergangenheit und Zukunft bewusste Kraft! Darum sind wir der Meinung, dass es gegenüber der gar nicht gefährlich genug einzuschätzenden internationalen Macht des Judentums gilt, in still gesammelter Kraft die gesetzliche Grundlage zu schaffen und die verwaltungsmässigen Vorbereitungen zu treffen, um über Nacht und in der ganzen Breite des deutschen Volkstums (Kultursphäre), der deutschen Verwaltung (öffentlich-rechtliche Sphäre) und der deutschen Wirtschaft (insbesondere des Kreditwesens und der Beherrschung deutschen Bodens) das bekenntnismässige und das heimliche Judentum aus allen führenden Stellen zu verdrängen. Vollzogenes allein besiegt den Widerstand! Zumal wenn die Vollziehung *untadelig* war: Klar und bestimmt zwar, aber frei von kleinlichen, des Deutschen unwürdigen rachsüchtigen Quälereien einer Sklavenseele, ja in praktischer Anerkennung dessen, dass diese wegen der geringen Aufsaugungskraft der durch tausenderlei eigene Not geschwächten deutschen Seele gegenüber fremdartigem Volkstum lebensnotwendige Generalreinigung den Fremdlingen schweres, zum Teil unverdientes und daher nach Möglichkeit zu milderndes Schicksal schafft! Vermieden sind daher alle verletzenden Formen, versucht darum – zum Teil mit pekuniären Opfern – Härteausgleiche! Umso härter können wir bleiben in dem, worum es für uns geht! Das Ganze, das Grosse zu sehen, darauf kommt es an.

Dass der Kampf zuletzt im Geistigen durch die grössere sittliche Kraft entschieden wird,

9 Unklar ist, für wen dieser Gesetzentwurf bestimmt war. Uwe Dietrich Adam vermutet als Adressat Göring; Adam, An Overall Plan, S. 39. Vermutlich war es – wie das abgedruckte Dokument nahelegt – jedoch Heß.

davon bleiben die Mitarbeiter des Unterzeichneten durchdrungen. Doch dürfen die dem Deutschen so naheliegenden geistigen Gegengefühle gegen harte Gewalt nicht verkennen lassen, dass Deutschland als Land der Mittel ständig eine – bislang nicht genügend erkannte – Völkerwanderung östlichen Judentums nach den Anziehungspunkten westlicher Zivilisation über sich ergehen lässt und dass auf dem Weg hierhin im letzten Jahrhundert mehr der Juden in Deutschland hängen geblieben und durch eigene deutsche Fehler (wachsender Materialismus in der Wilhelminischen Periode) zur Macht gelangt sind, als der deutsche Magen zu verdauen vermag. Darum bleibt neben der inneren Entthronung jüdischer Mächte durch Um- und Einkehr der gesunde chirurgische Schnitt, der das Zuviel ausschneidet oder einkapselt, unvermeidbar.
Über Einzelheiten des Gesetzentwurfes werden die Leser verschiedener Ansicht sein je nach der eigenen Vitalität, das ist des biologischen Optimismus, mit fremden Wesen auch ohne Gewalt fertig zu werden. Der Prüfende vergesse nicht, dass es nicht darauf ankommt, was *er* sich zutraut, sondern was man bei ruhiger Betrachtung dem deutschen Volke in gegenwärtigen Zeiten an geistiger und seelischer Verdauungskraft zutrauen kann! Der Verwaltungspraxis muss und kann manches der Durchführung belassen bleiben; ohne gesetzliche Grundlage aber bleibt sie im Planlosen stecken und scheitert auf die Dauer an der Gutmütigkeit und „Tumbheit" des deutschen Volkes einerseits und an dem immer erneuten Widerstand von aussen andererseits. Revolutionen lassen sich nicht auf Eis legen. Darum gilt es, den Augenblick zu ergreifen und das allein ihm mögliche fest zu gründen! – Um einen Überblick zu geben von der – allerdings hinter der Machtausübung – weit zurückbleibenden Ausbreitung des Judentums in den entscheidenden Berufen und Funktionen des deutschen Volkskörpers, der dem Gesetzgeber zeigt, wo es einzusetzen gilt und was der Einsatz fordert, ist von dem auf diesem Gebiet durch seine wissenschaftlichen Vorarbeiten besonders sachkundigen Dr. Schulz im Benehmen mit dem Unterzeichneten das dem Gesetzentwurf beigefügte „historische und statistische Material zum Judengesetz" verfertigt.[10] Eine Stunde an die angehängten Tabellen gewandt, sich ihre Daten lebendig gemacht, ist gewonnene Zeit und Kraftsteigerung.
Besondere Erläuterungen zu den einzelnen Vorschriften des Gesetzentwurfes, der sich als Grundgesetz des deutschen Volkes mit Absicht von der juristischen Sprache fernhält, können der Eilbedürftigkeit halber erst morgen folgen.
gez. Dr. jur. Rudolf Becker.

nicht veröffentlichen.[11]

Entwurf zu einem Gesetz zur Regelung der Stellung der Juden.[12]

I. Jude, Halbjude, Judengatte.
§ 1. *Jude* im Sinne dieses Gesetzes ist:
a) wer sich zum mosaischen Glauben bekennt,

10 Die „Ergänzungen zu ‚Historisches und statistisches Material zum Judengesetz' VI–VIII" enthielten u. a. Erläuterungen und Tabellen zu den Anteilen jüdischer Beschäftigter in verschiedenen Wirtschaftszweigen nach der Volkszählung von 1925, das Edikt Friedrich Wilhelms III. zur Einbürgerung der Juden in Preußen vom 11. 3. 1812 sowie eine Zusammenstellung zwischen 1806 und 1883 erschienener preuß. Gesetze zur Judenemanzipation; PAAA, R 98472.
11 Handschriftl. Vermerk von Rudolf Heß.
12 Zu einer Kritik des Gesetzentwurfs siehe Dok. 48 vom Mai 1933.

b) wessen Eltern oder sämtliche Großeltern sich zum mosaischen Glauben bekannt haben, auch wenn sie oder ein Teil von ihnen später den mosaischen Glauben abgelegt haben,
c) wer Nachkomme der unter a) und b) Genannten ist.[13]
§ 2. *Halbjuden* im Sinne dieses Gesetzes sind:
Kinder aus Ehen, deren einer Teil Jude im Sinne des § 1 dieses Gesetzes ist, soweit sie sich nicht zum jüdischen Glauben bekennen.[14]
Zum Juden einschließlich seiner Nachkommen im Sinne des § 1 wird wieder, wer als Halbjude sich mit einem Juden oder Halbjuden verheiratet.
§ 3. *Judengatte* im Sinne dieses Gesetzes ist, wer mit einem Juden (Jüdin) im Sinne des § 1 verheiratet ist, oder zwar nicht mehr verheiratet ist, aber Kinder aus einer solchen Ehe hat.
II. Judenregister.
§ 4. Jeder Jude männlichen oder weiblichen Geschlechts im Sinne des § 1 dieses Gesetzes hat sich spätestens bis zum 1. Juli 1933 an seinem Wohnort in das dort auszulegende polizeilich zu führende „Judenregister" eintragen zu lassen.[15]
Dieser Eintragungspflicht unterliegen nicht diejenigen Juden, die nicht im Besitze des deutschen Staatsbürgerrechts sind (vgl. § 19 und 20).
Jeder Halbjude männlichen oder weiblichen Geschlechts im Sinne des § 2 hat sich spätestens bis zum 1. Juli 1933 an seinem Wohnort in das dort auszulegende polizeilich zu führende „Halbjudenregister" eintragen zu lassen.
Jeder Judengatte männlichen oder weiblichen Geschlechts im Sinne des § 3 dieses Gesetzes hat sich spätestens bis zum 1. Juli 1933 an seinem Wohnort in das dort auszulegende polizeilich zu führende „Judengatten-Register" eintragen zu lassen.
Die Eintragungen sind kostenfrei.
III. Der „Verband der Juden in Deutschland".
§ 5. Alle Juden im Sinne des § 1 dieses Gesetzes sind mit dem Vollzug der Eintragung zugleich Mitglieder des „Verbandes der Juden in Deutschland".[16]
Der „Verband der Juden in Deutschland" ist eine Korporation des öffentlichen Rechts.
Die Zugehörigkeit zum „Verband der Juden in Deutschland" kann durch Klage festgestellt werden. Die Klage richtet sich gegen denjenigen, dessen Zugehörigkeit zum Judentum im Sinne des § 1 geltend gemacht wird.
§ 6. Die Mitglieder des „Verbandes der Juden in Deutschland" wählen alle vier Jahre in geheimer direkter Wahl nach näherer Anordnung des „Volkswartes" (vgl. § 7) einen „Judenrat". Dieser soll nicht mehr als 25 Personen umfassen. Die Gewählten bedürfen der Bestätigung des „Volkswartes".

13 Zur unterschiedlichen Definition des Begriffs Juden siehe den Arierparagraphen des Berufsbeamtengesetzes, Dok. 32 vom 11. 4. 1933, und die 1. VO zum Reichsbürgergesetz, Dok. 210 vom 14. 11. 1935.
14 Zur Definition der sog. Mischlinge nach den Nürnberger Gesetzen siehe die 1. VO zum Reichsbürgergesetz, Dok. 210 vom 14. 11. 1935.
15 Zu den vergeblichen Versuchen der Gestapo und des SD, ähnliche Register anzulegen, siehe die Dok. 188 vom 17. 8. 1935 und 288 vom 12. 7. 1937.
16 Durch die 10. VO zum Reichsbürgergesetz vom 4. 7. 1939 wurden alle Juden Zwangsmitglieder der vom RMdI resp. der von der Gestapo kontrollierten Reichsvereinigung der Juden in Deutschland; RGBl., 1939 I, S. 1097.

Der „Volkswart" ist berechtigt, den „Judenrat" zu berufen und aufzulösen. Der „Judenrat" gibt sich eine Geschäftsordnung selbst; er tritt jährlich mindestens einmal zusammen. Seine Beschlüsse unterliegen der Genehmigung des „Volkswarts".
Der „Judenrat" kann zur Wahrung seiner Aufgaben Kommissionen und Einzelpersonen einsetzen; deren Tätigkeit unterliegt der Aufsicht des „Volkswarts".

IV. Der „Volkswart."

§ 7. Zur Sicherung des deutschen Volkes vor Gefährdung durch das Judentum, zur Führung der Aufsicht über den „Verband der Juden in Deutschland", zum Schutz der Juden und zur Sicherung ihrer Rechte bestellt der Reichskanzler den „Volkswart". Er untersteht unmittelbar dem Reichskanzler. Er sorgt für die Durchführung dieses Gesetzes und seiner Ergänzungs- und Ausführungsbestimmungen. Insbesondere erhebt er die Klage betreffend die Feststellung des Judentums (vgl. § 5).
Der „Volkswart" bestimmt:
a) über die Höhe der Selbstbesteuerung des „Verbandes der Juden in Deutschland";
b) über die Pflege der Schulen und sonstigen Anstalten des „Verbandes der Juden in Deutschland",
c) über diejenigen Fragen, die dem „Verbande der Juden in Deutschland" überwiesen werden.[17]
Der „Volkswart" ist politischer Reichsbeamter. Er ist in seiner Tätigkeit nicht an das Vertrauen des „Verbandes der Juden in Deutschland" gebunden.
Der „Volkswart" besitzt gegen die Mitglieder des „Verbandes der Juden in Deutschland" die Polizeigewalt in jedem Lande.
§ 8. Der „Volkswart" kann:
a) zur Ausübung seines Amtes die Vorlage aller amtlichen und handelsrechtlichen Unterlagen von den betreffenden Stellen und Personen jederzeit verlangen, jedermann vernehmen lassen und b) gegen jeden Juden die polizeiliche Meldepflicht anordnen,
c) Bücher und Druckwerke von Juden verbieten,
d) zum Schutze des deutschen Volkes vor sittlicher Zersetzung Kunstwerke von Juden beschlagnahmen oder ihre Zurschaustellung verbieten,
e) jüdische Gebräuche, welche die öffentliche Ruhe und Sicherheit gefährden, ganz oder zeitweise verbieten,[18]
f) aufreizenden Luxus, öffentliches unschickliches und prahlerisches Zeigen von Reichtum und protzenhaftes Benehmen von Juden verbieten,
g) jüdische Vereine und Verbände auflösen.[19]
§ 9. Der „Volkswart" kann alle Maßnahmen anordnen, die zum Schutz deutscher Staatsbürger gegen jüdischen Mißbrauch von Gesetzen und wirtschaftlicher Macht geboten erscheinen. Er kann zu diesem Zweck:
a) öffentliche Warnungen vor bestimmten Personen aussprechen,
b) die Einfuhr jüdischer Druckerzeugnisse aus dem Auslande verbieten,

17 Ähnlich wie hier vorgeschlagen, übte von 1939 an die Gestapo die Kontrolle über die Reichsvereinigung aus; ebd.
18 Das Gesetz und die VO über das Schlachten von Tieren vom 21. 4. 1933 verbot das rituelle Schächten von Tieren, welches die jüdische Tradition verlangte; RGBl., 1933 I, S. 203 und 212. Siehe auch die Diskussion in Berlin über das jüdische Laubhüttenfest, Dok. 136 vom 21. 9. 1934.
19 Zur Auflösung jüdischer Vereine durch die Gestapo siehe z. B. Dok. 148 vom 27. 12. 1934.

c) Erziehungsmaßnahmen gegen jüdische Jugendliche anordnen, die durch ihr Verhalten die Volkssittlichkeit gefährden,
d) Institute zum Studium der Judenfrage ins Leben rufen und zu ihrer Erhaltung dem „Verbande der Juden in Deutschland" eine Beitragspflicht auferlegen.
V. Rechtsstellung des Judentums.
§ 10. Die Mitglieder des „Verbandes der Juden in Deutschland" genießen den Reichsschutz durch die deutschen Vertretungen im Auslande.
§ 11. Den Mitgliedern des „Verbandes der Juden in Deutschland" ist die Ausübung eines Berufs oder Gewerbes mit folgenden Einschränkungen gestattet:
a) Sie können weder Beamte noch Angestellte im Dienste von Reich, Staat oder Gemeinden sein. Soweit sie zur Zeit des Inkrafttretens dieses Gesetzes ein solches Amt bekleiden oder eine solche Tätigkeit ausüben, sind sie unter Gewährung eines angemessenen Ruhegehalts oder auch gerechter Abfindung zu entlassen. Die Gewährung des Ruhegehalts hat zu unterbleiben, wenn sie ihr Amt offensichtlich grob zum Schaden des deutschen Volkes mißbraucht haben. Die Entscheidung darüber liegt bei den ordentlichen Disziplinarinstanzen.[20]
b) Sie können nicht Angehörige der Reichswehr und der Reichsmarine sein.[21] Sie sollen auch in Zukunft keiner Militärpflicht unterliegen; eine Ersatzleistung dafür liegt ihnen nicht ob.[22] Die Vorschrift des § 11 a) Satz 2–4 gilt entsprechend.
c) Sie können nicht Direktoren bei der Reichsbank, Golddiscontbank, Rentenbank-Kreditanstalt, Deutschen Genossenschaftskasse, Reichskreditgesellschaft und bei selbständigen Unternehmungen des Reichs, der Länder oder der Gemeinden (z. B. Viag, Reichselektrowerke, Gas- und Elektrizitätswerke usw.) sein. Sie können ferner nicht Direktoren oder Filialleiter der Großbanken oder bei solchen Bankunternehmungen sein, an denen die öffentliche Hand wesentlich beteiligt ist, ferner nicht Direktoren von Terrain- und Siedlungsgesellschaften.
d) Sie können nicht Hauptschriftleiter oder verantwortlicher Schriftleiter an periodischen deutschen Druckschriften, Lehrer an privaten Schulen (mit Ausnahme von jüdischen Schulen) und Direktoren oder Regisseure von Theatern, Filminstituten und Rundfunkgesellschaften, sowie Leiter von Verlagen von kultureller Bedeutung werden.
e) Die Zahl der jüdischen Ärzte, Apotheker, Tierärzte, Rechtsanwälte, Rechtskonsulenten und ihrer Angestellten, sowie die Zahl der Redakteure an periodischen deutschen Druckschriften und der Schauspieler an deutschen Bühnen darf in keiner Gemeinde den prozentualen Anteil der gemeindeangehörigen Juden an der gesamten Einwohnerzahl der Gemeinde überschreiten.[23] Soweit ihre Zahl bei Inkrafttreten dieses Gesetzes die erlaubte

20 Die Forderung wurde bereits mit dem am nächsten Tag erlassenen Berufsbeamtengesetz durchgesetzt; siehe Dok. 29 vom 7. 4. 1933.

21 Der Reichswehrminister bestimmte am 28. 2. 1934 die Anwendung des § 3 des BBG auf die Soldaten der Reichswehr, wodurch Juden ausgeschlossen wurden; Abdruck des Erlasses in: Müller, Heer und Hitler, S. 592 f.

22 Mit dem Gesetz über Wehrpflicht und Wehrdienst vom 21. 5. 1935 wurden Juden vom aktiven Wehrdienst ausgeschlossen; RGBl., 1935 I, S. 609–614.

23 Mit dem am nächsten Tag, dem 7. 4. 1933, erlassenen Gesetz über Zulassung zur Rechtsanwaltschaft konnten z. B. Zulassungen jüdischer Rechtsanwälte bis zum 30. 9. 1933 zurückgenommen werden. Neue Anwälte jüdischer Herkunft wurden nicht mehr zugelassen; RGBl., 1933 I, S. 188. Mit der VO über die Zulassung von Ärzten zur Tätigkeit bei den Krankenkassen konnten jüdische Ärzte von

Höchstzahl übersteigt, haben die örtlichen Vertreter des „Volkswartes" nach Anhörung der Berufsvertretungen und des „Judenrats" die Ausscheidenden zu bestimmen. Ihnen kann bis zur Niederlegung ihrer Tätigkeit eine Übergangsfrist bis zu 6 Monaten und nach Maßgabe der Durchführungsbestimmungen eine einmalige Abfindung oder ein einmaliger Betrag zur Erreichung einer anderen Lebensgrundlage gewährt werden. Bei der Ausscheidung sind unter Berücksichtigung von Alters-, Familien- und Vermögensverhältnissen Härten nach Möglichkeit zu vermeiden; im Beruf zu belassende sind in erster Linie solche Juden, die sich durch Frontsoldatentum oder sonstige Verdienste um das Deutschtum verdient gemacht haben.[24]

§ 12. Juden ist es verboten, als Inhaber, Aktionäre oder sonstige Gesellschafter an einer periodischen Druckschrift an einem Theater, an einem Filmunternehmen oder an einem Verlage von kultureller Bedeutung beteiligt zu sein.

§ 13. Die Mitglieder des „Verbandes der Juden in Deutschland" haben weder aktives noch passives Wahlrecht zum Reichstag, zu den Volksvertretungen der Länder und Gemeinden, zu den Handels-, Gewerbe-, Landwirtschafts- und Handwerkerkammern und zu ähnlichen Einrichtungen des öffentlichen Lebens.[25]

Sie können nicht Mitglieder von deutschen privaten Vereinen sein.

§ 14. Kinder, deren beide Eltern Mitglieder des „Verbandes der Juden in Deutschland" sind, ist der Besuch nicht-jüdischer öffentlicher oder privater Schulen untersagt. Der „Verband der Juden in Deutschland" wird vom Volkswart veranlaßt, jüdische Schulen und höhere Schulen zu gründen, die der Aufsicht der örtlichen Schulverwaltung unterstehen.[26]

§ 15. Ehen zwischen Juden im Sinne des § 1 dieses Gesetzes und Nichtjuden können nicht mehr rechtswirksam geschlossen werden.

Unehelicher Verkehr zwischen Juden und Nichtjuden ist verboten und wird mit Gefängnis nicht unter 6 Monaten bestraft. Juden, die einen solchen unehelichen Verkehr unter Mißbrauch eines Abhängigkeitsverhältnisses herbeiführen, können vom „Volkswart" an die Polizeibehörde überwiesen werden.[27]

§ 16. Jedes Mitglied des „Verbandes der Juden in Deutschland" ist verpflichtet, amtlich seinem Familiennamen den Buchstaben „J" anzufügen. Unterlassung ist als Personenstandsverschleierung strafbar.[28]

Schriftsteller haben auf allen Veröffentlichungen ihren eigenen Namen oder Schriftstellernamen zu setzen mit der Hinzufügung des Davidsterns.

der Tätigkeit für Krankenkassen ausgeschlossen werden, Neuzulassungen waren verboten; RGBl., 1933 I, S. 222. Im Jahr 1938 erhielten jüdische Ärzte und Rechtsanwälte, mit wenigen Ausnahmen, Berufsverbot; RGBl., 1938 I, S. 969 und 1403.

24 Diese Ausnahmen entsprachen den Bestimmungen des Berufsbeamtengesetzes vom 7. 4. 1933; siehe Dok. 29 vom 7. 4. 1933.

25 Mit der 1. VO zum Reichsbürgergesetz verloren Juden das Wahlrecht und das Recht, öffentliche Ämter wahrzunehmen; siehe Dok. 210 vom 14. 11. 1935.

26 Zum Versuch der Trennung jüdischer von nichtjüdischen Kindern in öffentlichen Schulen siehe den Erlass vom 10. 9. 1935, Dok. 196.

27 Dazu die Diskussion von 1934 sowie die Nürnberger Gesetze; siehe die Dok. 121 vom 5. 6. 1934 und 199 vom 15. 9. 1935.

28 Mit einem „J" wurden von Herbst 1938 an die Pässe von deutschen Juden gekennzeichnet. Die seit Januar 1939 von Juden mitzuführenden Kennkarten enthielten das Zeichen als Aufdruck.

Der „Volkswart“ kann anordnen, daß Juden neuangenommene Namen wieder ablegen, abgelegte Namen wieder annehmen.[29] Er kann ihnen den Gebrauch ausgesprochen germanischer Vornamen untersagen.[30]

§ 17. Für „Halbjuden“ im Sinne des § 2 und „Judengatten“ im Sinne des § 3 gelten die Vorschriften des § 11 a), b) und d) und des § 12 entsprechend.

VI. Besondere Vorschriften.

§ 18. Der Orden „B’ne Brith“[31] wird verboten. Sein Eigentum verfällt dem Staat.[32]

§ 19. Seit dem 2. August 1914 erteilte Einbürgerungen von Juden im Sinne des § 1 dieses Gesetzes sind nichtig.[33] Gezahlte Gebühren sind ihnen zurückzugeben. Soweit sie nicht durch die Nichtigkeitserklärung eine fremde Staatsangehörigkeit wieder erwerben, gelten sie als staatenlos.

§ 20. Die in Deutschland sich aufhaltenden *staatenlosen* Juden haben das Deutsche Reich innerhalb von 3 Monaten nach Inkrafttreten dieses Gesetzes zu verlassen. Der „Volkswart“ kann auf Antrag die Frist bis auf 6 Monate verlängern.[34]

Die in Deutschland sich aufhaltenden *ausländischen* Juden kann der „Volkswart“ mit einer Frist von 3 bis 6 Monaten aus dem Gebiet des Deutschen Reiches ausweisen.

Der „Volkswart“ kann den von ihm Ausgewiesenen als Entschädigung oder Beihilfe zur Erreichung einer neuen Lebensgrundlage einen einmaligen angemessenen Aussiedlungsbeitrag nach Maßgabe der Durchführungsbestimmungen gewähren. Das gleiche gilt für die Kraft Gesetzes ausgewiesenen Juden, soweit sie durch die Vorschrift des § 19 die deutsche Reichsangehörigkeit oder die Staatsangehörigkeit eines deutschen Landes verloren haben.

§ 21. Neue Einbürgerungen von staatenlosen und ausländischen Juden finden nicht statt.[35] Staatenlose und ausländische Juden bedürfen zum Aufenthalt in Deutschland, soweit ihnen derselbe durch Landesverweisung nicht ohnehin versagt ist, der Genehmigung des „Volkswarts“. Staatenlosen Juden kann die Genehmigung nur vorübergehend gewährt werden. Ausländischen Juden kann die Aufenthaltserlaubnis von 6 zu 6 Monaten verlängert werden.

29 Zur Diskussion um die Familiennamen siehe die Anm. 7 zum Dok. 8 vom 15. 3. 1933. Namensänderungen bei Juden verbot dann das Gesetz über die Änderung von Familiennamen und Vornamen vom 5. 1. 1938; RGBl., 1938 I, S. 9.

30 Zur Diskussion um die Zuweisung von Vornamen siehe die Dok. 178 vom 19. 7. 1935 und 184 vom 31. 7. 1935. Mit der 2. VO zur Durchführung des Gesetzes über die Änderung von Familien- und Vornamen mussten ab 1. 1. 1939 Juden die Zwangsvornamen Sara bzw. Israel als offiziellen Namensteil führen; RGBl., 1938 I, S. 1044.

31 B’ne Brith, Bne-Briss oder auch B’nai B’rith (Söhne des Bundes). Der Independent Order of B’nai B’rith wurde 1843 zuerst in New York von deutschen Juden zum Zwecke des „Wohltuns, der Menschenliebe und Freundschaft“ gegründet. Die 1882 in Deutschland gegründete B’nai B’rith-Großloge zählte 1933 über 100 Logen mit ca. 12 000 Mitgliedern. Zu ihren Aufgaben gehörten die Behebung der allgemeinen Not, die Hilfe für Witwen und Waisen, die Förderung von Wissenschaft und Kunst sowie die sittliche Förderung der Mitglieder.

32 Die Loge B’nai B’rith wurde in Deutschland am 19. 4. 1937 aufgelöst und als „staatsfeindlich“ zugunsten des Reichs enteignet; siehe Dok. 274.

33 Siehe dazu die Diskussion im März 1933, Dok. 8 vom 15. 3. 1933. Siehe auch das Gesetz über den Widerruf von Einbürgerungen und die Aberkennung der deutschen Staatsangehörigkeit vom 14. 7. 1933; RGBl., 1933 I, S. 480.

34 Siehe dazu Dok. 8 vom 15. 3. 1933.

35 Siehe dazu die Anweisung des RMdI Frick vom 15. 3. 1933, Dok. 8.

§ 22. Die Vorschriften dieses Gesetzes gelten – mit nachstehenden Einschränkungen – nicht für Juden, Halbjuden und Judengatten im Sinne des § 1 bis 3 des Gesetzes, die für sich und ihre Nachkommen von dem „Volkswart" als vollberechtigte deutsche Staatsbürger anerkannt werden.
Voraussetzung für die Anerkennung sind nach Maßgabe der Ausführungsbestimmungen besondere Verdienste um das deutsche Volk in Krieg und Frieden und außerdem die Gewährschaft zweier deutscher Paten für ihre deutsche Wesensart.
Die Höchstzahl der Anerkennungen darf in den ersten zwei Jahren nach Inkrafttreten dieses Gesetzes die Zahl von zusammen 8 000 und in den Folgejahren jährlich ½ v. H. des deutschen Geburtenüberschusses nicht überschreiten.
Für die vom „Volkswart" anerkannten Juden gelten nur die Einschränkungen des § 11 a) und b); ihre Nachkommen sind auch von diesen Einschränkungen befreit.

DOK. 28

Das Auswärtige Amt spricht sich am 7. April 1933 dagegen aus, den Juden in Oberschlesien Minderheitenrechte zuzugestehen[1]

Vermerk AA Berlin, Lieres,[2] vom 7. 4. 1933

Eine „jüdische Minderheit" ist in Deutschland nicht anerkannt; eine solche ist auch durch das Genfer Abkommen für Deutsch-Oberschlesien nicht konstituiert worden. Artikel 66 des Genfer Abkommens sichert zwar einen Schutz des Volkstums und der Religion für die Einwohner des Abstimmungsgebiets zu, schafft aber keine speziellen Minderheitsrechte[3] für die Juden in West-Oberschlesien.[4] Die Deutsche Regierung wird daher in dieser Beziehung ein etwaiges Vorgehen des Herrn Calonder[5] auf Grund Art. 585[6] ohne weiteres zurückweisen können.
Anders liegen die Dinge bezüglich *polnischer* Minderheitsangehöriger jüdischen Glaubens in Deutsch-Oberschlesien. Da es sich hierbei jedoch nur um ganz vereinzelte Fälle handeln

1 PAAA, R 83033.
2 Joachim Friedrich von Lieres und Wilkau (1886–1982), Jurist und Volkswirt; von 1910 an im preuß. Justizdienst, von 1921 an im AA tätig, 1933–1936 Leiter des Referats Polen der Abt. IV, 1936–1938 in der Politischen Abt. des AA; nach der Versetzung in den Ruhestand Landwirt; von 1951 an wieder im AA, u. a. Leiter des Ref. Wiedergutmachung in der Abt. I (Personal u. Verwaltung).
3 Diese Auffassung musste das AA schon in den nächsten Wochen aufgrund der Haltung des Völkerbunds revidieren. Judenverfolgungen in Oberschlesien sah der Völkerbundsrat nach dem deutsch-polnischen Abkommen vom 15. 5. 1922 als Verletzung des Minderheitenstatuts an und verhandelte diese öffentlich; siehe Dok. 46 vom 24. 5. 1933.
4 West-Oberschlesien: der bei Deutschland verbliebene Teil des oberschlesischen Abstimmungsgebiets nach der Teilung im Jahr 1922.
5 Dr. Felix Ludwig Calonder (1863–1952), Jurist; 1913–1920 Mitglied des Bundesrats, 1918 Bundespräsident der Schweiz; von 1921 an bis zum Abkommen von 1922 Präsident der deutsch-polnischen Konferenz über Oberschlesien, 1922–1937 Vorsitzender der im Auftrag des Völkerbunds tätigen Gemischten Kommission für Oberschlesien; danach in der Privatwirtschaft tätig.
6 Der Art. 585 des deutsch-polnischen Abkommens vom 15. 5. 1922 verlieh dem Präsidenten der Gemischten Kommission für Oberschlesien das Recht, im Falle einer Verletzung des Abkommens beim zuständigen Staatsvertreter zu intervenieren. Jener war dann verpflichtet, unverzüglich seine Regierung zu informieren; RGBl., 1922 II, S. 519.

könnte – dem Preussischen Ministerium des Inneren ist kein einziger Fall eines polnischen Minderheitsangehörigen jüdischen Glaubens bekannt –, die von Herrn Calonder namhaft zu machen wären, erscheint sein Vorgehen auch hinsichtlich dieser Personen ungerechtfertigt.
Hiermit Herrn Ministerialdirektor *Meyer*[7] gehorsamst vorgelegt.

DOK. 29
Das Gesetz vom 7. April 1933 zur Entlassung von jüdischen und politisch unliebsamen Beamten[1]

Gesetz zur Wiederherstellung des Berufsbeamtentums.[2]
Vom 7. April 1933.

Die Reichsregierung hat das folgende Gesetz beschlossen, das hiermit verkündet wird:
§ 1
(1) Zur Wiederherstellung eines nationalen Berufsbeamtentums[3] und zur Vereinfachung der Verwaltung können Beamte nach Maßgabe der folgenden Bestimmungen aus dem Amt entlassen werden, auch wenn die nach dem geltenden Recht hierfür erforderlichen Voraussetzungen nicht vorliegen.
(2) Als Beamte im Sinne dieses Gesetzes gelten unmittelbare und mittelbare Beamte des Reichs, unmittelbare und mittelbare Beamte der Länder und Beamte der Gemeinden und Gemeindeverbände, Beamte von Körperschaften des öffentlichen Rechts sowie diesen gleichgestellten Einrichtungen und Unternehmungen (Dritte Verordnung des Reichspräsidenten zur Sicherung der Wirtschaft und Finanzen vom 6. Oktober 1931 – Reichsgesetzbl. I S. 537 –, Dritter Teil Kapitel V Abschnitt I § 15 Abs. 1). Die Vorschriften finden auch Anwendung auf Bedienstete der Träger der Sozialversicherung, welche die Rechte und Pflichten der Beamten haben.
(3) Beamte im Sinne dieses Gesetzes sind auch Beamte im einstweiligen Ruhestand.
(4) Die Reichsbank und die Deutsche Reichsbahn-Gesellschaft werden ermächtigt, entsprechende Anordnungen zu treffen.
§ 2
(1) Beamte, die seit dem 9. November 1918 in das Beamtenverhältnis eingetreten sind, ohne die für ihre Laufbahn vorgeschriebene oder übliche Vorbildung oder sonstige Eig-

7 Richard Meyer (1883–1956), Jurist; von 1906 an im preuß. Justizdienst, von 1913 an für das AA tätig, 1919–1920 Mitglied der deutschen Delegation bei den Friedensverhandlungen in Paris, zeitweise Botschafter in Rom, 1931–1935 Leiter der Abt. IV des AA; emigrierte 1939 nach Schweden.

1 RGBl., 1933 I, S. 175–177.
2 Zu diesem Gesetz, auch Berufsbeamtengesetz (BBG) genannt, erschienen Abänderungsgesetze am 23. 6., 20. 7. und 22. 9. 1933, am 22. 3., 11. 7. und 26. 9. 1934 sowie zahlreiche Durchführungsverordnungen; RGBl., 1933 I, S. 389, 518, 655 f. sowie RGBl., 1934 I, S. 203, 604 und 845.
3 StS Pfundtner erklärte am 13. 4. 1933 im Rundfunk, mit dem Gesetz solle „durch rücksichtslose Säuberung" des öffentlichen Dienstes von „allen artfremden Elementen" wieder „eine nationale Beamtenschaft geschaffen" werden; BArch, R 43 II/418a, Bl. 17 f.

nung zu besitzen, sind aus dem Dienst zu entlassen.[4] Auf die Dauer von drei Monaten nach der Entlassung werden ihnen ihre bisherigen Bezüge belassen.
(2) Ein Anspruch auf Wartegeld, Ruhegeld oder Hinterbliebenenversorgung und auf Weiterführung der Amtsbezeichnung, des Titels, der Dienstkleidung und der Dienstabzeichen steht ihnen nicht zu.
(3) Im Falle der Bedürftigkeit kann ihnen, besonders wenn sie für mittellose Angehörige sorgen, eine jederzeit widerrufliche Rente bis zu einem Drittel des jeweiligen Grundgehalts der von ihnen zuletzt bekleideten Stelle bewilligt werden; eine Nachversicherung nach Maßgabe der reichsgesetzlichen Sozialversicherung findet nicht statt.
(4) Die Vorschriften von Abs. 2 und 3 finden auf Personen der im Abs. 1 bezeichneten Art, die bereits vor dem Inkrafttreten dieses Gesetzes in den Ruhestand getreten sind, entsprechende Anwendung.

§ 3

(1) Beamte, die nichtarischer Abstammung sind, sind in den Ruhestand (§§ 8 ff.) zu versetzen;[5] soweit es sich um Ehrenbeamte handelt, sind sie aus dem Amtsverhältnis zu entlassen.[6]
(2) Abs. 1 gilt nicht für Beamte, die bereits seit dem 1. August 1914 Beamte gewesen sind oder die im Weltkrieg an der Front für das Deutsche Reich oder für seine Verbündeten gekämpft haben oder deren Väter oder Söhne im Weltkrieg gefallen sind. Weitere Ausnahmen können der Reichsminister des Innern im Einvernehmen mit dem zuständigen Reichsminister oder die obersten Landesbehörden für Beamte im Ausland zulassen.

§ 4

Beamte, die nach ihrer bisherigen politischen Betätigung nicht die Gewähr dafür bieten, daß sie jederzeit rückhaltlos für den nationalen Staat eintreten, können aus dem Dienst entlassen werden. Auf die Dauer von drei Monaten nach der Entlassung werden ihnen ihre bisherigen Bezüge belassen. Von dieser Zeit erhalten sie drei Viertel des Ruhegeldes (§ 8) und entsprechende Hinterbliebenenversorgung.

§ 5

(1) Jeder Beamte muß sich die Versetzung in ein anderes Amt derselben oder einer gleichwertigen Laufbahn, auch in ein solches von geringerem Rang und planmäßigem Diensteinkommen – unter Vergütung der vorschriftsmäßigen Umzugskosten – gefallen lassen, wenn es das dienstliche Bedürfnis erfordert. Bei Versetzung in ein Amt von geringerem Rang und planmäßigem Diensteinkommen behält der Beamte seine bisherige Amtsbezeichnung und das Diensteinkommen der bisherigen Stelle.
(2) Der Beamte kann an Stelle der Versetzung in ein Amt von geringerem Rang und planmäßigem Diensteinkommen (Abs. 1) innerhalb eines Monats die Versetzung in den Ruhestand verlangen.

4 Um die Situation der Entlassenen etwas zu mildern, erhielten sie das Recht, nicht mehr bezahlbare Mietwohnungen vorzeitig zu kündigen; Gesetz über das Kündigungsrecht der durch das Gesetz zur Wiederherstellung des Berufsbeamtentums betroffenen Personen vom 7. 4. 1933, RGBl., 1933 I, S. 187 f.

5 Dieser Paragraph wurde in der Folge nicht nur in der öffentlichen Verwaltung, sondern auch von privaten Organisationen und Verbänden zur Entlassung von Juden angewandt.

6 Nach Punkt 6 des NSDAP-Programms vom 24. 2. 1920 sollte „jedes öffentliche Amt, gleichgültig welcher Art, gleich, ob im Reich, Land oder Gemeinde, nur durch Staatsbürger bekleidet werden"; Der Nationalsozialismus, Dokumente, S. 28.

§ 6

Zur Vereinfachung der Verwaltung können Beamte in den Ruhestand versetzt werden, auch wenn sie noch nicht dienstunfähig sind. Wenn Beamte aus diesem Grunde in den Ruhestand versetzt werden, so dürfen ihre Stellen nicht mehr besetzt werden.

§ 7

(1) Die Entlassung aus dem Amte, die Versetzung in ein anderes Amt und die Versetzung in den Ruhestand wird durch die oberste Reichs- oder Landesbehörde ausgesprochen, die endgültig unter Ausschluß des Rechtsweges entscheidet.

(2) Die Verfügungen nach §§ 2 bis 6 müssen spätestens am 30. September 1933 zugestellt werden. Die Frist kann im Einvernehmen mit dem Reichsminister des Innern verkürzt werden, wenn die zuständige oberste Reichs- oder Landesbehörde erklärt, daß in ihrer Verwaltung die Maßnahmen dieses Gesetzes durchgeführt sind.

§ 8

Den nach §§ 3, 4 in den Ruhestand versetzten oder entlassenen Beamten wird ein Ruhegeld nicht gewährt, wenn sie nicht mindestens eine zehnjährige Dienstzeit vollendet haben; dies gilt auch in den Fällen, in denen nach den bestehenden Vorschriften der Reichs- und Landesgesetzgebung Ruhegeld schon nach kürzerer Dienstzeit gewährt wird. §§ 36, 47 und 49 des Reichsbeamtengesetzes, das Gesetz über eine erhöhte Anrechnung der während des Krieges zurückgelegten Dienstzeit vom 4. Juli 1921 (Reichsgesetzbl. S. 825) und die entsprechenden Vorschriften der Landesgesetze bleiben unberührt.

§ 9

(1) Den nach §§ 3, 4 in den Ruhestand versetzten oder entlassenen Beamten darf bei der Berechnung der ruhegeldfähigen Dienstzeit, abgesehen von der Dienstzeit, die sie in ihrem letzten Anstellungsverhältnis zurückgelegt haben, nur eine Dienstzeit im Reichs-, Landes- und Gemeindedienst nach den bestehenden Vorschriften angerechnet werden. Die Anrechnung auch dieser Dienstzeit ist nur zulässig, wenn sie mit der zuletzt bekleideten Stelle nach Vorbildung und Laufbahn in Zusammenhang steht; ein solcher Zusammenhang liegt insbesondere vor, wenn der Aufstieg eines Beamten aus einer niedrigeren Laufbahn in eine höhere als ordnungsmäßige Beförderung anzusehen ist. Würde der Beamte in einer früheren nach Vorbildung und Eignung ordnungsmäßig erlangten Stellung unter Hinzurechnung der späteren Dienstjahre ein höheres Ruhegeld erlangt haben, so greift die für ihn günstigere Regelung Platz.

(2) Die Anrechnung der Dienstzeit bei den öffentlich-rechtlichen Körperschaften sowie den diesen gleichgestellten Einrichtungen und Unternehmungen regeln die Ausführungsbestimmungen.

(3) Festsetzungen und Zusicherungen ruhegeldfähiger Dienstzeit, die der Durchführung der Vorschriften des Abs. 1 entgegenstehen, treten außer Kraft.

(4) Härten können bei Beamten des Reichs und der der Reichsaufsicht unterliegenden öffentlich-rechtlichen Körperschaften, Einrichtungen und Unternehmungen der Reichsminister des Innern im Einvernehmen mit dem Reichsminister der Finanzen, bei anderen Beamten die obersten Landesbehörden ausgleichen.

(5) Abs. 1 bis 4 sowie § 8 finden auch auf solche Beamte Anwendung, die schon vor dem Inkrafttreten dieses Gesetzes in den Ruhestand oder in den einstweiligen Ruhestand getreten sind und auf die die §§ 2 bis 4 hätten angewandt werden können, wenn die Beamten beim Inkrafttreten dieses Gesetzes noch im Dienst gewesen wären. Die Neufestsetzung der ruhegeldfähigen Dienstzeit und des Ruhegeldes oder des Wartegeldes

hat spätestens bis zum 30. September 1933 mit Wirkung vom 1. Oktober 1933 an zu erfolgen.

§ 10

(1) Die Richtlinien, die für die Höhe der Besoldung von Beamten aufgestellt sind, werden der Berechnung der Dienstbezüge und des Ruhegeldes zugrunde gelegt. Liegen Entscheidungen der zuständigen Behörde über die Anwendung der Richtlinien noch nicht vor, so haben sie unverzüglich zu ergehen.

(2) Haben Beamte nach der Entscheidung der zuständigen Behörde über die Anwendung der Richtlinien höhere Bezüge erhalten, als ihnen hiernach zustanden, so haben sie die seit 1. April 1932 empfangenen Mehrbeträge an die Kasse zu erstatten, aus der die Bezüge gewährt worden sind. Der Einwand der nicht mehr bestehenden Bereicherung (§ 812 ff. BGB.[7]) ist ausgeschlossen.

(3) Abs. 1 und 2 gilt auch für Personen, die innerhalb eines Jahres vor dem Inkrafttreten dieses Gesetzes in den Ruhestand getreten sind.

§ 11

(1) Sind bei der Festsetzung eines Besoldungsdienstalters Beamten, die auf Grund der §§ 3, 4 ausscheiden, Beschäftigungen außerhalb des Reichs-, Landes- oder Gemeindedienstes angerechnet worden, so ist das Besoldungsdienstalter neu festzusetzen. Dabei darf nur eine Beschäftigung im Reichs-, Landes- oder Gemeindedienst oder, nach Maßgabe der Ausführungsbestimmungen, im Dienst der öffentlich-rechtlichen Körperschaften sowie der diesen gleichgestellten Einrichtungen und Unternehmungen angerechnet werden. Ausnahmen können für Reichsbeamte der Reichsminister des Innern im Einvernehmen mit dem Reichsminister der Finanzen, für andere Beamte die obersten Landesbehörden zulassen.

(2) Kommt nach Abs. 1 eine Neufestsetzung des Besoldungsdienstalters in Betracht, so ist bei den nach §§ 3, 4 in den Ruhestand versetzten oder entlassenen Beamten die Neufestsetzung jedenfalls mit der Festsetzung des Ruhegeldes vorzunehmen.

(3) Dasselbe gilt für die in § 9 Abs. 5 genannten Personen.

§ 12

(1) Die Bezüge der seit dem 9. November 1918 ernannten Reichsminister, die nicht nach den Vorschriften der §§ 16 bis 24 des Reichsministergesetzes vom 27. März 1930 (Reichsgesetzbl. I S. 96) berechnet sind, sind neu festzusetzen. Bei der Neufestsetzung sind die genannten Vorschriften des Reichsministergesetzes so anzuwenden, als ob sie bereits zur Zeit des Ausscheidens des Reichsministers aus dem Amt in Kraft gewesen wären. Hiernach seit dem 1. April 1932 zuviel empfangene Bezüge sind zurückzuzahlen. Der Einwand der nicht mehr bestehenden Bereicherung (§ 812 ff. BGB.) ist unzulässig.

(2) Abs. 1 findet auf die seit dem 9. November 1918 ernannten Mitglieder einer Landesregierung mit der Maßgabe Anwendung, daß an die Stelle des Reichsministergesetzes die entsprechenden Vorschriften der Landesgesetze treten, jedoch Bezüge nur bis zu der Höhe gezahlt werden dürfen, die sich bei der Anwendung der Grundsätze der §§ 16 bis 24 des Reichministergesetzes ergibt.

(3) Die Neufestsetzung der Bezüge hat bis zum 31. Dezember 1933 zu erfolgen.

(4) Nachzahlungen finden nicht statt.

7 BGB: Bürgerliches Gesetzbuch.

§ 13
Die Hinterbliebenenbezüge werden unter entsprechender Anwendung der §§ 8 bis 12 berechnet.

§ 14
(1) Gegen die auf Grund dieses Gesetzes in den Ruhestand versetzten oder entlassenen Beamten ist auch nach ihrer Versetzung in den Ruhestand oder nach ihrer Entlassung die Einleitung eines Dienststrafverfahrens wegen der während des Dienstverhältnisses begangenen Verfehlungen mit dem Ziele der Aberkennung des Ruhegeldes, der Hinterbliebenenversorgung, der Amtsbezeichnung, des Titels, der Dienstkleidung und der Dienstabzeichen zulässig. Die Einleitung des Dienststrafverfahrens muß spätestens am 31. Dezember 1933 erfolgen.
(2) Abs. 1 gilt auch für Personen, die innerhalb eines Jahres vor dem Inkrafttreten dieses Gesetzes in den Ruhestand getreten sind und auf die die §§ 2 bis 4 anzuwenden gewesen wären, wenn diese Personen beim Inkrafttreten dieses Gesetzes noch im Dienst gewesen wären.

§ 15
Auf Angestellte und Arbeiter finden die Vorschriften über Beamte sinngemäße Anwendung.
Das Nähere regeln die Ausführungsbestimmungen.

§ 16
Ergeben sich bei der Durchführung dieses Gesetzes unbillige Härten, so können im Rahmen der allgemeinen Vorschriften höhere Bezüge oder Übergangsgelder gewährt werden. Die Entscheidung hierüber treffen für Reichsbeamte der Reichsminister des Innern im Einvernehmen mit dem Reichsminister der Finanzen, im übrigen die obersten Landesbehörden.

§ 17
(1) Der Reichsminister des Innern erläßt im Einvernehmen mit dem Reichsminister der Finanzen die zur Durchführung und Ausführung dieses Gesetzes erforderlichen Rechtsverordnungen und allgemeinen Verwaltungsvorschriften.[8]
(2) Erforderlichenfalls erlassen die obersten Landesbehörden ergänzende Vorschriften. Sie haben sich dabei im Rahmen der Reichsvorschriften zu halten.

§ 18
Mit Ablauf der in diesem Gesetze bestimmten Fristen werden, unbeschadet der auf Grund des Gesetzes getroffenen Maßnahmen, die für das Berufsbeamtentum geltenden allgemeinen Vorschriften wieder voll wirksam.
Berlin, den 7. April 1933.
Der Reichskanzler
Adolf Hitler
Der Reichsminister des Innern
Frick
Der Reichsminister der Finanzen
Graf Schwerin von Krosigk[9]

8 Siehe die DVO zum Berufsbeamtengesetz mit dem Arierparagraphen vom 11. 4. 1933; Dok. 32.
9 Johann Ludwig (Lutz) Graf Schwerin von Krosigk (1887–1977), Jurist; von 1909 an im preuß. Staatsdienst, von 1920 an im RFM tätig, von 1929 an dort Chef der Haushaltsabt., 1932–1945 Reichsfinanzminister; 1945 Internierung, 1949 Verurteilung im Wilhelmstraßenprozess zu zehn Jahren Gefängnis, Haft bis 1951.

DOK. 30
Kardinal Faulhaber schreibt am 8. April 1933 an Alois Wurm über dessen Protest gegen die Judenverfolgung[1]

Schreiben von M. Card. Faulhaber,[2] München, an Hochwürden Alois Wurm,[3] München, Königinstr. 81, vom 8. 4. 1933 (Durchschrift mit eigenhändiger Unterschrift)[4]

Verehrter Herr Doktor!
Ihre Epistel über das Presse-Elend der Gegenwart hätten Sie an eine andere Adresse richten müssen. Der beiliegende Zeitungsartikel, den ich anbei wieder zurückgebe, wäre wohl aufgenommen worden, wenn Sie ihn mit Ihrem Namen gezeichnet, also ganz auf Ihre Verantwortung genommen hätten.[5] Ich nehme an, daß in der nächsten Nummer der „Seele"[6] ein flammender Protest gegen die Judenverfolgung unter Ihrem Namen erscheint,[7] und noch mehr würde der Presse der Mut wachsen, wenn es einen einzigen gäbe, der den Mut besäße, einen solchen Protest als Flugblatt mit seinem Namen drucken zu lassen und auf der Straße zu verteilen.
Dieses Vorgehen gegen die Juden ist derart unchristlich, daß jeder Christ, nicht bloß jeder Priester, dagegen auftreten müßte. Für die kirchlichen Oberbehörden bestehen weit wichtigere Gegenwartsfragen; denn Schule, der Weiterbestand der katholischen Vereine, Sterilisierung[8] sind für das Christentum in unserer Heimat noch wichtiger, zumal man annehmen darf, und zum Teil schon erlebte, daß die Juden sich selber helfen können, daß wir also keinen Grund haben, der Regierung einen Grund zu geben, um die Judenhetze in eine Jesuitenhetze umzubiegen. Ich bekomme von verschiedenen Seiten die Anfrage, warum die Kirche nichts gegen die Judenverfolgung tue. Ich bin darüber befremdet; denn bei einer Hetze gegen Katholiken oder gegen den Bischof hat kein Mensch

1 EAM, NL Faulhaber 8422. Abdruck in: Akten Kardinal Michael von Faulhabers, Bd. 1, S. 705.
2 Michael von Faulhaber (1869–1952), kathol. Theologe; 1903 Professor für das Alte Testament an der Universität Straßburg, 1910 Bischof von Speyer, 1917 Erzbischof und 1921–1952 Kardinalerzbischof von München und Freising.
3 Dr. Alois Wurm (1874–1968), kathol. Theologe; 1919 Gründer und Hrsg. der Zeitschrift Seele.
4 Es handelt sich hier um die Antwort auf ein Schreiben Wurms; siehe Schreiben von Wurm an Faulhaber vom 5. 4. 1933, Akten Kardinal Michael von Faulhabers, Bd. 1, S. 701 f.
5 Wurm hatte vergeblich versucht, in einer (nicht ermittelten) großen kathol. Zeitung einen kritischen Artikel zum antijüdischen Boykott zu veröffentlichen. In seinem Brief an Faulhaber hatte er beklagt, dass keine kathol. Zeitung bisher gegen die Judenverfolgung Stellung bezogen habe. Das „katholische Volk" bleibe somit „ohne katholische Orientierung" in dieser Frage, was „sehr vielen als katholisches Versagen" erscheine; ebd.
6 Die Zeitschrift Seele erschien mit dem Untertitel „Monatsschrift im Dienste christlicher Lebensgestaltung" 1919–1939 in Regensburg.
7 Alois Wurm publizierte daraufhin einen Artikel unter seinem Namen, in dem er klar aussprach, dass jeder „Christ auch die Nichtchristen und so auch die Juden mit wirklichem Wohlwollen umfangen" solle. Nicht das Volk, welches sich als „Herrenvolk" über andere erhebe, liebe Gott am meisten, sondern dasjenige, welches die „Ideen von Gerechtigkeit und Liebe" am reinsten verwirkliche; „Christliche Gedanken zum nationalen Problem", Seele, 15 (1933), H. 5, S. 137 f.
8 Dies bezieht sich auf die vorbereitenden Diskussionen zum Gesetz zur Verhütung erbkranken Nachwuchses, das am 14. 7. 1933 erlassen wurde; RGBl., 1933 I, S. 529 f.

gefragt, was man gegen diese Hetze tun könne. Das ist und bleibt das Geheimnis der Passion.

Mit ergebenem Gruß[9]

DOK. 31

Die Sächsische Landes-Auftrags-Stelle schlägt am 10. April 1933 vor, dass jüdische Firmen Heer, Marine und Polizei nicht mehr beliefern dürfen[1]

Schreiben der Sächsischen Landes-Auftrags-Stelle, i. V. gez. (ohne Unterschrift), Dresden, an die Ausgleichsstelle der Länder,[2] Berlin, vom 10. 4. 1933 (Abschrift)[3]

Von einer Firma unseres Bezirks wurde uns nachstehendes Schreiben übersandt, das wir Ihnen hiermit zur Kenntnis bringen:

„Zurückkommend auf das soeben mit Ihrem Herrn Gärtner geführte Telefongespräch teile ich Ihnen nochmals mit, dass vom Verbindungsstab der Reichsleitung der NSDAP Berlin, nach mit uns gepflogenen Verhandlungen, folgende Anordnungen in Erwägung gezogen werden:

1.) Streichung aller jüdischen Firmen aus den Lieferantenlisten der Zentralbeschaffungsstelle für Heer und Marine, Berlin NW 40, Lehrterstr. 57.

2.) desgl. aus den Lieferantenlisten der Polizeiverwaltungen und der staatlichen und städtischen Beschaffungsämter.

3.) Allen jüdischen Vertretern und Lieferanten ist der Zutritt zu der Zentralbeschaffungsstelle Berlin, den Heeresbekleidungsämtern und den Verwaltungsämtern der Polizei untersagt.

4.) Allen Beamten der erwähnten Vergebungsstellen ist es verboten, an jüdische Firmen Aufträge zu vergeben oder jüdische Vertreter dienstlich oder ausserdienstlich zu empfangen.

5.) Die Ausgleichsstelle der Länder (Landesauftragsstellen) haben sofort die in ihrem Land befindlichen jüdischen Firmen, die bisher zur Angebotsabgabe aufgefordert wurden und die Lieferfirmen, welche sich bei der Vermittlung der Aufträge jüdischer Vertreter oder Vertreterinnen, Direktoren oder Angestellter bedient haben, der Zentralbe-

9 Wurm antwortete Faulhaber am 9. 4. 1933, dass ein Artikel in einer wichtigen Zeitung bzw. ein Presseempfang eines Kirchenführers zur Herausstellung einer klaren Kirchenposition genügen würde. Sein Artikel sei zuvor abgelehnt worden, weil der Boykott vorbei sei. Doch werde man den Artikel sicher veröffentlichen, wenn Faulhaber dies unterstützen würde; Akten Kardinal Michael von Faulhabers, Bd. 1, S. 706 f.

1 BayHStA, MWi/6730, Bl. 1 f.

2 Die Ausgleichsstelle der Länder, in der die deutschen Landesregierungen vertreten waren, war nach dem Wehrgesetz von 1921 zur Regelung des militärischen Beschaffungs- und Lieferwesens gebildet worden, um einen wirtschaftlichen Lastenausgleich zwischen den Ländern zu gewährleisten.

3 Die Ausgleichsstelle der Länder übermittelte am 11. 4. 1933 den Mitgliedern ihres geschäftsführenden Ausschusses das hier abgedruckte Schreiben mit der Bemerkung, über den Ausschluss jüdischer Firmen sei mit dem RFM verhandelt worden. Das RFM werde demnächst einheitliche Richtlinien vorlegen. Dessen ungeachtet sollten die Landesauftragsstellen „baldmöglichst" vorläufige Richtlinien bekannt geben; Rundschreiben der Ausgleichsstelle der Länder vom 11. 4. 1933, wie Anm. 1, Bl. 3 f.

schaffungsstelle für Heer und Marine Berlin und den in ihrem Land befindlichen polizeilichen Beschaffungsstellen bekannt zu geben.
Die Durchführung dieser Anordnung würde unseres Erachtens nach nicht nur ein Akt der Gerechtigkeit gegenüber den alten erprobten, nichtjüdischen Lieferfirmen sein, sondern auch wesentlich dazu beitragen, dass wieder ein sauberes Vergebungswesen eintritt und dass Bestechungsaffairen, wie die des Reg. Amtmanns Schaale, Polizei Dresden, unmöglich würden.
Soeben wurden wir von der Abteilung Wirtschaftspolitik der Gauleitung der NSDAP angerufen, welcher wir empfahlen, eilige Sachen mit Ihnen als Landesauftragsstelle und zwar durch die Gauleitung der NSDAP Verbindungsstab, Dresden A1, Grunaerstr. 60 direkt zu erledigen.
Wir nehmen dabei an, in Ihrem Sinne gehandelt zu haben, und haben wir erklärt, dass Sie die oben erwähnte Anordnung begrüssen.
Es liegt uns viel daran, dass gerade die Landesauftragsstellen mehr als bisher Einfluss auf die Vergebungsstellen gewinnen und vor allen Dingen auch ihnen eine grössere Kontrollgewalt eingeräumt wird."
Wir halten es für zweckmässig, dass auch diese Angelegenheit auf dem Wege ordnungsgemässer Erörterung mit den massgebenden Stellen erledigt wird, und bitten daher, dass von dort aus Fühlung mit den Beschaffungsstellen bezw. mit dem Verbindungsstab der Reichsleitung der NSDAP genommen wird. Es ist u. E. unmöglich, dass die Landesauftragsstellen über die Angelegenheit durch einzelne Firmen unterrichtet werden.[4]
Wesentlich wäre, dass auch einwandfrei geklärt wird, was unter jüdischen Firmen im Sinne der vorstehenden Darlegungen der Firma zu verstehen ist.

DOK. 32

Die erste gesetzliche Definition des Begriffs Nichtarier vom 11. April 1933[1]

Erste Verordnung zur Durchführung des Gesetzes zur Wiederherstellung des Berufsbeamtentums.
Vom 11. April 1933.

Auf Grund des § 17 des Gesetzes zur Wiederherstellung des Berufsbeamtentums vom 7. April 1933 (Reichsgesetzbl. I S. 175) wird verordnet was folgt:
Zu § 2
1.
Ungeeignet sind alle Beamten, die der kommunistischen Partei oder kommunistischen Hilfs- oder Ersatzorganisationen angehören. Sie sind daher zu entlassen.
Zu § 3
2.
(1) Als nicht arisch gilt, wer von nicht arischen, insbesondere jüdischen Eltern oder Groß-

4 Auch bei der Bayer. Landesauftragsstelle waren von interessierten Firmen ähnliche Forderungen eingegangen. Die Reichsbahn und die Reichspost übten in Bayern bereits „Zurückhaltung" gegenüber jüdischen Firmen; Vermerk der Bayerischen Landesauftragsstelle vom 27. 4. 1933, wie Anm. 1, Bl. 4.

1 RGBl., 1933 I, S. 195.

eltern abstammt. Es genügt, wenn ein Elternteil oder ein Großelternteil nicht arisch ist. Dies ist insbesondere dann anzunehmen, wenn ein Elternteil oder ein Großelternteil der jüdischen Religion angehört hat.[2]

(2) Wenn ein Beamter nicht bereits am 1. August 1914 Beamter gewesen ist, hat er nachzuweisen, daß er arischer Abstammung oder Frontkämpfer, der Sohn oder Vater eines im Weltkriege Gefallenen ist. Der Nachweis ist durch die Vorlegung von Urkunden (Geburtsurkunde und Heiratsurkunde der Eltern, Militärpapiere) zu erbringen.

(3) Ist die arische Abstammung zweifelhaft, so ist ein Gutachten des beim Reichsministerium des Innern bestellten Sachverständigen für Rasseforschung einzuholen.

Zu § 4

3.

(1) Bei der Prüfung, ob die Voraussetzungen des § 4 Satz 1 gegeben sind, ist die gesamte politische Betätigung des Beamten, insbesondere seit dem 9. November 1918, in Betracht zu ziehen.

(2) Jeder Beamte ist verpflichtet, der obersten Reichs- oder Landesbehörde (§ 7) auf Verlangen Auskunft darüber zu geben, welchen politischen Parteien er bisher angehört hat. Als politische Parteien im Sinne dieser Bestimmung gelten auch das Reichsbanner Schwarz-Rot-Gold, der Republikanische Richterbund und die Liga für Menschenrechte.

4.

Alle Verhandlungen, Urkunden und amtliche Bescheinigungen, die zur Durchführung dieses Gesetzes erforderlich werden, sind gebühren- und stempelfrei.

Berlin, den 11. April 1933.

Der Reichsminister des Innern
Frick
Der Reichsminister der Finanzen
Graf Schwerin von Krosigk

DOK. 33

Der Unternehmensvertreter Walter Hoffmann interveniert bei Göring am 12. April 1933 wegen Presseberichten in den USA über Ausschreitungen am Tag des Boykotts[1]

Schreiben von Walter Hoffmann, New York, Vertreter der Siemssen & Co. China Furs,[2] Shanghai, Tientsin (China), an Reichsminister Göring vom 12. 4. 1933

Sehr geehrter Herr Reichsminister:

Inliegend erlaube ich mir, ihnen die letzten Bilder aus der New Yorker Zeitung „Daily News" einzusenden.[3] Wenn diese Bilder wahr sind, müsste man sich schämen, ein ehema-

2 Diese Definition des Begriffs „Jude" wurde durch die 1. VO zum Reichsbürgergesetz gemildert, nach der als Jude nur galt, wer von „mindestens drei der Rasse nach volljüdischen Großeltern abstammt"; siehe Dok. 210 vom 14. 11. 1935.

1 GStAPK, I HA, Rep. 90 B/30, Bl. 1–3.

2 Siemssen & Co., deutsche Firma, gegründet 1848 in Kanton/China.

3 Dem Schreiben lagen Fotos aus der Zeitung Daily News vom 12. 4. 1933 bei: Zwei großformatige Fotos von Seite 1 zeigen, wie in Chemnitz Juden gezwungen wurden, die Wände eines Hauses abzuwa-

liger Deutscher gewesen zu sein und vier Jahre seines Lebens im Felde geopfert zu haben. Der Schaden, welcher uns hier erwächst, ist noch gar nicht abzusehen. Sollten diese Bilder jedoch erlogen sein, müsste ganz energisch dagegen vorgegangen werden. Es liegt mir fern, mir irgendwelche Kritik gegenüber Deutschland anmassen zu wollen, denn man wird in meinem früheren Vaterland Gründe haben, energisch vorzugehen, es sollten aber hässliche Ausschreitungen, wie sie abgebildet sind, entschieden vermieden werden, wenn Deutschland daran gelegen sein sollte, mit der übrigen Welt im Handel zu bleiben.
Hochachtungsvoll

DOK. 34
Karl Jarres schreibt an Theodor Lewald am 15. April 1933 nach dessen Rücktritt vom Vorsitz des Deutschen Reichsausschusses für Leibesübungen[1]

Schreiben von Karl Jarres,[2] Duisburg-Hamborn, an Staatssekretär i.R. Dr. Lewald,[3] Berlin W 10, Kaiserin-Augusta-Str. 58, vom 15. 4. 1933 (Entwurf, ausgef. 15. 4. 1933)

Hochverehrte Exzellenz!
Der Verlauf der letzten Sitzung des Reichsausschusses[4] war mit Ausnahme der Ihnen gebotenen Ehrung in höchstem Maße unerfreulich. Es wäre doch besser gewesen, wenn die Tagung dieses großen Parlaments, welches erhebliche Kosten für die ohnehin schwer kämpfenden Vereine und Verbände bedeutet, in diesem Zeitpunkte nicht stattgefunden hätte. Mißlich war in höchstem Maße ferner, daß wir nicht die Ermächtigung hatten, den uns unter der Hand mitgeteilten Wunsch der Reichsregierung, von neuen Wahlen abzusehen, insbesondere auch der Wahl des neuen Vorsitzenden, in der Versammlung mitzu-

schen, sowie einen Mann, der mit einem Müllkarren durch die Straßen gefahren wurde, weil er sich der Demütigung verweigert hatte. Auf einem weiteren Foto aus derselben Ausgabe bewachen SA-Posten ein Berliner Geschäft, dessen Fenster mit dem Wort „Jude" beschmiert sind; wie Anm. 1.

1 StadtA Duisburg, 150/72.
2 Dr. Karl Rudolf Jarres (1874–1951), Jurist und Politiker; von 1901 an in Stadtverwaltungen tätig, 1914–1923 und 1925–1933 OB von Duisburg; 1923–1925 Reichsinnenminister und Vizekanzler; DVP-Mitglied; 1. stellv. Vorsitzender des Deutschen Reichsausschusses für Leibesübungen (DRA); 1933 nach Amtsenthebung Vorstandsmitglied versch. Firmen, 1942–1951 Aufsichtsratsvorsitzender der Klöckner-Werke AG.
3 Theodor Otto F. Lewald (1860–1947), Beamter und Sportfunktionär; 1891–1921 im Reichsamt (ab 1919 Reichsministerium) des Innern tätig; 1919–1933 1. DRA-Vorsitzender, von 1924 an Vertreter Deutschlands im Internationalen Olympischen Komitee, 1932 Präsident des Organisationskomitees zur Vorbereitung der Olympischen Spiele von 1936.
4 Der Deutsche Reichsausschuß für Leibesübungen, gegründet 1917, umfasste am Ende der Weimarer Republik 38 Turn- und Sportverbände mit ca. sieben Millionen Mitgliedern. Am 25. 3. 1933 richteten die DRA-Vorsitzenden an die NS-Regierung eine Ergebenheitsadresse. In Absprache mit StS Lammers (Chef der Reichskanzlei) und StS Pfundtner (RMdI) beriefen sie für den 12. 4. 1933 eine außerordentliche DRA-Hauptversammlung ein, um die „Eingliederung" des Verbands in das „neue Deutschland" zu diskutieren. Nach antijüdischen Zwischenrufen erklärte Lewald seinen Rücktritt als Vorsitzender, woraufhin Jarres die Leitung der Sitzung übernahm. Nachdem Lewald ehrenvoll verabschiedet worden war, kam es zu der hier angesprochenen Abstimmung über die „Nichtarier". Im Mai 1933 verkündete der Reichssportkommissar die Auflösung des DRA, an dessen Stelle 1934 der Deutsche Reichsbund für Leibesübungen gegründet wurde.

teilen. Erst als nachträglich Herr Linnemann[5] auf meine Anregung diese Ermächtigung einholte und wir berechtigt waren, diesen Wunsch mitzuteilen, ließen sich die Wogen, viel zu spät, glätten. Mein Vorschlag, für die Verhandlungen mit der Reichsregierung den engeren Vorstand unter Zuziehung eines Vertrauensmannes der N.S.D.A.P. zu ermächtigen, wurde dann glatt und offenbar mit einem Gefühl der Erleichterung angenommen. Für meine Person habe ich, wie Ihnen bekannt geworden sein wird, und wie Sie hoffentlich verstehen werden, Herrn Präsidenten Pauli[6] als Vertreter vorgeschlagen, was auch gerne beschlossen wurde.[7] Bei meiner ungeheuren Inanspruchnahme hier ist es mir unmöglich, mich an diesen Verhandlungen, die wahrscheinlich sehr viel Zeit in Anspruch nehmen werden, zu beteiligen. Außerdem ist Herr Präsident Pauli viel besser im Bilde. Er hat auch ausgezeichnet die Sache der Verbände in der sturmvollen Sitzung vertreten, was ich bei anderen Vertretern des Vorstandes leider vermißt habe.

Zu meinem Bedauern ist auch meine Anregung, die ich vor der Sitzung mit den maßgebenden Herren besprach, nämlich: in der Versammlung mitzuteilen, daß der ganze Vorstand seine Ämter zur nächsten Hauptversammlung zur Verfügung stellen werde, nicht gebilligt worden. Ich bin nach wie vor der Überzeugung, daß eine solche Erklärung die Situation sehr erleichtert hätte.

Besonders peinlich war das Verlangen der Mehrheit, über das Anwesenheitsrecht der nicht vollarischen Vertreter abzustimmen.[8] Ich konnte mich diesem Antrage in der stürmischen Form, wie er gestellt wurde, nicht wohl entziehen, obwohl mir bei nachträglicher Überlegung doch selbst noch ein ausweichender letzter Versuch möglich erscheint. Ich habe diesen Beschluß in tiefster Seele bedauert und bin darüber auch heute noch sehr bedrückt.

Nach der Versammlung habe ich vergebens versucht, Sie in Ihrer Wohnung und in den Geschäftsräumen des Reichsausschusses zu erreichen. Ich hätte mich gerne noch mit Ihnen über die Dinge unterhalten und Ihnen zum Zeichen meiner hohen und bleibenden Verehrung die Hand gedrückt. Da mir das nicht möglich war, hole ich das heute schriftlich nach. Es war mir nicht nur ein Herzensbedürfnis, sondern auch eine besondere Ehre, Ihnen nach Ihrer langjährigen und meisterhaften Führung der Geschäfte den Dank und die Anerkennung des Reichsausschusses anzuerkennen. Der minutenlange stürmische Beifall hat Ihnen gezeigt, wie sehr doch dieser Dank und diese Anerkennung den ganzen Reichsausschuß erfüllten. Dies muß Ihnen, verehrte Exzellenz, eine Genugtuung bei all

5 Felix Linnemann (1882–1948), Polizeibeamter; von 1919 an Vizepräsident und 1925–1945 Präsident des Deutschen Fußballbunds (DFB), auch 2. DRA-Vorsitzender; 1937–1939 Chef der Kriminalpolizei in Stettin und 1939–1945 in Hannover; 1940 SS-Eintritt; 1945 Internierung.

6 Dr. Heinrich Pauli (1874–1953), Jurist; von 1900 an in der Verwaltung im Elsass tätig, von 1920 an Regierungspräsident in Potsdam; 1927–1936 Präsident des 1883 gegründeten Deutschen Ruderverbands, 1936–1945 Leiter des Fachamts Rudern des Reichsbunds für Leibesübungen.

7 Der Delegation für die Verhandlungen gehörten neben Pauli noch Linnemann sowie Edmund Neuendorff von der Deutschen Turnerschaft an. Zu Neuendorff siehe die Dok. 61 vom 1. 7. 1933 und 80 vom 23. 9. 1933.

8 Im DFB-Organ Der Kicker war die Sitzung angekündigt worden. Neben dieser Meldung stand eine Erklärung der Süddeutschen Fußball- und Leichtathletikvereine, unter ihnen die Stuttgarter Kickers, Bayern München, 1860 München und Eintracht Frankfurt. Laut Beschluss vom 9. 4. 1933 sei man gewillt, an der „nationalen Erhebung“ mitzuarbeiten und im Zuge „dieser Mitarbeit, alle Folgerungen, insbesondere in der Frage der Entfernung der Juden aus den Sportvereinen, zu ziehen“; Der Kicker. Mitteldeutschland, Nr. 15 vom 11. 4. 1933, S. 56.

den Widerlichkeiten sein, welche diese Zeit auch für Sie mit sich bringt. Lassen Sie mich Ihnen auch heute noch einmal persönlich meinen lebhaften Dank und meine herzliche Hochschätzung zum Ausdrucke bringen. In der Geschichte des deutschen Sports und der deutschen Leibesübungen wird der Name „Lewald" unvergeßlich bleiben. Ich sage Ihnen das mit besonderen Gefühlen, da auch meine bescheidene Mitarbeit in der Arbeit des Reichsausschusses und der allgemeinen Führung des deutschen Sports wahrscheinlich nicht mehr gewünscht wird und damit zu Ende geht. Es war mir immer eine große Freude, mit Ihnen an einem Strange zu ziehen.
Mit verbindlichen und verehrungsvollen Grüßen verbleibe ich
stets Ihr
[...][9]

DOK. 35

Hertha Nathorff notiert am 16. April 1933 ihre Eindrücke von einer Versammlung des Bundes deutscher Ärztinnen in Berlin[1]

Tagebuch der Hertha Nathorff,[2] Eintrag vom 16. 4. 1933 (Typoskript 1940)[3]

16. 4. 1933. Versammlung des Bundes deutscher Ärztinnen[4] – Wie regelmässig ging ich auch heute hin, trafen sich doch hier stets die angesehensten und bekanntesten Kolleginnen Berlins. „Komische Stimmung heute", dachte ich und so viele fremde Gesichter. Eine mir unbekannte Kollegin sagte zu mir: „Sie gehören doch wohl auch zu uns?" und zeigt mir ihr Hakenkreuz an ihrem Mantelkragen. Ehe ich antworten kann, steht sie auf und holt einen Herrn in unsere Versammlung, der sagt, er habe die Gleichschaltung des Bundes namens der Regierung zu verlangen. „Die Gleichschaltung". Eine andere Kollegin – ich kenne sie, sie war meine Vorgängerin im Roten Kreuz und damals ziemlich linksstehend – wegen Untüchtigkeit und anderer nicht sehr feiner menschlicher Qualitäten war sie s. Z. entlassen worden – sie steht auf und sagt, „Nun bitte ich also die deutschen Kolleginnen zu einer Besprechung ins Nebenzimmer –." Collegin S., eine gute Katholikin, steht auf und fragt: „Was heisst das – die deutschen Kolleginnen?" – „Natürlich alle, die nicht Jüdinnen sind", lautet die Antwort. So war es gesagt. Schweigend ste-

9 Im Original hier noch „2.) Z. d. A. Reichsausschuß".

1 Hertha Nathorff, Tagebuch 30. 1. 1933–9. 5. 1965, S. 12; ZfA/A Berlin, Lebensgeschichtliche Sammlung, Hertha Nathorff. Abdruck in: Tagebuch Hertha Nathorff, S. 40.

2 Dr. Hertha Nathorff (1895–1993), Ärztin und Psychotherapeutin; 1922–1928 leitende Ärztin des DRK-Frauen- und Kinderheims in Berlin-Lichtenberg, 1923–1938 Praxis in Berlin; 1922–1933 Leiterin der ersten Frauen- und Familienberatungsstelle in Berlin, Vorstandsmitglied der Ärztekammer Berlin; 1939 Emigration nach Großbritannien, 1940 in die USA, dort arbeitete sie von 1954 an als Psychotherapeutin.

3 Da Teile des Originals während der Emigration verlorengingen, rekonstruierte Hertha Nathorff ihr Tagebuch anhand geretteter Notizen und ihrer Erinnerungen. Sie reichte 1940 das Typoskript über die Jahre 1933 bis 1939 bei der Harvard Universität für den Wettbewerb „Mein Leben in Deutschland" ein.

4 Der Bund deutscher Ärztinnen wurde 1924 gegründet. 1933 erfolgte der Ausschluss der jüdischen Kolleginnen, 1936 die Auflösung des Bundes.

hen wir jüdischen und halbjüdischen Ärztinnen auf und mit uns einige „deutsche" Ärztinnen – Schweigend verlassen wir den Raum, blass, bis ins Innerste empört. Wir gingen dann zu Collegin Erna B., zu besprechen, was wir tun sollen. „Geschlossen unseren Austritt aus dem Bund erklären", sagen einige. Ich bin dagegen – die Ehre, uns herauszuwerfen, will ich ihnen gerne gönnen, aber ich will wenigstens meinen Anspruch auf Mitgliedschaft nicht freiwillig preisgeben. Nun will ich sehen, was weiter kommt. – Ich bin so erregt, so traurig und verzweifelt, und ich schäme mich für meine „deutschen" Colleginnen!

DOK. 36
Jüdische Rundschau: Artikel vom 25. April 1933 über den Suizid eines deutsch-national denkenden Juden[1]

Persönliche Tragödie

Aus Stuttgart wird uns geschrieben: Unter den Fällen, in denen die Geschehnisse unserer Zeit jüdische Menschen dazu treiben, ihr Leben wegzuwerfen,[2] ist durch seine Begleitumstände einer bemerkenswert, der sich in *Stuttgart* abgespielt hat. Ein junger Kaufmann von 31 Jahren,[3] begeisterter Anhänger des deutschen Turn- und Sportwesens und Riegenführer eines Turnvereins, in geordneten Verhältnissen lebend, hat sich erschossen. Unter seinen Papieren fand man angestrichen eine Pressenotiz über den Beschluß der deutschen Turnerschaft, den Arierparagraphen einzuführen,[4] und außerdem folgenden an seine Freunde gerichteten Brief.

Ihr lieben Freunde!
Hierdurch ein letztes Lebewohl! Ein *deutscher* Jude konnte es nicht über sich bringen, zu leben in dem Bewußtsein, von der Bewegung, von der das nationale Deutschland die Rettung erhofft, als Vaterlandsverräter betrachtet zu werden! Ich gehe ohne Haß und Groll. Ein inniger Wunsch beseelt mich – möge in Bälde die Vernunft Einkehr halten! Da mir bis dahin überhaupt keine – meinem Empfinden entsprechende – Tätigkeit möglich ist, versuche ich durch meinen Freitod, meine christlichen Freunde aufzurütteln. Wie es in uns deutschen Juden aussieht, mögt Ihr aus meinem Schritt ersehen. Wie viel lieber hätte ich mein Leben für mein Vaterland gegeben! Trauert nicht, sondern versucht aufzuklären und der Wahrheit zum Sieg zu verhelfen.
So erweist Ihr mir die größte Ehre!
Euer F...[5]

1 Jüdische Rundschau, Nr. 33 vom 25. 4. 1933, S. 163.
2 Zur Häufung von Suiziden unter deutschen Juden siehe Dok. 41 vom 9. 5. 1933.
3 Fritz Rosenfelder (1901–1933), Kaufmann; 1932 Teilhaber der Fa. Moritz Rosenfelder; Sportleiter des Turnerbunds Bad Cannstatt.
4 Der Hauptausschuss der Deutschen Turnerschaft beschloss am 8. /9. 4. 1933, den „Arierparagraphen" einzuführen. Zu den Vorgängen in der Deutschen Turnerschaft siehe die Dok. 61 vom 1. 7. 1933 und 80 vom 23. 9. 1933.
5 Fußnote im Original: „Auf Wunsch der Familie soll der Name nicht genannt werden."

Dieser Fall und dieser Brief kennzeichnen eine in diesen Tagen immer neu zu beobachtende Erscheinung: Schutzloser als der irgendwie metaphysisch, sei es glaubensmäßig oder bluthaft, an das Judentum Gebundene ist in dieser Zeit schwerster Erschütterung der inneren und äußeren Existenz der Jude preisgegeben, dessen Leben um einen Mittelpunkt kreist, aus dem er die Tatsache seines Judeseins *ausgeschaltet* hat. F. wollte als Zeuge für sein Deutschtum sterben, aber durch seinen Tod ist er, über sein Wissen und Wollen hinaus, auch zum Zeugen für die Sache des Judentums geworden.[6]

DOK. 37

Charlotte Gumpert informiert Minni Steinhardt in Palästina am 26. April 1933 über die politische Lage in Deutschland und die Situation der Emigranten[1]

Handschriftl. Brief von Charlotte Gumpert,[2] Orselina-Locarno, an Minni Steinhardt,[3] Tel Aviv, vom 26. 4. 1933

Liebe Minni! *beantwortet*[4]

Vielen Dank für Deinen Brief, über den ich mich schrecklich gefreut habe. Der Wahrheit die Ehre zu geben, hat er mich stellenweise sogar zu Tränen gerührt. Ich freue mich schrecklich, dass Ihr schon so weit seid, wie Ihr seid, es ging schnell genug. Wenn ich auch fest überzeugt bin, dass noch manche Schwierigkeiten kommen werden (u. dass z. B. die ungewohnte Hitze im Sommer Euch noch einiges austeilen wird), so bin ich doch fest überzeugt, dass es bestimmt nicht schwieriger oder unerfreulicher werden wird als in Berlin, sondern besser. Es wird noch die Zeit kommen, da werden wir alle Herrn Hitler, Göring u. Genossen noch dankbar sein!

Sehr gern würde ich nun vor allem wissen, ob Ihr Eure Einbürgerung, settlement od[er] Niederlassung, od. wie es heisst, bekommt, denn das ist doch ein sehr wichtiger Punkt u. auch sehr eilig, da der Andrang sehr gross werden wird u. die Zulassung begrenzt. Dass Ihr Eure meisten Sachen zurücklasst, finde ich zwar traurig, aber doch wohl vernünftig; nur würde ich doch *unbedingt Silber u. Wäsche* mit Jaques[5] Bildern nachschicken lassen. Es kommen doch sicher viele Leute jetzt rüber, die es Euch mitbringen könnten. Tante Martha kann sich doch darum kümmern. Um das Bufett ist es auch schade. Sollte man nicht versuchen, es billig zu verkaufen? Was es ist, ist es. Ausserdem weiss ich nicht, ob Ihr Euer ganzes Bankkonto aufgebraucht habt. Wenn nicht, lasst Euch schleunigst Geld

6 Der Stürmer druckte den Abschiedsbrief auf der ersten Seite unter der Überschrift „Der tote Jude“ ab und kommentierte den Suizid unter voller Namensnennung mit der Unterzeile „Fritz Rosenfelder ist vernünftig und hängt sich auf“, Der Stürmer, Nr. 30 vom Juli 1933, S. 1 f.

1 JMB, DOK-95-27-613, Bl. 1–4.

2 Charlotte Gumpert, geb. Blaschko (1898–1933), Ärztin; seit 1923 verheiratet mit Martin Gumpert.

3 Minni Steinhardt (*1895), Schwester von Martin Gumpert, war seit 1922 mit dem u. a. bei der Neuen Sezession in Berlin arbeitenden Künstler polnischer Herkunft Jacob Steinhardt (1887–1968) verheiratet; 1933 emigrierten die Eheleute mit ihrer Tochter Josefa (*1923) nach Palästina. In Jerusalem gründete Jacob Steinhardt 1934 eine Kunstschule, die er 1948 schloss, von da an in der Bezalel-Akademie der Künste tätig, deren Direktor er 1954–1957 war.

4 Handschriftl. Notiz der Empfängerin.

5 Gemeint ist Jacob Steinhardt.

schicken. Man darf pro Pass u. Monat 700 M[ar]k schicken. Ihr müsst den Pass an Tante Martha od. die Bank schicken, die Bank u. jedes Reisebüro (Kurfürstendamm) erledig[en] die Formalitäten. Aber ich ahne ja nicht, ob Ihr überhaupt noch was habt.
Nun zu uns. Martin[6] geht es ganz gut. Er ist mit Frau von M. in Ascona u. kommt jeden 2. Tag her. Er sieht gut aus, aber innerlich kommt er natürlich auch nicht zur Ruhe. Aber trotzdem ist die freie polit[ische] Atmosphäre u. das himmlische Wetter u. die schöne Gegend für ihn eine grosse Wohltat. Persönlich ist ihm nicht das Geringste geschehen, auch war Wedding erst zum 1. Juli gekündigt, aber er sagt, er konnte es psychisch nicht mehr aushalten. Nach 24 St[unden] in der Schweiz könne man sich dies kaum mehr vorstellen. Er wird noch etwa 14 Tage hier bleiben u. fährt dann nach Paris, um sich dort nach ev[entuellen] Möglichkeiten umzusehen. In der Schweiz sich als Arzt niederzulassen, ist nicht möglich. In Frankreich ist es erlaubt, man muss nur das Examen nachmachen! Wie ist es denn in Palästina? Ein Freund von Hermann[7] will hin, aber es wird ihm von allen ärztl. Bekannten in Paläst. abgeraten, weil es mit Ärzten überfüllt sei! Stimmt das? Wie steht es denn mit Dermatologie? Kosmetik? Ausserdem hatte Martin gerade eine neue, aufsehenerregende, anscheinend sehr wirksame Gonorrhoebehandlung angefangen. Ein anderer *sehr* netter Freund von Hermann muss in Tel Aviv gerade angekommen sein, den möchte ich Euch (besonders für ev. Krankheitsfälle) *warm ans Herz legen*. Er heisst Nachmannsohn,[8] ist ein sehr kluger Kerl, Internist, Assistent von Lichtwitz,[9] eine Seele von Mensch (!); er hat bereits in T[el Aviv] eine Stelle an einem Kassen-Ambulatorium. Also erkundigt Euch. Seine Frau, die mit Seikels (die Armen in Köln!) in Hamburg dick befreundet war, kommt mit angeblich süssem Baby im Herbst nach.
Ich liege immer noch im Bett u. fange jetzt an, ziemlich ungeduldig zu werden. Mutter,[10] Nina[11] u. Frl. Dora wohnen direkt unter d. Sanatorium in einer ganz kleinen Pension, Nina ist quietschvergnügt. Otti u. Helo Aarons sind zwar nach Zürich gereist, aber sie hat sich schnell getröstet. Hermann macht hier seine Nachkur u. geht Ende Mai nach England. Er ruft eben, er liesse schön grüssen u. Josepha bestellen, Joseph sei auch ein sehr frommer Mann gewesen! Von Seikels hören wir leider sehr wenig. Sie sind sicher sehr deprimiert u. trauen sich nicht zu schreiben. – Im grossen und ganzen sind die Verhältnisse in Deutschland nicht ganz so schlimm, wie Ihr sie Euch von dort vorstellt. Stimmungsmässig ist es natürlich furchtbar u. es werden ungezählte Existenzen – nicht nur jüdische – ruiniert,

6 Dr. Martin Gumpert (1897–1955), Dermatologe; 1928–1933 Leiter des Städt. Ambulatoriums für Geschlechtskrankheiten in Berlin-Wedding; 1936 Emigration in die USA; dort als Mediziner und Schriftsteller tätig; Autor von medizinhistorischen Studien und Gedichten, Autobiographie „Hölle im Paradies" (Stockholm 1939).

7 Dr. Hermann Karl Felix Blaschko (1900–1993), Biochemiker; 1925–1932 Forschung unter Leitung von Otto Meyerhof in der Abt. Physiologie am Kaiser-Wilhelm-Institut (KWI) für medizinische Forschung in Heidelberg; emigrierte 1933 nach Großbritannien, dort an verschiedenen Universitäten tätig.

8 Richtig: Dr. David Nachmansohn (1899–1983), Biochemiker; 1926–1930 zusammen mit Blaschko am KWI in Heidelberg tätig; 1931–1933 Assistent, dann Leiter des chem. Laboratoriums am Rudolf-Virchow-Krankenhaus Berlin; 1933 Emigration nach Palästina, dann nach Frankreich, 1938 in die USA, dort Professor u. a. an der Yale University.

9 Dr. Leopold Lichtwitz (1876–1943), Mediziner; 1931–1933 Direktor des Rudolf-Virchow-Krankenhauses Berlin; 1933 Emigration in die USA.

10 Johanna Blaschko, geb. Littauer (1873–1942), emigrierte 1939 nach Großbritannien.

11 Tochter von Charlotte und Martin Gumpert.

vorläufig allerdings von Juden, vorwiegend Intellektuellen. Aber es ist ruhig, es geschieht niemandem etwas u. schliesslich ist eben Revolution. Von meiner ganzen grossen Familie scheint niemand daran zu denken, fortzugehen, ausser uns. Und tatsächlich wären z. B. Martin wahrscheinlich nicht einmal die Kassen fortgenommen worden, da er im Seuchenlazarett war. Er hätte nur den Wedding verloren. Aber stimmungsmässig ist es eben furchtbar u. wenn z. B. Nina nicht hätte in die Schule gehen dürfen! Bei Ullsteins ist vorläufig (!) alles unverändert, nicht mal nennenswerte Entlassungen, aber das wird wohl noch kommen.[12] Im grossen Ganzen ist es also ruhig u. ich rate Euch, die Zeitungs-Nachrichten u. Geschichten von Ankommenden mit grösster Ruhe aufzunehmen u. nicht weiter zu verbreiten. Man muss immer daran denken, dass man den Zurückbleibenden (u. das ist die überwiegende Mehrzahl) enorm schaden kann! Und in Wirklichkeit ist es auch nicht so schlimm, wie es sich bei Euch, aufgebauscht durch die Erregung der vielen aufeinandertreffenden Auswanderer, anhört! Das war wirklich mein erster Eindruck auf Grund Deines Briefes u. da will ich Euch besonders beruhigen, auch wegen Jaks Schwestern. Natürlich ist es richtig, dass sie auch nach Pal[ästina] kommen u. ich würde mich an Eurer Stelle so schnell wie möglich um Erlaubnis für gewerbl. Betätigung für sie bemühen, aber ich glaube kaum, dass irgendeine unmittelbare Gefahr besteht. Deutschland hat sich politisch so isoliert u. unmöglich gemacht, dass man sich jetzt schon bemühen wird, mit aller Macht Ruhe und Ordng. aufrecht zu erhalten. Die Peritz[13] schreibt heute aus d. Joachimsthalerstr., es ginge alles seinen Gang u. sie scheint auch für sich sehr optimistisch zu sein. Ob mit Recht, wird sich herausstellen. Eva Rothmann[14] war, sehr mitgenommen,[15] einige Tage hier. Sie will nicht zurück u. das ist für sie, eben nach der Niederlassung, sehr schwer. Sie und der Gute sind ab nach Rom, aber sie kommt in 14 Tagen wieder hierher u. weiss noch nicht, was sie dann tut. – Während ich schreibe, höre ich von weitem aus dem Garten über die Strasse immer das Stimmchen von Nina, die dort spielt, was eine sehr angenehme Zugabe ist. Auch dafür bin ich Herrn Hitler dankbar! Also nun schreib bald (an dieselbe Adresse) u. guten Einzug in die neue Wohnung! Und schick mal Photographien! Je ausführlicher Du schreibst, desto mehr freue ich mich. *Alles* interessiert mich.

Herzlichst

Lotte

12 Ullstein Verlag Berlin, gegründet 1877. Der große Zeitungsverlag in jüdischem Familienbesitz wurde 1934 unter direkter Einflussnahme von Partei und Regierung durch den NSDAP-Verlag Franz Eher Nachf. München „arisiert" und in Deutscher Verlag KG umbenannt. Die Übernahme wurde mit öffentlichen Geldern finanziert und von der Deutschen Bank organisiert; James, Deutsche Bank, S. 48–50.

13 Dr. Edith Peritz, Medizinerin; von 1928 an niedergelassene Ärztin in Berlin, 1931 Wahl in die Ärztekammer, Vorsitzende der Ortsgruppe Berlin-Brandenburg, 1933 Entzug der Kassenzulassung; 1936 Emigration in die USA, dann als Ärztin in New York tätig; sie war verheiratet mit Dr. Georg Peritz (1870–1936?), Neurologe und Professor an der Berliner Universität.

14 Dr. Eva Rothmann (1897–1960), Psychologin; 1925 Promotion am Psychologischen Institut der Universität Frankfurt a. M.; später als Nervenärztin mit eigener Praxis in Berlin tätig; emigrierte 1933 in die Schweiz, dann 1935 in die USA, wo sie sich nach langer Depression das Leben nahm.

15 Am 1. 4. 1933 hatte die SA das Krankenhaus Berlin-Moabit gestürmt und den Ehemann von Eva Rothmann, Kurt Goldstein, gefangen genommen. Er wurde unter der Auflage freigelassen, das Land für immer zu verlassen. Das Ehepaar flüchtete daraufhin zunächst in die Schweiz und emigrierte später in die USA. Dr. Kurt Goldstein (1878–1965), Mediziner; SPD-Mitglied; 1918 Professor in Frankfurt a. M., 1930–1933 Direktor der neurologischen Abteilung im Krankenhaus Berlin-Moabit, 1940–1945 Professor für Neurologie am Tufts Medical College, danach Privatpraxis und Lehraufträge.

Habt Ihr Dora Zuckermann mal aufgesucht od. angeläutet[?] Tut es unbedingt! Sie kann Euch auch helfen, da sie viele Beziehungen hat. Erkundigt Euch nach ihr.
Ich bin ganz gerührt, dass ich auf das Couvert schon eine richtige Adresse schreiben kann u. noch dazu Eure eigene! Was kostet Eure Wohnung? Ist das Leben dort teuer?

DOK. 38
Otto Marx berichtet über seine Festnahme in Weiden und seine Haft im Konzentrationslager Dachau im März/April 1933[1]

Bericht von Otto Marx[2] für ein Preisausschreiben der Harvard University (1940)[3]

[...][4]
Im Jahr 1914 gruendete ich in Weiden ein Herrenkleidergeschaeft, das mich und meine Familie gut ernaehrte. Meine Frau und ich entstammen alteingesessenen juedischen Kaufmannsfamilien, deren Vorfahren ca. 300 Jahre in Deutschland lebten. Wir hatten treue und anhaengliche Kundschaft, welche in der Hauptsache aus Arbeitern & Bauern bestand. Die Bevoelkerung in Weiden und Umgegend war in der groessten Zahl katholisch, sehr fromm und ging fleissig in die Kirche. In Weiden befinden sich einige sehr grosse, bedeutende Porzellan- und Glasfabriken, ferner ein Textilversandhaus, welches allein 4500 Personen beschaeftigte. Durch diese Fabriken gab es in Weiden sehr wenig Arbeitslose. Die Menschen hatten Arbeit und Brot und kuemmerten sich wenig um Politik. Die Leidenschaften loderten etwas auf, wenn jeweils eine Wahl bevorstand. Die katholische Bevoelkerung gehoerte zum groessten Teile der Bayerischen Volkspartei an und die Arbeiter der Partei der Sozialdemokratie. Es gab wohl auch am Platze eine Nazipartei, aber die Mitgliederzahl war sehr klein, ihr Fuehrer war ein verkrachter Spediteur, ein ganz fanatischer Nationalsozialist und ein Judenhasser. Diese Nazipartei hielt auch oefters Versammlungen ab, liess sich von auswaerts alle moeglichen und unmoeglichen Redner kommen, welche versuchten durch antisemitische Reden das Volk aufzupeitschen, um neue Anhaenger zu gewinnen. Diese fanden sich wohl auch, es waren hauptsaechlich Abenteurer, verkrachte Existenzen und unzufriedene Menschen, welche sich ein besseres Leben versprachen, wenn die Nazipartei an die Macht kaeme. In dem Kreis, in welchem wir verkehrten, merkten wir sehr wenig davon. Wir waren in einigen Vereinen, konnten ins Restaurant, Kino und Theater gehen, ohne von irgendjemand angepoebelt oder belaestigt zu werden. Zu unseren Kunden zaehlten auch Intellectuelle, Professoren der hoeheren Schulen, Beamte des Amts und Landgerichtes sowie vom Finanzamt. Auch diese Menschen verkehrten privat in der freundschaftlichsten Weise mit uns und liessen es uns nie merken, dass wir Juden waren. Ich selbst hatte eine jahrelange Freundschaft mit einem Beamten vom Finanzamt und wurde diese niemals durch Religionsunterschied in irgend-

1 Otto Marx, Mein Leben in Deutschland vor und nach dem 30. Januar 1933 (1940), S. 2–5; Harvard-Preisausschreiben, Nr. 152.
2 Otto Marx (*1890), Kaufmann; 12. 4. 1933–18. 11. 1935 Haft im KZ Dachau; im Juni 1938 Emigration in die USA.
3 Grammatik und Rechtschreibung wie im Original.
4 Der gesamte Bericht umfasst 14 Seiten. Im ersten Teil schildert Marx seine Kindheit und Schulzeit.

einer Art getruebt. Unsere Arbeiter- und Bauernkundschaft war stets gut und freundlich zu uns und unterstuetzte uns in jeder Art. Aber dieses alles aenderte sich, als Hitler an die Regierung kam.
Am 23. Maerz 1933 kam Polizei und S.S. in mein Geschaeft, um Haussuchung zu halten. Sie durchsuchten das ganze Geschaeftslokal, saemtliche Buecher und alles was nicht niet- und nagelfest war. Als die Durchsuchung im Laden beendet war, forderten sie mich auf, mit ihnen in die im 2ten Stock des Hauses gelegene Wohnung zu kommen. Hier wiederholte sich dasselbe Schauspiel, sie durchstoeberten die ganze Wohnung und stellten alles auf den Kopf. Das Einzige, was sie fanden, war eine Beitragskarte der Demokratischen Partei, welcher ich angehoerte. Meine Frau hatte verschiedene Silbersachen und Bestecke mit in die Ehe gebracht. Diese Sachen packten sie in einen Koffer. Hierauf nahmen sie den Koffer und mich mit zur Polizeiwache und sagten meiner Frau, dass ich in ½ Stunden wieder daheim sein werde. Der Koffer mit Inhalt wurde nach kurzer Zeit meiner Frau wieder zugestellt, ich jedoch wurde behalten. Ich moechte noch bemerken, dass der Inhalt des Koffers unangetastet war und dass ausnahmsweise nichts davon gestohlen war, wie es sonst im 3. Reich ueblich ist. Dies ist darauf zurueckzufuehren, dass der Leiter der Polizei ein aufrechter und ordentlicher Mann war, der als Beamter seine Pflicht erfuellen musste, im Herzen aber der Nazibewegung ablehnend gegenueber stand. Ich selbst wurde nun von der Polizei und S.S. in das Landgerichtsgefaengnis Weiden eingeliefert. Ich kam in eine kleine Zelle, in welcher sich schon 2 meiner Leidensgefaehrten, auch Juden, befanden. Die Behandlung im Gefaengnis war gut. Wir konnten uns Essen und Rauchmaterial von unseren Angehoerigen bringen lassen und auch deren Besuch empfangen. Ausserdem durften wir uns taeglich 2 Stunden in der Luft unter Bewachung von Gendarmen auf dem Gefaengnishof bewegen. Meine Frau hatte inzwischen alle Hebel in Bewegung gesetzt, um mich wieder frei zu bekommen, und hatte sich auch mit einem arischen Rechtsanwalt von Muenchen in Verbindung gesetzt. Dieser Anwalt selbst war Parteimitglied von der S.A. und sprach persoenlich bei der Regierung und der politischen Polizei in Muenchen vor. Am 11. April 1933 besuchte mich meine Frau wieder im Gefaengnis und sagte mir, dass ich noch am gleichen Tage aus der Schutzhaft entlassen werden wuerde. Dies wurde ihr vom Herrn Oberinspector Gottinger[5] nicht nur gesagt, sondern derselbe zeigte meiner Frau die schriftliche Anweisung meiner Entlassung durch die Regierung von Muenchen. Auch mir persoenlich versicherte der Gefaengnisbeamte, dass ich heute entlassen werden wuerde. In der Nacht von dem 11. auf den 12. April machte sich im Gefaengnis eine grosse Geschaeftigkeit bemerkbar. Frueh um 3 Uhr oeffnete sich die Tuere meiner Zelle und man forderte mich auf, mich fertig zu machen. Als ich angekleidet auf dem Hofe erschien, stand bereits ein grosses Transportauto bereit, um mich nebst 28 Gefangenen nach dem Konzentrationslager Dachau zu ueberfuehren. Wir wurden nun belehrt, wie wir uns waehrend der Fahrt zu verhalten haetten und [es] wurde uns gesagt, dass bei dem geringsten Fluchtversuch sofort scharf geschossen wuerde. Die Polizei und Nazis waren bis an die Zaehne bewaffnet und haetten bei dem geringsten Vorkommnis von ihrer Waffe Gebrauch gemacht. In der Naehe der Stadt Ingolstadt wurde Halt gemacht und die Gefangenen durften auf freiem Felde ihre Notdurft verrichten. Ich hatte Gelegenheit, mich mit dem Fuehrer des Transportes zu unterhalten und frug denselben, was denn gegen mich vorlaege, dass ich auch mit nach Dachau kaeme, nachdem ich mich in meinem

5 Balthasar Gottinger (*1878), Justizinspektor, lebte von 1902 bis 1940 in Weiden.

ganzen Leben niemals politisch betaetigt habe. Dieser Fuehrer war derselbe, der seiner Zeit das Silber wieder zurueckgesandt hat. Er sagte wortwoertlich zu mir, es tut mir furchtbar leid, aber ich muss meinen erhaltenen Befehl ausfuehren. Drei Juden haben wir in Weiden verhaftet, einer davon ist schwer herzleidend, einer ist polnischer Staatsangehoeriger und der Dritte sind Sie. Ich habe den Befehl erhalten, mindestens einen Juden mitzubringen, und das Los hat eben Sie getroffen. Aber es liegt ja nichts gegen Sie vor und in einigen Wochen sind Sie bestimmt wieder zu Hause. Nun ging die Fahrt weiter und mittags um 12 Uhr langten wir in Dachau an. Das Lager war eine fruehere im Weltkrieg 1914–18 in Betrieb gewesene Munitionsfabrik.[6] Dasselbe war mit einer ca. 4 Meter hohen Mauer umgeben und innerhalb der Mauer befand sich ein 2 ½ Meter hoher Stacheldraht, welcher stark elektrisch geladen war. Einige Wochen spaeter wurden 3 Betontuerme mit je 3 schweren Maschinengewehren und Scheinwerfern in diese hohe Mauer eingebaut, so dass jeder Versuch einer Flucht sinnlos gewesen waere. Bei unserer Ankunft im Lager wurden wir in den sogenannten Schubraum gefuehrt und vom Kopfe bis zu den Fuessen peinlich genau untersucht. Wer Taschenmesser und Geld besaß, [dem] wurde dasselbe abgenommen, das Geld haben wir spaeter zum kleineren Teil wieder bekommen. Gefangenenkleidung und Schuhe bekamen wir nicht, da noch gar nichts vorhanden war und das Lager noch nicht eingerichtet war. Jeder Gefangene bekam eine Nummer und ich erhielt die Nummer 346. Ich bekam an diesem ersten Tage bereits einen bitteren Vorgeschmack, denn es wurde nicht mit Ohrfeigen und Schlaegen gespart, obwohl ich selbst an diesem Tage noch glimpflich davon kam. Nun wurde ich einer Kompagnie zugeteilt und kam in die 2te Kompagnie. Ich moechte noch bemerken, dass das Lager bis zu meiner Entlassung am 18. November 1935 aus 10 Kompagnien bestand. Jede Kompagnie bestand aus 5 Korporalschaften zu je 54 Mann, so dass eine vollbelegte Kompagnie 270 Mann stark war. Jeder Mann bekam sein Bett, bestehend aus einem Strohsack, einem Kopfpolster, 2 wollenen Decken, blaukarierte Bettbezuege, 1 weisses Leintuch genau wie bei der Armee. Das Bett musste peinlich sauber gehalten werden und jeden Tag kerzengerade gemacht sein. Wer sein Bett einige Male unvorschriftsmaessig machte, bekam 25 kraeftige Stockhiebe.

Der Krankheitsstand war ausserordentlich niedr[ig] und Ungeziefer war nicht vorhanden. Ausserdem bekam jeder Mann 1 Teller, 1 Schuessel und Essbesteck. Diese Sachen wurden in einem Gestell aufbewahrt und mussten ebenfalls peinlich sauber gehalten werden. Jede Kompagnie hatte 1 Kompagniefuehrer. Dies war entweder ein Scharfuehrer oder 1 gewoehnlicher S.S. Mann. Jeden Morgen kam derselbe und unterzog Bett und Essgeraete einer genauen Untersuchung. Wehe demjenigen, wo etwas gefunden wurde, er wurde sofort ins Gesicht geschlagen und bei einigen Malen bekam er eine Pruegelstrafe. Am gleichen Tage meiner Ankunft, am 12. April 1933 abends 5 Uhr, kamen 4 S.S. Leute ins Gefangenenlager und riefen 4 junge Juden im Alter von 19–24 Jahren auf. Diese 4 Gefangenen wurden in den sich hinter dem Lager befindlichen Walde gefuehrt. Der Fuehrer der Truppe befahl nun Marsch-Marsch, das heisst Springen, und die Leute wurden auf der sogenannten Flucht erschossen.[7] Am naechsten Tag wurde ein Bericht herausgegeben,

6 Das KZ Dachau in der Nähe von München wurde im März 1933 als erstes offizielles Konzentrationslager in Deutschland eingerichtet.

7 Bei den Ermordeten handelte es sich um den Volkswirt Dr. Rudolf Benario (1908–1933), den Studenten Arthur Kahn (1911–1933) sowie um Ernst Goldmann und Erwin Kahn.

4 Kommunisten auf der Flucht erschossen.[8] Derartige Vorkommnisse waren an der Tagesordnung, und werde ich solche noch naeher beleuchten. In den ersten Tagen hatten wir stark unter Regen und Frost zu leiden, da noch keine Oefen vorhanden waren. Das ganze Lager war ziemlich verwahrlost und mit Unkraut besaet. Es wurde nun alles hergerichtet, um fuer den kommenden grossen Zustrom geruestet zu sein. Inzwischen war der 25. April 1933 heran gekommen, der fuer mich ein denkwuerdiger Tag werden sollte. An diesem Tage kamen sehr viele Transporte aus allen Gauen, es waren viele Juden dabei, es wurde furchtbar geschlagen und das Blut floss in Stroemen. Die S.S. Wachtruppe befand sich in einem Blutrausche. Ich hatte schon gehofft, mit heiler Haut davon zu kommen, aber ich wurde an diesem Abend eines anderen belehrt. Gegen Abend 7 Uhr kamen 2 S.S. Leute in meine Unterkunft und sagten zu mir, ich solle zum Lagerverwalter kommen. Ich meldete mich dort selbst und der Verwalter sagte zu mir, gehen Sie nur dort durch diese Tuere. Ich befand mich in einer Arrestzelle. Um mich herum verteilten sich 4 S.S. Leute, jeder in der Hand ein[en] Ochsenziemer. Sie empfingen mich mit dem Ruf: Saujude, Schweinehund und aehnlichen unflaetigen Redensarten. In dem Raume befand sich ein Holzbock und [dort] befahlen mir meine Peiniger, mich darueber zu legen. Ich protestierte heftig gegen diese Behandlung, dass ich 4 Jahre im Weltkrieg mitgemacht habe und fuer Deutschland gekaempft habe. Als ich meine Arme zur Abwehr bewegte, zog der beruechtigte Massenmoerder Hans Steinbrenner[9] seine entsicherte Pistole und setzte mir solche an die Schlaefe. Ich hatte nur noch Gedanken an Frau und Kind und so ergab ich mich in mein Schicksal. Sie schlugen nun auf mich ein und ergoetzten sich noch daran. Sie sperrten mich dann noch 1 Stunde in den Arrest ein und liessen mich dann laufen. Zeugen dieses Vorgangs sind meine noch heute sichtbaren Narben. Durch diese fuerchterlichen Pruegel waren meine beiden Oberschenkel aufgesprungen und ich musste mich in aerztliche Behandlung begeben. Der seiner Zeit taetige Arzt war der juedische Gefangene Dr. Theodor Katz[10] aus Nuernberg, der spaeter auch dort ermordet wurde. Als meine Wunden im Revier behandelt wurden, kam der obengenannte Steinbrenner mit dem Kommandanten des Lagers Wekkerle[11] herein. Ich konnte dieselben nicht sehen, waehrend mich die beiden von hinten beobachteten. Ich hatte an beiden Oberschenkeln eiternde Wunden und der Arzt war bemueht den Eitererreger mittels einer Pinzette herauszunehmen. Ich lag auf der Bank und ruehrte mich nicht. Der Kommandant frug Steinbrenner, wer denn dieser Mann sei. Steinbrenner nannte nun meinen Namen und sagte zugleich, dass ich Kaufmann von Beruf sei. Zu dieser Zeit wurde im Lager eine Kleider und Waeschekammer fuer die Gefangenen eingerichtet mit Steinbrenner als Leiter derselben. Ich wurde nun für diese Arbeit bestimmt und musste noch am gleichen Tage trotz meiner Wunden beginnen. Ausserdem bekam ich noch einen arischen Gefangenen als Kameraden. Nun begann fuer uns beide erst die Leidenszeit. Unmittelbar an unseren Arbeitsraum schlossen sich 6 Arrestzellen an. Dieselben waren dauernd belegt und es

8 Siehe „Flucht aus dem Konzentrationslager Dachau"; Neue Augsburger Zeitung vom 15. 4. 1933.

9 Hans Steinbrenner (1905–1964), Kaufmann; März–November 1933 Wachmann im KZ Dachau, SS-Mitglied; im Mai 1945 Internierung, 1952 Verurteilung zu lebenslänglicher Haft, entlassen ca. 1962.

10 Dr. Theodor D. Katz (1887–1933), Mediziner; Arzt für Haut- und Geschlechtskrankheiten, u. a. am städt. Krankenhaus Nürnberg tätig; am 8. 10. 1933 im KZ Dachau ermordet.

11 Richtig: Hilmar Wäckerle (1899–1941); April–Juni 1933 Kommandant des KZ Dachau, von 1934 an bei der SS-Verfügungstruppe, SS-Standartenführer; im Krieg gegen die Sowjetunion gefallen.

wurde den ganzen Tag geschlagen. Mein Kamerad und ich mussten Alles mit anhoeren. Es wuerde zu weit fuehren, wenn ich alle Faelle welche noch in meiner Erinnerung sind, anfuehren wollte.
[...][12]

DOK. 39
Ein Bonner Bürger protestiert bei Ministerpräsident Göring am 3. Mai 1933 gegen die Verfolgung der deutschen Juden[1]

Handschriftl. Brief von A. Müller, Bonn, an Ministerpräsident Hermann Göring (Eing. preuß. Staatsministerium 4. 5. 1933, weiter an preuß. MdI, Eing. am 7. 5. 1933) vom 3. 5. 1933

Sehr verehrter Herr Ministerpräsident!
Der unvergleichlich schöne Verlauf der Maifeier in ganz Deutschland ist ein neues Ruhmesblatt in den wundervollen Erfolgen unseres altverehrten Herrn Reichskanzlers. Er hat durch die früher [für] unmöglich gehaltene Einigung des deutschen Volkes soviel Schönes und Gutes erreicht, daß man nicht daran denken mag, daß es einmal wieder anders sein könnte, aber gerade die Sorge, daß dies doch geschehen könnte, veranlaßt mich zu nachstehenden Zeilen.
Ich will mich ganz kurz fassen, es ist die *Judenfrage.* Ich bin waschechter „Arier", habe auch nat.soz. gewählt, aber mit der Lösung der Judenfrage kann ich mich (in Übereinstimmung mit den meisten meiner Landsleute) nicht einverstanden erklären.
Das „Volk" kennt eigentlich keine Judenfrage, sondern nur die Behörden, die sie allerdings leider in das Volk tragen.
Auch im Mittelalter gab es Judenverfolgungen, diese hatten aber immerhin einen idealen Zweck, näml. die restlose Ausbreitung des Christentums. Wenn der Jude „Christ" geworden war, hörte seine Verfolgung auf. Heute wird aber nicht mehr die Religion, sondern die Rasse bekämpft. Die Katholiken lehnen dies als unchristlich ab, wir sollen *alle* Menschen lieben, auch die anderen Rassen, Neger, Japaner, Chinesen und Juden, da ist kein Unterschied zu machen. Bei der jüdischen Rasse kommt aber noch besonders in Betracht, daß das Christentum aus dem Judentum seinen Ursprung nimmt. Der Sohn Gottes ist ni[cht] bei den alten Germanen Mensch geworden, sondern bei den Juden. Auch seine Mutter, sein Pflegevater und seine Verwandte[n] gehörten der jüdischen Nation an. Wie ist es da möglich, daß ein Christ die jüdische Nation haßt? Die Meßgebete der kathol. Kirche, die Gewänder ihrer Priester, die „Gebote" sind jüdischen Ursprungs. Also kurz: Wir Katholiken lehnen diesen Haß ab, erkundigen Sie sich einmal bei der katholischen Geistlichkeit. Solange in dieser Hinsicht nicht eine Einkehr stattfindet, ist eine restlose Einigung des deutschen Volkes nicht möglich.
Nun noch die praktische Seite der Judenfrage:
Die Juden dürfen nicht „Beamte" werden, sie dürfen nur in beschränktem Maße studieren und „gelehrte Berufe" ausüben, kein „Arier" darf sie aber in Anspruch nehmen

12 Anschließend beschreibt Marx seine weitere Haft bis 1935 sowie sein Leben bis zur Emigration 1938.
1 GStAPK, I HA, Rep. 77, Tit. 416, Nr. 55, Bd. 2, Bl. 67–68RS.

oder von ihnen etwas kaufen, ja wovon sollen die Leute denn leben? Auswandern dürfen sie auch nicht, wenigstens nicht ihr Vermögen mitnehmen, außerdem würden die anderen Staaten sich wohl der Masseneinwanderung widersetzen, was soll also mit ihnen geschehen? Sie bilden also schließlich einen Staat im Staate, wie es in den schlimmsten Zeiten des Mittelalters der Fall war, ein Zustand, der sich bestimmt nicht bewährt hat.
Dieser Standpunkt ist des deutschen Volkes unwürdig und zieht ihm auch die Feindschaft des Auslandes zu. Wenn Juden gefehlt haben, sollen sie bestraft werden, aber die meisten Juden in Deutschland sind doch kleine, durchaus harmlose Leute, die wir uns vielleicht nicht zu unseren Freunden und zum persönlichen Verkehr aussuchen, die aber weiter nichts verbrochen haben, als daß sie eben Juden sind. Das geht nicht, damit muß ein Ende gemacht werden.
Ich bitte Sie, verehrter Herr Ministerpräsident, hierfür zu sorgen.[2]
Mit vorzüglicher Hochachtung

DOK. 40

Der Nationalsozialistische Deutsche Reichs-Makler-Bund kritisiert das Vorgehen des Reichsverbands Deutscher Makler bei der Gleichschaltung am 6. Mai 1933[1]

Schreiben, undat. und ungez. (Abschrift)[2]

„*Gleichschaltungsversuch im Reichsverband deutscher Makler*".
Am 6.[3] Mai ds. Jahres fand im Kaiserhotel zu Berlin ein ausserordentlicher Maklertag des Reichsverbandes Deutscher Makler[4] statt. Auf diesem Maklertag wurde die Gleichschaltung dieses Verbandes durchgeführt, ein Musterbeispiel gewundener Verdrehungskunst. Bekanntlich m[uss] nach den Reichsrichtlinien der Vorstand aus 51 % *alten, bewährten* Parteigenossen bestehen, des weiteren muss der erste Vorsitzende ein *alter, bewährter* Parteigenosse sein, desgleichen die Geschäftsführung selbst. Und wie hat der RDM sich diesen Bestimmungen anzupassen gewusst? Man höre u. staune!
Als erster Vorsitzender wurde anstatt eines *alten bewährten* Parteigenossen, ein neuer unbewährter Parteigenosse gewählt und zwar ein Herr Friedrich Wilhelm Sohn.[5] Dieser Herr Friedr. Wilh. Sohn hat am 29. April sich entschliessen können, seinen Beitritt zur Nationalsozialistischen Partei zu erklären. Auf Vorhaltungen aus seinen eigenen Reihen hin erklärte er: *Es sei besser in die Partei einzutreten, da man von dieser Stelle aus besser wirken könne.* Eine andere Aeusserung von ihm lautete: *In jedem Programm einer Partei seien*

2 Das Schreiben ging ohne Veranlassung am 10. 5. 1933 zu den Akten; siehe handschriftl. Vermerk, ebd., Bl. 67.

1 GStAPK, I HA, Rep. 77, Tit. 307.
2 Das Schreiben war als Anlage I einem Rundschreiben des Nationalsozialistischen Deutschen Reichs-Makler-Bunds vom Juni 1933 beigefügt, das an die Reichs- und Landesministerien sowie an die Polizeipräsidien und Handelskammern u. a. in Berlin und München gerichtet war; ebd.
3 Im Orginal fälschlich 7. 5. Siehe dazu den Artikel von Dr. Ahr, „Der außerordentliche Maklertag am 6. Mai 1933"; Deutsche Immobilien-Zeitung. Zeitung des Reichsverbandes Deutscher Makler (RDM) für Immobilien, Hypotheken und Finanzierungen E.V., Nr. 10 vom 13. 5. 1933, S. 74 f.
4 Der RDM wurde 1924 als Berufsvertretung der Immobilienwirtschaft in Köln gegründet.
5 Friedrich Wilhelm Sohn (*1875), Makler; 1. 5. 1933 NSDAP-Eintritt und 25. 8. 1933 NSDAP-Austritt.

einzelne Punkte, die einem nicht gefallen, so ein Punkt sei bei den Nationalsozialisten die Judenfrage! Ueberhaupt ist Herr Sohn durchaus judenfreundlich eingestellt und hat geäussert: *Wenn den Juden etwas passiere, dann trete er sofort zurück.*[6]

In der deutschen Immobilien-Zeitung des RDM vom 27. Mai 33 Nr. 11 stellte der 1. Vorsitzende Herr Friedr. Wilh. Sohn unseren Bund bzw. unsere Mitglieder sozusagen als minderwertige Menschen hin, obwohl der grösste Teil unserer Mitglieder, ja die gesamte Vorstandschaft 10 und 12 Jahre für die Partei gekämpft haben.[7]

Die gleiche Methode wurde bei der Geschäftsführung angewandt. Um den Richtlinien der Gleichschaltung gerecht zu werden, wurde einfach der bisherige Geschäftsführer Dr. Ahr[8] am 29. April Parteimitglied u. die weiteren gewählten Vorstandsmitglieder Herr Carl A. Schmid[9] und Hubert Schumann[10] sind ebenfalls am 29. April Mitglieder geworden. Die wenigen alten Parteimitglieder, die ausserdem noch in den Vorstand gewählt wurden, sitzen sämtlich in der Provinz, sind also ohne jeden Einfluss auf die Berliner Leitung. Zu allem hin hat sich der 1. Vorsitzende, Herr Sohn, ausserdem noch weitgehende Vollmachten von diesen Vorstandsmitgliedern geben lassen, sodass er schalten u. walten kann wie seither und wie es ihm passt.[11]

Dieser Herr Sohn posaunt in die Welt, er vertrete die Interessen des Maklerberufes. Wir müssen uns dagegen verwahren, dass ein Mann, der jahrelang den Vorsitz eines bis zu 80 % jüdischen Verbandes in Berlin geführt hat u. heute sogar für das ganze Reich führt, sich als Vertreter der Maklerinteressen aufspielt.

Der Verband des RDM kann niemals die Interessen von uns nationalsozialistischen Maklern vertreten. Diese Interessen sind nur allein beim *Nationalsozialistischen-Deutschen-Reichs-Makler-Bund e. V. Sitz München* u. seinen Untergruppen gewährleistet.

6 Auf der außerordentlichen Sitzung vom 6. 5. 1933 wurde der Antrag gestellt, den „nichtarischen Berufskollegen den Eintritt in den RDM und in die Landes- und Ortsgruppen" zu versagen und die „nichtarischen Mitglieder auszuschließen". Der Vorsitzende Sohn erklärte jedoch, dass es nicht im Sinne der Regierung, der NSDAP bzw. der Berliner Industrie- und Handelskammer sei, die „nichtarischen Mitglieder aus den Vereinen oder Verbänden" auszuschließen. Allerdings seien „sämtliche Vorstands- und Syndici-Posten ausschließlich mit arischen Herren" zu besetzen. Daraufhin wurde der Antrag nicht verhandelt; Deutsche Immobilien-Zeitung, Nr. 10 vom 13. 5. 1933, S. 74 f.

7 In diesem Artikel Sohns hieß es: „Zur Zeit steht im Maklergewerbe das Neubilden von Gruppen und Grüppchen stark in Blüte, die sich als rein nationalsozialistische oder christliche Vereine bezeichnen. In diesen Neugründungen haben eine Reihe Mitglieder Platz gefunden, die dem Reichsverbande Deutscher Makler mit seiner starken Qualitätsauslese nicht immer genügen konnten"; „Blick auf's Ziel", Deutsche Immobilien-Zeitung, Nr. 11 vom 27. 5. 1933, S. 81.

8 Dr. Helmut Ahr (*1902), Staatswissenschaftler; 1933 Syndikus in Berlin; Autor von „Die Voraussetzungen der Arbeit" (1924).

9 Dr. Carl Schmid, Ingenieur in Berlin.

10 Hubert Schumann, Makler (Grundbesitz und Hypotheken) in Berlin.

11 Zur Gleichschaltung äußerte sich Sohn wie folgt: „Da eine Gleichschaltung im Sinne der früheren Parteizugehörigkeit nicht in allen Organisationen möglich ist, gilt nach Auffassung zuständiger Instanzen die Gleichschaltung auch dann als vollzogen, wenn sich der Vorstand aus 51 Prozent der NSDAP.-Mitglieder zusammensetzt, die *nach* dem 30. Januar 33 der Partei angehören. Gleichschaltung bedeutet *nicht*: Ausschluß der jüdischen Mitglieder aus den Vereinen der Verbände"; Deutsche Immobilien-Zeitung, Nr. 11 vom 27. 5. 1933, S. 81.

DOK. 41
Heinrich Marx reflektiert am 9. Mai 1933 seine persönliche Lage in Berlin und die Situation an den Hochschulen[1]

Handschriftl. Tagebuch von Heinrich Marx, Eintrag vom 9. 5. 1933

Di. 9. V. Um beim letzten anzuknüpfen: mit meinem Vortrag ist es so geworden, wie ich es mir dachte. Vorigen Mittwoch wurde von der Funk-Stunde[2] angerufen, daß mein Vortrag auf den 18. Mai terminiert worden wäre. Auf meine Bemerkung, daß ich „Nicht-Arier" bin, erfolgte die prompte Zurücknahme der Sendung und nun soll ich bloß das Honorar bekommen. Mir kann's recht sein. Auch aus Breslau lief gestern ein ähnlicher Brief ein: ein Termin für die „Verhinderten Dichter" könne noch nicht angesetzt werden.[3] Also werde ich da noch einige Zeit warten müssen.
Mit Schilling war ich auch weiterhin in der erwähnten Sache tätig,[4] wir besuchten verschiedene Korrespondenten, außer Bojano noch Frl. Lesser von der „Razon" (Buenos-Aires), René Lauret (Temps), Sefton Delmer (Daily Express) und Knickerbocker (New York Evening Post). Heute gehen wir noch zu Mowrer (Chicago Daily News). Die Unterredungen waren in jedem Fall sehr interessant, ob natürlich aus der ganzen Sache etwas wird, ist zumindest fraglich. Doch war die Gelegenheit, mit den Herren persönliche Fühlungsnahme zu bekommen, nicht ganz unwichtig. – Sonst ruhen natürlich alle persönlichen Unternehmungen. Mein Leben hat sich völlig umgestaltet: während ich früher doch tagsüber in der Bibliothek saß und mich dort doch immer ganz wohl fühlte, bin ich jetzt immer mehr auf mein Zimmer angewiesen und freue mich doppelt, daß ich es hier so gemütlich habe. Ich lese sehr viel und versuche da und dort irgendeine Lücke zu verstopfen. Vorläufig habe ich alles noch ziemlich gut überstanden, was ich nach meiner ganzen Einstellung auch nicht anders erwartet habe. Ich bin sogar augenblicklich von einer ungeheuren Vitalität, frei und ledig aller Sentimentalität und Gefühlsduselei. (Wobei mir das Wort des guten, alten Fontane einfällt: „Gefühllosigkeit ist besser als falsche Gefühle.") Insofern fühle ich mich wohler und besser als vorher. Noch nie hatte ich, von meinem jugendlichen Standpunkt aus, so wenig Verständnis für die sich täglich ereignenden Selbstmorde. Nie und nimmer würde ich dem Gegner diesen höchsten Triumph, den er in der Auslöschung meines Wesens hat, gönnen. Zu dem, was ich getan und gesagt habe, muß, muß, muß ich stehen. Wer sich anders besinnt, ist ehrlos oder untauglich für ein Leben, das nicht immer in alten ausgefahrenen und ruhigen Bahnen sich bewegen kann. Diese Zeit ist die stärkste Charakterprobe für den Menschen; es ist zweifelhaft, wie viele sie bestehen und ob wir dazu gehören werden. – Je linker der Jude politisch eingestellt war, umso weniger ist er von den augenblicklichen Geschehnissen, bei aller Erkenntnis ihres

1 Heinrich Marx, Tagebuch II: 9. März 1933–November 1934, S. 26–32; DEA, EB 96/160, Nachlass Henry Marx.
2 Funk-Stunde: Radiosender in Berlin, seit 1923 von der ersten Rundfunkgesellschaft, der Funkstunde AG Berlin, betrieben.
3 Marx hatte den Vortrag bereits umarbeiten und einen Abschnitt über Thomas Mann ändern müssen; siehe Eintrag vom 28. 4. 1933, wie Anm. 1.
4 Schilling war ein Freund von Marx und plante einen Rundfunkbeitrag über ausländische Korrespondenten; ebd.

Ernstes und ihrer Gefahr, erschüttert. Der nationale Jude verliert jetzt jeden Rückhalt, wenn er von dem Volk, das *seines* war, verstoßen wird. Für mich liegt die Fragestellung so: Zwar bin ich aus der Kulturgemeinschaft ausgestoßen worden, doch fühle ich mich ausgestoßen? Darauf kann ich nur sagen: Nein! Was ich habe, kann mir keiner nehmen, wenn man mich hindert, Neues zu erwerben, ändert das nichts an meiner Einstellung. Aus dem Dilemma, in dem man sich dennoch befindet, herauszukommen, wird nicht so einfach sein. – Auf die Dauer wird natürlich mein augenblickliches Leben, so sehr ich mich gesundheitlich dabei erhole, nicht durchzuhalten sein. Doch wohin man sich wendet, türmen sich Schwierigkeiten auf: hier ein Examen zu machen, ist zwecklos, den Doktortitel zu erwerben, was einige Tausend Mark kostet, ist nicht ratsam, weil man ja damit auch keine besseren Aussichten hier hat. Im Ausland anzufangen: Das wäre eine Sache, die ich mir vorher sehr genau überlegen würde.
Das neue Studentenrecht ist verkündet worden;[5] vorigen Sonnabend hielt der Kultusminister eine Rede in der Universität.[6] Er war sich sehr bewußt, daß es für ihn bei den Professoren große Hindernisse zu überwinden gilt; daß ihm dies mit seiner Rede auch nur etwas gelang, wage ich sehr zu bezweifeln. Von der Studentenschaft werden große Aktionen gegen den undeutschen Geist unternommen, die ihre Krönung in einem Autodafé am Opernplatz finden soll[en], wobei 20 000 Bücher verbrannt werden.[7] Schwarze Listen sind fertiggestellt, die Leih- + Volksbüchereien als künftige Richtschnur zu gelten haben. Von Schalom Asch bis Stefan Zweig enthält sie alle bekanntgewordenen jüdischen Schriftsteller.[8]
Außer Franck[9] und Spranger[10] sind zurückgetreten: Haber[11] mit seinen Assistenten

5 Gesetz gegen die Überfüllung deutscher Schulen und Hochschulen vom 25. 4. 1933; RGBl., 1933 I, S. 225.

6 Kultusminister Rust sprach über das Thema „Student und Hochschule". Er stellte fest, die Hochschule habe neben der „freien wissenschaftlichen Forschung" auch die Aufgabe der Erziehung, und die „deutsche Jugend lasse sich nicht von fremdrassigen Professoren führen, ebensowenig von denen, die geistig abirrten von den Wesensarten der deutschen Nation"; „Kultusminister Rust bei der feierlichen Proklamation des Studentenrechts", VB (Norddt. Ausg.), Nr. 127/128 vom 7./8. 5. 1933, S. 1.

7 Die Deutsche Studentenschaft organisierte eine landesweite Propagandaaktion, die mit der Veröffentlichung der zwölf Thesen „Wider den undeutschen Geist" am 12. 4. 1933 begann. Die Aktion endete am 10. 5. 1933 mit den Bücherverbrennungen in Berlin und anderen Universitätsstädten.

8 In Berlin plünderten Studenten am 6. 5. 1933 das von Magnus Hirschfeld (1868–1935) geleitete Institut für Sexualwissenschaft. Nach vorbereiteten „schwarzen Listen" beschlagnahmten Studenten in Berliner Leihbüchereien Literatur unterschiedlichster Ausrichtung und transportierten diese mit Lastwagen ab.

9 Dr. James Franck (1882–1964), Physiker; von 1921 an Professor an der Universität Göttingen; 1925 Nobelpreis; 1933 legte er seine Professur aus Protest gegen die nationalsozialistische Regierung nieder und emigrierte in die USA, danach u. a. Professor in Baltimore, Chicago und Kopenhagen; er arbeitete an der Entwicklung der Atombombe mit und warnte vor deren Einsatz in Japan.

10 Dr. Eduard Spranger (1882–1963), Philosoph; von 1912 an Professor in Leipzig und 1920–1933 in Berlin; trat am 25. 4. 1933 aus Protest zurück; von 1936 an zeitweise in Japan; im Zusammenhang mit dem Attentat vom 20. Juli 1944 mehrere Wochen in Haft; 1945 kommissar. Rektor der Berliner Universität, 1946–1952 Professor in Tübingen, 1951–1955 Vizepräsident der DFG.

11 Dr. Fritz Haber (1868–1934), Chemiker; von 1906 an Professor an der TH Karlsruhe; 1908 entwickelte er die Ammoniaksynthese, die später zur Herstellung von Kunstdünger und Sprengstoffen diente; von 1911 an baute er das erste Kaiser-Wilhelm-Institut für physikalische Chemie und Elektrochemie in Berlin auf; im Ersten Weltkrieg war er an der Vorbereitung des Einsatzes von Kampfgas beteiligt, 1919 erhielt er den Nobelpreis für Chemie. Er bat am 30. 4. 1933 wegen der antijüdischen Politik um seine Versetzung in den Ruhestand und emigrierte nach Großbritannien.

[Freund]lich[12] und Polanyi,[13] Liebermann mit einer trefflichen Erklärung, die gestern die DAZ veröffentlichte.[14] Sonst wird immer weiter „gleichgeschaltet". Erwähnenswert ist vor allem die Aktion gegen die Gewerkschaften am 2. Mai. Vorangegangen war ihr die große Feier auf dem Tempelhofer Feld.[15] –

[…][16]

DOK. 42

Die Israelitische Kultusgemeinde München beschwert sich beim Auswärtigen Amt am 13. Mai 1933 über Aktionen gegen jüdische Vereine in München[1]

Schreiben des Vorstands der Israelitischen Kultusgemeinde München, gez. Baerwald[2], Rabbiner, gez. Neumeyer,[3] Vorsitzender, an das AA vom 13. 5. 1933 (Abschrift)[4]

Am Vormittag des 12. Mai 1933 sind im Wohlfahrtsamt der Kultusgemeinde München, in den Büros und Wohnungen der Vorsitzenden fast sämtlicher jüdischer Vereine und in einigen Wohlfahrtsanstalten Beamte der politischen und Kriminalpolizei erschienen.

12 Dr. Herbert Max Finlay Freundlich (1880–1941), Chemiker; von 1911 an a.o. Professor an der TH Braunschweig, von 1916 an beurlaubt für kriegswichtige Gasmaskenforschung am KWI für physikalische Chemie und Elektrochemie, dort 1919–1933 Leiter der Abt. für angewandte physikalische Chemie und stellv. Direktor, 1923 Professor an der Universität Berlin; am 20. 4. 1933 Bitte um die Versetzung in den Ruhestand, emigrierte dann nach London, 1938 in die USA, dort Professor an der University of Minnesota. Herbert Finlay Freundlich war der Bruder von Erwin Finlay Freundlich; zu letzterem siehe Dok. 63 vom 18. 7. 1933.

13 Dr. Dr. Michael Polanyi (1891–1976), Mediziner und Chemiker; von 1920 an am KWI für Faserstoffchemie in Berlin tätig, 1923–1933 Abteilungsleiter am KWI für physikalische Chemie und Elektrochemie; am 21. 4. 1933 Bitte um die Versetzung in den Ruhestand und im Juli Emigration nach Großbritannien; 1933–1948 Professor in Manchester, 1948–1958 dort Lehrstuhl für Social Studies, von 1958 an Senior Research Fellow in Oxford; aktiv bis 1968 im Executive Committee des Congress of Cultural Freedom; Autor u. a. von „Tyranny and Freedom. Ancient and Modern" (1958).

14 Der Maler Max Liebermann (1847–1935) trat aus der Preußischen Akademie der Künste aus und als deren Ehrenpräsident zurück. Die DAZ druckte seine Erklärung ab, die u. a. folgende Begründung enthielt: „Ich habe während meines langen Lebens mit allen Kräften der deutschen Kunst zu dienen versucht: Nach meiner Überzeugung hat Kunst weder mit Politik noch mit Abstammung etwas zu tun"; DAZ (Ausg. Groß-Berlin), Nr. 213 vom 8. 5. 1933 (abends), S. 6.

15 Am 1. Mai, der 1933 als Tag der nationalen Arbeit in Deutschland zum gesetzlichen Feiertag erklärt wurde, fand in Berlin eine Massenkundgebung statt, auf der Goebbels und Hitler Reden hielten. Zur Teilnahme hatten auch die Gewerkschaften aufgerufen. Am 2. 5. 1933 wurden überall im Reich die Einrichtungen der Freien Gewerkschaften besetzt und viele ihrer Führer verhaftet.

16 Es folgt noch eine Passage über das Führen des Tagebuchs.

1 PAAA, R 98472.

2 Dr. Leo Baerwald (1883–1970), Rabbiner; 1911–1918 Hilfsrabbiner in München, 1914–1917 Feldrabbiner im Ersten Weltkrieg, 1918–1940 Rabbiner der IKG München; 1933 von der SA entführt, 1938 KZ-Haft in Dachau; 1940 Emigration, 1940–1955 Rabbiner in New York.

3 Dr. Alfred Neumeyer (1867–1944), Jurist; Rechtsanwalt in München, von 1895 an Staatsanwalt und Richter an verschiedenen Gerichten, 1929–1933 Richter am Obersten Landesgericht München; 1920–1940 Vorsitzender der IKG München, 1932–1938 Vorstandsmitglied des CV, 1933 Mitbegründer der Reichsvertretung; 1941 Emigration nach Argentinien.

4 Handschriftl. Vermerk vom 24. 5. 1933 am oberen Rand: „Centralverein dt. Staatsangehörig. jüd. Glaubens".

Die Beamten haben in zum Teil stundenlangen Haussuchungen Akten, Korrespondenz, Protokollbücher, Geldbeträge, Sparkassenbücher u. ä. beschlagnahmt. Sie erklärten, daß die Vereine aufgelöst seien und daß die Löschung der Vereine durch die Vereinsvorsitzenden beim Registergericht zu beantragen sei. Der Verein und seine Organe hätten sich jeglicher Tätigkeit zu enthalten. Die Vereinsvorsitzenden mussten einen vorgedruckten Revers unterschreiben, in dem auf die Enteignung des Vereinsvermögens unter Bezugnahme auf das Bayerische Gesetz über die Enteignung von zu antinationalen Zwecken verwendetem Gut vom 4. April 1933 hingewiesen war.[5]
Betroffen wurden von dieser Massnahme ca. 6 Synagogen- und Betsaalvereine, insbesondere die Religionsgesellschaft Ohel Jakob, die Vereinigung der orthodoxen Juden in München, die eine Synagoge und eine Volksschule unterhält, ca. 20 Wohltätigkeitsvereine und eine Anzahl allgemeiner, kulturellen Interessen dienender Vereine, wie Reichsbund der jüdischen Frontsoldaten, Verein für jüdische Museen, eine Anzahl Jugendvereinigungen.
Die überwiegende Zahl dieser Vereine ist rein karitativ und arbeitet zum Teil seit Jahrzehnten, zwei dieser Vereine (Frauenverein und Studienverein) seit über hundert Jahren.
Der Vorstand und das Rabbinat der Kultusgemeinde können auf das Bestimmteste versichern, daß kein einziger Verein antinational eingestellt ist oder sich irgendwie in dieser Richtung betätigt hat.
Im einzelnen gestatte ich mir auf die verzweifelte Lage des Vereins Jugendhilfe hinzuweisen, der in der Antonienstr. 7 ein Kinderheim unterhält, das bisher von allen amtlichen Stellen als Musteranstalt bezeichnet worden ist. Es befinden sich hier 39 verwaiste und gefährdete arme Kinder im Alter von 3 Monaten bis 17 Jahren. Der Vorsitzenden, Frau Justizrat Kitzinger,[6] wurde ein Fragebogen über den Besitz des Vereins vorgelegt. Es wurde erklärt, daß alles beschlagnahmt sei. RM 713,80 wurden mitgenommen. Der Aktenschrank wurde versiegelt. Die Vorsitzende wurde unter Androhung der Schutzhaft veranlasst, sich jeder Tätigkeit zu enthalten und Antrag auf Löschung des Vereins zu stellen. Dies alles geschah unter Berufung auf das Gesetz vom 4. April 1933.
Ebenso wurde das Lehrlingsheim, Wagnerstr. 3, in dem sich 15–20 Schüler und Lehrlinge befinden, für aufgelöst erklärt.
Die Erregung in der Kultusgemeinde München und im ganzen Lande ist ungeheuer, weil die Gemeinde im Mittelpunkt ihres sittlichen und religiösen Lebens, nämlich in der Wohlfahrtspflege und Betätigung der Nächstenliebe, getroffen wurde. Sie ist zugleich auf das tiefste gekränkt durch die Annahme, dass ihre Vereine und Einrichtungen sich in einem dem Vaterland schädlichen Sinne betätigt haben sollen.

5 Nach dem Gesetz vom 4. 4. 1933 konnten „bewegliche und unbewegliche Güter" zum „Wohle der Allgemeinheit auf Antrag des Staatsministeriums des Innern" enteignet werden, wenn ihre Zweckbestimmung mit den „nationalen Aufgaben des Staates" unvereinbar sei oder den „nationalen Willensrichtungen des Volkes" widerspräche; Gesetz- u. Verordnungsblatt für den Freistaat Bayern, Nr. 10 vom 7. 4. 1933, S. 103.

6 Elisabeth Rachel Kitzinger (1881–1966), Fürsorgerin; 1904–1939 für die jüdische Jugendfürsorge München und für das jüdische Hilfswerk tätig; 1939 Emigration nach Palästina.

DOK. 43
Der Firmenvertreter Oskar Vangerow berichtet am 16. Mai 1933 über die Juden und die Stimmung in Polen[1]

Bericht von Oskar Vangerow, Breslau, vom 16. 5. 1933[2]

Die Lage in Polen

Nachstehende Beobachtungen machte ich auf einer heute beendeten 4 wöchentlichen Reise durch ganz Polen:

Wie ich schon in Jugoslawien vor Ostern feststellen konnte, ist die Zentrale des alljüdischen Boykotts in Krakau. In Zagreb teilte mir z. B. ein führender Jude Anfang April mit, dass er täglich mit Krakau in Verbindung stünde. Damals verständigten sich die Juden durch tägliche Telefonate über die jeweiligen Erfolge der Baissespekulation in Reichsmark. In Krakau erscheint der Illustrowany Kuryer Codzienny,[3] der nach Aussage des dortigen deutschen Konsulates zu 75 % in jüdischen Händen ist. Das als gut informiert geltende Blatt wird in ganz Polen viel gelesen, die dort 3–5 Seiten lang täglich aufgetischten Lügen über Deutschland werden von vielen, auch Gebildeten eben geglaubt. Alle Greuelmärchen, die umlaufen, finden ihre erste Verbreitung oder mindestens ihren Nachdruck durch diese Zeitung.

Der Boykott und die Ausschreitungen gegen deutsche Schilder gehen ausschliesslich von jüdischen Kreisen aus. Die Ursachen sind zweifach; zahlreiche bisher in Deutschland ansässige Juden (es sollen 14 000–16 000 sein) sind nach Polen zurückgewandert und haben Ungeheuerlichkeiten verbreitet. So erscheint ein Jude mit geschlossenen Augen in der Redaktion einer Warschauer jüdischen Zeitung und liess sich als deutscher Jude, dem die Augen ausgestochen wurden, fotografieren. Die zweite tiefere Ursache der Hetze und des Boykotts erklärte mir ein sehr angesehener Jude in Lódz wörtlich: „Wir polnische Juden haben gar kein Interesse an den 600 000 deutschen Juden. Die haben immer gesagt, dass sie von uns polnischen Juden nichts wissen wollen. Aber wir fürchten, dass es bei uns in Polen einmal genau so kommt, ja so, wie man es Deutschland andichtet und da müssen wir das Land, das so etwas tut, in Misskredit bringen." Diese offene Erklärung deckt den Zusammenhang vieler Teiläusserungen anderer Juden zu einem richtigen Gesamtbild auf. Es ist klar, dass Polen bei 10 % jüdischen Einwohnern in Anlehnung an die russischen Pogrome ganz anders mit den Juden umspringen würde, als es in Deutschland geschah.

Die Juden haben es verstanden, die jetzige demokratische Regierung teilweise ins Schlepptau zu bekommen. Schon zu früheren Zeiten wurde behördlicherseits deutsche Ware boykottiert; jetzt lässt man die alte Parole wieder aufleben. Ich habe aber kaum einen christlichen Polen gefunden, der nicht sofort diesen jüdischen Ursprung durch-

1 BArch, 62 Di 1, Film 1132/3846.

2 Die Paul Vangerow GmbH übermittelte den Bericht von Oskar Vangerow am selben Tag an das Außenpolitische Amt der NSDAP in Berlin mit der Bemerkung, dass Vangerow seit elf Jahren mehrmals jährlich Polen bereise, daher mit den polnischen Verhältnissen bestens vertraut sei. Bei einer Verwendung des Berichts in der Presse werde um Anonymisierung gebeten; Schreiben der Paul Vangerow GmbH an das Außenpolitische Amt der NSDAP vom 16. 5. 1933, wie Anm. 1. Die Paul Vangerow GmbH wurde 1886 in Breslau gegründet. Sie widmete sich der Produktion von Feinpapier sowie dem Im- und Export von Künstlerbedarfsartikeln.

3 Illustrowany Kuryer Codzienny (Illustrierter Täglicher Kurier): polnische Zeitung, erschien 1910–1939.

schaut und bei der allgemein antijüdischen Stimmung in Polen sich der Regierungsparole entsagt hätte. Lediglich Regierungsämter weisen die als deutsch-kenntlichen Waren (aber keine deutsche Waren an sich) zurück.

Die Juden selbst führen je nach der Sektion mehr oder minder streng den Boykott durch. Es gibt manche Juden, die mit der Bitte um Stillschweigen weiterkaufen, andere, die trotz Bedarf sich absolut an die Weisungen des Boykottskomitees halten. So verordnen Ärzte, gleich ob der Kranke darunter leidet, vielfach keine deutschen Arzneien mehr. Es ist richtig, dass Juden in der Furcht vor Indiskretionen heute Bestellungen bei jüdischen Vertretern ebenso vermeiden, wie sie statt bisher jüdischer Spediteure nun christliche wählen.

Es ist überhaupt ein Grundirrtum in Deutschland zu glauben, dass für Polen nur ein jüdischer Vertreter möglich und richtig ist. Ein grosser Teil desjenigen Handels, der durch Bedeutung und Kreditfähigkeit für den Import in Frage kommt, liegt in christlicher Hand. Der christliche Pole kauft aber mehr oder minder konsequent nur beim christlichen Vertreter, während der Jude immer nur nach Ware und Preis, nie nach Rasse und Glauben fragt.

Ich habe versucht, die Angriffe der Juden allerorts, in Gesprächen bei Kunden, in der Bahn, im Restaurant oder Kaffee zu entkräftigen. Ich habe den „Völkischen Beobachter", der auf ausdrückliches Verlangen in Polen auch in Warschau an grossen Zeitungsständen zu haben ist, vorgelegt zum Beweis, dass die deutsche Bewegung nicht aus der Froschperspektive des Antisemitismus betrachtet werden darf.

Ich habe in einzelnen Fällen versucht, Greuelnachrichten auf den Grund zu gehen. Aus 50 Misshandelten wurde bei mehrmaligen Fragen schliesslich einer, der wirklich gesehen [worden] war. So wurde mir erzählt, dass ein Fräulein S. aus Berlin (Name, Adresse und Vorfall gebe ich dem Deutschen Konsulat zu Protokoll und zur weiteren Veranlassung) einen Brief nach Krakau geschrieben hat, dass ihr Vater und 40 andere Juden im Berliner Polizeipräsidium eingebracht worden wären. Es ist anzunehmen, dass inzwischen diese polnische Jüdin vom deutschen Gericht wegen Verbreitung unwahrer Nachrichten ins Ausland abgeurteilt worden ist. Gebildete Juden haben mir oft genug gesagt, dass sie an die Greuelnachrichten *nicht* glauben, dass ihnen aber bestimmte Ministerreden im Radio genügt hätten, um ihnen zu sagen, wie die Juden in Deutschland missachtet werden. Ausserordentlich haben dabei die Reden im englischen Unterhaus Deutschland geschadet. Chamberlain wurde aus Polen mit Dankteleg rammen überschüttet.

Im allgemeinen wollten die Juden in keiner Weise vom Gegenteil überzeugt werden. Daher sind die Antigreuelbriefe deutscher Firmen völlig verfehlt.[4] Man wird eine Regierung Hitler, wie man sagt, stets und ständig bekämpfen. Es ist bezeichnend, dass beim Umzug am 1. Mai in Warschau von keiner Sozialistengruppe Schilder gegen Deutschland herumgetragen wurden, während die jüdischen Sozialisten, die getrennt marschierten, in polnisch und jiddisch fast jedes Plakat mit einer deutsch-feindlichen Inschrift versehen hatten.

Zwei deutsche Zeitungen richten ungeheuren Schaden in Polen an, sie werden oft auszugsweise in polnischen Zeitungen wiedergegeben. Die eine, die „Rote Fahne",[5] die unentwegt gedruckt und täglich nach Polen aus Berlin illegal gesandt und hier unter Kommunisten verbreitet wird und die „Danziger Volksstimme", die Dank der unglaublichen Duldsamkeit des Danziger Senats tagtäglich die wüstesten Angriffe auf alles Deutsche bringt (von den mit braunen Hemden maskierten Horden). Die Volksstimme wird in Po-

4 Siehe dazu das Rundschreiben des Vereins Deutscher Maschinenbau-Anstalten vom 30. 3. 1933, Dok. 19.
5 Die Zeitung der KPD, gegründet 1918, erschien nach dem Verbot 1933 illegal in Deutschland.

len stark propagiert, unzählige Gratisnummern werden versandt. Polnische Restaurants, die keine deutschen Zeitungen ausliegen haben, hatten diese Zeitungen allein als „deutsche", wahrscheinlich auch gratis.
Die christlich-polnische Presse versteht aber nur, soweit die Judenfrage betreffend, in voller Einmütigkeit die deutsche Bewegung.
Am Nationalfeiertag, am 3. Mai, war in Posen keine Abteilung auch nur annähernd so stark begrüsst und umdrängt wie die Nationalverbände (faszistische Abteilungen).
Deutschlands Weg kann durch den Boykott nicht beeinflusst werden. Es müsste aber bei der christlich zusammengesetzten Regierung nicht schwer halten, den Regierungsboykott zum Abstoppen zu bringen und die Auswüchse der jüdischen Hetze durch die allgemein sehr energische Polizei zu verhindern. Vor allem aber sollte der Aussenhandel nicht beiderseits noch durch Massnahmen verschärft werden, sondern im Sinne der in Polen sehr günstig aufgenommenen deutsch-polnischen Besprechungen jede Gehässigkeit vermieden werden, um den Judenboykott die Spitze zu nehmen. Aus einer deutsch-polnischen Verständigung, zu der vielleicht Voraussetzungen da sind oder leicht aufgedeckt werden könnten, kann Deutschland samt Danzig nur Vorteil haben.

DOK. 44

Karl Landau erkundigt sich beim Wiener Obermagistratsrat a. D., Engelbert Siegl, am 18. Mai 1933 über die Möglichkeit einer Anstellung[1]

Schreiben von Dr. Karl Landau,[2] Berlin, Xantenerstr. 6, an Dr. Siegl,[3] Wien, vom 18. 5. 1933

Sehr verehrter Herr Obermagistratsrat!
Herr Dr. Werner Hoppe[4] teilt mir mit, dass er in einem Schreiben v. 16. d. Mts. mich bei Ihnen eingeführt hat.
Mit Rücksicht darauf, dass ich aus bestimmten Gründen meine Reise nach Wien momentan für einige Tage hinausschieben muss, erlaube ich mir, auf diesem Wege Ihnen meine Wünsche vorzutragen.
Im Zusammenhang mit der Gleichschaltung des Berufsbeamtentums in Deutschland musste ich mit Rücksicht auf meine nichtarische Abstammung[5] aus den Diensten der Berliner Städtischen Elektrizitätswerke Akt. Ges.[6] ausscheiden.

1 BArch, R 58/5102, Bl. 8+RS.
2 Dr. Karl Landau (*1902), aufgewachsen in Österreich, war vom 10. 4. 1931 bis zum 31. 3. 1933 Betriebsdirektor der Abteilung Verwaltung der Berliner Städtische Elektrizitätswerke AG (BEWAG), dann Berater der Elektrizitätswerke in Łódź; er emigrierte später nach Palästina, dort geschäftsführendes Vorstandsmitglied der Vulcan Foundries Ltd. in Haifa, Direktor der Koor Industries & Crafts in Haifa und von 1947 an Generaldirektor der Palestine Portland Cement Works Nesher-Yagour.
3 Dr. Engelbert Siegl (*1872), Jurist; von etwa 1895 an für die Stadt Wien tätig, von 1919 an Magistratsrat, von 1922 an Amtsleiter des IX. Wiener Bezirks, 1933 Obermagistratsrat a. D.
4 Vermutlich Dr. Werner Hoppe (*1902), Jurist; 1931–1939 Amtsgerichtsrat und Vorsitzender des Arbeitsgerichts in Berlin-Mitte; 1933 SA- und 1937 NSDAP-Eintritt; 1939–1945 Kriegsteilnahme, 1945–1946 Kriegsgefangenschaft; 1946–1949 kaufmännische Tätigkeit.
5 Entlassung aufgrund des § 3 des BBG; siehe die Dok. 29 vom 7. 4. 1933 und 32 vom 11. 4. 1933.
6 Das Unternehmen wurde 1884 gegründet. Es befand sich von 1915 an in städt. Besitz, von 1923 an unter dem Namen Berliner Städtische Elektrizitätswerke AG.

Ich habe nun den Entschluss gefasst, im Hinblick auf die gegenwärtige politische Lage in Deutschland mir ausserhalb der reichsdeutschen Landesgrenze eine Beschäftigung zu suchen.
Ich erlaube mir, in der Anlage Ihnen Abschriften von Zeugnissen und Briefen beizufügen mit der Bitte, sich hieraus ein Bild über mein Wissen und Können machen zu wollen.
Ich habe es, wie aus diesen Briefen zu ersehen ist, vom unbemittelten Werkstudenten ohne jegliche Beziehungen in kaum achtjähriger Tätigkeit zu dieser Stellung gebracht, die mir Anerkennung weit über den Rahmen meines Arbeitsgebiets brachte. Die augenblicklichen Verhältnisse in Deutschland machen es mir unmöglich, gegenwärtig hier eine Stellung zu finden und ich erlaube mir, an Sie, sehr verehrter Herr Obermagistratsrat, die ergebene Bitte zu richten, mir dazu verhelfen zu wollen, dass ich in Österreich eine passende Beschäftigung finde.
Aus dem Schreiben des Herrn Oberbürgermeister Dr. Sahm[7] bitte ich Sie ersehen zu wollen, dass ich neben meinem Arbeitsgebiet, nämlich der Elektrizitätswirtschaft, mich auch mit den anderen Wirtschaftsgebieten der Stadt Berlin beschäftigt habe; ich habe auch hierdurch die Gelegenheit gehabt, mit der ehrenvollen Aufgabe betraut zu werden, vor dem Professoren-Kollegium der Greifswalder Universität über die Stadt Berlin und ihre Wirtschaft zu sprechen.
Sehr verehrter Herr Obermagistratsrat, ich bitte Sie, mir die Möglichkeit zu geben, noch vor meiner Reise nach Wien im Besitz eines Antwortschreibens von Ihnen sein zu dürfen.
Mit dem Ausdruck vorzüglicher Hochachtung bin ich
Ihr sehr ergebener

DOK. 45

Die Polnische Gesandtschaft protestiert am 22. Mai 1933 gegen Angriffe auf polnische Staatsangehörige in Deutschland[1]

Aide-mémoire des AA mit der Polnischen Gesandtschaft (51a/143/33), Berlin, vom 22. 5. 1933 (Abschrift)[2]

Aide-mémoire.
Die Polnische Gesandtschaft beehrte sich in einer Reihe von Interventionen im März, April und Anfang dieses Monats im Auswärtigen Amt eine Reihe von Schadensfällen polnischer Staatsangehöriger im Reichsgebiet zu berühren.
Nach Mitteilungen der Polnischen Gesandtschaft ereignen sich leider noch bis jetzt Fälle, aus denen zu folgern ist, daß die Sicherheit der Person und des Eigentums der in Deutsch-

7 Dr. Heinrich Sahm (1877–1939), Jurist; von 1904 an als Beamter in mehreren Städten tätig, 1919–1930 Präsident des Senats der Freien Stadt Danzig, 1931–1935 OB von Berlin, danach bis 1938 Gesandter in Oslo.

1 BArch, R 1501/125708, Bl. 215–217.
2 Im Original handschriftl. Bearbeitungsvermerke. Die Auflistung sandte StS von Bülow-Schwante (AA) am 31. 5. 1933 an das RMdI mit der Bitte um Nachprüfung; Schreiben des AA an das RMdI/preuß. MdI, Rathenau, am 31. 5. 1933, ebd., Bl. 214. Das RMdI (Eing. 1. 6. 1933) stufte die Sache als eilig ein und plante eine Anfrage in Württemberg wegen der dortigen Fälle; handschriftl. Vermerk vom 6. 6. auf dem Schreiben des AA an das RMdI vom 31. 5. 1933, ebd.

land sich aufhaltenden polnischen Staatsangehörigen in nicht genügendem Maße gewährleistet ist.
Am 25. v. Mts. ist der polnische Staatsangehörige Mendel Selig Haber[3] aus Dortmund verschwunden. Nach einer in der „Roten Erde" Nr. 99 vom 28. v. Mts. in der Rubrik „Bochumer Vororte" erschienenen Notiz wurde Haber am 27. v. Mts. in die SA-Wache in Gehrte gebracht.[4] Über sein weiteres Schicksal fehlen vorläufig Meldungen. Einige Tage später fand man in einem Seitenkanal des Kanals Dortmund-Ems die Leiche des Haber mit einigen Schußwunden im Kopf, Hals und Rücken. Außerdem wies die Leiche zahlreiche Merkmale schwerer Mißhandlung auf.
Am 24. v. Mts. wurde in Bochum Josef Schnitzer[5] im Lokal Herrmannhöhe 17 verprügelt, wobei man ihn schwer mißhandelte. Am 3. ds. Mts. wurde in Düsseldorf Chaskel Hofmann verhaftet, wobei er im Kraftwagen schwer mißhandelt wurde. Vorher wurde in seiner Wohnung seine Ehefrau und ihre Schwester Frieda Wachspress verprügelt.
Die Gesandtschaft behandelt die Fälle von Verhaftungen und Ausweisungen polnischer Staatsangehöriger besonders, desgleichen die Frage der Teilnahme polnischer Staatsangehöriger an Jahrmärkten und Messen.
Außerdem jedoch gelangten der Polnischen Gesandtschaft Fälle zur Kenntnis, in denen polnische Staatsangehörige gezwungen wurden, ihre Geschäfte zu schließen, wie zum Beispiel:
Moses Hersch Chimowicz, der gezwungen wurde, seine Schuhwarengeschäfte in Gronau in Westfalen und in Euskirchen zu schließen.
Peter Gold[6] mußte auf Veranlassung des Vereins Württembergischer Schuhhändler sein Geschäft in Esslingen schließen.
Plawner, Jakob mußte am 29. v. Mts. sein Geschäft „Schuhhaus Neckar" in Cannstadt schließen.
Die wirtschaftlichen Schäden als Folge dieser Verfügungen sind bedeutend.
In die Garage des Brecklinghaus in Essen kamen Uniformierte, verlangten Herausgabe des dem Jakob Jedwab[7] gehörigen Kraftwagens Nr. I Y 36483. Bei dem Versuch, den Kraftwagen aus der Garage zu fahren, wurde dieser ernstlich beschädigt.
Moses Schüller[8] in Köln beauftragte die Firma Kaufmann, eine Reihe von Gegenständen zu verkaufen. Diese Firma beauftragte die Speditionsfirma Lausssing, diese Gegenstände

3 Mendel Zelig Haber (*1900/1901).
4 In dem Artikel „Neue jüdische Verkaufsmethoden" hieß es, dass bei der hiesigen SA-Wache ein polnischer Jude eingeliefert worden sei. Es handele sich um einen Max Haber ohne Papiere, der „minderwertige Wäscheartikel" gegen Rabattmarken bekannter Firmen angeboten habe. Die Bewohner von Gehrte wurden gewarnt, bei „derartigen Schwindlern zu kaufen, da der Wert in keinem Verhältnis zu dem gekauften Schund steht"; Rote Erde, Nr. 99 vom 28. 4. 1933, S. 16.
5 Joseph Schnitzer hatte ein Schuhgeschäft in der Königstraße 20 und ein Zweiggeschäft in der Bongardstraße 22. Er wohnte nur bis 1933 in Bochum.
6 Peter Gold (1887–1937), Kaufmann; von 1917 an Inhaber eines Schuhgeschäfts in Esslingen mit Filialen in mehreren Orten, 1933 erzwungene Schließung der Geschäfte in Esslingen, Göppingen und Kirchheim, 1935 Löschung der Firma im Handelsregister; starb 1937 an den Spätfolgen seiner Verletzungen aus dem Ersten Weltkrieg.
7 Jakob Jedwab (*1869), Kaufmann in Essen. Seine Söhne Abraham (1893–1964) und Isidor-Julius (*1893) emigrierten 1933 nach Frankreich, seine Tochter Ester 1938 mit ihrem Ehemann Max Stern nach Großbritannien.
8 Moses Schüller, Kaufmann, war Geschäftsführer der Firma Schüller und Rubruck, Beleuchtungskörperfabrik in Köln, Luxemburger Str. 72.

aus der Wohnung des Schüller abzuholen. Am 22. v. Mts. wurden diese Gegenstände von Uniformierten beschlagnahmt, angeblich auf Verlangen eines gewissen Josef Machol, wohnhaft in Köln, auf Grund eines schriftlichen Auftrags der N.S.D.A.P., Gau Rheinland, Sturm S.S. 1/2/58 Tgb. 43 0/33 vom 29. v. Mts., worauf diese Gegenstände dem Josef Machol ausgefolgt wurden.
Am 8. ds. Mts. wurde David Fajtlowicz in Bütow gezwungen, Propagandaaufschriften von Wänden abzuwaschen.
In den angeführten Fällen hatten sich die polnischen Konsularämter unmittelbar an die lokalen Behörden gewandt. Die Polnische Gesandtschaft sieht sich ihrerseits gezwungen, sich die Möglichkeit vorzubehalten, Schritte zur Entschädigung der Geschädigten zu unternehmen und sieht sich gezwungen, erneut wegen Verletzung der Sicherheit der Person und des Eigentums der in Deutschland befindlichen polnischen Staatsangehörigen zu protestieren.
Bei dieser Gelegenheit beehrt sich die Polnische Gesandtschaft, auf ihre vielfach vorgebrachten Bitten hinzuweisen, verfügen zu wollen, daß von Seiten der zuständigen deutschen Behörden Schritte unternommen werden zwecks Fahndung und Bestrafung der Täter, sowie daß in Zukunft ähnliche Vorfälle vermieden werden.

DOK. 46

Anweisung an die Deutsche Delegation in Genf vom 24. Mai 1933, eine Diskussion im Rat des Völkerbunds zur Judenverfolgung in Deutsch-Oberschlesien zu verhindern[1]

Telegramm Nr. 246 des Reichsaußenministers, von Neurath, an die Deutsche Delegation, Genf, vom 24. 5. 1933[2]

Auf Telegramm 398, 402, 403.
In heutiger Chefbesprechung, an der Reichsinnenminister, Reichsjustizminister[3], Preussischer Justizminister[4] und Staatssekretär Grauert[5] als Vertreter [des] Preussischen Ministerpräsidenten und Kultusminister teilnahmen, ist Einvernehmen über folgende Punkte erzielt worden.
1) Eine Judendebatte im Völkerbundsrat wäre äusserst unerwünscht und ist, wenn irgend möglich, zu vermeiden.
2) Sie sind ermächtigt, allgemeine Erklärung abzugeben,[6] dass die internationalen Verträge des Deutschen Reichs selbstverständlich durch innerdeutsche Gesetze nicht berührt

1 PAAA, R 83033.
2 Am linken Seitenrand: „Vermerk: Text ist von Herrn Min.Dir. Gaus genehmigt. Nach Abgang Abt. IV Abt. V Abt. VI zur gefl. Kenntnis".
3 Reichsinnenminister war Wilhelm Frick und Reichsjustizminister Franz Gürtner.
4 Preuß. Justizminister war Hanns Kerrl (1887–1941), Justizbeamter; 1923 NSDAP-Eintritt, 1933 SA-Gruppenführer; im März 1933 Reichskommissar für das Justizministerium Preußens, bis 17. 6. 1934 preuß. Justizminister, danach Reichsminister ohne Geschäftsbereich, 1935 Leiter der Reichsstelle für Raumordnung, 1935–1941 Reichsminister für kirchliche Angelegenheiten.
5 Ludwig Grauert (1891–1964), Jurist; bis 1923 Staatsanwalt in Münster und Bochum, danach Geschäftsführer des Vereins Deutscher Stahlindustrieller; 1933 NSDAP-Eintritt; von 1933 an StS im preuß. MdI, dann im RMdI, zuständig für Polizei; 1936 Ruhestand, später Aufsichtsratsmitglied der Dt. Continental-Gas-Gesellschaft Dessau.
6 Im Völkerbund vertrat Friedrich von Keller (1873–1960) als Gesandter das Deutsche Reich.

werden und dass, wenn in Deutsch-Oberschlesien Zuwiderhandlungen gegen die Bestimmungen der Genfer Konvention erfolgt sein sollten, es sich nur um irrtümliche Massnahmen nachgeordneter Organe auf Grund einer falschen Auslegung des Gesetzes handeln könne.[7]

3) Bezüglich der Eingabe Bernheim[8] ist zu erklären, dass die Legitimation des Bernheim als Minderheitsangehöriger noch nicht habe festgestellt werden können. Selbst wenn er aber Minderheitsangehöriger sei, wäre er nur berechtigt, seine Entlassung aus einer privaten Angestelltenstellung zum Gegenstand einer Beschwerde auf Grund der Genfer Konvention zu machen, aber unter keinen Umständen legitimiert, über die generelle Frage der Anwendbarkeit deutscher Gesetze in Oberschlesien Beschwerde zu führen, da diese Gesetze, insbesondere Beamten-, Ärzte-, Rechtsanwälte und Schulgesetze ihn in keiner Weise berührten.

Ich bitte die Frage der weiteren Behandlung der Beschwerde unter Verwertung vorstehender Ermächtigung vor der Sitzung zu klären und dabei, wenn irgend möglich sicherzustellen, dass der Punkt der Tagesordnung durch Ihre Erklärung ohne weitere Diskussion erledigt wird. Der Einzelfall Bernheim wäre richtigerweise gemäss Art. 149 Genfer Konvention in lokales Verfahren zu verweisen.

Sollte es nach Ihrer Erklärung, in der ich Reichskanzlerrede *nicht* zu erwähnen bitte,[9] gleichwohl noch zu Diskussion im Rat kommen[10] und diese sich in irgendeiner Weise über Oberschlesien hinaus mit der innerdeutschen Gesetzgebung befassen, so bitte ich, jedem Anschneiden dieses Themas mit äusserster Schärfe entgegenzutreten.[11]

7 Zu den tatsächlichen Verhältnissen in Oberschlesien siehe Dok. 67 vom 4. 8. 1933.

8 Franz Bernheim (1899–1990), der in Gleiwitz als Kaufhausangestellter entlassen worden und nach Prag geflüchtet war, richtete am 17. 5. 1933 an den Völkerbund eine Petition. Er klagte Deutschland an, durch die antijüdischen Gesetze in Oberschlesien das deutsch-polnische Abkommen von 1922 zu verletzen; Dok. in französischer Sprache in: wie Anm. 1. Die Petition war von Vertretern des Comité des Délégations Juives vorbereitet worden; Graf, Bernheim-Petition, S. 283–299.

9 Hitler hatte am 17. 5. 1933 in einer außenpolitischen Rede im Reichstag erklärt, die nationalen Rechte anderer Völker respektieren zu wollen.

10 Der Rat des Völkerbunds in Genf beschäftigte sich am 22., 26. und 30. 5. sowie am 6. 6. 1933 mit der Petition.

11 Am 30. 5. 1933 kritisierte der irische Diplomat Seán Lester (1888–1959), Hochkommissar des Völkerbunds der Freien Stadt Danzig 1934–1937, in seinem vom Rat bestellten Report zur Bernheim-Petition, dass die deutsche Judengesetzgebung das deutsch-polnische Abkommen zu Oberschlesien verletze. Deutschland müsse die Opfer der vertragswidrigen Gesetzgebung entschädigen. Friedrich von Keller wies – den Anweisungen entsprechend – den Bericht scharf zurück und bezweifelte das Recht Bernheims, eine Petition einzubringen. Mehrere Ratsmitglieder warnten Deutschland davor, der Kritik nicht zu folgen; „Jewish Curbs Censured", The New York Times vom 31. 5. 1933, S. 1 u. 8.

DOK. 47
Die Jüdische Gemeinde Berlin beschwert sich beim Staatskommissar für Berlin am 29. Mai 1933 über antijüdische Maßnahmen der Stadtverwaltung[1]

Schreiben des Vorstands der Jüdischen Gemeinde Berlin (Dr. B/SA/SK.), gez. Stahl,[2] an den Staatskommissar z. b. V., Lippert, Berlin, vom 29. 5. 1933 (Abschrift von Abschrift)[3]

Hierdurch gestatten wir uns, ergebenst folgendes vorzutragen:
In den letzten Wochen ist eine Reihe von Verfügungen städtischer Stellen ergangen, die eine Zurücksetzung der jüdischen Bürger Berlins gegenüber der Gesamtheit der Bevölkerung zum Inhalte haben.
Es handelt sich dabei nicht sowohl um Verfügungen, die etwa auf Grund des Gesetzes zur Wiederherstellung eines nationalen Berufsbeamtentums getroffen worden sind, vielmehr um Maßnahmen, [die] auf dem Gebiet der Wohlfahrtspflege und auf dem Gebiet des Geschäftslebens von einschneidender Bedeutung sind. Wir sind überzeugt, daß für diese Gebiete, auch im Sinne der maßgebenden staatlichen und städtischen Behörden, ganz andere Grundsätze in Frage kommen als für das Beamtenrecht, wie dies unseres Wissens ja auch für das Geschäftsleben gerade in den letzten Tagen in den verschiedenen Veröffentlichungen des Herrn Preußischen Ministerpräsidenten und des Herrn Reichskommissars für die Wirtschaft zum Ausdruck gebracht worden ist.
Die Berliner Jüdische Gemeinde, in der die Berliner Juden seit dem Jahr 1671 zusammengeschlossen sind, sieht sich daher genötigt, Vorstellungen zu erheben und um Nachprüfung der erlassenen Verfügungen zu bitten.
Sie geht dabei davon aus, daß jüdische Bürger in diesen 260 Jahren durch ihren Gewerbefleiß und ihren Gemeinsinn wesentlich zum Gedeihen der Stadt Berlin beigetragen haben und daß ihre Nachkommen, so wie sie keinerlei Bevorzugungen erstreben, doch andererseits vor Schädigungen durch Zurücksetzung bewahrt bleiben.
Wir gestatten uns, im Nachfolgenden einige der erlassenen Verfügungen im einzelnen zu erörtern, wobei wir bemerken, daß die Aufzählung in keiner Weise erschöpfend ist:
1. In einer öffentlichen Ausschreibung des Berliner Beschaffungsamtes, in der Angebote bis zum 30. April 1933 angefordert werden, ist folgendes gesagt:
„Die Zulassung soll vom 1. Juli 1933 ab erfolgen. Berücksichtigt werden nur solche Firmen, die auf dem Boden der nationalen Regierung stehen, deren Besitzer und Leiter deutschstämmige Staatsangehörige sind und die nur solche Waren anbieten, die aus Betrieben stammen, bei denen die gleichen Voraussetzungen erfüllt sind."
In gleicher Weise ist von verschiedenen anderen städtischen Stellen verfahren worden. So werden, wie wir hören, seit Mitte Mai ds. Js. von einzelnen Bezirkswohlfahrtsämtern deren Bestellscheine mit dem Stempel versehen: „Dieser Schein gilt nicht für jüdische Geschäfte."

1 LAB, A Rep. 001-02/214, Bl. 21–23.
2 Heinrich Stahl (1868–1942), Versicherungskaufmann; von 1931 an Vorstandsmitglied der Jüdischen Gemeinde Berlin, 1933–1940 Vorstandsvorsitzender, von 1939 an stellv. Vorsitzender der Reichsvereinigung der Juden in Deutschland, 1942 Deportation nach Theresienstadt, dort gestorben.
3 Am 3. 5. 1933 war Stahl vom Vorstand der Jüdischen Gemeinde beauftragt worden, „mit den verantwortlichen Persönlichkeiten der Stadt Berlin" zu verhandeln; Protokoll der Sitzung des Gemeindevorstands am 3. 5. 1933, LBIJMB, MF 587.

Ebenso ist uns eine Zuschrift nebst Fragebogen des städtischen Elektro-Amtes vorgelegt; in dieser Zuschrift ist folgendes aufgeführt:
„Voraussetzung für die Zulassung ist, daß der Bewerber auf dem Boden der nationalen Regierung steht, Besitzer und Leiter der Firma deutschstämmige Staatsangehörige sind und die von Ihrer Firma zu liefernden Materialien usw. aus Betrieben stammen, bei denen die gleichen Voraussetzungen erfüllt sind."
Der Fragebogen enthält ferner folgende Rubriken:
9.) Arbeitet jüdisches Kapital im Geschäft?
Wenn ja: in welcher Höhe?
10.) Ist der Inhaber oder sind die Inhaber rein arisch?
Diese Maßnahmen sind nach Wortlaut und Inhalt geeignet, den geschäftlichen Ruin der jüdischen Kaufmannschaft und des jüdischen Handwerkerstandes herbeizuführen. Wir verweisen insbesondere auf den letzten Halbsatz der Verfügung des Beschaffungsamtes, sowie die sachlich gleichlautende Bemerkung in dem Schreiben des Elektro-Amtes, wonach zur Bedingung gestellt wird, daß die herangezogenen Firmen auch ihrerseits nur Waren anbieten, die aus rein arischen Betrieben stammen.
Diejenigen Firmen, die ihre Waren an die Stadt Berlin liefern, werden darin nicht ihre einzige Geschäftsbeziehung sehen; sie sind, zweifellos auch nach der Auffassung des Beschaffungsamtes, berechtigt, außer an städtischen Stellen, am freien Markt, soweit als möglich, ihre Waren anzubieten. Wenn diesen Firmen aber unter Androhung, die Lieferung an städtische Stellen zu verlieren, auferlegt wird, ihrerseits nicht bei Firmen zu kaufen, deren Besitzer und Leiter Juden sind, so wird damit jüdischen Firmen die direkte und indirekte Absatzmöglichkeit nicht nur bei Stellen der Stadt Berlin, sondern in einem großen Teil des übrigen Geschäftslebens versagt.
Die Verfügung stellt demnach eine Boykottmaßregel schärfster Art dar, die geeignet ist, eine große Anzahl insbesondere auch kleinerer und mittlerer Existenzen auf [das] Schwerste zu gefährden.
2. Weitere Zurücksetzungen haben sich auf dem Gebiet des Wohlfahrtswesens ergeben. So ist Küchen unseres Wohlfahrtsamtes in 6 Bezirken die Berechtigung zur Annahme städtischer Eßmarken entzogen worden, und es sind die Gehaltszuschüsse für die Kindergärten und Kinderhorte unseres Wohlfahrtsamtes und der diesem angeschlossenen, gleichartigen Einrichtungen gesperrt worden.
Diese Maßnahmen treffen die Ärmsten der Armen. Volksküchen werden nur von diesen Kreisen in Anspruch genommen, und aus rituellen Gründen ist gerade ein großer Teil der bedürftigen jüdischen Bevölkerung genötigt, seine Verpflegung bei den Küchen unseres Wohlfahrtsamtes zu nehmen. Entsprechendes gilt für die Kindergärten und Kinderhorte; entsprechendes gilt auch für das Gebiet der Wochenfürsorge, nachdem das „Jüdische Mütter- und Säuglingsheim" unter dem 20. Mai eine Verfügung erhalten hat, wonach es mit sofortiger Wirkung aus der Liste der Heime, die in Wochenfürsorgepflichten belegt worden, gestrichen worden ist.
Unsere Wohlfahrtsorganisationen sind auch nicht mehr in der Lage, die gegen derartige Maßnahmen auftretenden Bedenken an den zuständigen Stellen vorzutragen, weil die jüdischen Mitglieder aus den städtischen Deputationen und Kommissionen ausgeschlossen worden sind. Wir weisen ergebenst hin auf die Ausführungsbestimmungen zum Berufsbeamtengesetz, in denen niedergelegt ist, daß das Gesetz keine Anwendung findet auf jüdische Ehrenbeamte, die als solche, kraft gesetzlicher Vorschrift, berufen sind.

In gleicher Weise dürfte es der Gerechtigkeit entsprechen, durch örtliche Anordnungen die Mitwirkung eines Bevölkerungsteils von 4 % der städtischen Bevölkerung (nach der Zugehörigkeit zu unserer Religionsgemeinschaft berechnet) zuzulassen.
3. Nach den gesetzlichen Vorschriften ist beim Unterricht der Volksschulen Schwimmunterricht Pflichtfach. Der Zugang zum städtischen Schwimmbad Gartenstraße wird jedoch unseren Volksschulen und Jugendorganisationen verwehrt.
Diese Maßnahme macht nicht nur die Erfüllung einer gesetzlichen Pflicht unmöglich, sondern ist gleichzeitig geeignet, zu einer Schädigung der Volksgesundheit zu führen. In gleicher Richtung ist die Tatsache zu werten, daß den jüdischen Jugendlichen der Zugang zu den öffentlichen Sportplätzen, zu Turnhallen und Jugendheimen verwehrt wird.
4. Ohne wirtschaftliche, aber von kultureller Bedeutung ist die Tatsache, daß in dem amtlichen Führer durch Berlin, der vom Ausstellungs-Messe-Verkehrsamt der Stadt Berlin herausgegeben wird, alle Institutionen kultureller Art der hiesigen Gemeinde nicht mehr aufgeführt sind, obwohl einige der Institute vorher um nähere Angaben gebeten worden waren, und obwohl mehrere der Institute, wie z. B. die Neue Synagoge und das Museum,[4] von anerkanntem künstlerischen Wert sind, und ihr Fehlen manchen der Berlin aufsuchenden Fremden sicherlich auffallen wird.[5]
5. Schließlich ist in den letzten Tagen auf Grund einer, wie uns scheint, mißverständlichen Verfügung bei einzelnen Dienststellen die Neigung aufgetreten, den Religionsschulen der Jüdischen Gemeinde die Räume, die sie in städtischen Schulgebäuden innehaben, zu entziehen. Auf Vorstellung unserer Schulverwaltung ist allerdings zunächst Zurückhaltung bis zur Entscheidung des Herrn Oberbürgermeisters erfolgt. Wir haben in dieser Angelegenheit eine besondere Eingabe an den Magistrat gerichtet und verweisen ergebenst darauf, daß es sich hierbei um ergänzenden bezw. Ersatzreligionsunterricht handelt. Wir setzen voraus, daß es im Sinne der Stadtverwaltung liegt, die religiöse Unterweisung auch der jüdischen Kinder nach Möglichkeit zu fördern und hoffen zuversichtlich, daß die Entscheidung des Magistrates in der Weise erfolgen wird, daß der Religionsunterricht nicht behindert wird.
Wir bitten ergebenst, unsere Vorstellungen zu überprüfen und uns nach Möglichkeit Gelegenheit zu geben, den Inhalt derselben und die uns sonst bekannten Einzelheiten noch mündlich vorzutragen.[6]

4 Es handelt sich um das Jüdische Museum Berlin, das am 24. 1. 1933 gegründet worden war.
5 Siehe Amtlicher Führer durch Berlin. Mit Plan der Innenstadt, hrsg. vom Ausstellungs-, Messe- u. Fremdenverkehrs-Amt der Stadt Berlin, Berlin 1933.
6 Da der Staatskommissar die Jüdische Gemeinde an die „Staatsaufsichtsbehörde" verwies, richtete diese am 13. 6. ihre Petition an den preuß. Ministerpräsidenten Göring. Am 29. 6. 1933 ergänzte die Jüdische Gemeinde ihre Eingabe um eine Liste weiterer antijüdischer Maßnahmen. Das preuß. MdI übergab die Petition an die Stadt zur Prüfung. Die jeweils zuständigen städt. Ämter wiesen die Beschwerden bis Januar 1934 zurück. Im April 1935 legte die Stadt den Vorgang ad acta; wie Anm. 1, Bl. 19–65RS.

DOK. 48

Nationalsozialistische Monatshefte: Artikel vom Mai 1933 über die „Lösung der Judenfrage"[1]

Dr. Achim Gercke:[2]
(Sachverständiger für Rasseforschung im Reichsministerium des Innern.)
Die Lösung der Judenfrage
Durch den Sieg der nationalsozialistischen Revolution ist die Judenfrage als Problem auch für diejenigen, die sich um die Lösung der Judenfrage noch nicht bemüht haben, nie darum gekämpft haben, erkennbar geworden. Jeder hat eingesehen, der gegenwärtige Zustand ist unhaltbar, die freie Entfaltung und Gleichsetzung der Juden führt zu einem von den Juden „unfair" ausgenutzten Wettbewerb und zu einer Auslieferung wichtiger Stellungen des deutschen Volkstums an die Fremdrassigen.
Die Folge ist, daß jeder mit dieser Frage fertig werden will, jeder nach einer Lösung sucht, jeder einen Vorschlag im Schreibtisch hat und einen mehr oder weniger guten Einfall am Stammtisch zur Erörterung stellt. Das war vorauszusehen.
Die Lösung einer so wichtigen Frage ist aber nicht ganz so leicht, wie vielfach angenommen wird.
Die bis jetzt von der Regierung erlassenen gesetzlichen Maßnahmen stellen einen Säuberungsvorgang dar, der in geschickter Weise den Gegenschlag gegen die Kriegserklärung Judas führt. In der Hauptsache wirken die Gesetze richtunggebend erzieherisch. Man unterschätze nicht diese Bedeutung der Gesetze. Das ganze Volk wird über die Judenfrage aufgeklärt, lernt begreifen, daß die Volksgemeinschaft eine Blutsgemeinschaft ist, erfaßt zum ersten Male den Rassegedanken, und wird von der allzu theoretischen Behandlung der Judenfrage abgelenkt und vor die tatsächliche Lösung gestellt.
Trotzdem können die vorläufig erschienenen Gesetze keine endgültige Lösung der Judenfrage bringen, weil die Zeit dafür noch nicht reif ist, obwohl die Verordnungen schon die Richtung andeuten und insbesondere jede Entwicklung dahin offen lassen.
Es wäre heute in jeder Hinsicht verfrüht, Pläne auszuarbeiten und zur öffentlichen Aussprache zu stellen, die mehr erreichen wollen, als zur Zeit erreicht werden kann. Trotzdem müssen ein paar Grundsätze aufgezeigt werden, damit die Gedanken, die man reifen lassen möchte und muß, keine Fehler enthalten.
Grundsätzlich muß man sich entscheiden, ob man die Juden (und auch die Judenstämmlinge) in Deutschland organisatorisch zusammenfassen will oder nicht. Viele Pläne, die bekannt geworden sind, wollen die Juden in einen Verband zusammenschließen, um sie überwachen und erziehen und auf sie Einfluß behalten zu können.[3] Alle diese Vorschläge sind grundfalsch. Schafft man einen Verband der Juden, z. B. unter einem Judenvogt oder auch nur einen Verein oder ähnliches, harmloses Gebilde, so erhalten die Juden für alle Ewigkeit eine gesetzliche Verankerung in Deutschland, eine Vertretung für ihre Wünsche,

1 Nationalsozialistische Monatshefte, 4 (Mai 1933), H. 38, S. 195–197.
2 Dr. Achim Gercke (1902–1997), Chemiker und Rasseforscher; 1925 Arbeit in Göttingen an einem Register sämtlicher Juden in Deutschland, 1926 NSDAP-Eintritt, 1931 Mitnahme von 70 000 Karteikarten nach München, dort 1932 Abteilungsleiter der NSDAP-Reichsleitung und Leiter der NS-Auskunft, von 1933 an Sachverständiger für Rasseforschung im RMdI, 1935 NSDAP-Ausschluss und Verlust aller öffentlichen Ämter wegen des Vorwurfs der Homosexualität; Mithrsg. der Zeitschrift für Rassenkunde.
3 Dieser Passus richtete sich gegen den Gesetzentwurf vom 6. 4. 1933, der den jüdischen Deutschen die Rechte einer Minderheit einräumte und damit potenziell dem Schutz des Völkerbunds unterstellte; siehe Dok. 27.

ein Werkzeug für ihre Pläne, eine gesetzliche Regelung für ihre geheimen Querverbindungen, und man erweckt zumindest den Eindruck, daß es sich um eine nationale Minderheit handelt, die völkerrechtlichen Schutz außerhalb Deutschlands suchen kann und finden wird. Und diese Entstellung der Judenfrage darf man nicht einmal durch den oberflächlichen Anschein unterstützen, zumal es politischer Wahnsinn wäre, die innerdeutsche Regelung der Judenfrage mit außenpolitischen Fragen zu verquicken. Alle Vorschläge, die einen Dauerzustand, eine Dauerregelung für die Juden in Deutschland beabsichtigen, lösen die Judenfrage nicht, denn sie lösen die Juden nicht von Deutschland. Und darauf kommt es an. Die Juden, wenn sie auf ewig bei ihren Wirtsvölkern schmarotzen können, bleiben ein ständiger Brandherd, an dem das offene, zerstörende Feuer des Bolschewismus leicht immer wieder entzündet werden kann, abgesehen davon, daß die politische Unsicherheit, die Volkszerrissenheit und die Gefahr für den rassischen Bestand dauernd wachgehalten werden.[4] Schwören wir solchen Gedanken, ob sie nun aus Denkunfähigkeit oder aus böser Absicht geboren werden, ab, ein für alle Mal. Zusammenfassend, staatlich geregelt werden kann und darf nur der planmäßige Ausmarsch, die Abwanderung.

Zerschlagen wir in Deutschland jeden organisatorischen Zusammenhalt der Juden und weisen wir die gefährlichen volksfeindlichen jüdischen Hetzer aus, die trotzdem zur Geheimbündelei Neigung zeigen, so bleibt den Juden lediglich die Synagoge, der Rabbi als Schutz und Schirm. Greifen wir dann die Pläne der Zionisten auf und versuchen wir eine internationale Regelung zur Schaffung einer Heimstätte für die Juden zu erreichen, dann können wir die Judenfrage nicht nur für Deutschland, sondern für Europa und für die Welt lösen. Die ganze Welt hat ein Interesse an der Lösung, an der Beseitigung dieses Unruheherdes, von dem der Bolschewismus stets seinen Ausgang nimmt. Das müssen wir nur klar herausstellen.

Vielleicht können die Juden eine Nation, ein Volk *werden.* Voraussetzung wäre, daß jüdische Arbeiter und Handwerker und jüdische Siedler aus der vorhandenen jüdischen Bevölkerung entstehen können. Regeln wir diesen Vorgang, dann schaffen wir neue Grundlagen für eine Aussiedlung. Die Juden in alle Winde zerstreuen, löst nicht die Judenfrage, sondern macht sie ärger, dagegen ist eine planmäßige Aussiedlung *die* Möglichkeit, die sich uns bietet.

Pläne und Programme müssen ein Ziel haben, das in die Zukunft weist und nicht lediglich in der Regelung eines augenblicklichen, unbequemen Zustandes besteht. In eine bessere Zukunft führt die planmäßig angefaßte Lösung der Judenfrage, nicht die Organisierung der Juden. Unseren Staat müssen wir ohne die Juden aufbauen, sie können nur staatenlose Fremdlinge bleiben und keine gesetzliche, rechtliche Dauerstellung beziehen. Nur so wird Ahasver gezwungen, zum letztenmal den Wanderstab zu ergreifen, um ihn dann in Axt und Spaten umzutauschen.[5]

4 Im selben Heft veröffentlichte Gercke noch einen Artikel zur „Mischlingsfrage". Darin schrieb er, ein Gesetz, das die „Mischehe" verbiete, löse das Problem der „Rassenvermischung" nicht: „Was gesetzlich nicht erlaubt ist, wird ungesetzlich geschehen, was ehelich unmöglich ist, wird un- und außerehelich stattfinden." Ferner kritisierte er den Arierparagraphen des Berufsbeamtengesetzes, denn „arisch" sei, „wer überhaupt keine jüdischen Vorfahren" habe; „Grundsätzliches zur Mischlingsfrage", Nationalsozialistische Monatshefte, 4 (Mai 1933), H. 38, S. 197–202.

5 Das Deutsche Generalkonsulat für Südafrika informierte das Auswärtige Amt am 29. 8. 1933, dass die Pretoria News eine Reutersmeldung aus Berlin über das Gercke-Memorandum veröffentlicht habe; Abschrift in: BArch, R 1501/125708, Bl. 604.

DOK. 49
Ein Vertreter des American Joint Distribution Committee berichtet am 11. Juni 1933 über ein Gespräch mit Leo Baeck in Berlin zur Organisation der Auswanderung deutscher Juden[1]

Vermerk (vertraulich), ungez., Berlin, vom 11. 6. 1933 mit undat. Anlage

Gespräch mit Dr. Baeck[2]
Dr. Baeck äußerte die Ansicht, die Emigration sei das vorrangige Ziel, auf das man konstruktiv hinarbeiten müsse. Er überreichte mir eine kurze Zusammenfassung seiner Ansichten, die diesem Bericht angefügt ist.[3] Er befürchtet, dass es im kommenden Winter eine weitere Revolution – diesmal mit bolschewistischer Tendenz – in Deutschland geben könne. Viele Kommunisten hätten sich den Nazis angeschlossen. Wenn sich die Wirtschaftslage verschlechtere, könnte es innerhalb der Partei zu einem Aufstand kommen.
Aus dem Ausland solle derzeit kein Geld nach Deutschland geschickt werden. Die jüdischen Gemeinden kämen mit dem Fürsorgeproblem noch zurecht. Es könne wünschenswert sein, später den deutschen Juden Hilfe zukommen zu lassen, insbesondere in kleineren Gemeinden, damit sie erhalten bleiben können. Es sei von größter Bedeutung, einen Zusammenbruch der jüdischen Gemeinden in Deutschland zu verhindern. Dr. Baeck äußerte seine Besorgnis über die fortgesetzte Lügenpropaganda der deutschen Regierung, die sie wahrscheinlich auf der Wirtschaftskonferenz weiterverfolgen werde.[4] Sie verbreite Unwahrheiten über die Ostjuden und übertreibe die Zahl jüdischer Beamter maßlos. Er sei der Ansicht, dieser Propaganda müsse widersprochen werden.
Bezüglich des Problems der Intellektuellen und Akademiker sei Dr. Baeck in Kontakt mit Dr. Dalton[5] in London und Dr. Frijda[6] in Holland. Ebenfalls unterhalte er mittels kirchlicher Stellen Verbindungen mit einer Internationalen Friedensgesellschaft, die Hilfe für die Opfer deutscher Verfolgung organisiere.
Dr. Baeck vertritt die Auffassung, dass Emigrations- und Hilfsprogramme nicht auf bekennende Juden beschränkt bleiben dürften. Vielmehr sollten auch diejenigen einbezogen werden, die nur zum Teil von jüdischen Eltern abstammten, und deshalb bereits verfolgt würden.
Das deutsche Judentum, so Dr. Baeck, strebe keine Minderheitenrechte, sondern vielmehr die Wiederherstellung der Bürgerrechte an.

1 LBIJMB, MF 129. Der erste Teil des Dokuments, das Interview, ist aus dem Englischen übersetzt.
2 Dr. Leo Baeck (1873–1956), Rabbiner; 1897–1912 Reformrabbiner in Oppeln und Düsseldorf, 1912–1943 in Berlin; 1913–1942 Dozent an der Lehranstalt für die Wissenschaft des Judentums, von 1922 an Vorsitzender des deutschen Rabbinerverbands; Großpräsident des deutschen Distrikts der B'nai B'rith Loge; 1933–1943 Präsident der Reichsvertretung der deutschen Juden und der späteren Reichsvereinigung; 1943 nach Theresienstadt deportiert, nach der Befreiung Emigration nach London; Autor u. a. von „Wesen des Judentums" (1923).
3 Siehe die nachstehend abgedruckte Auflistung.
4 Am 12. 6. 1933 begann in London eine Weltwirtschaftskonferenz, an der ein Vertreter Deutschlands teilnahm.
5 Vermutlich Baron Hugh Dalton (1887–1962), Ökonom und Politiker; 1940–1942 brit. Minister für Kriegswirtschaft, 1942–1945 Handelsminister, 1945–1947 Schatzkanzler.
6 Vermutlich Herman Frijda (1870–1944), Ökonom; wurde nach Auschwitz deportiert.

Am Tag meines Besuches, so berichtete Dr. Baeck, hat sich die Reichsvertretung der Deutschen Juden[7] getroffen. Dies sei ein fünfköpfiges Gremium, dem er selbst und Dr. Wolff,[8] ein Richter, vorsäßen. Es sei eine Vertretung der regionalen Organisationen des deutschen Judentums.

1.[9] Unter den obwaltenden Verhältnissen und für den Fall, dass diese weiter andauern, ist für den grössten Teil der Jugend des deutschen Judentums tatsächlich keine Aussicht und psychologisch keine Hoffnung einen Platz der Existenz im Lande zu finden. Eine Zukunft kann diesen Menschen nur in anderen Ländern bereitet und aufgezeigt werden.
2. An den Platz einer regellosen Flucht, welche für die letzten Monate kennzeichnend war, ist eine planmäßige, organisierte Auswanderung zu setzen, welche die Geeigneten und für die einzelnen Gebiete Brauchbaren an bestimmte Plätze führt. In Verbindung mit einer solchen Auswanderung kann und soll, soweit erforderlich, eine vorherige Berufsumschichtung stehen. Nur eine solche geregelte Auswanderung kann die Flucht mit ihren unerwünschten Folgeerscheinungen verhindern.
3. Die Zahl der zur Auswanderung zu Führenden ist für die gesamten Aufnahmegebiete jährlich auf etwa 8 000 zu schätzen. Ein wesentlicher Teil hiervon wird in Palästina Aufnahme finden können, um so mehr, wenn es gelingt, Teile von Transjordanien zu erschliessen.
4. Die Regelung der Auswanderung setzt voraus, dass die Fürsorge aus der philantrophischen und charitativen Sphäre in die der überstaatlichen, völkerrechtlichen Aufgabe hinübergeführt wird. Diese Aufgabe kann entweder dem Völkerbunde, dessen Prestige und Autorität diese neue Aufgabe erhöhen würde, oder einer damit beauftragten Regierung überwiesen werden. Die charitativen Organisationen würden ihre besonderen Pflichten der Hilfe behalten.
5. Die Erfüllung dieser Aufgabe verlangt, dass a) durch die beauftragte Stelle [all]jährlich in allen Ländern, die in Frage kommen können, festgestellt wird, in welchen Städten und Ortschaften deutsche Juden bestimmter Berufe einen Platz sich bereiten können, b) durch die centrale Organisation der deutschen Juden regelmässig hierfür die moralisch, physisch und beruflich geeigneten Menschen festgestellt werden. Ein Vorbild bietet die Art, wie die Einwanderung nach Palästina seit längerem geregelt ist.
6. Die Auswanderung zu eigenen Unternehmungen geeigneter und entschlossener, kapitalkräftiger Persönlichkeiten ist der eigenen Initiative zu überlassen.[10]

7 Von April bis Juni 1933 gab es eine Reichsvertretung der jüdischen Landesverbände, die allerdings kaum Wirkung entfaltete. Vermutlich sprach Baeck von diesem Gremium. Die Reichsvertretung der deutschen Juden wurde offiziell erst am 17. September 1933 gegründet. In ihr waren die Landesverbände der jüdischen Gemeinden und die drei großen jüdischen Organisationen vertreten: der Centralverein, der Reichsbund jüdischer Frontsoldaten und die Zionistische Vereinigung für Deutschland. Die Reichsvertretung sollte die verschiedenen Richtungen des Judentums zusammenfassen und nach außen repräsentieren. An ihrer Spitze stand Leo Baeck.

8 Dr. Leo Wolff (1870–1958), Jurist; von 1910 an Amtsgerichtsrat in Berlin, 1924–1927 Vorsitzender der Jüdischen Gemeinde Berlin, Vorstandsmitglied des CV, 1933–1939 Vorstandsmitglied der Reichsvertretung; 1939 Emigration nach Großbritannien.

9 Der folgende Teil stellt ein von Baeck oder der Reichsvertretung stammendes undat. Memorandum dar, welches in deutscher Sprache der Gesprächsnotiz des Joint-Vertreters angefügt ist.

10 In den Unterlagen des Joint folgen hier noch Notizen über Gespräche mit Robert Weltsch von der Jüdischen Rundschau, mit Dr. Karl Melchior (Wirtschaftshilfe) und Dr. Tietz; wie Anm. 1.

DOK. 50

The New York Times: Meldung vom 12. Juni 1933 über eine Kampagne zur Unterstützung der deutschen Juden[1]

Auswanderungshilfe für Juden Deutschlands

B'rith Abraham legt Amerikanischen Fonds zur Finanzierung der Emigration auf. Tagung in Atlantic City. Laut Joint Distribution Committee bereits 100 000 Dollar vor Beginn der Kampagne eingegangen

Eigener Bericht, Atlantic City, 11. Juni
Auf der hiesigen Jahresversammlung des Unabhängigen Ordens B'rith Abraham[2] riefen Redner die Juden Amerikas auf, ihre deutschen Glaubensbrüder bei der Emigration finanziell zu unterstützen.[3]
Abraham Herman,[4] New Yorker Präsident der Hebrew Immigration Help Society, erklärte gegenüber den 960 Delegierten der Loge, die Juden in Deutschland hätten nur noch drei Möglichkeiten: wirtschaftlicher Untergang, Emigration oder Selbstmord. Herman warb um Unterstützung für die Bemühungen, Flüchtlingen die Einreise in die USA, nach Südamerika und China sowie Palästina zu ermöglichen.
Die Situation unter Hitler war das beherrschende Thema der gestrigen Ansprachen, darunter der Jahresbericht von Isadore Apfel, New Yorker Großmeister von B'rith Abraham, und Vorträge von Aaron J. Levy, Richter am Obersten Gerichtshof des Staates New York, Richter Leon Sanders und von Gustave Hartmann, Richter i. R. aus New York sowie von Harry Bacharach, dem Bürgermeister von Atlantic City.
Großmeister Apfel erklärte, „die bloße Existenz der Juden in Deutschland wird von ungezügeltem und barbarischem Hass bedroht. Sechshunderttausend Juden werden entwurzelt. Nicht nur ihr Besitz, auch ihr Leben ist der Gewalt des Pöbels ausgesetzt."
Obwohl die Hilfsaktion für Deutschland des American Joint Distribution Committees in New York erst am Mittwochabend beginnen soll, sind in der vergangenen Woche bereits 100 000 Dollar Spenden eingegangen,[5] ließ Dudley D. Sicher,[6] Vorsitzender der New Yorker Sammelaktion, verlauten.
Damit sei bereits ein Zehntel der 1 Million Dollar aufgebracht, die die New Yorker Juden zu dem 2-Millionen-Hilfsfonds beitragen wollen, der die Juden in Deutschland unterstützen soll.

1 The New York Times vom 12. 6. 1933, S. 7. Der Artikel wurde aus dem Englischen übersetzt.
2 Der Unabhängige Orden B'rith Abraham wurde 1887 als Abspaltung von dem 1859 in New York von deutschen und ungarischen Juden gegründeten Orden B'rith Abraham geschaffen.
3 Am 22. 6. 1933 bildete sich ein Gemeinsames Komitee des American Jewish Committee, des American Jewish Congress und des B'nai B'rith, um den deutschen Juden zu helfen; Report of the American Jewish Congress vom 23. 6. 1933, LBIJMB, MF 57, Reel 1.
4 Abraham Herman (1878–1947), Apotheker; Direktor und Vorstandsmitglied der Pennsylvania Exchange Bank; von 1926 an Präsident der Hebrew Sheltering and Immigrant Aid Society; Mitglied des B'nai B'rith.
5 Die Kampagne wurde von Felix M. Warburg und Rabbiner Jonah B. Wise, National Chairman des American Jewish Joint Distribution Committee geleitet. Letzterer informierte in einem Flugblatt über die Situation der Verfolgten sowie über die Ziele der Kampagne und die Verwendung der gesammelten Mittel. Diese dienten in Deutschland der Armenfürsorge und Wirtschaftshilfe, zum Aufbau jüdischer Schulen und zur Förderung der Emigration; „600 000 Jews in Germany. What is their fate?" (Erste Hälfte Juni 1933), wie Anm. 1.
6 Dudley David Sicher (1876–1939), Industrieller.

DOK. 51
Das Jugendschöffengericht Frankfurt a. M. verurteilt am 12. Juni 1933 jüdische Jugendliche wegen des Verteilens politischer Flugblätter[1]

Protokoll der Verhandlung vor dem Jugendschöffengericht in Frankfurt a. M. vom 12. 6. 1933 (mit Urteil und Anlage)[2]

Öffentliche Sitzung des *Jugend*schöffengerichts. *Frankfurt a. M.*, den *12. Juni* 1933[3]
Gegenwärtig:
Amtsgerichtsrat Deschauer[4] als Vorsitzender,
Lagerhalter Konrad Buch
Kaufmann Hans Bamberger als Schöffen,
Ger.-Ass. Dr. Weyrich als Beamter der Staatsanwaltschaft,
Ref. Krekels als Urkundsbeamter der Geschäftstelle.

Strafsache gegen
1. Emil Carlebach,[5] *geb. 10. 7. 14 zu Frankfurt/M., wohnhaft daselbst, Gausstr. 16 II,*
2. Paul Bloch,[6] *geb. 16. 10. 11 zu Zürich, wohnhaft in Frankfurt/M., Schützenstr. 2,*
3. Ruth Cohnstaedt,[7] *geb. 17. 6. 1912 zu Frankfurt/M., wohnhaft daselbst, Hansa-Allee 32,*
wegen Vergehens gegen § 6 der V.O. des R.Präsidenten vom 28. Februar 1933.[8]
Beim Aufruf der Sache erschienen *die* Angeklagt*en im Beistand ihrer Eltern.*
Der A[ngeklagt]e zu 1) mit R[echts]a[nwalt] Sandermayer.
Die Ae zu mit RA Vogt
– Die Verhandlung begann mit dem Aufruf der Zeugen. Es meldeten sich:
– Richard Rügen
– Karl Wolfram
– Fritz Hummel
Die Zeugen wurden mit dem Gegenstand der Untersuchung und der Person der Angeklagten bekannt gemacht und auf die Bedeutung des Eides sowie insbesondere darauf hingewiesen, dass der Eid sich auch auf die Beantwortung solcher Fragen beziehe, die dem

1 HHStA Wiesbaden, Abt. 461/15146, Bl. 48–52 und 7a. Gekürzter Abdruck in: Juden vor Gericht, S. 193–197.
2 Auf der ersten Seite des Originals befinden sich ein Eingangsstempel der Staatsanwaltschaft Frankfurt a. M. vom 24. 6. 1933 sowie mehrere handschriftl. Vermerke und Abzeichnungen.
3 Alle im Haupttext kursiv markierten Stellen sind im Originalformular handschriftl. eingefügt.
4 Robert Deschauer (1878–1966), Jurist; von 1931 an Jugendrichter in Frankfurt a. M.
5 Emil Carlebach (1914–2001), Journalist; KPD-Mitglied; 1934 nach Sondergerichtsurteil wegen Hochverrats drei Jahre Gefängnis, danach KZ-Haft bis 1945; nach 1945 Mitbegründer der Frankfurter Rundschau und der Vereinigung der Verfolgten des Naziregimes; Autor zahlreicher Bücher über die NS-Zeit.
6 Paul Bloch (*1911), Kaufmann; von 1931 an Mitglied kommunistischer Organisationen, 1933 vom Schöffengericht Frankfurt a. M. wegen Aufbewahrens von Flugblättern verurteilt, Haft bis März 1934, 1935 erneute Verhaftung und Verurteilung durch das Oberlandesgericht Kassel zu sieben Jahren Zuchthaus wegen der Leitung des KPD-Bezirks Hessen-Frankfurt, nach dem Ende der Haft Überführung ins KZ.
7 Ruth Cohnstaedt (*1912), kaufmännischer Lehrling.
8 Nach der VO des Reichspräsidenten gegen Verrat am Deutschen Volke und hochverräterische Umtriebe vom 28. 2. 1933 konnte die Herstellung und Verbreitung einer Druckschrift, deren Inhalt durch „Anreizung zum gewaltsamen Kampf gegen die Staatsgewalt" oder in anderer Weise den Tatbestand des Hochverrats (§§ 81–86 StGB) erfüllte, mit Gefängnis von einem Monat bis zu drei Jahren bestraft werden; RGBl., 1933 I, S. 85.

Zeugen über seine Person und die sonst im § 68 der Strafprozessordnung vorgesehenen Umstände vorgelegt würden. Sie entfernten sich darauf zunächst aus dem Sitzungssaal.
Die Angeklagten, über die persönlichen Verhältnisse vernommen, gaben an:
wie Bl. 30 d. A.
Der Beschluss vom *26. Mai 1933* über die Eröffnung des Hauptverfahrens wurde verlesen.
Das Flugblatt wurde verlesen.[9]
Die Angeklagten wurden befragt, ob sie etwas auf die Beschuldigung erwidern wollen.
Sie erklärten:
zu 1) Ich habe das Flugblatt erhalten und mit den beiden anderen A[en] *verteilt.*
zu 2) Ich [habe] von einem Dritten ebenfalls Flugblätter erhalten und bin mit den anderen weggegangen. Es ist davon gesprochen worden, dass es eine gefährliche Sache sei.
zu 3) Verabredet mit Carlebach, traf Bloch, verabredet, Flugblätter zu verteilen.
Den Eltern der A[en] *wurde Gelegenheit zur Stellungnahme gegeben.*
Auf die Zeugen wurde allseits verzichtet.
Nach der Verlesung eines jeden Schriftstücks – wurden die Angeklagten befragt, ob sie etwas zu erklären haben.
Die Staatsanwaltschaft und sodann die Angeklagten – und die Verteidiger – erhielten zu ihren Ausführungen das Wort.
Die Staatsanwaltschaft beantragte:
gegen den A[n] *Carlebach eine Gefängnisstrafe von 3 Monaten*
gegen den A[n] *Bloch eine Gefängnisstrafe von 3 Monaten*
gegen die A[e] *Cohnstaedt eine Gefängnisstrafe von 6 Wochen.*
und Aufhebung des Haftbefehls gegen sämtliche Angeklagten.
Der Angeklagte *zu 2) und die* Verteidiger beantragen: *Freisprechung, evtl. milde Bestrafung.*
Die A[n] *wurden darauf hingewiesen, dass eine Verurteilung auch wegen Übertretung des Pressgesetzes (§§ 6, 19) erfolgen könne und dass sie auch hierauf ihre Verteidigung richten sollten.*
Die Angeklagten hatten das letzte Wort.
Das Urteil wurde *unter Rechtsmittelbelehrung* durch Verlesung der Urteilsformel und durch mündliche Mitteilung des wesentlichen Inhalts der Urteilsgründe dahin verkündet:
Die Angeklagten werden wegen Übertretung der §§ 6, 19 des Pressgesetzes zu je sechs Wochen Haft und in die Kosten des Verfahrens verurteilt. 30 Tage Untersuchungshaft werden auf die Strafe angerechnet.
Der Haftbefehl wird aufgehoben.
Anstelle der restlichen 12 Tage Haft werden Geldstrafen von je RM 100.- für die Angeklagten Carlebach und Cohnstaedt und RM 50.- für den Angeklagten Bloch gemäss § 23 b StGB festgesetzt. Dem Angeklagten Bloch werden monatliche Teilzahlungen von RM 5.- nachgelassen.
Deschauer *Krekels*[10]

Gründe:
Die Hauptverhandlung hat auf Grund der Einlassung der Angeklagten folgendes ergeben: Der Angeklagte Carlebach, der im 19. Lebensjahr steht, ist der Sohn jüdischer Eltern. Der Vater betreibt als selbständiger Kaufmann ein Galanteriewarengeschäft. Nach bestan-

9 Siehe Anhang zu diesem Dokument.
10 Im Original hier Stempel: „Das Urteil ist rechtskräftig. Frankfurt a/Main, den 21. Juni 1933."

dener Reifeprüfung trat der Angeklagte in Frankfurt a./M. in die kaufmännische Lehre bei der Fa. Schiff ein, in der er sich heute noch befindet.
Der Angeklagte Bloch, 21 Jahre alt, stammt ebenfalls aus einer jüdischen Familie. Sein Vater ist verstorben. Seit 6 Jahren war er bei der Fa. Mosse tätig, die ihn am 1. Mai 1933 entliess. Mit seiner Mutter, die in beschränkten Vermögensverhältnissen lebt, führt der A^e einen gemeinsamen Haushalt, dessen Kosten er teilweise von seinem Verdienst mitbestreitet.
Die Angeklagte Cohnstaedt ist die Tochter eines jüdischen Redakteurs und einer christlichen Mutter. Sie selbst ist Dissidentin. Nach bestandenem Abitur studierte sie zunächst zwei Semester Rechtswissenschaft, gab jedoch dann das Studium auf. Sie lebt im Haushalt ihrer Eltern.
Sämtliche Angeklagten sind nicht vorbestraft.
Am 12. Mai 1933 traf sich der Angeklagte Carlebach mit der Angeklagten Cohnstaedt abends im Café Rothschild. Ein Unbekannter – nach der Einlassung des Angeklagten Carlebach – gab ihm etwa 30 Flugblätter zum Verteilen, die er ungelesen in seine Tasche steckte. Die Angeklagte Cohnstaedt bemerkte hiervon nichts.
Am gleichen Abend kam der Angeklagte Bloch in das Café, der von einem Unbekannten ebenfalls etwa 30 Flugblätter zum Verteilen erhielt und ungelesen in die Tasche steckte. Er begrüsste den ihm bekannten Angeklagten Carlebach, den er zufällig traf, und der ihm die Mitangeklagte Cohnstaedt vorstellte. Daraufhin setzte sich Bloch zu Carlebach und Cohnstaedt an den Tisch. Im Laufe des Abends kamen dann Bloch und Carlebach überein, die Flugblätter gemeinsam zu verteilen und forderten die Angeklagte Cohnstaedt auf, sich daran zu beteiligen. Dabei kam ausdrücklich zur Sprache, dass die Sache äusserst gefährlich sei. Die Angeklagte Cohnstaedt willigte ein, und die Angeklagten verliessen gegen 12 Uhr das Café und begaben sich zusammen nach der Heimatsiedlung, die in der entgegengesetzten Richtung ihrer Wohnung liegt. Dort warfen Bloch und Carlebach die Flugblätter in Briefkästen. Als drei SA-Männer kamen, liefen die Aⁿ weg. Diese wurden dadurch auf sie aufmerksam, nahmen sie fest und übergaben sie am nächsten Morgen der Polizei. Seit 14. Mai befinden sich die Angeklagten in Untersuchungshaft.
Gegen die Angeklagten ist das Hauptverfahren wegen gemeinschaftlicher Verletzung des § 6 der Verordnung des Reichspräsidenten gegen den Verrat am Deutschen Volke und hochverräterische Umtriebe eröffnet worden. Diese Strafbestimmung setzt voraus, dass eine Druckschrift verbreitet wird, deren Inhalt zum mindesten eine Aufforderung oder Anreizung zur Vorbereitung eines gewaltsamen Kampfes gegen die Staatsgewalt enthält. Es muss also in der Druckschrift auf irgendeine Art der *gewaltsame* Kampf gegen die Staatsgewalt vorbereitet werden. Das verteilte Flugblatt beginnt mit: „Kollege von der N.S.B.O!“ und endet mit: „RGO Gross Frankfurt“.[11] Es wiederholt in den verschiedensten Wendungen immer wieder: „Kämpfe in der N.S.B.O.; eine nationale Revolution kann nur von uns allen im Kampfe siegreich durchgeführt werden; reihe Dich ein in die Front des kämpfenden Proletariats; es lebe der Kampf für ein freies, sozialistisches Deutschland.“ Nirgends ergibt sich indessen aus dem Flugblatt, dass zu Gewaltsamkeiten aufgefordert wird. Ziel des Flugblattes ist, durch das schleichende Gift des Zweifels die Macht des nationalsozialistischen Staates zu unterhöhlen, nicht aber auf dem offenen und geraden Weg des ungesetzlichen, aber ehrlichen Kampfes. Die unter so langen und schweren Kämpfen errungene Einheit des Deutschen Volkes soll zerstört und so der Weg der Ver-

11 RGO: Revolutionäre Gewerkschafts-Opposition der KPD, gegründet 1930.

nichtung der Staatsgewalt beschritten werden. Nach dem Gesetz ist jedoch diese Art des feigen und hinterlistigen Kampfes nicht strafbar. Eine Verurteilung aus § 6 der genannten Verordnung konnte daher nicht erfolgen.
Das Flugblatt ist lediglich mit „RGO Gross Frankfurt" unterzeichnet. Es war daher zu prüfen, ob das Flugblatt den Bestimmungen des § 6 des Reichspressgesetzes genügt. Das Flugblatt ist eine Druckschrift im Sinne dieses Gesetzes, da es durch ein die Massenherstellung ermöglichendes Vervielfältigungsverfahren hergestellt worden ist (vgl. Häntzschel, Reichspressgesetz § 2 Anm. 2e). Es muss daher auf ihm der Name und Wohnort des Druckers und Verlegers angegeben sein. Beide Angaben fehlen; die Angabe „RGO Gross Frankfurt" genügt nicht. Die Angeklagten waren daher, da sie gemeinschaftlich in bewusstem und gewollten Zusammenhange das Flugblatt verteilt haben, als Mittäter gemäss §§ 6, 19 Z. 1 Pressgesetz, § 47 StGB zu bestrafen.
Bei dem Strafmass kam als Milderungsgrund die bisherige Unbescholtenheit und Jugend der Angeklagten in Betracht. Strafschärfend waren dagegen die raffinierte Art der Ausführung der Tat und die Gemeingefährlichkeit des Deliktes[12] zu berücksichtigen. Bei der Ausführung der Tat versuchten die Angeklagten der Sache den Anschein eines galanten Abenteuers zu geben und verteilten die Flugblätter in einem ihrer Wohnung entgegengesetzten Stadtteil. Bei und nach ihrer Festnahme gaben sie nur das zu, was sich auch ohne ihr Geständnis nachweisen liess.[13] Von Reue oder wenigstens der Erkenntnis, dass es nicht anging, dass sie gegen die Strafgesetze aus Unzufriedenheit mit den heutigen Verhältnissen verstiessen, war nicht das Geringste festzustellen. Im Gegenteil, es handelt sich bei den Angeklagten um Rechtsbrecher, die den Staat auf hinterlistige Weise zu bekämpfen suchen und sich nicht darein schicken wollen, dass das Deutsche Volk ausschliesslich von Deutschen regiert wird. Angesichts dieser strafschärfenden Momente konnten die strafmildernden Gesichtspunkte nicht ins Gewicht fallen. Da der Staat durch wiederholte Verteilung derartiger volksgefährdender Flugblätter schwer geschädigt werden kann, war auf die zulässige Höchststrafe zu erkennen. Die Anrechnung der Untersuchungshaft beruht auf § 60 StGB, die Umwandlung der Resthaftstrafe in Geldstrafe auf § 25 StGB. Da der Angeklagte Bloch im Gegensatz zu den begüterten zwei anderen Angeklagten in beschränkten Vermögensverhältnissen lebt, war bei ihm die Geldstrafe auf die Hälfte der gegen die beiden Mitangeklagten erkannten Geldstrafe unter Gestattung von Ratenzahlungen festzusetzen. Die Kostenentscheidung ergibt sich aus § 463 StPO.
Deschauer[14]

NSBO[15]
Kollege von der N.S.B.O.!
Du bist in die NSBO eingetreten, weil Du glaubtest, dass Deine Interessen von dieser Organisation vertreten werden!
Und wenn Du nicht freiwillig eintreten wolltest, so wurdest Du durch Drohungen und durch offenen Terror hineingezwungen!

12 Im Original gestrichen: „und die Verstocktheit der Angeklagten".
13 Im Original folgender Satz durchgestrichen: „Besonders die beiden männlichen Angeklagten zeigten sich in der Hauptverhandlung durchaus verstockt."
14 Dem Dokument liegt das im Folgenden abgedruckte Flugblatt bei.
15 An dieser Stelle steht ein großes Viereck, darin NSBO.

Kollege und Kollegin, was kannst Du von der NSBO verlangen:
Tarifgehalt, Erhöhung der Tarife, Abschaffung des Volontärsystems, Kampf gegen Überstunden, gleiche Bezahlung der weiblichen wie der männlichen Angestellten, 7-Stundentag bei vollem Lohnausgleich und Deine besonderen betrieblichen Forderungen!
Fordere von der NSBO, dass *Mitglieder* der *Geschäftsleitung* nicht Mitglieder der NSBO werden dürfen!
Kämpfe in der NSBO gegen die Ausbeutung der Mitglieder, gegen die hohen Mitgliedsbeiträge, die Du zahlen musst, ohne dass Gegenleistungen gegeben werden. *Kämpfe* gegen die vielen Sonderzahlungen wie z. B. dem Verlangen, dass bei einem Mitgliederappell 25 Pfg. Eintritt bezahlt werden müssen! Kämpfe in der NSBO gegen die Erhöhung der Preise von Fett, Oel etc., die bereits um 100 % aufgeschlagen sind, ohne dass Dein Gehalt auch nur um 1 % erhöht wurde!
Frage immer wieder Deinen Zellenleiter, wann die Zerreissung des Versailler Vertrages und des Young-Planes erfolgt, warum Hitler erst vor einigen Tagen die bestehenden Verträge als zu Recht anerkannt hat! Frage, wem es nutzt, wenn kleine jüdische Arbeiter und Angestellte auf Betreiben der NSBO entlassen werden und keine christlichen Kollegen in den Betrieb kommen?
Kollege und Kollegin von der NSBO!
Immer wieder musst Du diese Fragen aufwerfen, nicht allein, sondern gemeinsam mit anderen gleichgesinnten Kollegen!
Lass Dich nicht vertrösten, Du hast das Recht zu fordern, Du hast das Recht auf Besserung!
Volksgemeinschaft - jawohl,
Gemeinschaft aller Unterdrückten, aller Arbeiter, Angestellten, Kleinbauern, unteren Beamten, aber keine *Volksgemeinschaft* mit den Grossagrariern, Grossunternehmern, Prinzen und Grafen!
Eine *nationale* Revolution soll stattgefunden haben?
Du bist noch genau wie vor 4 Monaten an die Ketten von Versailles gebunden!
Eine *nationalsozialistische* Revolution sei angebrochen!
Wo ist der Sozialismus? Wo bleibt die Enteignung der Bankherren, Börsenmagnaten und Kohlenbarone?
Du willst die nationale und soziale Befreiung vom Joche des Kapitalismus! Aber niemals wird sie durchgeführt von Hitler, Goering, die selbst an das Kapital gebunden, die hinter Italien, Polen nachlaufen!
Eine nationale und soziale Revolution kann nur von uns allen im *Kampfe* siegreich durchgeführt werden!
Im *Kampfe* gegen die nationalen und internationalen Ausbeuter! Kämpfe Du in der N.S.B.O. und Du wirst zur Erkenntnis kommen, wer Deine Interessen vertritt.
Du wirst erkennen, warum die *revolutionären Organisationen*, die *K.P.D.*, *R.G.O.* unterdrückt, verboten und verleumdet werden! Weil sie nach wie vor an der Spitze der Unterdrückten gegen die Unterdrücker stehen!
Lass den Mut nicht sinken!
Wenn Du den Verrat der Nazipartei erkannt hast, reihe Dich ein in die Front des kämpfenden Proletariats!
Es lebe der Kampf für ein freies sozialistisches Deutschland!
RGO Gross Frankfurt.

DOK. 52
Das Statistische Reichsamt berichtet über die regionale Verteilung der Glaubensjuden nach den Ergebnissen der Volkszählung vom 16. Juni 1933[1]

[…][2]

2. Die Verteilung der Glaubensjuden im Deutschen Reich

a. Die Glaubensjuden nach Stadt und Land

Die Hauptmasse der Glaubensjuden wohnt in den Großstädten. Hier sind 1933 rd. 354 000 Glaubensjuden gezählt worden, d.s. 70,9 vH ihrer Gesamtzahl, wogegen von der gesamten Reichsbevölkerung nur 30,4 vH in den Großstädten wohnen. In den Großstädten insgesamt stellen die Glaubensjuden 1,79 vH der Bevölkerung und erreichen damit weit über das Doppelte ihres Anteils an der Reichsbevölkerung (0,77 vH). In allen anderen Gemeindegrößenklassen sind sie anteilsmäßig schwächer als im Reichsdurchschnitt vertreten, und zwar sinkt regelmäßig der Anteil der Glaubensjuden an der Gesamtbevölkerung mit fallender Gemeindegröße.

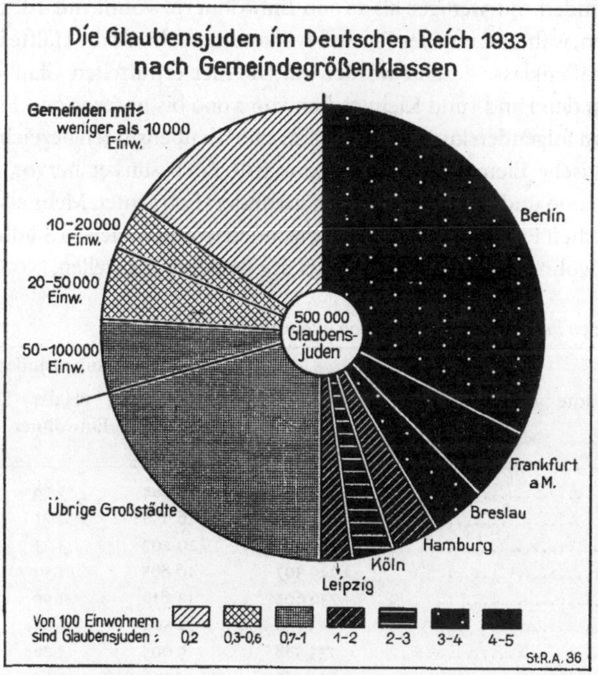

1 Statistik des Deutschen Reichs, Bd. 451/5, Volks-, Berufs- und Betriebszählung vom 16. Juni 1933. Volkszählung. Die Bevölkerung des Deutschen Reichs nach den Ergebnissen der Volkszählung 1933. H. 5: Die Glaubensjuden im Deutschen Reich, bearbeitet im Statistischen Reichsamt, Berlin 1936, S. 9 f.

2 Punkt 2 gehen eine Einführung und Punkt 1 „Die Glaubensjuden im Deutschen Reich und ihre zahlenmäßige Entwicklung seit der Emanzipation" voraus.

Die Glaubensjuden im Deutschen Reich) 1933 nach Gemeindegrößenklassen*

Gemeinden mit .... Einwohnern	Gesamtbevölkerung des Reichs		Glaubensjuden		Von je 100 Einwohnern sind Glaubensjuden
	Zahl	vH	Zahl	vH	
weniger als 10 000	33 039 382	*50,6*	77 168	*15,5*	*0,23*
10 000 bis unter 20 000	3 930 115	*6,0*	17 172	*3,4*	*0,44*
20 000 » » 50 000	5 028 133	*7,7*	25 714	*5,1*	*0,51*
50 000 » » 100 000	3 418 495	*5,3*	25 508	*5,1*	*0,75*
100 000 » » 200 000	3 430 297	*5,3*	31 091	*6,2*	*0,91*
200 000 » » 500 000	5 776 234	*8,9*	50 824	*10,2*	*0,88*
500 000 und mehr (ohne Berlin)	6 353 304	*9,7*	111 641	*22,4*	*1,76*
Stadt Berlin	4 242 501	*6,5*	160 564	*32,1*	*3,78*
Insgesamt	*65 218 461*	*100*	*499 682*	*100*	*0,77*
100 000 u. mehr zus	19 802 336	*30,4*	354 120	*70,9*	*1,79*

*) Ohne Saarland.

In den Gemeinden mit weniger als 10 000 Einwohnern wohnt nur rd. ein Sechstel der Glaubensjuden, während von der Reichsbevölkerung mehr als die Hälfte in den Gemeinden dieser Größenklasse gezählt worden ist. Die hier ermittelten Glaubensjuden leben größtenteils in den Land- und Kleinstädten von 2 000 bis unter 10 000 Einwohnern und sollen daher im folgenden kurz als kleinstädtische Glaubensjuden bezeichnet werden.
Das großstädtische Element des Judentums tritt noch stärker hervor, wenn man die Städte mit 500 000 und mehr Einwohnern gesondert betrachtet. Mehr als die Hälfte aller 1933 im Deutschen Reich gezählten Glaubensjuden wohnt in den 10 Städten mit mehr als ½ Million Einwohnern, in denen sie 2,57 vH der Bevölkerung stellen.

Die Glaubensjuden in den Städten mit 500 000 und mehr Einwohnern

Städte	Einwohner	Glaubensjuden		
		Zahl	vH der Einwohner	vH der Glaubensjuden im Reich*)
Berlin	4 242 501	160 564	*3,78*	32,1
Frankfurt a. M.	555 857	26 158	*4,71*	5,2
Breslau	625 198	20 202	*3,23*	4,1
Hamburg	1 129 307	16 885	*1,50*	3,4
Köln	756 605	14 816	*1,96*	3,0
Leipzig	713 470	11 564	*1,62*	2,3
München	735 388	9 005	*1,22*	1,8
Essen	654 461	4 506	*0,69*	0,9
Dresden	642 143	4 397	*0,68*	0,9
Dortmund	540 875	4 108	*0,76*	0,8
Insgesamt	*10 595 805*	*272 205*	*2,57*	*54,5*

*) Ohne Saarland

Ausschlaggebend sind Berlin, Frankfurt a. M. und Breslau. In Berlin allein wurden rd. 160 000 Glaubensjuden, d.s. 32,1 vH ihrer Gesamtzahl, ermittelt; ihr Anteil an der Einwohnerschaft beträgt hier 3,78 vH. Verhältnismäßig noch stärker vertreten sind sie in Frankfurt a. M. mit 4,71 vH; dagegen treten Dresden und die Industriestädte Essen und Dortmund mit einem Anteil von 0,68 bzw. 0,69 und 0,76 vH zurück.

Diese Zusammenballung des Judentums an wenigen großen Plätzen ist in erster Linie eine Folge der zunehmenden Ausbildung und Konzentration der Kapitalwirtschaft in den größeren Städten. Namentlich seit Einführung der Freizügigkeit und der Gewerbefreiheit haben die Glaubensjuden die Kleinstädte verlassen und sich in immer stärkerem Maße in den Großstädten angesammelt. Wie das Schaubild und die umseitige Übersicht zeigen, hat sich die Zahl der großstädtischen Glaubensjuden im Deutschen Reich von 1871 bis 1925 mehr als verfünffacht.[3] 1871 wohnte nicht ganz ein Fünftel aller Glaubensjuden des Reichs (heutiger Gebietsstand) in den Großstädten, 1900 annähernd die Hälfte, 25 Jahre später zwei Drittel.

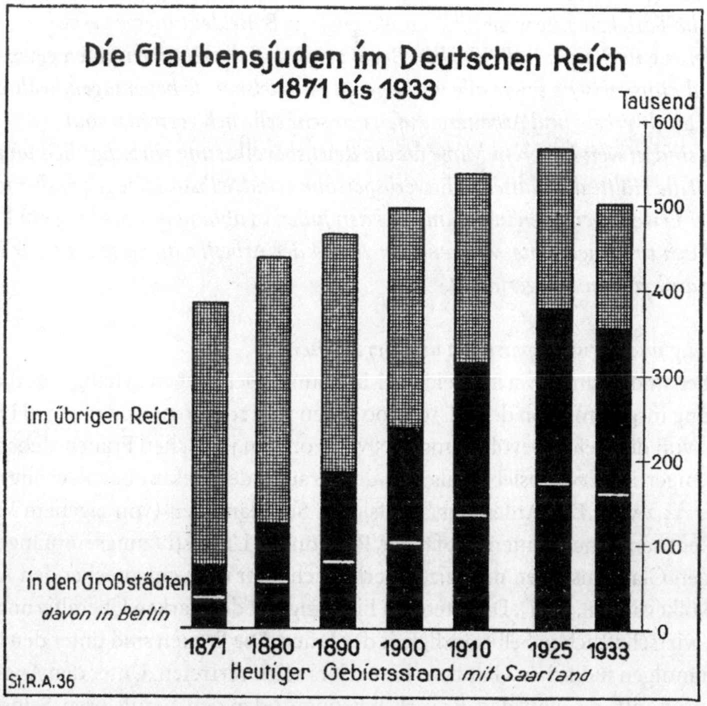

Die Verstärkung des großstädtischen Elements unter den Glaubensjuden hat sich in den 8 Jahren von 1925 bis 1933 noch fortgesetzt. Dagegen ist der Anteil der Glaubensjuden an der Gesamtbevölkerung in den Großstädten wie auch im Reich überhaupt seit 1880 ständig zurückgegangen, eine Folge ihrer abnehmenden natürlichen Vermehrung sowie der Einbußen durch Austritte und Mischehen.

3 Im Deutschen Reich fanden Volkszählungen 1875–1910 alle fünf Jahre statt, danach nur noch in unregelmäßigen Abständen, z. B. 1916, 1917 und 1919. Die Volkszählungen von 1925, 1933 und 1939 beinhalteten gleichzeitig Berufs- und Betriebszählungen.

DOK. 53
Das Statistische Reichsamt berichtet über die berufliche Verteilung der Glaubensjuden nach den Ergebnissen der Volkszählung vom 16. Juni 1933[1]

V. Die berufliche und soziale Gliederung der Glaubensjuden im Deutschen Reich[2]

Von den Glaubensjuden steht ähnlich wie bei der Gesamtbevölkerung knapp die Hälfte im Erwerbsleben; unter den Berufslosen sind entsprechend der stärkeren Überalterung bei den Juden verhältnismäßig mehr berufslose Selbständige und Ehefrauen, aber infolge der geringeren Kinderzahl weniger „übrige Angehörige".
Die Glaubensjuden gehören zu mehr als drei Fünfteln zur Wirtschaftsabteilung Handel und Verkehr. Nicht ganz ein Viertel der Erwerbspersonen jüdischen Glaubens ist in Industrie und Handwerk tätig, findet sich aber auch hier vornehmlich in Wirtschaftsgruppen, in denen die händlerische Tätigkeit eine wesentliche Rolle spielt (z. B. Bekleidungsgewerbe).
Die Gliederung nach dem individuellen Beruf zeigt, daß die Glaubensjuden gewisse akademische und künstlerische sowie alle wichtigeren Handelsberufe bevorzugen, während sie in fast allen Handwerker- und Arbeiterberufen nur sehr schwach vertreten sind.
Die Juden sind in weit höherem Maße als die Reichsbevölkerung wirtschaftlich unabhängig; annähernd die Hälfte der jüdischen Erwerbspersonen sind Selbständige gegenüber nur einem Sechstel der Erwerbspersonen insgesamt. Bei den Juden in abhängiger Stellung handelt es sich hauptsächlich um Angestellte, während der Anteil der Arbeiter im Gegensatz zur Reichsbevölkerung außerordentlich gering ist.

1. Gliederung nach Erwerbspersonen und Berufslosen
Die Glaubensjuden sind etwa im gleichen Maße am Erwerbsleben beteiligt wie die Reichsbevölkerung insgesamt; von den rd. 500 000 Juden sind rd. 240 000 oder 48,1 vH Erwerbspersonen, von der Reichsbevölkerung 49,5 vH. Von den jüdischen Frauen stehen anteilsmäßig weniger im Erwerbsleben als von den Frauen der Gesamtbevölkerung (27,4 vH gegenüber 34,2 vH). Der Anteil der berufslosen Selbständigen (von eigenem Vermögen lebende Rentner, ferner Rentenempfänger, Pensionäre, Unterstützungsempfänger u. dgl.) liegt bei den Glaubensjuden mit 12,2 vH erheblich über dem entsprechenden Anteil der Reichsbevölkerung (8,9 vH). Dies steht im Einklang mit der starken Überalterung und der größeren wirtschaftlichen Selbständigkeit der Juden. Die Frauen sind unter den berufslosen Selbständigen jüdischen Glaubens besonders stark vertreten. Unter den Angehörigen ohne Hauptberuf, die von den Erwerbspersonen oder den berufslosen Selbständigen wirtschaftlich abhängig sind und in deren Haushalt leben, sind die Ehefrauen ohne Hauptberuf bei den Juden etwas stärker vertreten als bei der Reichsbevölkerung. Der Anteil der „übrigen Angehörigen ohne Hauptberuf" bleibt dagegen infolge der geringeren Kinderzahl der Juden erheblich hinter dem Reichsdurchschnitt zurück.

1 Statistik des Deutschen Reichs, Bd. 451/5, Volks-, Berufs- und Betriebszählung vom 16. Juni 1933. Volkszählung. Die Bevölkerung des Deutschen Reichs nach den Ergebnissen der Volkszählung 1933, Heft 5: Die Glaubensjuden im Deutschen Reich, bearbeitet im Statistischen Reichsamt, Berlin 1936, S. 22–26.

2 Fußnote im Original: „Die berufliche und soziale Gliederung der Glaubensjuden ist nach den gleichen Grundsätzen erfolgt wie die der Gesamtbevölkerung bei der Berufszählung 1933. Die Systematik der Berufszählung 1933 ist in Band 453 der ‚Statistik des Deutschen Reichs', Heft 1, eingehend dargestellt, ein kurzer Überblick findet sich auch auf S. 29 f. des vorliegenden Heftes."

Der unterschiedliche Altersaufbau bedingt auch einige Unterschiede zwischen eingesessenen und zugewanderten Juden. Die ausländischen und auslandsgebürtigen Juden sind unter den berufslosen Selbständigen schwächer, unter den Angehörigen ohne Hauptberuf aber, und zwar besonders unter den „übrigen Angehörigen", stärker vertreten als im Durchschnitt.

Größere Unterschiede in der Zusammensetzung der Glaubensjuden und der Reichsbevölkerung lassen sich bei weiterer Ausgliederung nach der Betriebs- und Berufszugehörigkeit und der sozialen Stellung erkennen.

2. Gliederung nach der Betriebszugehörigkeit

a. Die Erwerbspersonen nach Wirtschaftsabteilungen, ausgewählten Wirtschaftsgruppen und -zweigen

Die Juden sind vorzugsweise im Handel tätig. Rund 147 300 oder 61,3 vH aller Erwerbspersonen jüdischen Glaubens gehören zur Wirtschaftsabteilung Handel und Verkehr gegenüber nur 18,4 vH aller Erwerbspersonen des Reichs. 2,48 vH aller in dieser Wirtschaftsabteilung ermittelten Erwerbspersonen sind jüdischen Glaubens, bei einem Anteil der Juden an der Gesamtzahl der Erwerbspersonen von nur 0,74 vH. Auch in der Abteilung „öffentlicher Dienst und private Dienstleistungen" – hier handelt es sich vorwiegend um private Dienstleistungen – sind die Glaubensjuden im Zeitpunkt der Zählung mit rd. 30 000 Erwerbspersonen oder 1,11 vH stärker vertreten, als es ihrem Anteil an der Gesamtzahl der Erwerbspersonen entspricht.

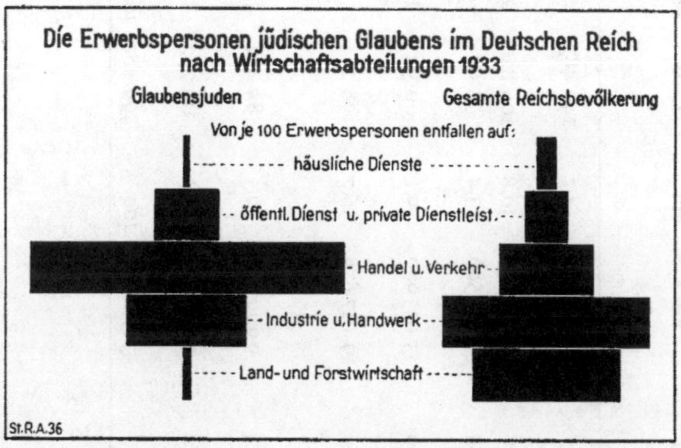

12,5 vH der Erwerbspersonen jüdischen Glaubens gehören dieser Wirtschaftsabteilung an gegenüber nur 8,4 vH von den Erwerbspersonen der Gesamtbevölkerung. Besonders gering und für die wirtschaftliche Betätigung des Judentums im Deutschen Reich kennzeichnend ist die Zahl der Glaubensjuden, die in der Landwirtschaft und in häuslichen Diensten beschäftigt sind. Auch an der gewerblichen Erzeugung in Industrie und Handwerk haben die Glaubensjuden gegenüber der Gesamtbevölkerung einen vergleichsweise niedrigen Anteil (23,1 vH gegen 40,4 vH).

Die Erwerbspersonen jüdischen Glaubens mit ausländischer Staatsangehörigkeit oder Gebürtigkeit, insgesamt rd. 55 000 Personen, sind mit 28,1 vH verhältnismäßig etwas stärker in Industrie und Handwerk vertreten als die eingesessenen Juden; an der Land- und Forstwirtschaft haben sie aber praktisch gar keinen Anteil.

Die Glaubensjuden im Deutschen Reich) 1933 nach der Erwerbstätigkeit*

Bevölkerungsgruppen	Gesamtbevölkerung des Reichs				Glaubensjuden					und zwar				
	überhaupt		darunter weiblich		überhaupt			dar. weiblich		einheimische		zugewanderte[1])		
	Zahl	vH	Zahl	vH	Zahl	vH	vH der Gesamtbevölkerung	Zahl	vH	Zahl	vH	Zahl	vH	vH der Glaubensjuden
Erwerbspersonen und zwar	32 296 074	*49,5*	11 479 041	*34,2*	240 487	*48,1*	*0,74*	71 540	*27,4*	185 344	*48,2*	55 143	*47,9*	*22,9*
Erwerbstätige	26 441 056	*40,5*	10 336 455	*30,8*	206 826	*41,4*	*0,78*	60 444	*23,2*	161 490	*42,0*	45 336	*39,4*	*21,9*
Erwerbslose	5 855 018	*9,0*	1 142 586	*3,4*	33 661	*6,7*	*0,57*	11 096	*4,2*	23 854	*6,2*	9 807	*8,5*	*29,1*
Berufslose Selbständige	5 821 556	*8,9*	3 035 980	*9,1*	60 941	*12,2*	*1,05*	39 502	*15,1*	51 338	*13,3*	9 603	*8,4*	*15,8*
Angehörige ohne Hauptberuf und zwar	27 100 831	*41,6*	19 017 878	*56,7*	198 254	*39,7*	*0,73*	149 893	*57,5*	147 995	*38,5*	50 259	*43,7*	*25,4*
Ehefrauen ohne Hauptberuf	9 900 947	*15,2*	9 900 947	*29,5*	84 482	*16,9*	*0,85*	84 482	*32,4*	63 878	*16,6*	20 604	*17,9*	*24,4*
Übrige Angehörige ohne Hauptberuf	17 199 884	*26,4*	9 116 931	*27,2*	113 772	*22,8*	*0,66*	65 411	*25,1*	84 117	*21,9*	29 655	*25,8*	*26,1*
Insgesamt	*65 218 461*	*100*	*33 532 899*	*100*	*499 682*	*100*	*0,77*	*260 935*	*100*	*384 677*	*100*	*115 005*	*100*	*23,0*

*) Ohne Saarland – [1]) Vgl Erläuterung auf S. 15.[3]

3 Die Erläuterung ist hier nicht abgedruckt. Sie bezieht sich auf die Gesamtzahl der zugewanderten Glaubensjuden, die auf ca. 115 000 Menschen geschätzt wurde; wie Anm. 1, S. 15.

Die Erwerbspersonen jüdischen Glaubens im Deutschen Reich) 1933 nach Wirtschaftsabteilungen*

Wirtschafts-abteilungen	Sämtliche Erwerbspersonen des Reichs				Erwerbspersonen jüdischen Glaubens					und zwar				
	überhaupt		dar. weiblich		überhaupt			dar. weiblich		einheimische		zugewanderte[1])		
	Zahl	vH	Zahl	vH	Zahl	vH	vH sämtl. Erwerbs-per-sonen	Zahl	vH	Zahl	vH	Zahl	vH	vH der Erwerbs-personen jüdischen Glaubens
Land- und Forstwirtschaft	9 342 785	*28,9*	4 648 782	*40,5*	4 167	*1,7*	*0,04*	2 595	*3,6*	3 846	*2,1*	321	*0,6*	*7,7*
Industrie und Handwerk	13 052 982	*40,4*	2 758 802	*24,0*	55 655	*23,1*	*0,43*	15 663	*21,9*	40 175	*21,7*	15 480	*28,1*	*27,8*
Handel und Verkehr	5 932 069	*18,4*	1 920 758	*16,7*	147 314	*61,3*	*2,48*	39 740	*55,6*	113 676	*61,3*	33 638	*61,0*	*22,8*
Öffentlicher Dienst und private Dienstleistungen	2 698 656	*8,4*	901 063	*7,9*	29 974	*12,5*	*1,11*	10 249	*14,3*	24 820	*13,4*	5 154	*9,3*	*17,2*
Häusliche Dienste	1 269 582	*3,9*	1 249 636	*10,9*	3 377	*1,4*	*0,27*	3 293	*4,6*	2 827	*1,5*	550	*1,0*	*16,3*
Erwerbspersonen insgesamt	*32 296 074*	*100*	*11 479 041*	*100*	*240 487*	*100*	*0,74*	*71 540*	*100*	*185 344*	*100*	*55 143*	*100*	*22,9*

*) Ohne Saarland — [1]) Vgl Erläuterung auf S. 15.[4]

4 Wie Anm. 3.

Gliedert man die von den Juden stärker besetzten Wirtschaftsabteilungen nach Wirtschaftsgruppen und -zweigen, so tritt die einseitige Betätigung des Judentums in der deutschen Wirtschaft noch schärfer hervor.
Die Gliederung der von den Juden zahlen- und anteilsmäßig am stärksten besetzten Wirtschaftsabteilung *Handel und Verkehr* nach Wirtschaftsgruppen zeigt, daß sich die rd. 147 000 jüdischen Erwerbspersonen fast ausschließlich im Handel betätigen, während die Wirtschaftsgruppen des Verkehrs für die Juden praktisch ohne Bedeutung sind. Rd. 137 000 Personen entfallen allein auf die Wirtschaftsgruppe Handelsgewerbe und Hilfsgewerbe des Handels, wo sie sich wieder zum überwiegenden Teil im Waren- und Produktenhandel finden; am stärksten mit Juden durchsetzt ist der Wirtschaftszweig Immobilienhandel, Vermittlung usw.; hier ist fast jede zehnte Person jüdischen Glaubens.
Die rd. 33 600 zugewanderten Glaubensjuden, die zur Wirtschaftsabteilung Handel und Verkehr gehören, stellen nicht ganz ein Viertel der jüdischen Erwerbspersonen dieser Abteilung. Die große Masse von ihnen (78,7 vH) beschäftigt sich mit Waren- und Produktenhandel. Fast die Hälfte aller Juden im Hausier- und Straßenhandel ist zugewandert (rd. 1 000 Personen).
Innerhalb der Wirtschaftsabteilung *Industrie und Handwerk* ragt die Gruppe Bekleidungsgewerbe, in der die Erzeugung vielfach weitgehend mit Handelstätigkeit verbunden ist, mit rd. 22 000 Erwerbspersonen jüdischen Glaubens hervor, d.s. 39,5 vH der Juden in der Abteilung und 1,49 vH der in dieser Gruppe überhaupt gezählten Erwerbspersonen (vgl. die umstehende Übersicht). Hiervon sind allein rd. 14 800 Personen im Wirtschaftszweig Schneiderei beschäftigt, d.s. 1,71 vH aller in diesem Wirtschaftszweig tätigen Erwerbspersonen. Noch höher ist mit 2,65 vH der Anteil der Juden bei der Hut- und Putzmacherei und mit 5,28 vH bei der Kürschnerei (Pelzjuden), wenn auch die absoluten Zahlen hier klein sind.
Von den rd. 10 600 im Nahrungs- und Genußmittelgewerbe beschäftigten Glaubensjuden gehören rd. 6 000 zur Fleischerei und ihren verwandten Betrieben; sie stellen hier 1,57 vH der Erwerbspersonen überhaupt. Auch hier spielt neben der Warenherstellung die händlerische Tätigkeit eine erhebliche Rolle.
Ein Beispiel dafür, daß die Juden vielfach leitende und geistig führende Stellen besetzt haben, liefert die Wirtschaftsgruppe Baugewerbe: während der Anteil der Glaubensjuden in der gesamten Gruppe 0,14 vH aller Erwerbspersonen beträgt, steigt er bei den Ingenieur- und Architekturbüros auf 1,37 vH. In den übrigen Wirtschaftsgruppen und -zweigen der Abteilung Industrie und Handwerk sind die Juden anteilsmäßig und meist auch zahlenmäßig nur schwach vertreten. Bei den ausländischen und auslandsgebürtigen Juden spielt besonders das Bekleidungsgewerbe eine große Rolle; diese Wirtschaftsgruppe umfaßt mehr als die Hälfte aller in Industrie und Handwerk tätigen zugewanderten Juden. Die rd. 30 000 jüdischen Erwerbspersonen in der Wirtschaftsabteilung *Öffentlicher Dienst und private Dienstleistungen* (ohne häusliche Dienste) sind annähernd zur Hälfte in der Wirtschaftsgruppe Verwaltung, Kirche, Bildung, Erziehung, Rechtsberatung usw. tätig. Sie finden sich hier vor allem im Wirtschaftszweig Rechts- und Wirtschaftsberatung, wo sie 3,27 vH sämtlicher Erwerbspersonen stellen; auch die Wirtschaftszweige Bildende Kunst, freie schriftstellerische und wissenschaftliche Betätigung sowie Wohngewerbe sind stark mit Juden durchsetzt. Im Wirtschaftszweig Reichs-, Landes-, Gemeindeverwaltung und öffentliche Rechtspflege wurden im Juni 1933 insgesamt 1 827 Erwerbspersonen jüdischen Glaubens ermittelt, d.s. 0,22 vH sämtlicher Erwerbspersonen in diesem Wirtschaftszweig.

Die Erwerbspersonen jüdischen Glaubens in Handel und Verkehr nach Wirtschaftsgruppen und ausgewählten -zweigen

Wirtschaftsgruppen (W.-Gr.) Wirtschaftszweige (Wz)	Sämtliche Erwerbspersonen des Reichs Zahl	vH	Erwerbspersonen jüdischen Glaubens Zahl	vH	vH sämtlicher Erwerbspersonen	darunter zugewanderte[1]) Zahl	vH	vH der Glaubensjuden
W.-Gr. 41 Handelsgewerbe und Hilfsgewerbe des Handels und zwar	3 224 214	*54,4*	137 048	*93,0*	*4,25*	31 885	*94,8*	*23,3*
Wz 411 Waren- und Produktenhandel	2 725 945	*46,0*	114 659	*77,8*	*4,21*	26 480	*78,7*	*23,1*
Wz 412 Hausier- und Straßenhandel	55 077	*0,9*	2 196	*1,5*	*3,99*	1 034	*3,1*	*47,1*
Wz 413 Verlagsgewerbe	127 250	*2,2*	1 831	*1,2*	*1,44*	448	*1,3*	*24,5*
Wz 414 Immobilienhandel, Vermittlung usw.	180 290	*3,0*	17 100	*11,6*	*9,48*	3 620	*10,8*	*21,2*
Wz 415 Spedition, Aufbewahrung und Bewachung, Verleihung, Versteigerung, Markt- und Messewesen	135 652	*2,3*	1 262	*0,9*	*0,93*	303	*0,9*	*24,0*
W.-Gr. 42 Bank-, Börsen- und Versicherungswesen darunter	393 082	*6,6*	6 272	*4,3*	*1,6*	769	*2,3*	*12,3*
Wz 421 Bank- und Börsenwesen	199 482	*3,4*	4 085	*2,8*	*2,05*	450	*1,3*	*11,0*
Wz 422 Private Versicherung	107 881	*1,8*	1 908	*1,3*	*1,77*	295	*0,9*	*15,5*
W.-Gr. 43 u. 44 Verkehrswesen	1 551 991	*26,2*	988	*0,7*	*0,06*	181	*0,5*	*18,3*
W.-Gr. 45 Gast- und Schankwirtschaftsgewerbe	762 782	*12,8*	3 006	*2,0*	*0,39*	803	*2,4*	*26,7*
W.-Abt. 4 Handel und Verkehr insgesamt	*5 932 069*	*100*	*147 314*	*100*	*2,48*	*33 638*	*100*	*22,8*

[1]) Vgl. Erläuterung auf S. 15.[5]

Weitere rd. 11 000 Juden wurden in der Wirtschaftsgruppe Gesundheitswesen und hygienische Gewerbe gezählt. Sie entfallen zu mehr als acht Zehnteln auf den Wirtschaftszweig Krankenpflege, Heilanstalten usw. und stellen hier 2,27 vH aller Erwerbspersonen; die an sich geringe Zahl jüdischer Erwerbspersonen im Wirtschaftszweig Apotheken bildet 2,50 vH sämtlicher Erwerbspersonen dieses Wirtschaftszweigs. Erwähnenswert ist schließlich noch der hohe Anteil von Juden (1,85 vH) in der Wirtschaftsgruppe Theater, Lichtspiele usw. Die ausländischen und auslandsgebürtigen Juden stellen in den Wirtschaftszweigen Kirche, Anstalten für religiöse Zwecke sowie Bildende Kunst usw. und in der Wirtschafts-

5 Wie Anm. 3.

Die Erwerbspersonen jüdischen Glaubens in Industrie und Handwerk nach ausgewählten Wirtschaftsgruppen und -zweigen

Wirtschaftsgruppen (W.-Gr.)	Sämtliche Erwerbspersonen des Reichs		Erwerbspersonen jüdischen Glaubens			darunter zugewanderte[1])		
Wirtschaftszweige (Wz)	Zahl	vH	Zahl	vH	vH sämtlicher Erwerbspersonen	Zahl	vH	vH der Glaubensjuden
W.-Gr. 22 bis 26 Metallindustrie	3 068 509	23,5	7 220	13,0	0,24	1 851	12,0	25,6
W.-Gr. 27 Chemische Industrie	362 751	2,8	2 223	4,0	0,61	469	3,0	21,1
W.-Gr. 28 Textilindustrie	1 118 715	8,6	3 517	6,3	0,31	756	4,9	21,5
W.-Gr. 35 Nahrungs- und Genußmittelgewerbe	1 629 645	12,5	10 568	19,0	0,65	1 386	9,0	13,1
darunter								
Wz 354 Fleischerei und Fischindustrie	379 451	2,9	5 966	10,7	1,57	357	2,3	6,0
W.-Gr. 36 Bekleidungsgewerbe	1 477 161	11,3	22 024	39,5	1,49	8 389	54,2	38,1
darunter								
Wz 361 Schneiderei	865 029	6,6	14 823	26,7	1,71	5 476	35,4	36,9
Wz 362 Kürschnerei	32 829	0,2	1 735	3,1	5,28	1 226	7,9	70,7
Wz 363 Mützen-, Hut- und Putzmacherei	73 994	0,6	1 962	3,5	2,65	497	3,2	25,3
Wz 366 Schuhmacherei und Schuhindustrie	366 428	2,8	2 262	4,1	0,62	947	6,1	41,9
W.-Gr. 37 Baugewerbe und Baunebengewerbe	2 002 803	15,4	2 771	5,0	0,14	781	5,0	28,2
darunter								
Wz 371 Architektur- und Vermessungsbüros	31 765	0,3	436	0,8	1,37	125	0,8	28,7
Wz 372 Hoch- und Tiefbau	1 948 366	14,9	2 291	4,1	0,12	646	4,2	28,2
Übrige Wirtschaftsgruppen in Industrie und Handwerk	3 393 398	25,9	7 332	13,2	0,22	1 845	11,9	25,2
W.-Abt. 2/3 Industrie und Handwerk insgesamt	*13 052 982*	*100*	*55 655*	*100*	*0,43*	*15 480*	*100*	*27,8*

[1]) Vgl. Erläuterung auf S. 15. [6]

gruppe Theater, Lichtspiele usw. rund ein Drittel sämtlicher hier gezählter Glaubensjuden.

b. Die Gesamtheit der Glaubensjuden nach Wirtschaftsabteilungen

Die Gliederung der Gesamtheit der Glaubensjuden nach Wirtschaftsabteilungen erfolgt wie bei der Gesamtbevölkerung in der Weise, daß die Angehörigen ohne Hauptberuf jeweils ihren Ernährern zugerechnet werden. Als solche kommen außer den Erwerbspersonen noch die berufslosen Selbständigen in Betracht.

6 Wie Anm. 3.

Die Erwerbspersonen jüdischen Glaubens in der Wirtschaftsabteilung Öffentlicher Dienst und private Dienstleistungen nach Wirtschaftsgruppen und ausgewählten -zweigen

Wirtschaftsgruppen (W.-Gr.) / Wirtschaftszweige (Wz)	Sämtliche Erwerbspersonen des Reichs Zahl	vH	Erwerbspersonen jüdischen Glaubens Zahl	vH	vH sämtlicher Erwerbspersonen	darunter zugewanderte[1]) Zahl	vH	vH der Glaubensjuden
W.-Gr. 51 Verwaltung, Kirche, Bildung, Erziehung, Rechtsberatung usw.	1 682 018	*62,3*	14 838	*49,5*	*0,88*	2 610	*50,6*	*17,6*
darunter								
Wz 513 Kirche, Anstalten für religiöse Zwecke	165 072	*6,1*	1 792	*6,0*	*1,09*	587	*11,4*	*32,8*
Wz 514 Bildung, Erziehung, Unterricht	391 536	*14,5*	2 585	*8,6*	*0,66*	466	*9,0*	*18,0*
Wz 515 Bildende Kunst, freie schriftstellerische und wissenschaftliche Betätigung	23 368	*0,9*	907	*3,0*	*3,88*	274	*5,3*	*30,2*
Wz 516 Rechts- und Wirtschaftsberatung usw.	191 035	*7,1*	6 249	*20,9*	*3,27*	698	*13,5*	*11,2*
Wz 517 Wohngewerbe (Hausverwaltung) usw.	67 505	*2,5*	1 478	*4,9*	*2,19*	437	*8,5*	*29,6*
W.-Gr. 52 Gesundheitswesen und hygienische Gewerbe	748 992	*27,8*	10 811	*36,1*	*1,44*	1 332	*25,8*	*12,3*
darunter								
Wz 521 Krankenpflege, Heilanstalten usw.	401 448	*14,9*	9 105	*30,4*	*2,27*	969	*18,8*	*10,6*
Wz 522 Apotheken	28 278	*1,1*	706	*2,4*	*2,5*	53	*1,0*	*7,5*
W.-Gr. 53 Wohlfahrtspflege	104 512	*3,9*	1 307	*4,3*	*1,25*	215	*4,2*	*16,4*
W.-Gr. 54 Theater, Lichtspiele und Filmaufnahme, Rundfunkwesen, Musikgewerbe, sportliche und Schaustellungsgewerbe	163 134	*6,0*	3 018	*10,1*	*1,85*	997	19,4	33,0
W.-Abt. 5 Öffentlicher Dienst und private Dienstleistungen (ohne häusliche Dienste) insgesamt	2 698 656	*100*	29 974	*100*	*1,11*	5 154	*100*	*17,2*

[1]) Vgl. Erläuterung auf S. 15.[7]

Zunächst werden die Erwerbspersonen zusammen mit ihren Angehörigen ohne Hauptberuf wie bisher nach fünf Wirtschaftsabteilungen gegliedert. Es bleiben dann die berufslosen Selbständigen und deren Angehörige ohne Hauptberuf übrig; sie bilden zusammen eine neue, sechste Wirtschaftsabteilung. Durch den Hinzutritt der berufslosen Selbständigen ergibt sich naturgemäß eine entsprechende Verschiebung der Anteilszahlen für die übrigen Abteilungen. Bemerkenswert ist aber, daß die Hinzurechnung der Angehörigen

7 Wie Anm. 3.

Die Glaubensjuden im Deutschen Reich) nach Wirtschaftsabteilungen 1933*

Wirtschaftsabteilungen	Erwerbspersonen und berufslose Selbständige jüdischen Glaubens				Sämtliche Erwerbspersonen und berufslosen Selbständigen des Reichs	
	ohne Angehörige		mit Angehörigen		ohne Angehörige	mit Angehörigen
	Zahl	vH	Zahl	vH	vH	
Land- und Forstwirtschaft	4167	*1,4*	5124	*1,0*	*24,5*	*21,0*
Industrie und Handwerk	55655	*18,5*	95472	*19,1*	*34,2*	*38,8*
Handel und Verkehr	147314	*48,9*	262223	*52,5*	*15,6*	*16,9*
Öffentlicher Dienst und private Dienstleistungen	29974	*9,9*	53443	*10,7*	*7,1*	*7,8*
Häusliche Dienste	3377	*1,1*	3494	*0,7*	*3,3*	*2,0*
Berufslose Selbständige	60941	*20,2*	79926	*16,0*	*15,3*	*13,5*
Zusammen	*301428*	*100*	*499682*	*100*	*100*	*100*

*) Ohne Saarland.

ohne Hauptberuf sich auf den Anteil der einzelnen Wirtschaftsabteilungen verschieden auswirkt.

Während in den Wirtschaftsabteilungen Industrie und Handwerk, Handel und Verkehr sowie Öffentlicher Dienst und private Dienstleistungen die Anteile durch den Hinzutritt der Angehörigen wachsen, werden sie in der Landwirtschaft, bei den häuslichen Diensten und bei den berufslosen Selbständigen geringer, was in ähnlicher Weise auch bei der Gesamtbevölkerung zu beobachten ist. Bei der Abteilung Häusliche Dienste handelt es sich in der Hauptsache um jüngere ledige Hausangestellte und bei den berufslosen Selbständigen vielfach um Witwen, allein lebende ältere Ehepaare usw. mit einer verhältnismäßig geringen Zahl von Angehörigen ohne Hauptberuf. Auch in der Landwirtschaft, die von den Juden nur vereinzelt betrieben wird, sind wenige Angehörige *ohne* Hauptberuf vorhanden, da die meisten Angehörigen der selbständigen Landwirte als mithelfende Familienangehörige tätig und dementsprechend bereits in der Zahl der Erwerbspersonen enthalten sind.

3. Gliederung der Erwerbspersonen nach Berufen

Noch wichtiger als die Frage, in welcher Art von *Betrieben* die Juden tätig sind, ist die Frage, welchen individuellen *Berufen* sie sich zuwenden. Untersucht man, in welchen Berufen die Glaubensjuden Mitte 1933 mehr als 0,74 vH aller Erwerbspersonen stellten, also stärker vertreten waren als ihrem Anteil an der Gesamtzahl der Erwerbspersonen entspricht, so ergibt sich die aus der Übersicht S. 26[8] oben ersichtliche Reihenfolge der von den Juden bevorzugten Berufe. Es sind in erster Linie gewisse akademische Berufe (Anwälte, Ärzte, Zahnärzte, Apotheker, Richter und Staatsanwälte, Hochschullehrer), ferner künstlerische Berufe (Regisseure, Schauspieler, bildende Künstler, Musiker, Sänger) und alle wichtigeren Handelsberufe, denen sich die Juden mit Vorliebe zugewandt haben. Da-

8 Dort findet sich eine Übersicht ausgewählter Berufe und deren Verteilung in der arbeitenden Bevölkerung sowie bei Berufstätigen jüdischen Glaubens; hier als nächste Tabelle abgedruckt.

bei ist zu bemerken, daß wohl gerade in diesen „freien Berufen" besonders viele aus der jüdischen Glaubensgemeinschaft ausgetretene Juden tätig gewesen sind, die von der Zählung nicht als „Juden" erfaßt werden konnten; tatsächlich wird also die jüdische Durchsetzung dieser für das kulturelle Leben wichtigen Berufe noch bedeutend stärker gewesen sein, als in den Zahlen über die Glaubensjuden zum Ausdruck kommt. Nicht zu den bevorzugten Berufen der Juden gehören dagegen fast alle Handwerker- und Arbeiterberufe; soweit einzelne davon vertreten sind, dürfte die enge Verbindung mit entsprechenden Zweigen des Handels (z. B. Fleischer – Fleisch- und Viehhandel; Kürschner, Hut- und Mützenmacher – Pelzhandel; Uhrmacher – Uhren- und Edelmetallhandel) von maßgebendem Einfluß sein. Aufschlußreich ist auch eine gesonderte Betrachtung darüber, wie viele von den in den einzelnen Berufen vertretenen jüdischen Erwerbspersonen aus dem Ausland (ohne die abgetrennten Gebiete) zugewandert sind bzw. die ausländische Staatsangehörigkeit besitzen. Bei Berufen mit längerem Aufstiegsweg, insbesondere bei den akademischen Berufen, liegt der Anteil der Zugewanderten meist weit unter dem für die Erwerbspersonen jüdischen Glaubens insgesamt festgestellten Durchschnitt von 22,9 vH. In den Handelsberufen, die das Gesamtbild ausschlaggebend beeinflussen, bleibt der Anteil der Zugewanderten bei den Reisenden, Vertretern, Verkäufern, Buchhaltern usw. etwas unter dem Durchschnitt, während bei den ebenfalls zumeist im Handel tätigen „Sonstigen Eigentümern und Pächtern" der Durchschnittssatz etwas übertroffen wird. Ein ausgesprochener Zuwandererberuf ist der des Kürschners; fast drei Viertel der rd. 1200 Kürschner jüdischen Glaubens stammen aus dem Ausland. Künstlerische Berufe und Schriftsteller umfassen etwa 30 vH Zugewanderte, Musiker und Sänger sogar 38 vH. Anteile von 40 vH und mehr Zugewanderten finden sich jedoch fast nur bei Berufen, die körperliche Arbeit erfordern; die absoluten Zahlen der Erwerbspersonen jüdischen Glaubens in diesen Berufen sind allerdings meist klein. Unter den Durchschnitt sinkt hierbei der Anteil der Zugewanderten nur in Ausnahmefällen, z. B. bei den Fleischern und Glasern.

Die Erwerbspersonen jüdischen Glaubens im Deutschen Reich) 1933 nach ausgewählten Berufen*

Berufe	Sämtliche Erwerbspersonen des Reichs		Erwerbspersonen jüdischen Glaubens			darunter zugewanderte[1])		
	Zahl	vH	Zahl	vH	vH sämtlicher Erwerbspersonen des Reichs	Zahl	vH	vH der Glaubensjuden
Berufe mit mehr als 0,74 vH Erwerbspersonen jüdischen Glaubens								
Rechtsanwälte und Notare	18 641	*0,1*	3 030	*1,3*	*16,25*	84	*0,2*	*2,8*
Makler und Kommissionäre	11 445	*0,0*	1 722	*0,7*	*15,05*	275	*0,5*	*16,0*
Patentanwälte	595	*0,0*	79	*0,0*	*13,28*	9	*0,0*	*11,4*
Ärzte	51 067	*0,2*	5 557	*2,3*	*10,88*	451	*0,8*	*8,1*
Reisende, Vertreter, Agenten	265 105	*0,8*	24 386	*10,2*	*9,20*	5 160	*9,4*	*21,2*
Zahnärzte	12 120	*0,0*	1 041	*0,4*	*8,59*	80	*0,1*	*7,7*
Hausverwalter	3 481	*0,0*	297	*0,1*	*8,53*	147	*0,3*	*49,5*
Kürschner	18 929	*0,1*	1 198	*0,5*	*6,33*	872	*1,6*	*72,8*

Berufe	Sämtliche Erwerbspersonen des Reichs		Erwerbspersonen jüdischen Glaubens			darunter zugewanderte¹)		
	Zahl	vH	Zahl	vH	vH sämtlicher Erwerbspersonen des Reichs	Zahl	vH	vH der Glaubensjuden
Berufe mit mehr als 0,74 vH Erwerbspersonen jüdischen Glaubens								
Regisseure und Spielleiter	1 070	*0,0*	60	*0,0*	*5,61*	18	*0,0*	*30,0*
Rechtskonsulenten	3 058	*0,0*	165	*0,1*	*5,40*	22	*0,0*	*13,3*
Sonstige Eigentümer und Pächter²)	1 325 713	*4,1*	66 891	*27,8*	*5,05*	16 471	*29,9*	*24,6*
Redakteure und Schriftsteller	17 277	*0,1*	872	*0,4*	*5,05*	280	*0,5*	*32,1*
Privatlehrer	10 730	*0,0*	461	*0,2*	*4,30*	146	*0,3*	*31,7*
Buchmacher	824	*0,0*	35	*0,0*	*4,25*	2	*0,0*	*5,7*
Abteilungsleiter, Prokuristen	79 571	*0,3*	3 083	*1,3*	*3,87*	364	*0,7*	*11,8*
Apotheker	18 220	*0,1*	657	*0,3*	*3,61*	52	*0,1*	*7,9*
Bücherrevisoren, Treuhänder usw.	14 293	*0,0*	515	*0,2*	*3,60*	80	*0,1*	*15,5*
Tänzer, Schauspieler, Artisten	23 694	*0,1*	703	*0,3*	*2,97*	225	*0,4*	*32,0*
Richter und Staatsanwälte	10 359	*0,0*	286	*0,1*	*2,76*	6	*0,0*	*2,1*
Brenner und Destillateure	2 339	*0,0*	62	*0,0*	*2,65*	2	*0,0*	*3,2*
Hochschullehrer	7 272	*0,0*	192	*0,1*	*2,64*	42	*0,1*	*21,9*
Referendare	14 683	*0,0*	367	*0,2*	*2,50*	18	*0,0*	*4,9*
Buchhändler	14 733	*0,0*	361	*0,2*	*2,45*	73	*0,1*	*20,2*
Bildende Künstler	14 750	*0,1*	360	*0,1*	*2,44*	104	*0,2*	*28,9*
Verkäufer	537 426	*1,7*	12 835	*5,3*	*2,39*	2 597	*4,7*	*20,2*
Chemiker, Chemotechniker, Laboranten	31 013	*0,1*	715	*0,3*	*2,31*	167	*0,3*	*23,4*
Sonstige kaufmännische und Büroangestellte²)	1 336 690	*4,1*	30 167	*12,6*	*2,26*	6 126	*11,1*	*20,3*
Putzmacherinnen	39 025	*0,1*	841	*0,3*	*2,16*	218	*0,4*	*25,9*
Dentisten und Zahntechniker	30 981	*0,1*	653	*0,3*	*2,11*	206	*0,4*	*31,5*
Musiker, Sänger usw.	93 861	*0,3*	1 915	*0,8*	*2,04*	727	*1,3*	*38,0*
Sonstige Fach- und technische sowie leitende Angestellte²)	318 158	*1,0*	5 605	*2,3*	*1,76*	1 042	*1,9*	*18,6*
Hutmacher, Mützenmacher	10 695	*0,0*	186	*0,1*	*1,74*	105	*0,2*	*56,5*
Buchhalter, Korrespondenten, Stenotypisten usw.	647 413	*2,0*	11 205	*4,7*	*1,73*	2 397	*4,3*	*21,4*
Photographen und Filmoperateure	20 766	*0,1*	335	*0,1*	*1,61*	86	*0,2*	*25,7*
Tierärzte	6 307	*0,0*	98	*0,0*	*1,55*	2	*0,0*	*2,0*
Fleischer und Wurstmacher	242 193	*0,8*	3 566	*1,5*	*1,47*	211	*0,4*	*5,9*
Optiker und Uhrmacher	36 629	*0,1*	484	*0,2*	*1,32*	251	*0,5*	*51,9*
Geistliche (Rabbiner)	40 165	*0,1*	434	*0,2*	*1,08*	125	*0,2*	*28,8*
Glaser	24 302	*0,1*	223	*0,1*	*0,92*	29	*0,1*	*13,0*
Studienräte, -direktoren	37 505	*0,1*	317	*0,1*	*0,85*	12	*0,0*	*3,8*

Berufe	Sämtliche Erwerbspersonen des Reichs		Erwerbspersonen jüdischen Glaubens			darunter zugewanderte[1])		
	Zahl	vH	Zahl	vH	vH sämtlicher Erwerbspersonen des Reichs	Zahl	vH	vH der Glaubensjuden
Schneider, Näher	822 555	*2,6*	6 939	*2,9*	*0,84*	3 332	*6,0*	*48,0*
Tapezierer, Polsterer, Dekorateure	53 952	*0,2*	439	*0,2*	*0,81*	136	*0,2*	*31,0*
Heimarbeiter	158 178	*0,5*	1 273	*0,5*	*0,80*	675	*1,2*	*53,0*
Berufe mit mehr als 1 000, aber weniger als 0,74 vH Erwerbspersonen jüdischen Glaubens								
Sonstige Arbeiter[2])	3 744 990	*11,6*	4 019	*1,7*	*0,11*	1 457	*2,6*	*36,2*
Hausangestellte	1 218 119	*3,8*	2 903	*1,2*	*0,24*	462	*0,8*	*15,9*
Ingenieure und Techniker	202 574	*0,6*	1 443	*0,6*	*0,71*	467	*0,9*	*32,4*
Volks-, Mittelschullehrer, Fachlehrer usw.	251 102	*0,8*	1 323	*0,6*	*0,53*	221	*0,4*	*16,7*
Mechaniker, Klempner, Monteure	577 828	*1,8*	1 010	*0,4*	*0,17*	331	*0,6*	*32,8*
Sonstige ausgewählte Berufe								
Schuhmacher	240 288	*0,7*	884	*0,4*	*0,37*	551	*1,0*	*62,3*
Schlosser, Gürtler	839 877	*2,6*	648	*0,3*	*0,08*	187	*0,3*	*28,9*
Wäscher, Bügler, Plätter	77 403	*0,2*	330	*0,1*	*0,43*	138	*0,3*	*41,8*
Tischler (ohne Modelltischler)	492 977	*1,5*	326	*0,1*	*0,07*	148	*0,3*	*45,4*
Maurer, Zimmerleute	752 247	*2,3*	95	*0,1*	*0,01*	26	*0,1*	*27,4*
Schmiede, Kupferschmiede usw.	342 329	*1,1*	65	*0,0*	*0,02*	23	*0,0*	*35,4*
Bergleute, Steiger	455 396	*1,4*	52	*0,0*	*0,01*	30	*0,1*	*57,7*
Modelltischler, Drechsler, Stellmacher	143 972	*0,5*	32	*0,0*	*0,02*	19	*0,0*	*59,4*
Müller	40 154	*0,1*	19	*0,0*	*0,05*	7	*0,0*	*36,8*
Übrige Berufe und mithelfende Familienangehörige								
Übrige nicht aufgeführte Berufe	11 176 919	*34,6*	13 568	*5,6*	*0,12*	3 238	*5,9*	*23,9*
Mithelfende Familienangehörige	5 312 116	*16,4*	23 160	*9,6*	*0,44*	4 411	*8,0*	*19,0*
Erwerbspersonen insgesamt	*32 296 074*	*100*	*240 487*	*100*	*0,74*	*55 143*	*100*	*22,9*

*) Ohne Saarland. — [1]) Vgl. Erläuterung auf S. 15.[9] – [2]) Vgl. hierzu den „Überblick über die Systematik der Berufszählung", S. 30 rechts.[10]

9 Wie Anm. 3.
10 Nicht abgedruckt; wie Anm. 1, S. 30.

Die Erwerbspersonen jüdischen Glaubens im Deutschen Reich) 1933 nach der Stellung im Beruf*

Stellung im Beruf	Sämtliche Erwerbspersonen des Reichs				Erwerbspersonen jüdischen Glaubens					und zwar				
	überhaupt		dar. weiblich		überhaupt			dar. weiblich		einheimische		zugewanderte[1])		
	Zahl	vH	Zahl	vH	Zahl	vH	vH sämtl. Erwerbspersonen	Zahl	vH	Zahl	vH	Zahl	vH	vH der Erwerbspersonen jüdischen Glaubens
Selbständige zusammen und zwar	5 302 916	*16,4*	936 365	*8,2*	110 669	*46,0*	*2,09*	16 460	*23,0*	85 017	*45,9*	25 652	*46,5*	*23,2*
Eigentümer und Pächter	5 213 589	*16,1*	931 592	*8,1*	108 132	*44,9*	*2,07*	16 338	*22,8*	82 867	*44,7*	25 265	*45,8*	*23,4*
Angestellte in leitender Stellung	61 262	*0,2*	3 970	*0,1*	2 338	*1,0*	*3,82*	115	*0,2*	1 976	*1,1*	362	*0,7*	*15,5*
Beamte in leitender Stellung	28 065	*0,1*	803	*0,0*	199	*0,1*	*0,71*	7	*0,0*	174	*0,1*	25	*0,0*	*12,6*
Mithelfende Familienangehörige	5 312 116	*16,4*	4 149 035	*36,1*	23 160	*9,6*	*0,44*	17 818	*24,9*	18 749	*10,1*	4 411	*8,0*	*19,0*
Beamte (ohne die in leitender Stellung)	1 480 792	*4,6*	127 867	*1,1*	2 275	*1,0*	*0,15*	450	*0,6*	2 152	*1,2*	123	*0,2*	*5,40*
Angestellte (ohne die in leit. Stellung)	4 032 345	*12,5*	1 566 754	*13,7*	80 559	*33,5*	*2,00*	27 611	*38,6*	63 662	*34,3*	16 897	*30,7*	*21,0*
Arbeiter	14 949 786	*46,3*	3 488 698	*30,4*	20 921	*8,7*	*0,14*	6 349	*8,9*	13 323	*7,2*	7 598	*13,8*	*36,3*
Hausangestellte	1 218 119	*3,8*	1 210 322	*10,5*	2 903	*1,2*	*0,24*	2 852	*4,0*	2 441	*1,3*	462	*0,8*	*15,9*
Erwerbspersonen insgesamt	*32 296 074*	*100*	*11 479 041*	*100*	*240 487*	*100*	*0,74*	*71 540*	*100*	*185 344*	*100*	*55 143*	*100*	*22,9*

*) Ohne Saarland – [1]) Vgl Erläuterung auf S. 15 [11]

11 Wie Anm. 3.

DOK. 54

Die Straßenhändlerin Luise Rupprecht bittet den Breslauer Polizeipräsidenten am 17. Juni 1933, einen konkurrierenden jüdischen Straßenhändler des Platzes zu verweisen[1]

Schreiben der Vorkosthändlerin Luise Rupprecht, Breslau, an den Polizeipräsidenten in Breslau[2] vom 17. 6. 1933 (Abschrift)

Hochgeehrter Herr Polizeipräsident.
Als Kleinhändlerin, Besitzerin eines Bäudels[3] in der Körnerstr. 2 Ecke Elsasserstr. II wende ich mich an Sie mit einer herzlichen Bitte um Hilfe.
Seit Jahrzehnten habe ich dieses kleine Geschäftchen inne und fristeten wir zu dritt, ich selbst, meine Schwester und deren Kind unser Leben.
Dass wir kleinsten Händler kein leichtes Brot haben, sondern nur mit Pfennigverdienst arbeiten können, von dem wir alle Abgaben und Steuern noch bezahlen müssen, dürfte bekannt sein.
Ohnehin [ist] alle paar Häuser eine solche Beudelei, sodaß jeder ohnehin nur eine geringe Kundenzahl hat.
Seit einigen Wochen hat sich mir direkt gegenüber in der Körnerstr. auf der Straße ein Handwagen hingestellt mit denselben Artikeln, wie ich sie handele, Gemüse und Obst, allerdings mit dem Unterschied, daß ich deutsche Erzeugnisse führe, während dieser Straßenhändler nur ausländische Erzeugnisse verkauft.
Der Händler ist ein jüdischer junger Mann[4] resp. meistens stehen 2 Juden an dem Wagen. Infolge des offensichtlichen Boykottes, den die Juden gegen die deutschen Geschäfte ausüben, werden die Hausangestellten unserer Gegend, die im Dienste jüdischer Herrschaften stehen, von den Juden gezwungen, die notwendigen Waren bei diesem jüdischen Straßenhändler zu kaufen, worunter mein Geschäft schwer leidet.
Hygienisch nicht ganz einwandfrei dürfte obendrein der Umstand sein, daß der jüdische Händler abends, ehe er seinen Wagen wegfährt, seine Waren zum Teil in der Kellerwohnung des Kommunisten abstellt, vor dessen Eingangstür des Vorgartens er steht.
Bei den zahlreichen in unserer Gegend vorhandenen Bäudeleien und neben dem gegenüber dem Postamt 13 aufgestellten Straßenhändler mit Gemüse und Obst besteht tatsächlich nicht das geringste Bedürfnis, daß ausgerechnet ein fremdrassiger jüdischer und zweifellos kommunistischer Straßenhändler in unserer Gegend uns Deutschen noch die wenige Verdienstmöglichkeit, die wir hatten, schmälert.
Eine ehrliche alte Vorkosthändlerin bittet daher den Herrn Polizeipräsidenten höflichst und herzlichst um Abhilfe, damit der jüdische Straßenhändler direkt vor meinem Laden verschwinde.
Die auffällige Verbindung zwischen dem Juden und dem uns als Feind des nationalsozialistischen Staates und des Nationalsozialismus bekannten Kellerbewohners der El-

1 APW, Akta miasta Wrocław/22858, Bl. 7+RS.
2 Polizeipräsident in Breslau war 1933–1934 Edmund Heines.
3 Bäudel: Straßenstand, Lebensmittelgeschäft.
4 Es handelte sich um Nathalius Szikowitz, der seit dem 1. 4. 1933 an dem ihm von der Stadt zugewiesenen Standort seinen Straßenhandel betrieb.

sasserstr. 9 mit seinem Sonderausgang durch das Vorgärtchen zur Körnerstr. I, erscheint besonders beachtlich.
Herr Polizeipräsident, helfen Sie doch einer armen Frau die unerwünschte jüdische Konkurrenz loswerden, die gegen jede Notwendigkeit hier sich etabliert hat.[5]
Mit dem Ausdruck der vorzüglichsten Hochachtung zeichnet
eine alte fleißige deutsche Händlerin

DOK. 55
Deutsche Allgemeine Zeitung: Bericht vom 19. Juni 1933 über eine Ansprache des Berliner Oberbürgermeisters vor amerikanischen Kommunalpolitikern[1]

Amerikanische Kommunalbeamte im Berliner Rathaus
Rede des Oberbürgermeisters

Am Montagmittag fand im Rathaus der feierliche Empfang der amerikanischen Kommunalpolitiker durch den Oberbürgermeister und den Magistrat statt. An dem Empfang nahmen außer den 24 Amerikanern und dem Oberbürgermeister Dr. *Sahm* u. a. teil die Staatskommissare Dr. Lippert, Hafemann,[2] Dr. Maretzky,[3] Engel,[4] Dr. Klein[5] und Plath[6], ferner Stadtverordnetenvorsteher Spiewok,[7] der Vorsitzende des Reichsverbandes der Deut-

5 Gemeinsam mit drei anderen Händlern bat Luise Rupprecht am 22. 6. 1933 außerdem den Kampfbund des gewerblichen Mittelstands um die „Absetzung" des jüdischen Konkurrenten. Der Polizeipräsident und der Reichsverband ambulanter Gewerbetreibender Deutschlands in Breslau befürworteten gegenüber der Stadt den Entzug der Platzkarte des Konkurrenten. Allerdings hatte die städtische Marktverwaltung die Platzkarte schon am Vortag für ungültig erklärt, obwohl sich Szikowitz auf seinen Minderheitenschutz als Danziger Staatsbürger berief. Trotz Intervention des polnischen Konsuls erhielt er danach weder diesen noch einen anderen Standort in Breslau zugewiesen; wie Anm. 1, Bl. 8–31.

1 Deutsche Allgemeine Zeitung (Ausg. Groß-Berlin, Abend), Nr. 251 vom 19. 6. 1933, S. 1. Die DAZ erschien von 1918 an in Berlin, 1922–1945 deutschlandweit zweimal täglich, von 1944 an einmal täglich. 1933 betrug die Auflage 63 000 Stück.

2 Wilhelm Wolfgang Hafemann (1891–1945), Jurist; von 1919 an bei der Stadt Berlin tätig; 1932 NSDAP-Eintritt; 1933–1934 kommissar. Bürgermeister von Berlin, 1934–1935 Bezirksbürgermeister von Berlin-Kreuzberg; 1950 posthum als „unbelastet" entnazifiziert.

3 Dr. Oskar Maretzky (1881–1945), Jurist; 1918–1920 Bürgermeister von Berlin-Lichtenberg; 1924–1933 DNVP-Mitglied; 1933–1935 kommissar. Bürgermeister von Berlin, 1935–1937 kommiss. OB von Berlin; 1937 NSDAP-Eintritt; dann in der Privatwirtschaft tätig.

4 Johannes Engel (1894–1973), Arbeiter; 1925–1928 Dreher bei Knorr-Bremse AG Berlin; 1922–1925 DSP-Mitglied, 1927 NSDAP-Eintritt; 1929–1930 Stadtverordneter in Berlin, 1933–1934 Staatskommissar und 1934–1945 Stadtrat für Verkehrswesen von Berlin, 1934–1945 Leiter der Fremdenverkehrsorganisation Berlin; SS-Mitglied, 1944 stellv. Gauleiter Berlins.

5 Dr. Wilhelm Klein (1887–1948), Mediziner; 1933 Staatskommissar und 1933–1936 Stadtmedizinalrat in Berlin; Autor u. a. von „Wer ist erbgesund und wer ist erbkrank?" (1935).

6 Otto Plath (1879–1968), Jurist; 1921–1933 Bezirksstadtrat, stellv. Bürgermeister und Leiter des Bezirksjugend- und -wohlfahrtsamts in Berlin-Steglitz, 1933–1934 Staatskommissar und Dezernent für die Wohlfahrtspflege der Stadt Berlin, 1934–1945 2. Bürgermeister von Berlin; 1933 SA- und 1937 NSDAP-Eintritt; 1948 in der SBZ als „minderbelastet" und 1955 in der Bundesrepublik als „nicht betroffen" entnazifiziert.

7 Eduard Karl Spiewok (1892–1951), Kaufmann; bis 1933 für die AEG tätig; 1930 NSDAP- und SS-Mitglied; 1933–1936 Gauamtsleiter für Volkswohlfahrt Berlin, 1934–1938 Leiter des Landeswohlfahrtsamts und 1938–1945 des Stadtwirtschaftsamts Berlin; 1943 Kriegsteilnahme, 1945–1946 in franz. Kriegsgefangenschaft.

schen Presse Dr. Dietrich,[8] als Vertreter des Auswärtigen Amtes Ministerialrat Dr. Dieckhoff[9] und der amerikanische Geschäftsträger *Gordon*[10] sowie der amerikanische Generalkonsul Messersmith.[11]

Im Magistratssaal, der nur durch das Hakenkreuz-Banner, flankiert von einer schwarzweißroten und einer schwarzweißen Flagge ausgeschmückt war, begrüßte zunächst Oberbürgermeister Dr. *Sahm* die amerikanischen Gäste durch eine Ansprache. Er führte u. a. folgendes aus:

Meine Herren Kollegen! Es ist mir eine besondere Freude, Ihnen gerade in dieser Zeit, nach der nationalen deutschen Erhebung, die deutsche Reichshauptstadt und ihre Einrichtungen zeigen zu dürfen. Sie werden so durch eigenen Augenschein sich überzeugen können, wie unzutreffend alle Nachrichten sind, die im Ausland von interessierter Seite gegen das neue Deutschland verbreitet wurden. Sie haben bereits Gelegenheit gehabt und werden in den nächsten Tagen noch weiter Gelegenheit haben, die Stadt Berlin und ihre Bevölkerung kennenzulernen. Sie werden sich dabei überzeugen können, wie groß einerseits die *Not* ist, die durch die Drangsale der Nachkriegszeit und unter dem Druck eines Friedensvertrages, der zu allem eher geeignet ist, als zur Befriedung der Welt, hervorgerufen wurde. Sie werden aber andererseits auch gesehen haben, wie sich in der Haltung und in den Gesichtern selbst der ärmsten Bevölkerung geradezu das Gefühl der Erlösung und einer vertrauensvollen Hoffnungsfreudigkeit ausprägt.

Wenn Sie bedenken, daß noch vor nicht allzu langer Zeit jeder dritte Berliner *kommunistisch* wählte und weit über die Hälfte der Berliner Bevölkerung sich zum Marxismus bekannte,[12] so werden Sie zugeben, daß die jetzige Haltung der Berliner Bevölkerung den besten Beweis liefert, daß das schaffende Volk nicht etwa unter dem Druck einer harten Diktatur seufzt, sondern daß es sich im Gegenteil wie *erlöst von langer Knechtschaft* fühlt.

Wir legen Wert darauf, Ihnen nicht nur diejenigen Berliner Einrichtungen zu zeigen, die wir mit Stolz als vorbildlich bezeichnen dürfen, sondern Ihnen auch ein Bild davon zu geben, welche Sünden das vergangene System in Deutschland und in Berlin auf sich geladen hat. Wenn Sie neben so manchem, was deutsche Energie und Organisation auch in den größten Notzeiten leisten und aufrechterhalten konnten, die Stätten furchtbarer Verwahrlosung, die *Brutstätten des Bolschewismus*, gesehen haben, dann werden Sie der Ueberzeugung Raum geben müssen, daß das deutsche Volk ein Recht hatte, sich von den Schuldigen an diesen Uebeln freizumachen, und daß es durch die Ueberwindung des bolschewistischen Vernichters aller Kultur *nicht den Haß, sondern den Dank der ganzen Welt verdient* hat.

8 Otto Dietrich (1897–1952), Politikwissenschaftler; 1929 NSDAP- und 1932 SS-Eintritt, 1931–1945 Reichspressechef der NSDAP; von 1938 an StS im RMfVuP; 1949 im Nürnberger Wilhelmstraßenprozess zu sieben Jahren Haft verurteilt, 1950 entlassen.

9 Hans-Heinrich Dieckhoff (1884–1952), Diplomat; von 1912 an im Auswärtigen Dienst, 1916–1918 Legationsrat in Konstantinopel, später u. a. 1937–1938 Botschafter in den USA.

10 George A. Gordon (1885–1959), Diplomat; US-Botschafter bis 1933, dann Geschäftsträger in Berlin, 1935–1937 Botschafter in Haiti, 1937–1940 in den Niederlanden.

11 George S. Messersmith (1883–1960), Diplomat; 1930–1934 US-Generalkonsul in Berlin, 1937–1947 US-Botschafter in Kuba, Mexiko und Argentinien.

12 Bei den Reichstagswahlen am 6. 11. 1932 erhielten in Berlin die KPD 31,02 % und die SPD 23,30 % der Stimmen.

Gestatten Sie mir noch ein offenes Wort zur *Judenfrage*, die auch in Amerika die Gemüter in einem übermäßigen Grade erhitzt hat. Sie haben in den Hauptverkehrsvierteln Berlins die großen jüdischen Warenhauspaläste in vollem Betrieb gesehen, Sie können überall jüdische Geschäfte, jüdische Aerzte, jüdische Lokale antreffen. Sie sehen also, daß auch die Juden hier in Berlin, wie überall in Deutschland, ruhig, ohne Störung ihren Geschäften nachgehen können. Sie werden nirgends pogromähnliche Vorgänge bemerkt haben, wie sie in anderen Ländern so häufig an der Tagesordnung sind. An der Tatsache aber, wie stark auch heute noch trotz gewisser Einschränkungen das öffentliche Leben in Deutschland und der Reichshauptstadt mit Juden durchsetzt ist, können Sie ermessen, wie unverhältnismäßig groß der Einfluß des Judentums vor der nationalen Erhebung in Deutschland gewesen sein muß. Auch heute nach der Einführung der starken Beschränkung der Zulassung jüdischer Rechtsanwälte ist z. B. immer noch ein Drittel aller Berliner *Rechtsanwälte* jüdischer Rasse, obwohl der Anteil der Juden auf die Bevölkerung kaum 2 Prozent beträgt.[13] Aus diesem Beispiel können Sie sehen, daß das deutsche Volk wohl ein Recht hatte, den Anteil der Juden in manchen Berufsständen auf das normale Maß zu beschränken in einer Zeit, in der Millionen Deutsche ohne Arbeit und Brot auf der Straße liegen.

Das deutsche Volk wünscht nichts sehnlicher, als mit allen anderen Völkern in *Frieden und Freundschaft* zu leben. Gerade die nationalsozialistische Bewegung, die heute die Führung des Staates übernommen hat, macht sich die Wiedergesundung der deutschen Volkskraft in allererster Linie zur Aufgabe. Nichts kann ihr daher ferner liegen, als der Gedanke an einen *Krieg*, der selbst im günstigsten Fall den neuerlichen unersetzlichen Verlust wertvoller Volkskräfte nach sich ziehen müßte. Zu furchtbar sind die Lehren des Weltkriegs für uns alle gewesen! Was wir aber erwarten, ist, daß die anderen Völker unseren Nöten Verständnis entgegenbringen und unsere nationale Daseinsberechtigung ebenso bejahen, wie für uns die nationale Daseinsberechtigung der anderen Völker eine Selbstverständlichkeit ist.

DOK. 56

Max Osborn erläutert Minni Steinhardt am 19. Juni 1933 seine Pläne für eine Emigration nach Palästina[1]

Schreiben von Max Osborn,[2] Berlin-Schöneberg, Nymphenburgerstr. 1, an Minni Steinhardt, Tel Aviv, vom 19. 6. 1933[3]

Verehrte und liebe gnädige Frau!

Haben Sie herzlichsten und aufrichtigsten Dank für Ihren lieben, ausführlichen Brief vom 10. Juni, den ich mit grosser Freude empfangen und gelesen habe. Ich kann Ihnen gar nicht sagen, wie wohl es mir tut, Sie so gut aufgehoben und Ihren Mann von so guten

13 Der Anteil der Einwohner jüdischen Glaubens lag in Berlin 1933 tatsächlich bei 3,78 %; siehe die Ergebnisse der Volkszählung vom 16. 6. 1933, Dok. 52.

1 JMB, DOK-95-30-165, Bl. 1–3.

2 Dr. Max Osborn (1870–1946), Kunsthistoriker; 1918–1933 Architektur- und Literaturkritiker, Verfasser kunsthistorischer Bücher und Biographien, 1933 Mitbegründer des Kulturbunds deutscher Juden, leitete dessen Kunstabteilung; emigrierte 1938 nach Paris, 1941 nach New York.

3 Im Original oben links handschriftl. Vermerk: „beantw[ortet]“.

künstlerischen Aussichten ermutigt zu wissen. Es muss wundervoll für Sie sein, dass Sie sich in einem freien Landbezirk ein neues Leben aufbauen können, das Ihren Erwartungen und Wünschen wahrhaft entsprechen kann. Ich bin überzeugt, dass Sie sich in kurzer Zeit völlig dort verwurzelt fühlen werden. Sie haben Ihr Töchterchen bei sich, was ein grosses Glück bedeutet, und mit Vergnügen habe ich gehört, wie sich die reizende Kleine in der neuen Heimat einlebt. Unser Familienzusammenhang ist leider zersprengt, da unser Sohn sich viel im Ausland tummeln muss und in Deutschland selbst kaum eine Betätigungsmöglichkeit finden wird. Darunter leidet namentlich meine Frau ganz ungeheuer, die überdies durch mein eigenes Erleben, durch mein Ausscheiden aus der so lange Jahrzehnte geübten Tätigkeit, seelisch aufs Schwerste betroffen ist.[4]
Am gleichen Tage, da Ihr Brief eintraf, erzählte mir hier mein alter Freund Dr. Karl Schwarz,[5] dass er einen Ruf als Direktor des in Tel Aviv zu begründenden Museums erhalten und angenommen hat. Er wird schon bald nach Palästina abreisen und dort eintreffen. Dass wir ihn hier verlieren, bedaure ich ausserordentlich; er war ein so tüchtiger Direktor des kleinen Berliner Jüdischen Museums, dass man ihn schwer vermissen wird. Allerdings hat die hiesige Jüdische Gemeinde zurzeit so gewaltige Pflichten zu erfüllen, dass ihr für die Pflege des Museums auf lange Zeit hinaus kaum ein Pfennig übrigbleiben wird.[6] Aber ich freue mich für Schwarz, dass er eine so schöne und ausbaufähige Mission übernimmt. Für mich persönlich ist damit freilich die wichtigste Aussicht, die sich mir in Palästina hätte bieten können, abgeschnitten. Denn ich möchte natürlich um keinen Preis dem guten Schwarz ins Gehege kommen. Freilich meinte er selbst bei unserem letzten Gespräch, und gewiss sehr aufrichtig, dass er mich unbedingt in absehbarer Zeit zu einem Gastspiel in Palästina einladen werde. Ich könnte ja dort ausser kunsthistorischen Vorträgen auch einen literarischen Zyklus halten und Schwarzens Wirksamkeit, soweit es ihm recht ist, ein wenig ergänzen. Wie wäre das übrigens: könnte man dort tatsächlich Vorträge in deutscher Sprache halten? Ich habe wohl davon gehört, dass dies nicht unmöglich wäre. So soll z. B. Professor Franz Oppenheimer[7] dort ein ganzes Semester lang deutsch gelesen haben. Gibt es übrigens eine Universität? Und wäre es denkbar, dass dort ein Platz für mich wäre? Und, wie gesagt, ich könnte mir auch eine andere Tätigkeit vorstellen, wie z. B. die Leitung bestimmter künstlerischer und städtebaulicher Organisationen. Sie sprechen von dem Plan einer Kunstschule oder Kunstgewerbeschule und fragen nach einem geeigneten Mann als Leiter. Nun, auch das würde ich mir tatsächlich zutrauen, und es wäre vielleicht gar nicht schlecht, für eine solche Stelle einen Nichtkünstler zu nehmen, der selbst seinen eigenen Lehrern keine Konkurrenz macht, sondern die Regelung und

4 Bezieht sich vermutlich auf seine Tätigkeit für die Vossische Zeitung.

5 Karl-Israel Schwarz (1885–1962), Kunsthistoriker; aktiver Zionist; von 1920 an Lektor im Gurlitt Verlag sowie Mitarbeiter am Jüdischen Lexikon, 1926 Kurator, dann Direktor des Jüdischen Museums Berlin; 1933 Emigration nach Palästina, 1933–1937 Direktor des Tel Aviv Museums.

6 Die Jüdische Gemeinde Berlin verzeichnete seit dem Beginn der Judenverfolgung 1933 einen Ansturm auf ihre Beratungs-und Hilfseinrichtungen. Schon einen Tag nach dem Boykott stockte sie die Mittel für das Schuldezernat, für die Wirtschaftshilfe sowie für das Jüdische Wohlfahrtsamt um 120 000 RM auf; Protokoll der Sitzung des Gemeindevorstands am 2. 4. 1933, LBIJMB, MF 587.

7 Franz Oppenheimer (1864–1943), Mediziner; 1886–1896 prakt. Arzt, danach Journalist und Soziologe; Bekanntschaft mit Theodor Herzl, Vorbereitung des Baseler Zionistenkongresses von 1903; im Ersten Weltkrieg Arbeit im Kriegsministerium, 1919 auf die erste Soziologieprofessur in Deutschland an die Universität Frankfurt a. M. berufen, 1929 emeritiert; 1938 Emigration über Japan in die USA.

Lebendighaltung der ganzen Institution in die Hände nähme. Nun, Sie wollten ja einmal mit Rosenthal sprechen. Vielleicht ergibt sich irgendetwas nach irgend einer Richtung hin. Ich weiss wohl, dass der Vorschlag, einen Mann wie mich etwa zur Leitung einer Kunstschule einzusetzen, an verschiedenen Stellen Bedenken hervorrufen könnte, weil man eben glaubt, dass nur ein Künstler dazu geeignet sei. Mir scheint dies nicht durchschlagend; wer, wie ich, so lange Jahrzehnte hindurch sich nur mit Kunst und künstlerischen Dingen beschäftigt hat, könnte zu solchem Posten nicht minder gute Voraussetzungen mitbringen. Überlegen Sie einmal mit Ihrem Mann und besprechen Sie den Fall vorsichtig auch mit anderen. Jedenfalls hoffe ich, dass wir in Verbindung bleiben. Vielleicht führt uns das Schicksal wirklich wieder zusammen.
Das Museum ist ja übrigens in Tel Aviv – so werden Sie sehr bald mit Schwarz in Verbindung treten. Er hat mir auch fest versprochen, sich für meinen Sohn zu interessieren, der ja nicht nur ein vorzüglicher Pianist, sondern zugleich ein ausgezeichneter und schon erfahrener und erfolgreicher Musikpädagoge ist und an einem Konservatorium zweifellos ausgezeichnete Arbeit leisten würde.[8] Vergessen Sie auch das nicht, liebe Frau Minnie. Daran liegt mir eigentlich noch mehr als an mir selber, denn ich bin ja nun allmählich ein Mann geworden, der der Jugend den Vortritt gern überlässt.
Vielleicht höre ich bald Neues von Ihnen. Wir wollen doch in Verbindung bleiben, so oder so!
Mit vielen guten Grüssen und Wünschen von meiner Frau und mir an Sie und Ihren Gatten und einem Küsschen für das Mädel in alter Verehrung.
Ihr herzlich ergebener

DOK. 57

Der Direktor des Physikalischen Instituts interveniert bei der Breslauer Universitätsleitung am 22. Juni 1933 zugunsten der Dozentin Hedwig Kohn[1]

Schreiben des Direktors des Physikalischen Instituts der Universität Breslau, Schaefer,[2] an den Kurator der Universität und der Technischen Hochschule Breslau (Eing. 23. 6. 1933) vom 22. 6. 1933[3]

Euer Hochwohlgeboren
möchte ich folgendes unterbreiten: Als während des Monats April die Fragebogen den Assistenten zur Beantwortung zugesandt wurden, war ich beurlaubt und im Ausland verreist. Infolgedessen hat mein Vertreter, Prof. Steubing,[4] die im Fragebogen vorgesehene Rubrik über die politische Betätigung des betreffenden Assistenten beantworten müssen. Nach seiner Mitteilung hat er sich auf die Feststellung beschränkt, daß ihm nichts Nähe-

8 Franz Joachim Osborn (1905–1955), Pianist; emigrierte 1933 nach Großbritannien.

1 GStAPK, I HA, Rep. 76, Va Sekt. 4, Tit. IV, Nr. 51, Bd. 1, Bl. 87+RS.
2 Dr. Clemens Schaefer (1878–1968), Physiker; Professor in Marburg und Breslau, nach 1945 in Köln; Autor u. a. von „Einführung in die theoretische Physik" (2 Bde. 1921).
3 Im Original handschriftl. Unterstreichungen. Das Schreiben wurde vom Kurator am 24. 6. 1933 an das preuß. Wissenschaftsministerium übermittelt; wie Anm. 1, Bl. 88.
4 Dr. Walter Steubing (1885–1965), Physiker; 1927 Professor für angewandte Physik in Breslau, von 1948 an Professor in Hamburg; Forschungen auf dem Gebiet der Spektroskopie und Atomphysik.

res bekannt sei. Dieser Umstand veranlaßt mich im Falle der Privatdozentin Dr. Hedwig Kohn[5] in Ergänzung des Fragebogens folgendes mitzuteilen:

1.) Ich kenne Fräulein Dr. Kohn seit nunmehr 23 Jahren. Sie hat am hiesigen Institut ihre Doktorarbeit gemacht, 1913 promoviert und seit 1914 eine Assistentenstelle bekleidet. Ich habe die ganze Zeit des Krieges mit ihr zusammen verlebt – ich war damals Abteilungsvorsteher am Physikalischen Institut – und habe insbesondere die Revolution von 1918 mit ihr zusammen durchgemacht. Ich kann bezeugen, mit welch innerem Schmerz sie die marxistische Revolution von 1918 miterlebt hat und mit welch innerer Empörung sie die Vorgänge beurteilt hat. Über ihre politische Gesinnung kann ich demnach mit Sicherheit aussagen, daß sie durchaus antimarxistisch war und ist. Ich wäre Euer Hochwohlgeboren dankbar, wenn dies in Ergänzung des Fragebogens amtlich zur Kenntnis genommen werden könnte.

2.) Fräulein Dr. Kohn vertritt einen bestimmten Zweig der Physik, nämlich Strahlenuntersuchungen, die durch meine Vorgänger Lummer und Pringsheim die Domäne des Breslauer Physikalischen Instituts geworden sind. Auf diesem Gebiet hat sie die Doktorarbeiten von 5 (arischen) Studenten angeregt, die sie zur Zeit leitet. (Nichtarische Studenten habe ich seit meinem Amtsantritt 1926 nicht mehr aufgenommen.) Wenn Fräulein Dr. Kohn jetzt auf Grund des § 3 des Beamtengesetzes als Dozentin und Assistentin beseitigt würde, würden ihre 5 Schüler den größten Schaden davon haben.[6] Es wäre kaum möglich, daß diese Doktorarbeiten unter einer anderen Leitung fortgesetzt würden, weil dazu eine so intime Spezialkenntnis erforderlich ist, wie sie zur Zeit nur Fräulein Dr. Kohn besitzt. Ich fühle mich verpflichtet, dies Euer Hochwohlgeboren darzulegen, da die betreffenden Studierenden mich in ihrem eigenen Interesse darum gebeten haben.

3.) Ich darf vielleicht darauf aufmerksam machen, daß es zweckmäßig wäre, die Assistentenzeit von Fräulein Dr. Kohn einfach ablaufen zu lassen – das sind noch 1 ½ Jahre –; dann wird der vom Beamtengesetz geforderte Zweck erreicht und gleichzeitig die Schädigung der Schüler vermieden, da ich dann dafür Sorge tragen würde, daß keine neuen Doktoranden von ihr angenommen werden.[7]

5 Dr. Hedwig Kohn (1887–1965), Physikerin; 1914–1934 Assistentin und von 1930 an Privatdozentin an der Universität Breslau, 1935 Forschung am Lichtklimatischen Observatorium Arosa (Schweiz); 1938 Emigration in die Schweiz, später in die USA; dort Dozentur, dann 1945–1952 Professur am Wellesley College, Massachusetts.

6 Im Original Nebensatz rot unterstrichen.

7 Das Bemühen Schaefers blieb erfolglos. Hedwig Kohn wurde entlassen. Am 7. 9. 1933 wurde ihr die Lehrbefugnis der Universität Breslau entzogen; wie Anm. 1, Bl. 92.

DOK. 58

Professor James Goldschmidt protestiert am 22. Juni 1933 beim Preußischen Ministerium für Wissenschaft, Kunst und Erziehung gegen den Entzug seiner Lehrbefugnis[1]

Schreiben von James Goldschmidt,[2] Berlin, an das Preuß. Ministerium für Wissenschaft, Kunst und Erziehung vom 22. 6. 1933[3]

Hochgeehrter Herr Ministerialrat!
Wie mir von zuverlässiger Seite mitgeteilt wird, hat der Herr Minister s. Zt. den Wunsch geäussert, dass die ihm unterstellten Beamten, wenn sie glauben, dass ihnen Unrecht geschehen ist, sich vertrauensvoll an ihn wenden. Dieser Umstand im Verein mit dem wohlwollenden Verständnis, das sie mir bisher entgegen gebracht haben und das zur Aufhebung der gegen mich verfügten Zwangsbeurlaubung geführt hat, ermutigt mich, noch einmal auf meine Lage zurückzukommen.
Ich bin am 29. April als *einziger* der Berliner Juristischen Dozenten zwangsweise beurlaubt worden. Ein einleuchtender Grund dafür ist mir weder ersichtlich gewesen noch geworden. Da ich am 23. August 1908 planmässiger Professor geworden bin, falle ich unzweifelhaft unter die Ausnahmen des § 3 Abs. 2 des Beamtengesetzes. Das Verlangen des Preussischen Justizministeriums, dass Nichtarier weder Staats- noch Strafrecht im akademischen Unterricht vertreten sollen, rechtfertigt sich nicht nur nicht aus dem Beamtengesetz, sondern scheint sich ausschliesslich gegen meine Person zu richten. Denn tatsächlich lesen meines Wissens in diesem Sommer zahlreiche Nichtarier an preussischen Universitäten Staatsrecht wie Strafrecht. Ich hätte aber gerade umgekehrt geglaubt, dass gegen meine Person vom Standpunkt einer nationalen Regierung sich besonders wenige Einwendungen erheben lassen. Ich darf dafür nicht nur auf meine vierzigjährige Dienstzeit, sondern auch auf meine wissenschaftliche und politische Einstellung Bezug nehmen. *Ich bin seiner Zeit der einzige deutsche Kriminalist gewesen, welcher der Kriegsschuldlüge mit den Waffen des Strafrechts entgegengetreten ist* (Deutsche Juristen-Zeitung, Jahrg. 1922, Sp. 402 ff.).[4] Die gleiche nationale Einstellung habe ich während meiner ganzen zweiunddreissigjährigen Lehrtätigkeit bekundet, wie jeder einzelne meiner zahlreichen Hörer und Schüler bezeugen wird. Um so unbegreiflicher und schmerzlicher ist es mir, dass ich unwürdig sein soll, im nationalen Staat Strafrecht zu lehren. Ich bitte, bei den bevorstehenden Entschliessungen das Leid zu berücksichtigen, das ich durch die mir zu Teil gewordene, wie ich glaube, unverdiente Behandlung erfahren habe. In meinem Antrag v. 30. April und meinem Schreiben v. 11. Juni[5] habe ich erklärt, freiwillig das niemand sonst angesonnene Opfer eines Teils meines Lehrgebiets bringen zu wollen unter der Voraus-

1 GStAPK, I HA, Rep. 76, Va Sekt. 2, Tit. IV, Nr. 45 A, Bl. 53 f.
2 Dr. James Paul Goldschmidt (1874–1940), Jurist; 1908–1933 Professor für Strafrecht an der Universität Berlin, Spezialist für Prozessrecht, 1933–1936 Gastprofessor in Spanien und USA; emigrierte 1938 nach Südamerika; Autor u. a. von „Der Prozess als Rechtslage. Eine Kritik des prozessualen Denkens" (1925).
3 Im Original handschriftl. Unterstreichungen und Vermerk: „zu den Fragebogen".
4 Goldschmidt setzte sich in diesem Artikel mit Hermann Kantorowicz auseinander, der in der Zeitschrift Das Tagebuch dargelegt hatte, dass Deutschland juristisch eine Kriegsschuld nachzuweisen sei. Goldschmidt argumentierte rechtstheoretisch gegen dessen Auffassung und plädierte zum Schluss für eine dringend erforderliche Einheitsfront in der Kriegsschuldfrage; „Die Kriegsschuldfrage vor dem Forum der modernen Schuldlehre", Deutsche Juristen-Zeitung, 27 (1922), H. 13–14, S. 402–405.

setzung, dass meine prozessrechtliche Lehrtätigkeit in der Fakultät, der ich seit 32 Jahren angehöre und an deren Spitze ich zweimal als Dekan gestanden habe, unbeanstandet bleibt. Ich habe dieses Opfer angeboten ohne Rücksicht auf den Eindruck, den es notwendigerweise im Ausland, insbesondere in Italien, mit dem mich viele Beziehungen verknüpfen, machen muss, und den ich doch noch einmal zu erwägen bitte. Sollte aber meine Voraussetzung hinfällig sein, vielmehr meine Versetzung angeordnet werden, so darf ich doch wohl als selbstverständlich annehmen, dass mir dabei nicht ein Lehrgebiet entzogen wird, das mir zu entziehen kein gesetzlicher Grund vorliegt und auf dem ich eine Lebensarbeit geleistet habe, die, wie der Reichsjustizminister bestätigen wird, für die Reform des nationalen Strafrechts nicht ohne Nutzen gewesen ist.[6]
Ich verbleibe, hochgeehrter Herr Ministerialrat,
Ihr dankbar ergebener

DOK. 59

Der Vorstand der Talmud Tora Schule in Hamburg erörtert am 28. Juni 1933 die Lage der jüdischen Schulen[1]

Vermerk des Vorstands der Talmud Tora Schule Hamburg,[2] ungez., vom 10. 7. 1933

Schulvorstandssitzung
am Mittwoch, d. 28. Juni, abends 8 1/4 Uhr.
Anwesend die Herren: Dr. Hermann Samson, Dr. Wilhelm Bodenheimer, Rechtsanwalt Bernhard David, John Gotthold, Jacob Katzenstein, Heinemann Schloss, Direktor Spier, Walter Wolff, Dr. Hugo Zuntz.
Entschuldigt die Herren: Jacob Heckscher, Hermann Philipp, Otto Ruben, Oberrabbiner Dr. Spitzer.
Herr Dr. Samson[3] eröffnet die Sitzung und beantragt, Punkt 1 der Tagesordnung, die Finan-

5 Goldschmidt hatte Ende April 1933 um die Rücknahme der generellen Beurlaubung nachgesucht, verbunden mit der Bitte um Beurlaubung vom Lehrauftrag für Strafrecht. Letzteres war von ihm offenbar als Voraussetzung für die Rücknahme der Beurlaubung vom 28. 4. 1933 gefordert worden; Schreiben Goldschmidts vom 30. 4. 1933; wie Anm. 1, Bl. 52. Das Schreiben vom 11. 6. 1933 befand sich nicht in dieser Akte.

6 Der Beurteilungsbogen zum § 3 des BBG enthielt die Bemerkung des Referenten „100 % nichtarisch, kein Frontdienst, 1908 planm. ao. Professor." Das Votum des Generalreferenten hieß: „Nicht zu entlassen, zu versetzen. 14/8"; wie Anm. 1, Bl. 50. Am 25. 9. 1933 unterrichtete der preuß. Wissenschaftsminister Goldschmidt über dessen Versetzung an eine andere wissenschaftliche Hochschule. Wegen der Zuweisung ergehe besondere Verfügung. Goldschmidt erhielt später aber die Mitteilung, dass ihm eine neue Professur noch nicht zugewiesen werden könne; wie Anm. 1, Bl. 61.

1 CAHJP, AHWTT/102.

2 Älteste jüdisch-orthodoxe Schule in Deutschland, gegründet 1805 in Hamburg. Die Talmud Tora Schule wurde 1870 als Realschule und 1932 als Oberrealschule anerkannt. Neben der Grundschule gab es nun die Volkshochschule, die Oberrealschule sowie Förderklassen für lernschwache Schüler. 1937 hatte die Schule 800 Schüler und 33 Lehrer. Wie alle jüdischen Schulen musste auch diese Schule nach mehreren erzwungenen Umzügen im Juni 1942 schließen.

3 Dr. Hermann Jacob Samson (*1860), Jurist; 1886–1938 Rechtsanwalt in Hamburg; 1929/30–1932/33 Vorstandsmitglied der Deutsch-Israelitischen Gemeinde Hamburg; er emigrierte 1939 nach London.

zen der Schule betreffend, wegen der Abwesenheit des Herrn Heckscher auf die nächste Sitzung zu vertagen.
Herr Dr. Samson macht dann Mitteilung, dass der Schule von der Finanzdeputation eine *Aufwertungshypothek* in Höhe von M 1 249,95 zum 30. 6. 1934 gekündigt wurde.
Auf Antrag des Herrn Direktor Spier[4] werden die dringendsten *Instandsetzungsarbeiten* zur Ausführung während der Sommerferien genehmigt. Es handelt sich hauptsächlich um den Fensteranstrich des Nebenhauses.
Herr Direktor Spier berichtet über die Angelegenheit der *nichtarischen Schüler* in den *Staatsschulen.* Während in Preussen die höheren jüdischen Schulen nach seiner Kenntnis nicht in der Lage sind, Schüler, die aus den Staatsschulen infolge des Gesetzes[5] ausgewiesen wurden, aufzunehmen, besteht für Hamburg in dieser Richtung keine Gefahr.
Wir sind in der Lage, ohne weiteres alle geeigneten Schüler in die entsprechenden Klassen unserer Schule einzuschulen. Voraussichtlich werden in Hamburg keine Sextaner aus den Staatsschulen ausgewiesen. In diesem Zusammenhang weist Herr Direktor darauf hin, dass alle Massnahmen, die von jüdischer Seite unternommen werden, um die jüdischen Angelegenheiten einer gesetzlichen Regelung zuzuführen, bei der heutigen Gesamtlage nur zum Nachteil sich auswirken können. Diese seine Meinung habe er auch bei seinem zweimaligen Aufenthalt in Berlin den massgebenden jüdischen Stellen, besonders der *Reichsvertretung* der deutschen Juden, mit aller Schärfe zum Ausdruck gebracht. Die *Interessen der höheren jüdischen Schulen* werden in Zukunft durch eine „Interessengemeinschaft" allen Instanzen gegenüber zum Ausdruck gebracht.
Von der jüdischen Schule in Altona war der Antrag gestellt, *Altonaer Kinder*, die unsere Volksschule besuchen, nach Altona zurückzuverweisen, da der Bestand der Altonaer Schule durch die geringe Schülerzahl in jetzigem Umfang sehr gefährdet sei. Der Schulvorstand kann diesem Antrag aus Billigkeitsgründen nicht entsprechen.
Es folgt nun die Erledigung der *Wahlangelegenheiten.*
Vom Verein zur Förderung der Talmud Tora Schule sind zwei Wahlvorschläge für die ausscheidenden Herren Wilhelm Cohn und Jacob Heckscher eingegangen. Wahlvorschlag 1 lautet auf die Namen:
Dr. Max M. Warburg, James Pels, Ernst Fink,
Wahlvorschlag 2:
Jacob Heckscher, Jacob Goldschmidt, Dr. Cäsar Heckscher.
Auf Grund der Unterredung, die Herr Dr. Samson mit Herrn Warburg[6] in dieser Angele-

4 Dr. Arthur Spier (1898–1985), Lehrer; 1926–1940 Direktor der Talmud Tora Schule in Hamburg; 1938–1940 Organisation der Kindertransporte nach Großbritannien; er nutzte 1940 eine USA-Reise zur Emigration.

5 Per Gesetz war der Anteil jüdischer Schüler und Studenten in Bildungseinrichtungen auf den Anteil der Juden an der Gesamtbevölkerung in Deutschland begrenzt worden; Gesetz gegen die Überfüllung deutscher Schulen und Hochschulen vom 25. 4. 1933; RGBl., 1933 I, S. 225 f.

6 Max Moritz Warburg (1867–1946), Bankier; 1893–1938 Teilhaber des väterlichen Bankhauses Warburg & Co. Hamburg; 1919–1924 Mitglied des Zentralausschusses und 1924–1933 des Generalrats der Reichsbank, Aufsichtsratsmitglied u. a. der HAPAG-Lloyd; von 1929 an Vorstandsmitglied des CV und des Hilfsvereins der deutschen Juden. Nach 1933 Verlust von Aufsichtsratsmandaten, Ehrenämtern und Geschäftspartnern, Konzentration auf die Arbeit für jüdische Belange, informeller Vertreter der deutschen Juden gegenüber staatlichen Stellen; er stellte sich und seine Bank in den Dienst der Auswanderung der Juden aus Deutschland. 1935 nach den Nürnberger Gesetzen verfasste Warburg eine Protestrede, die in allen Synagogen verlesen werden sollte, jedoch zuvor beschlagnahmt wurde; 1938 emigrierte er in die USA.

genheit hatte, wird beschlossen, den Wahlvorschlag 1 vorläufig unerledigt zu lassen. Vom Wahlvorschlag 2 wird Herr Jacob *Heckscher* einstimmig *wiedergewählt.*
Es folgt nun die Beratung über die Bildung eines Wahlaufsatzes für die ausscheidenden Herren David, Philipp, Ruben. Von der gemeinsamen Kommission liegt folgende Vorschlagsliste vor:
1) Bernhard David, Harry Wittmund, Dr. Siegfried Streim,
2) Hermann Philipp, Willy Stoppelmann, Marcus Bistritzky,
3) Raphael Z. Bachrach, Simon Lederberger, Manfred Bauer.
Vorschlag 1 und 2 werden ohne weitere Diskussion als Wahlaufsatz gebilligt. Beim Vorschlag 3 werden von einigen Herren Bedenken gegen die Aufstellung von Herrn Bachrach geäussert. Diese Bedenken richten sich in keiner Weise gegen die Person des Herrn Bachrach, sondern vielmehr dagegen, dass Herr Bachrach nach den in der Vorbesprechung geäusserten Meinungen in erster Linie als Vertreter des liberalen Teils der Hamburger Gemeinde in den Schulvorstand der Talmud Tora gewählt werden soll. Prinzipiell wird von Herrn Dr. Samson darauf aufmerksam gemacht, dass alle Mitglieder des Schulvorstandes in der Talmud Tora ausschließlich nur als solche fungieren, keinesfalls als Beauftragte irgendeiner Partei oder Richtung. Nach eingehender Aussprache wird mit Rücksicht auf das Fehlen verschiedener Vorstandsmitglieder in der heutigen Sitzung beschlossen, die Angelegenheit auf die Tagesordnung der nächsten Sitzung zu setzen.
Herr Direktor Spier berichtet zu Punkt 4 der Tagesordnung, dass die Schüler *Ernst Levy* und *Michael Rabinowitsch* vor kurzer Zeit nachts bei einer politischen Versammlung von der Polizei in Schutzhaft genommen wurden. Der Schüler Rabinowitsch wurde als Ausländer aus Deutschland ausgewiesen. Der Schüler Levy ist nach 16tägiger Haft wieder entlassen worden. Von der Landesunterrichtsbehörde ist nachstehendes Schreiben in der Angelegenheit Levy eingegangen:
„Aus der Polizeiakte über den Schüler *Ernst Levy*, Klosterallee 47, hat die Landesunterrichtsbehörde die Ueberzeugung gewonnen, dass gegen die Talmud-Tora-Realschule keine Vorwürfe erhoben werden können, wenn sie dem Ernst Levy den weiteren Besuch der Oberprima nicht gestattet.
Im Auftrag Oberdörffer[7] Oberschulrat."
Nach eingehender Aussprache wird mit allen gegen eine Stimme (David) beschlossen, den Eltern des Schülers *Ernst Levy* den Rat zu erteilen, ihren Sohn *abzumelden.* Es wurde weiter beschlossen, Ernst Levy zu entlassen, falls die Eltern die Abmeldung nicht sofort vornehmen.
Zur Frage der *Jugendvereine* berichtet Herr Direktor Spier nochmals über die Gründe, die ihn veranlasst haben, die Betätigung unserer Schüler in den Jugendvereinen zu verbieten. Auf Grund seiner verschiedenen Rücksprachen mit der Landesunterrichtsbehörde halte er es trotz aller Misstimmung bei verschiedenen Eltern nicht für möglich, das Verbot aufzuheben. Um den Schülern einen Ersatz zu bieten, hat die Schule von sich aus an den Nachmittagen *Turnkurse* unter Leitung von Lehrern unserer Schule eingerichtet. Diese Kurse werden von einer grossen Anzahl von Schülern besucht.
Von Herrn Fritz Weinberger[8] liegt ein Antrag vor, einen *blinden Knaben* bei uns einzuschulen. Der Antrag wird abgelehnt.

7 Dr. Wilhelm Oberdörffer (1886–1965), Anglist.
8 Fritz Weinberger (*1887) lebte bis 1937 in Hamburg, dann in Leipzig.

Ebenso wird der Antrag der *Gymnastiklehrerin* Loni Briske[9] auf Einrichtung von Gymnastikkursen abgelehnt.
Der vor kurzer Zeit versuchsweise bei uns aufgenommene Schüler *Max Epstein*[10] muss wieder aus der *Schule entfernt* werden.
Ein Antrag des Herrn *Dr. Heppmer* um *Ermässigung* des *Schulgelds* für seine beiden Söhne auf zusammen monatlich M 30,– wird genehmigt.

DOK. 60

Ein Landesverband des Centralvereins deutscher Staatsbürger jüdischen Glaubens berichtet über die Situation der Juden in Sachsen und Sachsen-Anhalt im Juni 1933[1]

Schreiben des CV-Landesverbands Mitteldeutschland (S.Gr. 274/33), ungez., Leipzig, an den CV, Berlin, vom 6. 7. 1933[2]

Centrale Berlin
Nachstehend übermitteln wir Ihnen einen Bericht für den Monat *Juni* des Landesverbandes Mitteldeutschland:
Der Reichsstatthalter für Sachsen, Gauleiter Mutschmann,[3] hielt in Chemnitz eine Ansprache im Rathaus, in der er sich gegen die Juden wendete. Desgleichen auch bei einer Ansprache in Dresden vor den Wirtschaftsführern.
Der sächsische Innenminister Fritsch[4] sprach sich in Glauchau bei einer Kundgebung in der Stadthalle ebenfalls sehr judenfeindlich aus.
Der Polizeipräsident von Leipzig verbot eine Mitgliederversammlung des C.V., in der der Landesverbandssyndikus über Jüdische Arbeitgeber und Jüdische Arbeitnehmer sprechen wollte, aus Gründen der öffentlichen Sicherheit und Ordnung. In einer eingehenden Rücksprache des Syndikus[5] mit dem Polizeipräsidenten Knoofe[6] wurde festgestellt, dass das Verbot nicht in unserer Organisation, sondern in der allgemeinen Gespanntheit der Lage zu suchen ist.
Die Situation unserer Glaubensgenossen in Halberstadt war einige Tage sehr besorgnis-

9 Richtig: Leonie Briske, spätere Saulmann (*1903), Gymnastiklehrerin; von 1941 an in Berlin, von dort wurde sie Anfang Februar 1943 nach Auschwitz deportiert.
10 Max Epstein (1921–1982), Sohn von David und Hella Epstein, emigrierte im Februar 1940 in die USA.

1 RGVA, 721k-1-261, Bl. 266–270.
2 Im Original handschriftl. Änderungen, Bearbeitungsvermerke sowie Stempel.
3 Martin Mutschmann (1879–1950), Textilarbeiter; von 1907 an Inhaber einer Spitzenfabrik; 1922 NSDAP-Eintritt; 1926–1945 Gauleiter von Sachsen, 1933–1945 Reichsstatthalter in Sachsen, 1935–1945 Führung der Regierungsgeschäfte in Sachsen; 1945 verhaftet, 1947 in Moskau zum Tode verurteilt und 1950 hingerichtet.
4 Dr. Karl Johann Erhard Fritsch (1901–1944), Staatswissenschaftler; 1919 Mitglied des Deutschvölkischen Schutz- und Trutzbunds, 1921 NSDAP-Eintritt, 1922–1928 verschiedene NSDAP-Funktionen, von 1928 an stellv. Gauleiter von Sachsen, 1934 SS-Eintritt; 1933–1944 sächs. Innenminister und 1938–1943 stellv. Reichsstatthalter in Sachsen.
5 Kurt Sabatzky, siehe Anm. 13.
6 Richtig: Oskar Knofe (1888–1978?), Berufsoffizier; 1909–1920 Militärlaufbahn; von 1924 an in der Landespolizei tätig, 1933–1937 Polizeipräsident von Leipzig, 1937 nach Berlin versetzt, dort Oberst der Schutzpolizei, 1939–1942 Befehlshaber der Ordnungspolizei in Posen und 1942–1943 in Salzburg; 1949 in Polen zu acht Jahren Haft verurteilt, 1955 entlassen.

erregend.[7] Aus diesem Grunde entsandte der Landesverband Syndikus Kamnitzer[8] dorthin, der mit unseren dortigen Freunden eine eingehende Aussprache hatte. Diese baten, von jeder offiziellen Intervention abzusehen. Die Verhältnisse haben sich nunmehr beruhigt. Ausserdem wurde Kamnitzer auch nach Magdeburg entsandt, wo Dr. Merzbach[9] in Schutzhaft genommen worden war, während gleichzeitig in seiner Wohnung eine Haussuchung stattfand, bei der C.V.-Material beschlagnahmt wurde. Dr. Merzbach wurde nach kurzer Zeit wieder auf freien Fuss gesetzt.

Der Landgerichtspräsident von Chemnitz hatte eine Verfügung erlassen, derzufolge die ihm unterstellten Beamten, Angestellten und Arbeiter nicht in jüdischen, marxistischen und anderen staatsfeindlichen Betrieben kaufen sollten. Auf eine schriftliche Intervention des Landesverbandsvorsitzenden hin erklärte der Landgerichtspräsident von Miaskowski,[10] dass es ihm fern gelegen habe, alle Juden mit staatsfeindlichen Elementen gleichzusetzen. Sein Erlass müsse so aufgefasst werden, dass es heisse: „In jüdischen Geschäften oder marxistischen und sonstigen staatsfeindlichen Geschäften."

In Halle erhob der nationalsozialistische Juristenbund[11] Feststellungen darüber, welche arischen Firmen ihre Mandate weiterhin jüdischen Anwälten übertragen.

In Plauen erliess der Rat der Stadt eine Anordnung, derzufolge es den Juden verboten wird, in städtischen Badeanstalten zu baden. Wir richteten dieserhalb eine Aufsichtsbeschwerde an die Kreishauptmannschaft Zwickau.

In Zittau wurde eine Schändung des dortigen jüdischen Friedhofs festgestellt. Als Täter konnte ein Arbeiter ermittelt werden, der früher der kommunistischen Partei angehörte.

An der Staatsoper in Dresden wurde einem jüdischen Kapellmeister[12] und zwei Korrepetitoren gekündigt, während einem weiteren Korrepetitor und den jüdischen Mitgliedern gesetzmässig gekündigt wurde. Der jüdische Dramaturg ist ebenfalls seit längerer Zeit entfernt worden. Zwei Chefsänger wurden wegen politischer Unzuverlässigkeit entlassen.

Das Sächsische Volksbildungsministerium veranstaltet einen Kursus für Aerzte-Rassenkunde. Es wurde erklärt, dass falls der Kursus aus Mangel an Beteiligung nicht zustande käme, besondere Massnahmen gegenüber den Aerzten ergriffen werden würden.

Das Leipziger Frauenseminar hatte sich geweigert, eine jüdische Studentin aufzunehmen. Auf unsere Vorstellung hin erfolgte die Anweisung durch das Ministerium an das Stadtschulamt, dass die Aufnahme zu erfolgen habe.

7 Vermutlich ist die Folterung jüdischer Männer durch Nationalsozialisten im Keller eines Halberstädter Pressehauses gemeint; siehe Schwab, 1933. Ein Tagebuch, S. 22–24.

8 Vermutlich Dr. Bernhard Kamnitzer (1890–1959), Rechtsanwalt und Politiker; 1929–1930 Senator für Finanzen in Danzig, danach als Rechtsanwalt tätig; Vorstandsmitglied des Centralvereins Danziger Staatsbürger jüdischen Glaubens, nach Berufsverbot und Haft emigrierte er 1938 über Großbritannien nach New York, nach 1945 Vertreter von Wiedergutmachungsansprüchen.

9 Dr. Ernst Merzbach (1879–1952), Jurist; von 1906 an als Rechtsanwalt in Magdeburg tätig; langjähriger Repräsentant der Jüdischen Gemeinde, später Vorsitzender der Repräsentantenversammlung, Vorsitzender der CV-Ortsgruppe Magdeburg und bis 1933 Vorstandsmitglied des Preußischen Landesverbands Jüdischer Gemeinden; 1938 Entzug der Zulassung als Rechtsanwalt und Emigration nach Chile.

10 Karl Woldemar Kurt von Miaskowski (*1869), Jurist; 1920 Landgerichtsdirektor, 1934–1935 Landgerichtspräsident in Chemnitz und von 1935 an in Leipzig; Gauführer Sachsen des Bundes Nationalsozialistischer Deutscher Juristen.

11 NS-Juristenbund: Der Bund Nationalsozialistischer Deutscher Juristen (BNSDJ) wurde 1928 von Hans Frank gegründet.

12 Generalmusikdirektor Fritz Busch (1890–1951) hatte die Oper von 1922 an geleitet. 1933 entlassen, emigrierte er zunächst nach Zürich, dann nach Argentinien, später nach Großbritannien.

Bei einem Jugendtreffen der Hitler-Jugend, zu dem die Teilnahme seitens der Schulen Pflicht war, wurde erklärt, dass Neger, Juden und Fremdrassige, auch wenn sie deutsche Staatsbürger seien, nicht teilnehmen dürfen.
In Quedlinburg wurde durch den Kampfbund des gewerblichen Mittelstandes der Boykott gegen eine jüdische Firma fortgesetzt, weil diese entgegen dem Wunsche des Kampfbundes, dass jüdische Geschäfte bei den Ausverkäufen vor Pfingsten nicht die Bezeichnung „Pfingstverkauf" anbringen dürfen, ein entsprechendes Schild angebracht hatte. Es fand mit unseren dortigen Freunden eine eingehende Beratung in Gegenwart des Syndikus Sabatzky[13] statt. Auch wurde dort durch Pressenachrichten Ende Juni angekündigt, dass die deutschen Hausfrauen sich vorsehen sollen, damit sie nicht in einer Veröffentlichung unter der Rubrik „Am Pranger" in der Tagespresse als undeutsch hingestellt und am Schandpfahl angeprangert werden.
Mitglieder der Krankenkasse des Vereins „Merkur"-Nürnberg wurden durch uns veranlasst, gegen den Ausschluss aus dem Verein sowohl als auch gegen die Erhebung einer Sondergebühr im Falle des Verbleibs im Verein bei der Vereinsleitung zu protestieren und an die Generalversammlung zu appellieren.
Eine Verfügung der NSDAP der Ortsgruppe Chemnitz, wonach die Juden ihre Autos der S.A. auf Anforderung zur Verfügung zu stellen hätten, die auch mehrere Wochen hindurch durchgeführt wurde, wurde durch die Parteileitung wieder aufgehoben.
Wegen wirtschaftlicher Uebergriffe in Bezug auf Ausschliessung von Markthändlern sowie der Boykottausdehnung durch städtische Stellen hatten der Vorsitzende und der Syndikus eine eingehende Unterredung im Wirtschaftsministerium in Dresden mit dem persönlichen Referenten des Ministers Dr. v. Buch.[14] Das Wirtschaftsministerium wurde auf die Ungesetzlichkeiten hingewiesen, die es seinerseits auch zugab. Es erklärte, durch Aufklärung des Innenministers für Abhilfe Sorge tragen zu wollen. Herr Dr. von Buch erbat die Ausarbeitung einer Denkschrift.
Das Syndikat hatte eine grosse Anzahl von wirtschaftlichen Beratungen vorzunehmen.
In Bezug auf Niederlassungsmöglichkeiten für Aerzte im Auslande wurden Erhebungen bei den Leipziger Generalkonsulaten bezw. bei den Konsulaten von Persien, China und Japan angestellt.
Auf Veranlassung der Zentrale wurden Erhebungen über Behördenaufträge und über die im Bezirke wohnenden Referendare unternommen. Die Ortsgruppen wurden veranlasst, der Zentrale ihren Vermögensstand a[n]zugeben.
In einer R.j.F.-Versammlung in Leipzig wurden seitens des früheren Vorsitzenden Bravmann[15] sehr erhebliche Angriffe gegen den C.V. erhoben, und zwar lediglich deswegen, weil der C.V. in einer Mitgliederversammlung, in der Dr. Hirschberg,[16] Sabatzky und

13 Kurt Sabatzky (1892–1955), Journalist; 1922–1923 Syndikus des CV in Leipzig, 1923–1932 Geschäftsführer des CV in Ostpreußen und 1933–1938 des Landesverbands Sachsen und Anhalt in Leipzig; Mitglied des RjF und des B'nai B'rith; zeitweise KZ-Haft in Buchenwald; 1939 Geschäftsführer der Synagogengemeinde Essen; 1939 emigrierte er nach Großbritannien, dort ab 1943 für jüdische Organisationen tätig.

14 Dr. Gustav Friedrich von Buch (*1883), Jurist; zunächst DNVP-Mitglied, 1933 NSDAP-Eintritt; 1912–1939 im sächs. Staatsdienst, zuletzt als Ministerialrat.

15 Vermutlich Salomon Stefan Bravmann (1887–1934).

16 Vermutlich Dr. Alfred Hirschberg (1901–1971), Journalist; von 1920–1938 in der Leitung des CV in Berlin tätig, von 1929 an als Syndikus, von 1933 an als Direktor, 1933–1938 Chefredakteur der C.V.-Zeitung; er emigrierte 1939 über Großbritannien nach Brasilien.

Dr. Goldmann[17] referierten, nicht die Verdienste des Ortsgruppenvorsitzenden des R.j.F. gewürdigt [hatte]. Der Vorsitzende rügte seinerseits, dass Bravmann diesen Anlass benutzt hatte, um aus dem C.V. auszuscheiden.
Den auf Grund ihrer jüdischen Abstammung entlassenen Angestellten der Firma Theodor Althoff, Inhaber Rudolph Karstadt A.-G.-Leipzig, gewährten wir Rechtsschutz. Sie wurden vor dem Arbeitsgericht in Leipzig durch Syndikus Sabatzky vertreten. Es gelang, das Gericht von der Unhaltbarkeit der fristlosen Entlassung zu überzeugen. Dieses verurteilte die Firma zur Zahlung der Gehälter bis zum fristgemässen Kündigungstermin und erklärte im Urteil, dass die Firma zwar das Recht gehabt hätte, auf die Dienste der Klägerin zu verzichten, dass sie aber nicht von einer Verpflichtung entbunden sei, ihm bis zum gesetzlichen Kündigungstermin Gehalt zu zahlen. Das Urteil wurde für vorläufig vollstreckbar erklärt.[18]

DOK. 61

Hans Kantorowitz weigert sich am 1. Juli 1933, aus der Berliner Turnerschaft auszutreten[1]

Schreiben von Hans F. Kantorowitz[2], Berlin, Lindenpromenade 8, an Naumann[3] vom 1. 7. 1933[4]

Lieber Turnbruder *Naumann*!
Zunächst möchte ich auf mein seinerzeit an Sie persönlich gerichtetes Schreiben wegen der B.T. Unfallversicherung zurückkommen und bemerken, dass ich bis heute leider ohne Antwort geblieben bin. Ich wäre Ihnen für eine kurze Nachricht sehr verbunden.
Bei dieser Gelegenheit überreiche ich Ihnen die Abschrift eines Schreibens, welches ich gestern an den Kassenwart der „Vierten" gerichtet habe.[5]
Ausgerechnet heute kommt nun das neue Nachrichtenblatt der B.T. mit Ihrem Leitartikel und Sie können mir glauben, dass mir Ihre Worte von der „turnbrüderlichen Gesinnung", der „wahren Kameradschaft" und „für sein ganzes Leben" einen schmerzlichen Stich gegeben haben.[6] Ich dachte an die Worte: des Volkes Dank ist Euch gewiss. Wie wurden die

17 Dr. Felix Goldmann (1882–1934), Rabbiner; von 1907 an Rabbiner in Oppeln; von 1917 an Gemeinderabbiner in Leipzig; Vorstandsmitglied des CV; Autor u. a. von „Vom Wesen des Antisemitismus" (1925).
18 Es handelte sich um 30 Angestellte. Sabatzky hatte vor Gericht argumentiert, dass diese Angestellten keine öffentlichen Funktionen ausübten, daher keine Analogie zum Berufsbeamtengesetz zulässig sei. Das Reichsarbeitsgericht schloss sich dem Leipziger Urteil später an, allerdings sah es eine Berechtigung zur fristlosen Entlassung dann gegeben, wenn das Verbleiben jüdischer Angestellter im Einzelfall zu einer für den Arbeitgeber untragbaren Betriebsstörung führe; Kurt Sabatzky, Meine Erinnerungen an den Nationalsozialismus (1940), S. 37, Harvard-Preisausschreiben, Nr. 261.

1 BArch, R 34/491.
2 Hans F. Kantorowitz war Sportwart der Leichtathleten. 1933 erkämpfte er sich beim 15. Deutschen Turnfest Stuttgart den siebten Rang im Fünfkampf der Männer der Klasse II. Vermutlich handelt es sich bei dem Sportler um Hans Kantorowitz, auch Kantorowicz (1900–1941), der im November 1941 nach Kowno deportiert und dort am 25. 11. 1941 erschossen wurde.
3 Rupert Naumann (1885–1946?), Redakteur; 1905 Eintritt in die Berliner Turnerschaft (BT), 1925–1928 Stellv. Hauptschriftwart der BT, 1930–1933 3. Vorsitzender und 1934–1936 1. Vorsitzender der BT.
4 Im Original mehrere handschriftl. Unterstreichungen.
5 Liegt nicht in der Akte.

gehalten nach dem Kriege! Und wie soll ich jetzt am eigenen Leibe Turnertreue und -kameradschaft erfahren? Fühlen Sie nicht den klaffenden Widerspruch zwischen Worten und Taten?[7] Geschieht hier nicht ein nicht wieder gut zu machendes Unrecht? Ich habe mich mein bisheriges Leben lang mit glühender Begeisterung für „alles Gute, alles Edle“ im Jahn'schen Sinne eingesetzt, nicht nur mit Worten, auch mit Taten, die feststehen. Ich meine da nicht etwa irgend einen formvollendeten Hochsprung, sondern die Werbe- und Aufbauarbeit, die ich an unzähligen Stellen, weit über den B.T.-Rahmen hinaus, geleistet habe, und zwar, wie ich besonders betone, mit vollem Bewusstsein eines Dienstes am Volke, dem ich nach Geburt, Denken und Handeln völlig angehöre.

Wenn meine Grosseltern nicht restlos Arier waren – ich bekenne mich übrigens stolz zu ihnen, denn ich verdanke ihnen ja vieles –, so ist das ja nur ein Zufall, der nicht hindert, dass ich ein ebenso guter und national empfindender Deutscher zu sein glaube, als mancher, der – ebenso zufällig – völlig reiner Arier ist (oder es wenigstens nachweisen kann).

Ich für meinen Teil bin gewillt, meiner Sache die Treue zu halten und darum habe ich den Brief, dessen Abschrift Sie anbei finden, geschrieben.

Ich war gut genug, Hilfsdienst- und Militärdienste leisten zu dürfen, Dr. Neuendorff[8] machte mich zu seinem Mitarbeiter an seinem bekanntesten Werk (Handbuch für Turnen, Spiel und Sport)[9] – jetzt soll ich meinen Austritt erklären? Diese Schuld sollen sich andere aufladen, ich nicht!

Mir bleibt nichts übrig, als zu beobachten und zu lernen, was Deutsche Turnertreue und -kameradschaft bedeuten.

Ich weiss, dass der neue Sportkommissar[10] seine endgültigen Richtlinien noch nicht herausgegeben hat, ich weiss, dass die Teilnahme von Nichtariern an der Olympiade Deutschland zugesagt worden ist. Die D.T. sollte sich doch besser nicht übereilen mit Ausschlüssen, solange noch die Möglichkeit von Aenderungen besteht.[11] Wie kann denn ein Olympiakandidat beispielsweise noch Sport treiben, wenn er aus den Vereinen entfernt wird?

6 Naumann hatte in seinem Artikel gegen ein Mitglied polemisiert, das seinen Austritt mit der antijüdischen Haltung in der BT begründete. Er beendete diesen Teil mit dem Satz: „Turnbrüderliche Gesinnung, wahre Kameradschaft müßte doch eigentlich all diese Kleinlichkeiten überwinden in einer Zeit, die den ganzen Menschen für sich fordert.“ Naumann sprach sich in diesem Artikel für den Nationalsozialismus und gegen den „Schandfrieden“ von Versailles aus; „Streifzug durch die BT.“, Nachrichtenblatt der Berliner Turnerschaft (Korporation), Nr. 7 vom 1. 7. 1933, S. 107–108. Das Nachrichtenblatt erschien 1933 im 49. Jahrgang.

7 Im Original Satz handschriftl. unterstrichen.

8 Dr. Edmund Neuendorff (1875–1961), Pädagoge; 1925–1932 Direktor der Preuß. Hochschule für Leibesübungen; von 1918 an DNVP-Mitglied, 1932 NSDAP- und 1933 SA-Eintritt; 1921–1933 Führer der Deutschen Turnerjugend, 1933 1. Vorsitzender der Deutschen Turnerschaft, 1932–1934 Leitung des Instituts für Leibesübungen der Universität Berlin, 1941–1945 Leiter der Hochschule für Leibesübungen in Prag; nach 1945 Flüchtlingspfarrer in Bramsche; Autor u. a. von „Ewiges Turnen als Wegbereiter des Dritten Reiches“ (1934).

9 Kantorowitz hatte für das von Edmund Neuendorff herausgegebene Handbuch „Die deutschen Leibesübungen. Großes Handbuch für Turnen, Spiel und Sport“ (1932) den Beitrag „Aus der Welt des Springers“ verfasst.

10 Hans von Tschammer und Osten (1887–1943), Offizier; 1929 NSDAP- und SA-Eintritt; vom 29. 4. 1933 an Reichssportkommissar im RMdI, 1933–1943 Reichssportführer, von Juli 1933 bis zur Auflösung 1935 Führer der Deutschen Turnerschaft, 1934–1943 Präsident des Nationalen Olympischen Komitees, 1936–1943 Leiter des Reichssportamts im RMdI, 1938 StS.

Doch das sind nur praktische Erwägungen, viel schwerer wiegt für mich und dürfte wohl auch für Turnbrüder (im Sinne des Wortes) das wiegen, was aus Deutscher Turnertreue wird! Wenn es erst geschehen ist, dann dürften unwiederbringliche moralische, spezifisch deutsche Werte – wahrscheinlich sinnlos – vernichtet sein.
Lieber Turnbruder Naumann, verschliessen Sie sich nicht solchen Hinweisen! Bei der hohen Meinung, die ich von den Männern der nationalen Erhebung habe, glaube ich sicher, dass vernünftige Ratschläge und Hinweise auch dieser Art auf Verständnis stossen.[12]
Gut Heil!

DOK. 62
Isaac Meyer begründet gegenüber der Senckenbergischen Naturforschenden Gesellschaft in Frankfurt a. M. am 13. Juli 1933 seinen Austritt[1]

Handschriftl. Brief von I. Meyer,[2] Frankfurt a. M., an die Senckenbergische Naturforschende Gesellschaft,[3] z. H. E. Marx,[4] Frankfurt a. M., vom 13. 7. 1933[5]

Sehr geehrter Herr Professor!
Ich bestätige mit verbindlichem Dank den Eingang Ihres geehrten Schreibens vom 22. v. M.[6] das ich nach Rückkehr von einer Auslandsreise vorfand, und gestatte mir folgendes ergebenst zu erwidern:
Ihre Mitteilung, wonach in der Mitarbeit Ihrer Mitglieder und Freunde, Ihrer Gastforscher und Angestellten Veränderungen nicht eingetreten sind, bedeutet, besonders in heutiger Zeit, ein erfreuliches Zeichen objektiver Einstellung der beteiligten Kreise. Wenn ich trotzdem bitten muß, meine Austrittserklärung als erfolgt anzusehen, so möchte ich,

11 Der Hauptausschuss der Deutschen Turnerschaft hatte am 8./9. 4. 1933 beschlossen, den Arierparagraphen einzuführen, daraufhin hatte Naumann die ca. 60 jüdischen BT-Mitglieder zum Austritt aufgefordert.

12 Naumann brachte wegen des Ausschlusses von prominenten BT-Mitgliedern seine Bedenken beim Vorsitzenden der Deutschen Turnerschaft Neuendorff am 11. 9. 1933 zum Ausdruck; siehe Dok. 80 vom 23. 9. 1933.

1 SNG/A, Nr. 449, Bl. G23+RS.

2 Isaac Meyer (1883–1938) war Beamter der Frankfurter Israelitischen Gemeinde; er wurde im Zuge des Novemberpogroms 1938 verhaftet und starb am 16. 11. 1938 im KZ Buchenwald.

3 Die heute noch bestehende Senckenbergische Naturforschende Gesellschaft (SNG) wurde 1817 im Gedenken an den Arzt und Naturforscher Dr. Johann Christian Senckenberg (1707–1772) gegründet.

4 Dr. Ernst Marx (1870–1951), Mediziner; 1920–1938 Facharzt für Psychotherapie und Psychiatrie in Frankfurt a. M., 1. Direktor der SNG.

5 Im Original mehrere handschriftliche Unterstreichungen.

6 Als sich die Austritte vor allem jüdischer Mitglieder häuften, versandte Marx am 22. 6. 1933 ein Rundschreiben, in dem es hieß, dass die Gesellschaft die Austritte als nicht erfolgt ansehen wolle; siehe undat. Entwurf von Rudolf Richter, wie Anm. 1, Bl. G5. Da das Schreiben zu Missverständnissen geführt hatte, wandte sich Geschäftsführer Richter mit einem Rundschreiben am 25. 6. 1933 an die jüdischen Mitglieder: „Auf zahlreiche Anfragen erklären wir, dass die Senckenbergische Gesellschaft zwischen ihren Angehörigen keinerlei Unterschiede macht, sondern allen unverändert die gleichen Rechte gewährt wie bisher. […] Sollten Sie aus irrigen Voraussetzungen aus der Gesellschaft ausgetreten sein, so bitten wir Sie, Ihren Schritt noch einmal zu prüfen und Ihre Zugehörigkeit zum ‚Senckenberg' nicht unnötigerweise zu lösen"; Dokumente Frankfurter Juden, S. 88.

um keinerlei Mißverständnisse aufkommen zu lassen, Nachstehendes zu Ihrer Kenntnis bringen: Ich bin Beamter der Frankfurter Israelitischen Gemeinde – ehemals eine gut fundierte und auf allen kulturellen Gebieten führende Körperschaft –. Meine Bezüge sind, abgesehen von den Kürzungen durch die verschiedenen, alle Beamten in gleicher Weise treffenden Gehaltskürzungsverordnungen, um 25 % vermindert worden, weil die Gemeinde kaum noch in der Lage ist, ihre religiösen, kulturellen und sozialen Aufgaben zu erfüllen. Dazu kommt die in ihrem Ausmaß noch nicht übersehbare Katastrophe, welche Tausende von Gemeindemitgliedern wirtschaftlich vernichtet hat. Diese Sachlage bedeutet für mich auf der einen Seite eine Einkommensminderung von nahezu 40 % seit 2 Tag[en] mit den dadurch gebotenen Ausgabeneinschränkungen, auf der anderen Seite die erhöhte Pflicht, meinen vielen unschuldig in Not und Elend geratenen Glaubensgenossen soweit wie irgend möglich zu helfen und sonstige, weniger dringende Verpflichtungen – wenn auch nur vorübergehend – zu lösen.
Im Interesse Ihrer altehrwürdigen und hochansehnlichen Gesellschaft hoffe ich, daß mein Fall vereinzelt dasteht. Sollte dem jedoch nicht so sein und sollten Austritte in größerer Zahl die in Ihrem Schreiben angedeuteten Folgen für gewisse Kreise Ihrer Angestellten haben, so würde ich mich für meine Person von jeder Verantwortung frei wissen!
Mit vorzüglicher Hochachtung

DOK. 63

Kollegen des Observatoriums Potsdam denunzieren am 18. Juli 1933 Professor Erwin Finlay Freundlich als „antinational denkenden Juden-Abkömmling“[1]

Schreiben der NS-Beamtenabteilung, Fachschaft Observatorien, Kreisgruppe Potsdam, Gau Kurmark, Fachschaftsleiter Obst, auf dem Dienstweg an die NS-Beamtenabteilung des Gaus Kurmark der NSDAP, Berlin, Dessauerstr. 18, vom 18. 7. 1933

Seit dem 1. Juni 1920 ist im Astrophysikalischen Observatorium Professor Erwin *Freundlich*[2] als preußischer Staatsbeamter, anfangs als Observator, heute als Hauptobservator tätig. Der Vater von Prof. Freundlich war Jude. Vor dem Kriege und auch jetzt wieder unterschreibt er sich unberechtigterweise als „Finlay-Freundlich“, indem er seinem Namen den seines Großvaters mütterlicherseits, eines berühmten englischen Astronomen und Kometen-Entdeckers, voransetzt. Während des Krieges fehlte in seiner Namensangabe das englische Wort „Finlay“, das erst nach dem Kriege wieder auftauchte.
Anfang 1932 wurde Prof. Freundlich die Leitung des dem Astrophysikalischen Observatorium angegliederten Einstein-Institutes, des jetzigen Institutes für Sonnenphysik, von dem Minister für Wissenschaft, Kunst und Volksbildung der Novemberparteien übertragen. Gleichzeitig wurde ihm, in bewußter Demütigung des völlig national eingestellten

1 GStAPK, I HA, Rep. 76, Vc Sekt. 1, Tit. XI, Teil II Nr. 6b, Bd. 10.
2 Dr. Erwin Finlay Freundlich (1885–1964), Astrophysiker; 1921–1933 Professor am Astrophysikalischen Observatorium Potsdam, Zusammenarbeit mit Einstein; 1933 Emigration in die Türkei, dort Professor für Astrophysik, 1937 ging er nach Prag, 1939 nach Großbritannien; 1956 Rückkehr nach Deutschland.

Direktors Professor Ludendorff[3], sowohl in der Leitung der wissenschaftlichen Arbeiten des Einstein-Institutes als auch in verwaltungstechnischer Hinsicht eine ganz ungewöhnliche weitgehende Selbständigkeit übertragen, die sonst bei den Abteilungsleitern nicht üblich ist.
Statt den national gesinnten Direktor gegen die Anmaßungen und Übergriffe seines Hauptobservators zu schützen, hat die November-Regierung den antinational denkenden Juden-Abkömmling dem Direktor fast völlig gleichgestellt.
Diese Gleichstellung hat allerdings die nationalsozialistische Regierung inzwischen zum größten Teile rückgängig gemacht. Dadurch ist aber das undeutsche Wesen von Prof. Freundlich nicht beseitigt worden. Als Beweis für sein undeutsches Verhalten ist eine Aussage des Hauptobservators Prof. Dr. Münch[4] beigefügt.[5] Außerdem habe ich schriftliche Angaben aus neuester Zeit in Händen, die mir auf dem Dienstwege zugegangen sind. Aus ihnen geht hervor, daß Herr Freundlich über Führer der nationalsozialistischen Bewegung Äußerungen getan hat, die jeden deutschen Volksgenossen tief empören müssen.
Aus alledem hat die nationalsozialistische Fachschaft der Observatorien die Überzeugung gewonnen, daß Prof. Freundlich sich infolge seiner gegenvölkischen Einstellung nicht zum Beamten im neuen Reiche und am allerwenigsten zum Beamten in leitender Stellung eignet. Es ist zweifelhaft, ob eine Entlassung gemäß § 3 des Gesetzes zur Wiederherstellung des Berufsbeamtentums bei Prof. Freundlich anwendbar ist. Dagegen hält die Fachschaft eine Entlassung aus dem Dienste oder zum mindesten eine Entfernung aus einer leitenden Stellung für notwendig, da er durchaus keine Gewähr dafür bietet, daß er jeder Zeit rückhaltlos für den nationalen Staat eintritt. Die Fachschaft hat im Gegenteil den Eindruck gewonnen, daß er der nationalen Bewegung durchaus gehässig gegenübersteht.
Die Fachschaft der Observatorien richtet daher auf dem Dienstwege an die Gauleitung Kurmark die Bitte, die vorstehenden Ausführungen an die zuständige Stelle weiter zu leiten.[6]

3 Dr. Hans Ludendorff (1873–1941), Astrophysiker; von 1898 an am Observatorium Potsdam tätig, zuerst als Hilfsarbeiter, dann als Observator, 1909 Professor, von 1915 an Hauptobservator, von 1921 an Direktor des Observatoriums Potsdam.

4 Dr. Wilhelm Münch (*1879), Astrophysiker; von 1919 an Professor und Hauptobservator am Observatorium Potsdam.

5 Nach Angaben Münchs soll Freundlich in den Jahren 1920–1922 geäußert haben, Deutschland trage Schuld am Krieg, sowie 1932, die Betonung des Nationalen sei ein Rückfall in längst überholte Zeiten, das Ziel könne nur eine europäische Kultur sein; Vermerk über Aussage Münchs vom 11. 7. 1933, wie Anm. 1.

6 Max Planck und Max von Laue verwandten sich für Freundlich beim Minister. Freundlich erhielt dann einen Ruf an die Universität Istanbul und verließ Deutschland im Oktober 1933. Zuvor hatte das Ministerium seine Versetzung in den Ruhestand nach § 3 des BBG beschlossen, doch hatten im September 1933 das AA und das RMdI interveniert und für eine mehrjährige Beurlaubung in außenpolitischem Interesse votiert, denn Freundlich sollte im Mittelmeerraum eine Sternwarte für die deutsche Forschung aufbauen. 1934 versetzte das Ministerium Freundlich aufgrund § 3 des BBG in den Ruhestand. Da er in die Türkei abgereist war, ohne dass über seine Beurlaubung entschieden worden war, zahlte man ihm wegen unerlaubten Entfernens vom Dienst keine Bezüge; siehe Schreiben des preuß. Wissenschaftsministers an den Direktor des Astrophysikalischen Observatoriums vom 3. 4. 1934; wie Anm. 1.

DOK. 64
Der Deutsche Gemeindetag ermöglicht der Stadt Preußisch Friedland am 26. Juli 1933 den teilweisen Ausschluss von Juden aus öffentlichen Badeanstalten[1]

Schreiben des Deutschen Gemeindetags[2] (VIII 112/33), Geschäftsführer Hopf,[3] Berlin, an den Magistrat von Preußisch Friedland vom 26. 7. 1933[4]

Auf das gefl. Schreiben vom 6. d. Mts. – 1724 –.

Bisher ist uns noch nicht bekannt geworden, dass für die jüdische Bevölkerung eine besondere Bade- und Besuchszeit in städtischen Badeanstalten festgesetzt worden ist.
Wir sehen jedoch kein rechtliches Hindernis gegenüber einem derartigen Beschluss der Stadtverwaltung. Als Eigentümerin der Badeanstalt steht ihr das Recht zu, die Besuchszeiten zu regeln und für einzelne Gruppen besondere Besuchszeiten festzusetzen, wie dies nicht nur vielfach für die einzelnen Geschlechter, sondern auch für Schulen und Vereine geschieht. Denn da die Badeanstalt, sofern durch ihre Einrichtung nicht *nur* gesundheitliche Zwecke verfolgt werden, als gewerbliches Unternehmen der Gemeinde anzusehen ist (vgl. Stier-Somlo, Handbuch des kommunalen Verfassungs- und Verwaltungsrechts in Preussen II 2 S. 196), unterliegt sie nicht den für die öffentlichen Anstalten geltenden Normen des öffentlichen Rechts, sondern ihre Rechts- und Benutzungsverhältnisse regeln sich ausschliesslich nach den Bestimmungen des allgemeinen bürgerlichen Rechts.
Bei der Beschlußfassung wird je im einzelnen bestimmt werden müssen, wer als Jude im Sinne des Beschlusses anzusehen ist, damit die einwandfreie Durchführung des Beschlusses gewährleistet ist.[5]

1 BArch, R 36/2060, Bl. 8.
2 Der Deutsche Gemeindetag (DGT) ging im Mai 1933 aus der Gleichschaltung der kommunalen Spitzenverbände hervor. Der DGT, dem alle Städte zwangsweise als Mitglieder angehörten, wurde von Karl Fiehler, Münchener OB und Chef des NSDAP-Hauptamts für Kommunalpolitik, geleitet.
3 Volkmar Hopf (1906–1997), Jurist; 1932 Magistratsrat in Königsberg i. Pr.; 1933 NSDAP-Eintritt; 1933 Leiter der DGT-Abt. I (Verfassung, Verwaltung, Polizei, Gewerbe), 1934 Landrat in Franzenburg-Barth in Pommern; 1940–1945 Kriegsteilnahme; 1951 Ministerialrat im Bundesinnenministerium, 1964 Präsident des Bundesrechnungshofs.
4 Im Original handschriftl. Bearbeitungsvermerke. Das handschriftliche Tagesdatum „12" ist durch „26" ersetzt.
5 Letzter Satz handschriftl. angefügt.

DOK. 65

Der Vorstand des Ärztlichen Vereins Hamburg tritt im Juli 1933 wegen einer antijüdischen Satzungsänderung zurück[1]

Rundschreiben des Vorstands des Ärztlichen Vereins Hamburg,[2] gez. Kümmell,[3] Marr,[4] Treplin,[5] Scholz und Reye,[6] vom Juli 1933 (Umdruck)

Der Vorstand des ärztlichen Vereins in Hamburg teilt seinen Mitgliedern folgendes mit: Von dem bevollmächtigten Beauftragten des Reichskommissars bei den ärztlichen Spitzenverbänden, Herrn Dr. med. W. *Holzmann*,[7] ist dem Vereinsvorstand die Forderung auferlegt, folgende Bestimmungen in die Vereinsgesetze aufzunehmen:

1. Nur Arier können ordentliche Mitglieder sein, Nicht-Arier können ausserordentliche Mitglieder bleiben;
2. In Vorträgen und Aussprache-Bemerkungen dürfen nur ordentliche Mitglieder das Wort ergreifen;
3. In den Mitgliederversammlungen haben nur ordentliche Mitglieder Stimmrecht.

Der Vorstand fühlt sich an die bestehenden Gesetze des Vereins gebunden, nach denen eine derartige Statutenänderung nicht möglich ist, und hat daher geschlossen seine Ämter zur Verfügung gestellt.

Für die Übergangszeit hat der Vorstand die Herren *Treplin, Scholz* und *Reye* mit der Leitung der Vereinsgeschäfte betraut.

1 BArch, R 1501/26401, Bl. 146.

2 Der Ärztliche Verein Hamburg wurde 1816 gegründet und existiert noch heute.

3 Vermutlich Dr. Richard Kümmell (*1880), Mediziner; von 1915 an Professor für Augenheilkunde an der Universität Hamburg.

4 Vermutlich Dr. Erich Marr (1896–1941), Mediziner; von 1925 an Praxis für Allgemeinmedizin in Hamburg.

5 Dr. Lorenz Treplin (1875–1951), Mediziner; von 1906 an Facharzt für Chirurgie, 1937 Professor und Leiter der zweiten Chirurgischen Abteilung des Allgemeinen Krankenhauses Hamburg-Barmbek.

6 Dr. Edgar Reye (1882–1945), Mediziner; Facharzt für Inneres, 1937 Professor und Chefarzt des Allgemeinen Krankenhauses Hamburg-Barmbek.

7 Dr. Willy Holzmann (1878–1949), Neurologe; 1923 NSDAP-Eintritt, 1929 Gründungsmitglied des NS-Ärztebunds, 1933 Gauamtsleiter des Rassenpolitischen Amts der NSDAP in Hamburg; 1933 Honorarprofessor für Rassenkunde an der Universität Hamburg.

DOK. 66
Das Vorstandsmitglied der Deutschen Bank, Franz Urbig, berichtet Ende Juli 1933 über die Entlassung der Vorstandsmitglieder Theodor Frank und Oscar Wassermann[1]

Vermerk von Franz Urbig (3/Sch),[2] Bühlerhöhe, Ende Juli 1933[3]

I. Ende März dieses Jahres setzte die Aktion gegen die jüdischen Volksgenossen ein und man musste daran denken, dass die Herren Frank,[4] Solmssen[5] und Wassermann[6] von der Bewegung ebenfalls bedroht sein konnten. Bei den Mitgliedern des Vorstandes herrschte deshalb eine gewisse Besorgnis, die sich namentlich auf Herrn Wassermann richtete, der durch sein öffentliches Eintreten für den Zionismus stark exponiert erschien und zugleich aus der Bank heraus kritisiert wurde wegen eines aus der Förderung der zionistischen Bestrebungen entstandenen, je zur Hälfte von Herrn Felix Warburg[7] in New York und Herrn Wassermann verbürgten Debetsaldos[8] von 2,6 Millionen Mark und sodann auch wegen eines Debetsaldos der vor mehreren Jahren schwach gewordenen Firma Jakob Wassermann in London (Bruder von Oskar Wassermann).
Die entstandene Bewegung und ihre möglichen Folgen zu ignorieren, wäre unter Umständen für das Präsidium des Aufsichtsrats der Bank eine nicht vertretbare Unterlassung gewesen. Ich suchte deshalb am Abend des 31. März Herrn Schlitter[9] in seiner Wohnung auf. Der Zweck der sehr eingehenden Unterhaltung war, mit Herrn Schlitter zu beraten, ob, falls auch er die Stellung des Herrn Wassermann für gefährdet halte, es nicht besser sei, ihm beizeiten einen Wink zu geben, damit er mit eigenem Entschluss einem sonst möglichen Ereignis zuvorkommen könne. Herr Schlitter verkannte nicht, dass die Gefahr

1 BArch, R 8119 F, P 55, Inaktive ordentliche Vorstandsmitglieder, Allgemeines 8, Bl. 8–25. Faksimile in: Barkai, Wassermann, S. 157–174.
2 Franz Urbig (1864–1944), Bankkaufmann; von 1884 an bei der Disconto-Gesellschaft tätig, u. a. 1895–1897 Leitung der Filiale in Tientsin/China, 1902 Berufung zum Geschäftsinhaber der Disconto-Gesellschaft, 1923 Vorsitzender des Währungsausschusses im Centralverband des deutschen Bank- und Bankiergewerbes, von 1927 an Vorbereitung der Fusion mit der Deutschen Bank; 1930–1942 Aufsichtsratsvorsitzender der Deutschen Bank und Disconto-Gesellschaft.
3 Urbig übersandte seinen Vermerk u. a. Schacht, von Siemens, Russell, Schlitter, de Weerth, Steinthal, Solmssen, Mosler, Wintermantel, Rummel, Schlieper, Boner, von Schinkel und Kimmich; undat. Vermerk von Franz Urbig, wie Anm. 1, Bl. 7. Carl von Siemens äußerte mündlich gegenüber Urbig: „Es wäre eine Schwäche gewesen, wenn Sie anders gehandelt hätten"; undat. Vermerk von Urbig, ebd., Bl. 28.
4 Dr. Theodor Frank (1871–1953), Bankkaufmann; 1922–1933 Mitinhaber und Vorstandsmitglied der Disconto-Gesellschaft und 1929–1933 Vorstandsmitglied der Deutschen Bank, nach seiner Entlassung noch bis 1938 im Besitz des Aufsichtsratsmandats; dann Emigration nach Belgien, später in die Schweiz.
5 Dr. Georg Adolf Solmssen (1869–1957), Jurist; von 1898 an im preuß. Justizministerium tätig, von 1900 an in der Disconto-Gesellschaft Berlin, 1904 Direktor und 1911–1929 Geschäftsinhaber der Disconto-Gesellschaft, 1929–1934 Vorstandsmitglied der Deutschen Bank und Disconto-Gesellschaft, bis 1937 noch im Aufsichtsrat; dann Emigration in die Schweiz.
6 Oskar Wassermann (1869–1934), Bankkaufmann; 1912–1933 im Vorstand der Deutschen Bank, 1923–1933 Sprecher des Vorstands.
7 Felix M. Warburg (1871–1937), Bankier; Teilhaber des Bankhauses Kuhn, Loeb & Co, New York; Mitbegründer der Jewish Agency, 1914–1932 Vorsitzender des American Jewish Joint Distribution Committee.
8 Debetsaldo: Sollstand eines Kontos.
9 Dr. Oscar Schlitter (1868–1939), Kaufmann; 1906–1932 Vorstandsmitglied der Deutschen Bank und 1933–1939 Aufsichtsratsvorsitzender der Deutschen Bank und Disconto-Gesellschaft (jährlich alternierend mit Franz Urbig).

von Angriffen gegen Herrn Wassermann gegeben sei, war aber der Ansicht, dass Herr Wassermann mit der übrigen Stärke seiner Stellung derartigen Gefahren erfolgreich trotzen könne. Wir schieden an dem Abend mit der Feststellung, dass die Notwendigkeit, Herrn Wassermann einen Wink zu geben, noch nicht vorliege, dass es andererseits aber auch nicht angängig sei, den Kopf in den Sand zu stecken, sondern dass der Versuch, sich Klarheit zu verschaffen, ernsthaft erwogen werden müsse.
Am Sonnabend, dem 1. April, rollten sich die Ereignisse beim Centralverband des Deutschen Bankgewerbes ab. Herr Bernstein[10] gab seine Demission und Herrn Solmssen wurde unverblümt nahegelegt, vom Vorsitz zurückzutreten. Beides schien auch in dem von Herrn Schacht[11] vertretenen Ziele zu liegen. Von diesen Vorgängen persönlich stark beeindruckt, suchte mich Herr Solmssen am Sonntag, dem 2. April auf. Ich riet von freiwilligen Verzichten ab und Herr Solmssen versuchte dann auch am Fernsprecher, Herrn Bernstein zur Zurücknahme seiner inzwischen schriftlich ausgesprochenen Demission zu veranlassen. Immerhin war nun auch Herr Solmssen wegen seiner Person sehr unsicher geworden und ihm lag sehr daran, Klarheit zu schaffen. Auf seinen Wunsch telegraphierte ich an Herrn Russell,[12] dass seine alsbaldige Anwesenheit in Berlin erwünscht sei und ich gab selber meine für den Abend des 2. April bereits festgesetzte Abreise nach Paris zu einer Sitzung der Caisse Commune auf.
Am Mittwoch, dem 5. April vormittags, fand sodann eine Besprechung zwischen Herrn Russell, Herrn Schlitter und mir statt. Eine Meinungsverschiedenheit darüber, ob es erwünscht sei, sich Klarheit wegen des Verbleibens der drei Herren im Vorstand zu verschaffen, bestand unter uns in dieser Unterhaltung nicht mehr. Den Herren Frank und Solmssen war überdies ein darauf zu richtender Schritt auch durchaus recht. Es handelte sich nur noch darum, ob ich an Herrn Schacht unmittelbar herantreten sollte. Wir entschieden uns schliesslich dahin, zunächst eine Anfrage an Herrn Friedrich[13] zu richten, der an den Sitzungen des Aufsichtsrats der Bank als Vertreter der Reichsbank teilnahm und deshalb mit Recht als die Vertrauensperson gelten musste, an welche man sich in einer so delikaten Angelegenheit wenden konnte. Die Unterhaltung zwischen mir und Herrn Friedrich fand um 12.30 Uhr statt und endete damit, dass Herr Friedrich wegen unserer Besorgnis, die er durchaus berechtigt fand, Herrn Schacht befragen wollte. Für den Vorstand wurde Herr Mosler[14] von der Unterhaltung und ihrem Verlauf von mir alsbald unterrichtet.

10 Otto Bernstein (1877–1943), Jurist; bis 1933 Vorstandsmitglied des Centralverbands des Bank- und Bankiergewerbes und Schriftleiter der Zeitschrift Bank-Archiv; bis zum Entzug der Zulassung 1938 als Anwalt tätig; im Oktober 1942 nach Theresienstadt deportiert, dort im Februar 1943 gestorben.

11 Hjalmar Schacht (1877–1970), Bankkaufmann; 1923–1930 und 1933–1939 Reichsbankpräsident, 1934–1937 Reichswirtschaftsminister, bis 1943 Minister ohne Geschäftsbereich; 1944 Verhaftung im Zusammenhang mit dem Attentat vom 20. Juli; 1946 Freispruch im Nürnberger Prozess, 1947 von Spruchkammer zu acht Jahren Haft verurteilt, 1948 Freispruch; 1953 Gründung der Deutschen Außenhandelsbank Schacht & Co Düsseldorf sowie Finanzberater u. a. von Ägypten, Brasilien und Indonesien.

12 Dr. Ernst Enno Russell (1869–1949), Jurist; von 1895 an in der Disconto-Gesellschaft tätig, 1902–1929 Mitinhaber der Disconto-Gesellschaft, 1929–1941 stellv. Aufsichtsratsvorsitzender der Deutschen Bank und Disconto-Gesellschaft.

13 Dr. Carl Georg Friedrich (1873–1936), Bankkaufmann und Jurist; von 1897 an in der Reichsbank tätig, 1919–1936 Mitglied des Reichsbankdirektoriums, Aufsichtsratsmitglied der Deutschen Golddiskontbank.

14 Dr. Eduard Mosler (1873–1939), Jurist; von 1911 an in der Leitung der Disconto-Gesellschaft, später Vorstandsmitglied der Deutschen Bank und Disconto-Gesellschaft, 1934–1939 Sprecher des Vorstands.

Am Nachmittag des 5. April liess mir Herr Schacht telefonisch den Wunsch übermitteln, ihn in Fortsetzung der mit Herrn Friedrich geführten Unterhaltung am Donnerstag, dem 6. April um 5 Uhr aufzusuchen und zwar gemeinsam mit Herrn Solmssen. Von dieser Aufforderung, die wegen der Hinzuziehung von Herrn Solmssen etwas auffallend war, habe ich diesem, Herrn Russell und Herrn Mosler sofort Kenntnis gegeben. Herr Schlitter war inzwischen aus Anlass von Sitzungen abgereist.

Der 1. Teil der mit Herrn Schacht am 6. April geführten Unterhaltung betraf den Centralverband. Herr Schacht löste jeden Zweifel darüber auf, dass eine Umschaltung in der Leitung des Verbandes nötig sei, dass Herr Solmssen auf den Vorsitz verzichten, Herr Bernstein durch eine andere Persönlichkeit ersetzt werden müsse und er machte dann Vorschläge wegen der Formen, in denen sich die Umschaltung vollziehen sollte. Mit diesen Vorschlägen war Herr Solmssen einverstanden. Sodann ging Herr Schacht auf das Thema über, welches ich am Tage vorher mit Herrn Friedrich erörtert hatte und führte aus, er habe sich mit völliger Zustimmung der in Betracht kommenden politischen Persönlichkeiten alle Massnahmen vorbehalten, welche auf dem Gebiete des Bankwesens möglicherweise zu treffen seien. Dies erstrecke sich selbstverständlich auch auf die Personalien. Er schliesse nicht aus, dass von der Umstellungsbewegung die eine oder andere Persönlichkeit betroffen werden könnte, doch werde da, wo es geschehe, jede Überstürzung vermieden, also genügend Zeit gelassen werden, um alles in Ruhe arrangieren zu können. Irgendwelche Namen wurden nicht genannt. Es folgten dann noch einige sachliche Bemerkungen über die Lage der Bank. Hatte ich mich während des 1. Teiles der Unterredung jeder Bemerkung enthalten, so tat dies Herr Solmssen während des 2. Teiles.

Der 7. April war ein stark besetzter Tag und blieb von den hier in Betracht kommenden Vorgängen befreit. Am Sonnabend, dem 8. April abends, hatte ich am Telefon ein Gespräch mit Herrn Schlitter. Dieser gab dabei seiner Erregung darüber Ausdruck, dass durch die Beteiligung von Herrn Solmssen an der Unterhaltung mit Herrn Schacht der beabsichtigte Versuch einer Klarstellung anders gelaufen sei, als er es sich gedacht habe. Wenn jetzt der Fall eintrete, dass tatsächlich der Verbleib von Herrn Wassermann fraglich werde, dann könne der Verdacht entstehen, dass Herr Solmssen die Gelegenheit benutzt habe, Herrn Wassermann zu opfern, um sich selbst zu retten. Er sei dadurch in eine sehr peinliche Situation gekommen und müsse angesichts seines langen kollegialen Verhältnisses zu Herrn Wassermann diesem von den Vorgängen nunmehr Mitteilung machen. Ich sagte Herrn Schlitter, dass kein Grund zu Vorwürfen gegen sich selbst oder andere vorliege, denn die Unterhaltung bei Herrn Schacht habe sich, soweit Herr Solmssen in Betracht käme, nur auf die Umorganisierung des Centralverbandes bezogen und an der Unterhaltung über die uns bewegende Angelegenheit habe sich Herr Solmssen mit keinem Wort beteiligt. Eine objektive Verpflichtung, Herrn Wassermann etwas mitzuteilen, liege also nach meiner Überzeugung nicht vor. Seine, Herrn Schlitters, subjektive Erwägung könne ich allerdings durchaus begreifen und ich schlug vor, uns am Montag, dem 10. April, in der Bank über die Angelegenheit nochmals zu unterhalten. Diese Unterhaltung fand von 10 ½ Uhr [an] statt und war sehr eingehend. Herr Schlitter konnte sich von dem Gefühl nicht frei machen, dass er verpflichtet sei, Herrn Wassermann über die Vorgänge zu unterrichten und wir gelangten nach reiflicher Überlegung zu der Ansicht, dass nach dem Verlauf, den die Unterhaltung bei Herrn Schacht genommen hatte, eine solche Unterrichtung nicht einmal mehr bedenklich sei, denn kein Name sei gefallen.

Kurz darauf, etwa um 12 Uhr, hat dann Herr Schlitter Herrn Wassermann aufgesucht.

Den Wortlaut der Unterhaltung kennt nur Herr Schlitter, und sie hatte zur Folge, dass Herr Wassermann noch vor der Mittagspause einigen Kollegen seinen Rücktritt bekannt gab. Zu der üblichen Zusammenkunft des Vorstandes am Nachmittag erschien Herr Wassermann nicht mehr, war aber in der Bank. Obschon doch nun jeder mit der Möglichkeit gerechnet hatte, dass Herr Wassermann veranlasst werden könne, aus dem Vorstand auszutreten, sah ich bei meinem Erscheinen in der Sitzung, dass die Herren des Vorstandes von der Rücktrittserklärung des Herrn Wassermann ausserordentlich betroffen waren. Auf mich machte das einen starken Eindruck, und ich hatte in jenem Moment das Gefühl, dass die Herren erleichtert aufatmen würden, wenn es gelänge, Herrn Wassermann zum Verbleib zu veranlassen. Unter der Wirkung dieses Eindrucks ging ich sofort zu diesem. Das Ergebnis der etwa 1½ stündigen Unterhaltung war nicht positiv. Ich vertrat Herrn Wassermann gegenüber mit Schärfe den Standpunkt, dass es nicht nur ein Recht, sondern eine Pflicht des Präsidiums gewesen sei, sich Klarheit in einer für die Leitung der Bank so wichtigen Angelegenheit zu verschaffen und dass ich den unternommenen Schritt mit gutem Gewissen verantworten könne. Sein Vorwurf, dass er selbst von dem Schritt nicht vorher unterrichtet gewesen sei, während die Kollegen davon Kenntnis gehabt hätten, sei deshalb unbegründet, weil wir gerade seiner Person wegen uns, abweichend von seiner eigenen Ansicht, besondere Sorgen gemacht und es deshalb für falsch gehalten hätten, uns möglicherweise die Notwendigkeit des Schrittes ausreden zu lassen. Herr Wassermann verblieb bei der Erklärung, dass das Vertrauen zwischen ihm und den Kollegen nach diesem Vorgang nicht wieder herzustellen sei und dass ihm deshalb nichts anderes übrig bleibe, als sein Austritt aus dem Vorstande, der, wie er hinzufügte, allerdings auch im Auslande Aufsehen erregen werde. Ich erklärte dann Herrn Wassermann darauf, dass er nach meiner Überzeugung kein Recht habe, diese Konsequenz aus den Vorgängen zu ziehen und dass vor allen Dingen von irgendwelchem Misstrauen, sei es auf der einen oder der anderen Seite, nicht gesprochen werden dürfe. Niemand wünsche sein Ausscheiden und er möge deshalb den Schritt reiflich überlegen, mehrere Tage, mehrere Wochen, wie er wolle. Käme er dann schliesslich doch dazu, an seinem Entschluss festhalten zu müssen, so bäte ich, zu überlegen, ob er dann nicht die viel passendere, nach aussen unauffällige Form wählen wolle, Ende 1934 auszutreten und diesen Austritt einige Zeit vor oder nach Erreichung seines 65. Lebensjahres (4. 4. 1934) bekannt zu geben.
Am 11. April ging, wie fast jeden Morgen, Herr Schlitter mit Herrn Wassermann zur Bank. Herr Schlitter wollte am gleichen Tage einen Urlaub antreten. Herr Wassermann kam mit keinem Wort auf die Ereignisse des voraufgegangenen Tages zurück und wünschte Herrn Schlitter beim Auseinandergehen gute Reise. Als ich selbst bald darauf zur Bank kam, lag auf meinem Schreibtisch der nachstehend wiedergegebene Brief:
„Sehr verehrter Herr Urbig!
Vor wenigen Tagen habe ich mein 64. Lebensjahr beendet. Nach einer früheren Vereinbarung soll meine Tätigkeit in der Bank bei Erreichung des 65. Jahres beendigt sein. Ich bitte daher, am Schluss dieses Geschäftsjahres aus dem Vorstand ausscheiden zu dürfen. Sollte sich schon vorher ein geeigneter Ersatz finden, so bin ich auch jederzeit vor dem Jahresende bereit, von meinem Amte zurückzutreten. Meine sämtlichen Aufsichtsratsstellen stehen selbstverständlich vor oder bei meinem Ausscheiden zur Verfügung der Bank, und ich werde mich ehrlich bemühen, die Wahl der von der Bank vorgeschlagenen Nachfolger an meiner Stelle durchzusetzen. Schwierigkeiten sehe ich dabei nirgends voraus, mit Ausnahme des Generalrats der Reichsbank.

In aufrichtiger Verehrung
Ihr ergebenster
O. Wassermann"

Ich gab den Herren des Vorstandes von dem Inhalt des Briefes sofort Kenntnis und ging dann zwischen 11 und 12 Uhr gemeinsam mit Herrn Russell nochmals zu Herrn Wassermann. Beide suchten wir ihn davon zu überzeugen, dass er sich sowohl als auch den Kollegen und dem Präsidium mit seinem Entschluss unrecht tue. Die Unterhaltung war auf beiden Seiten frei von jeder Empfindlichkeit und schloss, wenn schon resultatlos, in verbindlichen Formen.

Hätte Herr Wassermann sich am 10. oder 11. April entschlossen, den Rücktritt nicht auszuführen, so wäre die ganze Angelegenheit damit erledigt gewesen und man hätte in Ruhe abgewartet, ob es in personeller Beziehung zu irgend einem Druck auf die Bank gekommen wäre. Im Rückblick erscheint es mir heute unbegreiflich, dass Herr Wassermann sein Interesse so verkennen konnte. Die Stärke Wassermanns war und ist seine geistige Wendigkeit und seine Überlegtheit. Hier hat beides versagt, wenn nicht eine Überschätzung der eigenen Person vorlag.

II. Mussten die bisherigen Vorgänge als eine Folge der Klarstellungs-Initiative des Aufsichtsrats-Präsidiums gelten, so sind die Ereignisse, welche nunmehr folgen, den Erwägungen entsprungen, welche im Kreise des Vorstandes entstanden. In der Nacht vom 13. zum 14. April erkrankte Herr Wassermann. Es hatten sich Herzkrämpfe eingestellt und seitens der Umgebung, namentlich von seiten des Bruders, wurde die Erkrankung als ernst bezeichnet. Diese Annahme wurde in der Bank um so weniger bezweifelt, weil Herr Wassermann 64 Jahre alt und stets ein sehr starker Raucher gewesen war. Man stellte sich darauf ein, dass Herr Wassermann längere Zeit an das Bett gefesselt sein und dann, wenn alles gut ging, noch viele Wochen fehlen würde. Es wurden auch Zweifel daran ausgesprochen, dass Herr Wassermann seine volle Arbeitskraft überhaupt zurückgewinnen werde. Aus diesem Gedankengang löste sich von selbst die Erwägung ab, ob die eingetretene Erkrankung nicht die zwar unerwartete, aber dennoch natürlichste Lösung der von Herrn Wassermann selber in Fluss gebrachten Frage seines Rücktritts sei. Dass sich hieran wiederum die Frage knüpfte, ob und wie Herr Wassermann in der Bank entbehrt werden könne, war nicht minder natürlich, und diese Frage fand ihre Beantwortung nicht in den gegenwärtigen Verhältnissen allein, sondern sie warf den Blick der leitenden Herren prüfend in die Vergangenheit zurück. Daraus ergab sich folgendes:

Seit dem Rücktritt des Herr von Gwinner[15] und dem Tode des Herrn Mankiewitz[16] war Herrn Wassermann im Vorstands-Kollegium die Rolle des primus inter pares zugefallen, obschon er im Kollegium weder dem Lebensalter noch der Anciennität nach der Älteste war. Das einzige Mitglied, welches Anspruch auf den primus hätte erheben können, war Herr Schlitter. Dieser hatte aber im Zusammenhang mit seinen Agenden so viele Reiseverpflichtungen, dass reichlich die Hälfte der Arbeitstage ihn von Berlin fern hielt. Dies war wohl der Hauptgrund dafür, dass Herr Schlitter die Stellung des primus neidlos Herrn Wassermann überliess, der überdies geborener Bankier war und alle Fragen des

15 Arthur von Gwinner (1856–1931), Bankkaufmann; 1894–1919 Vorstandsmitglied, 1910–1919 Sprecher des Vorstands und 1919–1931 Aufsichtsratsmitglied der Deutschen Bank.

16 Paul Mankiewitz (1857–1924), Bankkaufmann; 1898–1923 Mitglied und 1919–1923 Sprecher des Vorstands der Deutschen Bank.

laufenden und des Konsortialgeschäfts souverän beherrschte. Nach aussen hin galt Herr Wassermann jedenfalls als Führer des Vorstandes, und er betonte dies gesellschaftlich in einem Umfange, der im Interesse der Bank nicht nötig war, noch weniger aber seinen Vermögensverhältnissen entsprach. Die Bank war sehr gross geworden, die Agenden aufgeteilt unter den Vorstandsmitgliedern, die sich zu gemeinsamer Besprechung nur jeden Montag nachmittag zusammenfanden. Die wenigen Stunden dieser Zusammenkunft reichten nicht aus, um die wichtigeren Geschäftsvorgänge gründlich zu besprechen. Dies hat dann wohl dazu geführt, dass einzelne Kollegen diesen oder jenen geschäftlichen Vorgang häufig mit Herrn Wassermann allein besprochen haben. Es gehört nun ein grosses, entweder angeborenes oder in strenger Schule anerzogenes Verantwortungsgefühl dazu, die Dinge stets ganz objektiv, nicht aber so darzustellen, wie man sie namentlich in Fällen, wo schon etwas schief geht, zu sehen wünscht. In einem versammelten Kollegium scheitert ein solcher Versuch eher als in einer Besprechung zu zweien. Die weitere Folge dieses Zustandes war, dass die einzelnen Mitglieder des Vorstandes zu einer Selbständigkeit gezwungen wurden, der sie nicht immer gewachsen waren und in der sich das für einen Bankier unerlässliche Gefühl der sorgsamen Abwägung und Begrenzung des der Bank aufzubürdenden Risikos verlor. Selbständigkeit ohne derartige Selbstdisziplin führt beim Bankier zu einer Katastrophe. Das geschah auch hier, denn die Verluste, welche die Bank in den Fällen Ufa und Rheinische Kreditbank (von Stauss), Osthandel (Bonn), Spekulationskonto mit formell nicht einwandsfreien Beteiligten in und ausserhalb des Hauses (Fehr), Affäre Schäfer (Kehl) erwachsen sind, und die zum Abschied der betreffenden Herren geführt haben, waren von geradezu erschreckendem Umfang und haben auch dem Ansehen der Bank Schaden zugefügt. Wo war der Mann, der gegen den Verlauf solcher Einzelfälle doch nicht blind sein konnte? Wo blieb die Hand, die, als solche Dinge noch im Werden waren, rücksichtslos zugriff, um das Unheil beizeiten zum Stehen zu bringen? Wo blieb die Faust, die auf den Tisch schlug, um Kollegen, die das Verständnis für ein vertretbares Risiko verloren hatten, zur Besinnung zu bringen? Wo war der primus inter pares, der, mit Aufsichtsratsmandaten weniger belastet, in zu keiner Zeit versagender Kontinuität die Übersicht über und den Einfluss auf das Ganze wahren musste und der nach dieser Richtung hin sich der Bank und dem Vorstandskollegium gegenüber moralisch verantwortlich fühlen musste? Wo war Herr Wassermann? Die Kritiken, welche sich an diese Fragen anschlossen, waren bitter und haben bei Anerkennung aller seiner Fähigkeiten weder den Bankier noch den Menschen Oskar Wassermann geschont. Man machte sich plötzlich klar, dass er in der sehr nötigen Disziplinierung der Kräfte des Vorstandes nicht mit der genügenden Energie gewirkt habe, dass der zu seinen Eigenschaften gehörende unbegrenzte Optimismus einerseits und ein daraus geborener Gleichmut ihn glauben lasse, man könne Menschen und Dinge sehr wohl auch sich selbst überlassen. Ein sichtbarer Beweis für diese Auffassung lag z. B. darin, dass Herr Wassermann sich auch im Laufe längerer Urlaubsreisen niemals etwas nachsenden liess, und zwar mit der Begründung, dass, wenn er tot sei, es auch ohne ihn gehen müsse.

Aus der Gedankenwelt, welche sich sonach während der Krankheit des Herrn Wassermann entwickelte, liess sich mit zunehmender Deutlichkeit erkennen, dass die Frage, ob es nicht für die Bank besser sei, dass er nicht wieder in die Leitung zurückkehre, der Bejahung zustrebte. Ob Herr Wassermann Jude oder Christ war, hatte damit nichts mehr zu tun. Im Schosse des Vorstands wurde nunmehr die Frage erörtert, ob es nicht geraten sei, den Rücktritt des Herrn Wassermann bekannt zu geben. Den Zeitpunkt der Bekanntgabe zu bestimmen, hatte in der Besprechung vom 11. April Herr Wassermann mir überlassen. Hierbei ergab sich eine Hemmung dadurch, dass auch Herr Frank aus dem Hause heraus wegen der recht unglücklich verlaufenen Verbindungen mit Blumenstein, Richard Kahn, Schapiro besprochen wurde und dass mit dem Tage, an welchem man den Rücktritt des Herrn Wassermann verkündete, auch die Stellung des Herrn Frank – nach den Ansichten, wie sie in jenen Tagen herrschten – unhaltbar wurde. Nach dem unfreiwilligen Ausscheiden der Herren von Stauss, Bonn, Fehr, Kehl hatte, wenn hierzu nun sogar noch Herr Wassermann trat, also alles Herren aus der Leitung der früheren Deutschen Bank, der Fall Frank eine weitreichende psychologische Bedeutung, und zwar in dem Sinne, dass nicht der Vorwurf entstehen durfte, die aus der Leitung der Disconto-Gesellschaft stammenden Herren seien geneigt, einen Kollegen milder zu beurteilen, der in ihrer eigenen Reihe stand, dessen Name aber ebenfalls mit besprochenen Verlustgeschäften in Zusammenhang stand. Die Verkündung des Rücktritts beider Herren war nicht denkbar, wenn nicht gleichzeitig die Männer genannt wurden, die neu in den Vorstand eintreten sollten. Die Erörterungen über diese sehr wichtige Frage fanden am 13. Mai einen in der Vorstandssitzung vom Montag, dem 15. Mai, bestätigten Abschluss. Am Tage vorher, also am Sonntag, dem 14. Mai, waren Herr Russell und ich bei Herrn Schlitter, um die Situation durch einen mündlichen Gedankenaustausch nochmals zu beleuchten. Wir gingen in Übereinstimmung darüber auseinander, dass eine so wichtige Veränderung in der Leitung der Bank nicht bekannt gegeben werden könne, ohne Herrn Schacht, der gerade vor seiner Rückreise von Amerika stand, Gelegenheit zu einer Stellungnahme zu geben, und dass Herr Schlitter es übernehmen würde, im passenden Zeitpunkt Herrn Wassermann zu unterrichten.

So standen die Dinge, als in Bestätigung inzwischen überbrachter Nachrichten, dass es ihm wieder sehr viel besser gehe, Herr Wassermann am 18. Mai in der Bank erschien, mich und mehrere der Kollegen begrüsste und dann zugleich die Frage stellte, ob er in der Generalversammlung am 1. Juni, wie gewohnt, als Sprecher für den Vorstand auftreten solle. Er fühle sich körperlich dazu durchaus im Stande und stelle die Frage nur deshalb, weil er sich im Falle ihrer Bejahung entsprechend vorbereiten müsse. Dieser Vorgang löste bei den Mitgliedern des Vorstandes Überraschung und Verlegenheit gleichzeitig aus. Über die von Herrn Wassermann gestellte Frage herrschte allerdings alsbald Klarheit. Da man der Ansicht war, dass Herr Wassermann noch wochenlang der Schonung bedürfe und zu diesem Zweck einen geeigneten Ort aufsuchen würde, war es zweckmässig, auf seine Betätigung in, ja sogar auf seine Teilnahme an der Generalversammlung zu verzichten. Von dieser Auffassung wurde ihm Kenntnis gegeben.

Am 19. Mai war ich nicht in der Bank, wurde aber gegen Abend telefonisch gebeten, am nächsten Tage um 9 Uhr bei einer Besprechung anwesend zu sein, an der Mitglieder des Vorstandes, ausserdem auch Herr Schlitter teilnahmen. Herr Brunswig[17] berichtete, dass ein ihm bekannter Herr, Mitglied der NSDAP, ihn in Betätigung einer freundschaftlichen Gesinnung aufgesucht habe, um ihm mitzuteilen, dass ein Wechsel in der Leitung der Bank verlangt werde. Das Verlangen richte sich gegen die Herren Wassermann und Frank. Entschliesse sich die Verwaltung nicht sofort zu dieser Massnahme, so werde ein entspre-

17 Dr. Peter Brunswig (1879–1953), Jurist; von 1904 an bei der Deutschen Bank tätig, 1933–1934 Vorstandsmitglied; seit 1934 Privatbankier, Mitinhaber des Bankhauses C.G. Trinkaus in Düsseldorf; nach 1945 Mitglied des Gemeinsamen Deutschen Finanzrats in Frankfurt a. M.

chender Druck unmittelbar folgen. Die Frage erhob sich: Was soll geschehen? Herr Brunswig hielt seinen Vortrag in sehr nachdrücklicher und temperamentvoller Art und bei den Mitgliedern des Vorstandes bestand sichtlich Geneigtheit, seiner Überzeugung zu folgen, dass es nötig sei, sofort zu handeln. Ich lehnte mit Zustimmung von Herrn Schlitter entschieden ab, mich zu einer Handlung drängen zu lassen und vertrat die Ansicht, dass man es nicht wagen werde, einen Druck auf uns auszuüben. Tue man es dennoch, so falle den anderen dafür die Verantwortung zu. Bis dahin hätten diese Verantwortung wir zu tragen, da jede aus diesem Augenblick geborene Handlung später selbstverständlich als ein freiwilliger Akt dargestellt werde. Die Besprechung endete um 11 Uhr mit der Bereitwilligkeit meinerseits, von den Vorgängen Herrn Dreyse[18] Mitteilung zu machen und seine Ansicht einzuholen.

Die Geschehnisse vom 20. Mai werden erst verständlich, wenn man der vergifteten Atmosphäre gedenkt, von der dieser denkwürdige Tag durchweht war. Neben dem Besuch, den Herr Brunswig geschildert hatte, war in aller Frühe bei Herrn Solmssen der Staatssekretär vom Reichsverkehrsministerium (und/oder Herr Dr. Fischer von der Reichskredit-AG)[19] erschienen und hatte, in Wiederholung bereits vorher an Herrn Solmssen herangetretener Wünsche, ganz unverblümt gefordert, dass die jüdischen Mitglieder des Aufsichtsrats der Deutsch-Atlantischen Telegraphen-Gesellschaft sofort ihre Ämter niederlegen sollten, damit in der um 12 Uhr beginnenden Generalversammlung Ergänzungswahlen vorgenommen und alsdann ein neuer Vorsitzender an die Stelle von Herrn Solmssen treten könne. Zwar holte sich der Staatssekretär, der sich ganz offen mit einem Auftrag des Ministers[20] deckte, in der der Generalversammlung voraufgehenden Sitzung des Aufsichtsrats zunächst eine Abfuhr, doch war dadurch der peinliche Eindruck nicht zu verwischen, den dieser Vorgang auch im Hause hinterlassen hatte. Um 1 Uhr war ich bei Herrn Dreyse. Die Unterhaltung dauerte bis kurz nach 2 Uhr. Herr Dreyse bestätigte mir, dass niemand berechtigt sei, einen Druck auf uns auszuüben, und dass wir in Ruhe alles abweisen sollten, was etwa an uns herantreten könnte. Was wir aus freier Entschliessung in der Personenfrage täten, sei natürlich, so sagte Herr Dreyse wörtlich, unsere eigene Sache.

Von 3 Uhr ab fand eine neue Besprechung zwischen Herrn Schlitter, mir und den Herren Vorstandsmitgliedern Blinzig,[21] Brunswig, Mosler, Schlieper,[22] Solmssen statt. Herr Frank war an dem Tage nicht in der Bank. Ich berichtete über das Ergebnis meiner Unterhaltung mit Herrn Dreyse und betonte, dass somit keine Veranlassung vorliege, den Rücktritt des

18 Friedrich Wilhelm Dreyse (1874–1943), Bankkaufmann; 1924–1939 Mitglied des Reichsbankdirektoriums, 1926–1939 Vizepräsident der Reichsbank, von 1936 an stellv. Vorsitzender des Aufsichtsamts für das Kreditwesen, 1939–1943 stellv. Aufsichtsratsvorsitzender der Dresdner Bank.

19 Christian Otto Fischer (*1882), Jurist; von 1925 an Vorstandsmitglied der Reichs-Kredit-Gesellschaft; von 1933 an Präsident des Verbands des deutschen Bank- und Bankiergewerbes, von 1934 an Leiter der Reichsgruppe Banken in der Reichswirtschaftskammer.

20 Paul Freiherr von Eltz-Rübenach (1875–1943), Ingenieur; von 1902 an in der Eisenbahndirektion Münster tätig, von 1924 an Präsident der Reichsbahndirektion Karlsruhe, 1932–1937 Reichspost- und -verkehrsminister.

21 Alfred Blinzig (1869–1945), Bankkaufmann; von 1899 an bei der Deutschen Bank tätig, 1920–1929 Vorstandsmitglied der Deutschen Bank und 1929–1934 der Deutschen Bank und Disconto-Gesellschaft; 1932–1939 Aufsichtsratsvorsitzender der Philipp Holzmann AG.

22 Gustav Schlieper (1880–1937), Bankkaufmann; von 1902 an in der Disconto-Gesellschaft tätig, 1914–1929 Inhaber der Disconto-Gesellschaft und 1929–1937 Vorstandsmitglied der Deutschen Bank und Disconto-Gesellschaft.

Herrn Wassermann sofort zu veröffentlichen und uns damit die Möglichkeit aus der Hand zu schlagen, das Ausscheiden einige Zeit nach der Generalversammlung mit der Erkrankung des Herrn Wassermann zu begründen. Der Vorstand war anderer Ansicht. Einmal sei das Ausscheiden des Herrn Wassermann schon Gesprächsstoff im Haus, einige Herren der Presse seien ebenfalls davon bereits unterrichtet, und sodann sei die an Herrn Brunswig gelangte Warnung, was dieser wiederum unterstrich, durchaus ernst zu nehmen. Würde die Folge eines auf die Bank ausgeübten Druckes auch nur 2–3 Tage dauern, so sei das, was daraus entstehen könne, nicht abzusehen. Spätestens im Laufe des 24. Mai müsse das Austreten der beiden Herren bekannt gegeben werden. Ich warf hier ein, dass der Schuss doch nicht abgefeuert werden könne, bevor ich Herrn Schacht gesprochen hätte, dessen Rückkehr für den 22. Mai angekündigt war. Sei man entschlossen, das Ausscheiden im Laufe der nächsten Tage zu verkünden, so könnte ich mir meinen Besuch bei Herrn Schacht nicht so vorstellen, dass ich ihn frage, ob er mit dem Vorgehen einverstanden sei, sondern nur so, dass ich ihn vor eine vollendete Tatsache stelle. Mit aller Deutlichkeit müsse ich aber hervorheben, dass, obschon unwahrscheinlich, Herrn Schacht zu einer bestimmten Stellungnahme zu bewegen, es doch immerhin denkbar sei, dass er abwinke. Was dann? Mit Ausnahme von Herrn Blinzig waren die Herren des Vorstandes der Ansicht, dass man Herrn Schacht mit einer vollendeten Tatsache gegenübertreten müsse. Die Erörterungen gingen noch hin und her, die Diskussion hatte den Höhepunkt erreicht. Für das, was jetzt getan oder unterlassen werden musste, war nach meinem Gefühl eine Einstimmigkeit unbedingt notwendig. Ich fasste deshalb den Inhalt der Diskussion zu der Überzeugung zusammen, dass die Angelegenheit ein Stadium erreicht habe, in welchem man Herrn Wassermann, und zwar sofort, davon Kenntnis geben müsse, dass die Bekanntgabe seines und Herrn Franks Rücktritt in den nächsten Tagen erfolgen werde. Morgen (21. Mai) sei Sonntag und am Montag (22. Mai) könne möglicherweise meine Unterhaltung mit Herrn Schacht bereits stattfinden. Man sei Herrn Wassermann dies schuldig, und ich fragte, ob diese meine Auffassung geteilt werde. Bei der entscheidenden Wichtigkeit der Frage, richtete ich sie an jeden der Herren einzeln; sie wurde allseits bejaht. Damit war die Entscheidung gefallen und gleichzeitig auch die Richtlinie für die Unterhaltung mit Herrn Schacht gegeben. Die Besprechung endete gegen 4 Uhr. Um 5 ½ Uhr suchten alsdann Herr Schlitter und ich Herrn Wassermann in seiner Wohnung auf, um ihn zu unterrichten. Die Erfüllung dieser Aufgabe wurde zu einer psychologischen Belastung für beide Teile, denn wir gewannen alsbald die Überzeugung, dass die Masse der seit dem 12. April vergangenen Tage Herrn Wassermann umgestellt hatte und dass er mit seinem Ausscheiden nicht mehr rechnete.

Am 23. Mai um 11.30 Uhr war ich alsdann bei Herrn Schacht, um ihm von den Vorgängen, ihrer weiteren Entwicklung und den daraus hergeleiteten Entschliessungen Mitteilung zu machen. Herr Schacht nahm alles sehr verständnisvoll auf und sprach von einer schweren und undankbaren Aufgabe, die mir in der Bank, an deren Bestehen die Reichsbank das grösste Interesse habe, zugefallen sei, die ich aber durchhalten müsse. Er sagte dann noch, dass Herr Wassermann um 4 Uhr zu ihm kommen werde und durch meine Mitteilungen sei selbstverständlich die Richtung gegeben, in der sich die Unterhaltung bewegen werde.

Am 29. Mai wurde alsdann an die Mitglieder des Hauptausschusses nachstehende Mitteilung versandt:

„Die Herren Theodor Frank und Oscar Wassermann haben den Aufsichtsrat wissen lassen, dass sie über den 31. Dezember 1933 hinaus ihr Vertragsverhältnis nicht fortzusetzen wün-

schen. Es ist beabsichtigt, sie seiner Zeit zur Zuwahl in den Aufsichtsrat vorzuschlagen, sie bleiben durch Wahrnehmung der Interessen in einzelnen Aufsichtsräten mit der Bank in Verbindung. Es ist ferner beabsichtigt, dem Aufsichtsrat die Herren Dr. Karl Kimmich[23] und Fritz Wintermantel[24] zur Bestellung zu Vorstandsmitgliedern vorzuschlagen."[25]

DOK. 67

Der Synagogengemeindeverband der Provinz Oberschlesien beklagt sich im Auswärtigen Amt am 4. August 1933 über die Benachteiligungen von Juden[1]

Vermerk des AA, gez. Seel, vom 8. 8. 1933 mit Anlage (Abschrift)[2]

Am 4. August fanden sich als Vertreter des Ausschusses des Synagogengemeindeverbandes der Provinz Oberschlesien ein:
1. Justizrat Dr. Kochmann[3] aus Gleiwitz,
2. Rechtsanwalt Dr. Weißmann[4] aus Beuthen,
3. Kaufmann Behrend[5] aus Beuthen.
Sie überreichten die anliegende Aufstellung über Benachteiligungen von Juden in Oberschlesien, die sie für unvereinbar erachteten mit dem Genfer Abkommen.[6]
Die Vertreter des Synagogengemeindeverbandes führten außerdem Klage darüber, daß in Oberschlesien eine starke antisemitische Propaganda betrieben würde, der die maßgebenden Stellen nicht genügend entgegenträten. Insbesondere wurde 1 Stück der „Deutschen Ostfront"[7] überreicht, deren Beilage „‚Der Jude' – heute ‚Isidor'" – ständig schwere Angriffe auf Juden enthalte und sie verächtlich mache. Als Herausgeber der „Ostfront"

23 Dr. Karl Kimmich (1880–1945), Bankkaufmann; 1933–1942 Vorstandsmitglied, 1940–1942 Sprecher des Vorstands und 1942–1945 Aufsichtsratsvorsitzender der Deutschen Bank und Disconto-Gesellschaft.

24 Fritz Wintermantel (1882–1953), Bankkaufmann; von 1902 an bei der Deutschen Bank tätig, 1933–1945 Vorstandsmitglied der Deutschen Bank; Aufsichtsratsvorsitzender von Orenstein & Koppel und Knorr-Bremse Berlin; nach 1945 in der Geschäftsleitung der Rheinisch-Westfälischen Bank in Düsseldorf.

25 Die Datierung des Austritts auf den 31. 12. 1933 war formeller Natur, Wassermann erfüllte nach den hier geschilderten Ereignissen keine Aufgaben mehr in der Deutschen Bank; Barkai, Wassermann, S. 101.

1 PAAA, R 83034.

2 Im Original folgen auf den Seiten 7–10 Abschriften der Schreiben des Bundes Nationalsozialistischer Deutscher Juristen – Bezirksleitung Neiße sowie der NSDAP-Ortsgruppe Gleiwitz-Mitte vom 10. 7. 1933.

3 Dr. Arthur Kochmann (1864–1943), Jurist; von 1892 an Rechtsanwalt am Landgericht Gleiwitz, von 1899 an Stadtrat, von 1915 an Vorsitzender der Synagogengemeinde Gleiwitz; von 1933 an Vertrauensmann für Oberschlesien bei der Reichsvertretung der deutschen Juden; 1943 nach Auschwitz deportiert.

4 Richtig: Dr. Georg Weissmann (1885–1963), Jurist; Rechtsanwalt und Notar in Beuthen; aktiver Zionist, 1933–1937 Sekretär des Aktionsausschusses der Juden Oberschlesiens; 1937 Berufsverbot, 1937–1939 im Palästina-Amt Berlin tätig, 1939 Emigration nach Palästina, dort als Rechtsanwalt tätig.

5 Vermutlich David Behrendt, CV-Mitglied.

6 Siehe dazu auch die Dok. 28 vom 7. 4. 1933 und 46 vom 24. 5. 1933.

7 Die Zeitung Die Deutsche Ostfront wurde 1933 von Gauleiter Helmuth Brückner als Nationalsozialistische Oberschlesische Tageszeitung im Verlag NS-Schlesien GmbH in Gleiwitz herausgegeben. Sie erschien 1932–1936 und ging dann im NSDAP-Organ Der oberschlesische Wanderer auf.

zeichne Helmuth Brückner,[8] der jetzige Oberpräsident der Provinz. Derartige Veröffentlichungen seien um so gefährlicher, als sie in Massen über die Grenze nach der Tschechoslowakei gingen und dort der Greuelpropaganda Nahrung gäben.
Außerdem werde der Boykott gegen die Juden in offener und versteckter Form auf allen möglichen Wegen fortgesetzt. Zum Beweis wurde die Abschrift eines Schreibens des Bundes nationalsozialistischer deutscher Juristen Bezirksleitung Neiße und der Ortsgruppe Gleiwitz-Mitte der NSDAP. vom 10. Juli 1933 übergeben.
Irgendein nennenswerter Zuzug aus dem Reich nach Oberschlesien seit dem Inkrafttreten der Ariergesetze, namentlich seit den Genfer Verhandlungen,[9] sei nicht zu beobachten. Bisher liege ein einziges Gesuch eines Rechtsanwalts Dr. Weißenberg,[10] eines geborenen Oberschlesiers, um Zulassung vor, der früher in Breslau tätig gewesen und dort in der Liste der Anwälte gelöscht worden sei. Sie selbst, die Vertreter des Synagogengemeindeverbandes, stünden grundsätzlich auf dem Standpunkt, daß Anspruch auf die Minderheitsrechte in Oberschlesien und damit auf eine Ausnahme von der Ariergesetzgebung nur solche Bewohner Oberschlesiens erheben könnten, die bereits dort ansässig gewesen seien, als die Ausnahmegesetzgebung in Kraft trat.
gez. Seel.

Abschrift I C 6070/10.8.
I. *Benachteiligung allgemein öffentlich rechtlicher Art.*
1. Entziehung der Staatssubvention für das oberschlesische Bezirksrabbinat und den Religionsunterricht in den kleinen Gemeinden.
2. Sicherstellung des Anspruchs auf einen gerechten Anteil an denjenigen Summen, welche in staatlichen und kommunalen Haushaltsplänen für die Zwecke der Erziehung und der Wohlfahrt ausgeworfen sind (einschl. Zuschüsse für Kinderhorte, Kindergärten und Gründung neuer, eigener höherer Schulen) cf. Art. 69, 70 Genf. Abk.
3. Schächtverbot hinsichtlich des Grossviehs und des Geflügels.[11]
4. Entziehung der städtischen Turnhallen, Tennisplätze usw. gegenüber jüdischen Turn- und Sportvereinen.
5. Entziehung der Fahrpreisermässigung für jüdische Jugendvereine.
6. Verweigerung von Freischule und Schulgeldermässigung für jüdische Schüler.
7. Bekanntmachung des Magistrats im Beuthener Stadtblatt, wonach verboten wird:
a) jüdische Bücher zu kaufen, unter Androhung strenger Strafen,
b) den Zeitungen, bei Androhung der Entziehung öffentlicher Bekanntmachungen, Inserate von Juden aufzunehmen,
c) öffentliche Lieferungen an Juden zu vergeben.

8 Helmuth Brückner (1896–1951), Offizier; 1923 Teilnahme am Hitler-Putsch, 1925 NSDAP-Eintritt, 1925–1934 Gauleiter von Schlesien; 1933 Oberpräsident der Provinz Niederschlesien (zugl. auch für Oberschlesien zuständig); im Dezember 1934 Ausschluss aus NSDAP und SA, bis 1937 Haft wegen Homosexualität; 1945 Verhaftung in Rostock, Tod in der Sowjetunion.
9 Siehe dazu Dok. 46 vom 24. 5. 1933.
10 Vermutlich Dr. Kurt Weißenberg (*1880), Jurist, Rechtsanwalt in Beuthen, von dort deportiert (Datum und Ziel unbekannt).
11 Der unter Aufsicht des Völkerbunds stehende Teil Oberschlesiens wurde am 27. 8. 1934 auf Grund einer Vereinbarung der NS-Regierung mit dem Synagogenverband Oberschlesien von dem am 21./22. 4. 1933 per Gesetz in Deutschland eingeführten Schächtverbot ausgenommen. Zum Schächtverbot siehe das Gesetz und die VO über das Schlachten von Tieren; RGBl., 1933 I, S. 203+212.

8. Einführung besonderer Badestunden für „Nichtarier" im Dampfbad in Beuthen O/S. und Badeverbot für Juden im Freischwimmbad in Gleiwitz.
9. Beschlagnahme jüdischer Bücher, insbesondere der jüdischen Geschichte von Grätz[12] und von Dubnow,[13] des Werkes von Schwarz „Die Juden in der Kunst"[14] usw. in der Buchhandlung in Beuthen O/S., gelegentlich einer Durchsuchung in sämtlichen oberschlesischen Buchhandlungen nach „marxistischer und jüdischer Literatur."
10. Numerus clausus für oberschlesische Studierende hinsichtlich des Universitätsstudiums, Frage der Zulassung zu den staatlichen Prüfungen bezw. zur weiteren praktischen Ausbildung (Medizinal-Praktikant usw.).
11. Die Ostfront, insbesondere deren Sonntagsbeilage „Der Jude" und später „Isidor" haben straflos unzählige Male Artikel gebracht, in denen die jüdische Religion beschimpft und die Bevölkerung zum Klassenhass aufgereizt wird.
12. Der Kampfbund des gewerblichen Mittelstandes, Kreisleitung Beuthen O/S. gibt unter der Verantwortung von A.W. Saala, Deutsche Ostfront Beuthen O/S., einen Wegweiser durch Beuthens christlich-deutsche Betriebe heraus, in welchem unter Beschimpfung der Juden zum Boykott jüdischer Gewerbetreibender aufgefordert wird, mit Hinweisen wie: „Ramschware findest Du immer beim Juden", „Wer vom Juden ißt, stirbt daran", „Ein Lump ist jeder, der zum Juden läuft", „Willst Du reell bedient sein, dann kaufe beim Deutschen", „Willst Du Dich begaunern lassen, dann kaufe beim Juden", „Was nützt uns Dein deutsches Wesen, wenn Du zum Juden kaufen gehst" usw.
13. S.A. Abteilungen singen auf der Strasse Lieder, die den Zweck haben, die Bevölkerung gegen die Juden aufzuhetzen.
14. S.A. Liederbücher, die judenfeindliche Lieder enthalten, sind offiziell von den Schulen einzuführen und von den Schülern anzuschaffen.
15. Die Geschäftsordnung für die Stadtverordnetenversammlung in Beuthen O/S. hat die Bestimmung enthalten, wonach fremdstämmigen Stadtverordneten das Wort nur nach Ermessen des Stadtverordnetenvorstehers erteilt wird. Es ist nicht bekannt, ob diese Bestimmung im Aufsichtswege abgeändert worden ist.
16. Willkürliche Verkürzung der Religionsstunden in der städtischen Humboldtschule in Beuthen O/S. und anderen städtischen Schulen Oberschlesiens, z. B. Hindenburg.

II. Beamte.

1. Zwangsweise Beurlaubung der Richter, der Staats- und Kommunalbeamten.
2. Ausschluss der Juden vom Amte der Geschworenen, Schöffen, Handelsrichter und vom Arbeits- und Landesarbeitsgericht, als Zähler bei der Volkszählung, als Schiedsmänner bei den staatlichen und kommunalen Steuerausschüssen usw.
3. Entziehung der Kommissorien von Assessoren.
4. Verbot des Vorbereitungsdienstes arischer Referendare bei nichtarischen Anwälten.
5. Ablehnung jüdischer Assessoren als Vertreter von Rechtsanwälten und Notaren.

12 Heinrich Graetz (1817–1891), Historiker; Professor an der Universität Breslau; Autor u. a. von „Geschichte der Juden von den ältesten Zeiten bis zur Gegenwart" (1853–1878).
13 Simon Dubnow (1860–1941), Historiker; lebte in St. Petersburg, Odessa, 1922–1933 in Berlin und 1933–1941 in Riga; nach der Besetzung durch die Deutschen im Ghetto Riga; im Dezember 1941 ermordet; Autor u. a. von „Weltgeschichte des jüdischen Volkes" (1925–1929) und „Geschichte des Chassidismus" (1931).
14 Karl Schwarz, Die Juden in der Kunst, Berlin 1928.

III. Freie Berufe.

a) *Rechtsanwälte.*

1. Boykott der Rechtsanwälte am 1. 4. 1933.
2. Fernhaltung der jüdischen Rechtsanwälte von den Gerichten vom 1. 4. bis Ende Mai 1933.
3. Suspendierung der Notare.
4. Versagung der Armensachen.
5. Boykottaufrufe der Ostfront vom 10. 6. 1933 zur Umgehung der deutsch-polnischen Konvention.[15]
6. Rundschreiben der N.S.D.A.P., Ortsgruppe Gleiwitz, an die christlichen Klienten jüdischer Rechtsanwälte.

b) *Ärzte.*

1. Entlassung der Ärzte und Zahnärzte aus dem städtischen Wohlfahrtsdienst und der Untersuchung der Kriegsbeschädigten.
2. Entlassung der jüdischen Tierärzte aus der Beschäftigung für Stadt, Kommunen und öffentliche Verbände.
3. Kündigung der jüdischen Krankenkassen- und Knappschaftsärzte und Entlassungen der Kassenärzte überhaupt. Unzulässige Kündigung einzelner Krankenkassen, z. B. der Reichsbahnbetriebskrankenkasse.
4. Boykott der Ärzte, Zahnärzte, Apotheker usw. vom 29. März und 1. April 1933.
5. Ausschaltung der Ärzte als Sachverständige bei Gerichten und sonstigen Behörden, Entziehung der Gutachtertätigkeit, z. B. durch die Reichsbahn.
6. Aufforderung des ärztlichen Kommissars in Gleiwitz an die Hebammen, die vor der Entbindung stehenden Frauen zu warnen, jüdische Ärzte hinzuzuziehen.

c) *Kaufleute und sonstige freie Berufe.*

1. Boykott der jüdischen Geschäfte am 29. März und 1. April 1933, in anderen Orten auch zu späterer Zeit (z. B. Kreuzburg, Gross-Strehlitz), sowie stiller Boykott (Kampfbund).
2. Verfügung des Staatskommissars Heidtmann betr. Vergebung von Lieferungen an jüdische Unternehmer und Handelsboykott der Firmen mit nichtarischen Inhabern durch sämtliche oberschlesische Kommunalverwaltungen.
3. Ausschluss derjenigen christlichen Handwerker von öffentlichen Lieferungen, welche bei Juden kaufen.
4. Gleichlautende Verfügung der staatlichen- und Provinzialbauämter.
5. Handelsboykott seitens der Provinzialverwaltung Oberschlesiens und der Handelskammer Oberschlesiens.
6. Gänzlicher Ausschluss oder Zurücksetzung jüdischer Markthändler in verschiedenen Orten Oberschlesiens (Hindenburg, Tost usw.).
7. Verbot der Steuerstundung an Juden und Verbot der Ladenvermietung in städtischen Grundstücken (Beschluss der Stadtverordnetenversammlung Hindenburg).
8. Ausschluss der Juden von der Bestellung als Konkursverwalter, gerichtl. Sachverständige, Zwangsverwalter und Nachlasspfleger, als Taxatoren und Büchersachverständige.
9. Ausschluss der Juden als Steuerberater.
10. Ausschluss der Nichtarier von allen Ämtern, sei es im Vorstand, sei es in den Kommissionen der kaufmännischen Vereine usw.

15 Konvention: Meint vermutlich das deutsch-polnische Abkommen von 1922.

11. Ausschluss der Nichtarier als Mitglieder der Oberschl. Industrie- und Handelskammer Oppeln, sowie Handwerkskammer.
12. Versagung der Schankkonzessionen an jüdische Gastwirte.
13. Verbot an die Fürsorgeempfänger, in jüdischen Apotheken Medikamente anfertigen zu lassen.
14. Ausschluss jüdischer Sänger und Schauspieler vom Oberschlesischen Landestheater.

DOK. 68

Die Reichsvertretung der jüdischen Landesverbände Deutschlands beschwert sich beim Reichsarbeitsminister am 11. August 1933 über Berufsbeschränkungen für Ärzte[1]

Schreiben der Reichsvertretung der jüdischen Landesverbände Deutschlands, (Unterschrift unleserlich), Berlin, an den Reichsarbeitsminister[2] (Eing. 12. 8. 1933) vom 11. 8. 1933[3]

Wir gestatten uns, folgenden Vorgang zu unterbreiten:
Der Ärzteverein für Chemnitz und Umgebung hat am 12. Juli 1933 durch Vorstandsbeschluss mit sofortiger Wirkung verboten:
1. dass deutschstämmige und fremdrassige Ärzte einander vertreten,
2. dass deutschstämmige Ärzte Überweisungen an fremdrassige Ärzte vornehmen oder Überweisungen von ihnen annehmen,
3. dass deutschstämmige Ärzte fremdrassige zu Konsilien zuziehen oder sich von ihnen zuziehen lassen.
Bei Verstoss gegen dieses Verbot wird eine Konventionalstrafe in eineinhalbfacher Höhe des durch den Verstoss erworbenen Honorars erhoben.
Der Herr Vorsitzende des Hartmannbundes[4] und Reichskommissar der ärztlichen Spitzenverbände, Herr Dr. Wagner,[5] hat im Deutschen Ärzteblatt[6] vom 29. Juli 1933 angeordnet, dass diese Bestimmungen von sämtlichen Landesgruppen der ärztlichen Verbände zu übernehmen seien. Den Text der Anordnung fügen wir in der Anlage bei.[7]

1 BArch, R 1501/26401, Bl. 160+RS.
2 Reichsarbeitsminister war Franz Seldte (1882–1947), Kaufmann; 1918 Gründer und Führer des Stahlhelm; 1933 NSDAP-Eintritt; 1933–1945 Reichsarbeitsminister; 1945 wurde er verhaftet und starb 1947 in einem amerikanischen Militärgefängnis.
3 Im Original mehrere Bearbeitungsvermerke sowie handschriftl. Unterstreichungen. Das RArbM (Zschimmer) sandte das Schreiben dem RMdI am 16. 9. 1933; wie Anm. 1.
4 Der Verband der Ärzte Deutschlands (Hartmannbund) wurde 1900 auf Initiative des Leipziger Arztes Hermann Hartmann als Interessenvertretung gegründet und nach dessen Tod 1924 in Hartmannbund umbenannt.
5 Dr. Gerhard Wagner (1888–1939), Mediziner; 1929 NSDAP-Eintritt, 1932 Führer des NS-Ärztebunds, 1933 Reichskommissar für die ärztlichen Spitzenverbände, 1935 Chef der Reichsärztekammer und Reichsärzteführer.
6 Das Deutsche Ärzteblatt wurde 1933 vom Deutschen Ärztevereinsbund und vom Verband der Ärzte Deutschlands (Hartmannbund) herausgegeben. Die Wochenschrift war als Ärztliche Mitteilungen 1872 gegründet worden, sie hieß 1930–1945 Deutsches Ärzteblatt, zwischen 1949 und 1963 Ärztliche Mitteilungen – Deutsches Ärzteblatt, danach wieder Deutsches Ärzteblatt.
7 Hier nicht abgedruckt. Undat. Anordnung des Kommissars; Deutsches Ärzteblatt, Nr. 5 vom 29. 7. 1933, S. 131.

Wir sind der Auffassung, dass diese Anordnungen die uneingeschränkte Ausübung der ärztlichen Tätigkeit jüdischen Ärzten unmöglich machen. Die Hinzuziehung nichtjüdischer Spezialisten wird jüdischen praktischen Ärzten ebenso unmöglich gemacht wie die Zuziehung jüdischer Spezialisten durch nichtjüdische praktische Ärzte. Das gleiche gilt für Konsiliarpraxis. Der Erlass schädigt also nichtjüdische Ärzte fast ebenso stark wie jüdische.

Nach den Grundsätzen des Berufsbeamtengesetzes, das u. E. sinngemäss auf sämtliche Gesetze im Zuge der Neuordnung der Berufsverhältnisse anzuwenden ist, soll den im Berufe verbleibenden Personen die uneingeschränkte Ausübung ihres Berufes ermöglicht werden.

Die vorstehenden Anordnungen machen diesen Grundsatz illusorisch.

Ausserdem verstossen diese Anordnungen gegen die Mantelverträge der Krankenkassen, die die freie Wahl unter allen zugelassenen Kassenärzten sicherstellen.

Darüber hinaus schränkt der Erlass die uneingeschränkte Berufsausübung auch der Privatpraxis ein, eine Massnahme, die den Richtlinien der Regierung über die uneingeschränkte Möglichkeit wirtschaftlicher Berufsausübung widerspricht.

Wir bitten daher im Interesse aller jüdischen Ärzte um geeignete Massnahmen, die diese schweren Eingriffe in die berufliche Tätigkeit der jüdischen Ärzte Deutschlands beseitigen.[8]

In vorzüglicher Hochachtung

DOK. 69

Das preußische Justizministerium schlägt am 11. August 1933 die Strafverfolgung wegen Mordes an einem jüdischen Zahnarzt nieder[1]

Verfügung des preuß. Justizministeriums, Krug,[2] vom 11. 8. 1933[3]

1. *Vermerk*

Die Straftat ist vor dem 16. Juli 1933 begangen – Bl. i. d. A. –. Die Begehung steht im Zusammenhang mit der nationalsozialistischen Revolution. Auf Grund des Erlasses des Herrn Preussischen Ministerpräsidenten[4] vom 22. Juli 1933 (J.M. I 4543) – JMBl. S. 235 – in

8 Die Reichsvertretung der deutschen Juden ergänzte am 12. 9. 1933 ihre Eingabe um ein Beispiel aus Magdeburg; Schreiben der Reichsvertretung an das RArbM vom 12. 9. 1933, wie Anm. 1, Bl. 242. Das RMdI bat schließlich Ärzteführer Wagner um eine Stellungnahme und äußerte „ernste Zweifel“ an der Zulässigkeit der von Wagner herausgegebenen Anordnung; Schreiben des RMdI an Wagner vom 7. 10. 1933, ebd., Bl. 176 f. Wagner milderte in einem streng vertraulichen Rundschreiben am 23. 10. 1933 seine Anordnung infolge der Kritik ab. Er hebe diese zwar nicht auf, aber Ausnahmen seien zulässig; ebd., Bl. 251 f.

1 GStAPK, I HA, Rep. 84a/53389, Bl. 12.

2 Dr. Karl Krug (1902–1984), Jurist; 1932 NSDAP-Eintritt, 1932–1933 für die NSDAP zunächst in der Kulturabteilung des NSDAP-Gaus Kurhessen, später dort als Gaurechtsamtsleiter tätig; von 1933 an Staatsanwalt in der Zentralstaatsanwaltschaft im preuß. Justizministerium in Berlin, später im RJM tätig, von 1938/39 an dort Ministerialrat; nach 1945 Rechtsanwalt in Düsseldorf und Köln; Redakteur der Zeitschrift Deutsche Justiz.

3 Im Original mehrere handschriftl. Bearbeitungsvermerke.

4 Preußischer Ministerpräsident war 1933–1945 Hermann Göring.

Verbindung mit der Allgemeinen Verfügung des Herrn Justizministers[5] vom 25. Juli 1933 – I 4549 – JMBl. S. 236 betr. Gnadenerweise aus Anlaß der Beendigung der nationalsozialistischen Revolution erscheint die Niederschlagung der Strafverfolgung geboten.
Es handelt sich um die Tötung des jüdischen Zahnarztes A. Meyer.[6] M. soll sich in kommunistischem Sinne betätigt – Bl. 50 –, Versammlungen, in denen über die Beseitigung des § 218 StGB[7] verhandelt wurde, abgehalten – Bl. 50 –, und Geschlechtsverkehr mit zahlreichen christlichen Mädchen gehabt und sich dessen gerühmt haben – Bl. 52 –.[8] Die Täter, die bisher nicht ermittelt sind, dürften demnach aus politischen Beweggründen gehandelt haben und die Tat im Zusammenhang mit der nationalsozialistischen Revolution begangen [worden] sein.[9]
2. Herrn Minister vorzulegen.[10]

DOK. 70
Das Reichsinnenministerium sendet dem Auswärtigen Amt und dem Preußischen Minister des Innern am 14. August 1933 eine erste Liste auszubürgernder Personen[1]

Schnellbrief des RMdI (Nr. II B 5013/9.8.), gez. Hering,[2] an a) das AA, Legationsrat von Kotze,[3] und an b) den Preuß. MdI, Ministerialrat Driest,[4] vom 14. 8. 1933 mit handschriftlichem Vermerk aus dem RMdI vom 16. 8. 1933 (Abschrift)

V.: An der Sitzung habe ich teilgenommen. Bis auf den Fall Einstein, gegen den A.A. Einwendungen erhob,[5] wurde die Liste gebilligt. Staatspolizeiamt machte noch einige weitere

5 Preußischer Justizminister war 1933–1934 Hanns Kerrl.
6 Dr. Alfred Meyer (1898–1933), Zahnarzt in Wuppertal-Barmen, hatte seit März 1933 antisemitische Drohanrufe erhalten und die Fensterscheiben seiner Praxis waren eingeworfen worden. Bei ihm fanden mehrere brutale Haussuchungen statt, in der Nacht vom 2. zum 3. April wurde dabei seine Wohnung stark zerstört. Am 16. 5. 1933 entführten und ermordeten mehrere SA-Leute Dr. Meyer. Seine Leiche, die im Bevertalstausee bei Hückeswagen am nächsten Tag gefunden wurde, wies zwei Schuss- und mehrere Stichverletzungen auf; wie Anm. 1, Bl. 13–40.
7 Der § 218 des Strafgesetzbuches verbot die Abtreibung.
8 Alle Anschuldigungen gingen auf die Aussage von Nachbarn, der Eheleute Fischer, zurück; wie Anm. 1, Bl. 50–53.
9 Der hier kursiv wiedergegebene Absatz ist im Original handschriftl.
10 Nachdem der preuß. Justizminister Kerrl den Vorgang zur Kenntnis genommen hatte, wurde die Strafverfolgung am 12. 8. 1933 eingestellt; wie Anm. 1, Bl. 12.

1 BArch, R 1501/125708, Bl. 508–512.
2 Hermann Hering (*1874), Ministerialdirigent im RMdI; 1941 NSDAP-Eintritt.
3 Hans Ulrich von Kotze (1891–1941), Offizier; von 1921 an im AA tätig, 1930–1932 beim Sekretariat des Völkerbunds in Genf, von 1933 an in der Kulturabteilung des AA tätig, 1938–1941 Gesandter in Riga, 1941 beim Reichsbevollmächtigten in Dänemark für außenpolitische Fragen zuständig.
4 Emil Driest (*1876), Beamter; 1933 Ministerialrat im preuß. MdI, von 1935 an in der Abt. I (Verfassung und Gesetzgebung) des RMdI tätig; kein NSDAP-Mitglied.
5 Einsteins Name stand auf Drängen der Gestapo und des Reichsinnenministeriums auf der ersten Vorschlagsliste. Das AA hatte sich jedoch auf der Sitzung wegen der zu befürchtenden negativen internationalen Reaktionen gegen Einsteins sofortige Ausbürgerung ausgesprochen. Man solle ihn entweder still aus der preußischen Staatsangehörigkeit entlassen oder später ausbürgern. Einstein wurde später von Reichsinnenminister Frick auf die zweite Liste gesetzt und am 29. 3. 1934 ausgebürgert; Hepp, Ausbürgerung, S. XXVI und 4, siehe auch „Einstein nicht mehr deutscher Staatsangehöriger", DAZ, Nr. 150 vom 30. 3. 1934, S. 1.

Vorschläge, die berücksichtigt werden sollen.[6] *Weitere Beteiligung von I A durch II B ist vorgesehen.*
B., den 16. 8. 33
1. Herrn Abteilungsleiter
2. z. d. A.[7]
Zu a: Mit Bezug auf Ihr Schreiben vom 9. August 1933 – Ref. D. 3496 –.[8]
Betrifft: Aberkennung der deutschen Staatsangehörigkeit.
Bei den in der anliegenden Liste namentlich aufgeführten Reichsangehörigen liegen Tatsachen vor, die es rechtfertigen, sie gemäß § 2 Abs. 1 des Gesetzes über den Widerruf von Einbürgerungen und die Aberkennung der deutschen Staatsangehörigkeit vom 14. Juli 1933 (Reichsgesetzbl. I S. 480) der deutschen Staatsangehörigkeit für verlustig zu erklären.
Abgesehen von der eigentlichen Entscheidung über die Aberkennung der Staatsangehörigkeit ist es angezeigt, sich alsbald darüber schlüssig zu machen, inwieweit im einzelnen Falle von der Möglichkeit der Vermögensbeschlagnahme Gebrauch gemacht werden soll. Auch muß klargestellt werden, inwieweit sich der Verlust der Staatsangehörigkeit auf Familienangehörige erstrecken soll (zu vgl. § 2 Abs. 4 a. a. O.).
Zu einer Beratung über die Angelegenheit beehre ich mich auf *Mittwoch, den 16. August 1933, vormittags 10 ½ Uhr*, in das Reichsministerium des Innern, Saal Nr. 220, einzuladen.
Zusätze für PrMdI: Ich wäre dankbar, wenn sobald als möglich die erforderlichen Angaben für die Entschließung über die Erstreckung des Verlustes der Staatsangehörigkeit auf Familienangehörige beschafft werden könnten.
Es darf gebeten werden, dem Geheimen Staatspolizeiamt in Berlin die Teilnahme an der Beratung nahezulegen.
Im Auftrag
gez. Hering

Zu II B 5013/9.8.
Reichsangehörige, denen gegenüber die Aberkennung der deutschen Staatsangehörigkeit in Betracht kommt.
Bernhard, Georg,[9] Prof. h. c. früher Hauptschriftleiter der Vossischen Zeitung
Geburtstag und -ort: 20. 10. 1875 zu Berlin
Letzter Wohnort: Berlin, Kleiststr. 21

6 Zu den auf der hier abgedruckten Vorschlagsliste Genannten (außer Einstein) kamen noch 14 Personen hinzu, darunter Dr. Alfred Apfel (1882–1940), Elfriede Gohlke, genannt Ruth Fischer (1895–1961), Albert Grzesinski (1879–1947), Wilhelm Pieck (1876–1960), Bernhard Weiß (1880–1951) und Dr. Kurt Tucholsky (1890–1935). Die von StS Pfundtner am 23. 8. 1933 unterzeichnete Liste wurde im Deutschen Reichsanzeiger und Preußischen Staatsanzeiger, Nr. 198 vom 25. 8. 1933 veröffentlicht. Am 25. 8. 1933 wurde damit 33 Personen wegen „landesverräterischer Betätigung" die deutsche Staatsangehörigkeit entzogen und ihr Vermögen beschlagnahmt; Abdruck der Liste in: Hepp, Ausbürgerung, S. 3 f.

7 Im Original ist kursive Passage handschriftl.

8 Das RMdI hatte am 22. 7. 1933 ein Rundschreiben versandt und um Vorschläge zur Ausbürgerung gebeten. Das hier genannte Schreiben des AA vom 9. 8. 1933 wird sich darauf bezogen haben, Hepp, Ausbürgerung, S. XXVI.

9 Georg Bernhard (1875–1944), Journalist; bis 1906 SPD-Mitglied, 1924 DDP-Eintritt; von 1908 an Verlagsdirektor der Morgenpost und der B.Z. am Mittag in Berlin, 1914–1930 Chefredakteur der Vossischen Zeitung; CV-Vorstandsmitglied; emigrierte 1933 nach Frankreich, dort Gründer des Pariser Tageblatts; 1941 Emigration in die USA.

Staatsangehörigkeit: Preuße
Jetziger Aufenthaltsort: Frankreich (?)
Breitscheid, Rudolf,[10] Dr. früher M.d.R. (SPD)
Geburtstag und -ort: 2. 11. 1874 zu Köln
Letzter Wohnort: Berlin W 30, Haberlandstr. 5
Staatsangehörigkeit: Preuße
Jetziger Aufenthaltsort: Vermutlich Paris (Frankreich)
Einstein, Albert, Prof. Dr.
Geburtstag und -ort: 14. 3. 1879 zu Ulm
Letzter Wohnort: Berlin W 30, Haberlandstr. 5
Staatsangehörigkeit: Preuße
Jetziger Aufenthaltsort: Coq s. M. (Belgien)
Falk, Alfred,[11] früher Sekretär der Liga f. Menschenrechte
Leiter der Republikanischen Beschwerdestelle
Geburtstag und -ort: 4. 2. 1896 zu Berlin
Letzter Wohnort: Kastanien-Allee 43/Hamel[n]
Jetziger Aufenthaltsort: Straßburg (Frankreich)
Feuchtwanger, Lion
Geburtstag und -ort: ?
Letzter Wohnort ?
Staatsangehörigkeit ?
Jetziger Aufenthaltsort: Schweiz
Foerster, Friedrich Wilhelm,[12] Professor Dr. phil.
Geburtstag und -ort: 2. 6. 1869 zu Berlin
Letzter Wohnort ?
Staatsangehörigkeit: ?
Jetziger Aufenthaltsort: Zürich, Holtingerstr. 2 (?)
Paris (Frankreich)
v. Gerlach, Helmuth,[13] Redakteur der „Welt am Montag"
Mitarbeiter der „Weltbühne"
Geburtstag und -ort: 2. 2. 1866 zu Menschmotzelwitz, Krs. Wohlau
Letzter Wohnort: Berlin-Wilmersdorf, Brandenburgische Straße 46
Staatsangehörigkeit ?
Jetziger Aufenthaltsort: April 1933 Wien dann Zürich (Schweiz)

10 Dr. Rudolf Breitscheid (1874–1944), Volkswirt u. Politiker; von 1912 an SPD-Mitglied, 1917–1922 USPD-, dann wieder SPD-Mitglied; 1920–1933 MdR; von 1931 an im SPD-Parteivorstand; 1933 Emigration in die Schweiz, dann nach Paris; 1941 von der Vichy-Regierung an Deutschland ausgeliefert, 1941–1944 Gefängnis- und KZ-Haft, 1944 Tod im KZ Buchenwald.

11 Alfred Falk (1896–1951), Journalist; Kriegsdienstverweigerer; 1928–1930 Redakteur der Monatsschrift Der Krieg; 1933 Emigration nach Frankreich.

12 Dr. Friedrich Wilhelm Foerster (1869–1966), Philosoph und Publizist; 1899–1914 Dozent für Philosophie in Zürich, 1913–1914 Professor für Philosophie in Wien, 1914–1920 Professor für Pädagogik in München; Pazifist; Autor u. a. von „Mein Kampf gegen das militaristische und nationalistische Deutschland" (1920).

13 Helmuth Georg von Gerlach (1866–1935), Journalist; von 1906 an Chefredakteur der Welt am Montag in Berlin, Mitbegründer der DDP, Vorstandsmitglied der Liga für Völkerrecht; März 1933 Emigration über Österreich nach Paris; Mitarbeit beim Pariser Tageblatt und bei Die neue Weltbühne.

Grossmann, Kurt,[14] früher Sekretär der Liga für Menschenrechte.
Geburtstag und -ort: 21. 5. 1897 zu Berlin
Letzter Wohnort: Berlin-Charlottenburg, Wilmersdorferstr. 86
Staatsangehörigkeit: ?
Jetziger Aufenthaltsort: Prag (Tschechosl.)
Hansmann, Wilhelm,[15] früher Landtagsabgeordneter der SPD., Landrat a. D.
Geburtstag und -ort: 29. 10. 1886 zu Eichlinghofen Krs. Hörde
Letzter Wohnort: Dortmund-Hörde, Rathausstr. 13
Staatsangehörigkeit: Preuße
Aufenthaltsort: Luxemburg
Heckert, Friedrich,[16] früher M.d.R. (KPD.), Parteisekretär
Geburtstag und -ort: 28. 3. 84 in Chemnitz
Letzter Wohnort: Berlin, Münzstr. 24
Staatsangehörigkeit: Sachsen
Jetziger Aufenthaltsort: Moskau (Sowjetrußland)
Hölz, Max,[17] Techniker
Geburtstag und -ort: 14. 10. 1889 in Moritz b. Riesa Sa.
Staatsangehörigkeit: Preuße
Lebt seit Jahren in Rußland
Kerr, Alfred,[18] Schriftsteller
Geburtstag und -ort: 25. 12. 1867 zu Breslau
Letzter Wohnort: Berlin-Grunewald, Douglasstr. 10
Staatsangehörigkeit: Preuße
Jetziger Aufenthaltsort: Zürich (Schweiz)
Mann, Heinrich[19]
Geburtstag und -ort: ?
Letzter Wohnort: München, Leopoldstr. 48
Staatsangehörigkeit: ?
Jetziger Aufenthaltsort: ?

14 Kurt R. Grossmann (1897–1972), Publizist; aktiv in der Deutschen Liga für Menschenrechte, Pazifist; SPD-Mitglied; 1933 Emigration nach Prag, 1938 nach Paris, 1939 in die USA, dort aktiv in der jüdischen Flüchtlingshilfe; Autor u. a. mit Arieh Tartakower von „The Jewish Refugee" (1944).

15 Dr. Wilhelm Hansmann (1886–1963), Kommunalpolitiker; SPD-Mitglied; von 1919 an Landrat im Kreis Hörde und 1929–1931 im Ennepe-Ruhr-Kreis, 1928–1931 MdL Preußen; im März 1933 nach Misshandlung Flucht ins Saargebiet, 1935 Emigration nach Frankreich, 1942 in die Schweiz; 1946–1954 Oberstadtdirektor von Dortmund.

16 Dr. Friedrich Heckert (1884–1936), Maurer und Politiker; 1902 SPD- und 1917 USPD-Mitglied, von 1920 an führendes KPD-Mitglied; 1923 Sächs. Wirtschaftsminister, 1932–1934 KPD-Vertreter bei der Komintern in Moskau.

17 Max Hölz (1889–1933), Landarbeiter; 1919 KPD-Mitglied; 1920–1921 Führer aufständischer Arbeitergruppen im Vogtland; 1921 zu lebenslänglichem Zuchthaus verurteilt, 1928 entlassen; 1929 Emigration in die Sowjetunion, dort starb er nach einem Unfall unter ungeklärten Umständen; Autor u. a. von „Vom ‚weißen Kreuz' zur Roten Fahne" (1927).

18 Alfred Kerr, eig. Kempner (1867–1948), Theaterkritiker, Feuilletonist und Schriftsteller; 1933 Emigration nach Frankreich; Autor von diversen Büchern, vor allem Reisebeschreibungen, Gedichten und Essays.

19 Heinrich Mann (1871–1950), Schriftsteller; emigrierte im Februar 1933 nach Frankreich, 1940 von dort in die USA. Zu Mann siehe auch Dok. 219 vom Dezember 1935.

Münzenberg, Wilhelm,[20] Schriftsteller, früher Mitglied des Reichstags (KPD)
Geburtstag und -ort: 14. 8. 1889 zu Erfurt
Letzter Wohnort: Berlin, In den Zelten 9a
Staatsangehörigkeit: ?
Jetziger Aufenthaltsort: Paris, Saargebiet, Prag, Basel

Neumann, Heinz Werner,[21] Schriftleiter
Geburtstag und -ort: 6. 7. 02 zu Berlin
Letzter Wohnort: Berlin-Charlottenburg, Cauerstr. 4
Staatsangehörigkeit: Preuße

Scheidemann, Philipp, früher Reichsminister – Präsident und Oberbürgermeister a. D. früher M.d.R.
Geburtstag und -ort: 26. 7. 1865 Kassel
Letzter Wohnort: Berlin-Charlottenburg, Sybelstr. 16
Staatsangehörigkeit: Preuße
Jetziger Aufenthaltsort: Karlsbad (Tschechoslowakei)

Stampfer, Friedrich,[22] Schriftsteller, früher M. d. R. (SPD.)
Geburtstag und -ort: 8. 9. 1874 zu Brünn
Letzter Wohnort: Berlin-Tempelhof, Hohenzollernkorso 18 C.
Staatsangehörigkeit: ?
Jetziger Aufenthaltsort: Prag (Tschechoslowakei).

Toller, Ernst,[23] Schriftsteller
Geburtstag und -ort: 1. 12. 1893 in Samotschin (Posen)
Letzter Wohnort: Berlin, Wittelsbacherstr. 33a
Staatsangehörigkeit: Preuße
Jetziger Aufenthaltsort: Schweiz

Wels, Otto[24]
Geburtstag und -ort: 15. 9. 1873 zu Berlin
Letzter Wohnort: Berlin-Friedrichshagen, Rahnsdorferstr. 23
Staatsangehörigkeit: ?
Jetziger Aufenthaltsort: Prag (Tschechoslowakei)

20 Wilhelm (Willi) Münzenberg (1889–1940), Politiker und Publizist; zunächst als Hilfsarbeiter tätig; 1919 Gründung der Kommunistischen Jugendinternationale, 1921 Gründer der Internationalen Arbeiterhilfe und 1927 der Antiimperialistischen Liga, gab u. a. die Arbeiter-Illustrierte-Zeitung heraus; von 1924 an Mitglied der KPD-Leitung; 1933 Emigation nach Paris; 1939 KPD-Ausschluss; im Oktober 1940 unter ungeklärten Umständen gestorben.

21 Heinz Werner Neumann (1902–1937), Politiker und Publizist; von 1919 an KPD-Mitglied und von 1922 an Redakteur der Roten Fahne; 1923 nach Organisation von Arbeiteraufständen Illegalität, später Flucht in die Sowjetunion, 1928 Rückkehr; dann Chefredakteur der Roten Fahne und führender Theoretiker der KPD; 1933 Emigration in die Schweiz, 1935 in die Sowjetunion; dort 1937 verhaftet, zum Tode verurteilt und erschossen.

22 Friedrich Stampfer (1874–1957), Schriftsteller; 1916–1933 Chefredakteur des SPD-Organs Vorwärts, 1933–1935 des Neuen Vorwärts im Exil; 1933–1940 Mitglied des SPD-Vorstands im Exil; 1933 Emigration nach Prag, 1938 nach Paris, 1940 in die USA; 1948 Rückkehr nach Deutschland.

23 Ernst Toller (1893–1939), Politiker und Schriftsteller; Pazifist; USPD-Mitglied; 1919 wegen Beteiligung an der bayer. Räterepublik zu fünf Jahren Festungshaft verurteilt; 1933 Emigration in die USA, nahm sich dort das Leben; Autor u. a. von „Masse Mensch" (1921) und „Hoppla, wir leben" (1927).

24 Otto Wels (1873–1939), Tapezierer; von 1913 an Vorstandsmitglied und von 1919 an einer der Vorsitzenden der SPD; 1933 Ablehnung des Ermächtigungsgesetzes im Reichstag; 1933 Emigration nach Prag, 1938 nach Paris; 1933–1939 Mitglied des SPD-Vorstands im Exil.

DOK. 71
Werbeanzeige von Mitte August 1933 für das Programm des neu gegründeten Kulturbunds Deutscher Juden[1]

Wir rufen Euch!
Tretet ein in den Kulturbund Deutscher Juden
(behördlich genehmigte Organisation zur Pflege des geistigen Lebens innerhalb des Judentums)

Was wir wollen?

Hunderten von entlassenen, zur Resignation verdammten Menschen Arbeit, Existenz, Lebensmut, Sammlung geben!

Die religiöse und stammesmäßige Verbundenheit der Juden manifestieren!

Aus dem Bekenntnis zum Judentum in der Not ein stolzes Bewußtsein für bessere Zeiten zimmern!

Kunstwerke sehen und erleben! Musik hören und begreifen! Den Geist am Geist Größerer stählen!

Hinstreben zu dem Ziel, ein erkennender, bescheidener Teil des großen Ganzen zu sein, als Einzelner der Gemeinschaft mit Fühlen und Handeln verpflichtet!

So fassen wir den Sinn des *Kulturbundes.* Hier wollen, hier müssen wir alle zusammengehen.

Ein Bund – *eine* Gemeinschaft –
ein Wollen – *eine* Religion

Das Theater
wird Schauspiel und Oper pflegen
Künstlerische Gesamtleitung: Dr. *Kurt Singer*
vormals Intendant der Städtischen Oper, Berlin
Im Programm sind bisher u. a. vorgesehen:

Schauspiel

Dramaturgische Leitung: *Julius Bab* (stellvertr. Schauspieldirektor)	*Emil Bernhard*: Die Jagd Gottes (Erstaufführung)
Regie: Oberreg. Dr. *Karl Loewenberg* (vorm. Schauspielhaus Frankfurt/M.) *Kurt Baumann*	*Molière*: Der Misanthrop *Beer-Hofmann*: Jaacobs Traum
Gastinszenierungen: *Victor Barnowsky* u. a. *Lessing*: Nathan der Weise *Shakespeare*: Wie es euch gefällt	*Oper* Musikalische Oberleitung: Generalmusikdirektor *Josef Rosenstock* (Mannheim) (stellvertr. Operndirektor) Regie: *Dr. Kurt Singer*

1 Anzeige in: Der Schild. Zeitschrift des Reichsbundes jüdischer Frontsoldaten e. V. vom 15. 8. 1933; Dok. in: Clemens Berg (d.i. Max Kronenberg), Aus Deutschland vor und nach Hitler (26. 3. 1940), Anhang; Harvard-Preisausschreiben, Nr. 123. Der Kulturbund Deutscher Juden wurde im Juni 1933 in Berlin gegründet und im Juli 1933 behördlich genehmigt. Der von Dr. Kurt Singer geleitete Kulturbund (später Jüdischer Kulturbund e. V.) sollte jüdischen Künstlern Arbeit verschaffen. Nach seinem Vorbild bildeten sich an verschiedenen Orten Kulturbünde, wie später in Bayern; siehe Dok. 84 vom 10. 10. 1933.

Ehrenpräsidium:
Leo Baeck – Martin Buber – Ismar Elbogen – Arthur Eloesser – Georg Hermann – Leonid Kreutzer – Max Liebermann – Max Osborn – Franz Oppenheimer – Jacob Wassermann

Bundesvorsitzender: Dr. Kurt Singer, Intendant

Gastinszenierungen prominenter Regisseure sind vorgesehen *Mozart*: Figaros Hochzeit *Beethoven*: Fidelio *Donizetti*: Don Pasquale	*Mehul*: Josef in Ägypten *Verdi*: Rigoletto *Tschaikowsky*: Goldene Schuhe (Erstaufführung)

Bühnenbild und Kostümwesen:
Heinz Condell (vorm. Ausstattungschef in Hannover)
Als Gäste: Prof. *E. Stern und Walter Auerbach*

Konzerte

Abteilungsleiter: Prof. *Leonid Kreutzer* Dr. *Herm. Schildberger* Dr. *Kurt Singer* Dirigenten: *Michael Taube* Generalmusikdirektor *Josef Rosenstock* u.a. Symphonische Werke und Konzerte von: *Händel, Haydn,*	*Beethoven, Mozart, Schubert, Mendelssohn, Brahms, Mahler* Kammermusik und Kammerchorkonzerte Kompositionsabende lebender jüd. Musiker unter Mitwirkung namhafter Instrumental- und Gesangssolisten

(Hier bitte ausschneiden und einsenden!)
An den
Kulturbund Deutscher Juden
Berlin-Charlottenburg 4, Mommsenstr. 56
Hierdurch erkläre ich meinen Eintritt in den
Kulturbund Deutscher Juden
für das Bundesjahr 1933/34 zum monatlichen Mitgliedsbeitrag von RM 2,50 (einmalige Einschreibgebühr RM 0,50)
Hierfür hat das Mitglied das Recht, 3 Bun-

Vorträge
Abteilung für Geisteswissenschaft: Leitung Dr. Leo Baeck
Vortragende: Rabb. Dr. Leo Baeck – Prof. Dr. David Baumgart – Rabb. Dr. Joachim Prinz – Prof. Dr. Erwin Strauss.
Abteilung für Literatur und Theater: Leitung Julius Bab
Vortragende: Julius Bab – Arthur Eloesser – Kurt Walter Goldschmit – Lutz Weltmann

desveranstaltungen monatlich, und zwar je eine Theatervorstellung (Schauspiel bzw. Oper), ein Konzert und einen Vortrag ohne weitere Zuzahlung zu besuchen. Der Zutritt zu den Veranstaltungen ist *nur Mitgliedern möglich*	*Rezitationsabende*: Ludwig Hardt – Edith Herrnstadt-Oettingen *Abteilung für Kunstwissenschaft*: Dr. Anneliese Landau – Dr. Alfred Einstein *Abteilung für Kunstgeschichte*: Dr. Max Osborn – Hedwig Fechheimer – Prof. E. Spiro
Name: Adresse: Telephon: (Bitte deutliche Schrift)	Interessengemeinschaft mit der Jüdischen Volkshochschule Auskünfte und Informationsmaterial gibt das *Bundesbüro, Berlin-Charlottenburg 4, Mommsenstraße* 56, J 1 Bismarck 471

DOK. 72
Johannes Schräpel informiert den Reichsinnenminister am 23. August 1933 über die Gleichschaltung des Verbands der Sittichliebhaber[1]

Schreiben von Johannes Schräpel,[2] Führer des Verbands der Sittichliebhaber in Hannover-Linden, Höpfnerstr. 3 an den RMdI vom 23. 8. 1933 (Original) mit Anhang undat. Satzung (Durchschrift)

Hierdurch teile ich Ihnen als Führer des VSH, Verbandes der Sittichliebhaber, Sitz Hannover, mit, daß sich der Verband am 29. Juni d. J. im Sinne der nationalen Regierung gleichgeschaltet hat. Der Vorstand besteht zu 100 % aus Nationalsozialisten.[3] Die Vorstandsmitglieder, die die Mitgliedschaft zur NSDAP infolge der verhängten Aufnahmesperre nicht erwirken können, haben die Erklärung abgegeben, daß sie hinter der nationalen Regierung stehen und die Mitgliedschaft beantragen werden, sobald dieses wieder möglich ist.
In unseren Statuten ist der Führergedanke fest verankert. Die Vorstandsmitglieder werden nicht mehr gewählt, sondern von dem Führer ernannt, ebenso die Ortsgruppenleiter und Mitarbeiter. Jeden, der es versuchen sollte, gegen das Führertum und gegen den nationalsozialistischen Gedanken zu handeln, werden wir unnachsichtlich aus unseren Reihen entfernen. Eine Abschrift unserer Statuten füge ich an. Als Mitarbeiter nationalsozialistischer Tageszeitungen gestatte ich mir ferner, Ihnen den Abdruck eines mit meinem Namen gezeichneten Artikels beizufügen, der ebenfalls meine streng nationalsozialistische Denkungsart zeigt.[4]

1 BArch, R 1501/125708, Bl. 543 und 546.
2 Johannes Schräpel (1899–1982), Buchhändler und Schriftsteller; 1937 NSDAP-Eintritt, SA-Mitglied; Autor u. a. von „Ewigkeitssucher“ (1919), „Kommt die volkstümliche Biologie?“ (1937).
3 Nach einem offiziellen Vereinsbericht war auf der Sitzung der bisherige Vorsitzende Gustav Hallgarten aus gesundheitlichen Gründen zurückgetreten. Außerdem wurde der Name des Vereins der Wellensittichzüchter in Verband der Sittichliebhaber geändert; siehe Bericht in Zeitungsausschnitt vom 8. 7. 1933, S. 129, wie Anm. 1, Bl. 545.
4 Hier nicht abgedruckt.

Ein gleichlautendes Schreiben ist an den Herrn Preußischen Kultusminister, an den Herrn Reichssportkommissar sowie an die Bezirks- und Gauleitung der NSDAP gesandt worden.
Heil Hitler!
Jo. Schräpel,
Führer des VSH.
[...][5]

Satzung
des VSH. Verband der Sittichliebhaber, Sitz Hannover
§ 1. Name, Sitz, Zweck.
Der Verband führt den Namen VSH. Verband der Sittichliebhaber und hat seinen Sitz in Hannover. Zweck des Verbandes ist Einkauf für die Zucht notwendiger Artikel, Vogelverkauf, eigene und öffentliche Aufklärung, gegenseitige Fühlungnahme und Propagierung des Wellensittichs als liebenswürdigsten Stubenvogels.
§ 2. Eintritt und Austritt von Mitgliedern.
Mitglied können Einzelpersonen und Vereine werden. Der Austritt kann nur nach vorangegangener sechswöchiger Kündigung am Schluss eines Halbjahres erfolgen. Auch Ausländer können dem VSH beitreten.
Nicht-Arier können die Mitgliedschaft zum VSH nicht erwerben und haben auch keinen Zutritt zu den Zusammenkünften der Mitglieder.
§ 3. Erwerb der Mitgliedschaft.
Die Anmeldung zur Aufnahme ist schriftlich an den zweiten Vorsitzenden und Geschäftsführer zu richten. Die Mitgliedschaft ist erworben, wenn der Vorstand mit Stimmenmehrheit die Aufnahme beschlossen hat. Der Vorstand ist nicht verpflichtet, die Gründe einer etwaigen Ablehnung anzugeben. Dem Aufgenommenen ist unter Beifügung der Satzung schriftlich Mitteilung zu machen.
§ 4. Verlust der Mitgliedschaft.
Die Mitgliedschaft erlischt durch fristgemässen freiwilligen Austritt nach Massgabe des § 2 oder durch Ausschluss. Letzterer muss erfolgen, wenn ein Mitglied den Interessen des Verbandes entgegenhandelt, sich den Beschlüssen des Vorstandes nicht unterwirft, sich den Bestimmungen der Satzung nicht fügt oder sich unehrenhafte Handlungen zuschulden kommen lässt. Er kann erfolgen, wenn ein Mitglied länger als drei Monate seine Beiträge nicht bezahlt, fortwährenden Unfrieden in das Verbandsleben trägt oder es an Verbandsinteressen in jeder Weise fehlen lässt. Über den Ausschluss entscheidet der Vorstand.
Mit dem Ausschluss ist keine Ehrenkränkung verbunden, er darf vielmehr lediglich aus Gründen der Zweckmässigkeit erfolgen.
§ 5. Geschäftsjahr.
Das Geschäftsjahr des Verbandes beginnt am 1. Januar und endet am 31. Dezember.
[...][6]

5 An dieser Stelle befinden sich in der Akte zunächst zwei undat. Zeitungsartikel von Johannes Schräpel; in dem einen begrüßt er die neue nationalsozialistische Presselandschaft, in dem anderen berichtet er über die Änderungen im Verband der Sittichliebhaber; siehe Anm. 3.

6 Die Durchschrift der undat. Satzung endet mit § 5. In der Akte findet sie sich als Ergänzung zu einer zweiten Satzungsabschrift vom 29. 6. 1933, die zwar 14 Paragraphen enthält, in der aber der Arierparagraph fehlt; wie Anm. 1, Bl. 547–549.

DOK. 73
Sondersitzung des Vorstandsdirektoriums der Jüdischen Gemeinde Berlin am 24. August 1933 zur Sicherung der rituellen Verpflegung trotz des Schächtverbots[1]

Protokoll, gez. Heinrich Stahl und Dr. Breslauer,[2] der Sitzung vom 24. 8. 1933 im Sitz des Preuß. Landesverbandes jüdischer Gemeinden, Berlin[3]

Vorbehaltlich nachträglicher Zustimmung der Repr[äsentanten]-Vers[ammlung] wird beschlossen, zum Zwecke der Ausprobung eines den gesetzlichen und den rituellen Vorschriften[4] in gleicher Weise entsprechenden Schächtapparats einen Betrag bis zu RM 5 000,- zuzüglich der Kosten einer von Herrn Rabbiner Dr. Weinberg zu unternehmenden Reise sowie zur Einholung von Gutachten von Professoren, zur Verfügung zu stellen. Zur Verfügung zu Lasten dieses Fonds soll die aus den anwesenden vier Herren Rabbiner und Herrn Rabbiner Dr. *Hoffmann*,[5] Frankfurt a. M., bestehende Kommission, im Einvernehmen mit Herrn *Schoyer*,[6] berechtigt sein.
Ab 1. November 1933 soll das Kaschruthwesen[7] in den Altersheimen und im Krankenhaus durch Einteilung unter den Anstalten bezw. durch Schaffung besonderer Einrichtungen im Krankenhaus in der Weise ausgestaltet werden, dass sowohl solche Einrichtungen vorhanden sind und allen, die auf sie Wert legen, zur Verfügung stehen, die den strengsten rituellen Anforderungen entsprechen, als auch solche Einrichtungen, die denjenigen zur Verfügung gestellt werden, die weniger hierauf, als auf eine reichhaltigere Fleischkost Wert legen.[8] Dieser Beschluss soll nicht zur Durchführung gelangen, wenn die vorstehende Kommission der fünf Herren Rabbiner bis zu dem genannten Zeitpunkt in der Lage sein sollte zu erklären, dass nunmehr ein Schächtverfahren besteht, das den gesetzlichen Vorschriften entspricht und nach ihrer Auffassung der rituellen Vorschriften mindestens für alte und kranke Personen Anwendung finden darf.

1 LBIJMB, MF 587.
2 Dr. Walter Breslauer (1890–1981), Jurist; 1919–1931 Rechtsanwalt in Berlin; 1931–1936 Verwaltungsdirektor der Jüdischen Gemeinde Berlin; 1936 emigrierte er über die Schweiz nach Großbritannien.
3 Anwesend waren a) Stahl, Vorsitzender, Graetz, Dr. Sandler für Dr. Kollenscher, ferner vom Vorstand: Schoyer (zu Beginn der Sitzung), Rosenthal; b) Dr. Breslauer und c) als Gäste: die Rabbiner Dr. Freimann, Dr. Jacobovits, Dr. Unna, Mannheim, Dr. Weinberg, Berlin; entschuldigt fehlte Dr. Moses; wie Anm. 1.
4 Am 21. 4. 1933 wurden das Gesetz über das Schlachten von Tieren sowie die VO über das Schlachten von Tieren veröffentlicht, die das Schächten von warmblütigen Tieren verboten; RGBl., 1933 I, S. 203 und 212.
5 Dr. Jacob Hoffmann (1881–1956), Rabbiner; zunächst Rabbiner in Österreich, Mähren und der Bukowina, von 1922 an in Frankfurt a. M., Mitglied des Preuß. Landesverbands jüdischer Gemeinden; nachdem er 1937 verhaftet worden war, emigrierte er 1938 in die USA, 1955 nach Israel.
6 Adolf Schoyer (1872–1961), Kaufmann; Mitinhaber der Metallhandelsfirma Schoyer Berlin; 1931–1938 orthodoxer Vertreter im Vorstand der Jüdischen Gemeinde Berlin, später stellv. Vorsitzender; 1938 emigrierte er nach Großbritannien; 1945 Rückkehr nach Deutschland.
7 Kaschrut: Religiöse Speisevorschriften für Juden.
8 Seit dem Verbot des Schächtens herrschte in Deutschland ein Mangel an koscherem Fleisch, der nur begrenzt mit Hilfe von Importen ausgeglichen werden konnte.

DOK. 74

Der Hamburger Bürgermeister Krogmann notiert am 25. August 1933 eine Bitte jüdischer Organisationen um Verhandlungen mit der NSDAP[1]

Tagebuch von Carl Vincent Krogmann[2] von 1933 (undat. und ungez. Abschrift)[3]

25. 8. 33.

Herr Helfferich,[4] der mich bat, ein Gnadengesuch zu unterschreiben. –
Er erzählte mir sehr interessant, dass Herr Warburg[5] an ihn herangetreten wäre und ihm gesagt hätte, dass er im Namen sämtlicher jüdischer Vereine und Gemeinden spräche. Er hat dann gefragt, ob nicht eine Möglichkeit bestände, mit der Nationalsozialistischen Deutschen Arbeiter-Partei zu irgendeinem Abkommen zu gelangen. Er sähe vollständig ein, dass die Juden nicht mehr in der Verwaltung und auch nicht mehr leitend in den grossen Betrieben tätig sein könnten, man müsste ihnen aber doch irgendwelche Rechte zubilligen. Das Elend in den jüdischen Kreisen wäre ganz ausserordentlich gross. In England würden zwar grosse Beträge gesammelt, aber wenn es so weiter ginge, würden die Juden hier in Deutschland alle verhungern. Es wird von England versucht, in grossem Rahmen Juden in Palästina wieder anzusiedeln, aber das könnte immer nur in begrenztem Umfange geschehen. Herr Helfferich meinte, man sollte doch einmal versuchen, eine Aussprache mit führenden Nationalsozialisten herbeizuführen. Er glaube, dass die Juden jetzt zu allen Zugeständnissen bereit wären.

DOK. 75

Die Evangelische Kirche der altpreußischen Union führt am 6. September 1933 den Arierparagraphen ein[1]

Kirchengesetz betreffend die Rechtsverhältnisse der Geistlichen und Kirchenbeamten. Vom 6. September 1933.

Die Generalsynode der Evangelischen Kirche der altpreußischen Union[2] hat folgendes Kirchengesetz beschlossen:

§ 1

1. Als Geistlicher oder Beamter der allgemeinen kirchlichen Verwaltung darf nur berufen

1 StAHH, 622-1 Krogmann I, C 15/I 7.

2 Carl Vincent Krogmann (1889–1978), Kaufmann; Handelsrichter in Hamburg, 1933 NSDAP-Eintritt, auf Vorschlag der NSDAP am 8. 3. 1933 Wahl zum 1. Bürgermeister von Hamburg, Oktober 1933–1945 Regierender Bürgermeister; 1945–1948 interniert, danach Holzhändler.

3 Die Abschrift enthält Auszüge aus dem Tagebuch zur „Judenfrage" vom 25. 3. 1933 bis 2. 11. 1933.

4 Emil Helfferich (1878–1972), Kaufmann; 1899–1927 in Niederländisch-Indien tätig; von 1933 an Aufsichtsratsvorsitzender der HAPAG-Lloyd in Hamburg.

5 Vermutlich Max Moritz Warburg; zu einer anderen Initiative Warburgs siehe Dok. 291 von Anfang August 1937.

1 Kirchliches Gesetz- und Verordnungs-Blatt, 57 (1933), S. 142–145.

2 Altpreußische Union: Zusammenschluss der östlichen und westlichen evangelischen Landeskirchen Preußens mit gemeinsamer Bekenntnistradition.

werden, wer die für seine Laufbahn vorgeschriebene Vorbildung besitzt und rückhaltlos für den nationalen Staat und die Deutsche Evangelische Kirche eintritt.
2. Wer nichtarischer Abstammung oder mit einer Person nichtarischer Abstammung verheiratet ist, darf nicht als Geistlicher oder Beamter der allgemeinen kirchlichen Verwaltung berufen werden. Geistliche oder Beamte arischer Abstammung, die mit einer Person nichtarischer Abstammung die Ehe eingehen, sind zu entlassen.
Wer als Person nichtarischer Abstammung zu gelten hat, bestimmt sich nach den Vorschriften der Reichsgesetze.[3]

§ 2

1. Der Geistliche kann nach Vollendung des 65. Lebensjahres in den Ruhestand versetzt werden, ohne daß die Dienstunfähigkeit nachgewiesen zu werden braucht.
2. Die Beamten der kirchlichen Verwaltung treten mit Ablauf des Vierteljahres in den Ruhestand, das auf den Monat folgt, in dem sie das 65. Lebensjahr vollendet haben.
3. Das Dienstverhältnis des Landesbischofs und der leitenden Kirchenbeamten wird durch besonderes Gesetz geregelt.

§ 3

1. Geistliche und Beamte, die nach ihrer bisherigen Betätigung nicht die Gewähr dafür bieten, daß sie jederzeit rückhaltlos für den nationalen Staat und die Deutsche Evangelische Kirche eintreten, können in den Ruhestand versetzt werden.
2. Geistliche oder Beamte, die nicht arischer Abstammung oder mit einer Person nichtarischer Abstammung verheiratet sind, sind in den Ruhestand zu versetzen.
3. Von der Anwendung des Abs. 2 kann abgesehen werden, wenn besondere Verdienste um den Aufbau der Kirche im deutschen Geiste vorliegen.
4. Die Vorschriften des Abs. 2 gelten nicht für Geistliche und Beamte, die bereits seit dem 1. August 1914 Geistliche oder Beamte der Kirche, des Reichs, eines Landes oder einer anderen Körperschaft des öffentlichen Rechtes gewesen sind oder die im Weltkriege an der Front für das Deutsche Reich oder für seine Verbündeten gestanden haben oder deren Väter oder Söhne im Weltkriege gefallen sind.

§ 4

1. Jeder Beamte muß sich die Versetzung in ein anderes Amt derselben oder einer gleichwertigen Laufbahn auch in ein Amt von geringerem Rang oder geringerem planmäßigen Diensteinkommen, unter Vergütung der vorschriftsmäßigen Umzugskosten, gefallen lassen, wenn es das dienstliche Bedürfnis erfordert. Bei Versetzung in ein Amt von geringerem Rang oder geringerem planmäßigen Diensteinkommen behält der Beamte seine bisherige Amtsbezeichnung und das Diensteinkommen der bisherigen Stelle.
2. Der Beamte kann an Stelle der Versetzung in ein Amt von geringerem Rang oder geringerem planmäßigen Diensteinkommen innerhalb eines Monats Versetzung in den Ruhestand verlangen.

§ 5

Die Versetzung von Geistlichen im Interesse des Dienstes wird durch besonderes Gesetz geregelt.

§ 6

Der eine geistliche Aufsicht führende Geistliche kann von dem Amte der Aufsicht entbunden werden, wenn es das dienstliche Bedürfnis erfordert.

3 Bezieht sich auf den Arierparagraphen des BBG; siehe Dok. 32 vom 11. 4. 1933.

§ 7
Zur Vereinfachung der Verwaltung können Beamte in den Ruhestand versetzt werden, auch wenn sie nicht dienstunfähig sind. Wenn Beamte aus diesem Grunde in den Ruhestand versetzt werden, so dürfen ihre Stellen nicht mehr besetzt werden.
§ 8
1. Über die Versetzung in den Ruhestand, die Entlassung aus dem Amt sowie über die Maßnahmen nach §§ 3, 4, 6, 7 entscheidet der Kirchensenat endgültig unter Ausschluß des Rechtsweges.
2. Verfügungen nach §§ 3 und 4 müssen spätestens am 30. Juni 1934 zugestellt werden.
§ 9
Die in den Ruhestand versetzten Beamten erhalten ein Ruhegehalt nach den für sie geltenden Bestimmungen.
§ 10
Auf die Beamten der Kirchengemeinden, der sonstigen kirchlichen Verbände sowie der Lehranstalten der Kirche finden die Vorschriften der §§ 1, 2 (Abs. 1), 3, 4, 7, 8 (Abs. 2) und 9 entsprechende Anwendung.
§ 11
Für die Mitglieder der kirchlichen Körperschaften sowie für die Träger kirchlicher Ehrenämter gelten die Vorschriften der §§ 1 und 3 sinngemäß.
§ 12
Ergeben sich bei der Durchführung dieses Gesetzes unbillige Härten, so können im Rahmen der allgemeinen Vorschriften höhere Bezüge oder Übergangsgelder gewährt werden. Die Entscheidung hierüber trifft der Kirchensenat.
§ 13
Der Kirchensenat erläßt die zur Durchführung dieses Gesetzes erforderlichen Bestimmungen.
§ 14
Das Gesetz tritt mit der Verkündung in Kraft.
Berlin, den 6. September 1933.
Vorstehendes Gesetz wird hiermit verkündet.
(Siegel) Der Kirchensenat.
Dr. Werner.[4]

4 Dr. Friedrich Werner (1897–1955), Jurist; 1930 NSDAP-Eintritt; 1933 Referent für Kirchenrecht in der Reichsleitung der Deutschen Christen, Präsident des Evangelischen Oberkirchenrats Berlin und Präses der altpreußischen Generalsynode, 1939 Mitbegründer des Instituts zur Erforschung und Beseitigung des jüdischen Einflusses auf das deutsche kirchliche Leben in Eisenach; nach 1945 Rechtsanwalt in Düsseldorf.

DOK. 76
Martin Bormann fordert von den Gauleitern am 12. September 1933 einen Stopp lokaler antijüdischer Maßnahmen[1]

Rundschreiben des StdF/Stabsleiter, gez. M. Bormann, München, an alle NSDAP-Gauleitungen vom 12. 9. 1933 (Abschrift)

Dem Stellvertreter des Führers wurde mitgeteilt, dass im Bereich verschiedener Gaue besondere Massnahmen gegen die Juden ergriffen worden sind. So ist in manchen Gauen Juden allgemein der Besuch von Bädern, teilweise das Betreten von Ortschaften, das Betreten von Märkten usw. verboten. Ausserdem sind sonstige Zwangsmassnahmen getroffen worden.
Was bisher im Abwehrkampf gegen jüdische Übergriffe erreicht wurde, ist mehr, als im Hinblick auf die allgemeine Lage erhofft werden konnte. Weitere Massnahmen gegen das Judentum über die bisherigen hinaus, sind aus aussenpolitischen Gründen unbedingt zu unterlassen und die in Absatz 1 angeführten Massnahmen sind aus gleichen Gründen nach Möglichkeit abzubauen.
Ferner dürfen in Zukunft Veröffentlichungen von Massnahmen gegen das Judentum nur mit ausdrücklicher Genehmigung der Reichsleitung vorgenommen werden.[2]
Ich darf bitten, das Vorstehende unbedingt zu beachten.
Heil!

DOK. 77
Juristische Wochenschrift: Artikel vom 16. September 1933 über rechtliche Möglichkeiten zur Annullierung von „Mischehen"[1]

[GerAss. Wöhrmann, Münder a. Deister]
Die Auflösung der Ehe zwischen Juden und Ariern.

Durch die nationale Revolution und durch die Gesetzgebung des Kabinetts Hitler ist das Rassenproblem unmittelbar in das Volk hineingetragen worden. Arische Männer, die mit Jüdinnen, arische Frauen, die mit Juden verheiratet sind, erkennen den schweren Fehler, den sie durch ihre Eheschließung begangen haben, und erstreben jetzt eine Lösung der Ehe. Die Frage, ob schon das geltende Recht die Möglichkeit gewährt, solche rassisch gemischten Ehen aufzulösen, ist zu bejahen.

1 BArch, NS 6/215, Bl. 7. Abdruck in: Herrschaftsalltag, Dok. 2, S. 429.
2 Am 13. 10. 1933 erklärte Bormann im Auftrag Hitlers es für unzulässig, Beamten den Einkauf in „Warenhäusern oder in jüdischen Geschäften" zu verbieten; wie Anm. 1, Bl. 24.

1 JW, H. 37 vom 16. 9. 1933, S. 2041. Die Juristische Wochenschrift erschien seit 1872 als Organ des Deutschen Anwaltvereins in Leipzig. 1933–1939 war sie die Zeitschrift des Deutschen Anwaltvereins im Bund Nationalsozialistischer Deutscher Juristen. Sie wurde nun vom Reichsjustizkommissar, Staatsminister und Führer des BNSDJ, Hans Frank, herausgegeben. Seit 1947 erscheint sie als Neue Juristische Wochenschrift, hrsg. in Verbindung mit dem Deutschen Anwaltsverein und der Bundesrechtsanwaltskammer in München und Frankfurt a. M.

Darüber kann heute kein Zweifel mehr bestehen, daß unser neuer nationaler Staat ein Interesse daran hat, daß solche Ehen aufgelöst werden. Es mag hier verwiesen werden auf einige Stellen aus Alfred Rosenbergs „Mythus des 20. Jahrhunderts".[2] Er sagt auf S. 545 (1. Aufl., 3. Buch IV 3): „Ehen zwischen Deutschen und Juden sind zu verbieten, Geschlechtsverkehr zwischen Deutschen und Juden ist je nach der Schwere des Falles mit Vermögensbeschlagnahme, Ausweisung, Zuchthaus und Tod zu bestrafen", S. 558 (3. Buch IV 5): „Läßt sich eine deutsche Frau freiwillig mit Negern oder Juden ein, so steht ihr in keinem Falle ein gesetzlicher Schutz zu, auch nicht für ihre unehelichen und ehelichen Kinder, die die Rechte des deutschen Staatsbürgers von vornherein gar nicht zugesprochen erhalten." Was diese Worte heute besagen, ist jedem sofort klar, der die überragende wissenschaftliche Bedeutung Rosenbergs im Nationalsozialismus kennt. Darüber hinaus hat die nationalsozialistische Fraktion am 13. März 1930 im Reichstag den Entwurf eines Gesetzes zum Schutz der deutschen Nation eingebracht (vgl. Reichstag IV 1928, Drucks. Nr. 1741, s. auch Nationalsozialistische Monatshefte 7, 1. Jahrg. 1930, S. 310). In diesem Gesetzentwurf heißt es im § 5: „Wer durch Vermischung mit Angehörigen der jüdischen Blutsgemeinschaft zur rassischen Verschlechterung und Zersetzung des deutschen Volkes beiträgt oder beizutragen droht, wird wegen Rassenverrats mit Zuchthaus bestraft." Bei der Begründung dieses Gesetzentwurfs ist zum Ausdruck gebracht worden, daß der Abwehrkampf gegen die weitere Vermischung der Deutschen mit Angehörigen der jüdischen Blutsgemeinschaft mit allen Mitteln geführt werden müsse, um unser Volk vor dem Untergang zu retten.[3]

Schon das geltende Recht gewährt die Möglichkeit, solche Ehen zu lösen.

Zwar wird eine Ehescheidung deswegen, weil einer der Gatten Jude ist, nicht möglich sein, denn die Ehescheidung setzt nach § 1568 BGB. ein Verschulden voraus, und dieses Verschulden muß während der Ehe begangen sein. Daß ein Ehegatte Jude ist, bildet aber niemals ein Verschulden. Denn die Juden werden nicht aus Gründen der Moral, sondern aus rassehygienischen Gründen in Deutschland unter Fremdenrecht gestellt.

Dagegen ist die Anfechtung der Ehe auf Grund des § 1333 BGB. möglich. Es handelt sich um persönliche Eigenschaften des anderen Ehegatten, wenn die Ehe deswegen aufgelöst werden soll, weil er Jude ist. Diese Eigenschaften sind auch solche, die den arischen Ehegatten bei Kenntnis der Sachlage unter verständiger Würdigung des Wesens der Ehe von der Eingehung der Ehe abgehalten haben würden. Zwar wird man einwenden, daß der arische Ehegatte ja vor der Eheschließung schon gewußt hat, daß der andere Ehegatte Jude war. Dieser Einwand greift nicht durch, denn noch bis vor kurzer Zeit war allgemein im Volke die Anschauung verbreitet, daß der Jude sich vom Arier nur durch seine Religion unterscheide, nur wenige Volksgenossen kannten die inneren Zusammenhänge der Rassenfrage, wußten um die Bedeutung des sog. Rassenverrats. Erst jetzt durch die neue Regierung, durch die neuen Gesetze zur Wiederherstellung des Berufsbeamtentums, die Gesetze über die Aufhebung der Zulassung jüdischer Rechtsanwälte und Kassenärzte, durch die allgemein bekanntgewordene Welthetze des Judentums gegen das erwachende Deutschland ist jedem Deutschen das Bewußtsein von der Notwendigkeit der eigenen Rassenreinheit gekommen. Hätte der arische Ehegatte die Bedeutung des Judentums er-

2 Alfred Rosenberg, Der Mythus des 20. Jahrhunderts. Eine Wertung der seelisch-geistigen Gestaltungskämpfe unserer Zeit (1930). Zur Diskussion um das Buch siehe Dok. 182 vom 28. 7. 1935.

3 Siehe § 15 zum Verbot der „Mischehen" im Gesetzentwurf vom 6. 4. 1933; Dok. 27.

kannt, hätte er gewußt, daß im Dritten Reich die von ihm mit dem jüdischen Ehegatten erzeugten Kinder unter Fremdenrecht stehen und nicht die vollen Staatsbürgerrechte genießen würden, dann hätte er nie die Ehe geschlossen.

Diesen dem deutschen Gatten erst jetzt zum Bewußtsein kommenden Irrtum muß er berichtigen können um seiner selbst und seiner Kinder willen, aber auch um des deutschen Volkes und seiner rassischen Verbesserung willen.

DOK. 78

Aus der Debatte des Europäischen Nationalitätenkongresses am 18. September 1933 über die Judenverfolgung in Deutschland[1]

Dritte Sitzung.
18. September nachmittags.

Präsident Dr. Wilfan[2]
[...][3]
Im Sinne meiner am Vormittag gemachten Mitteilung hätte ich nun die Diskussion über „*Die nationale Dissimilation und die Nationalitätenrechte*" einzuleiten. Um dies zu tun, möchte ich an die schon Samstag bei der Eröffnungsrede vorausgeschickten Bemerkungen erinnern.[4] Gerade der Gegenstand, um den es sich hier handelt, und die Schwierigkeiten, die sich bei seiner Behandlung ergeben haben, beweisen, wie klug es war, daß die Kongreßleitung sich seit Anfang, seit dem Jahr 1925,[5] mit Zustimmung der Kongresse

1 Europäischer Nationalitäten-Kongress. Sitzungsbericht des Kongresses der organisierten Nationalen Gruppen in den Staaten Europas, Bern, 16. bis 19. September 1933, Wien-Leipzig 1934, S. 61–69.

2 Dr. Josip Wilfan (1878–1955), Jurist; von 1925 an Präsident des Europäischen Nationalitätenkongresses, 1945–1947 Mitarbeiter des Instituts für internationale Fragen beim Außenministerium in Belgrad; Vertreter der slowenisch-kroatischen Minderheit im italienischen Parlament.

3 An dem Kongress nahmen Vertreter der bulgarischen Minderheiten aus Jugoslawien und Rumänien, der deutschen aus Estland, Polen, der Tschechoslowakei, Ungarn und Rumänien, der galizischen und katalanischen aus Spanien, der jugoslawischen aus Italien und Österreich, der litauischen aus Polen, der ukrainischen aus Polen und Rumänien, der ungarischen aus der Tschechoslowakei, Jugoslawien und Rumänien, der russischen aus Estland, Lettland und Polen, der weißrussischen aus Polen und der tschechoslowakischen Minderheit aus Polen teil, während die Vertreter der jüdischen Gruppen aus Protest fernblieben; wie Anm. 1, S. V-VII.

4 In seiner Eröffnungsrede hatte Wilfan die Judenverfolgung in Deutschland mit Begriffen wie Dissimilation und „nationalem Exklusivismus" umschrieben. Zugleich betonte er, er sei selbst für die „reinliche Scheidung von Entwicklungslinien", d. h. die Rechte und Eigenständigkeit nationaler Minderheiten, aber könne kein Recht anerkennen, ein Volk als minderwertig zu deklarieren. Auf dem Kongress könne gleichwohl über das Problem nicht konkret geredet werden, denn wichtig sei das Dauernde und nicht das Tagesereignis; ebd., S. 10.

5 Der Europäische Nationalitätenkongress wurde 1925 im Wesentlichen auf Initiative des Baltendeutschen Ewald Ammende als Lobbyverband nationaler Minderheiten Europas gegründet. Ziel des Verbands war der Schutz und die völkerrechtliche Anerkennung der Minoritäten als Rechtssubjekte. Von 1925 bis 1938 fanden jährliche Tagungen statt, zu denen sich die Vertreter verschiedener nationaler Minderheiten aus allen Ländern Europas versammelten. Nach 1933 verlor der Kongress an Bedeutung, nachdem durch den Auszug der jüdischen Vertreter und die Haltung der Vertreter der Auslandsdeutschen die Beratungen blockiert waren.

daran gehalten hat, daß man sich nicht so auf konkrete Fragen einlassen solle, daß Anlaß zu Empfindlichkeit, zu Widersprüchen oder Gegensätzlichkeiten, zu Reizungen und zu Konflikten gegeben werde. Wir erkennen die Natur unseres Problemes selbst nicht richtig, wenn wir uns nicht dessen bewußt sind, daß es an das tiefste Fühlen weiter Kreise und besonders auch der von uns vertretenen Nationalitäten rührt. Wir müssen diese besondere Natur des Problems einsehen und dann die logische Folge daraus ziehen. Ich habe mit Bedauern gerade wieder heute aus unserer Mitte Vorwürfe machen gehört, daß unsere Diskussion zu akademisch sei. Wollen Sie sich nur ausdenken – und Sie haben jetzt auch schon praktische Beweise dafür – was für Folgen es hat, wenn man bei unseren Diskussionen die schwierigen nationalen Probleme, die wesentlich in der psychologischen Ebene liegen, in die Ebene der politischen Realität verlegen will. Dann kommt es zu Gegensätzen und zu Konflikten. Es ist eine Enthaltung, die wir uns auferlegen müssen, die aber dem Ganzen, der Sache zugute kommt. Wir werden ja auch einmal vom Schauplatz verschwinden, unsere Arbeit ist nicht nur für die Gegenwart bestimmt, sondern auch für die Zukunft. Wer für die Zukunft, für die Dauer arbeitet, kann es sehr gut auch akademisch tun und dabei mit Begriffen, bloß mit abstrakten Begriffen, operieren. Denn gerade darin ist das Wesentliche enthalten, das auch in der Zukunft seine Geltung bewahrt.

In der Frage der Dissimilation hat sich die folgende Situation ergeben: Unsere jüdischen Kollegen, denen ich, gleich mit dem beginnend, das Zeugnis ausstellen möchte, daß sie in unserer Kongreßgemeinschaft immer in vorderster Reihe gestanden sind, bei der Arbeit und der Bekundung des Geistes wahrer Solidarität, haben es nicht für möglich gehalten, daß bei der Behandlung dieses Gegenstandes die Stellung der beteiligten Gruppen nicht konkret, das heißt ohne auf den konkreten Sachverhalt einzugehen, fixiert werde. Sie haben weiter gefordert, daß auch der Kongreß selbst in einer Resolution nicht bloß zum Wesentlichen der Frage, die durch die Ereignisse in Deutschland aufgerollt worden ist, sich äußere, sondern auch über die Ereignisse selbst sich ein Urteil anmaße.[6] Die Kongreßleitung konnte dem Verlangen nicht so weit entgegenkommen. Trotz langwierigen Verhandlungen, bei denen von beiden Seiten viel guter Wille gezeigt wurde, konnte es zu keiner Einigung kommen, und wir befinden uns heute in der Lage, vom Wegbleiben der jüdischen Kollegen vom diesjährigen Kongreß Kenntnis nehmen zu müssen.

Sie haben dieses ihr Wegbleiben mit einem Schreiben motiviert, das an mich gerichtet ist und nach dem Wunsche der Schreiber dem Kongreß mitzuteilen wäre. Ich muß da gleich erklären, daß ich hier nicht den ganzen Inhalt verlesen werde. Es ist ja selbstverständlich, daß dieses Schreiben auf anderen Wegen, namentlich durch die Presse, zur Kenntnis der weitesten Öffentlichkeit gelangen wird. Aber ich finde es nicht mit der von uns bisher eingehaltenen Praxis vereinbar, daß von dieser Stelle aus der Präsident oder überhaupt ein Organ des Kongresses zu der Verbreitung bestimmter Stellen dieses Briefes beitrage. Den übrigen, ohnehin wesentlichen Inhalt werde ich mir erlauben, zur Kenntnis des Kongresses zu bringen. Das Schreiben ist gezeichnet von den Herren Leo Motzkin,[7] Dr. H. Rosmarin, Dr. Emil

6 Leo Motzkin hatte als Vertreter der jüdischen Minderheiten schon vor der Kongresseröffnung, am 9. 9. 1933, an Prasident Wilfan geschrieben und das Erscheinen der jüdischen Gruppen von einer Debatte über die Judenverfolgung in Deutschland und von deren öffentlicher Verurteilung abhängig gemacht; Abdruck in: wie Anm. 1, S. 2.

7 Leo Motzkin (1867–1933), Soziologe und Politiker; Zionist, Teilnehmer des ersten Baseler Zionistenkongresses 1897; Vertreter der jüdischen Gruppe und bis 1933 einer der Vizepräsidenten des Nationalitätenkongresses, Exekutivmitglied des Comité des Délégations Juives.

Margulies[8] und Farchi und vom gestrigen Tage datiert, ist aber erst heute vormittags in meine Hände gelangt. Ich verlese die folgenden Absätze:
„Sehr geehrter Herr Präsident!
Wir haben die Ehre, Ihnen in Vollmacht und im Namen sämtlicher jüdischer Gruppen, welche Mitglieder des europäischen Nationalitätenkongresses sind, nachfolgende Erklärung zu übermitteln: Durch die Erklärung, welche in der Eröffnungssitzung ohne Widerspruch im Namen der deutschen Volksgruppen abgegeben worden ist, wurde eine Situation geschaffen, durch welche die Vorbedingungen für die Zusammenarbeit der auf diesem Kongreß in gemeinsamer Arbeit zu gemeinsamen Zielen vereinigten Nationalitäten nicht nur in Frage gestellt, sondern eindeutig verneint wird."[9]
Bevor ich mit der Verlesung fortfahre, möchte ich hervorheben, daß dieser Brief sich vor allem auf die in der Samstagsitzung von Herrn Abgeordneten Roth[10] im Namen der deutschen Gruppen verlesene Erklärung bezieht.[11] Ich wünsche sofort zu konstatieren, daß laut mir zugekommenen Mitteilungen, die im weiteren Verlauf der Sitzung von zuständiger Seite bestätigt werden sollen, diese Erklärung zu mißverständlichen Deutungen Anlaß gegeben hat. Ihr wahrer Sinn ist vielleicht doch von mir – gestatten Sie mir, daß ich das unbescheidener Weise sage – in den Sätzen präzisiert worden, mit denen ich sie sofort nach ihrer Verlesung zur Kenntnis genommen habe. Ich hob ausdrücklich hervor, daß mit dieser Erklärung nicht zu dem ganzen Fragenkomplex Stellung genommen wird, der durch die Ereignisse, zu denen er in Beziehung steht, aufgerollt ist. Die Erklärung bleibe jenen, die eben eine vollständige Erklärung verlangen, manches schuldig. Vom Standpunkte des Kongresses aber habe ich aus dieser Erklärung das Positive erfaßt, nämlich das positive, für unsere Zusammenarbeit unbedingt notwendige und vielleicht auch hinreichende Bekenntnis zu den von unseren Kongressen, unter Mittun der deutschen Gruppen, seit acht Jahren proklamierten Grundsätzen und Idealen. Ich wiederhole, diese Erklärung wird noch von deutscher Seite klargestellt und ergänzt werden. Das Wesentliche in dieser Erklärung, der ich mich anschloß, war jedenfalls das Bekenntnis zu unseren Grundsätzen. Insofern unsere jüdischen Kollegen diese positive Seite der deutschen Erklärung vielleicht nicht in vollem Maße eingeschätzt haben, dürfte ich sagen, daß ihr Brief von einer irrigen oder einer mangelhaften Voraussetzung ausgeht. Ich will aber gleich auch hervorheben, daß ich den Standpunkt unserer jüdischen Kollegen begreife und überzeugt bin, daß auch ihre gefühlsmäßige Einstellung, die in diesem Brief mitvibriert, vom Kongreß vollkommen gewürdigt wird.
Ich überspringe nun einige Zeilen, die eben gegen unser Verhandlungsprinzip verstoßen: „Im Deutschen Reich hat das Problem der Beziehungen des Mehrheitsvolkes zu den Bürgern anderer Abstammung durch das Eingreifen der Staatsgewalt und der Gesetzgebung eine Gestaltung angenommen, die in der zivilisierten Welt ohne Beispiel ist."

8 Dr. Emil Margulies (1877–1943), Jurist; jüdischer Delegierter aus der Tschechoslowakei im Nationalitätenkongress, Exekutivmitglied des Comité des Délégations Juives.

9 Die jüdischen Gruppen nahmen aus denselben Gründen wie 1933 auch in den Folgejahren nicht mehr teil.

10 Dr. Hans Otto Roth (1890–1953), Politiker und Landeskirchenkurator der Evangelischen Landeskirche A.B. in Rumänien.

11 Roth hatte als Vertreter der Siebenbürger Sachsen ausgeführt, die von ihm repräsentierten deutschen Minderheiten lehnten jede Assimilation ab: „Die Ausgliederung von andersgearteten, insbesondere andersrassigen Menschen aus einer Volkskultur, wie man sie in letzter Zeit beobachten konnte, halten wir grundsätzlich für berechtigt"; wie Anm. 1, S. 26.

Und lese weiter:
„Der Kongreß hat in Übereinstimmung aller Teilnehmer die Assimilation einer nationalen Minderheit durch staatliche oder staatlich geduldete Mittel der Gewalt und Verlockung verurteilt. Auch wir haben Assimilation nie gebilligt; aber wir haben in den Bestrebungen eines Volkes zur Assimilation an ein anderes Volk und in der Reaktion und Ablehnung dieses letzteren auf Assimilationsbestrebungen Angelegenheiten gesehen, die zwischen Volk und Volk spielen und zwischen diesen geregelt werden. Es schien uns selbstverständlich, daß Minderheitenvertreter, die seit Jahren mit sittlichen Argumenten die Rechte der nationalen Minderheiten verteidigen, die Eingriffe staatlicher Gewalt bei der Ablehnung der Assimilation ebenso verurteilen wie bei der Anwendung der Assimilation."
Es folgt eine wieder zu konkrete Kritik:
„... Das Vorgehen der deutschen Regierung stellt aber keineswegs eine Ablehnung der Assimilation von Volk zu Volk dar, sondern eine Entrechtung der Juden vor dem Gesetz und der Verwaltung, ihre Hinausstoßung aus der Gleichberechtigung und ihre Diffamierung wegen ihrer Abstammung, die Diffamierung ihres Volkes – durch die übermächtige Gewalt des Staates. Sie bedeutet nicht nur eine Verkürzung oder Verweigerung der Minderheitsrechte, sondern eine Verweigerung der Menschenrechte für Menschen jüdischer Abstammung und damit eine, und zwar programmatische Durchbrechung der Grundsätze, auf welchen der Schutz der nationalen Minderheiten, auch der deutschen Minderheiten, beruht. Ein gefährliches Beispiel, das, wenn es unwidersprochen hingenommen wird, wenn es insbesondere von den nationalen Minderheiten ohne leidenschaftlichen Widerspruch und Kampfansage hingenommen wird, das ganze System des Minderheitenschutzes in Europa mit dem Zusammenbruch unter dem Zugriff einer von keinen Rechtsgrundsätzen gehemmten Gewalt des Stärkeren bedroht."
Und hierauf kommen diese Sätze, die ich wieder wörtlich wiedergebe:
„Wir hatten auf Grund vieljähriger Zusammenarbeit diese Erkenntnis von der schicksalmäßigen Solidarität in der Verteidigung des Rechtes jeder Minderheit hier zu finden gehofft, die Erkenntnis und den Ausdruck dieser Erkenntnis."
„Die Erklärung der deutschen Volksgruppen findet für die Entrechtung, Beraubung, Vergewaltigung und Diffamierung der deutschen Juden nur das Wort der Billigung der ‚Ausgliederung' eines Volkes durch das andere. Sie billigt ausdrücklich diese Ausgliederung, wie sie in Deutschland vorgekommen ist: also die Vertreibung der jüdischen Beamten, die Hinausdrängung der Juden aus den freien Berufen, die Wegnahme der in langjähriger Arbeit aufgebauten Existenzen, die Sperrung des Zuganges zu den Stätten der Bildung, die öffentliche Aufreizung und Diffamierung, auch in Schulen und unter der Jugend, und den systematischen, auf Haß und Neid aufgebauten und auf völlige Vernichtung abzielenden Boykott."
Und weiter:
„Die Erklärung, die hier im Namen der deutschen Volksgruppen abgegeben wurde, ist eine Zustimmung ... zu all diesen Maßnahmen ... vor aller Welt. Diese Zustimmung wird durch das gleichzeitige Bekenntnis zu den sonstigen Grundsätzen des Minderheitenkongresses nicht abgeschwächt, sondern vielmehr verstärkt; ebenso wie durch den Zusatz, daß die deutschen Gruppen es für gerechtfertigt halten, wenn die so entrechteten Menschengruppen, also hier die Juden, ‚bestrebt' sind, auch für sich die durch diesen Kongreß verteidigten Rechte geltend zu machen, weil der Zusatz vielmehr als Unterstreichung des Rechtes auf zwangsweise Ausgliederung wirkt, während" – hier tritt die erwähnte irrtüm-

liche, zu enge Deutung der deutschen Erklärung besonders zutage – „den Juden selbst nur das Streben nach diesem Rechte zugestanden wird."
Diese Erklärung macht uns die Zusammenarbeit auf dem Boden des Kongresses mit denen, die sich zu diesen Grundsätzen bekennen, unmöglich. Wir sind daher nicht in der Lage, uns an den Beratungen dieses Kongresses zu beteiligen.
Wir verfolgen mit Sympathie die Bemühungen derjenigen, welche die Ideen und Grundsätze des Kongresses verteidigen, und wir werden unsere weiteren Entschließungen davon abhängig machen müssen, inwieweit es unseren Freunden, mit denen wir so lange in Verbundenheit gearbeitet haben, gelingen wird, dem Kongreß seine ursprüngliche Grundlage, Übereinstimmung und Zielsetzung wiederzugeben."
Die jüdischen Kollegen haben es, wie aus diesem Briefe zu entnehmen ist, angesichts der deutschen Erklärung nicht für möglich erachtet, hierher zu kommen und an den weiteren Sitzungen des Kongresses teilzunehmen. Es entsteht nun für jene Gruppen, die nicht unmittelbar beteiligt sind, die Frage, was sie bei dieser Sachlage zum Gegenstand zu sagen haben. Ich selber sehe mich gedrängt, mich einstweilen des Amtes des unparteiischen, nur seiner technischen Aufgabe dienenden Vorsitzenden zu entkleiden und auch mich in die Rolle derjenigen zu versetzen, die nun zum Problem Stellung nehmen müssen.
Wir können nicht so weit gehen wie unsere jüdischen Kollegen. Wir vertrauen auf die Vertreter des deutschen Volkes in unserer Mitte, die trotz dem unvermeidlichen Wechsel der Personen doch in der Mehrzahl unsere Weggenossen schon seit acht Jahren sind, seit acht Jahren mit uns an der Ausarbeitung eines neuen Rechtes, an der Formung einer neuen Mentalität arbeiten. Aber wir wollen doch offen aussprechen, was in dieser Stunde auszusprechen ist.
Volk ist die Form, in der wir die menschlichen Massen, besonders jene, die unseren Kontinent bevölkern, als Einheiten sehen, die sich deutlich voneinander abheben und unterscheiden, sich dauernd Generation auf Generation auf dem gleichen Boden erhalten, bestimmte charakteristische Eigentümlichkeiten aus sich selbst, aus ihrem kollektiven Leben entwickeln, durch das Gefühl und Bewußtsein der Zusammengehörigkeit und der besonderen Eigenart jede für sich zu einer Einheit zusammengefaßt sind. Wir wissen, daß diese Eigentümlichkeiten, die charakteristischen Merkmale eines Volkes sich auf den verschiedensten Gebieten kundtun können und daß, wenn wir das Bild eines bestimmten Volkes uns vergegenwärtigen wollen, wir seine besondere Eigenart nicht immer gerade nur auf dem Gebiete der Sprache oder der Kultur im engsten Sinne zu suchen haben. Ein Volk kann als eine besondere Individualität in der Gesellschaft der Völker anzuerkennen sein, auch wenn es auf dem Gebiete der Sprache mit einem anderen Volke zu einer Einheit verschmolzen erscheint.
Anderseits finden wir, wenn wir Europa im Geiste durchwandern und uns die Typen der verschiedenen Völker rein körperlich vorstellen, sogar deutliche physische Unterschiede unter den Völkern. Um das Modewort zu gebrauchen: Unterschiede der Rasse. Dabei glauben wir jedoch, daß der Schwerpunkt, der innerste Kern eines Volkes in seinem geistigen Leben, in seinen Gefühlen, in seinem Bewußtsein, in seiner Denkungsweise liegt. Wie jedoch die konkrete Vorstellung, die ein Volk von sich selbst hat, auszusehen habe, dafür lassen sich wohl keine Gesetze vorschreiben. Die Frage muß an das betreffende Volk selbst gerichtet werden, und den Außenstehenden bleibt nichts anderes übrig, als sich dabei daran zu halten, wie ein Volk sich selbst erkennt, wie es sich selbst schaut. Wenn ein Volk – das scheint mir in gedanklicher Richtung das Charakteristische an der letzten Entwick-

lung zu sein – eine schärfere, eine engere Vorstellung von sich selbst, von seinem eigenen Wesen gewinnt, nach der dann nicht mehr alle, welche man bisher als zu diesem Volk gehörig betrachten konnte, zu ihm zu zählen sind – ich meine die rein statistisch relevante natürliche Angehörigkeit, nicht die rechtliche, auf dem staatsbürgerlichen Verhältnis beruhende –, so ist dagegen nichts zu machen. Es ist eine Tragödie, wenn Menschen sich auf einmal von der Mehrheit des Volkes sagen hören: „Wir zählen euch nicht mehr zu uns, wir anerkennen euch nicht mehr als zu uns gehörend." Anderseits liegt aber in diesem Nichtanerkennenwollen, in diesem Aberkennen einer bestimmten Volksangehörigkeit, eines bestimmten nationalen Charakters bei einzelnen Individuen oder Gruppen etwas, was sich eigentlich mit dem begegnet, was unsere Kongresse seit acht Jahren als eines unserer höchsten Postulate vertreten. Denn die Einengung, die engere Präzisierung der Vorstellung, die sich ein Volk von seinem eigenen Wesen macht und die daraus sich ergebende Ausschließung von Elementen, die bisher als zu dem betreffenden Volke gehörig betrachtet wurden, auf was läuft sie eigentlich hinaus? Auf die Verneinung des vorangegangenen Prozesses, der zur früheren Erweiterung des Begriffes des betreffenden Volkes geführt hatte, auf den Versuch einer Zurückschraubung der Entwicklung: im Wesen auf nichts anderes als die Ablehnung einer erfolgten Assimilation. Was ist nun das, um was unsere Kongresse seit acht Jahren wohl vor allem übrigen kämpfen, wenn nicht gerade die Ablehnung der Assimilation? Wir weigern uns, assimiliert zu werden, wir protestieren dagegen, daß Mehrheitsvölker die Macht, die ihnen in ihren Staaten gegeben ist, dazu mißbrauchen, das Volkstum der sogenannten nationalen Minderheiten, der andersnationalen Teile der Bevölkerung, die im gleichen Staate mit ihnen leben, zu entfärben, zu verändern, zu verfälschen und dem Volkstum der Mehrheit, des Staatsvolkes anzugleichen. Insoweit ist also, wie gesagt, in der – ich stocke, weil mir der Ausdruck wirklich nicht richtig scheint – Dissimilation etwas, was sich mit unseren Bestrebungen begegnet.

Nun wollen wir als Kongreß, oder wenigstens als die Gesamtheit aller jener an ihm teilnehmenden nationalen Gruppen, die im konkreten Fall nicht unmittelbar beteiligt sind, uns das grundsätzliche Problem vorlegen, gleichsam von der Gegenwart absehend es uns nur als ein in der Zukunft mögliches denken und die Frage stellen: wenn sich irgendwo irgendwann etwas Ähnliches ereignet, wie soll man sich grundsätzlich dazu stellen? Nicht über die an sich rein abstrakte Veränderung des Begriffes oder der Vorstellung eines bestimmten Volkes von seinen charakteristischen Merkmalen, sondern darüber müssen wir uns klar werden, welche praktischen Folgen sich aus einer solchen Veränderung ergeben und wie, mit welchen Methoden diese Folgen verwirklicht, die Konsequenzen gezogen werden dürfen. Hier nun, zur Beantwortung dieser Frage, – und ich glaube, darin sind wir wohl alle einig und da stimmen Sie mir alle zu, die einen ausdrücklich, die andern in ihrem Innern, und vielleicht mit einer Reserve, die wir übrigens anerkennen und achten wollen, – hier ist nun Folgendes zu sagen. Zunächst, daß man nicht von Ausgliederung oder gar von Ausstoßung sprechen sollte. Das klingt hart, gibt zu Mißverständnissen Anlaß und trifft nicht das Richtige. Dann aber, daß bei solcher Trennung, solchem Auseinandergehen von Elementen, die bisher verbunden waren, doch so vorgegangen werden soll, daß keine vermeidbaren Schäden und Schmerzen verursacht, vor allem aber nicht die Menschenwürde und das Recht des Individuums auf Leben und Freiheit verletzt werden. Das sei mir gestattet im Namen derjenigen Gruppen zu sagen, die an der Frage trotz deren großer Aktualität nicht unmittelbar beteiligt sind. Ich entwickle übrigens heute etwas weiter die gleichen Gedanken, die ich schon in der Eröffnungsrede angedeutet habe.

Wir werden, so glaube ich, alle in der Formulierung einer Resolution übereinstimmen können, die in der Tat bloß grundsätzlich – mein Freund Szüllö[12] würde sagen: akademisch – sein wird. Aber das ist in unserer Lage doch der einzige gangbare Weg. Wir werden uns alle auf eine Resolution einigen können, welche unsere grundsätzliche Forderung für die Eventualität nationaler Dissimilation ausspricht. Zu der Frage, über die man streiten könnte, ob die zugrunde liegende Veränderung zu begrüßen oder abzulehnen sei, wollen wir uns nicht äußern. Um so entschiedener wollen wir hingegen erklären, daß, wenn es zu einer Trennung eines Volkes, zu einer Abtrennung eines Teiles, der schon mit dem Volksganzen verwachsen zu sein schien, kommt, dann die Grundsätze, die Postulate, die von unseren Kongressen proklamiert worden sind, und zu denen wir uns alle bekennen, unangetastet und unverletzt bleiben müssen – sofern ich zum Gegenstande nicht schon zu viel gesagt habe, glaube ich jedenfalls nichts mehr dazu noch zu sagen zu haben. Die soeben ausgedrückten Gedanken erlaube ich mir in einem Resolutionsentwurf formuliert vorzulegen. Ich bitte Sie, diese Entschließung anzunehmen. Sie lautet: „Im Falle der Einleitung und Durchführung nationaler Dissimilierung sollen die Freiheiten und Rechte, für die die Kongresse der europäischen Nationalitäten in ihren Kundgebungen und Beschlüssen seit Anfang eingetreten sind, unbeeinträchtigt bleiben." Ich möchte in diesem Text Ihre Aufmerksamkeit auf das Wort „Einleitung" lenken, womit wenigstens angedeutet wird, daß sich unsere grundsätzliche Forderung auf den in Frage kommenden Vorgang in seinem ganzen Umfang bezieht.[13]

12 Dr. Géza von Szüllö (1873–1957), von 1925 an Mitglied des tschechoslowakischen Parlaments, dort Vertreter der ungarischen Minderheit.

13 Bei der Abstimmung über die Entschließung gab Professor Michail Kurtschinsky (Kurčinskij) (1876–1939), Universitätsprofessor in Dorpat und Vertreter der russischen Gruppe im estnischen Parlament, im Namen der russischen Gruppen aus Estland und Polen, der litauischen Gruppe aus Polen, der katalanischen Gruppe sowie aller ungarischen Gruppen eine Erklärung ab: „Die jetzt in einigen Ländern zu beobachtende Welle von Maßnahmen des ausgesprochenen Antisemitismus sehen wir als gegen die allgemeinen Menschenrechte und den Idealen unserer Kongresse widersprechende an"; wie Anm. 1, S. 70. Die in der Rede Wilfans vorgeschlagene Resolution wurde bei Stimmenthaltung der ungarischen Gruppen mit kleinen Änderungen angenommen; siehe Abdruck der Resolution, ebd., S. 98.

DOK. 79
Junge Kirche: Gutachten der Theologischen Fakultät der Universität Marburg vom 20. September 1933 gegen eine Beschränkung der Rechte nichtarischer Christen[1]

Der Arierparagraph in der Kirche. Gutachten der Theologischen Fakultät der Universität Marburg

Theologische Fakultät der Universität Marburg, den 20. September 1933

Der Theologischen Fakultät ist folgende Eingabe zugegangen:

„Die in Marburg versammelten Pfarrer und geistlichen und weltlichen Abgeordneten des kurhessischen Kirchentages aus den drei Oberhessischen Kirchenkreisen der Evgl. Landeskirche in Hessen-Kassel bitten die hochwürdigen Theologischen Fakultäten zu Marburg und Erlangen[2] um eine feierliche und verantwortliche Belehrung der deutschen evangelischen Christenheit darüber, ob das von der Generalsynode der Kirche der Altpreußischen Union in diesen Tagen beschlossene und für die ganze Deutsche Evangelische Kirche in Aussicht genommene Gesetz über die Anstellungsbedingungen für Geistliche und Beamte der kirchlichen Verwaltung – den Arierparagraphen enthaltend –[3] der Lehre der Heiligen Schrift, dem Evangelium von Jesus Christus und der Lehre der Apostel, dem Wesen der Sakramente, der Taufe und des heiligen Abendmahls, den ökumenischen Bekenntnissen und der Lehre der Reformation von der Erlösung durch Jesus Christus, von der Kirche und ihrem Amt, von Taufe und heiligem Abendmahl sowie der Präambel der Verfassung der Deutschen Evangelischen Kirche gemäß ist oder widerspricht.

Marburg, den 11. September 1933 gez. *Schmidmann*, Kreispfarrer."[4]

Die Fakultät hat nach Besprechung in ihrer Sitzung am 19. September einstimmig beschlossen, darauf folgenden Bescheid zu erteilen und ihn gleichzeitig mit der Zustellung an die Unterzeichner der Eingabe den deutschen evangelischen Kirchenregierungen, den Theologischen Fakultäten, den Mitgliedern der Deutschen Evangelischen Nationalsynode sowie der kirchlichen Presse zur Kenntnis zu geben.

Das Gesetz über die Rechtsverhältnisse der Geistlichen und Kirchenbeamten, das von der Generalsynode der Evangelischen Kirche der Altpreußischen Union sowie von den Landessynoden einzelner anderer deutscher Landeskirchen angenommen ist und auf der bevorstehenden Deutschen Evangelischen Nationalsynode für die ganze deutsche evangelische Kirche beantragt werden dürfte, enthält folgende aus dem neuen Reichsbeamtenrecht übertragene *grundsätzliche Bestimmungen:*

1 Junge Kirche, Nr. 14 vom 28. 9. 1933, S. 166–171. Abdruck auch in: Die Bekenntnisse und grundsätzlichen Äußerungen zur Kirchenfrage des Jahres 1933. Gesammelt und eingeleitet von Kurt Dietrich Schmidt, Göttingen 1934, S. 178–182. Die Junge Kirche erschien von 1933 an als Mitteilungsblatt der Jungreformatorischen Bewegung in der Bekennenden Kirche, ab Oktober als Halbmonatsschrift für reformatorisches Christentum.

2 Die Theologen an der Universität Erlangen vertraten in ihrem Gutachten vom 25. 9. 1933 die Auffassung, dass die Kirche von den „Judenchristen" einen Verzicht auf kirchliche Ämter fordern solle, weil das deutsche Volk jetzt die Juden als fremdes Volkstum empfände; Abdruck in: Bekenntnisse, S. 182–186.

3 Siehe Dok. 75 vom 6. 9. 1933.

4 Gottfried Schmidmann (1874–1954), Pfarrer; 1902–1932 Pfarrer in Kassel und Caldern (Kreis Marburg), 1931–1949 zunächst Kreispfarrer, dann Superintendent und Dekan im Kirchenkreis Marburg; 1932–1949 Oberpfarrer in Marburg; von 1945 an Vorsitzender der Christlichen Nothilfe.

§1 (1). Als Geistlicher oder Beamter der allgemeinen kirchlichen Verwaltung darf nur berufen werden, wer die für seine Laufbahn vorgeschriebene Vorbildung besitzt und rückhaltlos für den nationalen Staat und die Deutsche Evangelische Kirche eintritt.
(2). Wer nichtarischer Abstammung oder mit einer Person nichtarischer Abstammung verheiratet ist, darf nicht als Geistlicher oder Beamter der allgemeinen kirchlichen Verwaltung berufen werden. Geistliche oder Beamte arischer Abstammung, die mit einer Person nichtarischer Abstammung die Ehe eingehen, sind zu entlassen. Wer als Person nichtarischer Abstammung zu gelten hat, bestimmt sich nach den Vorschriften der Reichsgesetze.
§3 (1). Geistliche oder Beamte, die nach ihrer bisherigen Betätigung nicht die Gewähr dafür bieten, daß sie jederzeit rückhaltlos für den nationalen Staat und die Deutsche Evangelische Kirche eintreten, können in den Ruhestand versetzt werden.
(2). Geistliche oder Beamte, die nichtarischer Abstammung oder mit einer Person nichtarischer Abstammung verheiratet sind, sind in den Ruhestand zu versetzen.
§8 (1). Über die Versetzung in den Ruhestand, die Entlassung aus dem Amt ... entscheidet die Landeskirchenregierung endgültig unter Ausschluß des Rechtsweges.
§11. Für die Mitglieder der kirchlichen Körperschaften sowie für die Träger kirchlicher Ehrenämter gelten die Vorschriften der §§1 und 3 sinngemäß.
Die in §3 Abs. 3 und 4 vorgesehenen Ausnahmefälle, in denen von der Anwendung von §3, Abs. 2 abzusehen ist,[5] können als das Prinzip nicht berührend hier außer Betracht bleiben, wiewohl sie eine Unsicherheit des Gesetzgebers seinen eigenen Grundsätzen gegenüber deutlich machen und zugleich den politischen Ursprung und den dem besonderen Wesen der Kirche fremden Charakter derselben erkennen lassen.
Die Fakultät hält die beiden angeführten grundsätzlichen Bestimmungen der §§1 und 3 bzw. 11 für unvereinbar mit dem Wesen der christlichen Kirche, wie es durch die allein maßgebende Autorität der Heiligen Schrift und das Evangelium von Jesus Christus bestimmt und durch die Bekenntnisse der Reformation bezeugt ist. Sie weist zugleich darauf hin, daß das vom Deutschen Reich mit dem Päpstlichen Stuhl abgeschlossene Konkordat über die Rechtsverhältnisse der katholischen Kirche in Deutschland nichts enthält, was diesen Bestimmungen entspricht.[6]
Die erste der vorgenannten Bestimmungen (§1 Abs. 1, §3 Abs. 1) bedroht die an Gottes Wort und das glaubende Gewissen gebundene Unabhängigkeit der Geistlichen in ihrer Verkündigung und Seelsorge und die Beamten der Kirche in ihrer Amtsführung und bringt sie in Gefahr, ihre persönliche Verantwortung der Beugung unter subjektive und zeitliche, politische oder kirchenpolitische Einstellungen vorgesetzter Dienststellen, kirchlicher Gruppen oder auch außerkirchlicher Instanzen unterzuordnen. *Die Gefahr ist um so größer, als der Gesetzesbefehl unbestimmt dehnbar gefaßt ist und als für seine Anwendung ausdrücklich ein rechtlich geordnetes Beweisverfahren ausgeschlossen wird* (§8 Abs. 1). Es ist für evangelische Geistliche und Kirchenbeamte als Christen selbstverständlich, daß sie für die Kirche und den Staat ihrer Nation eintreten; die Verpflichtung dazu ist in ihrem Gehorsam gegen Gottes Wort beschlossen. Sie steht aber unter dem in eben diesem Gehorsam unveräußer-

5 Fußnote im Original: „(3). Von der Anwendung des Abs. 2 kann abgesehen werden, wenn besondere Verdienste um den Aufbau der Kirche im deutschen Geist vorliegen. (4) Die Vorschriften des Abs. 2 gelten *nicht* für Geistliche und Beamte, die bereits seit dem 1. August 1914 Geistliche oder Beamte der Kirche, des Reiches, eines Landes oder einer anderen Körperschaft des öffentlichen Rechtes gewesen sind oder die im Weltkrieg an der Front für das Deutsche Reich oder für seine Verbündeten gestanden haben oder deren Vater oder Söhne im Weltkriege gefallen sind."

6 Bezieht sich auf das Reichskonkordat vom 20. 7. 1933.

lich begründeten Vorbehalt, daß der Auftrag der Kirche nicht politisch ist und daß er gegebenen Falles auch zu kritischen Stellungnahmen gegenüber Vorgängen im staatlichen und kirchlichen Leben in angemessenem Ausdruck verpflichten kann. Ein Gesetz in der Kirche der Reformation kann die Freiheit zu unverfälschter und unverkürzter Ausrichtung ihres geistlichen Auftrages gerade um der Abwehr der Politisierung des Geistlichen willen nur schützen. Untragbar erscheinende Konfliktsfälle fordern die Erledigung in einem gegen falsche Bezichtigungen und willkürliche Entscheidungen gesicherten Verfahren. Bekannte geschichtliche Erfahrungen warnen nachdrücklichst auch im Interesse des Staates vor jeder politischen Bindung der kirchlichen Verkündigung und des kirchlichen Dienstes.

Die zweite der oben angeführten grundsätzlichen Bestimmungen (§ 1, Abs. 2, § 3, Abs. 2) macht die Kirchenglieder nichtarischer Herkunft zu Kirchengliedern minderen Rechtes und minderer Würde, sofern ihnen und auch den mit ihnen verehelichten Kirchengliedern arischer Abstammung die Amtsfähigkeit in der christlichen Gemeinde grundsätzlich abgesprochen wird.

Daß die Botschaft von Jesus Christus als dem Heiland der Welt an alle Völker und somit auch an alle Rassen gerichtet ist, und daß demgemäß alle, die ihr glauben und auf sie getauft werden, zur Kirche Christi gehören, ist unbestritten.[7] *Die Glieder der Kirche sind untereinander Brüder.* Der Begriff des Bruders schließt jede Rechtsungleichheit ebenso wie überhaupt jede in irdischen Verhältnissen vermeidbare Geschiedenheit aus. Es verschlägt grundsätzlich nichts, ob Scheidung und Rechtsungleichheit so verwirklicht werden, daß besondere judenchristliche Gemeinden gebildet oder daß den Judenchristen die Ämter der einen christlichen Gemeinde gesperrt werden. Die christliche Kirche kennt keine andere Gliederung als die nach innerchristlichen Konfessionen einerseits und nach Ländern und Völkern andererseits; die letztere gilt dabei nur in dem Sinn, daß Gemeinden einer Sprache aus natürlichen Gründen und solche einer Staatszugehörigkeit aus politisch-rechtlichen Gründen sich zusammenschließen, jedoch ohne daß die Kirchengliedschaft fremdsprachiger oder fremdstaatlicher Personen wie Gemeinden grundsätzlich ausgeschlossen wäre. Auch die geltende staatskirchliche Gesetzgebung bzw. das Recht der Staatsverträge fordert für die kirchlichen Ämter die Staatszugehörigkeit der Geistlichen nur als Regel, von der Ausnahmen zulässig sind. Die gesamte Kirchengeschichte, wie das Staats- und Kirchenrecht aller Völker, kennt bisher den Begriff des Juden nicht im Sinne der Rasse, sondern ausschließlich in dem der Konfession, also als den des Juden, der in Jesus nicht den Christus Gottes erkennt. Der Jude, der im Gesetz und den Propheten seines Volkes die Weissagung auf Christus erkennt, sich bekehrt und taufen läßt, ist für die *Kirche* nicht mehr Jude, und von seiten der *Kirche* sind auch staatsbürgerrechtliche Beschränkungen für den getauften Juden niemals vertreten worden. Mag ein *Staat* nun solche Beschränkungen in einer Schätzung der rassischen Faktoren, die früheren Zeiten fern lag, aus nationalpolitischen Erwägungen geboten finden, so können sie im Raum der Kirche als solcher keine Geltung beanspruchen, da die Kirche Gemeinschaft der an Christus Glaubenden und auf seinen Namen Getauften ist und gar nichts anderes; sie würde aufhören, dies im vollen Sinne zu sein, wenn sie irgend ein anderes Merkmal in ihrer Gemeinschaft Unterscheidungen begründen ließe. Die Kirche kann ihre Einheit als die Einheit des Leibes

7 Fußnote im Original: „,Nun erfahre ich mit der Wahrheit, daß Gott die Person nicht ansiehet; sondern in allerlei Volk, wer ihn fürchtet und recht tut, der ist ihm angenehm.' Apostelgeschichte 10, 34 f. ,Hier ist kein Jude noch Grieche, hier ist kein Knecht noch Freier, hier ist kein Mann noch Weib; denn ihr seid allzumal einer in Christo Jesu.' Galater 3,28."

Christi, zu dem alle Gläubigen durch den einen Geist getauft sind,[8] nicht preisgeben. Sie kennt keinen anderen Scheidungsgrund als Unglauben und Irrlehre, wenn und solange sie diese nicht mit dem Beweis des Geistes und der Kraft zu überwinden vermag.

Man darf nicht sagen, daß diese Einheit nur von der unsichtbaren Kirche gelte, während in der sichtbaren die auch sonst Menschen scheidenden Schranken geachtet und gewahrt werden müßten. Die sichtbare Kirche hat sich im Maß des irdisch Möglichen nach dem Bilde der unsichtbaren zu gestalten, wenn ihr der Glaube an diese Wahrheit ist. „Flecken und Runzeln" mögen an ihrem Leibe als unaufhebbare Zeichen irdischer Schwachheit getragen werden (Eph. 5, 27). Ihn bewußt zu verstümmeln, ist Sünde wider den Geist, der ihr gegeben ist. In der Kirche irgendeine Unvollkommenheit anders als um der Schwäche willen zu dulden – und es wird nicht behauptet werden, daß die Entrechtung der judenstämmigen Christen in der Deutschen Evangelischen Kirche so gemeint sei –, heißt aus der Not des Mangels an Glauben und Liebe eine Tugend machen und hebt das Evangelium von der Gottesherrschaft und der Rechtfertigung des Sünders aus Gnade im Glauben auf.

Man darf weiter nicht einwenden, daß Rasse und Volkstum als Schöpfungsordnungen von der Kirche nicht zu ignorieren, sondern zu respektieren seien. Gewiß wäre die Tatsache, daß die Kirche sich an diesem Punkt in ihrer ganzen bisherigen Geschichte verfehlt hätte, kein Grund, besserer Erkenntnis nicht jetzt um so entschiedener zu folgen. Indessen ist die Berufung auf die Schöpfungsordnung in diesem Zusammenhange irrig. Mag die Kirche der ernsten Frage und Aufgabe, die ihr Rasse und Volkstum in der Tat stellen, in ihrer Predigt und Seelsorge nicht immer gerecht geworden sein, mag sie diesen natürlich-geschichtlichen Mächten öfter mehr als billig gewichen sein, zuweilen sie auch weniger als geboten beachtet haben, – daß sie ihnen in der Kirchenverfassung keine Sonderrechte zugestanden hat, entspricht gerade der im Glauben zutreffend erkannten wahren Ordnung der Schöpfung, die nichts anderes ist als Gottes einige Herrschaft über alle, die er geschaffen hat, und sein erlösendes Gericht über die Sünde, unter die alle beschlossen sind. Die Kirche bleibt der Rasse und dem Volkstum, denen sie jeweils zu dienen hat, das Wesentliche ihrer Botschaft schuldig, wenn sie Rasse und Volkstum als Gliedschaft oder Rechte in der Gemeinde begründende oder ausschließende Gegebenheiten anerkennt. Die Pflege von Rasse und Volkstum als Schöpfungsgütern ist in der Kirche nicht anders möglich als dadurch, daß sie diese in sich selber zusammenschließt und jedem die Berufung seiner Besonderheit ebenso wie die Verschuldung seiner Absonderung verkündigt. Andernfalls tritt die Verehrung von Geschaffenem an die Stelle der Verehrung des Schöpfers.

Die ganz vereinzelten *Beispiele kleiner außereuropäischer Kirchenbildungen* mit rassischer Beschränkung der Kirchengliedschaft, wie sie [einem] in Asien, Afrika, Amerika begegnen (bei denen es sich übrigens nicht um den Unterschied von Juden und Ariern handelt), sind als rückständige oder rückfällige Bildungen zu beurteilen, in denen die christliche Botschaft und ihre Forderung gebrochen sind. Ebensowenig ist ein Hinweis auf *die judenchristlichen Gemeinden in der Kirche des christlichen Altertums* hier am Platze. Einmal handelt es sich in ihnen nicht um rassisch bestimmte Gemeinschaften, sondern um Christen, die mit dem Glauben an Jesus als den Christus die Haltung des Alttestamentlichen Gesetzes verbinden zu müssen meinten; vor allem aber sind sie nicht dadurch zustande gekommen, daß die christlichen Gemeinden der griechisch-römischen Welt die christlichen Juden ausschlossen, son-

8 Fußnote im Original: „'Wir sind durch einen Geist alle zu einem Leibe getauft, wir seien Juden oder Griechen, Knechte oder Freie, und sind alle zu einem Geist getränket.' 1. Kor. 12, 13."

dern dadurch, daß Teile dieser sich von jenen abschlossen. Erkennt man in dem Apostel Paulus „das erwählte Rüstzeug" des Herrn Jesu Christi (Apg. 9,15), so verletzt es sein Evangelium, das auch das Evangelium Luthers ist, im Herzpunkt, dergleichen Scheidungen anzuerkennen oder einzuführen. Es darf hier wohl auch angemerkt werden, daß judenstämmige Christen, wie zu jeder Zeit und in jedem Volke, auch in unserem Vaterlande zu gesegnetem Dienst an der christlichen Gemeinde bis in die jüngste Zeit berufen worden sind. Es seien hier nur der Theologe *August Neander*, der Kirchenliederdichter *Philipp Spitta* und der Maler *Wilhelm Steinhausen* genannt. In der theologischen Arbeit Neanders, der geistlichen Liederdichtung Spittas und in der Kunst Steinhausens wird niemand einen undeutschen Zug erkennen. Sie alle sind vielmehr Vertreter der eigentümlich deutschen Ausprägung evangelischer Frömmigkeit und erweisen, daß die ihr geschenkte und sie verpflichtende Eigenart durchaus nicht durch die Wahrung der christlichen Einheit in Glaube und Liebe gefährdet wird.

Wer *die volle Einheit zwischen jüdischen und nichtjüdischen Christen in der Kirche, wie sie im Neuen Testament am eindrücklichsten der Epheserbrief entwickelt*, nicht mit den Aposteln und Reformatoren erkennen und in der Verfassung der Kirche nicht grundsätzlich verwirklichen will, täuscht sich selbst, wenn er bekennt, daß ihm die Heilige Schrift Gottes Wort und Jesus Gottes Sohn und aller Menschen Herr sei. Es ist unbestreitbar, daß Gott sein Wort in der Welt nicht nur im Alten, sondern auch im Neuen Testament durch Juden verkündigt und seinen Sohn aus den Juden erwählt hat. Die Versuche, in Jesus einen arischen Menschen zu erkennen, sind ohne jede geschichtliche Grundlage und bleiben zudem wirkungslos, da seine Botschaft Gesetz und Propheten der Juden als Gottes Offenbarung voraussetzt und seine Apostel jedenfalls Juden waren. Seiner Geburt aus Davids Stamm mit dem Hinweis auf seine Gottessohnschaft die heilsgeschichtliche Bedeutung absprechen heißt den Glaubenssinn der Gottessohnschaft völlig mißverstehen. Aus der Kreuzigung Jesu durch das jüdische Volk einen Grund für die Entrechtung von Christen jüdischer Abstammung zu machen, ist pharisäische Verirrung. Mit alledem wird die Heilsgeschichte, die Gott geschehen ließ, von Menschen gerichtet, die sich ihrer schämen, und der Dienst der Weltgeister neben dem Christi aufgerichtet.

Der erste Artikel der Verfassung der Deutschen Evangelischen Kirche vom 11. Juli 1933 lautet: „Die unantastbare Grundlage der Deutschen Evangelischen Kirche ist das Evangelium von Jesus Christus, wie es uns in der Heiligen Schrift bezeugt und in den Bekenntnissen der Reformation neu ans Licht getreten ist. Hierdurch werden die Vollmachten, deren die Kirche für ihre Sendung bedarf, bestimmt und begrenzt." Wenn mit diesen Sätzen theologisch Ernst gemacht werden soll, so ist eine politische oder kirchenpolitische Fesselung kirchlicher Verkündigung ebenso wie eine Beschränkung der Rechte nichtarischer Christen in der Kirche damit unvereinbar.[9]

Die Theologische Fakultät der Universität Marburg. Der Dekan: D. von Soden.[10]

9 Martin Niemöller (1892–1984) entwarf zusammen mit dem später hingerichteten Dietrich Bonhoeffer (1906–1945) ein „Wort oppositioneller Pfarrer", in dem sie den Arierparagraphen im kirchlichen Beamtengesetz als Unrecht bezeichneten; Entwurf vom 7. 9. 1933, Bonhoeffer, Werke, Bd. 12, S. 123. Bonhoeffer schrieb Ende September 1933 außerdem an die Nationalsynode der evangelischen Kirche und protestierte gegen die Herabwürdigung einzelner Gemeindemitglieder zu Christen zweiter Klasse. Er forderte die Synode auf, gegen die von mehreren Landeskirchen nach dem Vorbild der Altpreußischen Union eingeführten Arierparagraphen Stellung zu beziehen; siehe Antragsentwurf vom 24. 8. 1933, ebd., S. 135 f.

10 D. Hans Freiherr von Soden (1881–1945), evang. Theologe; 1918 Professor in Breslau, 1924 in Marburg; 1934 aufgrund von § 6 des BBG Zwangsemeritierung, aber am 27. 10. 1934 Wiedereinsetzung als Professor; Mitglied des Pfarrernotbunds und der Bekennenden Kirche.

DOK. 80
Der Vorsitzende der Deutschen Turnerschaft antwortet Rupert Naumann am 23. September 1933 auf dessen Bedenken, alle Juden aus der Berliner Turnerschaft auszuschließen[1]

Schreiben des 1. Vorsitzenden der Deutschen Turnerschaft[2] (N./Schl.), Edmund Neuendorff, Berlin-Charlottenburg, an R. Naumann, Berliner Turnerschaft, vom 23. 9. 1933

z. Schrb. v. 11. 9. 33.[3]
btr.: Arier-§.
Mein lieber Turnbruder Naumann!
Ich verstehe vollkommen Deine Not. Ich bin immer völkisch gewesen, habe vor dem Krieg dem Völkischen Bunde[4] angehört. Und trotzdem bin ich Mensch. Darin geht es mir genau so wie Dir, und ich schäme mich gar nicht, die Liste der Männer, die Du mir aufgezählt hast, mit schmerzlichem Bedauern durchzulesen.
Hans Kantorowicz:[5] Ich habe ihn seit Jahren nicht gesehen, aber ich habe ihn früher als einen frischen, anständigen und feinen Kerl hochgeschätzt. Ich habe nie gehört, dass sein Großvater Jude gewesen ist.
Alfred Flatow:[6] alter Weltturner, ich kenne ihn seit Jahren und habe seine Lebensschicksale verfolgt.
Ladewig:[7] Er hat ja sein Judentum eigentlich nie ganz verleugnet; aber er hat unzweifelhaft seine Verdienste um die DT.
Paul Strassmann:[8] ich kenne ihn und kenne seine Liebe zur DT.
Kurt Liebenthal,[9] *Kurt Simon*, *Sally Ephraim*[10] kenne ich nicht, aber ich kann mir den-

1 BArch, R 34/491. Abdruck in: 1936. Die Olympischen Spiele, S. 38.

2 Die Deutsche Turnerschaft zählte 1933 ca. 1,6 Millionen Mitglieder, die in 16 000 Vereinen organisiert waren.

3 Am 11. 9. 1933 hatte Naumann Neuendorff wegen der „Arierfrage“ in seinem Verein um Rat gebeten. Naumann berichtete, er habe zunächst auf Anweisung der Deutschen Turnerschaft (DT) den Arierparagraphen nach dem BBG, dann auf Anordnung eine schärfere Regelung für die Berliner Turnerschaft durchgesetzt. Nur wenige der 60 jüdischen Mitglieder seien freiwillig ausgetreten, viele habe er streichen lassen. Bei einigen Personen stelle sich jedoch die Frage, ob man bei ihrer Mitgliedschaft Konzessionen aus „menschlichen Stimmungen heraus“ machen solle; BArch, R 34/491. Siehe dazu Dok. 61 vom 1. 7. 1933.

4 Vermutlich handelt es sich um den Deutschvölkischen Bund, dieser schloss sich mit anderen Verbänden 1919 zum Deutschvölkischen Schutz- und Trutzbund zusammen.

5 Richtig: Hans Kantorowitz. Siehe Dok. 61 vom 1. 7. 1933.

6 Alfred Flatow (1869–1942), Sportler und Turnlehrer; von 1887 an Mitglied der Berliner Turnerschaft; 1896 Olympiasieger im Einzel- und Mannschaftsturnen; 1900 stellv. Oberturnwart der BT; 1938 Emigration in die Niederlande, im Oktober 1942 Deportation nach Theresienstadt, dort im Dezember 1942 gestorben; Autor u. a. von „Der Weitsprung“ (1909).

7 Hans Carl Ladewig (*1886), Rechtsanwalt in Berlin; langjähriger Leiter des Jugendausschusses der Berliner Turnerschaft; verlor 1937 seine Zulassung als Rechtsanwalt und emigrierte 1938 nach Italien.

8 Richtig: Dr. Paul Ferdinand Straßmann (1866–1938), Mediziner; 1900–1933 Inhaber und Direktor der Straßmann Frauenklinik in Berlin; er war jahrzehntelang prominentes BT-Mitglied und förderte insbesondere den Frauensport; von 1918 an a. o. Professor in Berlin, 1936 wurde ihm die Lehrerlaubnis entzogen; er emigrierte in die Schweiz und nahm sich dort 1938 das Leben.

9 Vermutlich: Dr. Kurt Liebenthal (*1894), Jurist; wurde Ende Juni 1943 nach Auschwitz deportiert und ist dort zuletzt im September 1943 im Häftlingskrankenbau von Buna-Monowitz registriert worden.

10 Sally Ephraim (*1880), von 1907 an wohnhaft in Berlin; Jugendwart in der BT; er wurde Mitte Februar 1943 nach Auschwitz deportiert.

ken, dass nach dem was Du schreibst es Dir schwer genug sein mag, die Verantwortung dafür zu übernehmen, dass sie aus der DT ausgeschlossen werden. Und doch muß es geschehen! Es hilft alles nichts. Drei Dinge sind es, die mich dazu bestimmen, Dir den dringenden Rat zu geben, hier ganz eisern und hart und folgerichtig zu handeln:
Erstens kommt die Rücksicht auf die anderen Juden in Betracht, die ausgeschlossen werden mussten. Wir können schliesslich nicht Juden 1., 2. und 3. Klasse unterscheiden. Im Grunde kann das den Betroffenen selbst am allerwenigsten Recht sein.
Zweitens kommt aber, und das ist die Hauptsache, der deutsche Gedanke für uns in Frage. Deutschland hat unter dem Judentum in den letzten Jahrzehnten so unendlich viel gelitten, die deutsche Kultur, das deutsche öffentliche Leben, die deutsche Sittlichkeit sind vom Judentum so stark verschandelt worden, die deutsche Politik ist so greulich von ihm misshandelt worden, dass wir da unter allen Umständen einen ganz dicken Strich unter die Vergangenheit machen müssen. Was wir erlebt haben, darf niemals wiederkommen. Und wenn wir das wollen, dürfen wir nicht mit Halbheiten anfangen, müssen wir ganz klar und fest unseren Weg weitergehen. Es ist meine innerlichste Ueberzeugung, so unendlich schwer es einem im Einzelfall sein mag, weil ich durchaus dafür Verständnis habe, dass auch ein Jude ein feiner Mensch sein kann. Aus unserem nationalen öffentlichen Leben muß er aber verschwinden, und die DT ist ein Stück dieses nationalen Lebens und soll es in der Zukunft erst recht noch werden.
Schliesslich kommt aber auch noch ein *Drittes* hinzu: Wir haben in den Verhandlungen mit dem *Deutschen Turnerbund* klar und unzweideutig zum Ausdruck gebracht, dass wir alle Juden aus der DT entfernen wollen: Tun wir es in Berlin nicht, dann geht sofort das Geschrei wieder los und wir schaden dann um der paar Juden willen der gesamten DT und ihrem völkischen Ansehen.
Ich fasse zusammen: Mein Rat geht dahin, so schmerzlich es Dir sein mag, halte Dich an die Bestimmungen und schliesse auch die von Dir genannten ehem. Mitglieder aus.[11]
Gut Heil und Heil Hitler!

11 Auf diesen Brief hin forderte Naumann die noch verbliebenen jüdischen Mitglieder am 18.10.1933 zum Austritt auf, woraufhin z. B. Paul Straßmann und Hans Kantorowitz protestierten. Da Kantorowitz nicht austrat, ließ Naumann ihn am 10.11.1933 aus der Mitgliederliste streichen. Am 14.11.1933 berichtete Naumann an Neuendorff, die Berliner Turnerschaft habe nun keine nichtarischen Mitglieder mehr; wie Anm. 1.

DOK. 81
Das Reichswirtschaftsministerium kritisiert am 25. September 1933 den Ausschluss jüdischer Händler von Messen und Märkten[1]

Runderlass des RWM (HG 13046/33), i. A. gez. Wienbeck,[2] an die Regierungen der Länder, für Preußen: an den Minister für Wirtschaft und Arbeit, für Lübeck: an die Abteilung II Finanzen und Wirtschaft, vom 25. 9. 1933 (Abschrift)

Betrifft: Marktverkehr.
I. Aus zahlreichen, mir aus den verschiedensten Teilen des Reichsgebietes zugegangenen Eingaben ergibt sich, dass in zunehmender Weise nichtarische Händler vom Besuch der Messen, Jahr- und Wochenmärkte durch Massnahmen der Orts- oder Marktpolizeibehörden ausgeschlossen werden. Vielfach ist hierbei festzustellen, dass zwischen ausländischen Nichtariern und Nichtariern, die die Reichsangehörigkeit besitzen, wahrscheinlich wegen der sich aus Handelsverträgen ergebenden Bindungen unterschieden wird, und dass sich die Ausschliessungsmassnahmen auf Nichtarier, welche die Reichsangehörigkeit besitzen, beschränken. Derartige Massnahmen erscheinen mir sachlich unerwünscht und rechtlich bedenklich. Ich darf darauf hinweisen, dass auf Grund der §§ 64 ff der Reichsgewerbeordnung der Besuch der Messen, Jahr- und Wochenmärkte, sowie der Kauf und Verkauf auf denselben allen Reichsangehörigen und Ausländern mit gleichen Befugnissen freisteht. Hierdurch ist eine unterschiedliche Behandlung von arischen und nichtarischen oder nicht rein arischen Unternehmen oder Gewerbetreibenden mit dem nach wie vor geltenden Grundsatz der Markt- und Gewerbefreiheit nicht vereinbar.
II. Ferner wird darauf hingewiesen, dass vielfach ohne zwingenden Anlass Messen und Jahrmärkte, die jahrzehntelang bestanden, aufgehoben worden sind. Da der Wegfall eines Marktes für zahlreiche Gewerbetreibende eine starke Schädigung, in besonders schweren Fällen sogar den Verlust der Existenz bedeuten kann, scheint es mir im Interesse des wirtschaftlichen Wiederaufbaues dringend geboten, die Aufhebung von Messen und Jahrmärkten auf solche Fälle zu beschränken, wo sie aus zwingenden Gründen (z. B. Wegfall der Veranlassung, Zusammenfallen mit anderen Veranstaltungen) nicht zu umgehen ist.
Unter Bezugnahme auf Abschnitt II meines Rundschreibens vom 1. September 1933 – HG 12083/33 –[3] und mein Rundschreiben vom 8. September 1933 – HG 11093/33 –[4] bitte ich daher ergebenst, dafür Sorge zu tragen, dass diese Gesichtspunkte von den nachgeordneten Stellen beachtet werden.[5]

1 BArch, R 3101/13862, Bl. 275+RS.
2 Dr. Erich Wienbeck (1876–1949), Volkswirt; 1903–1933 Syndikus der Handwerkskammer Hannover; DNVP-Mitglied; 1933 Ministerialdirektor im Preuß. Ministerium für Wirtschaft und Arbeit sowie Reichskommissar für den Mittelstand, 1935–1938 im RuPrWM tätig.
3 Es handelte sich um den RWM-Runderlass, der den Boykott von Handwerksbetrieben untersagte; Ministerialblatt der Preußischen Verwaltung, 1933, S. 1115–1118; Sonderrecht, S. 50.
4 Das RWM hatte am 8. 9. 1933 den Länderregierungen ein Antwortschreiben auf eine Anfrage des Industrie- und Handelstags vom 27. 7. 1933 übermittelt. Darin stellte das RWM klar, eine „Unterscheidung zwischen arischen und nicht arischen Firmen zum Zweck des Boykotts müsse negative wirtschaftl. Auswirkungen haben; RWM-Runderlass vom 8. 9. 1933, BArch, R 3101/13863, Bl. 6. Abdruck in: Verfolgung, Vertreibung, S. 58.
5 Siehe den Runderlass des Preuß. Ministers für Wirtschaft und Arbeit vom 13. 10. 1933 mit Abschrift des RWM-Erlasses; BLHA, Rep. 60/641, Bl. 13.

DOK. 82
Die Städte-Reklame GmbH ersucht den Treuhänder der Arbeit in Hessen am 5. Oktober 1933 um eine Stellungnahme zur Werbung für jüdische Firmen[1]

Schreiben der Städte-Reklame GmbH Frankfurt a. M. (Dr. B/S.), Geschäftsleitung, an den Treuhänder der Arbeit für das Wirtschaftsgebiet Hessen, Lüer,[2] Frankfurt a. M., vom 5. 10 .1933 (Abschrift)[3]

Unsere Gesellschaft verwaltet mit ihren Nebengesellschaften das Anschlagwesen in ca. 260 deutschen Städten. In allen diesen Plätzen haben wir durchweg das alleinige Ausnutzungsrecht, so dass ein Unternehmen, das plakatieren will, diesen Vorsatz nur durch Inanspruchnahme unserer Firma durchführen kann. Wenn wir demgemäss ein Unternehmen vom Anschlag ausschliessen, ist es ausser Stande, auf öffentlichen Strassen und Plätzen durch Plakatierung zu werben. Wir haben deshalb bisher im Einklang mit der Rechtslehre für unsere Unternehmen einen gewissen Kontrahierungszwang angenommen, d. h. wir hielten uns verpflichtet, jedes Angebot durchzuführen, wenn es sich nicht um notorisch zahlungsschwache Kunden oder um Plakate handelte, die gegen Gesetz oder gute Sitten verstiessen.
Es ist nunmehr die Frage aufgeworfen, ob unter den veränderten wirtschaftlichen und politischen Verhältnissen unsere Firma berechtigt ist, Aufträge von Unternehmungen abzulehnen, die infolge ihrer Struktur oder der Persönlichkeit ihrer Inhaber den heutigen politischen und wirtschafts-politischen Anschauungen nicht entsprechen. Es fallen hierunter:
1) jüdische Firmen,
2) Warenhäuser,
3) Konsumvereine,
4) ausländische Unternehmungen (z. B. Bata).[4]
Wir haben diese Frage mit Rücksicht auf ihre erhebliche grundsätzliche Bedeutung in unserem Aufsichtsrat, der sich zu 80 % aus führenden Nationalsozialisten zusammensetzt, besprochen.[5] Während ein Teil der Aufsichtsrats-Mitglieder auf dem Standpunkt steht, dass unser Unternehmen durch Ablehnung derartiger Aufträge dazu beitragen müsse, die Wirtschaftspolitik der N.S.D.A.P. zu unterstützen, war ein anderer Teil der Auffassung, dass eine plötzliche Ausschaltung dieser Unternehmungen aus der Plakatwerbung eine starke Störung der wirtschaftlichen Evolution bedeute, dass daher Aufträge solcher Firmen zu Tarifpreisen im gleichen Umfang wie bisher durchgeführt werden sollen.
Es wurde weiterhin beschlossen, die Angelegenheit den Treuhändern der Arbeit und dem Deutschen Gemeindetag zu unterbreiten, da für die Treuhänder der Arbeit diese Frage, die nicht nur für unser Unternehmen, sondern für alle Reklameunternehmungen von Be-

1 LAB, Rep. 142/7, 4-1-5/22.
2 Dr. Carl Lüer (1897–1969), Kaufmann und Volkswirt; 1927 NSDAP-Eintritt; 1929–1933 Stadtverordneter Frankfurt a. M., 1933–1934 Treuhänder der Arbeit Hessen, 1933–1942 Präsident der IHK Rhein-Main, 1938–1941 Vorstandsmitglied der Dresdner Bank, 1941–1943 Vorstandsvorsitzender der Adam Opel AG.; nach 1945 interniert, später in der Privatwirtschaft tätig.
3 Das hier abgedruckte Schreiben wurde dem DGT in Berlin (Eing. 7. 10. 1933) mit der Bitte um eine grundsätzliche Stellungnahme übermittelt; wie Anm. 1.
4 Tschechischer Schuhkonzern mit Filialen in diversen Ländern.
5 Die Geschäftsleitung der Städte-Reklame GmbH hatte bereits Ende März 1933 erklärt, dass sie schon „seit vielen Jahren keine Juden" mehr als Angestellte beschäftige; Schreiben der Städte-Reklame GmbH an die Stadt Frankfurt a. M. vom 29. 3. 1933, IfS Frankfurt a. M., Magistratsakten/5039, Bl. 219.

deutung ist, vom Standpunkt der Arbeitsbeschaffung besonderes Interesse haben müsse. Wir unterbreiten die Angelegenheit auch aus dem Grunde, da wir aus Zeitungsnotizen entnommen haben, dass die Treuhänder der Arbeit in letzter Zeit mehrfach sog. Anzeigensperren aufgehoben haben.
Zu den unter Ziffer 4) aufgeführten ausländischen Unternehmungen erlauben wir uns zu bemerken, dass eine Reklame eines ausländischen Schuhwarenhauses, wie es Bata ist, auf den ersten Blick als die mittelständlerischen Interessen schädigend anzusehen ist. Es darf jedoch nicht vergessen werden, dass eine Ausschliessung eines solchen Unternehmens vom deutschen Reklamemarkt möglicherweise Gegenwirkungen fremder Staaten nach sich ziehen könnte. Aus diesem Grunde bedarf auch diese Frage einer ruhigen Abwägung der für und gegen sie sprechenden Punkte.
Wir wären Ihnen dankbar, wenn Sie uns Ihre Stellungnahme zu diesem Fragenkomplex baldigst mitteilen würden, oder eine Entscheidung der massgebenden Stellen herbeiführen könnten. Wir haben eine grössere Anzahl von Exemplaren dieses Schreibens herstellen lassen, da wir annehmen, dass Sie auch die übrigen Treuhänder der Arbeit oder etwa zuständige Regierungs- und Parteistellen mit der Frage befassen werden.
Wir bitten, die erforderliche Anzahl der Ausfertigungen bei uns abholen zu lassen.
Mit deutschem Gruss!

DOK. 83
Die entlassene Beamtin Johanna Rosenthal bittet die Oberpostdirektion Berlin am 9. Oktober 1933 um ein Gnadenruhegehalt[1]

Schreiben, ungez. [Johanna Rosenthal],[2] Berlin, an die Oberpostdirektion Berlin vom 9. 10. 1933 (Entwurf)[3]

Am 22. September 1933 erhielt ich meine Versetzung in den dauernden Ruhestand mit dem Vermerk, daß ..... (genauen Text einfügen)[4] mir ein Ruhegeld nicht zusteht. Das Verbot meiner Weiterbeschäftigung als Beamtin wegen meiner nicht arischen Abstammung erschüttert mich schwer. Ich bin mir nicht bewußt, meine dienstlichen Pflichten in irgendeiner Weise verletzt zu haben. Mein Bestreben ging immer dahin, die mir aufgetragenen Dienste bestens zu erfüllen und mich für meinen Dienst voll leistungsfähig zu halten. Die geringe Zahl meiner Krankheitstage in 14 Jahren zeigt, wie wenig ich meinen Dienst versäumte. Von politischen Bestrebungen habe ich mich stets fern gehalten. Ich gehörte auch keiner politischen Partei an.
Wie sehr die Mitglieder meiner Familie sich als Deutsche gefühlt haben, mögen folgende Angaben zeigen:
Mein Vater diente von 1875–78 in Preußen. Zwei meiner Brüder waren 1914 zum Kriegsdienst eingezogen. Einer hat den Krieg an der Westfront mitgemacht und ist zweimal ver-

1 DHM, 20024583.
2 Johanna Rosenthal (1900–1944), Beamtin; 1920–1933 Angestellte, später Beamtin auf Lebenszeit bei der Post; im Juni 1943 Deportation nach Theresienstadt, von dort im Oktober 1944 nach Auschwitz.
3 Der 9. ist handschriftl. eingefügt. Wie sich aus der Antwort der Oberpostdirektion ergibt, wurde der Brief tatsächlich an diesem Tag abgesandt; DHM, 20024586.
4 Anmerkung von Rosenthal für die spätere Endfassung.

wundet worden. Beide Brüder sind jetzt erwerbslos. So sehr mich das Verbot der Weiterbeschäftigung erschüttert hat, so stürzt mich jedoch die Tatsache des Ausschlusses von der Gewährung eines Ruhegehalts in tiefe Verzweiflung. Mein 81jähriger Vater und ich stehen damit dem Nichts gegenüber.
Der Oberpostdirektion erlaube ich mir deshalb, die Bitte zu unterbreiten, die Gewährung eines Gnadenruhegehalts genehmigen zu wollen.[5]

DOK. 84
Kapellmeister Erich Erck beantragt beim Bayerischen Staatsminister für Unterricht und Kultus am 10. Oktober 1933 die Genehmigung eines Jüdischen Kulturbunds[1]

Schreiben von Erich Erck,[2] München 13, Blütenstr. 12, an den Staatsminister für Unterricht und Kultus[3] (Eing. 26. 10. 1933), München, vom 10. 10. 1933[4]

Betr. Gesuch um Genehmigung eines „Jüdischen Kulturbundes in Bayern" als vordringliche Aktion der sozialen Winterhilfe.
Mit 3 Beilagen.[5]
Infolge Durchführung der Richtlinien, welche in Übereinstimmung mit den Anordnungen des Gesetzes zur Wiederherstellung des Berufsbeamtentums auf allen möglichen Gebieten des öffentlichen Lebens zur Anwendung gelangten, ist einer grossen Anzahl von jüdischen Künstlern und Akademikern die Weiterausübung ihres Berufes praktisch unmöglich gemacht worden.
In der überwiegenden Mehrzahl aller Fälle handelt es sich dabei um Personen, für welche eine Eingliederung in andere Berufe angesichts der gegenwärtigen Wirtschaftslage auf lange Sicht nicht in Betracht kommt, oder wegen vorgerückten Alters überhaupt unmöglich ist. Die Not in diesen jüdischen Kreisen ist ausserordentlich gross; fast ausnahmslos fallen die Betroffenen bereits der öffentlichen Wohlfahrt zur Last.
Auf Anregung massgebender jüdischer Kreise der Reichshauptstadt hat daher das Preussische Ministerium für Wissenschaft, Kunst und Volksbildung mit Verfügung vom 13. Juli 1933 in Anbetracht des gegebenen Notstandes die Genehmigung zur Bildung eines „Kulturbundes deutscher Juden" in Berlin erteilt. Dieser Bund ist bereits ins Leben gerufen und sehr erfolgreich tätig. Er veranstaltet Theateraufführungen, Konzerte und Vorträge mit jüdischen

5 Die Oberpostdirektion Berlin bewilligte Johanna Rosenthal am 15. 12. 1933 ein Übergangsgeld in Höhe von 821,89 RM jährlich für drei Jahre mit dem Zusatz: „Die Rente ist Ihnen nur zur Erleichterung des Übergangs in andere Verhältnisse gewährt worden. Auf dauernde Versorgung können Sie nicht rechnen. Es wird Ihnen daher dringend geraten, sich ernstlich um eine andere Beschäftigung zu bemühen"; DHM, 20024586.

1 BayHStA, MK 15382.
2 Erich Eisner, Künstlername Erich Erck (1897–1956), Musiker; 1923–1933 Dirigent an verschiedenen Theatern; 1933 Gründung des Jüdischen Kulturbunds in Bayern; im November 1938 KZ-Haft in Dachau; 1939 emigrierte er zunächst nach Großbritannien, dann nach Bolivien; dort bis 1944 Ausbildung von Musiklehrern in Sucre, 1944 Auftrag zur Gründung eines staatlichen Symphonieorchesters in La Paz.
3 Staatsminister für Unterricht und Kultus war 1933–1935 Hans Schemm (1891–1935).
4 Im Original mehrere handschriftl. Bearbeitungsvermerke und Unterstreichungen.
5 Hier nicht abgedruckt.

Künstlern bzw. Dozenten ausschliesslich für jüdisches Publikum, und gibt auf diese Weise den von der Not betroffenen die Möglichkeit zur Erwerbsarbeit innerhalb ihres Berufes.
Auch in München und Bayern herrscht unter den jüdischen Künstlern und Akademikern grosse Not, wobei in Erscheinung tritt, dass die Betroffenen gerade hier in besonders starkem Masse der Fürsorge der öffentlichen Wohlfahrtsinstitutionen anheim fallen.
Die israelitische Kultusgemeinde München hat daher mir als jüdischem Künstler und ehemaligem Frontoffizier, zufolge meiner Kenntnis der praktischen und sozialen Verhältnisse auf diesem Gebiet, den Auftrag erteilt, einen Plan auszuarbeiten, der in sinngemässer Anwendung des durch den Berliner „Kulturbund deutscher Juden" gegebenen Beispiels die Möglichkeit ergibt, den jüdischen Künstlern und Akademikern in München und Bayern im Sinne der von der Reichsregierung eingeleiteten grosszügigen Winterhilfsaktion Arbeit und Brot zu beschaffen.
In der Anlage überreiche ich einen Entwurf „Richtlinien für einen jüdischen Kulturbund in Bayern".[6] Der Plan lehnt sich eng an das Vorbild der in Berlin getroffenen Einrichtung, weist jedoch, den hier gegebenen Verhältnissen entsprechend, einige notwendige Abweichungen auf. Für das in München und Bayern geplante Unternehmen ist ein weitaus bescheidenerer Rahmen vorgesehen. Es kommen hier vorzugsweise nur Vorträge und Konzerte in Betracht, Bühnenveranstaltungen jedoch nur in ganz einzelnen Fällen. Auch von der Bildung einer Besucherorganisation musste hier abgesehen werden, da bei der gegenwärtigen drückenden Wirtschaftslage in den hier auch zahlenmässig weitaus geringer vorhandenen jüdischen Kreisen nur eine kleine Anzahl von Personen in der Lage wäre, für dauernd einer solchen Organisation beizutreten, und diese infolgedessen dem Unternehmen nicht die nötige finanzielle Basis verschaffen könnte. Der Entwurf sieht daher Kartenverkauf an jüdischen Verkaufsstellen für das jüdische Publikum vor, wie dies bisher stets bei jüdischen Veranstaltungen der Brauch war. Anzeigen in der Tagespresse und öffentliche Plakate sind nicht beabsichtigt. Die dem Entwurf angefügte Aufstellung der vorerst geplanten Veranstaltungen und Arbeitsgemeinschaften erläutert am anschaulichsten, wie die Arbeit des „Jüdischen Kulturbundes in Bayern" gedacht ist.
Um die Genehmigung des ganzen Planes herbeizuführen, habe ich eine entsprechende Eingabe bereits am 18. September 1933 dem Theaterreferat der Polizeidirektion München übergeben, in der Erwartung, dass sie von da aus an das Bayerische Staatsministerium für Unterricht und Kultus weitergeleitet würde. Sie ist jedoch noch am gleichen Tag an die Politische Polizei weitergegeben worden, und von dieser Stelle meines Wissens nicht weitergeleitet worden.
Wie aus den hier beiliegenden Anlagen deutlich hervorgeht, ist der Charakter des geplanten Unternehmens nicht nur ein vollkommen unpolitischer, sondern vielmehr ein ausschliesslich kultureller und sozialer. Im Gegensatz zu dem Berliner Unternehmen ist für München und Bayern auch kein Verein, sondern nur ein arbeitender Ausschuss vorgesehen. Auch die Tatsache, dass in Berlin das Preussische Ministerium für Wissenschaft, Kunst und Volksbildung mit der Angelegenheit befasst wurde und die Genehmigung er-

6 In den Richtlinien hieß es: „Der Zweck des Bundes ist, einerseits in Not geratenen jüdischen Künstlern und Angehörigen geistiger Berufe Arbeit und materielle Hilfe zu verschaffen, andererseits das jüdische Gemeinschaftsleben zu fördern." Es sollten Abteilungen für „Vorträge und Arbeitsgemeinschaften", „Musik und Theater" sowie „Bildende Kunst" gebildet und Veranstaltungen für ein ausschließlich jüdisches Publikum organisiert werden. Die notwendigen Mittel sollten von der IKG München sowie von privater Seite aufgebracht werden; undat. Entwurf der Richtlinien, wie Anm. 1.

teilte, weist darauf hin, dass politische Momente dabei völlig ausscheiden. Infolgedessen dürfte in jeder Hinsicht für das vorliegende Gesuch die Zuständigkeit des Bayerischen Staatsministeriums für Unterricht und Kultus gegeben sein.
Angesichts der oben dargelegten drückenden Notlage und der Notwendigkeit rascher Abhilfe richte ich daher an den Herrn Staatsminister in Verfolg des mir erteilten Auftrags die ergebene Bitte, es möge genehmigt werden, dass der „Jüdische Kulturbund in Bayern" gebildet wird, unter Billigung des beiliegenden Entwurfs und des Arbeitsplans, wie er darin des näheren ausgeführt ist.[7]
In ausgezeichneter Hochachtung!

DOK. 85
Der Reichsverband christlich-deutscher Staatsbürger nichtarischer oder nicht rein arischer Abstammung bietet der Regierung am 19. Oktober 1933 seine Unterstützung an[1]

Schreiben des Reichsverbands christlich-deutscher Staatsbürger nichtarischer oder nicht rein arischer Abstammung,[2] stellv. Vorsitzender, gez. Günther Alexander-Katz,[3] an StS Pfundtner[4] (RMdI) vom 19. 10. 1933 (Abschrift)[5]

Sehr geehrter Herr Staatssekretär!
Bezugnehmend auf den Besuch der Mitglieder unseres Arbeitsausschusses, der Herren Max Lenz und Fred-Egon Schlenger, bei den Herren Oberregierungsräten Win[...]en und von Brose[6] vom Büro des Herrn Vicekanzlers[7] und auf das Gespräch, das Herr von Brose mit Ihnen führte, gestatten wir uns, Ihnen folgendes darzulegen:

7 Das Bayer. Staatsministerium für Unterricht und Kultus genehmigte den Antrag am 16. 1. 1934; siehe Schreiben des Jüdischen Kulturbunds in Bayern an die Polizeidirektion München vom 6. 2. 1934, wie Anm. 1.

1 BArch, R 43 II/602, Bl. 17.
2 Der Reichsverband wurde am 20. 7. 1933 in Berlin gegründet und von Herbst 1934 an als Reichsverband der nichtarischen Christen e. V. bezeichnet. Den Vorsitz übernahm zunächst Gustav Friedrich, von 1934 an Richard Wolff. Der Verband mit Ortsgruppen in mehreren Großstädten betreute die als Nichtarier stigmatisierten Christen, vermittelte ihnen Stellen. Im Herbst 1936 wurde der Verband auf Druck der Behörden in Paulus-Bund umbenannt. Von März 1937 an durften auf behördliche Weisung nur noch sog. Mischlinge Mitglieder sein, daraufhin erfolgte die Umbenennung in Vereinigung 1937.
3 Dr. Günther Alexander-Katz (*1891), Jurist; Rechtsanwalt und Notar in Berlin, 1933 vorübergehend Vertretungsverbot, ab April 1933 wieder vertretungsberechtigt in Prozessen; lebte in einer „Mischehe"; nach 1945 in Rheinland-Pfalz.
4 Johannes (Hans) Pfundtner (1881–1945), Jurist; nach dem Ersten Weltkrieg zunächst im RWM tätig, 1925–1933 Rechtsanwalt und Notar; 1932 NSDAP-Eintritt; 1933–1943 StS im RMdI, 1943 Ruhestand; nahm sich 1945 das Leben; Hrsg. der Zeitschriften Das neue deutsche Reichsrecht und Die Verwaltungsakademie.
5 Im Original mehrere handschriftl. Unterstreichungen.
6 Richtig: Herbert von Bose (1893–1934), Berufsoffizier; zunächst Militärlaufbahn, von 1924 an Leiter des Deutschen Übersee-Dienstes, von 1929 an Chef des Presseamts der Regierung Preußens, 1933 Referent des Vizekanzlers Franz von Papen; am 30. 6. 1934 im Zuge der Aktion gegen den angeblichen Röhm-Putsch ermordet.
7 Franz von Papen (1879–1969), Berufsoffizier; 1891–1919 Offizierslaufbahn, im Ersten Weltkrieg Einsatz in der Türkei; 1920–1932 Mitglied der Zentrumspartei, 1932–1933 DNVP-Mitglied, 1939 NSDAP-Eintritt; 1932 Reichskanzler, dann Reichskommissar für Preußen, 1933–1934 Vizekanzler, 1934–1938 Botschafter in Wien und 1939–1944 in Ankara; 1946 Freispruch im Nürnberger Prozess; 1947 bei Entnazifizierung von der Spruchkammer als Hauptschuldiger eingestuft und zu acht Jahren Arbeitslager verurteilt, 1949 amnestiert.

Der Reichsverband christlich-deutscher Staatsbürger nichtarischer oder nicht rein arischer Abstammung e. V., der dieser Tage nach erfolgter Zustimmung des Herrn Polizeipräsidenten in das Vereinsregister eingetragen wurde, stellt den Zusammenschluss solcher Nichtarier und nicht Reinarier dar, die christlich und seit jeher national eingestellt sind. Dabei handelt es sich nicht nur in unserer Angelegenheit um unsere bisherigen Mitglieder, sondern vor allem um die Hunderttausende christliche Nichtarier und deren Familien. Es sind dies alles Volksgenossen, die, zum Teil schon seit Geschlechtern, sich nur als Deutsche gefühlt und betätigt haben. Sie würden auch heute gern jederzeit sich mit ihrer ganzen Person für das nationale Deutschland einsetzen, sobald sie überzeugt werden, dass sie von der Regierung bei der Zusammenfassung aller nationalen Kräfte nicht ausgeschaltet sind. Um diese christlich-deutschen Nichtarier bei der bevorstehenden Reichstagswahl von dem Gewissenskonflikt zu befreien, in den sie infolge schwerster seelischer und wirtschaftlicher Not getrieben wurden, hätten wir gern erfahren, wie wir dies uns, der Reichsleitung des Verbandes, selbstverständlich erscheinende Eintreten für die nationale Regierung begründen sollen.

Wir gestatten uns ergebenst, um die uns vom Büro des Herrn Vicekanzlers angekündigte Unterredung mit Ihnen zu bitten. Wir sind telefonisch unter der Nr. B 4 7422 zu erreichen. Es wäre uns sehr wertvoll, wenn wir bei dieser Unterredung bereits die offizielle Stellungnahme der Regierung zu diesem Problem erfahren könnten, damit wir die zahlreichen dringenden Anfragen aus unserem Mitglieder- und Freundeskreis im Sinne der Regierung zu beantworten in der Lage sind.[8]

Mit deutschem Gruss!

DOK. 86

Der Reichsführer der Deutschen Ärzteschaft ermahnt die Kassenärztliche Vereinigung am 24. Oktober 1933, Listen von nichtarischen Ärzten diskret zu verwenden[1]

Rundschreiben des Reichsführers der Deutschen Ärzteschaft, Wagner, München, an die Beauftragten und die Amtsleiter der Landes- und Provinzstellen der Kassenärztlichen Vereinigung Deutschlands vom 24. 10. 1933[2]

Streng vertraulich!

In meinem Rundschreiben vom 2. September 1933 (A 94 des Hartmannbundes) habe ich angeordnet, dass für die Mitteilung an die privaten Krankenversicherungen nur eine Liste derjenigen nichtarischen Ärzte aufzustellen ist, auf die die Ausnahmebestimmungen

8 Am 21. 10. 1933 telefonierte Max Lenz mit Ministerialrat Dr. Franz Medicus (1890–1967) im RMdI. Er bat um den Rat Hitlers oder Fricks, ob sich der Verband noch vor der Wahl zur nationalen Regierung bekennen solle oder nicht. Es gehe um Hunderttausende von Stimmen, die verloren gehen könnten; Lenz an Medicus vom 21. 10. 1933, wie Anm. 1, Bl. 18. Die Reichskanzlei antwortete mit dem unverbindlichen Hinweis, alle Wahlberechtigten sollten sich am 12. 11. 1933 für die Reichsregierung einsetzen. Versprechungen könnten den Wählern nicht gemacht werden; Schreiben des StS (Reichskanzlei) an Max Lenz vom 2. 11. 1933, ebd., Bl. 19.

1 BArch, R 1501/26401, Bl. 250+RS.

2 Gerhard Wagner reagierte mit dem Rundschreiben auf Beschwerden, über die ihn das RMdI informiert hatte; siehe Schreiben der Reichsleitung des NS-Ärztebunds an das RMdI vom 6. 10. 1933, ebd., Bl. 384.

nicht zutreffen, d. h. also nur der nichtarischen Ärzte, die von der Kassenpraxis ausgeschlossen oder die nicht zulassungsfähig sind.
Infolge meiner Anordnungen über die Regelung der Zusammenarbeit von Ärzten bei der Vertretung, bei Überweisung und bei Konsilien (Deutsches Ärzteblatt 1933, Seite 131 und Seite 218)[3] sind verständlicherweise in vielen Fällen Listen über arische und nichtarische Ärzte aufgestellt worden. Es wird sich die Aufstellung dieser Listen nicht umgehen lassen, solange ich meine Verfügung aufrecht erhalte. *Diese* Listen sind nur für den internen Gebrauch der Ärzte untereinander bestimmt, da sie sich nur auf die Vertretung, Überweisung und Konsilien von Arzt zu Arzt beziehen. Ich kann diese Anordnungen nur aufrecht erhalten, wenn von meinen Beauftragten grosszügig und weitsichtig verfahren wird. Ich verweise hierzu auf mein Rundschreiben vom 23. Oktober 1933.[4] Ich ersuche, auf die Liste der Nichtarier oder richtiger auf die Liste der Ärzte, auf die meine Anordnung über die Regelung der Zusammenarbeit von Ärzten bei Vertretung, Überweisung und bei Konsilien Anwendung findet, alle diejenigen nicht zu setzen, bei denen aus besonderen Gründen Ausnahmen angebracht sein können. In meinem Rundschreiben vom 2. September 1933 habe ich bereits darauf hingewiesen, dass eine Bloßstellung der Ärzte, auf die die Ausnahmebestimmungen des Beamtengesetzes zutreffen und bei denen nur ein Grosselternteil jüdisch ist, besonders zu vermeiden ist.
Sollte trotz dieses Schreibens und meines Schreibens vom 23. Oktober 1933 noch rigoros vorgegangen werden, so ist mit der Gefahr zu rechnen, dass ich auf Weisung der Reichsregierung hin meine Anordnungen über die Aufstellung von Listen rückgängig machen muss. Ich erwarte, dass eine verständnisvolle Handhabung meiner Anordnungen diese Gefahr verhindert.

DOK. 87

Deutsches Philologen-Blatt: Artikel vom 1. November 1933 über die Einführung von Rassenkunde im Schulunterricht[1]

[Düsseldorf, R. Rein][2]
Vorschläge für den Unterricht in der Rassenkunde.
Aus den Erfahrungen eines Biologen.

Der Unterricht in der Rassenkunde muß, um dem Geiste der Rassenforschung gerecht zu werden, auf mehrere Fächer verteilt werden. In der Biologie wird für die Rassenkunde zunächst durch die Vererbungslehre, Eugenik und Bevölkerungspolitik die Grundlage ge-

3 Anordnungen des Kommissars vom 29. 7. und 10. 8. 1933; siehe dazu Dok. 68 vom 11. 8. 1933.
4 Rundschreiben Wagners vom 23. 10. 1933; wie Anm. 1, Bl. 251 f. sowie Dok. 68 vom 11. 8. 1933.

1 Deutsches Philologen-Blatt, 41 (1933), H. 44 vom 1. 11. 1933, S. 502 f. Das Deutsche Philologen-Blatt erschien von 1892 an als Korrespondenz-Blatt für die Philologenvereine Deutschlands in Gelsenkirchen, von 1900 an als Korrespondenz-Blatt für den akademisch gebildeten Lehrerstand und 1912–1935 als Deutsches Philologen-Blatt in Leipzig. 1933 wurde die Zeitschrift von Studienrat Erich Hassel herausgegeben.
2 Dr. Richard Rein (1883–1956), Lehrer; von 1920 an Leiter der staatlichen Hauptstelle für naturwissenschaftlichen Unterricht, Zweigstelle Düsseldorf; 1933 NSDAP-Eintritt; Autor u. a. von „Vererbungslehre, Rassenpflege, Urgeschichte“ (Schulausgabe 1934).

legt, von der Rassenkunde selbst aber nur im wesentlichen der anthropologische Teil erbbiologisch, anatomisch, physiologisch behandelt, die seelischen Eigenschaften der Rasse nur kurz angedeutet. Dagegen fällt den Fächern *Deutsch, Geschichte, Erdkunde, Musik* und *bildende Kunst* die wichtige Aufgabe zu, den Schülern die Eigentümlichkeiten und Unterschiede der seelischen Struktur der Rassen aus den Tatsachen ihrer Gebiete zum Bewußtsein zu bringen.

Biologie.

Untersekunda.

Zelle und ihre Teile, Bedeutung des Zellkerns, Chromatin und Achromatin, Verhalten der Chromosomen bei der Zellteilung. Die Chromosomen Träger der Eigenschaften. Wesen der Befruchtung an Beispielen aus dem Pflanzenreich und niederen Tieren. *Vererbungsgesetze.* Uniformitäts-, Unabhängigkeits-, Spaltungs-, Dominanzregel. Die Entdeckung der Vererbungsgesetze durch Gregor Mendel, die Wiederentdeckung um 1900. Chromosomen und Vererbungsgesetze, Erb- und Erscheinungsbild (Genotyp und Phänotyp). Welche Eigenschaften mendeln? Bedeutung für Pflanzen- und Tierzüchtung und für die Vererbung der körperlichen und seelischen Eigenschaften des Menschen. *Eugenik (Rassenhygiene),* dominante und rezessive Anlagen wertvoller und minderwertiger Eigenschaften, Mißbildungen, Krankheiten. Schwer erbkranke Menschen sollen nicht heiraten! Gesundheitszeugnisse, Aufgaben der Standesämter, Ahnentafeln, Stammbäume, Familienkunde, *Rassenkunde.* Begriff der Rasse an Beispielen aus dem Pflanzen- und Tierreich. „Menschliche Rasse eine in sich erbgleiche Menschengruppe." Dominante und rezessive Rassenmerkmale. Die nordische, westische, ostische, dinarische, ostbaltische, fälische Rasse als Anteile des deutschen Volkes. Die fremden und minderwertigen Rassenbestandteile im deutschen Volk. Judenfrage. Körperliche und seelische Eigentümlichkeiten. Mission der nordischen Rasse (in Verbindung mit Deutsch und Geschichte). Abnahme des nordischen Rassenanteils: Entnordung; Gegenmaßnahme: Aufnordung.

Oberprima.

Pensum der Untersekunda wiederholen, vertiefen und erweitern. Befruchtungserscheinungen bei Pflanzen, Tieren und Menschen. Verhalten der Chromosomen bei der Reifeteilung der Geschlechtszellen. Mathematische Formulierung der *Vererbungsgesetze.* Mono-, Di-, Polyhybride. Geschlechtschromosomen, Bestimmung des Geschlechts, Koppelung der Faktoren, Lokalisation der Erbträger, Überkreuzung, Forschungsmethoden; Rückkreuzung. Dominante und rezessive Erbgänge an Beispielen und Aufgaben. Vererblichkeit oder Nichtvererblichkeit erworbener Eigenschaften? Mutationen. – *Menschliche Erblichkeitslehre.* Volksentartung und Aufartung. Bevölkerungspolitik. Familienkunde. Gesetz zur Verhütung erbkranken Nachwuchses. Sterilisierung, Kastrierung, Rassenkunde. Rassenbegriff und Beziehung zu Sprache, Volkstum, Staatsangehörigkeit, Religion. Körperliche und seelische Merkmale der in Deutschland vertretenen Rassen. Geschichtliche Ursachen der Entnordung. Selbsthilfe der nordischen Rasse und staatliche Maßnahmen zur Aufnordung. Gattenwahl, Anerbenrecht, Einwanderungsgesetz, Siedelungsbestrebungen u. a. (in Verbindung mit Geschichte und Deutsch).

Geschichte.

Die Geschichte wird sich in Zukunft überhaupt rassenbiologisch einstellen, um die Werte von Blut und Boden in der Jugend lebendig werden zu lassen. Von der Vorzeit an durch alle späteren Jahrtausende hindurch bis zur Gegenwart muß die Bedeutung der Rasse gebührend berücksichtigt werden, da sie „den Urboden darstellt, aus dem alle wurzelhafte

Eigenart der Einzelpersönlichkeit sowohl wie die der Völker erwächst“ (vgl. weiter die Ausführungen im ZentrBl. S. 197/98).[3]

Erdkunde.

Sexta und Quinta.

Typenbilder aus der deutschen Heimat, an denen die Verbreitung der deutschen Rassen an Beispielen gezeigt wird (z. B. Friesland: nordischer Mensch. Alpenlandschaft: dinarischer Mensch).

Quarta.

Die Völker Europas sind dadurch zu charakterisieren, welche Anteile die 6 Hauptrassen an ihrer Zusammensetzung haben. Z. B. Südfrankreich: westische Rasse; Rußland: Ostbalten und Mongolen; Skandinavien: der nordische Mensch.

Tertia.

Das Führertum der nordischen Rasse in der Entdeckungsgeschichte und der Kolonisation; seine Bedeutung in der heutigen Kulturwelt auf der Erde.

Untersekunda.

Vertiefung der rassischen Grundbegriffe der Unterstufe.

Oberstufe.

Die eiszeitlichen Menschenrassen und ihre vermutliche Entwicklung zu den heutigen Rassen. Verbreitung der Rassen über die Erde, insbesondere der europäischen Rassen über Europa, Zusammensetzung der heutigen Völker nach ihren rassischen Bestandteilen, Abhängigkeit der Kultur von der Verbreitung der Rassen. Die nordische Rasse als Wertfaktor im Auslandsdeutschtum und in der Kolonisation.

Deutsch.

Das in der Schule zu behandelnde Schrifttum muß unter dem Gesichtspunkt seines Wertes für Rasse und Volkstum nachgeprüft bzw. neu zusammengestellt werden. Es müssen z. B. in den unteren Klassen durch geeignete Lesestücke der Jugend die charakteristischen seelischen Züge der deutschen Rassen vermittelt, ferner muß Familiensinn und Familienkunde gepflegt werden. Entsprechend sind Aufsatzthemen zu geben. Die Mentalität der verschiedenen Rassen ist an dem Unterschied zwischen deutschem und fremdrassigem Schrifttum aufzuzeigen.

Musik.

Pflege des deutschen Volksliedes!

Die Musikschöpfungen der europäischen Völker in ihrer Gebundenheit an die seelische Struktur der europäischen Rassen (deutsche und norwegische Musik als Ausdruck der nordischen Seelenstimmungen, russische Musik als Äußerung der nordisch-mongolischen Mischung in der Seele des ostbaltischen Menschen; böhmische, thüringische, schlesische Volkslieder als Musikalität der ostischen Rasse. Musik [der] Tiroler Volksfeste als Ausfluß dinarischen Volkstums. Italienische und französische Musik zum Teil bedingt durch die westische Rasse. Bewertung der Musik jüdischer Komponisten.

Der Kunstunterricht

In der bildenden Kunst muß bewußt Verständnis, Begeisterung und Freude an den Schöpfungen der arisch-nordischen Rasse [ge]weck[t werd]en von den Hellenen über die Renaissance bis zur Gegenwart. An den Erzeugnissen fremdrassiger Kunst soll gezeigt werden, daß sie eigenartig sein mag, aber uns nicht wesensverwandt ist. So sind Künstler-

3 Nicht aufgefunden.

persönlichkeiten und Stile zu behandeln. Auf diese Weise wird auch die Vorahnung einer neuen künstlerischen Renaissance des arisch-nordischen Menschen angebahnt (vgl. die Kulturrede Adolf Hitlers in Nürnberg im D. Phil-Blatt Nr. 37).[4]

DOK. 88

Völkischer Beobachter: Artikel vom 15. November 1933 über die Forderung der Deutschen Christen, „Judenchristen" aus der evangelischen Kirche auszuschließen[1]

Entschließung der „Deutschen Christen"[2]

Berlin, 14. November. Die am 13. November im Berliner Sportpalast versammelten Mitglieder des Gaues *Groß-Berlin* der *Glaubensbewegung „Deutsche Christen"* haben folgenden Entschluß gefaßt:[3]

1. Wir sind als nationalsozialistische Kämpfer gewohnt, das Ringen um die Gestaltung einer großen Idee nicht mit einem faulen Frieden abzubrechen. Der kirchenpolitische Kampf kann für uns erst dann beendet sein, wenn das an vielen Orten zwischen Geistlichen und Gemeinden bestehende Mißtrauen *überall beseitigt* worden ist, das durch offenen und heimlichen Widerstand der uns in der Mehrzahl noch feindlich oder verständnislos gegenüberstehenden Pfarrer entstanden ist. Ein dauernder Frieden kann hier nur geschaffen werden durch *Versetzung oder Amtsenthebung aller der Pfarrer, die entweder nicht willens oder nicht fähig sind, bei der religiösen Erneuerung unseres Volkes und der Vollendung der deutschen Reformation aus dem Geist des Nationalsozialismus führend mitzuwirken.*
2. Wir lassen uns keine Führer aufzwingen, die wir innerlich ablehnen müssen, weil wir weder zu ihrem Nationalsozialismus noch zu ihrem deutschen Glauben das rechte Vertrauen haben. Auf kirchlichem Gebiet können wir das Führerprinzip überhaupt nur hinsichtlich der äußeren Ordnung anerkennen.
3. Wir erwarten von unserer Landeskirche, daß sie den Arierparagraph – entsprechend dem von der Generalsynode beschlossenen Kirchengesetz[4] – *schleunigst und ohne Abschwächung durchführt,* daß sie darüber hinaus alle fremdblütigen evangelischen Chri-

4 Gemeint ist die programmatische Rede Hitlers auf dem Nürnberger Parteitag am 1. 9. 1933 über die „Erneuerung des Kulturlebens". Er betonte darin die Bedeutung der Rasse für die Kulturgestaltung und den Wert, den der NS-Staat der Pflege des Kulturellen beimesse; siehe Bericht „Nürnberg", Deutsches Philologen-Blatt, 41 (1933), H. 37 vom 13. 9. 1933, S. 414–416.

1 Völkischer Beobachter (Norddt. Ausg.), Nr. 319 vom 15. 11. 1933, S. 7.

2 1932 gründete Pfarrer Joachim Hossenfelder (1899–1976) die Glaubensbewegung Deutsche Christen innerhalb der evangelischen Kirche. Ziele der NSDAP-nahen Bewegung bildeten die Auflösung der Landeskirchen, die Schaffung einer Reichskirche und der Ausschluss der Juden. Sie gewann die Kirchenwahlen im Sommer 1933 und zählte bald eine Million Mitglieder. Ihre radikalen Forderungen veranlassten jedoch viele Mitglieder wieder zum Austritt. Die Deutschen Christen zerfielen in den Folgejahren in mehrere Gruppen.

3 Über die Versammlung berichtete die Vossische Zeitung, dass nach Ansprachen von Bischof Joachim Hossenfelder und des Berliner Gauleiters der Deutschen Christen, Dr. Reinhold Krause, die Entschließung angenommen wurde. Krause hatte in seiner Rede die „kompromißlose Beseitigung alles Fremdvölkischen" in der deutschen Volkskirche gefordert; „Deutsche Christen für Arierparagraph", Vossische Zeitung vom 14. 11. 1933, Zeitungsausschnitt in: ADW, CA, AC-S/66, Materialsammlung der Apologetischen Zentrale.

4 Siehe Dok. 75 vom 6. 9. 1933.

sten in besondere Gemeinden ihrer Art zusammenfaßt und für die *Begründung einer judenchristlichen Kirche* sorgt.
4. Wir erwarten, daß unsere Landeskirche als eine deutsche Volkskirche sich frei macht von allem Undeutschen in Gottesdienst und Bekenntnis, insbesondere vom Alten Testament und seiner jüdischen Lohnmoral.
5. Wir fordern, daß eine deutsche Volkskirche ernst macht mit der Verkündigung der von aller orientalischen Entstellung gereinigten schlichten Frohbotschaft und einer heldischen Jesus-Gestalt als Grundlage eines artgemäßen Christentums, in dem an die Stelle der zerbrochenen Knechtsseele der stolze Mensch tritt, der sich als Gotteskind dem Göttlichen in sich und in seinem Volke verpflichtet fühlt.
6. Wir bekennen, daß der einzige wirkliche Gottesdienst für uns der Dienst an unseren Volksgenossen ist, und fühlen uns als Kampfgemeinschaft von unserem Gott verpflichtet, mitzubauen an einer *wehrhaften und wahrhaften völkischen Kirche*, in der wir die Vollendung der deutschen Reformation Martin Luthers erblicken, und die allein dem Totalitätsanspruch des nationalsozialistischen Staates gerecht wird.

DOK. 89
Der Händler Louis Skalawski beklagt sich beim Reichswirtschaftsminister am 15. November 1933 über seinen Ausschluss vom Berliner Wochenmarkt[1]

Schreiben von Louis Skalawski,[2] Berlin, Weimarerstr. 15, an den RWM (Eing. 6. 12. 1933) vom 15. 11. 1933[3]

Meine Notlage zwingt mich nachstehende Bitte dem Herrn Reichswirtschaftsminister zu unterbreiten: Seit 6 Jahren hatte ich auf dem Wochenmarkt in Berlin-Charlottenburg, *Suarezstrasse*, einen Verkaufsstand für den Montag und Donnerstag. Dieser Verkaufsstand ist mir seit August ds. Jrs. entzogen worden, weil ich nicht arisch bin.
Meine wiederholten persönlichen Bitten und schriftlichen Eingaben bei der Marktinspektion waren erfolglos. In meiner schriftlichen Eingabe vom 15. November ds. Jrs.[4] hatte ich mit Bezug auf die Erlasse des Herrn Reichswirtschaftsministers vom 25. September 1933 HG. 13046/33[5] und des Herrn Preuss. Ministers für Wirtschaft und Arbeit vom 13. Oktober 1933 - III. A. 4461. L.[6] betr. Marktverkehr nochmals um Berücksichtigung gebeten, worauf Herr Stadtrat Sommer[7] vom Bezirksamt Charlottenburg, Marktinspektion, erklärte, dass er mich nicht berücksichtigen könne, weil ich nicht arisch bin.

1 BArch, R 3101/13862, Bl. 106+RS.
2 Louis Skalawski (*1879), Kaufmann; im März 1943 von Berlin nach Auschwitz deportiert.
3 Im Original einige handschriftl. Unterstreichungen.
4 Da der Brief von Skalawski auf den 15. 11. 1933 datiert ist, wird es sich beim Datum der angesprochenen Eingabe um den 15. 10. 1933 handeln.
5 In diesem Runderlass hatte das RWM verfügt, dass eine unterschiedliche Behandlung von „arischen" und „nichtarischen" Händlern nach der geltenden Gewerbeordnung nicht zulässig sei; wie Anm. 1, Bl. 275+RS.
6 Runderlass des Preuß. Ministers für Wirtschaft und Arbeit mit Abschrift des RWM-Erlasses vom 25. 9. 1933; BLHA, Rep. 60/641, Bl. 13.
7 Karl Sommer (1906–1982), Berufsoffizier; 1923–1928 Militärlaufbahn; 1929 SA- und 1930 NSDAP-Eintritt, Mitbegründer der Nationalsozialistischen Volkswohlfahrt; von 1931 an bei der Stadt Berlin tätig, von 1933 an Bezirksverordneter und Stadtrat in Berlin-Charlottenburg; 1945 interniert.

Ich bitte ergebenst um eine Nachprüfung der Sachlage und bitte anordnen zu wollen, dass mir weiterhin ein Stand auf dem Markt Suarezstrasse zugestellt wird.
Ich bin 54 Jahre alt, meine Ehefrau ist 54 Jahre alt, wir haben drei Kinder im Haushalt zu unterhalten. Es war mir bisher nur dadurch möglich, den notdürftigsten Lebensunterhalt für meine Familie aufzubringen, dass ich den Warenhandel auf den Wochenmärkten betrieb. Auf dem Markt in der Suarezstrasse hatte ich bereits einen Kundenstamm und durch den Ausfall dieses Marktes an zwei Tagen der Woche bin ich in die grösste Notlage geraten und nicht imstande den Lebensunterhalt aufzubringen. Auch bin ich seit Wochen mit der Wohnungsmiete im Rückstand, sodass der Hauswirt mit der Räumungsklage droht, falls ich den Rückstand nicht bis zum 15. ds. Mts. bezahlen kann.
Ich bin [in] Gnesen, Provinz Posen, geboren, Reichsdeutscher, habe dort meine Existenz verloren, als die Provinz Posen an Polen fiel. Hierbei sind meine beiden Grundstücke in Gnesen liquidiert worden. Ich bin dadurch völlig vermögenlos geworden, habe keine Mittel, um einen Laden zu mieten, und es bleibt mir nur die Möglichkeit, meinen Unterhalt durch den Verkauf von Waren auf dem Wochenmarkt zu suchen, wobei grade der Stand auf dem Markt in der Suarezstrasse ausschlaggebend ist.
Während des Weltkrieges war ich zum Heeresdienst eingezogen und war als Klempner zur Arbeit in Berlin abkommandiert. Ich bitte ergebenst um Berücksichtigung, weil ich ostmärkischer Flüchtling und Liquidationsgeschädigter bin und weil ich keine andere Existenz habe.
In Erwartung eines rechtbaldigen günstigen Bescheides zeichnet hochachtungsvoll

DOK. 90

Der Stadtschulrat von Berlin verbietet am 4. Dezember 1933 Lehrern die Heirat jüdischer Partner[1]

Bekanntmachung des kommissarischen Stadtschulrates i. V. Meinshausen,[2] Berlin, vom 4.12.1933 zu einem Erlass des Oberpräsidenten der Provinz Brandenburg und von Berlin/Schulabteilung (II A/B 12100 Bbg./9.11.33), i. A. Hassenstein,[3] vom 11.11.1933 (Druck)

Eheschließung mit Personen nicht arischer Abstammung.
(Für alle Schulgattungen)
Nach § 1a Abs. 3 des Reichsbeamtengesetzes in der Fassung des Gesetzes vom 30. Juni 1933 (RGBl. S. 433) darf als Reichsbeamter nicht berufen werden, wer nicht arischer Abstammung ist oder mit einer Person nicht arischer Abstammung verheiratet ist. Reichsbeamte arischer Abstammung, die mit einer Person nicht arischer Abstammung die Ehe eingehen, sind zu

1 Dienstblatt des Magistrats von Berlin, 1933 Teil VIII/472, S. 288.
2 Dr. Hans Meinshausen (1889–1948), Lehrer; 1929 NSDAP- und 1940 SA-Eintritt, 1930–1933 stellv. Gauleiter von Berlin, 1933–1944 Staatskommissar für das Schulwesen bzw. Stadtschulrat in Berlin, 1944–1945 kommissar. OB von Görlitz; 1948 in Görlitz zum Tode verurteilt und in Dresden hingerichtet.
3 Fritz Hassenstein (*1873), Lehrer und Theologe; 1901–1904 Schulrektor der evangelischen Volksschule und Prediger in Seeburg/Ostpreußen, 1904–1934 im staatlichen Schuldienst, 1934–1937 beim Staatskommissar Berlin als Regierungsdirektor Leiter der Abt. für Volks- und Mittelschulen, 1940 Referent für Krankenhausseelsorge der evangelischen Kirchengemeinde Berlin und Referent des Berliner Stadtsynodalverbands.

entlassen. Wer als Person nichtarischer Abstammung zu gelten hat, bestimmt sich nach Richtlinien, die der Reichsminister des Innern erläßt. Die Vorschriften des § 1a des Reichsbeamtengesetzes gelten entsprechend für das Beamtenrecht der Länder, Gemeinden usw.
Nach den auch für das Beamtenrecht der Länder geltenden Richtlinien vom 8. August 1933 zu § 1a, Abs. 3 des Reichsbeamtengesetzes (s. RGBl. S. 575) hat jeder, der als Beamter berufen werden soll, nachzuweisen, daß er und sein Ehegatte arischer Abstammung sind. Jeder Beamte, der eine Ehe eingehen will, hat nachzuweisen, daß die Person, mit der er die Ehe eingehen will, arischer Abstammung ist. Der Nachweis der arischen Abstammung ist durch Vorlage von Urkunden (Geburtsurkunde, Heiratsurkunde der Eltern) zu erbringen.
Ich ersuche daher, die Lehrer (Lehrerinnen) anzuweisen, bei einer Anzeige von einer Eheschließung gleichzeitig durch Vorlage der bezeichneten Urkunden den Nachweis der arischen Abstammung der Person zu erbringen, mit der die Ehe eingegangen wird.

DOK. 91

The New York Times: Artikel vom 24. Dezember 1933 über die Arbeit des Hochkommissars des Völkerbundes und die Hilfe für jüdische Flüchtlinge[1]

J.G. McDonald[2] schätzt Zahl der Exilanten auf 60 000. Völkerbundkommissar für Flüchtlinge aus Deutschland rechnet mit weiterer Zunahme. Er sieht großen Finanzbedarf und ruft zur Zusammenarbeit bei der Suche nach neuen Heimstätten für die von den Nazis vertriebenen Juden auf

Der Hochkommissar für Flüchtlinge aus Deutschland, James G. McDonald, gab gestern, nachdem er auf dem US-Passagierschiff „Manhattan" angekommen war, auf Anfrage der New York Times eine Erklärung ab. Darin stellt er die Bemühungen dar, die Hilfe für Flüchtlinge aus Deutschland zu koordinieren.
McDonald, der vom Rat des Völkerbunds ernannt worden war, sagte, dass nach den neuesten ihm vorliegenden Schätzungen die Gesamtzahl der Flüchtlinge auf etwa 60 000 zu veranschlagen sei. Er betonte, „es sei wahrscheinlich, dass die Zahl der Flüchtlinge aus Deutschland weiter steige".
„Wir alle, die an die grundlegenden Prinzipien der Gleichheit vor dem Recht und der rassischen Toleranz glauben, die über Jahrhunderte so schmerzlich erkämpft wurden", so erklärte McDonald, „Juden wie Nichtjuden gleichermaßen, wir alle müssen zusammenarbeiten, um dieses Instrumentarium so gut wie möglich für die Ansiedlung der Flüchtlinge in ihren neuen Heimstätten zu nutzen. Dort werden sie die Chance haben, sich ein neues Leben aufzubauen und ihre neuen Heimatländer materiell wie kulturell zu bereichern."
McDonalds Statement
Seine Erklärung im vollen Wortlaut:
„Das durch die Flüchtlinge aus Deutschland entstandene Problem hat weltweite Auswirkungen. Es berührt Prinzipien, die grundlegend für die zivilisierten Völker auf der ganzen

1 The New York Times vom 24. 12. 1933, S. 10. Der Artikel wurde aus dem Amerikanischen übersetzt.
2 James G. McDonald (1886–1964), Politiker; 1919–1933 Chairman of the Foreign Policy Association; 1933–1935 Hochkommissar des Völkerbunds für Flüchtlinge aus Deutschland; 1949–1951 US-Botschafter in Israel. Zu seinem Rücktritt als Hochkommissar siehe Dok. 221 vom 7. 1. 1936.

Welt sind und es kann nur durch die Zusammenarbeit vieler Regierungen und privater Organisationen in verschiedenen Teilen der Welt gelöst werden. Die gegenwärtigen Bemühungen sind, obwohl bereits umfangreich, unzureichend angesichts der künftigen Anforderungen. Diese aktuelle und künftig noch wachsende Aufgabe stellt, wie Lord Cecil[3] es ausdrückt, ‚eine große Herausforderung dar – eine Herausforderung der Grundlagen unserer Zivilisation, die die Welt seit annähernd 2000 Jahren zunehmend bestimmt haben. Wir müssen entweder auf diese Herausforderung antworten, oder, so scheint mir, die Zivilisation, in der wir leben, wird einen furchtbaren Rückschlag erleiden.‘

Nach den neuesten Schätzungen, die dem Hochkommissar vorliegen (die Zahlen sind noch vorläufig), beläuft sich die Gesamtzahl der Flüchtlinge aus Deutschland auf etwa 60 000. Wenn man die Flüchtlinge nach ihrer Religion einteilt, sind etwa 51 000 oder 86 Prozent von ihnen Juden. Die anderen 14 Prozent sind Nichtjuden – Katholiken, Angehörige verschiedener protestantischer Konfessionen, oder sie gehören keiner religiösen Gruppierung an. Entgegen der weit verbreiteten Meinung sind nicht alle aus Deutschland stammenden Flüchtlinge Deutsche; ein beträchtlicher Anteil ist nicht deutscher Herkunft. Es wird geschätzt, dass mehr als 16 000 Flüchtlinge polnischer bzw. sonstiger nichtdeutscher Nationalität sind oder aber staatenlos – das heißt ohne klar definierte oder anerkannte Nationalität.

Die Verteilung der Flüchtlinge wird augenblicklich wie folgt geschätzt:

Frankreich	25 000
Palästina	6 500
Polen	6 000
Tschechoslowakei	5 000
Holland	5 000
England	3 000
Belgien	2 500
Schweiz	2 500
Skandinavien	1 500
Österreich	800
Saargebiet und Luxemburg	500
Italien	500
Andere Staaten, darunter Spanien und die USA	1 000

Das Ausmaß des Problems

Andere Flüchtlingskrisen seit dem Weltkrieg haben mehr Menschen betroffen, aber keine hat komplexere Schwierigkeiten bereitet oder die Welt zu einer Zeit getroffen, in der eine derart akute und allgemeine Wirtschaftskrise herrschte. Zudem ist es wahrscheinlich, dass die Zahl der Flüchtlinge aus Deutschland weiter steigen wird. Einige der klügsten und nüchternsten Analytiker der gegenwärtigen Situation sind der Meinung, dass es für Zehntausende Juden der jungen Generation nötig werden könnte, sich woanders anzusiedeln, sofern sich die Lage der Juden in Deutschland nicht radikal bessert. Die Ressourcen privater Organisationen und engagierter Menschen sowie die Aufnahmekapazität

3 Lord Robert Cecil (1864–1958), Jurist und Politiker; von 1906 an Parlamentsmitglied; Mitgründer des Völkerbunds, von 1918 an Leiter der britischen Völkerbund-Abteilung, von 1927 an organisierte er eine private Kampagne für den Völkerbund und für Frieden, 1937 mit dem Friedensnobelpreis ausgezeichnet.

der Zufluchtsländer wären durch diese Aufgabe vor eine Zerreißprobe gestellt. Glücklicherweise besteht immer noch die Möglichkeit, dass diese Massenumsiedlung nicht nötig sein wird. Bereits heute sind einige Länder sehr stark belastet.
Generell verfolgten die Nachbarstaaten Deutschlands zu Beginn der Flüchtlingsbewegung eine Politik der offenen Tür und der großzügigen Gastfreundschaft. Die Tschechoslowakei und Polen nahmen mehrere tausend Flüchtlinge auf. In Polen waren viele Angehörige polnischer Nationalität darunter. Dänemark, Belgien und Holland nahmen, im Verhältnis zu ihrer Größe, ebenfalls eine große Zahl an Flüchtlingen auf. Frankreich jedoch bot bei weitem den meisten ein zeitweiliges Zuhause.
Im stolzen Bewusstsein der traditionellen Gastfreundschaft des Landes gegenüber Unterdrückten legte die französische Regierung dem Flüchtlingsstrom, der die belgische Grenze überquerte oder über das Saargebiet nach Frankreich kam, keinerlei Hindernisse in den Weg. Annähernd zehn Millionen Francs haben französische Staatsbürger – hauptsächlich über das Comité National de Secours aux Réfugiés[4] – gesammelt und für die Versorgung dieser Flüchtlinge zur Verfügung gestellt. Der weitaus größte Teil dieser Summe wurde durch Sammlungen in Frankreich aufgebracht. Den Rest steuerten amerikanische und britische Hilfsorganisationen bei. Nun jedoch sieht sich die französische Regierung gezwungen, ihre Politik zu überdenken. Die Funktionäre des Comité National haben deshalb ihre dringenden Aufrufe zur Erhöhung der Spendenbeiträge wiederholt.
Der große Finanzbedarf
Die verfügbaren Daten über die jüdischen Flüchtlinge in Frankreich und anderswo sind deutlich genauer als die für die nichtjüdischen Flüchtlinge. Das Engagement privater jüdischer Organisationen und Gemeinden hat bisher nicht nachgelassen.[5] Große Summen wurden bereits ausgegeben, um die dringendsten Bedürfnisse der Flüchtlinge zu befriedigen, und noch viel größere Summen werden wahrscheinlich von diesen Organisationen für die Umschulung und Ansiedlung ihrer Glaubensbrüder noch aufgebracht werden. Es wäre jedoch unredlich, nicht zu erwähnen, dass die jüdischen Aufwendungen keineswegs nur auf jüdische Flüchtlinge begrenzt waren. Protestanten, Katholiken und Flüchtlinge, die keiner Glaubensrichtung angehören, wurde und wird weiterhin in vielen Fällen von jüdischen Wohltätigkeitsorganisationen geholfen.
Bedauernswerterweise haben bisher nur wenige nichtjüdische Organisationen und Personen aktives Interesse an den nichtjüdischen Flüchtlingen bekundet. In der Folge ist deren Arbeit schlechter organisiert und nur unzureichend finanziert. Allerdings wird von nicht konfessionsgebundenen Organisationen hervorragende Arbeit geleistet, so zum Beispiel von jenen, die sich die Stellensuche für Intellektuelle und hochqualifizierte Männer und Frauen zur Aufgabe gemacht haben. Auch Gewerkschaften und Arbeiterverbände haben großes Engagement gezeigt, um denjenigen zu helfen, die sich vorrangig an sie wenden. Aber es ist offensichtlich, dass viel mehr als bisher von Seiten der Nichtjuden getan werden muss, wenn für die christlichen sowie die nicht konfessionell gebundenen Flüchtlinge hinreichend gesorgt und das Gesamtproblem gelöst werden soll.
Auf der Versammlung des Völkerbunds im vergangenen September[6] herrschte unter den

4 Das Comité National de Secours aux Réfugiés war im Juni 1933 gegründet worden und bestand bis 1935.
5 Siehe dazu Dok. 50 vom 12. 6. 1933.
6 Die 14. ordentliche Sitzung der Versammlung des Völkerbunds fand vom 23. 9. bis 11. 10. 1933 in Genf statt.

Vertretern der Nachbarstaaten Deutschlands völlige Einigkeit in der Einschätzung, dass das Flüchtlingsproblem allein von privaten Organisationen nicht länger hinreichend bewältigt werden könne. Diese Überzeugung veranlasste den Vertreter der niederländischen Regierung, die Bildung des Amts eines Hochkommissars vorzuschlagen und voranzutreiben, dessen Aufgabe es sein sollte, die Bemühungen der privaten Organisationen und der Regierungen zu koordinieren.

Ursprünglich sollte dieses Amt ein Organ des Völkerbunds sein, dem Rat des Völkerbunds unterstehen und vom Völkerbund finanziert werden. Doch das Hochkommissariat wurde letztlich als unabhängiges Organ eingerichtet. Der Rat des Völkerbunds ernannte den Hochkommissar,[7] forderte 15 Länder auf, ihre Vertreter für die Bildung eines Verwaltungsrats zu benennen, und stellte 25 000 Schweizer Franken als Kredit für die anfänglichen Verwaltungskosten zur Verfügung. Fortan blieb es der neu geschaffenen Institution überlassen, sich selbst zu organisieren und ihr Tätigkeitsfeld zu definieren.

Der Hochkommissar wurde am 26. Oktober benannt. Das erste Treffen des Vorstands fand innerhalb von sechs Wochen nach seiner Einsetzung statt. Als Amtssitz des Hochkommissariats wurde Lausanne festgelegt. Aus den eingeladenen Ländern waren folgende zwölf Vertreter anwesend: Professor *Bourquin*, Belgien; Dr. *Lobkowicz*, Tschechoslowakei; Dr. *Borberg*, Dänemark; Senator *Berenger*, Frankreich; Viscount *Cecil of Chelwood*, Großbritannien; Senator *Majoni*, Italien; Dr. *Doude von Troostwijk*, Niederlande; Dr. *Chodzko*, Polen; Dr. *Westman*, Schweden; Dr. *Rothmund*, Schweiz; Professor *Chamberlain*, Vereinigte Staaten; Botschafter *Guani*, Uruguay.

Lord Cecil, der britische Vertreter, wurde zum Vorsitzenden gewählt. Dass er die Wahl annahm, ermutigte alle mit dem Projekt Verbundenen. Botschafter Guani, der Vertreter Uruguays, wurde zum stellvertretenden Vorsitzenden ernannt. Diese beiden Repräsentanten sowie die Vertreter der Niederlande, der Schweiz und Frankreichs bilden zusammen mit dem Hochkommissar das ständige Komitee der Hochkommission. Das Komitee agiert somit als eigentliche Exekutive der größeren Institution.

Organisation und Politik

Während des viertägigen Treffens waren die Sitzungen des Verwaltungsrats Fragen der Organisation und des grundsätzlichen Programms gewidmet. Das Verhältnis zwischen Verwaltungsrat und Hochkommissar wurde umrissen. Außerdem wurden Vorkehrungen für eine effektive Zusammenarbeit des Verwaltungsrats mit interessierten privaten Organisationen getroffen. Zu diesem Zweck schuf man einen Beirat. Neun jüdische und ebenso viele nichtjüdische Organisationen wurden eingeladen, ihre Vertreter dafür zu benennen.

Die jüdischen Organisationen waren: Das *American Jewish Joint Distribution Committee.* Die *Jewish Colonization Association.* Die *Jewish Agency for Palestine.*[8] Die Organisationen der amerikanischen Juden. Die Organisationen der französischen Juden. Die Organisationen der englischen Juden. Die Organisationen der polnischen Juden. Die Organisationen der niederländischen Juden. Das *Comité des délégations juives*, bestehend aus Vertretern jüdischer Gemeinden in Mittel- und Osteuropa, Griechenland und Italien.

7 Zum Hochkommissar wurde James G. McDonald ernannt; siehe Anm. 2.

8 Nach Art. 4 des Völkerbundmandats von Großbritannien geschaffene Vertretung der Juden. Diese sollte in wirtschaftlichen, sozialen und anderen Fragen, welche die Interessen der jüdischen Bevölkerung Palästinas betrafen, die Mandatsregierung beraten.

Die nichtjüdischen Organisationen waren: *Caritas Catholica.* Eine gemeinsame Vertretung des *Universal Christian Council for Life and Work* und des *European Office for Inter-Church Aid.* Die *Society of Friends.* Der *Internationale Gewerkschaftsbund.* Eine internationale Organisation der Arbeitgeber (bisher wurde keine bestimmte Organisation vorgeschlagen). Das *Comité de placement des Intellectuels Réfugiés.* Eine gemeinsame Vertretung des *Emergency Committee in Aid of Displaced German Scholars,* des *Academic Assistance Council* und des *International Student Service. Save the Children International Union.* Das *Comité National (Français) de Secours aux Réfugiés.*

Es wird erwartet, dass der Beirat regelmäßig im Vorfeld der Vorstandstreffen einberufen wird, damit seine Empfehlungen von den Regierungsvertretern berücksichtigt werden können.

Ferner wurde ein kleinerer Beirat, das sogenannte ‚Büro', eingerichtet, das aus Vertretern der Organisationen zusammengesetzt ist, die nach Ansicht des Hochkommissars ‚ihn am besten bei der Hilfe und dem Wiederaufbau unterstützen können'. Die folgenden Organisationen wurden aufgefordert, Vertreter für dieses Büro zu benennen:

Die *Jewish Colonization Association.* Das *American Jewish Joint Distribution Committee.* Die *Jewish Agency for Palestine. Caritas Catholica.* Ein Vertreter für den *Universal Christian Council for Life and Work* und das *European Office for Inter-Church Aid.* Ein Vertreter für den *Academic Assistance Council,* das *Emergency Committee for Displaced German Scholars, Le Comité de placement des Intellectuels Réfugiés* und den *International Student Service.*

Möglichkeiten und Wege, den Juden zu helfen

Das Büro, so ist vorgesehen, wird vor jeder Sitzung des ständigen Verwaltungsrats einberufen und arbeitet eng mit den Regierungsvertretern zusammen. Auf diese Weise sollen die privaten Organisationen uneingeschränkt die Möglichkeit haben, ihre Ansichten in jeder Arbeitsphase der Hochkommission vorzutragen. Ohne Zweifel nur durch eine solche enge Abstimmung privater Initiative und staatlicher Zusammenarbeit wird das Hochkommissariat effektiv funktionieren können.

Der Verwaltungsrat umriss auf seiner Sitzung in Lausanne die vom Hochkommissar zu leistende Arbeit nur in sehr groben Zügen. Es ist jedoch klar, dass der Aufgabenbereich des Hochkommissariats keine direkte Hilfsarbeit umfassen sollte und der Umgang mit einzelnen Flüchtlingen den bereits arbeitenden privaten Organisationen oder anderen, die vielleicht noch eingerichtet werden, überlassen bleibt. Sollte das Hochkommissariat die Bearbeitung von Einzelfällen selbst übernehmen, wäre der Aufbau eines großen und teuren Mitarbeiterstabs mit Vertretern in zahlreichen Zentren notwendig. Dies würde beträchtliche Überschneidungen mit der Arbeit existierender Organisationen mit sich bringen, also genau den Zustand, den – so die Erwartungen – der Hochkommissar beheben soll.

So wie es aussieht, kommen dem Amt des Hochkommissars zwei Hauptfunktionen zu: erstens die Koordination der Hilfsaktionen und zweitens die Verhandlungsführung mit den Regierungen.

In seiner Eröffnungsansprache an den Vorstand erläuterte der Hochkommissar die erste dieser Funktionen:

‚Die Notwendigkeit einer Koordination der verschiedenen Aktivitäten der vielen Organisationen, die augenblicklich die Flüchtlinge betreuen, liegt auf der Hand. Die Verantwortlichen der größeren dieser Organisationen haben dem Hochkommissar bereits ihren aufrichtigen Wunsch ausgedrückt, mit ihm zusammenarbeiten zu wollen, um eine effektivere Aufteilung von Arbeit und Verantwortlichkeit zu gewährleisten. Darüber hinaus besteht aber auch die Notwendigkeit eines höheren Maßes an Koordination bei der Formulierung eines umfassenden Programms. Diese sollte weniger der Soforthilfe als vielmehr der Umschulung und Eingliederung der Flüchtlinge in Gesellschaften in verschiedenen Teilen der Welt dienen.‘

Gelder für die Eingliederung

Ein solches Eingliederungsprogramm wird umfangreiche Finanzmittel erfordern. Um diese sicherzustellen, so hofft man, werde der Verwaltungsrat die Spendenaufrufe, die für die umfassenden Programme gestartet werden sollen, unterstützen, sobald diese formuliert sind.

Der andere große Teilbereich der Aufgaben des Hochkommissars – Verhandlungen mit Regierungen – wird voraussichtlich mit solch technischen Fragen wie Reise- und Ausweispapieren für die Flüchtlinge sowie mit deren Eigentumsrechten zu tun haben; außerdem generell mit den Sonderrechten, die den Flüchtlingen in den gegenwärtigen und künftigen Zufluchtsländern zur Zeit gewährt werden oder ihnen noch gewährt werden sollen. Die letztere Angelegenheit ist besonders wichtig wegen des Ausmaßes der derzeitigen weltweiten Finanz- und Wirtschaftskrise.

Viele Länder, die die Flüchtlinge unter anderen und günstigeren Umständen als Einwanderer gerne willkommen geheißen hätten, haben sich, ohne Zweifel widerstrebend, gezwungen gesehen, die Zahl der Neuankömmlinge zu beschränken oder sie fast vollständig auszuschließen. Es wird daher die Aufgabe des Hochkommissars sein, in Zusammenarbeit mit den in dieser Hinsicht erfahrenen Organisationen einige Flüchtlinge in das Leben des jeweiligen Landes einzugliedern, in dem sie sich gerade befinden, und die Welt nach Orten abzusuchen, wo andere ein neues Leben beginnen können.

Bei unseren bisherigen Bemühungen in Lausanne haben wir ein Instrumentarium aufgebaut. Wir alle, die an die grundlegenden Prinzipien der Gleichheit vor dem Recht und der rassischen Toleranz glauben, die über Jahrhunderte so schmerzlich erkämpft wurden, Juden wie Nichtjuden gleichermaßen, wir alle müssen zusammenarbeiten, um dieses Instrumentarium so gut wie möglich für die Ansiedlung der Flüchtlinge in ihren neuen Heimstätten zu nutzen. Dort werden sie die Chance haben, sich ein neues Leben aufzubauen und ihre neuen Heimatländer materiell wie kulturell zu bereichern.“

DOK. 92
Fritz Wolfes bittet den Oberbürgermeister von Hannover am 29. Dezember 1933 um die Vermietung einer Sporthalle an den jüdischen Turnverein[1]

Schreiben von Fritz Wolfes,[2] Hannover, Podbielskistr. 312, an OB Menge,[3] Hannover, vom 29. 12. 1933

Sehr geehrter Herr Oberbürgermeister!
Ein Einwohner Hannovers, einer, der es seit 30 Jahren ist, einer aus der grossen Masse, der kein Amt, keine Würde, keine Beziehung, keinen Auftrag hat, der nur insofern etwas „Besonderes" ist, als er Jude ist, bittet, ihm 2 Minuten Ihre Aufmerksamkeit zu schenken:
Wir Juden sind ausgeschlossen aus allen Sportvereinen.[4] Wir haben davon Kenntnis genommen. Wir betteln nicht um Zulassung, sondern gründen einen jüdischen Turnverein. Aber wir haben keine Halle, kein Turngerät. Warum will sie uns die Stadt nicht vermieten? Wir wollen keine Vorzugsbehandlung, sondern einen angemessenen Preis zahlen. Die Stadt verkauft uns Wasser, Gas, Elektrizität. Strassen- und Eisenbahn dürfen wir benutzen. Wir baden in den städtischen Anstalten, warum dürfen wir nicht dort turnen? – Ich suche manches aus den heutigen Anschauungen auch der Rassenlehre zu begreifen, diese Verweigerung verstehe ich nicht!! Wenn 20 Japaner eine Turnhalle mieten würden, würde dem nichts entgegenstehen. Andere Städte, in denen die Judenfrage eine grössere Rolle noch vor einigen Monaten spielte, haben den Standpunkt der Verweigerung verlassen. Soll unser friedliches Hannover das nicht auch können? Wir haben nicht die Absicht, antideutsche oder marxistische Propaganda zu treiben, wir haben die Absicht, das auch mit unserem Gelde angeschaffte städtische Eigentum pfleglich zu behandeln, man mache uns notfalls annehmbare Auflagen, aber erfüllen Sie uns diesen Wunsch! Herr Oberbürgermeister! Viele Worte sind da nicht zu verlieren. Ich bitte um Ihre geschätzte Antwort möglichst mit Begründung. Wie sie auch ausfällt, ich werde mich fügen, aber eine Bitte: Reichen Sie dies Schreiben nicht „zuständigkeitshalber" an ...[5]
Wir haben das Führerprinzip. *Entscheiden Sie!* Es ist mir dann nicht zweifelhaft, wie der Entscheid ausfällt.
Mit vorzüglicher Hochachtung

1 StadtA Hannover, Hauptregistratur 15/441.
2 Fritz Wolfes (*1894), Kaufmann in Hannover; Oktober 1938 Emigration in die USA.
3 Dr. Arthur Menge (1884–1965), Jurist; 1914–1918 Senator der Stadt Hannover, dann Direktor der dortigen Straßenbahn, 1925–1937 OB von Hannover; im Februar 1945 im Zusammenhang mit dem Attentat vom 20. Juli 1944 zu drei Jahren Zuchthaus verurteilt.
4 Aus der Deutschen Turnerschaft, dem Deutschen Schwimmverband und aus dem Deutschen Ruderverband waren jüdische Sportler im April und Mai 1933 ausgeschlossen worden; Der Gelbe Fleck, S. 188 f. Zur Berliner und zur Deutschen Turnerschaft siehe die Dok. 61 vom 1. 7. 1933 und 80 vom 23. 9. 1933.
5 Der OB gab das Schreiben an die für Sport zuständige Abteilung weiter, deren Direktor Wolfes telefonisch bat, ihm die Namen der Städte zu nennen, die Juden weiterhin Einrichtungen überlassen würden. Mit der Bitte um Vertraulichkeit nannte ihm Wolfes daraufhin – gestützt auf eine Auskunft des RjF – Aachen, Beuthen, Chemnitz, Düsseldorf, Emmendingen, Erfurt, Felsberg, Fürth, Geilenkirchen, Magdeburg und Oppeln; Schreiben von Wolfes an Löhdefink am 15. 1. 1934, wie Anm. 1. Am 29. 6. 1934 richtete der Jüdische Turn- und Sportverein Bar Kochba Hannover e. V. eine weitere Eingabe wegen Überlassung eines Sportplatzes an den OB; wie Anm. 1, 20/315.

DOK. 93
Ernst Hofmann berichtet über Misshandlungen durch SS- und SA-Leute (1933)[1]

Schreiben, gez. Ernst Hofmann, 1933 (Abschrift)[2]

„Nicht-organisierte" einzelne Gewalt-Akte und Verhaftungen
14 Tage vor dem offiziellen Boykott wurde einem mir befreundeten Kaufmann in einer Kleinstadt von S.S. Leuten der Laden geschlossen. In seiner Not wandte er sich an mich und bat mich, ihm behilflich zu sein, damit er sein Geschaeft wieder oeffnen konnte. Ich beschloss, mit ihm zusammen mich in die Hoehle des Loewen zu begeben. Wir fuhren sofort zur Gauleitung in die nahe gelegene Provinzhauptstadt. Die hierfuer zustaendigen Fuehrer waren nicht sofort zu erreichen, und [so] beschloss ich, mit meinem Freunde vor dem Gebaeude zu warten. Hier standen ausser uns 60–70 Leute, teils in Uniform, teils in Zivil umher und schienen besonders bestellt zu sein.
Waehrend wir nun warteten, hoerte ich von einigen Leuten, wie sie zu einander fluesterten: „Na, den Jud werden wir gleich holen." Da in mir keiner einen „Nicht-Arier" vermuten konnte, frug ich denjenigen, der den Jud holen wollte, wer denn eigentlich verhaftet werden sollte. Darauf frug er mich, ob ich denn nicht bestellt sei, ich bejahte dies, allerdings wusste ich nicht, worum es sich eigentlich handelte. Er sagte mir dann nun folgendes: „Du kennst doch den Jud, der Professor, der uns waehrend des Krieges so schlecht behandelt hat. Wir fahren jetzt mit zwei Lastautos nach I., legen ihn an die Kette und fuehren ihn durch den Harz, (?) dann bekommt er eine Abreibung und kommt ins Gefaengnis." Hierueber war ich natuerlich sehr entsetzt und hatte mir schon meinen Plan, diesen Banditen einen wehrlosen Menschen nicht ausliefern zu lassen, zurechtgelegt. Zu meinem Freunde sagte ich, dass wir noch Zeit haetten, eine Tasse Kaffee zu trinken und ging schleunigst fort in eine nahe gelegene Telefonzelle, wo ich sofort in B. bei Professor X anlaeutete und ihn dringend ersuchte, sofort zu verschwinden, da die Nazis ihn verhaften wollten. Es klappte alles tadellos. In 5 Minuten war Prof. X. im Auto mit ungewissem Ziel bereits unterwegs. Nachdem ich den Prof. in Sicherheit wusste, erledigte ich die Angelegenheit fuer meinen Freund, so dass er seinen Laden des Nachmittags wieder oeffnen konnte. Wir fuhren nun sofort den 2 mit S.S.- und S.A.-Leuten besetzten Wagen Richtung X nach und ueberholten dieselben unterwegs.
In B. verabredete ich mich noch im Wartesaale mit der Frau des Professors, um ihr genau meine Erlebnisse zu sagen. Spaeter hoerte ich, dass man auf der Klinik die Hakenkreuzfahnen zerrissen hatte, der Professor war G.s.D.[3] ueber alle Berge.
Am folgenden Tage, an welchem ich in ein boykottiertes Geschaeft gehen wollte, wurde mir der Eintritt verweigert, und gleichzeitig erschien ein Geheimpolizist, der mir erklaerte, ich stehe in dem Verdacht, ein Spitzel zu sein und wuerde bei der geringsten weiteren Verdaechtigung verhaftet. Ich dankte dem Helden fuer die Warnung und verschwand einige Wochen aus der Stadt.
Eines Abends sass ich mit einigen Geschaeftsfreunden in einem Restaurant, wo auch einige S.A.- & S.S.-Leute verkehrten. Auf der Toilette wurde ich von einem angerempelt, der

1 WL, P.II.c., No. 987.
2 Das Dokument wurde 1933 in Amsterdam verfasst und 1959 der Wiener Library in London für deren Sammlung von Augenzeugenberichten übergeben; wie Anm. 1.
3 G.s.D.: Gott sei Dank.

mir drohend sagte, dass er mit mir ein Huehnchen zu rupfen haette. Ich versuchte nun, da ich die Gefahr kannte, schnell aus dem Lokal zu verschwinden und fuhr mit meinen Freunden aus der Stadt in der Hoffnung, dass ich nun vor diesem finsteren Burschen Ruhe haette. Wie gross war allerdings meine Ueberraschung, als ich nach einer Stunde diesen Helden des Dritten Reichs vor meinem Hause auf mich losstuerzen sah und er sich mit mir herumschlagen wollte. Ich versuchte, mich so gut es ging zu verteidigen, und verletzte ihn nicht unerheblich mit meinem Hausschluessel am Kopf. Ich buesste einige Zaehne bei dieser Keilerei ein. Nun begab ich mich zur Ruhe und dachte mir, dass die Angelegenheit erledigt sei. Nun begann allerdings fuer normale Zeiten etwas Unerhoertes. Gegen 2 Uhr Nachts erschienen 3 S.S.-Leute, durchsuchten das ganze Haus, bis man mich im Pyjama erwischte und in notduerftig bekleidetem Zustande auf die Wache schleppte und dann in eine Zelle einsperrte, wo sonst nur Landstreicher und Leute untergebracht werden, die des Nachts aufgegriffen werden. Nachdem ich dort eine Stunde zugebracht hatte, erschienen 2 S.S.-Leute mit Gummiknueppel, rissen mir die Kleider vom Koerper und misshandelten mich solange, bis ich kein Glied mehr ruehren konnte und nur noch schwach bei Bewusstsein war. So liess man mich liegen bis 8 Uhr, und dann misshandelten 2 neue Leute mich in derselben Weise. Ich musste nach einer halben Stunde noch einen grossen Krug Rizinusoel zu mir nehmen. Gegen 11 Uhr sagte man mir, dass ich nun nach Hause konnte, aber wie gross war meine Ueberraschung, als auf der Strasse ein Handwagen stand, Hunderte S.A.-Leute und viel Volk, und man mich zwang, auf dem Wagen Platz zu nehmen. Nach anfaenglichem Straeuben legte ich mich auf den Karren, sprang wieder ab, wurde mit brutaler Gewalt nochmals darauf geworfen, und da ich nichts machen konnte, ergab ich mich in mein Schicksal und wurde etwa eine Stunde lang begleitet von 100 S.A.-Leuten durch die Stadt zum Gefaengnis befördert. Hunderte von Menschen sahen sich dies traurige Schauspiel missbilligend an.

Im Gefaengnis kam ich sofort ins Lazarett, denn ich sah aus wie ein Zebra, schwarz und blau war mein ganzer Koerper, doch die Behandlung wie auch das Essen waren gut. Nach 14 Tagen wurde ich entlassen, weil ich erklaeren liess, dass ich aus X. verschwinden wuerde. Noch in derselben Nacht verliess ich Deutschland, fuer das ich 4 Jahre im Westen gekaempft hatte.

DOK. 94
Pariser Tageblatt: Kommentar vom 4. Januar 1934 zur Absage des Boxkampfs Schmeling gegen Levinsky[1]

Schmeling[2] darf gegen keinen Juden boxen. Ein Verbot der deutschen Regierung

Ein Pariser Abendblatt berichtet, dass der am 18. Februar in Chicago geplante Kampf zwischen Max Schmeling und King Levinsky[3] abgesagt wurde, weil die deutsche Regierung es Schmeling

1 Pariser Tageblatt, Nr. 4 vom 4. 1. 1934, S. 1. Die Exilzeitung, geleitet von Georg Bernhard, erschien von Dezember 1933 bis Juni 1936. Die Auflage betrug 1935 14 000 Exemplare. Nachfolger war die Pariser Tageszeitung 1936–1939.

2 Max Schmeling (1905–2005) war zunächst Arbeiter, dann von 1924–1948 Profiboxer; er war 1930–1932 Weltmeister im Schwergewicht und errang 1936 einen von der NS-Propaganda gefeierten Sieg über den US-Amerikaner Joe Louis, 1938 unterlag er im WM-Kampf gegen Joe Louis; nach 1948 als Unternehmer tätig.

3 King Levinsky, eig. Harris Krakau (1910–1991), amerik. Profiboxer.

untersagt hat, gegen den Juden Levinsky anzutreten. Es wird weiter berichtet, King Levinsky habe erklärt, er möchte gern einmal Hitler vor seine Fäuste bekommen. Ein frommer, aber leider unerfüllbarer Wunsch.

Trifft die Nachricht zu, so dürfte Schmeling wohl der Geschädigte sein. Der Weg zur Weltmeisterschaft führt aller Voraussicht nach über einen Juden, sei es Max Baer[4] oder Levinsky. Denn diese minderwertige, schwächliche Rasse ist im Boxsport nun einmal nicht schlecht vertreten. Schmeling und Heuser[5] haben diese Erfahrung machen müssen.[6] Will man in Berlin, um in Schmeling einen Nationalheros zu erhalten, unter allen Umständen verhüten, dass Schmeling noch einmal an einem Juden scheitert, so kann man ihn ja zum kampflosen Weltmeister von Deutschlands Gnaden erklären. Das kostet nichts. Es käme auf ein Gelächter mehr oder weniger nicht an.

DOK. 95
Der Unternehmer Julius Fromm protestiert am 4. Januar 1934 gegen die geplante Aberkennung seiner deutschen Staatsbürgerschaft[1]

Schreiben von Julius Fromm,[2] ungez., Berlin-Schlachtensee, Rolandstr. 4, an den Polizeipräsidenten der Reichshauptstadt Berlin[3] vom 4. 1. 1934 (Abschrift)[4]

Dem Herrn *Polizeipräsidenten* bitte ich Folgendes vortragen zu dürfen:

Im Zusammenhang mit der Durchführung des Gesetzes über die Aberkennung der deutschen Staatsangehörigkeit vom 14. 7. 1933[5] bin ich zur Vernehmung über meine Personalien vor das zuständige Polizeirevier geladen.

Dem Herrn Polizeipräsidenten erlaube ich mir im Folgenden die Gründe darzulegen, aus denen ich annehme, daß das vorgenannte Gesetz nebst Ausführungsbestimmungen vom 26. Juli 1933 auf mich nicht zut[rifft].[6]

4 Maximilian Adelbert Baer (1909–1959), amerik. Profiboxer; 1934–1935 Weltmeister im Schwergewicht.
5 Adolf Heuser (1907–1988), seit 1929 Profiboxer, war zweimaliger Europameister.
6 Schmeling verlor 1933 in New York gegen Max Baer durch K. o., Heuser unterlag im selben Jahr als Herausforderer dem Weltmeister im Halbschwergewicht Maxie Rosenbloom (1903–1976).

1 BLHA, Pr. Br. Rep. 2A, I St Einbürgerung, Julius Fromm, Bl. 50–57.
2 Israel, später Julius Fromm (1883–1945), Unternehmer; geboren in Konin (Russisch-Polen), 1893 nach Berlin eingewandert; zunächst Heimarbeiter, 1914 gründete er die Fa. Israel Fromm, von 1916 an Fromms Act (Herstellung von Gummiwaren und Kondomen); von 1920 an deutscher Staatsbürger; die Firma wurde 1938 „arisiert"; im Oktober 1938 emigrierte Fromm nach Großbritannien.
3 Polizeipräsident von Berlin war Magnus Levetzow (1871–1939), Marineoffizier; 1889–1920 Marinelaufbahn, zuletzt Konteradmiral; 1925–1928 im Junkers-Konzern tätig; 1932 NSDAP-Eintritt; 1933–1935 Polizeipräsident von Berlin, danach in der Privatwirtschaft tätig.
4 Im Original mehrere handschriftl. Unterstreichungen.
5 Nach dem Gesetz über den Widerruf von Einbürgerungen und die Aberkennung der Staatsangehörigkeit vom 14. 7. 1933 wurden Einbürgerungen aus der Zeit zwischen dem 9. 11. 1918 und dem 30. 1. 1933 anhand eines speziellen Fragebogens überprüft und in den meisten Fällen widerrufen; RGBl., 1933 I, S. 480. Zur Vorgeschichte der Ausbürgerung von „Ostjuden" siehe Dok. 8 vom 15. 3. 1933.
6 Die DVO nannte als Kriterien für den Widerruf „völkisch-nationale" Grundsätze und die „ostjüdische" Herkunft der Eingebürgerten; DVO zum Gesetz über den Widerruf von Einbürgerungen und die Aberkennung der Staatsangehörigkeit vom 26. 7. 1933, RGBl., 1933 I, S. 538 f.

Ich bin als Kind im Jahr 1893 nach Deutschland gekommen und habe seitdem meinen Wohnsitz ununterbrochen in Berlin gehabt. Meine Schulbildung habe ich in Berlin auf deutscher Schule genossen. Ich beherrsche *lediglich* die *deutsche* Sprache und bin *ausschließlich* in *deutschem* Geist und in *deutscher* Kultur erzogen und dieser Art durch Verhalten und Tat *stets* treu geblieben. Das ist nicht unbekannt. Irgendwelche persönlichen, familiären oder politischen Beziehungen zum Geburtsland meines schon vor 36 Jahren verstorbenen Vaters besaß und besitze ich überhaupt nicht. Ich bin in glücklicher Ehe verheiratet mit einer Berlinerin, *von Geburt* preußischer Staatsangehörigkeit. Die Familie meiner Ehefrau ist seit Generationen in Berlin ansässig. Auch mein Schwiegervater war Arier und Deutscher im wahrsten Sinne des Wortes. Die drei unserer Ehe entsprossenen Jungen[7] haben in Berlin die Schule besucht und konnten von ihren deutschfühlenden Eltern nur *ausschließlich* in *deutschem* Geist und *deutscher* Kultur erzogen werden. In Berlin habe ich mein Industrie-Unternehmen gegründet, das ich – am Anfang als alleiniger Angestellter und Arbeiter zugleich – von den kleinsten Anfängen bis zu der heutigen Bedeutung gefördert habe. So konnte ich durch meine *deutsche* Artung und meinen *deutschen* Fleiß sauber und ehrlich einer der größten Steuerzahler meines Wohnbezirks Zehlendorf-Schlachtensee werden. Bis zum Mai 1933 war ich alleiniger Inhaber dieser Firma: *Fromms Act*, Julius Fromm, Gummiwerke, Berlin-Köpenick, welche dann in eine „Gesellschaft mit beschränkter Haftung" umgewandelt wurde. Naturgemäß besitze ich auch nach dieser Umwandlung noch den wesentlichen Teil der Gesellschafts-Anteile. Die Firma, die rund 500 Arbeiter, Angestellte und Vertreter beschäftigt, hat trotz wesentlichen Umsatzrückgangs infolge der allgemeinen Wirtschaftskrise Entlassungen bisher *nicht* vorgenommen, sondern in anerkannt sozialer Haltung ihren Arbeiter- und Angestelltenstamm, von denen Anfang 1933 nur etwa 1 % Nichtarier waren, ohne engherzige Wirtschaftlichkeitsüberlegungen durchgehalten.

Das Unternehmen erzeugt chirurgische und hygienische Gummiwaren. Ruf und Ansehen des Unternehmens, das – ohne Unbescheidenheit – besten Weltruf genießt, dürften bekannt sein. Es führte und führt in größerem Umfang deutsche Waren in das Ausland aus und tat *stets* alles an seinem Teil zur Förderung der deutschen nationalwirtschaftlichen Handels- und Zahlungsbilanz, und damit zur Hebung des deutschen Devisenbestands. Die jetzt erst recht mit aller Kraft betriebene Steigerung des Exports und die damit verbundenen weitreichenden Organisationsmaßnahmen stellen mich gegenwärtig vor Aufgaben größter Bedeutung. Das Unternehmen unterhält an drei verschiedenen Stellen Betriebe und zwar: in Berlin-Köpenick, in Berlin-Friedrichshagen und in Danzig. Die Hauptfabrik und die Hauptverwaltung befinden sich in Berlin-Köpenick. Ohne geringste Überheblichkeit darf ausgesprochen werden, daß das Unternehmen durch seine technische und architektonische Vollendung und durch seine bewußt höchsterreichbare Ausstattung mit sozialen und hygienischen Einrichtungen *weit über den Rahmen Berlins bekannt* ist; sehr oft ist es mir von Auslandskunden und Fachleuten als eine Sehenswürdigkeit Deutschlands, ja der Welt bezeichnet worden. *Das ist meine deutsche Lebens-Arbeit*: Mein Stolz auf dieses, auch in letzten Dingen *deutsche* Höchstleistung atmende Ergebnis meiner Lebensarbeit wird am einfachsten verständlich durch das überzeugende Zeugnis *mei-*

7 Max Fromm (1907–1969), Schauspieler; emigrierte 1933 nach Frankreich. Herbert Fromm (1911–1961), Kaufmann, und Edgar Fromm (1919–1999) emigrierten 1934 bzw. 1938 nach Großbritannien.

ner deutschen Geisteshaltung: durch Besichtigung, Betriebsumfrage und Betriebsprüfung des Unternehmens selbst.
Auch in der jetzigen Krisenzeit hat das Unternehmen nach den Anregungen des Führers Weihnachtsgratifikationen an die gesamte Belegschaft verteilt. Der im Original angefügte Brief des Verbandszellen-Obmanns und *langjährigen* Mitglieds der NSDAP. Weinold vom 11. 12. 33 (also *vor* der diesbezüglichen Vorladung geschrieben) ist aufschlußreich für das Verhältnis meiner Belegschaft zu mir. Die seit 21 Jahren in meinem Unternehmen tätige Frau Margarete Puls, Berlin-Köpenick, Friedrichshagener Straße 38/39, der Betriebsleiter Alfred Hausding (Mitglied der NSDAP), die beiden GmbH-Geschäftsführer (beide Mitglieder der NSDAP), aber auch alle übrigen Arbeiter und Angestellten – ohne Auswahl – werden für mich Zeugnis geben. Polizeirevier und Kriminalpolizei in Berlin-Köpenick und auch der jetzige Bürgermeister von Berlin-Köpenick werden meiner vaterländischen, sozialen und nationalwirtschaftlichen Haltung die Bestätigung nicht versagen. Auch die „Kreisleitung der NSDAP in Berlin. O., Pettenkoferstr." und die „Ortsgruppe der NSDAP in Berlin-Hirschgarten" wird mir hierzu Gerechtigkeit widerfahren lassen.[8]
Zu meiner Person möchte ich weitergehende Ausführungen Dritten überlassen. Unter Hinweis auf den Inhalt der Anlagen seien hierzu zunächst die objektiven Beweisstücke von Persönlichkeiten und Stellen der nationalen Bewegung sowie objektive Tatbestands-Nachweise herangezogen. Ich habe nicht nur *ganz selbstverständlich* zu *jeder* Zeit meine Pflichten gegen Staat und Volksgemeinschaft erfüllt, sondern darüber hinaus die öffentliche und allgemeine Wohlfahrt an den Früchten meiner Arbeit *in weit mehr als gewöhnlichem* Umfang nachweislich teilnehmen lassen. So habe ich auch sofort am ersten Tag nach dem Aufruf zu Spenden für die Winterhilfe der Berliner Organisation derselben 10 000 RM zur Verfügung gestellt. Auch unter der Brüning-Regierung unterstützte ich nach angefügter Quittung bereits den Arbeitsausschuß der „Reichsarbeitsgemeinschaft für Deutsche Arbeitsdienstpflicht", wobei ich bewußt für die alle Volksgenossen gleichmäßig und unabdingbar treffende *Pflicht* gegenüber einer unbefriedigenden Freiwilligkeit einzutreten beabsichtigte.
Auch auf meine Maßnahmen zur Bekämpfung der Greuelpropaganda [im] Ausland sehe ich mich gezwungen ebenfalls hinzuweisen, ohne mich damit hervortun zu wollen. In dieser Angelegenheit veranlaßte ich am 30. März 1933 die Absendung von *zwanzig* Telegrammen nebst Briefbestätigungen und *siebzehn* Schreiben an Stellen des Saargebiets, Danzigs und des Auslands, wie es die Anlagen nach Inhalt und Anschreiben ausweisen. Wie aber aus den weiteren Anlagen hervorgeht, waren diese meine Maßnahmen auch von Erfolg begleitet; das zeigt die Meldung des „Aussiger Tageblatt" (Tschechoslowakei) Nr. 76 vom 31. März 1933, das Antwortschreiben der kanadischen Firma „The Swedish Linen Industry" in Regina/Sask vom 20. April 1933, des Athener Blattes u. a. m.[9]
Über meine Geisteshaltung *der Vorkriegszeit* und *Kriegszeit* füge ich die Abschrift meines Gesuchs an den Herrn Polizeipräsidenten von Berlin vom 7. September 1914 bei; Originale und

8 Der Geschäftsführer der NSDAP-Gau-Betriebszellenabteilung Groß-Berlin schrieb dem Regierungspräsidenten in Potsdam am 19. 1. 1934 auf Anfrage, Fromms Unternehmen mit z. Zt. 550 Angestellten und Arbeitern sei „mustergültig sowohl in betriebstechnischer als auch in sozialer Hinsicht". Bei einer Ausbürgerung Fromms bestehe die Gefahr, dass viele Arbeitsplätze verloren gingen; wie Anm. 1, Bl. 62 f.

9 Liegen nicht in der Akte.

Vorgänge dürften sich bei den Akten der Behörde befinden. Hierin wird klar ersichtlich, weshalb ich meine Naturalisierung *nicht früher* betrieben habe: ich war mir meiner damaligen russischen Staatsangehörigkeit eben kaum bewußt! Als ich dann aber, ebenfalls im September 1914, auch zwecks Eintritts in den deutschen Heeresdienst meine Aufnahme in den Preußischen Staatsverband beantragte, wurde ich (gemäß Anlage) am 25. November 1914 abschlägig beschieden.[10] Man eröffnete mir damals: meines schwächlichen Körperzustands wegen käme ich für den aktiven Heeresdienst doch nicht infrage; nach dem „bald erwarteten" Kriegsende solle ich den Erwerb der Preußischen Staatsangehörigkeit erneut beantragen. Da betätigte ich mich denn im vaterländischen Heimatdienst und stellte mich (laut Anlage 26089) im November 1915 auch dem „Freiwilligen Vaterlandsdienst" zur Verfügung. Andere Anlagen geben über meinen unabläßlichen Einsatz für Deutschland Aufschluß, wie dies auch mein aktiver Dienst in der Berliner „Einwohnerwehr"[11] 1918/1919 beweist.[12]
Meine eigenen Interessen sah ich bewußt und offenkundig zu allen Zeiten am besten dadurch gefördert, daß ich sie *hinter* das Wohl der Betriebsgemeinschaft, des Volkes und des Vaterlandes einordnete.
Während des Krieges habe ich meine *gesamten* Ersparnisse in Kriegsanleihen angelegt, und meine Söhne haben sich Anerkennungsdiplome für das Sammeln von Kriegsanleihezeichnungen erworben. Alles Goldgeld und darüber hinaus alles Gold, was ich selber bei Kunden gegen 50% höhere Warenrechnung zu *meinen* Lasten zu sammeln vermochte, habe ich in vaterländischem Pflichtstreben nach den darüber ausgestellten Bescheinigungen und Anerkenntnissen den Amtsstellen zugeführt. Nach letzter Möglichkeit war ich während des Krieges auch in großem Umfang für das Rote Kreuz tätig. Dabei habe ich u. a. die Verteilung von Liebesgaben-Paketen an deutsche Soldaten organisiert.
Seit etwa 20 Jahren bin ich Mitglied des „Invalidendank" wie auch des „Kolonial-Kriegerdank" u. a. m.[13] Ich war auch Mitglied des parteipolitisch neutralen vaterländischen „Deutschen Ausschusses – Mit Hindenburg für Volk und Reich". Der Präsident des Ausschusses, Durchlaucht Fürst Otto zu Salm-Horstmar, hat bei der Auflösung desselben im Juni 1933 in dem beiliegenden Schreiben meine Mitarbeit und Einsatz zum Wohle von Volk und Vaterland anerkennend gewürdigt.
Es bedrückt mich zutiefst, zu Offenbarungen dieser Selbstverständlichkeiten meines Handelns als ehrlicher Deutscher gezwungen zu sein, um darzutun, daß für mich die Voraussetzungen des Ausbürgerungsgesetzes und der Durchführungsverordnung vom 26. Juli 1933 doch wohl nicht zutreffen. Ich vermag nicht zu glauben, daß ich bei *meiner* Verwurzelung mit dem Deutschtum, daß ich mit der Lebensarbeit meines Unternehmens ohne Wägen in die Wirkungen dieses Gesetzes einbezogen werden könnte. Zweifelsohne würde bei meiner Ausbürgerung das von mir gegründete und geleitete Unternehmen, das der deutschen Volkswirtschaft nicht zuletzt mit der Beschäftigung von mehreren hundert Arbeitnehmern und durch den bedeutsamen Export deutscher Waren in jeder Beziehung dienstbar ist, auf's Schwerste gefährdet, wenn nicht gar der Vernichtung preisgegeben.
So erlaube ich mir die Bitte auszusprechen, mir nicht nur gnadenweise mein Deutschtum

10 Siehe Entwurf des Schreibens des Polizeipräsidenten an Israel Fromm vom 25. 11. 1914; wie Anm. 1, Bl. 7.
11 Einwohnerwehren waren der Reichswehr unterstehende paramilitärische Gruppierungen.
12 Anlagen liegen nicht in der Akte.
13 Invaliden-Dank und Kolonial-Kriegerdank waren patriotische Wohlfahrtsvereine.

zu erhalten, da ich mir bewußt bin, im besten Sinne *deutsch* erzogen zu sein, stets *deutsch* gelebt und gewirkt zu haben.
Als Referenzen nenne ich den mich seit etwa 20 Jahren kennenden *Alldeutschen*,[14] Herrn Syndikus Dr. Paul Stuermer, Berlin-Charlottenburg 2, Knesebeckstr. 80,[15] der auch geschäftsführendes Präsidialmitglied des „Deutschen Ausschusses – Mit Hindenburg für Volk und Reich" bis zu dessen Auflösung war; weiter benenne ich zunächst Herrn Zivilingenieur Fritz Schmitt, Berlin-Charlottenburg, Clausewitzstr. 6.[16]
Auf Erfordern werde ich die Angabe von auskunftsbefähigten Persönlichkeiten umfassend erweitern.
Mit der Bitte um Entscheidung[17] – nicht zuletzt auch wegen baldesmöglicher Behebung der aus schwerer seelischer Bedrängnis aufgetretenen Lähmung meiner Tätigkeit in dem Unternehmen – zeichne ich
ganz ergebenst

DOK. 96

Der National-Sozialistische Erzieher: Artikel vom 13. Januar 1934 über die „Rassentrennung"[1]

Reiner Tisch zwischen deutsch und jüdisch!
Von Professor Dr. M. Staemmler[2]

Wir sehen es als ganz überflüssig an, die Minderwertigkeit der jüdischen Anlagen zu beweisen. Sie sind ein Volk vorderasiatisch-orientalischer Art, wir sind ein Volk überwiegend nordischer Art. Sie sind also etwas wesentlich anderes als wir. Wir sind stolz auf unsere Rasse, sie auf die ihrige. Da wir aber nun hier nicht über Rassenpflege in Vorderasien oder in Palästina, sondern über Rassenpflege in Deutschland sprechen, so stellt die Beimischung der Juden für uns einen Fremdkörper dar, der für uns unerwünscht ist. Und

14 Alldeutscher: Mitglied des Alldeutschen Verbands. Nationalistische und antisemitische Organisation, gegründet 1890 als Allgemeiner Deutscher Verband, von 1894 an Alldeutscher Verband.
15 Stuermer richtete am 7. 1. 1934 ein Schreiben an den Regierungspräsidenten in Potsdam, in dem er sich „aus vaterländischen Erwägungen" gegen eine Ausbürgerung Fromms aussprach und dies mit dessen Haltung und Wesen sowie dessen Tüchtigkeit als Industrieller begründete; wie Anm. 1, Bl. 58–60.
16 Oberingenieur Schmitt lieferte am 24. 1. 1934 ein positives Gutachten über die Fabrik der Fa. Julius Fromm in Berlin-Köpenick; ebd., Bl. 68 f.
17 Der Polizeipräsident von Berlin war von der Regierung Potsdam im Dezember 1933 aufgefordert worden, den Fall Fromm zu prüfen. Nach den Ermittlungen übergab die Regierung Potsdam die Sache mit der Empfehlung, die Einbürgerung ausnahmsweise nicht zu widerrufen, an das preuß. MdI zur Entscheidung ab. Das preuß. MdI schloss sich am 21. 4. 1934 dieser Auffassung an und sah von einem Widerruf ab; wie Anm. 1, Bl. 47 und 99.

1 Der National-Sozialistische Erzieher, Nr. 2 vom 13. 1. 1934, S. 29. Das Wochenblatt erschien seit 1933 in verschiedenen Regionalausgaben, hier hrsg. vom NS-Lehrerbund Westfalen-Lippe, Verlagsort Iserlohn.
2 Dr. Martin Staemmler (1890–1974), Mediziner; 1931 NSDAP-Eintritt und Referent im Rassenpolitischen Amt der NSDAP; 1933–1935 Professor in Leipzig und Kiel, 1935–1945 in Breslau, 1938–1942 Rektor der Universität Breslau, 1950–1960 Direktor des Pathologisch-bakteriologischen Instituts der städt. Krankenanstalten Aachen; Autor u. a. von „Rassenpflege im völkischen Staat" (1933), Mithrsg. der Zeitschrift Volk und Rasse.

daß sie geistig-seelisch, besonders was das Gefühlsleben anbetrifft, etwas durchaus anderes sind als wir, sieht jeder, der als Deutscher mit deutschen Augen Zeitungen, Zeitschriften und Bücher zu lesen versteht. Er braucht dabei nicht einmal bis zum Berliner Tageblatt, der Frankfurter Zeitung, der Ullsteinpresse, den sogenannten Lustigen Blättern herunterzusteigen. Fast die gesamte Zeitungspresse unterstand ja bis vor wenigen Monaten jüdischem Einfluß und ließ das in mehr oder weniger versteckter Form erkennen. Daß heute diese jüdische Kontrolle über die öffentliche Meinung ausgeschaltet ist, ist als einer der wichtigsten Erfolge der nationalsozialistischen Revolution anzusehen und bringt die Erfüllung des Punktes 23 des Parteiprogramms von 1920, wonach sämtliche Schriftleiter und Mitarbeiter von Zeitungen Volksgenossen sein müssen.[3]

Genau so gut wie der Neger und der Chinese äußerlich und innerlich etwas ganz anderes sind als wir, so ist es auch der Jude. Meinetwegen kann er sich für etwas Besseres halten. Wir wollen ja keinen Allgemeinmenschen, sondern den deutschen Menschen. Und der wird in der für ihn charakteristischen Art durch jüdische Beimischung verschlechtert. Deshalb heißt es auch hier: Scheidung der Rassen!

Warum nicht Vermischung und Aufsaugung?

Die Eigenschaften einer reinen Rasse sind innerlich aufeinander abgestimmt. Sie passen zueinander. Es besteht ein innerer Zusammenklang zwischen ihnen. Dieser ist dadurch entstanden, daß der Jahrtausende dauernde Kampf ums Dasein alles Nichtpassende, alles Unstimmige ausgemerzt hat, bis zuletzt nur der Zusammenklang übrig blieb und so ein Rassenbild entstand, dessen Eigenschaften innerlich zusammengehörten. Das gilt für alle reinen Rassen. Das gilt auch in gewisser Weise für Völker, die ein Rassengemisch darstellen. Kommt es nun in diesem einigermaßen ausgeglichenen Zustand zu einer Einmischung ganz fremder Bestandteile, so werden, bei dem Durcheinanderwirbeln der Erbanlagen, Anlagen zusammenkommen, die nicht zueinander passen. Wie es äußerlich zweifellos kein schönes Bild abgäbe, wenn ein Mops mit Windhundbeinen oder ein Windhund mit Bulldoggenkopf geboren würde, so werden auch innere seelische Veranlagungen zusammentreffen, die nicht zueinander passen. Die Menschen „zwischen den Rassen" gehören zu keiner, sie wissen nicht, was sie sind. Sie haben keinen Halt, sind innerlich zerrissen und oft die Führer der minderen Rasse gegen die höhere.

Daß die Juden in Deutschland sich als Juden fühlen, haben sie so oft gesagt und bewiesen, daß man solche Zeugnisse nicht erst zu erwähnen braucht. Wenn sie sich ganz als Deutsche gefühlt hätten, hätten sie verhindert (und sie konnten das gerade besonders gut verhindern!), daß seit Kriegsende Tausende von Ostjuden zu uns eingewandert, ja sogar bei uns eingebürgert sind, von denen doch kein Mensch, kein deutscher Mensch behaupten wird, daß sie ein Gewinn für unser Volk gewesen sind. Wenn die sogenannten deutschen Juden sich als Deutsche gefühlt hätten, hätten sie selbst verlangt, daß diese Ausbeuter ferngehalten würden. Aber sie haben sie aufgenommen, großgepäppelt und mit ihrem Raub dann wieder abziehen lassen. Das hat klare Bahn geschaffen. Auch hier heißt es: „Ganz Israel bürgt füreinander".

Und diese Leute sollen also bei uns eingebürgert, in uns aufgenommen, zu Deutschen gemacht werden? Das kann ein völkischer Staat niemals wollen, sonst gibt er es auf, ein völkischer Staat zu sein. Darum reiner Tisch zwischen deutsch und nichtdeutsch!

3 NSDAP-Programm vom 24. 2. 1920; Nationalsozialismus, Dokumente, S. 30.

Zunächst aber, obwohl es heute eigentlich überflüssig sein müßte, noch eine Vorbemerkung.[4] Es handelt sich hier nicht um die Religionsjuden, sondern um die Rassejuden. Auch wer in dritter und vierter Generation getauft ist, selbst wenn er heute gut katholisch ist und dem Zentrum angehört, bleibt ein Jude. Man höre endlich auf, von „christlichen" Geschäften zu sprechen, man höre endlich auf, Juden und Christen gegenüberzustellen. Es gibt bei uns Deutsche und Juden. Der Jude ist niemals Deutscher, auch wenn er evangelisch oder katholisch getauft ist.
Also unser Ziel ist Scheidung der Rassen![5]

DOK. 97
Juristische Wochenschrift: Artikel vom 13. Januar 1934 über zwei Urteile des Reichsarbeitsgerichts zur Kündigung jüdischer Angestellter[1]

B. Arbeitsgerichte.
Reichsarbeitsgericht.
Berichtet von Rechtsanwalt Dr. W. Oppermann,[2] Dresden.
1. *§ 626 BGB. Zugehörigkeit des Dienstverpflichteten zum Judentum berechtigt den Dienstherrn nicht unter allen Umständen zu fristloser Lösung des Dienstverhältnisses. Maßgebend für die Beurteilung der Frage ist die geklärte Anschauung der Gegenwart, nicht die unter dem Eindruck politischer Ereignisse etwa überstürzt gewonnene Betrachtungsweise.*[3]

I. Der Kl[äger] hatte 1925 ein in C. unter der Firma Deutsches Schuhwarenhaus, Inhaber Max G., seit längeren Jahren betriebenes Schuhgeschäft von dem früheren Inhaber G. erworben und seitdem unter der Firmenbezeichnung „Deutsches Schuhwarenhaus, Inhaber Fritz K.", weitergeführt. Das Geschäft bezog Schuhwaren von der Fabrikfirma H.P. in B., deren alleiniger Inhaber der Geheime Kommerzienrat Hans P. in B. ist. Im Jahre 1929 wurde zwischen der Firma H.P. und dem Kl. eine Umgestaltung des C.er Geschäftes in eine GmbH. vereinbart, deren Geschäftsanteile später sämtlich dem Geheimrat P. übertragen wurden. Der Kl. wurde zum Geschäftsführer bestellt.
Der für den 1. April 1933 angeordnete Boykott jüdischer Geschäfte kam hinsichtlich der Verkaufsstelle des Deutschen Schuhwarenhauses Fritz K. in C. zu derartiger Auswirkung, daß im Laufe des Vormittags nach dem auf 10 Uhr bestimmten Beginn des Boykotts SA-Leute beim Geschäft erschienen und die Schließung als notwendig bezeichneten, weil sich die Boykottanordnung auch auf dieses Geschäft beziehe. Der Kl. erreichte durch seine Auf-

4 Ungeachtet des von Staemmler verwandten Begriffs Vorbemerkung steht nach dieser Passage kein weiterer Textteil, sondern es folgen Nachrichten.
5 1932, auf der zweiten Reichstagung des NS-Ärztebunds in Leipzig, hatte Staemmler ein gesetzliches Verbot von Ehen zwischen „Deutschen und Juden" gefordert; erwähnt bei Käthe Frankenthal „Ärzteschaft und Faschismus"; Der sozialistische Arzt, 8 (1932), H. 6, S. 101–107, hier: S. 105; Faksimile bei Leibfried/Tennstedt, Berufsverbote und Sozialpolitik, S. 203–209.

1 JW, H. 2 vom 13. 1. 1934, S. 121 f.
2 Dr. Hermann Walther Oppermann (1876–1942), Jurist; Rechtsanwalt in Dresden; Autor u. a. von „Studien zum Arbeitsgerichtsprozeß" (1929).
3 Fußnote im Original: „Zu 1. Vgl. Rohlfing, Rechtsfragen aus der Zugehörigkeit zur jüdischen Rasse im Arbeitsrecht: JW. 1933, 2098 f. und die dort angeführten Entscheidungen der Berliner Arbeitsgerichtsbehörden. D.S."

klärungen, es handele sich um ein Geschäftsunternehmen, dessen sämtliche Geschäftsanteile in den Händen des nichtjüdischen Geheimrats P. wären, nicht eine Abänderung des Verlangens der SA.-Leute, und das Geschäft wurde gleich jüdischen Geschäften für den Verkehr geschlossen. Die ferneren Bemühungen des Kl. und die Schritte des von der Bekl[agten] für diesen Tag nach C. entsandten Angestellten hatten aber den Erfolg, daß das Geschäft im Laufe des Nachmittages wieder geöffnet werden konnte, noch ehe die für den allgemein durchzuführenden Boykott bestimmte Zeit abgelaufen war.

Am 2. April 1933 ging dem Kl. ein Schreiben der Bekl. vom 1. April 1933 zu, Inhalts dessen er, nachdem er bereits durch Gesellschafterbeschluß v. 14. März 1933 als Geschäftsführer entlassen sei, nunmehr aus dem Dienstverhältnisse fristlos entlassen werde, weil das Geschäft dem Boykott anheimgefallen und offensichtlich die Boykottierung wegen der Person des Kl. erfolgt sei. Dieser Entlassung widersprach der Kl. als unberechtigt, doch hielt die Bekl. in ihren ferneren Erklärungen die ausgesprochene Entlassung aufrecht.

Der Kl. macht die Ansprüche, welche er vertraglich als Vergütung festgesetzt erhalten hat, als Entschädigung für die Entziehung der vertraglichen Stellung geltend.

Er führt an: Die Bekl. benutze die judenfeindliche Strömung der Gegenwart als Vorwand zur Entfernung des Kl. Bei der Gestaltung des besonderen Falles könne nicht behauptet werden, der Kl. sei als der Leiter der C.er Geschäftsstelle wegen seines Judentums unmöglich, und die Bekl. müsse, um nicht unzumutbare Vermögensverluste zu erleiden, den jüdischen Kl. entfernen. Für die örtlichen Verhältnisse in C. lasse sich überhaupt nicht von einer größeren antisemitischen Bewegung innerhalb des Publikums sprechen. Das Publikum habe keine ablehnende Haltung gegen jüdische Geschäfte schlechthin eingenommen. Das unter der Firma Deutsches Schuhwarenhaus Fritz K. betriebene Unternehmen sei seit langen Jahren am Ort gut eingeführt. Der frühere Inhaber G. wie der Kl. seien als Juden allgemein bekannt, und es habe niemand aus dem Kundenkreise, der sich auf weite Schichten des Publikums erstrecke, an dem Judentum der Inhaber Anstoß genommen. Sicherlich würde das Publikum auch weiterhin in diesem C.er Geschäft seine Einkäufe tätigen, wenn der Kl. darin verblieben wäre. Um des Kl. willen hätte das Geschäft irgendeinen Kundenabsatz sicher nicht eingebüßt. Die Bekl. hätte, zumal da nach den amtlichen Verlautbarungen mit einer Wiederholung irgendwelcher Boykottverhängungen gar nicht zu rechnen sei, keinerlei Schädigung zu erwarten gehabt, falls der Kl. im Geschäfte fernerhin tätig geworden wäre. Die Bekl., die das Judentum des Kl. als einen beim Publikum Anstoß erregenden Umstand hinzustellen suche, habe den Namen des doch als Jude in C. bekannten Kl. überhaupt erst am 23. Mai 1933 aus der Firma entfernt, habe also offenbar die ganze Zeit vorher keinerlei Sorge gehabt, der Name des jüdischen Kl. in der Geschäftsbezeichnung könne irgendeinem Käufer oder einer sonstigen Stelle unangenehm auffallen.

Die angebliche Beteiligung des Kl. an einem Tumulte sei nichts anderes gewesen, als eine an sich unverfängliche Bemerkung zu einem den Kundenverkehr des jüdischen Geschäftshauses Sch. beobachtenden, dem Kl. persönlich bekannten SA.-Mann. Der Kl. sei allerdings am Abend in Schutzhaft genommen worden, am folgenden Morgen aber sofort nach seiner polizeilichen Vernehmung einfach entlassen worden, da ihm keinerlei Ordnungswidrigkeit vorgeworfen werden konnte. Offenbar suche die Bekl. völlig haltlose Vorwände, um nur den Kl. aus seiner Stellung zu bringen.

Beide Vorinstanzen haben die Bekl. verurteilt. Die Rev[ision] war erfolglos.

Gewiß kann der Umstand, daß ein Angestellter nichtarischer Abstammung ist, an sich Entlassungsgrund sein. Er ist es aber, für sich allein betrachtet, nicht schlechthin und

nicht ohne weiteres. Es kommt immer auf die Umstände des einzelnen Falles an. Dabei sind die veränderten Anschauungen und Verhältnisse, wie sie durch die nationale Erhebung und Erneuerung in den Vordergrund getreten sind, weitgehend zu berücksichtigen, und es wird ein Grund zu fristloser Entlassung namentlich dann anzunehmen sein, wenn die weitere Verwendung des Angestellten in dem Unternehmen des Arbeitgebers für diesen eine Schädigung oder auch nur eine Gefährdung derart erwarten läßt, daß es ihm nicht zugemutet werden kann, den Angestellten bis zu einer vertragsgemäßen Beendigung des Dienstverhältnisses zu behalten.
Diese rechtlichen Gesichtspunkte hat das B[erufungs]g[ericht] nicht verkannt. Es hat die Umstände des Falles eingehend geprüft und festgestellt, es sei nicht erwiesen, daß, wenn der Kl. weiterhin in diesem Geschäfte in leitender Tätigkeit gewirkt hätte, dieses Geschäft einen Niedergang hätte befürchten müssen. Aus der eigenen Haltung der Bekl. habe, wie näher begründet ist, das BG. vielmehr entnommen, daß die Bekl. selber im Grunde keine ernstlichen Besorgnisse gehabt habe, das Geschäft könne wegen des Judentums des Kl. seit dem 1. April 1933 bei fernerem Verbleib des Kl. einen empfindlichen Niedergang erleiden. Da nach Verlautbarungen in der Öffentlichkeit eine Wiederholung einer Boykottdurchführung nicht ohne weiteres anzunehmen sei, und da für den örtlichen Verkehr des C.er Geschäftes immerhin eine Kundschaft in Frage komme, die bisher an dem Judentum des Kl. keinen Anstoß genommen hat, sei nicht zu erkennen, daß das Unternehmen der Bekl. in C. mit erheblicheren Schwierigkeiten würde zu kämpfen haben, falls die Bekl. den Kl. als einen im Geschäft tätigen leitenden Angestellten behalten hätte, namentlich wenn die Bekl. ihrerseits in aller Öffentlichkeit das Geschäft als ein vollkommen deutsches Unternehmen darstelle. Der Kl. habe als Kriegsteilnehmer in einer Art sich bewährt, daß ihm am Orte die Kunden, die sonst für Juden wenig übrig haben würden, persönlich Achtung schwerlich versagen und eine Erwerbsstellung im Rahmen eines schon lange geleiteten Geschäftes nicht versagen würden. Schließlich könne, wie unter Erörterung der Entwicklung der Beziehungen der Streitteile untereinander näher dargelegt wird, im Verhältnis der Parteien zueinander bei Erwägung der Wichtigkeit der allgemeinen Zeitumstände nicht außer acht gelassen werden, welche Umstände gerade bei den persönlichen Beziehungen der Parteien für eine Aufrechterhaltung des Vertragsverhältnisses – vielleicht sogar auf die Gefahr gewisser Vermögenseinbußen der Bekl. hin – sprechen können.
(RArbG., Urt. v. 28. Okt. 1933, RAG 220/33. – Frankfurt a.O.)

II. Der Kläger, Sohn eines jüdischen Vaters und einer Mutter deutschen Geblüts, ist durch Vertrag v. 12. Okt. 1931 von der damals noch „Deutscher Apothekerverein" genannten Bekl. als Beamter zur Ausführung von Werbungs- und der sonstigen im Vertrage bestimmten A[rbeit]en angestellt worden. Mit Schreiben v. 1. April 1933 entließ ihn die Bekl. fristlos zufolge der RegierungsVO. gegen die sog. Greuelpropaganda.[4] Der Kl. sieht die Entlassung als unzulässig an und klagt auf Weiterzahlung des Gehalts.
Beide Vorinstanzen haben abgewiesen. Die Rev. führte zur Aufhebung und Zurückverweisung.
Grundsätzlich ist davon auszugehen, daß auch unter der veränderten Einstellung, die der nationale Staat und das deutsche Volk in seiner Allgemeinheit gegenüber dem Judentum

4 Gemeint ist vermutlich die VO des Reichspräsidenten zur Abwehr heimtückischer Angriffe gegen die Regierung der nationalen Erhebung vom 21. 3. 1933; RGBl., 1933 I, S. 135.

einnehmen, ein Satz, jeder Angestellte nichtarischer Abstammung könne fristlos entlassen werden, für das Gebiet des Wirtschaftslebens nicht anzuerkennen ist. Die von der Reichsregierung bezüglich der Beschäftigung nichtarischer Personen erlassenen Gesetze und VO. beziehen sich auf Berufsbeamte, Angestellte und Arbeiter öffentlicher Unternehmungen, Rechts-, Patentanwälte, Ärzte, Zahnärzte und Zahntechniker, Handelsrichter, Schöffen, Geschworene, Arbeitsrichter, Steuerberater u. dgl., allenthalben also Personen, die in öffentlichem Dienste stehen oder öffentliches Vertrauen genießen. In bezug auf Angestellte von Privatbetrieben liegen entsprechende Maßnahmen gesetzlicher Art nicht vor. Ihre Beschäftigung unterliegt mithin an sich keiner Behinderung. Damit ist freilich nicht gesagt, daß nichtarische Abkunft eines Dienstverpflichteten nicht doch unter den grundlegend geänderten Anschauungen der heutigen Zeit einen wichtigen Grund für die sofortige Lösung des Dienst- oder Arbeitsvertrages bilden *könne*, wenn nämlich dem Dienstberechtigten die Fortsetzung des Vertragsverhältnisses bis zum Ablauf der ordentlichen Kündigungsfrist nach Lage der Sache nicht zuzumuten ist; denn die durch die nationale Erhebung begründete neue Einstellung des deutschen Volkes zum Judentum ist gegenüber der vergangenen eine so grundlegend verschiedene, daß an ihren Auswirkungen auch auf dem Gebiete des privaten Vertragsrechts keinesfalls vorbeigegangen werden kann. Immer aber wird sich diese Auswirkung nur an den besonderen Umständen des Einzelfalles ermessen lassen, insofern sich allein nach diesen beurteilen läßt, ob und inwieweit die Rassenfrage der Aushaltung eines Dienstvertrages entscheidend entgegensteht. Dabei kann nur die Betrachtung aus den geklärten Anschauungen der Gegenwart heraus, nicht die unter dem Eindruck politischer Ereignisse etwa überstürzt gewonnene Betrachtungsweise maßgebend sein.

Der Deutsche Apothekerverein hat die sofortige Entlassung des Kl. in seinen Briefen v. 1. April 1933 mit der Bekämpfung der jüdischen Greuelpropaganda im Ausland begründet. An dieser Begründung hat die Bekl. im Rechtsstreit selbst nicht festgehalten, sie ist auch angesichts des ganz vorübergehenden, einmaligen Charakters dieser hauptsächlich in dem Boykott jüdischer Geschäfte gipfelnden Kampfmaßnahmen offensichtlich haltlos. Die Begründung aber, die das angefochtene Urt. für die Entlassung des Kl. als durchgreifend erachtet, gibt zu Zweifeln Anlaß, ob das BG. bei Prüfung des wichtigen Grundes rechtlich einwandfrei verfahren ist. Es kann dabei ganz davon abgesehen werden, ob die vertragliche Stellung des Kl. in der Tat, wie dies die Vorinstanz annimmt, als eine leitende anzusehen ist. Das angefochtene Urt. begründet die Untragbarkeit einer Weiterbeschäftigung des Kl. bei der Bekl. nur mit der Gefahr in den Kreisen der Mitglieder entstehender Unruhe und möglicher Konflikte mit amtlichen Stellen und geht dabei ersichtlich von der Annahme aus, daß die bloße subjektive Vermutung einer solchen Gefahr bei der Bekl. als ausreichender Entlassungsgrund genüge. Eine solche Auffassung würde indessen rechtsirrig sein. Denn die Prüfung eines Entlassungsgrundes auf seine Wichtigkeit hat stets danach zu erfolgen, ob nicht nur in der Vorstellung des Kündigenden, sondern auch in Wirklichkeit Umstände gegeben sind, auf Grund deren eine Weiterbeschäftigung des Betreffenden dem Dienstberechtigten billigerweise zugemutet werden kann, muß also davon ausgehen, ob die subjektive Einstellung, aus der heraus die Kündigung erfolgt, auch tatsächlich eine beachtliche objektive Grundlage hat. In dieser Richtung sind aus dem B[erufungs-]U[rteil] positive Unterlagen nicht ersichtlich. Eine neue Prüfung an der Hand der dargelegten Grundsätze ist mithin erforderlich.

(RArbG., Urt. v. 25. Nov. 1933, RAG 224/33. – Berlin.)

DOK. 98
Brief einer Deutschen an das Außenpolitische Amt der NSDAP vom 26. Januar 1934 über ihre Reiseeindrücke in Polen[1]

Schreiben, ungez., vom 26. 1. 1934[2]

Bericht über meinen Besuch in meiner polnischen Geburtsstadt Lodz.
Ich war vor Weihnachten 4 Wochen in Polen und zwar in meiner Geburtsstadt Lodz. Mein Mann hat mich im November 1918 in Lodz abgeholt, wir haben zusammen mit den deutschen Truppen die Stadt verlassen & es sind jetzt 15 Jahre her, seit ich nicht mehr dort war. Ich war nun gespannt, wie ich die Verhältnisse dort finden werde, habe auch so manches gesehen und gehört und erlaube mir heute, Ihnen einen bescheidenen Bericht über meine Beobachtungen zu senden.
Ich traf mich am 16. November 1933 in Breslau mit einem jungen Schweizer, welcher in Stuttgart studiert und in Lodz seine Eltern wohnen hat; wir hatten das gleiche Reiseziel, es ging zur Feier der silbernen Hochzeit seiner Eltern, zu welcher auch ich eingeladen war. Kaum hatten wir die Grenze – Drachenberg-Rawicz – hinter uns, erlebten wir auch schon etwas und zwar mit einem Juden, welcher aus Deutschland kam, nach Warschau fahren wollte und in Posen in u[nseren] Zug stieg. Er tat ganz erschöpft, und erzählte mit leiser und matter Stimme, wie man ihn in Deutschland geschlagen und getreten hätte, er sei am ganzen Körper grün und blau. Wir waren sprachlos, da sprang aber mein junger Schweizer Begleiter auf, verbat sich ganz energisch diese Märchen & sagte, es sei doch merkwürdig, dass man immer diese Greuelnachrichten erst jenseits der Grenze höre und in Deutschland davon nichts sehe, denn wir kämen auch aus Deutschland. Darauf schwieg der Jude, sass eine Zeitlang still in seiner Ecke und entfernte sich dann. Wir ärgerten uns, dass wir so voreilig die Erzählung des Juden unterbrachen, ohne nach seinen Personalien zu fragen, denn er hatte, wie er angab, Verwandte in Berlin. Als der Jude nach einiger Zeit zurückkam, wollten wir das Versäumte nachholen, um in Deutschland davon Meldung zu machen. Mein junger Begleiter bat den Juden ganz höfl., uns doch noch etwas von seinen Erlebnissen zu erzählen, da kam er aber schön an! „Er wollte überhaupt nicht mehr von Politik reden“, schrie er, wir seien Deutsche und blieben Deutsche und er, der Jude, sei ein Pole & bleibe ein Pole. Er schrie es zweimal, so laut, dass ich dachte, jetzt gibt es einen Mordskrach, und uns ergeht es schlecht. Es war unser Glück, dass wir einem Polen, der während des Juden Abwesenheit noch in u/Wagen kam, von der Sache erzählten und ihm auch sagten, dass das alles Lug & Trug ist, was der Jude vorbrachte. Wir sagten dem Polen, wie vorbildlich und schön es jetzt in Deutschland sei, wie wir stolz sein können auf unser Deutschland und auf den Mann, der jetzt Deutschlands Geschicke in den Händen hat. Auch erzählten wir von der großen Liebe u/Volkes zum Kanzler. Dieser Pole legte sich gleich ins Mittel & hat den Juden mit seinem Koffer einfach aus u/Abteil herausgejagt und ihm mit Anzeige gedroht. Dann vertraute uns der Pole an, dass er im Herzen auch ein

1 BArch, 62 Di 1, 1132/3846.
2 Im Original handschriftl. Unterstreichungen. Das Dokument befindet sich in einer Akte des Außenpolitischen Amts der NSDAP. Das Außenpolitische Amt der NSDAP wurde am 1. 4. 1933 errichtet und von Alfred Rosenberg geleitet.

Hitlerfreund sei, obgleich er Pole sei, aber was Recht ist, müsse Recht bleiben. Er bemerkte, dass nur ganz wenige seine wahre Gesinnung kennen, denn man müsse damit in Polen sehr vorsichtig sein. Ich war aber doch froh, als wir dann in Kutno in den Zug nach Lodz umsteigen konnten, denn die Angelegenheit hätte leicht bös für mich als Deutsche ausfallen können. Wir waren doch schon auf polnischem Boden, wo ja der Jude z. Zt. mehr Rechte hat als der Deutsche. Wie man mir später erzählte, sollen in der polnischen Regierung 50 % Juden sitzen, auch sagte man mir, dass Marschall Pilsudski[3] eine Jüdin zur Frau habe und dass die Juden deshalb immer von ihm als von „ihrem Schwager" sprechen. Ich erzählte einem alten Freunde in Lodz meine Eisenbahnerlebnisse. Er sagte, solche Dinge hört man oft, das wäre ihm nichts Neues. Dieser Freund ist Deutsch-Pole, hat das Handbuch der Judenfrage von Fritsch[4] schon seit 30 Jahren in seinem Besitz und hat es damals schon vor dem Krieg allen seinen Freunden & Bekannten zum Lesen gegeben. Jetzt liegt das Buch in seinem Schreibtisch, neben „seiner Hausbibel" wie er sagt, d. h., neben dem Buch „Mein Kampf"! Mein Freund hat in seinem Leben geschäftl. immer viel mit Juden zu tun und da er den jüdischen Jargon tadellos beherrscht, hielten ihn die Juden sehr oft für ihresgleichen und erzählten ihm Dinge, die sie einem Christen niemals gesagt hätten. Er kennt die Judengefahr durch & durch und sagte zu mir: „Wenn nur die deutsche Regierung um Gotteswillen in der Judenfrage nicht lau wird und den Kampf in dieser Sache niemals aufgibt!"

Auch in polnischen Offizierskreisen werden die Stimmen gegen die Juden immer lauter; ein polnischer Offizier sagte mir, wenn es in seiner Macht stünde, so müsste in allen Kirchen täglich zwei Mal für Adolf Hitler gebetet werden. So hört man schon viele Stimmen in Polen. Aber sie dürfen es nicht laut sagen. Alle meine Freunde, früher Reichsdeutsche und Deutsch-Russen, jetzt Muss-Polen, können einem von Herzen leid tun, weil sie mit allen ihren Aeusserungen so sehr zurückhalten müssen. Von u/Reichskanzler sprechen sie immer als vom „Onkel-Adolf" und Doktor Goebbels ist der „Onkel Doktor", damit Fremde nie merken sollen, von wem man spricht. Tag für Tag sitzen sie am Radio, manchesmal mit Tränen in den Augen und sie versicherten immer wieder, wie sie all die Geschehnisse in Deutschland verfolgt & miterlebt hätten. Ich bin mit dem Vorsatz nach Lodz gefahren, meine Freunde dort zu Hitler-Anhängern zu machen, und siehe da, sie waren schon alle begeisterte Anhänger in ihren Herzen. Bei manchen haben wir das Deutschlandlied gesungen, ganz leise, damit man es draussen nicht hörte, aber mit erhobenen Händen. Mir sind vor Rührung die Tränen heruntergelaufen. Die Lodz'er Deutschen haben wohl noch ihr deutsches Gymnasium, das schon 25 Jahre steht und seinerzeit aus privaten Mitteln der Deutschen gebaut wurde und auch jetzt noch mit privaten Mitteln mühsam gehalten wird. Die Feier des 25-jährigen Bestehens habe ich miterlebt. Auch in der Schule dürfen sie nicht ganz Deutsche sein. Man scheute sogar nicht davor zurück, die Kinder zu bespitzeln, um so die Gesinnung der Eltern zu erfahren. Aber all das kettet die Deutschen dort immer mehr zusammen, sie konnten nicht genug von mir hören, über alle unsere Führer!

3 Józef Klemens Piłsudski (1867–1935), Berufsoffizier; 1918–1922 vorläufiger Staatschef Polens, von 1920 an Marschall von Polen, errichtete 1926 ein autoritäres Regime, 1926–1928 und 1930 Premierminister, 1926–1935 zugleich Kriegsminister.

4 „Handbuch der Judenfrage. Die wichtigsten Tatsachen zur Beurteilung des jüdischen Volkes, zusammengestellt und hrsg. von Theodor Fritsch." Fritsch (1852–1933) veröffentlichte die Schrift zuerst als Antisemiten-Katechismus 1887, von 1896 an als Handbuch der Judenfrage, 1944 erschien die 49. Auflage.

Für u/vielgeliebten Kanzler beten auch sie; die Bücher: Horst Wessel, Mein Kampf, Mit Hitler in die Macht v. a. werden von den deutschen Kindern, welche in Trupps Ferienreisen nach Deutschland machen, dort gekauft und nach Polen hineingeschmuggelt. Als die Kinder letzten Sommer von einer Reise zurückkehrten, erzählten sie ganz begeistert von den SA-Männern, mit denen sie gesprochen, die ihnen vieles gezeigt und erklärt haben und mancher Bube hat sich heimlich ein Hakenkreuz mitgebracht, das er unter seiner Krawatte verborgen trug. – Sie alle haben mir Grüsse aufgetragen an den Führer, an Dr. Goebbels, an Deutschland, an die SA und an den deutschen Rhein. Als vor Weihnachten das Fussball Länderspiel Deutschland-Polen in Berlin stattfand, hatte so mancher Deutsche & Deutschgesinnte die Hoffnung, bei dieser Gelegenheit nach Berlin kommen zu können. Es wurde nämlich vorher bekanntgegeben, dass Sonderzüge nach Berlin fahren und wer zum Länderspiel will, solle sich melden, da man für diese Fahrt die Passgebühren von 500 Zloty, das sind ca. Mk. 250.–, nicht zahlen bräuchte. Es meldeten sich am ersten Tage rund 10 000 Personen für die Fahrt nach Berlin und plötzlich zog die Regierung die Vergünstigung für die Fahrt wieder zurück und bestimmte, dass nur 200 Mann reisen dürften. Man dachte sich in Warschau gewiss, wenn 200 Hitleranhänger zurückkommen, ist es immer noch besser als Zehntausende. So war es auch! Die meisten Sportsleute kamen begeistert zurück und erzählten viel Gutes & Schönes von Deutschland, wie gut sie aufgenommen wurden und wie freundlich Dr. Goebbels war. Sie brachten Zeitungen und Bücher mit, welche sofort heimlich zum Lesen an Andere weitergegeben wurden. In der Familie, bei der ich zu Besuch weilte, (Schweizer Staatsangehörige) besitzt man eine vollständige nationalsozialistische Bibliothek, welche der Sohn bei jedem Besuch aus Stuttgart wieder ergänzt. Der Vater, der sich schon über 30 Jahre in Lodz aufhält, bezieht durch eine deutsche Buchhandlung in Lodz schon seit 10 Jahren den Völkischen Beobachter. Auch hält er den IB[5] und den NS-Funk.[6] Es herrscht da ein Geist, der einfach wunderbar ist. Die meisten Deutschen senden, wenn irgend möglich, Geld nach Deutschland für die Winterhilfe. Lebensmittel & Bekleidung sind in Lodz sehr billig und doch können sich die Wenigsten was kaufen, weil kein Geld da ist. Armut und Elend sind sehr gross, weil die Industrie vollkommen darnieder liegt. Auf der Strasse wird man alle Augenblicke angebettelt, sogar von Juden, was ich früher nie sah. Auch viele meiner Freunde und Bekannten leiden unter dieser Not & haben Mühe, ihren tägl. Unterhalt zusammenzubringen. Vorläufig haben sie keine Hoffnung auf Besserung der Lage, sie schauen ganz trostlos in die Zukunft. – Das Radio ist jetzt ihr bester Freund, weil sie dadurch mit Deutschland verbunden sind und so in ihrem Innern immer wieder ein paar Stunden froh sein können. Nach Deutschland zu reisen können sich jetzt nur ganz Wenige leisten, weil die Passgebühren sehr teuer sind. Meine Schweizer Freunde waren über Weihnachten in Deutschland bei ihrem Sohn; sie wollten einmal echte deutsche Weihnachten im dritten Reich feiern. Sie erzählten mir, dass gleich nach meiner Abreise nach Lodz ein benachbarter Pole zu ihnen gekommen sei und sie warnte, in ihrem Tun & Lassen vorsichtiger zu sein. Eine polnische Geheimagentin sei bei ihm gewesen und hätte sich eingehend über sie er-

5 IB: Vermutlich Illustrierter Beobachter. Erschien 1926–1945 als Wochenillustrierte im NSDAP-Verlag Franz Eher in München.

6 Die Zeitung NS-Funk erschien 1933–1939, hrsg. von der Reichsrundfunkkammer in Berlin und München, zuvor 1930–1933 als Wochenzeitung Der Deutsche Sender, hrsg. vom Reichsverband Deutscher Rundfunkteilnehmer e. V.

kundigt. Wir waren 4 Personen aus Deutschland zu der Silberhochzeit und ich glaube, dass sie durch den vielen deutschen Besuch verdächtig erschienen. Man bespitzelt die Deutschen sogar, wie sie im Hause sprechen, ob polnisch oder deutsch, alles ist ein Grund, um verdächtigt zu werden. Ich selbst danke Gott, dass ich Lodz sofort nach Kriegsende den Rücken gekehrt habe. Vor 8 Jahren habe ich auch meine Mutter & Schwester nach Deutschland geholt. Meine Mutter lebt bei mir und die Schwester, welche sich z. Zt. um die deutsche Staatsangehörigkeit bewirbt, wohnt in Breslau. Ich habe in meinem Bericht keinen Namen genannt, um meinen Freunden in Lodz keine Ungelegenheiten zu bereiten, denn sie sind ja schon so übel daran. Anliegend sende ich eine Beschreibung (Zeitung) von der Feier des 25jährigen Jubiläums des deutschen Gymnasiums in Lodz.[7] Das Innere dieses herrlichen Gebäudes ist voriges Jahr am Palmsonntag vollständig zerstört worden. Fensterscheiben und das Glas in den Türen wurden total zertrümmert. Von den wundervollen Bildern an den Wänden war keines mehr ganz, Tintenfässer wurden an die Wände geworfen, Portieren und Vorhänge heruntergerissen, Tische, Stühle, Bücher und Akten in den Hof geworfen und verbrannt. Zwei herrliche Flügel und ein Harmonium wurden aus dem ersten Stock in den Hof geworfen und dort zertrümmert. All das haben ein paar junge Kommunisten und eine Herde junger Judenlümmel getan. Die Polizei kam erst, nachdem alles kaputt war. Am nächsten Tage kamen die Eltern mit den Kindern, sie gingen buchstäblich auf Glasscherben und es bot sich ihnen ein trauriger Anblick. Die Kinder weinten laut um ihre schöne Schule und auch die Eltern hatten Tränen in den Augen. Aber auch dieses Ereignis hat die Deutschen in Lodz nur noch fester zusammen gekittet.
Nun hätte ich noch eine grosse Bitte!!, die mir sehr am Herzen liegt:
Wenn Herr Dr. Goebbels oder sonst ein Mitglied der Reichsregierung wieder einmal am Rundfunk spricht, könnte er nicht ein paar kurze Worte an die *Deutschen im Ausland* richten, ihnen Grüsse senden und ihnen danken für ihr treues Gedenken. Die Deutschen in Polen fühlten dann innerlich die Verbundenheit mit Deutschland, es würde ihnen gewiss grosse Freude bereiten und wäre ein Lichtblick in ihrem beschwerlichen Dasein. –
Unser Führer schreibt in seinem Buch „Mein Kampf": „Nur wer selber am eigenen Leib fühlt, was es heisst, Deutscher zu sein, ohne dem lieben Vaterland angehören zu dürften, vermag die tiefe Sehnsucht zu ermessen, die zu allen Zeiten im Herzen der vom Mutterland getrennten Kinder brennt. Sie quält die von ihr Erfassten und verweigert ihnen Zufriedenheit & Glück solange, bis die Tore des Vaterhauses sich öffnen und im gemeinsamen Reich das gemeinsame Blut Frieden und Ruhe finden."
Ich bitte, dass dieses Schreiben nicht veröffentlicht wird und betone nochmals, dass ich meinen Freunden keine Unannehmlichkeiten bereiten möchte.
Ich wünsche nur, dass mein Bericht in die Hände u/Reichskanzlers kommt, damit er erfährt, was für treue Freunde er im Ausland hat!

7 Liegt nicht in der Akte.

DOK. 99
Memorandum der Reichsvertretung der deutschen Juden vom Januar 1934 an die Reichsregierung über die Situation der jüdischen Bevölkerung[1]

Der Reichsregierung überreicht von der Reichsvertretung der deutschen Juden[2]
Berlin, im Januar 1934

Als Manuskript gedruckt, Nr. 16. Verantwortlich: Reichsvertretung der deutschen Juden. Druck: Max Lichtwitz, Berlin.

Während das ganze deutsche Volk von der Reichsregierung zur Erneuerung des Vaterlandes angerufen wird, lastet auf den deutschen Juden – die in Deutschland und deutscher Kultur verwurzelt sind – seelische und sachliche Bedrängnis. Jüdische Abstammung und Gemeinschaft, zu denen sich Geschlecht um Geschlecht mit ererbtem Stolze bekannt hat, werden herabgewürdigt und geschmäht. Jüdische Menschen, deren Lebensführung von keiner Seite angezweifelt wird, werden aus Amt, Beruf und Stellung gewiesen und über die davon betroffenen Familien kommt nur zu oft tiefes wirtschaftliches Elend. Soweit aus Gründen der Staatsraison den deutschen Juden ein Opfer auferlegt wird, könnten ihnen vaterländische Hingabe und jüdische Würde Schweigen gebieten. Reden wird aber zur Pflicht, wenn es sich um das Dasein des deutschen Judentums handelt, wenn eine Grundlage unserer Religionsgemeinden zusammenzubrechen droht, wenn Maßnahmen gegen die deutschen Juden gerichtet werden, die nicht nur ihnen selbst, sondern auch dem Wohle Deutschlands entgegen sind. Darum unterbreitet die *Reichsvertretung der deutschen Juden*, in der die jüdischen Gemeinden und ihre Landesverbände zusammengeschlossen sind und die von dem Vertrauen der großen Organisationen des deutschen Judentums[3] getragen wird, der Reichsregierung das Folgende:

I.

Durch die Gesetzgebung dieses Jahres wurden die Juden, von den bekannten Ausnahmen abgesehen, grundsätzlich aus der Rechtspflege und den Ämtern in Reich, Staat, Gemeinden und sonstigen öffentlich-rechtlichen Körperschaften entfernt. Das ist damit begründet worden, daß Juden in dem auf einer rassischen Grundlage neu aufzubauenden Reiche nicht staatshoheitliche Befugnisse ausüben könnten. Darüber hinaus wurde der Anteil der Juden an allen akademischen Berufen wesentlich eingeschränkt oder sogar aufgehoben. Für das Erwerbsleben dagegen hat die Reichsregierung, die an der Aufrichtung der deutschen Wirtschaft und ihrer Beruhigung arbeitet, in ihrer Gesetzgebung vom Arierprinzip abgesehen. Seine Uebertragung auf das Wirtschaftsleben würde nicht nur den deutschen Juden die Existenzmöglichkeit nehmen; auch Güter der deutschen Volkswirtschaft, wertvolle, an den Personen haftende, Handelsbeziehungen des In- und Auslandes würden schweren Schaden leiden. Durch zahlreiche Anordnungen von Reichs- und Landesstellen, von Parteiständen

1 BArch, R 3001/5107, Bl. 27. Die Denkschrift umfasst 78 Seiten inkl. Deckblatt und den der Einleitung folgenden und hier bis auf das Inhaltsverzeichnis der Anlage I nicht abgedruckten Anlagen: Anlage I. Maßnahmen gegen die Juden im Wirtschaftsleben, Anlage II. Erschwerung der Berufsausbildung in Landwirtschaft und Handwerk. Einige Beispiele sowie Anlage III. (ohne Titel). Abdruck der Einleitung in: Deutsches Judentum, Bd. 1, S. 117–122.

2 Die Denkschrift, verbunden mit der Bitte um ein persönliches Gespräch, erhielt auch StS Lammers; Schreiben der Reichsvertretung an Lammers vom 19. 1. 1934; ebd., S. 118.

3 Fußnote im Original: „Centralverein deutscher Staatsbürger jüdischen Glaubens, Reichsbund jüdischer Frontsoldaten, Zionistische Vereinigung für Deutschland."

und Gemeinden, von Berufsvertretungen aller Grade, wird gleichwohl den Juden immer wieder die *wirtschaftliche Betätigung als Arbeitnehmer und Arbeitgeber* erschwert, in manchen Landesteilen und manchen Geschäftszweigen nahezu unmöglich gemacht. Wir überreichen in der Anlage I einige Belege. Sie sind nur ein kleiner Ausschnitt aus den letzten Monaten, aber schon sie geben ein deutliches Bild. Sie zeigen, wie die deutschen Juden, denen bereits die Gesetzgebung weitgehend ihre Plätze genommen hat, dort, wo sie in den freien Berufen bleiben durften, boykottiert werden, und wie nun auch versucht wird, sie aus Handel und Industrie, Handwerk und Landwirtschaft zu verdrängen oder auszuschließen.
Verelendung, nicht nur Verarmung muß die Folge dieser Eingriffe in die Wirtschaft sein. Unverkennbar hat diese Entwicklung schon begonnen. Die Steuerkraft der deutschen Juden ist im Schwinden, die unmittelbar betroffenen jüdischen Gemeinden können ihren Aufgaben religiöser, sozialer und kultureller Fürsorge, die heute verstärkt an sie herantreten, kaum noch gewachsen sein; wird kein Wandel geschaffen, so ist ihr Erliegen kaum abwendbar. Da dies nicht im Sinne und nicht im Interesse des neuen Reichs liegen kann, wenden wir uns an die Reichsregierung um Abhilfe. Ihr wird es gelingen, mit den Erfordernissen des neuen Staates die Lebensmöglichkeit der deutschen Juden in Einklang zu bringen. Für diese ist Voraussetzung: Die unterschiedliche Behandlung zwischen arischen und jüdischen Erwerbstätigen möge in Zukunft unterbleiben. Jeder Druck zur Verdrängung oder Behinderung jüdischer Erwerbstätiger werde unterbunden, von welcher Seite auch immer er kommen möge.

II.

Eng mit der eben behandelten Frage hängt die weitere zusammen, welchen Beruf die Juden ergreifen sollen, die in der Gegenwart schon erwerbslos sind. Abgesehen von den durch die Wirtschaftskrise arbeitslos Gewordenen kommen hier vornehmlich zwei Gruppen in Betracht: zunächst die Berufstätigen, die durch die Gesetzgebung oder den privaten Boykott aus den freien Berufen oder aus ihren Arbeitsstellungen entfernt worden sind; sodann die jungen Menschen, die jetzt, je mehr ihnen der Besuch der höheren Schulen versagt wird, um so mehr nach baldiger Ausbildung in einem Berufe verlangen. Wir sind uns bewußt, daß die bisherige Berufsschichtung der deutschen Juden, ihr Überwiegen in den akademischen Berufen und in den Großstädten ungesund war. Aus dieser Erkenntnis heraus hat sich die jüdische Jugend schon seit Jahren darum bemüht, diesem Mißstand, der von einer geschichtlichen Entwicklung mitbedingt war, abzuhelfen. Wesentliche Vorarbeiten haben eine umfassende *Berufsumschichtung* der deutschen Juden in den Weg geleitet. Der Wille der jüdischen Jugend zur körperlichen Arbeit jeder Art ist vorhanden. Aber ebenso muß auch die Bereitwilligkeit vorausgesetzt werden, sie in Berufsgruppen aufzunehmen, in denen sie bisher unter ihrem Bevölkerungsanteil vertreten waren. Auch hierzu erbitten wir die Hilfe der Regierung. Wir überreichen eine *Anlage II.* Sie zeigt, wie die Berufsstände des Handwerks und der Landwirtschaft den Zugang zur Ausbildung und zur Eingliederung jüdischer Menschen zu verriegeln suchen. Die jüdische Jugend müßte trotz aller unserer Erziehungsarbeit der Verzweiflung anheimfallen, bliebe ihr nicht die Hoffnung auf zukünftige Arbeit. Wir erwarten deshalb, *daß grundsätzlich kein Beruf den Juden verschlossen werde, daß in dem reichsständischen Aufbau von Handwerk und Arbeiterschaft, Land- und Forstwirtschaft auch Juden ihre Ausbildung und Eingliederung erfahren.*

III.

Auch wenn dies, wie wir erhoffen, geschieht, so werden doch unter dem Zwange der gegenwärtigen Lage viele jüdische Menschen auswandern müssen.

Zwar ist der jüdische Anteil an der Bevölkerungsziffer des deutschen Reichs seit einem Jahrhundert im Absinken. Das Beispiel der beiden größten Länder sei herausgegriffen: In Preußen waren im Jahr 1816 1,2 % der Bevölkerung Juden, 1925 nur 1,06 %; in Bayern gab es 1818 noch 1,45 % Juden, 1925 zählte man 0,66 %. Selbst in den Großstädten liegt es nicht anders: Berlin hatte 1895 5,14 % Juden, 1925 4,29 %; Hamburg 1866 4,4 %, 1925 nur 1,73 %. Seither hat sich die Zahl der Juden weiter verringert.
Gleichwohl ist damit zu rechnen, daß viele deutsche Juden in Deutschland keinen Lebensraum mehr finden werden und abwandern müssen. Das deutsche wie das jüdische Ansehen erfordert, daß die Auswanderung planmäßig vorbereitet und geregelt werde. Das setzt voraus, daß schon im alten Heimatlande eine geeignete Berufsausbildung statthabe und daß mit Unterstützung der inländischen Behörden und der jüdischen Organisationen die Auswanderung in die Länder geleitet werde, die zur Aufnahme bereit sind und entsprechend vorgebildete Arbeitskräfte benötigen. Geschieht das, so wird der Auswanderer an neuer Stätte Anhänglichkeit dem Lande wahren, in dem seine Eltern und Vorfahren gelebt haben und er selber Erziehung und Ausbildung erhielt. Familienbande und kulturelle Zusammenhänge knüpfen alsdann auch wertvolle wirtschaftliche Verbindungen zur alten Heimat. Versteht der Auswanderer sein Fach, so wächst draußen die Achtung vor deutschem Können. Fällt er dagegen der Emigrantenfürsorge zur Last, so paart sich einem Herabsehen auf den Almosenempfänger nur zu leicht eine geringschätzende Abneigung gegen das Land, aus dem er gekommen ist. Wir bitten deshalb die Reichsregierung, *auf dem Gebiet des Auswanderungswesens die Arbeit zu unterstützen, die wir und die hierzu berufenen Organisationen für die Auswanderung nach Palästina und anderen Ländern leisten.*

IV.

Schwerer noch als alle wirtschaftliche Not lastet auf uns seelische Bedrückung. Die rassische Voraussetzung, auf die sich der nationalsozialistische Staat aufbaut, geht von dem Gedanken der Andersartigkeit seines jüdischen Bestandteiles aus. Den Vorwurf der Minderwertigkeit aber kann keine Gemeinschaft hinnehmen, die auf Ehre und Würde hält. Wir deutschen Juden müssen es in Deutschland erfahren, daß man uns zu diffamieren versucht. In der *Anlage III* sind nur wenige Beispiele zusammengestellt, aber jeder kennt zahlreiche. Wir wissen, daß Regierungs- und obere Parteistellen die rohe und beschimpfende Form solcher Äußerungen mißbilligt haben und verurteilen. Was wir deutschen Juden, vor allem auch um unserer Kinder willen, dabei empfinden, das im Einzelnen auszusprechen, verbietet uns unser Stolz. Auf eines weisen wir aber hin, weil ihm auch eine politische Bedeutung zukommt: In den Ländern, mit denen sich Deutschland im Ringen um seine Weltgeltung auseinandersetzen muß, leben Juden. Keine Greuelhetze trifft sie so, wie die Tatsache, daß aus deutschen Zeitungen und Kundgebungen eine Diffamierung ihres von ihnen hochgehaltenen Stammes und Glaubens zu ihnen dringt. Die Verletzung ist umso tiefer, wenn es sich nicht um gelegentliche Entgleisungen in dem Eifer des Wahlkampfes handelt, sondern um vorbedachte und wiederholte Äußerungen aus Tagen, in denen das Gemeinwesen als gefestigt erscheint, und innerhalb eines Staates, der mit der Macht über Mittel verfügt, die öffentliche Meinung zu überwachen und zu leiten.
Von welchem Gesichtspunkte immer diese Frage betrachtet werde, wir glauben der Erwartung Ausdruck geben zu dürfen, *daß in Zukunft jede Diffamierung der jüdischen Gemeinschaft und Abstammung unterbleibe.*
Wenn wir diese Darlegungen überreichen, so sind wir uns dessen wohl bewußt, von welcher Fülle der Aufgaben die Reichsregierung jetzt beansprucht ist. Wir haben uns deshalb

auf das beschränkt, dessen Ordnung uns, auch um des deutschen Staates willen, unaufschiebbar erscheint. Darauf hinzuweisen, ist unsere Pflicht nicht nur gegenüber unseren Gemeinden, sondern ebenso gegenüber der Reichsregierung. Wir sind des gewiß, dem deutschen Vaterlande hierdurch zu dienen.
Im Januar 1934.
Die Reichsvertretung der deutschen Juden
Berlin-Charlottenburg, Kantstr. 158.

Anlage I
Maßnahmen gegen die Juden im Wirtschaftsleben

Inhaltsverzeichnis.
1. Gesetzgeberische Maßnahmen.
2. Berufseinengung der zugelassenen jüdischen Rechtsanwälte.
3. Maßnahmen gegen jüdische Ärzte.
4. Ausschließung jüdischer Künstler.
5. Ausschluß jüdischer Pressephotographen.
6. Gegen jüdische Bücherrevisoren.
7. Zurücksetzung jüdischer Firmen bei Behördenaufträgen.
8. Bedarfsdeckungsscheine dürfen von jüdischen Firmen nicht in Zahlung genommen werden.
9. Gutscheine für Unterstützungsempfänger dürfen von jüdischen Firmen nicht angenommen werden.
10. Jüdische Radiohändler dürfen den „Volksempfänger" nicht vertreiben.
11. Festanzug für die Mitglieder der Arbeitsfront. Ausschaltung jüdischer Firmen.
12. Oeffentlich-rechtliche Kreditinstitute kündigen Kredite jüdischer Schuldner.
13. Inseratensperre.
14. Arische Bezugsquellenverzeichnisse.
15. Aufforderung zum Boykott jüdischer Firmen.
16. Verbot bei Juden zu kaufen: Für Beamte.
17. Verbot bei Juden zu kaufen: Für Parteimitglieder.
18. Allgemeines Verbot, bei Juden zu kaufen.
19. Wer im jüdischen Geschäft kauft, wird angeprangert.
20. Juden ist der Zutritt zur Ortschaft verboten.
21. Ausschaltung der Juden aus dem Landhandel.
22. Maßnahmen gegen Juden im Mehlhandel.
23. Ausschluß der Juden aus dem Gerstenhandel.
24. Ausschaltung der Juden aus dem Hopfenhandel.
25. Maßnahmen gegen Juden im Tabakhandel.
26. Molkereigenossenschaften gegen Geschäftsverbindungen mit Juden.
27. Ausschaltung der Juden aus dem Viehhandel.
28. Ausschluß jüdischer Viehhändler von Viehhöfen und -märkten.
29. Ausschluß jüdischer Marktfahrer. Benachteiligung bei Zulassung.

DOK. 100
Das Geheime Staatspolizeiamt informiert den preußischen Innenminister über eine Versammlung des Centralvereins deutscher Staatsbürger jüdischen Glaubens am 4. Februar 1934 in Deutsch-Krone[1]

Schreiben des Gestapa (II F 2 259/8), (Unterschrift unleserlich), Berlin, an den Preuß. MdI (Eing. 28. 2. 1934) vom 19. 2. 1934

Betrifft: Betätigung jüdischer Vereinigungen
Am 4. Februar fand im Vorraum der Synagoge in Deutsch-Krone eine Mitgliederversammlung des „Zentralvereins deutscher Staatsbürger jüdischen Glaubens" statt, die von dem Repräsentanten der jüdischen Gemeinde Dt. Krone, Kaufmann Leo *Schönfeld*, 23. Oktober 1874 Dt. Krone geboren, dortselbst wohnhaft, eröffnet und geleitet wurde. Die Versammlung war von ca. 100 Juden besucht. Schönfeld erteilte nach einigen einleitenden Worten einem gewissen Ernst *Behrend*[2] von der Hauptgeschäftsstelle des Zentralvereins Berlin, das Wort. In seinen Ausführungen erklärte Behrend den Versammlungsteilnehmern zunächst den Zweck und die Ziele des „Zentralvereins deutscher Staatsbürger jüdischen Glaubens" und betonte, dass es die grösste Vereinigung der Juden in Deutschland sei, aus der hervorragende Männer der Wirtschaft und des öffentlichen Lebens hervorgegangen seien. Die nationale Revolution habe zwar einschneidend auf die jüdischen Verhältnisse gewirkt, zum Verzweifeln liege aber durchaus keine Veranlassung vor. Tatsache sei es, dass die jüdische Bevölkerung zu einem grossen Teil von den Traditionen ihrer Vorväter abgewichen sei, die sich als ehrliche Handwerker, Landwirte bezw. landwirtschaftliche Arbeiter ernährt hätten. Wenn der eine oder andere jüdische Kommerzienrat drei Generationen zurückblicken würde, dann würde er feststellen, dass seine Vorväter noch arme ehrliche Handwerker gewesen seien. Diese Geldmänner seien aber innerhalb der jüdischen Bevölkerung nicht in der Anzahl vertreten, wie sie in der Öffentlichkeit angegeben würden. So habe z. B. der Leiter des Winterhilfswerkes[3] in Berlin, Staatsrat[4] Spiewok, festgestellt, dass von den in Berlin wohnhaften 42 000 Juden 40 % auf das Winterhilfswerk angewiesen seien. Im übrigen Verlauf seiner Ausführungen zitierte Behrend an Hand des „Völkischen Beobachters" vom 26. Januar 1934[5] einen Artikel von Dr. Wilhelm Grau[6] über

1 GStAPK, I HA, Rep. 77, Abt. II, Tit. 4043, Nr. 477, Bl. 2+RS.
2 Richtig: Ernst Josef Behrendt (1884–1944), Gewerkschaftsfunktionär; von 1919 an Vorstandsmitglied der DDP, Bezirkssekretär des Gewerkschaftsbunds der Angestellten in Oberschlesien, von 1923 an Stadtverordneter in Beuthen und CV-Vorstandsmitglied, 1938 Leiter der Auswanderungsabt. des Hilfsvereins in Berlin; 1943 nach Theresienstadt deportiert, 1944 von dort nach Auschwitz, dann ins KZ Dachau, dort Ende 1944 gestorben.
3 Bis 1933 funktionierte die Winterhilfe für die Armen als Gemeinschaftsaktion verschiedener Wohlfahrtsorganisationen auf der Basis freiwilliger Spenden und Sammlungen. Sie wurde dann in eine NS-Institution, das Winterhilfswerk des Deutschen Volkes, umgewandelt, aus der von Oktober 1935 an Juden als Spender und als Hilfsempfänger ausgeschlossen waren.
4 Muss heißen: Stadtrat.
5 Der Artikel erschien eine Woche früher: VB (Norddt. Ausg.), Nr. 21/22 vom 21.–22. 1. 1934, S. 5.
6 Dr. Wilhelm Grau (1910–2000), Historiker; von 1936 an verantwortlich für die Rubrik Geschichte der Judenfrage in der Historischen Zeitschrift, 1936–1938 Geschäftsführer der Forschungsabt. Judenfrage im Reichsinstitut für Geschichte des neuen Deutschlands in München; 1937 NSDAP-Eintritt; 1940–1942 Leiter des Instituts zur Erforschung der Judenfrage in Frankfurt a. M.; von 1942 an in der Wehrmacht; nach 1945 Inhaber einer Druckerei.

die deutschen Juden und ihre Teilnahme am wirtschaftlichen Leben des deutschen Volkes.[7] Behrend betonte, dass er in Anbetracht der wirtschaftlichen Verhältnisse im Auslande Niemandem raten könne, auszuwandern. In diesem Zusammenhange schilderte er das politische und wirtschaftliche Leben der Juden und Araber in Palästina, welches nach seinen Angaben kein gutes sei. Wenn die „Zionistische Vereinigung"[8] sich immer wieder auf die Tatsache stütze, dass Palästina ein Land sei, welches den Juden gehöre und diesen auch wieder zurückgegeben werden müsste, so sei dieses in religiöser Hinsicht wohl verständlich. Die wirtschaftlichen und politischen Verhältnisse in Palästina liessen aber eine solche Möglichkeit nicht zu. In seinen Schlussausführungen erklärte Behrend, dass die jüdische Bevölkerung sich mit den gegebenen Verhältnissen abfinden müsse, und sich den Berufen in der Landwirtschaft, dem Handwerk und sonstigen Berufsmöglichkeiten widmen könne. Eine gesetzliche Regelung der Lebensmöglichkeiten der Juden sei zu erwarten.

DOK. 101

Rabbiner Wahrmann berichtet am 5. Februar 1934 über die wachsenden sozialen und seelsorgerischen Probleme in seinem schlesischen Gemeindebezirk[1]

Vermerk, ungez. [Wahrmann],[2] vom 5. 2. 1934

Bericht über meine Tätigkeit im zweiten Halbjahr 1933
1.) Allgemeines.
Die Neugestaltung des jüdischen Lebens durch die staatliche Gesetzgebung des letzten Jahres hat sich im allgemeinen erst in der zweiten Jahreshälfte vollzogen. Darum stand die Tätigkeit in der Berichtszeit ganz unter dem Einfluss dieses Prozesses, der für die Art und das Tempo der Arbeit entscheidend war. War schon in früheren Jahren die Existenz der Kleingemeinden durch Ueberalterung und geringen Nachwuchs bedroht, so kommt jetzt noch eine starke Wanderbewegung hinzu, die den Bestand vieler Kleingemeinden geradezu gefährdet. Nicht nur der Steuerausfall allein ist dabei entscheidend, sondern in gleicher Weise die Verringerung der Seelenzahl, wodurch das Gemeindeleben zum Erlöschen gebracht wird. Die Gründe für die Abwanderung sind in den meisten Fällen rein wirtschaftlicher Natur, in vielen Fällen aber sind sie auch seelischer Art. Der Jude der Kleingemeinde, der sich isoliert und vereinsamt wähnt, fühlt sich innerhalb einer Grossgemeinde geborgen. Namentlich ältere Leute wollen ihren Lebensabend inmitten eines pulsierenden jüdischen Lebens verbringen. Den jüdischen Menschen in den Kleingemeinden die-

7 In seinem Artikel „Zur Judenfrage" gab Grau einen Überblick zur Geschichte der Juden vom Mittelalter über die Zeit der Emanzipation bis zur NS-Zeit. Er sprach sich für das „Rasseprinzip" aus, um die „Judenfrage" im NS-Staat zu lösen. Eine Lösung dieser Frage bei „Mischlingen" und Frontkämpfern sei, so Grau, nicht ohne Härten gegen den Einzelnen möglich; VB (Norddt. Ausg.), Nr. 21/22 vom 21.–22. 1. 1934, S. 5.

8 Die Zionistische Vereinigung für Deutschland, gegründet 1897, hatte ihren Sitz in Berlin. Ihr gehörten 1932 über 7 000 und 1935 über 22 000 Mitglieder an.

1 CAHJP, P 33/29.

2 Dr. Nachum Wahrmann (1895–1961), Rabbiner; 1929–1939 Bezirksrabbiner in Oels, 1933–1938 Dozent für Talmud und Geschichte am Jüdisch-Theologischen Seminar in Breslau, Mitbegründer der „Germania Judaica"; 1939 Emigration nach Palästina, dort bis 1953 Lehrer.

ses Gefühl des Verlassenseins nach Möglichkeit zu nehmen und sie innerlich zu festigen, betrachtete ich als Hauptziel meiner Tätigkeit im letzten Halbjahr.

2.) In Oels.

Die Wanderbewegung hat sich auch hier sehr stark ausgewirkt. Die Gemeinde hat 20 % ihrer Seelenzahl und ebensoviel an Steuerkraft eingebüsst. Trotzdem hat hier das jüdische Gemeindeleben in keiner Weise gelitten. Ich erteile nach wie vor an zwei Nachmittagen den Religionsunterricht, zu dem seit November ein zweistündiger Kursus für Erwachsene hinzugekommen ist (Neuhebräisch). An diesem Kursus, der einen sehr guten Besuch und reges Interesse aufweist, nehmen auch einige auswärtige Mitglieder der Nachbargemeinden teil. Neu eingeführt habe ich regelmässige Zusammenkünfte der Jugend am Sonnabend nachmittag in der Synagoge, die der Pflege der synagogalen und häuslichen Liturgie gewidmet sind. Auch alle anderen kulturellen und sozialen Arbeiten in der Gemeinde (Vortragswesen, Winterhilfe etc.) habe ich, in steter Verbindung mit dem Vorstand und den charitativen Vereinen, durchzuführen mich bemüht.

3.) Im Bezirk.

Die Arbeit im Bezirk vollzog sich in der gleichen Weise wie im ersten Halbjahr. Erschwerend war in den letzten Monaten der Umstand, dass viele Gemeinden keine heizbare Synagoge haben, die Gemeindemitglieder aber in ein öffentliches Lokal nicht gehen wollen und die Bereitstellung von Privaträumen aus Angst vor übler Nachrede oft unterbleiben musste. Dadurch konnte manche Veranstaltung nicht zustande kommen und der Besuch dieser Gemeinden muss sich notgedrungen auf Besprechungen mit dem Vorstand und Sonderberatungen beschränken.

4.) Anstaltsseelsorge.

Nach wie vor besuchte ich die Provinzialheil- und Pflegeanstalt Leubus. Auf Anordnung des Preussischen Landesverbands findet der Besuch seit einigen Monaten nur zweimonatlich statt, was ich in Anbetracht der grossen Anzahl der Kranken (Teilnehmerzahl am Gottesdienst durchschnittlich 20) für zu wenig halte. In der Berichtszeit habe ich einige Monate hindurch allwöchentlich das Oelser Gefängnis besucht.

5.) Inspektion des Religionsunterrichts.

In der Berichtszeit sind im Bezirk folgende Veränderungen eingetreten: Herr Kantor Pakula ist endgültig nach Gross-Wartenberg übergesiedelt und erteilt dort den Religionsunterricht. Herr P. unterrichtet außerdem in Strehlen und Frankenstein. Den Unterricht in Bernstadt hat jetzt Herr Lehrer Zarek[3] definitiv übernommen. Ebenso unterrichtet er wieder in Festenberg. Anstelle von Fräulein Ehrlich unterrichtet im Schulbezirk Neumarkt Herr Lehrer Wagschal,[4] Breslau, und anstelle von Herrn Lehrer Czollek wird der Unterricht in Trebnitz und Trachenberg von Herrn Rabb. Brilling[5] erteilt. Da Herr Lehrer Badler,[6] Fraustadt, jetzt eine Bezirkskarte hat, die bis Wohlau reicht, schlug ich neuerdings dem Verband der Synagogengemeinde der Provinz Niederschlesien, Breslau, vor, den Unterricht in Steinau und Kohlau Herrn Badler zu übertragen, wodurch Honorar

3 Vermutlich Hermann Zarek (*1906), er emigrierte später nach Belgien.

4 Wilhelm Wagschal (1906–1980), lebte in Breslau und emigrierte 1939 nach Palästina.

5 Dr. Bernhard Brilling (1906–1987), Rabbiner und Historiker; von 1927 an Archivar der Jüdischen Gemeinde Breslau; von November 1938 bis Januar 1939 Haft im KZ Buchenwald; 1939 Emigration nach Palästina, dann Archivar in Tel Aviv; 1957 Rückkehr nach Deutschland; 1958 Promotion, danach wissenschaftl. Mitarbeiter und 1979 Professor an der Universität Münster.

6 Elias Badler (*1890), wohnte 1939 in Liegnitz.

und Reisespesen eingespart werden könnten. Herr Badler ist durch den gänzlichen Wegfall der Schechita[7] bedeutend entlastet und kann daher ohne jede Schwierigkeit diesen Unterricht mit übernehmen. In der Berichtszeit habe ich die Herren Badler (Neusalz, Fraustadt und Guhrau), Pakula (Gross-Wartenberg) inspiziert. Die Inspektion ist noch nicht abgeschlossen. Nach ihrer Beendigung werde ich die Inspektionsbögen einsenden.
6.) Uebersicht.
Meine Tätigkeit in der Berichtszeit erstreckte sich auf folgende Orte: Bernstadt, Festenberg, Fraustadt, Guhrau, Leubus, Militsch, Namslau, Neumarkt, Neusalz, Oels, Sagan, Sprottau, Steinau, Trebnitz, Ulbersdorf und wurde wie folgt gestaltet:
Predigten 26, Vorträge 7, Ansprachen 1, Sitzungen und Gemeindeversammlungen 28, Inspektion des Religionsunterrichts 4, Kasualien 5, Beratungen seelsorgerischer Art 101, Dienstreisen 27, Anstaltsbesuche 6, Schreiben an die Gemeinden, Verbände, Anstalten und Beamten 343.

DOK. 102
Die Industrie- und Handelskammer Dresden fordert vom sächsischen Wirtschaftsministerium am 7. Februar 1934 den Ausschluss jüdischer vereidigter Sachverständiger[1]

Schreiben der IHK Dresden (B/Be. 5941/33.), gez. Bohlmann[2] und Queck,[3] an das sächs. Ministerium für Wirtschaft, Dresden, vom 7. 2. 1934 (Abschrift)

Betrifft: *Nichtarier als vereidigte Sachverständige.*
Während nach einer Verordnung des Justizministeriums die bei Gericht vereidigten nichtarischen Sachverständigen ihr Amt zwangsweise niederlegen müssen, falls sie es nicht freiwillig tun, fehlen leider vom Reichswirtschaftsministerium noch Anweisungen wegen des Abbaues der auf Grund von § 36 der Gewerbeordnung vereidigten nichtarischen Sachverständigen und Probenehmer. So ist es möglich, daß z. B. bei der Industrie- und Handelskammer unter insgesamt etwa 1 000 Sachverständigen noch etwa 250 Nichtarier sind. Die Berliner Industrie- und Handelskammer hat daneben sogar in dem „Berliner Schiedsgericht (Oberschiedsgericht) des Deutschen Landhandelsbundes e. V." folgende Bestimmungen getroffen:
„Sind bei einer Streitigkeit beide Streitteile Nichtarier, so besteht das Schiedsgericht aus einem arischen Vorsitzenden und aus 2 nichtarischen Beisitzern; ist einer der Streitteile Nichtarier, so muß auf sein Verlangen einer der beiden Nichtarier sein. Entsprechendes gilt für das Oberschiedsgericht."
Eine solche Bestimmung züchtet geradezu das nichtarische Schiedsrichtertum und verhindert eine Rechtsprechung im nationalsozialistischen Geiste; sie widerspricht offenbar auch einem neuerlichen Erlaß des Reichsjustizministeriums zur Ausschaltung nichtari-

7 Schechita: rituelle Schlachtmethode nach jüdischem Gesetz, auch: Schächtung. Seit April 1933 in Deutschland verboten. Zu den Auswirkungen des Verbots siehe Dok. 73 vom 24. 8. 1933.

1 Sächs. HStA, Außenministerium/1723, Bl. 63 f.
2 Vermutlich Dr. Johannes Bohlmann, Jurist; Syndikus in Dresden, Inhaber der Fa. Bohlmann & Co, Wirtschaftsberatung.
3 Dr. Johannes F. Queck (1890–1966); 1934 stellv. Syndikus, 1940 Geschäftsführer der IHK Dresden.

scher Schiedsrichter[4] (Ausführungen darüber in der Berliner Börsenzeitung Nr. 47 vom 28.1.34).[5]
Auf diesen Sachstand stützt sich z. B. ein vereidigter nichtarischer Probenehmer gegenüber unserem Ersuchen, sein Amt freiwillig niederzulegen; er verweigert die Amtsniederlegung. Eine sonstige Handhabe gegen ihn auf Grund von § 53 der Gewerbeordnung haben wir nicht, da nichts gegen ihn vorliegt und er auch Frontkämpfer ist. Trotzdem erscheint es nicht richtig, daß Nichtarier weiterhin als Sachverständige tätig sein können.
Wir bitten daher, dahin zu wirken, daß einmal baldigst Richtlinien vom Reichswirtschaftsministerium wegen der Enthebung nichtarischer vereidigter Sachverständiger von ihrem Amt erlassen werden und ferner, daß derartige Schiedsgerichtsbestimmungen, wie oben angeführt, in Wegfall kommen.[6]
Heil Hitler!

DOK. 103
Der Landesverband Mitteldeutschland des Centralvereins deutscher Staatsbürger jüdischen Glaubens berichtet am 9. Februar 1934 über die Interessenvertretung jüdischer Angestellter[1]

Schreiben des CV-Landesverbands Mitteldeutschland (S/B 491/92/34), Sabatzky, Leipzig, an die CV-Zentrale (Eing. 10.2.1934), Berlin, und an die CV-Zeitung (mit der Bitte um Veröffentlichung)[2] vom 9.2.1934[3]

Die Erwerbslosengruppe des C.V. veranstaltete am Dienstag den 6. Februar einen Vortragsabend über das Thema „der jüdische Angestellte im neuen Staat". Der Vertrauensmann der Gruppe Hans *Blankenstein*[4] leitete die Versammlung. Zunächst nahm Syndikus Kurt *Sabatzky* das Wort, um auf die Ausschaltungen der jüdischen Angestellten aus den wirtschaftlichen Betrieben und aus den Gewerkschaften hinzuweisen. Der Redner betonte nachdrücklich, dass der C.V. die allergrössten Anstrengungen gemacht habe, um die hiermit verbundenen Härten zu lindern. Bei den fristlos Entlassenen sei es gelungen, ihnen Millionen Mark an Gehältern durch die Rechtsprechung der Arbeitsgerichte zu sichern.[5]
Als Korreferent gab Arbeitsgerichtsrat i. R. Dr. Bruno Mannes einen Überblick über das

4 Das RJM hatte am 23.1.1934 verfügt, dass auf Grund des § 1032(3) der Zivilprozessordnung Prozessparteien „nichtarische" Schiedsrichter ablehnen konnten; Sonderrecht, S. 69.
5 Die Entscheidung des RJM gegen jüdische Schiedsrichter erging auf Anregung des Auswärtigen Amts; „Der Reichsjustizminister zur Ausschaltung nichtarischer Schiedsrichter", Berliner Börsen-Zeitung, Nr. 47 vom 28.1.1934, S. 4.
6 Von 1937 an wurden Juden von den Industrie- und Handelskammern nicht mehr als Sachverständige bestellt; Anordnung der Deutschen Industrie- und Handelskammern vom 15.4.1937, Sonderrecht, S. 188.

1 RGVA, 721k-1-265.
2 Siehe C.V.-Zeitung, Nr. 7 vom 15.2.1934, S. 6.
3 Im Original mehrere Bearbeitungsvermerke, u. a. „z. d. A.".
4 Hans Blankenstein (*1903), wohnte in Leipzig; er wurde am 10. Mai 1942 von dort in den Ort Bełżyce bei Lublin deportiert.
5 Siehe im Dok. 60 vom Juni 1933 den Passus über die erfolgreiche Vertretung der von der Karstadt AG Entlassenen vor dem Arbeitsgericht.

neue Arbeitsrecht. Er wies auf die neuen Bestimmungen innerhalb der Betriebe hin und betonte, dass im neuen Arbeitsrecht ein Arierparagraph nicht eingeführt sei.[6] Der jüdische Arbeitgeber sei in demselben Masse Führer des Vertrauensrates seines Betriebes wie der nichtjüdische. Es gelte dahinzuwirken, dass die jüdischen Angestellten bald eine anerkannte Vertretung bekommen, die auch soziale Hilfskassen unterhält.

DOK. 104

Der Hotelier Hanns Kilian beschwert sich bei der Gemeinde Garmisch am 13. Februar 1934 über die Denunziation einer österreichischen Künstlerin als Jüdin[1]

Schreiben von Hanns Kilian[2] an die Gemeinde Garmisch vom 13. 2. 1934 (Abschrift)

Betreff: Schreiben vom 14. 1. des Herrn Dr. Max Vollkommer[3] München[4]
Ich nehme Bezug auf die Unterredung mit Ihrem Amtmann Herrn Holzschuh und nehme wunschgemäss Stellung zu dem von Herrn Dr. Vollkommer an Herrn Minister Esser gerichteten Brief vom 14. 1. betreff des Vorfalles am 30. Dezember im Park Casino Alpenhof.
Ich möchte dazu feststellen, dass es nicht den Tatsachen entspricht, dass die damals engagierte Künstlerin Ridi Grün in irgendeiner abstossenden-aufdringlichen Weise – wie von dem Schreiber des Briefes behauptet wird – aufgetreten ist. Ridi Grün hat einzig und allein Wiener Volks- und Operetten-Lieder vorgetragen, deren Qualität und Anständigkeit durch die Art und Einfachheit des Vortrages auf der ganzen Welt Anklang gefunden haben und sicherte sie sich auch dadurch den allergrößten Erfolg bei dem zahlreich anwesenden Publikum.
Es ist mir leider nicht möglich, festzustellen, wenn ich Künstler durch die Agentur und Vermittlungsstelle der Münchener Büros engagiere, ob diese Künstler jeweils jüdischer Abstammung sind oder nicht und wäre dies als ein Verdienst des Herrn Dr. Vollkommer anzusprechen, wenn er veranlassen würde, dass diese Vermittlungsbüros eben keine jüdischen Kräfte zuweisen.
Auf jeden Fall, wenn Ridi Grün wirklich eine Jüdin ist, (ich weiss es nicht und kann es leider auch nicht feststellen) so muss ich die Behauptung ganz energisch zurückweisen, dass sich dieselbe erfrecht hätte, in meinem Hause durch ihren Vortrag, den deutschen Menschen irgendwie verächtlich gemacht zu haben. Mir ist jedenfalls nichts davon bekannt.

6 Bezieht sich auf das Gesetz zur Ordnung der nationalen Arbeit vom 20. 1. 1934; RGBl., 1934 I, S. 45–56.

1 BArch, NS 23/158.
2 Hanns Kilian (1905–1981), Sportler und Unternehmer; erfolgreicher Bobfahrer; 1923 Teilnahme am Hitler-Putsch; Besitzer und Betreiber des Alpenhofs; 1934 SA-Sturmbannführer und Führer des NSKK Garmisch; von 1952 an Präsident des Deutschen Bob- und Schlittensportverbands.
3 Vermutlich Dr. Max Vollkommer (1894–1985), Mediziner; wohnhaft in München; 1931 NSDAP-Eintritt.
4 SA-Obersturmführer Pg. Dr. Max Vollkommer hatte dem Bayer. Staatsminister ohne Geschäftsbereich Hermann Esser „in Verfechtung der Ziele unserer Bewegung" mitgeteilt, eine „abstoßend aufdringliche Jüdin" habe auf einem Tanzabend am 30. 12. 1933 im Alpenhof das Lied vom Hünen als „Verächtlichmachung Deutschlands" gesungen; wie Anm. 1.

Nach meiner Ansicht wäre dieser Sache viel mehr gedient und wäre es wahrscheinlich auch viel besser gewesen, nachdem Herr Dr. Vollkommer ja wußte, wer ich bin, wenn er mir an diesem Abend seine Meinung kundgetan hätte, anstatt sich mit dieser Angelegenheit an Herrn Minister Esser zu wenden. Ich stelle mir vor, dass Herr Minister Esser mit ganz anderen und wichtigeren Arbeiten überhäuft ist, als dass man ihn mit solchen Sachen belästigen dürfte.

Ich wäre Herrn Dr. Vollkommer sehr dankbar, wenn er mir einen Rat geben könnte, wo ich für meine allwöchentlichen Veranstaltungen gute und echte deutsche Künstler her bekomme, denn ich musste leider bei dem von der deutschen Bühne am 7. Februar veranstalteten Bühnenball die Wahrnehmung machen, dass diese Künstler durchaus nicht gefielen und der für diesen Abend verpflichtete Conferencier Carl Maria Braun derartige unglaubliche Vorträge (Zoten und Witze schlimmster Art) brachte, dass sich meine Gäste darüber aufgehalten haben.

Ich meine, wenn dem Führer des Kampfbundes für deutsche Kultur, Herrn Dr. Heinz, Garmisch, durch den Theaterreferenten von der Propagandaabteilung, Herrn Schneider Franke[5] aus München, der die Künstler von der Gesellschaft für Literatur und Bühnenkunst verpflichtete, ein derartiger Missgriff unterläuft, dann dürfte wohl der Vorwurf des Herrn Dr. Vollkommer nicht angebracht sein.

Es ist wohl für die Besucher von Garmisch-Partenkirchen ein leichtes, Kritik zu üben und zu schimpfen, da ja diese Leute mit dem Geschäft nicht vertraut sind und auch nicht wissen, wie schwer es ist, allen Geschmäckern, die bekanntlich ja sehr verschieden sind, gerecht zu werden. Wenn wirklich einmal Sachen vorkommen, die nicht sein sollen, so lässt sich das leider auch nicht vorher bestimmen.

Auf jeden Fall kann ich der Gemeinde Garmisch versichern, dass ich bisher bestrebt war und auch weiterhin bestrebt sein werde, mein Haus nach den Richtlinien des „Neuen Deutschland" zu führen und bitte Sie, dieser meiner Versicherung Glauben zu schenken.

Heil Hitler

gez. Hanns Kilian

NB. Wie ich von Herrn R. Kunig,[6] dem langjährigen Operetten-Tenor des Münchener Gärtnerplatz-Theaters, welcher gestern bei uns auftrat, erfuhr, ist Frau Ridi Grün nach dessen Aussage gar keine Jüdin, dies bestätigte mir auch mein Haus-Conferencier Otto Clemente, welcher im letzten Sommer Frau Ridi Grün fragte, ob Sie Jüdin wäre, was dieselbe verneinte. Mir bleibt also der Vorwurf des Herrn Dr. Vollkommer erspart und möchte ich es ihm überlassen, festzustellen, ob besagte Künstlerin eine Jüdin ist oder nicht.[7] Wahrscheinlich hat Herr Dr. Vollkommer den Wiener Tonfall mit dem jüdischen Jargon verwechselt.

5 Vermutlich Josef Rudolf Schneider Franke, Schriftsteller; Autor u. a. von „Der Goldene Käfig" (1937).

6 Rudolf Bonifaz Kunig (1894–1951), Schauspieler in München.

7 Am 25. 4. 1934 beschwerte sich die in Wien lebende Österreicherin Ridi Maria Grün, die erst später von der Denunziation erfahren hatte, bei der Obersten SA-Führung München. Sie wies den Vorwurf, Jüdin zu sein, zurück. Da sie „erheblichen Schaden" erlitten habe, forderte sie, Vollkommer zur Rechenschaft zu ziehen, und drohte damit, die Angelegenheit Hitler vorzutragen; wie Anm. 1.

DOK. 105
Eine jüdische Schülerin und ihre Eltern schreiben am 18. Februar 1934 an eine nach Palästina ausgewanderte Lehrerin[1]

Schreiben von Ruth,[2] Becky und Iwan Moses,[3] Hamburg, an Lilli Traumann,[4] Tel Aviv, vom 18. 2. 1934

Liebes, süßes, süßes Fräulein Traumann!
Wir danken Ihnen herzlich für den schönen, langen Brief. Montag waren wir zum Hafen. Da sind wir auf die Wackelbrücke gegangen und haben auch gesehen, wie ein Mann die Möwen gefüttert hat. Wir haben auch große Schiffe, Barkassen, Schlepper und Schuten gesehen. Auf dem Rückweg sind wir zum Bismarckdenkmal gegangen. Wir sind raufgeklettert. Nachdem sind wir einen ganz, ganz langen, steilen Berg hinuntergelaufen. Nachher sollten wir ganz nach unten zu Fräulein Traumann kommen.[5] Da haben wir gesagt, das waren aber nicht viele Treppen, aber wir mußten runterkommen. Von dort sind wir zur Schule[6] gegangen und von der Schule nach Haus.
Ich hatte mich so darauf gefreut nach Erez[7] zu kommen, aber meine Eltern sagen, daß vorläufig nichts daraus wird, wir sind alle sehr traurig darüber. Das „Neujahrsfest der Bäume"[8] habe ich so schön im Bar Kochba[9] gefeiert. Jedes Kind hat ein Rätsel und eine Jaffa-Apfelsine bekommen und auch ein Bäumchen zum Pflegen.
Fräulein Traumann, können die Kinder, die Sie drüben treffen, alle schon schön Hebräisch sprechen?
Viele Grüße von ihrer Schülerin Ruth Moses

Sehr geehrtes Fräulein Traumann!
Es gefällt Ihnen dort wohl so gut, daß Sie sich nicht entschließen können, zurückzukommen? Unsere Verwandten haben Sie wohl nicht gesehen? Eine Kusine von mir (Familie Landshut), deren Tochter auch einige Stunden in unserem Kursus bei Herrn Gärtner mit-

1 Abdruck in: Aus Kindern werden Briefe, S. 8.
2 Ruth Moses (1925–1941?) wurde am 8. 11. 1941 aus Hamburg nach Minsk deportiert.
3 Bei Becky und Iwan Moses handelt es sich um die Eltern von Ruth Moses. Iwan Moses, geb. 1888 in Hamburg, arbeitete zunächst als Buchbinder, später als Betriebsleiter. Rifka (Becky) Moses, geb. 1896 in Konstantinopel, und ihr Ehemann wurden zusammen mit ihrer Tochter am 8. 11. 1941 von Hamburg nach Minsk deportiert und dort vermutlich ermordet.
4 Lilli Traumann (*1903), Lehrerin; von 1926 an Lehrerin an der Israelitischen Töchterschule in Hamburg, wanderte als überzeugte Zionistin 1933 nach Palästina aus; veröffentlichte dort hebräisches Unterrichtsmaterial für Kinder deutscher Einwanderer.
5 Nach der Emigration von Lilli Traumann übernahm deren Schwester Susi Traumann die Betreuung des dritten Schuljahrs. Susi S. Traumann (*1911), Lehrerin; emigrierte im März 1939 nach Großbritannien.
6 Die Israelitische Töchterschule Hamburg in der Karolinenstr. 35 wurde 1884 gegründet und 1930 als Realschule anerkannt; sie musste im Juni 1942 wie alle jüdischen Schulen schließen.
7 Erez: hebräisch für Land. Gemeint ist Palästina.
8 Hebräisch: Tu bi Schewat, der fünfzehnte Tag des Monats Schewat. Bei diesem Frühjahrsfest, das ursprünglich den Beginn der Obsternte markierte, werden Früchte aus dem „Land Israel", z. B. Rosinen, Feigen und Granatäpfel, verschenkt und verzehrt. Heute werden zudem an diesem Tag Bäume gepflanzt.
9 Bar Kochba Verein, meist jüdische Turn- und Sportvereine, benannt nach dem Anführer des letzten Aufstands der Juden gegen die Römer.

gemacht hat, ist nun auch schon einige Wochen in Haifa. Die haben alle mehr Glück als wir! Für uns ist die Aussicht gleich Null.
Herzliche Grüße Ihre Becky und Iwan Moses.

DOK. 106
Bericht über die Aufführung des Schülerpuppenspiels „Till Ülespegel" Ende Februar 1934 in Köln-Ehrenfeld[1]

Handschriftl. Eintrag von Josef Rieger in der Schülerchronik der Mittelschule Ehrenfeld vom 23. 3. 1934[2]

Nun zum Spiel der Klasse II[3]
Wir Hänneschensspieler[4] aus II spielten Ende Februar 1934 den von uns verfaßten „Till Ülespegel". Wir ernteten viel Beifall, denn das Stück verlief ausgezeichnet. Einzelne gut gelungene Szenen haben wir im Bild festgehalten. Hier das erste:
[…][5]
Der Zahn der Zeit.
Dort sieht man, wie Till Eulenspiegel den Zahn der Zeit von dem Juden Moses kauft. Der Jude verkaufte dem Till allerhand alten Kram aus seinem Krempelladen: die Federn der Kraniche vom Ibikus, den blauen Dunst, das Band der Liebe, den fliegenden Holländer, die Dose mit dem Pech und den Zahn der Zeit. Als Federn der Kraniche vom Ibikus verkaufte der Jude eine Uhrfeder, als Band der Liebe ein Strumpfband. Links steht der Schlaukopf, der all die wunderbaren Sachen ohne Geld kaufte. Daneben der Judensohn Itzig, der an Unsauberkeit seinen Vater (in der Mitte) noch weit übertrifft. Rechts sehen wir Hänneschen, der ja nirgendwo fehlen darf. Über den Juden Moses wurde am meisten gelacht. Als der Vorhang nach dem ersten Akt fiel, klatschte man den Spielern einen ungeheuren Beifall.
Im zweiten Akt war Till auf der Universität zu Köln und wollte sein Wissen auf die Probe stellen lassen. Der Rektor überschüttete ihn mit Fragen, die überhaupt niemand zu lösen vermag. Till jedoch beantwortete sie alle schnell und kurz. Auf die Frage, wie groß der Himmelssaal sei, antwortete Till: „Geht hinauf und meßt ihn nur, sicher ist er nicht zu klein, denn Euer Wasserkopf geht noch hinein!" Darob der Rektor falsch und beleidigt auffuhr, um ihn aus dem Saal zu schmeißen. Till ließ sich jedoch nicht hinauswerfen, sondern ging hinaus nach einer Prügelei, bei der Hänneschen, Tünnes und Schäl[6] auf seiner Seite kämpften, um die Studenten zu verprügeln.
[…][7]

1 Schülerchronik der Mittelschule Ehrenfeld 1930–1934, S. 93–95 (Kopie Privatarchiv Trapp); Faksimile des ersten Teils in: Kölner Schulen in der NS-Zeit, S. 75.
2 Die mit einem Vorwort des Rektors 1930 beginnende Chronik enthält Eintragungen von Schülern, Fotos sowie Zeitungsartikel über Veranstaltungen, Feiern und Ausflüge in den Jahren 1930–1934.
3 Klasse II der Städtischen Mittleren Knabenschule, Köln-Ehrenfeld, Gravenreuthstraße (heute Städtische Realschule Dechenstraße 1, Eichendorff-Schule).
4 Hänneschen-Spiel: traditionelles Kölner Puppenspiel.
5 Im Original fehlt das Foto.
6 Hänneschen, Schäl, Tünnes und der im folgenden Abschnitt genannte Speimanes sind Figuren des traditionellen Kölner Hänneschen-Theaters.
7 Im Original fehlt hier ein Foto.

Beim Schneidermeister.
Auf dem zweiten Bild sehen wir Till beim Schneidermeister Speimanes. In den Ecken faulenzen die beiden Gesellen des Speimanes. Links steht Eulenspiegel. Dann folgt der Schneidermeister, der gerade mit einem Franzosen wegen eines neuen Anzuges verhandelt. Selbstverständlich darf das Hänneschen nicht fehlen. Ihn sehen wir wieder rechts stehen. Eulenspiegel sollte beim Speimanes die Lehrlingsprüfung bestehen. Doch Till warf die Ärmel an den Rock, wie Speimanes ihm erklärt hatte, obgleich er wußte, daß der Schneidermeister mit werfen nähen meinte. Dann treffen wir Till beim Oberbürgermeister Adenauer.[8]
Er sollte des Oberbürgermeisters Ahnen malen und ließ sich das Geld im voraus geben. Er malte jedoch keine Bilder, sondern legte sich auf's Ohr. Als Adenauer nun die Bilder sehen wollte, zeigte Till auf die weiße Wand und wollte ihm vorlügen, daß hier Karl der Große, der Herzog von Braunschweig und Phillipp von Schwaben zu sehen seien, die alle des Oberbürgermeisters Ahnen sein sollten. Adenauer, der sich betrogen sah, rief die Polizei und wollte Till verhaften lassen. Jedoch, wie bei allen Hänneschen-Stücken, ging alles gut aus. Eulenspiegel sang für die 25 Gulden ein schönes Lied, und alle tanzten aus Freude mit. Als nun der Vorhang fiel, ertönte lebhafter Beifall aus dem Zuschauerraum. Nun folgen die, denen der Beifall galt. Sie sehen wir auf dem dritten Bild.
[…][9]
Die Spieler
Von links nach rechts sehen wir stehend den Niederwipper, der seine Rolle als Jude Moses sehr gut spielte. Rieger ist Sprecher des Berliner Gesellen und des Oberbürgermeisters. Als Schäl löste Jansen seine Aufgabe sehr gut. Sitzend sehen wir Neideck, der unser Meistersouffleur war. Zimmermann als Eulenspiegel bekam von den Zuhörern viel Beifall. Knips spielte den Kölschen Gesellen. Trapp, unser Hänneschen, machte soviel Witze, daß wir Spieler selbst mitlachen mußten.
Das Spiel ist verklungen. Aber den kommenden Schülern werden die Bilder etwas von unserer Arbeit zeigen.

8 Konrad Adenauer (1876–1967), Jurist; 1906 Mitglied der Zentrumspartei; 1917–1933 OB von Köln; 1944 im Zusammenhang mit dem Attentat vom 20. Juli verhaftet, Flucht aus dem Konzentrationslager; 1945 OB von Köln, 1946 Vorsitzender der CDU Rheinland, 1949–1963 erster Kanzler der Bundesrepublik Deutschland.
9 Im Original fehlt das Foto.

DOK. 107
Staatssekretär Backe äußert gegenüber dem Geheimen Staatspolizeiamt am 27. Februar 1934 Bedenken wegen der Umschulung von Juden in der Landwirtschaft[1]

Schreiben des RMEuL, i. V. H. Backe[2] (Referent Dr. Lorenz[3] IV/ 5 – 656) an das Gestapa (II F 258/ O. U. 4./34), in Abschrift auch an das RArbM,[4] den Präsidenten der Reichsanstalt für Arbeitsvermittlung und Arbeitslosenversicherung[5] und den Reichspropagandaminister, z. Hd. Dr. Taubert,[6] vom 24. 2. 1934 (Entwurf, gef. 27. 2. 1934)[7]

Auf das Schreiben – den Bericht – vom 13. Februar 1934[8]
Gegen die beabsichtigte Regelung *in* der Frage der Umschulung von berufsfremden Juden zu Landwirten und Handwerkern habe ich *in jeder Beziehung* erhebliche Bedenken. Wiederholt ist bei mir die Klage *darüber* geführt worden, daß die Beschäftigung von städtischen Arbeitskräften auf dem Land als Landhelfer Verschleppung ansteckender Krankheiten, u. a. auch der Syphilis, von der Stadt aufs Land geführt hat. *Der Herr Präsident der Reichsanstalt für Arbeitsvermittlung + Arbeitslosenversicherung hat bereits Veranlassung genommen, die nachgeordneten Dienststellen anzuweisen, nur solche Landhelfer zu vermitteln, die ein ärztliches Gesundheitszeugnis vorlegen.* Zu dieser gesundheitlichen Gefähr-

1 BArch, R 3601/2130, Bl. 68 f.

2 Herbert Backe (1896–1947), Diplom-Landwirt; 1922 SA- und 1926 NSDAP-Eintritt; von 1933 an StS im RMEuL, von 1936 an Leiter der Geschäftsgruppe Ernährung des BVP, 1942 Chef des RMEuL und SS-Obergruppenführer, 1944 Reichsminister und Reichsbauernführer; nahm sich 1947 in der Untersuchungshaft in Nürnberg das Leben; Autor u. a. von „Um die Nahrungsfreiheit Europas. Weltwirtschaft oder Großraum" (1942).

3 Dr. Erwin Lorenz (*1894), Volkswirt; 1932 NSDAP-Eintritt; 1932–1933 Schriftleiter der Pommerschen Zeitung; 1933 Referent im RMfVuP, dann 1933–1941 im RMEuL, 1942 Kommissar der Reichsregierung für die Deutsche Rentenbank-Kreditanstalt.

4 Reichsarbeitsminister war 1933–1945 Franz Seldte.

5 Präsident der Reichsanstalt war Dr. Friedrich Syrup (1881–1945), Ingenieur, Jurist und Staatswissenschaftler; von 1905 an im preuß. Staatsdienst, 1920–1927 Präsident des Reichsamts für Arbeitsvermittlung sowie 1927–1932 und 1933–1938 der Reichsanstalt für Arbeitsvermittlung und Arbeitslosenversicherung, 1932–1933 Reichsarbeitsminister, 1936–1942 beim Vierjahresplan für den Arbeitseinsatz verantwortlich, 1939–1942 StS im RArbM; er starb 1945 in sowjetischer Gefangenschaft im Lager Sachsenhausen.

6 Dr. Eberhard Taubert (1907–1976), Jurist; 1931 NSDAP-Eintritt; 1933–1935 Referatsleiter im RMfVuP zuständig u. a. für antijüdische Propaganda, 1938 Richter am Ersten Senat des Volksgerichtshofes; 1940 Drehbuchautor von Der ewige Jude; 1941 Leiter des Referats Propaganda/2 und 1942 Chef des Generalreferats Ostraum im RMfVuP; nach 1950 Beratung der Bundeswehr in psychologischer Kriegsführung.

7 Das Original enthält mehrere handschriftl. Korrekturen, die hier im folgenden kursiv wiedergegeben werden. Sie stammen von mindestens zwei Autoren, u. a. von Herbert Backe.

8 Das Gestapa hatte das RMEuL am 13. 2. 1934 informiert, dass die Zahl der in landwirtschaftlicher Umschulung befindlichen Juden steige. So würden allein im Regierungsbezirk Frankfurt (Oder) in neun Gemeinden 163 Juden meist durch den Hechaluz bzw. die ORT ausgebildet. Nach der Auffassung des Geheimen Staatspolizeiamts war eine Umschulung in geschlossenen Lagern zur Emigrationsvorbereitung nicht zu beanstanden, eine Unterbringung in der freien Wirtschaft jedoch unerwünscht, weil sie „deutsche Landhelfer" verdränge. Das Gestapa kündigte eine entsprechende Regelung an und bat um Stellungnahme bis 5. 3. 1934; Schnellbrief des Gestapa an den RMEuL Darré vom 13. 2. 1934 (Abschrift), wie Anm. 1, Bl. 87.

dung der Landbevölkerung durch städtische Arbeitskräfte würden im Falle eines größeren Zuzugs berufsfremder Juden aufs Land noch erheblich*ere* Gefahren für die Reinerhaltung der Rasse hinzukommen. Der bezahlte Barzuschuß von 30–60 RM und die Aussicht auf eine *fast* kostenlose Arbeitskraft wird manchen Landwirten, *die sich in besonders schlechter wirtschaftlicher Lage befinden, einen gewissen Anreiz bieten*, derartige Arbeitskräfte einzustellen. Angesichts der geringen Ablenkungsmöglichkeiten auf dem Lande, der engen häuslichen Gemeinschaft *der Dorfbewohner* und der häufig *beschränkten* Wohnungsverhältnisse darf trotz der Abneigung der Landbevölkerung gegen die jüdische Rasse die Gefahr *der Blutvermischung* nicht unterschätzt werden.
Auch die Umschulung jüdischer Arbeitskräfte in geschlossenen Lagern vermag diese Gefahr nicht auszuräumen. Es ist auf die Dauer nicht zu verhindern, daß die Insassen der Lager die benachbarten Dörfer besuchen, Beziehungen anknüpfen, *Handelsgeschäfte betreiben*, in den Wirtshäusern verkehren, Tanzvergnügen besuchen usw.
Ich bitte deshalb dringend, diese *unter dem Deckmantel der Umschulung auf Rassenvergiftung zielenden jüdischen Bestrebungen* nicht nur *im Einzelfall*, sondern *grundsätzlich* auf jeden Fall zu unterbinden.
Der Herr Reichsarbeitsminister und der Herr Präsident der Reichsanstalt für Arbeitsvermittlung und Arbeitslosenversicherung haben Abschrift erhalten.
Von Ihrer Entschließung bitte ich, mir Kenntnis zu geben.[9]

DOK. 108
Gertrud Baumgart schreibt an Paula Tobias am 4. März 1934 über die Frauenbewegung und die Judenfrage als Schicksalsfrage Europas[1]

Schreiben von Gertrud Baumgart,[2] Heidelberg, Werrgasse 7, an Paula Tobias[3] vom 4. 3. 1934 (Abschrift)[4]

Sehr geehrte Frau Doktor Tobias,
verzeihen Sie, daß ich solange warten ließ! Ich hatte Ihre Zeilen auf eine Vortragsreise in Mitteldeutschland mitgenommen, um Ihnen, sobald meine Zeit etwas freier würde, sofort zu antworten, nun bin ich doch heimgekommen, ohne daß der Brief abgegangen ist. Ihre Ausführungen, besonders Ihre Anlagen[5] haben mich außerordentlich interessiert,

9 Zur weiteren Diskussion siehe Dok. 122 vom 13. 6. 1934 sowie die Besprechung im RArbM zur „Umschulung von Juden in geschlossenen Lagern“ vom 27. 11. 1934; wie Anm. 1, Bl. 58 f.

1 Dok. in: Harvard-Preisausschreiben, Nr. 235 (Paula Tobias), Anhang, Bl. 46–48.
2 Dr. Gertrud Baumgart (1880–1962), Schriftstellerin; 1932 NSDAP- und 1934 NS-Frauenschaft-Eintritt; Autorin u. a. von „Die altgermanische Frau und wir“ (1935).
3 Dr. Paula Tobias (1886–1970), Medizinerin; praktizierende Kinderärztin, u. a. in Bevern nahe Holzminden/Weser; emigrierte Ende 1935 in die USA. Zu Paula Tobias siehe auch ihren Protest von 1935 gegen das neue Wehrgesetz in Dok. 167 vom 24. 5. 1935.
4 Paula Tobias hatte am 11. 1. 1934 an Baumgart nach der Lektüre von deren Buch „Frauenbewegung. Gestern und heute“ geschrieben und kritisiert, dass sie kein Wort über den auch in den Organisationen der Frauenbewegung angewandten Arierparagraphen verloren habe; wie Anm. 1, Bl. 43.
5 Bei den Anlagen 1–6 handelt es sich um Abschriften von zwei Briefen aus dem Jahr 1915, einen Vortrag aus der Kriegszeit über Ernährung, einen Vortrag über Geschlechtskrankheiten von 1926, ein Gedicht „Auf dem Feld der Ehre“ aus dem 19. Jahrhundert sowie einen Artikel aus der DAZ von 1933; wie Anm. 1, Bl. 15–41.

und ich sehe daraus, daß ich in Ihnen einen Menschen von hoher Bildung und seltenen Charakter- und Geisteseigenschaften vor mir habe, der sich in den Kriegszeiten und auch in den folgenden Jahren mehr und uneigennütziger als manche deutsche Frau eingesetzt hat.[6] Ich verstehe vollkommen, daß die Zurücksetzung, unter der Sie heute leiden, Sie ganz unverdient trifft, und daß Sie sie als eine Härte empfinden, die Sie nicht zu fassen vermögen. Ich bedaure diese Härten, die den Einzelnen so unverschuldet treffen, auf das Tiefste.

Freilich habe ich von Grund aus eine andere Auffassung vom Arierparagraphen. Ich sehe in ihm gar keine persönliche Wertung und erkenne in ihm einen 4 fachen Sinn: 1) dem Rassegedanken in der Ehe zum Durchbruch zu verhelfen. Es ist dies ein alter, schon seit Jahrzehnten verfochtener Gedanke, wie Sie sicher wissen, und die alttestamentlichen Juden haben ihn vielleicht mit noch größerer Energie vertreten. Deutschland liegt im Herzen Europas, es war durch seine offenen Grenzen, seine geschichtliche Entwicklung, die Kriege, die sich auf seinem Boden austobten, mehr als jedes andere Land der Völker- und Rassemischung ausgesetzt, hatte den Sinn für Rassereinheit mehr als andere Länder verloren. Jede Mischehe *muß* das Rassenbewußtsein nach der einen und der anderen Seite brechen, das werden Sie zugeben, da Sie ja selber eine reinrassige Ehe geschlossen haben.

Der zweite Sinn ist der kulturelle. Es läßt sich nicht leugnen, daß sich heute damit der sociale vermählt, wir leiden an Überbevölkerung und Arbeitslosigkeit, viele Berufe waren von Nichtariern überfüllt, und Sie erkennen diesen Gesichtspunkt ja selber sehr großsinnig an. Doch wenden Sie sich auf S. 2 der Anlage 6 gegen das Ausscheiden von Männern aus dem Staatsdienste, die nicht der „Partei" angehörten. „Es handele sich um Deutschland" schreiben Sie, „nicht um eine Partei".[7] So kann nur urteilen, wer außerhalb unserer Bewegung steht. Sie ist nie und nimmer eine Partei, sie stellt eine Weltanschauung dar, die das ganze Leben in allen seinen Äußerungen durchdringt, das private, wie das öffentliche Leben, und gerade in dieser Totalität oder, um dieses Schlagwort zu vermeiden, in dieser Intensität und Extensität der Idee, ihrer Kraft und Allseitigkeit liegt das Neue, das Weltüberwindende, das konstruktiv Notwendige für den Aufbau des neuen Reichs. Unsere Aufgabe ist es, das Volk zu dieser Auffassung heranzubilden; in unserer Staatsleitung, in unseren öffentlichen Ämtern erscheinen uns daher nur *die* Männer und Frauen geeignet, die diese Idee in sich aufgenommen haben und ihr dienen. Daß bei Besetzung der Ämter noch sehr viele Mißgriffe geschehen sind, daß uns vor allem „die politischen Wandervögel, die 110 prozentigen Nationalsocialisten" schädigen und manchen tüchtigen Mann (und Frau) verdrängt haben, ist eine Erscheinung, gegen die, wie Sie wissen, sogar von höchster Stelle mit Nachdruck angekämpft wurde.

Aber hier schwingt noch ein anderes mit. Ihre Kultur ist eine sehr hohe und alte. Die unsere dagegen jugendlich, vielleicht labiler, voller Ansätze und Keime, die Ihre abgeschlossen und fest.

6 Während des Ersten Weltkriegs und in der unmittelbaren Nachkriegszeit hatte Paula Tobias als einzige Ärztin eines Landkreises, während ihr Mann Kriegsdienst leistete, die medizinische Versorgung der Bevölkerung aufrechterhalten, außerdem Soldaten versorgt. Dafür erhielt sie später das Eiserne Kreuz zweiter Klasse; wie Anm. 1.

7 Die hier von Baumgart zitierte Stelle stammt nicht von Tobias, sondern findet sich sinngemäß in dem Artikel „Gespräche in Deutschland" von Dr. Wolfgang Köhler (DAZ, Nr. 197 vom 28. 4. 1933); Anlage 6 (Abschrift), wie Anm. 1, Bl. 39–41.

Es *mußte* zu einem Gegensatz, zu einer Behinderung des einen durch das andere kommen. Man kann die Verschiedenartigkeit des Denkens und Empfindens, die sich fortwährend in Spannung in unserm kulturellen Leben ausgedrückt hat, dem Volksverständnis schwer nahe bringen, und man hat dafür, das gebe ich zu, recht grobe Münze ausgegeben, aber das ist der immer wiederholte Verlauf bei der Vermassung eines Gedankens. Der höher organisierte Mensch wertet die Münze nach seiner Weise aus. Zudem muß zugegeben werden, daß tatsächlich starke Charaktergegensätze bestehen, die zu Reibungen führten, vor allem mit den Germanen, ich erinnere z. B. an den ausgeprägten Erwerbssinn der Semiten, er war die Ursache schwerer Konflikte, aber nicht er allein. Es liegt in der Wesensfremdheit der beiden Rassen eine Wurzel des Antisemitismus, die nicht übersehen werden darf. Der dritte Gesichtspunkt ist der politische, d. h. die Notwendigkeit, den politischen Einfluß nach Maßgabe der in unserem Volke vorhandenen innerlichen Gesetzlichkeiten und seinen Lebensnotwendigkeiten abzugrenzen und zu regeln. Ich weiß, daß viele Juden sehr national empfinden und rechne Sie natürlich auch dazu, aber sie haben eine andere Schau von den Dingen als wir Nationalsocialisten, ich glaube fast, sie müssen es haben, und das soll keinen Vorwurf bedeuten. Dazu kommt noch eines, was mit dem Vorhergehenden eng zusammenhängt, aber was auch auf Juden zutrifft, die geistig und sittlich außerordentlich hoch stehen. Ich habe die Erfahrung oft gemacht, selbst bei meiner nahen, zu früh verstorbenen jüdischen Freundin. Bei der Weltkonferenz des Weltbundes jüdischer Frauen drückte die Präsidentin des Weltbundes den Zwiespalt folgendermaßen aus (sie war Amerikanerin): „Mein Volk, die Juden, mein Land Amerika".[8] Wir sind mit unserem Blut nicht nur untereinander, sondern auch an die Scholle gebunden, der wir entstammen, darüber gibt es für uns keine irdischen Bindungen mehr. Der Jude ist durch seine Rasse international gebunden. Das bedeutet vielleicht eine Schwäche gegenüber dem Heimatlande, das die bluthafte Zugehörigkeit zum Lande, die Verwurzelung mit der Scholle ausschließt, was von vielen Juden auch zugegeben wird. Aber andererseits liegt in dieser Gegebenheit eine Stärke, eine große Macht uns gegenüber, wie es die jüngsten Ereignisse bewiesen haben, und wie es unsere ganze letzte Geschichte bewiesen hat. Dem Einzelnen mag dies kaum oder gar nicht zum Bewußtsein kommen, in vielen ist der Gedanke aber sehr mächtig, es mögen oft gerade ideal gesonnene Menschen sein. Verderben drohend war uns dieser Gedanke im Marxismus und Bolschewismus. Und aus diesem Gesichtspunkt nenne ich die Judenfrage geradezu eine Schicksalsfrage für Deutschland. Ich bin überzeugt, daß Beruhigung in Europa nicht eintreten wird, bevor die Judenfrage nicht radikal gelöst sein wird, und ich persönlich kann mir diese Lösung nur denken durch eine Sammlung dieses hochbegabten und zerstreuten Volkes.

Sie fragen mich, warum ich das Problem in meiner kleinen Schrift nicht berührt habe?[9] Ich hatte ein Kapitel, das die Frage behandelte, angefangen, habe es aber wieder fortgelegt, da ich hätte persönlich werden müssen, und meine Sache, auch die Judenfrage hat nichts mit persönlichen Angriffen zu tun. Die Frauenbewegung hat sehr edle nicht arische

8 Dem im Mai 1914 gegründeten Weltbund jüdischer Frauen standen gemeinsam Bertha Pappenheim (1859–1936) und Sadie American (1862–1944) vor. Der Weltbund wurde wegen des Ersten Weltkrieges bereits im August 1914 wieder aufgelöst.

9 Gertrud Baumgart, Frauenbewegung. Gestern und heute, Heidelberg 1933.

Frauen in ihren Reihen gesehen, denen wir viel verdanken, ich nenne vor allem Alice Salomon,[10] mancher anderer n.a.[11] Frauen Wirken ist kein Segen gewesen.
Von unserem neuen Staat erwarten wir die Fortführung des Lebenswerkes von Helene Lange[12] und ihrer Mitkämpferinnen, die Eingliederung der Frauenkraft in die Volksgemeinschaft. Unsere Frauenaufgabe ruht jetzt auf einer einheitlichen weltanschaulichen Grundlage, und ich halte den Trennungsschnitt aus den oben angeführten Gründen für notwendig, wenn er auch für viele schmerzlich war, ja ein Opfer, das unschuldig gebracht wurde, bedeutete. Sollte ich Bitternisse erneuern in einer Schrift, die dem Frieden zu dienen bestimmt war? Die Entwicklung nimmt unerbittlich auch ohne mein Zutun ihren Lauf. Ich würde mich nur schwer und von anderen getreten dazu entschließen, öffentlich Stellung zu nehmen, nur wenn meine Ansichten zur Klärung und Versöhnung beitragen könnten. Aber ich weiß nicht, ob es gelingen würde?
Mit freundlichem Gruß[13]

DOK. 109
Deutsche Justiz: Artikel vom 23. März 1934 gegen ein Gerichtsurteil, das eine Anfechtung der Ehe wegen „Rassenverschiedenheit" nicht zuließ[1]

[Massfeller][2]
Bürgerliches Recht

Wann läuft die Frist zur Anfechtung einer Mischehe ab, wenn die Bedeutung der Rassenfrage schon im Jahre 1926 erkannt worden ist? (Entscheidung des Kammergerichts v. 8.2.1934 – 13 U. 7677/33 –.)
Der Kläger ist deutscher Reichsangehöriger arischer Rasse. Im Jahre 1918 ging er mit der nach Rasse und Religion, wie ihm bekannt war, dem Judentum angehörigen Beklagten die Ehe ein. Die auf die Rassenverschiedenheit der Parteien gestützte Eheanfechtungsklage des Klägers hatte keinen Erfolg.[3]

10 Dr. Alice Salomon (1872–1948), Sozialpädagogin; 1908 Gründung und bis 1925 Leitung der Sozialen Frauenschule in Berlin und 1925–1933 der Deutschen Akademie für soziale und pädagogische Frauenarbeit; 1937 Emigration in die USA.
11 N.a.: nichtarisch.
12 Helene Lange (1848–1930), Lehrerin und Politikerin; 1893 Gründung der Zeitschrift Die Frau; 1923 Ehrendoktorwürde der Universität Tübingen; Autorin u. a. von „Die Frauenbewegung in ihren modernen Problemen" (1908).
13 Paula Tobias antwortete am 27.3.1934 mit einem ausführlichen Brief. Darin argumentierte sie, es gehe ihr nicht um die eigene Person, sondern sie wende sich gegen die Verurteilung aller Juden in Deutschland als minderwertig; wie Anm. 1, Bl. 49–53.
1 Deutsche Justiz. Rechtspflege und Rechtspolitik 96 (1934), Ausg. A, Nr. 12, S. 395 f. Die Zeitschrift mit dem Untertitel „Amtliches Blatt der deutschen Rechtspflege" erschien 1933–1945. Sie wurde 1934 von Reichsjustizminister Franz Gürtner herausgegeben, als Schriftleiter fungierten die Staatssekretäre Schlegelberger und Freisler. Vorgänger war u. a. das 1853 gegründete Archiv für Rechtspflege.
2 Franz Massfeller (1902–1966), Jurist; von 1928 an im preuß. Justizdienst, von 1932 an im preuß. Justizministerium, später Oberlandesgerichtsrat für Familienrecht im RJM; kein NSDAP-Mitglied; von 1943 an Kriegsteilnahme; 1950–1964 Ministerialrat für Familienrecht im Bundesjustizministerium.
3 Siehe die Diskussion über die Rassenverschiedenheit als Argument für eine Auflösung von „Mischehen" auf der Sitzung im RJM am 5.6.1934 zur Vorbereitung einer entsprechenden Gesetzgebung, Dok. 121.

Aus den Gründen:
Nach den Angaben des Klägers ist ihm schon seit dem Jahre 1924 oder 1925 die Wesensverschiedenheit gegenüber der Beklagten immer mehr zum Bewußtsein gekommen. Selbst wenn damals dieses Erwachen oder Anwachsen des Bewußtseins noch nicht in dem Maße sich verstärkt haben sollte, daß es zu einer Erkenntnis des vom Kläger als Irrtum bezeichneten Umstands gerade aus Irrtum über eine persönliche Eigenschaft der Beklagten gekommen ist, so hat diese Erkenntnis in der Folgezeit immer weitere Fortschritte gemacht und ihm die in der Rasse liegende Wesensverschiedenheit zur Beklagten ständig so weiter verdeutlicht, daß schließlich aus dieser Ursache keine Berührungspunkte zwischen ihm und der Beklagten mehr vorhanden gewesen sind. Spätestens in diesem Zeitpunkt hat der Kläger danach den Irrtum im Sinne des § 1339 BGB. erkannt. Aber selbst wenn man zugunsten des Klägers annehmen will, daß er auch jetzt eine sichere Erkenntnis über das Wesen der Rassenfrage noch nicht gewonnen hat, so ist diese in jedem Fall für den Zeitpunkt festzustellen, in dem er sich von der Beklagten getrennt hat. Diese Tatsache ist im Jahre 1926 eingetreten. Denn der Kläger sagt, daß ihm seitdem die Wesensverschiedenheit mit der Beklagten so unangenehm geworden ist, daß er sich zur Trennung von ihr entschlossen habe. Ist das aber der Fall, so ist diese Trennung gerade die Ursache der Erkenntnis des Irrtums, in dem der Kläger seiner Behauptung nach sich bei Eingehung der Ehe über die aus der Rasse der Beklagten ergebende Eigenschaft derselben befunden hat. Bestand diese Erkenntnis des Irrtums indessen schon seit dem Jahre 1926, so war die Anfechtungsfrist im Jahre 1933 längst abgelaufen.
Anmerkung: Die Frage, ob die Erkenntnis von der Bedeutung der Rassenverschiedenheit einen Grund zur Anfechtung einer Mischehe gibt, ist inzwischen in der Rechtsprechung und im Schrifttum wiederholt erörtert worden. Die Gründe, die für die Bejahung oder die Verneinung der Frage sprechen können, sind eingehend dargelegt worden (vgl. auch Deutsche Justiz 1933 S. 635). Hierzu soll deshalb keine Stellung genommen werden. Auch das Kammergericht befaßt sich in der vorliegenden Entscheidung nicht mit dieser materiellen Rechtsfrage. Da inzwischen einige oberlandesgerichtliche Urteile ergangen sind,[4] ist anzunehmen, daß das Reichsgericht in absehbarer Zeit zu der Frage Stellung nehmen wird.[5]
Das Urteil des Kammergerichts bietet deshalb ein besonderes Interesse, weil nach den tatsächlichen Feststellungen der Kläger die Erkenntnis von der Bedeutung der Rassenfrage bereits im Jahr 1926 besaß, während in den bisher bekannt gewordenen Entscheidungen diese Erkenntnis erst für das Frühjahr 1933 angenommen werden konnte. Das Kammergericht weist die Klage ab, weil die Frist des § 1339 Abs. 1 BGB. im Jahr 1933 längst verstrichen gewesen sei. Daß diese Entscheidung unser Rechtsgefühl nicht befriedigen kann, liegt auf der Hand. Wäre die Entscheidung des Kammergerichts richtig, dann würden diejenigen, die durch ihre Beschäftigung mit Rassenfragen oder durch frühzeitige

4 So hatte das Oberlandesgericht Karlsruhe (Aktenz.: II 208/33) am 2. 3. 1934 ein Urteil des Landgerichts Heidelberg aufgehoben und der Anfechtung einer „Mischehe" stattgegeben, weil sich der Kläger bei der Eheschließung im Irrtum über Wesen und Bedeutung der Rasse befunden habe; wie Anm. 1, S. 384 f.

5 Das Reichsgericht entschied zur Anwendung des § 1333 BGB am 12. 6. 1934 wie folgt: Es wies einerseits die Anfechtung wegen Irrtums ab, schloss andererseits solche Anfechtungen nicht grundsätzlich aus; Entscheidungen des Reichsgerichts in Zivilsachen, 145. Bd., Berlin und Leipzig 1935, S. 1 f.

Aufklärung schon vor mehreren Jahren zu einer klaren Beurteilung des Wesens und der Bedeutung der Rassen gelangt waren und sich deshalb zur Aufgabe der ehelichen Lebensgemeinschaft mit dem Angehörigen einer fremden Rasse gezwungen gefühlt haben, rechtlich zur Fortsetzung der Ehe verpflichtet sein; denn darüber kann kein Zweifel bestehen, daß eine vor dem Jahr 1933 erhobene Anfechtungsklage ohne Erfolg geblieben wäre. Dagegen würden alle diejenigen, denen die Bedeutung der Rasse erst durch den Sieg des Nationalsozialismus in Deutschland und die Gesetzgebung des nationalsozialistischen Staates handgreiflich nahegebracht werden mußte, ihren früheren Fehler korrigieren können. Dieses Ergebnis *kann* nicht richtig sein. Eine Prüfung der Rechtslage ergibt auch, daß das Kammergericht zwei für die Entscheidung wesentliche Gesichtspunkte außer acht gelassen hat.

Die Sechsmonatsfrist des § 1339 Abs. 1 BGB. beginnt im Fall des § 1333 BGB. mit dem Zeitpunkt, in welchem der Ehegatte den Irrtum entdeckt. Es ist allerdings zum Begriff der Entdeckung des Irrtums nicht erforderlich, daß der Kläger auch überzeugt ist, der Anfechtungsgrund werde von dem Gericht als ausreichend anerkannt werden. Wenn er aus diesem Grund die Frist ungenutzt verstreichen läßt, verliert er das Anfechtungsrecht. Andererseits hat der § 1339 BGB. nur dann einen vernünftigen Sinn, wenn man den Beginn der Frist auf den Zeitpunkt verlegt, in dem der Irrtum von der Rechtsprechung überhaupt erst infolge des grundlegenden Wandels der sittlichen und kulturellen Anschauungen als Anfechtungsgrund anerkannt wird. Die Frist zur Anfechtung einer rassischen Mischehe kann also in jedem Fall erst im Frühjahr 1933 zu laufen begonnen haben. Zu demselben Ergebnis kommt man auch auf Grund einer sinngemäßen Anwendung des § 1339 Abs. 3 BGB., der vom Kammergericht leider nicht einmal erwähnt worden ist. Nach dem hier für anwendbar erklärten § 203 BGB. ist der Lauf einer Frist gehemmt, solange der Berechtigte durch höhere Gewalt an der Rechtsverfolgung verhindert ist. Wenn es der Sinn des § 203 BGB. ist, daß derjenige, der trotz Anwendung jeder nur möglichen Vorsicht und Sorgfalt sein Recht nicht verfolgen kann, dieses nicht durch Fristablauf verlieren soll, dann wird man sich jedenfalls zu einer entsprechenden Anwendung des § 203 BGB. auf den vorliegenden Fall entschließen müssen. Für den mit der Bedeutung der Rassenfrage vertrauten Einzelnen war es ja in der Tat auch eine Art höhere Gewalt, daß die ihm gewordene Erkenntnis noch nicht ins Bewußtsein des Volkes gedrungen war. Nach dem Erwachen des Volksbewußtseins war für ihn überhaupt erst die Möglichkeit der Rechtsverfolgung gegeben.

Die Klage hätte also nicht aus den vom Kammergericht angeführten Gründen abgewiesen werden dürfen.[6]

6 Das Reichsgericht entschied zum § 1339 BGB am 12. 6. 1934 ähnlich, die Frist zur Anfechtung sei – im Gegensatz zur Auffassung des Kammergerichts – nicht verstrichen; ebd., S. 8 f.

DOK. 110
Der Reichsbund jüdischer Frontsoldaten protestiert bei Reichspräsident Hindenburg am 23. März 1934 gegen den Ausschluss jüdischer Soldaten aus der Wehrmacht[1]

Schreiben des Reichsbunds jüdischer Frontsoldaten e. V. Berlin,[2] gez. Löwenstein, Hauptmann d. R. a. D.,[3] Bundesvorsitzender, an Reichspräsident und Generalfeldmarschall von Hindenburg vom 23. 3. 1934

Hochverehrter Herr Reichspräsident und Generalfeldmarschall!
Euer Exzellenz bitte ich gehorsamst anlässlich der Verfügung, die das Gesetz zur Wiederherstellung des Berufsbeamtentums vom 7. April 1933 in der Reichswehr zur Durchführung bringt und damit unsere junge jüdische Generation vom Waffendienste ausschliesst,[4] namens der alten jüdischen Soldaten folgendes vortragen zu dürfen:
Der von mir geführte Reichsbund jüdischer Frontsoldaten vertritt den Standpunkt, dass die seit Generationen mit ihrer deutschen Heimat verwurzelten deutschen Juden immer ihrer Pflicht und ihres Rechtes an dieser uns angestammten deutschen Heimat eingedenk zu sein haben. Das bedeutet auch für uns eine ehrenhafte Eingliederung in den nationalsozialistischen deutschen Staat. Eine solche halten wir für möglich, auch im Rahmen der nationalsozialistischen Gesetzgebung. Wir halten diese ehrenhafte Befriedung und Eingliederung nicht nur für uns für lebenswichtig, sondern auch für Deutschland und seine Stärkung im Innern und nach aussen.
Wir sind aber auch der Ansicht, dass keine Gemeinschaft auf die Dauer verträgt, losgelöst zu werden von der höchsten Pflicht und dem höchsten Recht an der angestammten Heimat, nämlich der Erziehung zur Wehrhaftigkeit und der Bereitschaft, alles für sie einzusetzen. Das gilt für uns deutsche Juden genau so wie für jedes andere Glied der deutschen Nation. Ohne diese wehrhafte Erziehung würde unsere junge Generation verkümmern müssen. Deutschland muss aber wünschen, dass jede Gemeinschaft auf seinem Boden nicht verkümmert, sondern dass ihre sittlichen Kräfte zu grösstmöglicher Leistung für unsere deutsche Heimat entwickelt werden.
Wir deutschen Juden sind zur Erfüllung dieser Ehrenpflicht des Waffendienstes berufen worden, seitdem es in Deutschland eine allgemeine Dienstpflicht, ein allgemeines Volksheer gab, seit den Befreiungskriegen. Wir haben uns in der Erfüllung dieser Ehrenpflicht immer bewährt, und ich greife aus alledem, was diese Behauptung bezeugt, nur ein einziges Zeugnis hier heraus:
In einer ausführlichen Denkschrift des preussischen Ministers des Innern vom Jahre 1847 über die Militärpflicht der Juden, die damals dem vereinigten Landtage vorgelegt wurde, heisst es in Zusammenfassung der Berichte der einzelnen Generalkommandos der Preussischen Armee über die Juden in den Befreiungskriegen:

1 BArch, R 43 II/602, Bl. 89–92. Abdruck einer Abschrift in: Herrmann, Das Dritte Reich, S. 139 f.
2 Der Reichsbund jüdischer Frontsoldaten (RjF) wurde 1919 zur Wahrung soldatischer Tradition, zur Kameradschaftspflege, zur körperlichen Ertüchtigung der Mitglieder in Sportverbänden und zur Betreuung von Kriegsopfern gegründet. Der RjF gab die Wochenzeitung Der Schild heraus.
3 Dr. Leo Löwenstein (1879–1956), Chemiker und Physiker; 1918 im Kriegsministerium Preußens tätig; 1919–1938 Vorsitzender des RjF; 1943 wurde er nach Theresienstadt deportiert; 1946 Emigration nach Schweden.
4 Erlass des Reichswehrministers vom 28. 2. 1934 über die Anwendung des § 3 des BBG auf die Soldaten der Reichswehr; Abdruck in: Müller, Heer und Hitler, S. 592 f.

„Fasst man den Inhalt dieser Ermittlungen zusammen, so darf man es als erfahrungsmässiges Resultat annehmen, dass die Juden des Preussischen Heeres von den Soldaten der christlichen Bevölkerung im allgemeinen nicht erkennbar unterschieden sind, dass sie im Kriege gleich den übrigen Preussen sich bewährt, im Frieden den übrigen Truppen nicht nachgestanden haben; dass ferner insbesondere die jüdischen Religionsverhältnisse nirgends als ein Hindernis beim Kriegsdienste hervorgetreten sind."
Auch im Weltkriege haben die deutschen Juden 100 000 Mann zum Heeresdienst gestellt. Es sind mindestens 12 000 gefallen, von denen wir in unserem Gedenkbuch 10 275 Namen noch ein Jahrzehnt nach Kriegsschluss so reproduzieren konnten,[5] dass sie jederzeit im Zentralnachweiseamt in Spandau in den von uns angegebenen Verlustlisten nachgeprüft werden können. Man kann sagen, dass die deutschen Juden im Weltkriege dieselbe Gefallenenziffer aufwiesen wie die soziale, wirtschaftliche u.s.w. Umgebung, der sie angehörten. Es muss hier auch verwiesen werden auf die kriegstechnischen und sonstigen Leistungen der deutschen Juden für die Kriegsführung, bei denen sie auch auf eine recht erhebliche Leistung sich berufen dürften. Es ist daher wohl auch die Behauptung gerechtfertigt, dass auch vom rein militärischen Standpunkt aus eine Ausschaltung der deutschen Juden aus der allgemeinen Pflicht an der Wehrmacht die militärische Kraft Deutschlands schwächen würde.
Wir alten jüdischen Soldaten erheben daher Einspruch gegen den Ausschluss unserer jungen jüdischen Generation vom Dienst in der deutschen Wehrmacht, der höchsten Ehrenpflicht und des höchsten Ehrenrechtes für unsere angestammte deutsche Heimat, gegen den Ausschluss, der die Diffamierung unserer Jugend und damit auch unserer Waffenehre bedeutet.[6]
Indem ich Euer Exzellenz bitte, die Versicherung meiner und meiner Kameraden unbegrenzten Verehrung und Dankbarkeit sowie das Euer Exzellenz wiederholt mündlich und schriftlich geleistete Gelöbnis unbeirrbarer Treue zu Reich und Heimat auch heute geneigtest entgegennehmen zu wollen, verbleibe ich
Euer Exzellenz
gehorsamster

DOK. 111

Frankfurter Zeitung: Artikel vom 28. März 1934 über die fortschreitende Verdrängung der Juden aus der Wirtschaft[1]

Nichtarier in der Wirtschaft.
Strömungen und ihre Grenzen.

Seit dem Herbst des Jahres 1933 zeichnet sich in der Gesetzgebung des nationalsozialistischen Staates auf dem Gebiet der Rassenfragen eine bestimmte Linienführung ab. Bei den

5 Die jüdischen Gefallenen des deutschen Heeres, der deutschen Marine und der deutschen Schutztruppen 1914–1918. Ein Gedenkbuch, hrsg. vom Reichsbund jüdischer Frontsoldaten, Berlin 1932.

6 Der Protest des RjF blieb erfolglos. Es wurden etwa 70 Reichswehrangehörige entlassen; Müller, Heer und Hitler, S. 79. Im Mai 1935 wurde die allgemeine Wehrpflicht eingeführt, Juden davon aber ausgeschlossen; siehe Dok. 167 vom 24. 5. 1935.

1 Frankfurter Zeitung, Nr. 158/159 vom 28. 3. 1934, S. 3. Die Zeitung, gegründet 1856 als Frankfurter Geschäftsbericht, erschien seit 1866 als Frankfurter Zeitung mit einer liberalen Ausrichtung. Sie wurde 1943 verboten.

Beamten, bei den Berufen, die beamtenähnlichen Charakter tragen, bei Angestellten und Arbeitern im Bereich staatlicher, kommunaler und sonstiger öffentlicher Unternehmungen, im Gebiet der kulturellen Berufe (wie z. B. der Presse und der künstlerischen Betätigung) und endlich für die früheren sogenannten „freien Berufe", der Rechtsanwälte und der zu Kassen zugelassenen Aerzte, findet der *Arierparagraph* grundsätzlich Anwendung. Die Regelung ist im einzelnen nicht immer formell gleich getroffen worden; bei den Anwälten z. B. bestimmten objektive und objektiv leicht feststellbare Merkmale über die Möglichkeit der Berufsausübung durch Nichtarier; an anderen Stellen wird von Fall zu Fall entschieden. Ueberall aber ist die Grundtendenz gleichartig: sie besteht darin, daß eine im ganzen ziemlich umfangreiche Gruppe von Berufen wegen der besonderen Bedeutung, die ihnen der neue Staat für den politischen und weltanschaulichen Aufbau des Volkes beilegt, Nichtariern im Prinzip verschlossen sein soll. In allen solchen Fällen sind mehr oder minder zahlreiche *Ausnahmen* gemacht worden, Ausnahmen, die freilich fast durchweg deshalb vorübergehenden Charakter tragen, weil die in ihren Aemtern und Berufen Verbliebenen in der ganz überwiegenden Mehrzahl wegen ihrer langjährigen Tätigkeit im Amte oder als Frontkämpfer zugelassen wurden. Beide Kategorien werden nach und nach aussterben. Junge Nichtarier können ihre Lebensaufgabe in diesen Richtungen *nicht* mehr suchen.

Da die Nichtarier z. B. in den freien und künstlerischen Berufen stark vertreten waren, sind verhältnismäßig viele von ihnen durch die Neuregelung betroffen worden; andere, vor allem manche *Aerzte*, stehen noch heute vor der beträchtlichen Schwierigkeit, daß sich bei ihnen angesichts gewisser Standesvorschriften die gesetzliche Zulassung praktisch doch nicht als Gleichstellung mit ihren arischen Kollegen auswirkt. Wie dem auch sein mag – materiell (von der ideellen Seite der Sache soll hier nicht die Rede sein) ist es von ausschlaggebender Bedeutung für die Entwicklung des Rassenproblems in Deutschland, ob und inwieweit den Nichtariern *überhaupt* Gebiete freier Berufsausübung – „frei" im Sinne der Gleichstellung mit jedem anderen Staatsangehörigen – verbleiben.

In diesem Punkte ist in den letzten Monaten die Stellungnahme der Reichsregierung und der beteiligten Ministerien immer wieder dahin gegangen, daß das Gebiet der freien Wirtschaft *nicht* in den Bereich des Arierparagraphen fallen solle. Schon im September 1933 hat der *Reichswirtschaftsminister* sich in einem Schreiben an den Industrie- und Handelstag gegen die Boykottierung nichtarischer Firmen gewandt.[2] Im November hat der *Reichsarbeitsminister* die Treuhänder darauf aufmerksam gemacht, daß auch den nichtarischen Arbeitnehmern der Schutz der Regierung zustehe; in diesem Schreiben hat er sich nicht nur nochmals auf den Reichswirtschaftsminister und auf den preußischen Minister des Innern, sondern auch auf die ausdrückliche Feststellung des *Reichsministers für Volksaufklärung und Propaganda* berufen, daß für Juden keinerlei Ausnahmegesetze auf wirtschaftlichem Gebiete bestünden.[3] Seit Beginn des Jahres hat sich der *Reichsinnenminister*

2 RWM-Runderlass mit Schreiben des RWM an den Industrie- und Handelstag vom 8. 9. 1933; BArch, R 3101/13863, Bl. 6.

3 In dem RArbM-Runderlass (III b Nr. 14872/33) hieß es, gegen Eingriffe der Betriebsvertretung und anderer Stellen zur Entfernung bzw. Unterbindung der Einstellung jüdischer Arbeitnehmer sei vorzugehen. Für Juden gäbe es keine Ausnahmegesetze auf wirtschaftlichem Gebiet; Sonderrecht, S. 62.

dreimal (in einem Aufsatz,[4] in einem Schreiben an die Behörden[5] und in einer Rede vor den Diplomaten)[6] gegen die Ausdehnung der Grundsätze der Rassengesetzgebung auf die Wirtschaft gewandt; in dem Schreiben an die obersten Behörden heißt es, es sei nicht angebracht, ja sogar *bedenklich*, wenn die Grundsätze des sogenannten Arierparagraphen im Reichsgesetz zur Wiederherstellung des Berufsbeamtentums, der vielfach als Vorbild wirkte, auf Gebiete ausgedehnt würden, für die sie überhaupt nicht bestimmt seien; dies gelte insbesondere, wie die nationalsozialistische Regierung immer wieder hervorgehoben habe, von der freien Wirtschaft; er bitte, Uebergriffen auf diesem Gebiet mit aller Entschiedenheit *entgegenzutreten.*
Die Grenzen scheinen also eindeutig gezogen zu sein. Die Linien dürften dabei nicht ohne genaue Ueberlegungen von der Reichsregierung sowohl mit Rücksicht auf die Wirtschaft als auch mit Rücksicht auf die verbleibenden Lebensmöglichkeiten für Nichtarier in dieser Art geführt worden sein. Jedoch die Aufgabe, das Bewußtsein davon im *Volke selbst* zu verbreiten, stößt sichtlich auf vielfache Widerstände und Hemmungen. Die Frage aber, ob man ein Unternehmen betreiben kann, ist ja nicht nur von den Gesetzen und Verordnungen abhängig, sondern ebensosehr davon, ob unter der Verbraucherschaft die Vorstellung herrscht, daß man hier auch kaufen *dürfe*, oder davon, in welchem Umfange dem Inhaber das Bestimmungsrecht über seinen Betrieb im Rahmen der allgemeinen gesetzlichen Schranken verbleibt, ja selbst davon, inwieweit geschäftliche Werbung praktisch durchführbar ist. Oder aber: selbst der energischste Treuhänder könnte schwerlich einen Arbeitsplatz auf die Dauer *gegen* den geschlossenen Willen von Arbeitskollegen sichern.
Die Probleme, die hier auftauchen, sind angesichts des gewaltigen Umbaus auf allen Gebieten des deutschen Lebens zu mannigfaltig, um ihren Kreis vollständig zu umschreiben. Es lassen sich nur Beispiele anführen. Das aktuellste davon ist die Frage der *nichtarischen Betriebsführer.* Die Reichsregierung hat hier, wie man weiß, in einer amtlichen Bekanntmachung in aller Oeffentlichkeit klargestellt, daß Nichtarier ebenso wie Arier Führer des Betriebes sein können. Gegen die bekannte Erklärung der Gauleitung der NSBO/DAF in *Mittelfranken*, daß „Juden als Betriebsführer nicht in Frage kommen", hat der Treuhänder der Arbeit für Bayern sofort Stellung genommen.[7] Damit ist das Negative entschieden. Auch das Positive? Nach dem neuen Arbeitsgesetz sollen alle Angehörigen des Betriebes in Vertrauen und Gemeinschaft zusammenstehen. Das aber ist unter Umständen eine Frage des besonderen Standpunktes lokaler Führung. Ueberhaupt sind heute viele Angelegenheiten, die früher Fragen des Gesetzes waren, eigentlich zu *Führungsproblemen* geworden.
Ein *anderes*: die wirtschafts- und sozialpolitischen *Verbände.* Viele von ihnen, obgleich nicht mit dem Recht des Zwangsanschlusses aller Berufsangehörigen ausgestattet, streben doch berechtigterweise nach möglichst umfassender Eingliederung aller in Frage kommenden Berufstätigen. Auf dem Wege zu diesem Ziel ist zahlenmäßig Enormes erreicht

4 In seinem Aufsatz „Die Rassenfrage in der deutschen Gesetzgebung" rechtfertigte Reichsminister Frick die „Rassengesetze", kritisierte aber, dass die Grundsätze des Berufsbeamtengesetzes auf Gebiete angewandt würden, für die sie nicht gedacht seien. So ließe sich die Entlassung jüdischer Angestellter ohne leitende Stellung aus Warenhäusern nicht rechtfertigen; Deutsche Juristen-Zeitung, Nr. 1 vom 1. 1. 1934, S. 1–6.
5 In seinem Runderlass vom 17. 1. 1934 betonte Frick die Notwendigkeit der „Ariergesetzgebung", bei deren Anwendung seien aber „gewisse Grenzen" einzuhalten; BArch, R 3101/13862, Bl. 485 f.
6 Am 5. 2. 1934 hatte Frick eine Rede vor dem Diplomatischen Korps gehalten; Neliba, Frick, S. 170 f.
7 Stellungnahme nicht aufgefunden.

worden. Für die Berufsausübung ist es dann im Einzelfalle von sehr unterschiedlicher Bedeutung, ob der Betreffende dem Verband des Wirtschaftszweigs, in dem er arbeitet, angehört oder nicht. Es scheinen alle Gradunterschiede vorhanden zu sein, von einer empfindlichen Behinderung der wirtschaftlichen Tätigkeit bis zu ihrer ungehinderten Ausübung. Daß Nationalsozialisten in den Organisationen, wie überall, die Führung beanspruchen, bedarf keiner Erwähnung; aber es ist nicht recht einleuchtend, wenn solche Verbände den Arierparagraphen für Mitglieder überhaupt einführen. Vom „Zentralverband der deutschen Handelsvertretervereine" wird jetzt berichtet, daß die begonnenen Auflösungs- und Ueberführungsmaßnahmen, von welchen die nichtarischen Mitglieder des Verbandes betroffen worden wären, angesichts des neuen Gesetzes zur Vorbereitung des organischen Aufbaues der Wirtschaft vorläufig eingestellt worden seien. Umgekehrt hat der „Reichsverband Deutscher Makler" erst soeben die bevorstehende Einführung des Arierparagraphen angekündigt.[8] Daß ein gewisses Bedürfnis nach Vereinheitlichung besteht, erscheint einleuchtend. Dabei wird man wohl nach irgendeiner Form suchen, mit der sich die Betätigungsmöglichkeiten der Nichtarier in der Wirtschaft auch in den *Satzungen der wirtschafts- und sozialpolitischen Verbände* ausdrückt.

Noch ein drittes: Die Frage der *Geschäfte mit jüdischen Unternehmungen* und des Einkaufs in jüdischen Geschäften. Diese Angelegenheit scheint in kleineren Orten zuweilen recht heikel zu stehen. Auch zwischen den verschiedenen Gegenden Deutschlands dürften da recht beträchtliche Unterschiede vorhanden sein. Mehrfach schon war von der „Frühjahrsoffensive des deutschen Handwerks, Gewerbes und Einzelhandels" die Rede, die unter dem Motto „Die Tat der Gemeinschaft dient dem Aufbau" vom 23. März bis 7. April stattfindet; dabei war hervorgehoben worden, daß die Aktion einer Stärkung des Leistungsgedankens, nicht aber Rassenprinzipien in der Wirtschaft dienen solle. Wenn wir recht unterrichtet sind, sind irrige Auffassungen in dieser Hinsicht bei den lokalen Instanzen nach Möglichkeit auch berichtigt worden. Jede antijüdische Boykottpropaganda ist, wie die NSK[9] mitteilt, von den verantwortlichen Führern der Aktion *ausdrücklich untersagt* worden. Allein es ist offenbar nicht leicht, die erforderliche Aufklärung überallhin wirksam werden zu lassen, zumal in solchen Fällen die lokale Presse oft keinerlei Neigung zur Mitarbeit zeigt. Drastische und äußerlich sichtbare Methoden gegenüber nichtarischen Firmen und Geschäften sind auch in dieser Hinsicht vielleicht nicht immer das Entscheidende. In vielen Fällen erzielt ein persönlicher Appell zusammen mit einer gewissen Kontrolle gerade in kleineren Orten beträchtliche Wirkung.[10] Es ist wohl so, daß es bei fortschreitender Beschäftigung des Volkes mit Rassenfragen ausführlicher Belehrung auch über die Grenzen des beabsichtigten Vorgehens bedarf, wenn nicht *spontane* Strömungen entstehen sollen, die über die gewollte Begrenzung der Arier*gesetze* auf außerwirtschaftliche Gebiete hinausgehen. Solche Strömungen scheinen es heute schon fast undurchführbar zu machen, daß die deutschen Nichtarier der oft vorgebrachten Forderung Rechnung tragen, sich gleichmäßiger als bisher über die verschiedenen Berufe zu verteilen. Erst kürzlich ist ja öffentlich in einem Teil der Presse vor der Aufnahme nichtarischer Lehrlinge in der Landwirtschaft gewarnt worden.[11] Und ebenso ist mit großem Nachdruck da-

8 Zur Diskussion im RDM siehe Dok. 40 vom 6. 5. 1933.
9 NSK: Nationalsozialistische Partei-Korrespondenz, Pressedienst der NSDAP.
10 Siehe dazu Dok. 112 vom März 1934.
11 Zur Diskussion zwischen der Gestapo und dem RMEuL siehe Dok. 107 vom 27. 2. 1934.

gegen Verwahrung eingelegt worden, daß sich neuerdings Juden bemühten, „Lehrstellen für ihren Nachwuchs bei Handwerks- und Gewerbemeistern zu ergattern". Wie junge deutsche Nichtarier ihr Leben gestalten könnten oder sollten, ist danach nicht leicht auszumachen. Wie denn überhaupt der Lebensraum für die deutschen Nichtarier früher oder später dadurch bestimmt werden wird, inwieweit der Staat, der auf so vielen Gebieten der persönlichen Haltung führend hervortritt, auch *neben* dem [Gesetz] den erwähnten Strömungen Raum oder – eine [Gren]ze gibt.

DOK. 112

Vordruck der NSDAP-Kreisleitung Ansbach vom März 1934 für eine ehrenwörtliche Erklärung, jeden Kontakt zu Juden abzubrechen[1]

Formschreiben vom März 1934 (Druck)[2]

An die NSDAP Kreisleitung Ansbach-Feuchtwangen
Ansbach.
Ich gebe hiermit die *ehrenwörtliche Erklärung*, daß ich von jetzt ab und in alle Zukunft nie mit einem Juden oder einem Helfershelfer von Juden ein Handelsgeschäft irgendwelcher Art abschließen werde oder durch einen Mittelsmann abschließen lasse. Ich werde niemals ein jüdisches Geschäft betreten und ich werde auch jeden Juden, der mein Anwesen oder meine Wohnung betreten sollte, wegweisen.
Einen jüdischen Arzt oder einen jüdischen Rechtsanwalt werde ich ebenfalls nicht konsultieren.
Ich werde auch dafür sorgen, daß aus meiner Familie, meiner Verwandtschaft und meinem Bekanntenkreise niemand zu einem Juden geht.
Ich bin davon unterrichtet, daß ich Gelegenheit habe, mich in meiner Ortschaft durch Einsicht in ein Verzeichnis davon zu überzeugen, welche Juden und welche jüdischen Geschäfte im Kreis Ansbach-Feuchtwangen existieren.[3]
Ich bin weiter davon unterrichtet, daß ich, falls ich dieses Versprechen nicht halten sollte, oder falls ich versuchen sollte, dasselbe zu umgehen, sofort aus der Partei – SA – aus dem Gemeinderat – aus der NS-Organisation – ausgeschlossen werde (Nichtzutreffendes ist zu durchstreichen) und daß ich öffentlich in Wort und Schrift als Ehrenwortbrecher und Lump bezeichnet werden kann.
(Ort) ...., den ....März 1934
(Unterschrift) ....

1 NARA, RG 59, 87/1 Confidential U.S. State Department Central Files. Germany, Internal affairs, 1930–1941, MF 22, frame 241.

2 Im Original oben Vermerk: „Enclosure No. 1 To Dispatch No. 1539 dated April 21, 1934." Den Vordruck und dessen Übersetzung ins Englische übermittelte der US-Konsul in Stuttgart, James P. Moffit, mit seinem Schreiben vom 21. 4. 1934 an den US-Außenminister als Beweis für die Diskriminierung der Juden in Deutschland. Moffit hatte das Formular von einem Visumantragsteller erhalten; wie Anm. 1, frame 237–243.

3 Dem Schreiben Moffits lag als Anlage auch das Verzeichnis „Juden und Judenfirmen in Ansbach" bei; wie Anm. 1, frame 239 f.

DOK. 113

Die Neue Welt: Meldungen vom 5. April 1934 über antijüdische Ausschreitungen in Gunzenhausen und die zunehmende NS-Propaganda gegen „Rassenschande"[1]

Der Pogrom in Gunzenhausen

Aus Prag wird gemeldet: Die J.T.A.[2] in Prag erhält aus *vollkommen zuverlässiger* Quelle eine Mitteilung über außerordentlich tragische Ereignisse in *Gunzenhausen*, Regierungsbezirk Mittelfranken in Bayern, also im engsten Wirkungsbereich des intimsten Freundes Hitlers, Gauleiters *Julius Streicher*, der vor genau einem Jahre den in der ganzen Welt berüchtigt gewordenen Judenboykottrummel in Deutschland geleitet hat und jetzt auf eine Wiederholung der vorjährigen Vorgänge hinarbeitet.

In Gunzenhausen kam es vor einigen Tagen[3] zu einem schweren Angriff auf die jüdische Bevölkerung der Stadt, der den Tod zweier Juden und die Verletzung mehrerer anderer zur Folge hatte. Ein Jude wurde so fürchterlich mißhandelt, daß er einen Augenblick, in dem er allein gelassen wurde, ausnützte, um Selbstmord durch Erhängen zu begehen. Ein zweiter Jude, der schwer mißhandelt wurde und geflüchtet war, ist bald darauf mit vier Stichen in der Herzgegend tot aufgefunden worden. Keiner der Angreifer wurde verhaftet, hingegen wurden elf Juden, die mißhandelt worden waren, in „Schutzhaft" genommen.

Eine weitere Meldung lautet:

Das *Signal zum Pogrom* wurde in einer wüsten Wirtshausszene gegeben. Ein *jüdischer Gast*, der das Wirtshaus betrat, wurde von den christlichen Gästen schwer verprügelt und auf die Straße geworfen. Die Wirtshausgäste, verstärkt durch Nationalsozialisten, die an dem seit mehreren Tagen einhergehenden *Judenboykottrummel* beteiligt waren, gingen nun zum *allgemeinen Angriff* auf die von Juden bewohnten *Häuser* über. Die Insassen, auch Frauen, wurden brutal aus ihren Wohnungen *geschleppt*, auf die Straße geworfen und *unbarmherzig mißhandelt*. Man zweifelt daran, ob der 20jährige[4] Jude *Rosenfeld*,[5] der, nachdem er furchtbare Quälereien hat erleiden müssen, an einem Gartenzaun *erhängt* aufgefunden wurde, *Selbstmord* begangen hat, wie die *offizielle* Version lautet. Rosenfeld hatte gewiß nicht mehr die Kraft zum Selbstmord. Man nimmt vielmehr an, daß er *von seinen Peinigern aufgehängt worden ist*. Bei dem Mann, der mit *vier Herzstichen tot* auf der Straße aufgefunden wurde, handelt es sich um den 60jährigen Gunzenhausener jüdischen Bürger *Rosenau*.[6] Obwohl seitens der Behörden strengste Untersuchung der Mord-

1 Die Neue Welt: Revue, Nr. 354 vom 5. 4. 1934, S. 1. Die Wochenzeitung erschien 1927–1938 in Wien, Herausgeber war der Zionist Robert Stricker (1879–1944).

2 J.T.A.: Jewish Telegraphic Agency. Jüdische Nachrichtenagentur, gegründet vom Journalisten Jacob Landau 1917 als Jewish Correspondence Bureau, von 1919 an als J.T.A. bezeichnet. Unterhielt Büros u. a. in Berlin, Warschau, Jerusalem und New York. Die von der J.T.A. gemeldeten Vorfälle fanden international große Aufmerksamkeit. In der NYT erschienen zu Gunzenhausen die Berichte „Deaths of two Jews laid to Nazi raiders" und „Jews terrorized in Bavarian Town"; The NYT vom 29. 3. 1934, S. 12 und vom 30. 3. 1934, S. 14.

3 Die Ausschreitungen, an denen sich mehrere hundert Menschen beteiligten, fanden am 25. 3. 1934 statt.

4 Muss heißen „der 30jährige".

5 Richtig: Jakob Rosenfelder (1904–1934), Kaufmann.

6 Max Rosenau (1869–1934), Privatier.

fälle zugesichert wurde,[7] hat man die beiden Todesopfer am Dienstag, den 27. März, auf Anordnung der Behörden *schnell beerdigt*, ohne daß vorher eine *gerichtliche Obduktion* der Leichen stattgefunden hätte.[8] Die verletzten Gunzenhausener jüdischen Bürger werden ärztlich behandelt. Alle jüdischen Einwohner, soweit sie nicht geflüchtet sind, leben in unendlicher Panik.
Inzwischen dauert der *Boykottrummel* in ganz Mittelfranken an. In Neustadt an der Aich wurde den Bäckern und Lebensmittelhändlern verboten, *Brot an Juden* zu verkaufen, so daß die jüdische Bevölkerung hungern muß. In der gleichen Stadt wurden die Inhaber jüdischer Geschäfte *gezwungen*, Plakate mit der folgenden Inschrift an ihren Läden anzubringen: „Streicher hat recht, die *Juden sind der Deutschen Unglück*!"

*

Es ist nur zu begreiflich, wenn es im Hitler-Deutschland zu immer ärgeren Ausschreitungen gegen Juden kommt. Die Voraussage, dass die antisemitische Agitation der Hakenkreuzler nach Ergreifung der Macht weniger blutrünstig werden würde, hat sich als *unrichtig erwiesen*. Die von der Hitler-Regierung unterstützte und empfohlene Literatur wird immer niederträchtiger und steigert die Beschuldigungen gegen die Juden ins Wahnwitzige. So enthält das soeben im offiziellen „NS Druck und Verlag" erschienene, vom Reichspropagandaminister *Goebbels* selbst warm empfohlene Buch „*Der Jude als Rassenschänder*" von Dr. Kurt Plischke folgende Stellen:[9]
„Der Jude hat eine unstillbare Gier, *nichtjüdische Frauen* und *Mädchen* zu *schänden* und sie in den Sumpf seiner gemeinen Gesinnung herabzuzerren."
„Die jüdische Rasse ist die *Hauptträgerin der Geschlechtskrankheiten* unter den Völkern, was ja bei ihrer *tierisch-sinnlichen* Veranlagung und ihrem ausschweifenden Leben nicht zu verwundern ist."
„Der *Mädchenhandel* ist fast *ausschließlich* in den Händen von Juden."
„Es ist notwendig, für das deutsche Volk ein Rassenschutzgesetz zu schaffen. Darin muß das Verbrechen der Rassenschändung wie früher mit dem Tode bestraft werden. Und zwar mit dem *Tode durch den Strang*."

*

Einem Artikel des *Amtsblattes der* NSDAP. für den Gau Baden „Der Führer" ist zu entnehmen: „Kreisleiter Epp[10] ging in einer Beamtenversammlung mit den *jüdischen*

7 Im Juni 1934 fand vor dem Landgericht Ansbach eine Verhandlung wegen schweren Landfriedensbruchs statt. Für die Gewalttaten in Gunzenhausen erhielten 19 von 24 Angeklagten Gefängnisstrafen von mehreren Monaten. Alle Verurteilten blieben zunächst auf freiem Fuß. Der als Hauptangeklagter zu einem Jahr und sechs Monaten Gefängnis verurteilte SA-Führer Kurt Bär (1912–1941) erschoss nach dem Prozess am 15. 7. 1934 – noch vor dem Antritt seiner Haftstrafe – in Gunzenhausen den Gasthausbesitzer Simon Straus und verletzte dessen Sohn schwer. Erst daraufhin nahm die Polizei Bär in Haft. Im August 1934 fand dann ein Revisionsprozess statt. Da das Gericht davon ausging, dass die Juden Suizid verübt hätten, wurden alle Angeklagten außer Kurt Bär freigesprochen; BayHStA, StK 6410; NYT vom 19. 7. 1934, S. 11 sowie Beutner, Pogrom, S. 7–30.

8 Rosenfelder wurde vermutlich ermordet. Rosenau nahm sich aus Angst vor der SA, die sein Haus stürmte, das Leben. Zur Analyse der Todesumstände siehe Zinke, Der Strick, S. 31–44.

9 Kurt Plischke, Der Jude als Rasseschänder. Eine Anklage gegen Juda und eine Mahnung an die deutschen Frauen und Mädchen (1934).

10 Emil Epp (*1890), Kraftfahrer; 1930 NSDAP-, SA- und 1931 SS-Eintritt, 1931–1945 NSDAP-Kreisleiter in Bruchsal; 1948 bei der Entnazifizierung von der Spruchkammer Bruchsal als Hauptschuldiger eingestuft und zu fünf Jahren Arbeitslager verurteilt, 1950 im Berufungsverfahren zu drei Jahren und fünf Monaten Arbeitslager verurteilt, die durch die Haft seit 1945 als verbüßt galten.

Rasseschändern scharf ins Gericht. Er kündigte auch an, daß er nicht zurückschrecken werde, artvergessene Volksgenossen, die in Gesellschaft von Juden verkehren, öffentlich durch *Namensnennung* zu brandmarken. Selbstverständlich wird der nationalsozialistische Staat in absehbarer Zeit die gesetzlichen Grundlagen zur Bekämpfung *jüdischer Wüstlinge* schaffen. Es kommt darauf an, auch den letzten Volksgenossen und die letzte Volksgenossin über die Juden- und Rassenfrage so aufzuklären, dass sie im Juden den *Todfeind* völkischen Lebens erkennen und ihn *wie die Pest* meiden."

DOK. 114
Die Gendarmerie Groß-Karben berichtet am 10. April 1934 über die Demütigung einer Frau wegen „Rassenschande"[1]

Schreiben der Landesgendarmerie Bezirk Friedberg, Station Groß-Karben (Tgb.Nr. 489), Gendarmeriemeister (Unterschrift unleserlich) an den Gendarmeriebezirk Friedberg (Tgb.Nr. 1137, Eing. am 11. 4. 1934) vom 10. 4. 1934

Betreffend: Politische Ereignisse.
Am 22. März 1934, gelegentlich einer unvermuteten Visitation durch den Herrn Bezirksführer, wurde durch Herrn Bürgermeister Flach,[2] Gross-Karben, vertraulich gemeldet, daß die Heinrich Becker Ehefrau, Anni, geborene Bohlert, mit dem Juden Sally *Braun*,[3] aus Gross-Karben ein verstecktes Liebesverhältnis unterhalten würde.
Daraufhin wurde zunächst Frau Becker durch den Herrn Bezirksführer und Unterzeichneten gehört, und gab sie auch zu, mit Braun den Geschlechtsverkehr ausgeübt zu haben. Nun wurde auch sofort Sally Braun zur Sache vernommen. Dieser gab unumwunden zu, schon 2 Jahre mit Frau Becker zu verkehren. Im Verlaufe seiner Vernehmung gab er u. a. an, dass auch ein gewisser Julius *Ross*[4] – Jude – ebenfalls mit Frau Becker den Geschlechtsverkehr ausgeübt habe. Nachdem die Juden und auch Frau Becker zur Sache protokollarisch vernommen waren, wurden die beiden Juden – *Braun* u. *Ross* – in Schutzhaft genommen und in das Amtsgerichtsgefängnis Friedberg eingeliefert. Am Samstag, den 31. März 1934, sind die beiden Juden nach Osthofen[5] überführt worden.
Als das Verhalten der Frau Becker in Gross-Karben verlautbar wurde, ist sie dann am 24. März 1934 von 8 SA Leuten durch die Ortsstrassen von Gross-Karben geführt worden. Von 2 SA Leuten wurden 2 Schilder mit der Aufschrift: „Judenliebchen" getragen. Wer die

1 Hess. StA Darmstadt, G 15 Friedberg Q 188, Bl. 35 f. Gekürzt in: Die Juden in den geheimen NS-Stimmungsberichten, CD, Nr. 107.
2 Heinrich Daniel Flach (*1901), Hochbautechniker; 1931 NSDAP-Eintritt, 1933–1941 Ortsgruppenleiter und Bürgermeister in Groß-Karben; 1945 interniert, 1948 bei der Entnazifizierung von der Spruchkammer Darmstadt als Hauptschuldiger, später von der Berufungskammer Gießen nur als Aktivist eingestuft.
3 Sally Braun (1887–1960), Kaufmann; am 22. 4. 1934 im KZ Osthofen inhaftiert.
4 Julius Ross (1897–1941), wohnte später in Frankfurt a. M., er wurde von dort im November 1941 nach Kowno deportiert und dort ermordet.
5 Das KZ Osthofen wurde im März 1933 von SS und SA in der Nähe von Worms eingerichtet und Anfang Mai 1933 per Anordnung des Staatskommissars für das Polizeiwesen in Hessen, Werner Best, legalisiert. Es bestand bis zum Juli 1934.

Sache eigentlich angeordnet hat, konnte nicht ermittelt werden. Es wurde nur festgestellt, dass die SA Leute zu dem Truppführer Heinrich Lanz,[7] Gross-Karben, gekommen sind und haben ihn gebeten, er möge die Frau Becker auffordern, auf die Strasse zu kommen. Daraufhin begab sich Lanz in die Beckersche Wohnung. Als er dort ankam, lag Frau Becker im Bett und gab an, sie sei krank. Auf Grund dessen ist Truppführer Lanz unverrichteter Sache wieder weggegangen. Unterdessen hatte sich Alfred *Gross*,[8] Gross-Karben, Sturmführer, von der SA Reserve eingefunden. Als er sah, dass Lanz die Sache nicht meistern konnte, ist er dann in die Wohnung Becker und forderte die Ehefrau Becker auf, aufzustehen und auf die Strasse zu kommen, was dann auch befolgt wurde. Während die SA Leute die Frau Becker durch die Ludwigsstrasse führten, hat Sturmführer Gross eine Aufnahme gemacht.
Als dies Heinrich Becker, Ehemann der Frau Becker, in Erfahrung brachte, begab er sich [in das] Hess. Kreisamt Friedberg und beschwerte sich und gab auch u. a. an, dass Herr Gross diese Aufnahme veröffentlichen würde.
Es wurde von Herrn Assessor König angeordnet, die Aufnahmen zu beschlagnahmen. Daraufhin begab sich der Unterzeichnete zu Sturmführer Gross, der jedoch die Herausgabe der Aufnahme gewissermassen verweigerte. Es wurde dann mit der Standarte ein Telefongespräch geführt und [daraufhin] wurde von dort angeordnet, die Aufnahmen nicht herauszugeben, gleichzeitig wurde aber auch versichert, dass dieselben nicht veröffentlicht würden. Auf Grund dessen wurde von der Einziehung der Aufnahmen bei Sturmführer Gross Abstand genommen.
Sonst haben sich weiter keine besonderen Ereignisse im diesseitigen Dienstbezirk zugetragen.

7 Heinrich Lanz (*1902), Landwirt; 1931 NSDAP- und 1933 SA-Eintritt; 1948 bei der Entnazifizierung von der Spruchkammer Friedberg als Minderbelasteter eingestuft.
8 Alfred Gross (*1890), Ingenieur; 1933 NSDAP-Eintritt; lebte bis 1935 in Groß-Karben, dann in Klein-Karben, von 1939 an in Marbach/Baden.

DOK. 115
Zeitungsausschnitt aus dem Pariser Tageblatt mit einem Schreiben des Reichsarbeitsministers an den Stellvertreter des Führers vom 25. April 1934 über den Ausschluss nichtarischer Unternehmer von der Feier des 1. Mai[1]

Zeitungsausschnitt, undat., mit Kurzvermerken aus der Reichskanzlei[2]

Tageblatt
Paris[3]
Vertrauliches Rundschreiben. Um die nichtarischen Betriebsführer
Die Frage, ob nichtarische Unternehmer „Führer" ihrer Betriebe sein dürfen, wird heute in Deutschland eifrig diskutiert. Während der Reichswirtschaftsminister Schmitt[4] erklärt hat, dieses Recht solle ihnen ruhig zugestanden werden, verfügen die Gauleiter und Chefs der „Deutschen Arbeitsfront", dass man die Nichtarier unter Druck setze, um sie zu zwingen, die „Führerschaft" nicht auszuüben. Als Beweis dafür, wie man im Dritten Reich mit doppelter Buchführung arbeitet, nach aussen hin noch den Schein wahrt, unter der Hand jedoch jeden einzelnen erpresst und zum Nachgeben zwingt, nachfolgendes Originalschreiben, das uns ein Zufall in die Hände gespielt hat:

Der Reichsarbeitsminister Berlin, den 25. April 1934.

Sehr verehrter Herr Hess!
Die von Ihnen vertretene Auffassung, dass zur Vermeidung von Unzuträglichkeiten eine Teilnahme nichtarischer Unternehmer an dem Aufmarsch zur Feier der nationalen Arbeit am 1. Mai nicht erwünscht sei, teile ich. Ich habe daher auch durch die Fünfte Verordnung zur Durchführung des Gesetzes zur Ordnung der nationalen Arbeit vom 13. April 1934 (Reichsgesetzblatt I S. 310) klargestellt, dass das im Gesetz vorgesehene Gelöbnis des Vertrauensrats nicht bei der Feier am 1. Mai gemeinsam, sondern in jedem Betrieb gesondert abgelegt wird. Es kann hiernach damit gerechnet werden, dass nichtarische Unternehmer sich an dem Aufmarsch nicht beteiligen. Ich habe bisher auch regelmässig in Einzelfällen dahin Auskunft erteilt, dass eine derartige Beteiligung sich erübrige. Eine allgemeine Unterrichtung aller nichtarischen Unternehmer, dass ihre Teilnahme an dem Aufmarsch nicht erwünscht ist, wäre nur durch Rundfunk oder Presse möglich. Eine Veröffentlichung auf diesem Wege zu veranlassen, erscheint mir untunlich.

1 BArch, R 43 II/1268, Bl. 108.
2 Das Original besteht aus einem auf ein DIN-A4-Blatt aufgeklebten Zeitungsausschnitt mit handschriftl. Vermerken. Auf dem Zeitungsausschnitt mehrere handschriftl. Unterstreichungen. Der Artikel stammt aus: Pariser Tageblatt, Nr. 142 vom 3. 5. 1934, S. 2.
3 Handschriftl. Vermerk. Danach folgt der Zeitungsausschnitt.
4 Dr. Kurt Schmitt (1886–1950), Jurist; 1921–1933 Vorstandsvorsitzender der Allianz AG Versicherungsgesellschaft; 1933 NSDAP-Eintritt; 1933–1934 Reichswirtschaftsminister; danach wieder in der Privatwirtschaft tätig.

Die Ablegung des im § 10 AOG.[5] vorgesehenen Gelöbnisses wird in Fällen, in denen die Ableistung des Gelöbnisses durch nichtarische Unternehmer zu Schwierigkeiten führen könnte, auch von dem Stellvertreter des Führers des Betriebes geleistet werden können. Auch hierauf habe ich bereits bei Rückfragen hingewiesen.
Den Industrie- und Handelstag und die Arbeitsfront habe ich entsprechend unterrichtet.
Heil Hitler!
Ihr sehr ergebener gez. Franz *Seldte*.
An den Stellvertreter des Führers der Nationalsozialistischen Deutschen Arbeiterpartei, Herrn Reichsminister Hess, München, Briennerstr. 45.

1) Der Herr Reichskanzler hat Kenntnis.[6]
2) Herrn Min.Rat. Dr. Killy[7] u[nd] R.Arb.[8]

DOK. 116

Bericht des Geheimen Staatspolizeiamts Berlin vom April 1934 zur Überwachung der jüdischen Organisationen und ihrer Tätigkeit in Deutschland[1]

Entwurf eines Vermerks, ungez., April 1934 (Abschrift)[2]

Die Juden in Deutschland.[3]
I. *Allgemeines.*
Das schon früher stark entwickelte jüdische Vereinsleben hat durch den umfassenden Ausschluss der Juden aus dem Dienst des Reichs und der öffentlich-rechtlichen Körperschaften sowie durch die Zurückdämmung ihres Einflusses im Wirtschafts- und Privatle-

5 AOG: Arbeitsordnungsgesetz, eigentlich Gesetz zur Ordnung der nationalen Arbeit. In § 10 war festgelegt, dass die Mitglieder des Vertrauensrates „vor der Gefolgschaft am Tag der nationalen Arbeit (1. Mai) das feierliche Gelöbnis" ablegen, „in ihrer Amtsführung nur dem Wohl des Betriebes und der Gemeinschaft aller Volksgenossen unter Zurückstellung eigennütziger Interessen zu dienen und in ihrer Lebensführung und Diensterfüllung den Betriebsangehörigen Vorbild zu sein"; Gesetz zur Ordnung der nationalen Arbeit vom 20. 1. 1934, RGBl., 1934 I, S. 45–56.
6 Stempel.
7 Dr. Leo Killy (1885–1954), Marineoffizier und Jurist; von 1925 an in der Zollverwaltung, 1929–1930 im RFM und 1933–1944 in der Reichskanzlei tätig.
8 Punkt 2) als handschriftl. Zusatz. R.Arb.: Reichsarbeitsministerium. Siehe dazu die Reaktion des Reichsarbeitsministers in seinem Schreiben an den StS in der Reichskanzlei vom 9. 6. 1934, betr. Teilnahme „nichtarischer" Betriebsführer an der 1. Mai-Feier; wie Anm. 1, Bl. 110+RS.

1 RGVA, 501k-1-18. Abdruck in: Die Juden in den geheimen NS-Stimmungsberichten, Dok. 32, S. 68–71 (CD Nr. 110).
2 Im Original sind Monat und Jahr sowie Korrekturen und Unterstreichungen handschriftl. hinzugefügt. Das Dokument befindet sich im Bestand Geheime Staatspolizei Berlin und stammt aus dem Referat 2 B (religiöse Vereinigungen, jüdische Organisationen und Freimaurer).
3 Das vorliegende Dokument ist der früheste bekannte Bericht des Gestapa Berlin zur Judenfrage. Wenig später fertigte auch der Sicherheitsdienst der SS einen umfassenden Bericht zu diesem Thema an. Darin hieß es, durch die Einschränkung ihrer Existenzgrundlage" solle die Emigration der Juden verstärkt werden, denn das Ziel sei eine „restlose Auswanderung der Juden". Der SD kritisierte das Gestapa für dessen Anregungen, jüdische Dachverbände zu schaffen, denn das würde der politisch gewollten Spaltung der Juden entgegenwirken; Abdruck in: Judenpolitik des SD, S. 66–69.

ben einen starken Auftrieb erhalten. Bestehende Vereine nahmen an Mitgliedern ständig zu und neue Verbände, insbesondere solche innerjüdisch-politischen und wirtschaftlichen Charakters wurden gegründet. Die Folge ist eine überaus rege Vereinstätigkeit, die die Organe der Geheimen Staatspolizei durch die notwendige Überwachung und Kontrolle stark in Anspruch nimmt.

Bewusst hat das Geheime Staatspolizeiamt bisher davon Abstand genommen, die zahlreichen sich oft aufs Heftigste bekämpfenden Vereinigungen gleichzuschalten; denn die innere Uneinigkeit des Judentums ist der beste Bundesgenosse, um einen Einfluss der Juden auf innerpolitischem Gebiet zu verhindern.

II. *Organisatorische Zusammenschlüsse der Juden.*

Die einzige und damit zugleich gefährlichste Organisation, in welcher sämtliche jüdischen Splitterparteien vertreten sind, ist der „*Unabhängige Orden Bne Brith*", über den in Nr. 5 der Mitteilungen bereits ausführlich berichtet wurde. Fast sämtliche Rabbiner und Führer der sonstigen jüdischen Organisationen sind Mitglied dieser Loge. Es gibt keinen Zweig des jüdischen Lebens und der jüdischen Organisationen, in deren Führerstellen sich nicht Brüder der Grossloge befinden. Der Orden unterliegt der ständigen Kontrolle und Überwachung durch die Geheime Staatspolizei, so dass etwaige staatsfeindliche Umtriebe im Keim erstickt werden können.

Im übrigen wird die politische Stellung der Juden in Deutschland von 2 Richtungen bestimmt, und zwar: dem Zionismus und dem Deutsch-Judentum (Assimilation).

a) Zionismus

Den Zionismus, der die Auswanderung der Juden aus Deutschland und die Schaffung eines Judenstaates in Palästina erstrebt, vertreten in Deutschland folgende Organisationen:

Die Zionistische Vereinigung für Deutschland. Sie bezweckt die Zusammenfassung der gesamten Juden zur Stärkung des Selbstgefühls und Volksbewusstseins. Ihr Hauptziel ist die zweckdienliche Förderung der Besiedlung Palästinas mit jüdischen Ackerbauern, Handwerkern und Gewerbetreibenden. Ihr angegliedert ist das die Fragen der Auswanderung bearbeitende Palästinaamt.

Die Staatszionistische Organisation. Sie ist jüdisch-faschistisch eingestellt und fordert den Judenstaat zu beiden Seiten des Jordans in eigener jüdischer Verwaltung unter Ausschaltung der englischen Mandatsregierung. Die von ihr geförderte jüdische Einwanderung nach Palästina soll die judenfeindlichen Araber aus Palästina verdrängen und sie zur Minderheit machen. Der Staatszionistischen Organisation hat sich kürzlich der Verband deutscher Zionisten-Revisionisten angeschlossen.

Die Jugendgruppe der Staatszionistischen Organisation hat mit der Staatsumwälzung ihren Namen „Brith Trumpeldor" in „Herzlia" geändert.

Die unabhängige Misrachi-Landesorganisation Deutschlands. Sie ist die Organisation der orthodoxen Juden im Zionismus und sieht in Palästina nicht nur das Land der jüdischen Nation, sondern auch das Land der jüdischen Religion. Sie gibt die Zeitschrift „Zion, Monatsblatt für Lehre, Volk und Land" heraus. Die Organisation ist durch Auswanderung stark geschwächt und umfasst mit ihren 20 Ortsgruppen heute ca. 1500 Mitglieder.

Der Hechaluz (Pionier).[4] Er ist eine besonders rührige zionistische Jugendbewegung, die in Preussen zahlreiche Vereine und Ortsgruppen unterhält. Seine Haupttätigkeit ist die

4 Hechaluz: Zionistische Jugendorganisation, gegründet 1917 mit dem Ziel, junge Juden auf die Einwanderung nach Palästina vorzubereiten.

Umschichtung existenzlos gewordener jüdischer Jugendlicher und deren Überführung in handwerkliche und landwirtschaftliche Berufe. Für die geplante spätere Auswanderung der Jugendlichen fördert der Hechaluz das Erlernen der neuen hebräischen Sprache. Die Bewegung zählt etwa 15 000 Mitglieder in Deutschland. Sie hat starke internationale Beziehungen und unterhält in Berlin ein Führerseminar.
Unterorganisationen des „Hechaluz" sind: der „Hashomer Hazair" und die „Werkleute".
Die Agudas Jisroel.[5] Sie ist der Verband der strengsten Orthodoxie. Die „Agudas Jisroel" hat in Deutschland einen eigenen Landesverband mit dem Hauptsitz in Frankfurt a/M und unterhält besondere Frauen- und Jugendgruppen. Auch diese Bewegung erstrebt den Aufbau Palästinas, jedoch nicht durch die Zionisten, sondern durch die Rabbiner. „Palästina soll das Land der Bibel sein und bleiben." Die deutsche Führung der „Agudas" ist wiederholt gegen die Boykotthetze gegen Deutschland aufgetreten. Ihre Führer werden von ausländischen Juden als „Hitleragenten" bezeichnet.
Der jüdische Nationalfonds e. V. „Keren Kajemeth Lejisrael." Es ist dies eine Nebenorganisation der „Zionistischen Vereinigung", die unter der Devise „Boden in Palästina für jüdische Jugend" Geld und sonstige Vermögenswerte sammelt. Das aus den gesammelten Beträgen in Palästina angekaufte Land bleibt unveräusserliches Eigentum der Juden (Nationaleigentum). Der „Keren Kajemeth Lejisrael" ist unter Ausschluss aller religiösen, politischen und sozialpolitischen Bestrebungen nur für die Förderung der Kolonisation tätig. Von ihm werden mittellose Palästinaemigranten während ihrer Ausbildungszeit in Deutschland unterstützt. Die Organisation zählt etwa 7 000 Mitglieder.
Die Überweisung der von der „KKL" gesammelten Gelder nach Palästina geschieht von Fall zu Fall auf Grund der Bewilligungen des Reichswirtschaftsministeriums und des Präsidenten des Landesfinanzamtes Berlin.
Das jüdische Palästinawerk e. V. „Keren Hajessod".[6] Die „KH" ist eine Unterorganisation der „Jewish Agency for Palestine". Sie hat es sich zur Aufgabe gemacht, Geldmittel für die Auswanderung von Juden ohne Rücksicht auf ihre Zugehörigkeit zur zionistischen oder assimilatorischen Richtung zu beschaffen. Ihre Hauptaufgabe sieht sie darin, den Aufbau Palästinas aus dem engen Parteirahmen herauszunehmen und insbesondere auch Nichtzionisten für Palästina zu interessieren.
Die Ausfuhr des von ihr gesammelten Geldes ist auf Grund eines wirtschaftlichen Abkommens und einer Verordnung des Reichswirtschaftsministeriums geregelt. Die Geldausfuhr ist an die Abnahme deutscher Waren geknüpft, so dass die Aussenhandelsbilanz des Reiches dadurch günstig beeinflusst wird.[7]

5 Agudas Jisroel: Bund Israels. Weltorganisation der orthodoxen Juden, gegründet 1912 in Kattowitz. 1936 war der Hauptsitz in Wien.

6 Keren Hajessod (K.H.): Palästina-Grundfonds. Finanzfonds für das jüdische Aufbauwerk in Palästina, 1920 gegründet, von 1926 an mit Sitz in Jerusalem.

7 Bezieht sich auf das Haavara-Abkommen. Nach dem zwischen der Jewish Agency und dem Deutschen Reich 1933 geschlossenen Abkommen konnten jüdische Emigranten für ihr in Deutschland eingezahltes Kapital deutsche Waren in Palästina erhalten und somit indirekt einen Teil ihres Vermögens transferieren, ohne dass dies den NS-Staat Devisen kostete. Die finanzielle Abwicklung oblag der Palästina Treuhand-Stelle zur Beratung deutscher Juden GmbH (Paltreu) in Berlin, die mit der zionistischen Gesellschaft Haavara in Tel Aviv und mit palästinensischen Importeuren kooperierte. Über das 1933–1939 laufende Abkommen wurden knapp 140 Millionen RM nach Palästina transferiert.

Die Ortgesellschaft, Abteilung Deutschland,[8] ist eine Zweigorganisation des grossen Welt-Ortverbandes, der sich mit dem Problem der beruflichen Umschichtung und mit der Förderung von Handwerk, Industrie und Landwirtschaft unter den Juden zum Zweck der Auswanderung nach Palästina befasst.

Der deutsche „Maccabi-Kreis". Der M.-Kreis untersteht der Zionistischen Vereinigung und ist die Spitzenorganisation der verschiedenen zionistischen Jugendverbände, insbesondere der Sportorganisationen. Er erstrebt die Gleichberechtigung mit dem deutschen Sport. Seine bedeutendsten Unterorganisationen sind der „Bar Kochba" Turn- und Sportklub und der jüdische Box-Klub.

b) Deutsch-Judentum (Assimilation)

Das Deutsch-Judentum tritt für den Verbleib der Juden in Deutschland und die Wiedererlangung der Gleichberechtigung der Juden als deutsche Staatsbürger ein. Die bekanntesten und grössten Assimilanten-Organisationen sind:

Der Central-Verein deutscher Staatsbürger jüdischen Glaubens. Er bezweckt die Sammlung der deutschen Juden ohne Unterschied der religiösen und politischen Richtung, um sie in der Wahrung ihrer staatsbürgerlichen und gesellschaftlichen Gleichstellung und in der Pflege deutscher Gesinnung zu bestärken. Der CV besitzt in Deutschland 14 Hauptstellen und etwa 500 Ortsgruppen. Von ihm wird die „CV-Zeitung" herausgegeben. Als Wirtschaftsorganisationen gehören ihm die Fachgruppe „Ambulante Gewerbetreibende" und Schausteller im CV, die Erwerbslosengruppe im CV und der Handelsvertreterausschuss im CV an.

Der Reichsbund jüdischer Frontsoldaten e. V. Er steht dem CV in seinem Ziele nahe und rekrutierte sich ursprünglich aus den Frontkämpfern jüdischer Rasse. Das starke Anwachsen des Bundes und die Aufnahme jugendlicher Nichtfrontkämpfer machten eine Unterteilung in den eigentlichen Bund, die Sportabteilungen und die Kriegsopferversorgung notwendig.

Der RjF sieht seine Aufgabe darin, jedem deutschen Juden in Deutschland einen Lebensraum zu sichern und ihm [die] Möglichkeit zu geben, seine jüdische Überzeugung offen und frei zu bekennen und zu betätigen. Er zählt etwa 2 500 ehemalige jüdische Soldaten in 16 Landesverbänden und 365 Ortsgruppen als ordentliche Mitglieder. Seine Bundeszeitung ist „Der Schild", seine Jugendorganisation der „Bund deutsch-jüdischer Jugend".

Der Reichsverband christlich-deutscher Staatsbürger nicht arischer oder nicht rein arischer Abstammung e. V. Dieser Verband bezweckt die gemeinnützige Förderung der Interessen seiner Mitglieder unter Ausschluss politischer und geschäftlicher Ziele. Nach den Äusserungen seines Gründers und ersten Vorsitzenden erstrebt der Reichsverband eine Abänderung des Arierparagraphen dahin, dass es seinen Mitgliedern ermöglicht werde, wieder Beamtenstellen zu bekleiden.

Der Verband nationaldeutscher Juden. Dieser an sich kleine Verband, der eine rege Aktivität entfaltet, nimmt unter den jüdischen Organisationen eine Sonderstellung ein. Er betont den „national-deutschen Willen" seiner Mitglieder und will streng zwischen Deutsch-

8 ORT: Russische Abkürzung für Gesellschaft zur Förderung des Handwerks, der Industrie und Landwirtschaft unter den Juden, gegründet 1880 in Rußland, seit 1921 Landesverbände u. a. in Polen, Großbritannien und Deutschland. Die ORT-Gesellschaft organisierte die fachliche Ausbildung junger Juden sowie die Versorgung der Werkstätten mit Material und Werkzeug, außerdem die Betreuung landwirtschaftlicher Siedlungen.

Juden und Fremd-Juden unterschieden wissen. Sein Führer ist der Rechtsanwalt, Hauptmann d. L. a. D. *Naumann.*[9] Wegen der Hervorkehrung des nationalen Gedankens wird der Verband von allen anderen jüdischen Organisationen stark bekämpft.
Als Spitzenorganisation der jüdischen Verbände in Deutschland hat sich im Herbst 1933 die „Reichsvertretung der deutschen Juden" mit dem Sitz in Berlin gebildet. In ihr sind Mitglieder fast sämtlicher jüdischer Verbände vertreten. Die „Reichsvertretung" wird jedoch von den national-deutschen Juden stark angegriffen, weil in ihr der früher vorherrschende assimilatorische Einfluss durch die Übernahme der Zionistischen Gruppen stark beeinträchtigt ist. Andererseits wird diesen Organisationen die mangelhafte Vertretung der Zionistischen Idee vorgeworfen, so dass sich neuerdings als Gegenspieler die „Jüdische Aktion" gegründet hat.[10]
III. *Betätigung der Juden.*
a) In der Politik.
Wenn auch heute noch Juden in Ausnahmefällen ihre staatsfeindliche Gesinnung nach aussen hin zum Ausdruck gebracht haben, so ist doch in letzter Zeit eine organisatorische Betätigung des Judentums im staatsfeindlichen Sinne nicht mehr beobachtet worden. Die Zahl der Fälle, in denen Juden öffentlich ihre staatsfeindliche Gesinnung zeigten, ist dank der Aufmerksamkeit und des scharfen Zugreifens der Geheimen Staatspolizei sehr zurückgegangen.
Die rege Versammlungstätigkeit trug, soweit politische Fragen überhaupt erörtert wurden, einen neutralen Charakter. Irgendwelche Angriffe gegen die nationalsozialistische Bewegung und den neuen Staat sind nicht festgestellt worden. Wie aus fast sämtlichen grösseren Versammlungen hervorgeht, bemüht sich das Judentum im neuen Staat als Gegner nicht sichtbar in Erscheinung zu treten. Insbesondere wird von den assimilatorischen Richtungen jede Gemeinschaft mit dem internationalen Judentum in Abrede gestellt.
Wenn auch eine *offene* Gegnerschaft des innerdeutschen Judentums zum neuen Staat nicht sichtbar ist, so darf dies doch nicht darüber hinwegtäuschen, dass der Jude seiner inneren Einstellung nach stets ein Feind des nationalsozialistischen Staates sein wird. Seine liberalistisch-internationale Weltanschauung lässt sich mit der Gedankenwelt des Nationalsozialismus nicht in Einklang bringen. In geschickter verdeckter Form wird er immer wieder versuchen, Einfluss auf innerdeutsche Verhältnisse zu erlangen und Zwietracht in die nationalsozialistische Volksgemeinschaft zu bringen.
b) In der Wirtschaft.
Da die Verhältnisse in Deutschland die Weiterbetätigung der jüdischen Bevölkerung in wirtschaftlicher Hinsicht erschwert oder unterbunden haben, versucht sie die Tätigkeit in das Ausland zu verlegen. Die von der NSDAP geforderte Zurückhaltung des Publikums gegenüber den jüdischen Geschäften hat besonders in den ländlichen Bezirken viele jüdische Geschäftsinhaber zur Aufgabe ihres Unternehmens gezwungen. Dieser Umstand und die Bestrebung des Zionismus haben zur Folge, dass sich weite Kreise der jüdischen Bevölkerung einem Handwerksberuf zuwenden.

9 Dr. Max Naumann (1875–1939), Jurist; bis 1938 Rechtsanwalt und Notar in Berlin; DVP-Mitglied; Vorsitzender des Verbands nationaldeutscher Juden von dessen Gründung 1921 bis zur Auflösung am 18. 11. 1935, 1922–1934 Hrsg. der Zeitschrift Der nationaldeutsche Jude; vom 18. 11. 1935 an in Gestapo-Haft, nach Suizidversuch am 14. 12. 1935 entlassen.

10 Im Original handschriftl. gestrichen: „die ebenfalls beansprucht, *die* Reichsvertretung der deutschen Juden zu sein, jedoch den zionistischen Gedanken in den Vordergrund stellt".

Der Geschäftsrückgang in den jüdischen Warenhäusern der Grosstädte, der bis zum Ende des Jahres 1933 anhielt, ist durch erneuten Zustrom von Käufern jetzt nahezu wieder ausgeglichen. In der Hauptsache sind es Erwerbslose, der verarmte Mittelstand und die Landbevölkerung, die ihren Bedarf hier decken. Es konnten aber auch bedauerlicherweise Beamte und sogar Angehörige der SA, der SS und der PO[11] als Kunden der Warenhäuser festgestellt werden. Dieser erneute Zustrom zu den Warenhäusern und Einheitspreisgeschäften ist in der Hauptsache darauf zurückzuführen, dass dort bestimmte Artikel billiger abgegeben werden als in den arischen Geschäften.
Ausser einer weiteren Aufklärung der breiten Masse über die Gefahr der Warenhäuser für den deutschen Wirtschaftsstand wird es Aufgabe der zuständigen Reichsstellen sein, der Geschäftswelt durch geeignete Massnahmen klar zu machen, dass der Geschäftsrückgang in erster Linie durch eine ungesunde Preiskalkulation bedingt war, die an kleinen Objekten unverhältnismässig hohe Gewinne erzielen wollte. Wenn sich im Kleinhandel einmal der Grundsatz durchgesetzt hat, durch kleine Gewinnspannen in Verbindung mit einer Senkung der allgemeinen Lasten die Verkaufspreise zu reduzieren, werden auch die minderbemittelten Klassen dem Warenhaus fernbleiben und damit den unheilvollen Einfluss der Grosskaufhäuser auf den Einzelhandel zu beheben helfen.
Grossen Einfluss besitzt der Jude nach wie vor im Viehhandel. Vom Geheimen Staatspolizeiamt werden deshalb in nächster Zeit den zuständigen Reichsbehörden Vorschläge unterbreitet werden, um durch eine Stärkung der Viehverwertungsgenossenschaften auch hier die Vorherrschaft der Juden zurückzudämmen.
In einigen Fällen konnte festgestellt werden, dass jüdische Geschäftsinhaber arische Geschäftsinhaber bestellten, um nach aussen hin dem Unternehmen einen christlichen Charakter zu verleihen, und dass jüdische Arbeitgeber in geschickter Form unter dem Personal Uneinigkeit und Zersetzung zu fördern suchten. Ein weiteres von Juden angewandtes Mittel zur Bekämpfung des Nationalsozialismus ist die Entlassung von Arbeitnehmern nationalsozialistischer Gesinnung, die angeblich aus Arbeitsmangel erfolgt. Auch hier ist von der Geheimen Staatspolizei Vorsorge getroffen worden, um derartigen Machenschaften mit aller Schärfe zu begegnen.
Die Anordnungen des Reichswirtschaftsministeriums und des Reichsarbeitsministeriums über die Gleichstellung von Ariern und Nichtariern in der Wirtschaft[12] haben in der Judenschaft die Auffassung hervorgerufen, dass für sie nunmehr jede Gefahr im Wirtschaftsleben überwunden sei. Es besteht bei ihnen sogar die Hoffnung, auf Grund dieser Anordnungen ihren wirtschaftlichen Einfluss zurückgewinnen zu können. Hierdurch kommen grosse Teile der Bevölkerung, die an eine restlose Befreiung von den Juden glaubten, zu der Annahme, dass der Jude, entgegen dem Programm der NSDAP, auf immer im deutschen Wirtschaftsleben verankert bleibe. Aus diesem Grunde ist besonders ein Teil der Arbeiterschaft beunruhigt, da er es nicht verstehen kann, dass Juden weiterhin Wirtschaftsführer sein sollen. Auch sonst hat der Erlass des Reichsministers d. I. über die Nichtanwendung der Ariergesetzgebung auf die freie Wirtschaft den jüdischen Organisationen, insbes. den Assimilanten, reges Propagandamaterial in die Hand gegeben, deren

11 PO: Parteiorganisation (NSDAP).
12 Siehe Schreiben des RWM an den Industrie- und Handelstag vom 8. 9. 1933 und Runderlass des RArbM vom 24. 11. 1933; BArch, 3101/13863, Bl. 6 sowie Sonderrecht, S. 62.

Wirkungen sich in einem unliebsamen Hervortreten jüdischer Elemente, insbes. in einer verstärkten Rückwanderung jüdischer Emigranten, zeigen.
Durch die Berufsumschichtung der Juden mehren sich in letzter Zeit die Fälle, in denen berufsfremde jugendliche Juden auf dem Lande zu Landwirten und Handwerkern umgeschult werden. Im Regierungsbezirk Frankfurt a. O. sind z. Zt. in 9 Gemeinden allein 163 und im Kreise Simmern bis jetzt 5 Juden in landwirtschaftlichen Betrieben in der Umschulung begriffen. Ähnliche Vorhaben werden auch aus den Bezirken der Staatspolizeistellen Aurich, Königsberg und Allenstein gemeldet. Die Vermittlung der umzuschulenden Personen geht in der Hauptsache von der „Ortgesellschaft zur Förderung der Ansiedlung, des Handels und des Handwerks", von dem „Hechaluz" und der Organisation „Land und Handwerk" aus.
Schon vor der nat.soz. Revolution wurden von dem Ortsverband die s. Zt. aus Russland emigrierten Juden namentlich in Arbeitslagern in Litauen umgeschult, um sie in ausserrussischen Ländern, insbesondere in Palästina, einer sesshaften Beschäftigung zuzuführen. Mit der Aufrollung der Judenfrage in Deutschland ergab sich auch hier die Notwendigkeit einer beruflichen Neueingliederung der aus ihrer bisherigen Beschäftigung entlassenen bezw. derjenigen Juden, die auf ein berufliches Fortkommen in Deutschland nicht rechnen konnten. Soweit die Umschulung zu Landwirten oder Handwerkern in ausserdeutschen Ländern oder in Deutschland selbst in geschlossenen Lagern mit dem Ziel erfolgt, den Umgeschulten die Auswanderung aus Deutschland, insbesondere nach Palästina, zu erleichtern, dürften grundsätzliche Bedenken nicht entgegenstehen. Ob bei der Umschulung in geschlossenen Lagern ortspolizeiliche Erwägungen im Einzelfall zur Aufrechterhaltung der öffentlichen Sicherheit und Ordnung eine andere Entscheidung erheischen, wird dem Ermessen der zuständigen Behörden überlassen bleiben müssen.[13] Bedenken in politischer Hinsicht dürften nicht bestehen.
Die Unterbringung der umzuschulenden Personen in der freien Wirtschaft, insbesondere auf einzelnen Gehöften, ist dagegen unerwünscht. Da nach den bisherigen Erfahrungen, die die Umschulung vermittelnden Organisationen dem Landwirt bezw. dem Handwerker, der die Umschulung übernimmt, einen monatlichen Zuschuss von durchschnittlich 30–60 RM zahlen, wird dieser die Ausbildung umso eher übernehmen, als er neben den geldlichen Vorteilen auch eine Arbeitshilfe erlangt. Die Folge wird die zwangsläufige Verdrängung deutscher Landhelfer und Arbeiter aus Lohn und Brot sein.
Führt dieses Verfahren demnach zu einer Sabotierung der Massnahmen der Reichsregierung auf dem Gebiet der Arbeitsbeschaffung, so kommt noch hinzu, dass durch die Beschäftigung zahlreicher Juden in ländlichen Gegenden erhebliche Unruhe und Erregung in die Bevölkerung getragen wird, die zu unliebsamen Ausschreitungen führen und der immer noch anhaltenden Greuelpropaganda im Ausland neues Material liefern kann. Die Umschulung in der freien Wirtschaft muss daher nach Möglichkeit unterbunden werden.
In jüngster Zeit wird ferner unter Führung der Organisation „Land und Handwerk" der Versuch gemacht, ihren Berufen entfremdete Juden zu Landarbeitern und Handwerkern umzuschulen mit dem Ziele, dem Umgeschulten – unter Gewährung von Darlehen, Ankauf oder Verpachtung von Land – in *Deutschland selbst* neue Arbeitsmöglichkeiten zu schaffen. Da derartige Bestrebungen mit den Massnahmen der Reichsregierung zur

13 Zur interministeriellen Diskussion im Jahr 1934 siehe die Dok. 107 vom 27. 2. und 122 vom 13. 6. 1934.

Schaffung eines bodenständigen deutschen Bauern- und Handwerkerstandes nicht in Einklang stehen, wird ihnen entgegenzutreten sein.

Um in diesen Fragen eine allgemeine Regelung herbeizuführen, hat das Geheime Staatspolizeiamt den zuständigen Reichsministerien Vorschläge unterbreitet, so dass in absehbarer Zeit einheitliche Massnahmen in dieser Hinsicht zu erwarten sind.

c) Auf kulturellem Gebiet.

Bis vor kurzem bestanden in Preussen eine grosse Zahl jüdischer Kulturbünde, die von den Behörden nur schwer zu überwachen waren. Im Einvernehmen mit dem Staatskommissar für das preussische Theaterwesen[14] hat das Geheime Staatspolizeiamt die jüdischen Kulturbestrebungen dahin vereinheitlicht, dass als massgebende Organisation auf diesem Gebiet der „Kulturbund deutscher Juden" mit seinen Ortsgruppen anzusehen ist.[15] Der Kulturbund ist verpflichtet, bei der Gründung neuer Ortsgruppen gewisse Auflagen zu beachten und hat seine gesamten Veranstaltungen dem Preuss. Theaterausschuss zur Genehmigung vorzulegen. Damit ist es ermöglicht worden, die gesamten jüdischen Kulturbewegungen von zuständiger Stelle zu beobachten und zu überwachen.

An deutschen Theatern werden jüdische Künstler kaum mehr beschäftigt.

Als Folge des immer stärker werdenden kulturellen Zusammenschlusses sind Juden bei allgemeinen Veranstaltungen in Konzerten und Theatern kaum noch zu sehen. In der Öffentlichkeit verkehren sie im allgemeinen nur noch in den Gaststätten jüdischer Unternehmer.

In Berlin kam es anlässlich der Uraufführung des englischen Films: „Katharina die Grosse", in dem die jüdische Filmschauspielerin Elisabeth *Bergner*[16] mitwirkt, am 8. 3. 34 zu Störungen durch Angehörige der NSDAP. Dieser Vorfall hat der jüdischen Hetzpresse des Auslandes neuen Anlass zu gehässigen Auslassungen über das neue Deutschland gegeben; aber auch die ernst zu nehmende ausländische Tagespresse hat im Anschluss an diesen Zwischenfall den Boykott deutscher Filme angedroht.

d) Im Sport.

Wie alle anderen Zweige jüdischen Gemeinschaftslebens hat auch der Sport einen gewaltigen Auftrieb erhalten. Besonders rührig sind hier die Jugendgruppen des Reichsbundes jüdischer Frontsoldaten. In einzelnen Fällen wurde beobachtet, dass die Juden sogar Wehr- und Geländesport betrieben. Da diese Betätigung mit den Staatsinteressen unvereinbar ist, hat das Geheime Staatspolizeiamt Vorsorge getroffen, dass derartige Vorkommnisse in Zukunft unterbunden werden.

Von verschiedenen Jugendbünden und Wandergruppen ist ferner der Versuch gemacht worden, ihre Angehörigen in einheitlicher Kleidung, vereinzelt sogar in braunen Uniformen, auftreten zu lassen. Derartige Versuche haben naturgemäss bei SA- und SS-Angehörigen grosse Erregung ausgelöst. Zur Vermeidung von Zusammenstössen hat das

14 Staatskommissar im Preuß. Ministerium für Wissenschaft, Kunst und Volksbildung und Leiter des preuß. Theaterausschusses war Hans Hinkel.

15 Im Sommer 1935 wurden die regionalen Kulturbünde unter dem Namen „Reichsverband der jüdischen Kulturbünde" unter Aufsicht des RMVuP zusammengeschlossen; siehe Richtlinien des Gestapa (II 1 B 2 – 67217 / J. 706/35) vom 13. 8. 1935, Abdruck in: UuF, Bd. 11, S. 155 f.

16 Elisabeth Bergner (1897–1986), Schauspielerin; Mitglied der KP Österreichs; von 1921 an an Berliner Theatern, u. a. bei Max Reinhardt, und als Filmschauspielerin tätig; 1932 Emigration nach Großbritannien, 1940 in die USA.

Geheime Staatspolizeiamt bei dem Reichsjugendführer[17] eine allgemeine Regelung dieser Frage angeregt. Bestimmte Anordnungen sind in nächster Zeit zu erwarten.[18]

IV. Auswanderung.

Die seit der Machtübernahme gegen das Judentum in wirtschaftlicher Hinsicht getroffenen Massnahmen brachten in der Hauptsache Abwanderungsbestrebungen der Juden mit sich. Insbesondere setzte ein Zustrom der Juden vom flachen Lande und aus den Kleinstädten nach den Grosstädten ein, wobei mitbestimmend war, dass der Jude in der Grosstadt untertauchen zu können glaubte. In weit grösserem Masse wanderten die Juden jedoch ins Ausland ab.

Der Hauptstrom dieser jüdischen Emigranten ergoss sich im vergangenen Jahre nach *Palästina.* Nach bisherigen Meldungen sind seit dem Beginn der Emigration bis Anfang März 1934 rund 13 000 Juden nach Palästina ausgewandert. Da jedoch die englische Mandatsregierung nicht beabsichtigt, das Einwanderungskontingent zu erhöhen, ist der Zustrom der Juden nach Palästina zur Zeit gehemmt.

Auch die europäischen Auswanderungsländer sind in ihrer Aufnahmefähigkeit beschränkt. Da die Wirtschaftsverhältnisse dieser Länder den Juden keine Existenzmöglichkeiten bieten, mehren sich die Klagen der Emigranten über ihre schlechte Lage und veranlassen Auswanderungslustige, die Auswanderung hinauszuschieben oder ganz aufzugeben. Die Folge hiervon ist nicht nur ein starkes Nachlassen der Emigration, sondern die gerade in letzter Zeit beobachtete Rückwanderung der Emigranten nach Deutschland.

Neuerdings hat sich unter der Leitung von Felix *Warburg* in London ein Komitee zur Ansiedlung deutscher Juden in dem sowjetrussischen Gebiet Birobidschan[19] gebildet, dem auch der frühere englische Kriegs-Staatssekretär und bekannte Deutschenhasser Lord *Marley*[20] angehört. In Verhandlungen mit der Sowjetregierung soll das Komitee erwirkt haben, dass im Jahre 1934 jährlich 3 500 jüdische Familien mit insgesamt 15 000 Seelen in Birobidschan angesiedelt werden. Nach den bisherigen Feststellungen sind jedoch im ersten Jahresviertel nur 200 Familien und 481 Einzelpersonen, insgesamt 1 209 Seelen, in das Land gebracht worden. Ob die Auswanderungsmöglichkeiten in dieses völlig brach liegende und vom ungünstigen Klima beherrschte Gebiet erfolgreich ausgenutzt werden [können], bleibt abzuwarten.

Da die europäischen Nachbarländer einer jüdischen Einwanderung ablehnend gegenüberstehen, die trostlose Lage der jüdischen Emigranten in diesen Ländern den noch in Deutschland verbliebenen Glaubensgenossen auch wenig Anreiz zur Niederlassung bietet, hat sich die Jewish Agency bemüht, in aussereuropäischen Ländern Ansiedlungsmöglichkeiten für jüdische Emigranten zu schaffen. So soll es ihr gelungen sein, durch Verhandlungen mit der französischen Regierung etwa 100 000 Juden die Übersiedlung in das unter französischer Verwaltung stehende syrische Mandatsgebiet zu ermöglichen. Angesichts der in Syrien bestehenden Bereitschaft hat die Jewish Agency den Ankauf grosser Landstrecken an der palästinensisch-syrischen Grenze eingeleitet.

17 Reichsjugendführer der NSDAP war 1931–1940 Baldur von Schirach (1907–1974).

18 Die Gestapo verbot am 2. 8. 1934 den Mitgliedern jüdischer Jugendverbände das Tragen von Uniformen; siehe Dok. 130.

19 Birobidschan war seit den 1920er-Jahren offizielles jüdisches Siedlungsbiet im fernöstlichen Teil der Sowjetunion, seit 1934 „Jüdische autonome Sowjetrepublik“.

20 Lord Marley, eig. Dudley Leigh Aman, 1st Baron Marley (1884–1952), Politiker; Abgeordneter der Labour Party im brit. Parlament; unterstützte die Auswanderung osteuropäischer Juden sowie die ORT-Gesellschaft.

Auch die an Naturschätzen reiche, aber wirtschaftlich noch nicht entwickelte Republik *Equador* hat den jüdischen Auswanderern die Ansiedlung in diesem Lande nahegelegt. Auch Abessinien ist bereit, Emigranten aufzunehmen.

V. Die Boykotthetze.

Die aus Deutschland geflohenen oder ausgewanderten Juden setzen ihre systematische Hetze gegen Deutschland fort. Besondere Zentralen der Hetztätigkeit bestehen in fast allen Nachbarländern. Mit besonderer Aktivität wird die Boykotthetze von England, Holland und Amerika aus betrieben. Aus *London* wird berichtet, dass die dortigen jüdischen Kreise noch immer ihre Hoffnung auf den wirtschaftlichen Boykott Deutschlands setzen. Sie sind der Auffassung, dass Deutschland innerhalb eines Jahres vernichtet sei, wenn dieser Boykott von allen Juden der Welt und den ihnen freundschaftlich gesinnten Verbänden strikt durchgeführt würde. Die jüdischen Verbände Englands haben dementsprechend den Boykott deutscher Waren beschlossen. Darauf beriefen sie Delegierte aller Staaten nach London und übertrugen dem „israelitischen Rat" die Durchführung des Boykotts. Auch an den Völkerbund wurde das Ansinnen gestellt, von sich aus wirtschaftliche Sanktionen gegen Deutschland anzuwenden.

Die englische Regierung selbst hat es abgelehnt, sich mit diesen Beschlüssen solidarisch zu erklären, andererseits hat sie aber auch keine Schritte unternommen, diese Machenschaften zu unterbinden. Der in *Paris* unter dem Protektorat Eduard *Herriots*[21] stehende Schutzausschuss der verfolgten Juden („Comité de défense des Juifs persécutés en Allemagne"), der von dem berüchtigten Anwalt *Mo-Giafferi*[22] geleitet wird und als die Zentrale der gesamten von Paris ausgehenden Boykottbestrebungen gegen Deutschland anzusehen ist, hat kürzlich in Übereinstimmung mit dem Londoner Comité beschlossen, auch die Sowjetregierung für seine Bestrebungen zu interessieren und für eine aktive Teilnahme oder doch Unterstützung in dem Boykottkampfe zu gewinnen. Die Sowjet-Vertretung hat jedoch erklärt, dass die sowjetrussische Regierung aus parteidoktrinären Gründen es ablehnen müsse, Anteil an dem gegen Deutschland gerichteten Boykott zu nehmen.

In *Belgien* haben die jüdischen Organisationen eine Boykottwoche festgesetzt und durchgeführt und auch aus *Lettland* wird über eine intensive Werbung für die Boykottbewegung gegen Deutschland berichtet.

In *Warschau* fand eine Konferenz statt, die vom vereinigten jüdischen Hilfskomitee für Flüchtlingshilfe, vom vereinigten Komitee zur Boykottierung Hitlerdeutschlands und von jüdischen Repräsentanten der grössten polnischen Städte gemeinsam veranstaltet worden war.[23] Auf ihr wurde u. a. folgende Resolution angenommen:

Die Konferenz stellt fest:

1. Ungeachtet der Versicherungen offizieller deutscher Faktoren dauert in Deutschland die systematische Aktion zur Ausstossung des deutschen Judentums aus allen Gebieten des wirtschaftlichen, politischen und kulturellen Lebens an;

21 Eduard Herriot (1872–1957), Schriftsteller und Politiker; 1905–1940 und 1945–1947 Bürgermeister von Lyon, mehrfach Minister und Ministerpräsident sowie 1936–1940 Präsident der Deputiertenkammer; 1944–1945 in deutscher Haft, 1947–1954 Präsident der franz. Nationalversammlung.

22 Richtig: Vincent de Moro-Giafferi (1878–1956), franz. Rechtsanwalt; 1933 einer der Verteidiger des bulgarischen Kommunisten Dimitrow beim Reichstagsbrandprozess in Leipzig sowie 1938 von Herschel Grynszpan in Paris.

23 Vermutlich handelt es sich um die Warschauer Konferenz am 30. 3. 1934.

2. Die herrschende Hitler-Partei führt eine ausserordentlich umfangreiche antisemitische Aktion in verschiedenen Ländern Europas und Amerikas durch;
3. Die öffentliche Meinung in der Welt hat bis jetzt die der Zivilisation seitens der Hitler-Barbarei und ihrer Entwicklungen drohende Gefahr noch nicht in ihrem vollen Umfange gelernt.
Die Konferenz forderte das polnische Judentum auf, den politischen Kampf gegen das Hitlertum auf internationalem Boden mit ganzer Energie weiterzuführen. In Anerkennung der Zweckmässigkeit der Boykottaktion als der wirksamsten Waffe der jüdischen Gesellschaft in ihrem Kampf gegen das Hitlertum verlangte die Konferenz eine Verstärkung der Popularisation der Aktion in den breitesten Schichten der jüdischen Bevölkerung sowie eine solidarische Zusammenarbeit mit den Anti-Hitlerkomitees.
In *Holland* wird von dem Boykott-Komitee, hinter dem die soz.dem. Arbeiterpartei Hollands steht, ein ausführliches Verzeichnis sämtlicher in Deutschland hergestellten Waren verteilt mit der Aufforderung, beim Einkauf die in dem Verzeichnis enthaltenen Waren zurückzuweisen. Die gerade in Holland weit verbreiteten Emigranten-Hetzschriften haben selbstverständlich diesen von holländischen Juden angeregten Boykott aufgenommen und schüren durch ihre Greuelmeldungen diesen Wirtschaftskampf weiter.
In *Amerika* hat sich kürzlich die unter der Leitung des Juden Samuel *Untermeyer*[24] stehende „Überparteiische-religiöse Anti-Nazi Liga zur Verteidigung der Menschenrechte" gebildet, die einen sich über die ganze Welt erstreckenden Boykott deutscher Waren, deutscher Schiffe und deutscher Transportunternehmen proklamiert.
Es bedarf keiner besonderen Frage, dass dieser von dem internationalen Weltjudentum ausgehende Wirtschaftsfeldzug gegen das neue Deutschland grosse Gefahren in sich birgt. Jeder, auch der kleinste Übergriff gegen die Juden in Deutschland, wird unter massloser Übertreibung von der jüdischen Weltpresse aufgegriffen, um den Wirtschaftskrieg zu schüren. Deutsche antisemitische Zeitschriften werden von den Boykott-Komitees gesammelt und in den Weltbörsen von Amsterdam, London und New York ausgelegt, um hierdurch den Geldmarkt zu Deutschlands Ungunsten zu beeinflussen.
Der Kampf des nat.soz. Deutschlands gegen das internationale Judentum und die jüdische Hochfinanz steht erst in seinen Anfängen. Da es sich um einen reinen Wirtschaftskampf handelt, kann er nicht mit physischen Machtmitteln geführt werden, wie der Kampf gegen Kommunismus und Reaktion. Durch staatliche Autorität nicht gedeckte Massnahmen gegen das Judentum in Deutschland müssen unter allen Umständen unterbleiben, da sie der Boykott-Presse nur neues Material liefern.
Nur eine sachliche, der Wahrheit entsprechende Aufklärungsarbeit in ausserdeutschen Ländern kann der jüdischen Boykott-Bewegung die Waffen aus der Hand schlagen. In dieser Hinsicht sind bereits erfolgversprechende Massnahmen in die Wege geleitet.
Ausser der Überwachung und Kontrolle der Juden in Deutschland und der Verhinderung ungesetzlicher Eingriffe gegen die Juden wird es vordringliche Aufgabe der Geheimen Staatspolizei sein, die Boykott-Bewegung und Propaganda im Ausland zu verfolgen, um ihr im Einvernehmen mit dem zuständigen Reichsministerium durch weitgehendste Aufklärung entgegenzutreten.

24 Samuel Untermeyer (1858–1940), Rechtsanwalt und Politiker in den USA; Vizepräsident des American Jewish Congress, 1933 Mitbegründer und erster Präsident der Non-Sectarian Anti-Nazi League, Präsident der World Jewish Economic Federation.

DOK. 117
Völkischer Beobachter: Auszug aus einer Rede von Goebbels am 11. Mai 1934 gegen Kritiker, die Juden, die Kirchen und die ausländische Presse[1]

Dr. Goebbels eröffnet den Kampf gegen die „Etappenhelden"

Eine große Versammlungswelle wird von der N.S.D.A.P. ins Volk getragen. Dr. Goebbels hat sie am Freitag mit einer gewaltigen Kundgebung im *Sportpalast* in Berlin eröffnet und damit das Zeichen gegeben, überall in den deutschen Gauen *bis hinein ins letzte Dorf* den Aufklärungskampf gegen Miesmachertum und Kritikasterei, gegen Gerüchtemacher und Hetzer aufzunehmen.

Reichsminister Dr. Goebbels führte u. a. aus:

Es gibt Menschen, die mögen sich selbst nicht leiden, und sie ärgern sich schon, wenn sie in den Spiegel schauen. Sie haben an allem etwas auszusetzen. Nicht nur sich selbst, sondern auch den anderen Menschen *vergällen* sie das Leben. Man kann sich mit ihnen über große Dinge nicht unterhalten, weil ihr Herz viel zu schwach und zu leidenschaftslos ist, um große Dinge zu erfassen.

Früher schimpften sie über die Parteien, jetzt schimpfen sie, daß keine Parteien mehr da sind; früher schimpften sie, daß die Regierungen so oft wechselten, heute schimpfen sie, daß diese Regierung solange bleibt.

Früher waren ihnen die Zeitungen zu zweitönig, jetzt sind sie ihnen zu eintönig; früher schimpften sie, daß jeden Abend so und so viele Tote im politischen Kampf zu verzeichnen seien, jetzt schimpfen sie, daß nichts mehr passiert.

Es ist ihnen zu langweilig in Deutschland geworden, es geht ihnen zu gut, und wenn es dem Esel zu wohl geht, dann begibt er sich aufs Eis.

Eine zeitlang haben wir uns mit diesen Leuten nicht auseinandergesetzt, *jetzt sollen sie uns kennenlernen!*

Wir tun das nicht, wie wir es wohl könnten, mit der Staatsgewalt, sondern wir appellieren *an den Bundesgenossen Volk.*

Wenn heute die Miesmacher glauben, sie könnten auf Grund unseres Schweigens nun ihrerseits das Wort ergreifen, so sollen sie sich in uns getäuscht haben. Denn die, die uns beim Aufbauwerk halfen, wissen wie schwer es war, und fällen darum auch ein gerechtes Urteil. Nur die, die keinen Anteil am Aufbau hatten, reden anders. Sie sind sich nicht im klaren über die Lage, die vorhanden war, als wir die Macht übernahmen. So werden wir uns nun mit ihnen auseinandersetzen. Der Nationalsozialismus kann mit Stolz darauf verweisen, daß er, ohne daß er irgendwie seinen weltanschaulichen Prinzipien Abbruch getan hätte, die Arbeitslosigkeit zur Hälfte beseitigt hat. Wenn in diesem Sommer nahezu 4 Millionen Menschen mehr beschäftigt werden als vor zwei Jahren, dann ist es selbstverständlich, daß diese Menschen, um beschäftigt werden zu können, der *Rohstoffe* bedürfen. Es ist ebenso selbstverständlich, daß wir solche *Rohstoffe einführen* und daß wir die eingeführten Rohstoffe bezahlen müssen, und weil wir soviel Menschen mehr beschäftigen, unsere Devisenmenge verringert wird. Man soll nicht gleich die Flinte ins Korn werfen, wenn sich solche Erscheinungen bemerkbar machen, sondern es ist die Pflicht jedes Deutschen, diese Krise überwinden zu helfen. Es ist geradezu verbrecherisch, wenn Menschen im

1 Völkischer Beobachter (Norddt. Ausg.), Nr. 133/134 vom 13./14. 5. 1934, S. 1 f.

Lande umhergehen und Leuten, die ohnehin schwer zu kämpfen haben, auch noch den Mut nehmen. Wenn noch ein Teil des Auslandes uns mit dem anonymen Boykott begegnet und deutsche Waren nicht annehmen will, *so wissen wir sehr wohl, daß das auf unsere jüdischen Mitbürger zurückzuführen ist.* Ich kann aber nicht, weil die Juden im Ausland uns boykottieren, im Innern die Judengesetzgebung zurückziehen, sondern wir müssen diese Krise durchstehen. Die Juden meinen vielleicht, ihren jüdischen Mitbürgern in Deutschland damit einen Dienst zu tun. Sie tun das Schlimmste, was sie überhaupt tun können, denn sie sollen nicht glauben, wenn sie in der Tat den Boykott so weit trieben, daß er wirklich eine ernstliche Bedrohung unserer wirtschaftlichen Situation darstellen würde, daß wir deshalb die Juden frei ausgehen ließen.

Wenn Deutschland der Welt erklären muß, daß es nicht mehr in der Lage ist, seine Schulden zu bezahlen und die Zinsen zu transferieren, so liegt die Schuld nicht an uns. Nicht wir haben die Schulden gemacht, sondern die uns vorangegangenen Regierungen. Wir haben nichts gescheut, um das deutsche Volk von diesem Geschmeiß zu befreien. Die nationalsozialistische Regierung hat nichts unversucht gelassen, die schwere Krise, die ihr von ihren Vorgängern auf die Schultern gelegt wurde, zu beseitigen.

Wenn wir die Erbschaft des Marxismus schweigend übernahmen, wenn wir die Träger der marxistischen Staatsauffassung allzu großzügig schonten, so war das vielleicht ein verhängnisvoller Fehler. Es wäre vielleicht besser gewesen, wenn wir nicht so großzügig mit ihnen verfahren wären.

Wir haben den Gegner geschont und haben uns mit der furchtbaren Erbschaft schweigend auseinandergesetzt. Heute können wir dafür von der Nation *Vertrauen erwarten.* Wir haben die Juden geschont. Wenn sie aber meinen, sie könnten deshalb wieder auf deutsche Bühnen treten, um dem deutschen Volke Kunst darzubieten, wenn sie meinen, sie könnten wieder in den Redaktionsstuben auftauchen, um deutsche Zeitungen zu schreiben, wenn sie wieder über den Kurfürstendamm flanieren, als wenn gar nichts geschehen wäre, so mögen ihnen diese Worte als letzte Warnung dienen.[2]

Sie haben sich in Deutschland so aufzuführen, wie sich das für *Gäste* gehört.

Wenn die uns feindliche Reaktion nun versucht, den Kampf gegen den Nationalsozialismus auf dem Umweg über die Kirchen fortzusetzen, so werden wir auch das zu verhindern wissen, wenn es eine Gefahr für uns bedeutet.

Nicht die Kirchen führen diesen Kampf gegen uns, sondern ganz kleine Klüngel.

Ginge es ihnen um das Christentum, so hätten sie seit 1918 tausendfach Gelegenheit gehabt, dieses Christentum unter Beweis zu stellen. Alle diese streitbaren Gottesmänner sind aufgefordert, mit mir zusammen einmal zu den Armen vom Wedding und von Neukölln zu gehen. Wir stellen uns dann vor diese Armen und fragen sie, *was sie für christlicher halten: daß man im vergangenen Winter über Dogmen stritt oder daß man diesen Armen Brot und Wärme gegeben hat.* Diese streitbaren Gottesmänner sollen sich nicht darüber täuschen, wie das deutsche Volk über sie denkt. Das deutsche Volk ist des ewigen Streites längst müde. Es hat nur Ingrimm für ein dogmatisches Treiben übrig, das an die Stelle politischer Wirren religiöse setzen will. Wenn diese Diener Gottes uns unsere große geschichtliche Vergangenheit zu vergällen suchen, wenn sie behaupten, unsere Vorfahren seien geistlose Barbaren gewesen, so hat unser Volk ein Recht darauf, sich ein solches Ver-

2 Zu Reaktionen in der jüdischen Bevölkerung auf diesen Teil der Goebbels-Rede siehe Dok. 133 vom 29. 8. 1934.

fahren mit Empörung zu verbitten. Was würden die kirchlichen Würdenträger sagen, wenn wir in ihrer Papstgeschichte herumschnüffelten, wo dem Vernehmen nach auch nicht alles so gewesen sein soll, wie es dem christlichen Sittenkodex entspricht.

Wenn die ausländische Presse bei der Ankündigung dieses Versammlungsfeldzuges erklärte, das Prestige des Nationalsozialismus im Lande sei gesunken und man müßte deshalb zu diesem Mittel greifen, so kann ich nur sagen:

Man soll nicht von sich auf andere schließen. Es wäre zu wünschen, daß alle Regierungen so fest stünden wie die unsere.

Mancher Minister des Auslandes könnte sich beglückwünschen, wenn er eine so lange Zeit vor sich hätte wie wir. Das deutsche Volk hat für diese Unterstellung nur ein mitleidiges Lächeln übrig. Wir appellieren an das Volk, weil uns das ein *inneres* Bedürfnis, weil es uns Freude ist, und weil wir erneut wieder in unserer Bewegung und im Volke stehen wollen. An dieser Bewegung werden auch alle Sabotageversuche zerschellen. Sie wird die Regierung der Pflicht entheben, gegen die Miesmacher und Saboteure vorzugehen. Sie wird millionenfach den Schrei erheben:

Nun aber Schluß, jetzt ist es zu Ende mit unserer Geduld! Nicht länger soll man unsere Geduld mißbrauchen! Jetzt appelliert die Bewegung an die Nation, und dieser Appell wird nicht ungehört verhallen! Wenn die Bewegung an die Nation appelliert, so wird die Nation mit ihr sein.

DOK. 118

Der Regierungspräsident in Frankfurt (Oder) rechtfertigt gegenüber dem preußischen Finanzminister am 26. Mai 1934 die Einziehung des Gutes von Hugo Simon[1]

Stellungnahme des Regierungspräsidenten (I Pol. – B.S.1.), Frankfurt (Oder), i. V. gez. (ohne Unterschrift), an den preuß. Finanzminister vom 26. 5. 1934 (Abschrift zu II G 1501/104 für die Akten)[2]

Betr. Einziehung des dem Bankier Hugo *Simon*[3] gehörigen Landgutes „Schweizerhaus" in Seelow, Kreis Lebus.

Bezug: Erlaß vom 23. April 1934 – II G 1501/104 –.

Berichterstatter: Regierungsrat *Möbus*.[4]

6 Anlagen.[5]

Mit Verfügung vom 5. Oktober 1933 habe ich das dem jüdischen Bankier *Simon* gehörige Gut „Schweizerhaus" in Seelow, Kreis Lebus, bestehend aus etwa 230 Morgen Land,

1 GStAPK, I HA, Rep. 151 I A/8083.

2 Im Original kleinere handschriftl. Änderungen. Wegen der Enteignung hatte Simon am 16. 4. 1933 über seinen Rechtsanwalt Dienstaufsichtsbeschwerde gegen den Regierungspräsidenten eingereicht; ebd.

3 Hugo Simon (1880–1950), Bankier und Politiker; SPD-Mitglied und Kriegsgegner; 1918–1919 Unterstaatssekretär im preuß. Finanzministerium, kurzzeitig Finanzminister; Aufsichtsratsmitglied diverser Unternehmen, Vorstandsmitglied mehrerer Kunstvereine; 1933 Emigration nach Paris, 1940 nach Brasilien.

4 Johannes Möbus (*1895), Jurist; 1932 NSDAP-, SA- und SS-Eintritt; 1934–1936 Leiter der Staatspolizeistelle und des Dezernats für Staatsangehörigkeitssachen und Blutschutzgesetzgebung der Regierung Frankfurt (Oder), 1936 Oberregierungsrat, von 1937 an in der Dienststrafkammer des RMdI in Frankfurt (Oder).

5 Liegen nicht in der Akte.

1 Obstplantage, 1 Hühnerfarm, den entsprechenden Wirtschaftsgebäuden nebst lebendem und totem Inventar auf Grund der Gesetze vom 26. Mai und 14. Juli 1933 zugunsten des Preußischen Staates beschlagnahmt und eingezogen.[6] Die Einziehungsverfügung ist im Deutschen Reichsanzeiger Nr. 236 vom 9. Okt. 1933 bekannt gemacht worden.
Simon ist Mitinhaber des Bankhauses „Bett, Simon & Co" in Berlin und galt als sehr vermögend, so daß er sich gestatten konnte, in Seelow, Kreis Lebus, einen Grundbesitz zu kaufen, für dessen Ausbau er im Laufe der Jahre außerordentliche Mittel aufwendete. Neben dem Betriebe einer mustergültigen Landwirtschaft mit einer ebenso mustergültig eingerichteten Schweinezucht, einer großen Hühnerfarm, einer nach neuzeitlichen Gesichtspunkten aufgebauten großen Obstplantage mit rd. 20 000 Bäumen, hielt Simon sich aus Liebhaberei noch einen modernen Bienenstand, eine Waschbärenzucht und eine Zucht von Wellensittichen. Für die Einrichtung und Unterhaltung dieser zum Teil als luxuriös anzusprechenden Betriebe hat Simon angesehene Fachleute herangezogen, von denen einige jetzt noch auf dem Grundbesitz tätig sind. Die Beschlagnahme und Einziehung ist erfolgt, weil Simon, der unmittelbar nach der Machtübernahme durch die nationalsozialistische Regierung nach Frankreich flüchtete, eine Zeit lang Finanzminister der marxistischen preußischen Regierung und Mitglied der SPD war und weil er auch nach seinem Ausscheiden aus dem Staatsdienst bis kurz vor dem 30. Januar 1933 enge Beziehungen zu hochstehenden marxistischen Persönlichkeiten unterhalten hat, die ihn häufig auf seinem Landgut in Seelow besuchten. Ständige Gäste bei ihm waren die früheren Minister Braun, Severing und Greszinsky,[7] ferner die marxistischen Führer Bernhardt,[8] Weiß[9] und Dr. Breitscheid. Auch der als berüchtigte Pazifist und fanatische Bekämpfer der nationalsozialistischen Bewegung bekannte Hellmuth von Gerlach, Herausgeber der „Welt am Montag", gehörte zu den Besuchern auf dem Landgut „Schweizerhaus".
Von den vorgenannten Personen sind inzwischen Hellmuth v. Gerlach, Bernhard Weiß, Greszinski und Dr. Breitscheid wegen ihres staatsfeindlichen Verhaltens im Ausland ausgebürgert worden.[10] Zur Zeit hält sich Simon in Südfrankreich auf, und zwar in denselben Gegenden, in welchen sich auch die vorgenannten ausgebürgerten Staatsfeinde befunden haben. Es ist demnach mit großer Wahrscheinlichkeit anzunehmen, daß Simon nach wie vor Beziehungen zu diesen Emigranten unterhält, mit denen er sich nicht nur gesellschaftlich und jagdsportlich, – wie er glauben machen will – sondern ganz offensichtlich auch weltanschaulich und im Haß gegen alles, was nationalsozialistisch ist, verbunden fühlt.
Wenn Simon angibt, es seien auch Persönlichkeiten bei ihm zu Gast gewesen, die politisch nicht als links eingestellt angesehen werden könnten, so beweist dies nur, daß er geschickt genug war, sich nicht einseitig über die politische und wirtschaftliche Lage informieren zu lassen. Es würde zu[m] mindesten jeder Lebenserfahrung widersprechen, wenn „ir-

6 Gesetz über die Einziehung kommunistischen Vermögens vom 26. 5. 1933 und Gesetz über die Einziehung staats- und volksfeindlichen Vermögens vom 14. 7. 1933; RGBl., 1933 I, S. 293 und 479.
7 Richtig: Albert Grzesinski (1879–1947), Arbeiterfunktionär; von 1903 an Gewerkschafts- und SPD-Funktionär; 1925–1926 und 1930–1932 Polizeipräsident von Berlin, 1926–1930 preuß. Innenminister; 1933 Emigration nach Frankreich, 1937 in die USA.
8 Gemeint ist Georg Bernhard.
9 Dr. Bernhard Weiß (1880–1951), Jurist; von 1918 an im Berliner Polizeidienst, 1928–1932 stellv. Polizeipräsident in Berlin; flüchtete 1933 nach Großbritannien. Weiß sah sich in der Weimarer Republik öffentlichen antisemitischen Anfeindungen ausgesetzt, insbesondere von Goebbels, wogegen er mit Erfolg gerichtlich vorging.
10 Zur Ausbürgerung Breitscheids und von Gerlachs im Sommer 1933 siehe Dok. 70 vom 14. 8. 1933.

gendwelche politischen Besprechungen auf dem Gute weder direkt noch indirekt" stattgefunden hätten. Ich stehe nicht an, diese Behauptung des Simon als eine bewußte Unwahrheit zu bezeichnen. Unwahr ist auch, daß die führenden Angestellten „seit Jahren schon rechtspolitisch eingestellt waren". Die maßgebenden, Dipl. Landwirt Zörner und Volz, sind vielmehr erst in den letzten Tagen des April bezw. Anfang Juli 1933 – also nachdem Simon längst geflüchtet war – der NSDAP bezw. der SS beigetreten. Zörner wird heute noch als politisch unzuverlässig bezeichnet.
Daß die Beschlagnahme seinerzeit gewissermaßen auf Druck des Kreisleiters der NSDAP, Friedrich, erfolgt sein soll, ist unrichtig. Der Landrat stellt auch entschieden in Abrede, dem Rechtsanwalt Saare gegenüber angedeutet zu haben, daß die Beschlagnahme notwendig gewesen sei, um den illegalen Zustand einer Beschlagnahme durch den Kreisleiter der NSDAP zu beseitigen. Kreisleiter Friedrich ist wohl an den Landrat mit dem Wunsche herangetreten, zu veranlassen, daß das Simonsche Wohnhaus in Seelow für die Mädchenklasse der landwirtschaftlichen Schule in Seelow zur Verfügung gestellt werde. Für die Beschlagnahme des ganzen Grundstückes ist dieser Wunsch des Kreisleiters jedoch nicht ursächlich gewesen. Die unmittelbare Veranlassung zu der auf Grund der vorgenannten Tatsache bereits im April 1933 in Erwägung gezogenen, rechtlich jedoch erst nach dem Gesetz vom 26. Mai 1933 möglichen Beschlagnahme gab vielmehr das Bekanntwerden der Tatsache, daß Simon nach seiner Flucht nach Amsterdam [seinen] Grundbesitz zu Gunsten des in Berlin als „rote Bude" bekannten Bankhauses „Bett, Simon & Co" (früher Karsch, Simon & Co.) mit einer Grundschuld von 400 000 RM belastete, wodurch der Verdacht begründet erschien, daß durch diese Belastung über den wahren Wert des Grundstückes hinaus noch Werte in das Ausland verschoben werden sollten.
Ich bitte, *die Beschwerde abzuweisen.*
Die Beschlagnahme und Einziehung des Grundstückes ist m. E. sowohl tatsächlich als auch rechtlich begründet. Eine Freigabe würde staatspolitisch von außerordentlicher Tragweite sein, weil bei der weit überwiegend nationalsozialistisch eingestellten Bevölkerung des Kreises Seelow, die seinerzeit die getroffenen Maßnahmen erwartet und lebhaft begrüßt hat, ein nicht wieder gut zu machender Verlust an Vertrauen zur nationalsozialistischen Staatsführung eintreten würde. Ganz abgesehen davon, daß die Verwertung des Simonschen Grundbesitzes für Zwecke des Landesbauernführers, der dort einen Musterbetrieb einrichten will, unmittelbar zu erwarten steht.
Im Hinblick auf die große politische und wirtschaftliche Bedeutung der Angelegenheit darf ich mir erlauben, eine Besichtigung des Simonschen Besitzes unter Führung des Landrates und Hinzuziehung meines mit dem Vorgang und den örtlichen Verhältnissen genau vertrauten Sachbearbeiters anzuregen.
Die Akten, betreffend Einziehung des Simonschen Gutes, befinden sich zurzeit bei dem Geheimen Staatspolizeiamt Berlin, das sie mit Erlaß vom 28. März 1934 – II A – S 3/33 – angefordert hatte.[11]

11 Das Gestapa berichtete am 4. 10. 1934 dem preuß. Finanzminister, dass es keine Tatsachen habe ermitteln können, die eine Einziehung aufgrund der Gesetze vom 26. 5. und 14. 7. 1933 hätten rechtfertigen können. Um eine nachträgliche Rechtsgrundlage zu schaffen, empfahl es die rasche Ausbürgerung Simons durch das RMdI. Noch 1937 schwebte das Verfahren, weil das Auswärtige Amt dem Antrag nicht zugestimmt hatte; wie Anm. 1.

DOK. 119
Aus dem Sopade-Bericht vom Mai/Juni 1934 über die Reaktionen auf die Judenverfolgung in Deutschland[1]

Deutschland-Bericht der Sopade, Mai/Juni 1934, Prag, vom 26. 6. 1934 (Typoskript)

Die Stimmung unter den Gebildeten

Aus dem Bericht einer Reise durch Deutschland („Neuer Vorwärts“ vom 10. 6.):[2] „Wieder anders ist die Haltung des besitzenden Bürgertums, der höheren Angestellten der Wirtschaft und auch mancher Mitglieder der freien Berufe, mancher Intellektuellen. Besonders die ersten beiden Gruppen sehen das Wirtschaftsleben, nicht nur einen Teilausschnitt, sondern sie übersehen das Ganze. Sie haben Fühlung mit dem Ausland und genug wirtschaftliche Kenntnisse, um auch die Ursachen des Devisenschwundes und der Finanzkalamität zu kennen. Sie haben ein Heim, das erlaubt, auch im grösseren Kreise zu diskutieren. Hinzu kommt, dass man das Pöbelhafte der Partei sieht und hasst, und dass man die Gefahr eines Umschlags – dort sagt man in den Bolschewismus, richtiger wäre in das vollendete Chaos – fürchtet.“

Ueber Lage und Stimmung der freien Berufe liegen mehrere übereinstimmende Berichte vor:

1. Bericht: „Die meisten jüdischen Aerzte können sich in den Grosstädten nicht mehr darüber beschweren, keine Patienten zu haben. Ihre Sprechzimmer sind voll von Demonstranten. Aber ihre Einkünfte sind gesunken, weil die Kassenpraxis ihnen fast überall entzogen worden ist. Selbst schwerkriegsbeschädigten Aerzten schädigt man ihre Praxis. Das Verhältnis der arischen Aerzte gegen ihre jüdischen Kollegen ist nicht mehr so traurig wie in den ersten Monaten des Hitlerregimes. Arische Aerzte bemühen sich teilweise, tüchtigen jüdischen Fachärzten Kundschaft zu vermitteln.“

2. Bericht: „Während die Anwälte und Richter sich noch vor wenigen Monaten bei den Nationalsozialisten anbiederten, distanzieren sich jetzt sehr viele. Besonders das Gesetz über das Volksgericht schreckt viele ab.[3] So mancher sieht an der Brutalisierung des Gerichtswesens, dass die Nazis am Ende sind. In den Anwaltszimmern werden bereits wieder politische Debatten geführt. Die in der NSDAP organisierten Anwälte sind mit Parteiaufträgen so überbürdet, dass sie sehr oft in letzter Stunde allgemeine Prozesse an nicht nationalsozialistische Anwälte abtreten. Überraschenderweise wird auch der jüdische Kollege nicht mehr verachtet und in den Anwaltszimmern bildet er oft den linken Flügel der opponierenden deutschnationalen Anwälte.“

3. Bericht: „Die Anwaltschaft ist höchst missgelaunt. Der ausserordentliche Rückgang der Agenda bei den Anwälten, zum Teil um die Hälfte bis Dreiviertel und noch mehr, hat den

1 AdsD, Deutschland-Berichte der Sopade, Mai/Juni 1934, Teil A 16–18. Abdruck in: Sopade-Berichte, Bd. 1, S. 115–117. Beim Vorstand der Exil-SPD (Sopade) in Prag wurden Berichte und Zeitungsmeldungen über die politische, kulturelle, ökonomische und soziale Situation in Deutschland gesammelt, ausgewertet und die Ergebnisse seit Mai 1934 monatlich veröffentlicht.

2 Siehe „Die Stimmung in Deutschland. Bericht von einer Reise“; Neuer Vorwärts, Nr. 52 vom 10. 6. 1934, Beilage, S. 1.

3 Mit dem Gesetz zur Änderung des Strafrechts und des Strafverfahrens vom 24. 4. 1934 wurde der Volksgerichtshof zur schärferen Aburteilung von Hoch- und Landesverratsdelikten gebildet (Art. III, § 1); RGBl., 1934 I, S. 341–348.

Stand pauperisiert. Der Grund für den Rückgang der Anwaltsbeschäftigung ist darin zu erblicken, dass der Vollstreckungsschutz für Schuldner gesetzlich sehr weit ausgebaut wurde und daher dem Publikum in zahlreichen Fällen das Prozessieren hierdurch verleidet wird. Zum anderen ist zu berücksichtigen, dass viele Kläger noch ausserstaatliche Eingriffe durch SA usw. fürchten und daher ihr Verlangen, gegen Schuldner gerichtlich vorzugehen, aus Gründen der Vorsicht zurückstellen. Dazu kommt natürlich noch die allgemeine ungünstige Lage der Wirtschaft.
Besonderen Unwillen bei der Anwaltschaft, aber auch bei den Beamten des Justizdienstes, hat die vor einigen Tagen erlassene Verordnung über die Gleichstellung der NS-Rechtsberatungsstellen als Güte- und Vergleichsgerichte hervorgerufen, die befugt sind, geschlossene Vergleiche und Abkommen vor der Nazistelle sofort für vollstreckbar zu erklären.[4] Dadurch wird den Anwälten voraussichtlich ein weiteres Gebiet entzogen, und die auf ihren Beruf sehr stolzen Justizbeamten erhalten Nazi-Laien als Konkurrenten. Die noch zugelassene jüdische Anwaltschaft Sachsens, die bekanntlich unter erschwerenden Umständen um ihre Existenz zu ringen hat, wurde durch einen Ministerialerlass über die Beiordnung als Armenanwalt besonders hart betroffen, der ihr praktisch die Armensachen und damit eine ihrer Haupteinnahmequellen gänzlich entzieht."[5]
Von den Universitäten in Halle und Leipzig:
„An den Universitäten ist seit Ostern ein grosser Stimmungsumschwung eingetreten. Die Studenten werden monarchistisch. Ihr Antisemitismus lässt nach. Vielfach suchen Studenten gesellschaftlichen Umgang mit Juden. Die jüdischen Studenten sind aber noch stark eingeschüchtert. So manchen von ihnen wäre mehr Mut zu wünschen."
Allmählich erfasst der Stimmungswandel auch die *Beamten*. „Die Beamten sind innerlich zumeist nicht Nazis, sie machen eben z. T. widerwillig mit" (aus dem Rheinland). „Die Beamten sind abwartend, zeigen aber keine offene Sympathie für das Regime, teilweise wird der Hitlergruss sabotiert. Grosse Misstimmung herrscht über die neu eingestellten SA-Leute" (aus Hamburg). „In Philologenkreisen ist man erbost über die Gleichschaltung mit den Volksschullehrern im NS-Lehrerbund" (aus Sachsen). In einem Bericht aus Berlin heisst es: „Für die Reichsbankbeamten finden regelmässig politische Schulungsabende in den Tennishallen statt. Es werden Kontrollkarten ausgegeben, deren Abschnitte erst nach Schluss der Veranstaltung abgerissen werden. Die Beamten werden abgestossen durch das tiefe Niveau der Vorträge. Letzthin schloss ein Redner wörtlich: ‚Bis jetzt hat uns unsere grosse Schnauze geholfen. Sie wird uns auch weiterhelfen.' Das nennt sich politische Schulung! Man kann sich die Wirkung auf die Beamten vorstellen."

4 Nicht ermittelt.
5 Im Erlass des sächs. Justizministeriums (565 a I 1/34) vom 27. 4. 1934 heißt es über die Beiordnung von Armenanwälten, dass bei rassischer Verschiedenheit des Anwalts und der Armenpartei die Grundlage für ein Vertrauensverhältnis nicht gegeben sein werde; Sächsisches Justizministerialblatt, 68 (1934), Nr. 5, S. 51 f.

DOK. 120
Legationsrat von Stutterheim berichtet am 2. Juni 1934 über ein Gespräch mit Leo Löwenstein, dem Vorsitzenden des Reichsbunds jüdischer Frontsoldaten[1]

Vermerk (zu R.k. 4682) der Reichskanzlei, Legionsrat von Stutterheim,[2] vom 2. 6. 1934[3]

1. *Vermerk*:
Der Bundesvorsitzende des Reichsverbands Jüdischer Frontsoldaten e. V.[4] suchte mich verabredungsgemäss gestern Vormittag auf, um mir in längeren Ausführungen die allgemeine Einstellung und die Ziele des Reichsverbands Jüdischer Frontsoldaten darzulegen und daran eine Reihe von Wünschen zu knüpfen, die er dem Herrn Staatssekretär erneut zu unterbreiten habe.[5]
Herr Dr. Löwenstein führte aus, dass der Reichsbund mit Einschluss der ihm angegliederten Jugendorganisation etwa 45–50 000 Mitglieder habe, mithin unter Zuzählung der Familienmitglieder der Bundesangehörigen einen immerhin recht beachtlichen Teil der jüdischen Bevölkerung Deutschlands darstelle. Grundsatz des Reichsbundes, und zwar nicht erst neuerdings, sondern schon seit Jahren, wäre die uneingeschränkte nationale Einstellung und entschiedene Ablehnung jeder internationalen Verknüpfung und vor allen Dingen auch jeder Verbindung mit den Zielen der zionistischen Bewegung. Hauptgrundsatz wäre ferner die wehrhafte Ertüchtigung der Jugend und die Verwurzelung der Bundesangehörigen mit dem deutschen Boden. Dabei sei zu betonen, dass der Reichsbund jüdischer Frontsoldaten von sich aus in keiner Weise eine Vermischung mit der arischen Bevölkerung anstrebe, sondern durchaus und geschlossen unter sich bleiben wolle, dabei aber zu seinem Teil in unbedingter Anerkennung der Ziele des nationalsozialistischen Staates für das deutsche Vaterland zu leben und zu wirken entschlossen sei.
Er, Dr. Löwenstein, sei überzeugt, dass sich gerade in dem jetzigen Staate die von dem Reichsbund jüdischer Frontsoldaten verfolgten Ziele besser und reiner erreichen liessen, als in dem marxistischen Staate der Judenherrschaft, welch letzterer von dem Reichsbund jüdischer Frontsoldaten schon immer mit Entschiedenheit abgelehnt [worden] wäre.
Die konkreten Wünsche, die, von dieser Grundlage ausgehend, vom Reichsbund jüdischer Frontsoldaten geltend zu machen seien, wären folgende:
1. werde gebeten, dem Reichsbund jüdischer Frontsoldaten zu gestatten, die Angehörigen seiner Jugendorganisation in geschlossenen Arbeitsdienstlägern in derselben Weise an dem freiwilligen Arbeitsdienst teilnehmen zu lassen, wie das bei den nichtjüdischen jungen Männern geschehe.
2. werde um die Erlaubnis ersucht, die jüdische Jugend im Rahmen des jüdischen Sportverbandes, der dem Reichsbund jüdischer Frontsoldaten angegliedert sei, im Sinne einer wehrhaften Ertüchtigung auszubilden und zu erziehen.

1 BArch, R 43 II/602, Bl. 69 f. Abdruck in: Herrmann, Das Dritte Reich, S. 135 f.
2 Hermann von Stutterheim (1887–1959), Jurist; 1924–1934 im braunschweigischen Staatsdienst, vom 1. 3. 1934 an persönlicher Referent des Staatssekretärs in der Reichskanzlei.
3 Im Original handschriftl. Bearbeitungsvermerke und Änderungen.
4 Richtig: Reichsbund jüdischer Frontsoldaten.
5 Leo Löwenstein hatte StS Lammers schon 1933 „Vorschläge zur Regelung der jüdischen Fragen im Rahmen des nationalsozialistischen Staates“ vorgetragen. Am 16. 5. 1934 bat er nochmals um eine Unterredung. Stutterheim sagte ein neuerliches Treffen wegen Lammers' Arbeitsüberlastung ab, bot aber am 17. 5. selbst eine persönliche Unterredung an; wie Anm. 1, Bl. 66 f.

3. gehe der Wunsch dahin, dass dem Reichsbund gestattet werde, in derselben Weise, wie dies bereits in der Nähe von Kottbus geschehen sei, seine Angehörigen anzusiedeln. In der Nähe von Kottbus habe der Reichsbund schon vor Jahren aus jüdischem Besitz ein grösseres Gut erworben und dort einige seiner Mitglieder auf Gärtnerei-Betrieben von durchschnittlich 10 Morgen Grösse angesiedelt und zwar mit einem Erfolge, der als durchaus gut bezeichnet werden könnte.[6] Der Reichsbund beabsichtige, in diesem Sinne weiter zu siedeln und zwar auf Grund und Boden, den er aus jüdischem Besitz zu erwerben gedenke.

Neben diesen 3 Hauptwünschen stünden noch 2 weitere:

einmal derjenige, dass, wenn auch nicht gleich, so doch späterhin, den Juden wieder der Dienst im Heere gestattet werde, wobei gar nicht begehrt werde, dass jüdische Soldaten auch in Offiziersstellen einrückten. Es komme dem Reichsbund vielmehr lediglich darauf an, dass die jungen Leute jüdischer Religion und Rasse auch im Reichsheer zur Wehrhaftigkeit erzogen würden.[7]

Weiterhin – und das sei ein Wunsch, der sich vielleicht schon früher verwirklichen lasse – sei dem Reichsbund sehr daran gelegen, dass Juden Mitglieder des Reichsluftschutzbundes werden könnten.

Herr Dr. Löwenstein überreichte sodann Abschrift einer am 6. Mai 1933 an den Herrn Reichskanzler gerichteten Eingabe, die sich bisher noch nicht bei den hiesigen Akten befand, sowie einen Aufsatz über die Erfindung der Schallmessung aus dem 7. Heft der Heerestechnik von 1928, aus dem sich ergibt, dass Herr Dr. Löwenstein Erfinder und Einführer der Schallmessung im Heere während des Krieges gewesen ist.

Ich habe Herrn Dr. Löwenstein erwidert, dass ich den Herrn Staatssekretär von seinen Darlegungen in Kenntnis setzen würde. Ich halte es indessen nicht für wahrscheinlich, dass der Herr Staatssekretär in der Lage sei, den ausgesprochenen konkreten Wünschen näher zu treten. Dabei habe ich Herrn Dr. Löwenstein darauf aufmerksam gemacht, dass es zum mindesten sehr zweifelhaft sei, ob die amtliche oder öffentliche Behandlung der von ihm angeschnittenen Fragen im gegenwärtigen Zeitpunkte im Interesse des Reichsbundes selbst und seiner Ziele wirklich empfehlenswert wäre. Herr Dr. Löwenstein erklärte, für letztere Gedanken durchaus Verständnis zu haben, bat aber doch, den Herrn Staatssekretär von seinem Vortrage des näheren unterrichten zu wollen.[8]

6 Gemeint ist vermutlich das 1928 errichtete Lehrgut Groß-Gaglow bei Cottbus.

7 Der Reichswehrminister hatte am 28. 2. 1934 die Anwendung des § 3 des BBG auf die Soldaten der Reichswehr bestimmt, wodurch Juden ausgeschlossen wurden; Abdruck des Erlasses in: Müller, Heer und Hitler, S. 592 f.

8 Noch am selben Tag informierte Stutterheim StS Lammers und bestätigte das Löwenstein zwei Tage später; wie Anm. 1, Bl. 71.

DOK. 121

Bericht des Vizepräsidenten Fritz Grau in der Sitzung der Strafrechtskommission am 5. Juni 1934 über „Rassenschutz" und gesellschaftliche Absonderung der Juden[1]

Protokoll der Strafrechtskommission,[2] 37. Sitzung, vom 5. 6. 1934 (Entwurf)[3]

Rassenschutz
[...][4]
Berichterstatter Vizepräsident *Grau*:[5]
Es ist nicht ganz leicht, sich in der heutigen Zeit aussenpolitischer Spannung über einen strafrechtlichen Rasseschutz in Deutschland schlüssig zu machen. Denn wir wissen, welche politischen und wirtschaftlichen Schwierigkeiten schon aus den unverbindlichen Vorschlägen der Preussischen Denkschrift[6] seinerzeit erwachsen sind, und es kann nicht zweifelhaft sein, daß es unsere heutige aussenpolitische Lage nicht gestattet, die bestehenden Wünsche in dieser Richtung gesetzgeberisch, insbesondere strafrechtlich, restlos zu erfüllen.
Wenn man die Frage beantworten will, ob man überhaupt in ein neues Strafgesetzbuch etwas von Rasseschutz bringen soll, dann wird man sich, wie auch Sie, Herr Reichsminister,[7] schon betonten, zunächst einmal darüber klar werden müssen, welche strafrechtlichen Vorschriften wir für angezeigt halten würden, wenn uns nicht, wie es zurzeit leider der Fall ist, die Hände gebunden wären. Erst dann kann man die Frage beantworten, von welchen Tatbeständen man unter den gegebenen Umständen vielleicht absehen soll und welche Tatbestände vielleicht trotz der vorhandenen Schwierigkeiten Aufnahme in ein Strafgesetzbuch finden können.
Sieht man einmal, wie schon gesagt, von den aussenpolitischen Rücksichten ab, so wird man von folgendem auszugehen haben: Das Parteiprogramm bestimmt, daß Staatsbürger nur deutschstämmige Menschen sein können und daß die Fremdrassigen unter

1 BArch, R 22/852, Bl. 75, 79–84.
2 Am 27. 11. 1933 hatte die amtliche Strafrechtskommission ihre Arbeit aufgenommen. Am 2. 12. 1936 legte RJM Gürtner der Reichsregierung den „Entwurf eines Deutschen Strafgesetzbuches" zur Verabschiedung vor. Der Entwurf wurde aber nicht verabschiedet. Zur Tätigkeit der Kommission siehe: Das kommende deutsche Strafrecht. Allgemeiner Teil. Bericht über die Arbeit der amtlichen Strafrechtskommission, hrsg. von Roland Freisler, Berlin 1934 sowie Das kommende deutsche Strafrecht. Besonderer Teil. Bericht der amtlichen Strafrechtskommission, hrsg. von Dr. Franz Gürtner, Berlin 1935.
3 Das gesamte Protokoll umfasst die Blätter 75–317. Siehe Abdruck der Endfassung in: Quellen zur Reform des Straf- und Strafprozeßrechts, II. Abteilung, Bd. 2, S. 223–348.
4 An der Sitzung nahmen laut handschriftl. Eintrag teil: RJM Dr. Franz Gürtner, Berichterstatter Vizepräsident Fritz Grau, Berichterstatter Professor Dr. Eduard Kohlrausch (Berlin), Oberregierungsrat Dr. Johann von Dohnanyi, Oberregierungsrat Dr. Bernhard Lösener, StS Dr. Roland Freisler, Senatspräsident Professor Dr. Karl Klee (Berlin), Professor Dr. Georg Dahm (Kiel), Ministerialrat Dr. Möbius, Professor Dr. Wenzel Graf Gleispach (Berlin), Professor Dr. Edmund Mezger (München), Ministerialdirektor Ernst Schäfer, Professor Dr. Johannes Nagler (Breslau), Landgerichtsdirektor Dr. Gerhard Lorenz (Leipzig), Oberstaatsanwalt Dr. Werner Reimer (Berlin), Ministerialdirektor Dr. Alfred Dürr, Ministerialrat Dr. Leopold Schäfer.
5 Fritz Grau (1890–1975), Jurist; 1923 Staatsanwalt in Kassel, 1930 Landgerichtspräsident in Düsseldorf; 1933 NSDAP-, SA- und 1938 SS-Eintritt; bis 1934 im preuß. Justizministerium, dann im RJM tätig; Mithrsg. von „Das Deutsche Strafrecht" Bd. 1, (1941).
6 Denkschrift des preuß. Justizministers Kerrl vom Sommer 1933, die einen Vorschlag zur Bestrafung des Tatbestands „Rasseverrat" enthielt; siehe Nationalsozialistisches Strafrecht. Denkschrift des Preußischen Justizministers, Berlin 1933.
7 Gemeint ist der an der Sitzung teilnehmende RJM Gürtner.

einem Gastrecht stehen sollen. Das Programm will also den neuen deutschen Staat auf rassischer Grundlage aufgebaut wissen. Um dieses Ziel zu erreichen, ist ja im letzten Jahre schon sehr viel geschehen. Man hat sich bemüht, die fremdrassigen Elemente aus dem Volkskörper auszumerzen, einmal dadurch, daß man erstrebt hat, sie einflußlos zu machen, sie aus der Staatsführung und aus sonstigen einflußreichen Stellungen und Berufen herauszudrängen. Ich erinnere an das Gesetz zur Wiederherstellung des Berufsbeamtentums, an die Novelle zum Reichsbeamtengesetz, an die Bestimmungen über die Beschränkung der Zahl der jüdischen Rechtsanwälte und an Vorschriften über die Beschränkung der Zahl jüdischer Studenten. Man hat auch durch das Gesetz vom 14. Juli 1933 versucht und erreicht, wenigstens einen Teil derjenigen fremdrassigen Elemente, die in den letzten 14 Jahren nur zu zahlreich aus dem Osten eingewandert waren und eingebürgert worden sind, wieder auszubürgern und ihnen die deutsche Staatsangehörigkeit wieder abzuerkennen.[8]
Neben diesen negativen Maßnahmen bestehen auch zahlreiche positive Maßnahmen zur rassischen Aufzucht. Ich erinnere an die eugenischen Maßnahmen, an den ganzen Fragenkomplex um die Gewährung der Ehestandsdarlehen, an das Gesetz zur Verhütung des erbkranken Nachwuchses, an die Novelle zum Strafgesetzbuch über die Entmannung gefährlicher Sittlichkeitsverbrecher. – Ich denke an die sozialen Maßnahmen, vor allem das Reichserbhofgesetz, wodurch erstrebt und zum guten Teil erreicht worden ist, das Volk wieder zum Ursprung seiner Rasse, zum Bauerntum, zurückzuführen und es dort wieder zu verankern.[9] Ich erinnere an das Gesetz gegen Mißbräuche bei der Eheschließung und Annahme an Kindesstatt, wodurch wieder die Heiligkeit und Reinheit der Familie betont worden ist, die von Annahmen an Kindesstatt und Eheschließungen aus rein geschäftlichen Gründen freigehalten werden muss.[10]
All diese Maßnahmen haben uns zweifellos einen Schritt vorwärts gebracht; aber sie haben nicht erreicht und konnten nicht erreichen eine wirkliche Abkapselung der fremdrassigen Elemente in Deutschland von den deutschstämmigen Menschen. Ein solches Gesetz konnte aus aussenpolitischen Gründen nicht ergehen, – ein Gesetz, das jede geschlechtliche Vermischung zwischen Deutschstämmigen und Fremdrassigen gesetzlich verhinderte.
Nun kann man vielleicht sagen – und da komme ich auf die zweite Frage, die der Herr Reichsminister gestellt hat –, daß dieses Ziel auch durch Erziehung und Aufklärung ohne ein ausdrückliches Gesetz allmählich erreicht werden könne. Auch andere Völker, könnte man sagen, hätten ein solches Ziel im wesentlichen durch gesellschaftliche Absonderung erreicht. Dies ist aber doch nur bedingt richtig. Bei den anderen Völkern – ich denke in erster Linie an Nordamerika, das ja sogar auch Gesetze in dieser Richtung hat, – handelt es sich um ein anderes Problem, nämlich um das Problem der Fernhaltung der Angehörigen farbiger Rassen, ein Problem, das bei uns in Deutschland so gut wie keine Rolle spielt. Bei uns ist das Problem ganz scharf abgestellt auf die Juden und ihre dauernde Fernhaltung, da sie ganz zweifellos einen Fremdkörper im deutschen Volke darstellen. Nur auf dem Wege gesellschaftlicher Absonderung und Abtrennung wird dieses Ziel nach meiner

8 Mit dem Gesetz über den Widerruf von Einbürgerungen und die Aberkennung der Staatsangehörigkeit vom 14. 7. 1933 konnten Einbürgerungen aus der Zeit zwischen dem 9. 11. 1918 und 30. 1. 1933 widerrufen werden; RGBl., 1933 I, S. 480.
9 Reichserbhofgesetz vom 29. 9. 1933; RGBl., 1933 I, S. 685.
10 Gesetz gegen Mißbräuche bei der Eheschließung und bei der Annahme an Kindesstatt vom 23. 11. 1933; RGBl., 1933 I, S. 980.

Überzeugung so lange nicht erreicht werden, solange die Juden in Deutschland noch eine ganz ausserordentliche wirtschaftliche Macht darstellen. Solange sie noch in unserem deutschen Vaterland wirtschaftlich in dieser Weise wie jetzt mitzusprechen haben, solange sie noch die schönsten Autos, die schönsten Motorboote haben, solange sie auf allen Vergnügungs- und Erholungsplätzen und überall dort, wo es teuer ist, eine erhebliche Rolle spielen, so lange glaube ich nicht, daß man sie ohne Gesetz wirklich vom deutschen Volkskörper absondern kann. Dies kann nur durch positive gesetzliche Maßnahmen geschehen, die jegliche geschlechtliche Vermischung eines Juden mit einem Deutschen verbieten und unter schwere Strafe stellen.[11]
Es besteht deshalb, wenn man das Parteiprogramm überhaupt erfüllen will, ein Bedürfnis, ein gesetzliches Ehehindernis zu schaffen und auf diesem aufbauend jegliche Art der geschlechtlichen Vermischung zwischen Juden und Deutschstämmigen unter Strafschutz zu stellen, weiterhin als letztes Endziel, entsprechend dem Parteiprogramm, die Juden auszubürgern und unter ein Gastrecht zu stellen. Denn es kann kein Zweifel darüber bestehen, daß alle Maßnahmen zur Aufzucht der Rasse unnütz und erfolglos bleiben werden, solange es den Juden noch gestattet ist, unsere Rasseangehörigen zu verseuchen. Die Juden stellen ein ganz unerhörtes orientalisches Rassegemisch dar, das, wie die Geschichte lehrt, überall, wo es hinkommt, die Völker zu sich herunterzieht und die Rassen vernichtet.
Dieses Kernstück des Rassenschutzes, Ehehindernis, strafrechtliches Verbot der Vermischung, Ausbürgerung, kann zur Zeit zweifellos nicht erreicht werden, und es erhebt sich nun die dritte Frage, die der Herr Reichsminister gestellt hat. Wenn man von diesem Kernpunkt absieht, ist es zweckmäßig und besteht ein Bedürfnis dafür, nun noch, wenn ich so sagen darf, in Nebenpunkten einen strafrechtlichen Rasseschutz zu gewähren?
Die Preußische Denkschrift sieht ja, abgesehen von der geschlechtlichen Vermischung, drei Tatbestände vor, einmal die Verletzung der Rassenehre. Sie will denjenigen bestraft haben, der es als Deutscher unternimmt, unter gröblicher Verletzung des Volksempfindens und in schamloser Weise öffentlich Verkehr mit Angehörigen farbiger Rassen zu pflegen. Ich darf daran erinnern, daß gerade dieser Tatbestand zu außenpolitischen Schwierigkeiten besonderer Art geführt hat. Man hat bewußt oder unbewußt übersehen, daß der Tatbestand dadurch sehr eingeschränkt ist, daß in schamloser Weise öffentlich mit Angehörigen farbiger Rassen verkehrt werden muß. Trotzdem hat gerade dieser Tatbestand zu Vorstellungen von diplomatischen Vertretern farbiger Rassen geführt und hat Schwierigkeiten schon auf Grund der Vorschläge der Denkschrift gemacht.
Die beiden anderen Tatbestände, die die Denkschrift vorsieht, bestehen darin, daß eine Blankettvorschrift gegeben wird, wonach strafbar ist, wer gegen die sonstigen zur Reinerhaltung und Veredelung der deutschen Blutsgemeinschaft ergangenen gesetzlichen Vorschriften verstößt, und eine weitere Blankettvorschrift, wonach jedes Entgegenwirken den zur Aufklärung des deutschen Volkes über Reinerhaltung und Veredelung seiner Blutsgemeinschaft erfolgten Maßnahmen des Reiches oder der Länder, wenn es böswillig geschieht, bestraft werden soll. Ich darf daran erinnern, daß dieser letzte Tatbestand bereits von unserem § 169 in der jetzigen Fassung teilweise erfaßt wird, wonach wir jede öffentliche Aufforderung zum Verstoß gegen Gesetze, gegen Anordnungen der Regierung

11 Im Original ist der folgende Satz gestrichen: „Solange Juden sogar noch nach Recht und Gesetz deutsche Frauen heiraten können, scheint mir eine solche Absonderung ohne gesetzliche Maßnahmen kaum möglich."

und auch gegen bloße Empfehlungen der Regierung unter Strafe gestellt haben.[12] Wenn ein wirklicher Rasseschutz, wie ihn das Parteiprogramm fordert,[13] in das Strafgesetz hineinkäme, dann würde ich allerdings nicht auf diesen generellen Tatbestand verweisen, sondern den Rasseschutz restlos und deutlich hier im einzelnen regeln. Ich würde, abgesehen von dem Verbot der geschlechtlichen Vermischung, vorschlagen, jede Sabotage der Volksaufklärung über Rassefragen unter Strafe zu stellen, weiterhin auch alle Verstöße gegen Gesetze und Anordnungen, die zur Veredelung und Reinerhaltung der Rasse ergangen sind.

Wenn man davon ausgeht, daß die Kernfrage des Rasseschutzes zurzeit strafrechtlich nicht gelöst werden kann, dann kann man zweifelhaft sein, ob irgendwelche Nebenpunkte unter strafrechtlichen Schutz gestellt werden sollen, oder ob es vielleicht praktischer ist, in diesem Falle im Strafgesetzbuch überhaupt nichts auf dem Gebiete des Rasseschutzes zu sagen. Diese Frage hängt, wie gesagt, eng mit der Politik zusammen und ist von hier aus kaum endgültig zu entscheiden. Ich persönlich neige dazu, unter den gegebenen Umständen[14] vorläufig gar nichts über den Rasseschutz in das Strafgesetzbuch zu bringen, weil ich mir sage, daß das Wichtigste zur Reinerhaltung der Rasse nicht gebracht werden kann. Einer späteren Gesetzgebung[15] wird es dann überlassen bleiben, den strafrechtlichen Rasseschutz befriedigend und restlos zu regeln.[16]

DOK. 122

Staatssekretär Pfundtner schlägt dem Reichslandwirtschaftsminister am 13. Juni 1934 vor, geschlossene Lager für die landwirtschaftliche Ausbildung von Juden einzurichten[1]

Schreiben des RMdI (IV 5012/11.5), i. V. Pfundtner, an den RMEuL (Eing. 14. 6. 1934) vom 13. 6. 1934[2]

Betrifft: Landwirtschaftliche Umschulung von Juden.[3]

Ihr Schreiben vom 5. Mai 1934 – IV/5. 1589–.[4]

Zu den in Ihrem Schreiben an das Geheime Staatspolizeiamt vom 27. Februar 1934 – IV/5. 656[5] – erörterten Fragen bemerke ich ergebenst folgendes:

12 Im Original ist der folgende Satz gestrichen: „Das würde auf dem Gebiet des Rasseschutzes gerade von besonderer Bedeutung sein."

13 Im Original gestrichen: „angefangen vom Kernproblem bis zu diesen Nebenpunkten".

14 Im Original gestrichen: „und muß, so schmerzlich es mir selbst ist, vorschlagen".

15 Siehe Dok. 199 vom 15. 9. 1935.

16 Letzter Satz handschriftl. hinzugefügt.

1 BArch, R 3601/2130, Bl. 96 f.

2 Im Original handschriftl. Unterstreichungen sowie Bearbeitungsvermerke mehrerer Autoren, darunter vermutlich von StS Herbert Backe.

3 Eine Abschrift des Schreibens erhielt am 14. 6. 1934 auch das Geheime Staatspolizeiamt über den Preuß. Ministerpräsidenten; RGVA, 500k-1-178, Bl. 88. Reinhard Heydrich nahm gegenüber dem RMdI am 16. 6. 1934 sowie gegenüber dem Preuß. Ministerpräsidenten am 14. 9. 1934 Stellung. Er habe keine Einwände, wenn die Ausbildungslager eine Emigration, insbesondere nach Palästina, erleichtern würden. Im April 1934 befanden sich 2 154 Juden in solchen Einrichtungen; Schreiben des Gestapa (II 1B 2 43431/1179) an Göring am 14. 9. 1934, GStAPK, I HA, Rep. 90 P/58, H. 1, Bl. 68–70. Siehe auch die Besprechung im RArbM zur „Umschulung von Juden in geschlossenen Lagern" vom 27. 11. 1934; wie Anm. 1, Bl. 58 f.

4 Das RMEuL hatte am 5. 5. 1934 das eigene Schreiben vom 27. 2. 1934 dem RMdI übersandt, da dieses die Angelegenheit federführend bearbeite; ebd., Bl. 72+RS.

5 Siehe Dok. 107 vom 27. 2. 1934.

Wenn die Judenfrage bereinigt werden soll, sollte kein Weg von vornherein versperrt werden, der geeignet ist, die Auswanderung der in Deutschland lebenden Juden zu fördern. Es ist dem Ansehen der Reichsregierung im In- und Ausland nicht zuträglich, wenn sie einerseits erklärt, durch die Ariergesetzgebung habe nur der unerträgliche Einfluß der Juden auf die Leitung des Staates und auf das deutsche Kulturleben gebrochen werden sollen, es könne im übrigen jeder Jude ungehindert seinem Erwerb nachgehen, und wenn dann ander[er]seits Juden oder Judenstämmlinge durch die Standesorganisationen von der Erlernung und Ausübung fast jeden Berufs abgedrängt werden. Noch weniger aber schiene es mir tragbar zu sein, wenn die Reichsregierung ebenfalls diesen Weg beschritte.[6]
Bei der vorliegenden Frage kommt noch folgendes hinzu:
Die bekannte geringe Neigung der Juden zu körperlichen, insbesondere landwirtschaftlichen Arbeiten ist ihnen mit Recht immer wieder vorgeworfen worden. Diese auch von einsichtigen Juden selbst zugegebene Tatsache ist aber gleichzeitig ein Hindernis für die angestrebte Auswanderung, da die akademischen und sonstigen durch geistige Arbeit zu erfüllenden Berufe in allen Zielländern der Auswanderung schon jetzt hoffnungslos überfüllt sind. Es ist daher nicht nur begreiflich, sondern vom Standpunkt der deutschen Regierung aus auch zu begrüßen, wenn jetzt die Juden in Deutschland ernstlich daran gehen wollen, ihre vorwiegend intellektuell eingestellten Volksgenossen auf die einzig noch Erfolg versprechende landwirtschaftliche Arbeit umzuschulen.[7] Je eher und tatkräftiger dieser Plan verwirklicht wird, umso besser ist es für beide Teile. Wollte die Regierung fordern, daß die Umschulung in das Ausland verlegt wird, so würde damit der Plan auf absehbare Zeit hinaus gescheitert sein. Daß die Juden nach der Umschulung nicht auswandern, sondern als Landwirte innerhalb des Deutschen Reichs zu verbleiben beabsichtigen sollten, ist nach der im neuen Staat geschaffenen Lage nicht zu befürchten.[8]
Eine grundsätzliche Ablehnung des Planes würde überdies mit aller Bestimmtheit der Weltpropaganda gegen Deutschland neue und in diesem Fall berechtigte Nahrung geben, da es nicht verstanden würde, wenn den Juden zwar der Vorwurf eines einseitigen Intellektualismus gemacht, aber ihnen dennoch der erste ernste Versuch, aus *eigenen* Mitteln und in Erkenntnis der Richtigkeit des Vorwurfs sich umzustellen,[9] verboten würde. Nicht zu unterschätzen dürften auch die nicht unmittelbar praktischen Folgen der Umschulung sein; ich erwarte hiervon eine gewisse Entspannung der vorläufig noch durchaus nicht einem wünschenswerten Endzustande zugeführten Judenfrage innerhalb Deutschlands. Es wäre m.E. nicht zu verantworten, wenn ein auch für die Regierung so brauchbares Ventil für die vorhandenen Spannungen nicht geöffnet würde.
Von den zwei Wegen, die für die Ausführung des Planes offenstehen, halte ich in Übereinstimmung mit Ihnen die Einzelausbildung nicht für angebracht. Dagegen scheinen mir ebenso wie dem Geheimen Staatspolizeiamt keine ernstlichen Bedenken gegen die Umschulung in geschlossenen Lagern zu bestehen. Die von Ihnen auch bei dieser Lösung befürchteten nachteiligen Folgen könnten meines Ermessens verhindert werden, wenn nötig durch Anwendung staatlicher Machtmittel. Auch scheint mir diese Gefahr infolge der fortgesetzten Aufklärung der Bevölkerung nicht mehr so erheblich zu sein, wie sie noch vor

6 Am linken Rand des Originals handschriftl. Vermerk „Vorbedingung Reinhaltung der Rasse“.
7 Im Original am linken Rand Bemerkung handschriftl. in Rot: „Hilfe!“
8 Am Rand dieses Abschnitts handschriftl. Bemerkung: „sie verseuchen vorher die Rasse!“
9 Im Original am Seitenende handschriftl. Vermerk: „Kann die rass. Veranlagung umgestellt werden?“

wenigen Jahren gewesen wäre. Schließlich wird zu diesem Punkt noch zu berücksichtigen sein, daß die von Ihnen angedeuteten Gefahren schon jetzt bestehen und zwar in wesentlich größerem Umfang. Die für die Umschulungslager vorgesehenen Juden stellen nicht einen neuen Zuzug von außerhalb dar, sondern leben schon jetzt in Deutschland, und zwar zwangsweise unbeschäftigt. Sie haben daher gegenwärtig weit mehr Gelegenheit und Anreiz, sich schädlich zu betätigen, als wenn sie in geschlossenen Lagern, durch anstrengende körperliche Arbeit abgelenkt und ermüdet, und mit der Aussicht auf einen Ausweg aus ihrer bisherigen Lage ihre Tage bis zur Auswanderung zubringen.
Ich beabsichtige daher, dem Plan der landwirtschaftlichen Umschulung in Lagern näherzutreten und wäre für baldige Mitteilung Ihrer Stellungnahme zu meinen Ausführungen dankbar.
Durchschlag meines Schreibens füge ich bei.[10]

DOK. 123

Das Geheime Staatspolizeiamt ordnet am 14. Juni 1934 die Einziehung des Vermögens des Bundes der jüdischen Arbeitnehmer in Preußen an[1]

Runderlass des Gestapa Berlin (B. Nr. 21806 – I 1 B), i. V. gez. Dr. Bode, an alle Regierungspräsidenten in Preußen vom 14. 6. 1934 (Abschrift)[2]

Betr. Einziehung volks- und staatsfeindlichen Vermögens.
Mit Verfügung vom heutigen Tage ist folgende Anordnung erlassen:
Auf Grund des § 1 des Gesetzes über die Einziehung kommunistischen Vermögens vom 26. 5. 1933 (RGBl. I S. 293) in Verbindung mit dem Gesetz über die Einziehung staats- und volksfeindlichen Vermögens vom 14. 7. 1933 (RGBl. I S. 479) und der preußischen Ausführungsverordnung vom 31. 5. 1933 (GS. S. 207)[3] wird das Vermögen einschließlich des Schrift- und Büromaterials des Bundes der jüdischen Arbeitnehmer mit seinen Unter- und Nebenorganisationen zu Gunsten des Preußischen Staates eingezogen.[4]
Die Redaktion des Reichs- und Staatsanzeigers ist angewiesen worden, die Einziehungsverfügung in der nächsten Ausgabe zum Abdruck zu bringen.
Ich ersuche ergebenst, im Bereiche der Regierungsbezirke das Weitere zu veranlassen.

10 Liegt nicht in der Akte.

1 BArch, R 58/276, Bl. 4.
2 Die hier gedruckte Abschrift des Runderlasses wurde vom Regierungspräsidenten in Köln (I.J.p.6[10] 537/34), i. A. gez. Dr. Möller, gefertigt und an die Staatspolizeistelle Köln, Abt. für den Stadtkreis Köln, den Oberbürgermeister von Bonn und die Landräte des Regierungsbezirks Köln am 21. 6. 1934 übermittelt.
3 Beide Gesetze dienten seit 1933 auch der gezielten Enteignung deutscher Juden und jüdischer Organisationen.
4 In Sachsen war der Bund der jüdischen Arbeitnehmer bereits am 18. 4. 1934 aufgelöst und sein Vermögen beschlagnahmt worden; Sächsisches Verwaltungsblatt, Teil I, Verordnungsblatt, 1934, Nr. 32, S. 138.

DOK. 124
Julius Plaut bittet den Hamburger Reichsstatthalter Karl Kaufmann am 14. Juni 1934 um die Rücknahme seiner Kündigung[1]

Schreiben von Julius Plaut,[2] Hamburg 22, Volksdorferstr. 5, an den Reichsstatthalter, Karl Kaufmann,[3] Hamburg, vom 14. 6. 1934[4]

Sehr geehrter Herr Reichsstatthalter,
ich bitte Sie höflichst, die vom Fürsorgewesen gegen mich am 17. 5. 34 ausgesprochene Kündigung zurückzunehmen, weil ich von zwei übereifrigen Nationalsozialisten, der Angestellten Frau Hecker und dem Angestellten Walter Schultze, zu Unrecht angefeindet worden bin.
Ich bin von Geburt Israelit, aber im Jahre 1912 aus voller Überzeugung zum Christentum übergetreten und betätige mich schriftstellerisch auf religiösem Gebiet.[5] Im Jahr 1914 trat ich als Pfleger in den Hamb. Staatsdienst ein und wurde im März 1915 zum Heeresdienst einberufen. Nach Beendigung des Krieges war ich wieder im Staatsdienst tätig und nachdem ich denselben 1½ Jahre unterbrochen hatte, bin ich wieder seit 1924 ununterbrochen in der Staatskrankenanstalt Friedrichsberg als Pfleger beschäftigt. Da mir der Dienst infolge meiner Kriegsdienstleiden zu schwer war, wurde ich im August 1931 zur Wohlfahrtsbehörde versetzt. In der Wohlfahrtsstelle 7 war ich als Berufspfleger tätig. Dieser Dienst war meiner Gesundheit förderlich und mir daher besonders lieb geworden. Im Anfang d. J. wurde ich unerwartet und ohne einen mir bekannten Grund nach der Rentzelstraße ins Archiv versetzt. Frl. Kuchel, meine Blockleiterin in der Richardstraße 72, wird Ihnen, Herr Reichsstatthalter, nur die beste Auskunft über meine Person erteilen können. Die Leiterin des Archivs 3, Frau Meyer, wird es auch nicht anders können. Aber leider erkrankte letztere, und war ich seitdem den Gehässigkeiten des Kollegen Schultze, der S.A. Mann ist, ausgesetzt. Sein Benehmen gegen mich ließ viel zu wünschen übrig. Mit dem Kollegen Prill, der ebenfalls S.A. Mann ist, unterhielt er sich fast dauernd über Politik, schimpfte über die Beamten der vorigen Regierung und nahm in dieser Beziehung auf mich keine Rücksicht. Trotz der geringen Wärme, es war manchmal nur ein Grad im Freien, machte er täglich das Fenster auf, ohne es wieder zu schließen. Ich schwieg immer dazu, obwohl ich am Fenster saß und unter der Kälte litt, und obwohl mich das Geräusch der vorbeifahrenden Züge bei der Bedienung des Telefons erheblich störte. Auch seine auf mich gemünzten Sticheleien dem Judentum gegenüber überhörte ich. Eines Tages, als die beiden Kollegen das Zimmer

1 StAHH, 113-10 I, 1934 Ma I/200.
2 Julius Plaut (1889–1960), Krankenpfleger; von 1912 an im Hamburgischen Staatsdienst tätig. Plaut war mit der Nichtjüdin Erna Grimmsmann verheiratet und hatte zwei Kinder, Günther (*1925) und Renate (*1927). Er überlebte in Hamburg.
3 Karl Kaufmann (1900–1969), Landarbeiter; 1918–1923 in mehreren Freikorps; 1921 NSDAP- und 1933 SS-Eintritt, 1923 Teilnahme am Hitler-Putsch; 1923–1925 Hilfsarbeiter; 1926–1929 Gauleiter Ruhr 1929–1945 in Hamburg; 1933–1945 Reichsstatthalter in Hamburg; nach 1945 mehrmals verhaftet, 1948 verurteilt, 1949 entlassen; von 1953 an Großkaufmann in Hamburg.
4 Im Original mehrere handschriftl. Unterstreichungen.
5 Julius Plaut veröffentlichte seit den 1920er-Jahren eine Reihe kleinerer Schriften im Christlichen Schriftenvertrieb J. Maar, u. a. „Wie ein Jüngling aus Israel den Heiland fand" (1928) und „Junge Helden und Heldinnen. Jugend heraus!" (1933).

verlassen hatten, vergaß ich aus Versehen den Hebel des Telefons herunterzudrücken, bemerkte dies aber leider erst, als die beiden Kollegen wieder das Zimmer betraten. Aus den Bemerkungen des Schultze vernahm ich, daß er mich bezichtigte, es mit Absicht getan zu haben, schwieg aber. Inzwischen bediente ich zweimal das Telefon. Hierauf betrat ein Beamter unser Zimmer und beschwerte sich, daß er keine Verbindung habe erhalten können. Da erhob sich Herr Schultze und sagte mir laut ins Gesicht, daß ich mit Absicht den Hebel nicht herunterdrücke, und daß er mich schon seit einigen Tagen deshalb beobachtet habe. Aber ich kann mit ruhigem Gewissen bezeugen, daß dies nicht der Fall ist. Nachdem ich die ganzen Tage geschwiegen und alles ruhig hingenommen hatte, konnte ich jetzt nicht mehr schweigen. Ich erwiderte Herrn Schultze, daß er ein Lügner sei und sein Benehmen eher dem eines Kommunisten als dem eines Nationalsozialisten entspräche, daß ich auch für ihn gekämpft und mein Blut habe fließen lassen. Darauf erwiderte Sch.: „Du Jude hast nicht für Deutschland, sondern für deine Judenschaft gekämpft!" Als ich ihm entgegnete, daß ich ein Christ sei, sagte er: „Für mich gibt es nur Rasse!" Wenn aber Sch. behauptet, ich hätte ihn mit dem Wort Verbrecher tituliert, so kann ich vor Gott bezeugen, daß dies nicht der Wahrheit entspricht. An einem der letzten Tage, die ich im Archiv 3 tätig war, pfiff Sch. in meiner Gegenwart das Lied: „Haben Sie nicht den kleinen Cohn gesehn?"[6] Auch hetzte er den Kollegen Prill, der sonst ein friedliebender, ruhiger und entgegenkommender Herr ist, und den ich meiner lieben Frau gegenüber stets gelobt hatte, so auf, daß er mir keine Auskunft mehr erteilte und mich nicht mehr begrüßte.

Bemerken möchte ich noch, daß ich gleich seit meiner Versetzung ins Archiv von einer Frau Hecker, die der Behörde und der Kollegenschaft als äußerst unduldsame Nationalsozialistin bekannt ist, belästigt wurde wegen des Hitlergrußes, den zu geben ich als meine Pflicht hielt und halte. So sagte sie mir einmal direkt ins Gesicht, daß ich keine Berechtigung dazu hätte, und daß sie dafür sorgen werde, daß ich entlassen würde. Was ich soeben vorgebracht habe, können alle Kollegen der Archive bezeugen und auch, daß ich ein ruhiger und friedliebender Mensch bin. Auch der Abteilungsleiter der Archive und mein Vorgesetzter in Archiv 6 werden dies bestätigen können. Meine Kollegen werden zum Teil auch bestätigen können, daß Frau Hecker gegen mich gehetzt hat und daß auch Schultze von ihr gegen mich beeinflußt worden ist.

Infolge der Aufregung und alles dessen, was ich von Sch. zu erdulden hatte, bekam ich Durchfälle und wurde so krank, daß mir mein Arzt vier Wochen Erholung im Genesungsheim „Haus Hessenkopf" bei Goslar verordnete. Während ich dort weilte, bekam meine Frau meine Kündigung ins Haus gebracht. Auf meine Anfrage in der Personalabteilung wurde mir zuerst erwidert, daß es jedem Arbeitgeber freistehe, das Arbeitsverhältnis zu lösen, und, auf meine Einwendung, daß dies kein ausreichender Grund sei, man könnte mit mir nicht mehr auskommen. Ich habe aber stets nach bestem Wissen und Gewissen meine Pflicht getan und versucht, christlich zu handeln und zu wandeln. Dies können alle bezeugen, die mit mir in Berührung kommen, und beweisen das auch meine Schriften.

Von März 1915 bis Dezember 1918 habe ich im Kriegsdienst gestanden, habe einmal im Osten und zweimal im Westen für Deutschland gekämpft. Im Osten habe ich auf Horch-

6 Das Couplet von Julius Einödshofer (1863–1930) „Haben Sie nicht den kleinen Cohn gesehen?" stammt aus der Operette „Seine Kleine" und war im Jahr 1902 der Schlager der Saison. Mit Hilfe von Nippesfiguren, Witzen und Postkarten wurde in der Folge das antijüdische Stereotyp der Figur des „kleinen Cohn" geprägt.

posten russische Spione abgefaßt, was ich durch ein von mir verfaßtes Gedicht glaubhaft machen kann. Ich hatte einen Streifschuß an der Halsschlagader empfangen und es nur der Gnade Gottes zu verdanken, daß ich nicht verblutete. Ich erhielt einen Schrappnellsteckschuß im linken Fußgelenk, unter dessen Folgen ich bei jedem Wetterwechsel sehr zu leiden habe. Ferner hatte ich im Kriege die Ruhr, infolgedessen sich 1926 ein Zwölffingerdarmgeschwür bei mir entwickelte. In den folgenden Jahren, bis Ende 1930, litt ich an Durchfällen bis zu einem Dutzend pro Tag, sodaß mein ganzes Nervensystem stark angegriffen wurde. Im Jahr 1930 war ich fast dauernd krank. Mit dem Geschwür trat zugleich ein Blasenausschlag am Gesäß auf, welcher sich auf den ganzen Körper verbreitete, und unter welchem ich noch heute zu leiden habe. Auch stellte sich Anämie ein, welche man als Folge meiner vielen Durchfälle anerkannt hat. Ich war früher bereits als Schwerkriegsbeschädigter anerkannt worden und hernach auf 30 % herabgesetzt worden. Auch befinde ich mich im Besitze eines Beamtenscheines und war für solche Stellen vorgemerkt worden. Ich habe eine als Christin geborene Frau und zwei Kinder im Alter von fast 9 und 6 ½ Jahren zu ernähren. Bemerken möchte ich noch, daß ich kein jüdisches Aussehen habe und daher niemand Anstoß an mir nehmen könnte. Zum Schluß möchte ich nochmals versichern, daß ich dem Staate und meinen Vorgesetzten gegenüber stets meine Pflicht gewissenhaft getan habe. Ich bitte Sie daher, Herr Reichsstatthalter, im Sinne des Führers Gerechtigkeit zu üben und zu veranlassen, daß die Kündigung zurückgenommen wird.[7]
Mit deutschem Gruß
Ihr sehr ergebener

DOK. 125

Haynt: Artikel vom 15. Juni 1934 über die Bildung einer antijüdischen Internationale in Nürnberg[1]

Dr. Ezriel Karlebach[2]
Die Antisemitische Internationale.

1. Vor knapp zwei Jahren habe ich an dieser Stelle angemerkt: „Hitler wird an die Macht kommen. Nur das ist nicht das Schlimmste. Wir haben schon Hamane als Herrscher erlebt und wir haben schon Juden auf ihren Gräbern tanzen gesehen.[3] Das Schlimmste ist nicht die Unterdrückung des einzelnen Juden, das Schlagen, das Einsperren, der Pogrom, – das Schlimmste ist: dass Hitler aus dem Antisemitismus, aus einem gezügelten Instinkt, dessen sich die Menschen zu schämen pflegten, eine Ideologie gemacht hat.

7 Die Hamburger Fürsorgebehörde nahm ihre Kündigung vom Mai 1934 nicht zurück, weil Plaut angeblich „wiederholt Differenzen" mit den Kollegen gehabt hätte; Bajohr, „Arisierung", S. 89.

1 Haynt vom 15. 6. 1934, S. 3. Der Artikel wurde aus dem Jiddischen übersetzt. Die polnische zionistische Tageszeitung Haynt (jiddisch für heute) erschien 1908–1939 in Warschau.
2 Dr. Ezriel Karlebach, auch Carlebach (1908–1956), Journalist; von 1929 an Redakteur des Israelitischen Familienblatts Hamburg; emigrierte 1933 nach Polen und arbeitete für die Zeitung Haynt, 1934 Emigration nach Großbritannien und 1936 nach Palästina, dort später Hrsg. der Tageszeitung Yediot Aharonot und Gründer des Ma'ariv.
3 Nach dem Buch Esther des Alten Testaments versucht Fürst Haman die Juden auszurotten. Sein Name steht seither im Judentum symbolisch für brutale Herrscher, die am Ende besiegt werden.

... Die Gefahr steckt nicht darin, dass man Juden schlagen wird (weil das eine ständige lokale Erscheinung bleibt). Die Gefahr steckt darin, dass das Schlagen von Juden eine Religion wird. Das ‚liberale Vorurteil', dass ein Jude auch ein Mensch ist, wird weggeräumt; es wird Schluss gemacht mit allen Hemmungen (wegen des guten Gewissens, wegen der Schande, wegen der Angst), welche bis jetzt das antisemitische Gefühl einhegten, das in jedem Nichtjuden lebt."

Und kaum ist es so, kaum gibt man einem niedrigen menschlichen Instinkt das Aussehen einer Idee, dann gibt es schon keine Grenzen mehr. Dann wird das, wenn nicht heute dann morgen, aufhören, eine speziell deutsche Bewegung zu sein, dann wird es eine allgemein-menschliche Bewegung werden. Dann wird, dann muss die Epidemie in alle Länder überspringen.

Warum werden alle Länder von Menschen bewohnt, in deren Herzen der antisemitische Instinkt lebt? In allen Herzen lebt er – unterdrückt, zurückgehalten, durch die Traditionen von Zivilisation und Moral. Nimm den Zaum weg – und schon hast du einen fertigen Pogrom. Mach aber aus der Bestialität Antisemitismus eine Idee und du hast – eine antisemitische „Internationale".

2. Heute haben wir sie schon, die antisemitische Internationale. (Ich habe, Gott sei Dank, lange genug gelebt, um sie zu erleben.) Der Herr Streicher, der Herausgeber des „Stürmer" und Regierungschef der deutschen Provinz Franken, hat zu einer Konferenz aller Antisemiten in seiner Residenz aufgerufen.[4] Auf der dortigen Zusammenkunft soll die fünfte Internationale gegründet werden, die Internationale, um die Juden zu vernichten. Wahrlich – eine historische Stunde. Nicht nur, weil wir Augenzeugen der Geburt einer Internationale sind, welche keine geringere Bedeutung haben wird als die Erste oder Zweite zu ihrer Zeit,[5] – nicht nur deswegen ist es eine historische Stunde. Sie ist auch historisch, weil im großen jüdischen Tränen-Buch bis heute kein solches Unglück verzeichnet wurde. Es gab schon schlimmere Verfolgungen als die heutige, – aber eine antisemitische Internationale, eine gemeinsame Front, einen vereinten, organisierten Angriff, wie er auf dem kommenden Kongress vorbereitet werden wird, hat es noch nicht gegeben.

Es werden sich u. a. beteiligen – die Narowtses aus Polen,[6] die Eiserne Garde aus Rumänien,[7] die Coty-Leute aus Frankreich,[8] die Mosley-Leute aus England,[9] die Deutschen aus Amerika, die Legionisten Litauens und Lettlands,[10] die Araber aus Syrien und E I,[11] usw. usw. Sie kommen alle aus Ländern, wo man, heute und im Mittelalter, schon Hass auf Juden „demonstriert" hat. Aber es ist ein lokaler Hass gewesen, eine vereinzelte Erschei-

4 Ein solcher Aufruf konnte nicht ermittelt werden. Im Stürmer stand in jenen Tagen ein Leitartikel „Der Antisemitismus ergreift alle Völker", in dem antisemitische Bewegungen und Parteien in diversen europäischen Ländern gewürdigt wurden; Der Stürmer, Nr. 24 vom Juni 1934, S. 1 f.

5 Bezieht sich auf die Internationale Arbeiterassoziation (1864–1876), die Erste Internationale, sowie auf die 1889 gegründete Zweite Internationale, den Zusammenschluss sozialistischer und sozialdemokratischer Organisationen und Parteien.

6 Aus dem Polnischen: narodowiec, Nationalist.

7 Ultranationalistische Bewegung in Rumänien, gegr. 1927 von Corneliu Zelea Codreanu (1899–1938), zunächst unter dem Namen Legion des Erzengels Michael.

8 Solidarité française, rechtsradikale Bewegung, gegr. 1933 von dem Industriellen François Coty (1874–1934).

9 British Union of Fascists, gegr. 1932 von Oswald Mosley (1896–1980).

10 Nicht aufgefunden.

11 E I: Erez Israel, hebräisch für Land Israel.

nung. Jetzt, wo man eine antisemitische Internationale schafft, tritt die Bewegung, so oder so, in ein vollständig neues Stadium ein.

3. Auf der einen Seite wird sie – stärker als wir, stärker als unsere Kampfmittel. Solange es sich um den Hooliganismus örtlicher Hooligans handelte, haben wir der Bewegung mit dem Appell an Ruhe und Ordnung, an die Menschlichkeit, an den Starost[12] und an die Polizei beikommen können. Die Natur der Sache ist folgende: einen einzelnen Übeltäter, einen einzelnen Verbrecher kann man mit der Hand fangen, weil seine Haupttat nur sein persönliches Verbrechertum bestätigt. Und selbst wenn sich eine Massenbewegung in einem Land gebildet hatte, konnte man an benachbarte, an fremde Länder appellieren. Man konnte die Störer von Ruhe und Ordnung als aus einem kulturell nicht sehr entwickelten Land stammend, einem Rumänien, einem Tunis[13] und dergleichen, diskriminieren. Wenn aber der Antisemitismus eine internationale Bewegung und der einzelne Hooligan ein Repräsentant eines weltweit verbreiteten Kampfes wird, wie, man entschuldige den Vergleich, ein Arbeiter ein Repräsentant des Klassenkampfs ist, – da hört der Pogromteilnehmer schon auf, ein einzelner Verbrecher zu sein und wird ein – Kämpfer. Und wenn man gar einen Polizisten dazu bewegt, ihn festzunehmen, heißt es schon nicht mehr, dass ein Messerstecher seine gerecht verdiente Strafe erhält, sondern es heißt, dass – er im Gefängnis leidet für eine Idee. Und wenn der Antisemit ein international organisierter Ideen-Mensch ist, hilft, natürlich, auch nicht mehr der Appell an ein benachbartes Land, an einen Völkerbund oder dergleichen. Dann können wir ihm nicht mehr mit politischen Aktionen beikommen. Er ist so gut wie die anderen, er nimmt einen ehrenwerten, offiziell anerkannten Platz zwischen den Repräsentanten von Ideen ein. Er ist stärker als wir.[14]

4. Auf der anderen Seite wird er – schwächer als er gewesen ist. Denn wenn ein Antisemit ein Internationalist wird – verliert er die Hauptkraft, den Haupt-„Vorteil", den er bei seinem Volk hatte: seinen Nationalismus. Kaum wird er ein Internationalist, so wie es sich gehört, kaum betrachtet er ein Problem vom gemein-europäischen Gesichtspunkt, nach den Interessen *aller* Länder – ist er kein Patriot mehr. Aber in die Herzen, in die Parlamente hat er sich doch hineingeschlichen, indem er behauptete, der echte, der feurigste Patriot und Nationalist zu sein.

Außerdem – sobald er ein internationaler Antisemit ist, sagt er – eine Lüge. Weil zum Beispiel den deutschen Antisemiten die französischen jüdischen Advokaten in Wahrheit nicht mehr interessieren als der Schnee von gestern. Den polnischen Bauer interessieren die Juden in Amerika so gut wie nicht, im Gegenteil, er ist sogar bereit, den größten Kredit bei ihnen aufzunehmen. Er hasst doch nicht den ausländischen Juden, sondern allenfalls den jüdischen Viehhändler seiner Kleinstadt. Er will gar nicht die jüdischen Advokaten in Regensburg entfernen – er will nur diesen Viehhändler hier, seinen Kreditgeber, loswerden. Und weiter: Sagen wir, er hasst ein Land, dann wird er doch wollen, dass gerade dort *mehr* Juden sein sollen und am besten einflussreiche. Der Kampf gegen das „*Welt-Unglück*" interessiert ihn nicht und kann ihn nicht interessieren.

12 Starost: polnischer Kreisbeamter.

13 Tunis: vermutlich Tunesien.

14 Der Stürmer antwortete im November 1934 unter der Überschrift „Jüdischer Schrecken vor der antisemitischen Internationale. Ein Jude schüttet sein verängstigtes Herz aus" auf den Haynt-Artikel. In der einleitenden Bemerkung zu den in Übersetzung abgedruckten ersten drei Abschnitten des Karlebach-Textes heißt es, die antisemitische Internationale sei notwendig, um die jüdische Weltherrschaft zu verhindern; Der Stürmer, Nr. 46 vom November 1934, o. S.

Wenn er aber jetzt hingeht und so tut, als ob es ihn doch interessiert, und sich international organisiert – dann belastet der Antisemit sich mit allen Rücksichtnahmen und Schwierigkeiten, auf welche er in jeder Internationale stößt. Dann muss er mit den „antisemitischen Interessen" in einem fernen Land rechnen, mit der Situation von Juden und antijüdischen Schurken und fremden Verhältnissen. Dann kann er mit seinen „Aktionen" nicht die Linie eines anderen Staats stören, dann kann er bei keinem fremden Juden einen Kredit nehmen, dann kann er, auf eigene Verantwortlichkeit, mit „seinen" Juden keine separaten Verhandlungen führen und dann ist er, von der anderen Seite, auch verpflichtet, mit Geld und Blut einen antijüdischen Kampf in einem fremden Land zu unterstützen, welcher ihn – ihn persönlich – sonst absolut nichts angegangen wäre.

Internationalismus zerbricht darob. (Wenn das jemand weiß, dann wir versprengten Juden). An einem internationalen Tisch kann man sich – heutzutage – nicht einigen. Da kann der eine diese Resolution nicht akzeptieren, und da widerspricht ein Beschluss den örtlichen Interessen von *jenem* Abgeordneten.

Eine internationale Maschine bewegt sich nicht vom Fleck. Sie ist, in unserer nationalistischen Epoche, eine Täuschung und mehr nicht. Sie ist eine Art Zweite Internationale, eine Art Verbindung – verlassen und leer.[15] Sie schwächt den Impetus und die Tiefe, über welche jeder einzelne Teilnehmer in seinem eigenen Land, bei sich zu Hause, verfügt. Sie belädt und beschwert ihn mit einer vielfältigen, vielfarbigen Perspektive von „ganz Europa". Sie befiehlt ihm, „taktisch" zu sein, sie erlaubt keine Gefühlsausbrüche.

Denn es ist eine alte Wahrheit: – Willst du den Impetus eines Idealisten paralysieren, gib seiner Idee eine Internationale.

5. Wenn also schon eine Konferenz von Antisemiten nächste Woche in Nürnberg zusammenkommt – wünschen wir ihr vom ganzen Herzen vollen Erfolg.

Soll sie ihre Aufgabe zu hundert Prozent erfüllen. Soll sie jeden einzelnen Antisemiten in der ganzen Welt internationalisieren. Sollen sie alle die Parole: „Die Judenfeinde aller Länder" im Munde führen. Denn nur eine solche Kandarre kann sie würgen und – ersticken.

Ja, von nächster Woche an wird der international gewordene Antisemitismus angesehener und aufgeblasener sein.

Aber auch – weniger gefährlich.

15 Die Zweite Internationale zerbrach zu Beginn des Ersten Weltkriegs an der kriegsbilligenden Haltung wichtiger Mitgliedsparteien, u. a. der deutschen SPD und der britischen Labour Party.

DOK. 126
Kurt Rathenau unterrichtet seinen Bruder Fritz am 23. Juni 1934 über die katastrophale Lage seiner Firma Ernst Rosenberg & Co. GmbH Berlin[1]

Schreiben von Kurt Rathenau,[2] Berlin W 62, Bayreutherstr. 40, an Fritz Rathenau,[3] Berlin, vom 23. 6. 1934

Lieber Fritz,
unter Bezug auf die mehrfachen Besprechungen betreffend die Sanierung meiner Firma[4] übersende ich Dir anliegend, wunschgemäss, eine Niederschrift über den Stand der Gesellschaft und die in Aussicht genommenen Massnahmen.[5]
Es wird ein *Privatvergleich* angestrebt, der von dem grössten Gläubiger bereits akzeptiert ist. Mit der Fa. Georg Fromberg & Co., Berlin,[6] schweben die Verhandlungen noch, die durch den gestrigen Tod des Mitinhabers, des Herrn Fehr, sich vielleicht einige Tage verzögern.
Die Regelung würde nicht so auf Tage drängen, wenn nicht die Angelegenheit der Büromiete und ein zu zahlender Wechsel (Warenwechsel) sofortige Erledigung verlangten. Der Vermieter hat das Vermieterpfandrecht geltend gemacht und einen Teil der Möbel gepfändet.
Hierfür sowie für die entstehenden Umzugskosten sind ca. RM 1500.– am 1. Juli erforderlich.
Ich bitte Dich, lieber Fritz, nachdem Du und Sophie[7] sich bereit erklärt haben, mir zu helfen, Deinen Söhnen die Niederschrift zusenden zu wollen und ihr Einverständnis einzuholen, dass aus der Nacherbschaft Beträge freigemacht werden, um mir Hilfe zu bringen.
Du weisst, lieber Fritz, wie unendlich schwer die Dinge und Verhältnisse auf mir lasten und ich glücklich wäre, wieder frei aufatmen zu können und meine ganze Kraft unbehindert neuer Arbeit zuzuwenden.
Mit bestem Gruss

1 JMB, 2001-106-904, Bl. 1.
2 Dr. Kurt Rathenau (1880–1942), Kaufmann; Mitgesellschafter der Ernst Rosenberg und Co. GmbH; er wurde im Juni 1942 nach Minsk deportiert und dort ermordet.
3 Dr. Fritz Rathenau (1875–1949), Jurist; 1920–1933 im preuß. MdI tätig, 1933 Versetzung in die Preuß. Bau- und Finanzdirektion, dort 1935 entlassen; emigrierte 1939 in die Niederlande, wurde von dort 1943 nach Theresienstadt deportiert, lebte nach 1945 in den Niederlanden.
4 Die Firma Ernst Rosenberg & Co. GmbH Berlin hatte sich auf den Vertrieb von Maschinen zur Herstellung von Elektrokabeln spezialisiert.
5 Aus dem Anhang des Briefes vom 23. 6. 1934 gehen die Gründe für die schlechte wirtschaftliche Situation der Firma hervor: „Seit der £- und $-Entwertung ist der Export bekanntlich wesentlich zurückgegangen und hat in den letzten 15 Monaten immer stärker abgenommen. Die bisherige Belieferung an Behörden ist uns – als nicht arischem Unternehmen – verschlossen. Aus diesen Gründen ist die Zuspitzung unserer Lage herbeigeführt"; wie Anm. 1, Bl. 2.
6 Die Firma Georg Fromberg & Co. war ein Berliner Bankgeschäft, das aus dem im 19. Jahrhundert gegründeten Berliner Bankhaus Ehrecke, Fromberg & Co. hervorgegangen war.
7 Sophie Rathenau, geb. Dannenbaum (1882–1973), war seit 1904 mit Fritz Rathenau verheiratet.

DOK. 127
Eingabe an das Landesfinanzamt Schlesien vom 4. Juli 1934 zur Befreiung des an die Universität Istanbul berufenen Professors Erich Frank von der Reichsfluchtsteuer[1]

Schreiben von Hans Lachmann,[2] Rechtsanwalt, Breslau, Freiburger Str. 9, an den Präsidenten des Landesfinanzamts Schlesien, Breslau, vom 4. 7. 1934 (Abschrift zu S 1915 A – 488 III preuß. FM)

Betrifft: Reichsfluchtsteuerangelegenheit[3] Professor Dr. Erich *Frank*,[4] Breslau – S 1915 – F7 –1/2–

Zu der Stellungnahme des Finanzamts Breslau-Süd[5] wird folgendes ausgeführt:

Es kann nicht bestritten werden, dass auch im folgenden Fall die Verfolgung bestimmter privatwirtschaftlicher Interessen mit derjenigen allgemein deutscher Interessen eng miteinander verbunden ist; dieser Umstand allein ist jedoch nach der Rechtsprechung des Reichsfinanzhofs nicht geeignet, das Vorliegen der gesetzlichen Voraussetzungen, dass die Auswanderung im deutschen Interesse liege, zu verneinen. Das Finanzamt übersieht, dass bei einer Universitätsprofessur es keine Bewerbung gibt; der Antragsteller hat sich überhaupt nicht um die Professur an der Universität Istanbul beworben, sondern er ist von der türkischen Regierung aufgrund seiner anerkannten wissenschaftlichen Leistungen an die Universität berufen worden.

Wenn das Finanzamt behauptet, dass der Antragsteller infolge seiner nichtarischen Abstammung gar nicht berufen ist, für Art und Wesen des deutschen Staates zu werben oder dessen Kultur zu fördern, so ist dem die Rechtsprechung des Reichsfinanzhofs entgegenzuhalten. Im Urteil vom 12. 4. 1934 (Reichssteuerblatt Seite 591) führt der Reichsfinanzhof aus, dass die Entscheidung der Frage, ob die Auswanderung im deutschen Interesse liege, bei Nichtariern, so wie bei deutschstämmigen Steuerpflichtigen, nur von Fall zu Fall getroffen werden kann.[6]

1 GStAPK, I HA, Rep. 76, Va Sekt. 4 Tit. IV, Nr. 51, Bd. 1, Bl. 537.
2 Dr. Hans Lachmann (1892–1981), Jurist; Rechtsanwalt in Breslau; emigrierte zunächst nach Belgien, dann im Juni 1938 nach New York.
3 Die Reichsfluchtsteuer wurde seit 1931 in Deutschland erhoben, um Kapitalverbringung ins Ausland zu erschweren. Jeder Reichsangehörige, der ins Ausland übersiedelte, musste ein Viertel seines Vermögens als „Fluchtsteuer" entrichten, sofern er mehr als 200 000 RM Vermögen oder jährlich mehr als 20 000 RM Einkommen hatte. Von 1933 an setzte der NS-Staat diese Steuer besonders gegen jüdische Emigranten ein. Zur verschärften Anwendung der Steuer durch einzelne Finanzämter gegen Juden; Vermerk des Finanzamts Mannheim vom 30. 11. 1935, BArch, R 2/5973, Bl. 67–72RS. Gekürzter Abdruck in: Die Reichsfinanzverwaltung, Nr. 8, S. 35–37. Zu den Erträgen der Steuer siehe Dok. 280 vom 16. 5. 1937.
4 Dr. Erich Frank (1884–1957), Mediziner; von 1918 an Lehrauftrag für pathologische Physiologie an der Universität Breslau, 1921 dort Professor; emigrierte im Herbst 1933 in die Türkei, 1933–1957 Professor in Istanbul.
5 Liegt nicht in der Akte.
6 Lachmann sandte am 17. 7. 1934 ein weiteres Schreiben, in dem er ausführte, der Antragsteller stehe in Istanbul wirtschaftlich schlechter da als in Breslau, er hätte den Ruf auch in früheren Zeiten angenommen und verfüge über ein Vermögen von nur 22 000 RM, läge also damit knapp über der Grenze der Steuerpflichtigkeit. Der Präsident des Landesfinanzamts Schlesien lehnte am 20. 7. 1934 den Antrag ab; wie Anm. 1, Bl. 539–541.

Es wird nochmals gebeten, das Auswärtige Amt in Berlin zu befragen (vgl. letzter Absatz des Antrags vom 5. Juni 1934).[7]
Ergebenst

DOK. 128
Margot Littauer beschreibt ihren Schulalltag in Breslau Mitte 1934[1]

Bericht von Margot Littauer[2] für ein Preisausschreiben der Harvard University (1940)

[...][3]
In der Schule begannen sich jetzt doch einige Dinge zu wandeln. Zuerst merkte man es an der Wahl der deutschen Arbeitsthemen, – z. B. „der 1. Mai – der Tag der nationalen Arbeit". Wir, die juedischen Maedchen, muessen wohl ziemlich ratlos dagesessen haben. Ploetzlich ertoente ein Zuruf eines Hitlermaedchens: „Sollen die Juedischen das auch mitschreiben?" Der Lehrer zuckte voellig verstaendnislos mit den Schultern und sagte: „na, selbstverstaendlich". Es blieb uns also nichts weiter uebrig, wir mussten beginnen, ueber das Thema zu schreiben. Von welchem Standpunkt aus sollten wir denn bloss die Sache anfassen? Lobten wir den ersten Mai, so wuerden sie bestimmt sagen: „Juedische Speichellecker", schrieben wir gegenteilig, so waren die Folgen ja gar nicht abzusehen. Ich beschloss also, eine sachliche Darstellung vom 1. Mai des nationalsozialistischen Staates zu geben, so gut ich es konnte. Der Aufsatz machte natuerlich einen sehr gekuenstelten Eindruck, – ich hatte noch einige Zeitungsphrasen hineingebracht, – denn es war ja fuer mich nicht moeglich, die Arbeit unbefangen zu versuchen. Wir hockten ziemlich hilflos da, guckten einander an und zuckten die Achseln. Einmal sah der Lehrer dies Achselzucken, – voellig verstaendnislos wieder! Schliesslich gab ich das verhaengnisvolle Heft ab. Auf dem Weg zum Katheder kam ich mir direkt laecherlich vor. Nach den Aufsatzstunden sagte niemand etwas, es schien, als waere es unwichtig und schon vergessen. Ich wusste ganz genau, dass der Aufsatz nichts wert sein konnte, aber diesmal brauchte mir keiner Vorwuerfe zu machen. Am naechsten Tage hatten wir wieder Deutsch. Zu Beginn der Stunde stellte sich der Deutschlehrer seiner Gewohnheit gemaess vor die vorderste Bankreihe, stuetzte die Haende auf die mittelste Bank, dass die Knoechel ganz weiss wurden, und sagte:
„Jemand hat gestern komischerweise gefragt, ob die juedischen Maedchen den Aufsatz mitschreiben sollen, ich habe mich eigentlich ueber die Frage gewundert, da ich sie nicht

7 Über das RFM wurde auch das preuß. Wissenschaftsministerium um Stellungnahme gebeten. Letzteres holte im September 1934 Gutachten bei der Universität und bei NSDAP-Stellen ein, ob Franks geplante Tätigkeit im deutschen Interesse liege. In zwei Gutachten wurde für, in zwei anderen gegen den Antrag auf Befreiung von der Reichsfluchtsteuer votiert. Das preuß. Wissenschaftsministerium reichte am 23. 10. 1934 dem RFM den Vorgang zurück, ohne den Antrag zu befürworten; wie Anm. 1, Bl. 542–548.

1 Margot Littauer, Mein Leben in Deutschland vor und nach dem 30. Januar 1933 (1940), S. 17–19; Harvard-Preisausschreiben, Nr. 142.
2 Margot Littauer (*1918) lebte 1919–1931 in Königsberg i. Pr., danach in Breslau; von 1935 an arbeitete sie als Hausangestellte und Sprechstundenhilfe; 1939 emigrierte sie nach Palästina.
3 Der gesamte Bericht, übersandt aus Tel Aviv, umfasst 34 Seiten. Zuerst beschreibt Littauer darin ihre Kindheit in Königsberg i. Pr. und Breslau, die politische Situation bis 1933 und wie sie sich nach dem Tod des Vaters 1934 um ihre herzkranke Mutter kümmerte.

fuer so aktuell hielt; aber da sie nun einmal erhoben wurde, wollen wir sie klarstellen und darueber hinaus unsere Stellung zur Judenfrage festlegen."
Es blieb voellig ruhig in der Klasse. Schliesslich fragte der Lehrer das Maedchen, das am Tag vorher die Frage gestellt hatte, und das er sehr gut leiden konnte: „Also, Eva Lotte, was haben Sie sich gedacht, als Sie die Frage stellten?" Eva Lotte war sehr fuer das Theater eingenommen. Sie stellte sich gern zur Schau und versuchte immer, Mittelpunkt zu sein. So fuehlte sie sich auch jetzt hier am rechten Platz. In ganz vernuenftiger Art legte sie die Gruende dar, aus denen auch fuer uns deutlich hervorging, dass das Thema zur gleichzeitigen Bearbeitung fuer die ganze Klasse nicht geeignet war. Sie stellte fest, dass wir es weder positiv noch negativ haetten anfassen koennen. Als sie aber hinzusetzte, dass es eine Herabsetzung des Themas und des 1. Mai ueberhaupt bedeute, wenn diese Dinge von nichtdeutschen, nicht arischen Menschen beruehrt wuerden, griff der Lehrer ein und meinte, dass er ja, wie wohl alle wuessten, an eine Misskreditierung des ersten Mai, und damit einer nationalsozialistischen Einrichtung, zu allerletzt gedacht haette. Da aber die juedischen Schuelerinnen noch in den Schulrahmen mit einbezogen waeren, waere es fuer sie notwendig gewesen, eine Form der Darstellung zu finden, die sich fuer sie und ihren Spezialfall eignen koenne. Er habe jeder der juedischen Schuelerinnen genug Takt fuer die Aufgabe zugetraut, sie haetten uebrigens die Richtigkeit seiner Ansicht durchaus bewiesen, was immerhin von uns juedischen Schuelerinnen als grosses Lob aufgefasst wurde. Langsam begann von der Frage des Takts die Diskussion ins allgemeine ueberzugehen, sie hielt sich in sehr vornehmen, eingezaeunten Grenzen. Ich meldete mich hierbei nur einmal zu Wort, um einen sachlichen Vorwurf des Lehrers zu entkraeften. Er hatte naemlich darauf hingewiesen, dass die Juden sich im Mittelalter zu sehr dem Handel hingegeben haetten. Wir juedischen Maedchen waren ihm immerhin dankbar, dass er das uebliche Schlagwort „Wucherer" vermieden hatte. Ich versuchte, ihm also zu erklaeren, dass erstens die Juden im Mittelalter zu keinem anderen Beruf, sei es zu dem eines Handwerkers, sei es zu dem eines Bauern, zugelassen wurden. Die Zuenfte hatten die strengsten Verbote gegen die Aufnahme von Juden in ihren Innungen. Daraus ergab sich zunaechst, dass die Taetigkeit der Juden einseitig auf den Handel beschraenkt blieb. Dazu kam, dass den Christen verboten war, Zinsen zu nehmen, und dass dafuer die Juden Zinsgeschaefte durchfuehren mussten. Dass die Zinsangelegenheit von den Nationalsozialisten als „Wucherzins" ausgeschlachtet worden war, lag in einem Bedeutungswandel des Wortes „Wucher" begruendet, das im Mittelalter nur eine Bezeichnung fuer ueblichen Zinssatz gewesen war und spaeter erst zu einer Bezeichnung fuer einen zu hoch genommenen Zinssatz geworden war. Aber es war natuerlich nicht moeglich, den Lehrer, der, wie man andauernd merken konnte, in den Theorien von „aussaugenden" Juden zu sehr verwurzelt war, in 5 Saetzen zu belehren. Immerhin machten meine Ausfuehrungen einen gewissen Eindruck auf ihn, da er Vernunftgruenden noch zugaenglich schien und wohl persoenlich noch keine schlechten Erfahrungen mit Juden gemacht hatte. Aber die Anhaenger des Lehrers waren stark in der Minderzahl, und die Stunde naeherte sich dem Ende. Nach der drastischen Aeusserung eines Maedchens:
„Dann bleibt also den Juden nichts weiter uebrig, als den Gashahn aufzudrehen" schloss der Lehrer mit folgenden Bemerkungen ab:
„Ich bin also dafuer, die Juden leidenschaftslos zu bekaempfen und sie von uns zu entfernen. Sie sind tatsaechlich fuer uns fremd, und sie behindern unser Volkstum."
Und dazu hatten wir zwei Stunden diskutiert! Wir hatten ja die grundsaetzlichen Dinge, die

den Nationalsozialismus haetten treffen koennen, gar nicht anruehren duerfen. Und so hoerten wir denn einmal aufrichtig und ungeschminkt die Meinung unseres „Lehrers und Erziehers" ueber uns. Wir sollten ihm wohl dankbar fuer sein Entgegenkommen sein, dass er uns zum Unterschied gegen viele andere nur „leidenschaftslos" bekaempfen wollte. [...][4]

DOK. 129
Internationales Ärztliches Bulletin: Artikel vom Juli/August 1934 über den Mord an Erich Mühsam im Konzentrationslager Oranienburg[1]

Erich Mühsams[2] Ermordung

In der ersten Juliwoche sind in Hitler-Deutschland Leichen von Führern aller Grade, von Grafen, Fememördern, von katholischen Publizisten und von irrtümlich erschossenen Personen aufgetürmt worden.[3] Auch in den Gefängnissen und Konzentrationslagern, in denen Zehntausende von deutschen Arbeitern und Angehörigen freier Berufe der nationalsozialistischen Brutalität seit eineinhalb Jahren ausgesetzt sind, hat man in der Woche der Mordfreiheit gewütet. Vom deutschen Nachrichtenbureau wurde die Meldung in die Welt gesetzt, daß *Erich Mühsam*, der unerschrockene Kämpfer, Dichter und Sänger der Freiheit, seinem Leben durch Erhängen ein Ende gemacht habe. Alle, die diesen aufrechten Mann kannten, wußten, daß Erich *Mühsam* niemals seinen Kerkermeistern den Gefallen des freiwilligen Todes erweisen würde. Jetzt hat seine Witwe, Frau *Zensl Mühsam*,[4] die in diesen Tagen nach Prag gelangen konnte, in einer Pressekonferenz den ganzen Leidensweg durch die verschiedenen Konzentrationslager geschildert. Gleich nach dem Reichstagsbrand verhaftet, wurde er in den berüchtigten Lagern von Sonnenburg, Oranienburg und Brandenburg in unvorstellbarer Weise in den sog. „Judenkompagnien" viehisch mißhandelt, zu Boden getreten, mit Gummiknüppeln und Fäusten geschlagen. Am

4 Anschließend beschreibt Margot Littauer, wie sie in Königsberg vom 1. 10. 1935 an als Sprechstundenhilfe bei dem Hausarzt Dr. Littauer arbeitete, mit dessen Hilfe sie das Abitur nachmachte und den sie 1938 heiratete. Auf den Entzug seiner Approbation hin emigrierten die Littauers 1939 kurz nacheinander nach Palästina.

1 Internationales Ärztliches Bulletin, Prag 1934, H. 7/8, S. 119 f. (Reprint Berlin 1989: Beiträge zur nationalsozialistischen Gesundheits- und Sozialpolitik, Bd. 7). Das Bulletin erschien als Zentralorgan der Internationalen Vereinigung Sozialistischer Ärzte von 1934–1939 zunächst in Prag, dann in Paris.
2 Erich Mühsam (1878–1934), Schriftsteller; Anarchist und Kriegsgegner; 1919 wegen Beteiligung an der bayer. Räterepublik in Haft; 1925–1929 aktiv in der Roten Hilfe, 1926–1933 Hrsg. von Fanal. Anarchistische Monatsschrift; von Ende Februar 1933 an Haft in verschiedenen Gefängnissen und KZ, von Januar 1934 an im KZ Oranienburg, dort am 10. 7. 1934 ermordet; Autor u. a. von „Wüste, Krater, Wolken. Gedichte" (1914) und „Staatsräson. Ein Denkmal für Sacco und Vanzetti" (1928).
3 Anlässlich einer Führertagung der SA ließ Hitler am 30. 6. 1934 den SA-Chef Ernst Röhm und andere Angehörige der SA-Führung durch die SS ermorden. Gleichzeitig fielen innerparteiliche Opponenten, darunter „Alte Kämpfer" der NSDAP, der Mordaktion zum Opfer, ebenso politische Gegner aus den konservativen Reihen, darunter der letzte Reichskanzler der Weimarer Republik Kurt von Schleicher. Die Reichsregierung rechtfertigte die Aktion, die angeblich einen von Röhm geplanten Putsch verhindern sollte, nachträglich am 2. 7. 1934 per Gesetz mit einem „Staatsnotstand".
4 Richtig: Kreszentia Mühsam (1884–1962). Seit 1915 mit Erich Mühsam verheiratet, emigrierte sie nach dessen Tod in die Sowjetunion. Dort war sie jahrelang in Lagern inhaftiert; 1955 Ausreise in die DDR.

9. Juli 1934 sagte ihm der Sturmbannführer Erhardt:[5] „Wie lange gedenken Sie eigentlich noch auf dieser Welt herumzugehen? Wenn Sie nicht innerhalb von zwei Tagen Selbstmord begehen, wird man nachhelfen!" Erich Mühsam lehnte den freiwilligen Tod mit aller Entschiedenheit ab. Am Abend des gleichen Tages hat man nachgeholfen. Die Leiche zeigte Spuren am Hals, daß Mühsam offenbar an einem Strick geschleift wurde, und zwar so, daß der Kopf auf der Erde aufgestoßen ist. Denn der Hinterkopf war zertrümmert. Auf dem Totenschein ist auch nicht Selbstmord als Todesursache angegeben worden, weil kein Arzt das unterschreiben wollte. Frau Mühsam, deren Mitteilungen in der Pressekonferenz und in den Zeitungen aller Länder begreiflicherweise großes Aufsehen erregten, verlangte mit Recht die Obduktion der Leiche. Sache der Weltöffentlichkeit muß es sein, über die Berichterstattung hinaus ihre Pflicht zu erfüllen und die Befreiung der zahlreichen bedrohten Kämpfer zu erzwingen.
Mit *Erich Mühsam*, der in allen politischen und kulturellen Lagern der Welt unzählige Freunde hatte und der in dem Kreise der sozialistischen Ärzte in Wort und Schrift immer wieder für die Befreiung und menschenwürdige Behandlung der politischen Gefangenen wirkte, ist ein prächtiger Kämpfer und edler Mensch vernichtet worden. Seinen Trotz und unbeugsamen Mut hat er im Leben und in seinen Liedern gezeigt:
„Da streckt ihn ein Kolbenschlag rücklings hin,
Und sterbend droht er den Weißen:
Ihr könnt, ob ich selbst auch verloren bin,
Den Glauben mir nicht entreißen:
Ich sterbe, doch am Leben bleibt
Die Revolution!"

DOK. 130

Die Geheime Staatspolizei verbietet am 2. August 1934 den Mitgliedern jüdischer Jugendverbände das Tragen von Uniformen und wehrsportliche Übungen[1]

Rundschreiben des Inspekteurs der Gestapo (II 1 B. 2 23929/672 /R. 5), i. V. gez. Patschowski,[2] an alle Staatspolizeistellen sowie nachrichtlich an die Ober- und Regierungspräsidenten vom 2. 8. 1934

Arbeitsrichtlinie 5
betreffend *Jüdische Jugendverbände*, unter Bezugnahme auf den Erlass II 1 16426 vom 29. 5. 1934.
Aus Berichten zahlreicher Staatspolizeistellen habe ich entnommen, dass in letzter Zeit durch das geschlossene Auftreten jüdischer Jugendverbände in einheitlicher Uniform erhebliche Unruhe in Kreisen der Partei-Organisationen und der Bevölkerung im allgemeinen entstanden ist, die teilweise sogar zu Zusammenstössen geführt hat.

5 Vermutlich Hermann Erhardt, 12. 2. 1933 NSDAP-Eintritt.

1 RGVA, 501k-1-17, Bl. 22–24.
2 Dr. Günther Patschowski, von 1937 an Günther Palten (*1903), Jurist; Rechtsanwalt in Breslau; 1931 NSDAP- und 1932 SS-Eintritt; 1932–1933 Staatsanwalt in Breslau, 1933 Übernahme in die Polizeiverwaltung, 1935–1938 Vertreter des Polizeipräsidenten in Gleiwitz, 1939–1941 Regierungspräsident in Bromberg, 1941–1945 Regierungspräsident in Linz; 1944 SS-Brigadeführer.

Im Hinblick darauf, dass die jüdischen Jugendverbände zum weitaus grössten Teil gleichzeitig der sportlichen Betätigung dienen, von dem deutschen Olympia-Ausschuss den jüdischen Sportverbänden jedoch die Gleichberechtigung der Teilnahme an der deutschen Olympiade zugestanden ist, will ich zur Zeit von einem generellen Verbot der jüdischen Jugendorganisationen absehen. Aus staatspolitischen Erwägungen halte ich es auch für unzweckmässig, die zersplitterten jüdischen Jugendorganisationen in einer Dachorganisation zusammenzufassen, weil hierdurch allzuleicht die Zersplitterung der Jugendverbände durch staatlichen Zwang beseitigt werden könnte.
Um jedoch weiteren Zusammenstössen zwischen jüdischen Jugendverbänden und Parteiorganisationen vorzubeugen, ersuche ich im Einvernehmen mit der Reichsjugendführung, durch staatspolizeiliche Anordnung auf Grund des § 1 der Verordnung des Herrn Reichspräsidenten zum Schutz von Volk und Staat vom 28. 2. 1933 (RGBl. I S. 83) sowie auf Grund der §§ 14 und 58 des Polizeiverwaltungsgesetzes vom 1. 6. 1931 (Ges.-Sammlung S. 77) den jüdischen Jugendverbänden das öffentliche Tragen von einheitlicher Kleidung (Kluft, Uniform usw.) zu untersagen. Unter diese Verbotsordnung fällt auch das Tragen von Bundestracht oder zur Kluft gehörender Kleidungsstücke und Abzeichen unter der Verdeckung durch zivile Kleidungsstücke (z. B. Mantel) sowie jede sonstige einheitliche Bekleidung, die als Ersatz für die bisherige Bundestracht anzusehen ist.
Ferner ersuche ich das Mitführen oder Zeigen von Fahnen, Bannern oder Wimpeln in der Oeffentlichkeit zu untersagen.
Zu verbieten sind auch Gelände- oder wehrsportliche Uebungen jeder Art sowie gemeinsame Auf- und Ausmärsche, insbesondere Ausmärsche in feldmarschmässiger Ausrüstung. Nicht unter dieses Verbot fallen dagegen die sportliche oder volkssportliche Betätigung sowie zwanglose Spaziergänge und Ausflüge bezw. Wanderungen in kleinerem Rahmen, sofern ihnen jeder demonstrative Charakter fehlt. Geschlossenes Marschieren ist dagegen unzulässig.
Endlich ist der Verkauf und Vertrieb von Presseerzeugnissen jeder Art, insbesondere von Flugblättern zu untersagen.
Für den Fall der Nichtbefolgung dieser Anordnung ist ein Zwangsgeld, im Falle der Nichtbeitreibbarkeit die Festsetzung einer Zwangshaft anzudrohen. Eine Strafverfolgung nach den einschlägigen Strafvorschriften wird durch die staatspolizeiliche Anordnung nicht berührt. In der Anordnung ist ferner darauf hinzuweisen, dass Zuwiderhandelnde in Schutzhaft genommen und unerlaubt getragene Kluft oder Abzeichen, unerlaubt geführte Fahnen, Banner oder Wimpel sowie unerlaubt zur Verteilung gelangende Presseerzeugnisse und Flugblätter beschlagnahmt werden können.
Ueber das Veranlasste sehe ich bis zum 25. 8. 1934 einem Bericht entgegen. Abschrift der erlassenen Anordnung ist beizufügen.[3]

3 Entsprechende staatspolizeiliche Anordnungen wurden in der Folge sowohl in Preußen als auch in den anderen Ländern erlassen, u. a. im preuß. Regierungsbezirk Münster am 11. 8. 1934 und im Land Sachsen am 30. 11. 1934; wie Anm. 1., Bl. 38–39RS sowie StA Leipzig, Polizeipräsidium/5007, Bl. 173.

DOK. 131
Verordnungsblatt der Obersten SA-Führung: Der Stellvertreter des Führers, Rudolf Heß, verbietet am 16. August 1934 den NSDAP-Mitgliedern den Umgang mit Juden[1]

10. Betrifft: Verkehr mit Juden.[2]
Anordnung.

Aus Mitteilungen geht hervor, daß Parteigenossen die dem Judentum gegenüber gebotene Zurückhaltung vermissen lassen.
Unbeschadet der den in Deutschland lebenden Juden durch die geltenden Gesetze zugewiesenen Stellung und Betätigungsmöglichkeit verbiete ich daher allen Parteigenossen:
1. die Vertretung von Juden vor Gericht usw. gegen Parteigenossen;
2. Fürsprache für Juden bei staatlichen und anderen Stellen;
3. das Ausstellen von Bescheinigungen aller Art für Juden;
4. Annahme von Geldmitteln, die Juden für Parteizwecke geben wollen;
5. Verkehr mit Juden in der Öffentlichkeit und in Lokalen;
6. das Tragen von Parteiabzeichen durch Parteigenossen während der Stunden, während der sie als Angestellte in jüdischen Geschäften tätig sind.
Die Partei hat im Kampf gegen die Vorherrschaft des volkszerstörenden jüdischen Geistes in Deutschland ungeheure Opfer bringen müssen und muß es als würdelos verurteilen, wenn zu einer Zeit, da immer noch Millionen deutscher Volksgenossen im Elend leben, Parteigenossen für die eintreten, die namenloses Unglück über unser deutsches Volk gebracht haben.
Verstöße gegen diese Anordnung werden parteigerichtlich geahndet.[3]
München, 16. 8. 1934 gez. *Heß*

1 Verordnungsblatt der Obersten SA-Führung, Nr. 34 vom 24. 9. 1934, S. 3. Das Verordnungsblatt der Obersten SA-Führung erschien 1931–1944.
2 Die vor- und nachstehenden Punkte im Verordnungsblatt widmen sich unterschiedlichen Themen. Ziffer 9 behandelt die Tätigkeit von SA-Ärzten in der Partei, Ziffer 12 Beschwerden; wie Anm. 1.
3 Eine Woche nach der Veröffentlichung im Verordnungsblatt bestimmte die SA-Führung, dass die Anordnung auch für alle SA-Angehörigen gelte, die keine Parteimitglieder waren; Verordnungsblatt der Obersten SA-Führung, Nr. 35 vom 1. 10. 1934.

DOK. 132
Der Mieterschutzverein Frankfurt a. M. schlägt dem Oberbürgermeister am 29. August 1934 die Umbenennung von Straßen und Plätzen vor[1]

Schreiben des Mieterschutzvereins Frankfurt a. M. e. V. im Reichsbund deutscher Mietervereine (Rtr/Ko. 1698), Regierungsrat z.D., Vereinsleiter Ritter,[2] an den OB der Stadt Frankfurt a. M., Dr. Krebs (Eing. 31. 8. 1934), vom 29. 8. 1934[3]

Betrifft: *Anregung*
Die Vereinsleitung des Mieterschutzvereins Frankfurt am Main e. V. regt bei Ihnen, sehr geehrter Herr Oberbürgermeister, an, den Bahnhofsplatz, der eigentlich keinen Namen trägt, zum Andenken an den verstorbenen Herrn Generalfeldmarschall und Reichspräsidenten[4] nach diesem zu benennen. Gerade dieser Platz vor dem Bahnhof dürfte d. E. [nach] der geeignetste sein und diesen Namen verdienen, weil hier der Fremdenverkehr pulsiert und schliesslich jeder Frankfurter Bürger diesen Platz von Zeit zu Zeit passiert. – Da der verstorbene Herr Reichspräsident Ehrenbürger der Stadt Frankfurt am Main war, dürfte der geeignete Zeitpunkt nunmehr gekommen sein.
Bei dieser Gelegenheit wird weiter angeregt, Strassen und Plätze, die nach Nichtariern benannt sind, allmählich umzubenennen. Es wird hier in erster Linie an den Börneplatz und die Börnestrasse gedacht. Vielleicht lassen sich Erinnerungen anlässlich des Kolonialjahres in Strassennamen festnageln. So könnten z. B. Windhoukplatz oder Lüderitzstrasse oder dergl. danach benannt werden.[5]
Heil Hitler!

1 IfS Frankfurt a. M., Magistratsakten/6294.
2 Dr. Karl Ludwig Ritter (*1888), Berufsoffizier; 1908–1920 Militärlaufbahn; 1922 Regierungsrat; 1924–1934 Leiter des Mieterschutzvereins Frankfurt a. M.; 1949 bei der Entnazifizierung von der Spruchkammer Frankfurt als Mitläufer eingestuft.
3 Im Original mehrere handschriftl. Unterstreichungen, außerdem ein Stempel des OB: „dem Bauamt zur Stellungnahme und Vorlage des Entwurfs eines Antwortschreibens mit Frist 15. 9. 1934“ sowie ein Stempel „Stadtbauamt Eingang 5. 9. 1934“.
4 Reichspräsident Paul von Hindenburg war am 2. 8. 1934 gestorben.
5 Handschriftl. Zusatz des Verfassers auf dem Original: „Vielleicht setzen Sie eine Stelle ein, die alle Straßen- u. Platznamen einer Nachprüfung unterzieht“. Der OB von Frankfurt a. M. antwortete am 17. 9. 1934, dass die Benennung eines Platzes nach Hindenburg geprüft und die Umbenennung „jüdischer Straßennamen“ im Auge behalten werde; wie Anm. 1.

DOK. 133
Die Reichsstelle für das Auswanderungswesen informiert am 29. August 1934 über Stand und Probleme der jüdischen Emigration aus Deutschland im zweiten Quartal[1]

Bericht der Reichsstelle für das Auswanderungswesen[2] (G.Z. A 1002/28.8.), gez. Schmidt,[3] Berlin, Fürst Bismarckstr. 2, vom 29. 8. 1934 (Abschrift IV 6101 II/ 29.8.)

Betrifft: Stand der Auswanderungsbewegung im 2. Kalendervierteljahr 1934 (II/34).
Berichterstatter: Ministerialrat Dr. Müller.[4]
Mitberichterstatter: Regierungsrat Flemke.[5]
Die Tätigkeit der Auswandererberatungsstellen weist gegenüber dem 1. Kalendervierteljahr 1934 (I/34) eine *geringe Zunahme* auf. Die Zahl der Ratsuchenden betrug 20 437 gegenüber 20 325 in I/34 (= plus 0,45 %). Die Gesamtzahl der Anfragen ging von 26 625 in I/34 auf 26 434 im Berichtsvierteljahr zurück.
Von den Ratsuchenden *stammten* 40,4 v. H. aus Preußen, davon rund ein Viertel aus Berlin und fast ein Fünftel aus dem Rheinland. Aus Bayern waren 12,84 v. H. und aus dem übrigen Reich 41,82 v. H. Davon entfielen auf Württemberg 15,14 v. H. und Baden 6,80 v. H., also mehr als die Hälfte. Auf das Ausland entfielen 4,94 v. H. der Ratsuchenden.
Die Gesamtzahl der Ratsuchenden liegt nur *ganz wenig höher* als die im gleichen Berichtsvierteljahr 1933 und um rund *ein Zehntel höher* als in II/32.
Wurde für IV/33 und I/34 über ein Nachlassen des jüdischen Auswanderungsdranges berichtet, so trat im 2. Kalendervierteljahr 1934 eine neue *Belebung des jüdischen* Auswandeungswillens ein.
Die Ursachen für diese Zunahme, die insbesondere von den Beratungsstellen Berlin, München, Frankfurt und Hamburg gemeldet wurden, sind verschieden.
Die Ariergesetzgebung des vergangenen Jahres hatte zunächst alle diejenigen Juden betroffen, die im öffentlichen Dienst standen oder deren wirtschaftliche Existenz irgendwie von der öffentlichen Hand abhängig war, nicht dagegen die rein kaufmännischen Kreise, bei denen die Vorschriften des öffentlichen Dienstes keine Anwendung finden. Aber auch diese Kreise wurden allmählich von der geistigen Umstellung des deutschen Menschen, wenn auch langsamer, berührt, dadurch daß die Bevölkerung in stärkerem Maße die wirtschaftlichen Beziehungen zum Juden ablehnte; dies zeigte sich auch bei dem Rückgang der Tätigkeit der jüdischen Ärzte und Rechtsanwälte, die nach der neuen Gesetzgebung ihre Tätigkeit weiter ausüben konnten. Die Beratungsstelle Berlin erlebte gegen Ende Mai ei-

1 BayHStA, StK 6266.
2 Die Reichsstelle für das Auswanderungswesen in Berlin mit Zweigstellen in diversen deutschen Städten war 1902 als Zentralauskunftsstelle für Auswanderer gegründet worden. Die Behörde gehörte 1919–1924 als Reichswanderungsamt und 1924–1945 als Reichsstelle für das Auswanderungswesen zum RMdI.
3 Dr. Schmidt, bis zu seinem Tod 1939 Direktor der Reichsstelle für das Auswanderungswesen des RMdI.
4 Dr. Dr. Adolf Müller (1886–1974), Jurist und Verwaltungsbeamter; 1923–1929 DDP-Mitglied; von 1914 an im Bayer. Statistischen Landesamt, 1919–1921 im Statistischen Reichsamt und 1921–1922 im RMEuL tätig, 1922–1933 Wirtschaftsreferent für die besetzten rheinischen Gebiete im RMdI, 1933–1944 stellv. Direktor der Reichsstelle für das Auswanderungswesen; nach 1945 Gründer des Sozialen Volksbunds Hessen-Pfalz.
5 Hugo Flemke (*1886), Lehrer und Landwirt; 1909–1917 Leiter der Auslandsabt. des Fürsorgevereins für deutsche Rückwanderer; 1918–1944 Regierungsrat in der Reichsstelle für Auswanderungswesen, von 1924 an Schriftleiter des Nachrichtenblatts der Reichsstelle.

nen ganz ungewöhnlichen Ansturm von jüdischen Besuchern. Sie glaubt, diese Verstärkung des Auswanderungsdranges der Berliner Juden auch auf die Rede des Herrn Reichsministers für Volksaufklärung und Propaganda vom 11. Mai d. J. im Sportpalast zurückführen zu können.[6]
Auch die immer noch in vielen Zielländern der Juden anhaltende gute Aufnahmebereitschaft hatte eine Stärkung der Auswanderungsneigung zur Folge. Insbesondere wurden die Beziehungen der deutschen Juden zu den nach Palästina, Südafrika und Nordamerika Ausgewanderten enger. Verwandte und Freunde zogen ihre Verwandtschaft und Bekanntschaften nach. Jüdische Eltern suchten in erster Linie für ihre Kinder im Ausland ein Unterkommen und blieben selbst noch in Deutschland zurück.
Vereinzelt wurde die Zunahme der Auswanderungsneigung der Juden gegenüber dem Vorvierteljahr auf rund ein Drittel geschätzt.
Während die Auswanderung der Juden bei ihrem Beginn oft überstürzt war, erfolgte sie jetzt trotz des verstärkten Andrangs in geordneter und überlegter Weise. Alles war bei den hervorragenden Verbindungen der Juden und bei der großen Hilfe von Verwandten und Bekannten in den Zielländern bis in die kleinsten Einzelheiten vorbereitet. Berufsumstellungen waren sehr häufig. Landwirte und geschulte Handwerker, die unter den Juden wenig vertreten sind, hatten leichtere und bessere Fortkommensmöglichkeiten wie Angehörige des Handelsstandes und der freien Berufe.
Umschulungsmöglichkeiten für aussichtsreichere Berufe sind sowohl in Deutschland als auch in den angrenzenden Ländern sehr zahlreich entstanden. Sie wurden von den wohlhabenden Kreisen auch für [eine] länger dauernde Ausbildung in Anspruch genommen.
Die jüdischen Organisationen in allen Teilen der Welt bemühten sich mit besonderer Sorgfalt und im allgemeinen mit gutem Erfolg, die Reibungen, die durch die Zuwanderung ihrer Rassegenossen in unterschiedlicher Stärke aufgetreten waren, zu mindern. So wurde mit großem Nachdruck in den neuen Zielländern die Ansicht verbreitet, daß der Zuzug der Juden, insbesondere aus Deutschland keine Last, sondern im Gegenteil einen wirtschaftlichen Vorteil bedeuten würde, durch den vermehrte Arbeitsgelegenheiten geschaffen würden.
Besondere Schwierigkeiten bereitete den jüdischen Organisationen die Unterbringung der jüdischen Intellektuellen. Aber auch hier wird über gute Erfolge berichtet. Bisher sollen 6–700 Hochschullehrer und über 1 500 Studenten von insgesamt 7 000 Studenten, die die deutschen Universitäten verlassen haben sollen, ins Ausland gegangen sein. Auf möglichst viele Länder suchten die jüdischen Organisationen die überreiche Zahl von Akademikern, Angehörigen freier Berufe und Studenten zu verteilen.
Das Hauptzielland der jüdischen Auswanderer ist *wieder Palästina* geworden. Das wirtschaftliche Aufblühen Palästinas hielt im Berichtsvierteljahr an. Viele neue Pflanzungen wurden angelegt. Von einem lebhaften Fortschreiten der industriellen Anlagen wurde berichtet. Das Baugewerbe konnte die Nachfragen nach Wohnungen immer noch nicht befriedigen. Von einem großen Mangel an jüdischen Arbeitern wurde in der jüdischen Presse berichtet, so daß nicht nur bei den Arbeiten in den Städten, sondern auch bei den Plantagen der Juden viele arabische Arbeiter verwendet werden mußten.
Mehrfach wurde von den Beratern über eine Zunahme der Beratungstätigkeit im Verhältnis zur Gutachtertätigkeit berichtet. Die Ausstellung der *Devisengutachten* bereitete den Beratungsstellen wiederum viel Arbeit.

6 Siehe Dok. 117 vom 11. 5. 1934.

Nach dem Bericht der Beratungsstelle Frankfurt a. M. vollzog sich Ende Juli die Transferierung der Beträge über Sonderkonto I derart, daß etwa 65 v. H. der bewilligten Summe nach vier Monaten und der Rest nach 5½ bis 6 Monaten in Palästina zur Auszahlung gelangten und zwar mit einem Verluste von 5 bis 6 v. H., wovon 1 v. H. in Reichsmark an die Paltreu[7] gezahlt werden konnte.

Von den Beratungsstellen Berlin, München, Köln, Hamburg, Breslau und Dresden wurden im zweiten Kalendervierteljahr 1934 insgesamt 1 709 (gegenüber I/34 1 119) Gutachten ausgestellt und 20,3 Mill. RM (gegenüber 11,5 Mill. RM in I/34) zur Freigabe befürwortet, d. s. je Auswanderer durchschnittlich abgerundet 11 900 RM (gegenüber 10 200 RM in I/34).

Immer wieder wird von den Beratungsstellen auf den krassen Gegensatz zwischen jüdischen und arischen Auswanderungswilligen hingewiesen. Bei den Juden fallen die großen Reichtümer und bei den Ariern die geringen Mittel auf, die zur Gründung einer neuen Existenz im Ausland zur Verfügung stehen. Bei einem großen Teil der arischen Auswanderungswilligen sind noch nicht einmal die Mittel für die Reisekosten vorhanden, so daß eine Verfolgung ihrer Auswandererpläne mangels Mittel aufgegeben werden mußte. Jüdische Auswanderer hingegen lassen, abgesehen von der Mitnahme beträchtlicher Vermögen zur Existenzneugründung, in vielen Fällen noch große Vermögen in Deutschland zurück.

Der *Gesellschaft für Siedlung im Auslande* konnten wiederum mehrfach geeignete Auswanderungswillige für Terra Nova bei Castro zugewiesen werden.[8]

Nach *Erdteilen* betrachtet, ergab sich folgendes Bild der Nachfragen: *Amerika* hatte gegenüber I/34 einen stärkeren Rückgang mit seinen 29,7 v. H. der Anfragen zu Gunsten von *Asien*, dessen Anteil von 9,74 auf 11,69 v. H. stieg, zu verzeichnen. Die Zahl der Anfragen über *Europa* mit 27,95 v. H., *Afrika* mit 7,02 v. H. und *Australien* mit 0,71 v. H. blieb gegenüber I/34 fast unverändert.

Von den 7 852 Auskünften (gegenüber 8 848 in I/34), die über Lebens- und Ansiedlungsverhältnisse im *Erdteil Amerika* eingeholt wurden, entfielen auf die Vereinigten Staaten von Amerika 2 202 (gegenüber 1 576 in I/34), Kanada 262 (324); auf die mittelamerikanischen Länder 207 (224), davon Haiti und die Dominikanische Republik 19 (7), sowie Cuba und P[ue]rto Rico 7 (15); auf die südamerikanischen Länder 5 181 (6 724), davon Brasilien 3 533 (4 815), Argentinien 579 (644), Paraguay 325 (311), Chile 206 (227), Uruguay 81 (76), Columbien 78 (95), Bolivien 54 (106), Venezuela 44 (70), Peru 36 (54) und Ekuador 20 (33).

Die Steigerung der Nachfrage *über die Vereinigten Staaten* ist auf die erleichterte Erlangung der Einreisegenehmigung für Juden zurückzuführen.[9] Nur vereinzelt haben auch arische deutsche Reichsangehörige von dieser Erleichterung Nutzen ziehen können.

Von der Frankfurter Beratungsstelle wurde besonders darauf hingewiesen, daß auffallend

7 Paltreu: Palästina Treuhand-Stelle zur Beratung deutscher Juden G.m.b.H., Ende 1933 zusammen mit der Trust and Transfer Office Haavara Ltd. Tel Aviv gegründet. Bei der Paltreu Berlin zahlten die jüdischen Emigranten Geld auf ein Sonderkonto ein. Nach dem Haavara-Transferabkommen erhielten sie dafür in Palästina nach dem Verkauf entsprechender Mengen deutscher Waren Geld ausgezahlt.

8 Vermutlich Siedlung Terra Nova im Süden Brasiliens.

9 Diese Angabe lässt sich so nicht bestätigen. Die USA verfolgten seit Mitte der 1920er-Jahre eine restriktive Einwanderungspolitik mit jährlich festgelegten Einwandererquoten pro Geburtsland. Die Emigranten mussten Kapital oder Bürgschaften nachweisen, um ein Einreisevisum zu erhalten. Die für Deutschland geltenden Quoten konnten so anfänglich nicht einmal vollständig genutzt werden. Erst 1938 legte die USA die Bestimmungen für jüdische Flüchtlinge etwas großzügiger aus.

zahlreich Studenten oder junge Akademiker mit bestandenem Staatsexamen über die Vereinigten Staaten Erkundigungen eingezogen hatten. Der Prüfungsausschuß für Ärzte an der Universität in New York schrieb in einem Briefe, die einzig nennenswerte Schwierigkeit für deutsche Ärzte, die Genehmigung zur Eröffnung einer Praxis im Staat New York zu erlangen, läge bei den Einwanderungsbehörden. Falls jemand ordnungsgemäß eingewandert sei, der das Diplom einer anerkannten deutschen Universität hätte und der wenigstens 5 Jahre praktisch tätig gewesen sei, so könnte er die Anerkennung seines deutschen Diploms im Staat New York ohne weiteres Examen bekommen. Ein Student im Reed College in Portland/Oregon wies seinen Freund auf die Möglichkeit eines billigen Studiums bei großer Sparsamkeit hin. Der Student könne an den meisten amerikanischen Universitäten nebenher etwas verdienen.
Die verwandtschaftlichen, freundschaftlichen und guten geschäftlichen Beziehungen der alten wohlhabenden Juden deutschen Volkstums zu den Bewohnern der Vereinigten Staaten, die judenfreundliche Einstellung der amerikanischen Regierung und das große Land boten trotz der allgemeinen Depression Einwanderern mit etwas Kapital viele Erwerbsmöglichkeiten. Hierzu kamen die hervorragend geleiteten jüdischen Hilfsorganisationen. So ist es leicht zu erklären, daß die Vereinigten Staaten nach Palästina das Hauptzielland der jüdischen Auswanderung geworden sind.
Der Rückgang der *Nachfragen über Brasilien*, das immer noch das meist gefragte Auswandererland ist, ist vermutlich auf die Mitteilungen in der Presse über die Kontingentierung der Einwanderer zurückzuführen. Auch jüdische Auswanderungswillige, insbesondere Emigranten, die in den europäischen Zielländern, Frankreich, Belgien und Holland, Enttäuschungen erlebt hatten, hatten sich im Berichtsvierteljahr häufiger wie vorher über Brasilien erkundigt. Nach wie vor war jedoch Brasilien, Paraguay und Nordargentinien das fast ausschließlich von Ariern begehrte Zielland.
Von den *europäischen* Zielländern, über die 7 388 Auskünfte erteilt wurden, hielten die *Niederlande* wie in I/34 die erste Stelle mit 1 276 = 4,83 v. H. aller Anfragen. Den Hauptanteil der Auswanderer nach den Niederlanden bildeten die Hausangestellten, ihre Anstellungsaussichten hatten sich hier bedeutend gebessert, weil das früher so starke Angebot aus Deutschland nachgelassen hat.
Die Nachfragen *über Frankreich* mit 973 hielten sich auf fast gleicher Höhe wie im Vorvierteljahre. Die jüdischen Emigranten gaben ihren großen Enttäuschungen in Frankreich, wo die Lage der mittellosen Emigranten infolge der ausbleibenden, ursprünglich reichlichen Unterstützungen immer schlimmer wurde, dadurch sichtbaren Ausdruck, daß sie nach Palästina, Nordamerika und Südafrika und auch in geringer Zahl nach Brasilien weiterwanderten. Sie forderten zum Teil die Bewilligung von Devisen nach.
Die Nachfragen *über England* mit 950 (gegen 955 in I/34) hielten sich auf der seit mehreren Berichtsvierteljahren beobachteten Höhe. Die Anfragen über Belgien (257), Norwegen (74) und Finnland (48) waren ganz wenig gestiegen, die über Schweden (176), Dänemark (125) und Luxemburg (71) unbedeutend zurückgegangen.
Die Zahl der Anfragen über *Mittel- und Südeuropa* mit 3 050 gegenüber 3 064 in I/34 war nur unbedeutend verändert. Italien, Schweiz, Tschechoslowakei und Deutsch-Österreich waren ein wenig stärker als im Vorvierteljahr gefragt.
Die Anfragen über *Osteuropa* mit 388 sind gegenüber 378 in I/34 fast gleich geblieben. Rußland (66), Estland (5) waren weniger, Polen (158), Litauen (80) und Memelgau (79) waren etwas stärker gefragt.

Die Zahl der Anfragen *über Asien* ist von 2 594 = 9,74 v. H. in I/34 auf 3 089 = 11,69 v. H. gestiegen.
Die starke Mehrung geht ausschließlich auf die Mehrung der Nachfragen über Palästina von 1 795 = 6,74 v. H. auf 2.425 = 9,17 v. H. aller Anfragen zurück. Die übrigen asiatischen Länder sind gegenüber I/34 wenig verändert gefragt.
Von den 1 856 *Anfragen über Afrika* entfielen 989 auf Südafrika (und zwar 562 auf Britisch-Südafrika und 427 auf das ehem. *Deutsch-Südwestafrika*). In Südafrika zeigten die Juden gleichen Eifer, ihren Rassegenossen zu helfen wie in Amerika, obwohl die verwandtschaftlichen Beziehungen nach dort geringer waren. Die jüdischen Hilfsorganisationen traten hier in den Vordergrund und boten weitgehende Hilfe für die Erlangung von Arbeitsgelegenheiten an. Für das ehem. *Deutsch-Ostafrika* zeigte sich fast gleiches Interesse wie im Vorvierteljahr. Die Zahl der Anfragen betrug 443 statt 474.
Die Auskünfte über das *ehem. Deutsch-Kamerun* stiegen von 44 in I/34 auf 77.
Die Zahl der Anfragen über *Australien* mit *Neu-Seeland und Ozeanien* betrug 187 gegenüber 180 in I/34.
Die Anfragen über nicht *bestimmte* Länder betrugen 3 056 = 11,56 v. H. aller Anfragen gegenüber 2 885 = 10,84 v. H. in I/34.
Die Reihenfolge der Ratsuchenden nach ihrer Berufszugehörigkeit hat sich gegenüber dem Vorvierteljahr nur ganz wenig geändert. Die Angehörigen der Berufsgruppe Land- und Forstwirtschaft sind von ihrer bisherigen dritten an die vierte Stelle gerückt.
Die tatsächliche *überseeische Auswanderung* Deutscher über deutsche Häfen betrug im 2. Kalendervierteljahr 1934 2 953 Personen gegenüber 2 441 Personen in I/34 und 1 990 Personen in II/34.
Davon reisten

	über Bremen	über Hamburg	zusammen
April	357	590	947
Mai	526	587	1 113
Juni	444	449	893
II/34 zusammen	1 327	1 626	2 953.

DOK. 134
Reichsstatthalter Fritz Sauckel drängt Hitler und Heß am 31. August 1934, die Waffenfabrik Simson-Werke in Suhl zu enteignen[1]

Schreiben (Streng vertraulich) des Reichsstatthalters in Thüringen (ST.S.Nr. 2526/34), Sauckel,[2] Weimar, an den Reichskanzler und den Stellvertreter des Führers vom 31. 8. 1934[3]

Die Simson-Werke[4] in Suhl haben für das Deutsche Reich, infolge ihrer Allein-Konzessionierung durch den Versailler-Vertrag für Heereslieferungen, auch heute noch infolge ihrer Monopolstellung größte Bedeutung.[5] Die Inhaber, die Juden Simson, gehören zu den übelsten Vertretern ihrer Rasse. Sie haben das Deutsche Reich, das Reichswehrministerium und damit den deutschen Steuerzahler nachweislich um viele viele Millionen durch beispiellose und skandalöse Preisspekulationen übervorteilt, wenn nicht geradezu betrogen. Im Verfolg der nationalen Revolution gelang es, diese zu jeder Korruption bereiten Juden aus dem Geschäftsbetrieb weitgehend auszuschalten. Es scheint nun, daß die Gebr. Simson wieder Oberwasser bekommen und versuchen, ihre alten Machtpositionen wieder zu gewinnen. Ich darf betonen, daß gegen die beiden Juden ein Strafverfahren schwebt, das aber dadurch sehr erschwert wird, weil der sogenannte Hauptbeschuldigte (der Geschäftsführer) Bätz in der Schweiz sitzt, während die Juden abstreiten, mit den strafbaren Handlungen etwas zu tun zu haben, und alles auf den in der Schweiz sitzenden Goi[6] abschieben. Dagegen wurde durch telefonische Überhörung einwandfrei festgestellt, daß sie sehr wohl mit jenem noch in Verbindung stehen und daß sie allerhand Schleichwege begehen, um ihren alten Einfluß wieder zu gewinnen.
Ich bitte deshalb den Stellvertreter des Führers, den thüringischen Polizeirat Gomlich,[7] der diese ganze Affaire eingehend untersucht hat,[8] und einige meiner Mitarbeiter, die die

1 BArch, R 43 II/358a, Bl. 16+RS.
2 Ernst Friedrich (Fritz) Sauckel (1894–1946), Seemann; 1922 SA-, 1923 NSDAP- und 1934 SS-Eintritt, 1927–1945 NSDAP-Gauleiter von Thüringen; 1932–1933 Ministerpräsident und Innenminister sowie 1933–1945 Reichsstatthalter von Thüringen, 1942–1945 Generalbevollmächtigter für den Arbeitseinsatz; 1946 nach Todesurteil im Nürnberger Prozess hingerichtet.
3 Im Original handschriftl. Unterstreichungen. Das an Hitler gerichtete Schreiben vom 31. 8. 1934 übersandte Lammers am 6. 9. 1934 an Rudolf Heß mit dem Hinweis, Hitler bitte darum, der Angelegenheit im Sinne Sauckels nachzugehen. Außerdem erhielt Reichswehrminister von Blomberg eine Abschrift; wie Anm. 1, Bl. 17+RS.
4 Die Firma Simson wurde 1856 von Löb und Moses Simson in Suhl gegründet. Sie produzierte Holzkohlenstahl und stellte daraus hochwertige Waffen her, später fertigte sie auch Fahrräder, PKW und Motorräder.
5 Aufgrund der im Versailler Vertrag festgelegten Rüstungsbeschränkungen durfte seit dem Ersten Weltkrieg allein die Firma Simson Handfeuerwaffen für das Heer in Deutschland produzieren. 1925 erhielt sie von der Reichswehr das reichsweite Monopol zur Herstellung leichter Maschinengewehre.
6 Goi: Volk. In der Sprache des Alten Testaments jedes Volk, auch das jüdische, bezeichnend; später Bezeichnung eines fremden, nichtjüdischen Volkes.
7 Richtig: Hellmuth Gommlich (1891–1945), Schiffsoffizier und Polizist; 1921–1924 Polizeikommissar in Bremen, 1924–1926 Leiter einer Wachabt. beim Norddt. Lloyd, 1926–1930 bei der Kriminalpolizei in Weimar tätig, 1930–1934 Leiter des Polizeiamts in Zella-Mehlis; 1934 SS- und SD-Eintritt; 1935–1938 Leiter der Polizeiabt. III im thür. MdI, 1938–1945 Landrat in Meiningen; nahm sich 1945 zusammen mit seiner Familie das Leben.
8 Gommlich hatte 1933 von Sauckel persönlich den geheimen Auftrag erhalten, gegen die Firma Simson zu ermitteln, um diese zu „arisieren". Er unternahm Haussuchungen und veranlasste Buchprü-

ganze Angelegenheit von Grund aus kennen, zu empfangen und anzuhören. Es wäre auch für uns politisch unerträglich, wenn die Juden, Gebrüder Simson, die früher in ihrem Betrieb den Kommunismus geradezu gezüchtet haben, ihre alte wirtschaftliche Machtposition wieder einnehmen könnten.[9]
Heil Hitler!

DOK. 135
Der Historiker Willy Cohn berichtet am 16. September 1934 über einen Besuch in einem zionistischen Hachschara-Lager[1]

Handschriftl. Tagebuch von Willy Cohn,[2] Eintrag vom 16. 9. 1934

Klein-Silsterwitz,[3] d. 16./IX.34
Haus Proskauer. Bei den Chaluzim.[4] Gestern abend die Trauerloge war sehr kurz und die Rede von Posner nur sehr mäßig. – Der einzelnen verstorbenen Brüder wurde nur namentlich gedacht. Neben den anderen mit einem Trauerflor geschmückten Bildern hing auch das von Franz. – Es war mir sehr wehmütig im Sinn. –
Heute früh um 6 Uhr aufgestanden, zur Post gegangen mit Trudi[5] und Ruth,[6] von dort mit der 14 zur Bahn; um 7.48 abgefahren mit einem Zug, der bis Zobten gar keinen Aufenthalt nimmt, dann im Autobus bis Klein Silsterwitz.
Hier fühlen wir uns wieder bei den Chawerim[7] sehr wohl. – Augenblicklich ist der Kibbuz mit zwölf Leuten besetzt: 10 Jungen, 2 Mädel; aber die Mädel und einige Jungen sind heute nicht da! Mit ihnen über die Probleme ihres Daseins gesprochen: Hachscharah, se-

fungen, um Material zu finden, das eine Enteignung rechtfertigen würde. Ein erster Prozess wegen Betrugs und Übervorteilung des Reichs scheiterte 1934 in Meiningen.

9 1934 wurde der Familie Simson die Firmenkontrolle auf Betreiben des Heereswaffenamts zwangsweise entzogen und das Unternehmen in eine Kommanditgesellschaft umgewandelt. Die Reichswehr erhielt die Aktienmajorität. Der Firmenname wurde in Berlin-Suhler Waffen- und Fahrzeugwerke Simson & Co. geändert und die PKW-Produktion zu Gunsten der Rüstung eingestellt. Angesichts eines neuen Strafprozesses in Jena trat die Familie Simson am 28. 11. 1935 die Firma ab und emigrierte 1936 in die USA. Bis Mai 1936 wurde die Firma in die reichseigene Wilhelm-Gustloff-Stiftung umgewandelt; wie Anm. 1, Bl. 25 f., 38 f., 44 f., 55 und 85. Zu den zwischenzeitlichen Plänen der Übernahme der Simson-Werke durch den Flick-Konzern siehe Dok. 165 vom 22. 5. 1935.

1 Willy Cohn, Tagebuch. Breslau, August–Oktober 1934, Bl. 58–60; CAHJP, P 88/59. Gekürzter Abdruck in: Willy Cohn, Kein Recht, nirgends, Bd. 1, S. 157.
2 Dr. Wilhelm (Willy) Cohn (1888–1941), Lehrer und Historiker; Zionist und SPD-Mitglied; von 1919 an bis zu seiner Zwangspensionierung 1933 Gymnasiallehrer in Breslau, von 1933 an verdiente er seinen Unterhalt mit Vortragsreisen zur jüdischen Geschichte; seine Pläne, nach Palästina zu emigrieren, scheiterten; Ende November 1941 wurde er nach Kowno deportiert und dort ermordet.
3 Klein Silsterwitz: Ort im Kreis Breslau.
4 Chaluzim: Plural von Chaluz, hebräisch für Pionier.
5 Gertrud Karoline Cohn, geb. Rothmann (1901–1941), Sekretärin. Sie war die zweite Ehefrau von Willy Cohn und wurde im November 1941 mit ihrem Mann und den zwei jüngsten Töchtern nach Kowno deportiert und dort ermordet.
6 Ruth Cohn, spätere Atzmon (*1924), die älteste Tocher aus Cohns Ehe mit Gertrud Rothmann; emigrierte 1939 mit der Jugendalija zunächst nach Dänemark und erreichte Palästina Ende Dezember 1940 über die Stationen Stockholm, Helsinki, Moskau, Odessa und Istanbul.
7 Chawerim: Plural von Chawer, hebräisch für Freund.

xuelle Frage; auch über das Verhältnis zur hiesigen Umwelt: Es sind ihnen neulich die Scheiben eingeschlagen worden, und es wurde auch hineingeschossen. – Ärger mit der S.A.-Schule. – Man spricht nur von der Judenfarm. – Aber mit der Mehrzahl der Dorfbewohner stehen sie gut, sie setzen auch einen Teil der Produkte im Dorf ab! – Der doppelte Umfang [an] Boden ist dies Jahr unter Kultur! – Eine der Chawerim vom vorigen Jahr ist in Erez an Kinderlähmung gestorben! – Im ganzen prächtige Menschen hier, mit dem ernsthaften Wollen zu einem neuen Leben! – Unsere Hoffnung auf Erneuerung des Judentums!

DOK. 136
Der Staatskommissar für Berlin trifft am 21. September 1934 Vorkehrungen anlässlich des jüdischen Laubhüttenfestes[1]

Schreiben des Staatskommissars (St.K. I,2 -533/34), Lippert, Berlin, an den Bürgermeister des Bezirks Tiergarten, den Polizeipräsidenten und den Oberbürgermeister von Berlin vom 21. 9. 1934 (Entwurf, abges. am 21. 9.)[2]

1.) An den Herrn Bürgermeister des Bezirks Tiergarten.
Auf die mir vorgetragene Frage der Aufstellung von Laubhütten seitens jüdischer Einwohner zum Zweck der Begehung ihres Laubhüttenfestes.[3]
Einer ausdrücklichen baupolizeilichen Genehmigung bedarf es bei diesen mit primitiven Mitteln hergestellten und nur für wenige Tage bestimmten Laubhütten nicht. Im übrigen stelle ich mich auf den grundsätzlichen Standpunkt, daß die Ausübung religiöser Bräuche jedem Einwohner der Hauptstadt Berlin frei steht. Voraussetzung ist hierbei, daß dadurch nicht das Empfinden anders denkender Einwohner verletzt wird oder die Ruhe und Ordnung eine Störung erfährt. Es empfiehlt sich, daß den Antragstellern diese Gesichtspunkte nachdrücklichst vor Augen gehalten werden.
2.) An den Herrn Polizeipräsidenten in Berlin.
Abschrift von 1.) mit der Bitte um gefällige Kenntnisnahme. Ich halte es für möglich, daß seitens der Bevölkerung gegen die Juden bei Ausübung ihrer Laubhüttenfestbräuche vorgegangen wird, falls sie ihrerseits nicht die von mir empfohlene Vorsicht walten lassen. Ich gestatte mir daher, Ihre Aufmerksamkeit auf die Angelegenheit hinzulenken.
3.) An den Herrn Oberbürgermeister *Hier.*
Abschrift zur gefälligen Kenntnisnahme, falls in anderen Bezirken die gleiche Frage gestellt wird.

1 BLHA, Rep. 60/471, Bl. 8.
2 Im Original mehrere handschriftl. Bearbeitungsvermerke.
3 Für die Dauer des jüdischen Laubhüttenfests (Sukkot) gilt das Gebot, in einer Laubhütte zu wohnen. In Berlin wurden die zeitweiligen Unterkünfte aus Holz, Metall und Tuch meist in Hinterhöfen oder auf Balkonen errichtet.

DOK. 137
Der National-Sozialistische Erzieher vom 13. Oktober 1934: Lehrplanentwurf zur Behandlung der Judenfrage an den sog. Staatsjugendtagen[1]

Entwurf eines Lehrplanes zum Staatsjugendtag[2]

Woche	Stoffgebiet	Beziehung zum Juden	Lesestoff
1.–4.	Das Deutschland der Vorkriegszeit. Klassenkampf, Profit, Streik.	Der Jude macht sich breit!	Aus Hauptmann „Die Weber".
5.–8.	Vom Agrarstaat zum Industriestaat. Kolonien.	Der Bauer in den Klauen des Juden!	Schilderungen aus den Kolonien. Aus Hermann Löns.
9.–12.	Verschwörung gegen Deutschland. Einkreisung. Sperrfeuer um Deutschland.	Der Jude herrscht! Kriegsgesellschaften.	Beumelburg: „Sperrfeuer ..."[3] Hindenburgs Leben. Kriegsbriefe.
13.–16.	Deutsches Ringen – deutsche Not. Blockade! Hungertod!	Der Jude wird wohlhabend! Ausnutzung der deutschen Not.	Manke: Spionage an der Westfront.[4] Kriegsschilderungen.
17.–20.	Dolchstoß. Zusammenbruch.	Juden als Führer der Novemberrevolte.	Pièrre des Granges: In geheimer Mission beim Feinde.[5] Bruno Brehm: Das war das Ende.[6]
21.–24.	Deutschlands Golgatha! Erzbergers Verbrechen! Versailles.	Ostjuden wandern ein. Judas Triumph!	Volkmann: Revolution über Deutschland.[7] Feder: Die Juden.[8] Zeitung: Der Stürmer.

1 Der National-Sozialistische Erzieher, Gauamtliche Wochenzeitschrift des NSLB Gau Westfalen-Süd, Nr. 42 vom 13. 10. 1934, S. 578. Abdruck unter anderem Titel in: Kennzeichen J, S. 57.

2 Anfang Oktober 1934 führte Reichserziehungsminister Rust den Staatsjugendtag ein. Mitglieder von Jungvolk und HJ erhielten einen unterrichtsfreien Samstag zum Zweck der staatspolitischen Erziehung, während für alle übrigen Schüler der Unterricht wie gewohnt stattfand; „Durchführung des Staatsjugendtages", Deutsches Philologen-Blatt, 42 (1934), H. 32, S. 349.

3 Werner Beumelburg (1899–1963), Journalist und Schriftsteller; von 1933 an Mitglied und Schriftführer der Deutschen Akademie der Dichtung; Autor u. a. von „Sperrfeuer um Deutschland" (1929) und „Deutschland in Ketten" (1930).

4 Richtig: Friedrich Monka, „Spionage an der Westfront. Aus den Aufzeichnungen eines ehemaligen Mitgliedes des deutschen Geheimdienstes im Weltkrieg 1914/18" (1930).

5 Richtig: Pierre Desgranges, „In geheimer Mission beim Feinde 1915–1918" (1930).

6 Dr. Bruno Brehm (1892–1974), österr. Schriftsteller; 1938–1943 Hrsg. der Zeitschrift Der getreue Eckart; Autor u. a. von „Das war das Ende. Von Brest-Litowsk bis Versailles" (1932).

7 Erich Otto Volkmann (1879–1938), Berufsoffizier; von 1920 an im Reichsarchiv tätig; Autor u. a. von „Revolution über Deutschland" (1930).

8 Gottfried Feder (1883–1941), Bauingenieur; 1920 NSDAP-Eintritt und Mitarbeiter des VB, 1923 Teilnahme am Hitler-Putsch; 1927–1933 Hrsg. mehrerer Zeitschriften; 1933–1934 StS im RWM; 1934 Professor für Siedlungswesen an der TH Berlin-Charlottenburg; Autor u. a. von „Das Programm der NSDAP und seine weltanschaulichen Grundlagen" (1927) und „Die Juden" (1933).

Entwurf eines Lehrplanes zum Staatsjugendtag

Woche	Stoffgebiet	Beziehung zum Juden	Lesestoff
25.–28.	Adolf Hitler. Der Nationalsozialismus.	Judas Gegner!	Mein Kampf. Dietrich Eckart.[9]
29.–32.	Blutende Grenzen. Versklavung Deutschlands. Freikorps. Schlageter.[10]	Der Jude zieht aus der deutschen Not seinen Nutzen. Anleihen. (Dawes, Young.)[11]	Beumelburg: Deutschland in Ketten. Wehner: Die Wallfahrt nach Paris.[12] Schlageter, ein deutscher Held.
33.–36.	Der Nationalsozialismus im Kampf mit der Unterwelt und dem Verbrechertum.	Juden Anstifter zum Mord. Die jüdische Presse.	Horst Wessel.
37.–40.	Deutschlands Jugend voran! Der Sieg des Glaubens.	Der Endkampf gegen Juda.	Herbert Norkus.[13] Reichsparteitag.

9 Dietrich Eckart (1868–1923), Schriftsteller; 1921 Hauptschriftleiter des VB; Autor von „Der Bolschewismus von Moses bis Lenin. Zwiegespräch zwischen Adolf Hitler und mir" (1924). Hitler widmete Eckart den zweiten Teil des ersten Bands von „Mein Kampf".

10 Albert Leo Schlageter (1894–1923), Landarbeiter; kämpfte in mehreren Freikorps; während der Ruhrbesetzung 1923 von einem franz. Kriegsgericht wegen Sprengstoffanschlägen zum Tode verurteilt und hingerichtet.

11 Der Dawes-Plan (1924–1930) und der Young-Plan (1930–1932) regelten die Reparationszahlungen Deutschlands nach dem Ersten Weltkrieg. Sie streckten die Zahlungen und milderten deren Last. Nicht nur die NSDAP bekämpfte die Abkommen heftig, mit der Begründung, dass die Pläne Deutschland für lange Zeit vom Ausland abhängig machen würden.

12 Josef Magnus Wehner (1891–1973), Schriftsteller; 1933 NSDAP-Eintritt; Autor u. a. von „Die Wallfahrt nach Paris. Eine patriotische Phantasie" (1932).

13 Herbert Norkus (1917–1932), als Hitlerjunge in Berlin von politischen Gegnern erstochen.

DOK. 138
Der Landesbauernführer Sachsen-Anhalt rechtfertigt vor dem Reichsbauernführer am 16. Oktober 1934 die Verdrängung der Juden aus der lokalen Wirtschaft[1]

Schreiben des Reichsnährstands, Landesbauernschaft Sachsen-Anhalt, Landesbauernführer (7611/34), Eggeling,[2] Halle/Saale, an den Reichsbauernführer,[3] Verwaltungsamt (Eing. 15. 10. 1934), Berlin, vom 13. 10. 1934[4]

Betr. Beschwerde Meyer-Brüggemann,[5] Salzwedel.[6]
Ihr Schr. v. 8. 10. 34 – B.C. 5832/34.[7]
Den erwähnten Bericht gebe ich wie folgt:
Es trifft zu, daß die Firma Meyer-Brüggemann alt ist und auch in liberalistischen Kreisen ein gewisses Ansehen genießt. Trotzdem ist Meyer-Brüggemann nach unseren Begriffen eben Jude,[8] und der Kreisbauernführer[9] wie auch der Kreisleiter[10] tun nichts als ihre Pflicht, wenn sie diesen Juden aus seinen wirtschaftlichen und gesellschaftlichen Führerstellen herausdrängen. Meyer-Brüggemann wird in der Ausübung seines Geschäfts nicht behindert, aber es kann einem nationalsozialistischen Bauern nicht zugemutet werden, daß er ihn in irgendwelchen Führerstellungen duldet.
Deshalb war es ein Fehler, daß der Deutsche Landhandelsbund ihn als Reichsfachbeirat

1 BArch, R 16/144.
2 Joachim Eggeling (1884–1945), Berufsoffizier und Landwirt; 1904–1919 Militärlaufbahn; 1922 Landwirt; 1925 NSDAP- und 1936 SS-Eintritt, 1933–1937 Landesbauernführer Sachsen-Anhalt und stellv. Gauleiter von Magdeburg-Anhalt, 1937–1945 Gauleiter von Halle-Merseburg; 1944–1945 Oberpräsident in Merseburg.
3 Walther Darré (1895–1953), Landwirt; 1924–1933 Mitglied des Bunds der Artamanen, 1930 NSDAP- und 1931 SS-Eintritt, 1932–1938 Chef des Rasse- und Siedlungshauptamts der SS, 1933–1942 Reichsbauernführer; 1933–1942 Reichsminister für Ernährung und Landwirtschaft; 1945 Internierung, 1947 im Nürnberger Wilhelmstraßenprozess zu sieben Jahren Gefängnis verurteilt, 1950 entlassen; Autor u. a. von: „Das Bauerntum als Lebensquell der nordischen Rasse" (1929).
4 Das Datum im Original ist mit germanisiertem Monatsnamen geschrieben: 13. Gilbhard 1934. Im Original noch ein Eingangsstempel der Hauptabteilung I vom 25. 10. 1934 sowie mehrere handschriftl. Unterstreichungen.
5 Johannes Meyer-Brüggemann (1871–1957), Kaufmann; von 1895 an Tätigkeit im väterlichen Bank- und Manufakturwarengeschäft M. Nelke Wwe. in Salzwedel, von 1912 an Inhaber; 1919–1933 Stadtverordneter im Magistrat von Salzwedel; bis 1935 Beirat der Reichs-Kalistelle in Berlin; 1945 Landrat des Kreises Salzwedel, 1946–1949 Stadtverordneter in Salzwedel.
6 Liegt nicht in der Akte. Aus dem vorliegenden Schriftwechsel ergibt sich, dass Meyer-Brüggemann am 10. 7. 1934 eine Beschwerde an das RMEuL gerichtet hatte, die an den Reichsbauernführer weitergegeben worden war. Meyer-Brüggemann protestierte darin dagegen, dass Kreisbauernführer Gagelmann unter Gewaltandrohung die Beschlüsse der Aktionärsversammlung der Zuckerfabrik beeinflusst habe. Kurz zuvor hatte Hermann Bacharach aus Salzwedel ähnliche Vorwürfe gegen Gagelmann erhoben; wie Anm. 1.
7 Der Reichsbauernführer hatte die Beschwerde am 8. 10. 1934 an die Landesbauernschaft Sachsen-Anhalt weitergeleitet; ebd.
8 Johannes Meyer-Brüggemann hatte einen jüdischen Großvater. Zur Verfolgung seiner Familie siehe Block, Wir waren eine glückliche Familie, S. 77–83.
9 Kreisbauernführer in Salzwedel war von 1933 an Wilhelm Gagelmann (*1885).
10 NSDAP-Kreisleiter von Salzwedel war Dr. Gerhard Törne (*1892), Mediziner; von 1927 an Arzt in Lüchow, von 1929 an in Salzwedel; 1930 NSDAP-Eintritt; April-September 1933 kommissar. Bürgermeister von Salzwedel; 1934 Leiter des Verbands der Deutschen aus Russland; ging später nach Österreich; von 1952 an Praxis in Freudenstadt.

berufen hat. Er hat dies sicherlich nur getan, weil ihm die jüdische Abstammung Meyer-Brüggemanns unbekannt war. Die Hauptabteilung IV hat es deshalb auch abgelehnt, ihn mit irgendwelchen Funktionen zu betrauen.
Es ist bekannt, daß die Zuckerindustrie bislang rein liberalistisch geführt wurde, und es war die Pflicht des Kreisbauernführers, hier eine nationalsozialistische Führung durchzusetzen. Der Kreisbauernführer Gagelmann ist hier pflichtgemäß vorgegangen und hat den Aufsichtsrat und den Vorstand der Zuckerfabrik Salzwedel gleichgeschaltet und die nationalsozialistische und in der Linie des Reichsnährstandes liegende Führung sichergestellt. Darüber herrscht allgemeines Wehklagen bei der ganzen Salzwedeler Reaktion aller Schattierungen, insbesondere in den „Wirtschafts"-Kreisen. Das ist mir nur der Beweis, daß seine Handlungsweise richtig war, und ich decke sie vollkommen, soweit er sich hierbei nicht strafrechtlich vergangen hat. Wenn der Kreisbauernführer versucht, Meyer-Brüggemann aus der Führung der Industrie- und Handelskammer herauszudrängen, so tut er ebenfalls seine Pflicht.
Ferner muß es nationalsozialistisch denkenden Volksgenossen freigestellt bleiben, ihr Konto einer Bank unter arischer und nationalsozialistischer Führung anzuvertrauen. Meyer-Brüggemann ist durch die Gesetze gegen den unlauteren Wettbewerb usw. hinreichend geschützt. Wenn sich der Kreisbauernführer gegen diese vergeht, so mag ihn Meyer-Brüggemann vor den ordentlichen Gerichten zur Rechenschaft ziehen.
Den Kriegervereinen und der Schützengilde gereicht ein Jude ebenfalls nicht zum besonderen Ruhm, und ich kann es verstehen, wenn die Nationalsozialisten versuchen, ihn aus der Führung auszuschalten.
Eine persönliche Beleidigung hierin zu erblicken, ist nicht am Platze, denn es handelt sich in all diesen Fällen um ein nationalsozialistisches Prinzip und nicht um ein Vorgehen gegen die Person Meyer-Brüggemanns.
In der Behauptung, die Beschwerden der Salzwedeler Reaktion gingen niemals über Dessau hinaus, erblicke ich einen Angriff gegen den Gauleiter,[11] und ich muß deshalb darum bitten, das Material dem Herrn Gauleiter zugängig zu machen, um ihm die Möglichkeit zu geben, gegen den versteckten Vorwurf, berechtigte Beschwerden zu unterdrücken, mit den geeigneten Mitteln vorzugehen.
Die Behauptung, der Kreisleiter und der Kreisbauernführer seien Unkraut im Weizen Hitlers, bitte ich von dort aus in der Form, wie sie in dem Brief des Herrn Meyer-Brüggemann zum Ausdruck kommt, schärfstens zurückzuweisen, denn indem er den angeblichen Urheber dieser Äußerung verschweigt, macht er sich selber für dieselbe verantwortlich.
Zum Schluß möchte ich bemerken, daß der Kreisbauernführer in Salzwedel einen außerordentlich schweren Kampf gegen die Reaktion geführt hat und noch führt. Er hat sich trotz aller Anwürfe und Schwierigkeiten mit einer außerordentlichen Energie durchgesetzt und verdient deshalb meine vollste Anerkennung. Ich bitte auch die zuständigen Berliner Stellen, ihn in diesem Kampfe zu unterstützen.
Zu den persönlichen Angriffen gegen den Kreisbauernführer brauche ich nicht Stellung zu nehmen, da diese nicht hierher gehören und auch Gagelmann nicht belasten können. Die Angriffe gegen den Kreisleiter gehen mich nichts an.
Heil Hitler!

11 NSDAP-Gauleiter von Magdeburg-Anhalt war 1934–1935 Wilhelm Friedrich Loeper (1883–1935), Berufsoffizier; 1925 NSDAP-Eintritt.

DOK. 139
Der Regierungspräsident in Liegnitz berichtet dem preußischen Innenminister am 16. Oktober 1934 über einen Vorfall in Görlitz wegen des Hissens einer Hakenkreuzfahne auf einem „jüdischen Kaufhaus"[1]

Schreiben (geheim) des Regierungspräsidenten[2] (I D 5 (36) Nr. 353 II/34), Berichterstatter: Regierungsrat Palme,[3] i. V. (Unterschrift unleserlich), Liegnitz, an den Preuß. MdI (Eing. 19. 10. 1934) vom 16. 10. 1934[4]

Betrifft: Hissung von Hakenkreuzflaggen durch Juden.
Vorgang: Mein Bericht (Ereignismeldung) vom 2. d. Mts. – I D 5 (36) Nr. 353/34.[5]
Wie bereits durch Ereignismeldung vom 2. d. Mts. berichtet, hatte am 29. September d. Js. das Görlitzer Kaufhaus „Zum Strauß" (Karstadt-Konzern) aus Anlaß des Erntedankfestes neben der schwarzweißroten Fahne die Hakenkreuzfahne gehißt. Diese Hakenkreuzfahne ist dann – anscheinend auf Veranlassung des Ortsgruppenleiters der NSDAP. – von Mitgliedern der Partei heruntergeholt worden.[6]
Wenn auch die durch das Hissen der Hakenkreuzfahne auf einem jüdischen Kaufhaus hervorgerufene Erregung der Bevölkerung verständlich ist, so handelt es sich doch bei dem Zeigen der schwarzweißroten und der Hakenkreuzfahne um die vorschriftsmäßige Beflaggung. Dabei bleibt zu berücksichtigen, daß die Bevölkerung allgemein aus Anlaß des Erntedankfestes zum Heraushängen der Fahnen aufgefordert worden war.
Ich bitte zu erwägen, ob es sich nicht empfiehlt, durch eine allgemeine Anordnung Vorsorge zu treffen, daß derartige Zwischenfälle künftig nicht mehr eintreten können.[7]

1 GStAPK, I HA, Rep. 77, Abt. II, Tit. 4043, Nr. 477, Bl. 26.
2 Regierungspräsident in Liegnitz war 1933–1936 Herbert Suesmann (*1885), Jurist; 1933 NSDAP-Eintritt; 1936 erzwungener Ruhestand, 1943–1944 Landratsvertretung in Calau.
3 Erich Palme (*1891), Jurist; 1932 NSDAP- und 1933 SS-Eintritt; 1930–1934 politischer Referent für Polizeifragen bei der Regierung Liegnitz und 1934–1935 bei der Regierung Schleswig, 1935–1937 im Polizeipräsidium in Mönchengladbach-Rheydt tätig, 1937 dort stellv. Polizeipräsident, 1937–1940 Referent des Berliner Stadtpräsidenten; 1940–1943 Kriegsteilnahme; 1943–1944 im Oberpräsidium in Hannover und 1944 in Schneidemühl tätig.
4 Im Original mehrere handschriftl. Bearbeitungsvermerke.
5 Der Regierungspräsident in Liegnitz hatte das RMdI und das preuß. MdI am 2. 10. 1934 über die hier dargestellten Vorgänge unterrichtet; wie Anm. 1, Bl. 24 f.
6 Der Ortsgruppenleiter Witte hatte zuvor der Polizei versichert, man werde das Herunterholen der Fahne verhindern, dann jedoch das Herunterholen selbst veranlasst. Offenbar wurde danach noch zum Boykott des Kaufhauses aufgerufen; ebd.
7 Das Original trägt den handschriftl. Vermerk, dass es nicht zur Weitergabe an den Minister geeignet und staatliches Eingreifen unzweckmäßig sei, außerdem den Vermerk „z. d. A. 24. 10". Am 12. 2. 1935 gab das Gestapa aber einen Erlass heraus, der sich ausdrücklich auf das „Hissen der Reichsflaggen" auch an „jüdischen Kaufhäusern" bezog. Der Runderlass (II 1 B 2 – 61250/J 195/35) verbot Juden das Zeigen der Hakenkreuz- und der schwarz-weiß-roten Flagge; BArch, R 58/276, Bl. 12. Der § 4, Abs. 1 des Gesetzes zum Schutz des deutschen Blutes und der deutschen Ehre vom 15. 9. 1935 verbot Juden „das Hissen der Reichs- und Nationalflagge und das Zeigen der Reichsfarben"; siehe Dok. 199 vom 15. 9. 1935.

DOK. 140
Der SA-Mann Werner Siemroth denunziert seinen Hamburger Arbeitgeber am 29. Oktober 1934 wegen der Beschäftigung von Juden[1]

Schreiben von Werner Siemroth,[2] Hamburg, an den SA-Sturm 14/45, Hamburg, vom 29. 10. 1934

Meldung.
Der Endesunterzeichnete, SA-Mann *Siemroth*, Werner, Sturm 14/45, SA seit 1. 11. 33, meldet dem Sturm 14/45 zur Weitergabe an die zuständige Dienststelle Folgendes:
Ich bin seit 1929 bei der Fa. Nebel & Sander,[3] Wagnerstr. 2, als Verkäufer angestellt. Im Mai ds. Js. wurde die Firma von einem Herrn Hagenow[4] übernommen von dem bisherigen Inhaber *Krug*[5] (Jude) und heisst jetzt „Joachim Hagenow".[6] Nach dieser Übernahme waren in den Schaufenstern Plakate „Jetzt rein deutsches Unternehmen". Dadurch konnte Hagenow Bedarfsdeckungsscheine für Ehestandsdarlehen usw. in Zahlung nehmen.[7] Allem Anschein nach ist die Firma aber *kein* „rein deutsches Unternehmen", denn von den 15 Angestellten im Geschäft sind 5 *Juden*! (darunter 2 Lehrlinge). Hagenow ist *in der Motor-SA*[8] und in dem Geschäft anscheinend nur Strohmann, denn in allen geschäftlichen Angelegenheiten richtet Hagenow sich nach den „Vorschlägen" des Krug. Jüdische Geschäfts-Vertreter werden stets von Krug besonders berücksichtigt, welcher Geschäftsführer ist.
Mir hat Hagenow gesagt: „Sie kommen ins 10. Berufsjahr und würden dann RM 166.– verdienen, die kann ich Ihnen nicht bezahlen. Unter Kollegen rate ich Ihnen, sehen Sie sich schon nach einer anderen Stellung um". Mir als SA-Mann kann er die RM 166.– nicht bezahlen und bei 2 *jüdischen* Angestellten, die auch im 10. Berufsjahr sind, geht es! – Zum 1. 11. 34 fange ich bei einer Firma in Wandsbek an.
Bei besonderen Anlässen wird stets Hakenkreuz geflaggt, aber das Geschäftsgebaren des SA-Sturmmannes Hagenow spricht allen nationalsozialistischen Grundsätzen Hohn und muss unbedingt nachgeprüft werden.
Heil Hitler!

1 StAHH, 614-215/B 202.
2 Werner Siemroth (*1910), kaufmännischer Angestellter in Hamburg.
3 Die Firma wurde 1919 als Offene Handelsgesellschaft in Hamburg gegründet und hatte dort später verschiedene Niederlassungen.
4 Joachim Hagenow, Kaufmann in Hamburg.
5 Georg Krug (*1906), Kaufmann in Hamburg, führte die Zweigniederlassung der Firma Nebel & Sander in Barmbek vom 20. 5. 1933 bis Mai 1934; emigrierte Ende 1934 nach Barcelona.
6 Im Mai 1934 übernahm Joachim Hagenow die Zweigniederlassung.
7 Seit Juni 1933 konnten junge Familien – sofern sie als „arisch" und „erbgesund" eingestuft wurden und die Ehefrau nicht arbeitete – zinslose Ehestandsdarlehen in Höhe von 1 000 RM erhalten. Diese Kredite gewährte der Staat in Form von Einkaufsgutscheinen für Möbel und Hausrat; DVO zur VO über die Gewährung von Ehestandsdarlehen vom 20. 6. 1933; RGBl., 1933 I, S. 377–379.
8 Die 1931 gegründete Motor-SA wurde 1933 in das Nationalsozialistische Kraftfahrzeugskorps eingegliedert.

DOK. 141
Der Centralverein informiert das Reichswirtschaftsministerium am 12. November 1934 über die Behinderung jüdischer Händler auf städtischen Märkten[1]

Schreiben des CV, Vorsitzender Brodnitz und Syndikus Reichmann,[2] Berlin, an das RWM (Eing. 13. 11. 1934) vom 12. 11. 1934 sowie zwei Anlagen mit Abschriften verschiedener Schreiben[3]

Betr. Marktverkehr
Wir überreichen dem Ministerium
1) eine Anzahl Bescheide von Marktbehörden, insbesondere aus Hessen, die an jüdische ambulante Gewerbetreibende ergangen sind,
2) Stellungnahmen von angerufenen Ortsbehörden und Regierungsinstanzen zu diesen Bescheiden.
Der Inhalt sämtlicher Anlagen steht u. E. im Widerspruch zu den Verfügungen betr. Marktverkehr des Herrn Reichswirtschaftsministers vom 28. 9. 1933 unter H.G. 13046/33 und des Herrn Preussischen Ministers für Wirtschaft und Arbeit vom 13. 10. 1933 unter J.Nr. III A 4461 L.,[4] denn es werden jüdische Händler entgegen dem Grundsatz, dass in der Wirtschaft das Arierprinzip nicht angewandt werden soll, entweder überhaupt nicht oder nur unter erschwerenden Bedingungen zum Markt zugelassen.
Wir wären für Massnahmen zu Dank verpflichtet, die in den in Frage kommenden Orten und Bezirken eine den Richtlinien des Ministeriums entsprechende Behandlung der jüdischen Markthändler gewährleisten würden.
Brodnitz *Reichmann*[5]
Vorsitzender. Syndikus.

Anlagen

Zu Anlage 1
Hess. Bürgermeisterei Lauterbach, den 1. 6. 1934

Betr. Prämienmarkt am 6. Juni 1934.
Antwortlich Ihrer Anfrage vom 29. Mai ds. Jhs. teilen wir Ihnen hierdurch mit, dass jüdische Geschäfte zum Prämienmarkt am 6. ds. Mts. keinen Zutritt haben.
gez. Unterschrift

Gross-Gerau/Hessen

Der Herbstmarkt in Groß-Gerau findet vom 8.–10. September 1934 statt. Plätze für Fahrgeschäfte (nur beste Geschäfte), Schau- sowie Verkaufsbuden werden im Wege des schrift-

1 BArch, R 3101/13862, Bl. 384–389.
2 Dr. Hans Reichmann (1900–1964), Jurist; 1929–1933 als Rechtsanwalt tätig, 1927–1938 Syndikus bzw. Vorsitzender des CV; nach dem Novemberpogrom 1938 in KZ-Haft; 1939 emigrierte er nach Großbritannien, dort 1955–1964 Generalsekretär der United Restitution Organization, Büro London; Mitbegründer des Leo Baeck Instituts London.
3 Im Original mehrere handschriftl. Unterstreichungen und Bearbeitungsvermerke.
4 Zu beiden Runderlassen siehe Dok. 89 vom 15. 11. 1933.
5 Im Original handschriftl. Unterschriften.

lichen Angebotes vergeben. Der Markt ist in der Zulassung von Geschäften ein beschränkter Markt. Nichtarier werden nicht zugelassen. – Angebote sind bis zum 8. August zu richten an
Bürgermeisterei Gross-Gerau

Hungen/Oberhessen *Hungen, den* 8. *Oktober* 1934

Auf die gefl. Postkarte vom 3. September 1934 teilen wir Ihnen mit, dass Sie für den Allerheiligenmarkt (1. Nov. 1934) einen Stand in der gewünschten Grösse haben können unter der Voraussetzung, dass Sie arischer Abstammung sind.
Bürgermeisteramt Hungen
gez. Fend[6]

Bürgermeisterei
Ortenberg/Hessen Ortenberg, den 10. Okt. 1934

Aus Ihrer Anfrage vom 3. 9. d. J. haben wir ersehen, dass Sie für den diesjährigen „Kalten Markt", der vom 28. Oktober bis 1. November stattfindet, einen Platz für Ihren Verkaufsstand von Strumpfwaren zu erhalten wünschen.
Wenn Sie arischer Abstammung sind, können Sie mit der Zuweisung eines entsprechenden Platzes rechnen. Nur müssen Sie sich wegen dessen Zuteilung der Verlosung unterwerfen, die am Montag, den 29. Oktober vormittags 9–11 Uhr stattfindet. Wir bitten Sie, bei dieser Verlosung anwesend zu sein oder jemand mit Ihrer Vertretung zu beauftragen.
Mit deutschem Gruss
Hess. Bürgermeisterei Ortenberg
gez. Unterschrift

Grünberg/Oberhessen
Hess. Bürgermeisterei Grünberg Grünberg, den 11. 10. 1934

Auf Ihre Anfrage vom 10. ds. Mts. teile ich mit, dass der diesjährige Gallusmarkt ein *judenfreier Markt* ist. Ich bedaure daher, Sie nicht zum Markt zulassen zu können.
Sollten Sie keine deutsche Staatsangehörigkeit besitzen, so bitte ich noch um entsprechende Mitteilung.
Hess. Bürgermeisterei Grünberg
gez. Unterschrift

Zu Anlage 1
Edenkoben/Pfalz

Bevor wir Ihnen eine Zusage zur Bestellung unseres Marktes erteilen, wollen Sie uns bitte mitteilen, ob Sie arischer Abstammung sind. Jüdische Unternehmungen werden bei uns nicht zugelassen.
Edenkoben, den 28. Juli 1934.
Stadt-Polizeiamt.
gez. Unterschrift

6 Richtig: Julius Fendt (1869–1939), Kaufmann und Lederhändler; 1889–1896 als Kaufmann in Frankfurt a. M., Wien und Berlin tätig, 1896 Übernahme des elterlichen Geschäfts in Hungen; keine Parteizugehörigkeit; 1904–1934 Bürgermeister der Stadt Hungen, danach Pensionär.

Der Bürgermeister als Pyritz, den 30. 8. 1934
Ortspolizeibehörde

Betr. Verkaufsstand zum Herbstmarkt am 12. 9. 1934.
Sie können einen Verkaufsstand erhalten, wenn Sie *Arier* sind.
Die Vergebung von Ständen an Nichtarier muss ich ablehnen, da durch Zulassung solcher Personen hier eine Störung der öffentlichen Ordnung und Sicherheit zu befürchten steht. Sollte die in Absatz 1 genannte Voraussetzung für Sie nicht zutreffen, ersuche ich, um unnötige Ausgaben zu vermeiden, dem hiesigen Herbstmarkt am 12. September 1934 fernzubleiben.
gez. Floret

Angermünde, den 26. 9. 1934

Ein Platz wird Ihnen bei Ihrem Eintreffen angewiesen. Zugelassen werden Sie nur, wenn Sie arischer Abstammung sind. Platzverteilung ist am 17. 10. 34 nachm. 18.00 oder 18. 10. 34 morg. 7.00.
Heil Hitler!
gez. Unterschrift

Aus dem „Hakenkreuz-Banner", Abend-Ausgabe vom 2. Okt. 1934

Deutsche Geschäftsleute, Geschirrhändler, Chinesen und Juden.
... Dies ist die Reihenfolge der Geschäfte auf der Verkaufsmesse, die am Samstag gleichzeitig mit der Schaumesse am Adolf-Hitler-Ufer eröffnet wird und für die man wieder die Bestimmung beibehalten hat, dass die Juden ihre Geschäfte nicht zwischen den arischen Händlern haben dürfen. Wie bei der Frühjahrsmesse werden am *Anfang* bei der Feuerwache zunächst die arischen Messleute kommen, an die sich dann die Geschirrhändler anschliessen. Erst am Ende zwischen den Geschirrhändlern und der Adolf-Hitlerbrücke werden die Juden ihre Buden aufschlagen. Zu ihnen werden sich jetzt zur Herbstmesse noch einige Chinesen gesellen, die ebenfalls Interesse für Plätze zeigten.

Anlage 2
Abschrift. Nr. II 2225

Regierung von Schwaben u. Neuburg, Augsburg, den 14. Juni 1934.
Kammer des Innern
Anschrift. Augsburg 1, Postfach
Kassenamt. Konto Nr. 8713
P.Sch.A. München

Betreff: Jahresmesse in Nördlingen vom 2.–11. VI. 1934.
Der Stadtrat Nördlingen hat es mit Beschlüssen vom April und Juni 1934 abgelehnt, für 1934 nichtarische Geschäfte zum Jahrmarkt 1934 zuzulassen. Begründet ist der Beschluss damit, dass für Aufrechterhaltung der Ordnung und Sicherheit keine Gewähr bei Zulassung nichtarischer Geschäfte übernommen werden könne, dann auch damit, dass weitere Zulassungen wegen Platzmangel nicht erfolgen könnten. Da der Jahrmarkt nunmehr vorbei ist, der Stadtrat auch die Zurücknahme des Beschlusses über den Ausschluss der

nichtarischen Geschäfte für die kommenden Jahre in Aussicht gestellt hat, glauben wir, von Weiterungen absehen zu sollen.
I.V. gez. Dr. Schwaab[7]

Der Oberbürgermeister
der Kreishauptstadt Konstanz Konstanz, den 28. Aug. 1934

Betr. Konstanzer Messe
Ihr Antrag wurde in der Stadtratssitzung vom 27. August 1934 besprochen. Eine Regelung in dem von Ihnen gewünschten Sinne liess sich für die demnächst stattfindende September-Messe mit Rücksicht auf die vorgeschrittene Zeit nicht mehr durchführen, da die Plätze bereits vergeben sind. Eine Neuregelung wird daher aber für die Ende November stattfindende Konradimesse rechtzeitig erfolgen und Ihnen bekannt gegeben werden.
gez. Gruner[8] Stadtrat

Der Oberbürgermeister Konstanz, den 8. Sept. 1934
der Kreishauptstadt Konstanz

Im Nachgang zu meinem Konstanzer Messe.
Schreiben vom 28. 8. 34
Vorbehaltlich genügenden Platzes und rechtzeitiger Anmeldung bestehen gegen die Zulassung nicht arischer oder nicht rein arischer Händler, gegen die nichts politisch Belastendes vorliegt, keine Bedenken. Die Bereitstellung von Messbuden in der allgemeinen Verkaufsreihe an nicht arische oder nicht rein arische Unternehmer kann aber nur dann erfolgen, wenn solche Buden frei sind oder frei werden. Eine Haftung für die persönliche Sicherheit der Zugelassenen oder die Sicherheit ihrer Waren kann aber nicht übernommen werden. Der Stadtrat behält sich den Ausschluss in solchen Fällen vor, wo dies zur Vermeidung drohender Gefahren aus allgemein sicherheitspolizeilichen Gründen geboten erscheint.
Die Anmeldungen sind nach wie vor bei Herrn Messaufseher (Stadtrentamt) einzureichen. Der Messaufseher ist von hier aus entsprechend verständigt.
gez. C. Gruner Stadtrat

Abschrift.
Regierung von Oberbayern München, den 10. September 1934
Kammer des Innern,
München

Betreff: Ausschluss von Nichtariern von der Auer Dult.[9]
Zu den Schreiben vom 2. 7. und 20. 8. 34
Beilage: 1 Fachschrift „Der Komet".[10]

7 Dr. Otto Schwaab (1878–1949), Jurist; 1905–1919 im bayer. Staatsdienst, 1919–1922 bei der Regierung Niederbayern, 1927–1945 bei der Regierung von Schwaben tätig, zuletzt als Regierungsvizepräsident; 1934 NSDAP- und SA-Eintritt; 1948 von der Spruchkammer Augsburg entnazifiziert und als Mitläufer eingestuft.

Der Stadtrat München hat laut Bericht vom 29.7.34 Nr. 1527/III 34 nie einen Beschluss dahin gefasst, dass nichtarische Fieranten[11] vom Bezug der Münchner Dulten ausgeschlossen werden. Bei der Vergebung der Plätze werden jedoch arische Bewerber vor nichtarischen berücksichtigt. Bei der Inanspruchnahme sämtlicher Plätze durch arische Bewerber konnten nichtarische nicht zum Zuge kommen. Wenn Stadtrat Ruhrmann[12] bei der Dulteröffnung sich dahin geäussert haben sollte, dass es den gesetzlichen Bestimmungen und dem Geist der Zeit entspreche, wenn heuer Nichtarier ausgeschlossen worden seien, so bleibt hierdurch die Tatsache unberührt, dass ein dahin lautender Stadtratsbeschluss überhaupt nicht vorliegt.
gez. Gareis[13]

DOK. 142
Heinrich Himmler bittet Hitler am 22. November 1934, den Verband der Bayerischen Offiziers-Regiments-Vereine zum Ausschluss seiner jüdischen Mitglieder zu verpflichten[1]

Schreiben des Politischen Polizeikommandeurs der Länder und Inspekteurs der Geheimen Staatspolizei in Preußen (II 1 B 2 – 62940/ 1685.), gez. H. Himmler, an den Führer und Reichskanzler vom 22. 11. 1934 (Abschrift zu Rk. 10496)

Betrifft: Verband der Bayerischen Offiziers-Regiments-Vereine.
Nach einer mir zugegangenen Mitteilung der Bayerischen Politischen Polizei vertritt der Verband der Bayerischen Offiziers-Regiments-Vereine in der Frage der Mitgliedschaft von Juden auch heute noch einen Standpunkt, der im nationalsozialistischen Staate als unzulässig bezeichnet werden muß.
So hat der Verband in einem Bericht vom 28. 3. 34 zur Judenfrage folgende Stellung genommen:
„Offiziere, die gleichzeitig Mitglieder unseres Verbandes und des Reichskriegerbundes sind, sind in der Judenfrage in Zwiespalt geraten, da der Reichskriegerbund Nichtarier aus den Kriegervereinen ausgeschlossen hat.[2] Unser Verband ist nicht in der Lage, für ei-

8 Carl Gruner (1876–1967), Ingenieur; 1922–1929 Direktor der AG für Maschinenbau in Konstanz; 1929–1933 Liquidator dieser Firma und freiberuflicher Ingenieur; 1929 NSDAP-Eintritt; von 1933 an Stadtrat und Leiter der Technischen Werke Konstanz; im Mai 1945 von der französischen Militärregierung abgesetzt, danach Pensionär.
9 Traditionsreicher Markt in München, der seit 1905 dreimal im Jahr stattfindet.
10 Nicht anbei. Der Komet war als Fachblatt für Reisegewerbe und Markthandel offizielles Organ des Deutschen Schaustellerbundes e. V. Die Zeitschrift erscheint seit 1883 bis heute in Pirmasens.
11 Fierant: Markthändler.
12 Vermutlich Otto Fuhrmann (1880–1967), 1933–1945 Stadtrat von München, Städtischer Sanitätsschlachtmeister.
13 Heinrich Gareis (1878–1951), Jurist; von 1909 an im bayer. Staatsdienst, 1921–1933 Leiter der Polizei Nürnberg-Fürth, 1934–1940 Leitung der Geschäfte der Regierung und 1940–1943 Regierungspräsident in Oberbayern; 1937 NSDAP- und 1938 SS-Eintritt; 1945–1947 interniert, 1948 bei der Entnazifizierung von der Spruchkammer München als Mitläufer eingestuft.

1 BArch, R 43 II/602, Bl. 154 f.
2 Der Präsident des Reichskriegerbunds (Kyffhäuser-Bund) hatte Ende September/Anfang Oktober 1933 angeordnet, dass dem Bund angehörende Kriegervereine jüdische Mitglieder auszuschließen hätten; C.V.-Zeitung, Nr. 38 vom 4. 10. 1933, S. 1.

nen Ausgleich einzutreten. Die Versammlung billigt den seit Jahren eingenommenen Standpunkt unseres Verbandes, wonach Juden, die in den ersten drei Jahren seit Bestehen des Verbandes die Mitgliedschaft erworben haben, unsere Kameraden bleiben. Juden, die erst später den Anschluß gesucht haben oder suchen, können nicht mehr aufgenommen werden, da sie durch ihr früheres Fernbleiben bewiesen haben, daß sie sich in der schwersten Zeit nicht mit uns verbunden gefühlt haben. Diesen Standpunkt werden wir nicht verlassen, solange uns nicht ein anderes befohlen wird."
Das weitere [Ver]bleiben der jüdischen Mitglieder in dem Verband der Bayerischen Offiziers-Regiments-Vereine ist in der heutigen Zeit durchaus unzulässig und dazu angetan, die Bewegung und ihr Programm in den Augen der Öffentlichkeit herabzuwürdigen.
Ich bitte um Weisung, ob der Verband der Bayerischen Offiziers-Regiments-Vereine aufgefordert werden soll, die jüdischen Mitglieder sofort zu entlassen, oder ob seine Auflösung schon auf Grund seiner früheren Stellungnahme in dieser Frage angeordnet wird.[3]

DOK. 143
Ein NSDAP-Mitglied protestiert am 26. November 1934 anonym bei den Ministerien in Berlin gegen den fortwährenden Boykott jüdischer Geschäfte in Braunschweig[1]

Schreiben, ungez., Braunschweig, an die Reichskanzlei, das RWM, das Reichswehrministerium, das RMdI und die Landesregierung Braunschweig vom 26. 11. 1934 (Abschrift)[2]

Im Namen der Angestellten der jüdischen Firmen Braunschweigs erbitte ich *dringend Ihre Hilfe* und Ihren *Beistand.*
Als alter Parteigenosse, der bei den ersten Kämpfen um die Macht treu und in steter Bereitschaft zu seinem Führer Adolf Hitler stand, klage ich die braunschweigische Regierung und den braunschweigischen Ministerpräsidenten Klagges[3] als Saboteure der Reichsregierung an. Ich klage den Leiter der NS.-Hago[4] der hiesigen Ortsgruppe an, daß sie in frivoler Weise Eingriffe in die braunschweigische Wirtschaft dulden und befürworten, ferner die braunschweigische Polizei und damit den Polizeipräsidenten, daß sie Ansammlungen vor jüdischen Schaufenstern und Besetzung der Eingänge der jüdischen Geschäftshäuser nicht verhindert haben.
Durch die Presse habe ich wiederholt erfahren, daß jeglicher offener Boykott jüdischer Ge-

3 Am 11. 12. 1934 antwortete Lammers, Hitler wünsche weder eine Aufforderung an den Verband, jüdische Mitglieder zu entlassen, noch dessen Auflösung, weil die „Frage der jüdischen Mitglieder des Verbandes mit der Zeit von selbst ihre Lösung finden" werde; wie Anm. 1, Bl. 153.

1 BArch, R 43 II/602, Bl. 162–164.
2 Im Original mehrere handschriftl. Unterstreichungen. Das Schreiben wurde der Reichskanzlei vom Geheimen Staatspolizeiamt Berlin am 17. 12. 1934 mit der Bemerkung übermittelt, die darin aufgeführten Einzelheiten seien stark übertrieben dargestellt und die Ausschreitungen in Braunschweig sofort nach Bekanntwerden von der Polizei abgestellt worden. Der Verfasser des Briefes habe nicht ermittelt werden können; wie Anm. 1, Bl. 161.
3 Dietrich Klagges (1891–1971), Lehrer; 1925 NSDAP- und 1934 SS-Eintritt; 1931–1945 Staatsminister des Innern und für Volksbildung und 1933–1935 Ministerpräsident Braunschweigs; 1950 in Braunschweig zu lebenslanger Haft verurteilt, 1957 entlassen.
4 NS-Hago: NS-Handwerks-, Handels- und Gewerbe-Organisation, gegründet 1933, ging 1935 in der DAF auf.

schäftshäuser vermieden werden soll, jedes Einmischen irgendwelcher Organisationen in das deutsche Wirtschaftsleben haben Sie aufs entschiedenste abgelehnt. Was gedenken Sie aber zu tun, wenn trotz ihrer Anordnungen Schädlinge unserer nationalsozialistischen Idee und Weltanschauung, die sich Nationalsozialisten nennen, Maßnahmen ergreifen, die nur dazu angetan sind, Unruhe unter der Bevölkerung Braunschweigs zu entzünden?
Fünfhundert Angestellte in jüdischen Firmen zittern in Braunschweig um ihr Brot. Fünfhundert Angestellte und ihre Familien denken tagein tagaus daran, daß die Schaufenster ihrer Betriebsführer von verantwortungslosen Elementen wieder eingeworfen werden können, wie im vorigen Jahre unter der Anführung des Stadtrates Ammen[5] ca. 60 große Schaufensterscheiben zertrümmert wurden. Sollen sich die Angestellten der jüdischen Geschäftshäuser und Parteigenossen gegen diese Provokateure zur Wehr setzen und zur Selbsthilfe greifen? Sollen sie Verräter einer Sache sein, für die zahllose unserer Parteigenossen in jüdischen Betrieben gekämpft haben, um von denen verhöhnt zu werden, die ihren Nationalsozialismus erst nach der Revolution entdeckt haben? Sollen sie diesen Schmarotzern vor Augen halten, was unser Führer von einem wahren Nationalsozialisten verlangt?
Positive und offene Kritik an den Maßnahmen der heimischen Führer ist verboten. Wohin sollen wir uns aber wenden, um Recht und Gerechtigkeit in der Sache unserer in jüdischen Geschäftshäusern beschäftigten Parteigenossen zu erlangen? Arbeitsfront, Gericht und Landesregierung sind unseren Bitten nicht zugänglich. In höchster Not und höchster Eile wenden wir uns an Sie.
Von Vorfällen, die sich in der Zeit vom 10. zum 24. November 1934 ereignet haben, berichte ich Ihnen einige. Eine Umfrage bei den Angestellten der jüdischen Geschäftshäuser würde nicht nur die Wahrheit der Ereignisse bestätigen, sondern würde Dinge zu Tage fördern, die nur *in Braunschweig, dem Schmerzenskind unseres Führers*, möglich sind. Aus der Art der Darstellung werden Sie ersehen, daß ich Ihnen Tatsachen berichte, die objektiv nicht zu widerlegen sind. Mitglieder der NS.-Hago u. a.
der Inhaber des „Café Hintze," Hulfäutchenplatz
der Inhaber der Firma Schmidt, vor der Burg
der Schuhmacher Wesche, Schützenstraße
der Kaufmann Faustmann, Hutfiltern
der Kreisleiter der NS.-Hago Deuter
der Ortsgruppenleiter der NS.-Hago Brinkmann
der Inhaber der Firma Schuhkönig Sack
der Malermeister und Sturmführer Bauermeister, Parkstr.
haben sich vor dem Kaufhaus Adolf Frank, Schuhstraße, einem der angesehensten Kaufhäuser unserer Stadt, an mehreren Abenden der oben erwähnten vierzehn Tage aufgestellt und die herauskommenden Käufer mit den unflätigsten Worten belegt, so daß ein großer Teil der Kunden nicht wagte, in der Hauptgeschäftszeit dort zu kaufen. *Angehörigen unserer Wehrmacht wurde das Hoheitsabzeichen abgerissen, Forsteleven* mußten auf Wunsch eines NS.-Hago-Mitgliedes einem *diensthabenden Polizeibeamten* ihre Personalien geben. Flieger unserer Militärfliegerschule durften das Geschäftshaus nicht betreten. Arbeitsmänner wurden verhöhnt. Alten Frauen wurde der Eintritt verwehrt. Mit roter

5 Richtig: Wahrhold Ammon (*1906), Buchhändler; NSDAP-Mitglied; lebte bis 1932 in Nürnberg; dann bis 1934 Stadtrat und 1934–1935 Direktor des Städt. Verkehrsvereins in Braunschweig, kehrte später nach Nürnberg zurück.

Ölfarbe und scharfen Säuren haben die postierenden NS.-Hagoer die Schaufenster gekennzeichnet, daß das Geschäftshaus in jüdischen Händen ist. Aber damit nicht genug. Am Sonnabend, dem 24. November 1934, als sich die Provokateure vor dem Geschäftshaus versammelten und eine drohende Haltung einnahm[en], waren die Inhaber gezwungen, schon vor der Zeit ihr Geschäft zu schließen. Friedliche Käufer, die sich keiner Schuld bewußt waren, wurden mit gröhlenden sarkastischen Bemerkungen empfangen, wie z. B. *Kauft deutschen Christbaumschmuck beim christlichen Frank.*
All diese schmutzigen Angriffe auf Kunden jüdischer Geschäftshäuser, denen wir unser Brot und damit unsere Existenz verdanken, setzten nach der Versammlung des Frankenführers Julius Streicher ein, der in seiner Rede betonte, daß er den Anordnungen der Reichsregierung in Bezug auf Geschäftshäuser nicht folgen werde und mache, was er wolle.[6]
Die Angestellten der jüdischen Firmen stehen am Ende ihrer Kraft. Die tägliche Sorge um ihre Existenz zermürbt sie. Jeden Tag müssen sie gewärtig sein, daß die jüdischen Geschäfte auf Drängen gewissenloser Denunzianten geschlossen werden. Sie sind machtlos gegen diese Willkür-Eingriffe, die gesetzlich geschützt werden. Gibt es denn in unserem neuen deutschen Reiche keine Gerechtigkeit mehr?
Als Parteigenosse habe ich keine Veranlassung, diesen Brief der Auslandspresse zuzuleiten. Als Mitglied einer Volksgemeinschaft fordere ich aber, daß man dieses schreiende Unrecht sühnt. Veranlassen Sie, daß jeglicher Boykott jüdischer Geschäftshäuser unterbleibt, dann haben Sie an dem großen Ziel, das sich unser Führer gesteckt hat, mitgearbeitet, allen Volksgenossen Arbeitsplätze zu schaffen und *zu erhalten.*
Heil Hitler
Ein alter Parteigenosse.

DOK. 144

The New York Times: Meldung vom 4. Dezember 1934 über die Zusage Deutschlands, im Fall der Rückgliederung des Saargebiets ein Jahr lang die Rechte der Juden zu achten[1]

Juden ermutigt, hoffnungsvoll zu sein.
Von der Jewish Telegraphic Agency

Rom, 3. Dezember. – Auf Drängen des Völkerbunds hat Deutschland einem besonderen Paragraphen des Abkommens über das Saargebiet zugestimmt,[2] der die Rechte der Juden garantiert, wie Julio López Oliván,[3] der vom Völkerbund ernannte spanische Gesandte der Saar-

6 Streicher hatte am 7. 11. 1934 vor Tausenden Besuchern in der Stadthalle Braunschweig eine Rede zur „Rassenfrage" gehalten; Braunschweiger Neueste Nachrichten vom 9. 11. 1934, StadtA Braunschweig, Z 5, Film 91.

1 The New York Times vom 4. 12. 1934, S. 12. Die Meldung wurde aus dem Englischen übersetzt.
2 Am 3. 12. 1934 wurde das sog. Römische Abkommen zwischen Frankreich und dem Deutschen Reich über Fragen der Rückgliederung des Saargebiets abgeschlossen; RGBl., 1935 II, S. 126–130. In einer am selben Tag abgegebenen zusätzlichen Erklärung garantierte Reichsaußenminister von Neurath dem Völkerbundsrat, dass die Bewohner des Saargebiets ungeachtet ihrer „Sprache, Rasse oder Religion" für den Zeitraum eines Jahres keine Schlechterstellung erfahren und nach den gegenwärtig im Saargebiet geltenden Gesetzen behandelt werden würden; ebd., S. 125.
3 Julio López Oliván (1891–1964), Jurist und Diplomat; 1936–1945 beim Internationalen Schiedsgerichtshof in Den Haag tätig.

kommission, heute erklärte.[4] Obwohl er bekannt gab, dass die Garantie nur für ein Jahr gültig sei und dass Deutschland sich weigere, einen längeren Zeitraum zu akzeptieren, wie von der Saarkommission vorgeschlagen, riet Señor López Oliván, die Juden dieser Welt sollten nicht zu pessimistisch sein, was das Schicksal der Saar-Juden angehe. „Es gibt keinen Grund für übermäßigen Pessimismus im Hinblick auf die Situation der Juden im Saargebiet", sagte er. Diplomatische Kreise hier in Rom zeigten sich überrascht, dass Deutschland zugestimmt habe, die volle Gleichstellung der Juden im Saargebiet zu garantieren. Dieses Zugeständnis wurde als Folge davon angesehen, dass die französische Regierung die Frage der Rechte der Juden zu einem ihrer Hauptanliegen gemacht habe.[5]

DOK. 145

Juristische Wochenschrift: Ein Urteil des Arbeitsgerichts Hanau hebt am 7. Dezember 1934 die Kündigung eines jüdischen Angestellten auf[1]

Arbeitsgerichte
Hanau

84. § 57 ArbOG. Unbillig harte Kündigung gegenüber einem nichtarischen Angestellten in einer arischen Firma.

Die bekl[agte] Firma hat am 24. Juni 1934 das früher unter der Firma B. betriebene Konfektionsgeschäft käuflich erworben. Die Inhaber der Beklagten sind Arier, während dies die Inhaber der Firma B. nicht waren. Der Kl[äger] ist in der letzteren Firma bereits seit 1. Juli 1924 tätig. Er leitet die Teppich- und Gardinenabteilung. Er ist nichtarisch, aber mit einer Arierin verheiratet. Er hat ein Kind von fünf Jahren. Er war Frontkämpfer und Kriegsgefangener.

Am 31. Okt. 1934 wurde ihm von der Beklagten ohne Angabe von Gründen seine Stellung zum 31. März 1935 gekündigt. Er hat gegen diese Kündigung fristgemäß den Vertrauensrat angerufen und ebenfalls fristgemäß geklagt, nachdem eine Rücknahme der Kündigung nicht erzielt wurde.

Die auf §§ 56 ff. ArbOG[2] betreffend gestützte Klage ist begründet. Die Kündigung des Kl. ist unbillig hart und nicht durch die Verhältnisse des Betriebes bedingt.

4 Im Versailler Vertrag war das Saargebiet zum Mandatsgebiet des Völkerbunds erklärt und festgelegt worden, dass 15 Jahre später dessen Einwohner darüber entscheiden sollten, ob das Gebiet zum Deutschen Reich zurückkehren, Frankreich angeschlossen oder der Status quo beibehalten werden solle. Nach der zugunsten Deutschlands ausgefallenen Abstimmung wurde das Saargebiet am 1. 3. 1935 mit dem Deutschen Reich vereinigt.

5 Die Kontrolle über das Saargebiet übte seit dem Ersten Weltkrieg Frankreich im Auftrag des Völkerbunds aus. Der franz. Außenminister hatte am 31. 8. 1934 erklärt, bei einer Angliederung des Gebiets an Frankreich werde man den Juden die vollen Bürgerrechte gewähren. Internationale jüdische Organisationen appellierten in Genf an die Staatenvertreter beim Völkerbund, eine Garantie zugunsten der Juden abzugeben; Pariser Tageblatt, Nr. 280 vom 18. 9. 1934, S. 1.

1 JW, Nr. 23/24 vom 8. und 15. 6. 1935, S. 1732. Abdruck in: Juden vor Gericht, S. 87 f.

2 Die §§ 56 und 57 zum Kündigungsschutz ließen nach einer einjährigen Betriebszugehörigkeit die Möglichkeit einer Klage gegen eine Kündigung zu. Bei Widerruf der Kündigung durch das Gericht war die Wiedereinstellung des Klägers bzw. dessen Entschädigung vorgesehen; Gesetz zur Ordnung der nationalen Arbeit vom 20. 1. 1934, RGBl., 1934 I, S. 45–56, hier S. 52.

Die Bekl. hat offenbar an der Tatsache, daß der Kl. Nichtarier ist, bis zur Zeit der Kündigung keinen Anstoß genommen. Dies ergibt sich ohne weiteres schon daraus, daß sie ihn als einzigen Nichtarier unter 65 Angestellten am 24. Juni 1934 mitübernommen und damals ihm nicht gekündigt hat. Nach dem persönlichen Vortrag des einen Mitinhabers der Bekl. und dem Kl. in der Hauptverhandlung ist auch zu entnehmen, daß die Zusammenarbeit des Kl. mit den Inhabern der Bekl. auf durchaus einwandfreiem Fuße erfolgt ist. Beide haben sich mehrfach gegenseitig erklärt, daß sie persönlich gut miteinander arbeiten und keinerlei persönliche Differenzen bestehen. Ebenso bestehen zwischen den übrigen Mitgliedern der Gefolgschaft und dem Kl. keine nennenswerten Differenzen. Auch das Publikum kann sich an der Tatsache, daß [der] Kl. nichtarisch ist, nicht gestoßen haben, denn sonst wäre der Umsatz in der Abteilung des Kl. zurückgegangen und nicht, wie unstreitig, sogar gestiegen und es hätte von seiten der Beklagten vorgebracht werden können, daß aus dem Käuferpublikum Proteste gegen die Anwesenheit des Kl. im Betrieb laut geworden wären. Dies vermochte die Bekl. aber nicht geltend zu machen.
Nach alledem kann die Weiterbeschäftigung des Kl., der ja sowieso noch bis zum 31. März 1935 im Betrieb der Bekl. tätig bleibt, der Bekl. durchaus zugemutet werden, und seine Kündigung ist also nicht durch die Verhältnisse des Betriebes oder durch seine Person bedingt.[3]
Die Kündigung ist aber unbillig hart. Denn [der] Kl. ist Frontkämpfer, welche Tatsache schon im Hinblick auf die allgemeine Rücksichtnahme auf die Frontkämpfer – man denke an die nichtarischen beamteten Frontkämpfer – besonders zu berücksichtigen ist. Er ist verheiratet und hat ein minderjähriges Kind, für das er sorgen muß. Es ist aber schließlich auch besonders zu bedenken, daß er als älterer nichtarischer Angestellter nur sehr schwer eine neue, seinem seitherigen Einkommen entsprechende Stelle wird finden können.
Hiernach war gem. § 57 ArbOG betreffend auf Widerruf der Kündigung und Weiterbeschäftigung des Kl. unter den seitherigen Arbeitsbedingungen zu erkennen. Für den Fall der Ablehnung war dem Kl. eine angemessene Entschädigung zuzubilligen. Unter Berücksichtigung der Bestimmung des § 58 des Gesetzes und im Hinblick darauf, daß [der] Kl. seither monatlich 320 RM brutto verdient hat, erschien der Betrag von 1 000 RM netto angemessen.
(ArbG. Hanau, Urt. v. 7. Dez. 1934, A C 114/34)

3 Das LAG Frankfurt a. M. urteilte in einem anderen Fall am 5. 3. 1935 anders: Da die Beklagte der Klägerin gekündigt habe, um geschäftlichen Schaden angesichts eines angedrohten Boykotts zu vermeiden, seien die Motive weder gesetz- noch sittenwidrig; Juden vor Gericht, S. 93–96.

DOK. 146
Besprechung beim Stab des Stellvertreters des Führers in München am 20. Dezember 1934 über eine „besondere Judengesetzgebung"[1]

Vermerk, ungez., vom 20.12.1934 (Entwurf)[2]

Ergebnis der Besprechung über Rassenpolitik im Braunen Haus, München, am 20.12.1934.[3]
Die bisherige Handhabung der Ariergesetzgebung hat zu einer Reihe von schweren aussen- und innenpolitischen Nachteilen geführt:
Aussenpolitisch dadurch, dass durch den Begriff „Arier" bezw. „Nichtarier" grosse andersrassige Völkergruppen von Deutschland dem Judentum scheinbar gleichgewertet und gleichgestellt worden sind.
Innenpolitisch dadurch, dass einmal über die (sehr unvollständige) Ausschaltung der Juden aus einer Reihe von Berufen hinaus keine klaren Grundsätze für die weitere Ausschaltung des Judentums aus Deutschland an sich bestehen und zum anderen dadurch, dass die Behandlung der Judenmischlinge nicht nur von seiten des Staates und der Partei nach verschiedenen Grundsätzen erfolgt, sondern auch innerhalb der Staats- und Parteidienststellen die Behandlung nicht einheitlich ist.
Es erscheint daher notwendig, neben der allgemeinen Rassengesetzgebung eine besondere Judengesetzgebung zu schaffen, um das Judentum von anderen nichtarischen Völkergruppen bewusst wertmässig zu trennen und damit sowohl gesetzlich wie propagandistisch die Möglichkeit zum notwendigen scharfen Vorgehen gegen das Judentum wieder zu gewinnen, die bei der derzeitigen Behandlung durch gleichmässige Wertung des Juden und Nichtariers aus aussen- und innenpolitischen Gründen weitgehend unterbunden ist.
Diese gesetzliche Regelung der Judenfrage wird politisch zu unterscheiden haben: I. die endgültige und restlose Ausschaltung des Juden aus der deutschen Lebensgemeinschaft, II. die Behandlung der Judenmischlinge.
I. Jude ist, wer von zwei jüdischen Eltern abstammt. Als Jude im Sinne dieser Bestimmungen gilt ausserdem, wer von einem jüdischen Elternteil oder einem jüdischen Grosselternteil stammt.[4]
Gegenüber dieser Gruppe sind folgende gesetzliche Regelungen zu treffen:
1.) Verbot der Ehe mit Personen deutscher Abstammung.

1 BArch, R 1509/35, Bl. 51–54.
2 Im Original handschriftl. Unterstreichungen und Bearbeitungsvermerke. Die Niederschrift wurde von Walter Groß und Gerhard Wagner verfasst, der letzte Absatz von Wagner und Dr. Bartels ohne Wissen der anderen Teilnehmer. Der Vermerk wurde ohne die handschriftl. Einfügungen wie z. B. unter 1 a) und b) sowie die Punkte 6 und 7 versandt; Schreiben des Stabsamt/Reichsbauernführer an den RFSS/Rasse- und Siedlungshauptamt vom 15.3.1935 mit Vermerk vom 20.12.1934, BArch, NS 2/143, Bl. 15–18. Mitte Januar 1935 erhielten Himmler (RFSS), Heydrich (Gestapa) und Darré als Chef des Rasse- und Siedlungshauptamts der SS den Sitzungsvermerk; ebd., Bl. 19–31.
3 Eingeladen zu der Sitzung hatte Reichsärzteführer Wagner für den Stab des StdF; BArch, NS 2/143, Bl. 38. An der von SS-Obergruppenführer Buch und Wagner geleiteten Sitzung nahmen Ministerialrat Bartels, Ministerialdirektor Dr. Schultze, Dr. Groß, Dr. Gercke, SS-Staf. Rechenbach, SS-Stubaf. Brandt (RuSHA) und SS-Ustuf. Mayer (RAS) teil, ebd., Bl. 15–18.
4 Diese Definition lehnt sich an den Arierparagraphen des BBG an; siehe Dok. 32 vom 11.4.1933.

(a) Eine jüdische Person, die mit einer nichtjüdischen Person ausserehelichen Geschlechtsverkehr ausübt, wird bestraft.[5]
Jude Zuchthaus sie Gefängnis
(b) Schändung Tod[6]
2.) Verbot der Bekleidung öffentlicher Ämter.[7]
3.) Die Unmöglichkeit, Betriebsführer im Sinne des Gesetzes zur Ordnung der nationalen Arbeit vom 2. Mai 1934 zu sein.
4.) Verbot des Besitzes von landwirtschaftlich und forstlich nutzbarem Grund und Boden.
5.) Verbot des Haltens weiblichen deutschen Hauspersonals.[8]
6.) Strafrechtlich
Dienst für Mischlinge
7.) Sonder-Erziehung[9]
Eine endgültige Regelung der Judenfrage sieht Deutschland erst in dem Augenblick gegeben, wo die völlige räumliche Trennung zwischen dem jüdischen Volk und dem deutschen erreicht ist. Deutschland unterstützt deshalb jedes Bestreben, das auf die Abwanderung der Juden aus Deutschland und auf eine Sesshaftmachung im eigenen Siedlungsraum hinzielt.
II. Für die Behandlung der Judenmischlinge gelten die für Juden geltenden Bestimmungen. Soweit diese Mischlinge auf eine Nachkommenschaft verzichten, können sie bei persönlicher Bewährung für ihre Person in öffentlichen Stellungen und im landwirtschaftlich und forstlich nutzbaren Besitz belassen werden. Auch ihnen bleiben gleichwohl das Verbot der Eheschliessung mit einem deutschen Menschen und das Verbot des ausserehelichen Geschlechtsverkehrs mit einem deutschen Menschen. Kinder solcher Mischlinge, die nach Erlass des Gesetzes gezeugt werden, fallen unter die Bestimmungen des Absatz[es] I.
1.) Judenmischlinge sind jene Personen, soweit ihre am 1. Januar 1800 lebenden Vorfahren von nicht bei der Geburt christlich getauften Eltern abstammen.
2.) Soweit von dieser grundsätzlichen Einstellung abgewichen werden muss, entscheidet hierüber allein der Führer. Diesbezügliche Eingaben an den Führer sind allein an ein zu bildendes Sondergericht zu leiten, das sie dem Führer unterbreitet.
Bei der vorgeschlagenen Regelung wird das Judentum in aller Schärfe von andersrassigen Volksgemeinschaften differenziert.
Unter dem Begriff „arisch" sind zu verstehen Mitglieder jener Bevölkerungsgruppen, die aus jenen geschlossenen Rassekernen stammen, die in unserem engeren Lebensraum sich gebildet haben.
Aus dieser arischen Gruppe hat sich herausgeschält die deutsche Rassen- und Volksgemeinschaft. Im Vordergrund muss die Förderung dieser deutschen Gemeinschaft stehen. Grundsätzlich dürfen aber in dieser deutschen Rassengemeinschaft nicht mehr Unterschiede zwischen dem Wert der Nachkommen der einzelnen Grundrassen bestehen.

5 Die Forderungen 1) und 1a) wurden mit dem sog. Blutschutzgesetz vom 15. 9. 1935 realisiert; siehe Dok. 199.
6 Von „Jude" bis „Tod" handschriftl. eingefügt.
7 Diese Forderung wurde mit der 1. VO zum Reichsbürgergesetz vom 14. 11. 1935 erfüllt; siehe Dok. 210.
8 Diese Forderung wurde mit dem sog. Blutschutzgesetz vom 15. 9. 1935 realisiert; siehe Dok. 199.
9 Von „6." bis „Sonder-Erziehung" handschriftl. eingefügt.

DOK. 147
Die Direktion des Kaufhauses Hermann Tietz informiert das Reichswirtschaftsministerium am 22. Dezember 1934 über ein antisemitisches Flugblatt[1]

Schreiben der Direktion Hermann Tietz & Co.,[2], München, an das RWM, z. Hd. Oberregierungsrat Michel[3] (Eing. 27. 12. 1934), vom 22. 12. 1934 mit Anlage (Abschrift)[4]

Sehr geehrter Herr Oberregierungsrat!
Wir übersenden Ihnen in der Anlage ein Exemplar einer Flugschrift, welches in einer Vorstadt Münchens, *Freimann*, zur Verteilung gelangte.
Mit deutschem Gruss!
Hermann Tietz & Co.
[...][5]
Einlage!
Deutsche Volksgenossen und Volksgenossinnen
Wir haben heute immer noch 550 000 Juden in Deutschland, nur 50 000 sind dorthin gegangen, wohin sie gehören. In den wichtigen Geschäftsvierteln Münchens wimmelt es heute immer noch von jüdischen Geschäften und Ramschwarenhäusern. Denn Volksgenossen, gebt doch einmal ehrlich zu, hat ein Gegenstand, den Ihr in der Epa[6] oder beim Uhlfelder[7] oder in einem ähnlichen Gaunerbetrieb billiger gekauft habt als anderswo, wirklich ausgehalten?! Nein, es war nach aussen schön aufgemacht, in Wirklichkeit aber eitel Lug und Trug oder – es war teurer als beim reellen arischen Geschäftsmann! Denn auf Täuschung, Lug und Trug ist das ganze jüdische Geschäftsgebahren aufgebaut. Den Juden *verpflichtet* geradezu *sein Gesetz*, das Schulchan Aruh,[8] *alle Nichtjuden*, alle Gois, – und *das seid Ihr, deutsche Volksgenossen* – zu betrügen, wo es geht.
Dieses Gesetz sagt weiter, jeder Nichtjude – das seid Ihr, deutsche Volksgenossen – sei einem Tiere gleichzuachten und habe nur deshalb menschliche Gestalt, um dem „auserwählten" Judenvolk dienen zu können. In Wirklichkeit seien *alle Gois* – das seid also Ihr, deutsche Voksgenossen – Schweine geheissen. Und als solche lauft Ihr dem Juden in seine Geschäfte. Wollt Ihr denn das wirklich sein?! So viel Ehrgefühl werdet [Ihr] doch haben, dass Ihr Euch nicht zu Schweinen des Juden erniedrigt? *Schämt Euch, wenn Ihr bisher noch jüdische Geschäfte besucht habt, und lasst es hinfort bleiben! Der Jude soll sehen, dass wir Deutsche uns auf uns selbst besonnen haben!*

1 BArch, R 3101/13862, Bl. 313–314RS.
2 Hermann Tietz & Co.: 1882 gründete Hermann Tietz (1837–1907) sein erstes Geschäft in Gera. Bekannt wurden seine von 1900 an in Berlin eröffneten Warenhäuser. 1930 besaß die Familie Tietz 58 Kaufhäuser, darunter das berühmte Kaufhaus des Westens in Berlin. Der Konzern wurde 1934 „arisiert" und in Hertie Waren- und Kaufhaus-GmbH umbenannt.
3 Dr. Elmar Michel (1897–1977), Jurist; 1925–1940 Referent im RWM; 1940 NSDAP-Eintritt; 1940–1944 Chef der Wirtschaftsabt. im Verwaltungsstab des Militärbefehlshabers in Frankreich, in dieser Eigenschaft zuständig für die „Entjudung" der franz. Wirtschaft; 1945–1949 Kriegsgefangenschaft, von 1953 an Ministerialdirektor im Bundeswirtschaftsministerium; 1954 von einem franz. Militärtribunal freigesprochen; 1968–1973 Aufsichtsratsvorsitzender der Salamander AG.
4 Im Original mehrere Bearbeitungsvermerke.
5 Unterschriften unleserlich.
6 EPA: Einheitspreis AG (Kaufhauskette).
7 Uhlfelder: Kaufhaus Heinrich Uhlfelder GmbH.
8 Richtig: Schulchan Aruch.

Kauft also im Stadtzentrum nicht bei den Juden:
nicht bei Epa, Uhlfelder, Wohlworth, Tietz, Oberpollinger (Warenhäuser)
nicht bei Bach, Bamberger & Hertz, Spielmann, Goldene 19 (Herrenbekl.)
nicht bei Eichengrün, Weinberger & Bissinger (Stoffe)
nicht bei Speier, Spier, Deutsch-Amerik. Schuhges. München, Schuhwaren-Haus Brück, Kleinmann Schuhe
nicht bei Loewenthal, Rotschild, Lewkowitz (Damenhüte)
nicht bei Josephson, Mühlhäuser, Schulhoff, Rosa Klauber, Gerstle & Löffler (Damenmoden)
nicht bei Schlicht (Schokoladen)
nicht bei Strumpfsachs (Strümpfe)
nicht bei Sigurd (Fahrräder)
nicht bei Pauson (Haus und Küche)
sondern kauft im Stadtzentrum bei den Deutschen Geschäften
bei Knagge & Peitz (Färbergraben), Lodenfrey (Maffaistrasse), Neubert & Ebert (beide Sendlingerstr.): *Herrenkleidung*
bei Rieger (Sonnenstr.), Tiarks, Stalf (beide Kaufingerstr.), Horn (Sonnenstr.), Indanthrenhaus (Marienplatz), Kübler (Kaufingerstr.): *Damenmoden*
bei Deininger, Heene (beide Neuhauserstr.), Roman Mayr, (Kaufingerstr.), Indanthrenhaus: *Damen und Herrenwäsche*
bei Horn, Indanthrenhaus, Kübler: *Kleider- und Wäschestoffe*
bei Knagge & Peitz, Lodenfrey: *Herrenstoffe*
bei Diegel (Stachus), Mössbauer (Marienplatz), Hartlmaier (Rosental, Ecke Pettenbeckstr.), Salamander (Weinstr., Neuhauserstr.), Fuchsberger (Sendlingerstr.), Maier (Theatinerstr.), Ried (Fürstenstr.): *Schuhe*
bei Schleich (Rosental), Eid (Neuhauserstr.): *Damenhüte*
bei Schmidt (Neuhauserstr.), Wiedling (Maffaistr.), Obletter (Stachus): *Spielwaren*
bei Zuckerbär, Schokoladenbuck: *Schokoladen*
bei Traphöner (Zweibrückenstr.): *Fahrräder*
Und in *Schwabing* kauft *nicht* bei dem Juden Gottlieb
sondern kauft in den *deutschen* Geschäften:
bei Posega, Kellner (beide Danziger Freiheit): *Wäsche*
bei Geigl (Feilitzschstr.), Felber (Marktstr./Ecke Haimhauserstr.): *Schuhe*
bei Winter (Herzogstr.): *Haus- und Küchengeräte*
bei Kröninger (Marktstr.), Schwarz (Herzogstr.): *Eisenwaren*
bei Schubert (Feilitzschstr.), Lun, Silberbauer (beide Leopoldstr.): *Konserven*
Berücksichtigt besonders bei Euren Einkäufen auch alle hier nicht genannten kleinen Geschäfte, denn solche sind fast nie jüdisch, der Jude macht grosse Geschäfte. Vor allem aber *kauft alles,* was ihr in Freimann haben könnt, in *Freimann* ein, denn in Freimann haben wir keine jüdischen Firmen, sondern nur deutsche Geschäftsleute, die in der kleinen Vorstadt um ihr Auskommen zu ringen haben.
Jedes Parteimitglied, jeder SA- und SS-Mann, jeder Hitlerjunge und jedes BDM-Mädel, vor allem alle Mitglieder der NS-Frauenschaft und der gesamten deutschen Arbeitsfront, der NSKOV und deutschen Arbeitsopfer, die als Käufer in jüdischen Geschäften erwischt werden, sollen an allen 4 Anschlagtafeln der Partei in Freimann mit Namensnennung angeprangert werden, damit alle Öffentlichkeit weiss, wer sich den Juden gegenüber zum Schwein erniedrigt hat.
Heil Hitler!
Die Ortsgruppenleitung Freimann der *NSDAP*

DOK. 148
Das Geheime Staatspolizeiamt löst am 27. Dezember 1934 die Arbeitsgemeinschaft der Automobilbesitzer Deutschlands wegen ihrer jüdischen Mitglieder auf[1]

Erlass des Gestapa (II 1 B 2 64964/1871), gez. Heydrich[2], Berlin, an die Arbeitsgemeinschaft der Automobilbesitzer Deutschlands e. V., Berlin 50, Tauentzienstr. 4, vom 27. 12. 1934 in einem Runderlass an alle Staatspolizeistellen vom 27. 12. 1934 (Abschrift)[3]

Auf Grund des § 1 der Verordnung des Herrn Reichspräsidenten zum Schutze von Volk und Staat vom 28. 2. 1933 (RGBl. I S. 83) in Verbindung mit § 14 des Polizei-Verwaltungsgesetzes vom 1. 6. 1931 löse ich hiermit die Arbeitsgemeinschaft deutscher Automobilbesitzer e. V. (A.A.D.) mit sofortiger Wirkung auf und untersage ihr jede weitere Betätigung. Ich ersuche, mir binnen 4 Wochen anzuzeigen, dass die Auflösung sämtlicher Unterorganisationen durchgeführt ist.
Gründe:
Die A.A.D., deren Mitglieder sich zum grössten Teil aus Nichtariern zusammensetzen, hat sich Aufgaben gestellt, die bereits von dem Autoklub 1927,[4] der vom Geheimen Staatspolizeiamt allein [für] die Aufnahme nichtarischer Autobesitzer zugelassen ist, wahrgenommen werden. Die Tätigkeit der Organisation, die mehrfach zu Beanstandungen Anlass gegeben hat, kann im Staatsinteresse nicht geduldet werden.

DOK. 149
Pariser Tageblatt: Artikel vom 30. Dezember 1934 über eine Tagung ostpreußischer Gemeinden zum Rückgang und zur Verarmung der jüdischen Bevölkerung[1]

25 Prozent der ostpreussischen Juden ausgewandert. Kritische Lage der Gemeinden[2]

Königsberg, 29. Dezember. In einer Versammlung des Provinzialverbandes der ostpreussischen Gemeinden, an der die Gemeinden Königsberg, Allenstein, Bartenstein, Braunsberg, Elbing, Goldap, Insterburg, Marienwerder, Osterode, Rastenburg, Tilsit und Zinten

1 BArch, R 58/276, Bl. 9.
2 Reinhard Heydrich (1904–1942), Berufsoffizier; 1922–1931 Marinelaufbahn; 1931 NSDAP- und SS-Eintritt, von 1932 an Chef des SD; von 1933/34 an leitete er die Zentralisierung der politischen Polizeien der Länder, von 1934 an Chef des zunächst nur für Preußen zuständigen Gestapa in Berlin, 1936–1942 Chef der Sicherheitspolizei und des SD, 1939–1942 Chef des RSHA, von Sept. 1941 an zugleich stellv. Reichsprotektor von Böhmen und Mähren; infolge eines Attentats in Prag am 4. 6. 1942 gestorben.
3 Die hier abgedruckte Abschrift wurde mit einem Begleitschreiben der Staatspolizeistelle für den Regierungsbezirk Köln, gez. Dr. Möller, an die Staatspolizeistelle, Abteilung für den Stadtkreis Köln, den Oberbürgermeister in Bonn und die Landräte des Bezirks vom 9. 1. 1935 übermittelt; wie Anm. 1.
4 Ursprünglich Deutscher Reichs-Auto Club, von 1934 an Auto-Club 1927 e. V. nur noch für jüdische Autobesitzer. 1934 hatte dieser 1 842 und im Jahr 1935 bereits 3 069 Mitglieder, denn der 1933 gegründete Deutsche Automobil Club hatte 1935 alle „nichtarischen" Mitglieder ausgeschlossen. 1936 musste der Auto-Club 1927 e. V. auf Geheiß der Gestapo in Jüdischer Auto-Club e. V. umbenannt werden, der dann Ende 1938 aufgelöst wurde.

1 Pariser Tageblatt, Nr. 383 vom 30. 12. 1934, S. 2.
2 Gemeint sind die jüdischen Gemeinden.

teilnahmen, gab Gemeinderabbiner Dr. Lewin[3] (Königsberg) auf Grund umfangreicher statistischer Arbeiten einen Ueberblick über die Bevölkerungsbewegung in den ostpreussischen Gemeinden. In ganz Ostpreussen hat die angestammte Judenheit im Jahre 1933 gegenüber dem Jahre 1925 eine Abnahme von etwa 22 Prozent zu verzeichnen.[4] Dazu kommen noch die fortgezogenen ausländischen Juden.
Während 1931 noch 53 Beamte in 63 Gemeinden tätig waren, sind im Jahre 1934 nur noch 29 Beamte in 56 Gemeinden vorhanden. Welche katastrophalen Verhältnisse in einigen Gemeinden herrschen, bewies ein Hinweis auf Elbing, wo in sechs Jahren ein einziges jüdisches Kind geboren worden ist. Rühmend wurde bei einzelnen Gemeinden hervorgehoben, dass sie einen Rückgang der Bevölkerungszahlen dadurch vermieden haben, dass Geschäftsinhaber jüdische Handlungsgehilfen und Handlungsgehilfinnen eingestellt haben.
Als besonders traurig wurde aber immer wieder hervorgehoben, dass die Steuerfähigkeit der Gemeindemitglieder in viel kritischerem Umfange abgenommen habe als die Zahl der Gemeindemitglieder selbst, und dass sich in vielen Gemeinden feststellen lasse, dass gerade die leistungsfähigsten Mitglieder die Gemeinde verlassen haben. Die Tagung zeigte trotz allem Drückenden und Schweren einen erfreulichen Optimismus und den allseitigen Willen zur Arbeit.

DOK. 150
Der Hilfsausschuß der Vereinigten Jüdischen Organisationen Hamburgs berichtet über Wirtschaftshilfe, Emigrationsförderung und Berufsausbildung in den Jahren 1933 und 1934[1]

Hilfe und Aufbau in Hamburg

[...][2]
III. Bericht für die Zeit von April 1933 bis Ende Dezember 1934
Grundsatz war uns von Anfang an, daß unsere Arbeit nur der konstruktiven Hilfe und dem Aufbau dienen dürfe, die allgemeine Wohlfahrt hatte Sache der Gemeinde und der öffentlichen Fürsorge zu bleiben. Unter diesem Gesichtspunkte stellten sich sehr bald folgende drei Arbeitsgebiete heraus:
1. *Wirtschaftshilfe*
2. *Wanderung*
3. *Berufsumschichtung und Erstausbildung*

3 Dr. Reinhold Lewin (1888–1943), Rabbiner; von 1912 an in Leipzig, 1921–1938 in Königsberg i. Pr. und von 1938 an in Breslau; er wurde im März 1943 von dort nach Auschwitz deportiert und ermordet.
4 Bei der Volkszählung vom Juni 1933 wurde ermittelt, dass sich die Zahl der Glaubensjuden in Ostpreußen von 11 960 im Jahr 1925 auf 8 838 verringert hatte. Allein in Königsberg war die Zahl der Glaubensjuden von 4 061 auf 3 170 gesunken; Statistik des Deutschen Reichs, Bd. 451/3, Volks-, Berufs- und Betriebszählung vom 16. Juni 1933, Berlin 1936, S. 32 f.

1 Hilfe und Aufbau in Hamburg. April 1933 bis Dezember 1934, hrsg. vom Hilfsausschuß der Vereinigten Jüdischen Organisationen Hamburgs, Hamburg 1935, S. 11–26.
2 Vor dem hier abgedruckten Bericht befinden sich im Original ein Vorwort, die Abschnitte I. „Arbeitseinteilung und Übersicht" sowie II. „Mitarbeiter".

1. Wirtschaftshilfe
Die Wirtschafts- und Berufsberatung war der Beginn unserer Arbeit. Es handelte sich hier zunächst um die Masse der Rat- und Hilflosen. Oftmals galt es anfangs, die seelisch aus dem Gleichgewicht Geworfenen zu beruhigen, dann in verständnisvoller Aussprache eine Klärung von Anlagen, Möglichkeiten und Wünschen herauszufinden, um sie schließlich dem zuständigen Spezialbearbeiter zu überweisen, der sich ihrer dann weiter anzunehmen hatte.
Wertvolle Hilfe leistete uns in dieser Vorarbeit die *Jüdische Berufsberatungsstelle und Lehrstellenvermittlung.* Ihre langjährige Erfahrung war unserer Arbeit namentlich bei der Berufsumschichtung, deren Notwendigkeit sich aus diesen Beratungen ergab, von großem Nutzen.
Man erwartete von uns nicht nur materielle Unterstützung, sondern vor allem, daß wir mit unserem Rat eine neue Existenzmöglichkeit eröffnen könnten. Das aber bedeutete eine ungeheure Verantwortung, erforderte eine gründliche, juristisch-wirtschaftliche Kenntnis auf einem völlig neuen Gebiet. Gerade bei diesen Beratungen unterstützten uns der *Centralverein deutscher Staatsbürger jüdischen Glaubens e. V.*, der *Reichsbund jüdischer Frontsoldaten e. V.* und die *Hamburger Zionistische Vereinigung* in zweckvoller Weise. Es galt auf jedem Gebiet Kräfte zu finden, die auf Grund ihrer besonderen Fachkenntnisse jeden Fall klären konnten. Eine Reihe von Damen und Herren hat sich für diese Aufgabe in dankenswerter Weise zur Verfügung gestellt.
Wirtschaftsfürsorge und Darlehensgewährung
Mit dem Rat allein war es in den meisten Fällen nicht getan, da es sich fast immer um Menschen handelte, die aus ihrem bisherigen Beruf herausgerissen und deren eigene Reserven ebenso wie die ihrer Familie erschöpft waren. Hier mußte, soweit das bei der Beschränktheit unserer Mittel möglich war, mit Geld geholfen werden. Finanzielle Hilfe wurde im allgemeinen nicht eher gewährt, als bis alle anderen Möglichkeiten – die Inanspruchnahme der Hilfe von Verwandten und Freunden und die allgemeine Sozialfürsorge – erschöpft waren. In jedem Fall aber bewilligten wir nur dann Unterstützung, wenn Aussicht vorhanden war, daß durch eine grundsätzlich *einmalig* gewährte Summe die Erhaltung oder der Neuaufbau der gefährdeten Existenz gewährleistet wurde. Fast alle Unterstützungen wurden in Form eines Darlehens gegeben. Einzelne Fälle wurden durch die *Darlehenskasse* ausgezahlt, der wir zu diesem Zwecke eine größere Summe zur Verfügung gestellt hatten. – Den entlassenen Juristen und Ärzten ward Rat und finanzielle Hilfe in Zusammenarbeit mit der *Anwaltshilfe und Ärztehilfe.* Die noch im Amt befindlichen Kollegen hatten für diesen Zweck je einen besonderen Fonds geschaffen. Die vielen brotlos gewordenen Künstler wurden durch unsere *Künstlerhilfe* unterstützt. Es gelang durch die Jüdische Gesellschaft für Kunst und Wissenschaft, einer Anzahl von Künstlern wieder ein Wirkungsfeld zu verschaffen.[3] Wenn auch der Ansturm der vielen Ratlosen nachgelassen hat, so wird der Einzelfall dafür komplizierter. Wer erst heute sich an uns wendet, der hat schon lange schwer gekämpft, und es bedarf einer größeren An-

3 Die Jüdische Gesellschaft für Kunst und Wissenschaft in Hamburg wurde Anfang 1934 gegründet. Sie war organisatorisch den schon bestehenden Kulturbünden Berlin, Frankfurt und Köln vergleichbar, arbeitete aber zunächst als reine Besucherorganisation. Sie erhielt erst am 18. 7. 1935, kurz vor der Umbenennung in „Hamburger Kulturbund", eine Theaterkonzession.

strengung und Beihilfe, um ihn wieder auf eigene Füße zu stellen; zumal er im Nachteil ist gegenüber denen, die schon früher den Entschluß zur Umstellung gefaßt haben.

2. *Wanderung*

Es handelte sich hier um Menschen, die zum Teil aus weltanschaulichen Gründen, meistens aber aus rein wirtschaftlichen, zu der Überzeugung gekommen waren, daß ihre Zukunft nicht in Deutschland sein konnte. Unsere Aufgabe war es vor allem, planloses Auswandern zu verhindern. Nur diejenigen wurden unterstützt, bei denen berechtigte Hoffnung auf ein besseres Fortkommen im Ausland bestand. Die Auswanderung vollzog sich in drei Richtungen:

a) Palästina-Wanderung,
b) Wanderung in die übrigen Länder,
c) Rückwanderung von in Deutschland lebenden ausländischen Juden in ihre Heimatländer.

Die Zahl der von uns unterstützten Auswanderer betrug im ganzen 1 256 Personen.

a) Die Palästina-Wanderung nahm davon einen wesentlichen Teil ein. Etwa 20 %, d. h. etwa 250 Personen, wanderten aus unserem Gebiet mit unserer Unterstützung aus. Palästina ist das einzige Land, das auf eine starke Einwanderung von Juden eingestellt ist und die Möglichkeit bietet, die Einwanderer vollständig in die Wirtschaft einzuordnen. Hinzu kommt, daß die spezifisch landwirtschaftliche und handwerkliche Vorbereitung (Hachscharah), wie sie für solche Zertifikatseinwanderer erforderlich ist, durch jahrzehntelange Erfahrung ausgezeichnet organisiert ist. Unsere Hilfe wurde in Gemeinschaft mit den hierfür zuständigen Organisationen: *der Hamburger Zionistischen Vereinigung, der Zweigstelle Hamburg des Palästina-Amtes Berlin der Jewish Agency for Palestine und dem Hachscharah-Verein, Hamburg,* durchgeführt, deren eigene Mittel für die täglich wachsende Anzahl von Anwärtern nicht ausreichten. Es handelte sich hier in der Hauptsache um Reisezuschüsse, die im Durchschnitt pro Zertifikatsempfänger RM 92,40 betrugen.

Die Anzahl der Palästina-Auswanderer ist noch im Steigen begriffen, und die an uns gestellten Ansprüche werden immer größer.

b) Wanderung in die übrigen Länder und
c) Rückwanderung.

Das Bild dieser allgemeinen Auswanderung hat sich im Laufe dieser fast zwei Jahre wesentlich verändert. Die anfänglich so große Zahl derjenigen, die ohne begründete Aussicht auf eine Existenz in der ersten Aufregung auswandern wollten, ist verschwindend klein geworden. Aber während wir im Anfang zahlreichen Menschen nach Frankreich, Holland, England und anderen europäischen Nachbarländern verhalfen, haben diese Länder sich fast ganz gegen eine Einwanderung abgeschlossen. Es bleiben in der Hauptsache die überseeischen Länder. Eine Einwanderung in diese Länder erfordert aber eine gänzliche Umstellung; hinzu kommen erheblich größere Reisekosten, so daß sich nur wenige zu einer Übersee-Auswanderung entschließen. Es handelt sich heute mehr um Einzelfälle, in denen der Auswanderer Verwandte in dem betreffenden Lande hat, über besonders gute Verbindungen verfügt oder in denen günstige Verhältnisse für seine spezielle Berufsausbildung vorliegen.

Die Beratung und Finanzierung erfolgte in engster Zusammenarbeit mit dem *Hilfsverein der Deutschen Juden.* Vielen der hier ansässigen ausländischen Juden, die ihre Existenzmöglichkeit in Deutschland verloren hatten, stand ihr Heimatland zur Rückwanderung offen. – Es wanderten mit unserer Unterstützung aus unserem Gebiet 880 Personen aus, außerdem 126 Personen, die in ihre Heimatländer zurückbefördert wurden.

Auswanderung

nach Vereinigte Staaten von Nordamerika	156 Personen	17,73 %
nach Mexico	10 Personen	1,14 %
nach Canada	27 Personen	3,07 %
nach Cuba	2 Personen	0,23 %
nach Argentinien	56 Personen	6,36 %
nach Brasilien	89 Personen	10,11 %
nach Uruguay	31 Personen	3,52 %
nach Paraguay	4 Personen	0,45 %
nach Chile	8 Personen	0,90 %
nach Columbien	6 Personen	0,67 %
nach St. Domingo	2 Personen	0,23 %
nach Guatemala	2 Personen	0,23 %
nach Costa Rica	12 Personen	1,37 %
nach Peru	2 Personen	0,23 %
nach Ecuador	3 Personen	0,34 %
nach Venezuela	12 Personen	1,37 %
nach Nicaragua	2 Personen	0,23 %
nach Süd-Afrika	19 Personen	2,16 %
nach Australien	2 Personen	0,23 %
nach China	1 Person	0,12 %
nach England	60 Personen	6,82 %
nach Frankreich	94 Personen	10,68 %
nach Holland	65 Personen	7,38 %
nach Belgien	38 Personen	4,32 %
nach Schweiz	19 Personen	2,16 %
nach Italien	21 Personen	2,38 %
nach Dänemark	26 Personen	2,95 %
nach Schweden	8 Personen	0,90 %
nach Tschechoslowakei	14 Personen	1,60 %
nach Polen	9 Personen	1,01 %
nach Lettland	2 Personen	0,23 %
nach Bulgarien	2 Personen	0,23 %
nach Spanien und Portugal	64 Personen	7,28 %
nach Griechenland	1 Person	0,12 %
nach Jugoslawien	8 Personen	0,90 %
nach Türkei	2 Personen	0,23 %
nach Syrien	1 Person	0,12 %
	880 Personen	100,– %

Rückwanderung

nach Oesterreich	14 Personen	11,10 %
nach Ungarn	8 Personen	6,35 %
nach Polen	75 Personen	59,50 %
nach Tschechoslowakei	9 Personen	7,15 %

nach Rumänien	7 Personen	5,55 %
nach Sowjet-Rußland	7 Personen	5,55 %
nach Holland	6 Personen	4,80 %
	126 Personen	100,– %

3. Berufsumschichtung und Erstausbildung

Bei der Beratung der vielen ausgeschiedenen Beamten, Ärzte, Anwälte, Studenten und kaufmännischen Angestellten war es uns klar geworden, daß wir Ausbildungsstätten schaffen mußten, um diese Menschen umzuschichten.

Was soll aus unserer jüdischen Jugend werden? Die akademische Karriere ist verschlossen; die Jugend erkannte, daß sie sich den praktischen Berufen zuwenden müsse. Man war einheitlich durchdrungen von der Notwendigkeit einer normalisierten Berufsgliederung. Es mußten somit für Berufsumschichtung und Erstausbildung in vorwiegend praktischer Arbeit eigene Ausbildungsstätten in Landwirtschaft, Gärtnerei, Handwerk, ferner Kurse in Schneiderei und Haushaltung geschaffen werden. Auch für die Ausbildung seemännischen Nachwuchses wurde gesorgt[4] (siehe Titelbild).[5] Fast alle Erfahrungen fehlten uns, Methoden und Wege der Berufsumschichtung und Erstausbildung mußten erprobt werden. Dabei zeigt die Erfahrung, daß es verfehlt wäre, einseitig die Umschichtung zu betreiben und dabei die Ausbildung des kaufmännischen Nachwuchses zu vernachlässigen.

Aus dem Bedürfnis nach Umschichtung entstand die *Siedlerschule Wilhelminenhöhe*, die ursprünglich vom Reichsbund jüdischer Siedlungen ins Leben gerufen worden war. Garten und Haus wurden uns von der Gemeinde zur Verfügung gestellt; ein Treibhaus wurde gebaut. Unter Leitung eines Gärtners wurde das unwirtliche, zum Teil noch bewaldete Land gerodet, rigolt[6] und terrassenförmig bearbeitet. Auf einem uns zur Verfügung gestellten Felde wurde Gemüse angebaut. 50 männliche und weibliche junge Leute wurden in einem einjährigen Lehrgang praktisch und theoretisch in der Gärtnerei ausgebildet, die Mädchen vor allem in der Hauswirtschaft angeleitet. Gerade in Wilhelminenhöhe hat uns die Erfahrung viel gelehrt. Wir glaubten anfänglich, daß sich für die hier Ausgebildeten eine Arbeitsmöglichkeit vielleicht in Deutschland oder Frankreich bieten würde, und stellten uns daher auf eine gründliche Ausbildung in der Gärtnerei ein, mit theoretischem Unterricht sowie Kursen in Englisch, Französisch und Hebräisch. Es zeigte sich bald, daß unsere Schüler ihre Ausbildung praktisch nur im Ausland, im wesentlichen in Palästina, verwerten können.

Bei der Einrichtung der handwerklichen Kurse waren wir uns von vornherein klar, daß nur eine erstklassige Ausbildung den künftigen jüdischen Handwerker in die Lage versetzen kann, in der praktischen Arbeit zu bestehen.

Im *Tischlerumschichtungskursus*, Weidenallee 8–10, wurden in zwei Parallelkursen je 15 junge Leute in einem einjährigen Kursus von einem Meister und zwei Gesellen ausgebildet. Im *Näh- und Zuschneideumschichtungskursus*, Heimhuderstraße 70, wurden ebenfalls in zwei Parallelkursen je 15 junge Mädchen und Frauen von einer Obermeisterin und einer gelernten Schneiderin unterrichtet. In engster Zusammenarbeit mit der Jüdischen Berufsberatungsstelle und Lehrstellenvermittlung sowie dem Hechaluz unterstützten

4 Siehe dazu Dok. 164 vom 8. 5. 1935.

5 Auf dem Titelbild sieht man Jugendliche auf einem Schlepper der Fair Play Reederei. Die Veröffentlichung enthält mehrere Fotografien, die die Ausbildung von Jugendlichen und Erwachsenen in den verschiedenen Werkstätten im Handwerk sowie bei Arbeiten in der Landwirtschaft dokumentieren.

6 Rigolen: tiefes Graben oder Pflügen, besonders für Baumpflanzungen auf mageren Böden.

und betreuten wir jeweils ca. 100 Jugendliche, die auf *Einzelstellen in Handwerk, Landwirtschaft oder Haushalt* sich für Palästina vorbereiten (Hachscharah). Sie leben in den Bathe Chaluz,[7] in denen sie in allen Lebensbedingungen auf Palästina vorbereitet werden. Eine Reederei stellte ihre Einrichtungen in dankenswerter Weise für die seemännische Ausbildung zur Verfügung.[8] Da für die Ostern 1934 zur Schulentlassung gekommenen Jugendlichen eine restlose Unterbringung in Lehrstellen nicht möglich war, wurden in gemeinsamer Zusammenarbeit mit den Leitern der Talmud Tora Schule[9] und der Mädchenschule der Deutsch-Israelitischen Gemeinde Einrichtungen geschaffen, durch die die Jugendlichen in die Lage versetzt wurden, sich für den künftigen Beruf vorzubereiten. Für die männlichen Jugendlichen wurden eine *Tischlerei-Werkvorlehre, Weidenallee 8–10*, und *Schlosserei-Werkvorlehre, Weidenallee 8–10*, geschaffen. In zweckmäßig eingerichteten Werkstätten fanden 30 Jugendliche Aufnahme. Auf Grund dieser Vorbildung gelang es, die Jugendlichen in ordnungsmäßige Lehren im Laufe des vergangenen Jahres unterzubringen. Für die weiblichen Schulentlassenen wurde eine *Haushaltungsschule, Heimhuderstraße 70*, mit einem den staatlichen Schulen angeglichenen Lehrplan und einjähriger Ausbildungsdauer eingerichtet. Leitung und Unterricht liegen in Händen anerkannter Fachkräfte. Der Lehrplan umfaßt alle praktischen und theoretischen Fächer auf dem Gebiete der Hauswirtschaft. Das hauswirtschaftl. Jahr gilt als Vorbereitung zur Tätigkeit im Haushalt oder im Betrieb, ferner als Grundlage für die Ausbildung als Kindergärtnerin, Hortnerin, Hausbeamtin und Krankenpflegerin.
Gerade auf diesem wichtigen Arbeitsgebiet, dessen Bedeutung und Ausmaß täglich wächst, sind die an uns gestellten Forderungen sehr groß. Die Einrichtung und Erhaltung der Ausbildungsstätten wurden von uns finanziert. Ferner mußten wir, da diese Berufsumschichtler und Erstauszubildenden meist unbemittelt waren, deren Ausbildung zumindest teilweise tragen. Die Zahl der von uns Unterstützten betrug in diesen 1¾ Jahren 381, von denen der einzelne einen durchschnittlichen Zuschuß von RM. 203.– erhielt.
Als durch die Entwicklung des Jahres 1933 sich die Notwendigkeit ergab, die im vorstehenden beschriebenen neuen großen Aufgabengebiete zu bewältigen, mußten ganz neue Wege für die Finanzierung gefunden werden, denn die Mittel der Gemeinden konnten für diese neuen Aufgaben nicht ausreichen. In großzügiger Weise haben die ausländischen Juden ihre Hilfsbereitschaft gezeigt. Selbstverständlich konnte diese Hilfe nur in Anspruch genommen werden, wenn das deutsche Judentum von sich aus die größte Opferbereitschaft bewies. Dieser Gedanke führte zur Zusammenfassung aller finanziellen Kräfte des deutschen Judentums in dem Zentralausschuß für Hilfe und Aufbau.[10] Innerhalb Deutschlands mußte jede Gemeinde erst einmal das Äußerste aus sich herausholen, aktive Selbsthilfe in ihrem Gebiet durchführen, ihre Solidarität durch Unterstützung leistungsschwächerer Gemeinden dokumentieren, ehe sie die zentralen Mittel beanspruchen konnte. Lebendiger Ausdruck dieser wechselseitigen Hilfe ist es, daß von Anfang an 25 % der hier aufgebrachten Spenden für zentrale Mittel nach Berlin abgegeben wurden, dage-

7 Bathe, von Bet: hebräisch für Haus; gemeint sind hier Pioniershäuser.
8 Gemeint ist die Fair Play Reederei. Siehe dazu Dok. 164 vom 8. 5. 1935.
9 Zur Talmud Tora Schule siehe Dok. 59 vom 28. 6. 1933.
10 Der Zentralausschuß der deutschen Juden für Hilfe und Aufbau wurde im April 1933 als zentrale Institution der jüdischen Sozialarbeit gegründet, beteiligt waren u. a. der CV, die Zionistische Vereinigung und der Hilfsverein der Juden in Deutschland. 1935 wurde er in die Reichsvertretung der Juden in Deutschland eingegliedert.

gen unterstützte uns der Zentralausschuß bei der Einrichtung von Ausbildungsstätten und trug bis zu ⅔ der Gesamtkosten der Berufsumschichtung und Erstausbildung. Der Hilfsverein der Deutschen Juden und das Palästina-Amt der Jewish Agency beteiligen sich an den Ausgaben auf ihrem Gebiet der Auswanderung in starkem Maße. Der Hilfsverein der Deutschen Juden trägt etwa ⅔ der Kosten und das Palästina-Amt einen von Fall zu Fall festgesetzten, wesentlichen Anteil. Alle Ausgaben auf dem Gebiet der Wirtschaftshilfe mußten aus den örtlichen Mitteln der Beratungsstelle bestritten werden. Hier halfen uns ergänzend die Wohlfahrtskommission der Deutsch-Israelitischen Gemeinde, die Mittelstandshilfe, der Wohlfahrtsausschuß der Logen, die Henry und Emma Budge-Stiftung, die Lazarus Gumpel-Stiftung, die Elfriede Salomon-Stiftung und andere Hamburger jüdische Stiftungen.

Um die Aufbringung der Mittel sicherzustellen, wurde mit dem Zentralausschuß vereinbart, daß die Beratungsstelle allein das Recht haben sollte, in Hamburg zu sammeln – mit Ausnahme des Keren Hajessod. Diese Maßnahme hat doppelten Vorteil: planmäßige Verwendung aller caritativen Kräfte einerseits und andererseits größtmögliche Ausschöpfung der Opferbereitschaft durch den Hinweis, daß durch einmaliges wirkliches Opfer die zahllosen kleinen Sammlungen abgegolten sind. – Daneben mußte nur noch das Winterhilfswerk der Gemeinde bestehen bleiben, weil sonst die reinen Wohlfahrtsaufgaben der Gemeinde nicht erfüllt werden konnten. An dem Ergebnis des Winterhilfswerks der Gemeinde wurde aber die Beratungsstelle angemessen beteiligt. Außerdem erhielt sie von der Gemeinde eine Subvention.

Die Sammlung für den Hilfsausschuß wurde in zweierlei Weise durchgeführt. Einmal durch Werbung großzügiger Jahresspenden, außerdem durch die laufenden monatlichen Beiträge auf Grund der blauen Beitragskarten. Es gelang, für 2 Jahre, von April 1933 bis April 1935, die Mittel für die Aufgaben des Hilfsausschusses sicherzustellen.

Mag die Arbeit auch auf einzelnen Teilgebieten, bei denen es sich um akut zu lösende Schwierigkeiten gehandelt hat, kleiner geworden sein, so ist doch im ganzen, besonders in der Erstausbildung, der Berufsumschichtung, der Palästina-Wanderung und vor allem der Wirtschaftshilfe das Aufgabengebiet eher gewachsen als kleiner geworden. Die zukünftige Arbeit kann nur geleistet werden, wenn ebenso oder noch mehr als bisher – trotz aller Schwierigkeiten und Lasten, mit denen der einzelne in seinem nächsten Kreise zu kämpfen hat – ein jeder seiner Verbundenheit mit der Gemeinschaft dadurch Ausdruck gibt, daß er bis zum letzten Ausmaß seiner Kräfte dieses Werk mitträgt!

DOK. 151
Martin Andermann beschreibt die politischen und gesellschaftlichen Veränderungen in Königsberg i. Pr. im Jahr 1934[1]

Bericht von Martin Andermann[2] für ein Preisausschreiben der Harvard University (1940)[3]

[…][4]

Als ich im Januar 1934 meine Praxis nach Königsberg verlegte, war ich fast 12 Jahre von meiner Heimatstadt abwesend gewesen. Zwar war ich immer wieder in den Ferien oder zu kurzen Besuchen nach Hause gefahren, aber selten länger als 2 Wochen dort geblieben. Ich hing an der Stadt, und wenn sie mir in den 12 Jahren auch etwas entfremdet war, so war ich nicht unglücklich, wieder daheim zu sein. Inzwischen hatte sich freilich manches verändert. Der Kreis, in den ich zurückkehrte, war eine ausserhalb des eigentlichen Lebens in der Stadt dahinvegetierende Gesellschaft. Auf Schritt und Tritt, weit stärker als in Berlin, fühlte man und sah man, dass man als Jude nur noch eine Pariaexistenz führen durfte. Mit Ausnahme eines Cafés, das einem Schweizer gehörte, der es dank seiner ausländischen Nationalität wagte, sich dem Verlangen der S.A. zu widersetzen, hingen in sämtlichen Gaststätten grosse Schilder: Juden unerwünscht. Man konnte nicht mehr ins Theater, nicht mehr in die Konzerte gehen. Fast sämtliche Theater- und Musikveranstaltungen wurden durch die Organisation „Kraft durch Freude"[5] veranstaltet, ein völlig neues Publikum war entstanden, das früher vermutlich weder Opern noch Konzerte besuchte. Aber jetzt wurden die Leute hinkommandiert, so wie zu allem andern, so auch zu den Vergnügungen. Ich weiss von diesen Dingen zufällig etwas, weil wir eine arische Bekannte hatten, die an der Königsberger Oper angestellt war. Wir Aerzte hatten nicht mehr die Erlaubnis, den Sitzungen der Aerztegesellschaft beizuwohnen, so dass die jüdischen Aerzte unter sich Fortbildungskurse veranstalteten.

Ich könnte immer neue Einzelheiten aufzählen, alle würden immer wieder dasselbe bedeuten: das Ausgeschlossensein, das virtuelle Ghetto, in dem wir zu leben hatten. Aber schliesslich, man gewöhnte sich auch daran, bis es einem fast selbstverständlich wurde. Als ich später ins Ausland kam, konnte ich mich gar nicht daran gewöhnen, in einem beliebigen Café Platz nehmen zu dürfen. Wenn ich an diese Jahre zurückdenke, so war das Leben gewiss ein schweres. Trotzdem, es gab auch manches, was schön war. Es war ja nur selbstverständlich, dass die aufeinander angewiesenen jüdischen Familien mehr miteinander verkehrten, als es früher der Fall war. Es entstand eine gewisse Herzlichkeit und Wärme, die durch die gemeinsame Not, die dauernde Angst, in der man lebte, gefördert wurde. Es wanderten auch so viele aus, und die Zurückgebliebenen schlossen sich immer

1 Martin Andermann, Mein Leben in Deutschland vor und nach dem 30. Januar 1933 (1. 4. 1940), S. 108b–114; Harvard-Preisausschreiben, Nr. 6.

2 Martin Andermann (*1904), Mediziner, von 1933 an Arzt in Berlin, von 1934 an in Königsberg i. Pr.; emigrierte im April 1937 über die Schweiz in die USA.

3 Im Original handschriftl. Änderungen.

4 Der gesamte Bericht umfasst 119 Seiten. Zunächst beschreibt der Autor seine Kindheit, dann sein Medizinstudium in Heidelberg, Marburg, Freiburg und Berlin, schließlich die Tätigkeit als Arzt in einem Berliner Krankenhaus bis 1933.

5 Die Organisation „Kraft durch Freude" (KdF), gegründet im November 1933, unterstand von 1934 an der Deutschen Arbeitsfront.

enger zusammen. Man begann, die Dinge, die einem noch offen standen, das, was noch nicht verboten war, viel höher zu schätzen und war viel dankbarer für vieles, was einem früher eine Selbstverständlichkeit gewesen war. Meine Frau und ich freuten uns an manchen landschaftlichen Reizen Königsbergs, wir waren glücklich, dass wir ungehindert spazierengehen durften, oder dass wir an die See fahren durften, unsere wunderbare Ostsee, die ich so lange hatte entbehren müssen. Gewiss, man konnte nicht in die Lokale gehen, man musste überall aussen bleiben, aber man konnte doch wandern und genoss alle Schönheit, die nicht „für Juden verboten" war, mit gesteigerter Intensität. Man freute sich, dass niemand einem verbot, Bücher zu kaufen oder die Bücher, die man besass, wieder zu lesen. Mein alter Vater, dem man seine Anwaltspraxis auch arg beschränkt hatte – später musste er sie ganz einstellen –, sagte immer: Nun komme ich wenigstens dazu, alles das zu lesen, was ich immer lesen wollte, und nie konnte. Besonders dankbar war man aber für Besuche nichtjüdischer einstiger oder gar neuer Freunde. Denn man wusste, dass es keine konventionellen Besuche mehr gab. Es gab ja so viele, die nur zu eifrig bekundeten, dass sie einen lieber nicht mehr kennen wollten. Wie genau wusste man, dass ein Nichtjude, der einen besuchte, damit ein erhebliches Risiko lief, dass er es tat, um einem zu beweisen, dass er die Gefahr auf sich nehme, einem seine Achtung und Anhänglichkeit zu versichern. Man brauchte nicht viele Worte [zu] machen, man wusste auch ohne Worte ganz genau, dass der andere es ehrlich meinte, denn sonst wäre er nicht gekommen. Man war auch dankbar, wenn einmal ein einstiger Freund oder Studiengenosse einem herzlich und verstehend auf einen Brief antwortete. Wie viel war das alles geworden, was man früher gar nicht zu werten gewusst hatte. Ein jüdischer Freund sagte mir einmal, wenn er nach Hause käme, dann sei er immer glücklich, noch alles so vorzufinden, wie er es liebe: seine Möbel, an denen er hänge, seine Bücher und alles das. Denn, so fuhr er fort, wie lange wird das alles noch sein, wie lange werden wir auch nur die bescheidenste Existenz aufrechterhalten können. Eine jüdische Patientin sagte mir: „Im Grunde, es ist würdelos, aber glauben Sie mir, je mehr die Nazis gegen uns vorgehen, je dringender notwendig es ist, an Auswanderung zu denken, umso mehr liebe ich Deutschland, liebe Ostpreussen, die Stadt und alles. Früher, sagte diese Frau, war ich glücklich, wenn ich mit meinem Mann nach Italien fuhr. Jetzt dagegen denke ich in Italien nur: Wenn ich doch wieder zu Hause wäre, denn wer weiss, wie oft ich noch nach Hause werde zurückkehren können." – Ich weiss nicht, ob eine ähnliche Aenderung auch in nichtjüdischen Kreisen vor sich ging. Meine Beziehungen zu Nichtjuden wurden ja immer spärlicher. Ich kann nur über so wenige Dinge berichten, sozusagen Beobachtungen am Rande. Die Nichtjuden lebten ja ein ganz ander[e]s Leben, die Politik, der Staat mit seinen Anforderungen an jeden einzelnen überschattete alles. Die Umzüge, die Feste, die Aufmärsche, die Paraden, der Dienst hörten niemals auf. Er drang in die Familie und zersplitterte sie. Eine Schulfreundin meiner Schwester kam von Zeit zu Zeit zu uns und schüttete ihr Herz aus: ihr Mann, Lehrer an einem Gymnasium, sei einstiger Verbindungsstudent, monarchistisch, konservativ. Der Junge – der einzige Sohn –, 18 Jahre alt, war begeisterter Nazi. Die Familie drohte auseinanderzubrechen, Vater und Sohn verstanden sich nicht mehr, die Mutter stand hilflos dazwischen. Sie zitterte um ihre Existenz, denn die Intransigenz des Vaters hatte ihm schon in seiner Stellung erheblich geschadet, „er kann doch nie den Mund halten", jammerte sie. – Unsere Schneiderin, eine einfache Frau, machte jedesmal ihrer Empörung Luft, wenn sie bei uns war. Ihre beiden Jungen waren fast nie mehr zu Hause. Sie war Witwe, hatte mit Mühe die Jungen grossgezogen, den ganzen Tag seien sie in der Hitlerjugend, und dort

würden sie gegen alles aufgehetzt, gegen die eigene Mutter, gegen die Religion und gegen alles.
Eine katholische Volksschullehrerin, ebenfalls Jugendfreundin meiner Schwester, gehörte zu denjenigen, die beinahe in offener Opposition standen. Sie verteilte oft Rundschreiben der Bischöfe und war eine entschiedene Kämpferin gegen das Regime. Aber alle diese Menschen waren ältere Menschen, Menschen der Vorkriegsgeneration. Sie dachten anders, aber sie wurden auch allgemein von den Jungen als die absterbende Generation angesehen. Jener 18jährige Sohn unserer Freundin fand, wie die Mutter sagte, „alles richtig und notwendig", war begeistert und hingegeben an die neuen Ideen. – Einen einstigen Schulkameraden, ungefähr im selben Alter stehend wie ich, traf ich einmal in der Strassenbahn. Er war Christ, aber nach dem sehr frühen Tod seines Vaters bei jüdischen Freunden aufgewachsen, sie waren seine zweiten Eltern geworden. Da niemand zugegen war, wagte ich ein paar Worte an ihn zu richten. Ich wusste, dass er sehr linksgerichtete Tendenzen gehabt hatte und lange Jahre in der deutschen Wandervogelbewegung[6] eine Rolle gespielt hatte. Jetzt war er Zahnarzt für die Hitlerjugend und schien auch sonst viel in dieser Organisation tätig zu sein. Ich fragte, ob es ihm nicht schwer fiele, denn die jetzigen Tendenzen seien doch sehr verschieden von denen der alten Wandervogelbewegung. Oh nein, sagte er, im Gegenteil, im Grunde ist das alles sehr ähnlich. Bei uns in der Hitlerjugend, sagte er lachend, wird übrigens das Wort „Sozialismus" mit ganz grossen Buchstaben geschrieben. Ich merkte, dass ihm die ganze Unterhaltung mit mir in der Strassenbahn nicht lieb war, und so verabschiedete ich mich. Ich hatte den Eindruck gewonnen, dass der Mann recht positiv und hoffnungsvoll dem neuen Deutschland gegenüberstand. Wenn ich Gelegenheit hatte, mit Nichtjuden unter vier Augen zu sprechen, begegnete mir oft folgende Problemstellung: Sie können das eben nicht verstehen, hörte ich da. Wir sind Deutsche, unser Platz ist hier, was immer geschehen möge. Opposition ist unfruchtbar, wir müssen, das ist der einzige Weg, hinein in die Partei, hinein in die Bewegung, nur so können wir das, was später einmal den jetzigen Staat ablösen wird, vorbereiten. Der extremste Fall dieser Art begegnete mir in einer sozialen Fürsorgerin. Ein besonders geradliniger Mensch, im tiefsten der Partei ablehnend gegenüber stehend, aber sehr deutsch empfindend, war sie in einer besonders schwierigen Lage. Alle sozialen Aemter gingen über die Partei, sie wollte nicht eintreten und hatte so Schwierigkeiten, überhaupt eine Stellung zu finden. Ihr Bruder war Pfarrer der Bekenntniskirche,[7] sie stand derselben Bewegung nahe.
Durch einen Zufall lernte die Führerin des nationalsozialistischen Frauenbundes[8] dieses Mädchen kennen, sah sofort ihre Intelligenz und wollte sie durchaus als Mitarbeiterin haben. Schliesslich gab sie nach. Man vertraute ihr, gab ihr immer grössere Aufgaben, sie wurde als Delegierte auf eine jener Ordensburgen zur „weltanschaulichen Schulung" geschickt, und man beauftragte sie schliesslich, Vortragsreisen in der Provinz zu machen, um vor den Frauen für die Sozialarbeit der Partei Propaganda zu machen. Ich sah sie einmal

6 Die Wandervogelbewegung entstand Ende des 19. Jahrhunderts und versuchte, einen naturnahen, jugendspezifischen Lebensstil zu entwickeln. Sie bildete den Ursprung verschiedener, auch politisch unterschiedlich orientierter Jugendbünde.

7 Gemeint ist vermutlich die Bekennende Kirche, gegründet 1934. Ihre Mitglieder richteten sich gegen die Deutschen Christen, gegen den Ausschluss der „nichtarischen Christen" und gegen den zunehmenden Totalitätsanspruch des NS-Staates gegenüber der evangelischen Kirche.

8 Richtig: NS-Frauenschaft, gegründet 1931. Die Parteiamtliche Frauenorganisation der NSDAP hatte später 2,3 Millionen Mitglieder.

abends bei jüdischen Freunden, wo sie sich spät abends heimlich hingeschlichen hatte. Sie war in einem tiefen Zwiespalt, und man merkte es ihr an. „Soll ich denn nicht die Gelegenheit ergreifen, mit meinen besten Fähigkeiten zu wirken, wo sich mir diese Möglichkeit bietet?" fragte sie. „Kann ich nicht für eine Ueberwindung der nationalsozialistischen Bewegung viel mehr von innen heraus tun, als wenn ich von aussen Opposition mache? Ihr wisst ja gar nicht, sagte sie, was wir alles für Mitarbeiter haben. Manch einer ist nur drin, um später, im geeigneten Moment, wenn es mal ‚zum Klappen' kommt, dabei zu sein." – Ein uns befreundeter nichtjüdischer Künstler, der lange Jahre mit einem jüdischen Künstler zusammen Konzerte gegeben hatte, wurde vor die Frage gestellt, ob er mit diesem Juden zusammen Deutschland verlassen wolle oder sich trennen und in Deutschland bleiben wolle. Es fiel ihm schwer, aber er wählte das letztere, er gehöre eben nach Deutschland. Ueberall, wo ich mit Nichtjuden in Berührung kam, schien mir eins deutlich: Die Leute waren aufgewühlt, voller Fragen, hatten Entscheidungen zu treffen, die ihnen nahegingen. So hatte ich immer das starke Gefühl, als ob unter der Façade dieses marschierenden, gleichgeschalteten Deutschlands das Leben jedes einzelnen mit einer nie dagewesenen Intensität gelebt wurde. Der ungeheure Druck, die Gefahr, die stets gegenwärtige Möglichkeit, dass Ungeheuerliches geschehen könne – wie 1934 die Röhmrevolte[9] –, bewirkte eine Steigerung aller Einzelhandlungen des Lebens. Es gab ja nichts mehr, das einfach, selbstverständlich war. So wie es eine Tat war, wenn ein Nichtjude einen alten jüdischen Freund besuchte – er konnte öffentlich im „Stürmer" angeprangert werden –, so war es eine Tat, wenn der Pfarrer der Bekenntniskirche es wagte zu predigen, obgleich man es ihm untersagt hatte. Es war noch mehr, wenn der gleiche Königsberger Pfarrer das nächste Mal, als man ihn verhinderte, in der Kirche zu sprechen, auf dem Platz vor der Kirche zu predigen begann und die Gemeinde ihn umringte, sodass ihn niemand verhaften konnte. Es war eine Tat, wenn unsere Schneiderin hinging, um auf dem Platze diesen verfemten Pfarrer zu hören. Früher mag ihr ihr Christentum etwas Selbstverständliches gewesen sein, womit man es nicht allzu genau nahm. Jetzt wurde ihr das Recht, auf ihre Weise christlich zu sein, bestritten, und die einfache Frau fing an, sich darüber Gedanken zu machen, ob das Recht sei, und was es denn überhaupt mit dem Glauben auf sich habe. So war es mit allem und jedem. Der Kaufmann oder der Bäcker in der ostpreussischen Kleinstadt, dem die S.A. verboten hatte, Brot an Juden zu verkaufen, brachte es seinem alten jüdischen Kunden des Nachts, heimlich, über das Dach, und während er früher nicht viel darüber nachgedacht haben wird, was es damit auf sich habe, tagaus, tagein Brote zu verkaufen: Jetzt dachte er darüber nach, und es gehörte Mut dazu, es an jene zu verkaufen, die aus der Gesellschaft ausgestossen waren.

[...][10]

9 Siehe dazu Dok. 129 vom Juli/August 1934, Anm. 3.
10 Im folgenden Teil des Berichts schildert der Autor u. a. seine Emigration.

DOK. 152
Die Gesundheits- und Fürsorgebehörde Hamburg beharrt gegenüber dem SA-Oberführer Heusser am 4. Januar 1935 auf der Notwendigkeit, bei jüdischen Händlern einzukaufen[1]

Schreiben des Präsidenten der Gesundheits- und Fürsorgebehörde Hamburg, Friedrich Ofterdinger,[2] an die SA-Brigade 12 (Eing. 7. 1. 1935), z. Hd. Oberführer Heusser, Hamburg, Gr. Theaterstr. 44, vom 4. 1. 1935[3]

Lieber Herr Heuser![4]
In der Anlage sende ich Ihnen eine Verfügung des Fürsorgewesens zurück, die Sie mir in Abschrift zusandten und die sich mit der Bezahlung von Einkäufen Befürsorgter bei jüdischen Händlern beschäftigt.[5] Die Verfügung des Fürsorgewesens ist vom Vizepräsidenten Martini[6] nach Rücksprache mit mir erlassen und findet meine Billigung. Die Gründe sind folgende: Die größte Zahl Trödler in Hamburg sind jüdischer Rasse. Vor allen Dingen beim Einkauf von Kleidungsstücken, die im Interesse des Staates so billig wie nur irgend möglich sein müssen, werden die Befürsorgten mit entsprechenden Gutscheinen an die Händler verwiesen. Es wird, soweit im Stadtteil ein arischer Händler vorhanden ist, auf diesen aufmerksam gemacht. Es kommt aber häufig vor, daß die Befürsorgten aus Unkenntnis oder weil ein arischer Händler einfach nicht vorhanden ist, an jüdische Händler geraten.
Es passierte nun vor einiger Zeit wiederholt, daß Wohlfahrtsstellen Rechnungen jüdischer Händler mit dem Hinweis auf die Rasse nicht bezahlten, worauf sich die Händler natürlich an den Käufer, nämlich den Befürsorgten, hielten. Die Scherereien waren endlos. Daraufhin habe ich angeordnet, daß selbstverständlich nicht nur Einkäufe bei dem ½ Dutzend arischen Händlern bezahlt werden müßten, sondern auch bei den jüdischen. Es ist an sich bedauerlich, daß wir in mancher Beziehung auf die jüdischen Trödler angewiesen sind, daß es aber nicht möglich ist, ohne diese Herrschaften ganz auszukommen. Es scheint für dieses dreckige Geschäft noch kein Arier geboren zu sein, andererseits ist es für die Behörde nicht gleichgültig, ob wir einen getragenen aber guten Anzug für 15,– RM beim Trödler, oder für 30,- RM in einem arischen Konfektionsgeschäft kaufen.

1 StAHH, 614-215/B 202.
2 Dr. Friedrich Ofterdinger (1896–1946), Mediziner; 1926–1933 Arzt in Hamburg; 1929 NSDAP-Eintritt, 1933 Gau-Inspekteur; 1933–1945 Senator und Präsident der Hamburger Gesundheits- und Fürsorgebehörde, 1933 und 1942–1944 auch zuständig für das Bildungswesen; 1946 Tod im Internierungslager.
3 Im Original handschriftl. Bearbeitungsvermerke.
4 Richtig: Oskar Heusser (*1895), Polizist; 1929 NSDAP- und SA- sowie 1939 SS-Eintritt, 1933–1935 Führer der SA-Brigade 12 in Hamburg; 1931–1933 selbständiger Hausmakler, 1936–1939 bei der Schutzpolizei Hamburg, 1939–1944 im Hauptamt Ordnungspolizei im RMdI tätig, 1944–1945 Kommandeur der Schutzpolizei Leipzig; 1949 bei der Entnazifizierung als Mitläufer eingestuft.
5 Liegt nicht in der Akte. Es handelt sich vermutlich um das Rundschreiben der Fürsorgebehörde vom 14. 11. 1933. Es besagte, Fürsorgeempfängern werde der Betrag für bewilligte Sachmittel auch dann erstattet, wenn der Händler, bei dem sie diese gekauft hätten, Nichtarier sei; Lohalm, Fürsorge, S. 17.
6 Oskar Martini (1884–1980), Jurist; 1920–1933 Präsident der Wohlfahrtsbehörde Hamburg, 1933–1936 als Vizepräsident Leiter des Fürsorgewesens in der Gesundheits- und Fürsorgebehörde, 1936–1938 als Präsident Leiter der Fürsorgebehörde, 1938–1945 Leiter der Sozialbehörde Hamburg; 1937 NSDAP-Eintritt; von Mai bis Oktober 1945 Leiter der Hamburger Sozialverwaltung; bei der Entnazifizierung als Mitläufer eingestuft.

Ich hoffe, daß sich die Zahl der Wohlfahrtsunterstützten in absehbarer Zeit so weit verringert, und daß der Staatshaushalt sich so festigt, daß wir in dieser Beziehung nicht mehr jeden Groschen dreimal um sich selbst drehen müssen, ehe wir ihn bewilligen.
Viel schwerer als diese Dinge ist es, daß wir bei großen Objekten einfach nicht in der Lage sind, jüdische Firmen bezw. jüdische Zwischenhändler ganz auszuschließen. Leider sind diese Firmen häufig gar nicht zu erkennen oder nicht zu umgehen. Ich denke an Beiersdorf,[7] der viele Medikamente, Verbandsstoffe usw. herstellt (Leukoplast), die von anderen Firmen nicht hergestellt werden. (Leukoplast kann allerdings durch Germaniaplast, Hersteller Blanck, Bonn a. Rh., ersetzt werden.)
Heil Hitler!

DOK. 153
Der SS-Standortführer Berlin verbietet am 19. Januar 1935 den SS-Männern und ihren Familien privaten Kontakt zu Juden[1]

Rundbefehl des SS-Standortführers Berlin (Tgb. Nr. 0242/35), gez. Breithaupt,[2] Prinz-Albrecht-Straße 9, an den Oberabschnitt Ost mit sämtlichen Einheiten vom 19. 1. 1935 (Abschrift)

Standortbefehl
Vierteljährlich ist folgendes bekanntzugeben:
1.) Es ist für SS-Angehörige verboten:
a) in Warenhäusern und jüdischen Geschäften zu kaufen,
b) jüdische Rechtsberater in Anspruch zu nehmen,
c) von jüdischen Ärzten sich behandeln zu lassen.
Pflicht jedes einzelnen ist es, dieses Verbot auch auf die Familienangehörigen (Eltern, Frauen, Geschwister, Kinder usw.) auszudehnen.
In Zweifelsfällen ist bei der Reichsleitung der NSDAP, Reichsorganisationsleiter, Hauptamt NS-Hago, Hauptstelle-Geschäftsführung (Archiv), Berlin SW 11, Saarlandstrasse, Europahaus, II. Stock, Zimmer 267, Tel. A.1. 7731, anzufragen.
Zuwiderhandlung gegen Punkt 1 hat Ausschluss aus der SS zur Folge.
Auf die besondere Anordnung des Reichsführers SS Abt. III Nr. 12234/34 vom 5. 11. 34 wird Bezug genommen.[3]
2a) Der SS-Angehörige hat sich grösste Schlichtheit und Zurückhaltung aufzuerlegen, ganz gleich, ob er in Uniform oder Zivil auftritt.
Verboten ist der Besuch von Bars und Gaststätten ähnlicher Art in Uniform.

7 Die Beiersdorf AG Hamburg wurde 1882 gegründet. Sie stellte berühmte Markenartikel her. Seit Anfang 1933 war Beiersdorf als „Judenfirma" starker antisemitischer Propaganda, vor allem seitens der Konkurrenzunternehmen, ausgesetzt. Nach dem Rücktritt jüdischer Vorstands- und Aufsichtsratsmitglieder galt die Firma seit Ende April 1933 als „christliches Unternehmen"; Bajohr, „Arisierung", S. 36–42.

1 BArch, NS 31/89.

2 Franz Breithaupt (1880–1945), Berufssoldat und Kaufmann; bis 1931 Geschäftsführer der Deutschen Turnerschaft; 1931 NSDAP- und SA-, 1932 SS-Eintritt, 1932–1942 Adjutant beim RFSS, 1934–1942 SS-Standortführer Berlin; 1942 Polizeipräsident von Breslau; 1942–1945 Chef des Hauptamts SS-Gericht.

3 Nicht aufgefunden.

In Zweifelsfällen bezgl. obiger Gaststätten erteilt die SS-Standortführung Berlin Auskunft.
2b) SS-Angehörige haben ihr immer vorbildliches Verhalten vor allem auch in öffentlichen Verkehrsmitteln zu beweisen. Bei Ueberfüllung überlässt der SS-Angehörige der *Frau* – ohne Ausnahme – seinen Sitzplatz.

DOK. 154
Bericht des Geheimen Staatspolizeiamts Berlin zur Situation der Juden in Deutschland im Dezember 1934 und Januar 1935[1]

Lagebericht des Gestapa (II 1 B 2), ungez., vom 19. 2. 1935

Juden
Die Arbeit der Juden in den Organisationen, die während der Weihnachtszeit durch ihre Geschäftstätigkeit unterbrochen war, hat erneut in verstärktem Maße eingesetzt.
Der Ausgang der Saarabstimmung ist nicht ohne Einfluß auf die verschiedenen Richtungen innerhalb der Judenheit geblieben.[2]
So sieht der zionistisch eingestellte Teil der Juden in dem überraschenden Ergebnis der Abstimmung einen Ansporn, seine auf Abwanderung nach Palästina gerichtete Propaganda zu verstärken.
Die bei den Deutschjuden durch das Abstimmungsverhalten hervorgerufene Bestürzung ist bald wieder einem starken Optimismus gewichen. Neben dem Centralverein deutscher Staatsbürger jüd. Glaubens ist es besonders der Reichsbund jüdischer Frontsoldaten, der für das Festhalten am Deutschtum und das Verbleiben in Deutschland wirbt. Er bedient sich dabei immer wieder der Behauptung, daß ein Anrecht darauf durch das Opfer von 12 000 jüd. Soldaten im Weltkriege erworben sei und versucht, die Jugend aus der zionistischen Richtung für sich zu gewinnen. In dem Bestreben, ihren Anhang zu behalten, gingen die Deutschjuden in letzter Zeit so weit, Pläne für die praktische Zukunftsgestaltung in Deutschland zu erörtern. Um diese Organisation in ihrer Betätigung so weit wie möglich zu behindern und in die zionistische Richtung zu drängen, habe ich durch Erlaß an alle Staatspolizeistellen angeordnet, daß alle jüd. Versammlungen, in denen für das Festhalten am Deutschtum und das Verbleiben in Deutschland gesprochen werden soll, bis auf weiteres zu verbieten sind.[3]
Neugründungen jüd. Organisationen sind in der Berichtszeit nicht erfolgt. Eine jüd. Jugendgruppe „Schwarzes Fähnlein“, die nach dem Muster der HJ gebildet war und eine unpolitische Jugendorganisation darstellen sollte, hat sich auf Anregung des Reichsjugendführers selbst aufgelöst.

1 RGVA, 501k-1-18, Bl. 63–69. Abdruck in: Die Juden in den geheimen NS-Stimmungsberichten, CD, Nr. 551.
2 Im Saargebiet hatten am 13. 1. 1935 mehr als 90 % der Beteiligten einer Volksabstimmung für die Rückgliederung des Gebiets an Deutschland votiert. Die Abstimmung war im Versailler Vertrag vorgesehen, mit dem das Saargebiet von 1920 an unter Kontrolle Frankreichs gestellt worden war; siehe dazu Dok. 144 vom 4. 12. 1934.
3 Runderlass des Gestapa (II 1 B 2-6093/J.191/35) vom 10. 2. 1935; BArch, R 58/276, Bl. 11. Abdruck in: Verfolgung, Vertreibung, S. 90.

Die Abwanderung von Juden nach Palästina ist trotz der beschränkten Zahl von Zertifikaten nicht zum Stillstand gekommen. Nach dem vorläufigen Ergebnis der Zählung sind 1934 rund 10 000 Juden aus Deutschland nach Palästina eingewandert, davon im Dezember 1934 allein aus Berlin 436. Im Januar 1935 sind aus Berlin 200 und aus dem Reich 150 Juden ausgewandert.
Die auf Berlin entfallend hohe Zahl erklärt sich daraus, daß die Auswanderertransporte meist hier zusammengestellt werden. Eingegangene Klagen lassen erkennen, daß die Juden die bisher gezeigte Zurückhaltung aufzugeben scheinen. Das überraschend gute Weihnachtsgeschäft hat zur Hebung ihres Selbstbewußtseins wesentlich beigetragen. In vielen Fällen ist auch das unverantwortliche Verhalten von Parteigenossen, die ihre nat.soz. Ehre und ihren deutschen Namen als Aushängeschild für jüd. Unternehmen hergeben, Schuld daran.
Das herausfordernde Auftreten der Juden gibt der arischen Bevölkerung vermehrt Veranlassung zur Selbsthilfe. Die zur Abwehr aus der Bevölkerung entstandenen Boykottmaßnahmen sind meist wirkungslos und dazu angetan, die Behörden, die die Anweisungen des Reichswirtschaftsministeriums durchzuführen haben, in ihrem Ansehen zu schädigen und Gegensätze zwischen Staat und Bewegung zu erzeugen.
Ich habe den Stellvertreter des Führers gebeten, in einem Erlaß an die Parteiorganisationen den Verkehr mit Juden erneut zu untersagen und den Einkauf in jüd. Geschäften und Warenhäusern durch Angehörige der Organisationen zu unterbinden.[4]
In vielen Teilen Deutschlands liegt der Viehhandel noch fast ausschließlich in den Händen jüd. Viehhändler, die wieder mit großer Dreistigkeit und Aufdringlichkeit auftreten. Der arische Viehhandel kann mit ihnen nicht konkurrieren, weil er nicht kapitalkräftig ist.
Die Erlaubnis zur Einfuhr von Pferden aus Belgien ist behördlicherseits fast ausschließlich an Juden erteilt, was sogar in den ausländischen Nachbarbezirken erhebliches Aufsehen erregt haben soll.
Die von dem Herrn Reichssportführer zugestandene uneingeschränkte sportliche Betätigung hat der jüd. Sportbewegung besonderen Auftrieb gegeben.[5] Die dafür maßgebend gewesenen Gründe werden von der Bevölkerung nicht erkannt und geben zu Mißdeutungen Anlaß, zumal die jüd. Sportverbände auch gemeindliche Einrichtungen (Sportplätze, Turnhallen, Schwimmbäder) benutzen dürfen.
Unter Hinweis auf die erfolgreiche Tätigkeit jüdischer Flieger im Weltkriege versuchen die Juden neuerdings, ihre Jugend für die Segelfliegerei zu interessieren und Segelfliegergruppen zu bilden. Ich habe den Herrn Reichssportführer gebeten, die Bildung jüd. Segelfliegergruppen zu verhindern.
Aus Anlaß der Feier des Saarsieges hatten viele jüd. Geschäfte und Wohnungen von Juden die Hakenkreuzflagge gehißt und dadurch Unruhe in die Bevölkerung getragen. Da nach den nat.soz. Grundsätzen Juden nicht zur deutschen Volksgemeinschaft zählen, halte ich das Zeigen der Hakenkreuzflagge durch sie für unangebracht. Auch kann ihnen die Be-

4 Der StdF, Rudolf Heß, gab am 11. 4. 1935 die entsprechende parteiinterne Anordnung Nr. 63/35 für den Verkehr von Mitgliedern der NSDAP mit Juden heraus; Herrschaftsalltag, S. 430 f.

5 In zwei Anordnungen vom 15. und 17. 9. 1934 hatte der Reichssportführer Richtlinien für den Sportbetrieb von Juden und Nichtariern aufgestellt. In der ersten Anordnung wurden die jüdischen Organisationen Schild und Makkabi offiziell anerkannt. Die zweite Anordnung besagte, das Verbot des StdF vom 16. 8. 1934 zum Verkehr mit Juden gelte nicht im Sport und nicht für Vorbereitungskurse zu den Olympischen Spielen; Sonderrecht, S. 92.

flaggung mit der schwarz-weiß-roten Flagge nicht zugestanden werden. Die mir unterstellten Staatspolizeistellen habe ich angewiesen, diese Grundsätze in geeigneter Form durchzusetzen.[6]

Unter den im Saargebiet wohnhaft gewesenen Juden hat das Ergebnis der Saarabstimmung große Bestürzung hervorgerufen. Etwa ⅓ von ihnen, darunter 50 % der zahlungskräftigsten, sollen bereits ins Ausland abgereist sein und auch die Zurückgebliebenen fühlen sich dort nicht besonders sicher. Die Unruhe ist deshalb besonders groß, weil die beiden Großorganisationen, die die Zugehörigkeit zum deutschen Vaterlande als die Grundlage ihrer Tätigkeit bezeichnen, der „Centralverein deutscher Staatsbürger jüd. Glaubens" und der „Reichsbund jüd. Frontsoldaten", sich im Abstimmungskampf unverhüllt für den Status quo eingesetzt hatten. Die Führer dieser Organisationen sind deshalb unmittelbar nach der Abstimmung unter Vorzeigung französischer Pässe nach Frankreich oder Luxemburg gezogen.

Nach einem aus Luxemburg vorliegenden Bericht setzen sich die in Luxemburg seßhaft gewordenen Emigranten zu 80 % aus sehr gut bemittelten jüd. Familien zusammen. Neben ihrer hetzerischen Tätigkeit beschäftigen sie sich dort mit der Weiterführung ihrer noch aus der Zeit der Marxistenregierung stammenden Organisationen, wie der Liga für Menschenrechte. In der Öffentlichkeit hat [durch] das herausfordernde Auftreten der Emigranten eine recht ablehnende Haltung gegenüber den Juden Platz gegriffen, einmal, weil es augenfällig wird, daß der Jude es verstanden hat, den Handel im Gastlande in überwiegendem Maße an sich zu reißen, zum anderen muß die Befürchtung gehegt werden, daß in Zukunft die jüd. Familien, die zwar augenblicklich noch über genügend Kapital verfügen, bei einer Kapitalsteilung unter dem Nachwuchs versuchen müssen, ihren Lebensunterhalt selbst zu verdienen und sich dann auch in den Wirtschaftsbetrieb des Gastlandes einzudrängen versuchen werden.

In letzter Zeit ist die Beobachtung gemacht worden, daß jüd. Künstler beim Auftreten vor der Öffentlichkeit versuchen, sich in verstärkter Form mit Maßnahmen der Regierung und mit der politischen und wirtschaftlichen Lage Deutschlands zu beschäftigen und vor dem meist aus Nichtariern bestehenden Publikum durch Mimik und Tonfall absichtlich zersetzende Kritik zu üben. Auch sind Provokationen der staatlichen Behörden dadurch hervorgerufen worden, daß das Einschreiten der Polizei beim unerwünschten Zusammenwirken von arischen und nichtarischen Künstlern zum Gegenstand von Ovationen für die nichtarischen Künstler gemacht wurde.

Ich habe die Staatspolizeistellen angewiesen, darüber zu wachen, daß nichtarische Künstler sich bei ihrem Auftreten jeglicher Anspielung auf innerdeutsche Angelegenheiten enthalten und in Fällen der Zuwiderhandlung aus dem Gesichtspunkt heraus, daß die Einmischung von Nichtariern in deutsche Angelegenheiten keineswegs geduldet wird, die Schutzhaft anzuordnen. Wo bei gemeinsamem Auftreten arischer und nichtarischer Künstler Provokationen zu befürchten sind, ist das Auftreten der Nichtarier sofort zu untersagen.[7]

Wie mir vertraulich mitgeteilt wurde, sollen nach einem neuen jüd. Plan Nachkömmlinge von Juden aus Deutschland für einige Zeit nach Amerika gebracht werden, von wo

6 Siehe Runderlass des Gestapa (II 1 B 2 – 61250/J 195/35) vom 12. 2. 1935; BArch, R 58/276, Bl. 12. Zur Vorgeschichte des Erlasses siehe auch Dok. 139 vom 16. 10. 1934.

7 Siehe den Runderlass des Gestapa (II 1 B 2 – 60038/J 257/35) vom 25. 2. 1935; BArch, R 58/276, Bl. 15.

sie nach sprachlicher Ausbildung und Adoption durch amerikanische Juden als amerikanische Staatsbürger nach Deutschland zurückkehren sollen. Der Zweck dieser Reise ist, diese Judenstämmlinge bei der Rückkehr vor dem Zugriff durch deutsche Behörden zu schützen. Es sind in letzter Zeit auch zwei Transporte von Judenkindern im Alter von 10 bis 14 Jahren nach New York abgegangen. Die Ermittlungen nach der Richtigkeit der Behauptung bezüglich der Adoption sind noch im Gange.

DOK. 155
Das NSDAP-Mitglied Walter Tanke denunziert bei der Gestapo Stettin am 17. März 1935 Teilnehmer einer „judenfreundlichen" Kirchenversammlung[1]

Schreiben von Walter Tanke,[2] Altdamm, an die Gestapo Stettin (Tgb.Nr. 746/35, Eing. 18. 3. 1935) vom 17. 3. 1935[3]

Meldung
des Pg. Walter Tanke, Altdamm, Parteimitgl. Nr. 452 947
Am Sonnabend den 16. 3. 35 abends 8 Uhr besuchte ich die Versammlung der Kirchlichen-Gemeinschaft innerhalb der Landeskirche in der Aula der Stadtschule zu Altdamm.[4]
Es waren annährend 100 Personen versammelt. Die Versammlungsteilnehmer setzten sich hauptsächlich aus Frauen jeden Alters zusammen. Von den Männern waren auch einige Beamte von der Eisenbahn, Post und Städtischen-Behörden anwesend. Aus den Ausführungen des Redners ging hervor, dass die Kirchliche-Gemeinschaft international und judenfreundlich eingestellt ist. Er erklärte weiter, dass die gläubigen Juden dereinst vor dem Göttlichen-Richter über uns Christen richten werden. Weiter hob er hervor, dass der Antichrist auf Erden 2½ Jahre sein Unwesen treibt. Es ist ein Falscher-Prophet der diese Leute den Anti-Christen zutreibt.
Anwesend waren: Pg. Wilhelm Vogel, Altdamm, Langestr. 39. Pg. Walter Borchardt, Stargarderstr. 43. Vg.[5] Domrös und Geschwister (Rathaus). Vg. Hoppe und Schwester, Vgn. Gransow, Vg. Callies, der Schuldiener Borchardt.
Pg. Borchardt und Vg. Domrös und Geschwister sind Mitglieder der Kirchlichen-Gemeinschaft und singen im Chor mit.
Redner der Versammlung war der Vg. Korschelt aus Daber.

1 RGVA, 503k-3-81, Bl. 3.
2 Walter Tanke (*1895), Händler; 1931 NSDAP-Eintritt.
3 Im Original kleinere handschriftl. Korrekturen und ein Vermerk: „Pg. [unleserlich] war auch hier."
4 Altdamm (Kreis Randow) wurde 1939 ein Ortsteil von Stettin.
5 Vg.: Volksgenosse.

DOK. 156
Die katholische Kirche gründet am 22. März 1935 den Hilfsausschuß für katholische Nichtarier[1]

Protokoll der Sitzung, ungez., vom 22. 3. 1935 (Durchschrift)[2]

Protokoll der Gründungssitzung
des Hilfsausschusses für katholische Nichtarier, die im Wohlfahrtshaus in Berlin am 22. März 1935 auf Einladung S[eine]r Exzellenz des H[ochwürdigsten] Herrn Bischofs Dr. Berning[3] stattfand.
I. Vorgeschichte.
Nachdem auf Initiative der deutschen Bischöfe und des deutschen Caritasverbandes schon seit 1933 eine praktische Hilfsarbeit eingesetzt hatte, um den infolge der neuen Gesetzgebung aus beamteten Posten ausscheidenden katholischen Nichtariern[4] bei der Auswanderung oder bei der Umstellung auf neue Berufe behilflich zu sein, und nach dem insbesondere der St. Raphaelsverein[5] mit Bezug auf auswandernde katholische Nichtarier ein besonderes, zum Teil erfolgreiches Hilfswerk begonnen hatte, zeigte sich, daß einschlägige Fürsorge aus mannigfachen Gründen, wenn möglich, auf eine breitere Basis gestellt werden sollte. Insbesondere führte dazu die Überlegung, daß die nichtarischen oder halbarischen Kinder und Jugendlichen sowohl in Bezug auf ihre Ausbildung wie auch auf ihre künftige Existenz besondere Aufgaben stellen.
[Zu]r Initiative der erwähnten Persönlichkeiten gesellte sich die Anregung der betroffenen Kreise selber, insbesondere des Herrn Dr. H. W. Friedemann[6] in Heidelberg. Dabei waren alle Beteiligten sich von vornherein darüber einig, daß eine Fürsorge die einschlägige deutsche Gesetzgebung und die daraus folgenden Tatsachen zur Voraussetzung nehmen müsse und daß man die beabsichtigte Hilfsaktion mit Kenntnis der deutschen Bischöfe durchsetzen wolle. S. Exzellenz Bischof Dr. Wilhelm Berning war nicht allein in seiner Eigenschaft als Präsident des Raphaelsvereins dieser Frage nähergetreten, sondern sah auch als Vorsitzender der kath. Schulorganisation die Zukunft der kath. nichtarischen Jugend als seine besondere Sorge an. Außerdem wurden ihm und seinen bischöflichen Amtsvertretern dauernd Hilferufe aus katholischen nichtarischen Kreisen zugesandt. Persönlich sah er auch als der vom Papst mit der Fürsorge für die deutschsprechenden Katholiken im Ausland betraute Bischof die besondere Aufgabe, den auswandernden katholischen Nichtariern die ihnen angeborene deutsche Muttersprache und das ihnen eigentümliche Heimatgefühl für die deutsche Kultur im Ausland zu erhalten.

1 EBA, Akten des Erzbischöflichen Ordinariats, B2/NS-51, Bl. 315–319. Abdruck in: Akten deutscher Bischöfe, Bd. II, Dok. 129, S. 129–136. Die Fußnoten folgen zum Teil den Anmerkungen der Akten deutscher Bischöfe.
2 Im Original handschriftl. Unterstreichungen.
3 Dr. Wilhelm Berning (1877–1955), kathol. Theologe; von 1901 an Oberlehrer in Meppen, von 1914 an Bischof in Osnabrück, von 1949 an Erzbischof; Autor u. a. von „Katholische Kirche und deutsches Volkstum" (1934).
4 Siehe das Gesetz zur Wiederherstellung des Berufsbeamtentums vom 7. 4. 1933, Dok. 29.
5 Der St. Raphaelsverein zum Schutze katholischer Auswanderer e. V. wurde 1871 in Mainz gegründet. Präsident war der jeweilige Bischof von Osnabrück. Der Verein wurde am 25. 6. 1941 verboten.
6 Dr. Heinrich Walter Friedemann (1872–1945), Schriftsteller und Regisseur in Heidelberg.

Exzellenz Bischof Dr. Wilhelm Berning begann Unterhandlungen mit dem Reichsministerium des Innern, weil dieses für die Frage der Nichtariergesetzgebung zuständig war. Dasselbe zeigte für die Zukunft der katholischen nichtarischen Kinder in Bezug auf ihre Schulung etc. grundsätzliches Entgegenkommen, ja, es lag sogar schon eine günstige Entscheidung vor. Seit März 1934 gingen die einschlägigen Fragen in die Zuständigkeit des Reichserziehungsministeriums über. Exz. Bischof Dr. Berning begann dann Verhandlungen mit demselben über die Frage, ob eigene Schulen für die nichtarischen katholischen Kinder gegründet werden dürfen, die als Siedler ins Ausland gehen wollen. Im Dezember 1934 erfolgte eine Äußerung des Erziehungsministeriums, daß eine Entscheidung über diese Frage ergehen werde. Inzwischen hatte der „Reichsverband christlich-deutscher Staatsbürger nichtarischer oder nicht reinarischer Abstammung e. V."[7] seine Arbeit weitergeführt, und es fragt sich, ob katholische Kreise im Interesse der Erziehung der katholischen nichtarischen Jugend im Rahmen dieses Verbandes oder nicht lieber auf rein kirchlicher und konfessioneller Grundlage diese Frage lösen sollten. Auf evangelischer Seite bemühte sich der Pastor Lindemann um die Begründung eines evangelischen Hilfsausschusses. Ehe seine Bemühungen auf den seinerzeitigen evangelischen Bischof Adler in Münster zu einem Erfolg führten, ist Pastor Lindemann leider verstorben.

Exz. Bischof Dr. Berning nahm inzwischen weitere Anregungen entgegen seitens des Raphaelsvereins, des Herrn Dr. Friedemann, des Herrn Dir. Joerger,[8] Schriftleiters Höfler[9] vom Caritasverband, einen Hilfsausschuß für die besonderen katholischen Aufgaben zu begründen. Exz. Bischof Dr. Berning wollte aber gerade in dieser Frage die Entscheidung der staatlichen Stellen abwarten. Unter dem 11. März 1935 erfolgte nun eine Stellungnahme des Reichserziehungsministeriums. Dem Hochwürdigsten Herrn Bischof wurde von seiten des Herrn Reichserziehungsministers mitgeteilt, daß in der Angelegenheit der Errichtung überseeischer Schulen für christliche Nichtarier das Reichserziehungsministerium mit dem Auswärtigen Amt Beziehungen aufgenommen habe und daß auch seitens des Reichserziehungsministeriums grundsätzliche Bedenken nicht beständen. Wegen der Einzelheiten der Durchführung sei noch eine Besprechung mit den Referenten im Auswärtigen Amt und dem Hauptantragsteller in Aussicht genommen. Ein endgültiger Bescheid könne erst nach Abschluß dieser z. Z. noch schwebenden Verhandlungen ergehen. – Nunmehr hielt es Exz. Bischof Dr. Berning an der Zeit, eine Besprechung über die Begründung eines Hilfsausschusses für katholische Nichtarier anzusetzen, und ließ zu dieser Besprechung die Herren Präsident Dr. Kreutz,[10] Prälat Wienken,[11] Direktor Joerger, Dr. Krone[12] vom Caritasnotwerk, Dr. Friedemann und Dr. Groesser[13] vom Raphaelsver-

7 Zum Reichsverband siehe Dok. 85 vom 19. 10. 1933.

8 Kuno Joerger (1893–1958), kathol. Theologe; 1921–1958 Generalsekretär des Deutschen Caritasverbands.

9 Heinrich Höfler (1897–1963), Journalist; von 1931 an Caritasdirektor in der Zentrale des Deutschen Caritasverbands in Freiburg i. Br. und Schriftleiter der Zeitschrift Caritas; 1944–1945 Gestapo-Haft in Berlin; von 1949 an Mitglied des Bundestags (CDU).

10 Dr. Benedikt Kreutz (1879–1949), kathol. Theologe und Politikwissenschaftler; 1921–1949 Präsident des Deutschen Caritasverbands.

11 Heinrich Wienken (1883–1961), kathol. Theologe; 1909 Kaplan in Münster, von 1912 an in Berlin, 1922–1946 Direktor der Berliner Vertretung der Caritas, von 1937 an Bischof und 1937–1951 Leiter des Bischöflichen Commissariats der Fuldaer Bischofskonferenz; 1949–1951 Beauftragter der kathol. Kirche bei der DDR-Regierung, 1951–1957 Bischof in Meißen.

12 Dr. Heinrich Krone (1895–1989), Lehrer; 1922–1933 Generalsekretär der Zentrumspartei, 1934 Ge-

ein einladen. Da Herr Präsident Dr. Kreutz und Direktor Joerger der kurzfristig erfolgten Einladung nicht mehr folgen konnten, beauftragten sie Herrn Prälat Wienken mit ihrer Vertretung. Außer diesen beiden erwähnten fehlenden Herren nahmen alle anderen genannten Persönlichkeiten an der Besprechung teil.

II. Verlauf der Besprechung.

Einleitend zeichnete Exz. Bischof Dr. Berning die im Vorhergehenden schon angedeutete Entwicklung und rückte die grundsätzlichen Fragen der Unterbringung der katholischen nichtarischen Jugend in den Vordergrund. Als Vertreter der Kirche und des katholischen Deutschtums sähe er die Aufgabe, wie man dieser Jugend ihren katholischen Glauben und ihre Verwurzelung in der deutschen Kultur erhalten könne. Die Jugend müsse für eine Existenz im Ausland gesammelt werden. Ohne besondere Umschulung hat die Sammlung keinen Zweck. Würde man in der Sache nichts tun, würde die Jugend verbittert werden gegen ihre Heimat und zugleich in ihrem deutschen Kulturgefühl und in ihrem Christentum geschädigt werden. Die Schulung müsse dahin streben, daß die erwähnte Jugend das Empfinden habe, die christliche Liebe gehe über die Rassenunterschiede hinweg und das Deutschtum könne man auch bewahren, wenn man wegen der bestehenden Gesetze in der Heimat keine Zukunft fände und darum auswandere.

Zur praktischen Frage äußerte sich Exz. Bischof Dr. Berning, es ständen schon Klöster bereit, die für die Schulung katholischer nichtarischer Mädchen Pensionate zur Verfügung stellen würden, um dieselben für alle geeigneten Zwecke, u. a. in Säuglingspflege, Krankenpflege etc. vorzubereiten. Auch für Knaben müsse man solche Möglichkeiten finden. Die männliche Jugend müsse für Handwerk, Handel, Farmtätigkeit usw. geschult werden. Wenn die kath.-nichtarische Jugend so geschult ist, könne sie übertreten ins Ausland, wo man einen Platz schaffen müsse, daß sie ihre Zukunft finden werde in einer nichtarischen katholischen Siedlung (im weiteren Sinn genommen). Es dürfte nämlich keinen Zweck haben, sie in älteren Siedlungen unterzubringen, wo arische Katholiken sitzen und wo Auseinandersetzungen über Rassenfragen die friedliche Entwicklung stören können. Es handelt sich also um eine christliche Aufgabe der Fürsorge, für die die einschlägigen Organisationen der katholischen Kirche und die beteiligten Kreise die Verantwortung übernehmen müßten. Aus diesem Grunde habe er zur Besprechung eingeladen den deutschen Caritasverband, das Caritasnotwerk, den Raphaelsverein und einen Vertreter der katholischen Nichtarier selber.

In der anschließenden ausführlichen Beratung wurden die folgenden Themen besprochen und die erwähnten Beschlüsse gefaßt.

Herr Dr. H. W. Friedemann dankte im Namen der katholischen Nichtarier in bewegten Worten dem Hochw. Herrn Bischof Dr. Berning als Vertreter der katholischen Kirche für seine Worte und die dargelegten Pläne und brachte zum Ausdruck, daß die katholischen Nichtarier nunmehr das Bewußtsein hätten, daß sie als Katholiken auf die Bruderliebe ihrer Glaubensgenossen rechnen dürften und daß ihnen das ein Trost und eine Aufmunterung in ihren Schwierigkeiten sein werde. Insbesondere dankte Herr Dr. Friedemann, daß

schäftsführer des Caritasnotwerks; 1944 im Zusammenhang mit dem Attentat des 20. Juli in Haft; 1955–1961 Fraktionsvorsitzender der CDU/CSU im Deutschen Bundestag.

13 Dr. Max Größer (1887–1940), Philosoph; von 1921 an beim St. Raphaelsverein in Hamburg tätig, 1927–1930 Geschäftsführer des Reichsverbands für die kathol. Auslandsdeutschen in Berlin, 1930–1940 Generalsekretär des St. Raphaelsvereins.

es sich nicht um ein kleines Hilfswerk für einzelne in Not geratene Nichtarier handeln solle, sondern daß man grundsätzlich die Frage der Umschulung und der Siedlung für das junge Geschlecht in den Vordergrund rücke.
Die Zahl der in Frage kommenden Nichtarier wurde geschätzt. Das Rasseamt der NSDAP[14] beziffert die Zahl der Juden heute noch auf 490 000 und glaubt, daß die Zahl der Nichtarier um ein Vielfaches noch größer sei. Die Annahme des Reichsverbandes christlich-deutscher Staatsbürger nichtarischer oder nicht rein arischer Abstammung e. V., der nur 200 000 christliche Nichtarier rechnet, wird als unwahrscheinlich abgelehnt, denn die Berechnung aufgrund von christlich jüdischen Ehen und Konversionen anläßlich des Eheabschlusses kann keinesfalls als richtig betrachtet werden. Die Zahl der katholischen Nichtarier dürfte in keinem Falle über 500 000 hinausgehen. Genauere Erhebungen über die Zahlen könnten vielleicht gefördert werden, wenn man sich an Fachbeamte des Reichsinnenministeriums (Lossen, Burwig) wende.[15]
Der Hilfsausschuß für kath. Nichtarier würde sich auf jeden Fall nur mit katholischen, nicht aber mit evangelischen Nichtariern befassen. Es steht zu erwarten, daß auch die evangelische Kirche die ihr zukommenden Aufgaben lösen will und wird.
Einschlägige Arbeit anderer Kreise. Diese ist dargestellt einmal durch den „Reichsverband",[16] der in Berlin am 23. August 1933 gegründet wurde und sein Büro hat in Berlin W 15, Uhlandstraße 40. Vorsitzender ist Dr. Richard Wolff,[17] früher Chefredakteur der Presseberichte der Reichsregierung. Der Verband soll 3 400 bis 4 000 Mitglieder zählen und gibt ein vierseitiges „Mitteilungsblatt des Reichsverbandes der nichtarischen Christen" heraus im zweiten Jahrgang. Er erwartet ein Eintrittsgeld von RM 3,– und einen Monatsbeitrag von RM 2,– von Erwerbslosen erwartet er einen Beitrag von 50 Pfennig. Dieser Rv. hat mannigfache Feinde, weil ihm nachgesagt wird, er habe kein Programm und begnüge sich mit kleinen Stellenvermittlungen und gesellschaftlichen Veranstaltungen. Im übrigen beschäftigt er sich auch damit, besondere Veranstaltungen kultureller Art zu vermitteln, Vortragsabende, Theater- und Musikveranstaltungen, Sportgemeinschaften, pädagogische und juristische Sprechstunden abzuhalten. In seinem Blatt fördert der Verband wie auch in seinem Büro besonders Stellenangebote, Stellengesuche, Heiratsvermittlungen, Notverkauf gebrauchter Gegenstände etc. Der Rv. hat bisher etwa 10 Ortsgruppen in größeren Städten Deutschl. Der Vorsitzende, Dr. R. Wolff, hat eine kleine Schrift herausgegeben mit dem Titel: „Wir nichtarischen Christen", 44 S., Druck: R. Schenker Frankfurt/Oder. Diese Schrift faßt drei Reden des Verf. zusammen.[18] Der arische Frauenarzt Dr. Fieseler[19] in Berlin, Kaiserallee 200, hat sich (unter Anregung einer Frau Hamburger) mit der Frage der Erziehung nichtarischer Kinder befaßt und „Vorschläge zur Errichtung von Überseeschulen für christliche deutsche nichtarische Jugendliche" herausgegeben. Von ihm stammt auch der erste Antrag beim Reichserziehungsministerium.

14 Gemeint ist das Rassenpolitische Amt der NSDAP.
15 Das RMdI stützte sich selbst in seinen Annahmen auf die überhöhten Schätzungen des Rassenpolitischen Amtes der NSDAP; siehe Dok. 159 vom 3. 4. 1935.
16 Reichsverband christlich-deutscher Staatsbürger nichtarischer oder nicht reinarischer Abstammung e. V.
17 Dr. Richard Wolff (1885–1958), Historiker; 1926–1933 in der Presseabteilung der Reichsregierung tätig; von 1934 an Vorsitzender des Reichsverbands der nichtarischen Christen.
18 Veröffentlicht 1934.
19 Richtig: Dr. Karl August Fiessler.

Das vom Raphaelsverein Anfang 1934 begonnene Sonderhilfswerk, das zunächst mit Erfolg in den Ländern England, Niederlande, Belgien, Frankreich, Spanien, Italien und Österreich vor allem zugewanderten deutschen kath. Nichtariern behilflich sein konnte und [diese] teilweise in Stellung bringen konnte, hat auch kath. Nichtarier auf dem üblichen Weg zur Auswanderung nach Italien, Frankreich, Niederlande, Spanien, nach Nord- und Südamerika gebracht und war ihnen bei der Umstellung auf eine neue Existenz behilflich. Neuestens gelang die Vermittlung von freiem Ferienaufenthalt in England und der Schweiz. Die einzelnen deutschen Diözesen ermöglichten dieses Hilfswerk durch einmalige Beihilfen, die zusammen 3 090 RM brachten.

Organisation der Hilfe. Der zu gründende Hilfsausschuß für katholische Nichtarier soll nur provisorisch sein. Auch über die Zahl und Persönlichkeiten seiner Mitglieder ist noch nicht das letzte Wort gesprochen. Man denkt auch an einen erweiterten Ausschuß. Über die Begründung des Hilfsausschusses wird einstweilen keinerlei Mitteilung an die Öffentlichkeit gegeben werden. Es soll erst die Entscheidung der Reichsbehörden abgewartet werden. *Eine vorläufige Arbeitsteilung* soll sich nach folgenden Gesichtspunkten ergeben:

a) Herr *Dr. Friedemann* wird versuchen, Namen und Adressen von kath. Nichtariern, insbesondere von Eltern, die sich für die Schulung ihrer Kinder interessieren, zu erfahren.

b) *Dr. Krone* wird die Möglichkeit untersuchen, wie man erwachsenen kath. N.A. im Inland helfen kann, sich berufl. umzustellen bezw. in eine ges[icherte] zugelassene Position hineinzukommen bes. f[ür] Leute, deren Auswanderung nicht in Frage k[ommt].

c) *Der Raphaelsverein* wird seine bisherige Arbeit fortsetzen und insb. Feststellungen machen, wo und in welcher Weise im Ausl. eine nichtarische deutsche Siedlung gegründet wird.

Das Büro des Hilfsausschusses soll vorerst beim Caritasnotwerk in Berlin, Oranienburgerstraße 13-14, eröffnet werden. Herr Dr. Krone hat gegenüber dem deutschen Caritasverband schon zum Ausdruck gebracht, daß er vorerst geneigt sei, provisorisch das Sekretariat des Hilfsausschusses zu führen. Dieses Büro würde dann alle einschlägigen Arbeiten leisten, nachdem das Reichserziehungsministerium seinen Entscheid gefällt hat. U.a. würden dann über den Weg über kirchliche Amtsblätter, Pfarrämter, katholische Schulen, Erhebungen über die in Frage kommenden nichtarischen katholischen Kreise gemacht und genaue Vorschläge über die Inlandsschulung der Jugendlichen gemacht werden müssen, die alsdann dem Reichserziehungsministerium vorzulegen wären, usw.

Die schwierige Frage der Finanzierung muß noch geklärt werden. Man denkt vor allem an freie Beihilfen und Gaben katholischer Arier und besonders bemittelter katholischer Nichtarier. Ob und in welchem Maße das Reich für die Auslandssiedlung zu den Kosten beitragen kann, muß noch abgewartet werden. Der Vorschlag der Kapitalisierung der auch den Nichtariern gezahlten Unterstützung (Arbeitslosen- und Wohlfahrtsunterstützung) ist wohl nicht wahrscheinlich. Beiträge von Mitgliedern einer Vereinigung von kath. Nichtariern, Abgabe von wertvollen Merkblättern gegen Bezahlung, regelmäßige Beiträge, Vorauszahlungen der Eltern für ihre zu schulenden und im Ausland anzusiedelnden Kinder könnten zur Finanzierung dienen. Für den Anfang schlägt Exz. Bischof Dr. Berning vor, daß der Deutsche Caritasverband einige Mittel für den Beginn der Arbeit, für das Büro usw. zur Verfügung stelle. Herr Prälat Wienken übernahm den Auftrag, bei der demnächst stattfindenden Zentralsitzung des Caritasverbandes diese Bitte des Hochw. Herrn Bischofs Dr. Berning vorzutragen. Auf dieser Sitzung könnten auch die Pläne des Hilfsausschusses vorgelegt und besprochen werden. –

Mitglieder des Hilfsausschusses: Exzellenz Bischof Dr. Berning erklärte darauf in seiner Eigenschaft als katholischer Bischof, als Präsident des St. Raphaelsvereins und als der vom Papst mit der religiösen Fürsorge für die deutschsprechenden Katholiken im Auslande Beauftragte, den Hilfsausschuß für katholische Nichtarier für gegründet, übernahm selbst den Vorsitz und berief als vorläufige Mitglieder des Hilfsausschusses:
Prälat Wienken und *Direktor Joerger* vom Deutschen Caritasverband,
Dr. Krone vom Caritasnotwerk,
Dr. H. W. Friedemann als Vertreter der katholischen Nichtarier,
Dr. Groesser vom St. Raphaelsverein.
Die Zuwahl einer *Vertreterin der Frauen* (Kath. Deutscher Frauenbund), des Herrn *Fabrikanten Weissenfels*,[20] *Direktor*, Heidelberg-Wieblingen, wurde ins Auge gefaßt. Die Begründung eines erweiterten Ausschusses für die Persönlichkeiten, die, wie Schriftleiter Höfler als Vertreter der kath. kirchlichen Presse, Dr. Hackelsberger,[21] wohlhabende nichtarische Katholiken, wohlhabende arische Katholiken, Nichtarier mit erziehungspflichtigen Kindern usw., in Frage kommen, wurde ebenfalls noch hinausgeschoben.
Arbeit des Hilfsausschusses in Deutschland. Es wird angenommen, daß man den erwachsenen Nichtariern in Deutschland nur in konkreten Fällen helfen kann, wie es Herr Dr. Krone versuchen wird, daß man aber keine besonderen Einrichtungen für Nichtarier schaffen kann. Die wesentliche Aufgabe wird sich also in der Heimat darauf beziehen, genaue Pläne vorzubereiten, wie man sich praktisch die Sammlung und Schulung der nichtarischen Jugend und die Ansiedlung derselben im Ausland denkt. Diese Pläne werden dem Reichserziehungsministerium vorgelegt. Nach der Billigung kann dann die Arbeit eingeleitet werden.
Art der Siedlung. Die Siedlung im Ausland kommt für kath. Nichtarier in Frage, die auswandern wollen und können, und vor allem für die Jugend. Die Siedlung ist in weiterem Sinne zu verstehen, so daß es sich also nicht allein um Farmer, sondern auch um Handwerker, Handelstreibende und zum ganz kleinen Teil um Geistesarbeiter handeln kann. Gegenüber den Behörden soll hervorgehoben werden, welcher Nutzen dem Reich durch Import und Export aus einer solchen Siedlung erwachsen kann. Erfahrungen, wie sie für die Auswanderung nach Palästina, die Finanzierung derselben, die Modalitäten der Vermögensüberweisung usw. vorliegen, können vielleicht irgendwie ausgewertet werden.[22] Die Einrichtung einer Holdinggesellschaft, einer Siedlerbank, eines Treuhänderkontos in Deutschland müssen noch geklärt werden. Geeignete Persönlichkeiten aus der Industrie müssen für diese schwierige Materie hinzugezogen werden. Mit Bezug auf die für die Aussiedlung in Frage kommenden Länder wies Herr Dr. Friedemann darauf hin, daß bei Nablus in Palästina Ländereien des katholischen Erzbischofs von Jerusalem zur Siedlung bereitgestanden hätten, die aber leider schon verteilt seien. Er befürwortete einzelne kleine Stützpunkte in Palästina, damit nicht das ganze Hl. Land an die Juden verloren gehe. Auch erinnerte er an Libanonien, eine freie Republik in Syrien, wo sich noch Möglichkeiten ergeben könnten. Es heiße auch, daß die australische Regierung 500 000 qkm im Norden des Erdteils für Siedlungszwecke zur Verfügung stelle. Schließlich weist er hin auf

20 Richtig: Weissenberg aus Wieblingen.

21 Dr. Dr. Albert Hackelsberger (1893–1940), Kaufmann und Jurist; 1925–1938 Generaldirektor der Fa. J. Weck & Co., 1933 stellv. Vorsitzender der Zentrumspartei, 1933–1938 Mitglied des Generalrats der Wirtschaft; 1938 verhaftet wegen Volksverrats und Devisenvergehen.

22 Bezieht sich auf das Haavara-Abkommen.

Südafrika. Dr. Zintgraff[23] glaubt, man könne auch jetzt noch vom Ersten Minister Hertzog[24] billige Ländereien in Südafrika erwerben. –
Abschließend dankte Exz. Berning den Erschienenen, bittet bes. H. Prälat Wienken, die Angelegenheit beim Zentralrat des Caritasverbandes zu vertreten, und stellt spätere erneute Besprechungen des vorläufigen Hilfsausschusses in Aussicht.

DOK. 157
Der Centralverein deutscher Staatsbürger jüdischen Glaubens berichtet am 22. März 1935 über antijüdische Vorfälle in mecklenburgischen Gemeinden[1]

Schreiben (Eilt!) des CV-Landesverbands Nordwestdeutschland, Hamburg, (Unterschrift unleserlich), an den CV, Berlin, vom 22. 3. 1935[2]

Betrifft: Mecklenburg.
Wir geben Ihnen nachstehend eine grössere Darstellung über die in den einzelnen mecklenburgischen Orten auftauchenden Schwierigkeiten:
1. *Crivitz:* Unser dortiger Vertrauensmann teilt uns mit, dass in allen Versammlungen der Partei und ihrer Unterorganisationen in heftigster Weise gegen ihn und das von ihm betriebene Geschäft gehetzt wird und dass die Einwohner von Crivitz darauf hingewiesen werden, nicht mehr bei unserem Freunde zu kaufen.
2. *Neubukow:* Ebenso wie aus Crivitz teilt uns der Vertrauensmann aus Neubukow mit, dass in jeder Parteiversammlung immer und immer wieder der Boykott gepredigt wird und dass die Mitglieder der NSDAP mit dem Ausschluss bei Zuwiderhandlung bedroht werden.
3. *Lübz:* Aus diesem Ort teilt uns unser Freund mit, dass er sich mit Rücksicht auf die neuen Verhältnisse gezwungen sah, sein Geschäft im Jahre 1934 an einen Arier zu verkaufen.
4. *Stavenhagen:* Wie Ihnen bereits durch den Vorsteher der Israelitischen Gemeinde in Stavenhagen mitgeteilt wurde, wird in jeder Parteiversammlung durch den Ortsgruppenführer darauf hingewiesen, dass es verboten sei, in jüdischen Geschäften zu kaufen. Der Umsatz der wenigen in Stavenhagen befindlichen jüdischen Geschäfte ist ausserordentlich stark zurückgegangen, da die Käufer nicht wagen, bei unseren Freunden zu kaufen.
5. *Wismar:* Auch diese Ortsgruppe berichtet uns, dass infolge der allgemeinen Stimmung, die in der Presse und durch Kaufverbote hervorgerufen wird, ein erheblicher Umsatzrückgang eingetreten ist.
6. *Ludwigslust:* Nachdem dieser Ort bislang von jeglichem Boykott verschont gewesen war, sah sich die Inhaberin des einzigen am Platze befindlichen jüdischen Geschäfts auf Grund der neuen Boykottbestrebungen gezwungen, ihr seit 108 Jahren in derselben Familie befindliches Geschäft kurzerhand zu verkaufen. Ausserdem wurde ihr ohne jeglichen Grund der Kredit der Sparkasse der Stadt Ludwigslust gekündigt.

23 Vermutlich Dr. Alfred Zintgraff (1878–1944), Jurist; Hrsg. von „Beiträge zur auslandskundlichen und außenpolitischen Schulung der Kameradschaften der NSDStB" (1938).
24 James Barry Munnik Hertzog (1866–1942), Jurist und Politiker; 1924–1939 Premierminister der Südafrikanischen Union.

1 RGVA, 721k-1-258, Bl. 56–58.
2 Im Original handschriftl. Bearbeitungsvermerke, Unterstreichungen und ein Stempel.

7. Neustrelitz: In letzter Zeit wird eine verschärfte antisemitische Hetze betrieben. Beim Ausgeben der Kohlengutscheine des Winterhilfswerks wurde jedem Bedürftigen gesagt, dass derjenige, der die Scheine zum Juden bringe, von einer Weiterbelieferung durch das Winterhilfswerk ausgeschlossen werde. – Die Schaufensterscheiben der meisten jüdischen Geschäfte sind mit dem Wort „Juden" beschmiert worden, und zwar wurde hierzu eine ätzende Flüssigkeit benutzt. – Unser Vertrauensmann, der ein Kohlengeschäft betreibt, wird bespitzelt, und die Käufer seiner Waren werden, falls sie weiter bei ihm kaufen, dahingehend bedroht, dass sie boykottiert werden und keinerlei öffentliche Lieferungen mehr erhalten. Eine derartige Maßnahme ist bei den meisten Bäckermeistern bereits durchgeführt worden.
8. Schwaan: Auch hier wird eine ausserordentlich aktive antisemitische Propaganda betrieben. In allen öffentlichen Versammlungen wird von den Leitern der einzelnen politischen Organisationen nachdrücklichst betont, nicht mehr beim Juden zu kaufen. – Insbesondere werden dem in Schwaan wohnenden jüdischen Arzt, Dr. Marcus,[3] erhebliche Schwierigkeiten in jeder nur erdenklichen Weise bereitet.[4]
9. Parchim: Den Detailgeschäften dieses Ortes werden ausserordentliche Schwierigkeiten bereitet, da die Kundschaft Angst hat, die jüdischen Geschäfte zu betreten. Am zweiten Sonntag vor Weihnachten stand der Kreisleiter der NSDAP während der Hauptgeschäftszeit gegenüber dem Kaufhaus Ehrlich. Bis zum Weihnachtsfest selbst stand an jedem Nachmittag ein uniformierter SA-Mann an der gleichen Stelle. Ausserdem wird in den letzten Parteiversammlungen die Judenfrage behandelt.
10. Schwerin: Nachdem bereits im vergangenen Jahre einige Nichtarier ihre Geschäfte aufgegeben haben, sind jetzt wiederum einige Glaubensgenossen gezwungen worden, ihre Betriebe zu schliessen. Es wird aus den anliegenden Zeitungsausschnitten ersichtlich,[5] wie in jeder Versammlung gegen die Juden gehetzt wird und diejenigen als Verräter bezeichnet werden, die noch heute in jüdischen Geschäften kaufen. Insbesondere können die jüdischen Geschäfte nicht mehr die Beamten zu ihrer Kundschaft rechnen, da diesen Strafversetzung und Entlassung aus dem Dienst angedroht wird. Es geht in Schwerin sogar so weit, dass Leuten, die vor jüdischen Geschäften stehen, von Strassenpassanten die Frage vorgelegt wird: „Wollen Sie ein Deutscher sein, dann gehen Sie weiter und bleiben hier nicht stehen." Der Inhaber eines grösseren Goldwarengeschäfts fand die beiliegende anonyme Karte in seinem Postschliessfach vor.[6] Es ist dabei zu berücksichtigen, dass dieses Geschäft seit dem Jahr 1888 besteht, sich des besten Rufes erfreut und heute noch ca. 20 Angestellte beschäftigt. Die Namen der jüdischen Geschäfte sind an den schwarzen Brettern der Schweriner Kasernen sowie im Staatstheater angeschlagen. Wie verlautet soll jedoch eine neue Aktion gegen die nichtarischen Geschäfte in Vorbereitung sein.
Bei den gelegentlich des Weihnachtsfestes 1934 vorgekommenen Boykottbestrebungen wurde den jüdischen Firmen der Polizeischutz offiziell versagt. Die Polizei erklärte ausdrücklich, dass sie höheren Ortes angewiesen sei, nicht einzugreifen.
Ausserdem sind vor einiger Zeit die Schaufenster der jüdischen Geschäfte mit Zetteln beklebt worden, die die Aufschrift trugen „Wer beim Juden kauft, ist ein Volksverräter".

3 Dr. Paul Marcus (*1887), Mediziner; von 1911 an Assistenzarzt u. a. in Dresden und Darmstadt, von 1922 an Praxis in Schwaan (Kreis Güstrow); vermutlich 1935 emigriert.
4 Urheber war vermutlich Wilhelm Dopheide, in Schwaan niedergelassener Arzt bis November 1934, später Kreisarzt und Leiter des Gesundheitsamts in Hagenow; siehe auch Dok. 241 vom 30. 7. 1936.
5 Liegen dem Original nicht bei.
6 Liegt dem Original nicht bei.

Einem Kreditgeschäft in Schwerin, das bereits seit 22 Jahren besteht, wurde plötzlich von der Bank der Kredit gekündigt. Die Bank verschaffte sich sofort einen Titel, so dass die Angelegenheit vor dem Landgericht in Schwerin verhandelt wurde. Das Landgericht war jedoch der Ansicht, dass von derartigen Zwangsmassnahmen Abstand genommen werden müsse. Der jüdische Kaufmann, der der Bank beste Sicherungen gegeben hatte, wurde durch die Stellungnahme des Gerichtes vor dem Ruin bewahrt.

11. *Waren, Hagenow, Rostock, Penzlin, Dargun, Neubrandenburg, Grabow:*
Unsere dortigen Freunde können auf Grund der uns zugegangenen Mitteilungen nicht über Schwierigkeiten klagen.

Zusammenfassend bemerken wir, dass, nachdem bereits früher sich starke antisemitische Bestrebungen in ganz Mecklenburg bemerkbar gemacht haben, gerade in der letzten Zeit eine verstärkte Boykottbewegung eingesetzt hat. Die Wirtschaftslage unserer Freunde hatte sich bereits in den letzten beiden Jahren ausserordentlich verschlechtert, so dass ein grosser Teil gezwungen war, das Mecklenburgische Land zu verlassen, um zumeist in den Grosstädten eine neue Existenz aufzubauen. Auch in allerletzter Zeit werden uns in einigen Fällen Geschäftsverkäufe alteingesessener Firmen, die zum Teil seit Jahrhunderten in derselben Familie sind, gemeldet. Die wirtschaftliche Lage und die Leistungsfähigkeit gehen auf Grund der neuerlichen antis. Welle so stark zurück, dass in kürzester Zeit mit Zusammenbrüchen in vielen Fällen zu rechnen ist.

Neben dem zum Teil fast 75%igen Umsatzrückgang, der in vielen Fällen zu einer Entlassung von Angestellten zwang, ist ein starker Rückgang der Einwohnerzahl, insbesondere in den kleinen, in früheren Jahren und Jahrzehnten blühenden Gemeinden zu verzeichnen; ein Rückgang, der bis zu 50 % der Gemeindemitglieder beträgt. Ausser den schulpflichtigen Kindern ist eine berufstätige Jugend in fast keiner Gemeinde, auch nicht in der grössten, Rostock, vorhanden. Diese Jugend ist fast 100%ig ins Ausland oder in die Grossstädte abgewandert.

DOK. 158

Die Gendarmerie unterrichtet am 23. März 1935 den Landrat in Hünfeld über einen Überfall auf die Besucher der Synagoge in Rhina[1]

Schreiben des Gendameriepostenbereichs Wehrda, Kreis Hünfeld, Reg.Bez. Kassel, Gendarmerie-Hauptwachtmeister Wolf und Gendarmerie-Hauptwachtmeister a. Pr. Schulz,[2] Neukirchen, an den Landrat (Eing. 24. 3. 1935) vom 23. 3. 1935[3]

Am 22. März 1935, um 19.20 Uhr, erhielten wir in der Wohnung die telefonische Nachricht, daß dortselbst ein Überfall auf die Synagoge stattgefunden habe. Gend. Hauptwachtm. Wolf und ich begaben uns sofort nach Rhina, wo wir feststellten, als gegen 18.45 Uhr, nach Beendigung des jüdischen Gottesdienstes, die ersten Personen die Synagoge durch die

1 HHStA Wiesbaden, Abt. 483/6752, Bl. 20+RS. Auch in: Die Juden in den geheimen NS-Stimmungsberichten, CD, Nr. 753.

2 Robert Schulz (*1900), Polizist; 1932–1934 Polizeioberwachtmeister bei der Berliner Schutzpolizei, 1934–1945 Gendarmerie-Hauptwachtmeister beim Landratsamt Hünfeld; 1937 NSDAP-Eintritt.

3 Grammatik und Rechtschreibung wie im Original. Im Dokument mehrere handschriftl. Unterstreichungen.

Haupttür, welche an der Straße liegt, verließen, drangen plötzlich etwa 15 bis 20 Personen, die, verkleidet und schwarz maskiert, mit Gummiknüppeln ausgerüstet waren, in die Synagoge und schlugen blindlings auf die männlichen Juden ein. Hierbei wurden folgende Personen: Nathan Nußbaum, Jakob Katzenstein, Sally Klebe,[4] Isaak Katzenstein,[5] Moses Blumenthal,[6] Samuel Buxbaum, Hermann Wetterhahn,[7] Jakob Klebe,[8] Issak Oppenheim,[9] Moses Bacharach[10] u. Siegfried Oppenheim[11] zum Teil leicht und schwer verletzt. Weiter wurde festgestellt, daß die in die Synagoge eingedrungenen Personen mit einem grauen Lastkraftwagen, der mit einer grauen geschlossenen Plane versehen war, um 18.30 Uhr aus Richtung Rothenkirchen kommend durch Rhina hindurchfuhren und in unmittelbarer Nähe der Synagoge, Fahrtrichtung Schletzenrod, Aufstellung nahmen. Ebenso waren an dem genannten Lastwagen beide Kennzeichen mit Papier überklebt, so daß keine Nummer zu erkennen war. Der Führer des Wagens hat sich neben dem Fahrzeug auf der Straße aufgehalten, während die verkleideten und maskierten Personen sich nicht früher sehen ließen, bis die ersten Juden aus der Synagoge herauskamen. Auf einen kurzen Pfiff sollen die verkleideten Personen vom Wagen gesprungen und in die inzwischen geöffnete Synagoge mit Gewalt eingedrungen sein. Dieser ganze Vorgang hat sich in der Synagoge in etwa 3 bis 4 Minuten abgespielt, woraufhin die maskierten Personen den in unmittelbarer Nähe bereitstehenden Lastwagen bestiegen und in Richtung Schletzenrod weitergefahren sind. Bei den bis jetzt getätigten Ermittlungen konnte über die Täter des Unfalls, weder des Wagens, irgendetwas ermittelt werden.[12] Nach den allgemeinen Vermutungen der jüdischen Bevölkerung, welche aus Furcht vor weiteren Ausschreitungen und Mißhandlungen nichts aussagen wollen, sollen die vermutlichen Täter aus Rothenkirchen bezw. den angrenzenden Ortschaften des Kreises Hünfeld sein. Nachdem die Täter die Flucht ergriffen und die Gemeinde Rhina verlassen hatten, wurden noch an demselben Abend um 23 Uhr, bei folgenden Personen: Sally Klebe, Samuel Viktor II, Ww. Bella Nußbaum, Moritz Viktor I,[13] mehrere Fensterscheiben eingeworfen. Die Täter, die die Fensterscheiben eingeworfen haben, dürften in der Gemeinde Rhina zu suchen sein. Unter anderem wurde von den Unterzeichneten [die] in allen bisher in Rhina ausgeführten Tätigkeiten bekannte[n] Nikolaus Hergert und Adam Manns, beide in Rhina wohnhaft, auf der Straße von uns angetroffen. In zwei Fällen wurde uns unter strengster Vertraulichkeit von dem Juden Max Blumenthal[14] mitgeteilt, daß in der verflossenen Woche, der bei ihm z. Zt. in der Bäckerei beschäftigte Nikolaus Hergert gesagt habe, daß in der nächsten Zeit oder in den ersten Tagen der

4 Sally Klebe (*1871).

5 Isaak Katzenstein (1890–1961), Schwiegersohn von Moses Bacharach, emigrierte in die USA.

6 Moses Blumenthal (1874–1962), Bäcker; verzog 1940 nach Frankfurt a. M. und emigrierte von dort in die USA.

7 Hermann Wetterhahn (1902–1979), Metzger und Viehhändler; emigrierte 1937 in die USA.

8 Jakob Klebe (*1881), Viehhändler; im August 1942 Deportation aus Frankfurt a. M. nach Theresienstadt.

9 Isaak Oppenheim (1889–1978), verzog 1939 nach Frankfurt a. M. und emigrierte von dort mit seiner Familie in die USA.

10 Moses Bacharach (*1860), Viehhändler; emigrierte 1939 mit seiner Tochter Bella, seinem Schwiegersohn Isaak Katzenstein und seinem Enkel Manfred in die USA.

11 Siegfried Oppenheim (vermutlich 1909–1998), Sohn von Isaak Oppenheim; mit diesem 1939 nach Frankfurt a. M. verzogen, von dort in die USA emigriert.

12 Gemeint ist vermutlich: Bei den bis jetzt getätigten Ermittlungen konnte weder über die Täter noch über den Wagen irgendetwas ermittelt werden.

13 Moritz Victor (*1903), Kaufmann.

14 Emanuel (Max) Blumenthal (*1905); Bäcker; vermutlich emigriert.

Woche, Personen, die schwarz seien, kommen würden, um den Max Nußbaum bezw. andere Juden zu schlagen. Blumenthal gab auch zu, daß er in dieser Hinsicht hin die anderen Juden auf den bevorstehenden Angriff orientiert habe. Weiter teilte uns der Sally Nußbaum[15] vertraulich mit, daß er an dem fraglichen Abend (22. 3. 35) nach dem stattgefundenen Überfall auf seinem Hofe gestanden habe, und zu dem ihm gegenüber wohnenden Elektriker Philipp Will, welcher auch auf der Straße stand, gesagt habe, ob er der Ortsgruppenleiter oder so was ähnliches der Partei sei und was er zu diesem Vorgang sage, ob er die Tat billige, worauf Will geantwortet habe, „Nein!". Diese von ihm mit Will stattgefundene Unterredung habe der mit einem Fahrrade auf der Straße stehende Nikolaus Hergert mit angehört, worauf jetzt der Hergert zu Will gerufen habe, warum gibst du dem Juden da noch eine Antwort, was will der hier, wenn du (Jude) nicht machst, daß du fortkommst, werde ich dir das Rad ins Gesicht werfen. Die Ermittlungen werden fortgesetzt.

DOK. 159

Das Reichsministerium des Innern informiert die Adjutantur der Wehrmacht beim Führer und Reichskanzler am 3. April 1935 über die geschätzte Zahl der Juden im Deutschen Reich[1]

Schreiben des RuPrMdI (A 2841/5012), i. V. gez. Pfundtner, an die Adjutantur der Wehrmacht beim Führer und Reichskanzler, z. Hd. von Major Hoßbach,[2] Berlin, vom 3. 4. 1935, übersandt durch das RuPrMdI (IA 2841/5012), i. V. des Staatssekretärs, gez. Dr. Buttmann,[3] an die Reichsminister (Eing. REM 24. 4. 1935 – Z III a 1526), an Göring, den Preuß. Finanzminister, das Statistische Reichsamt (Burgdörfer),[4] die Reichsstelle für das Auswanderungswesen, die Reichstelle für Sippenforschung, das Gestapa und das Rassenpolitische Amt der NSDAP[5] am 23. 4. 1935 (Abschrift)[6]

Betrifft: Zahl der Voll-, Halb- und Vierteljuden im Deutschen Reich.[7]
Mit hinreichender Genauigkeit kann nur die Zahl der Volljuden ermittelt werden und auch nur solcher, die sich zum mosaischen Glauben bekennen. Zugrunde liegen die Angaben des Statistischen Reichsamts nach der Volkszählung vom 16. Juni 1933,[8] bei der nur

15 Sally Nussbaum (1905–1959); emigrierte später in die USA.

1 BArch, R 4901/11787, Bl. 4+RS.
2 Friedrich Hoßbach (1894–1980), Berufsoffizier; 1934–1938 Chef der Zentralabteilung des Generalstabs und Adjutant der Wehrmacht bei Hitler; 1943 General und 1945 Oberbefehlshaber der 4. Armee.
3 Dr. Rudolf Buttmann (1885–1947), Jurist; 1919 Mitbegründer der DNVP, 1925 NSDAP-Eintritt; 1933–1935 Leiter der Kulturpolitischen Abteilung im RMdI, 1935–1945 Generaldirektor der Bayer. Staatsbibliothek; Autor u. a. von „Nationalsozialistische Staatsauffassung" (1933).
4 Dr. Friedrich Burgdörfer (1890–1967), Statistiker; 1925–1939 Abteilungsdirektor des Statistischen Reichsamts, 1939–1945 Präsident des Bayer. Statistischen Landesamts, verantwortlich für die Sondererfassung der deutschen Juden bei den Volkszählungen 1933 und 1939; 1960 Ehrenmitglied der Deutschen Statistischen Gesellschaft; Autor u. a. von: „Sterben die weißen Völker?" (1934).
5 Das Rassenpolitische Amt der NSDAP unterstand seit 1934 dem StdF und wurde von Dr. Walter Groß geleitet. Es widmete sich „bevölkerungs- und rassepolitischen Fragen" sowie entsprechender Schulung und Propaganda.
6 Im Original mehrere handschriftl. Bearbeitungsvermerke, darunter der Vermerk „vorgelegt am 20/5." Das hier zitierte Exemplar wurde innerhalb des REM am 17. 5. 1935 an alle Ämter und Abteilungen versandt; wie Anm. 1, Bl. 4.
7 Die Schätzungen dienten der vorbereitenden Diskussion zum neuen Wehrgesetz, das im Mai 1935 Nichtarier vom Wehrdienst ausschloss; RGBl., 1935 I, S. 609–614.
8 Siehe die Statistiken der Volkszählung vom 16. 6. 1933, Dok. 52 und 53.

die Gliederung des Volkes nach der Religion, nicht aber nach der Rasse ermittelt wurde. Die Zahl betrug *499 682 mosaische Juden* (0,77 % der Gesamtbevölkerung).
Dazu kommen jetzt die damals nicht mitgezählten mosaischen Juden des Saargebiets. Hierüber liegt eine Zählung im Saargebiet vom 19. Juli 1927 vor mit 4 038 Köpfen. Im Deutschen Reich einschl. Saargebiet haben demnach Mitte 1933 rund 503 900 Religionsjuden gewohnt. Diese Zahl hat sich seitdem weiter durch Auswanderung um schätzungsweise 30 000 verringert.[9] Die Zahl der heute im Reiche wohnenden *Religionsjuden* beträgt demnach rund *475 000 Köpfe.*
Die Zahl der Volljuden, die nicht jüdischen Glaubens sind (Getaufte und Bekenntnislose), sowie die Zahl der deutsch-jüdischen Mischlinge 1. und 2. Grades (also mit einem jüdischen Elternteil oder mit einem jüdischen Großelternteil) kann mangels jeder Zählung und Zählungsmöglichkeit zur Zeit nur geschätzt werden. Die Schätzung beruht auf den Erfahrungen, die das Reichsministerium des Innern, die Reichsstelle für Sippenforschung[10] und das Rassenpolitische Amt der NSDAP bei ihrer auf die Rassenscheidung gerichteten Tätigkeit gemacht haben. Auch diese *Schätzungen*, für die *nur wenige tatsächliche Anhaltspunkte* (Ausgliederung von Nichtariern aus dem öffentlichen Dienst und aus der NSDAP) vorliegen, gehen weit auseinander.
Der Durchschnitt dieser Schätzungen ergibt:

Volljuden nicht jüdischen Glaubens	300 000
(lt. Kartei über die Judentaufen bei der Reichsstelle für Sippenforschung)	
Jüdisch-deutsche Mischlinge 1. u. 2. Grades	750 000
Nichtarier insgesamt also:	
Volljuden (mosaisch)	475 000
Volljuden (nicht mosaisch)	300 000
Mischlinge 1. und 2. Grades	750 000
	1 525 000 =
	rd. 1½ Million.

(2,3 % der Gesamtbevölkerung).
Bei der Zählung von 1933 verteilte sich die Zahl der Religionsjuden (499 682) auf

Personen männlichen Geschlechts	238 747 (47,78 v. H.)
„ weiblichen Geschlechts	260 935 (52,22 v. H.)

Diese Anteilssätze der Geschlechter können bei der Gesamtzahl der Juden und der Mischlinge nur mit Vorsicht zu Grunde gelegt werden, da es nicht feststeht, ob diese Verteilung der Geschlechter bei der Nachkommenschaft aus Mischehen sich ebenso verhält, wie bei der aus Ehen zwischen Vollblutjuden. Legt man diese zu Grunde, so würden in der ermittelten Gesamtzahl der Nichtarier (rd. 1½ Million) enthalten sein:
728 645 Personen männlichen Geschlechts (also rd. 728 500)
Wie viele von diesen sich im wehrfähigen Alter von 18–45 Jahren befinden, kann nach den statistischen Angaben des Buches „Die Bevölkerungs- und Berufsverhältnisse der Juden im deutschen Reich" (Akademieverlag Berlin 1930) für Preußen im Jahre 1925 geschätzt

9 Tatsächlich hatten in den ersten beiden Jahren der NS-Herrschaft doppelt so viele Juden Deutschland dauerhaft verlassen.
10 Die Reichsstelle für Sippenforschung existierte 1935–1939, geleitet von dem Historiker Dr. Kurt Mayer. Vorläufer 1933–1935 war der „Sachverständige für Rasseforschung beim Reichsminister des Innern". Aus der Reichsstelle für Sippenforschung entstand 1939 das Reichssippenamt.

werden. Damals standen von der männlichen jüdischen Bevölkerung Preußens 45 v. H. in dem Alter vom vollendeten 18. bis zum vollendeten 45. Lebensjahr.
Die Anwendung dieses Hundertsatzes auf 728 500 Nichtarier männlichen Geschlechts ergibt als heutigen Stand
Juden und Mischlinge im wehrfähigen Alter 327 825 (also rd. 328 000)
Zusammenfassung:

Volljuden mosaischen Glaubens	475 000
Volljuden nicht mosaischen Glaubens	300 000
Mischlinge 1. und 2. Grades	750 000
	1 525 000
	rund $1\frac{1}{2}$ Million.
Davon männlichen Geschlechts	728 500
Davon Männer zwischen 18 u. 45 Jah.	328 000

Davon abzuziehen rd. 20 000 Ausländer
Verbleiben demnach: *308 000.*

DOK. 160
Der Centralverein deutscher Staatsbürger jüdischen Glaubens protestiert bei Oberbürgermeister Goerdeler am 8. April 1935 gegen den Boykott jüdischer Ärzte in Leipzig[1]

Schreiben des CV-Landesverbands Mitteldeutschland, Sabatzky, Leipzig, an OB Dr. Goerdeler[2] (Eing. 9. 4. 1935 Hauptverwaltungsamt), Leipzig, vom 8. 4. 1935[3]

Betrifft: *Beschwerde über Herrn Bürgermeister Haake*[4] *usw.*
Nach uns zugegangenen Mitteilungen hat in einer Fachschafts-Sitzung, die am 18. 3. 35 in der Alberthalle stattgefunden hat, Herr Bürgermeister Haake ungefähr folgendes ausgeführt: „Bei der Durchsicht der Abrechnung der Städtischen Beamten-Krankenkasse ist mir aufgefallen, dass immer noch viele Beamte zu nichtarischen Ärzten gehen. Wir haben gegen diese Herren nichts einzuwenden, es ist aber unmoralisch, wenn ein Beamter zu einem jüdischen Arzt geht!“[5]

1 StadtA Leipzig, Kap. I/122, Bl. 3+RS.
2 Dr. Carl Friedrich Goerdeler (1884–1945), Jurist und Politiker; von 1920 an 2. Bürgermeister in Königsberg i. Pr.; bis 1931 DNVP-Mitglied; 1930–1937 OB von Leipzig, von 1934 an zugleich Reichskommissar für Preisbildung und Preisüberwachung, 1937 Rücktritt als OB, danach Berater der Bosch AG; Mitverschwörer des Attentats vom 20. Juli 1944 (als Reichskanzler nach dem Sturz Hitlers vorgesehen), am 2. 2. 1945 hingerichtet.
3 Im Original handschriftl. Unterstreichungen, eine Unterschrift Goerdelers sowie ein von ihm unterschriebener Vermerk vom 13. 4. 1935 „Herrn Bm Haake“.
4 Rudolf Haake (1903–1945), Kaufmann; 1922 NSDAP-Eintritt; 1930–1933 NSDAP-Stadtverordneter in Leipzig; 1931–1932 Schriftleiter der NSDAP-Zeitung Der Freiheitskampf; 1933–1943 Bürgermeister in Leipzig und 1935–1937 Stellv. des OB, 1937 kommissar. OB, 1938–1939 OB, 1943 Versetzung in den Ruhestand.
5 Im Original ist die zweite Hälfte des Zitats, vermutlich von Goerdeler, handschriftl. unterstrichen worden.

Es ist fernerhin vorgekommen, dass eine Reihe von städtischen Beamten zu ihren Dienstvorgesetzten bestellt worden ist, und dass ihnen dort gesagt worden ist, dass jeder von ihnen, der zu einem jüdischen Arzt gehe, dem Personalamt gemeldet würde.
Ausserdem hat die Krankenkasse für die städtischen Beamten erklärt, dass diese nicht zu jüdischen Ärzten gehen sollen. Es handelt sich hierbei um einen durchaus ungesetzlichen Boykott, der in keiner Weise zulässig ist, da einmal die Juden ja auch im nationalsozialistischen Staat als Ärzte zugelassen sind und jeglicher Boykott an und für sich verboten ist und ein zweitesmal durch die Ärztezulassungsverordnung vom Jahr 1934 genau bestimmt ist, welcher Kreis von jüdischen Ärzten, also derjenige der Altärzte und Frontkämpfer, von Mitgliedern aller Krankenkassen, mithin auch der Beamtenkrankenkassen, aufgesucht werden darf.
Wir bitten den Herrn Oberbürgermeister ergebenst, dafür Sorge tragen zu wollen, dass der durch Herrn Bürgermeister Haake und die nachgeordneten Stellen sowie die Krankenkasse der Beamten ausgesprochene Boykott jüdischer Ärzte unverzüglich widerrufen wird.

DOK. 161

Jüdische Rundschau: Rede von Rabbiner Joachim Prinz im April 1935 über die soziale und kulturelle Isolation der jüdischen Bevölkerung[1]

Das Leben ohne Nachbarn
Versuch einer ersten Analyse. Ghetto 1935
(aus einer Rede: „Jüdische Situation – Heute") von *Joachim Prinz*[2]

Der folgende Abschnitt aus einem großen Vortrag gibt nur eine Analyse, ohne daß der – im Vortrag selbst vorgenommene – Versuch der Lösung hinzugefügt wurde.
Daß wir im Ghetto leben, das beginnt jetzt in unser Bewußtsein zu dringen. Dieses Ghetto freilich unterscheidet sich in vielem, im Begriff und in der Wirklichkeit, von dem, was wir bisher darunter verstanden. Gerade deshalb scheint eine Analyse des Ghettos als eines *inneren* und *äußeren* Zustandes, aber gerade in diesen inneren Qualitäten und Begriffsbestimmungen eine lohnende und für die Klärung der heutigen Situation wichtige Aufgabe zu sein.
Der innere Zustand, welchen wir „Ghetto" heißen, offenbart sich in einer Tatsache, für die es freilich nur *moralische* Maßstäbe gibt, welche innen wachsen und deshalb keine generelle Geltung haben. Maßstäbe, welche also graduell verschieden sind, je nach der Empfindsamkeit des einen und des anderen, und je nach den Ansprüchen, die er an das Leben stellt. Sei dem aber wie immer, so nennen wir Ghetto aus unserem Empfinden und aus unseren Lebensansprüchen heraus den Tatbestand, *daß wir in einem Lande leben, wir Juden in Deutschland, wo uns an vielen Stellen versichert wird, daß dieses unser Leben das*

1 Jüdische Rundschau, Nr. 31/32 vom 17. 4. 1935, S. 3.
2 Dr. Joachim Prinz (1902–1988), Rabbiner; 1926–1937 liberaler Rabbiner in Berlin; nach 1933 wegen seiner Reden gegen das NS-Regime mehrmals verhaftet; emigrierte 1937 in die USA, dort nach dem Krieg Vizepräsident und 1958–1962 Präsident des American Jewish Congress; Autor u. a. von „Wir Juden" (1934) und „Das Leben im Ghetto" (1937).

deutsche Volk belaste. Faßt man all das, was in den letzten zwei Jahren in gesetzgeberischen Akten, in amtlichen Verlautbarungen, in wichtigen Reden und in wesentlichen Maßnahmen geschehen ist, zusammen, so bekommt man dieses Ghetto-Resultat: unabhängig von unserem Willen, unserer Güte, unseren Fähigkeiten und alldem, was wir leisten oder nicht leisten, empfinden uns viele Menschen dieses Landes als eine Belastung ihres Volkslebens. Häufig wird von ihnen gesagt, daß das Dasein unserer Rasse, die Existenz unseres Geistes, das Vorhandensein unserer Religion, die Physiognomie unserer Gesichter, der Habitus unseres Lebens das Volk unglücklich mache. Zu solchen Werturteilen gibt es keine „Stellungnahme". Man kann sie nur zur Kenntnis nehmen; aber man kann sie unmöglich registrieren wie eine Tatsache, die „mich nichts angeht". Wie oft ist schon gesagt worden, daß Liebe den Geliebten etwas angeht, und auch das Gegenteil von Liebe geht uns etwas an, sofern es uns zum Gegenstande hat. Diejenigen sind vielleicht glücklich, die nur registrieren können und dann hinzufügen: was geht's mich an? Aber dieses Glück kommt aus einer flachen Seele und aus einem mangelhaften Gefühl für Ehre und Anstand. Diesem „Glück" soll man nicht das Wort reden. Es ist ein unedles und falsches Glück. Wir anderen empfinden es als ein *Unglück*, und da wir nicht dem Willen des deutschen Volkes, welches uns als Belastung empfindet, raschestens und ohne Zögern haben entsprechen können, da viele Juden aus Rücksicht auch auf die ökonomische Situation des Volkes selbst, aber auch auf innere Vorgänge in uns selbst, hiergeblieben sind und in einer Anzahl von ein paar 100 000 Menschen hier sind, werden wir uns des *inneren Ghettos* bewußt, welches dieses Hiergebliebensein in uns zeugt. Freilich, man müßte uns freisprechen, wenn man uns wegen minderer moralischer Qualität vor Gericht stellte. Es ist nicht das, was uns den Aufenthalt verlängerte, aber *unser Leben bleibt ein Ghettoleben, das Leben im Bewußtsein, für viele Millionen ein „Gast" zu sein, dessen Leben, ja, dessen bloße Existenz dem Gastgeber nach seiner Aussage Licht, Luft und Freude einschränkt.*

Zu diesem inneren Zustand, den wir „Ghetto" nennen, kommen andere hinzu. Das mittelalterliche Ghetto wurde abends geschlossen. Hart und grausam fiel das Tor zu. Sorgsam wurden die Riegel vorgeschoben: man kam aus der „Welt" und ging in das Ghetto. Heute ist es umgekehrt. Wenn sich unsere Haustür hinter uns schließt, *kommen wir aus dem Ghetto und gehen in unser Heim.* Das ist ein fundamentaler Unterschied. Das Ghetto ist kein *geographisch umgrenzter Bezirk* mehr, wenigstens nicht in dem Sinne, wie es das Mittelalter kannte. Das Ghetto, das ist die „Welt". Draußen ist das Ghetto für uns. Auf den Märkten, auf der Landstraße, in den Gasthäusern, überall ist das Ghetto. Es hat ein Zeichen. Das Zeichen heißt: nachbarlos. *Des Juden Los ist: nachbarlos zu sein.* Vielleicht gibt es das nur einmal auf der Welt, und wer weiß, wie lange man es ertragen kann: das Leben ohne Nachbarn. Ueberall kennt das Leben den nachbarlichen Menschen. Das ist nicht der Freund, aber einer, der gewillt ist, *mit* dem anderen das Leben zu tragen, es ihm nicht zu erschweren, sein Mühen und sein Hasten mit freundlichen Augen zu betrachten. Das fehlt. Die Juden der großen Stadt spüren das nicht so, aber die Juden der kleinen Städte, die am Marktplatz wohnen ohne Nachbarn, deren Kinder in die Schule gehen ohne Nachbarkinder, spüren die Isolierung, welche die Nachbarlosigkeit bedeutet, die grausamer ist als alles andere, und es ist vielleicht für das Zusammenleben von Menschen das härteste Los, das einen treffen kann. Wir würden das alles nicht so schmerzlich empfinden, hätten wir nicht das Gefühl, dass wir einmal Nachbarn besessen *haben.*

Noch etwas anderes sei hinzugefügt. Wir leben in einer sehr merkwürdigen Kultursituation. Nur der erblindete Blick kann das nicht erkennen, und der Betrieb, den wir um das alles machen, täuscht in der Tat darüber hinweg. Aber wer auch nur von oben her die kulturelle Situation der Juden in Deutschland betrachtet und nur ein ganz klein wenig den Firnis abschält, der sich über ein scheinbar gigantisches Gemälde hinzieht, weiß, daß das alles ein *Torso* ist von einer erschreckenden Dürftigkeit und mit einer klaffenden Wunde. Wenn man bedenkt, daß wir innerhalb des deutschen Kulturschaffens keinen legitimen Ort mehr haben, nicht so sehr von uns her, sondern von jener Kultur aus, dann entpuppt sich uns das alles, was wir so an Kultur „betreiben". Wir spielen Beethoven, Bach und Mozart, wir kehren zu Goethe und Hölderlin zurück, wir lauschen sehnsüchtig den großen Offenbarungen dieser heiligen Deutschen. Das ist eine gute Sache, und die Rückkehr zu alten Dingen hat immer etwas Schönes und Ergreifendes. Aber welches Schauspiel, welche Tragödie für Menschen, die in einer Zeit leben, ohne *in ihr* zu leben. *Wir haben keinen Zeitstellenwert* in dieser deutschen Gegenwart. Wir sind auch kulturell aus den Angeln gehoben, und man hat uns ein Senkblei in die Hand gegeben, welches wir in den Ablauf der deutschen und europäischen Kulturereignisse hineinsenken, und mit einem raschen Schnitt trennen wir die große Literatur von einst, der wir uns hingeben, von der Literatur, Malerei, Musik von heute, der wir uns nicht hingeben dürfen. Die Tatsache, daß wir z. B. auf unseren Bühnen keinen heutigen deutschen Dramatiker spielen dürfen, die Tatsache, daß kein großes deutsches Orchester die Melodien, die Schöpfungen eines Juden von heute spielen würde, die großen Barrieren, die vor der Schöpfung unserer Maler stehen, verurteilen unsere kulturelle Situation zu einem *Scheinleben von grausamer Wirklichkeitsferne.* Da hilft auch kein Betrieb, kein Verein, kein Kulturbund. Denn es gibt keine „*befristete Kultur*"! Ich weiß nicht, wie lange man so leben kann. Ich weiß nicht, wie lange die Jugend so leben kann. Mit Erinnerungen kann man zwar überwintern, und die Erlebnisse an einst, an die Zeit, in der es wenigstens in etwa einen legitimen Anspruch der Juden auf die Mitarbeit und das Mitschaffen gegeben hat, an die Zeit, in der Gustav Mahler Musik schrieb und Gundolf[3] Goethe deutete, sind der große und schöne Vorratsraum, in den man gehen kann, wenn man will. Aber *wir* haben ihn noch. Unsere Jungen haben ihn nicht. Das ist eine Frage. Es ist keine Antwort. *Es gibt keine Antwort.*

Zum Ghetto, zu unserem Ghetto von 1935, gehört auch neben der Kultursituation etwas, was man schwer bezeichnen kann, und was unser *Leben in der deutschen Landschaft* umschreibt. Tönende Worte braucht man darüber nicht zu machen. Man braucht nur einmal am Tage durch die deutschen Lande zu fahren, jetzt im Frühling, wenn das neue Leben sich regt, und das frische Grün die Wiesen überzieht, die Bäche im Gebirge silbern glänzen, die Bäume blühen und die Wälder auf den Bergen ringsum jung und frisch dastehen. Nur das braucht man, und man spürt es mit aller Gewißheit und mit einer elementaren Kraft, die stark ist wie ein Axiom: daß wir an diese Landschaft gebunden sind, gebunden sind bis in alle Zeit, und daß die Sehnsucht vieler Juden, die aus Deutschland in das karstige Palästina gingen, die Sehnsucht nach den rauschenden Wäldern und den fetten Wiesen, echt und sauber ist. In diese Landschaft sind wir hineingeboren. Ich will nichts von der Mystik oder dem Mythos einer Landschaft sagen. Ich kenne auf diesem Gebiete nicht die Grenzen. Aber abseits von alledem ist die Bindung groß, stark und echt. Und doch hat sie sich in den letzten zwei Jahren verwandelt. Denn Landschaft ohne Menschen gibt es nicht. Das ist eine Chimäre, ein Schatten, ein Bild, eine Wandtafel, nichts an-

3 Dr. Friedrich Gundolf, eig. Gundelfinger (1880–1931), Literaturhistoriker und Schriftsteller; von 1920 an Professor für deutsche Literaturgeschichte in Heidelberg; Autor u. a. von „Goethe" (1916).

deres. Zur Landschaft, zur wirklichen Landschaft gehören Menschen und ihr Leben, ihr Denken, ihre Art, zu reagieren, was sie empfinden, und welches die Formen ihres Lebens sind. Nie hat man zur nackten Landschaft eine Beziehung, der Landschaft ohne Menschen, und nie außerhalb der bloßen Ästhetik ist die Landschaft menschenleer. Ist das aber so, dann beginnt allmählich die Landschaft, in der wir leben, ihr Antlitz zu verändern. Denn wo in der Welt könnte die Beziehung noch ungestört sein, wenn es innerhalb dieser Landschaft Pfähle gibt. Barrieren, Schilder, die mir, dem in dieser Landschaft Lebenden, den Eintritt zu ihr verwehren. Das wird für mich zu einem Pfahl im Fleische der Landschaft, und ihr Körper wird ganz und gar verwundet. Denn zu wissen, dass Landschaften im Gebirge, in der Ebene und am Meere, kleine Dörfer und Städte den Eintritt des Juden, also meinen Eintritt, nicht wünschen, das macht nicht nur traurig. Es wäre zu wenig; sondern *es verwandelt die Landschaft selbst auch, ihr objektives Bild, ihre Erscheinung, nicht nur meine Empfindung*. Und Berge, Flüsse, Bäume und Wiesen beginnen in einer ungeahnten, nie geglaubten Verwandlung uns ihre Grimasse zu schneiden. An dieser Demaskierung einer Landschaft, die auch die unsere ist, zeigt sich unser Ghettobestand von neuem.

Das Ghetto 1935 hat seine Mauern zwar auch in dem Gefüge der Maßnahmen und Gesetze. Es ist aber gut, wenn wir die unsichtbaren Mauern sehen, die der Kultur, der Landschaft und des inneren Reagierens. Es ist gut für uns und für die anderen zu wissen, was das eigentlich heißt: Ghetto 1935.

Dies alles wird hier ohne jeden Groll und ohne den Ton der Anklage gesagt. Wir sind uns viel zu sehr der Größe des geschichtlichen Umbruchs bewußt, als daß wir auf dieses Schicksal mit unfruchtbaren Klagen reagieren sollten. Wir wissen nur das eine: die geschilderte Existenzform kann nicht die repräsentative jüdische Lebensform sein. Und wir wissen, daß im gleichen Zeitalter, das uns diese unerwartete Veränderung unseres Lebens gebracht hat, eine *neue* Form des jüdischen Lebens und eine Umformung des jüdischen Menschen im Lande der jüdischen Geburt und der jüdischen Wiedergeburt vor sich geht.

DOK. 162

Berliner Tageblatt: Artikel vom 20. April 1935 über die Forderung des Deutschen Gemeindetags, städtische Finanzbeihilfen für jüdische Schulen abzuschaffen[1]

Beihilfen für jüdische Schulen. Gemeindetag wünscht Neuregelung[2]

In Kreisen der deutschen Gemeinden sind Zweifel entstanden über die weitere Gültigkeit der älteren schulrechtlichen Bestimmungen, welche die gemeindlichen Schulunterhaltungsträger verpflichten, für jüdische Schulen und jüdischen Religionsunterricht Kostenbeihilfen zu leisten. Dabei wird die Auffassung vertreten, dass es Sache der jüdischen Gemeinden oder Schulgesellschaften sei, die erforderlichen Mittel aufzubringen. Dem steht entgegen, dass *die bisherigen gesetzlichen Bestimmungen über die gemeindliche Beitragspflicht noch nicht aufgehoben*, sondern formal noch in Geltung sind. In Preussen bestand

1 Berliner Tageblatt (Morgenausg.), Nr. 187 vom 20. 4. 1935, S. 4.
2 Gemeindetag: Deutscher Gemeindetag.

eine gesetzliche Verpflichtung zur Bereitstellung der für den jüdischen Religionsunterricht früher hergegebenen öffentlichen Mittel nicht.
In einer Klage der Synagogengemeinde gegen die Stadt Hannover hat das Bezirksverwaltungsgericht Hannover die Zulässigkeit des Verwaltungsstreitverfahrens verneint, weil die jüdische Religionsschule, für die eine Weitergewährung der Kommunalbeihilfe beantragt ist, nicht als eine der allgemeinen Schulpflicht dienenden Schule im Sinne der gesetzlichen Bestimmungen angesehen werden könne. Die Klage wurde aber auch deshalb abgewiesen, weil die gesetzlichen Bestimmungen, auf die der Anspruch sich gründet, die Vorschrift enthalten, dass in Ermangelung einer gütlichen Vereinbarung *die Höhe der Beihilfe vom Minister festzusetzen sei.*
Dabei sei, wie das Gericht sagt, nicht etwa daran gedacht, dass der Minister nur über die Höhe der Beihilfen zu entscheiden habe, die Entscheidung sei ihm vielmehr im vollen Umfange übertragen.
Der Gemeindetag, der diese Entscheidung wiedergibt, knüpft daran die Erwartung, dass sowohl wegen des jüdischen Volksschulwesens wie auch wegen der Erteilung von jüdischem Religionsunterricht von Rechts wegen eine grundsätzliche Neuregelung erfolgt.

DOK. 163
Der Romanist Victor Klemperer beschreibt am 2. Mai 1935 seine Entlassung als Professor an der Technischen Hochschule Dresden[1]

Handschriftl. Tagebuch von Victor Klemperer,[2] Eintrag vom 2. 5. 1935

2. Mai, Donnerstag
Auf Montag war ich insofern gespannt, als es sich da zeigen mußte, ob Studierende aus dem P.I.[3] zu mir kamen, das am 24/4 begonnen hatte. Es kam niemand. Übermäßig tragisch brauchte ich das deshalb nicht zu nehmen, weil von den 200 neuen P.I.-Studenten auch bei Janentzky[4] nichts zu spüren sein soll. Man hat ihnen offenbar gesagt: „Das Institut wird von der Hochschule losgelöst, verliert also erst nicht Eure Zeit mit den dortigen Collegien".
Ich las also vor meinem Leipziger u. vor Susi Hildebrandt,[5] der mit dem Hasen u. der Petrarca-Vorlesung.[6] Es erschien auch Lore Isakowitz[7] u. bat mich um Bücher – sie will sich

1 Victor Klemperer, Tagebuchaufzeichnungen, Nr. 136-1-3/036/00189-037/00190; SLUB, Abt. Sammlungen, Ref. Handschriften/Seltene Drucke, Mscr.Dresd.App.2003, Nachlass Klemperer, Victor (1881–1960). Abdruck in: Klemperer, Ich will Zeugnis ablegen, Bd. 1, S. 195–197.
2 Dr. Victor Klemperer (1881–1960), Romanist; 1905–1912 Journalist und Schriftsteller in Berlin, 1920 bis 1935 Professor für Romanistik an der TH Dresden; 1940 Einweisung in ein „Judenhaus", von 1943 an Zwangsarbeit; 1945 KPD-Eintritt; 1947–1960 Professor in Greifswald, Halle und Berlin; Autor u. a. von „Die französische Literatur von Napoleon bis zur Gegenwart" (4 Bde. 1925–1931) und „LTI. Notizbuch eines Philologen" (1947).
3 P.I.: Pädagogisches Institut der TH Dresden.
4 Dr. Christian Janentzky (1886–1968), Germanist; 1922–1952 Professor an der TH Dresden.
5 Susi Hildebrandt, Tochter eines nichtjüdischen Niedersedlitzer Industriellen. Sie studierte bei Victor Klemperer und hielt den Kontakt zu ihm auch nach seiner Entlassung aufrecht.
6 Vermutlich meint Klemperer seine Dante-Vorlesung im vorigen Semester, für die er als Dank von der Studentin einen von ihrem Vater geschossenen Hasen geschenkt erhielt; siehe Eintrag vom 21. 2. 1935, Klemperer, Ich will Zeugnis ablegen, Bd. 1, S. 185.

jetzt ein Diplom am orientalischen Seminar in Berlin holen –, die ich für Dienstag versprach. Am Di[enstag] Morgen, ohne alle vorherige Ankündigung – mit der Post zugestellt zwei Blätter: a) Ich habe auf Grund von § 6 des Gesetzes zur Wiederherstellung des Berufsbeamtentums ... Ihre Entlassung vorgeschlagen.[8] Entlassungsurkunde anbei. Der kommissarische Leiter des Ministeriums für Volksbildung. b) „Im Namen des Reiches" die Urkunde selber, unterzeichnet mit einer Kinderhandschrift: Martin Mutschmann.[9] Ich telefonierte die Hochschule an; dort hatte man keine Ahnung. Göpfert,[10] der Kommissar, gibt sich nicht damit ab, das Rektorat um Rat zu fragen. Erst war mir abwechselnd ein bißchen betäubt und leicht romantisch zumut; jetzt ist nur die Bitterkeit u. Trostlosigkeit fühlbar.

Meine Lage wird eine überschwere. Bis Ende Juli soll ich noch das Gehalt bekommen, die 800 M., mit denen ich mich so quäle, u. danach eine Pension, die etwa 400 betragen wird. Ich ging am Dienstag Nachm[ittag] zu Blumenfeld,[11] der inzwischen den Ruf nach Lima endgültig erhalten hat, u. ließ mir die Adresse der Hilfsstellen geben. Mittwoch, am „Festtag der nationalen Arbeit", in den es hineinschneite, correspondierte ich stundenlang. Drei gleichlautende Briefe an die „Notgemeinschaft deutscher Wissenschaftler im Ausland", Zürich, an den „Academic Assistance Council", London, an das „Emergency Committee in Aid of German Scholars", New York City.[12] Dazu Hilferufe („SOS" schrieb ich) an Dember[13] in Istanbul und an Vossler:[14] Spitzer[15] geht von Konstantinopel nach USA (aber er hat sich zu Dember wenig freundlich über mich geäußert). Überall betonte ich, daß ich auch deutsche Literatur, auch vergleichende Literatur lesen könne (Mein Lektorat in Neapel, meine Vertretung Walzels[16] bei den Prüfungen usw.), daß ich in französischer und italienischer

7 Lore Petzal, geb. Isakowitz (*1915), Tochter eines Zahnarztes, stammte aus Dresden. Ihre Familie war mit Klemperer befreundet. Sie emigrierte mit ihren Eltern 1936 nach Großbritannien und arbeitete mehrere Jahre für den 1933 nach England emigrierten Soziologen Karl Mannheim (1893–1947).

8 Mit dem § 6 konnten „zur Vereinfachung der Verwaltung" Beamte in den Ruhestand versetzt werden; siehe dazu das Berufsbeamtengesetz vom 7. 4. 1933, Dok. 29.

9 Mutschmann war NSDAP-Gauleiter und Reichsstatthalter von Sachsen.

10 Arthur Göpfert (*1902), Lehrer; 1923 NSDAP-Ortsgruppenleiter und Stadtrat in Glauchau, 1930–1945 Gauobmann des NS-Lehrerbunds Sachsen und Gauamtsleiter für Erziehung; 1933 Ministerialrat, 1935–1945 Leiter des sächs. Staatsministeriums für Volksbildung.

11 Dr. Walter Georg Blumenfeld (1882–1967), Elektroingenieur und Psychologe; 1924–1934 Professor am Pädagogischen Institut der TH Dresden; 1936 Emigration nach Peru, dort Professor und Direktor des Instituts für Psychopädagogik an der Universität San Marcos in Lima.

12 Alle drei Organisationen waren 1933 gegründet worden, um wegen ihrer Religion oder ihrer politischen Meinung verfolgte Akademiker zu unterstützen. Neben der Vermittlung von Kontakten zwischen Emigranten und interessierten wissenschaftlichen Institutionen bemühten sich alle Hilfsorganisationen um die Beschaffung zusätzlicher Mittel, um außerplanmäßige Stellen für Emigranten einzurichten.

13 Dr. Harry Dember (1882–1943), Physiker; Professor an der TH Dresden; emigrierte 1933 in die Türkei, dort Professor in Istanbul, später emigrierte er in die USA. Dember war einer von über 30 Professoren und Assistenten, die die Notgemeinschaft deutscher Wissenschaftler im Ausland 1933 nach Istanbul vermitteln konnte; Dalaman, Türkei, S. 100–105.

14 Dr. Karl Vossler (1872–1949), Romanist; 1909 Professor in Würzburg, 1911 in München, nach 1945 Rektor der Universität München.

15 Dr. Leo Spitzer (1887–1960), Romanist; 1925–1930 Professor in Marburg, 1930–1933 Rektor des Romanischen Seminars an der Universität Köln; 1933 emigrierte er in die Türkei, Professor in Istanbul, 1936 ging er in die USA.

16 Dr. Oskar Walzel (1864–1944), Germanist; 1897 Professor für neuere deutsche Literatur an der Universität Bern, 1907 an der Technischen Hochschule Dresden und 1921–1933 an der Universität Bonn; Autor u. a. von „Die deutsche Romantik" (1908).

Sprache sogleich (!), in spanischer Sprache in kurzem (!!) vortragen könnte, daß ich das Englische „lese" u. in ein paar Monaten nötigenfalls auch sprechen würde.
Aber was hilft all diese Geschäftigkeit? Einmal ist die Aussicht auf einen Posten ganz gering, da ja der deutsche Run seit reichlichen zwei Jahren im Gang u. unbeliebt ist. Sodann u. vor allem: Welchen Posten könnte ich annehmen? Eva,[17] die in der letzten Zeit wieder viel leidend war – erneute Zahnbehandlung, Wurzelentzündung, allgemeiner Nervenstreik –, wäre ihrer Erklärung nach u. auch faktisch in jeder Pension oder möblierter oder Stadtwohnung eine Gefangene; sie braucht Haus u. Garten. Und sie würde das Haus hier um keinen Preis dauernd aufgeben. Es könnte also nur ein besonders gut dotierter Posten sein, den ich anzunehmen vermöchte. Die Chance ist nicht größer als die aufs große Los, wenn man Lotterie spielt. [...][18]

DOK. 164

Naftali Unger unterrichtet am 8. Mai 1935 die Palestine Shipping Company über die Schwierigkeiten, Ausbildungsplätze für jüdische Jugendliche auf Schiffen zu erhalten[1]

Schreiben von Naftali Unger (N/G),[2] ungez., z. Zt. Giwath Brenner,[3] Post Rechowoth, an die Palestine Shipping Comp. Ltd.,[4] z. Hdn. des Ersten Offiziers Herrn Rosenthal,[5] Haifa, vom 8. 5. 1935 (Durchschrift)

Sehr geehrter Herr Rosenthal!
Vielen Dank für Ihren Brief vom 10. 4. 1935,[6] den ich erst heute erhalten habe, da er mir aus Deutschland nachgeschickt wurde.
Ich glaube, dass wir beide in unseren Bestrebungen gar nicht so weit auseinandergehen. Was mich aber zu meiner bisherigen Stellungnahme veranlasst hat, möchte ich Ihnen kurz darstellen, damit diese Dinge erledigt sind. Ich werde höchstwahrscheinlich in 14 Tagen in Haifa sein, und ich hoffe, dass wir dann die Möglichkeit haben werden, uns noch ausführlicher zu sprechen.

17 Eva Klemperer, geb. Schlemmer (1882–1951), Pianistin; seit 1906 mit Victor Klemperer verheiratet. Die Ehe mit ihr, die Nichtjüdin war, bedeutete für Klemperer einen partiellen Schutz vor Verfolgung.
18 Der Rest des Eintrags an diesem Tag bezieht sich auf Geldprobleme des Ehepaars Klemperer.

1 IGDJ, Archiv 14-027.
2 Naftali Unger (1908–1987) war Zionist und reiste 1933–1934 im Auftrag der jüdischen Gewerkschaft Palästinas (Histadrut) nach Deutschland, um die Hachschara mitzuorganisieren. Zusammen mit Lucy Borchardt versuchte er, die Ausbildung jüdischer Jugendlicher auf Schiffen zu fördern.
3 Giwath, auch Givat Brenner: Zionistischer Kibbuz in Palästina, 1928 gegründet und nach dem zionistischen Schriftsteller Joseph Chaim Brenner (1881–1921) benannt, der in Haifa während eines arabischen Aufstands starb.
4 Die Palestine Shipping Comp. Ltd. wurde 1934 gegründet.
5 Hans Rosenthal, zuvor 1. Offizier einer großen Bremer Schifffahrtsgesellschaft, wurde dann Kapitän des Schiffes Atid der Hamburger Fairplay-Reederei, später der Atid-Navigation Comp. Ltd., Haifa. Er wechselte Anfang 1935 zur Palestine Shipping Comp. Ltd. und wurde Offizier auf dem Schiff Tel Aviv.
6 In diesem Schreiben antwortete Rosenthal auf die Kritik Ungers an Rosenthals Wechsel von der Atid auf die Tel Aviv. Er betonte, es sei sein Ziel, eine jüdische Schifffahrt aufzubauen; Schreiben Rosenthal an Unger vom 10. 4. 1935, wie Anm. 1.

Wie Sie wissen, haben wir unsere jungen Leute nur durch die „Fair Play"[7] in seemännische Berufe unterbringen können.[8] Die „Fair Play" Reederei hatte durch diese Ausbildung keinen finanziellen Vorteil. Im Gegenteil, es war für sie noch mit Ausgaben verbunden, und was noch viel mehr wiegt, [es] waren die behördlichen Schwierigkeiten, die sie dadurch bekam, ausserordentlich gross. Ich weiss das aus eigener Erfahrung, da ich vor 3 Wochen noch selbst mit dem Arbeitsamt in Hamburg in Verbindung stand und die „Fair Play" scheute keinerlei Mühe, sich sowohl mit dem Arbeitsamt Hamburg, mit dem Treuhänder der Arbeit und mit dem Seeamt in Verbindung zu setzen, damit wir die Möglichkeit haben, unsere jungen Leute auf ihren Schiffen unterzubringen.

Noch lange bevor die „Tel-Aviv" nach Palästina gehen sollte, habe ich [mich] gleich mit dem ersten Prokuristen, Herrn Gumprich, in Verbindung gesetzt, damit er uns ebenfalls die Möglichkeit gibt, Menschen zur Ausbildung zur Bernstein-Reederei[9] zu bringen. Dieses Versprechen wurde mir auch gegeben, und ich verpflichtete mich, für jede Bewerbung einen Lebenslauf, Lichtbild, Gesundheitsattest sowie Zeugnisabschriften versehen mit unserem eigenen Gutachten der Bernstein-Reederei einzuschicken. Dieser Verpflichtung bin ich nachgekommen und habe der Bernstein-Reederei vier Bewerbungen eingeschickt. Auf diese vier Bewerbungen hin bekam ich keinerlei Antwort. Die Firma hielt es auch nicht für nötig, mir zumindest die eingeschickten Unterlagen zurückzusenden. Ich setzte mich daraufhin mit dem Syndikus, Herrn Dr. Gottschalk,[10] in Verbindung, der mir versprach, mit Herrn Arnold Bernstein[11] selbst zu sprechen. Dieses tat er auch und teilte mir mit, dass ich Herrn Arnold Bernstein, der seinerzeit für einige Tage nach Hamburg kam, sprechen kann. In der Unterredung, die ich mit Herrn Bernstein hatte, sagte er mir, dass er es mit sich nicht verantworten kann, junge jüdische Leute jetzt auf deutschen Schiffen unterzubringen. Als ich ihm erklärte, dass es unseren Leuten nichts ausmache, und dass wir selbst bei Reedereien, die keinerlei Palästina-Interessen haben, Menschen untergebracht haben (z. B. Julius Schindler),[12] verwies er mich an Kapitän Jochimsen. Ich trat nun mit Herrn Kapitän Jochimsen in Verbindung und erklärte mich ebenfalls bereit, dieselben Unterlagen für jede einzelne Bewerbung einzuschicken. Und ich tat es diesmal nur mit einer Bewerbung, und darauf hin erhielt ich einen ablehnenden Bescheid. In dem Bescheid wurde mir gesagt, dass sie in der Einstellung von Leuten von der deutschen Arbeitsfront abhängig sind; 2. keine Menschen anstellen können, von denen sie nicht vorher einen persönlichen Eindruck gewonnen haben. Zur ersten Behauptung möchte ich sagen,

7 Die 1905 gegründete Fairplay Schleppdampfschiffs-Reederei Richard Borchard GmbH, Hamburg, existiert noch heute. Inhaberin und Geschäftsführerin war Lucy Borchardt, später Borchard (1877–1967). 1933 gründete sie zudem die Reederei „Atid" (hebräisch: Zukunft), für den Seeweg von Europa nach Palästina. Sie emigrierte 1938 nach London.

8 Siehe die Erwähnung im Bericht des Hilfsausschusses der Vereinigten Jüdischen Organisationen Hamburgs für 1933 und 1934, Dok. 150.

9 Bernstein-Reederei: Arnold Bernstein Shipping Company.

10 Gottschalk arbeitete als Rechtsanwalt für die Palestine Shipping Comp. Ltd.

11 Arnold Bernstein (1888–1971), Reeder; gründete 1911 ein Handelsgeschäft in Hamburg, von 1919 an als Reeder tätig, zunächst im transatlantischen Fracht-, dann im Passagiergeschäft; 1933 emigrierte er in die USA; 1937 wurde er während eines Aufenthalts in Deutschlands wegen Devisenvergehens verhaftet und bis 1939 inhaftiert, danach Rückkehr in die USA.

12 Die Tankreederei Julius Schindler war 1922 als selbständige Schwesterfirma der Ölwerke Julius Schindler gegründet worden. Julius Schindler war schon 1930 über die Schweiz nach Frankreich ausgewandert. Die Geschäfte führte Robert Schindler.

dass die deutsche Arbeitsfront auf die Einstellung von Leuten keinerlei Einfluss ausübt, zumal es sich in diesem Fall um zusätzliche Arbeit handelt, d. h. dass die Einstellung von anderen Leuten dadurch nicht beeinträchtigt wurde. Zur zweiten Begründung möchte ich Ihnen sagen, wie sich die Firma das vorstellt, dass, wenn wir irgendwo in Köln oder München einen Jungen zu sitzen haben, der Seemann werden will, ihn nur zur Vorstellung nach Hamburg rufen, um ihn dann evtl. wieder nach Haus zu schicken. Ich glaube, dass die eingesandten Unterlagen genügen müssen (sie genügten nämlich auch den anderen Reedereien).

Bei einer solchen Einstellung, glaube ich, kann die Reederei keinen besonderen Anspruch darauf erheben als jüdisch bezeichnet zu werden, denn eine jüdische Seefahrt kann nur von *Seeleuten* aufgebaut werden und nicht von jüdischen Stewards, Musikern usw., und wenn diese jüdischen Seeleute momentan noch nicht da sind, und wenn ich sehr gut verstehe, dass man die Sicherheit eines Schiffes [nicht] durch eine nicht erstklassige Mannschaft gefährden darf, so hätte die Firma doch den Versuch unternehmen müssen, sich diesen seemännischen Nachwuchs heranzuziehen. Diese Möglichkeit hat sie ohne weiteres, indem sie Menschen auf der Nord-Atlantic Linie (Antwerpen-New York) einstellt. Das war meine Forderung. Ich habe gar keinen Wert darauf gelegt, dass sie besonders viel jüdische Leute auf das Schiff „Tel-Aviv" bringt, weil ich von vornherein wusste, dass dort die Menschen auf Plätze gestellt werden, die sie meistens nur mit den Passagieren in Verbindung bringen wird. Die wenigen Menschen des Hechaluz, die eingestellt worden sind, sind tatsächlich nur an solche Punkte gestellt worden. (Die Menschen des Hechaluz sind nicht mit unserer Hilfe eingestellt worden, und wir haben diese Stellen auch nicht als Hachscharah anerkennen können).

Alle diese Bemühungen sind fehlgeschlagen. Ich habe mich aber trotzdem noch nicht zufrieden gegeben und habe mich mit Hilfe des Palästina-Amts Berlin noch einmal an die Bernstein-Reederei gewandt. Das Palästina-Amt erhielt die Zusage, dass die Fa. Arnold Bernstein bereit ist, „6 junge Deutsche jüdischen Glaubens" auf der Nord-Atlantic Linie einzustellen. Eine nochmalige Bewerbung, die ich einschickte, ist nach 3 Wochen immer noch unbeantwortet geblieben. Inzwischen verliess ich Hamburg und kann Ihnen nicht sagen, wie sich die Dinge weiter entwickelt haben.[13]

Wie ich Ihnen schon oben sagte, wollte ich Ihnen dies alles bereits schriftlich mitteilen, damit wir bei unserer Unterredung nicht unnötig Zeit mit diesen vergangenen Dingen verlieren, und dass wir die Möglichkeit haben werden, uns darüber klar zu werden, wie wir in dieser Angelegenheit etwas unternehmen können, dass die jüdische Seefahrt vorwärts kommt. Hoffentlich wird uns dies bei unserer Unterredung gelingen.

Inzwischen grüße ich Sie mit vorzüglicher Hochachtung und Schalom

13 Ungers Versuch, die Bernstein-Reederei für die Seefahrtshachschara zu gewinnen, scheiterte.

DOK. 165
Besprechung des Heereswaffenamts mit dem Flick-Konzern am 22. Mai 1935 über eine „Arisierung" der Waffenfabrik Simson in Suhl[1]

Vermerk der Konzernleitung Flick (St/Ga.), Steinbrinck,[2] [Berlin], vom 23. 5. 1935

Betr.: Simson/Suhl.

Am 22. Mai besuchte uns Oberstleutnant Dr. Zeidelhack[3] vom HWA[4] in der Angelegenheit Simson/Suhl und teilte folgendes mit:

Er komme im Auftrag der Herren General Liese,[5] Oberst Leeb[6] und wahrscheinlich auch General von Reichenau[7] und im Einvernehmen mit dem Preussischen Innenministerium, Herrn Keppler[8] und Reichsführer-SS Himmler, um bei der Gruppe Mittelstahl/Flick festzustellen, ob wir bereit seien, Simson/Suhl zu übernehmen.[9] Die Dinge hätten sich in den letzten Tagen so entwickelt, dass Herr Arthur Simson[10] seine schriftliche Einverständniserklärung zum Verkauf des Werkes gegeben habe. Er sei grundsätzlich bereit, seine Firma mit allem Zubehör zu verkaufen. Voraussetzung sei für ihn, dass der Käufer genehm wäre und die 100-jährige Tradition seiner Firma in Bezug auf die Erhaltung des Arbeiterstandes, ständige Beschäftigung des Werkes usw. fortführe. Zeidelhack fügte hin-

1 IfZ/A, MA 1555-39, NI-5337.

2 Otto Steinbrinck (1888–1949), Berufsoffizier; von 1925 an Mitarbeiter in Flicks Privatsekretariat, später Vorstandsmitglied mehrerer Gesellschaften; 1933 NSDAP- und SS-Eintritt; 1937–1939 Generalbevollmächtigter des Flick-Konzerns, 1940–1942 Generalbevollmächtigter für die Stahlindustrie in Luxemburg, Frankreich und Belgien, später auch der Reichsvereinigung Kohle für den Bergbau und die Kohlewirtschaft; 1947 im Nürnberger Flick-Prozess zu fünf Jahren Haft verurteilt.

3 Dr. Johann Martin Zeidelhack (1891–1955); lebte in München; 1929 Oberregierungsrat im Reichswehrministerium, 1934 Geschäftsführer für das Heereswaffenamt bei der Montan GmbH, von 1944 an wieder in München; 1947 bei Entnazifizierung von der Spruchkammer München als Mitläufer eingestuft.

4 HWA: Heereswaffenamt, die Zentralstelle für die technische Entwicklung und Fertigung von Waffen, Munition und Gerät des deutschen Heeres.

5 Kurt Liese (1882–1945), Berufsoffizier; 1933–1938 Chef des Heereswaffenamts, 1937 General der Infanterie.

6 Wilhelm Ritter von Leeb (1876–1956), Berufsoffizier; 1930–1933 Befehlshaber des Wehrkreises VII und Landeskommandant in Bayern, 1933–1938 Oberbefehlshaber der Reichswehr-Gruppe II, 1939 Oberbefehlshaber der Heeresgruppe C (Westen), 1941 der Heeresgruppe Nord, 1942 Generalfeldmarschall; 1948 im Nürnberger OKW-Prozess verurteilt.

7 Walter von Reichenau (1884–1942), Berufsoffizier; von 1929 an im Reichswehrministerium und Chef des Stabs der Nachrichteninspektion, von 1934 an Chef des Wehrmachtsamts im Reichskriegsministerium, 1940 Generalfeldmarschall, 1941 Oberbefehlshaber der 6. Armee, später der Heeresgruppe Süd.

8 Wilhelm Keppler (1882–1960), Ingenieur; 1927 NSDAP- und 1933 SS-Eintritt; von 1931 an Hitlers Wirtschaftsberater, 1933 Kommissar für Wirtschaftsfragen in der Reichskanzlei, 1936 Berater Görings (Beauftragter für den Vierjahresplan), 1938 Staatssekretär z.b.V. im AA und Reichsbeauftragter für Österreich; 1942 SS-Obergruppenführer; 1949 im Wilhelmstraßenprozess zu zehn Jahren Haft verurteilt, 1951 entlassen.

9 Der Flick-Konzern war seit Herbst 1934 an den Simson-Werken interessiert. Nach der Verhaftung von Arthur Simson wurde dem Konzern vom HWA und der Reichskanzlei signalisiert, dass der bereits ausgehandelte Kaufpreis von neun Millionen RM unter den aktuellen Umständen noch reduziert werden könne; Notiz des Flick-Konzerns vom 9. 5. 1935; wie Anm. 1, NI-5335. Gekürzter Abdruck in: Kennzeichen J, S. 51–53.

10 Arthur Simson (1882–1969), Unternehmer; Teilhaber und technischer Direktor der Waffenfabrik Simson & Co. Suhl, schied Ende 1934 unter Druck aus dem Vorstand aus, wegen angeblichen Landesverrats verhaftet; emigrierte 1936 in die Schweiz, später in die USA.

zu, dass bei den 4 genannten Reichsstellen, nämlich dem Reichswehrministerium, dem Preussischen Innenministerium, dem Reichsführer-SS und dem Beauftragten des Führers für wirtschaftliche Fragen der Wunsch bestehe, dass unsere Gruppe die Berlin-Suhler Waffenfabrik aus dem Besitz der Familie Simson übernehme. Wenn wir hierzu bereit seien, würde Arthur Simson für die Aufnahme von Verhandlungen in Freiheit gesetzt werden. – Für die weitere Behandlung sei in Aussicht genommen, dass sich von den 4 genannten Reichsstellen das Reichswehrministerium ermächtigen lasse, die Form und die Führung dieser Verhandlungen zu bestimmen. Man denke sich dann, dass unter dem Vorsitz von Keppler eine Besprechung einberufen werde, an welcher teilnehmen die Herren Flick, Rechtsanwalt Koch, Treuhänder Hoffmann, Arthur Simson und Vertreter des Reichswehrministeriums. Es bestehe die Absicht, die Verhandlungen sehr schnell zu fördern, da spätestens am 23. 6. die Angelegenheit erledigt sein müsse.

Dr. Z. deutete an, dass der von den 4 Reichsstellen geäusserte Wunsch für unsere Gesellschaft eine besondere Bedeutung habe und das starke Vertrauen bezeuge, dessen sich die Gruppe Flick erfreuen könne. Als neue Reflektanten seien in den letzten Tagen noch erschienen: Klöckner[11] und Hermann Röchling.[12] Man wolle aber am liebsten die Verhandlungen mit uns führen.

Herr Flick[13] erklärte offiziell, dass er bzw. die Mitteldeutschen Stahlwerke oder die Maxhütte grundsätzlich bereit sind, dem Wunsch der Reichsstellen zu entsprechen und das Werk zu übernehmen, wobei jedoch noch eine Reihe von Vorfragen zu klären seien:

1. die Preisfrage,
2. die Frage der künftigen Beschäftigung des Unternehmens und
3. die Rohstoff-Frage.

Bezüglich der *Preisfrage* soll, nach Mitteilung von Dr. Z., Herr Arthur Simson erklärt haben, dass Herr Flick seinerzeit RM 10 Millionen für Suhl geboten habe. Dr. Z. wurde dahin informiert, dass uns der Kaufpreis von HWA mit RM 8–9 Millionen angegeben worden wäre. In den früheren Verhandlungen, die Dr. Bruhn geführt hätte, sei ein allgemein gehaltener Vorschlag, wonach die Hälfte angezahlt werden, der Rest als Hypothek auf eine Reihe von Jahren stehen bleiben könnte, von Simson grundsätzlich angenommen worden. Wir hätten dann im Anschluss an die Besprechung mit Oberst Büchs im Oktober 1934 die Idee erwogen, RM 3 Millionen auszuzahlen und RM 6 Millionen über 6–10 Jahre verteilt stehen zu lassen. In diesem Sinne sei auch flüchtig mit Koch oder Dr. Bruhn gesprochen, ein konkretes Angebot unsererseits aber nicht gemacht worden.

Bezüglich der *künftigen Beschäftigung* teilte Dr. Z. mit, dass auch nach Auffassung von Keppler die Möglichkeit bestehe, zur Sicherung der Beschäftigung des Werkes die Bedin-

11 Peter Klöckner (1863–1940), Kaufmann; 1906 Gründung der Eisenhandelsfirma Klöckner und Co. in Duisburg, später Ausbau zur Klöckner-Werke AG.

12 Hermann Röchling (1872–1955), Unternehmer; seit 1898 geschäftsführender Gesellschafter der Firma Gebrüder Röchling (Bank und Großhandel in Eisen und Kohle) und technischer Leiter der Röchling'schen Eisen- und Stahlwerke GmbH in Völklingen an der Saar.

13 Friedrich Flick (1883–1972), Unternehmer; von 1913 an kaufmännischer Direktor der Eisenindustrie zu Menden und Schwerte AG, 1915 Vorstandsmitglied und Mehrheitsaktionär der AG Charlottenhütte, 1926 Gründer der Mitteldeutschen Stahlwerke AG, später Eigentümer eines der bedeutendsten Montankonzerne im Deutschen Reich; 1937 NSDAP-Eintritt; 1947 im Nürnberger Flick-Prozess zu sieben Jahren Haft verurteilt und enteignet, 1950 vorzeitig entlassen; danach Wiederaufbau des Flick-Konzerns.

gung zu stellen, dass etwa 60 % des Gesamtbedarfs l.M.G.[14] nach Suhl gegeben werden. Die geldliche Lage des Unternehmens sei zur Zeit günstig. Im Vorjahr sei ein Betrag von RM 1 580 000 verdient und zum grossen Teil ausgeschüttet worden. Das Investitionsprogramm, welches demnächst beschlossen werden solle, sähe einen Aufwand von RM 1,3 Millionen, fertigzustellen bis 1. Oktober 1936, vor.
Auch die Frage der *Rohstoffbasis* (Aufstellung eines Elektrostahlwerks und Stabwalzwerks in Unterwellenborn) könne gleichfalls unsererseits angeschnitten werden.
Grössere Schwierigkeiten bereite zweifellos noch die personelle Frage, insbesondere die Auseinandersetzung mit der thüringischen Regierung sowie mit dem Treuhänder Hoffmann.
Die derzeitige Leitung bestehe aus einem Ingenieur Heinen, welcher auf Veranlassung des HWA in die Geschäftsführung eingetreten sei und aus dem Kaufmann Berkutz, der die Verhältnisse sehr genau kenne.
Die Unterredung schloss damit, dass Herr Flick Herrn Dr. Zeidelhack beauftragte, Herrn Keppler und den übrigen in Betracht kommenden Stellen die Bereitwilligkeit des Herrn Flick, die Verhandlungen aufzunehmen, offiziell zu erklären. Zur weiteren Behandlung der Angelegenheit war eine Besprechung mit General Liese für Montag, den 27. Mai in Aussicht genommen.[15]

DOK. 166

Werdauer Zeitung: Bericht vom 23. Mai 1935 über einen antisemitischen Vortrag in einer Versammlung des Frauenamts der Deutschen Arbeitsfront[1]

Aufklärungsversammlung der DAF. (Frauenamt) über die Judenfrage[2]

Im Schützenhause sprach gestern in einer Versammlung des Frauenamtes der hiesigen DAF. – Ortsgruppe Pg. *Pleißner*[3] – Zwickau in längeren, richtungweisenden Ausführungen über die Judenfrage, die es verdienen, in das Blickfeld der breiten Oeffentlichkeit gerückt zu werden.
Ausgehend von den jüngsten Verzettelungsmanövern des internationalen Judentums, das sowohl im Kairoer[4] wie im Berner[5] Prozeß eine Art Störungsfeuer in das politische Erwa-

14 l.M.G: leichtes Maschinengewehr.

15 Auf Vorschlag des Thür. Gauleiters Sauckel wurde das Unternehmen mit Genehmigung Hitlers bis zum Mai 1936 jedoch in die reichseigene Wilhelm-Gustloff-Stiftung umgewandelt; siehe Dok. 134 vom 31. 8. 1934.

1 Zeitungsausschnitt Werdauer Zeitung, Nr. 119 vom 23. 5. 1935; Sächs. HStA, Nachrichtenstelle der Sächsischen Staatskanzlei/583, Bl. 53.

2 Auf dem Original mehrere handschriftl. Unterstreichungen und ein Stempel: „Eigentum der Nachrichtenstelle in der Staatskanzlei. In Umlauf gegeben am 25. Mai 1935."

3 Paul Pleißner, Buchhalter; war 1934 NSDAP-Ortsgruppenleiter Zwickau-Eckersbach sowie 1940/1941 Siedlungsbeauftragter in Zwickau.

4 In Kairo hatten 1933 Juden den dortigen Deutschen Klub zivilrechtlich auf Schadenersatz wegen moralischen Schadens für das Judentum verklagt, weil dieser eine Propagandaschrift des deutschen AA zum Judenboykott an ägyptische Geschäftsleute verteilt hatte. Die Klage wurde 1934 abgewiesen.

5 In Bern hatte ein Gericht am 14. 5. 1935 die „Protokolle der Weisen von Zion" als Fälschung und Plagiat eingestuft und die Herausgeber zu einer Geldstrafe verurteilt.

chen der Völker hineintragen wollte, schilderte er den zersetzenden Einfluß des Judentums auf den Bestand ihrer Gastvölker. Im Altertum wie in der jüngsten Zeit hat es das auserwählte Volk verstanden, seinen Gastgeber politisch und wirtschaftlich sich hörig zu machen und, selbst stets im Hintergrund bleibend, einen systematischen Zermürbungskampf gegen [dessen] Rasse mit allen Mitteln und auf allen Gebieten zu führen. Durch die Breslauer Paßfälscherzentrale eines Dr. Rathenau sind fast 80000 Juden in Deutschland eingeschmuggelt worden.[6] „Und er rief sein Volk ins Land ..." Der Antisemitismus ist kein Religionskampf; denn der Talmud ist nicht vergleichbar mit anderen religiösen Grundgesetzen, seine Vorschriften sind vielmehr rein völkische Rassengesetze.
Wollte man ihnen folgen, die Völker der Welt [zu] beherrschen, dann mußte man ihnen ihre arteigene Weltanschauung – und damit ihre Kraft – nehmen, sie internationalisieren. So wurde über die internationalen Freimaurerlogen der Intellektuelle, über den Marxismus der deutsche Arbeiter eingefangen und seelisch und rassisch entwurzelt, so wurde in den 100 Jahren des liberalistischen Zeitalters das deutsche Volk seines Führergedankens beraubt. Hinter den politischen Morden von Sarajewo[7] und von Jekaterinburg,[8] hinter der Entartung der deutschen Kunst, hinter der Verseuchung von Moral und Sitte, hinter der Entweihung alles dessen, was heilig war, stand immer wieder nur eine Macht – das internationale Weltjudentum. Vom Theater, vom Kino, von der in seiner Hand befindlichen Presse aus wurde die deutsche Volksseele planmäßig und unaufhörlich vergiftet. In die Reihen des deutschen Adels drangen die Juden mit dem Golde ihrer Töchter, die Reinheit des Blutes zerstörend und Bastarde erzeugend.
Kampf der Rasse gegen die Rasse – dazu lehrt das jüdische Gesetz: Willst du dein Volk beherrschen, dann geh hin und verdirb seine Frauen. Das begann mit den marxistischen Lehrern, mit den Jugendorganisationen, mit der Verherrlichung der unehelichen Geburten und dem „Menschenrecht der Abtreibung". Das Ziel war die Zertrümmerung der deutschen Familie als des stärksten Bollwerkes gegen den rassischen Untergang. Gerade die deutsche Frau als Hüterin des größten Teiles unseres Volksvermögens wurde ins Warenhaus gelockt, kaufte dort billigen und minderwertigen Tand und dachte nicht daran, daß diese Preise erkauft waren mit dem Ruin deutscher schaffender Menschen, wie sie selbst einer war, denen der jüdische Kapitalismus einfach nur den Bankerott als Wahl noch gelassen hatte. Aber auch körperlich mußte der Jude die Frau vergiften, indem er sie sich durch die Not oder die zerstörten Erziehungsbegriffe in die Arme treiben ließ. Der Antisemitismus ist nicht, wie es von jenseits der Grenzen von Semiten und Semigranten herüberschallt, die Schande des 20. Jahrhunderts – er ist das Ende einer unaufhörlichen Kette von Schändungen deutscher Frauenehre!
Der Andersrassige besitzt in unserm Volke, das nun durch den Kampf des Nationalsozialismus wieder seine verschüttet gewesene Seele freigelegt hat, nur Gastrecht, und das nur so lange, wie er sich anständig aufführt. Die Säuberung des deutschen Volkes ist auch auf rassischem Gebiete ein Ringen um jede einzelne Seele. Niemals wieder dürfen die Verräter an Deutschlands Arbeit und am deutschen Arbeiter Einfluß auf die Gestaltung deutschen Schicksals gewinnen und auf die deutsche Aufbauarbeit. Sie haben unserem Volke

6 Bezug nicht ermittelt.
7 In Sarajewo fielen am 28. 6. 1914 der Thronfolger Österreich-Ungarns, Erzherzog Franz Ferdinand, und seine Frau einem Attentat zum Opfer, das den Ersten Weltkrieg auslöste.
8 In Jekaterinburg (Russland) wurden Mitte Juli 1918 Zar Nikolaus II. und seine Familie ermordet.

Führertum und Ziel genommen, der Nationalsozialismus hat ihm beides wiedergegeben. Jeder Bauer weiß von den rassischen Eigenschaften seiner Haustiere, jeder Hundezüchter schafft die einmal rassisch verdorbene Hündin ab, jeder Intellektuelle ist stolz auf den Stammbaum seines Luxushundes – nur dem Menschen als höchstem Lebewesen die Pflicht zur Reinhaltung seiner Rasse zuzuerkennen, das glaubt mancher nicht einsehen zu müssen. Das Dritte Reich wird erst dann da sein, wenn jeder deutsche Mensch auch in Rassefragen nationalsozialistisch denkt, handelt und sich einsetzt für die große deutsche Schicksalsgemeinschaft!
Am Schluß der mit Beifall aufgenommenen Darlegungen dankte Ortswalter Pg. Ilse[9] dem Redner und gab bekannt, daß der Kampf künftig in die Betriebsgemeinschaften hineinverlegt werde. In einem Gedenken an die große Kanzlerrede[10] ließ er die Versammlung in einem Sieg Heil auf den Führer unseres Volkes ausklingen.

DOK. 167

Paula Tobias protestiert beim Reichswehrministerium am 24. Mai 1935 gegen die Benachteiligung ihrer Söhne durch das neue Wehrgesetz[1]

Schreiben, gez. Paula Tobias, Bevern, Kreis Holzminden/Weser an das Reichswehrministerium Berlin vom 24. 5. 1935 (Abschrift)

An das Wehrministerium, Berlin,
ich bitte darum, beifolgende Schriftstuecke[2] zu lesen und mich wissen zu lassen, warum unsere Kinder im Wehrgesetz denen gleichgestellt werden, die mit schweren Ehrenstrafen gerichtlich bestraft wurden?[3] Wir haben alles, was wir als vollkommen selbstverstaendlich fuer unser deutsches Vaterland getan und hingegeben haben, niemals mit dem Gedanken an irgendwelchen Lohn getan. Aber dass als Quittung dafuer unsere Kinder wie gemeinste Verbrecher hingestellt werden, das haben wir nicht verdient. Fuer uns ist die „deutsche Treue" nie ein leeres Wort gewesen. Wir haben sie gehalten und halten sie weiter, selbst wenn sie uns heut gebrochen wird und wir dafuer verlacht werden, dass wir sie dennoch weiter halten. Fuer uns ist wie fuer Hindenburg die Treue das Mark der Ehre und wird es wie fuer ihn bis zum letzten Augenblick bleiben. Fuer Hindenburg gab es keinen andern Gesichtspunkt als die durch Tatsachen erwiesene Bewaehrung im Kriege. Wenn heut sein Vermaechtnis, das Frontkaempferkreuz am schwarz-weiss-roten Band, uns in demselben

9 Rudolf Ilse (1906–1940); 1925 SA- und 1926 NSDAP-Eintritt, von 1934 an Leiter der DAF-Ortswaltung und der NSBO-Ortsgruppe in Werdau; 1935–1940 Ratsherr der Stadt Werdau.
10 Bezieht sich vermutlich auf die von Hitler am 21. 5. 1935 im Reichstag gehaltene Rede zur Wiedereinführung der Wehrpflicht in Deutschland; VB (Norddt. Ausg.), Nr. 142 vom 22. 5. 1935, S. 1–4. Siehe dazu auch das folgende Dokument vom 24. 5. 1935.

1 Dok. in: Paula Tobias, Mein Leben in Deutschland vor und nach dem 30. Januar 1933, März 1940, S. 75; Harvard-Preisausschreiben, Nr. 235.
2 Liegen nicht bei.
3 Das Gesetz über Wehrpflicht und Wehrdienst vom 21. 5. 1935 bestimmte in § 15 die „arische Abstammung" als Voraussetzung für den aktiven Wehrdienst bzw. für die Offizierslaufbahn und verbot Angehörigen der Wehrmacht die Ehe mit Personen „nichtarischer Abstammung"; RGBl., 1935 I, S. 609–614, hier S. 611.

Atemzug erreicht, in dem uns die schwarz-weiss-rote Flagge, die wir in den Augen der ganzen hiesigen Bevoelkerung immer mit Fug und Recht gefuehrt haben, verboten wird, so ist das auch fuer arische Deutsche peinlich, besonders fuer alte Soldaten.[4] Gewiss, dass entgegen unserer bis jetzt noch immer gehegten Hoffnung auch die Wehrmacht uns jetzt verfemt, das kann uns die Ehre so wenig nehmen, wie es alle bisherigen Massnahmen getan haben.[5] Wir wissen heut, dass es trotz aller Schwere leichter ist, Unrecht zu leiden als Unrecht zu tun, und dies Bewusstsein laesst uns unsere Haltung nicht verlieren. Aber waere es nicht fuer *alle* und in erster Linie fuer Deutschland, um das es sich ja letzten Endes einzig und allein handelt, besser, dies Unrecht wuerde nicht geschehen?

DOK. 168
Rechtsanwalt Leopold Weinmann fordert vom Reichsinnenministerium am 26. Mai 1935, gegen die Urheber antijüdischer Gewalttaten in München vorzugehen[1]

Schreiben von Dr. Weinmann,[2] München, Neuhauserstraße 31, an das RMdI (Eing. 28. 5. 1935 Vm.) vom 26. 5. 1935[3]

Im öffentlichen Interesse gestatte ich mir, die Aufmerksamkeit des Reichsministeriums des Innern auf die derzeitigen in München bestehenden unhaltbaren Zustände zu lenken. Es dürfte bekannt sein, dass seit einiger Zeit in München zur Nachtzeit die Auslagenscheiben jüdischer Geschäfte von unverantwortlichen Elementen besudelt und zertrümmert werden.
Am 18. V. 1935 – einem Samstag Nachmittag – wurden zum ersten Mal gelegentlich der wegen der Caritassammlung entstandenen Unruhen auch die Inhaber jüdischer Geschäfte angepöbelt und zum Schliessen ihrer Geschäfte gezwungen.[4]
Am 25. V. 1935 – wiederum einem Samstag Nachmittag – es wird offensichtlich systematisch die beste Geschäftszeit der Woche von diesen Elementen ausgesucht – erreichte das verbrecherische Treiben den Höhepunkt. Eine Anzahl jüdischer Geschäfte in der Neuhauserstrasse, wie z. B. die Klosterdrogerie – Inhaber Eugen Fröhlich[5] –, das Pelzgeschäft Orliansky, Salberg, das Musikhaus Koch, die Firma Jakob und andere, auch in anderen Strassen, wurden wiederum zum Schliessen gezwungen. Angestellte einzelner Firmen, wie z. B. der Firma Salberg, wurden, wie mir mitgeteilt wird, von eindringenden Rowdies als „Judenmenschen" bezeichnet und schwer misshandelt, weil sie der Aufforderung, den

4 Mit dem Runderlass (II 1 B 2 – 61250/J 195/35) hatte das Gestapa am 12. 2. 1935 Juden das Zeigen der Hakenkreuz- und der schwarz-weiß-roten Flagge verboten; BArch, R 58/276, Bl. 12.

5 Schon am 25. 3. 1935, kurz nachdem die Regierung das Gesetz zum Aufbau der Wehrmacht erlassen hatte, forderte Leo Baeck im Namen der Reichsvertretung der deutschen Juden in einem Brief an Reichswehrminister von Blomberg die gleichberechtigte Teilnahme am Wehrdienst. Der Brief wurde vom CV als Rundschreiben bekanntgemacht; siehe Pariser Tageblatt, Nr. 487 vom 13. 4. 1935, S. 2.

1 BArch, R 1501/127079-35, Bl. 95–98.

2 Dr. Leopold Weinmann (1884–1936), Jurist; Rechtsanwalt in München, nahm sich 1936 das Leben.

3 Im Original handschriftl. Unterstreichungen und Änderungen.

4 Zu den Vorfällen anlässlich der Caritassammlung siehe das Schreiben des Reichsstatthalters in Bayern, Franz von Epp, an den RuPrMdI vom 27. 5. 1935, BArch, R 1501/127079-35, Bl. 107–112.

5 Eugen Fröhlich (1874–1942), Kaufmann; emigrierte 1939 nach London.

Laden zu verlassen, nicht nachkamen. Gänzlich unbeteiligte Passanten, die ihrer Entrüstung über dieses Treiben Ausdruck gaben, wurden gleichfalls in rohester Weise misshandelt. Es ist mir bekannt, dass ein alter Herr, der sich über die Gewalttaten mit Recht empörte, niedergeschlagen und sehr erheblich verletzt wurde, sodass er nicht mehr aufstehen konnte.

Ich wohne in dem dem vorerwähnten Herrn Fröhlich gehörigen Anwesen in der Neuhauserstrasse 31. Ich wollte gerade um 3 Uhr nachmittags das Haus in Begleitung meiner Frau betreten, als sich die geschilderten Vorfälle ereigneten. Als ich gleichfalls wie zahlreiche andere Umstehende meiner Entrüstung über dieses Treiben Ausdruck gab, wurde ich von einer Rotte von Burschen, die offenbar die Urheber der Überfälle auf das Geschäft des Herrn Fröhlich und die benachbarten Geschäfte waren, angepöbelt und bedroht. Nachdem ich mich ins Haus begeben und die Haustüre versperrt hatte, suchten 4 oder 5 dieser Rowdies die Türe zu erbrechen und ins Haus einzudringen. Ich verständigte sofort von meiner Wohnung aus telefonisch das Überfallkommando, das in kürzester Zeit erschien und bald die Ruhe und Ordnung wieder herstellte. Ob Verhaftungen vorgenommen wurden, ist mir nicht bekannt.[6] Bei dem vorerwähnten Sturm auf die Haustüre wurde die eingesetzte Glasscheibe zerbrochen.

Diese Zustände sind unhaltbar. Es kann unmöglich geduldet werden, dass sich in einer Kultur- und Fremdenstadt wie München Wildwestszenen mit systematischer und pünktlicher Periodizität abspielen. Es wird hierdurch nicht nur das Ansehen der Staatsautorität im Innern, sondern auch das kulturelle Ansehen des Reiches im Ausland, in der übrigen Kulturwelt, aufs Schwerste geschädigt. Auch wirtschaftliche Nachteile sind für die Geschäftswelt *allgemein* mit diesem gesetzwidrigen Treiben verbunden. Denn die Kauflust des Publikums verschwindet begreiflicher Weise bei solchen tumultuarischen Szenen vollkommen. Gerade auch arische Geschäftsinhaber haben diese Tatsache festgestellt und ihrer Empörung Ausdruck gegeben. Sogar das Ergebnis der am letzten Samstag veranstalteten Strassensammlung dürfte durch die geschilderten Vorgänge sehr ungünstig beeinflusst worden sein. Gerade in der Zeit, in der der Fremdenverkehr in München einsetzt, sind diese wirtschaftlichen Schädigungen um so erheblicher, wenn Verbrecher durch Landfriedensbruch, Hausfriedensbruch, Körperverletzungen und Nötigungen am hellen Tage in den Strassen Münchens ihr Unwesen treiben.

Es wird daher im allgemeinen Interesse gebeten, dass durch energisches Einschreiten der Behörden die Wiederholung dieser Vorgänge verhindert und die Schuldigen, soweit sie ermittelt werden können, einer strengen Bestrafung zugeführt werden.[7]

6 Zu den Ausschreitungen siehe den Bericht der Polizeidirektion München vom 26. 5. 1935, BayHStA, StK 106411; auch in: Die Juden in den geheimen NS-Stimmungsberichten, CD, Nr. 862.

7 Gauleiter Wagner erklärte der Presse am 26. 5. 1935, verbrecherische Elemente hätten Terrorgruppen gebildet, um die „antisemitische Bewegung vorwärts zu treiben". Die für die Ausschreitungen der vergangenen vierzehn Tage Verantwortlichen würden vor Gericht gestellt; „Gegen Terrorgruppen in München – Eine Bekanntmachung der Polizeidirektion München", Münchner Neueste Nachrichten, Stadtnachrichten und General-Anzeiger, Nr. 145 vom 27. 5. 1933, S. 9. Die an den Ausschreitungen maßgeblich beteiligte SS wurde von der SS-Standortführung München am 28. 5. 1935 angewiesen, „schärfste Disziplin" zu wahren; Schreiben des SS-OA Süd München an Staatsminister Adolf Wagner vom 29. 5. 1935, BayHStA, StK 5618.

DOK. 169
Beschwerde einer Mutter über die Beteiligung ihres fünfzehnjährigen Sohns an den nächtlichen HJ-Aktionen gegen Münchener Juden (ca. 26. Mai 1935)[1]

Vermerk, undat. und ungez.[2]

Eine Aufklärung zum Punkt: *Judenbekämpfung.*
Eine Mutter von einem Hitlerjungen, der in den Bann 37 Hörwarthstr. eingereiht ist, meldet Folgendes:
In der Nacht vom 11. auf 12. Mai musste ich wegen Unpässlichkeit aufstehen. Es war ½12 Uhr. Als ich in die Küche kam, war mein 15jähriger Bub gerade daran, sich anzukleiden. Auf meine Frage, was er denn tue, sagte er mir, dass sie um 12 Uhr nachts Appell hätten. Die Mutter vermutete einen Traum und wollte ihn wieder ins Bett schicken. Doch er weigerte sich entschieden und pochte auf seine Pflicht. Kurz darauf verliess er die Wohnung und wurde auf der Treppe von einem anderen 14jährigen Burschen erwartet. Ich hörte, wie mein Bub gefragt wurde, ob er denn eine ätzende Farbe bei sich habe. Als der Bub heimgekommen (5 Uhr morgens) fragte ich ihn sofort, was er denn mit einer ätzenden Farbe zu tun hätte. Nach längerem Zögern gestand er mir, dass sie die Schaufenster der Juden bekleben und beschmieren mussten. Es wurden von jedem Trupp, der so ungefähr 500 Mitglieder zählt, die 40 Besten zu dieser Aktion herausgesucht. Um 3 Uhr früh wurden wieder Zettel am Königsplatz frisch gefasst, doch war man mit der Aktion schon so ziemlich fertig. Einige Burschen wurden von der Polizei verhaftet, mussten aber bald wieder freigelassen werden. Anscheinend wurde die Polizei von der Aktion nicht verständigt. Zu meiner ganz großen Überraschung sagte mir mein Bub, dass sie strengen Auftrag hatten, den Eltern vom Appell und der Aktion nichts [zu] sagen. Mein Junge, in seinem kindlichen Unverstand, sagte mir noch freudigen Herzens, dass dies sein schönster Appell gewesen sei. Die Mutter war ob dieser Vorkommnisse sehr empört; denn es wird doch dadurch die Autorität der Eltern vollständig untergraben. Die Kinder werden schon in frühester Jugend jeder Kontrolle der Eltern entzogen und zur Ungesetzlichkeit angeleitet.

1 BArch, R 1501/127079-35, Bl. 106.
2 Das Dokument befindet sich in derselben Akte wie das vorstehend abgedruckte Dok. 168 vom 26. 5. 1935. Es bildet eine von vier Anlagen des Schreibens des Ordinariats des Erzbistums München und Freising an das RMdI vom 27. 5. 1935; ebd., Bl. 99.

DOK. 170
Das Geheime Staatspolizeiamt Berlin fordert vom Reichsjustizminister am 28. Mai 1935, Eheschließungen zwischen Juden und Nichtjuden zu verhindern[1]

Schreiben des Gestapa Berlin (II 1 B 2 – J. 562/35), i. V. Dr. Best,[2] an den RJM (Eing. 18. 6. 1935) vom 28. 5. 1935[3]

Betr. Jüdische Mischehen.
Arische Volksgenossen, die mit einem Angehörigen der jüdischen Rasse die Ehe geschlossen haben, sind der deutschen Volksgemeinschaft verloren. Im Hinblick darauf, dass ihre Nachkommen nicht reinblütig sind, können ihnen nach den nationalsozialistischen Grundsätzen die Rechte arischer Volksgenossen nicht zuerkannt werden.
Die Anfechtung einer Ehe zwischen einem arischen und einem nichtarischen Ehepartner wegen der besonderen Eigentümlichkeiten der verschiedenen Rassen ist nach einer Entscheidung des Reichsgerichts praktisch nicht mehr möglich, da seit Bekanntgabe des nationalsozialistischen Programms ein Irrtum über die Rassenzugehörigkeit als persönliche Eigenschaft in der Regel ausgeschlossen sein dürfte.[4]
Im Interesse der Reinerhaltung der Rasse scheint jedenfalls die Verhinderung der Eheschliessung zwischen Ariern und Nichtariern ein notwendiges Erfordernis. Trotz der umfangreichen Aufklärung ist jedoch die Erfahrung gemacht worden, dass weite Kreise des deutschen Volkes die Schädlichkeit der jüdischen Rasse noch nicht im vollen Umfange erkannt haben. Aus dieser Unkenntnis ist es zu erklären, dass auch heute noch viele Mischehen geschlossen werden. Solange diese Frage jedoch gesetzlich noch nicht geregelt ist, ist den beteiligten Behörden die Möglichkeit zum Einschreiten nicht gegeben.
In mehreren Fällen ist es der Staatspolizei zwar gelungen, durch Vorladung des arischen Teils und durch eingehende Aufklärung über die auch für die Nachkommen entstehenden Nachteile die beabsichtigte Eheschließung in letzter Stunde zu verhindern, wobei fast immer festgestellt werden konnte, daß dieser Schritt in völliger Verkennung der Folgen getan werden sollte.
Es hat sich aber herausgestellt, dass die Tätigkeit der Staatspolizei in dieser Hinsicht nur geringe Wirksamkeit haben kann, solange ihr nicht alle den Standesämtern gemeldeten Fälle dieser Art bekannt werden.

1 BArch, R 3001/459, Bl. 109 f.
2 Dr. Werner Best (1903–1989), Jurist; von 1929 an Ger.Ass. an Amtsgerichten in Hessen; 1930 NSDAP- und 1931 SS-Eintritt; 1933 Staatskommissar für das Polizeiwesen in Hessen, 1935 stellv. Chef der Gestapo, 1939–1940 Chef des Amts I im RSHA, 1940–1942 Chef des Verwaltungsstabs beim Militärbefehlshaber Frankreich, 1942–1945 Reichsbevollmächtigter in Dänemark; 1948 Todesurteil in Kopenhagen, aber 1951 amnestiert und entlassen; danach Rechtsanwalt und Rechtsberater der FDP Nordrhein-Westfalen.
3 Im Original mehrere handschriftl. Wiedervorlagevermerke, u. a. „gesetzliche Regelung wird z. Zt. erwogen" und „Nach 2 Wochen, 6. 7.".
4 Das Reichsgericht hatte zwar das Anfechtungsbegehren eines nichtjüdischen Ehepartners gegen die 1930 geschlossene Ehe abgewiesen, zugleich aber grundsätzlich erklärt, dass eine Anfechtung im Ausnahmefall zulässig sei, wenn der „deutschblütige Ehegatte" zum Zeitpunkt der Hochzeit nichts von der jüdischen Herkunft des Ehepartners gewusst habe; Entscheidungen des Reichsgerichts in Zivilsachen, 145. Bd., S. 1. Siehe auch Dok. 109 vom 23. 3. 1934, Anm. 5.

Ich habe deshalb bei dem Herrn Reichsminister des Innern angeregt, den Standesbeamten aufzugeben, Fälle der beabsichtigten Eheschließung zwischen Ariern und Nichtariern den örtlichen Staatspolizeistellen bekanntzugeben, damit von diesen durch Vorladung und Aufklärung der Eingehung einer Mischehe entgegengearbeitet werden kann.[5]
Ich bitte, dafür eintreten zu wollen, daß in dieser für die Reinerhaltung der Rasse überaus wichtigen Frage baldige gesetzliche Regelung die zur Zeit bestehenden Schwierigkeiten aus dem Wege räumt.[6]

DOK. 171
Professor Johann Plesch antwortet der Kaiser-Wilhelm-Gesellschaft am 29. Mai 1935 auf deren Nachzahlungsforderungen[1]

Schreiben von Prof. Dr. Johann Plesch,[2] ungez., London, an das Sekretariat der Kaiser-Wilhelm-Gesellschaft zur Förderung der Wissenschaften, Berlin C2, vom 29. 5. 1935 (Abschrift)

Sehr geehrter Herr Sekretär.
Als ich mich im Mai 1933 gezwungen fühlte, Deutschland zu verlassen, habe ich alle meine Verpflichtungen und Mitgliedschaften dort gekündigt. Mein ganzes Hab und Gut ist behördlich unter Beschlag gelegt, so dass ich nicht in der Lage bin, über meine Bücher und Korrespondenz verfügen zu können. Genau so steht es mit dem Abzeichen.[3]
Die ganzen Fragen sind noch im Fluss, und ich möchte Sie deshalb bitten, solange mit der Erledigung zu warten, bis die Angelegenheit behördlich ihren Abschluss findet. Einen Termin dafür anzugeben, bin ich ausser Lage, da ich auf den Gang der Dinge keinen Einfluss ausüben kann und darf, doch seien Sie stets davon überzeugt, dass ich die erste Gelegenheit wahrnehmen werde, diese Angelegenheit, die mir stets auch eine Herzens-Angelegenheit war, nach Tunlichkeit bestens zu erledigen.
Mit den besten Wünschen für das Bestehen und Gedeihen der Gesellschaft verbleibe ich, mit vorzüglicher Hochachtung

5 Das RMdI verbot mit seinem Erlass vom 27. 7. 1935 an die Standesämter solche Eheschließungen; siehe Dok. 181.
6 Dies wurde mit dem sog. Blutschutzgesetz vom 15. 9. 1935 realisiert; siehe Dok. 199.

1 JMB, DOK-86-25-328.
2 Dr. Johann Plesch (1878–1957), Mediziner; von 1926 an Mitglied der Kaiser-Wilhelm-Gesellschaft zur Förderung der Wissenschaften; im Mai 1933 emigrierte er nach London, später in die USA. Nach größeren Schwierigkeiten konnte er mit einem zusätzlichen brit. Examen im Exil seinem Beruf wieder ausüben; wie Anm. 1 sowie MPG-Archiv, Abt. I, Rep. 1 A B Mitglieder, Johann Plesch (3002-18).
3 Am 4. 4. 1935 hatte die Kaiser-Wilhelm-Gesellschaft von Plesch verlangt, sein Mitgliedsabzeichen der Gesellschaft zurückzugeben und noch für zwei Jahre seine Mitgliedsbeiträge nachzuzahlen; wie Anm. 1, DOK-86-25-326.

DOK. 172
Der Stürmer: In einem vorgeblichen Leserbrief wird der Oberbürgermeister von Meißen im Mai 1935 als „Judenknecht" beschimpft[1]

Was sich im Meißener Rathaus zutrug

Lieber Stürmer![2]
Schon sehr, sehr lange kenne ich Dich. Als Du damals noch „vervielfältigt" werden mußtest, befaßte ich mich bereits mit Dir und mußte dabei erkennen, daß Du da schon eine eiserne Sprache – hart aber wahr – geredet hast. Ja, als man uns verlachte und als Narren hielt, warst Du stets mein Freund und Begleiter. Mehr als ein Dutzend Jahre sind nun ins Land gegangen. Du bist nie müde geworden, schöpfst noch Kraft aus dem harten Kampf und sprichst heute immer und immer wieder aus demselben Sprachrohr. Du hast mitgesiegt!
Wie notwendig Deine Sprache aber auch in Zukunft ist, will ich Dir nun kurz schildern: Im hiesigen Rathaus (Wohlfahrtsamt–Allgemeine Fürsorge, Zimmer 22) klebte innen an der Türe, so daß es Jedermann, der in dieses Zimmer kam, sehen und lesen mußte, einige Wochen lang ein Schildlein mit dem bekannten Text: „*Wer beim Juden kauft, ist ein Volksverräter!*" Wir, Deine alten Freunde, freuen uns über so etwas. Es stimmt ja auch. Aber denk Dir, das hat so einem Judenknecht und Volksverräter, der sich durch den Spruch betroffen fühlte, nicht gepaßt. Er hatte nichts Eiligeres zu tun, als seine Beobachtung den Juden zuzutragen. Eines Tages kam vom „*Zentralverein deutscher Staatsbürger jüdischen Glaubens* (lies jüdischer Rasse. D. Schr.)[3] *in Leipzig*", ein Schreiben, welches ich Dir in Abschrift beilege. Es lautet:
S/B 656/35.
An den Herrn Oberbürgermeister[4] der Stadt Meißen.
Betrifft: Boykott.
Wie uns mitgeteilt wird, befindet sich an der Tür des Wohlfahrtsamtes im Rathaus Zimmer Nr. 22 eine Rundplakette, die in der Mitte eine jüdische Karikatur enthält, die von der Inschrift umgeben ist „Wer beim Juden kauft, ist ein Volksverräter". Eine derartige Plakette, noch dazu in einem amtlichen Raum angebracht, verstößt ganz zweifellos gegen die Bestimmungen der Reichsregierung, denen zufolge es einen Arierparagraphen in der Wirtschaft nicht gibt, und denen zufolge jeder Boykott verboten ist. Wir bitten den Herrn Oberbürgermeister der Stadt Meißen ganz ergebenst, die Abnahme der ungesetzlichen Plakette verfügen zu wollen.
Centralverein deutscher Staatsbürger jüdischen Glaubens
Landesverband Mitteldeutschland. Unterschrift.
Das Schildlein an der Türe des Wohlfahrsamtes-Allgemeine Fürsorge-Meißen verschwand

1 Der Stürmer, Nr. 21 vom Mai 1935, S. 5. Die antisemitische Wochenzeitung, hrsg. von Julius Streicher, erschien 1923–1945 in Nürnberg. 1933 betrug die Auflage mehr als 20 000, 1938 dann 500 000 Exemplare.
2 Der Stürmer veröffentlichte oft eigene Artikel als angebliche Leserbriefe.
3 D. Schr.: Die Schriftleitung.
4 Oberbürgermeister von Meißen war 1927–1935 Dr. Walther Busch (1877–1954), Jurist; 1916–1927 Bürgermeister von Sommerfeld (Niederlausitz); 1933 NSDAP-Eintritt; am 30. 5. 1935 – vermutlich wegen der Anschuldigungen – auf eigenen Wunsch in den Ruhestand versetzt.

daraufhin. Dem Judenknecht und seinen Genossen aber sagen wir: Es ist noch lange nicht am Tage finster. Wer zuletzt lacht, lacht am Besten.

G.R.

Wir vermögen es nicht zu glauben, daß der Oberbürgermeister der Stadt Meißen auf das Schreiben der Leipziger Juden hin die Entfernung der Plakette angeordnet hat. Wir möchten den deutschen Oberbürgermeister kennen, der sich von Juden Anordnungen erteilen ließe oder Juden dazu bräuchte, die ihn auf Reichsgesetze aufmerksam machen und ihm Anordnungen der Reichsregierung auslegen.

DOK. 173

Antisemitische Glosse Adolf Steins vom 4. Juli 1935 über Juden in Berlin [1]

[Rumpelstilzchen][2]

Er hat sich umgesehen – Kleinstadtgespräche – Sind wir Großstädter? – Im Berliner Theater – Unser neues Minderheitenrecht für Juden – Das ehemalige Palais Simon – Ein Ekzem von Versen.

[...][3]

Da gehe ich zufällig an dem Berliner Theater weiland Ferdinand Bonns in der Charlottenstraße vorüber. Was denn, was denn, da strömen ja Menschen hin? Ich denke, das Theater spielt längst nicht mehr? In den Zeitungen steht jedenfalls kein Hinweis darauf. Ich lasse mich in den Vorraum schwemmen. Sind wir hier in Galizien oder in Armenien? Es kommen zwar auch messingblonde Frauen hin, während die Männer fast durchweg ganz dunkel sind, aber das Messing ist unecht, siehe da, lauter – Juden! Allmählich gelingt es, den Betrieb zu erkennen. Das Theater ist, wie ich aus Anschlägen erfahre, vom jüdischen Kulturbund gepachtet, der nur geschlossene Vorstellungen für seine Angehörigen veranstaltet.[4] Der einzige Arier, der da hineinkommt, ist jeweils ein überwachender Beamter der Geheimen Staatspolizei. Der hat darauf zu achten, daß nicht etwa Haßpropaganda gegen das Reich betrieben wird. Im übrigen können die verbotenen Stücke aufgeführt werden. Welche „Kultur" dort den Heranwachsenden geboten wird, die nicht unseres Stammes sind, das läßt uns kalt. Hier können auch Fritz Kortner[5] und Elisabeth Bergner ungestört mimen.[6] Ebenso veranstaltet der Kulturbund Konzerte und Vorträge feiner Leute für feine Leute. In völliger Freiheit! Der

1 Rumpelstilzchen, Nee aber sowas! Rumpelstilzchen 15 (1934/1935), 11.–16. Tausend, Berlin [1935], S. 259–266.

2 Rumpelstilzchen: Pseudonym für Adolf Stein (1870–1948?), Berufsoffizier und Journalist; von 1920 an in der Redaktionsleitung des Deutschen Pressedienstes im Hugenberg-Konzern tätig. Seine Berlin-Glossen veröffentlichte Stein unter dem Namen Rumpelstilzchen seit den 1920er Jahren in der Täglichen Rundschau, gesammelt erschienen sie jeweils in Jahresbänden im Brunnen-Verlag Berlin.

3 Vor dem hier abgedruckten Textabschnitt schildert Stein das Kleinstadtleben und Berlin als ein Konglomerat von Kleinstädten.

4 Zum Jüdischen Kulturbund siehe Dok. 71 vom August 1933 und Dok. 116 vom April 1934.

5 Fritz Kortner (1892–1970), Schauspieler; spielte von 1910 an in verschiedenen Theatern in Mannheim, Berlin, Wien und Hamburg, dann von 1919 an in Berlin; 1933 emigrierte er nach Wien, 1934 nach Großbritannien, 1937 in die USA; 1947 Rückkehr nach Deutschland.

6 Das Gestapa hatte in einem Runderlass (II 1 B 2 – 60038/J 257/35) am 25. 2. 1935 Auftritte jüdischer Künstler vor nichtjüdischem Publikum als unerwünscht bezeichnet. Bei Gefahr von Provokationen seien Auftritte sofort zu verbieten; BArch, R 58/276, Bl. 15.

neue Staat hat hier ein Minderheitenrecht geschaffen, das vorbildlich ist. Wir wollen von der artfremden Kultur nicht unterjocht und infiziert werden, wir wollen aber diese Menschen auch nicht etwa germanisieren. Wir zwingen sie nicht in deutsche Schulen, wie andere Völker die Diaspora-Deutschen in ihre Schulen zwingen. Wir verordnen ihnen auch nicht deutsche Namen, oh, ganz im Gegenteil. Mögen sie sich bilden und amüsieren, wie sie wollen!
Ein Engländer, zur Zeit in Berlin, faselt mir das vor, was er im „Manchester Guardian" von Judenverfolgung in Berlin gelesen hat.[7] Aber ich bitte!
An den kolossalen Neubauten für militärische und Regierungszwecke in ganz Deutschland sind Firmen wie Julius Berger[8] hervorragend beteiligt. Die Reichsbahn gibt nach wie vor große Aufträge an Hirsch Kupfer[9] und andere Gesellschaften der Metallbranche. Das Libretto zu Richard Strauß' neuer Oper „Die schweigsame Frau" hat Herr Stefan Zweig geschrieben. An eine Entlassung von Professor Herxheimer[10] und ähnlicher medizinischer Kapazitäten hat kein Mensch gedacht.
Der Dichter und Theaterintendant v. Dingelstedt,[11] der selber aus dem liberalen Lager stammte, 1814 geboren, hatte schon in Zeiten, in denen man den Begriff Antisemitismus noch nicht kannte, die Verse in das deutsche Volk hinausgerufen: „Wohin Ihr faßt, Ihr werdet Juden fassen/Allüberall das Volk des Herrn;/Auf, sperrt sie wieder in die Judengassen,/Eh' sie Euch in Christenviertel sperr'n!"
Aber selbst das Dritte Reich, duldsam, wie die Deutschen nun einmal sind, schafft nicht etwa wieder Ghettos, deren Tore abends verschlossen werden, sondern beläßt den Juden Freizügigkeit, geschäftliche Betätigung, Kultur nach Belieben und schützt ihnen wie auch jedem Ausländer innerhalb unserer Grenzen Leben und Eigentum und Ehre. Es gibt schon zahlreiche unter ihnen, die die bisherigen Sünden ihrer Rasse erkennen, dankbar für die Duldung sind und ihre voreiligen Emigranten für Narren erklären. Man kann in Berlin genau so gut oder noch besser leben als in Paris oder Prag oder London oder gar Tell Awiw. Nur das ist den Herrschaften freilich klar, daß es mit ihrer Macht vorbei ist, und daß sie sehr unsanft angepackt würden, wenn sie sich wieder die Rolle im öffentlichen Leben anmaßen wollten, die sie in der Epoche Barmat-Sklarek-Kerr-Tucholski[12] spielen konnten.

7 Der Manchester Guardian veröffentlichte in jenen Wochen mehrere Berichte von Deutschland-Reisenden über die Judenverfolgung; u. a. „Berlin – Boycott of Jews called off" und „Persecution in Germany"; The Manchester Guardian vom 27. und 29. 6. 1935. Die brit. Tageszeitung wurde wegen ihrer kritischen Reportagen mehrfach in Deutschland verboten, u. a. vom 1. 4. bis 10. 8. 1933, endgültig dann am 23. 9. 1936.
8 Julius Berger (1862–1944), Unternehmer; Inhaber des 1890 in Bromberg gegründeten Bauunternehmens, von 1910 an in Berlin, beteiligt am Bau der Berliner U-Bahn und der Bagdad-Bahn; nach 1933 wurde die Julius Berger Tiefbau AG „arisiert"; 1944 wurde Berger nach Theresienstadt deportiert und ist dort gestorben.
9 Gemeint sind die Hirsch Kupfer- und Messingwerke AG Eberswalde. Die Firma wurde 1937 „arisiert". Generaldirektor war 1918–1931 Siegmund Hirsch (1885–1981), Mitbegründer einer der ersten Hachschara-Ausbildungslager Deutschlands in Eberswalde; emigrierte 1933 nach Palästina, 1952 in die USA.
10 Dr. Karl Herxheimer (1861–1942), Mediziner; von 1887 an Arzt und von 1894 an Direktor der Städt. Hautklinik in Frankfurt a. M., 1914–1929 Professor und von 1930 an Direktor der Universitätsklinik für Haut- und Geschlechtskrankheiten in Frankfurt a. M.; 1936 Entzug der Lehrbefugnis, im September 1942 nach Theresienstadt deportiert und dort im Dezember gestorben.
11 Franz von Dingelstedt (1814–1881), Schriftsteller; Intendant von Theatern in Weimar, München und Wien.
12 Die Namen der Unternehmer Barmat und Sklarek galten Antisemiten als Synonyme für Korruption und Wirtschaftskriminalität, die der Schriftsteller Kerr und Tucholsky als Synonym für „zersetzenden" Journalismus in der Weimarer Republik.

Hinter ein Geheimnis bin ich noch nicht gekommen. In der Vorhalle des Berliner Theaters klafft in der Wand rechts vor der Kasse ein Riß. Darüber ist schräg ein Stein eingemauert worden, der nur ein Datum trägt: 15. 5. 1935.[13] Ich habe keine Ahnung, was dieser Tag für den jüdischen Kulturbund bedeutet.

Nur das weiß ich, daß über kurz oder lang alle Völker der Erde erkannt haben werden, daß das Minderheitenrecht, unter das der Nationalsozialismus die Juden gestellt hat, die vorläufig beste Lösung der Frage ist.

Natürlich hat mein Engländer recht, wenn er sagt, hie und da hätten die Leute ihr Vermögen verloren. Das haben aber schon längst hunderttausend Deutsche. Ein solches Auf und Ab kommt außerdem überall vor. Auch der ehedem Wiener Milliardär, jetzt naturalisierte „Italiener" Castiglioni, der nach der Novemberrevolte u. a. billig den Sonderzug Kaiser Wilhelms erstand, ist heute „nur" noch Millionär. In Berlin sind ebenso einige Paläste frei geworden, so der des früheren Zeitungskönigs Mosse,[14] der sich selber mit genügend Millionen ins Ausland verbracht hat, die Immobilien aber in Deutschland, auch das Gutshaus Schenkendorf, zu dessen luxuriösem Ausbau allein 1 Million Mark verwendet wurde, der Konkursmasse überläßt. Im Ehrenhof seines Stadtpalastes in der Voßstraße stand der berühmte Brunnen der tanzenden drei Grazien, eine Augenweide für alle Vorübergehenden, die jetzt aber verschwunden ist. In anderen Besitz übergegangen ist auch das Heim des 1918 zum Finanzminister ernannten Spekulanten Simon.[15] Dieser brachte nach der Revolte – die sogenannte Volksmarinedivision und der Hofmarschall Graf v. Platen waren dabei federführend – die Kabinettsweine aus dem königlichen Hofkeller an sich. In seiner mit Kunstwerken und Altertümern überladenen Villa im Tiergartenviertel gab es dann fröhliches Pokulieren.[16] Die Kassettendecke im Treppenhause ist mit Bildern und Sprüchen altrömischer Art ausgemalt, darunter das bekannte „carpe diem" (pflücke den Tag) erweitert zu „carpe diem et noctem" (und die Nacht). Heute ist der Palazzo, aber ohne Kunstschätze, Eigentum der Karl-Schurz-Vereinigung,[17] die dort ihre Sitzungen abhält, amerikanische Freunde empfängt und gelegentlich auch zwischen Deutschen und Amerikanern Diskussionsabende veranstaltet, so neulich über das fesselnde Thema: Pressefreiheit.

Das Alte stürzt, es ändern sich die Zeiten, und neues Leben blüht aus den Ruinen, pflegten wir früher häufig zu zitieren. [...][18]

13 Vermutlich ist der 15. 5. 1934 gemeint. An diesem Tag wurden in Deutschland Theater und ihre Aufführungspraxis der Aufsicht des Propagandaministeriums unterstellt; Theatergesetz vom 15. 5. 1934; RGBl., 1934 I, S. 411–413.

14 Hans Lachmann-Mosse (1885–1944), Jurist und Verlagsbuchhändler; von 1920 an Mitinhaber des Verlags Rudolf Mosse, Verleger mehrerer Berliner Tageszeitungen sowie der Allgemeinen Zeitung des Judentums und 1922–1933 der C.V.-Zeitung; Vorstandsmitglied der jüdischen Reformgemeinde Berlin; 1933 Konkurs und „Arisierung" der Verlagsrechte, daraufhin emigrierte er nach Frankreich, 1940 in die USA.

15 Gemeint ist Hugo Simon. Zur Enteignung seines Landguts siehe Dok. 118 vom 26. 5. 1934.

16 Pokulieren: aus dem Lateinischen für zechen, Trinkgelage.

17 Die Carl-Schurz-Vereinigung wurde 1926 von Mitgliedern des Reichstags in Berlin gegründet: Carl Schurz (1829–1906) ging nach aktiver Teilnahme an der Revolution von 1848/49 in Baden in die USA ins Exil und stieg dort zum einflussreichen Politiker auf.

18 Hiernach folgt noch ein Abschnitt über das nächtliche Anbringen von Werbeschriften an Geschäften.

DOK. 174
Meeraner Zeitung: Artikel vom 12. Juli 1935 über sogenannte Rassenschandefälle[1]

Jetzt positiver Rasseschutz![2]

NSK. Fast täglich kann man die Feststellung machen, daß Tageszeitungen ihre Leser über die Verhaftung von Juden unterrichten, die Sittlichkeitsverbrechen begangen haben. Kürzlich erst erregte der Fall des Juden Hirschland[3], der in Magdeburg eine Privathandelsschule unterhielt und sich dort in unglaublicher Weise an deutschen Mädchen verging, berechtigtes Aufsehen.[4] In Karlshafen a.d. Weser wurde nach einer Meldung der „Frankfurter Zeitung" der jüdische Arzt Dr. Brück[5] verhaftet, weil er Patientinnen, die ihn vertrauensvoll aufsuchten, vergewaltigte und zum Teil unter Ausschaltung des freien Willens in der Hypnose geschlechtlich mißbrauchte.[6] Der erst 15½ Jahre alte Darmstädter jüdische Fleischerlehrling Manfred Eckstein[7] wurde, ebenfalls nach einer Meldung der „Frankfurter Zeitung", wegen Sittlichkeitsverbrechen, begangen an einem neunjährigen Mädchen, zu drei Jahren Gefängnis verurteilt.[8] Den Abschluß dieser in wenigen Tagen bekannt gewordenen Reihe jüdischer Verbrechen auf diesem Gebiet bildete die vom „Völkischen Beobachter" gemeldete Verhaftung des Düsseldorfer Rabbiners Mannheimer,[9] der seine Hausangestellte vergewaltigt hatte.[10]

1 Zeitungsausschnitt aus der Meeraner Zeitung, Nr. 160 vom 12. 7. 1935; Sächs. HStA, Nachrichtenstelle der Sächsischen Staatskanzlei/583, Bl. 97. Die Meeraner Zeitung erschien als Tageszeitung seit 1897 in Meerane (Sachsen).

2 Der in der Meeraner Zeitung abgedruckte Artikel ist eine vollständige und wörtliche Übernahme aus der Nationalsozialistischen Partei-Korrespondenz; NSK, Folge 158 vom 10. 7. 1935, S. 6.

3 Albert Hirschland (1896–1943), Diplom-Kaufmann; 1928–1935 Leiter der Kaufmännischen Privatschule Alfred Bruck in Magdeburg. Hirschland wurde 1935 zu einer zehnjährigen Zuchthausstrafe verurteilt, später nach Auschwitz deportiert und starb dort im Februar 1943.

4 Eine Sondernummer des Stürmers mit dem Titel „Albert Hirschland. Der Rasseschänder von Magdeburg" behandelte den Fall im August 1935 ausführlich. Der Autor Karl Holz berichtete über die Verurteilung von Hirschland und Fritz Voß, Geschäftsführer des Magdeburger Schuhwarenhauses „Rheingold", wegen „Rassenschändung". Beide wurden von einem Magdeburger Gericht zu Zuchthausstrafen und anschließender Sicherungsverwahrung verurteilt; Der Stürmer, Sondernummer 2 vom August 1935, S. [1–4].

5 Dr. Paul-Richard Brück (1893–1943), Mediziner; 1920–1934 Arzt in Karlshafen (Hessen-Nassau); nach einer Anzeige im Juli 1935 wegen des angeblichen Versuchs unsittlicher Handlungen an Patientinnen in Kassel inhaftiert, im November 1935 zu neun Jahren Zuchthaus verurteilt; 1942 nach Auschwitz deportiert, dort im Januar 1943 gestorben.

6 Der Völkische Beobachter hatte ebenfalls die Verhaftung Brücks durch die Gestapo gemeldet; VB (Norddt. Ausg.), Nr. 188 vom 7. 7. 1935, S. 9.

7 Manfred Eckstein (*1919) wurde im Mai 1935 vom Jugendschöffengericht Groß-Gerau zu drei Jahren Gefängnis verurteilt und am 31. 12. 1937 auf Bewährung entlassen. Mitte Juni 1938 verhaftete die Polizei Eckstein als vorbestraften Juden im Zuge der „Asozialenaktion", er blieb bis zum 15. 8. 1938 im KZ Sachsenhausen inhaftiert. Eckstein emigrierte im September 1938 nach Kolumbien.

8 Nicht ermittelt. Der Völkische Beobachter hatte gemeldet, Eckstein sei wegen versuchter Notzucht in Tateinheit mit dem vollendeten Verbrechen der „Kindesschändung" verurteilt worden; VB (Norddt. Ausg.), Nr. 188 vom 7. 7. 1935, S. 9.

9 Emil Mannheimer (1899–1948), von 1934 an Lehrer und Kantor der Jüdischen Gemeinde Cleve (heute Kleve); 1935 wegen „tätlicher Beleidigung" eines Dienstmädchens zu acht Monaten Gefängnis verurteilt; 1936 emigrierte die Familie Mannheimer nach Palästina. Das Urteil wurde nach 1945 aufgehoben.

10 Der Völkische Beobachter meldete unter der Überschrift „Sittliche Verbrechen", Mannheimer sei wegen sittlicher Verfehlungen festgenommen worden; VB (Norddt. Ausg.), Nr. 189 vom 8. 7. 1935, S. 4.

Ein wahrhaft aufschlußreiches Register jüdischer Schandtaten, dessen Vollständigkeit keineswegs erschöpft ist, da zahllose weitere Fälle derartiger Verbrechen gar nicht der Oeffentlichkeit zur Kenntnis gelangen!
In dem amtlichen Bericht der Justizpressestelle für den Bezirk des Oberlandesgerichts Darmstadt heißt es zu dem Fall des Fleischermeisters Eckstein u. a., daß von den z. B. in bedingtem Strafaufschub bestehenden, bei Jugendlichen üblichen Vergünstigungen abgesehen wurde, da Eckstein „seine nur teilweise ausgesprochene Einstellung, er dürfe sich zwar nicht an jüdischen, wohl aber an deutschen Kindern vergehen, durch die Tat klar bewiesen hat". Mit anderen Worten heißt das, Eckstein hat erklärt, seine „Religion" gestatte ihm, sich an nichtjüdischen Kindern zu vergreifen.
Bisher hatten die Juden stets das Bestehen einer solchen „Religionsvorschrift" bestritten, obwohl durch die unermüdliche Aufklärungsarbeit nationalsozialistischer Kreise und die Durchforschung jüdischer Schriften das diesbezügliche Talmudgebot allgemein bekannt geworden war. Aus dem Wortlaut der amtlichen Verlautbarung kann man aber entnehmen, daß Eckstein das Bestehen eines Schändungsgebotes zugab und entsprechend den Weisungen seiner „Religion" handelte.
Auch für noch nicht erwachte Volksgenossen müßte nach den geschilderten Vorfällen klargeworden sein, daß die Schändung deutscher Frauen und Mädchen und damit die Vergiftung deutschen Blutes nach Weisung höherer jüdischer Gesichtspunkte systematisch betrieben wird. Mit Vorsatz und Ueberlegung, Tatbestandsmerkmale, wie sie der die Todesstrafe bedingende Mordparagraph des Strafgesetzbuches vorsieht, wird von jüdischer Seite ein todeswürdiges Verbrechen nach dem anderen am deutschen Volke begangen. Keine dieser geschändeten Frauen ist jemals wieder in der Lage, wirklich rassereine Kinder zur Welt zu bringen, abgesehen von der Vergiftung ihrer Seele. Gegen diese Taten der Juden muß zur Verhütung weiteren Schadens mit allen zur Verfügung stehenden Mitteln des Staatsnotstandes eingeschritten werden. Es wäre daher wünschenswert, wenn zunächst dem Juden unter Androhung der Todesstrafe verboten würde:
1. Nichtjuden als Untermieter oder Mieter zu haben,
2. nichtjüdisches Hauspersonal zu beschäftigen,
3. als Arzt oder Rechtsanwalt Nichtjuden zu betreuen.
Das deutsche Volk hat bisher mit einem von Juden schlecht belohnten Großmut dem volksschänderischen Treiben zugesehen. Diese Geduld ist erschöpft! Gebietet die jüdische „Religion", wie aus dem Eingeständnis des Juden Eckstein ersichtlich, die Schändung von Nichtjuden, so möge der vom Nationalsozialismus geschaffene Staat den Juden den Umgang und Verkehr mit Nichtjuden durch Androhung höchster Strafen verbieten. Im „freien" Nordamerika hängt man die Rasseschänder! Wn.

DOK. 175
Der Regierungspräsident in Düsseldorf bittet den Reichsinnenminister am 13. Juli 1935 um Anweisungen für die fremdenpolizeiliche Behandlung polnischer Juden[1]

Schreiben des Regierungspräsidenten in Düsseldorf (P. 5201/12.7.), gez. Schmid,[2] an den RuPrMdI vom 13.7.1935 (Abschrift)[3]

Betrifft: Ausländerpolizeiliche Behandlung polnischer Staatsangehöriger.

Der Polizeipräsident in Düsseldorf[4] hat in der Zeit nach der nationalen Erhebung alle Fälle früherer Aufenthaltserlaubniserteilungen an polnische Staatsangehörige (Ostjuden), die in der Nachkriegszeit mit oder ohne Zustimmung der deutschen Konsularbehörden in das Inland eingereist sind und sich hier niedergelassen haben, einer eingehenden Nachprüfung unterzogen. Er hat zum Teil Steuerzahlungsversäumnisse, die in früheren Jahren festgestellt worden sind, zur Grundlage von Aufenthaltsversagungen gemacht, bezw. dieserhalb Anträge auf Verlängerung der Aufenthaltsgenehmigung abgelehnt. An mich gerichtete Beschwerden gegen solche Verfügungen habe ich – von einigen besonderen Härtefällen abgesehen – abgewiesen, da mir im Hinblick auf die übermässige Verwöhnung der eingewanderten Ostausländer durch die früheren Regierungen das Vorgehen des Polizeipräsidenten unterstützenswert erschien.

Das Polnische Konsulat in Essen hat nun in mehreren Fällen wegen jener fremdpolizeilichen Massnahmen dringende Gegenvorstellungen erhoben und mich am 6. Juli 1935 ausdrücklich gebeten, darauf hinzuwirken, dass die Behandlung polnischer Staatsangehöriger durch das Polizeipräsidium in Düsseldorf eine Besserung erfährt.

Ich bitte um Weisung, ob im Hinblick auf den gegenwärtigen Stand der deutsch-polnischen Beziehungen in der Handhabung der Fremdenpolizei gegenüber den erwähnten Ostausländern eine Milderung eintreten soll.[5]

1 PAAA, R 82778.
2 Carl Christian Schmid (1886–1955), Jurist; 1920–1923 Bürgermeister von Düsseldorf, von 1933 an Regierungspräsident in Düsseldorf, im November 1938 Rücktritt nach Demonstrationen gegen ihn wegen seiner jüdischen Ehefrau.
3 Das vorliegende Schreiben wurde vom RMdI, gez. Hering, dem AA am 29.7.1935 „mit der Bitte um Bestätigung" übersandt, „dass der Stand der deutsch-polnischen Beziehungen eine Milderung der fremdpolizeilichen Praxis gegenüber Ostjuden nicht erfordert"; wie Anm. 1.
4 Polizeipräsident in Düsseldorf war 1933–1940 Friedrich (Fritz) Weitzel (1904–1940), Schlosser; 1923 NSDAP-, 1924 SA- und 1926 SS-Eintritt; 1927–1929 als Mechaniker in Frankfurt a. M. tätig; 1930–1932 SS-Oberführer West; 1938–1940 Höherer SS- und Polizeiführer u. a. beim Oberpräsidenten von Westfalen, von 1940 an Höherer SS- und Polizeiführer beim Reichskommissar für die besetzten norwegischen Gebiete.
5 Gesamter Absatz handschriftl. unterstrichen.

DOK. 176
Neue Zürcher Zeitung: Artikel vom 16. Juli 1935 über antijüdische Gewalttaten auf dem Kurfürstendamm anlässlich eines antisemitischen Films aus Schweden[1]

Antisemitische Ausschreitungen im Berliner Westen

Berlin, 16. Juli (*Tel. unseres O-Korr.*) Am *Kurfürstendamm* und in den angrenzenden Straßen des Berliner Westens kam es gestern Abend zu antisemitischen Ausschreitungen. Das Ufa-Theater, wo am Vorabend Pfiffe (angeblich von jüdischer Seite)[2] ertönt waren, hatte starken Besuch von S.A.-Leuten, die sich den schwedischen Film „Petterson und Bendel"[3] ansahen. Auf dem Kurfürstendamm bemerkte man kleinere Verkehrsstockungen und Menschenansammlungen, die eine drohende Haltung gegen jüdische Passanten und Kaffeehausbesucher annahmen. Vor dem Kino gruppierten sich 50 junge Leute in weißen Hemden. Zusammen mit den aus der Vorstellung herausströmenden S.A-Männern zogen sie vor das elegante *Café Bristol*, das von „arischen" und jüdischen Gästen gleich gern besucht wird. Die Demonstranten zertrümmerten eine Fensterscheibe und begannen mit der gewaltsamen Entfernung des jüdischen Publikums. Die meisten *Juden* zogen sich fluchtartig zurück. Andere, die sich die Razzia nicht ohne weiteres gefallen ließen oder sich sogar zur Wehr setzten, wurden unsanft angefaßt. Es gab Ohrfeigen und Rippenstöße und die Trümmer von zerschmetterten Stühlen flogen über die Marmortische. Auf der Straße staute sich die Menschenmenge, zum großen Teil Gaffer, die sich mit einer passiven Rolle begnügten, immer mehr an. Schließlich rückte ein Ueberfallkommando der *Polizei* auf zwei Lastwagen an, riegelte die Straße ab und überredete die Demonstranten zum Abzug.
Später wiederholten sich die Szenen vor dem gleichfalls am Kurfürstendamm gelegenen Café Dobrin, das nach Entfernung sämtlicher Gäste geschlossen wurde. Auf der Straße ertönte mit zahllosen Wiederholungen der Ruf: „Die Juden sind unser Unglück". Mehrere jüdische *Kaufläden* wurden *demoliert*. In panischem Schrecken flohen einige im Schein der Straßenlaternen nur undeutlich zu erkennende Gestalten über den Fahrdamm. Ein Jude überkletterte in seiner Angst den eisernen Zaun, der die Geleise der Straßenbahn säumt, und rannte in der Richtung der entgegenfahrenden Wagen davon. Die Verkäufer des „Stürmer" erschienen mit dicken Bündeln des Pogromblattes im Getümmel und machten gute Geschäfte. Die Polizei sorgte nach und nach für die Zerstreuung der Massen und die Wiederherstellung des normalen Verkehrs. Um halb ein Uhr nachts hatte sich der Tumult gelegt.

1 Neue Zürcher Zeitung (Abendausg.), Nr. 1244 vom 16. 7. 1935, S. 2.
2 Joseph Goebbels notierte dazu: „Telegramm aus Berlin. Juden demonstrieren gegen einen antisemitischen Film. Nun ist Schluß beim Führer. Er will gleich Levetzow absetzen und Frick ein Ultimatum stellen. Es ist auch wirklich haarsträubend. Nun wird es wohl bald schnackeln"; Eintrag vom 15. 7. 1935, Tagebücher von Joseph Goebbels, Teil I, Bd. 3/I, S. 262. Polizeipräsident Levetzow wurde wenig später ersetzt durch Wolf-Heinrich Graf von Helldorf (1896–1944), Landwirt; 1930 NSDAP- und 1931 SA-Eintritt, 1933–1935 Polizeipräsident in Potsdam und 1935–1944 in Berlin; 1944 als Mitverschwörer des Attentats vom 20. Juli hingerichtet.
3 Den Film „Petterson und Bendel" hatte Per-Axel Branner 1933 nach dem gleichnamigen Roman von Waldemar Hammenhög gedreht. Bendel, ein Kaufmann aus Galizien, gründet zusammen mit dem schwedischen Arbeitslosen Petterson eine Firma in Stockholm. Der Film stellt die Figur des geschäftstüchtigen „Ostjuden" Bendel dem ehrlichen „Arier" Petterson gegenüber. Aufgrund seines antisemitischen Inhalts stufte man den Film in Deutschland im Juli 1935 als staatspolitisch wertvoll ein.

Im Berliner Vorort *Reinickendorf* kam es am gleichen Abend zu erregten Demonstrationen vor einer jüdischen Apotheke. Den Anlass dazu soll die vorübergehende Festnahme von zwei Nationalsozialisten geboten haben, die zum Boykott des Geschäftsinhabers aufforderten.[4]

DOK. 177

Der Leiter des Landeswohlfahrtsamts Berlin beschränkt am 17. Juli 1935 die Wohlfahrtsunterstützung für zuziehende jüdische Hilfsbedürftige[1]

Vermerk des OB Berlin, Landes-Wohlfahrts- und Jugendamt (Lawohl 1), i. V. Spiewok, vom 17. 7. 1935 (Abschrift)[2]

Betrifft: Unterstützung neu zuziehender Hilfsbedürftiger.

Nach § 33 der Reichsgrundsätze über Voraussetzung, Art und Maß der öffentlichen Fürsorge[3] kann in Berlin als Notstandsgemeinde die Fürsorge für neu zuziehende Personen unter strengster Prüfung der Hilfsbedürftigkeit auf das zur Fristung des Lebens Unerläßliche oder unter Ablehnung offener Fürsorge auf Anstaltspflege beschränkt werden.[4] Durch Verfügung vom 10. März 1934 – Lawohl 1 – ist bestimmt worden, daß den neu zuziehenden Personen grundsätzlich Unterbringung im Obdach anzubieten ist. Es soll ihnen jedoch gleichzeitig mitgeteilt werden, daß ihnen, falls sie es vorziehen, statt dieser Unterbringung Unterstützung in der in der Verfügung bezeichneten Höhe gezahlt werden könnte.

In letzter Zeit hat nun, wie beobachtet worden ist, ein außerordentlich starker Zuzug von nichtarischen Elementen nach Berlin stattgefunden. Da dieser Zuzug durchaus unerwünscht ist,[5] bitte ich, bei ihnen von der Möglichkeit, ermäßigte Barunterstützungen zu gewähren, *keinen* Gebrauch zu machen, neu zugezogene Nichtarier vielmehr im Falle ihrer Hilfsbedürftigkeit *durchweg* an das Städtische Obdach zu verweisen. Die in Ziffer 3 der vorgenannten Verfügung unter b bis 1 vorgenannten Ausnahmen gelten für diese Nichtarier nicht.[6]

4 Berichte über die Geschehnisse finden sich in den Ausgaben der NZZ vom 18. und 19. 7. 1935, jeweils S. 2. Das Pariser Tageblatt berichtete unter dem Titel „Blutiger Pogrom am Kurfürstendamm"; Pariser Tageblatt, Nr. 581 vom 16. 7. 1935, S. 1. Zu Presseberichten in Norwegen und Großbritannien siehe die Schreiben der Deutschen Gesandtschaft Oslo an das AA vom 20. 7. 1935 und der Deutschen Botschaft London an das AA vom 29. 7. 1935, PAAA, R 121224. Joseph Goebbels notierte dazu: „Auslandspresse dröhnt ‚Pogrom'"; Eintrag vom 19. 7. 1935, Tagebücher von Joseph Goebbels, Bd. 3/I, S. 263.

1 LAB, Rep. 214, Acc. 794, Nr. 13.

2 Im Original handschriftl. Vermerk: „Verfügung siehe Akten 101/10/9. B. 9. 11. 38".

3 Es handelt sich um die Reichsgrundsätze über Voraussetzung, Art und Maß der öffentlichen Fürsorge vom 1. 8. 1931; RGBl., 1931 I, S. 441–445.

4 Der hier zitierte § 33 war durch die Vierte VO zur Änderung der Reichsgrundsätze über Voraussetzung, Art und Maß der öffentlichen Fürsorge vom 10. 2. 1934 eingefügt worden; ebd., 1934 I, S. 99 f.

5 Einen Tag später, am 18. 7., forderte das SS-Organ Das Schwarze Korps öffentlich eine „Zuwanderungssperre für Juden"; siehe dazu auch den Bericht im Pariser Tageblatt, Nr. 584 vom 19. 7. 1935, S. 2.

6 Die Entscheidung Berlins, das Prinzip der Versorgung nach dem „gewöhnlichen Aufenthalt" bei jüdischen Armen zu durchbrechen, wurde im VB zustimmend kommentiert; „Warnung vor dem Zuzug bedürftiger Nichtarier nach Berlin", VB (Berliner Ausg.), Nr. 213 vom 1. 8. 1935, S. 18. Das Geheime Staatspolizeiamt befürchtete nach dieser Regelung allerdings einen verstärkten Zuzug in andere Kommunen. Deshalb regte es am 16. 8. 1935 bei RWM Schacht an, ein generelles Zuzugsverbot für Juden in Großstädte zu erlassen; BArch, R 58/6409, Bl. 6 f.

DOK. 178
Reichsinnenminister Frick berichtet Hitler am 19. Juli 1935 über die Praxis bei der Änderung jüdischer Namen[1]

Schreiben des RuPrMdI (I B I B.J.6 V), Frick, an Hitler vom 19. 7. 1935 mit Anlage[2]

Mein Führer!
Der Herr Reichsminister der Justiz hat in seinem Schreiben vom 20. Mai 1935 – I p 16.445 – bereits in eingehender Weise zu der Veröffentlichung des „Stürmer" „Warum der Jude seinen Namen ändern will" Stellung genommen.[3] Seine Ausführungen darf ich noch hinsichtlich eines Punktes ergänzen: Die Änderung von Namen nichtarischer Personen ist in Preußen in Übereinstimmung mit der seit der Machtergreifung ausnahmslos befolgten Praxis durch den Runderlaß vom 25. Juni 1934 (MBliV. S. 885) ausdrücklich verboten worden. Lediglich *anstößige* jüdische Namen (wie Cohn, Levy, Isaksohn) dürfen in *andere jüdische* Namen geändert werden; Anträge dieser Art sind jedoch bisher nicht gestellt worden. Eine Abschrift der für die Änderung jüdischer Namen geltenden Richtlinien ist beigefügt.[4] Diese Richtlinien sind durch meinen an sämtliche Landesregierungen gerichteten Runderlaß vom 26. Dezember 1934 für das ganze Reich verbindlich erklärt worden. Die Änderung von jüdischen Namen zur Verschleierung der jüdischen Abstammung ist damit ausgeschlossen.[5]
Heil mein Führer!
Frick[6]

Abschrift zu I B (I B.J.6 V).
VII. Judennamen
(1) Führen Personen arischer Abstammung jüdische Namen, so wird Anträgen auf Änderung dieser Namen stattgegeben. Angehörigen der gleichen Familie wird dabei grundsätzlich nur der gleiche neue Name bewilligt. Welche Namen als jüdisch anzusehen sind, bestimmt sich nach der Auffassung der Allgemeinheit. Es gibt zweifellos zahlreiche Familiennamen, die ihrem Ursprung nach deutsche Namen sind, in der Volksanschauung aber allgemein als Judennamen gelten (z. B. Hirsch, Goldschmidt usw.). Es gibt weiter zahlreiche biblische Namen, die ebenfalls als typisch jüdische Namen angesprochen werden, aber sowohl bei Juden wie bei Nichtjuden vorkommen (Salomon, Israel, Moses usw.). Zu den Judennamen werden im allgemeinen auch diejenigen Namen gerechnet, die von dem Herkunftsort abgeleitet sind (Krotoschiner, Hamburger, Darmstädter usw.). Dagegen

1 BArch, R 43 II/602, Bl. 181-182RS.
2 Im Original handschriftl. Unterstreichungen und Bearbeitungsvermerke aus der Reichskanzlei.
3 Der Stürmer hatte kritisiert, dass David Isak aus Nürnberg seinen Namen in Rudolf Fritsch ändern wollte. Es handele sich dabei nicht nur um die gewohnte Tarnung, sondern um eine Verhöhnung der antisemitischen Bewegung, denn der Name Fritsch gehöre allein dem Antisemiten und Verfasser des Handbuchs der Judenfrage, Theodor Fritsch; Der Stürmer, Nr. 17 vom April 1935, S. 2.
4 Abschrift folgt weiter unten.
5 Zu Namensänderungen siehe auch Dok. 184 vom 31. 7. 1935. Am 14. 8. 1935 sandte der RuPrMdI dem StdF und dem RJM einen Gesetzentwurf zur Änderung von Familiennamen und Vornamen bei Juden; AdR, Teil II/2, S. 736–738. Obwohl der RJM den Plänen positiv gegenüberstand, wurde die Angelegenheit nach den Nürnberger Gesetzen nicht mehr als dringlich angesehen; Vorlage von Globke für Frick vom 18. 4. 1936, AdR, Teil III, S. 264–266.
6 Handschriftl. Unterschrift.

können hierher nicht Namen gerechnet werden, die zwar auch von Juden, häufiger aber von Christen gebraucht werden (Meyer usw.).
(2) Anträgen von Personen nichtarischer Abstammung, ihren Namen zu ändern, wird grundsätzlich nicht stattgegeben, weil durch die Änderung des Namens die nichtarische Abstammung des Namensträgers verschleiert würde. Auch der Übertritt zum Christentum ist nicht geeignet, eine Namensänderung zu begründen.
(3) Lediglich anstößige jüdische Namen, die erfahrungsgemäß zu Spötteleien Anlaß geben oder Abneigung gegen den Träger erwecken können, werden gleich den anstößigen Namen anderer Namensträger geändert werden können, indessen nur durch Gewährung eines anderen jüdischen Namens (Cohn, Levy, Isaaksohn usw.).

DOK. 179

Das Ehepaar Lau beschwert sich bei der Zeitung Das Schwarze Korps am 20. Juli 1935 über Juden in einer Berliner Kleingartenanlage[1]

Schreiben von Fritz und Elly Lau,[2] Berlin SW 29, Lilienthalstr. 18, an Das Schwarze Korps,[3] Berlin SW 11, Prinz-Albrecht-Straße 9, vom 20. 7. 1935[4]

Unserer Wohnung gegenüber ist der „Schießstand Hasenheide", Eingang Lilienthalstraße. In diesem wird Gartenland verpachtet. Die Aufsicht darüber führt Polizei-Inspektor Krüger – Polizeibereitschaft, Columbiastraße –.
Als wir Oktober 1932 nach hier zogen, war meine Frau leidend und besorgte ich mir zu kurzem Spaziergang für meine Familie Erlaubnisscheine lt. Anlage,[5] was mir aber gar nicht leicht gemacht wurde. Für das nächste Jahr habe ich darauf verzichtet.
Ich mußte aber damals die Feststellung machen, daß es sich die Gartenbesitzer dort sehr nett gemacht haben und sich äußerst wohl fühlen. Was uns aber empörte, war, daß sich darunter auch *Juden* befinden und auch noch heute darin sind und daß die Judenkinder mit den Beamtenkindern gute Freundschaft verbindet. Wir wurden kürzlich gefragt, warum dort drüben nicht ein Stückchen Garten zu erhalten wäre. Wir wollen für den Betreffenden nicht sorgen, doch empört es uns immer wieder, daß wir die *Juden* herauskommen sehen und arischen Bewerbern gesagt wird, die Vergebung fände *nur* an *Beamte* statt.
Es wird Ihnen sicher leicht sein, eine Kontrolle über die Gartenbesitzer durchführen zu können und glauben wir den Namen des einen Juden mit „Buttermilch" zu kennen. Aber auch eine andere Familie macht sich mit ihrem Hund „Sonja" sehr breit. Können diese Juden noch Beamte sein? Wir können daran nicht glauben, denn wir haben noch nie einen deutschen Gruß von diesen gesehen, sondern haben die Feststellung gemacht, daß man sich vor Fahnen-Grüßen herumdrückte.

1 BArch, R 58/6409, Bl. 54.
2 Fritz Lau, Kaufmann in Berlin, und Ehefrau Elly.
3 Die Wochenzeitung erschien seit März 1935 als Organ der Reichsführung der SS, hrsg. von Gunter d'Alquen. Sie startete mit einer Auflage von 70 000 Exemplaren.
4 Grammatik und Rechtschreibung wie im Original. Auf dem Dokument in großen Lettern handschriftl.: „S.D."
5 Liegt nicht in der Akte.

Seit 1. April 1935 wohnt ein SS-Mann im Schießstand, und glaubten wir, daß diesem Übel abgeholfen werden würde, doch leider haben wir bislang davon nichts gehört. Wir bitten, auch dieser Sache Beachtung zu schenken.
Heil Hitler!

DOK. 180
Der Centralverein deutscher Staatsbürger jüdischen Glaubens berichtet dem Reichsinnenminister am 24. Juli 1935 über Gewalttaten in Ostpreußen, Mecklenburg, Hessen, Westfalen und Berlin[1]

Schreiben des CV Berlin, ungez., an den RuPrMdI vom 24. 7. 1935 (Durchschrift)[2]

Wir gestatten uns, dem Herrn Reichs- und Preussischen Minister des Innern eine Anzahl Vorgänge zu unterbreiten, die lediglich als Beispiele, also ohne geringsten Anspruch auf Vollständigkeit, die allgemeine Situation kennzeichnen sollen, in der sich die jüdischen Staatsangehörigen in verschiedenen Gegenden, insbesondere in Teilen von Ostpreussen, Mecklenburg und Berlin befinden.
I. In ungefähr dreissig ostpreussischen Orten werden seit Wochen die Häuser jüdischer Einwohner wiederholt mit beschimpfenden und entehrenden Aufschriften in Oelfarbe beschmiert und mit entsprechenden Zetteln beklebt. Die Kunden jüdischer Geschäfte werden photographiert, ihre Bilder zum Teil mit Namen und Adresse in den Zeitungskästen öffentlich ausgehängt. Vor den Geschäften werden Kauflustige durch Posten angesprochen und ihre Namen notiert. Gelegentlich sind sogar junge Menschen in jüdische Geschäfte eingedrungen und haben Kunden am Einkauf gehindert. Die betroffenen jüdischen Geschäftsinhaber haben in vielen Orten seit etwa 5 Wochen kaum noch 10 % der üblichen Tageseinnahmen.
Als in *Osterode* am 20. Juli 1935 ein jüdischer Kaufmann einen Jugendlichen, der derartige Zettel an seinem Grundstück anklebte, zur Rede stellen wollte, wurde er von Knaben im Alter von 12–14 Jahren unter Führung von zwei 18–19 jährigen in seinem eigenen Laden zunächst überwältigt und zu Boden geworfen, dann mit einem Plakat behängt, auf dem es hiess: „Dieser dreckige Jude hat einen deutschen Jungen geschlagen", [und] unter Fusstritten etwa eine Stunde durch die Stadt geführt. Als die Knaben nach einstündigem Marsch den jüdischen Kaufmann zu einem Dauerlauf zwingen wollten, nahm ihn die Polizei in Schutzhaft.
Danach drang der Trupp in das Büro der Dampfmühle Gebr. Guttstein ein, durchwühlte die Korrespondenz und beklebte alle Büromöbel, Türen, Fenster usw. im Innern des Hauses mit Klebezetteln. Den Inhaber selbst holte er ohne irgendeinen Anlass aus seinem Betriebe heraus und führte ihn ebenfalls durch die Stadt, bis er von der Polizei in Schutzhaft genommen wurde. Anschliessend wurde die Schliessung der jüdischen Geschäfte erzwungen.
Diese Vorgänge und eine vorausgehende schon 5 Wochen anhaltende völlige Lahmlegung des Einkaufs in jüdischen Geschäften durch Boykottposten, Photographieren, tätliche

1 RGVA, 721k-1-258, Bl. 248–253.
2 Am Ende des Dok. steht handschriftl. „Anlage", eine solche liegt nicht in der Akte.

Behinderung der Kunden veranlasste eine Anzahl jüdischer Einwohner Osterodes, fluchtartig ihre Heimatstadt zu verlassen.
Die ostpreussischen Behörden sind mündlich und schriftlich über die Vorgänge unterrichtet worden. Die Staatspolizeistelle Königsberg als Leitstelle für Ostpreussen hat in der beigefügten Nummer 202 der Preussischen Zeitung vom 23. Juli zu einem Fensterscheibeneinwurf in Gerdauen Stellung genommen.[3]
II. In *Parchim*/Meckl. wurde ein Vorfall vor dem Hause des jüdischen Ehepaares A. Anlass zu schärfsten Massnahmen gegen sämtliche jüdischen Einwohner. Nach der bei der Polizei zu Protokoll gegebenen Schilderung der arischen Hausangestellten R. des Ehepaares habe sie als Antwort auf Behelligungen durch Angehörige der Wehrmacht am 16. Juli abends von ihrem Fenster aus ein Glas Wasser herabgegossen. Die entgegengesetzte Darstellung, dass nicht Wasser sondern Urin herabgegossen [worden] sei, wurde Anlass zu Ansammlungen vor diesem Hause, zur Führung einer Anzahl jüdischer Einwohner durch die Stadt und dann zur Verhaftung fast der ganzen jüdischen Gemeinde mit Ausnahme nur weniger Frauen und Kinder. Das Geschäftshaus des Herrn A. wurde gleichzeitig in Anspielung auf den Vorgang verunstaltet. Die Verhafteten wurden bald wieder freigelassen, zuletzt das Ehepaar A. am 19. Juli. Bis zum 22. Juli blieben dann die jüdischen Einwohner auf Rat der Behörde von Parchim fern und hielten ihre Geschäfte geschlossen. Am 22. Juli wurden dann kurz nach der Wiedereröffnung der einzelnen Geschäfte die Schaufensterscheiben eingeschlagen und mit Warnungsplakaten versehen, nach denen sämtliche jüdischen Einwohner so schnell wie möglich Parchim wieder verlassen sollten. Am 23. Juli forderte dann die Polizei die Geschäftsinhaber auf, ihre Geschäfte geschlossen zu halten. Die seit Generationen in Parchim lebenden Juden wagen es z. Zt. nicht, sich in ihrem Heimatort aufzuhalten.
In Bad *Arendsee* wurden die Fensterscheiben der jüdischen Hausmann-Stiftung in der Nacht vom 20. zum 21. Juli zertrümmert. (Die Stiftung selbst ist danach besetzt worden).[4]
In Neustadt *Glewe*/Mecklenburg wurden zur gleichen Zeit die Fensterscheiben des Verwaltungsgebäudes der Lederfabrik Adler & Oppenheimer, die ungefähr 2 000 Arbeiter beschäftigt, eingeschlagen.
III. Am 22. Juli zog in den Orten *Elsoss*[5] und *Paecklhausen*[6] Krs. Wittgenstein/Westfalen eine etwa 100 Mann starke Formation des Arbeitsdienstes geschlossen vor die Häuser jüdischer Einwohner, begann mit Sprechchören, worauf ein gleichzeitiges Steinbombardement auf die Häuser erfolgte.
IV. In *Wächtersbach* Krs. Gelnhausen wurden die jüdischen Viehhändler, die zu dem am 17. Juli stattfindenden Viehmarkt gekommen waren, von einer etwa 40 Mann starken, von auswärts herbeigekommenen Gruppe mit Schlägen vom Viehmarkt gejagt. Ein Teil suchte in anliegenden Häusern Schutz, ein Teil wurde bis zum Bahnhofsgebäude verfolgt. Die

3 Nicht aufgefunden.
4 Die Hausmann-Stiftung in Arendsee (heute Ortsteil von Kühlungsborn) befand sich seit 1931 in der 1912 errichteten Villa des jüdischen Justizrats Wilhelm Hausmann (1856–1921) und seiner Frau Margarete (1863–1929) aus Berlin. Margarete Hausmann hatte vor ihrem Tod die Hochschule für die Wissenschaft des Judentums in Berlin als Erbin unter der Auflage eingesetzt, die Villa als Erholungsheim für Akademiker jüdischer Konfession zu nutzen. Die Hochschule gründete daraufhin die Akademische Gesellschaft Hausmann-Stiftung Arendsee. Das Heim der Stiftung wurde 1937 „arisiert" und von der „Goebbels-Stiftung für Bühnenschaffende" genutzt.
5 Gemeint ist vermutlich der Ort Elsoff.
6 Gemeint ist vermutlich der Ort Beddelhausen.

verstärkte Gendarmerie griff nicht ein, während der ebenfalls verstärkte Bahnschutz die weitere Verfolgung auf Bahnhofsgelände unterband. Ein ähnlicher Vorgang trug sich anlässlich des im Juli stattfindenden Viehmarktes in *Fulda* zu.

V. In *Berlin* wurden auch im Juli[7] laufend die jüdischen Geschäfte ganzer Strassenzüge mit beschimpfenden Inschriften in Oelfarbe beschmiert und mit Zetteln beklebt. Eine Anzahl von grossen Schaufenstern wurde eingeschlagen. Auf den Strassen wurden in den Abendstunden jüdische Passanten belästigt, in der unmittelbaren Umgebung Berlins wurden jüdische Schulkinder zum Abbruch ihrer Ferienlager gezwungen.

Es seien nur aus den letzten Tagen angeführt:

1) Die Vorderfront des Gotteshauses Prinzregentenstrasse wurde vollständig mit Beschimpfungen besudelt.

2) Bei der jüdischen Firma Herz-Licht hat man noch am 22. Juli die Schaufensterscheiben eingeschlagen.

3) In einem jüdischen Lokal in der Woltersdorfer Schleuse wurden die Gäste von Eindringlingen herausgetrieben. Sie wurden gehindert, ihre Zeche zu bezahlen.

4) Das gleiche erfolgte in dem in jüdischem Besitz befindlichen Café Hansa in der Flensburgerstrasse Abend für Abend. Die Eindringlinge stürzten sich dabei jedesmal mit dem Ruf „Die Nazis kommen" auf die Gäste. Der Inhaber hat schliesslich, um vor weiteren Demolierungen geschützt zu sein, am 20. Juli sein Lokal schliessen müssen.

Auch andere jüdische Gaststätten Berlins sind infolge des Anhaltens derartiger Vorgänge z. Zt. dauernd geschlossen.[8]

Da die Rechtssicherheit der jüdischen Einwohner in den genannten Gebieten und Städten auf's äusserste gefährdet ist, bitten wir um rasche Massnahmen, die derartige gesetzwidrige Vorgänge abzustellen geeignet sind.[9]

DOK. 181

Reichsinnenminister Frick untersagt am 27. Juli 1935 im Vorgriff auf ein künftiges Gesetz Eheschließungen zwischen Juden und Nichtjuden[1]

Runderlass des RuPrMdI (I B 3 /245), gez. Frick, an die Landesregierungen, für Preußen an die Standesbeamten und ihre Aufsichtsbehörden, vom 27. 7. 1935 (Abschrift für den StdF Heß in München)[2]

Die Reichsregierung beabsichtigt, die Frage der Verehelichung zwischen Ariern und Nichtariern binnen kurzem allgemein gesetzlich zu regeln. Damit nicht vor dem Abschluß dieser Regelung deren Wirkungen durch inzwischen erfolgende Eheschließungen beeinträchtigt werden, bestimme ich folgendes:

7 Seit Mitte Juni 1935 fanden in Berlin Boykottaktionen gegen Geschäfte jüdischer Inhaber, statt; GStAPK, I HA, Rep. 90 P, Lageberichte Provinz Brandenburg 2. 2, Bl. 182–235, hier 224–228.

8 Siehe dazu auch den Bericht des Polizeipräsidenten von Berlin vom 30. 7. 1935; Die Juden in den geheimen NS-Stimmungsberichten, CD, Nr. 934.

9 Siehe ähnliches Schreiben des CV an das Gestapa vom 30. 7. 1935; RGVA, 721k-1-258.

1 BArch, R 58/6401, Bl. 10.

2 Der Erlass ist unter dem Datum vom Vortag (RMdI I B 3/195) mit unwesentlich differierendem Wortlaut veröffentlicht; MBliV., 1935, S. 980c. Der Erlass war das Ergebnis einer Besprechung am 18. 7. 1935 im RJM; siehe Schreiben Bormann an StdF vom 2. 8. 1935, wie Anm. 1, Bl. 9 f.

Die Standesbeamten haben in allen Eheschließungsfällen, in denen ihnen bekannt ist oder nachgewiesen wird, daß der eine Beteiligte Vollarier, der andere Volljude ist, das Aufgebot oder die Eheschließung bis auf weiteres zurückzustellen.
Ist in einem solchen Falle einer der Beteiligten ein Ausländer, so ist mir unter Beifügung der Vorgänge alsbald unmittelbar zu berichten.
Im übrigen ist nach den allgemeinen Vorschriften zu verfahren.[3]

DOK. 182

Antijüdische Vorurteile innerhalb der Bekennenden Kirche: Ein Brief der Studienrätin Elisabeth Schmitz an Walter Künneth vom 28. Juli 1935[1]

Schreiben, ungez. [Elisabeth Schmitz],[2] z. Zt. Hanau am Main, Corniceliusstr. 16, an Dr. [Walter Künneth],[3] vom 28.7.35 (Durchschrift)

Sehr geehrter Herr Doktor,
ich weiss nicht, ob Sie sich meiner erinnern. Wir haben uns im vorigen Jahr an Renate Ludwigs[4] Geburtstag bei ihr gesehen.
Ich stelle absichtlich diese persönliche Bemerkung an die Spitze, weil es mir sehr schwer werden wird, diesen Brief ohne grosse Bitterkeit zu schreiben. Ich will es versuchen, aber Sie machen es einem fast unmöglich.
Es handelt sich um Ihre Aussagen über das Judentum in Ihrem Buch über den Mythus.[6] Sie reden über unser heutiges deutsches Judentum nicht anders als mit den heute beliebten Schlagworten von „dekadentem Weltjudentum" und „Asphaltjudentum"[7] usw., und Sie kriegen es wirklich fertig zu behaupten, das nachchristliche Judentum suche letztlich

3 Der Text des Erlasses wurde in der JR nachgedruckt unter dem Titel „Zur Frage der Mischehe. Eine grundsätzliche Regelung bevorstehend"; JR, Nr. 65 vom 13. 8. 1935, S. 8.

1 ADW, CA/AC 26, Bl. 5–7.
2 Zur Autorenschaft der ungezeichneten Durchschrift siehe einen gleichlautenden Briefentwurf (gez. Elisabeth Schmitz) im Teilnachlass Elisabeth Schmitz in Hanau, Privatarchiv Gerhard Lüdecke. Dr. Elisabeth Schmitz (1893–1977), Historikerin und Studienrätin; 1923–1938 im Schuldienst in Berlin tätig, von 1929 an als Studienrätin, nach dem Novemberpogrom 1938 auf eigenen Wunsch in den Ruhestand versetzt; seit 1928 ehrenamtlich in der evang. Kirche tätig, von 1934 an Mitglied der Bekennenden Kirche; 1946–1958 in Hanau als Lehrerin tätig.
3 Da die Akte nur Briefe von und an Walter Künneth enthält, handelt es sich bei dem ungenannten Adressaten vermutlich um: Dr. Walter Künneth (1901–1997), evang. Theologe; von 1926 an Dozent der Apologetischen Zentrale, einer Abt. des Centralausschusses für Innere Mission in Berlin, von 1932 an deren Leiter; gründete im Mai 1933 zusammen mit Martin Niemöller die Jungreformatorische Bewegung, Mitglied der Bekennenden Kirche; nach dem Verbot der Apologetischen Zentrale 1937 u. a. als Pfarrer in Starnberg und Erlangen tätig; von 1946 an Professor der Theologie in Erlangen, 1966 Großes Bundesverdienstkreuz.
4 Dr. Renate Ludwig (1905–1976), evang. Theologin; 1933–1938 Referentin in der Apologetischen Centrale Berlin; Redakteurin der Zeitschrift Wort und Tat; von 1936 an Vikarin in Berlin, Mitglied der Bekennenden Kirche; nach 1945 Oberstudienrätin in Baden-Württemberg.
6 Künneth hatte im März 1935 zur Auseinandersetzung mit Alfred Rosenbergs „Mythus des 20. Jahrhunderts" ein Buch unter dem Titel „Antwort auf den Mythus. Die Entscheidung zwischen dem nordischen Mythus und dem biblischen Christus" veröffentlicht.
7 Siehe Künneth, Antwort auf den Mythus, S. 67.

nur sich selbst, es missbrauche die Völker[8] und werde zum „Keimträger“ der „Völkervergiftung“![9] Das heisst, Sie kennen überhaupt nur das Zerrbild des Judentums, wenigstens reden Sie *nur* davon. Das ist genau dasselbe, als wenn heute jemand die DC[10] charakterisiert und dann behauptet, das ist *das* Christentum. Das alles ist „Schau“, ist „Mythus“, und hat mit historischer Wahrheit sehr wenig zu tun.

Es hat ja keinen Sinn, weil es wirklich allgemein bekannt ist, hier erst aufzuklären, was allein die deutsche Wissenschaft Juden verdankt – Naturwissenschaft, Mathematik, Medizin – wieviele Stiftungen in Museen und vor allem sozialer Art von Juden gemacht sind. Ich weiss nicht, ob das „zersetzend“ ist. Wie aber wollen wir denn den Hinterbliebenen der zwölftausend im Kriege gefallenen Juden (von 550 000 Juden in Deutschland) ins Gesicht sehen und den vielen Tausenden jüdischer Frontsoldaten, wenn wir durch solche Aussagen ihnen das höchste nehmen, das ein Mensch auf dieser Erde hat, die Ehre? Schon die Juden an der Front mussten sich wehren gegen die Verleumdung. „Ich bin glücklich, nun im blutigen Ernst für die heilige Wahrheit unserer Idee zeugen zu dürfen, und stärker als je lodert in uns die Liebe zum deutschen Vaterland. Dass leider Gottes in der Heimat die ehrlosen Stimmen der Verleumdung noch nicht verstummt sind, vermag uns nicht zu entmutigen. Nur traurig, furchtbar traurig macht uns dies. Was wollen sie denn mehr als unser Blut? –“ (Kriegsbriefe gefallener deutscher Juden S. 54)[11]

Wenn heute in einer nationalistisch überhitzten Welt auch ein jüdischer Nationalismus erwächst – ist es ein Wunder? Wenn aber heute nach 2½ Jahren schwerster Verfolgung, bei der es um Tod und Leben geht, noch immer der grosse Teil des deutschen Judentums sich zu Deutschland bekennt – dann *ist* es nahezu ein Wunder.

Ist es „Mangel an heldischer Gesinnung“,[12] wenn bei den Verfolgungen des Mittelalters Juden sich und *ihre Kinder* in die Flammen warfen, um sie vor dem Abfall von ihrem Glauben zu bewahren? Aber es ist wohl sehr heroisch, wenn in Nürnberg zweimal die *gesamte* jüdische Gemeinde niedergemacht wurde, oder wenn heute 66 Millionen über eine halbe Million herfallen?

Ich habe oben gesagt, es wird mir sehr schwer werden, ohne grosse Bitterkeit zu schreiben, und ich muss offen gestehen, dass mich seit dem Schock des Boykotts vom 1. 4. 33 nichts mehr so erregt und so empört hat wie diese Stellen Ihres Buches. Wer heute derartige Dinge schreibt, muss wissen, dass er sich damit an die Seite einer gewissen, heute sehr verbreiteten Presse stellt. Und wenn im „Schwarzen Chor“[13] und im „Stürmer“ heute solche und – wie ich selbstverständlich weiss – noch sehr viel schlimmere Dinge stehen, so kann ich es nicht ändern, und es geht mich nichts an. Wenn das aber in der Bekennenden Kirche geschieht, dann geht es mich etwas an, und ich halte mich – erlauben Sie, dass ich das sage – vor Gott für verpflichtet, aus meiner Verantwortung als Glied der Kirche heraus und aus meiner Verantwortung für Menschen, die mir nahe stehen, heraus, dagegen mit letztem Ernst Verwahrung einzulegen.

8 Siehe ebd., S. 68.
9 Siehe ebd., S. 69.
10 DC: Deutsche Christen.
11 Die „Kriegsbriefe gefallener deutscher Juden“ hatte der Reichsbund jüdischer Frontsoldaten 1935 herausgegeben.
12 Siehe Künneth, Antwort auf den Mythus, S. 69.
13 Gemeint ist das SS-Organ Das Schwarze Korps.

Immer wieder, wenn ich Ihre Sätze lese, scheint mir, als hätten Sie von der tatsächlichen heutigen Lage der deutschen Juden oder Nichtarier, wie man eigentlich sagen müsste, keine wirkliche Kenntnis. Nur so kann ich mir die Möglichkeit erklären, heute solche Dinge zu schreiben. Sie wissen ja wohl, dass in dem schlimmsten Zentrum der Verfolgung, in der Gegend um Nürnberg, bereits Plakate mit der Aufforderung zum Pogrom angeschlagen waren, sodass selbst Herr Streicher gegen die „Disziplinlosigkeit" (!) vorgehen musste. In einer kurhessischen Kleinstadt (auch protestantisch wie die Gegend um Nürnberg!) ist ein Jude buchstäblich totgetreten worden. Wer nun heute schreibt, dass das Judentum das Volk des Fluches[14] und Keimträger der Völkervergiftung ist – der muss wissen, was er tut.
Woher wissen Sie eigentlich, dass die „Reinerhaltung des Blutes" Pflicht ist? Die verantwortungsbewussten Genetiker wissen das noch keineswegs, da ja die Pflanzen- und Tierversuche wissenschaftlich gesehen noch in den ersten Anfängen stecken, geschweige denn, dass irgendetwas Abschliessendes über Menschenrassen zu sagen wäre.
Wenn Sie Rosenberg recht geben mit dem „Fluchcharakter" des Juden,[15] so bejahen Sie damit die Rassegebundenheit dieses „Fluchcharakters", denn wie könnte Rosenberg sonst recht haben? Und wenn man das zusammenhält mit der „Pflicht zur Reinhaltung des Blutes",[16] so ist nicht recht einzusehen, mit welcher Stirn die Kirche dann Judenmission treibt. Sollen unsere evangelischen Gemeindemitglieder alle zum Cölibat verurteilt werden? Oder sollen sie konfessionelle Juden heiraten? Oder treten Sie für eine besondere Judenchristliche Kirche ein?
Ich will nur ganz kurz etwas Persönliches sagen. Ich lebe zusammen mit einer Freundin, die von Geburt Jüdin ist.[17] Ich habe in ihrer Familie die bewusstesten und unbeirrbarsten Deutschen gefunden, die ich überhaupt kenne. Und nun erlebe ich seit zweieinhalb Jahren Tag für Tag die schweren seelischen und körperlichen Qualen mit, die die Folge dieser Zeit sind. Ich sehe die äussere Zerstörung der Existenz im engeren und weiteren Familienkreise, ich sehe überall bei Bekannten die Zerstreuung der Familie in alle Erdteile, ich sehe die Treulosigkeit und Feigheit weithin der „Arischen Freunde", ich weiss von den Selbstmorden und den vielen Todesfällen, die die Folge dieser „unblutigen" Verfolgung sind, ich sehe den Jammer und die Verzweiflung – und ich sehe die furchtbare Schuld der anderen Seite, der Seite, auf der wir stehen.
Meine Freundin ist seit langer Zeit getauft, aber sie hat aus ihrer tiefen Enttäuschung heraus den Weg zur bekennenden Kirche noch nicht gefunden. Immer wieder stehe ich den bitteren Fragen und Anklagen gegenüber: Warum tut die Kirche nichts? Warum lässt sie das namenlose Unrecht geschehen? Wie kann sie immer wieder Bekenntnisse zum Nationalsozialistischen Staat ablegen, die doch politische Bekenntnisse sind und sich gegen das Leben eines Teiles ihrer eigenen Glieder richtet? Warum schützt sie nicht wenigstens die Kinder? Sollte denn alles das, was mit der heute verachteten Humanität schlechterdings unvereinbar ist, mit dem Christentum vereinbar sein? Und immer wieder höre ich: Die katholische Kirche sorgt doch wenigstens für ihre Glieder, stellt nichtarische Aerzte und Schwestern z. B. ein – die evangelische Innere Mission hat Arierparagraphen! Aus den

14 Siehe Künneth, Antwort auf den Mythus, S. 68 f.
15 Siehe ebd., S. 68.
16 Siehe ebd., S. 189 und 199.
17 Dr. Martha Kassel, spätere Seefeld (1888–1945), Medizinerin; 1912–1933 als Ärztin tätig, 1933 Entzug der Kassenzulassung; emigrierte 1938 nach Argentinien, dort auf einer Farm tätig, 1946 dann in die USA. Martha Kassel war 1933 von Elisabeth Schmitz in ihre Wohnung aufgenommen worden.

Reihen von nichtarischen Christen ist mir gesagt worden, sie fühlten sich von Kirche und Oekumene verlassen. Um ihre katholischen Mitglieder brauchten sie sich nicht zu sorgen, die gingen nicht zu Grunde, denn um sie kümmere sich die Kirche. Ueber die Haltung der evangelischen Kirche aber könne man nur sagen: Herr, vergib ihnen, denn sie wissen nicht, was sie tun. – Die Kirche macht es einem bitter schwer, sie zu verteidigen.[18] Ihr Buch habe ich glücklicherweise von vornherein eingeschlossen, damit meine Freundin es nicht findet. Ich wage nicht daran zu denken, was sonst die Folge wäre.

Das ist das wichtigste von dem, was ich zu sagen habe. Sollte es nun doch manchmal zu schroff gesagt sein, so wollen Sie das, bitte, entschuldigen. Es geht ja Ihnen und mir um die Sache.

Ihr Buch gilt als *die* Antwort der ev. Kirche auf den Mythus, ja, als die Antwort der Bekennenden Kirche, zumal da es mit dem Vorwort von Marahrens[19] erschienen ist. Es ist schlimm für die Bekennende Kirche, dass es so ist. Daher ist es eine dringende, herzliche und sehr ernste Bitte, Sie möchten vor einer Neuauflage Ihres Buches diese Stellen einer umfassenden Umarbeitung unterziehen.

DOK. 183
Das Geheime Staatspolizeiamt berichtet Reinhard Heydrich am 31. Juli 1935 über neue Pläne zur Diskriminierung der jüdischen Bevölkerung in Berlin[1]

Schreiben des Gestapa (II 1 B 2 - J 895/35) an den Leiter, SS-Gruppenführer Heydrich, im Hause, vom 31. 7. 1935 (Entwurf, abges. am 2. 8. 1935)[2]

Aus Anlaß der judenfeindlichen Kundgebungen auf dem Kurfürstendamm und in anderen Stadtteilen Berlins fand am 30. 7. bei dem Vizepräsidenten Steeg[3] im Berliner Rathaus eine Besprechung statt, an der außer dem Oberbürgermeister der Stadt Berlin Vertreter des Geheimen Staatspolizeiamtes, des Polizeipräsidiums, der Staatspolizeistelle Berlin, der Gauleitung sowie der SA-Truppe Berlin-Brandenburg teilgenommen haben. Zweck der Besprechung war, geeignete Mittel und Wege zu finden, um die Bekämpfung der Juden in Berlin ohne öffentliche Demonstrationen und Einzelaktionen wirksam durchzuführen.[4]
Im Gesamten hatte die Besprechung folgendes Ergebnis:

18 Dieser letzte Satz und weitere Passagen finden sich wortgleich bzw. ähnlich in der bis September 1935 von Schmitz verfassten 15seitigen Denkschrift „Zur Lage der deutschen Nichtarier." Seit 1933 hatte sie Daten und Berichte über die Diskriminierung der deutschen Juden gesammelt. 200 Exemplare der Denkschrift verteilte sie an einflussreiche Persönlichkeiten in der Bekennenden Kirche, um ein offizielles Kirchenwort gegen die Verfolgung anzuregen, ohne Erfolg; Abdruck der Denkschrift in: Katharina Staritz, Bd. 1, S. 220–246, hier S. 245.

19 August Marahrens (1875–1950), evang. Theologe; 1920 Superintendent von Einbeck, 1925–1947 Lutherischer Landesbischof von Hannover, 1935–1945 Präsident des Lutherischen Weltkonvents.

1 RGVA, 500k-1-379, Bl. 51 f.

2 Im Original handschriftl. Änderungen und Bearbeitungsvermerke.

3 Ludwig Steeg (1894–1945), Verwaltungsbeamter; von 1919 an bei der Stadt Berlin tätig; 1933 NSDAP-Eintritt, SS-Mitglied; 1933 Vertreter von Staatskommissar Lippert, 1937 Bürgermeister von Berlin, 1940 bis 1945 kommissar. OB und Stadtpräsident und 1945 OB Berlins; 1945 Tod in sowjetischer Internierung.

4 Siehe dazu die Verfügung des neuen Polizeipräsidenten von Helldorf „Gegen Einzelaktionen"; VB (Norddt. Ausg.), Nr. 209 vom 28. 7. 1935, S. 2.

1.) Jüdische Geschäfte.
Die Neugründung von jüdischen Geschäften soll in Zukunft dadurch verhindert werden, daß die Bedarfsfrage vom Stadtverwaltungsgericht einer strengen Prüfung unterzogen wird. Die Stadtverwaltung Berlin will hierzu noch Richtlinien herausgeben, nach denen die Erteilung der Konzession an Juden grundsätzlich zu verweigern ist.
Bei bestehenden jüdischen Geschäften soll das Gesetz zum Schutz des Einzelhandels eng ausgelegt werden, insbesondere soll hierdurch verhindert werden, daß Juden ihre Geschäftsräume vergrößern. Schwierigkeiten sollen dabei auch durch die Baupolizei in Form von entsprechenden Auflagen bereitet werden.
Von außerordentlicher Wichtigkeit ist es, daß die bestehenden jüdischen Geschäfte von dem kaufenden Publikum in Zukunft als solche sofort erkannt werden. Die endgültige Regelung soll durch die NS.-Hago im Verein mit der Reichsregierung herbeigeführt werden. Vorgeschlagen wurde, die arischen – nichtjüdischen – Geschäfte durch ein entsprechendes Schild zu kennzeichnen. Die Feststellung, ob es sich um ein arisches Geschäft handelt, soll durch enge Zusammenarbeit der NS.-Hago mit den einzelnen NS.-Gliederungen getroffen werden. Im übrigen wurde vereinbart, die geistige Schulung innerhalb und außerhalb der NS.-Gliederungen in erhöhtem Maße fortzusetzen, um dadurch die Bevölkerung von dem Einkauf in jüd. Geschäften abzuhalten.
Als Maßnahme gegen jüd. Eisdielen, die besonders Gegenstand der judenfeindlichen Demonstrationen gewesen sind, ist bereits angeordnet, daß jede Eisdiele in Zukunft eine Toiletten-Einrichtung haben muß. Durch entsprechende scharfe Anwendung dieser Verordnung auf jüd. Eisdielen hofft man, die Schließung derselben herbeizuführen, zumal auch in vielen Fällen aus räumlichen Gründen der Anordnung nicht entsprochen werden kann.
2.) Jüdische Haus- und Grundstücksverwaltungen.
Häuser und Grundstücke von Juden sollen in Zukunft einer genauen Prüfung unterzogen werden, um festzustellen, ob baupolizeiliche Auflagen (Reparaturen und dergl.) gemacht werden können. Auch soll durch den Gau Berlin durch entsprechende Überwachung dafür Sorge getragen werden, soweit im Verhältnis zwischen arischen und nichtarischen Mietern von den arischen Mietern zu hohe Mieten verlangt werden, eine Regelung zugunsten der arischen Mieter herbeizuführen.
3.) Baden von Juden in städtischen Strandbädern.
Mit Rücksicht auf die Olympiade 1936 soll z. Zt. noch davon abgesehen werden, in den städtischen Freibädern Schilder anzubringen, durch die Juden der Besuch der städtischen Freibäder verboten wird. Der Badebetrieb wird aber in Zukunft von Streifen überwacht, die – mit besonderen Ausweisen versehen – berechtigt sind, bei ordnungswidrigem Verhalten Juden sofort aus dem Freibad hinauszuweisen. Bei städtischen Hallenbädern sollen dagegen Juden schon an der Kasse zurückgewiesen werden.[5]
4.) Verträge mit Juden.
Es soll eingehend geprüft werden, ob und von welcher Stelle aus noch öffentliche Aufträge an jüdische Firmen vergeben worden sind.

5 Der Berliner OB hatte im Juli 1935 Juden den Zutritt zu allen städtischen Bädern verboten; Sopade-Berichte, Nr. 7 vom Juli 1935, S. 800. Seit Mitte Juli 1935 lief eine Pressekampagne für Benutzungsbeschränkungen für Juden in städtischen Badeanstalten; siehe VB (Norddt. Ausg.) vom 19., 20., 24. und 27. 7. 1935.

5.) Eheschließung zwischen Ariern und Juden.
Die Berliner Standesbeamten sind bereits angewiesen worden, eine derartige Eheschließung nicht mehr vorzunehmen.[6]
Weitere Besprechungen über die Bekämpfung des Judentums in Berlin sollen demnächst stattfinden.

DOK. 184
Die Deutsche Arbeitsfront schlägt dem SD-Hauptamt am 31. Juli 1935 Namensänderungen für Juden vor[1]

Schreiben des DAF-Zentralbüros/Amt Information (B.Nr. 5347/35/khe), SS-Sturmbannführer (Unterschrift unleserlich), Berlin, an das SD-Hauptamt des RFSS (Eing. 2. 8. 1935) vom 31. 7. 1935, mit ungez. Anlage vom 24. 7. 1935

Betr.: Notwendigkeit der Namensänderung für Juden.
Bezug: ohne.
Dem Amt Information ging eine Ausarbeitung über die Notwendigkeit der Namensänderung für Juden in Form einer Aktennotiz zu. Darin wird vorgeschlagen, daß
1. die Juden nur jüdische Vornamen führen,
2. ihre arischen Namen wieder in jüdische Namen umändern sollen,
3. anstatt christliches Hauspersonal nur jüdisches beschäftigen dürften.
Zur evtl. weiteren Verwertung geht dem SD-Hauptamt die betreffende Ausarbeitung zu.[2]
Heil Hitler!
[...][3]
SS-Sturmbannführer.
i. V.
[...][4]
SS-Obersturmführer.

Anlage.
Aktennotiz.
Namensänderung der Juden.
Es ist immer das Prinzip der Juden gewesen, sich berühmte Namen zuzulegen, um Vorteile daraus zu ziehen. Es gibt Tausende von Beispielen, und es seien nur die wichtigeren hier erwähnt:
Nachdem Lessing als Schriftsteller und Dichter bekannt geworden war, legten sich eine Unmenge Juden den Namen Lessing zu. Die deutsche Familie Lessing, aus der der Dichter stammt, kann nachweisen, dass im 16. Jahrhundert ein Ahnherr Pfarrer in der Gegend von Chemnitz gewesen ist. Zur Zeit der sozialistisch-jüdischen Regierung in Deutschland

6 Siehe Dok. 181 vom 27. 7. 1935.

1 BArch, R 58/6409, Bl. 32–35.
2 Zur Diskussion über Namensänderungen siehe auch Dok. 178 vom 19. 7. 1935.
3 Unterschrift unleserlich.
4 Unterschrift unleserlich.

in den Jahren 1919–1930 war einer von den jüdischen Lessings in Hannover zum Professor gemacht worden. Seine Vorfahren hiessen Moses Aron und Simon Heilbronn. Letzterer starb am 3. Juni 1775. Das Verhalten dieses Professors Theodor Lessing,[5] der ins Ausland flüchtete, als die Nationalsozialisten an die Regierung kamen, hat in seiner Gemeinheit bestätigt, dass er jüdischer Abstammung und Herkunft ist.
Ähnlich verhält es sich mit dem Namen Reuter. Unser grosser plattdeutscher Dichter[6] hat seinem echt deutschen Namen einen guten Klang für die Jahrhunderte gegeben. Der Name Reuter ist dann leider auch wieder durch Juden aufgenommen worden. So hat der Mann, der 1851 in London das Reutersche-Telegraphen-Büro[7] gründete, ursprünglich Josephat geheissen. Er hat 1845 in Berlin eine Firma Stargard und Reuter gegründet und damals den Namen Josephat abgelegt. Ein deutscher Fürst hat dann käuflich – wie viele seinesgleichen – gegen Bezahlung den Juden Josephat-Reuter unter dem Titel „Paul Freiherr Julius von Reuter"[8] im Jahre 1871 in den Adelsstand versetzt. Leider haben die deutschen Fürsten seit Jahrhunderten in dieser Beziehung vollständig versagt und sind immer gegen jüdisches Geld bereit gewesen, das deutsche Volkstum zu verraten. Zum Glück hat sich das an ihnen selber gerächt. Diese unfähigen Geschlechter sind durch die Juden selber, zum Teil durch Napoleon, der aus der französischen Judenrevolution von 1789 hervorging, zum Teil durch die deutsche Judenrevolution von 1918 ihrer Herrschaft beraubt worden, nachdem sie sich unfähig erwiesen hatten, wahre deutsche Interessen zu vertreten.
Es erübrigt sich, weitere Einzelheiten zu bringen; es sei nur an die Seuche der germanischen Vornamen in jüdischen Familien erinnert, die zur Zeit Richard Wagners ausbrach: Siegfried, Siegmund usw. sind lauter jüdische Vornamen geworden. Warum wird nicht jetzt durch gesetzliche Vorschrift den Juden verboten, arische Vornamen zu führen, und warum werden sie nicht gezwungen, jüdische Vornamen, von denen doch im Alten Testament eine verhältnismässig reiche und schöne Sammlung vorliegt, zu führen? Auswahl ist genug vorhanden, und auch für jeden jüdischen Charakterzug ist der entsprechende Vorname leicht zu beschaffen. Es dürfte ja auch jedes Kind ruhig mehrere jüdische Vornamen führen.
Ein weiterer Schritt, der aber auch unbedingt folgen müsste, wäre, dass die Juden gezwungen würden, die christlichen Nachnamen wieder in ihre ursprünglichen jüdischen Namen umzuändern, insbesondere, wenn die entsprechenden arischen Familien das beantragen. Jedoch genügt es auch, wenn die Juden nur jüdische Vornamen und keine arischen Vornamen führen dürfen.
Juden können hiergegen keine Beschwerde erheben, weil sie sich ja selbst als das auserwählte Volk bezeichnen, und weil es daher für sie eine Ehre sein muss, dass man dieses „auserwählte" gleich schon vorn an ihrem Namen erkennen kann.
Im Zusammenhang damit sei daran erinnert, dass sehr häufig im Mittelalter die einzelnen Städte Gesetze erliessen, wonach den Juden verboten war, christliches Hauspersonal zu halten, weil sich da immer wieder Missbräuche mehrfachster Art herausgestellt hatten. Ein

5 Dr. Theodor Lessing (1872–1933), Arzt, Philosoph und Schriftsteller; von 1923 an Professor für Philosophie in Hannover; 1933 Emigration nach Marienbad, dort am 30. 8. Opfer eines politischen Attentats; Autor von Dramen, Gedichten und philosophischen Werken.
6 Fritz Reuter (1810–1874).
7 Noch heute unter dem Namen Reuters bestehende weltweit tätige Nachrichtenagentur.
8 Richtig: Paul Julius Freiherr von Reuter (1816–1899).

Gesetz in dieser Beziehung ist unbedingt notwendig.[9] Es würde auch durchaus in jeder Hinsicht zu rechtfertigen sein, denn denjenigen Juden, die darüber klagen, dass andere Juden ihre Posten in Deutschland verloren haben, bietet sich ja dann die glänzende Gelegenheit, die freiwerdenden Hauspersonalstellen bei ihren Rassegenossen anzunehmen. Warum sollen Juden nicht auch Hauspersonalstellen versehen können? Allerdings legen sie selber meist auf solches Personal keinen Wert, weil es zu unordentlich und schlampig ist. Unter jüdischer Führung wird es aber seine Leistungen sicher verbessern.
den 24. 7. 35.

DOK. 185

Das Schwarze Korps: Artikel vom 7. August 1935 mit der Aufforderung an die Bevölkerung, Juden festzunehmen[1]

[Dr. W. Zarnack, Reichsamtsleiter][2]
Was jeder wissen muß. Wann darf ich jemanden festnehmen?[3]

In weiten Kreisen des deutschen Volkes herrscht noch *Unklarheit* über die gesetzlichen Voraussetzungen für eine vorläufige Festnahme. Die letzten Ereignisse haben gezeigt, dass eine Aufklärung hierüber *dringend* am Platze ist.
Paragraph 127 der Strafprozeßordnung bestimmt:
„Wird jemand auf frischer Tat angetroffen oder verfolgt, so ist, wenn er der Flucht verdächtig ist, oder seine Persönlichkeit nicht sofort festgestellt werden kann, jedermann befugt, ihn auch ohne richterlichen Haftbefehl vorläufig festzunehmen."
Danach sind zwei Fälle zu unterscheiden:
1. Antreffen auf frischer Tat und Fluchtverdacht, oder
2. Antreffen auf frischer Tat und Unvermögen, die Persönlichkeit des Betroffenen sofort festzustellen.
Voraussetzung ist *in jedem Falle* das Vorliegen einer strafbaren Handlung. Ob diese Handlung ein Verbrechen oder ein Vergehen, oder auch nur eine Übertretung darstellt, ist gleichgültig.
Ein Jude, der sich unter Mißbrauch seines Gastrechts mit einer deutschen Frau in der Öffentlichkeit sehen läßt, ein Jude, der in einem öffentlichen Tanzlokal anmaßend Gliederverrenkungen vornimmt, ein Jude, der sich in deutschen Bädern lärmend und auffällig benimmt, erregt öffentliches Ärgernis und gefährdet dadurch den äußeren Bestand der öffentlichen Ordnung.

9 Das am 15. 9. 1935 in Nürnberg erlassene Blutschutzgesetz enthielt im § 3 eine solche Regelung; siehe Dok. 199.

1 Das Schwarze Korps, Folge 23 vom 7. 8. 1935, S. 5.
2 Wolfgang Zarnack (*1902), Jurist; 1919 Mitglied des Freikorps Reinhard; 1923 NSDAP- und SA-Eintritt, 1930 SA-Führer im Stab der Obersten SA-Führung Ost, Amtsleiter der Rechtsabt. der NSDAP-Reichsleitung; nach 1945 als Rechtsanwalt tätig, u. a. als Verteidiger in NS-Verfahren.
3 Der Artikel wurde am nächsten Tag per Rundschreiben den Regierungspräsidenten, Landräten und Oberbürgermeistern sowie den NSDAP-Kreisleitern, Kreispropagandaleitern und Ortsgruppenleitern übermittelt; Rundschreiben der NSDAP-Reichspropagandaleitung, gez. Hugo Fischer, vom 8. 8. 1935; Sächs. StA, HStA Dresden, 13471 NS-Archiv des MfS, ZA VI 3852 Akte 12.

Seine Bestrafung erfolgt, falls nicht härtere Gesetze verletzt sind, nach § 360 Ziff. 11 des Strafgesetzbuches wegen groben Unfugs.
Eine Erklärung, was unter groben Unfug zu verstehen ist, gibt das Gesetz selbst nicht. Der Name tut auch nichts zur Sache. Nach der Rechtsprechung der deutschen Gerichte liegt ein Verstoß gegen § 360 Ziff. 11 des St.G.B. immer dann vor, wenn jemand vorsätzlich eine Handlung begeht, die in erheblicher Weise gegen die allgemeine Verkehrssitte verstößt und geeignet ist, die auf dieser Sitte beruhende Ordnung zu zerstören.
Nach dem Wiedererwachen der deutschen Volksseele ist die Bestrafung *auf solche Fälle auszudehnen, in denen die inneren Gefühle des deutschen Menschen gröblich verletzt werden* und diese innere Beunruhigung die Gefährdung der öffentlichen Ordnung zur Folge hat.
Ein vorsätzliches Handeln liegt nicht nur dann vor, wenn der Störer absichtlich die störende Wirkung hervorrufen will, sondern auch dann, wenn er zwar nicht weiß, aber bei gehöriger Überlegung erkennen muß, daß seine Handlungsweise die deutschen Volksgenossen ungebührlich belästigen wird.
Jeder Volksgenosse, der einen Juden bei der Begehung einer nach § 360 Ziff. 11 des Strafgesetzbuches strafbaren Handlung auf frischer Tat ertappt, oder ihn unmittelbar im Anschluß an die Tat verfolgt, *ist berechtigt, ihn festzunehmen*, und, wenn er sich zur Wehr setzt, Gewalt anzuwenden, unter der Voraussetzung, daß er sich nicht genügend ausweisen kann, etwa durch Vorlage amtlicher Ausweise, oder wenn trotz Legitimation Fluchtverdacht vorliegt. *Fesseln oder Binden ist nur in äußersten Fällen zulässig.* Nach der Rechtsprechung schließt ein Irrtum über die Befugnis zur Festnahme die Schuld des Festnehmenden aus. Dieser kann daher nicht wegen Freiheitsberaubung bestraft werden.
Widersetzt sich der Betroffene der Festnahme, so handelt er *rechtswidrig*. Begeht er bei der Widerstandsleistung eine Körperverletzung, so macht er sich *strafbar*. Auf Notwehr kann sich der Festgenommene *nicht* berufen, da die vorläufige Festnahme unter den angeführten Voraussetzungen rechtmäßig ist, also kein rechtswidriger die Notwehr begründender Angriff vorliegt.
Es ist dringend notwendig, daß sich jeder deutsche Volksgenosse die Voraussetzungen für eine vorläufige Festnahme genau einprägt, damit er keine Gesetzesverletzung begeht, damit er aber auch mit ruhigem Gewissen rücksichtslos einschreiten kann, wenn er die Ehre des deutschen Volkes verletzt sieht.
Der Festgenommene ist alsdann unverzüglich dem Amtsrichter des Bezirkes, in welchem die Festnahme erfolgt ist, vorzuführen. Es genügt aber auch die Auslieferung an die nächste Polizeibehörde.
Der Festgenommene muß sich dann vor seinem gesetzlichen Richter verantworten.[4]

4 Am 9. 8. 1935 berichtete der Daily Telegraph London über die hier abgedruckte Aufforderung zur Verhaftung von Juden durch Zivilpersonen; Meldung des Deutschen Nachrichtenbüros, Nr. 219 vom 9. 8. 1935 (morgens), S. 5, BArch, R 43 II/602, Bl. 185.

DOK. 186
Die Geheime Staatspolizei informiert das Auswärtige Amt am 8. August 1935 über die öffentliche Demütigung einer Frau in Beuthen[1]

Schnellbrief (durch besondere Motorradfahrer) der Preuß. Geheimen Staatspolizei, der stellvertr. Chef und Inspekteur (1 B 2 – 67665/ J. 911/ 35), i. A. Best, an das AA Berlin (Eing. 9. 8. 1935) vom 8. 8. 1935

Zum Schreiben vom 30. 7. 1935 –P 5725 –
Betr.: Vorgänge in Beuthen O/S.
Am 22. 7. 1935 wurde von zwei unverantwortlichen Personen die Friseuse Lotte *Teichgräber*, deren Verhältnis mit einem Juden in der Bevölkerung grösste Erregung hervorgerufen hatte, aus ihrer Arbeitsstätte gebeten und auf der Strasse, nachdem ihr die Haare teilweise abgeschnitten worden waren, mit Teer beschmiert. Es wurde ihr ein Plakat umgehängt mit der Aufschrift „Ich bin die Rasseschänderin Teichgräber". Die sich inzwischen angesammelte Menschenmenge beabsichtigte, die Teichgräber durch die Stadt zu führen. Durch das Eingreifen der örtlichen Polizeiorgane wurde dieses Vorhaben dadurch verhindert, dass die Teichgräber nach wenigen Minuten zu ihrem eigenen Schutze in Haft [genommen] und zur Säuberung dem Krankenhause in Gleiwitz zugeführt wurde.
Die festgestellten Haupttäter wurden sofort in Schutzhaft genommen und werden einem Konzentrationslager zugeführt werden.
Die Teichgräber ist deutsche Staatsangehörige und hat sich zu keiner Zeit in Polen aufgehalten. Insoweit trifft daher die Meldung des „Daily Herald" nicht zu.[2]
Ich habe den mir unterstellten Behörden die peinlichste Beachtung des Genfer Abkommens[3] nochmals zur besonderen Pflicht gemacht und sie angewiesen, jede Person, ohne Rücksicht auf ihr Ansehen, mit den schärfsten Mitteln zur Rechenschaft zu ziehen, die den Bestimmungen des Genfer Abkommens zuwiderhandeln sollte. Da eine gleiche Anweisung auch an die Führer der örtlichen Gliederungen der Partei ergangen ist, ist somit Vorsorge getroffen, dass sich ähnliche Vorfälle in Zukunft nicht mehr ereignen werden.

1 PAAA, R 121224.
2 Nicht aufgefunden. Etwas anders berichtete Le Temps über den Vorfall: Eine junge Polin, Mademoiselle Feingreber, sei wegen ihrer Verlobung mit einem Juden von Hitler-Anhängern durch die Stadt getrieben und nach dem Vorfall mit einem Nervenzusammenbruch ins Krankenhaus eingeliefert worden. Sie klage nun auf Schadenersatz in Höhe von 150 000 Francs; Le Temps (Paris) vom 31. 7. 1935.
3 Das deutsch-polnische Abkommen vom 15. 5. 1922, welches den Schutz der Minderheiten in Oberschlesien vorsah, galt bis Juli 1937; RGBl., 1922 II, S. 519. Siehe auch die Dok. 28 vom 7. 4. und 46 vom 24. 5. 1933.

DOK. 187
Der NSDAP-Gauorganisationsleiter in Ostpreußen fordert am 15. August 1935 den Parteiausschluss des Landrats in Marienwerder[1]

Schreiben des NSDAP-Gau-Organisationsleiters,[2] ungez., Königsberg, an Pg. Bethke,[3] Vizepräsident im Oberpräsidium in Königsberg, vom 15. 8. 1935 (Durchschrift)[4]

Einem Bericht des Kreisleiters Haffmann[5] Marienwerder entnehme ich folgendes:
Der Landrat Wuttke[6] – Marienwerder hat sich in der letzten Zeit ausserordentlich scharf in Widerspruch mit dem nationalsozialistischen Wollen gestellt. Es läuft ein Kreisgerichtsverfahren gegen Landrat Wuttke auf Ausschluss wegen folgender Vorkommnisse:
1.) hat er ohne Benachrichtigung der SA durch Polizeiorgane die durch die SA angebrachten Transparente gegen die Juden entfernen lassen,
2.) hat er eine Rote-Kreuz-Schwester, die sehr stark im nationalsozialistischen Sinne in der polnisch gefährdeten Gegend um Tiefenau gearbeitet hat, ihres Postens enthoben. Meiner Meinung nach nur, weil die Oberschwester, die alles andere nur nicht Nationalsozialist ist, diese nationalsozialistische Arbeit nicht dulden wollte.
3.) hat Landrat Wuttke durch Gendamerie untersuchen lassen, ob die Kreisfrauenschaftsleiterin Pgn. Neumann, die gleichfalls stellvertretende Kreisamtsleiterin des Amts für Volkswohlfahrt ist, bei ihrer Tätigkeit im Kreise für die Deutsche Glaubensbewegung agitiert hat.
Ich halte durch unerhörte Handlungsweise des Landrats Wuttke ihn nicht mehr wert, nationalsozialistischer Parteigenosse zu sein.[7]
Heil Hitler!

1 GStAPK, XX HA, Rep. 240/B 12 b Gauleitung, Bl. 37.
2 Paul Dargel (*1903), Kaufmann; 1919–1930 Holzhändler; 1932 NSDAP-Gauamtsleiter, 1933–1945 Gauorganisationsleiter in Ostpreußen; 1940–1945 Regierungspräsident in Zichenau (Ciechanów), 1942–1944 ständiger Vertreter des Reichskommissars Ukraine; lebte nach 1945 in Hannover.
3 Dr. Hermann Bethke (1900–1940), Jurist; 1927–1932 Regierungsassessor bei der Regierung in Königsberg i. Pr.; 1929 Referent und Leiter der Gaurechtsstelle und 1933 Gauamtsleiter der NSDAP-Gauleitung Ostpreußen; von 1933 an Vizepräsident des Oberpräsidiums der Provinz Ostpreußen, 1939–1940 kommissar. Regierungspräsident in Zichenau (Ciechanów).
4 Im Original oben handschriftl. „Oberpr.".
5 Arthur Haffmann (*1899), Landwirt; Mitglied der Völkischen Freiheitsbewegung, 1931 NSDAP-Eintritt, von 1933 an NSDAP-Gauinspekteur sowie Kreisleiter in Marienwerder und in Angerburg.
6 Bernhard Wuttke (*1902), Beamter; 1928–1930 im Landratsamt Bersenbrück und 1930–1932 bei der Regierung in Gumbinnen tätig; 1933 NSDAP-Eintritt; 1933–1939 Landrat in Marienwerder und von 1939 an in Jägerndorf.
7 Vizepräsident Bethke schrieb daraufhin an NSDAP-Kreisleiter Haffmann am 10. 9. 1935, die Sache sei besser informell mit Gauleitung und Oberpräsidium zu klären, nicht durch ein Parteigerichtsverfahren. Jeder Anschein eines Streits zwischen Partei und Staat sei zu vermeiden; wie Anm. 1, Bl. 42. In einem Gespräch mit dem Vizepräsidenten wurden die Differenzen beigelegt; Schreiben von Bethke an die Gauleitung vom 30. 12. 1935, ebd., Bl. 64+RS.

DOK. 188
Das Geheime Staatspolizeiamt fordert am 17. August 1935 von den Staatspolizeistellen Material für eine zentrale „Judenkartei" an[1]

Runderlass des Chefs des Geheimen Staatspolizeiamts (II 1 B 2 – 68327/J. 995/35), Reinhard Heydrich, an alle Staatspolizeistellen vom 17. 8. 1935 (Abschrift)

Zur Erfassung der Juden in Deutschland soll eine Judenkartei angelegt werden.[2] Um eine Grundlage hierfür zu schaffen, sind sämtliche im Bereich der dortigen Dienststelle befindlichen jüdischen Organisationen zur Einreichung von Mitgliederlisten nach beiliegendem Muster[3] in dreifacher Ausfertigung zu veranlassen.

Diese Mitgliederlisten müssen den Stand vom 1. 10. 1935 wiedergeben. Zu ihrer Beschaffung darf jedoch *nicht* an die Landesverbände, sondern *unter allen Umständen* nur an die örtlichen Vereine und Ortsgruppen herangetreten werden. Die Organisationen sind darauf hinzuweisen, dass falsche Angaben zur Auflösung führen. Die Überwachung in dieser Richtung übernimmt die dortige Dienststelle.

Die eingegangenen Mitgliederlisten sind zu sammeln und mir in 2 Ausfertigungen bis zum 1. 11. spätestens zu übersenden. Die dritte Ausfertigung verbleibt der dortigen Dienststelle zur Auswertung und Anlage einer Bezirkskartei.

Die eintretenden Veränderungen sind dann ohne besondere Aufforderung jeweils am Vierteljahresersten als Stichtag in einer Nachtragsliste, gleichfalls in dreifacher Ausfertigung, zu melden. Diese Liste soll enthalten:

1.) den Abgang, getrennt nach:
a) durch Austritt,
b) durch Tod,
c) durch Auswanderung
2.) den Zugang.

Diese Nachtragslisten sind mir dann jeweils bis spätestens zu dem auf den Vierteljahresersten folgenden Monatsersten zu übersenden. Im übrigen gelten hierbei dieselben Bestimmungen, wie bei der ersten Einreichung. Fehlanzeige ist in jedem Fall erforderlich.

1 BArch, R 58/276, Bl. 22 f. Abdruck in: Verfolgung, Vertreibung, S. 100 f.
2 Zur Erfassung der Juden siehe die Dok. 252 vom 12. 10. 1936, 283 vom 28. 5. und 288 vom 12. 7. 1937.
3 Das dem Runderlass beigefügte Karteikartenmuster wird hier nicht abgedruckt.

DOK. 189
Ministerbesprechung am 20. August 1935 über die nächsten Schritte in der antijüdischen Politik[1]

Vermerk des Geheimen Staatspolizeiamts (II 1 B 2), ungez., vom 20. 8. 1935 (Entwurf)[2]

Bericht über die am 20. 8. 35 im Reichswirtschaftsministerium stattgehabte Besprechung über die praktische Lösung der Judenfrage.[3]
Den Vorsitz in der Besprechung führte Reichsbankpräsident Dr. Schacht. [...][4]
Reichsbankpräsident Dr. Schacht eröffnete die Sitzung[5] und führte aus, die Judenfrage finge an, die Wirtschaft zu beunruhigen, sodass er ernstlich an der Erfüllung der Aufgaben zweifeln müsse, die ihm obliegen. Diese Sachlage, so erklärte Dr. Schacht, zwinge ihn, die Chefs der übrigen Ministerien zu bitten, sich zunächst allgemein über die Absichten und Wünsche auszulassen, die sie in der Judenfrage hätten, denn der bisherige gesetzlose Zustand und das gesetzwidrige Treiben mache die Lösung der ihm obliegenden wirtschaftlichen Fragen unmöglich.
Dr. Schacht ging dann anhand einiger Fälle auf die Schwierigkeiten ein, die das bisherige Vorgehen in der Judenfrage dem wirtschaftlichen Aufbau des Reiches biete. Er wies unter anderem darauf hin, dass in einem in jüdischen Händen befindlichen Kaufhaus im Osten des Reiches ausländische Diplomaten wiederholt angepöbelt worden seien und dass gerade dieses Kaufhaus eines der besten Devisenlieferanten sei. Es sei eine unmögliche Forderung des Gauleiters Streicher, jüdische Vertreter deutscher Firmen im Ausland abzuberufen. Diesen Firmen sei es nahegelegt worden, ihre jüdischen Vertreter abzuschaffen. Dieses sei jedoch völlig unmöglich, da der gesamte Welthandel in jüdischen Händen liege, sodass mit der Beseitigung eines jüdischen Vertreters im Ausland fast immer die Auslandskundschaft dem deutschen Geschäft verloren und mit den abgebauten Vertretern zur jüdischen Konkurrenz überginge.
Sehr scharf nahm Dr. Schacht Stellung gegen die impfgegnerischen Artikel in dem von

1 RGVA, 500k-1-379, Bl. 75–85.

2 Im Original handschriftl. Änderungen und Vermerke, u. a.: „SD", „gefertigt und beigefügt 30. 8., entnommen am 31. 8. 35, Fir". Der Entwurf ist mit zwei Schreibmaschinen gefertigt, im Original ab S. 9 (Bl. 83) uneinheitliche ß- und ss-Anwendung.

3 Zu der Besprechung hatte Schacht am 13. 8. 1935 sämtliche Ressorts mit der Begründung eingeladen, dass die verstärkte Bekämpfung des Judentums auch „arische" Unternehmer und Arbeiter sowie gesamtwirtschaftliche Interessen des deutschen Volks träfe. Mit Schnellbrief vom 15. 8. 1935 wandelte Schacht, wegen der Bedeutung der zu behandelnden Fragen für die Finanz- und Wirtschaftspolitik, die Sitzung zur Chefbesprechung um; BArch, R 41/24, Bl. 73 f. Siehe AdR, Teil II/2, S. 742, Anm. 1.

4 Hier steht im Original die Teilnehmerliste: RMdI Frick, RJM Gürtner, Pr.FM Popitz, Staatsminister Gauleiter Adolf Wagner, StS von Bülow (AA), StS Krohn (RArbM), StS Backe (RMEuL), Reichsleiter Groß (Rassenpolitisches Amt der NSDAP), Ministerialdirektor Haegert (RMfVuP) und SS-Gruppenführer Heydrich (Gestapa) sowie weitere ungenannte Vertreter des RMdI, des RJM, des Verkehrsministeriums, des AA, des Stabs des StdF, des Werberats der Dt. Wirtschaft, des Reichskommissars für das Kreditwesen sowie des SD.

5 Zur Sitzung existieren weitere Mitschriften: Aufzeichnung von Lösener (RMdI), BArch, R 1501/5513, Bl. 3 f. Abdruck in: AdR, Teil II/2, S. 742–746; sowie Aufzeichnung von Legationsrat Röhrecke (AA) vom 21. 8. 1935, ADAP, Serie C: 1933-37, Bd. IV/1, S. 559–561.

Gauleiter Streicher herausgegebenen Blatt „Volksgesundung aus Blut und Boden“,[6] wobei er insbesondere darauf hinwies, dass die deutsche chemische Industrie durch diese Veröffentlichung einen kollossalen Verlust erlitten habe. Ausserdem sei es Wahnsinn, das Ansehen eines prominenten deutschen Gelehrten mit der erfundenen Behauptung zu schmälern, dieser Gelehrte (Dr. Robert Koch)[7] sei mit einer Halbjüdin verheiratet gewesen.[8] Die judengegnerischen Ausschreitungen, so bemerkte Dr. Schacht weiter, hätten auch das Geschäft der Ostpreussenmesse stark in Mitleidenschaft gezogen. Unverständlich sei ihm auch das in Leipzig erlassene Badeverbot für Juden.[9] Wenn man von den Juden zur Messe Aufträge für die deutsche Industrie erwarte, müsse man ih[nen] doch zumindest Gelegenheit geben, irgendwo baden zu können.
Es wird, so erklärt Dr. Schacht weiter, nicht der Kauf beim Juden, sondern auch der Verkauf an Juden verboten. Hierunter fällt auch der Verkauf von Lebensmitteln an Juden. „Ich stehe nicht an“, so erklärte Dr. Schacht weiter, „ein derartiges Vorgehen als eine Barbarei schlimmster Art zu bezeichnen“.
„Die antisemitischen Ausschreitungen haben nicht nur zu zahlreichen Zahlungseinstellungen jüdischer Geschäfte geführt, sondern auch die Entlassung der arischen Belegschaft in geradezu beängstigender Weise zur Folge gehabt. Die deutsche Arbeitsfront hat sogar denjenigen Arbeitern, die beim Juden billiger zu kaufen wagten, mit dem Verlust ihrer Arbeitsplätze gedroht. Diese Judenkampagne greift jetzt auch auf die Warenhäuser über, ganz gleich ob sich diese in jüdischen oder arischen Händen befinden. Hier kann man nicht mehr von einem Kampf über Weltanschauungen sprechen, sondern hier liegen lediglich die krassen Konkurrenzabsichten der NS-Hago vor.“ Dr. Schacht führte weiter aus, dass im Gegensatz zu den bestehenden Anordnungen des Reiches die Gemeindebehörden dazu übergingen, an jüdische Firmen weder Aufträge zu erteilen, noch bei ihnen Einkäufe zu tätigen. In Riesa hätten die lokalen Gemeindebehörden den Befehl an ihre Beamten erlassen, nicht mehr in jüdischen Geschäften zu kaufen, widrigenfalls mit den strengsten Disziplinarstrafen gegen sie vorgegangen würde. Ein derartiges Vorgehen sei jedoch geradezu grotesk, wenn man bedenke, dass Zentralstellen des Reiches, insbesondere die Reichsbahnverwaltung, fortlaufend mit jüdischen Firmen Geschäfte tätige, da vornehmlich der Holzhandel fast ausschliesslich in jüdischen Händen läge.
Bei den Auswirkungen derartiger [anti]jüdischer Massnahmen auf das Ausland hob Dr. Schacht hervor, dass französische Abnehmer einen der Firma Salamander[10] erteilten grossen Auftrag rückgängig gemacht hätten. Auch sei es so gut wie unmöglich, in Südafrika deutsche Waren abzusetzen. In sehr zahlreichen Fällen sei es vorgekommen, dass ausländische Einkäufer in die Tschechei weitergereist seien, weil ihnen die antijüdischen

6 Die Zeitschrift Deutsche Volksgesundheit aus Blut und Boden. Gesundheitserziehung auf rassischer Grundlage erschien, hrsg. vom Kampfbund für Deutsche Gesundheits- und Rassenpflege, vom Januar 1933 bis März 1935 zweimal im Monat in Nürnberg. Sie propagierte Naturheilkunde und Homöopathie sowie – als zentrale gesundheitspolitische Maßnahme – die „Reinerhaltung des deutschen Blutes“.

7 Dr. Robert Koch (1843–1910), Arzt und Bakteriologe; 1905 Nobelpreis für Medizin.

8 Bei dem kritisierten Artikel handelt es sich um „Der Jude als Seuchenstifter. Wie Robert Koch beschnitten wurde“; Deutsche Volksgesundheit aus Blut und Boden, Nr. 7 vom 1. 4. 1935, S. 5–8.

9 Reichswirtschaftsberater Köhler hatte bereits gegen das von der Stadt erlassene Benutzungsverbot interveniert; siehe Vermerk des Bürgermeisters von Leipzig, Haake, vom 8. 8. 1935, StadtA Leipzig, Kap. I/122, Bl. 15.

10 1885 von Jakob Sigle in Kornwestheim in Württemberg gegründete Schuhfirma.

Plakate in Deutschland nicht behagt hätten. Englische Kurgäste hätten in grosser Zahl wegen der Judenkampagne deutsche Badeorte verlassen, und eine grosse amerikanische Einkaufszentrale habe kürzlich ihren Sitz von Berlin nach Prag verlegt.
Die Wirkung der antisemitischen Welle auf die Wirtschaft sei katastrophal. Auch die Verhandlungen, die das Reich mit dem Ausland unmittelbar führe, seien hierdurch wesentlich erschwert. Der Export baue sich heute nur noch zu einem geringen Teil auf der Privatinitiative des einzelnen Kaufmanns auf, da sich das Reichswirtschaftsministerium wegen der Devisenlage fast in allen Fällen direkt eingeschaltet habe. Die von unverantwortlicher Seite veranlassten Ausschreitungen führten dazu, dass das Ausland es ablehne, mit Vertretern des Reiches selbst zu verhandeln. Auch Gefälligkeiten des Auslands, insbesondere Vorlieferungen, Kontraktsänderungen und Warenumtausche seien durch die Judenkampagne ausserordentlich bedroht. Bei den Handelsvertragsverhandlungen mit Südamerika seien die Minister von 4 Staaten Juden, die unter Hinweis auf die in Deutschland herrschenden Zustände sich auf weitere Verhandlungen nicht hätten einlassen wollen. In Polen liege der gesamte Handel in jüdischen Händen. Die bevorstehenden Verhandlungen mit den Vereinigten Staaten würden bei der Stimmung, die durch die antisemitischen Ausschreitungen in Amerika hervorgerufen worden sei, höchstwahrscheinlich scheitern. Er, Dr. Schacht, müsse es sich daher vorbehalten, die Personen, die diese Ausschreitungen inszeniert hätten, für diese Wirkungen verantwortlich zu machen.
Dr. Schacht gab dann seine persönliche Einstellung dahin kund, dass er der Meinung sei, die Grundsätze des Nationalsozialistischen Programms seien durchaus richtig und müssten auf alle Fälle durchgeführt werden. „Ich habe", so erklärte Dr. Schacht, „30 Jahre lang mit Juden gelebt und habe ihnen 30 Jahre lang das Geld abgenommen, nicht aber umgekehrt. Die jetzigen Methoden sind jedoch untragbar. In das herrschende Durcheinander muss ein System hineinkommen und ehe nicht dieses System praktisch durchgeführt wird, habe alles andere zu unterbleiben."
Dr. Schacht bat sodann die anwesenden Vertreter der zuständigen Ressorts ihre Wünsche bekanntzugeben und ihm darzulegen, wie sie sich eine gesetzliche Regelung der Judenfrage dächten, damit diese Frage sobald wie möglich durch eine Verordnung der Reichsregierung geklärt werden könne.
Reichsminister Dr. Frick erklärte, die Judenfrage werde langsam aber sicher auf völlig legalem Wege gelöst werden – und zwar werde diese im Sinne des Parteiprogramms erfolgen dahingehend, dass der jüdische Fremdkörper restlos aus dem deutschen Volk ausgeschieden werde. Die Judenfrage könne aber durch wilde Einzelaktionen niemals gelöst werden, denn durch solche Massnahmen werde lediglich der Erfolg der nationalsozialistischen Aufbauarbeit verzögert. Reichsminister Dr. Frick erklärte sodann, dass der Führer durch den Stellvertreter des Führers angeordnet habe, dass Einzelaktionen gegen Juden von Mitgliedern der NSDAP und ihrer Gliederungen unter allen Umständen zu unterbleiben hätten. Demonstrationen gegen Juden möchten zwar im Einzelfall berechtigt sein, jedoch bestehe hierbei die grosse Gefahr, dass dunkle Elemente die Oberhand gewännen und dass sich dann Dinge zutrügen, die die Partei nicht gewollt habe und die sie niemals verantworten könne. Er habe daher einen Erlass an alle Länderregierungen und die Geheime Staatspolizei vorbereitet, nach welchem jede Einzelhandlung gegen Juden zu unterbleiben habe und wonach derjenige, der an einer solchen Handlung teilnehme oder zu ihr auffordert, als Provokateur und Rebell betrachtet werde. Gegen derartige Elemente sei rücksichtslos vorzugehen, und Ungesetzlichkeiten seien mit den schärfsten polizeili-

chen Mitteln zu verhindern.[11] Ausser den Ausschreitungen gebe es zur Zeit auch andere antijüdische Boykottmassnahmen. Auch diese müssten tunlichst unterbunden werden. Es seien auch bereits Gesetze in Vorbereitung, die das Überhandnehmen des jüdischen Einflusses einzudämmen geeignet seien. So stehe das Rassegesetz unmittelbar vor dem Abschluss und weitere Massnahmen, über die er sich an dieser Stelle nicht näher auslassen wolle, ständen bevor.

Zu der Vergebung von Aufträgen von Behörden an Juden bemerkte Dr. Frick, dass der Grundsatz der Parität von Ariern und Nichtariern auf dem Gebiet der Wirtschaft in der Praxis derartig oft durchbrochen worden sei, dass eine Neuregelung dieser Frage erfolgen müsse. Auch in der Wirtschaft müsse langsam aber doch organisch und folgerichtig die Macht des Judentums zurückgedrängt werden, wie dies auf dem Gebiet der Beamtenschaft und der Kunst bereits erfolgt sei. Er vermöge daher der Auffassung des Reichsbankpräsidenten nicht zuzustimmen, dass es eine Judenfrage auf dem Gebiet der Wirtschaft nicht geben dürfe. Die Eindämmung des jüdischen Einflusses in der Wirtschaft müsse jedoch auf legalem Wege erfolgen.

Unverständlich sei es ihm, wie man durch Pressenotizen die Chemische Industrie derartig schädigen könne. Dieses seien Vorgänge, die ein vernünftiger Mensch nicht verstände. Auch der Führer habe sich gegen ein solches Vorgehen scharf ausgesprochen. Was die Badeverbote anbelange, so sei es schwer, diese Frage generell zu regeln. In einer internationalen Handelsstadt wie Leipzig sei ein Badeverbot für Juden bestimmt nicht am Platz. Das Anbringen von Tafeln mit dem Inhalt: „Juden sind hier unerwünscht" oder „Juden betreten diesen Ort auf eigene Gefahr" könne nur im engsten Einvernehmen mit der Partei geregelt werden. Er werde sich daher dieserhalb an den Führer wenden, um hier Klärung zu schaffen. Würde der Staat in diesem Fall rücksichtslos die Beseitigung der Tafeln fordern, so würde dies einen unlösbaren Widerspruch zur Partei hervorrufen, der bei der Einheit von Staat und Partei unmöglich sei. In dieser Frage müsse daher engstes Einvernehmen mit den Parteidienststellen herrschen.

Staatsminister Gauleiter Wagner[12] erklärte, es gebe nur eine Meinung darüber, dass das, was in der letzten Zeit auf dem Gebiet der Judenfrage im Reich vorgekommen sei, für die Zukunft unmöglich sein müsse. Die Judenfrage, die in der Idee des Nationalsozialismus von jeher eine Hauptrolle gespielt habe, *müsse* gelöst werden. Der Grund für die Ausschreitungen in letzter Zeit liege darin, dass in der Behandlung der Judenfrage nicht nur zwischen Partei und Staat eine Divergenz bestanden habe, sondern dass selbst in den einzelnen Ressorts im Reiche widersprechende Meinungen vertreten seien. Die Volksgenossen hätten es durchaus gebilligt, dass die Juden aus der Beamtenschaft, aus dem Gebiet der Kunst und von den Hochschulen entfernt worden seien. Damit sei es jedoch nicht allein getan. Die Partei verlange daher, dass auch auf dem Wirtschaftsgebiet die Lösung der Judenfrage vorwärts getrieben werde. Da sich jedoch auf diesem Gebiet bisher sichtbare Erfolge nicht gezeigt hätten, hätten die Volksgenossen zur Selbsthilfe gegriffen. Der

11 Runderlass (geheim) des RuPrMdI (III P 3710/59), Frick, an alle Landesregierungen und den Reichskommissar für die Rückgliederung des Saarlandes vom 20. 8. 1935 gegen antijüdische Einzelaktionen; BArch, R 1501/5513, Bl. 2. Abdruck in: Dokumentation Rheinland-Pfalz, S. 54 f.

12 Adolf Wagner (1890–1944), Bergbau-Ingenieur; 1922 NSDAP-Eintritt, 1923 Teilnahme am Hitler-Putsch, 1929–1944 Gauleiter von München-Oberbayern; von 1933 an bayer. Innenminister und stellv. Ministerpräsident; übte von 1942 an seine Ämter krankheitshalber nicht mehr aus.

Reichsbankpräsident habe recht, wenn er erklärte, dass die Lösung dieser Frage auf rechtmässige Weise erfolgen müsse. Der Gesetzgeber müsse der Meinung des Volkes Rechnung tragen. Tue er dies nicht, so wären illegale Handlungen die unabwendbare Folge. Bisher seien von der Partei und dem Reich in Bezug auf die Judenfrage lediglich negative Momente, d. h. das Verbot von Ausschreitungen, hervorgehoben worden. Diese negative Tätigkeit reiche jedoch für die Zukunft nicht aus. Das Reichskabinett müsse sich vielmehr darüber schlüssig werden, was auf dem Gebiet der Judenfrage geschehen könne, und was zweckmässiger Weise geschehen müsse. Wenn die Öffentlichkeit sehe, dass auf diesem Gebiet überhaupt etwas in Angriff genommen werde, so würden die Ausschreitungen alsbald aufhören. Falsch sei es aber, wenn die Legislative solange warte, wie dies jetzt geschehen sei, denn dann untergrabe sie die Autorität des Staates. Notwendig sei es daher, dass die Gesetzgebung der Entwicklung vorgreife. Er schlage daher vor:

1) dafür zu sorgen, dass dem Juden die Möglichkeiten genommen würden, neue Geschäfte zu eröffnen,

2) der öffentlichen Hand aufzugeben, ihre Aufträge vorzugsweise an Volksgenossen zu vergeben,

3) Deutsche Geschäfte bei der Devisenzuteilung gegenüber jüdischen Geschäften zu bevorzugen.

Es sei selbstverständlich, dass die gesamte Lösung dieser Frage nicht auf einmal erfolgen könne, aber die Volksgenossen müssten wenigstens sehen, dass man bemüht sei, Schritt für Schritt vorwärts zu kommen. Die Partei erkläre sich bereit, in allen Fragen mitzuarbeiten, die geeignet seien, den jüdischen Einfluss, sei es auch nur in kleinen Abschnitten, auf dem Gebiet der Wirtschaft einzudämmen. Die Partei wünsche, dass das Reich die absolute Führung in dieser Frage übernehme, und wenn das Reich den Ansatz hierzu mache, werde es die vollste Unterstützung der Partei finden.

Dr. Schacht begrüsste diese Vorschläge und nahm zur Kenntnis, dass die Partei in Wirtschaftsfragen keinen Druck ausüben wolle. Zu dem Vorschlag zu 1) wies er darauf hin, dass praktisch neue Geschäfte von Juden kaum eröffnet worden seien, und dass der Vorschlag zu 2) in der Praxis bereits durchgeführt werde. Bezüglich der bevorzugten Devisenzuteilung an arische Geschäfte machte Dr. Schacht jedoch Bedenken geltend, dass nach seinen Erfahrungen der Jude die meisten und billigsten Devisen hereinbringe und arische Geschäfte den Devisenschwindel genau so verständen wie die Juden. Er erklärte sich jedoch bereit, die Vorschläge zu 1) und 2) einer gesetzlichen Regelung zu unterziehen.[13]

Finanzminister Popitz[14] wies sodann auf die „Stürmer"-Hetze bezüglich der Staatlichen Lotterieeinnehmer hin und erklärte, dass die Preussisch-Süddeutsche Klassenlotterie bei ihren Einnehmern die Bestimmungen des Berufsbeamtengesetzes restlos zur Durchführung gebracht habe. Von 650 jüdischen Lotterieeinnehmern seien heute lediglich 16 noch im Amt. Das Vorgehen des „Stürmer" sei daher nicht nur völlig unberechtigt, son-

13 Diese Punkte finden sich nicht in dem vom RMdI in Absprache mit dem RWM vorgelegten Gesetzentwurf vom 9. 10. 1935, Dok. 205.

14 Dr. Johannes Popitz (1884–1945), Jurist; 1914–1919 im preuß. MdI und 1919–1929 im preuß. Finanzministerium tätig, dort von 1925 an StS, 1932 Reichsminister und kommissar. Leiter des preuß. Finanzministeriums, von 1933 an preuß. Finanzminister; NSDAP-Mitglied; 1944 als Mitverschwörer des Attentats vom 20. Juli verurteilt und im Februar 1945 in Berlin hingerichtet.

dern ausserdem geeignet, eine nicht unwesentliche Einnahmequelle des Staates zu verstopfen. Minister Popitz wandte sich sodann gegen die Boykottmassnahmen, die in Preussischen Staatsbädern getroffen worden seien und die zu einer Abwanderung insbesondere der jüdischen und ausländischen Badegäste geführt haben. Er macht dann darauf aufmerksam, dass der Judenboykott auch die Staatsfinanzen insofern erheblich beeinflusse, als bei jüdischen Geschäften der Umsatz erheblich zurückgegangen sei, sodass die Geschäfte nicht mehr in der Lage wären, ihre Steuern und Abgaben zu zahlen. Er verwahrte sich dann gegen das generelle Anbringen von Schildern wie „Juden sind hier unerwünscht" und „Das Betreten des Ortes erfolgt auf eigene Gefahr". Derartige Schilder seien kindisch, wenn in dem betreffenden Ort bereits Juden ansässig seien. Hier müsse bald eine klare Regelung erfolgen.

Reichsjustizminister Dr. Gürtner[15] erklärte, dass das Rassegesetz bald verkündet würde.[16] Die Lösung werde darin gefunden werden, dass bei der beabsichtigten Eheschliessung zwischen einem Juden und einem Arier die jüdische Rasse als ein Ehehindernis anzusehen sei. Diese Regelung sollte auf Voll- und Halbjuden Anwendung finden. Auch Reichsminister Dr. Gürtner wies darauf hin, dass dem jetzigen gesetzlosen Treiben durch die Verkündung eines Gesetzes eine Grenze gezogen werden müsse. Bedauerlich sei es, dass die Staatsautorität bereits soweit untergraben sei, dass massgebliche Äusserungen führender Persönlichkeiten von nachgeordneten Dienststellen lediglich als auf dem Papier stehend bezeichnet würden, während jeder glaube berechtigt zu sein, den wahren Sinn des gesetzgeberischen Befehls nach eigenem Ermessen auszulegen. „Es gibt", so erklärte Reichsminister Dr. Gürtner, „keinen Befehl, von dem geglaubt wird, dass hinter ihm der absolute Ernst des Gebotes steht." Hier müsse unbedingt Abänderung geschaffen werden.

Staatssekretär von Bülow[17] bat dringend darum, von einer Veröffentlichung des von Reichsminister Dr. Frick bekanntgegebenen Erlasses in der Presse Abstand zu nehmen.[18] Denn dieser Erlass würde von dem Weltjudentum als ein Erfolg gewertet werden. Unzuträglichkeiten hätten sich auch bei der Anbringung des Schildes „Deutsches Geschäft" ergeben, denn hierbei sei die Frage aufgetaucht, wie man sich ausländischen Geschäftsinhabern [gegenüber] zu verhalten habe. Eine Benachteiligung ausländischer Geschäftsinhaber widerspreche in den meisten Fällen internationalen Abmachungen und habe schwere Nachteile für deutsche Geschäfte im Ausland zur Folge. Staatssekretär von Bülow wies ferner darauf hin, dass die Ausschreitungen in zahlreichen Fällen Ausländer getroffen haben, die nicht einmal Juden gewesen seien. Derartige Vorkommnisse seien geeignet, den Erfolg der Olympiade in Frage zu stellen. Er gab daher zu erwägen, ob insbesondere die Anbringung von judenfeindlichen Schildern im Hinblick auf die Olympiade nicht dahin geregelt werden könnte, dass derartige Schilder an den Orten, an denen sich Olympiapublikum aufhalte, verboten würden.

Der Vertreter des Verkehrsministeriums wies darauf hin, dass die judenfeindlichen Aktionen einen grossen Ausfall an Einnahmen auf dem Gebiet des Verkehrs mit sich gebracht

15 Dr. Franz Gürtner (1881–1941), Jurist; von 1909 an im bayer. Justizministerium tätig, 1922–1932 bayer. Justizminister, sorgte für die Aufhebung des NSDAP-Verbots, 1932–1941 Reichsjustizminister; 1937 NSDAP-Eintritt; Hrsg. u. a. von „Das kommende deutsche Strafrecht" (1934).

16 Siehe Dok. 199 vom 15. 9. 1935.

17 Dr. Bernhard Wilhelm von Bülow (1885–1936), Jurist; 1912–1919 und von 1923 an im AA tätig, dort Leiter des Sonderreferats Völkerbund, von 1930 an StS.

18 Siehe Anm. 11.

hätten. So seien die Einnahmen gegenüber dem Jahr 1934 um 7 % zurückgegangen. Die Schiffahrtsgesellschaften hätten bis jetzt allein eine Mindereinnahme von 1½ Millionen Dollar zu verbuchen.[19]

Staatssekretär Krohn[20] machte darauf aufmerksam, dass sich der Boykott auch auf die Arbeiterschaft auswirke. Insbesondere seien bereits jetzt durch den jüdischen Geschäftsrückgang zahlreiche Arbeiterentlassungen zu verzeichnen gewesen. Nach dem Gesetz zur Regelung der nationalen Arbeit seien Juden heute noch als Betriebsführer zugelassen. Bei dieser Regelung werde es auch verbleiben. Allerdings sei es unmöglich, dass die arische Belegschaft dem jüdischen Betriebsführer gegenüber das Treuegelöbnis ablege. Insoweit werde daher in der nächsten Zeit eine Änderung des Gesetzes erfolgen.

Staatssekretär *Backe* wies darauf hin, daß gerade auf den Gebieten, auf denen ein Warenmangel herrsche, Juden mit Leichtigkeit ausgeschaltet werden könnten und auch ausgeschaltet werden würden. Er halte es jedoch für bedenklich, eine derartige Massnahme öffentlich zu regeln, schlage vielmehr vor, diese Angelegenheit stillschweigend in dem von ihm vorgetragenen Sinn durchzuführen.

Der Vertreter des Propagandaministers Min.Direktor *Haegert*[21] erklärte, daß die antisemitische Welle durch das freche Auftreten der Juden hervorgerufen worden sei, die es sich angemasst hätten, sogar die Frau eines Reichsministers auf dem Kurfürstendamm anzupöbeln. Auch er sei der Auffassung, daß gewaltsame Einzelaktionen unterbleiben müssten. Er bäte jedoch den Begriff dieser Einzelaktion nicht allzu sehr auszudehnen, vielmehr diejenigen Aktionen als statthaft zuzulassen, die aus politisch-propagandistischen Gründen erforderlich wären. Im übrigen gab er seine Meinung dahin kund, daß die Ausschreitungen ausarten würden, wenn die Volksgenossen sehen, daß die Regierung auf dem Gebiet der Judenfrage jetzt die Initiative ergreife.

Einen breiten Raum in der Erörterung nahm sodann die Frage ein, ob es einzelnen Gemeinden gestattet sei, antisemitische Plakate dann anzubringen, wenn eine derartige Anordnung von den verantwortlichen Organen der betr. Gemeinden erlassen werde. Hier standen die Auffassungen des Reichsfinanzministeriums, Verkehrsministeriums und des Reichsjustizministeriums auf der einen Seite, der der Partei auf der anderen Seite gegenüber. Während die Vertreter der Reichsbehörden darauf hinwiesen, daß die Richtlinien der Judenpolitik unter Berücksichtigung des Führerprinzips allein vom Reiche bestimmt werden dürften, machte Gauleiter Wagner darauf aufmerksam, daß es mit der nat.soz. Idee unvereinbar sei, wenn man den berechtigten antisemitischen Standpunkt einzelner Gemeinden unterdrücken würde. Nach längerer Aussprache wurde eine Einigung dahin erzielt, daß das Reich selbstverständlich ein antijüdisches Vorgehen einzelner Gemeinden nicht hindern werde, wenn dieses in der allgemeinen Zielrichtung liege.

19 Ein Erlass des Reichsverkehrsministers regelte deshalb am 30. 8. 1935, dass die Benutzung von öffentlichen Verkehrsmitteln für Juden vorerst keinen Beschränkungen unterliege; BArch, R 3101/13862, Bl. 542 f.

20 Dr. Johannes Krohn (1884–1974), Jurist; von 1920 an im RArbM tätig, dort 1932 Leiter der Abt. Sozialversicherung und soziale Fürsorge, von 1933 an StS, von 1941 an Reichskommissar für die Behandlung feindlichen Vermögens im RJM; 1955–1968 Vorsitzender des Bundesausschusses der Ärzte und Krankenkassen.

21 Wilhelm Haegert (1907–1994), Jurist; 1923 Freikorpsmitglied, 1929 NSDAP- und SA-Eintritt, 1931 Leiter der Rechtsschutzabt. des Gaus Berlin, Stabsleiter der NSDAP-Reichspropagandaleitung; von 1933 an Leiter der Abt. II (Propaganda) im RMfVuP, 1941 Vizepräsident der Reichsschrifttumskammer; nach 1945 Rechtsanwalt in Berlin.

Zum Schluß ergriff SS-Gruppenführer Heydrich das Wort und führte aus, daß die Geheime Staatspolizei bei dem jetzigen Zustand immer der Leidtragende gewesen sei, daß sie gegebenenfalls gehalten gewesen sei, gegen Parteigenossen vorgehen zu müssen. Ein derartiger Zustand lasse sich jedoch praktisch dann bereinigen, wenn man zwei grundlegende Dinge berücksichtigt:
1.) Gesetzgeberische Massnahmen des Staates, die das Ziel, den Einfluss der Juden restlos auszurotten, Schritt für Schritt nach Weisung des Führers näher brächten und
2.) eine umfangreiche politische und weltanschauliche Schulung und Erziehung der Partei- und Volksgenossen auf dem Gebiet der Judenfrage in Verbindung mit eiserner Parteidisziplin.
Aus der Erfahrung der Politischen Polizei als Nachrichtensammelstelle für die zuständigen Reichsressorts regte SS-Gruppenführer Heydrich sodann an,
1.) über das Verbot der Mischehen hinaus auch die Rassenschande strafrechtlich zu ahnden,[22]
2.) in der Erkenntnis der Tatsache, daß Grund und Boden nur den Volksgenossen zur Verfügung stehe, den Erwerb und die Pachtung von Grund und Boden von Juden zu verbieten.
3.) Eine gesetzliche Regelung über die Rechte der Volksgenossen und Staatsbürger unter Anwendung eines Ausnahmerechts für die Juden alsbald zu verkünden.[23]
4.) Die Freizügigkeit der Juden soweit aufzuheben, als ihnen tunlichst der Zuzug in die Grosstädte untersagt werde.
Ob und inwieweit diese Vorschläge praktisch durchführbar wären, müsse, so erklärte Gruppenführer Heydrich, selbstverständlich den zuständigen Ressorts überlassen bleiben.[24]
Reichsbankpräsident Dr. Schacht begrüsste diese Ausführungen und erklärte, daß er Punkt 1 bis 3 vollinhaltlich zustimme und einer gesetzlichen Regelung unterziehen werde, daß er jedoch Punkt 4, falls er praktisch auf ein Getto hinauslaufe, für bedenklich halte, die Zuzugssperre für die Grosstadt jedoch grundsätzlich billige.
Gegen 18.30 Uhr schloss Reichsbankpräsident Dr. Schacht die Besprechung mit dem Hinweis, daß weitere Besprechungen zur Durchführung der praktischen Regelung der angeschnittenen Fragen demnächst folgen würden.[25]

22 Diese Forderung wurde mit dem sog. Blutschutzgesetz vom 15. 9. 1935 verwirklicht; siehe Dok. 199.
23 Diese Forderung wurde mit dem Reichsbürgergesetz vom 15. 9. 1935 verwirklicht; siehe Dok. 198.
24 Zu den Forderungen des Gestapa siehe Dok. 195 vom 9. 9. 1935.
25 Am 23. 9. 1935 diskutierten RMdI Frick und Reichsbankpräsident Schacht Beschränkungen für Juden in der Wirtschaft; Vermerk vom 23. 9. 1935, AdR, Teil II/2, S. 800–802.

DOK. 190
Das Referat Kühne im Reichsfinanzministerium erörtert am 22. August 1935 Vorschläge zur steuerlichen Diskriminierung der Juden[1]

Vermerk des RFM, Referat Kühne,[2] Berlin, vom 22. 8. 1935[3]

Betrifft: Steuerliche Behandlung der Nichtarier.[4]
A. *Vermögensteuer.*
1. *Öffentlich*-rechtliche Körperschaften unterliegen nicht der Vermögensteuer (einzige Ausnahme: Kreditanstalten des öffentlichen Rechts). Die jüdischen Religionsgesellschaften, die nach Landesrecht wohl überall Körperschaften des öffentlichen Rechts sind, können hiernach also zur Vermögensteuer nicht herangezogen werden. Ihre Heranziehung zur Vermögensteuer kann auf zwei Wegen erreicht werden:
a) Änderung des Vermögensteuergesetzes in dem Sinn, dass die jüdischen Religionsgesellschaften besonders als steuerpflichtig bezeichnet werden; eine solche Ausnahme für *einen* Steuerpflichtigen wäre ein Schönheitsfehler;
b) Entziehung der Eigenschaft als öffentlich-rechtliche Körperschaft durch eine Massnahme des Reichsinnenministeriums. Eine derartige Massnahme würde wohl ohnehin zeitgemäss sein. Sie würde die Vermögensteuerpflicht der Religionsgesellschaft ohne weiteres zur Folge haben.[5]
2. Unternehmungen, die ausschliesslich und unmittelbar gemeinnützige, mildtätige oder kirchliche Zwecke verfolgen, unterliegen nicht der Vermögensteuer. Die Begriffe „gemeinnützig", „mildtätig" und „kirchlich" sind in den §§ 17 und 19 StAnpG[6] näher erläutert. Danach ist die Frage, ob ein Zweck *gemeinnützig* ist, nach den Anschauungen der Volksgesamtheit zu beurteilen. *Kirchlich* sind nur solche Zwecke, durch deren Erfüllung eine *christliche* Religionsgesellschaft des öffentlichen Rechts gefördert wird. Hiernach ist die Befreiung von Unternehmungen, die ausschliesslich der jüdischen Rasse zugute kommen, unter dem Gesichtspunkt der gemeinnützigen oder kirchlichen Zwecke nicht zu besorgen. Zweifelhaft ist die Frage jedoch hinsichtlich der *mildtätigen* Zwecke. Diese sind nach § 18 StAnpG solche, die darauf gerichtet sind, „bedürftige im *Inland* befindliche *Personen* oder bedürftige deutsche *Volksgenossen* im *Ausland*" zu unterstützen. Der Wortlaut

1 BArch, R 2/56014, Bl. 9–14.
2 Dr. Walter Kühne (1892–1962), Jurist; 1921–1923 beim Finanzamt Berlin-Steglitz und 1923–1938 im RFM tätig, hier Referent für Steuern und Vermögen, 1938–1945 Oberfinanzpräsident von Köln, 1949–1952 im Bundesfinanzministerium, Sondergruppe Lastenausgleich, zuletzt als Ministerialdirigent, 1953–1957 Präsident des Bundesausgleichsamts.
3 Im Original einige handschriftl. Bearbeitungsvermerke.
4 Der Vermerk geht auf die nach der Chefbesprechung im RWM am 20. 8. 1935 vom RFM ausgegebene Weisung zurück, Möglichkeiten der steuerlichen Benachteiligung in allen Ressorts zu überprüfen; siehe auch Vermerk des Referats Blümich über Maßnahmen gegen Nichtarier auf dem Gebiet der Einkommensteuer vom 22. 8. 1935, wie Anm. 1, Bl. 2 f. Gekürzter Abdruck in: Die Reichsfinanzverwaltung, Dok. Nr. 104, S. 263.
5 Auch das RFM-Referat Einkommensteuer hatte diesen Weg vorgeschlagen, ebd. Im März 1938 wurden den jüdischen Gemeinden der Status einer Körperschaft des öffentlichen Rechts und die damit verbundenen Steuervorteile entzogen; Gesetz über die Rechtsverhältnisse jüdischer Kultusvereinigungen vom 28. 3. 1938; RGBl., 1938 I, S. 338.
6 StAnpG: Steueranpassungsgesetz vom 16. 10. 1934; RGBl., 1934 I, S. 925–941.

dieser Vorschrift spricht dafür, dass auch die rein jüdischen sog. „milden Stiftungen“ (z. B. jüdische Blindenanstalten) darunterfallen. Man könnte dies nur im Hinblick auf § 1 StAnpG, wonach die Steuergesetze nach nationalsozialistischer Weltanschauung auszulegen sind, bestreiten.[7] – Das gleiche gilt für die Körperschaftsteuer.
3. Wohnungs- und Siedlungsunternehmen, die besonders anerkannt sind, sind nach § 4 VStDB[8] von der Vermögensteuer befreit. Kann die Befreiung an die Voraussetzung geknüpft werden, dass keine Juden die Wohnungen der geförderten Unternehmen bewohnen? – Das gleiche gilt für die Körperschaftsteuer.
4. Nach §§ 5 bis 7 VStDB sind rechtsfähige Pensions- und Unterstützungskassen bestimmter Art von der Vermögensteuer befreit. Kann diese Befreiung für die Fälle aufgehoben werden, in denen es sich um eine Kasse eines nichtarischen Betriebes handelt oder in dem sich unter den Personen, denen die Leistungen der Kasse zugute kommen sollen, auch Nichtarier befinden? – Dasselbe gilt für die Körperschaftsteuer.
5. Nach §§ 62, 74 RBewG[9] sind die Schulden vom Vermögen abzuziehen. Hierzu gehören auch Steuerschulden. Auch wenn den jüdischen Religionsgesellschaften der öffentlichrechtliche Charakter genommen und sie private Vereine werden, würden ohne eine besondere Vorschrift die rückständigen Vereinsbeiträge abzugsfähig sein.
6. Soll das Schachtelprivileg[10] Kapitalgesellschaften, die sich in jüdischen Händen befinden, versagt werden? – Dasselbe gilt für die Körperschaftsteuer.
7. Von der Vermögensteuer sind Versicherungen befreit, deren Wert 5 000 RM nicht übersteigt, oder die mit Rücksicht auf ein Arbeits- oder Dienstverhältnis abgeschlossen sind. Man könnte daran denken, diese Vergünstigung nur Ariern zu geben oder aber sie auf die Fälle zu beschränken, in denen das Versicherungsunternehmen rein arisch ist.
8. Personenkraftwagen, Motoryachten und Segelyachten sind ohne Rücksicht auf ihren Wert von der Vermögensteuer befreit, wenn sie im Inland hergestellt sind. Man könnte daran denken, diese Gegenstände in Händen von Nichtariern stets für steuerpflichtig zu erklären oder aber die Steuerfreiheit davon abhängig zu machen, dass sie nicht nur im Inland, sondern auch von arischen Unternehmungen hergestellt sind.
B. Erbschaft- (Schenkung-)steuer.
1. Ehegatten unterliegen nicht der Erbschaftsteuer, wenn im Zeitpunkt des Entstehens der Steuerschuld Kinder aus der Ehe oder ihnen gleichgestellte Personen leben. Man könnte daran denken, den Anfall an den nichtarischen Ehegatten entsprechend dem § 17 a Absatz 3 ErbStG 1934 zu behandeln. Nach dieser Vorschrift tritt die Steuerfreiheit für den Ehegatten nicht ein in den Fällen, in denen nur beschränkte Steuerpflicht gegeben ist.[11]

7 § 1 siehe ebd., S. 925. In der am 1. 12. 1936 novellierten Fassung des Steueranpassungsgesetzes wurden in § 18 Abs. 1 die Worte „bedürftige, im Inland befindliche Personen oder bedürftige Deutsche Volksgenossen im Ausland“ durch die Worte „bedürftige Deutsche Volksgenossen“ ersetzt; RGBl., 1936 I, S. 977.
8 VStDB: Vermögensteuergesetz vom 16. 10. 1934, Durchführungsbestimmungen; RGBl., 1934 I, S. 1056.
9 RBewG: Reichsbewertungsgesetz vom 16. 10. 1934; RGBl., 1934 I, S. 1035.
10 Als steuerliches Schachtelprivileg wird eine Vergünstigung für Kapitalgesellschaften bezeichnet, die an anderen steuerpflichtigen Unternehmen beteiligt sind. Um eine Mehrfachbesteuerung zu vermeiden, müssen sie auf Erträge aus solchen Firmenbeteiligungen unter bestimmten Bedingungen keine Gewerbe- und Vermögensteuer zahlen.
11 ErbStG: Erbschaftsteuergesetz in der Fassung des Gesetzes vom 16. 10. 1934; RGBl., 1934 I, S. 1056.

2. Soweit für den Erwerb des Ehegatten völlige Steuerfreiheit nicht eintritt, genießt er einen Freibetrag von 30 000 RM. Den gleichen Freibetrag genießt der Erwerb der Kinder und ihnen gleichgestellter Personen. Den Enkeln und weiteren Abkömmlingen steht ein Freibetrag von 10 000 RM zu. Diese Vergünstigungen entfallen, und es kommt nur eine Besteuerungsgrenze von 500 RM in Frage in den Fällen, in denen nur die beschränkte Steuerpflicht Platz greift. Man könnte daran denken, die nichtarischen Ehegatten, Kinder und Enkel allgemein entsprechend dieser Einschränkung zu behandeln. Es wäre nachzuprüfen, inwieweit die Anwendung einzelner der zahlreichen Steuerbefreiungen des § 18 ErbStG für nichtarische Erwerber auszuschließen wäre. Insbesondere kommen hier die Befreiungen für Zuwendungen an inländische Kirchen, kirchliche, mildtätige und gemeinnützige Stiftungen und andere Zweckvermögen und an Pensions- und Unterstützungskassen (§ 18 Nrn. 15, 18, 19 ErbStG) in Betracht. Hierzu wird auf die Ausführungen unter A Ziffern 2 und 4 verwiesen.

C. *Grundsteuer.*

1. Die jüdischen Gotteshäuser sind nach dem Grundsteuerrahmengesetz von der Grundsteuer befreit. Das Grundsteuerrahmengesetz ist nur in Mecklenburg eingeführt worden.[12] Die gleiche Rechtslage wird jedoch nach den Vorschriften fast aller Länder bestehen. Man könnte daran denken, die Grundsteuerbefreiung der Synagogen aufzuheben. Die Bewertung derartiger Häuser würde jedoch gewisse Schwierigkeiten machen.[13]

2. Nach dem Grundsteuerrahmengesetz sind die öffentlichen Bestattungsplätze von der Grundsteuer befreit. Das gleiche dürfte nach der Grundsteuerregelung wohl aller Länder gelten. Man könnte daran denken, die jüdischen Bestattungsplätze auszunehmen.

Zu 1. und 2. Das Land Hessen hat in diesem Jahr zur Grundsteuer ein Gesetz erlassen, das bereits einen Vorgang auf diesem Gebiet darstellt.[14]

D. *Neuerrichtete Wohngebäude.*

Nach dem Zweiten Gesetz zur Verminderung der Arbeitslosigkeit sind Kleinwohnungen und Eigenheime, die nach dem 31. März 1934 errichtet werden, unter bestimmten Voraussetzungen von der Vermögensteuer, der Einkommensteuer, der Landesgrundsteuer und der Hälfte der Gemeindegrundsteuer befreit.[15]

Fragen:

a) Kleinwohnungen: Soll die Befreiung der Kleinwohnungen dann versagt werden, wenn entweder der Eigentümer Nichtarier ist oder die Mieter Nichtarier sind?

12 Das Grundsteuerrahmengesetz bildete das Kapitel II des dritten Teils der VO des Reichspräsidenten zur Sicherung von Wirtschaft und Finanzen vom 1. 12. 1930. Der § 3 des 3. Teils bestimmte, dass Steuergegenstände, die von Religionsgesellschaften öffentlichen Rechts benutzt werden, von der Grundsteuer befreit sind; RGBl., 1930 I, S. 517–604, hier S. 532. Das Inkrafttreten wurde per VO vom 17. 2. 1932 auf Antrag der Länder verschoben, nur in Mecklenburg-Schwerin war das Gesetz seit 1. 4. 1932 gültig; RGBl., 1932 I, S. 73.

13 In Baden hob der Finanz- und Wirtschaftsminister per Verwaltungsanordnung „die Grundsteuer- und Gebäudesondersteuerfreiheit der Synagogen" zum 1. 4. 1936 auf; erwähnt in: Schreiben der Badischen Staatskanzlei an den Reichskirchenminister vom 7. 1. 1937, Dokumente Baden-Württemberg, Teil I, S. 312 f.

14 In Hessen wurden im „Gesetz, die Grundsteuer und Sondergebäudesteuer von Grundstücken, die religiösen Zwecken dienen, betreffend", vom 11. 11. 1935 in Artikel 2 und 3 jeweils vor dem Wort „Religionsgesellschaften" das Wort „christlichen" hinzugefügt". Das Gesetz trat rückwirkend zum 1. 4. 1935 in Kraft; Hessisches Regierungsblatt, Nr. 18 vom 21. 11. 1935, S. 189.

15 Zweites Gesetz zur Verminderung der Arbeitslosigkeit vom 21. 9. 1933; RGBl., 1933 I, S. 651.

b) Eigenheime: Soll die Befreiung der Eigenheime dann versagt werden, wenn der Eigentümer Nichtarier ist?

Vermerk zu A bis D:

Es muss darauf aufmerksam gemacht werden, dass jede Massnahme, nach der für steuerliche Zwecke die Ariereigenschaft von Personen nachzuprüfen ist, eine Komplikation des Steuerrechts darstellt. Dieses ist umso bedenklicher, je zahlreicher die Fälle werden, in denen eine solche Nachprüfung anzustellen wäre. Im übrigen würde zu entscheiden sein, wie weit die Nachprüfung anzustellen ist, ob insbesondere von jeder in Betracht kommenden Person die Taufzeugnisse bis zu den Grosseltern verlangt werden sollen.

DOK. 191
Der Historiker Willy Cohn berichtet am 25. August 1935 über die Situation eines in einer „Mischehe" lebenden Bekannten[1]

Handschriftl. Tagebuch von Willy Cohn, Eintrag vom 25. 8. 1935

Breslau, Sonntag. Gestern Vormittag eine Stunde an Kleemann; ich habe gestern am Tage sehr viel liegen müssen, so geschwächt war ich. – Am Vormittag Trudi Post dictiert, Briefe an beide Jungens.[2] – Von Wölfl[3] kam auch befriedigende Nachricht. Er ist wie immer fleißig. – Mit Trudi zur Post gegangen, vorher Barbier, dann mit Trudi auf einer Bank gesessen und über Bücher gesprochen. – Am Nachmittag bis um 6 Uhr gelegen und a[uch] die Jüdische Rundschau gelesen. Herzerhebend die Berichte vom Zionistenkongreß.[4] Unter den Diplomaten, die dem Kongress beigewohnt haben, war selbstverständlich Deutschland nicht vertreten. Besonders verständnisvoll die Rede des Schweizer Nationalrats, der den Freiheitskampf der Juden mit dem der Deutschen[6] verglich![7] – Und in welch' schreiendem Gegensatz dazu stehen die Berichte aus Deutschland. Überall neue Beschimpfungen unseres Volkes und Abschnürung jeglichen Lebensraums.[8] –

Wenn es in Deutschland immer noch Juden gibt, die kein Ehrgefühl haben, dies zu empfinden, weil sie noch ein bißchen Einnahmen haben, so ist das gewiß eine Schande!

– Am Abend mit Trudi spazierengegangen. Erst am Sauerbrunn[9] gesessen; dann meinen früheren Kollegen Lebeck getroffen samt Frau. – Was diese Leute und deren Kinder aus-

1 Willy Cohn, Tagebuch Breslau August 1935, Bl. 49–52; CAHJP, P 88/65. Gekürzter Abdruck in: Cohn, Kein Recht, nirgends, Bd. 1, S. 265.

2 Gemeint sind die Söhne aus Willy Cohns erster Ehe: Wolfgang studierte seit 1933 in Paris, Ernst (*1919) war 1935 mit einem Jugend-Zertifikat nach Palästina emigriert.

3 Spitzname für Wolfgang Cohn.

4 Der 19. Zionistenkongress fand vom 20. 8. bis 3. 9. 1935 in Luzern statt. Die Jüdische Rundschau widmete der Eröffnung sechs Seiten; JR, Nr. 68 vom 23. 8. 1935, S. 1–6.

6 In der in der JR wiedergegebenen Rede bezieht sich der Nationalrat auf das Schweizer Volk, nicht auf die Deutschen; ebd. S. 3.

7 Nationalrat Dr. Heinrich Walther (1862–1954) hatte in seiner Rede Theodor Herzl als großen Visionär gepriesen. Am Ende seines Grußwortes betonte er, da das Schweizer Volk jahrhundertelang für seine Freiheit gekämpft habe, verstehe und unterstütze es die „Sehnsucht eines anderen Volkes nach Befreiung"; ebd.

8 Die JR hatte in derselben Ausgabe unter der Rubrik „Ausschlüsse und Verbote" über antijüdische Maßnahmen in mehr als 20 verschiedenen Orten berichtet; ebd., S. 11.

9 Sauerbrunn: Park in Breslau.

zustehen haben, die in einer rassischen Mischehe leben, geht noch über unser Schicksal. Weil er eine judenstämmige Frau hat, darf er selbst in den Unterklassen keinen Deutschunterricht geben. – Er rechnet auch damit, daß, wenn die jüdischen Schüler von der Schule entfernt werden,[10] auch er abgebaut werden wird. – Seine Kinder wissen gar nicht, wohin sie gehören, und ihnen ist ja jede Zukunftsmöglichkeit abgeschnitten. Er selbst wird von allen Seiten bespitzelt.
Wieviel Schicksale sind auf diese Weise vernichtet worden! – All das ist unmenschlich!
– Gegen 10 Uhr waren wir zu Hause. Gut geschlafen, trotzdem bin ich früh immer sehr schlapp. – Heute mache ich noch eine Führung durch das Jüdische Museum.

DOK. 192
Ein Leipziger Bürger macht dem Bürgermeister Haake Ende August/Anfang September 1935 Vorschläge zur weiteren Ausgrenzung der Leipziger Juden[1]

Undat. Schreiben von E. Müller mit undat. Zeitungsausschnitt[2]

„*Bänke für arische Kurgäste*" in Polen
dnb Warschau, 7. Juli. Das erwachende Rassebewußtsein des polnischen Volkes verschafft sich auf allen Gebieten des öffentlichen Lebens Geltung. Nach dem Versuch zahlreicher Vereine und Berufsverbände den Arierparagraphen einzuführen, hat jetzt eine Anordnung der Kurleitung des in Polen sehr bekannten Badeortes *Szczewnica* in jüdischen Kreisen starke Beunruhigung hervorgerufen. Die Kurdirektion hat im Kurpark eine Reihe von *Bänken „nur für arische Kurgäste*" reserviert. Die Juden erblicken in dieser Neueinführung den ersten Schritt zur Einführung „judenfreier" Erholungsstätten in Polen.[3]
[Sehr geehrter Herr Bürgermeist]er Haake![4]
Verzeihen Sie, wenn ein Volksgenosse Ihre kostbare Arbeitszeit in Anspruch nimmt, aber da sie als *energisch* und *verständnisvoll* und unerschrockener Kämpfer für die Ziele unseres Führers bekannt sind, so wende ich mich im Interesse Aller an Sie persönlich.
Die beigefügte Notiz, die ich einer ostpreussischen Zeitung entnahm, erinnerte mich an das Aergernis, daß die hiesigen *Juden* im *Rosental*[5] erregen, die immer noch glauben, Sonderrechte beanspruchen zu können. Jeder klagt darüber, dass die grösste Anzahl der Ruhebänke von den Söhnen und Töchtern Israels beschlagnahmt werden, und die auch nicht wanken und weichen, wenn „Arier" Platz nehmen wollen, so entbrennt immer ein heimlicher Kampf zwischen beiden, mit dem Endeffekt, dass die unverschämten und abgebrühten „Itzigs" siegen. Zugegeben, dass die Juden auch Steuerzahler sind und es sich beim Rosental um eine öffentliche Anlage handelt, so darf doch die Anmassung nicht soweit gehen, dass die Juden sich dort „zuhause" fühlen.

10 Nur zwei Wochen später gab Reichserziehungsminister Rust seinen Erlass über die Trennung der jüdischen von den nichtjüdischen Schülern heraus; siehe Dok. 196 vom 10. 9. 1935.

1 StadtA Leipzig, Kap. I/122, Bl. 26.
2 Die ungefähre Datierung des Dokuments zwischen dem 27. 8. und dem 9. 9. 1935 ergibt sich aus der Fundstelle in der chronologisch angelegten Akte.
3 Text eines Zeitungsausschnitts, der in die linke obere Ecke des Schreibens geklebt ist.
4 Im Original ist die Anrede wegen des Zeitungsausschnitts nur teilweise lesbar.
5 Rosental: Stadtpark in Leipzig.

Ebenso verhält es sich mit den Sportplätzen, so z. B. in der Anlage des Turn- und Sportplatzes 1867. An schönen Sommertagen sitzen Juden mit ihren Angehörigen im kleinen Garten der Kantinenwirtschaft und „aalen" sich in der Sonne. Aber wenn ihnen der Zutritt in den städtischen Bädern verboten ist, so müßte es doch unmöglich sein, dass sie sich anderweitig breit machen. Wie überhaupt hier in Leipzig eine noch sehr stark verbreitete Judenfreundlichkeit zu finden ist. So klagen viele Hausfrauen darüber, dass z. B. in verschiedenen Geschäften der *Frankfurter-* und *Waldstraße* die Juden weit freundlicher bedient werden. Ich selbst habe schon des öfteren diese Feststellung machen müssen. Wenn ich auch selbst eine „Kampfnatur" bin und mir Uebergriffe von dieser „Rasse" in keiner Weise gefallen lasse und diese sofort gebührend zurückweise, so ist doch die Mehrzahl der Volksgenossen leider immer noch nicht derart gewappnet und beklagt sich an ungeeigneter Stelle oder überhaupt nicht. Jedenfalls klagen auch diejenigen, die mit Juden in einem Hause wohnen, über deren impertinentes Betragen. Wäre es nicht möglich, dass man diesen nur bestimmte Häuser zum Wohnen einräumte und dadurch ein Ghetto schüfe, wie es im Mittelalter üblich war, wo sie dann völlig unter sich wären? –
Ich bin zwar kein Parteigenosse, zähle mich aber zu denjenigen Volksgenossen, die treu zu unserem Führer stehen, aus diesem Grunde bin ich auch über das „Benehmen" der Hebräer empört.
Mit *Heil Hitler!*

DOK. 193
Die Deutsche Reichsbahn fordert ihre Dienststellen am 7. September 1935 auf, gegen das Anbringen antijüdischer Schilder auf Reichsbahngelände vorzugehen[1]

Rundschreiben der Deutschen Reichsbahngesellschaft, Hauptverwaltung (47 Lg), der Generaldirektor, gez. Dorpmüller,[2] an die Reichsbahndirektionen, nachrichtlich an das Reichsbahn-Zentralamt für Rechnungswesen, Berlin, vom 7. 9. 1935 (Abschrift)[3]

Abschrift zur Kenntnis und Beachtung. Danach sind Schilder mit der Aufschrift „Juden unerwünscht" oder ähnlichen Inhalts, die sich gegen die Benutzung öffentlicher Verkehrseinrichtungen durch Juden richten, auf Reichsbahngebiet nicht zuzulassen. Soweit Dienststellen der NSDAP die Anbringung solcher Schilder fordern und bei Nichtbeachtung der Aufforderung Maßnahmen androhen, ersuchen wir, bei dem zuständigen Gauleiter der NSDAP unter Hinweis auf die gesetzliche Beförderungspflicht der Reichsbahn und den vorstehenden Erlass des Herrn Reichs- und Preussischen Verkehrsministers[4] darauf hin-

1 BArch, R 3101/13862, Bl. 542.
2 Dr. Ing. h.c. Julius Heinrich Dorpmüller (1869–1945); 1893–1917 Eisenbahn- und Straßenbauingenieur in Deutschland und China, 1922–1926 Präsident der Reichsbahndirektionen Oppeln und Essen, 1926–1945 Generaldirektor der Deutschen Reichsbahn, 1933 Beiratsvorsitzender des Unternehmens Reichsautobahnen, 1937–1945 Reichsverkehrsminister.
3 Das hier vorliegende Dokument ging an den Leiter der Wirtschaftsgruppe Gaststätten- und Beherbergungsgewerbe unter Bezugnahme auf ein Schreiben vom 14. 8. 1935 (IIf/3032/35 Kro/Ho). Die Abschrift stammt aus dem RWM (Eing. 4. 10. 1935) und enthält mehrere handschriftl. Bearbeitungsvermerke.
4 Der im Original vorher wiedergegebene, hier nicht abgedruckte Erlass des Reichsverkehrsministers Freiherr von Eltz-Rübenach vom 30. 8. 1935 antwortete auf ein Schreiben der Reichsbahn vom

zuwirken, dass diese Aufforderungen zurückgenommen werden, und dass jede Benachteiligung der bei der Bedienung das Reiseverkehrs tätigen Personen unterbleibt.
Zusatz für die Reichsbahndirektion Stettin:
Der Bericht vom 27. August 1935 – 13 Lg 12 Lgw – ist hierdurch erledigt.[5]

DOK. 194

Ein Mitarbeiter stellt am 7. September 1935 für Reichsbankpräsident Schacht Material über künftige Belastungen der Wirtschaft infolge der jüdischen Emigration zusammen[1]

Vermerk der Reichsbank für Hjalmar Schacht, vorgelegt durch W., am 7. 9. 1935[2]

Eine jüdische Massenauswanderung ist ein schwerer Aderlass für den deutschen Wirtschaftskörper.[3]
Eine Massenauswanderung ohne Mitnahme erheblicher Kapitalien ist nicht möglich. Arme Juden finden in anderen Ländern kein Unterkommen. Daher haben wir für die Judenauswanderung erhebliche Devisenopfer bringen müssen. Im Jahre 1932 wurden von sämtlichen Devisenstellen im Reich für 78 Auswandererfamilien 2,2 Millionen RM zur Verfügung gestellt. In den Jahren 1933 und 1934 ist die Auswanderungslust ins Ungemessene gestiegen. Trotz der Verschärfung der Devisenlage mussten in diesen beiden Jahren von den Devisenstellen 118 Millionen RM für insgesamt 13 000 Familien zur Verfügung gestellt werden; davon etwa ⅔ in effektiven Devisen, etwa 1/3 im Wege der Verrechnung, durch Warenmitnahme und in anderen Formen eines Ersatztransfers. Davon entfielen erfahrungsgemäss mehr als 90 % auf Nichtarier.
Es ist bekannt, dass erheblich mehr als 13 000 jüdische Familien ausgewandert sind. *Man schätzt die Kopfzahl der jüdischen Auswanderer auf etwa 75 000.* Diese Vielen werden auch nicht mittellos ins Ausland gegangen sein. Es müssen beträchtliche Teile jüdischer Vermögen illegal ins Ausland verschoben [worden] sein. Wege gibt es genug. Es ist praktisch kaum möglich, einen Juden zu hindern, seine Ware ins Ausland zu verkaufen, auszuwandern und

23. 8. 1935. Darin hieß es, solange Juden die Benutzung von öffentlichen Verkehrsmitteln und den dazu gehörenden Betrieben (Bahnhofswirtschaften, Verkaufsständen) gesetzlich nicht verboten sei, sollten allen Reisenden ohne Unterschied der Rasse und Staatsangehörigkeit die für sie bestimmten Einrichtungen offen gehalten werden; wie Anm. 1. Über das Rundschreiben wurde Hitler unterrichtet; Vermerk vom 5. 9. 1935 auf Original des RVM-Rundschreibens vom 30. 8. 1935 (Ausfertigung für Chef der Reichskanzlei), BArch, R 43 II/602, Bl. 189.
5 Nicht aufgefunden.

1 BArch, R 2501/6992, Bl. 300–302.
2 Im Original handschriftl. Zusatz „Herrn Prsdt erg. vorgelegt. W 7. 9.“
3 Diese Ausarbeitung diente der Vorbereitung einer Schacht-Rede, die nach einem umgearbeiteten Entwurf vom 14. 8. 1935 Ausführungen zu allgemeinen Fragen, zur Devisenlage und ihrer Rückwirkung auf die Auslandsverschuldung, zur Wirkung der jüdischen Auswanderung auf die Wirtschaft, zur Einfuhr handelspolitisch notwendiger Waren und zur Rückwirkung der antisemitischen Propaganda auf die Großbanken enthielt; Material vom 7. 9. 1935 für die Ansprache auf dem Reichsparteitag, wie Anm. 1, Bl. 261. Schacht redete zweimal in Nürnberg. In der ersten Rede auf der 3. Jahrestagung der DAF am 14. 9. 1935 ging er offenbar nicht auf das hier behandelte Thema ein; VB (Norddt. Ausg.), Nr. 258 vom 15. 9. 1935, S. 7–9. Bei einer Ansprache vor den Gauleitern und Gauwirtschaftsberatern kritisierte er nach eigener Aussage „Parteiübergriffe“ auf Juden. Unklar bleibt, ob er den hier abgedruckten Text in der Rede verwandte; Schacht, 76 Jahre, S. 443 f.

seine Aussenstände vom Ausland aus einzuziehen. Es ist schwer, zu verhindern, dass Juden Marknoten oder Wertpapiere bei Nacht und Nebel über die Grenze bringen. Wir können auch nicht neben jede jüdische Firma einen amtlichen Buchprüfer stellen, der aufpasst, ob sie sich im Ausland durch falsche Fakturierungen und ähnliches ein Vermögen ansammelt. Darüber hinaus belastet uns die jüdische Auswanderung mit einer erheblichen neuen Auslandsverschuldung. Alle Guthaben, die die Auswanderer im Inland zurücklassen, werden Schulden der deutschen Wirtschaft an das Ausland, die einmal liquidiert werden müssen, solange wir von einer allgemeinen Enteignung der Auswanderer absehen.
Und was ist mit diesem Opfer erreicht worden? – Die Auswanderung von etwa 75 000 Juden, während in Deutschland an Volljuden noch das Sechsfache lebt, zu schweigen von den 75, 50 und 25%igen Nichtariern.
So viel ist klar: *Die verschärfte Politik gegen das Judentum wird eine neue Welle jüdischer Auswanderung und damit eine erhebliche Verschlechterung der Devisenbilanz nach sich ziehen, auch wenn wir jede direkte Devisenzuteilung versagen.* Das bedeutet entsprechende Erschwerung für die Rohstoffbeschaffung. Die deutsche Wirtschaft ist heute nicht in der Lage, eine forcierte Judenauswanderung zu ertragen. Wirtschaftliche Selbsterhaltung verlangt daher gebieterisch, in der Judenfrage kurz zu treten. Reinliche Lösungen werden wirtschaftlich erst tragbar sein, sobald wir eine nennenswerte Entlastung unserer Devisenbilanz verspüren. Die gesamte Judenfrage wird bis dahin um einiges vereinfacht sein. Infolge der starken Auswanderung jugendlicher Kräfte ist bereits heute etwa die Hälfte der in Deutschland lebenden Volljuden über 45 Jahre alt. Die Judenfrage in Deutschland würde sich auf diesem Weg der Auswanderung jugendlicher Kräfte im Laufe von 1–2 Generationen vielleicht lösen lassen.

DOK. 195

Das Geheime Staatspolizeiamt erläutert Reichsminister Darré am 9. September 1935 eigene Vorschläge zur „Lösung der Judenfrage"[1]

Schreiben des Gestapa (II 1 B 2 -68224/J.1057/35), i. V. Dr. Best, an den RuPrMEuL (Eing. 14. 9. 1935) vom 9. 9. 1935[2]

Betrifft: Vorschläge zur Lösung der Judenfrage.[3]
Unter Bezugnahme auf die im Reichswirtschaftsministerium stattgehabte Ressortbesprechung vom 20. 8. 1935[4] darf ich meine Vorschläge nunmehr schriftlich unterbreiten:
Meiner Ansicht nach kann die Judenfrage nicht durch Anwendung von Gewalt, durch Mißhandlung Einzelner, Beschädigung persönlichen Eigentums oder andere Einzelaktionen gelöst werden. Ihre Bereinigung scheint nur dadurch möglich, daß der Einfluß der Juden im Zuge des organischen Aufbaus des Reiches Schritt für Schritt eingedämmt

1 BArch, R 3601/1860, Bl. 105–110.
2 Das Schreiben erhielten per Schnellbrief vom selben Tag auch das RJM, RWM, RMdI, RMfVuP, Göring, der StdF sowie der Beauftragte des Führers für Wirtschaftssachen, W. Keppler; Abdruck in: Die Judenpolitik des SD, Dok. Nr. 3, S. 70–73.
3 Im Original hier handschriftl. Vermerk von Reichsminister Walther Darré: „Tempo und Ausmaß der Ausschaltung des Judentums hat ausschließlich der Führer zu bestimmen 25/9 Darré".
4 Siehe dazu Dok. 189 vom 20. 8. 1935.

wird und gleichlaufend damit eine verstärkte Aufklärung der Bevölkerung durch Partei und Presse einsetzt.
Ebenso wie der Einfluß der Juden in der Verwaltung, Beamtenschaft, Kunst und Kultur fast restlos ausgeschaltet ist, muß seine Einschränkung in allen anderen Zweigen des öffentlichen Lebens durchgeführt werden. Im Hinblick auf die Ausschreitungen der letzten Zeit halte ich es für erforderlich, daß gerade auch auf dem Gebiet der freien Wirtschaft der Grundsatz der Gleichheit aufgegeben wird, und bin der Überzeugung, daß die Einzelaktionen im Lande in dem Augenblick abebben werden, wo die Volksgenossen sehen, daß die bisher von den Juden in der Wirtschaft innegehabte Vormachtstellung gebrochen wird.
Mit Rücksicht darauf, daß die Juden entsprechend den nat.soz. Grundsätzen nicht zur deutschen Volksgemeinschaft zählen, halte ich ihre Stellung unter Fremdenrecht für erforderlich. Diese Maßnahme würde allein ausreichende Möglichkeit bieten, sie am freien Wettbewerb in der Wirtschaft zu hindern, ihre Freizügigkeit aufzuheben und sie von der deutschen Volksgemeinschaft zu trennen.
Falls die Stellung der Juden unter Fremdenrecht jedoch aus besonderen Gründen undurchführbar sein sollte, darf ich zur gesetzlichen Regelung dieser Frage folgende Vorschläge unterbreiten:
1.) Um den weiteren Zuzug der Juden nach den Großstädten einzudämmen, ist eine Änderung des Gesetzes über die Freizügigkeit[5] erforderlich, die ihnen den Wechsel des Wohnsitzes im Inland wirksam erschwert. In der Änderung wäre darauf hinzuweisen, daß durch diese Maßnahme keineswegs ein Ghetto geschaffen werden soll. Sie würde lediglich dazu dienen, eine Zusammenballung des jüdischen Elements in den Großstädten zu verhindern, das durch die Möglichkeit, sich dort besser zu verbergen, eine Gefahr und einen dauernden Unruheherd bildet.
2.) Verbot der Mischehen zwischen Deutschen und Juden. Bis in die letzte Zeit hinein haben Volksgenossen in Verkennung des Rassenproblems und ungeachtet der für sie aus diesem Entschluß entstehenden schwerwiegenden Folgen die Absicht der Eheschließung mit Juden bekundet. Ein Verbot der Mischehe könnte dazu dienen, rassisch wertvolle Teile der Volksgemeinschaft zu erhalten.[6]
3.) Im Zusammenhang mit dem Verbot der Mischehen erscheint eine gesetzliche Regelung notwendig, die die Bestrafung des außerehelichen Geschlechtsverkehrs zwischen Deutschen und Juden vorsieht.
Wenn bei der beabsichtigten Heirat zwischen Deutschen und Juden die Zugehörigkeit zur jüdischen Rasse als Ehehindernis angesehen wird, ist zwar praktisch die Eheschließung ausgeschlossen. Nach verhinderter Eheschließung werden die Ehepartner jedoch oft versuchen, in wilder Ehe zusammenzuleben, um damit das Verbot der Mischehen zu umgehen. Durch eine gesetzliche Anordnung, die den außerehelichen Geschlechtsverkehr zwischen ihnen als Rasseschändung unter Strafe stellt, würde den Polizeibehörden eine Handhabe gegeben sein, die außereheliche Verbindung von Juden mit artvergessenen deutschen Frauen und Mädchen wirksam zu unterbinden.

5 Das Gesetz über die Freizügigkeit stammte von 1867 und erlaubte Angehörigen des Norddeutschen Bunds, sich innerhalb des Bundesgebiets frei zu bewegen und niederzulassen. Dieses Gesetz wurde nach dem 1. 1. 1871 als Reichsgesetz übernommen.
6 Diese und die folgende Forderung wurden mit dem sog. Blutschutzgesetz vom 15. 9. 1935 realisiert; siehe Dok. 199.

4.) Aufträge der öffentlichen Hand dürften an Juden nicht vergeben werden.
Erfahrungsgemäß versuchen kapitalkräftige jüdische Firmen selbst bei offensichtlichen finanziellen Verlusten in der Bewerbung um Aufträge der öffentlichen Hand ihre arische Konkurrenz zu unterbieten und mit solchen Mindestangeboten ihre Position in der Wirtschaft zu festigen. Zum Schutz der deutschen Wirtschaft sind gesetzliche Maßnahmen erforderlich, die es Behörden pp. verbieten, Aufträge an jüdische und jüdisch-getarnte Firmen zu vergeben.
5.) Soweit Konzessionen für Gewerbebetriebe erforderlich sind, dürften diese in der Folgezeit an Juden grundsätzlich nicht erteilt werden. Bestehende Konzessionen müßten unter Anlegung eines strengen Maßstabs dahin überprüft werden, ob die jüdischen Inhaber den bestehenden Konzessionsvorschriften in personeller und sachlicher Hinsicht noch entsprechen, gegebenenfalls wäre das Verfahren zur Entziehung der Konzession einzuleiten. Auch müßte durch entsprechende gesetzliche Regelung dafür Sorge getragen werden, daß den Juden die Neueröffnung nicht konzessionspflichtiger Gewerbetriebe, z. B. von Geschäften, untersagt wird. Insbesondere halte ich die Erteilung von Wandergewerbescheinen in der bisherigen großen Zahl an Juden für sehr gefährlich, da die Juden als ideenmäßige Staatsgegner bei dem Besuch der Kundschaft auf dem flachen Land Träger von Greuelnachrichten sind und zersetzend wirken.
6.) Grundsätzlich darf der Besitz und Handel mit Grund und Boden und ihre Nutznießung nur den Volksgenossen überlassen sein. Weil die Juden nicht zur Volksgemeinschaft gehören, muß ihre möglichst vollkommene Ausschaltung in der Pachtung oder dem Ankauf von Grund und Boden oder Grundstücken durchgesetzt werden. Der Erwerb von Grund und Boden durch Rechtsgeschäft und Pacht oder Miete von Grundstücken durch Juden wäre daher zu untersagen.
In den Jahren der Inflation ist ein wesentlicher Teil des Hausbesitzes in den Großstädten in jüdischen Besitz übergegangen. Viele dieser jüdischen Hausbesitzer befinden sich im Ausland, wohin ihnen der Mietzins ungeschmälert überwiesen wird, während ihre Grundstücke verfallen. Ich halte es daher für erforderlich, das Augenmerk der Baubehörden auf diesen Zustand hinzulenken und für eine Regelung einzutreten, die, wenn nicht Enteignung, so doch durchgreifende Instandsetzung auf Kosten der im Ausland lebenden Juden zur menschenwürdigen Unterbringung von Volksgenossen ermöglicht.
7.) Sofern die Stellung unter Fremdenrecht nicht durchführbar erscheint, halte ich zum mindesten eine Änderung der Paßbekanntmachung für notwendig, in der ausdrücklich angeordnet wird, daß allen Juden wegen politischer Unzuverlässigkeit die Ausstellung eines Passes grundsätzlich zu verwehren ist. Ausnahmen hiervon dürften nur dann gemacht werden, wenn nachgewiesen wird, daß sie den Paß zu Reisen benutzen, die im Interesse der deutschen Wirtschaft liegen.[7] Dieser Paß müßte zur äußerlichen Kennzeichnung der rassischen Zugehörigkeit des Inhabers mit einem besonderen, auffälligen Kennzeichen versehen werden.[8]

7 Ein Erlass der Gestapo Karlsruhe vom 11. 9. 1935 sah die Ausstellung von Auslandspässen an Juden nur noch bei wirtschaftlicher Notwendigkeit und für kurze Dauer vor; Dokumente Baden-Württemberg, Teil II, Dok. Nr. 353, S. 108. Mit dem Runderlass vom 16. 11. 1937 untersagte der RFSS reichsweit die Ausstellung von Reisepässen an Juden für das Ausland, außer in Fällen der Emigration oder bei Reisen im volkswirtschaftlichen Interesse Deutschlands; Sonderrecht, S. 205.

8 Die VO über Reisepässe von Juden vom 5. 10. 1938 führte die Markierung der Reisepässe von Juden mit Geltung für das Ausland mit einem „J“ ein; RGBl., 1938 I, S. 1342.

Ich halte diese Regelung deshalb für notwendig, weil die Juden gerade in letzter Zeit in großer Zahl Pässe beantragt haben, die ihnen nach den bestehenden Bestimmungen ausgefertigt werden durften. Sie benutzten die Pässe zu Auslandsreisen, bei denen sie auf illegale Weise Geld verschoben und wesentlich zur Verbreitung von Greuelnachrichten beigetragen haben.
Ich glaube, daß aus einer gesetzlichen Regelung im Sinne dieser Ausführungen eine Beruhigung der deutschen Wirtschaft bestimmt erwartet werden kann und die Fassung solcher Anordnungen in Gesetzesform in den Kreisen der Volksgenossen als bedeutsamer Schritt zur Bereinigung der Judenfrage dankbar aufgenommen werden würde. Dieser Angriff auf die Vormachtstellung der Juden in der Wirtschaft würde andererseits dazu dienen, sie auf den Zionismus hinzulenken und den Anreiz zur Abwanderung wirksam zu fördern.

DOK. 196

Das Deutsche Nachrichtenbüro kommentiert am 10. September 1935 den Erlass von Reichsminister Rust zur Errichtung separater Schulen für jüdische Kinder[1]

Als Manuskript gedruckte Mitteilungen des Deutschen Nachrichtenbüros G.m.b.H, Nachmittags-Ausgabe, 2. Jg., Berlin 1935, Nr. 1372, Dienstag, 10. 9. 1935

Einrichtung von Judenschulen in Deutschland.
Berlin, 10. September. Reichsminister *Rust* hat in einem Erlaß über die Rassentrennung auf den öffentlichen Schulen, in dem als Vorbereitung für die Einrichtung von Judenschulen zu Ostern 1936 Erhebungen über die Rassezugehörigkeit der Schülerschaft angeordnet sind,[2] eine alte nationalsozialistische Forderung tatkräftig in Angriff genommen. Dieser in enger Fühlungnahme mit dem Rassenpolitischen Amt der NSDAP ausgearbeitete Erlaß bereitet einen weiteren wichtigen Abschnitt in der Rassengesetzgebung des neuen Deutschland vor und beweist, daß Deutschland keineswegs geneigt ist, wie ausländische Pressestimmen zu wissen glauben, seinen grundsätzlichen Rassestandpunkt aufzugeben. Unser Ziel, die völlige Aussonderung des Judentums aus dem deutschen Lebensbereich, ist unverrückbar klar und bereits auf verschiedenen Teilgebieten (Beamtengesetzgebung, Erbhofrecht u. a.) durchgeführt.
Auf dem Gebiet der Volksschule ist zur Erreichung dieses Ziels die *Zusammenfassung* derjenigen *nichtarischen Schulkinder*, die der mosaischen Religion angehören, in besonderen jüdischen Volksschulen schon bisher energisch gefördert worden. Insbesondere ist mit staatlicher Genehmigung seit 1934 eine größere Zahl *privater jüdischer Volksschulen* neu entstanden.[3]
Der *entscheidende* Gesichtspunkt ist aber nicht die *Zugehörigkeit* zur mosaischen Religion, sondern *zur jüdischen Rasse.* Der rassefremde, jüdische Schüler bildet in der Klassengemeinschaft der arischen Schüler und Lehrer einen Fremdkörper. Sein Dasein erweist sich als ein außerordentliches Hindernis im deutschbewußten nationalsozialistischen

1 BArch, R 43 II/602, Bl. 190+RS.
2 Runderlass des REM (Az. E II e Nr. 1953/35) an die Unterrichtsverwaltungen der Länder (außer Preußen) vom 10. 9. 1935; RMinBl., Nr. 27 vom 16. 9. 1935.
3 Z. B. die Privatschule Kaliski in Berlin; siehe dazu Dok. 306 vom 9. 11. 1937.

Unterricht und macht die notwendige, in der Rasse begründete Uebereinstimmung zwischen Lehrer, Schüler und Lehrstoff unmöglich. Der neue Erlaß des Reichserziehungsministers Rust zielt deshalb auf *Durchführung der völligen Rassentrennung* in den Volksschulen ohne Rücksicht auf die Konfessionszugehörigkeit der rassefremden, jüdischen Schüler und auf Wiederherstellung der Judenschulen hin. Er billigt beiden Teilen zu, was nach völkischer Auffassung eine selbstverständliche Forderung ist: die *Rassengemeinschaft zwischen Lehrer und Schüler.*

Aus dem Erlaß des Reichserziehungsministers sei folgendes mitgeteilt:

Eine Hauptvoraussetzung für jede gedeihliche Erziehungsarbeit ist die rassische Uebereinstimmung von Lehrer und Schüler. Kinder jüdischer Abstammung bilden für die Einheitlichkeit der Klassengemeinschaft und die ungestörte Durchführung der nationalsozialistischen Jugenderziehung auf den allgemeinen öffentlichen Schulen ein starkes Hindernis. Die auf meine Anordnung bisher vorgenommenen Stichproben in einzelnen preußischen Gebietsteilen haben gezeigt, daß die öffentlichen Volksschulen noch immer in nicht unerheblichem Maße von jüdischen Schülern und Schülerinnen besucht werden. Vornehmlich ist dies der Fall in den größeren Städten; aber auch auf dem platten Land finden sich Gebiete, die mehr oder minder stark mit Juden besiedelt sind. Auch die über das Volksschulziel hinaus führenden Schulen sind trotz der Zulassungsbeschränkungen des Gesetzes vom 24. April 1933 (Reichsgesetzblatt I S. 225)[4] noch immer von einem an einzelnen Orten unverhältnismäßig hohen Anteil jüdischer Schüler und Schülerinnen besucht. Für die Entwicklung des nationalsozialistischen Schulwesens ergeben sich hieraus schwere Hemmungen. Die Errichtung öffentlicher und privater jüdischer Schulen hat zwar an einzelnen Orten zu einer gewissen Sonderung derjenigen jüdischen Schulkinder geführt, die der mosaischen Religion angehören. Die Trennung nach Konfessionen ist jedoch für ein nationalsozialistisches Schulwesen nicht ausreichend. Die Herstellung nationalsozialistischer Klassengemeinschaften als Grundlage einer auf dem deutschen Volkstumsgedanken beruhenden Jugenderziehung ist nur möglich, wenn eine klare Scheidung nach der Rassenzugehörigkeit der Kinder vorgenommen wird.

Ich beabsichtige daher, vom Schuljahr 1936 ab für die reichsangehörigen Schüler aller Schularten eine möglichst vollständige Rassentrennung durchzuführen.

Bei den Pflichtschulen ist mit Rücksicht auf die auch für Nichtarier nach wie vor bestehende Schulpflicht eine Verweisung auf private Volksschulen nicht angängig. Vielmehr wird die Errichtung öffentlicher Volkschulen für Juden erforderlich werden. In diesen Schulen werden alle diejenigen Schüler und Schülerinnen zusammenzufassen sein, bei denen entweder beide Elternteile oder ein Elternteil jüdisch sind. Die sogenannten Vierteljuden, bei denen ein Großelternteil jüdisch ist, beabsichtige ich, bei der auf dem Gebiet des Schulwesens vorzunehmenden Rassentrennung, außer Betracht zu lassen.

Voraussetzung für die Errichtung einer öffentlichen jüdischen Volksschule ist das Vorhandensein einer zur ordnungsmäßigen Beschulung hinreichenden Zahl jüdischer Kinder innerhalb einer Gemeinde oder eines unter Berücksichtigung zumutbarer Schulwege abgegrenzten Gebietes (Stadt- oder Landgebietes). Dabei müssen gegebenenfalls mehrere oder sämtliche Jahrgänge in einer Volksschulklasse zusammengefaßt werden. Als eine zur ordnungsmäßigen Beschulung hinreichende Richtzahl wird die Zahl von 20 Kindern anzunehmen sein.

4 Gemeint ist das Gesetz gegen die Überfüllung deutscher Schulen und Hochschulen vom 25. 4. 1933.

Um einen Überblick zu gewinnen, in welchem Umfang die Errichtung öffentlicher jüdischer Volksschulen erford[erli]ch bzw. möglich ist, ersuche ich, in allen öffentlichen und privaten Volksschulen Ihres Aufsichtsbereiches für sämtliche Jahrgänge Feststellungen über die Rassezugehörigkeit der die Schulen zurzeit besuchenden Kinder zu treffen.[5]
Hinsichtlich der nicht zu den Pflichtschulen gehörenden Schulen erwäge ich eine Abänderung der durch das Ueberfüllungsgesetz vom 24. April 1933 getroffenen Bestimmungen in Richtung einer verschärften Abtrennung.[6]
(gez.) *Rust.*
Der Erlaß zeigt, wie sorgfältig und gewissenhaft der Staat auf dem Gebiet seiner Rassengesetzgebung vorgeht, um unnötige Härten zu vermeiden und doch sein Ziel, eine von Fremdkörpern gereinigte völkische Lebensgemeinschaft, zu erreichen. Diese Gemeinschaft kann sich nur auf den gemeinsamen Anlagen des Blutes und der Rasse aufbauen und muß schon in der Erziehungsgemeinschaft der Schule verwirklicht werden. Mit dem vorliegenden Erlaß hat der Reichserziehungsminister hierzu einen wichtigen Beitrag geliefert, der neben früheren Erlassen die Grundlage der deutschen Schulreform abgibt. Es steht zu hoffen, daß alle Staats- und Parteistellen mithelfen werden, das vom Reichserziehungsminister Rust gesteckte Ziel zu erreichen, sodaß zu Ostern 1936 auf dem Gebiet des öffentlichen Volksschulwesens eine möglichst vollständige Trennung zwischen deutschen und jüdischen Kindern durchgeführt ist.[7]

DOK. 197

Die Politischen Polizeien der Länder werden am 11. September 1935 aufgefordert, Juden rechtzeitig vor deren Emigration für eine Kontrolle beim Landesfinanzamt zu melden[1]

Runderlass des Politischen Polizeikommandeurs der Länder/Preußische Gestapo, der stellv. Chef und Inspekteur (II 1 B-2746/35.), an alle Staatspolizeistellen und Politische Polizeien der Länder vom 11. 9. 1935 (Abschrift)

Betr: Die Zentrale Nachrichtenstelle beim Landesfinanzamt Berlin.
Der Präsident des Landesfinanzamts Berlin weist erneut darauf hin, dass bei seiner Behörde eine Zentrale Nachrichtenstelle errichtet ist, die sich insbesondere mit Massnahmen *gegen* alle Arten von Steuerhinterziehungen, Kapitalflucht, Vermögensschiebungen und dergl. befasst.
Im Hinblick darauf, dass in letzter Zeit Juden, deren Ausreise dem Landesfinanzamt verspätet zur Kenntnis kam, durch Steuerhinterziehung pp. eine finanzielle Schädigung des Reichs herbeigeführt haben, bittet der Präsident des Landesfinanzamts, alle bekannt werdenden Fälle, in denen Juden und insbesondere jüdische Geschäftsleute die Ausreise vor-

5 Die DNB-Meldung gab aus dem Rust-Erlass mehrere Abschnitte nicht wieder, die Anweisungen zur Erfassung der Schüler sowie eine Diskussion zur Finanzierung der jüdischen Volksschulen enthielten; siehe dazu RMinBl., Nr. 27 vom 16. 9. 1935.
6 Siehe Anm. 4.
7 Obwohl in der Folgezeit in einzelnen Städten separate Schulklassen oder Schulen für jüdische Schüler eingerichtet wurden, wurde der Erlass erst 1938 vollständig umgesetzt.
1 BArch, R 58/276, Bl. 27.

bereiten, der Zentralen Nachrichtenstelle zugleich unter Angabe der genauen Personalien und der Wohnung des Verdächtigen Nachricht zukommen zu lassen.
Die Zentrale Nachrichtenstelle hat die ihr zugehenden Unterlagen den zuständigen Landesfinanzämtern zugänglich zu machen und sie auf Grund ihres sonstigen, über den Einzelfall hinausreichenden Materials bei der Bearbeitung nach Möglichkeit zu unterstützen. Wenn sich das anfallende Material über mehrere Landesfinanzämter erstreckt, hat die Zentrale Nachrichtenstelle die erforderlichen Zusammenhänge und Verbindungen herzustellen und für die notwendige Zusammenarbeit zu sorgen.
Die Geschäftsräume der Zentralen Nachrichtenstelle befinden sich im Landesfinanzamt Berlin NW 40, Alt-Moabit 144.[2] In besonders eiligen Fällen genügt der fernmündliche Anruf unter C 5 6601.

DOK. 198

Das in Nürnberg verkündete Reichsbürgergesetz vom 15. September 1935 bestimmt, dass deutsche Juden Staatsangehörige zweiter Klasse werden[1]

Reichsbürgergesetz.
Vom 15. September 1935.[2]

Der Reichstag hat einstimmig das folgende Gesetz beschlossen,[3] das hiermit verkündet wird:
§ 1
(1) Staatsangehöriger ist, wer dem Schutzverband des Deutschen Reiches angehört und ihm dafür besonders verpflichtet ist.
(2) Die Staatsangehörigkeit wird nach den Vorschriften des Reichs- und Staatsangehörigkeitsgesetzes erworben.
§ 2
(1) Reichsbürger ist nur der Staatsangehörige deutschen oder artverwandten Blutes, der durch sein Verhalten beweist, daß er gewillt und geeignet ist, in Treue dem Deutschen Volk und Reich zu dienen.
(2) Das Reichsbürgerrecht wird durch Verleihung des Reichsbürgerbriefes erworben.

2 Das Finanzamt Berlin Moabit-West war später zuständig für die Enteignung von Juden im ganzen Reichsgebiet.

1 RGBl., 1935 I, S. 1146.
2 Während des Parteitags diskutierte die NS-Führung am 14. 9. 1935 die vorgelegten Ministerialentwürfe. Goebbels notierte dazu: „Führer läßt mich noch zu sich rufen. [...] Frick und Heß noch da. Gesetze durchberaten. Neues Staatsbürgergesetz, das Juden Reichsbürgerrecht nimmt, Flaggengesetz, das Hakenkreuz zur alleinigen Nationalflagge erhebt. Judengesetz, Verbot jüdischer Ehen mit Deutschen, dazu Reihe von anderen Verschärfungen. Wir feilen noch daran herum. Aber so wird es hinhauen: Und die Bewegung ausrichten"; Eintrag vom 15. 9. 1935, Tagebücher von Joseph Goebbels, Teil I, Bd. 3/I, S. 294. Siehe undat. Entwürfe zu den Nürnberger Gesetzen; BArch, R 1501/5495, Bl. 3–132.
3 Nach einer Einführung von Hitler verlas Reichstagspräsident Göring vor dem Reichstag, der dazu eigens nach Nürnberg einberufen worden war, das Reichsbürgergesetz und das Blutschutzgesetz. Die Reichstagsmitglieder stimmten den Gesetzen zu; DAZ, Nr. 433 vom 16. 9. 1935, S. 2.

(3) Der Reichsbürger ist der alleinige Träger der vollen politischen Rechte nach Maßgabe der Gesetze.
§ 3
Der Reichsminister des Innern erläßt im Einvernehmen mit dem Stellvertreter des Führers die zur Durchführung und Ergänzung des Gesetzes erforderlichen Rechts- und Verwaltungsvorschriften.

Nürnberg, den 15. September 1935,
am Reichsparteitag der Freiheit.
Der Führer und Reichskanzler
Adolf Hitler
Der Reichsminister des Innern
Frick

DOK. 199
Das in Nürnberg verkündete „Blutschutzgesetz" vom 15. September 1935 verbietet Ehen und außereheliche sexuelle Beziehungen zwischen Juden und Nichtjuden[1]

Gesetz zum Schutze des deutschen Blutes und der deutschen Ehre.[2]
Vom 15. September 1935.

Durchdrungen von der Erkenntnis, daß die Reinheit des deutschen Blutes die Voraussetzung für den Fortbestand des Deutschen Volkes ist, und beseelt von dem unbeugsamen Willen, die Deutsche Nation für alle Zukunft zu sichern, hat der Reichstag einstimmig das folgende Gesetz beschlossen, das hiermit verkündet wird:
§ 1
(1) Eheschließungen zwischen Juden und Staatsangehörigen deutschen oder artverwandten Blutes sind verboten. Trotzdem geschlossene Ehen sind nichtig, auch wenn sie zur Umgehung dieses Gesetzes im Ausland geschlossen sind.
(2) Die Nichtigkeitsklage kann nur der Staatsanwalt erheben.
§ 2
Außerehelicher Verkehr zwischen Juden und Staatsangehörigen deutschen oder artverwandten Blutes ist verboten.
§ 3
Juden dürfen weibliche Staatsangehörige deutschen oder artverwandten Blutes unter 45 Jahren in ihrem Haushalt nicht beschäftigen.
§ 4
(1) Juden ist das Hissen der Reichs- und Nationalflagge und das Zeigen der Reichsfarben verboten.
(2) Dagegen ist ihnen das Zeigen der jüdischen Farben gestattet. Die Ausübung dieser Befugnis steht unter staatlichem Schutz.

1 RGBl., 1935 I, S. 1146 f.
2 Siehe auch die Anmerkungen zum Reichsbürgergesetz vom 15. 9. 1935, Dok. 198. Zur Vorgeschichte Essner, Nürnberger Gesetze, S. 113–140.

§ 5
(1) Wer dem Verbot des § 1 zuwiderhandelt, wird mit Zuchthaus bestraft.
(2) Der Mann, der dem Verbot des § 2 zuwiderhandelt, wird mit Gefängnis oder mit Zuchthaus bestraft.
(3) Wer den Bestimmungen der §§ 3 oder 4 zuwiderhandelt, wird mit Gefängnis bis zu einem Jahr und mit Geldstrafe oder mit einer dieser Strafen bestraft.
§ 6
Der Reichsminister des Innern erläßt im Einvernehmen mit dem Stellvertreter des Führers und dem Reichsminister der Justiz die zur Durchführung und Ergänzung des Gesetzes erforderlichen Rechts- und Verwaltungsvorschriften.
§ 7
Das Gesetz tritt am Tage nach der Verkündung, § 3 jedoch erst am 1. Januar 1936 in Kraft.

Nürnberg, den 15. September 1935,
am Reichsparteitag der Freiheit.
Der Führer und Reichskanzler
Adolf Hitler
Der Reichsminister des Innern
Frick
Der Reichsminister der Justiz
Dr. Gürtner
Der Stellvertreter des Führers
R. Heß
Reichsminister ohne Geschäftsbereich

DOK. 200
Staatssekretär Stuckart erläutert Reichsärzteführer Wagner am 22. September 1935 Entwürfe der Ersten und Zweiten Verordnung zum Reichsbürgergesetz[1]

Schreiben des RuPrMdI, gez. Stuckart,[2] an den Reichsärzteführer und Hauptamtsleiter Dr. Wagner, München, Braunes Haus, vom 22. 9. 1935 (Durchschrift)

In der Anlage übersende ich die Neufassung der Ersten und Zweiten Verordnung zum Reichsbürgergesetz und der Ersten Verordnung zur Ausführung des Gesetzes zum Schutze des deutschen Blutes und der deutschen Ehre.[3] Gleichzeitig bestätigte ich den Eingang des Schreibens des Verbindungsstabes vom 21. September 1935, das die Entscheidungen des Führers zu diesen drei Verordnungen enthält.[4]

1 BArch, R 1501/5513, Bl. 15–21.
2 Dr. Wilhelm Stuckart (1902–1953), Jurist; 1922 NSDAP- und 1936 SS-Eintritt; von Juni 1933 an StS im preuß. Unterrichtsministerium, von 1935 an StS im RMdI (zuständig für Abt. I Verfassung und Gesetzgebung), 1942 Teilnehmer der sog. Wannseekonferenz; 1945–1949 interniert, 1949 im Wilhelmstraßenprozess verurteilt (Strafe galt durch seine Haft als verbüßt), 1950 bei der Entnazifizierung als Mitläufer eingestuft.
3 Letztere liegt nicht in der Akte. Zu den beiden Gesetzen siehe die Dok. 198 und 199 vom 15. 9. 1935.
4 Nicht aufgefunden.

Wegen der in Absatz 4 dieses Schreibens aufgeworfenen Fragen betreffend die jüdischen Rechtsanwälte und Aerzte habe ich mit Herrn Reichsjustizminister Dr. Gürtner und Herrn Staatssekretär Dr. Freisler[5] verhandelt. Beide sind mit dem Herrn Reichsinnenminister und mir übereinstimmend der Auffassung, dass es nicht zweckmässig ist, die Zurückschraubung der Zahl der Anwälte usw. auf den verhältnismässigen Bevölkerungsanteil des Judentums etwa in der künftigen Rechtsanwaltsordnung vorzunehmen. Auch ist Herr Reichsinnenminister Dr. Frick der Ansicht, dass die Frage für die Aerzte zweckmässig nicht in der Aerzteordnung gelöst wird, sondern besser in einer zweiten Verordnung zum Reichsbürgergesetz. Ich füge demgemäss den Entwurf einer zweiten Verordnung zum Reichsbürgergesetz bei, die die Billigung des Herrn Reichsjustizministers und des Herrn Reichsinnenministers gefunden hat. Zu dem letzten Absatz dieser Verordnung bemerke ich, dass es sich bei den durch diesen Absatz betroffenen Berufen um die Prozessvertreter vor den Verwaltungsgerichten handelt, die z. B. in Preussen die Bezeichnung „Verwaltungsrechtsräte" führen.

Wegen der in Absatz 6 des Schreibens aufgeworfenen Frage, ob das Auswärtige Amt die weitere Bestimmung zum Schutze der Reinheit des deutschen Blutes für tragbar hält, habe ich in Abwesenheit des Herrn Reichsaussenministers von Neurath und des Herrn Staatssekretärs von Bülow mit den Herren Ministerialdirektoren Gaus[6] und Köppke[7] des Auswärtigen Amtes verhandelt. Beide haben als zuständige Abteilungsleiter für das Auswärtige Amt erklärt, dass sie aussenpolitische Bedenken gegen die Aufnahme der fraglichen Bestimmung in die Blutschutzverordnung nicht zu erheben haben.

Bei den Besprechungen mit den Herrn Reichsministern Dr. Frick und Dr. Gürtner haben sich folgende neue Zweifelspunkte ergeben, die ich in den beigefügten neuen Entwürfen der ersten Verordnung zum Blutschutzgesetz zu klären versucht habe.[8] Es handelt sich um folgende Punkte:

a) der Begriff des deutsch-jüdischen Mischlings war bisher nicht festgelegt; zwar war der Begriff des Juden in der ersten Verordnung zum Reichsbürgergesetz definiert und damit auf der einen Seite eine Grenze zwischen Juden im Sinne des Reichsbürgergesetzes und deutsch-jüdischen Mischlingen gezogen. Es fehlte aber eine Festlegung der Grenze auf der anderen Seite zwischen den deutschblütigen Staatsangehörigen und den staatsangehörigen deutschjüdischen Mischlingen. Diese Grenze ist meines Erachtens zweckmässig und sinnvoll bei den Vierteljuden zu ziehen, sodass Vierteljuden und Mischlinge stärkeren Bluteinschlages bis zum Dreivierteljuden ausschliesslich die deutsch-jüdischen Mischlinge im Sinne des Gesetzes sind. Die gesetzliche Formulierung dieses Gedankens ist in I Absatz 3 der Blutschutzverordnung erfolgt.

5 Dr. Roland Freisler (1893–1945), Jurist; 1923–1924 Mitglied des Völkisch-Sozialen Blocks, 1925 NSDAP-Eintritt, dann Funktionen in der NSDAP-Gauleitung Hessen-Nassau; 1923–1924 Rechtsanwalt in Karlsbad und 1924–1933 in Kassel, 1924–1933 Stadtverordneter in Kassel, 1933–1934 StS im preuß. Justizministerium und 1934–1942 im RJM, 1942–1945 Präsident des Volksgerichtshofs; Autor u. a. von „Nationalsozialistisches Recht und Rechtsdenken" (1938).

6 Dr. Friedrich Gaus (1881–1955), Jurist; von 1907 an im AA tätig, u. a. 1910–1912 Außendienst in Genua und Konstantinopel, 1923–1943 Leiter der Abt. Recht im AA.

7 Richtig: Dr. Gerhard Köpke (1873–1953), Jurist; von 1896 an im preuß. Justizdienst, von 1903 an im AA, dort 1921–1923 Leiter der Abt. Recht, 1923–1935 Leiter der Abt. West- und Südosteuropa und Vertreter des Staatssekretärs, 1935 Versetzung in den Ruhestand; später in der Privatwirtschaft tätig.

8 Liegt nicht in der Akte. Siehe die 1. VO zur Ausführung des Gesetzes zum Schutz des deutschen Blutes und der deutschen Ehre vom 14. 11. 1935, RGBl., 1935 I, S. 1334–1336.

Die Definition des deutsch-jüdischen Mischlings bedingte eine Fassungsänderung des Ehehindernisses für deutsch-jüdische Mischlinge, wie sie unter III erfolgt ist.
b) Dabei ergab sich ferner, dass der Begriff des Juden in § 3 Absatz 3 der Ersten Verordnung zum Reichsbürgergesetz unter Einbeziehung der Dreivierteljuden gegenüber den übrigen deutsch-jüdischen Mischlingen durch die Fassung „mehr als zwei Großelternteile" nicht scharf abgegrenzt war. Durch die Fassung mehr als zwei mussten sich in der Praxis erhebliche Schwierigkeiten für die Feststellung ergeben. Die schärfere Abgrenzung und technisch leichtere Feststellung in der Praxis ist in der neuesten Fassung dadurch erreicht worden, dass der Begriff des Juden in der ersten Verordnung des Reichsbürgergesetzes dahin definiert worden ist: „Jude ist, wer von mindestens drei der Rasse nach volljüdischen Grosseltern abstammt." Diese Begriffsbestimmung bedeutet, dass alle Mischlinge mit 75 % und mehr Judenblut einwandfrei und leicht feststellbar als Juden gelten; dass dagegen alle deutsch-jüdischen Mischlinge unter 75 % Judenblut Nichtjuden im Sinne des Gesetzes sind.
c) Die Bestimmung, dass auch dann eine Ehe nicht geschlossen werden soll, wenn mit einer die Reinheit des deutschen Blutes gefährdenden Nachkommenschaft gerechnet werden muss, hätte dazu führen können, dass der Standesbeamte eine Eheschliessung zwischen einem Vollarier und einem deutsch-jüdischen Mischling zwar nicht nach den ausdrücklichen Bestimmungen für Juden und deutsch-jüdischen Mischlingen verweigert, wohl aber die Schliessung der Ehe wegen Gefährdung der Reinheit des deutschen Blutes abgelehnt hätte. Es musste daher ausgesprochen werden, dass die Ehehindernisse wegen jüdischem Bluteinschlages in § 1 des Gesetzes und Nr. 2 und 3 dieser Verordnung erschöpfend geregelt sind. Daher die Bestimmung unter IV der Blutschutzverordnung.
d) Die Bestimmung Nr. 5 der Blutschutzverordnung in der neuesten Fassung unterlag ohne die Hinzufügung des letzten Satzes ferner dem Bedenken, dass sie die Beurteilung, wann eine die Reinerhaltung des deutschen Blutes gefährdende Nachkommenschaft zu erwarten ist, mindestens für die nächste Zukunft dem Standesbeamten überliess, der seiner ganzen Vorbildung nach dazu nicht geeignet ist.
Es wurde daher, um hier ein für allemal Klarheit zu schaffen und um die Frage, wann die Reinerhaltung des deutschen Blutes gefährdet ist, nicht zu einer Ermessensfrage des Standesbeamten zu machen, die Bestimmung aufgenommen, dass der Nachweis des Nichtvorhandenseins dieser Gefahr nur durch das vom Gesundheitsamt auszustellende Ehetauglichkeitszeugnis erbracht werden kann. Die Aufnahme dieser Bestimmung entspricht einem dringenden Wunsch des Herrn Reichsjustizministers. Ich halte sie ebenfalls im Interesse der Praxis für unumgänglich. Bedenken brauchen nicht deswegen erhoben zu werden, weil das Ehetauglichkeitszeugnis seinem Begriff nach erst durch das Gesetz zum Schutze der Erbgesundheit eingeführt wird, es ist ja mit Sicherheit damit zu rechnen, dass dieses Gesetz in der Kabinettsitzung vom 18. Oktober verabschiedet wird.[9] Zweifelsfälle, die in der Zeit vom Inkrafttreten der Blutschutzverordnung bis zum Inkrafttreten des Erbgesundheitsgesetzes auftauchen, können nach näherer Anweisung durch einen entsprechenden Erlass bereits vor Geltung des Erbgesundheitsgesetzes durch die Gesundheitsämter in der Form vorläufiger Ehetauglichkeitszeugnisse erledigt werden.
e) Zur Begriffsbestimmung des jüdischen Haushalts schlägt nunmehr der Herr Reichsinnenminister folgende Fassung vor:

9 Siehe das Gesetz zum Schutze der Erbgesundheit des deutschen Volkes (Ehegesundheitsgesetz) vom 18. 10. 1935; RGBl., 1935 I, S. 1246.

„Jüdisch ist ein Haushalt, wenn ein jüdischer Mann Haushaltungsvorstand ist oder der Hausgemeinschaft angehört".
Durch diese Fassung wird die alleinstehende jüdische Frau nicht getroffen, sofern in ihrem Haushalt kein männlicher Jude lebt. Diese Einschränkung lässt sich mit dem Zweck des Blutschutzgesetzes rechtfertigen, das eine Schutzmassnahme gegen Blutsmischung sein soll, die Gefahr der Blutsmischung besteht nicht, wenn eine alleinstehende Jüdin (ohne jüdische männliche Hausgenossen) eine deutschblütige Hausgehilfin hat. Wie sich bereits zeigt, ist mit einer sehr grossen Zahl von Anträgen alleinstehender Jüdinnen, die ihre weiblichen Hausangestellten behalten wollen, zu rechnen. Die eingeschränkte Fassung würde daher, ohne die Wirkung des Gesetzes abzuschwächen, eine erhebliche Entlastung der Behörden voraussichtlich bedeuten.
Die neugefassten drei Verordnungen bitte ich, im Auftrag des Herrn Reichsinnenministers dem Führer und Reichskanzler zur Entscheidung vorlegen zu wollen.[10] Um etwa noch bestehende Zweifel zu klären, treffe ich am 24. 9. vormittags 8.04 [Uhr] auf dem Münchner Hauptbahnhof ein und stehe bis zum Beginn der Tagung zur Verfügung. Ich wäre dankbar, wenn mich ein Wagen am Hauptbahnhof abholen könnte.
Heil Hitler!
gez. St[11]

Erste Verordnung zum Reichsbürgergesetz. 6. Fassung
Vom .... 22.9[12]
Auf Grund des § 3 des Reichsbürgergesetzes vom 15. September 1935 (Reichsgesetzbl. I S. 1146) wird folgendes verordnet:
§ 1
Bis zum Erlass weiterer Vorschriften über den Reichsbürgerbrief gelten vorläufig als Reichsbürger die Staatsangehörigen deutschen und artverwandten Blutes, die beim Inkrafttreten des Reichsbürgergesetzes das Reichstagswahlrecht besitzen.
§ 2
Nur der Reichsbürger kann als Träger der vollen politischen Rechte das Stimmrecht in politischen Angelegenheiten ausüben und ein öffentliches Amt bekleiden. Der Reichsminister des Innern oder die von ihm ermächtigte Stelle kann für die Uebergangszeit Ausnahmen für die Zulassung zu öffentlichen Aemtern gestatten. Die Angelegenheiten der Religionsgesellschaften werden nicht berührt.
§ 3
(1) Ein Jude kann nicht Reichsbürger sein. Ihm steht ein Stimmrecht in politischen Angelegenheiten nicht zu; er kann ein öffentliches Amt nicht bekleiden.
(2) Jüdische Beamte treten mit dem Inkrafttreten des Gesetzes in den Ruhestand. Das Dienstverhältnis der Lehrer an öffentlichen jüdischen Schulen bleibt bis zur Neuregelung des jüdischen Schulwesens unberührt. § 2 Satz 3 findet Anwendung.
(3) Jude ist, wer von mindestens drei der Rasse nach volljüdischen Grosseltern abstammt. Als volljüdisch gilt ein Grosselternteil ohne weiteres, wenn er der jüdischen Religionsgemeinschaft angehört hat.

10 Zur weiteren Diskussion siehe u. a. die Stellungnahme Pfundtners vom 8. 10. 1935; wie Anm. 1, Bl. 132–134.
11 Im Original Unterschriftskürzel handschriftl.
12 Im Original handschriftl. Ergänzung.

(4) Soweit in Reichsgesetzen oder in Anordnungen der Nationalsozialistischen Deutschen Arbeiterpartei und ihrer Gliederungen weiter gehende Anforderungen an die Reinheit des Blutes gestellt werden, bleiben sie unberührt. Sonstige Anforderungen, die über die Bestimmungen dieser Verordnung hinaus gehen, dürfen nur mit Zustimmung des Reichsministers des Innern und des Stellvertreters des Führers gestellt werden. Die bestehenden Anforderungen dieser Art fallen am 1. Januar 1936 weg, so weit sie nicht von dem Reichsminister des Inneren im Einvernehmen mit dem Stellvertreter des Führers zugelassen werden; der Antrag auf Zulassung ist bei dem Reichsminister des Innern zu stellen.

§ 4

Befreiungen von den Bestimmungen dieser Verordnung kann der Reichsminister des Innern im Einvernehmen mit dem Stellvertreter des Führers bewilligen.

§ 5

Diese Verordnung tritt mit dem 30. September 1935 in Kraft.[13]

Berlin, den ....

Der Reichsminister des Innern.

Der Stellvertreter des Führers.

Zweite Verordnung zum Reichsbürgergesetz. 4. Fassung

Vom .... 22.9[14]

Auf Grund des § 3 des Reichsbürgergesetzes vom 15. September 1935 (Reichsgesetzbl. I S. 1146) wird folgendes verordnet:

§ 1

(1) Die Bestimmung des § 3 Abs. 1 der Ersten Verordnung zum Reichsbürgergesetz über die Bekleidung öffentlicher Aemter gilt auch für die Stellung des nichtbeamteten Notars, des leitenden Arztes an öffentlichen Krankenanstalten und des Vertrauensarztes.

(2) Jüdische nichtbeamtete Notare scheiden mit dem Inkrafttreten des Gesetzes, jüdische leitende Aerzte an öffentlichen Krankenanstalten und jüdische Vertrauensärzte spätestens am 31. Dezember 1935 aus ihren Stellungen aus.

(3) Die Zahl der jüdischen Rechtsanwälte, Patentanwälte, Prozessagenten und Aerzte ist mit dem jüdischen Bevölkerungsanteil an der Gesamtbevölkerung des Deutschen Reiches in Einklang zu bringen. Zu diesem Zweck kann der Reichsminister der Justiz die Zulassung jüdischer Rechtsanwälte, Patentanwälte und Prozessagenten, der Reichsminister des Innern die Bestallung jüdischer Aerzte zurücknehmen.[15]

(4) Abs. 3 gilt auch für die nach Landesrecht den Rechtsanwälten gleichstehenden Berufe.[16]

13 Die Endfassung der 1. VO zum Reichsbürgergesetz stammte vom 14. 11. 1935, war etwas ausführlicher als der hier abgedruckte Entwurf, stimmte inhaltlich im Wesentlichen aber mit diesem überein; siehe Dok. 210.

14 Im Original handschriftl. Ergänzung.

15 Nicht in der veröffentlichten Endfassung der Verordnung. Vom 13. 12. 1935 an konnte aber laut Reichsärzteordnung die Neuapprobation für Juden untersagt werden, wenn der Anteil der jüdischen Ärzte den Anteil der Juden an der Gesamtbevölkerung überstieg; RGBl., 1935 I, S. 1433.

16 Nicht in der veröffentlichten Endfassung der Verordnung. Eine von RJM Gürtner am 4. 12. 1935 versandte Kabinettsvorlage mit einer entsprechenden Änderung der Rechtsanwaltsordnung wurde nicht verabschiedet; AdR, Teil II/2, Dok. Nr. 282.

§ 2
Diese Verordnung tritt mit dem 30. September 1935 in Kraft.[17]
Berlin, den ....
Der Reichsminister des Innern
Der Stellvertreter des Führers
Der Reichsminister der Justiz.

DOK. 201
Jüdische Rundschau: Stellungnahme der Reichsvertretung der Juden in Deutschland vom 24. September 1935 zu den Nürnberger Gesetzen[1]

Erklärung der Reichsvertretung
Die Reichsvertretung der Juden in *Deutschland* gibt folgendes bekannt:

I.
„Die vom Reichstag in Nürnberg beschlossenen Gesetze haben die Juden in Deutschland aufs Schwerste betroffen. Sie sollen aber eine Ebene schaffen, auf der ein erträgliches Verhältnis zwischen dem deutschen und dem jüdischen Volke möglich ist.[2] Die Reichsvertretung der Juden in Deutschland ist willens, hierzu mit ihrer ganzen Kraft beizutragen. Voraussetzung für ein erträgliches Verhältnis ist die Hoffnung, daß den Juden und jüdischen Gemeinden in Deutschland durch Beendigung ihrer Diffamierung und Boykottierung die moralische und wirtschaftliche Existenzmöglichkeit belassen wird.
Die Ordnung des Lebens der Juden in Deutschland erfordert die staatliche Anerkennung einer autonomen jüdischen Führung. Die Reichsvertretung der Juden in Deutschland ist das hierzu berufene Organ. Hinter ihr steht bis auf geringe Ausnahmen die Gesamtheit der Juden und der jüdischen Gemeinden, insbesondere alle Landesverbände und alle Großgemeinden, sowie die freien jüdischen Organisationen: Zionistische Vereinigung für Deutschland, Centralverein der Juden in Deutschland, Reichsbund jüdischer Frontsoldaten, Vereinigung für das religiös-liberale Judentum, die organisierte Gemeinde-Orthodoxie, Jüdischer Frauenbund, Reichsausschuß der jüdischen Jugendverbände.
Die dringendsten Aufgaben der Reichsvertretung, denen sie in energischer Verfolgung des bisher von ihr eingeschlagenen Weges mit aller Hingabe nachgehen wird, sind:
1. Das eigene jüdische *Schulwerk* muß der Erziehung der Jugend zu religiös gefestigten, aufrechten Juden dienen, die aus bewußter Verbundenheit mit der jüdischen Gemeinschaft,

17 Die 2. VO zum Reichbürgergesetz wurde am 21. 12. 1935 erlassen und enthielt wie im Entwurf – allerdings ausführlicher – Bestimmungen über das Ausscheiden jüdischer Beamter, dazu zählten auch Notare, Ärzte, Professoren und Lehrer im Staatsdienst und öffentlichen Einrichtungen. Die Absätze 1 und 2 des § 1 des Entwurfs finden sich in der VO als § 5 (1) bzw. 6 (1) wieder. Die Abs. 3 und 4 über die Begrenzung des Anteils von Rechtsanwälten und anderen Berufen nach dem jüdischen Bevölkerungsanteil im Reich wurden hingegen nicht in die Verordnung übernommen; RGBl., 1935 I, S. 1524.

1 Jüdische Rundschau, Nr. 77 vom 24. 9. 1935, S. 1 f. Abdruck auch in: C.V.-Zeitung vom 26. 9. 1935, S. 1.
2 Das Deutsche Nachrichtenbüro hatte am 16. 9. 1935 gemeldet, dass Hitler auf einer Feier während des Nürnberger Parteitags die Bedeutung der neuen Gesetze unterstrichen und darauf hingewiesen habe, „daß diese nationalsozialistische Gesetzgebung die einzige Möglichkeit eröffne, mit den in Deutschland lebenden Juden in ein erträgliches Verhältnis zu kommen.“; DAZ, Nr. 433 vom 16. 9. 1935, S. 2.

aus der Arbeit an jüdischer Gegenwart und dem Glauben an jüdische Zukunft die Kraft schöpft, den schweren Anforderungen zu entsprechen, die das Leben an sie stellen wird. Über die Wissensvermittlung hinaus muß die jüdische Schule der planvollen Vorbereitung für den künftigen Beruf dienen. Mit Rücksicht auf die Auswanderungsfähigkeit, insbesondere nach Palästina, werden dabei die Hinführung zu handarbeitenden Berufen und das Erlernen der hebräischen Sprache im Vordergrund stehen. Die Erziehung und berufliche Ausbildung der weiblichen Jugend muß darauf hinzielen, sie zur Erfüllung ihrer Aufgaben als Erhalterin der Familie und als Mutter der künftigen Generation vorzubereiten.
Ein eigenständiger Kulturaufbau muß den kunst- und kulturschaffenden Juden Betätigungsmöglichkeiten geben und dem kulturellen Eigenleben der Juden in Deutschland dienen.[3]
2. Dem gesteigerten *Auswanderungsbedürfnis* ist mit einer großzügigen Planung zu entsprechen, die vor allem *Palästina*, aber auch alle anderen in Frage kommenden Länder einbezieht und besonders der Jugend gilt. Hierzu gehört die Sorge für die Vermehrung der Auswanderungsmöglichkeiten, *Ausbildung* in für die Auswanderung geeigneten Berufen, insbesondere Landwirtschaft und Handwerk, die Schaffung von Möglichkeiten zur Mobilisierung und Liquidierung des Vermögens wirtschaftlich Selbständiger, die Erweiterung bestehender und die Schaffung neuer Transfermöglichkeiten.
3. Die Erhaltung und Betreuung der Hilfsbedürftigen, der Kranken und Alten muß in Ergänzung der staatlichen Fürsorge durch weiteren systematischen Ausbau der von den Gemeinden getragenen jüdischen *Wohlfahrtspflege* sichergestellt werden.[4]
4. Diesen vielfältigen und schwierigen Aufgaben ist eine verarmte Gemeinschaft nicht gewachsen. Die Reichsvertretung wird mit allen Mitteln versuchen, die wirtschaftliche Kraft der Juden dadurch zu sichern, daß die vorhandenen *Erwerbsmöglichkeiten erhalten* bleiben. Die wirtschaftlich Schwachen sind durch weitere Ausgestaltung *wirtschaftlicher Hilfsmaßnahmen* wie Arbeitsnachweise, Wirtschaftsberatung, sowie Personal- und Realkredithilfe zu stärken.
5. *Kraft in der Gegenwart und Hoffnung für die Zukunft gibt das lebensvolle Fortschreiten im Aufbau des jüdischen Palästinas.* Um das Judentum in Deutschland noch mehr als bisher in diese Entwicklung hineinzustellen, tritt die Reichsvertretung als solche dem *jüdischen Aufbauwerk e. V. (Keren Hajessod)* bei und fordert die jüdischen Gemeinden und Verbände nachdrücklichst auf, ihrem Beispiel zu folgen. Die Reichsvertretung erklärt sich bereit, die *organisatorische Verbindung der Körperschaften der Judenheit in Deutschland mit dem Aufbauwerk in Palästina herzustellen.*
Im vollen Bewußtsein der Größe der Verantwortung und der Schwere der Aufgabe ruft die Reichsvertretung alle jüdischen Männer und Frauen, die gesamte jüdische Jugend zur Einigkeit, zu jüdischer Haltung, strengster Selbstzucht und größter Opferbereitschaft auf.

3 Die Reichsvertretung reagierte hier auf die Richtlinien Heydrichs (Gestapa) für die Tätigkeit des Reichsverbands der jüdischen Kulturbünde in Deutschland vom 13. 8. 1935, die zum einen die Kulturbünde in einer Reichsorganisation zusammenfassten, andererseits diese der Gestapokontrolle unterstellten und ihre Aufführungen aus der nichtjüdischen Öffentlichkeit verbannten; Abdruck in: UuF, Bd. 11, S. 155 f.

4 Infolge von Arbeitslosigkeit und „Arisierungen" verarmten viele Juden und wurden abhängig von der öffentlichen Wohlfahrt. Städtische Wohlfahrtsämter begannen aber die Fürsorgeleistungen bei bedürftigen Juden zu kürzen. Da in Deutschland zudem oft alte oder kranke Familienmitglieder von Emigranten zurückbleiben mussten, schien ein Ausbau der jüdischen Wohlfahrt für deren Versorgung dringend notwendig.

II.
Einem im Präsidialausschusse der Reichsvertretung gestellten Antrag entsprechend, werden Reichsvertretung, Landesverbände und Gemeinden ersucht, unverzüglich in enger Zusammenarbeit *die organisatorischen und personellen Maßnahmen* zu treffen, die in den jüdischen Körperschaften erforderlich sind, um eine kraftvolle und konsequente Durchführung des neuen Arbeitsprogramms durch alle jüdischen Instanzen sicherzustellen."

Den vorstehenden Entschließungen des Präsidialausschusses der Reichsvertretung haben ihre *ausdrückliche Zustimmung* gegeben:
Preußischer Landesverband jüdischer Gemeinden durch Kammergerichtsrat Wolff und Dr. Alfred Klee; Verband bayerischer israel. Gemeinden durch Oberstlandesgerichtsrat Dr. Neumeyer – München; Sächsischer israel. Gemeindeverband durch Wilhelm Breslauer – Leipzig; Landesverband der israel. Religionsgemeinden Hessens durch Kommerzienrat Mayer – Mainz; Oberrat der israel. Religionsgemeinschaft Württembergs durch Leopold Levi – Stuttgart; Oberrat der Israeliten in Baden durch Prof. Dr. Stein – Karlsruhe; die Gemeindevertretung der Hansestädte durch Rechtsanwalt David – Hamburg und Dr. Manasse – Altona; Oberrat der Israel. Landesgemeinde Mecklenburg-Schwerin durch Dr. Josephy – Rostock; jüdische Gemeinde Berlin durch Direktor Stahl; Jüdische Gemeinde Breslau durch Herrn Lachs; Jüdische Gemeinde Frankfurt a. M. durch Justizrat Blau; Jüdische Gemeinde Köln durch Dr. Callmann; Jüdische Gemeinde Mannheim durch Rabbiner Dr. Grünewald; Jüdische Gemeinde Essen durch Dr. Hirschland; Jüdische Gemeinde Nürnberg durch Kommerzienrat Rosenzweig; Jüdische Gemeinde Königsberg durch Geh.Rat Falkenheim; Zionistische Vereinigung für Deutschland durch Dr. Moses; Centralverein der Juden in Deutschland durch Justizrat Brodnitz; Reichsbund jüdischer Frontsoldaten durch Dr. Leo Löwenstein; Vereinigung für das religiös-liberale Judentum durch Rechtsanwalt Stern; Die organisierte Gemeinde-Orthodoxie durch Rabbiner Dr. Hoffmann – Frankfurt a. M.; Jüdischer Frauenbund durch Frau Ottilie Schönewald; Hilfsverein der Juden in Deutschland durch Max Warburg; Palästina-Amt der Jewish Agency durch Dr. Franz Meyer; Reichsausschuß der jüdischen Jugendverbände durch Dr. Friedrich Brodnitz.

DOK. 202

Kommentar zu einem Vortrag des Leiters des Rassenpolitischen Amts der NSDAP, Walter Groß, vom 25. September 1935 über Hitlers neuen Kurs in der Judenfrage[1]

Vermerk (geheim), gez. Schlösser,[2] undat. (Abschrift)[3]

Bericht des mit der Führung der Geschäfte beauftragten SS-Sturmmanns Dr. Schlösser über die Besprechung im Rassenpolitischen Amt vom 25. 9. 1935
Über die Ausführungsbestimmungen zu den „Nürnberger Gesetzen".

1 BArch, NS 2/143, Bl. 4–8.
2 Vermutlich Dr. Ludwig Schlösser (1906–1973), Naturwissenschaftler; 1933 SS- und 1937 NSDAP-Eintritt, von 1933 an Schulungsleiter für Bevölkerungsbiologie und Rassenkunde für das RuSHA in München, 1935–1936 im RuSHA in Berlin, von 1936 an im Stabsamt des Reichsbauernführers tätig; Kriegseinsatz, 1945 Internierung.
3 Im Original einige handschriftl. Änderungen.

Die Ausführung, über die im Folgenden berichtet werden soll, machte Reichsleiter Dr. Groß[4] im besonderen Auftrag des Führers vor den Gauamtsleitern des Rassenpolitischen Amtes,[5] „damit in den Gauen neben dem Gauleiter wenigstens ein Fachmann vorhanden sei, der mit den Grundlagen des neuen Kurses in der Behandlung der Judenfrage vollkommen vertraut sei". Reichsleiter Dr. Groß führte aus: die gesamte Rassenpolitik des 3. Reiches in der Judenfrage hatte als letztes Ziel ihrer Arbeit eine Verdrängung alles Jüdischen im Sinne der Ausscheidung eines Fremdkörpers. Dabei wurden im Grundsätzlichen eigentlich nur diese Gruppen von Menschen unterschieden: 1) „Arier", 2) Juden und Judenblütige.

Für Angehörige der Parteigliederungen und für Erbhofbauern wurde der Abstammungsnachweis bis 1800 verlangt. Für die Beamtenschaft regelte das Berufsbeamtengesetz in etwas milderer Form im sogenannten „Ariernachweis bis zu den Großeltern" diese Angelegenheit.

Im Laufe des letzten Jahres im Zuge der erneuten Verschärfung der antijüdischen Propaganda machten sich andere große Organisationen wie die Studentenschaft und die Arbeitsfront für ihre Mitglieder den strengen Maßstab der Partei zu eigen. Eine oft sehr scharfe und nicht immer geschickt vor[an]getriebene antisemitische Propaganda (hier fielen von Seiten Dr. Groß' sehr scharfe Worte über Streichers Arbeit) hat nach Meinung von Groß einer langsamen Entwicklung geschadet und eine sobaldige und grundsätzliche Neuentscheidung herbeigeführt. Diese grundsätzliche Neuregelung besonders in der Mischlingsfrage, die von uns allen ein ganz gewaltiges Umdenken verlangt, geht auf das persönliche Eingreifen und die Entscheidung des Führers zurück. Das Wesen des neuen Kurses ist kurz gesagt folgendes: es wird eine grundsätzliche, nicht mehr zu überbrückende Kluft zwischen Volljuden (rassisch) und Deutschen durchgeführt. Dabei bekommen die Juden die Rechte und Pflichten einer nationalen Minderheit. Außerehelicher Verkehr über diese Kluft hinweg wird in doppelter Richtung nur beim Manne bestraft. Man erhofft sich von dem Drucke einer Erpressungsmöglichkeit von Seiten der unbestraft bleibenden Frau eine starke Minderung dieses unehrbaren Geschlechtsverkehrs.

Die allergrößte Schwierigkeit ergab die Behandlung der Mischlingsfrage, die nun eine ganz neue Lösung erfahren wird. Der Führer hatte entwickelt, daß es zur Lösung einer jeglichen Mischlingsfrage Wege gibt: 1.) Ausweisung bezw. Auswanderung unter staatlichem Druck gefördert. 2.) Sterilisation und 3.) Assimilation d. h. Aufsaugung des Mischlingsmaterials durch das Hauptvolk. Bei dieser Gelegenheit sagte der Führer, daß seine gesamte Politik bisher darin bestand, von jeweils mehreren Übeln das kleinste zu wählen, und daß er auch so in der Entscheidung dieser Frage verfahren müsse. Der Führer hat befohlen, die Mischlingsfrage auf dem Wege der Assimilation im Laufe weniger Generationen zu liquidieren. An dieser Stelle erklärte er noch, daß er im Falle eines Krieges auf allen Fronten „bereit zu allen Konsequenzen" sei. Es werden in Zukunft 3 Gruppen von Menschen in Deutschland unterschieden werden: Deutsche, deutsch-jüdische Mischlinge und

4 Dr. Walter Groß (1904–1945), Mediziner; 1925 NSDAP-Eintritt; 1929–1932 am Landeskrankenhaus Braunschweig tätig; von 1932 an Mitglied der Leitung des NS-Ärztebunds, 1933–1941 Beauftragter für Rassenpolitik im Stab des StdF, 1934–1945 Leiter des Rassenpolitischen Amts der NSDAP; 1938 Honorarprofessor für Rassenkunde an der Universität Berlin; Autor u. a. von „Die rassenpolitischen Voraussetzungen zur Lösung der Judenfrage" (1943).

5 Gemeint sind hier die Amtsleiter der Rassenpolitischen Ämter in den NSDAP-Gauleitungen.

Juden. Die deutsch-jüdischen Mischlinge, zu denen die Halb- und Vierteljuden gehören, bekommen schon am 1. Oktober ebenso wie die Deutschen den vorläufigen Reichsbürgerbrief. Will ein Viertel- oder Halbjude heiraten, so bedarf er einer gesetzlichen Erlaubnis zu diesem Schritt. Er kann entweder einen Juden heiraten, das hat für ihn zur Folge, daß er zur jüdischen Minderheit automatisch übertritt und den vorläufigen Reichsbürgerbrief verliert, oder aber er kann ein deutsches Mädchen heiraten, dann erhält er mit dieser Bewilligung zur Ehe, die in den allermeisten Fällen gewährt wird, automatisch den endgültigen Reichsbürgerbrief. Allerdings tritt er hiermit noch nicht in die vollen Rechte des deutschen Reichsbürgers ein, denn es bleiben für ihn z. B. noch die Einschränkungen des Berufsbeamtengesetzes bestehen. Doch hat er die Gewißheit, daß seine Kinder diesen Sonderbestimmungen nicht unterliegen. Heiraten von deutsch-jüdischen Mischlingen untereinander ist grundsätzlich verboten. Denn dies würde zum Entstehen einer Mischlingskaste führen, was ja gerade vermieden werden soll. Bei dieser Gelegenheit, so sagte Groß, hat der Führer erklärt, daß er kein Interesse daran habe, zu den speziell jüdischen Begabungen noch die wertvollen Eigenschaften unserer Rasse hinzuzufügen, also die Juden „aufzunorden".

Die Gründe, die den Führer dazu veranlaßten, eine solche grundsätzliche Umstellung vorzunehmen, sind folgende in innen- und außenpolitischer Art: die gesamte Arbeit ist auf das einzige Ziel ausgerichtet, Deutschland stark, mächtig und schlagkräftig zu machen, damit es in den kommenden Entscheidungen, die ihm nicht erspart bleiben werden, die stärkste Macht ist, und somit sein Schicksal selbst bestimmen kann. Alles, was nur im Entferntesten die Möglichkeit in sich trägt, diesem Ziele und der Arbeit gefährlich zu sein, muß verschwinden. Der Führer sagte, daß es in diesem Zusammenhang untragbar sei, daß eine große entrechtete Schicht von Mischlingen, die nicht wissen, wohin sie gehören, vorhanden sei. Solch eine Schicht hemmt die Geschlossenheit und die Schlagkraft eines Volkes. Ein weiterer Grund, der den Führer zu dieser Stellung brachte, außen- und wirtschaftspolitischer Art, ist in den Vorstellungen des Reichsministers Dr. Schacht zu suchen.

Schacht erklärte, daß der überwiegende Teil unseres Exportes, der uns die Devisen für die Aufrüstung herbeischaffte (Kupfer, Nickel, Kobalt), in den Händen von Halbjuden läge. Würde man bei der neuen Gesetzgebung schon den Halbjuden völlig entrechten, so würde es zur Folge haben, daß unser Exporthandel außerordentlich stark geschädigt würde, und das können wir uns nicht leisten. Schacht erklärt dabei nach Groß, „was nützt der beste Idealismus alter Kämpfer, wenn sie nichts zu fressen haben", (Reichswehrminister von Blomberg[6] unterstützte Dr. Schacht in seinen Ausführungen) und gab einzelne Beispiele, die seine Haltung illustrierten. Er sagte u. a., daß irgendein Jude Agent einer großen deutschen Versicherung in Kairo sei, der ihm durch seine Arbeit 5 Millionen Devisen einbrächte, die im Augenblick wertvoller wären als alle Utopien irgendwelcher Idealisten.[7] Der Führer erklärte dann weiter, daß es sich nicht darum handele, im Augenblick Utopien nachzujagen, sondern der Wirklichkeit des Politischen offen ins Auge zu sehen. Wenn man sich für die Aufrüstung und die Wehrhaftmachung entschieden habe, das

6 Werner von Blomberg (1878–1946), Berufsoffizier; von 1897 an Militärlaufbahn, 1925 Chef des Heeresausbildungswesens, von 1933 an Reichswehrminister, von 1935 an Reichskriegsminister und Oberbefehlshaber der Wehrmacht, 1936 Generalfeldmarschall, 1938 unter politischem Druck als Minister zurückgetreten und aus der Wehrmacht ausgeschieden; 1946 in US-Haft in Nürnberg gestorben.

7 Zu Schachts Vorstellungen siehe die Dok. 189 vom 20. 8. und 194 vom 7. 9. 1935.

habe er getan, so hätten sich diesem Ziele alle anderen Dinge unterzuordnen. Es wurde in diesem Zusammenhang von Dr. Groß erwähnt, daß damit auch alle antisemitische Propaganda, etwa in Form des „Stürmers", unter die Rubrik „Landesverrat" fallen müßte.
Es ergeben sich nun für die gesamte Propaganda- und Erziehungsarbeit wesentlich neue Aufgaben, deren Schwierigkeit keineswegs unterschätzt werden soll.
Es ist selbstverständlich, daß dieser Kurswechsel, der hier vorgenommen ist, in keinem Fall in der Propagandaarbeit vorgezeigt werden und betont werden darf. Es ist dabei vielmehr besonders darauf hinzuweisen, daß mit der Trennung des Volljüdischen vom Deutschen ein grundsätzlich neuer Weg beschritten ist. Es hat diese neue Einstellung als weitere Konsequenzen in sich, daß jegliche Propaganda und Diffamierung des deutsch-jüdischen Mischlings d. h. des Halb- und Vierteljuden, zu unterbleiben hat. Darüber hinaus hat nach dem Willen des Führers auch der Boykott jüdischer Geschäfte (deren Inhaber Volljuden sind) zu unterbleiben. Diese werden in Zukunft als jüdische Geschäfte gekennzeichnet werden. Der Führer wünscht, daß diesen Juden, die zu der nationalen jüdischen Minderheit gehören, Lebensmöglichkeiten gelassen werden, damit sie nicht der allgemeinen Wohlfahrt zur Last fallen. Der Führer wünscht keine Förderung des Zionismus und stärkere Abwanderung der 550 000 Seelen starken jüdischen Minderheit. Nach den Angaben von Groß soll der Führer sogar unter Umständen bereit sein, in Fragen der Reichskulturkammer[8] eine leichte Lockerung der Judengesetzgebung zuzulassen. (Eine Angabe, die dem Berichterstatter doch außerordentlich fraglich vorkommt und die er nur unter diesem Vorbehalt hier wiedergibt). Auf die besondere Anordnung des Führers teilt Groß in aller Eindringlichkeit mit, dass es nötig sei, darauf hinzuweisen, daß diese neuen Ausführungsbestimmungen „kein taktisches Manöver", sondern eine grundsätzliche neue Kursausrichtung bedeuten.
Zu diesen Ausführungen von Groß ist Einiges zu entgegnen.
Vorerst einmal sind die Zahlen für die Stärke der Juden und Judenmischlinge in Deutschland, die diesen Maßnahmen zu Grunde gelegt wurden, neu. Es wird angegeben: 550 000 Volljuden, 200 000 Halbjuden und 100 000 Vierteljuden. Diese Zahlen waren nicht bekannt und wurden erst 2 Tage vor der Formulierung der Gesetze in Nürnberg durch Direktor Burgdörfer vom Statistischen Reichsamt festgestellt.[9] Keine Stelle im ganzen Reich hatte bisher gesichertes Zahlenmaterial zu dieser Frage. Diese Aufgabe wäre eigentlich dem Rassenpolitischen Amt zugefallen. Dabei sei erinnert, daß anläßlich der Ariergesetzgebung der Reichswehr man mit „absolut gesicherten Zahlen" von 2 Millionen Juden und Judenmischlingen und einem Ausfall von jährlich 90 000 Rekruten gegenüber dem Führer operiert hat.[10] Von wem diese Zahlen stammen, ist wohl schwer festzustellen. Man wird bei dieser Gegenüberstellung der beiden Zahlen irgendein unangenehmes Gefühl nicht los. Mit welcher deutlichen Hilflosigkeit man auch im Rassenpolitischen Amt diesen neuen

8 Die Reichskulturkammer wurde per Gesetz vom 22. 9. 1933 gegründet. Die Mitgliedschaft in einer der neugeschaffenen sieben Einzelkammern, u. a. Reichsmusik-, Reichsfilm- und Reichsschrifttumskammer, bildete die Voraussetzung für die Betätigung in einem Kulturzweig. Die Nichtaufnahme oder der Ausschluss bedeuteten quasi das Berufsverbot. Juden wurden in der Regel nicht aufgenommen; RGBl., 1933 I, S. 661 f.

9 Nicht ermittelt. Dieselben Zahlen finden sich aber im Bericht von Dr. Hermann Vellguth über die Entstehung der Nürnberger Gesetze vom 26. 9. 1935; RGVA, 500k-1-343, Bl. 47 f.

10 Siehe dazu das Schreiben des RMdI an die Adjutantur der Wehrmacht beim Führer und Reichskanzler vom 3. 4. 1935, Dok. 159.

Maßnahmen des Führers gegenübersteht, mag die Tatsache beleuchten, daß Groß auf die Frage nach der Führung der Propaganda in diesen Dingen sagte, man müsse wohl auf die Humanität dieser Maßnahmen hinweisen, ein Weg, der vielleicht außenpolitisch sinnvoll sein könnte, aber innenpolitisch und bei der ausgerichteten Parteigenossenschaft auf nicht allzu viel Verständnis stoßen dürfte. Dabei muß noch festgestellt werden, daß bei den entscheidenden Sitzungen vor der Gesetzgebung der Leiter des Rassenpolitischen Amtes nicht beteiligt war, wie er selbst gesagt hat. Zu dieser ganzen Darstellung von Groß möchte ich vom Standpunkt des im Rahmen der SS tätigen Rassenpolitikers Folgendes bemerken: Wenn durch diese grundsätzliche Neuregelung der Judenfrage unsere praktische Arbeit in der SS nicht berührt wird, so ist es doch unerläßlich notwendig, daß man sich in Kreisen der Mitarbeiter des Rassenamtes, das ja Generalstabsarbeit leisten soll, über den grundsätzlichen Kurswechsel, den der Führer in dieser Frage befohlen hat, und die Beweggründe, die hierzu führen mussten, keinerlei Zweifel hingibt. Vor allem hat darüber Klarheit zu herrschen, daß dieser Weg, der hier zu einer endgültigen Regelung beschritten wird, kein taktisches Manöver, keine äußerliche Konzession sein soll. Wenn wir uns mit dieser Angelegenheit ganz vertraut gemacht haben, die bestimmt allen von uns am Anfang schwer eingehen wird, wenn wir uns über die Gründe, die den Führer zu dieser Regelung veranlaßten, ganz klar sind, werden wir in uns die Stoßkraft behalten, für die Notwendigkeit dieser Maßnahmen Verständnis zu erwecken.

Da Groß in seinen Ausführungen eine Bemerkung einfließen ließ, aus der man entnehmen musste, daß für die Parteigenossenschaft auch eine Lockerung der Bestimmungen für den Abstammungsnachweis bis 1800 im Bereich des Möglichen liegt, so bleiben als die praktisch rassisch wertvollen intakten Körperschaften nur die SS und die Erbhofbauernschaft im Reiche. Aus dieser Tatsache ergibt sich zwangsläufig die dringende Notwendigkeit einer engen Zusammenarbeit zwischen SS und Reichsnährstand. Und zwar, daß diese Zusammenarbeit nicht im äußerlich Organisatorischen stecken bleibt, sondern es muß in nicht allzu langer Zeit gelingen, zu einer SS zu kommen, deren Schwergewicht ganz speziell im Bäuerlichen liegt. Ich möchte hier in aller Deutlichkeit auf diese vorläufig noch ungelöste Frage hinweisen, die mir die Schicksalsfrage der SS zu sein scheint, auch auf die Gefahr hin, Unangenehmes sagen zu müssen.

Die SS soll der Sippenbund des rassisch wertvollsten Teiles unseres Volkes werden, bei der selbstverständlichen Voraussetzung der soldatischen Grundhaltung und klarer weltanschaulicher Ausrichtung. Im Sinn dieses Sippenbundes liegen klar umrissene züchterische Aufgaben, die diesen besten Blutsteil unseres Volkes für die Zukunft unbedingt sichern und mehren sollen. Das R.u.S.-Hauptamt der SS[11] ist allein zu dem Zwecke geschaffen, diesem Ziele zu dienen. Nun besteht aber die Tatsache, daß zur Zeit die SS zu über 4/5 ihres Bestandes aus nicht bäuerlichen Menschen besteht. (Es seien hier neben den Bauern auch noch die in Bindung von Besitz lebenden ländlichen Handwerker und Landarbeiter zu dem gebundenen bäuerlichen Menschen gezählt). Es steht aber unumstößlich fest, daß sich mit Menschen, die nicht mehr in einer gebundenen Lebensform leben, nicht züchterisch arbeiten lässt. Städtische Geschlechter sterben zu über 90 % in spätestens 3–4 Gene-

11 Das Rasse- und Siedlungsamt der SS (RAS), gegründet 1932, wurde von Walter Darré geleitet. Von 1935 an als Rasse- und Siedlungs-Hauptamt der SS (RuSHA) diente es der Schulung in „Rassenfragen" sowie der „rassischen Überprüfung" von SS-Angehörigen und ihren Ehefrauen, später war es auch für die „Germanisierung" der Bevölkerung in den besetzten Gebieten zuständig.

rationen aus. Im vorliegenden Zusammenhang heißt das aber nüchtern gesehen, daß im Augenblick die Arbeit des R.u.S.-Hauptamt der SS überwiegend falsch angesetzt ist. Denn was hat es auf lange Sicht hin gesehen für die Blutsgeschichte unseres Volkes für einen Wert, wenn es mit allen Mitteln einer weisen Erziehung – auch hier ist man von dem erreichbaren Ziel noch sehr weit entfernt – gelingt, rassisch wertvolle, aber bindungslose Stadtmenschen zu veranlassen, in unserem Sinne richtig zu heiraten, wenn wir doch wissen, daß diese Stadtgeschlechter in kurzer Zeit ausgestorben sein werden. Betrachtet man eine Karte der Standortverteilung der SS-Formationen, so fällt ins Auge, daß in den Gebieten, wo wir rassisch das wertvollste Menschenmaterial und das gesündeste Bauerntum haben, die SS am wenigsten stark vertreten ist. Es müssen sich also Wege finden lassen, um an dieser Stelle den Hebel anzusetzen. Die Schwierigkeiten, die hier vorliegen, sind offenkundig. Der soldatische Führer sagt mit Recht, daß in offenen bäuerlichen Gegenden es äußerlich schwer ist, eine schlagkräftige und militärisch wertvolle Formation aufzuziehen. Um des großen Zieles willen müssen aber Wege gefunden werden, diese Schwierigkeiten zu umgehen. Hier muß erneut auf einen Gedanken des SS-Standartenführers Dr. Rechenbach[12] hingewiesen werden, der für rassisch wertvolle ländliche Gebiete eine grundsätzliche Änderung des SS-Dienstes der Formationen vorschlug. Statt 2maliger Appelle in der Woche sollen in den Zeiten stärkerer bäuerlicher Arbeit nur 1–2 Appelle im Monat angesetzt werden. Nach der Erntezeit sollen dann die jungen SS-Männer für 3–4 Wochen in straffen Lagergemeinschaften zusammengefaßt und gesiebt werden. Während des Winters hat eine gut aufgebaute weltanschauliche Erziehungsarbeit einzusetzen, im Sinne unserer weiten Ziele. Wenn es möglich ist, trotz berechtigter Bedenken der militärischen Führer in ländlichen Gebieten in dieser Richtung in großem Maßstabe zu arbeiten, so wird es in zweierlei Richtung von Bedeutung sein. Einmal erfassen wir durch die SS einen großen Teil von rassisch wertvollem und in einer festen Lebensordnung noch gebundenen Teils unseres Volkes. Aber darüber hinaus ist noch Folgendes von ganz besonderer Bedeutung: als Ziel unserer Arbeit steht ja doch im Hintergrund auf Generationen hingesehen eine Erneuerung unseres Glaubenslebens vom Rassischen her. Diese Erneuerung kann nur erfolgen über den rassisch wertvollen und gebundenen bäuerlichen Menschen, der sehr langsam zu gewinnen ist, aber wenn er gewonnen ist, fest dazu steht, nicht aber über den städtischen Menschen (z. B. Glaubensbewegung), der leicht zustimmt, aber desto schwerer im Stande ist, eine neue Glaubenshaltung zu leben.

Ganz überspitzt formuliert – und ich bin mir der Gefahr solcher Überspitzungen wohl bewußt – heißt es für die Zukunft der SS entweder bäuerliche Miliz, Förderung des Zuchtgedankens und wirklich sinnvolle Arbeit des Rasse- und Siedlungsamtes, oder aber städtisch militärische Bereitschaft, Verzicht auf den Zuchtgedanken. In diesem Falle wäre eine Tätigkeit des R.u.S.-Amtes ein verfehlter Einsatz.

Im Ganzen gesehen bedeutet diese Neuregelung der Judenfrage für unsere Erziehungsarbeit in der SS eine noch schärfere und klarere Abgrenzung unserer besonderen Aufgaben und die erneute Verpflichtung, unseren Zielen mit noch ernsterer und gründlicherer Arbeit zu dienen. Von ganz besonderer Notwendigkeit wird es in der Zukunft sein, das leib-

12 Dr. Horst Rechenbach (1895–1968), Landwirt; 1932–1933 stellv. Chef des RAS, von 1933 an zugleich Hauptabteilungsleiter im Stabsamt des Reichsbauernführers, 1940 Siedlungsbeauftragter beim Stab Generaloberst Fromm im OKW; von 1943 an Leiter im NSDAP-Reichsamt für das Landvolk; nach 1945 Lehrer an privaten Landwirtschaftsschulen.

liche und seelische Bild des nordischen Menschen, wie wir ihn wollen, immer erneut und beispielhaft herauszustellen mit Bild und Wort in Erziehung und Propaganda. Es wird diese Aufgabe umso dringlicher sein, als durch die Hineinnahme stärkerer dominanter fremder Rassenelemente auf dem Wege der befohlenen Assimilation eine erneute rassische Belastung, und sollte es auch nur im Erscheinungsbilde sein, für unser Volk gegeben ist.

DOK. 203

Der Leiter der Abteilung für Volksgesundheit im Reichsinnenministerium begründet am 25. September 1935 Heiratsverbote zwischen Juden und Nichtjuden mit der Mendel'schen Vererbungslehre [1]

Vermerk RMdI/Abt. Volksgesundheit, Dr. Gütt,[2] vom 25. 9. 1935

I. Grundsätze der Mendelschen Erbregel:
Die Erbmasse des Einzelwesens ist ein Mosaik aus zahlreichen Erbeinheiten, die sich bei den Nachkommen zu je 50 v. H. mit den Erbeinheiten des anderen Partners kombinieren. Jedes einzelne dieser Gene (Erbeinheiten) bewahrt aber seine Eigenart im Laufe der Geschlechterfolge. Kreuzt man zwei verschiedene Rassen untereinander, so können die einzelnen Erbeinheiten durch diese Vermischung niemals völlig verschwinden, sondern jede Erbeigenschaft als solche wird bei den Nachkommen in einem nach der Mendelschen Erbregel vorauszuberechnenden Verhältnis vorkommen. So beträgt z. B. die Wahrscheinlichkeit, daß eine bestimmte Erbanlage eines Großelternteils bei dem Enkel vorkommt, ein Viertel.
Gewisse Erbanlagen, die mit einer anderen zusammentreffen, schlagen durch, d. h. sie drücken dem Bastard ihr Gepräge auf (dominant). Die dadurch verdeckte Erbanlage (recessiv) ist aber nicht verloren, sondern sie wird sich bei Weiterkreuzungen dann bemerkbar machen, wenn sich infolge der Verbindung der Erbanlagen eine Kombination ergibt, die nur die verdeckte Anlage enthält.
Jede Erbanlage hinsichtlich der Anwendung der ersten Mendelschen Erbregeln ist für sich zu betrachten (sie mendelt für sich). Daraus ergibt sich, daß Nachkommen späterer Geschlechter einzelne Erbeinheiten nicht zu haben brauchen, daß aber andererseits infolge der vielfachen Kombinationsmöglichkeiten Erscheinungsformen auftreten können, die bei den Ausgangsformen nicht vorhanden waren.

Schaubild zu S.1.
Kreuzung zweier verschiedener Anlagenpaare (schwarz-weiß; rauhhaarig-glatthaarig) schwarz und rauhhaarig sind dabei durchschlagende Eigenschaften.

1 BArch, R 1501/5513, Bl. 33–39.
2 Dr. Arthur Gütt (1891–1949), Mediziner; von 1918 an als Arzt tätig; 1932 NSDAP-Eintritt, 1933 SS-Obersturmbannführer, 1935 Chef des Amts für Bevölkerungspolitik und Erbgesundheitslehre im Stab des RFSS; von 1933 an im RMdI, dort von 1934 an Leiter der Abt. für Volksgesundheit, 1939 nach internen Konflikten aus dem RMdI entlassen; 1945 kurzzeitige Internierung; Mithrsg. der Zeitschrift Volk und Rasse, Hrsg. von „Handbuch der Erbkrankheiten" (1940).

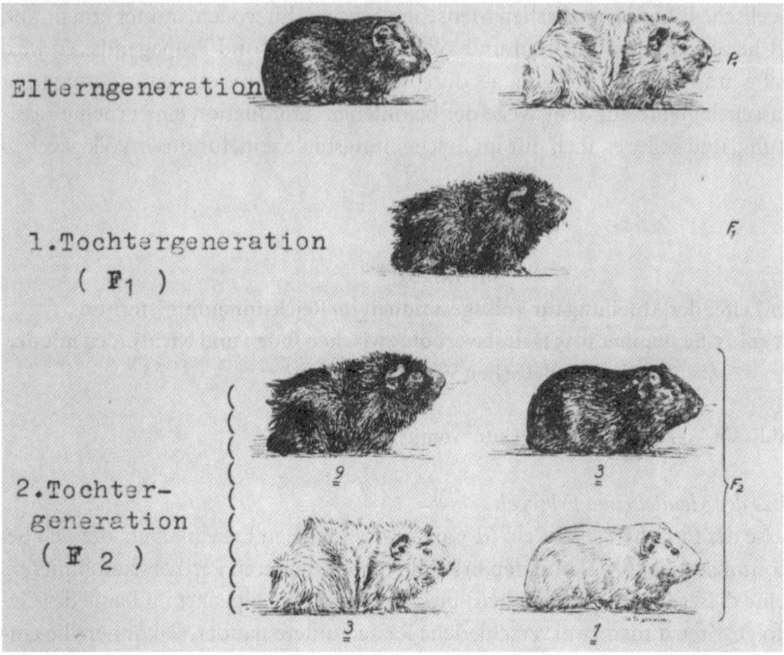

Das beigegebene Schaubild zeigt den Erbgang bei der Vermischung zweier Eigenschaftspaare (schwarz-weiß; glatthaarig-rauhhaarig); da schwarz gegen weiß durchschlagend ist und ebenso rauhhaarig gegenüber glatthaarig ergeben sich in der ersten Tochtergeneration (F 1) nur schwarze rauhhaarige Tiere. Diese unter sich gekreuzt, ergeben als zweite Tochtergeneration verschiedenartige Tiere, nämlich 9 schwarze rauhhaarige, 3 schwarze glatthaarige, 3 weiße rauhhaarige und 1 weißes glattes. Dieses letztere Tier ist reinrassig, da es nur die verdeckbaren Eigenschaften zeigt. Außerdem muß von den 9 schwarzen rauhhaarigen je ein Tier reinrassig sein, während der Rest dieser Tiere auch Anlagen zu den verdeckbaren Eigenschaften in der Erbmasse enthält, die nur durch die von ihnen gezeigten durchschlagenden Eigenschaften verdeckt sind.

II. Anwendung des Mendelschen Gesetzes auf den Menschen:

Hinsichtlich der Anwendung dieser Tatsachen auf den Menschen bestehen scheinbar gewisse Schwierigkeiten; denn man kann das Beispiel der Mendelschen Regel bei Kreuzung einer Erbeinheit z. B. der roten und weißen Wunderblume nur immer auf einzelne Erbeinheiten des Menschen anwenden:

Wenn sich z. B. ein Weißer mit einem Neger kreuzt, gibt es Mulatten. Kreuzen sich die Mulatten nun weiter mit Weißen, so gibt es Terzeronen.

Es hat hier noch niemand einen reinen Weißen aus einer solchen Verbindung entstehen sehen. Das farbige Blut bleibt immer irgendwie nachweisbar.

Durch Fischers Untersuchungen an Rehobother Bastarden[3] wissen wir aber eindeutig, daß die einzelnen Merkmale des Menschen in der Vererbung den Mendelschen Gesetzen folgen. Dies ist seitdem z. B. auch für die Vererbung krankhafter Anlagen tausendfach bewiesen.

Das Phänomen der Mulattenkreuzung ist einfach daraus zu erklären, daß wir beim Men-

3 Eugen Fischer, „Die Rehobother Bastards und das Bastardisierungsproblem beim Menschen" (1913).

schen mit tausenden und zehntausenden von Eigenschaften rechnen müssen, die jede für sich mendelt. (Mendelsches Gesetz). Da sich nun die Kombination der für die einzelnen Merkmale maßgebenden Gene (Keimanlagen) nach den Gesetzen der Wahrscheinlichkeit richtet, läßt sich ohne weiteres berechnen, daß die Wahrscheinlichkeit der Entstehung eines reinen Weißen bei der Rückkreuzung eines Mulatten so gering ist, daß sie nicht in praktische Erwägung zu ziehen ist.

III. Judenproblem:

Für die Rassenkreuzung von Deutschblütigen und Juden ergibt sich folgendes:

1. durch *Vermischung der Viertel- und Halbjuden mit Deutschblütigen* läßt sich ein völliges Verschwinden der jüdischen Merkmale nicht erreichen. Es können also durch immer weitere Vermischung weder mit Halbjuden, noch mit Vierteljuden reine deutschblütige Menschen entstehen.

2. Dagegen läßt es sich ohne weiteres erreichen, daß die jüdischen Eigenschaften immer weiter aufgeteilt werden, so daß man in diesem Sinne von einer in jeder Generation stärker werdenden Verdünnung reden kann, vorausgesetzt, daß nicht wieder eine Rückkreuzung mit Juden oder Mischlingen eintritt. *Nach vielen Generationen wird also der reine deutsche Typ wenigstens annähernd erreicht werden, wobei allerdings der jüdische Einschlag in diesem oder jenem Merkmal trotzdem nachweisbar* bleiben wird.

Wenn man also neben den Juden eine neue deutsch-jüdische Mischlingsrasse nicht verewigen will, muß man sich dazu entschließen, die Mischlinge im deutschen oder jüdischen Volke aufgehen zu lassen. Biologisch gesehen, gibt es dabei eine völlig befriedigende Lösung überhaupt nicht.

Wählt man den Weg, die deutsch-jüdischen Mischlinge im deutschen Volk aufgehen zu lassen, so kann dies je nach den getroffenen Maßnahmen schnell oder langsam geschehen.

Will man die Aufsaugung beschleunigen, so wird man

a) den Vierteljuden die Heirat mit deutschblütigen Personen ohne Einschränkung zu gestatten, die Ehe mit Volljuden oder jüdischen Mischlingen aber zu verbieten haben.

b) Bei Halbjuden, die ja 50 v. H. jüdische Merkmale aufweisen, empfiehlt sich eine andere Regelung:

1. Halbjuden darf die Ehe mit deutschblütigen Personen nur nach einer Auslese auf Grund einer besonderen Genehmigung gestattet werden.

2. Die Ehe mit jüdischen Mischlingen ist Halbjuden zu verbieten.

3. Halbjuden, die nach 1) eine Genehmigung zur Eheschließung mit Deutschblütigen nicht erhalten haben und denen auch die Anerkennung als Reichsbürger versagt wird, sind damit automatisch als dem jüdischen Bevölkerungsteil zugehörig zu erklären. Dasselbe trifft auf diejenigen Halbjuden zu, denen die Genehmigung zu einer Ehe mit Juden erteilt ist oder die mit Juden verheiratet sind.

4. Lediglich Halbjüdinnen könnte man freistellen, sich aus eigenem Antrieb zum jüdischen Bevölkerungsteil zu bekennen, damit würden diese aber hinsichtlich der Gesetzgebung wie Volljüdinnen zu behandeln sein.

5. Bei allen übrigen Halbjuden, mit Ausnahme der unter 4) genannten weiblichen, muß dagegen der Staat sich ein Recht zur Auslese und Festlegung ihrer Zugehörigkeit vorbehalten.

Diese Auslese hat nach Möglichkeit im Rahmen des Reichsbürgergesetzes nach folgenden Grundsätzen stattzufinden:

1. Die Beurteilung des einzelnen Halbjuden ist sowohl nach der äußeren Erscheinung wie nach der Charakteranlage und nach seelischen oder sonstigen Fähigkeiten vorzunehmen.

2. Bei der Prüfung wird man Nachkommen von Ostjuden, solche mit stark jüdischem Aussehen, Erbkranke wie alle diejenigen abzulehnen haben, die einen schlechten Leumund oder gar verbrecherische Neigungen besitzen. Schließlich wird man, wenn eine Beruhigung der Weltmeinung und der Gemüter in Deutschland eingetreten ist, auch auf Antrag eines Halbjuden die Zulassung seiner freiwilligen Sterilisierung in Erwägung ziehen können.
Im umgekehrten Fall, in dem man eine langsame Aufsaugung für günstiger hält, wird man den deutsch-jüdischen Mischlingen die Eheschließung untereinander gestatten müssen. Dabei ist folgendes zu berücksichtigen:
Auch in diesen Fällen könnte die Genehmigung zu einer Eheschließung den deutsch-jüdischen Mischlingen untereinander nur erteilt werden,
a) wenn sie beide das Reichsbürgerrecht erhalten,
b) wenn ihnen gegebenenfalls auch eine Ehe mit deutschblütigen Personen gestattet werden würde.
Dabei ist allerdings damit zu rechnen, daß auch in den kommenden Generationen noch Halbjuden geboren werden würden und daß damit die Aufsaugung der deutsch-jüdischen Mischlinge auf Generationen hinaus verzögert werden würde.
Schlußbemerkungen:
Grundsätzlich ist daran festzuhalten, daß die Verbindung besonders hochwertiger deutschblütiger Menschen mit deutsch-jüdischen Mischlingen nicht zu empfehlen ist. Eine staatliche Förderung der Eheschließung von Deutschblütigen mit deutsch-jüdischen Mischlingen kann daher nicht in Frage kommen, sondern es ist danach zu streben, daß sie entweder unverheiratet bleiben und möglichst keine Kinder zeugen oder daß diese Mischlinge lediglich Verbindungen mit dem mehr instinktloseren Teil der deutschen Bevölkerung eingehen.

DOK. 204

Der Schweizer Botschafter in Berlin berichtet am 27. September 1935 über die Häufung von Einwanderungsgesuchen deutscher Juden[1]

Schreiben des Botschafters der Schweiz (151-E 2001 (D) 2/110), E. Feer,[2] in Berlin, an den Chef der Abteilung für Auslandsangelegenheiten des Politischen Departments, M. de Stoutz,[3] vom 27. 9. 1935

Mit Schreiben vom 23. dieses Monats habe ich Ihnen kurz von meinen Befürchtungen hinsichtlich einer allzu weitherzigen Gewährung von Aufenthaltsbewilligungen an deutsche Staatsangehörige, die ihrer Konfession oder politischen Einstellung wegen Deutschland den Rücken zu kehren wünschen, Kenntnis gegeben.[4] Ich habe inzwischen die in er-

1 Documents Diplomatiques Suisses, Bd. 11, Nr. 151, S. 455 f.
2 Dr. Eduard Albert Feer (1894–1983), Jurist und Ökonom; 1925 Handelsattaché der Schweizerischen Gesandtschaft in Berlin, 1931–1936 Legationsrat der schweizerischen Gesandtschaft in Berlin und 1936–1945 in Washington, danach Gesandter in Buenos Aires, von 1950 an in Brasilien.
3 Maxime de Stoutz (1880–1969), Diplomat; von 1907 an in London, später in Tokio und Paris; 1925–1932 Gesandter in Madrid, 1932–1937 Chef der Abteilung für Auswärtiges des Eidgenössischen Politischen Departements, 1937–1940 und 1944–1945 Gesandter in Brüssel, von 1938 an zugleich in Luxemburg sowie 1940–1941 in Rom.
4 Feer schrieb darin: „Von Berlin aus betrachtet erscheint jedenfalls dieser Andrang etwas beängstigend, wollen wir uns nicht der Gefahr aussetzen, in einem Jahrzehnt auch in der Schweiz ein Judenproblem zu haben"; wie Anm. 1, S. 455, Fußnote 1.

ster Linie in Frage kommenden Beamten dieser Gesandtschaft angewiesen, diesem für die Schweiz überaus ernsten Problem nach wie vor ihre Aufmerksamkeit zu schenken und mir in Zukunft von Fällen, die von besonderem Interesse sind, Kenntnis zu geben.
In dieser Hinsicht möchte ich darauf hinweisen, dass namentlich seit dem Erlass des deutschen Gesetzes zum Schutz des deutschen Blutes und der deutschen Ehre[5] naturgemäss kein Tag vergeht, ohne dass von Reichsangehörigen Anfragen nach der Möglichkeit einer Übersiedlung nach der Schweiz einlaufen. Die Passabteilung der Gesandtschaft bemerkt dazu, dass es auffalle, dass die Gesuche um Erteilung der Aufenthaltsbewilligung in den seltensten Fällen bei der Gesandtschaft direkt eingereicht werden. Die Interessenten äussern sich nach Inempfangnahme der Auskunft sehr oft dahin, dass es ihnen zweckmässig erscheine, selbst nach der Schweiz zu fahren und die Verhandlungen um Erteilung einer kurzfristigen Aufenthaltsbewilligung dort persönlich zu führen. Es entzieht sich leider der Kenntnis der Gesandtschaft, in wieviel Fällen dieses Verfahren zum Ziel geführt hat. Immerhin ist festzustellen, dass es immer wieder vorkommt, dass Interessenten von kantonalen oder sogar von Gemeindebehörden Aufenthaltsbewilligungen erhalten und gestützt darauf bei der Gesandtschaft um die Ausstellung des erforderlichen Attestes für die zollfreie Einfuhr des Umzugsgutes einkommen. Sofern die Aufenthaltsbewilligung von einer kantonalen Stelle ausgeht, muss das Attest nach den bestehenden Vorschriften ausgefertigt werden. Es liegt auf der Hand, dass Personen, die auf Grund einer kurzfristigen Aufenthaltserlaubnis mit ihren Möbeln nach der Schweiz übersiedeln, wohl nur selten unser Land nach Ablauf der Dauer der Bewilligung wieder verlassen werden. In den meisten Fällen dürfte davon abgesehen werden, sie zur Ausreise zu zwingen, da dies wohl eine noch viel grössere Härte bedeuten würde, als wenn man sie überhaupt nicht hereingelassen hätte.
Im Zusammenhang mit den Anfragen um Erteilung von Aufenthaltsbewilligungen wird fast regelmässig um eine Auskunft darüber ersucht, innerhalb welcher Frist man sich in der Schweiz einbürgern lassen könne. Auch hier ist festzustellen, dass die Interessenten glauben, auf kürzerem Wege als dem gesetzlich vorgeschriebenen zu ihrem Ziel zu gelangen, wenn man sich nur an die richtige Adresse in der Schweiz wende. Ein Besucher stellte letzthin klipp und klar die Behauptung auf, er werde „nach seiner Information“ nicht sechs Jahre warten müssen, bis er Schweizerbürger werde.
Die Frage liegt nahe, ob nicht, namentlich bei den Juden, allenfalls jüdische Stellen in der Schweiz ihre Volksgenossen beraten. Es wäre dies allerdings ein grosser Fehler seitens der Schweizerjuden, denn, wenn eine antisemitische Tendenz auch in der Schweiz aufkommen sollte, zwischen schweizerischen und internationalen Juden bestimmt kein Unterschied gemacht werden wird.
Allein auch ganz abgesehen von den Juden, ist es mir nicht recht verständlich, dass man erwerbstätigen deutschen Staatsangehörigen nach wie vor in anscheinend nicht unbeträchtlichem Masse Aufenthaltsbewilligungen erteilt, während doch praktisch die Auswanderung von Schweizern nach Deutschland fast vollständig unterbunden ist.
Ich möchte daher mit vorliegendem Schreiben nochmals darauf hinweisen, dass ich die Entwicklung dieses Problems mit Besorgnis verfolge, was mir wohl nicht verübelt werden kann, wenn man weiss, in welchem Masse sich die Gesandtschaft mit der Interessenwahrung ihrer jüdischen Staatsangehörigen zu befassen hat, von denen die Allerwenigsten irgendwelche Beziehungen zu unserer Heimat haben, ausser dem Reisepass.

5 Siehe Dok. 199 vom 15. 9. 1935.

Ob nicht angesichts der gegenwärtigen Sachlage gegenüber deutschen Staatsangehörigen, die sich in der Schweiz niederlassen wollen, eine straffere Kontrolle eingeführt werden sollte, allenfalls unter Einschränkung der Kompetenzen der Kantone, muss ich den zuständigen Behörden überlassen.[6] Jedenfalls erachte ich es als meine Pflicht, Sie auf diese Gefahren nochmals aufmerksam zu machen, die hinsichtlich der Gewährung von kurzfristigen Aufenthaltsbewilligungen durch die Kantone und auch der Einbürgerung von unassimilierbaren Ausländern unbedingt die grösste Zurückhaltung gebieten.
Zur Kennzeichnung der Mentalität der Interessenten diene der in Abschrift beiliegende Brief eines Herrn Kurt Werner in Kassel an die Gesandtschaft.[7] Bei allem Verständnis für die überaus schwierige Lage der Juden in Deutschland können wir mit dem besten Willen nicht aus Humanitätsgründen allen diesen Leuten bei uns Asyl gewähren.

DOK. 205

Staatssekretär Stuckart unterrichtet Reichsinnenminister Frick am 9. Oktober 1935 über das geplante Gesetz zur Einschränkung der wirtschaftlichen Betätigung von Juden[1]

Vermerk der Abt. I des RuPrMdI, gez. Stuckart, für Frick, vom 9. 10. 1935 (Abschrift für StS Pfundtner)

Herrn Minister gehorsamst auf dem Dienstwege.
In der Anlage lege ich den überarbeiteten Entwurf eines Gesetzes zur Ordnung wirtschaftlicher Betätigung von Juden vor.[2]
Auf die Hinzufügung des Abs. 2 in § 1 wird vom Reichswirtschaftsministerium, Propagandaministerium und vom Werberat der Deutschen Wirtschaft besonders Wert gelegt. Es soll damit erreicht werden, daß die im Abs. 1 des § 1 vorgesehene Kennzeichnung wirklich die einzige ist. Alle drei Stellen befürchten, daß, wenn die Möglichkeit zu weiterer Kennzeichnung nicht ausgeschlossen wird, in einzelnen Gauen noch eine weitere Kennzeichnung beibehalten würde, so daß die Kennzeichnungen von Seiten des Staates und die Kennzeichnung von Seiten der Partei möglicherweise wieder auseinander klafften. Eine wirkliche Beruhigung der Gemüter und der Wirtschaft verspricht man sich nur dann, wenn es nur noch die im Gesetz vorgeschriebene Kennzeichnungsmöglichkeit gibt.
Artikel II ist neu hinzugekommen. Von der Tätigkeit als Detektiv sollen Juden deswegen ausgeschlossen werden, weil erfahrungsgemäß über Auskunfteien Spionage getrieben wer-

6 Die Polizeidirektoren der Schweiz einigten sich auf einer Tagung Anfang Oktober 1935, Einwanderungsgesuche aus Deutschland abzuweisen. Zugleich sollten auch die Schweizer Konsulate in Deutschland Gesuche wegen der drohenden „Überfremdung“ ablehnen; siehe Schreiben von H. Rothmund an Feer vom 17. 10. 1935; wie Anm. 1, S. 457.
7 Nicht anbei.

1 BArch, R 1501/5513, Bl. 135–140.
2 Der Gesetzentwurf ging auf eine von RMdI Frick angeregte Besprechung zwischen ihm und Reichsbankpräsident Schacht am 23. 9. 1935 über Beschränkungen für Juden in der Wirtschaft zurück, an der auch die StS Pfundtner, Stuckart (beide RMdI) und Posse sowie Min.Dir. Pohl (beide RWM) teilgenommen hatten; Vermerk vom 23. 9. 1935, AdR, Teil II/2, S. 800–802. Die Mehrheit der besprochenen Maßnahmen ging in einen ersten Entwurf eines Gesetzes zur Ordnung der wirtschaftlichen Betätigung der Juden vom 27. 9. 1935 ein; wie Anm. 1, Bl. 93–96. Am 7. 10. 1935 fand eine weitere Besprechung mit Vertretern des RWM, RJM, RMfVuP und AA unter Leitung Stuckarts über den Entwurf statt; BArch, R 3001/10228, Bl. 520–522.

den kann. Daß Juden nicht mehr gewerbsmäßig Ehevermittler sein können, ergibt sich schon aus dem Verbot der Eheschließung zwischen Juden und Ariern. Das Bewachungsgewerbe soll den Juden versagt werden, um zu verhindern, daß sie sich auf diesem Umwege unter Umständen Hunderte von bewaffneten Männern halten. Der Wandergewerbeschein soll Juden versagt werden können, um die häufig mit dem Hausieren verbundene agitatorische Tätigkeit der Juden einzuschränken. Andererseits soll den Juden die Möglichkeit des Handelns im Umherziehen nicht vollkommen unterbunden werden, weil anderenfalls ihnen eine weitere Betätigungsmöglichkeit weggenommen würde.[3]
Artikel III – bisher Artikel II – ist ebenfalls neu gefaßt. Die inhaltliche Änderung besteht darin, daß der jüdische Betriebsführer oder der Jude, der mit der Stellvertretung des Führers des Betriebs betraut ist, einen Eid am 1. Mai mitleisten soll. Es besteht m. E. kein innerer Anlaß, den in erster Linie eine Verpflichtung enthaltenden Eid dem jüdischen Betriebsführer nicht abzunehmen. Wenn im Ernstfall Juden eingezogen werden sollten, so habe ich keinen Zweifel, daß sie als deutsche Staatsangehörige dann ebenfalls einen Fahneneid leisten müßten. Die nunmehr in Artikel III getroffene Regelung besteht darin, daß der jüdische Betriebsführer als Vorsitzender des Vertrauensrates den Eid den Vertrauensmännern nicht abnehmen kann, sondern daß dieser Eid entweder dem Treuhänder der Arbeit oder einer von diesem beauftragten Person gegenüber abzulegen ist, daß aber der jüdische Betriebsführer, der ja nach wie vor dem Vertrauensrat angehört, diesen Eid mitleisten muß.[4]
In dem Artikel IV „Niederlassung von Juden" ist, um eine Umgehung des Aufenthaltsverbots unmöglich zu machen, aufgenommen worden, daß Juden auch die Begründung einer gewerblichen Niederlassung in Gemeinden unter 20 000 Einwohnern verboten ist.[5]
Satz 2 des § 8 stellt keine sachliche Änderung dar, sondern führt nur die technisch richtige Bezeichnung der Staatsbehörden ein, die Ausnahmen zulassen können.
Schließlich ist unter den Schlußvorschriften des Artikels V § 12 neu hinzugekommen. Er ermächtigt den Reichswirtschaftsminister, im Einvernehmen mit dem Reichsminister des Innern usw. die Richtlinien für *alle* wirtschaftlichen Unternehmungen zu bestimmen, nach denen diese als jüdisch oder nichtjüdisch anzusehen sind.
gez. Stuckart

9. 10. 1935
Entwurf eines Gesetzes zur Ordnung wirtschaftlicher Betätigung von Juden.
Vom ....
Die Reichsregierung hat das folgende Gesetz beschlossen, das hiermit verkündet wird:
Artikel I
Kennzeichnung von Einzelhandelsgeschäften.
§ 1
(1) Einzelhandelsgeschäfte, die im Eigentum oder unter *der tatsächlichen Leitung*[6] von Juden stehen, sind als solche zu kennzeichnen. Die Kennzeichnung hat durch einen Zusatz bei der Firma oder bei dem Namen des Gewerbetreibenden in hebräischer Schrift im inländischen Geschäftsverkehr zu erfolgen.

3 RWM Schacht versuchte am 28. 12. 1935 mit einem Runderlass zu unterbinden, dass Polizeistellen immer häufiger Anträge von Juden auf Wandergewerbescheine ablehnten; LAB, Rep. 142/7, 1-11-1/Nr. 13.
4 Siehe dazu die Dok. 115 vom 25. 4. 1934 und 314 vom 7. 12. 1937.
5 Geht auf eine Forderung des Gestapa zurück. Siehe die Dok. 189 vom 20. 8. und 195 vom 9. 9. 1935.
6 Handschriftl. korrigiert, ursprünglich „massgeblichem Einfluss".

(2) Andere Kennzeichnungen, durch welche Einzelhandelsgeschäfte unmittelbar oder mittelbar als jüdisch oder nichtjüdisch bezeichnet werden, sind verboten.
(3) In Zweifelsfällen entscheidet die höhere Verwaltungsbehörde, auf Beschwerde der Reichswirtschaftsminister im Einvernehmen mit dem Reichsminister des Innern und den im Einzelfalle beteiligten Reichsministern.
§ 2
(1) Kommt der Inhaber, bei juristischen Personen der gesetzliche Vertreter, der Pflicht zur Kennzeichnung (§1) trotz polizeilicher Aufforderung nicht nach, so wird er mit Geldstrafe belegt.
(2) Die Polizei kann auf seine Kosten die Kennzeichnung vornehmen lassen.
(3) Wer eine polizeiliche angebrachte Kennzeichnung entfernt, wird mit Gefängnis bis zu einem Jahr und mit Geldstrafe oder mit einer dieser Strafen bestraft.
Artikel II
Änderungen der Gewerbeordnung.
§ 3
(1) Juden ist die Ausübung folgender Gewerbe verboten:
a) der Auskunftserteilung über Vermögensverhältnisse oder persönliche Angelegenheiten,
b) der Ehevermittlung, es sei denn, dass es sich um jüdische Ehen handelt.
(2) Juden ist die Erlaubnis zur Ausübung des Bewachungsgewerbes zu versagen.
(3) Juden kann die Erteilung des Wandergewerbescheines versagt werden.
§ 4
Entsprechend der für andere Gewerbetreibende geltenden Verpflichtung haben auch Aktiengesellschaften und Gesellschaften mit beschränkter Haftung unter den Voraussetzungen des § 15a Abs. 1 der Gewerbeordnung ihre Firma am Eingange ihrer Geschäftsräume in deutlich lesbarer Schrift anzubringen.
§ 5
Der Reichswirtschaftsminister wird ermächtigt, die Gewerbeordnung gemäss diesen Änderungen neu zu fassen.
Artikel III
Abnahme des Gelöbnisses der Vertrauensmänner.
§ 6
Das feierliche Gelöbnis der Vertrauensmänner (§ 10 Abs. 1 des Gesetzes zur Ordnung der nationalen Arbeit vom 20. Januar 1934 – Reichsgesetzbl. I S. 45 – und § 8 Abs. 1 des Gesetzes zur Ordnung der Arbeit in öffentlichen Verwaltungen und Betrieben vom 23. März 1934 – Reichsgesetzbl. I S. 220 –) kann nicht gegenüber einem Juden abgelegt werden.
§ 7
Ist der Führer des Betriebes Jude, ohne mit seiner Stellvertretung eine Person deutschen oder artverwandten Blutes betraut zu haben, oder ist mit der Stellvertretung des Führers des Betriebes ein Jude betraut, so hat der Treuhänder der Arbeit das Gelöbnis des Vertrauensrates selbst abzunehmen oder durch eine von ihm beauftragte Person abnehmen zu lassen.
Artikel IV
Niederlassung von Juden.
§ 8
Der Zuzug von Juden zur Begründung eines Wohnsitzes oder zum dauernden Aufenthalt in Gemeinden unter 20000 Einwohnern ist verboten; das gleiche gilt für die Begründung

einer gewerblichen Niederlassung. Ausnahmen kann die in § 33 Abs. 1 der Ersten Durchführungsverordnung zur Deutschen Gemeindeordnung vom 22. März 1935 (Reichsgesetzbl. I S. 393) bestimmte Staatsbehörde zulassen.

Artikel V

Schlussvorschriften.

§ 9

Bei Zweifeln darüber, ob eine Person Jude ist, entscheidet die höhere Verwaltungsbehörde.

§ 10

Befreiungen von den Bestimmungen dieses Gesetzes kann in den Fällen der Artikel I und II der Reichswirtschaftsminister im Einvernehmen mit dem Reichsminister des Innern, in den Fällen des Artikels III der Reichsarbeitsminister im Einvernehmen mit dem Reichsminister des Innern erteilen.

§ 11

Zwischenstaatliche Verträge bleiben unberührt.

§ 12

Der Reichswirtschaftsminister wird ermächtigt, im Einvernehmen mit dem Reichsminister des Innern und den im Einzelfall beteiligten Reichsministern die Richtlinien zu bestimmen, nach denen wirtschaftliche Unternehmen als jüdisch oder nichtjüdisch anzusehen sind.

§ 13

Der Reichswirtschaftsminister erlässt die sonst zur Durchführung und Ergänzung erforderlichen Rechts- und Verwaltungsvorschriften zu Artikel I und II im Einvernehmen mit dem Reichsminister des Innern, zu Artikel III im Einvernehmen mit dem Reichsarbeitsminister.

§ 14

Das Gesetz tritt am 1. Januar 1936 in Kraft mit Ausnahme des Artikels IV, der am Tag nach der Verkündigung in Kraft tritt.[7]

Berlin, den .... Der Führer und Reichskanzler
Der Reichsminister des Innern
Der Reichswirtschaftsminister
Der Reichsarbeitsminister[8]

7 Dieses Gesetz wurde nicht erlassen. Neben den hier im Gesetzentwurf genannten Punkten hatten auch noch Verbote der Zulassung neuer jüdischer Geschäfte, der Erteilung von Konzessionen an Juden bei konzessionspflichtigen Betrieben, der Ausbildung jüdischer Lehrlinge in Handel und Handwerk sowie die Nichtzulassung bzw. Kündigung von jüdischen Angestellten bei Industrie- und Handelskammern, Handwerkskammern und in den Organisationen der gewerblichen Wirtschaft zur Debatte gestanden, außerdem der Ausschluss der Juden von Märkten, von der Vergabe öffentlicher Aufträge und vom Grundstückserwerb; Vermerk der Reichsbank vom 7. 9. 1935, BArch, R 2501/6992, Bl. 321–323.

8 Im Original handschriftl. ergänzt.

DOK. 206

Frankfurter Zeitung: Bericht vom 11. Oktober 1935 über eine Erklärung aus dem Rassenpolitischen Amt der NSDAP zu mystischen Tendenzen in der „Rassenlehre"[1]

Gegen die Lehre von der Imprägnation.
Erklärung eines Mitarbeiters des Rassenpolitischen Amtes der NSDAP.

Professor Dr. *Löffler,*[2] Direktor des Rassenbiologischen Instituts der Universität Königsberg und Mitarbeiter des Rassenpolitischen Amtes der NSDAP, stellte dem „Nachrichtenbüro Deutscher Zeitungsverleger" Aeußerungen „gegen Aberglauben in der Rassenfrage" zur Verfügung. Professor Löffler bemerkt darin u. a., daß leider heute noch Volksgenossen, die durchaus die Bedeutung der Rasse und das Wesen der Vererbung erkannt hätten, vielfach ungewollt dadurch Schaden stifteten, daß sie die exakte Rassen- und Vererbungsforschung mit mystischen und abergläubischen Erklärungsversuchen vermengten. Dadurch schadeten sie nicht zuletzt der Weltanschauung der nationalsozialistischen Bewegung. Besonders wendet sich der Referent gegen die Lehre von der *Telegonie* (Fernzeugung) oder *Imprägnation* (Durchtränkung), die in jüngster Zeit wieder aufgetaucht sei. Sie behaupte, daß eine Nichtjüdin, die einmal mit einem Juden in intimen Beziehungen gestanden habe, auch von einem nichtjüdischen Vater nur noch Kinder mit jüdischem Einschlag zur Welt bringen könne. Das Vorkommen dieser angeblichen Telegonie oder Imprägnation werde meistens auf Grund gefühlsmäßiger Einstellung gegen intime Beziehungen nichtjüdischer Frauen mit Juden behauptet. Der exakten *wissenschaftlichen Nachprüfung* hielten aber diese Behauptungen, wie durch Tierexperimente bedeutender in- und ausländischer Forscher nachgewiesen sei, *nicht stand.*

Das gesamte Erbgut, das ein durch Fortpflanzung entstandenes Lebewesen erhalte, werde allein durch die Vereinigung des väterlichen mit dem mütterlichen Kern der Keimzelle übertragen. Es würde z. B., so fügt der Referent hinzu, bei der Annahme des Vorkommens von Telegonie kein Mann es wagen dürfen, eine geschiedene oder verwitwete Frau zu heiraten, wenn er gewärtig sein müßte, in seinen Kindern die sicher in manchen Fällen nicht erwünschten Erbmerkmale des ersten Mannes wiederzufinden. Schon die Tatsache, daß von den Kindern aus einer zweiten oder dritten Ehe von Frauen bisher niemals über Telegonie berichtet wurde, sollte zu denken geben. Man lande bevölkerungs- und rassenpolitisch im Chaos, wenn man heute noch zuließe, daß mystische Gedankenkonstruktionen und abwegige Lehren über durchaus erklärbare Erscheinungen ungestraft in der Oeffentlichkeit als Rassenlehre verbreitet werden dürften. Etwas völlig anderes sei es natürlich, ob z. B. Frauen, die aus freien Stücken, vielleicht auch aus schnöder Gewinnsucht, sich der Rassenschande ergeben hätten, tatsächlich so wertvoll seien, daß man von ihnen Nachkommen wünschen sollte.

Die Darlegungen Professor *Löfflers* sollen in ihrem Wortlaut demnächst in einem wissenschaftlich-ärztlichen Fachorgan erscheinen.

1 Frankfurter Zeitung, Nr. 519/520 vom 11. 10. 1935, S. 2.
2 Richtig: Dr. Lothar Loeffler (1901–1983), Mediziner; 1932 NSDAP- und SA-Eintritt; 1934–1942 Professor für Rassenbiologie an der Universität Königsberg i. Pr. und 1942–1945 für Erb- und Rassenbiologie in Wien, 1954–1959 und 1968–1972 Lehraufträge an der Universität Hannover.

DOK. 207

Reichsinnenminister Frick protestiert bei Robert Ley am 16. Oktober 1935 gegen die Kennzeichnung nichtjüdischer Geschäfte durch die Deutsche Arbeitsfront in Sachsen[1]

Schreiben des RuPrMdI (I A 11562/5012), gez. Frick, an DAF-Reichsorganisationsleiter Dr. Ley[2] vom 16. 10. 1935 (Abschrift)

Betrifft: Kennzeichnung von deutschen Geschäften.
Wie mir mitgeteilt wird, ist in Leipzig seit 10. d. M. eine groß angelegte öffentliche Aktion der Gauwaltung Sachsen der Deutschen Arbeitsfront zur Kennzeichnung aller deutschen Geschäfte durch ein DAF-Plakat im Gange, die zum Ziel hat, diese Geschäfte von den jüdischen nach außen deutlich zu unterscheiden. Ich weise ergebenst darauf hin, dass lt. ausdrücklicher Anordnung des Führers und Reichskanzlers auf dem letzten Reichsparteitag allein der Reichminister des Innern für das gesamte Gebiet der Judenfrage federführend ist. Es ist somit unter keinen Umständen angängig, daß öffentliche Aktionen irgendwelcher Art, die sich gegen die Juden richten, ohne meine Kenntnis und Zustimmung eingeleitet werden. Die Kennzeichnung von Einzelhandelsgeschäften ist außerdem bereits Gegenstand eines Gesetzentwurfes, der demnächst dem Reichskabinett vorgelegt werden wird.[3] Ein selbständiges Vorgehen anderer Stellen läuft dem Willen des Führers und Reichskanzlers zuwider und gefährdet den Zweck der kommenden wirtschaftlichen Gesetze gegen die Juden, weil es die Kräfte verzettelt und nach außen hin den Eindruck mangelnder innerer Geschlossenheit von Partei und Staat erweckt.
Ich bitte daher dringend, diese und ähnliche etwa sonst noch beabsichtigten Aktionen auf dem Gebiet der Judenfrage mit größter Beschleunigung zu unterbinden.
Für eine baldige Mitteilung über die veranlaßten Maßnahmen wäre ich dankbar.[4]

1 BArch, R 1501/127079-35, Bl. 226.

2 Dr. Robert Ley (1890–1945), Chemiker; 1921–1927 in der Fa. Bayer bzw. IG-Farben AG tätig; 1925 NSDAP- und SA-Eintritt, 1925–1931 NSDAP-Gauleiter Rheinland-Süd, mehrere Freiheits- und Geldstrafen wegen antisemitischer Hetze, von 1933 an Reichsleiter der DAF; 1945 angeklagt im Nürnberger Prozess, nahm sich im selben Jahr das Leben.

3 Zum Gesetzentwurf siehe Dok. 205 vom 9. 10. 1935.

4 Ley gab offenbar, nachdem auch der RWM interveniert hatte, am 24. 10. 1935 einen Erlass heraus, mit dem er unter Hinweis auf zu erwartende Reichsregelungen jede Kennzeichnung und Beschilderung von „nichtarischen“ Geschäften untersagte; siehe Schreiben des RWM an Ley vom 2. 11. 1935, BArch, R 2/14518, Bl. 22 f.

DOK. 208

NSDAP-Mitglied Peters fordert von Oberbürgermeister Krogmann am 27. Oktober 1935 die Entlassung jüdischer Kollekteure aus der Hamburger Staatslotterie[1]

Handschriftl. Brief von H. Peters, Hamburg, an OB Krogmann, Hamburg, vom 27. 10. 1935[2]

Sehr geehrter Herr Oberbürgermeister u. Pg.!
Wie bekannt ist, hat die von der Partei über das ganze Reich erfolgte Propaganda über die Judenfrage großen Erfolg gehabt.
Zum größten Erstaunen stellen unzählige Pg. Hamburgs fest, daß jedoch beim Hamburger Staat die Judenfrage spurlos vorüber gegangen ist. So arbeitet die Hamburger Staatslotterie heute noch so wie s. Zt. das marxistische Regime mit den jüdischen Kollekteuren (90 % sind Juden) in engster Geschäftsverbindung Hand in Hand.
Im Gegensatz hierzu hat die preußische Staatslotterie bei Antritt der nat.-soz.-Regierung sofort 80 jüdische Kollekteure ausgeschieden. Um ihren Geschäftsbereich ganz von jüdischen Elementen zu säubern, hat sie nach der jetzigen großen Staats-Aufklärung restlos die noch vorhandenen 18 jüdischen Kollekteure, die sogar Frontkämpfer waren, ausgeschieden.[3]
Diese große Staatsaktion gegen die Juden hat auf die jüdischen Kollekteure der Hamburger Staatslotterie derart gewirkt, daß auch nicht ein einziger jüdischer Kollekteur damit rechnete, weiter mit der Losvertreibung betraut zu werden.
Z.B. hat der jüdische Kollekteur Ichenhäuser[4] seine Kollekte an seine Angestellten überschreiben lassen. Diese Maßnahme ist jedoch nur eine Tarnung, um fernerhin sein lukratives Geschäft zu behalten. Der jüdische Kollekteur Dammann,[5] u. a. m., hat seine Kollekte bereits verkauft. Dies liefert den besten Beweis, wie gut die Aktion auf die Juden gewirkt hat. Nicht einmal so einem gänzlich internationalen Juden, wie der Kollekteur Julius Heckscher,[6] wird die Kollekte entzogen. Es ist doch den Hamburger Behörden (Steuer, Finanz-Devisenstelle) bekannt, daß er während der Kapitalflucht der marxistischen Regierungszeit seinen Wohnsitz für 1 Jahr nach Genf verlegt hat. Dann zurückkehrte, um sofort nach Antritt der N.S.D.A.P.-Regierung wieder für 1½ Jahre seinen Wohnsitz nach Genf zu verlegen. Nachdem er wußte, daß auch die Hamburger N.S.D.A.P.-Regierung die Judenfreundlichkeit weiter pflegte, kehrte er endgültig hierher zurück.
Die jüdischen Kollekteure sind geradezu belustigt über die große einseitige Liebe, die ihnen der Hamburger Staat entgegen bringt.
Während von seiten des Staates u. der Partei alles geschieht, um die Zusammenballung

1 StAHH, 113-3, III/7.
2 Im Original mehrere handschriftl. Unterstreichungen.
3 Die Preußisch-Süddeutsche Klassenlotterie hatte die Bestimmungen des Berufsbeamtengesetzes vom April 1933 rasch umgesetzt; siehe Dok. 189 vom 20. 8. 1935.
4 Emil Ichenhäuser (*1874), Kollekteur der Staatslotterie in Hamburg; emigrierte im Juni 1939 in die Niederlande und wurde von dort im April 1943 nach Minsk deportiert.
5 Paul M. Dammann (*1893), Kaufmann; Firma Dammann Bank und Lotterie, bis 1933/34 als Kollekteur der Hamburgischen Staatslotterie tätig; emigrierte 1936 nach Afrika.
6 Julius Heckscher (1866–1938), Lotteriekollekteur. Heckscher war verheiratet mit Maria, geb. Frank. Sie hatten vier Kinder. Maria Heckscher emigrierte im Mai 1939 nach Großbritannien.

jüdischer Geschäftselemente zu verhindern u. zu beseitigen, wird dies vom Hamburger Staat u. der Hamburger Staatslotterie geradezu gefördert.
Es ist dies ein Dolchstoß im Rücken der N.S.D.A.P., die jeden Pg. u. guten Deutschen zur Verbitterung u. Empörung bringt u. dazu beiträgt, daß Deutschland in aller Ruhe wieder unterminiert wird.[7] Noch ist es Zeit (ehe die neue Ziehung aufgelegt wird) dieser undeutschen Handlungsweise u. Judendienerei, gestützt auf die Mithilfe des Hamburger Staats u. der Hamburger Staatslotterie ein Ende zu machen. Wir alten Pg. wollen nicht dafür gekämpft u. geblutet haben, daß die internationale kapitalistische Judengesellschaft ihre lukrativen Geschäfte betreiben u. das deutsche Volk als Ausbeutungsobjekt ausnutzen [kann]. Darum ist es ein Gebot der Stunde, daß auch hier eine Gleichschaltung mit der preußischen Klassenlotterie bzgl. Entfernung der jüdischen Kollekteure aus der Hamburger Staatslotterie erfolgt u. der Judenbegünstigung gegenüber alten Pg. ein sofortiges Ende gemacht wird.
Mit deutschem Gruß
Heil Hitler

DOK. 209

Die Fachgruppe Private Krankenversicherung bittet die zuständige Wirtschaftsgruppe am 1. November 1935, ihr den Ausschluss der jüdischen Versicherten zu genehmigen[1]

Schreiben der Fachgruppe Private Krankenversicherung der Wirtschaftsgruppe Privatversicherung in der Reichsgruppe Versicherung, Leiter gez. Bökenkamp,[2] Geschäftsführung gez. Dr. Balzer,[3] Berlin, an die Wirtschaftsgruppe Privatversicherung vom 1. 11. 1935 (Abschrift)[4]

Betrifft: Versicherung von Juden.
Nachdem die Reichsregierung durch die sogenannten Nürnberger Gesetze ihre Einstellung zur Judenfrage nunmehr eindeutig zum Ausdruck gebracht hat, halten wir es für unsere Pflicht, auch unsererseits zu versuchen, diese Frage für unser Gebiet zu lösen. In Betracht kommen zwei Gesichtspunkte, und zwar:
1. die Ausschaltung jüdischer Ärzteversorgung,
2. Sperre der Aufnahme von Juden.
Mit unserem Schreiben vom 18. Oktober 1935 haben wir uns bereits gestattet, Sie zu bitten, dafür besorgt zu sein, daß die Ausführungsbestimmungen zu den Nürnberger Gesetzen den Ausschluß nichtarischer Ärzteversorgung bringen.[5]

7 Im Original ist dieser Absatz am linken Seitenrand handschriftl. markiert.

1 BArch, R 3101/17169, Bl. 147–149.
2 Vermutlich Hans Bökenkamp, Oberingenieur in Berlin.
3 Dr. Albrecht Balzer (1899–1980), Volkswirt; 1921–1934 in Banken, Versicherungen und Verbänden tätig; 1933 NSDAP- und SS-Eintritt; 1935–1939 Geschäftsführer der Fachgruppe Private Krankenversicherung und von 1940 an der Wirtschaftsgruppe Lebens- und Krankenversicherung, 1962 Direktor des Verbands der privaten Krankenversicherung.
4 Das Schreiben übermittelte die Wirtschaftsgruppe Privatversicherung am 14. 11. 1935 dem RWM zur Kenntnis; wie Anm. 1, Bl. 145.
5 Siehe Schreiben vom 18. 10. 1935; wie Anm. 1, Bl. 150 f.

Heute bitten wir Sie ferner, für uns beim Herrn Reichswirtschaftsminister die Ermächtigung zu erwirken, eine Aufnahmesperre für alle jüdischen Versicherungsinteressenten, verbindlich für alle Mitglieder der Fachgruppe, anordnen zu dürfen.
Wir glauben hierfür einer besonderen Ermächtigung zu bedürfen, da Sie uns mit Schreiben vom 21. Oktober 1935 von einem Rundschreiben der Reichswirtschaftskammer in Kenntnis setzen, das Wirtschaftsorganisationen verbietet, Änderungen der Stellung der Juden im Wirtschaftsleben eintreten zu lassen, ehe nicht eine allgemeine gesetzliche Regelung erfolgt ist.[6]
Die Versorgung der in Deutschland lebenden Juden mit Versicherungsschutz ist durch die von uns vorgesehene Maßnahme in keiner Weise gefährdet, denn Mitglieder der Fachgruppe sind bereits 2 rein jüdische Unternehmen und allein beim Reichsaufsichtsamt für Privatversicherung sind noch weitere 8 Gesellschaften gemeldet.
Soweit uns bis jetzt bekannt, arbeiten somit im deutschen Reich 10 rein jüdische Krankenversicherungsanstalten, und zwar:
1. Israelitische Frauenkrankenkasse, Frankfurt/Main,
2. » Männerkrankenkasse, »
3. Israelitischer Frauenverein zur Unterstützung kranker Frauen und Wöchnerinnen, Bühl i. B.,[7]
4. Israelitischer Männerkrankenverein in Karlsruhe,
5. » » » Breisach,
6. Israelitischer Frauenkrankenverein in Breisach,
7. » Krankenpflegeverein der Älteren, Mainz,
8. » Krankenverein der Frauen und Mädchen, Mainz,
9. Israelitische Männerkrankenkasse, Offenbach/Main,
10. » Frauenkrankenkasse.

Darüber hinaus ist anzunehmen, daß im ganzen Reichsgebiet noch eine ganze Reihe weiterer jüdischer Unternehmen besteht. Die in Deutschland lebenden Juden, die eine Krankenversicherung abschließen wollen, haben hier also Gelegenheit genug, ihr Versicherungsbedürfnis zu befriedigen.
Außerdem bitten wir Sie, uns auch noch mitzuteilen, ob Sie damit einverstanden sind, daß wir versuchen, die noch bei unseren Mitgliedern versicherten Personen jüdischer Rasse auf diese vorstehend angegebenen jüdischen Unternehmungen überzuführen, damit der Krankenversicherungsbestand der deutschen Unternehmungen judenfrei wird. Die Möglichkeit hierzu ist gleichfalls durchaus zu bejahen, denn wenn sich auch nur 2 der maßgebendsten jüdischen Unternehmungen auf das ganze Reich ausdehnen würden, müßten allein schon diese in der Lage sein, die zurzeit bei deutschen Unternehmungen versicherten Juden zu übernehmen. Wenn Sie uns zu dieser Aktion die Ermächtigung geben, dann würden wir in diesem Sinne mit den jüdischen Mitgliedern der Fachgruppe in Verbindung treten.
Die Durchführung dieser Maßnahmen würde nur einen Zustand legalisieren, der durch das Vorgehen einer großen Anzahl unserer Mitglieder bereits geschaffen ist. Eine ganze Reihe deutscher Unternehmungen hat nämlich schon offiziell in ihren Versicherungsbedingungen bezw. Satzungen verankert, daß Juden nicht aufgenommen werden können.

6 Liegt nicht in der Akte.
7 Bühl i. B.: Bühl in Baden.

Viele andere Gesellschaften haben interne Weisungen an ihre Werber erlassen, die diesen verbieten, Anträge jüdischer Personen einzureichen. Nur ein ganz geringer Teil vertritt heute noch den Standpunkt, alle nicht versicherungspflichtigen Personen versichern zu müssen, gleichgültig welcher Rasse sie angehören. Unsere geplante Aktion dürfte also zweifellos von der überwiegenden Mehrzahl unserer Mitglieder begrüßt werden und für den Rest würde sie von erzieherischer Wirkung sein, die, von der Partei aus gesehen, durchaus im Rahmen des Aufgabengebietes der Fachgruppenführung liegt. Zudem hat ja die Reichsregierung bereits von sich aus eine ähnlich gelagerte Entscheidung getroffen, als sie vom nächsten Jahr ab den jüdischen Kindern den Besuch deutscher Schulen versagt und für diese eigene Bildungsstätten schafft.[8] Wir glauben also, daß die vorstehend wiedergegebenen Anträge auch dem Willen des Gesetzgebers entsprechen.[9]
Für baldigen Bescheid wären wir dankbar.
Heil Hitler!

DOK. 210
Die Erste Verordnung zum Reichsbürgergesetz vom 14. November 1935 definiert den Begriff „Jude"[1]

Erste Verordnung zum Reichsbürgergesetz.[2]
Vom 14. November 1935.

Auf Grund des § 3 des Reichsbürgergesetzes vom 15. September 1935 (Reichsgesetzbl. I S. 1146) wird folgendes verordnet:

§ 1

(1) Bis zum Erlaß weiterer Vorschriften über den Reichsbürgerbrief gelten vorläufig als Reichsbürger die Staatsangehörigen deutschen oder artverwandten Blutes, die beim Inkrafttreten des Reichsbürgergesetzes das Reichstagswahlrecht besessen haben, oder denen der Reichsminister des Innern im Einvernehmen mit dem Stellvertreter des Führers das vorläufige Reichsbürgerrecht verleiht.
(2) Der Reichsminister des Innern kann im Einvernehmen mit dem Stellvertreter des Führers das vorläufige Reichsbürgerrecht entziehen.

§ 2

(1) Die Vorschriften des § 1 gelten auch für die staatsangehörigen jüdischen Mischlinge.
(2) Jüdischer Mischling ist, wer von einem oder zwei der Rasse nach volljüdischen Groß-

8 Siehe Dok. 196 vom 10. 9. 1935.

9 Die Wirtschaftsgruppe antwortete der Fachgruppe am 14. 11. 1935, dass bis zum Erlass entsprechender Gesetze, für deren Grundlage man eine Definition des Judenbegriffs abwarten müsse, nachgeordnete Einrichtungen von neuen Maßnahmen abzusehen hätten; wie Anm. 1, Bl. 152. Beigelegt hatte man dem Schreiben einen RWM-Erlass vom 4. 11. 1935, in dem das Verbot derartiger Maßnahmen festgeschrieben war; Sonderrecht, S. 138.

1 RGBl., 1935 I, S. 1333 f.

2 Zur Diskussion um die Ausführungsverordnungen zum Reichsbürgergesetz siehe den Entwurf zur Ersten VO vom 22. 9. und das Memorandum von Gütt vom 25. 9. 1935, Dok. 200 und 203, sowie die Einträge vom 1. 10., 26. 10., 7. 11. und 15. 11. 1935, Tagebücher von Joseph Goebbels, Teil I, Bd. 3/I, S. 301, 317, 324 und 329.

elternteilen abstammt, sofern er nicht nach § 5 Abs. 2 als Jude gilt. Als volljüdisch gilt ein Großelternteil ohne weiteres, wenn er der jüdischen Religionsgemeinschaft angehört hat.

§ 3

Nur der Reichsbürger kann als Träger der vollen politischen Rechte das Stimmrecht in politischen Angelegenheiten ausüben und ein öffentliches Amt bekleiden. Der Reichsminister des Innern oder die von ihm ermächtigte Stelle kann für die Übergangszeit Ausnahmen für die Zulassung zu öffentlichen Ämtern gestatten. Die Angelegenheiten der Religionsgesellschaften werden nicht berührt.

§ 4

(1) Ein Jude kann nicht Reichsbürger sein. Ihm steht ein Stimmrecht in politischen Angelegenheiten nicht zu; er kann ein öffentliches Amt nicht bekleiden.

(2) Jüdische Beamte treten mit Ablauf des 31. Dezember 1935 in den Ruhestand. Wenn diese Beamten im Weltkrieg an der Front für das Deutsche Reich oder für seine Verbündeten gekämpft haben, erhalten sie bis zur Erreichung der Altersgrenze als Ruhegehalt die vollen zuletzt bezogenen ruhegehaltsfähigen Dienstbezüge; sie steigen jedoch nicht in Dienstalterstufen auf. Nach Erreichung der Altersgrenze wird ihr Ruhegehalt nach den letzten ruhegehaltsfähigen Dienstbezügen neu berechnet.

(3) Die Angelegenheiten der Religionsgesellschaften werden nicht berührt.

(4) Das Dienstverhältnis der Lehrer an öffentlichen jüdischen Schulen bleibt bis zur Neuregelung des jüdischen Schulwesens unberührt.

§ 5

(1) Jude ist, wer von mindestens drei der Rasse nach volljüdischen Großeltern abstammt. § 2 Abs. 2 Satz 2 findet Anwendung.[3]

(2) Als Jude gilt auch der von zwei volljüdischen Großeltern abstammende staatsangehörige Mischling,

a) der beim Erlaß des Gesetzes der jüdischen Religionsgemeinschaft angehört hat oder danach in sie aufgenommen wird,

b) der beim Erlaß des Gesetzes mit einem Juden verheiratet war oder sich danach mit einem solchen verheiratet,

c) der aus einer Ehe mit einem Juden im Sinne des Absatzes 1 stammt, die nach dem Inkrafttreten des Gesetzes zum Schutze des deutschen Blutes und der deutschen Ehre vom 15. September 1935 (Reichsgesetzbl. I S. 1146) geschlossen ist,

d) der aus dem außerehelichen Verkehr mit einem Juden im Sinne des Absatzes 1 stammt und nach dem 31. Juli 1936 außerehelich geboren wird.

§ 6

(1) Soweit in Reichsgesetzen oder in Anordnungen der Nationalsozialistischen Deutschen Arbeiterpartei und ihrer Gliederungen Anforderungen an die Reinheit des Blutes gestellt werden, die über § 5 hinausgehen, bleiben sie unberührt.

(2) Sonstige Anforderungen an die Reinheit des Blutes, die über § 5 hinausgehen, dürfen nur mit Zustimmung des Reichsministers des Innern und des Stellvertreters des Führers gestellt werden. Soweit Anforderungen dieser Art bereits bestehen, fallen sie am 1. Januar 1936 weg, wenn sie nicht von dem Reichsminister des Innern im Einvernehmen mit dem

3 Nach dem Arierparagraphen der Ersten DVO zum Berufsbeamtengesetz vom 7. 4. 1933 hatte ein jüdischer Großelternteil ausgereicht, um im NS-Staat als Jude zu gelten; siehe Dok. 32 vom 11. 4. 1933.

Stellvertreter des Führers zugelassen werden. Der Antrag auf Zulassung ist bei dem Reichsminister des Innern zu stellen.

§ 7

Der Führer und Reichskanzler kann Befreiungen von den Vorschriften der Ausführungsverordnungen erteilen.

Berlin, den 14. November 1935.
Der Führer und Reichskanzler
Adolf Hitler
Der Reichsminister des Innern
Frick
Der Stellvertreter des Führers
R. Heß
Reichsminister ohne Geschäftsbereich

DOK. 211

Albert Herzfeld berichtet am 16. November 1935 über die erzwungene Entlassung seiner nichtjüdischen Hausangestellten[1]

Handschriftl. Tagebuch von Albert Herzfeld,[2] Eintrag vom 16. 11. 1935

16. Novbr. 35 Heute standen keine weiteren Erklärungen in den Zeitungen, aber es ist Elsa[3] klar u. ebenso Annemarie,[4] daß wir unser Mädchen Hedwig zum 1. Januar entlassen müssen, obgleich gestern nichts von diesem Termin in den Gesetzen gesagt war, wohl aber in der Reichstagssitzung in Nürnberg am 15. Sept. Ich bin immer noch der Ansicht, u. dies soll auch in ausländischen Zeitungen gestanden haben, daß der Termin um 3 Monate herausgeschoben werden soll, weil man erstens die Zahl der freien, arbeits- u. stellenlos werdenden Dienstboten nicht in der Kürze der Zeit unterbringen kann, u. ferner die Mädchen selbst sehr wenig entzückt von dieser Maßnahme sind, da sie ausnahmslos gern u. Jahrzehnte lang in jüdischen Haushaltungen dienen, u. mir in meinem langen Leben noch nie ein Fall bekannt geworden ist, daß ein arisches Mädchen in einem jüdischen Hause von einer männlichen nicht arischen Person irgendwie in seiner weiblichen Ehre angegriffen worden ist. Hedwig war sehr niedergeschlagen, als ihr Elsa sagte, daß sie entlassen müsse, denn sie hat nie daran gedacht, daß sie vor ihrer Verheiratung aus unseren Diensten ausscheiden müsse. Sie fühlt sich so überaus wohl bei uns u. als ein Mitglied

1 Albert Herzfeld, Tagebuch, S. 14–17; StadtA Düsseldorf, XXII H 61. Abdruck in: Herzfeld, Ein nichtarischer Deutscher, S. 19–21.

2 Albert Herzfeld (1865–1943), Maler; bis 1905 in der Textilfirma seines Vaters tätig, danach Maler in Düsseldorf; 1938 Malverbot durch den Präsidenten der Reichskammer der bildenden Künste; von Düsseldorf 1942 nach Theresienstadt deportiert, 1943 dort gestorben.

3 Elsa Herzfeld, geb. Volkmar (1882–1944); 1942 mit ihrem Mann nach Theresienstadt deportiert, von dort im Mai 1944 nach Auschwitz-Birkenau.

4 Tochter von Albert und Elsa Herzfeld. Dr. Annemarie Herzfeld (*1903), Juristin; 1933 aus dem Vorbereitungsdienst zur Gerichtsreferendarin entlassen, 1934–1938 Arbeit als Sekretärin; im November 1941 nach Minsk deportiert.

unserer Familie. Auch wir bedauern lebhaft ihren Weggang. – Heute steht eine große Bekanntmachung über das Tragen von Orden in den Zeitungen.[6] Nur solche Orden dürfen getragen werden, über die man eine diesbezügliche Bestallung vorzeigen kann. Nun habe ich vor etwa 40 Jahren beim Uebertritt in den Landsturm die Landwehrdienstauszeichnung erhalten, u. die Verleihung dieses Ehrenzeichens wurde auch vorschriftsmäßig s. Zt. in meinen Militärpaß eingetragen. Diesen Paß im Original mit dieser Bestallung habe ich im Jahre 1914 bei meinem Eintritt in die Armee auf dem Bezirkskommando in Minden i/W. gleichzeitig mit der Originalbescheinigung meiner Qualifikation zum Reserveoffizier der Provinzialkavallerie, ausgestellt im Sept. 1887 vom II. Garde Dragoner Regiment in Berlin, abgegeben, aber niemals zurückerhalten. Ebenso habe ich eine Bescheinigung über den Besitz des sogenannten Apfelsinenordens, der beim 100sten Geburtstag des alten Kaisers Wilhelm I. in großen Mengen verteilt wurde,[7] u. den ich nur erhielt, weil ich unter Wilh. I. aktiv gedient habe, unter Friedrich III. eine 8wöchentliche militärische Uebung u. eine weitere unter Wilh. II. gemacht hatte. Auch darüber habe ich keine schriftl. Bescheinigung mehr, wohl aber noch den Original-Orden. Dann besitze ich noch die Kyffhäuser Medaille u. das Eiserne Kreuz 2. Klasse, worüber ich die Atteste besitze. Dagegen erhielt ich vor etwa 8 Tagen von einem Schutzmann im Auftrage u. mit dem Glückwunsch des Herrn Polizeipräsidenten das Frontkämpferehrenkreuz mit Schwertern von 1914/18 u. natürlich auch mit Urkunde überreicht. Es ist nun geradezu komisch, daß ich in der gleichen Woche das Ehrenkreuz überreicht erhalte und mir gleichzeitig gesetzlich das Bürgerrecht abgesprochen wird. Das erinnert mich daran, daß am 19. August dieses Jahres der Künstlerverein Malkasten,[8] dem ich als ordentliches Mitglied über 30 Jahre angehörte, mir zu meinem 70. Geburtstag in einem sehr liebevollen Schreiben des Vorsitzenden Otto Ackermann[9] gratulierte, mir zur persönlichen Gratulation ein Vorstandsmitglied u. ein paar alte Mitglieder ins Haus sandte, mir ferner einen mit Blumen herrlich dekorierten Korb mit 12 Flaschen edlen Wein zusandte u. mich 6 Wochen später, zugleich mit den übrigen 8 nichtarischen Mitgliedern, aus der Liste der Mitglieder strich. – Da ist es sehr schwer noch den Gleichmut zu bewahren! Im Uebrigen ist diese Streichung ganz ungesetzlich u. dem Vorstand genauso unangenehm u. peinlich wie mir, denn laut Statut kann nur ein Mitglied, das sich etwas zu Schulden kommen läßt, aus der Liste gestrichen werden u. dies ist weder bei mir noch bei den anderen Schicksalskollegen der Fall. – Heute Nachmittag war ich bei meinen durchaus arischen Freunden Hr. u. Fr. Dr. K. Bischoff,[10] u. bildeten bei allen die letzten Bestimmungen das Hauptgesprächsthema. Ich habe noch Niemanden kennengelernt, der mit diesen Maßnahmen u. Judengesetzen auch nur im

6 Bezieht sich auf die VO zur Ausführung des Gesetzes über Titel, Orden und Ehrenzeichen vom 14. 11. 1935. Diese bestimmte, dass an Juden keine Treudienstabzeichen mehr verliehen werden durften; RGBl., 1935 I, S. 1341–1347.

7 Apfelsinenorden: Gemeint ist die am 22. 3. 1897 gestiftete Kaiser-Wilhelm-Erinnerungsmedaille. Die Bezeichnung geht auf die Farbe des Ordensbands zurück.

8 Als Verein für ein geselliges Künstlerleben 1848 in Düsseldorf gegründet. Später konnten auch Nichtkünstler Mitglied werden. Herzfeld war zeitweilig Vorstandsmitglied und Rechnungsprüfer des Vereins.

9 Otto Ackermann (1872–1953), Landschaftsmaler in Düsseldorf.

10 Dr. Karl Wilhelm Bischoff (*1875), Mediziner; von 1905 an als Gynäkologe in Düsseldorf tätig; 1939 von der Gestapo verhaftet und 1940 zu acht Monaten Gefängnis verurteilt, ein Verfahren wegen Berufsvergehens wurde vom Ärztlichen Bezirksgericht Rheinland Ende 1940 eingestellt, Bischoff aber aus dem Ärzteverzeichnis gestrichen.

Geringsten einverstanden ist. – Ihr armen 12 000 gefallenen Juden, die zum Teil als Kriegsfreiwillige eintraten, seid zu bedauern! Ob Ihr aus Wallhall herausgeschmissen werdet? Und die armen alten Eltern, die ihre Söhne dem Vaterland geopfert haben, dürfen jetzt keine arischen Hausangestellten mehr halten! Ich fasse mich manchmal an meinen Kopf u. verstehe die Logik nicht.

DOK. 212
Pariser Tageblatt: Leitartikel vom 25. November 1935 über die Absurdität der Rassedefinition nach den Nürnberger Gesetzen[1]

Nürnberger Tand. Juristisch undurchführbare Eheverbote
von Dr. jur. Ernst Frankenstein[2]

Im „Pariser Tageblatt" sind die Ausführungsbestimmungen zu den Nürnberger Judengesetzen des Dritten Reiches bereits ausführlich wiedergegeben worden.[3] Wir haben auch die Gelegenheit der Mitteilung der Texte bereits wahrgenommen, diese Ausführungsbestimmungen, die die Gesetze nur noch seltsamer machen, zu kritisieren. Gleichwohl dürften die nachfolgenden fachmännischen Bemerkungen des allgemein-geschätzten Spezialisten für die Probleme des internationalen Privatrechts unsere Leser noch in hohem Masse interessieren:

Es hat zwei Monate gedauert, bis die Ausführungsvorschriften zum Gesetz zum Schutze des deutschen Blutes und der deutschen Ehre erschienen sind.[4] Man darf also annehmen, dass sie nicht nur mit aller Sorgfalt ausgearbeitet sind, sondern auch die zahlreichen Einwendungen berücksichtigen, die gegen die Fassung des Gesetzes erhoben worden sind. Um so stärker ist der Eindruck, den die Verordnung erweckt. Bestätigt sie doch mit aller Deutlichkeit, dass es trotz angestrengter Bemühungen nicht gelungen ist, den Begriff der Rasse zu definieren.

Verboten ist die Ehe deutscher Staatsbürger deutschen oder artverwandten Blutes mit Juden. Wer Jude ist, bestimmt § 5 der Ersten Verordnung zum Reichsbürgergesetz: „Jude ist, wer von mindestens drei der Rasse nach volljüdischen Grosseltern abstammt. Als volljüdisch gilt ein Grosselternteil ohne weiteres, wenn er der jüdischen Religionsgemeinschaft angehört hat." Also – die Rasse wird nicht durch ein biologisches Merkmal, sondern durch den juristischen Begriff der Zugehörigkeit zu einer Religionsgemeinschaft bestimmt. Aber das ist, wie die Wendung „als volljüdisch gilt ... *ohne weiteres* ..." zeigt, nur ein Fall, in dem man jüdischer Rasse sein kann. Und die anderen Fälle?

1 Pariser Tageblatt, Nr. 713 vom 25. 11. 1935, S. 1 f. Gekürzter Abdruck in: UuF, Bd. 11, S. 177–179.
2 Dr. Ernst Frankenstein (1881–1959), Jurist; Rechtsanwalt in Berlin; 1933 emigrierte er nach Paris, 1936 nach London; Autor u. a. von „Internationales Privatrecht (Grenzrecht)" (Bd. 1–4, 1926–1935) und „Justice for my people. The Jewish case" (1943).
3 Siehe „Vier Kategorien ‚Nichtarier'. Die Ausfuehrungsbestimmungen zu den Nuernberger Judengesetzen erlassen – Die Vorschriften ueber die Eheschliessung – Regelung der Beamten- und Dienstbotenfrage"; Pariser Tageblatt, Nr. 704 vom 16. 11. 1935, S. 1 sowie „Wie die Nuernberger Gesetze angewendet werden. Die ersten Ausfuehrungsbestimmungen – Sondervorschriften fuer Mischlinge – Pensionierung der letzten juedischen Beamten – Aufnordung von Nichtariern – Der gemilderte Hausangestelltenparagraph", ebd., Nr. 705 vom 17. 11. 1935, S. 2.
4 Gemeint ist die 1. VO zum Reichsbürgergesetz vom 14. 11. 1935, Dok. 210.

Hier versagt der Gesetzgeber. Er ist ausserstande, den Begriff der jüdischen Rasse zu definieren. Er arbeitet zwar mit dem Begriff der Abstammung von jüdischen Grosseltern, die „der Rasse nach volljüdisch“ sind, kann aber diesen umfassenden Begriff nur durch einen weniger umfassenden Unterbegriff erläutern, nämlich durch die Erwähnung derjenigen, die als „ohne weiteres volljüdisch gelten“. Wer nicht wegen seiner Zugehörigkeit zur jüdischen Religionsgemeinschaft „als ohne weiteres volljüdisch gilt“ und trotzdem volljüdisch ist, sagt das Gesetz nicht. Hier klafft die Lücke, die sich nicht ausfüllen lässt.
Ob die Grosseltern, die von ihren volljüdischen Eltern in einer anderen Religion oder religionslos erzogen worden sind, „der Rasse nach volljüdisch“ sind, sagt das Gesetz nicht und kann es gar nicht sagen, weil es den Begriff der Rasse im Rechtssinne eben nicht gibt. Man vertauscht für die dritte Generation den Begriff der Rasse mit dem Begriff der Religionsangehörigkeit, will das aber nicht zugeben und gerät dadurch in einen unlösbaren Widerspruch. Denn entweder muss man den Begriff der Rasse preisgeben, auf dem doch die Weltanschauung des heutigen deutschen Gesetzgebers beruht, oder man muss ihn juristisch fassbar definieren, was unmöglich ist.
In allen Einzelheiten enthüllt sich dieser innere Widerspruch. So gilt nach § 5 der Verordnung zum Reichsbürgergesetz als Jude der von zwei volljüdischen Grosseltern abstammende „jüdische Mischling“, der bei Erlass des Gesetzes der jüdischen Religions- gemeinschaft angehört hat oder später in sie aufgenommen wird. Während also die Rasse offenbar etwas Biologisches ist, dem man unabwendbar unterworfen ist, hängt für den „jüdischen Mischling“ die Zugehörigkeit zur jüdischen Rasse (genauer zum Jude-Sein) davon ab, ob er sich zur jüdischen Religionsgemeinschaft bekennt, d. h. von seinem Willen. Umgekehrt ist bei dem Arier, der zur jüdischen Religionsgemeinschaft übergetreten ist oder übertritt, nicht sein Bekenntnis, nicht sein Wille, sondern das biologische Moment der Rasse entscheidend. *Dieser Jude ist kein Jude.*
Ja, noch mehr. Wenn der jüdische Sohn eines jüdischen Vaters und einer nichtjüdischen Mutter sich mit einer Nichtjüdin (Arierin) verheiratet, die zum Judentum übertritt, und seine Kinder im orthodoxen Judentum erzieht, so sind diese jüdischen Kinder, deren männliche Vorfahren stets Juden waren, keine Juden. Sie sind „jüdische Mischlinge“, denen nach § 2 der Ausführungsverordnung sogar die Ehe mit Juden verboten ist, weil sie nur einen volljüdischen Grosselternteil haben.
Diese Feststellungen genügen. Der Begriff des Juden, gegen den sich das Eheverbot richtet, ist ein Scheinbegriff, der sich jeder Definierung entzieht. Der grundlegende Begriff der „volljüdischen Grosseltern“ ist überhaupt nicht allgemein bestimmt, sondern nur für einen seiner Anwendungsfälle (Zugehörigkeit zur jüdischen Religion), während die weiteren Anwendungsfälle offen bleiben. Bei den Nachkommen ist dagegen der Bekenner der jüdischen Religion bald „Jude“, bald ist er es nicht und sieht sich sogar an der Verehelichung mit seinen eigenen Glaubensgenossen gehindert.
Der Begriffswirrwar steigert sich zur vollkommenen Absurdität in der Bestimmung des § 4, der die Ehe zwischen jüdischen Mischlingen verbietet, die nur einen volljüdischen Grosselternteil haben. Mit anderen Worten: die im obigen Beispiel erwähnten orthodoxen Juden dürfen überhaupt nur solche Juden heiraten, die rein arischer Abstammung sind …
Nein, die Ausführungsbestimmungen haben das Gesetz nicht verbessert. Sie erlauben weiter die Eheschliessung deutscher Staatsangehöriger „deutschen oder artverwandten Blutes“ mit Negern und Mulatten, scheitern aber an dem Versuch, den „Juden“ zu defi-

nieren, mit dem man die Ehe verbietet. Man kann Jude den nennen, der der jüdischen Religionsgemeinschaft angehört. Man kann den Begriff auch auf die früheren Angehörigen dieser Gemeinschaft und auf die nichtjüdischen Nachkommen ausdehnen. Man kann aber nicht einen Begriff der jüdischen Rasse schaffen, der als Oberbegriff sowohl den Unterbegriff der jüdischen Religionsangehörigen umfasst als auch ein nichtdefiniertes Unbekanntes. Kein Mensch kann sagen, was nach dem Gesetz ein „der Rasse nach volljüdischer Grosselternteil" ist, der nicht der jüdischen Religionsgemeinschaft angehört. Und doch gibt es das nach der Verordnung.
Ein Gesetzgebungswerk, das als Ausgangsbegriff etwas Unbekanntes und Unbestimmbares verwendet, mag interessant sein: für die Rechtsanwendung ausserhalb des Ursprungslandes kann es gar nicht in Frage kommen, weil es der wichtigsten Voraussetzung des Gesetzes ermangelt: der Bestimmbarkeit seiner Begriffe.

DOK. 213
Reisebericht vom 29. November 1935 über die dramatische Lage der jüdischen Bevölkerung nach dem Erlass der Nürnberger Gesetze[1]

Brief von S.R., Genf, vom 29. 11. 1935, ohne Adressat (Abschrift)[2]

I. Allgemeine Lage.
Bei der Begruendung der im September d. J. erlassenen Judengesetze hat der deutsche Reichskanzler in Nuernberg erklaert, dass diese Gesetze den Zweck haben sollen, ein ertraegliches Verhaeltnis zwischen Deutschen und Juden herzustellen. Unabhaengig davon, ob diese Erklaerung ernst gemeint war, muss festgestellt werden, dass die Lage der Juden seit Erlass der Nuernberger Gesetze von Tag zu Tag schwieriger wird, namentlich deshalb, weil schon bei Erlass der Gesetze das Erscheinen von Ausfuehrungsbestimmungen zu denselben angekuendigt wurde. Ungefaehr vier Wochen nach Nuernberg hat der Reichsinnenminister Frick in einer Rede erklaert, dass die kommenden Ausfuehrungsbestimmungen auch die Stellung der Juden in der Wirtschaft begrenzen werden.[3] Der Zustand jedoch, der sich inzwischen ergeben hat, wird von Tag zu Tag unhaltbarer. Die Juden leben in einem Zustand groesster Unsicherheit und nervoeser Unruhe. Persoenliche und geschaeftliche Dispositionen koennen kaum getroffen werden, die Geruechte bezueglich der Ausfuehrungsbestimmungen aendern sich von Tag zu Tag. Bald heisst es, dass sie auf dem Gebiet der Wirtschaft Erleichterungen schaffen, bald dass sie eine restlose Ausschaltung herbeifuehren sollen.
Die bisher erschienenen Ausfuehrungsbestimmungen zu einem Teil der Nuernberger Gesetze haben an diesem Zustand nichts geaendert, weil sie die wirtschaftlichen Fragen unberuehrt lassen und lediglich den Kreis umgrenzen, der heute als juedisch anzusehen ist.

1 CZA, S 7/16.
2 Im Original mehrere handschriftl. An- und Unterstreichungen.
3 Bezieht sich auf die ursprünglichen Pläne der NS-Führung, auch wirtschaftliche Maßnahmen gegen Juden in den Ausführungsbestimmungen zu verankern. Diese Pläne wurden aber bis Ende Oktober 1935 aufgegeben; siehe zu den Plänen auch den Gesetzentwurf vom 9. 10. 1935, Dok. 205.

Ferner ist eine gewisse Klarheit zur Frage der Beschaeftigung arischer Dienstmaedchen bei Juden geschaffen worden. Es wird hier vorausgesetzt, dass diese Ausfuehrungsbestimmungen bekannt sind und dass daher auf ihren Inhalt nicht naeher eingegangen werden braucht. In diesem Zusammenhang muss jedoch das Problem der Beschaeftigung arischer Maedchen in juedischen Haushalten kurz gestreift werden. Wenn es auch ohne weiteres feststeht, dass diese Frage schliesslich keine so wesentliche Bedeutung hat, so darf dabei nicht uebersehen werden, dass sie doch einen gewissen Einfluss auf die Lage der Juden insofern hat, als sie symptomatisch ist fuer die Schwierigkeiten, denen Juden in Deutschland heute, auch in ihrem taeglichen und ganz persoenlichen Leben, ausgesetzt sind. Die Dienstmaedchenfrage hat ja nicht nur Bedeutung fuer die besitzenden Kreise, die sich heute noch Dienstmaedchen leisten koennen, sondern fuer einen sehr erheblichen Teil unbemittelter oder wenig bemittelter Personen. Infolge der veraenderten Verhaeltnisse seit April 1933 hat die Berufstaetigkeit der juedischen Frauen erheblich zugenommen, insbesondere dort, wo die Familie durch Ausschaltung des Ernaehrers aus seinem Beruf besonders hart betroffen wurde. Sehr viele Frauen von Anwaelten, Beamten, Schriftstellern, Kuenstlern haben im Laufe der letzten Jahre unter ungeheuren Muehen den Versuch gemacht, die Ernaehrung der Familie durch Ausuebung von Taetigkeiten der verschiedensten Art zu uebernehmen. Sie konnten dies tun, solange sie ihre Kinder und ihren Haushalt durch ein Dienstmaedchen versorgen liessen. In dem Moment nun, in dem die arischen Dienstmaedchen entlassen werden, wird die ganze Familie auf das schwerste betroffen, denn die Hausfrau, die gleichzeitig Ernaehrerin ihrer Familie ist, kann nicht mehr ihrem Beruf ganz nachgehen, die Existenz vieler Familien wird dadurch auf das schwerste erschuettert. Die Schwierigkeiten sind besonders gross, dort wo es sich um aeltere Personen handelt, die nicht mehr in der Lage sind, allein ihren Haushalt zu versorgen und auf fremde Hilfe angewiesen sind. Die Folge dieses Zustandes ist, dass eine Umstellung der gesamten Lebenshaltung zur zwingenden Notwendigkeit wird, Wohnungen muessen gekuendigt werden, Familien werden zusammenziehen, das Niveau der gesamten Lebenshaltung wird auch dort, wo es bereits sehr gedrueckt war, weiter gesenkt werden muessen.

Besonders schwierig ist die Lage der juedischen Schulkinder. Von ungefaehr 45 000 Kindern sind bis jetzt ca. 17 000 in juedischen Schulen untergebracht, der Rest besucht allgemeine Schulen. Zu derselben Zeit, als die Nuernberger Gesetze erschienen, erschien auch eine Verordnung des Kultusministers Rust, die die Entfernung der juedischen Kinder aus den allgemeinen Schulen und ihre Konzentrierung in juedischen Schulen zum 1. April 1936 ankuendigte.[4] Die Ausfuehrungsbestimmungen zu diesem Schulgesetz sind noch nicht erschienen. Es herrscht daher absolute Unklarheit darueber, wie diese neuen juedischen Schulen beschaffen sein werden und wer sie erhalten wird. Der Umfang der staatlichen Beteiligung an den Kosten ist noch nicht bestimmt, die beabsichtigte Einflussnahme des Staates auf die Lehrplaene und Lehrerauswahl ist unbekannt. Fest steht jedoch, dass die Schaffung dieser neuen juedischen Schulen schon deshalb ungemein problematisch ist, weil es einfach an den notwendigen Lehrkraeften zur Betreuung einer so grossen Zahl von Kindern fehlt. Die Tatsache jedoch, dass die juedischen Schulkinder entfernt werden sollen, hat bei sehr zahlreichen Schulleitern zur Folge, dass sie einem gewissen Ehrgeiz huldigen, ihre Schule moeglichst bald judenrein zu machen, das heisst noch

4 Siehe dazu Dok. 196 vom 10. 9. 1935.

vor dem gesetzlich festgelegten Termin vom l. April 1936. Dies wird mit den verschiedensten Mitteln versucht. Die juedischen Kinder werden von Lehrern und Kindern gequaelt und misshandelt, der „Stuermer" ist zur staendigen Lektuere zahlreicher Schulen geworden, an juedischen Kindern werden die verschiedenen Rassenmerkmale, dem „Stuermer" entsprechend, demonstriert. In einer Schule (in Dessau) hat der Schulleiter die Kinder einfach bis zum April 1936 vom Schulbesuch beurlaubt. Als die Eltern sich dagegen zur Wehr setzten, ist die Beurlaubung zwar zurueckgenommen worden, die Kinder werden jedoch nur als Gastschueler angesehen, das heisst, sie werden nicht geprueft und beim Unterricht weitgehendst benachteiligt. Die Folgen dieses Zustandes sind fuer die Kinder geradezu verheerend. Sie erleiden fast unheilbare psychische Schaeden, werden labil und unsicher und lassen auch rein wissensmaessig in ihren Leistungen enorm nach.
Zu der allgemeinen Unruhe, zu der Sorge um die Weiterfuehrung des Haushalts ohne Hilfe, zu den Sorgen um die Kinder gesellt sich nun in den letzten Monaten fuer sehr viele Familien die neue schwierige Sorge der Wohnung. Die meisten in den letzten 15 Jahren erbauten Wohnungen sind mit Hilfe oeffentlicher Mittel erbaut, sie befinden sich im Besitz sogenannter Wohnungsbaugesellschaften, die gemeinnuetzige Gesellschaften sind. Diese gemeinnuetzigen Haeuserbau-Gesellschaften werden von den Kommunalinstanzen kontrolliert. Die Kommunalinstanzen sind, wie alle oeffentlichen Instanzen, ausschliesslich von Nationalsozialisten besetzt. In immer groesser werdendem Umfang werden nun die Vertraege der juedischen Mieter in diesen Haeusern gekuendigt. Da es sich hier zumeist um billige Wohnungen handelt, die von Angehoerigen des Mittelstandes und der Angestelltenschaft bewohnt werden, entsteht hier ein neues und ungemein schwieriges Problem, das eine besondere Erschwerung dadurch erfaehrt, dass heute schon die privaten Besitzer von Wohnungshaeusern in immer groesser werdender Zahl sich weigern, juedische Mieter aufzunehmen. Die noch im juedischen Besitz befindlichen Haeuser koennen hier als Ersatz nicht herangezogen werden, weil sie zumeist von arischen Mietern bewohnt sind und der juedische Besitzer sich scheuen muss, diesen Einwohnern zu kuendigen. Zum 1. Januar und 1. April, den Terminen, an denen die Wohnungsvertraege ablaufen, rueckt das unheimliche Problem der Obdachlosigkeit tausender Familien heran. Dies gilt auch fuer die Grosstaedte Berlin,[5] Hamburg, Koeln, Frankfurt, wo die Juden, gemessen an den Zustaenden in den Mittel- und Kleinstaedten, bisher unter ertraeglicheren Verhaeltnissen leben konnten.
In den kleineren und mittleren Staedten wird der sogenannte passive Boykott immer haeufiger, das heisst immer groesser wird die Zahl von Lebensmittelgeschaeften, Kohlengeschaeften, Handwerkern, die es ablehnen, den Juden die erforderlichen Waren des taeglichen Bedarfs zu liefern oder Auftraege fuer sie auszufuehren. In vielen Staedten geht dies so weit, dass selbst die Milchversorgung der Kinder ausserordentlich erschwert ist.
Diese wenigen Bemerkungen, bei denen bewusst von besonders schwierigen Einzelfaellen abgesehen und bei denen Uebertreibungen unterlassen wurden, sollen nur den allgemeinen Zustand charakterisieren. Im folgenden wird ueber verschiedene Einzelprobleme berichtet.

5 Mehrere Berliner städtische Siedlungs- und Wohnungsbaugesellschaften hatten in dieser Phase Verträge jüdischer Mieter von Kleinwohnungen zum 1. 1. bzw. zum 1. 4. 1936 gekündigt; siehe Schreiben des stellv. Bürgermeisters Steeg vom 14. 3. 1936, LAB, A Rep. 09/31419.

II. Wirtschaft.

Die allgemeine Unsicherheit als Folge des Fehlens der Ausfuehrungsbestimmungen, von der oben gesprochen wurde, wirkt sich in immer schlimmerer Weise auf die wirtschaftliche Lage aus. Die Zahl der juedischen Besitzer groesserer Geschaefte und Unternehmungen, die unter dem Druck der Verhaeltnisse sich gezwungen sehen, ihre Geschaefte oder Fabriken zu verkaufen, wird immer groesser. Es vergeht kaum ein Tag, an dem nicht mehrere bedeutende Geschaefte und Fabriken in arische Haende uebergehen. Der Drang, juedische Geschaefte und Unternehmungen zu veraeussern, ist fast zu einer Psychose der bemittelten Juden geworden. Die immer groesser werdenden allgemeinen Schwierigkeiten in der Wirtschaft geben Anlass zu dem Entschluss, moeglichst rasch zu verkaufen, weil jeder befuerchten muss, dass die zunehmende Verschlechterung der Wirtschaftslage die Zahl der zahlungsfaehigen arischen Kaeufer verhindern muss. Auf Grund einwandfreier Berichte kann festgestellt werden, dass die Geschaeftsverkaeufe kaum mehr als 30 bis hoechstens 45 % ihres eigentlichen Wertes erbringen, das heisst, dass dadurch eine enorme Verminderung der juedischen Vermoegen eintritt.

Der umfangreiche Verkauf juedischer Unternehmungen bedeutet nicht nur eine Vermoegensverminderung, sondern gleichzeitig den Verlust von Arbeitsplaetzen fuer juedische Angestellte und Arbeitnehmer aller Art, denn die erste Handlung der arischen Kaeufer juedischer Unternehmungen ist die Kuendigung und Entlassung der juedischen Angestellten; da juedische Arbeitnehmer, infolge der Entwicklung der letzten Jahre nur noch in juedischen Betrieben beschaeftigt sind, bewirkt die fortschreitende Arisierung der Wirtschaft eine Steigerung der juedischen Arbeitslosigkeit, ohne Aussicht fuer die Betroffenen, in Deutschland jemals wieder eine Arbeitsstelle oder Taetigkeit zu finden, da ja mit dem Ausscheiden der juedischen Unternehmer der Arbeitsmarkt fuer den juedischen Angestellten immer mehr einschrumpft.

Anlass fuer die Veraeusserung juedischer Unternehmungen ist auch die auf dem Verwaltungsweg versuchte Ausschaltung der Juden aus der Wirtschaft. Fast alle oeffentlichen Einrichtungen, wie staatliche Stellen, Reichsbahn, Reichspost, Kommunen, kommunale Gas- und Elektrizitaetswerke, Strassenbahnen, Grossbanken, haben beschlossen, Auftra[e]ge an Geschaefte, die Juden gehoeren oder mit Juden geschaeftliche Beziehungen unterhalten, nicht mehr zu erteilen. Den Beamten ist es verboten, bei Juden zu kaufen. Das fuer das Handwerk eingefuehrte Lieferbuch gibt der deutschen Arbeitsfront die Moeglichkeit festzustellen, in welchen Geschaeften die Handwerker ihr Material kaufen. Dort, wo juedische Lieferanten ermittelt werden, werden dem Handwerker oeffentliche Auftraege gesperrt. In manchen Orten haben die Bauhandwerker z. B. bereits beschlossen, dort, wo der Auftraggeber das Material selbst besorgt (Badewannen, Leitungsrohre, elektrische Lampen) die Arbeit zu verweigern, wenn diese Materialien in juedischen Geschaeften gekauft werden.

All das bedeutet einen enormen Druck auf die juedischen Geschaeftsleute und Anlass zum beschleunigten Verkauf und zur Liquidation ihrer Geschaefte.

Den juedischen Buchhaendlern und juedischen Kino-Besitzern ist von ihren Fachschaften mitgeteilt worden, dass ihnen voraussichtlich zum 31. Dezember die Erlaubnis zur Weiterfuehrung ihrer Geschaefte entzogen werden wird, es wird ihnen daher angeraten, moeglichst rasch die Ueberfuehrung dieser Geschaefte an arische Besitzer in die Wege zu leiten.[6]

6 Am 17. 10. 1935 hatte die Reichsfilmkammer alle jüdischen Kinobesitzer in Deutschland aufgefordert, ihre Unternehmen bis zum 10. 12. 1935 zu veräußern, danach erloschen deren Konzessionen; Der Gelbe Fleck, S. 153.

Nach der Entlassung saemtlicher Staatsbeamten, also auch der noch von frueher verbliebenen Kriegsteilnehmer, werden nunmehr auch die letzten leitenden Direktoren der Banken und Gross-Versicherungs-Gesellschaften entlassen.
Die Kuendigung der Hypotheken, die auf dem juedischen Grundbesitz lasten, schreitet fort, immer groesser wird die Zahl der juedischen Grundstuecke, die zur Zwangsversteigerung getrieben werden. Es fehlt an Kapitalkraeften in juedischen Gesellschaften, die in der Lage waeren, durch Uebernahme der Hypotheken hier helfend einzugreifen. Die Hilfeleistung fuer den juedischen Grundbesitz wird ueberhaupt zu einem schwierigen Problem, da offenbar in den wirtschaftlichen Ausfuehrungsbestimmungen zu den Nuernberger Gesetzen das Verbot des Grunderwerbs fuer Juden enthalten sein wird, was auch daraus zu schliessen ist, dass jetzt schon die Gerichte die Grundbucheintragungen fuer juedische Grundstueckkaeufer ablehnen.[7] Die Verminderung des juedischen Grundbesitzes muss ihre Auswirkungen auch auf die Wohnungsverhaeltnisse der Juden haben, was in den Ausfuehrungen zu I. bereits angedeutet wurde.
Auch die wenigen Juden, die in der Landwirtschaft taetig sind, werden in harter Weise bedraengt. Die Massnahmen des Ernaehrungs-Ministeriums sehen ja bereits seit laengerer Zeit die Ausschaltung der Juden aus dem Handel mit landwirtschaftlichen Produkten vor, aber selbst die Erzeugung landwirtschaftlicher Produkte wird dadurch erschwert, dass den Juden waehrend der Ernte die seit Jahrzehnten ortsuebliche Hilfe versagt wird. Sie erhielten keine Arbeitskraefte zur Einbringung der Ernte, die Benuetzung der Dreschmaschine wurde ihnen verboten, der Verleih von Gespannen, die fuer die Ernte erforderlich sind, fast ueberall untersagt. Die Folge ist, dass die Notlage dieser hauptsaechlich in Hessen, Franken und Wuerttemberg wohnenden Landjuden so unhaltbar wurde, dass in vielen Faellen der gesamte Besitz verlassen und in die benachbarten Staedte gefluechtet wird.
In den letzten Tagen ist auch den wenigen, bei den Boersen zugelassenen juedischen Kursmaklern die Ausuebung ihrer Taetigkeit untersagt worden.[8] Diese Massnahme betrifft zwar nur noch ungefaehr 30 Familien, sie ist aber symptomatisch dafuer, wie selbst der letzte Jude aus einer Taetigkeit ausgeschaltet wird, in der die Juden frueher sehr zahlreich waren.
III. Freie Berufe.
Die Verdraengung der Juden aus den freien Berufen schreitet fort. In diesen Tagen finden Beratungen ueber [eine] weitere Ausschaltung der juedischen Anwaelte statt. Wenn auch zur Begruendung dieser Massnahmen die allgemeine Notlage der Anwaltschaft angefuehrt wird, so werden die in den naechsten Tagen erscheinenden Ausschaltungsmassnahmen ausschliesslich die juedische Anwaltschaft treffen. Der Fuehrer des nationalsozialistischen Juristenbundes, Dr. Frank,[9] hat ueberdies in einer Rede vor wenigen Tagen darauf hingewiesen, dass die logische Folge der Nuernberger Gesetze die restlose Saeuberung der Rechts-

7 Als Vertreter des Gestapa hatte Best zwar entsprechende Bestimmungen gefordert, aber in den Verordnungsentwürfen, die die Wirtschaft betrafen, fehlten solche Paragraphen; siehe die Dok. 195 vom 9. 9. und 205 vom 9. 10. 1935.
8 RWM Schacht hatte am 14. 11. 1935 angeordnet, jüdischen Börsenmaklern vom 22. 11. 1935 an die amtliche Zulassung zu entziehen; siehe „Keine jüdischen Kursmakler mehr", JR, Nr. 95 vom 26. 11. 1935, S. 4.
9 Dr. Hans Frank (1900–1946), Jurist; 1919 Vorstandsmitglied der Thule-Gesellschaft und DAP-Mitglied, 1923 NSDAP- und SA-Eintritt sowie Teilnahme am Hitler-Putsch, 1927–1933 anwaltliche Vertretung der NSDAP, 1928–1942 Reichsführer des NS-Juristenbundes; 1933–1934 Staatskommissar, dann Bayer. Staatsminister der Justiz, 1934–1945 Reichsminister ohne Geschäftsbereich, 1939–1945 Generalgouverneur im besetzten Polen; 1946 im Nürnberger Prozess zum Tode verurteilt und hingerichtet.

pflege von den Juden ist.[10] Hunderte jetzt schon schwer um ihre Existenz ringende aeltere juedische Rechtsanwaelte sehen diesen Massnahmen mit bangen Sorgen entgegen.
Auch fuer Aerzte scheinen weitere Ausschaltungen aus den Krankenkassen geplant. Wenn dies nicht sofort, wie von vielen Nationalsozialisten gefordert, geschieht, so deshalb, weil die Heranziehung des deutschen aerztlichen Nachwuchses eine gewisse Zeit erfordert, ueberdies hat auch die neugeschaffene Wehrmacht erheblichen Bedarf an Aerzten. Trotzdem sollen auf Grund von sicheren Informationen weitere Massnahmen gegen juedische Aerzte erfolgen.[11] Wie unsicher die Aerzte selber ihre Lage empfinden, ist daraus zu ersehen, dass auf Grund der Nachricht der Lizenzsperre fuer Aerzte in Palaestina in wenigen Wochen ca. 400 juedische Aerzte Deutschland verlassen haben, zum Teil auch solche, die bisher noch eine sehr gute Praxis hatten.[12]
IV. Kulturelle Taetigkeit.
Auch die Schwierigkeiten auf dem Gebiet der kulturellen Taetigkeit werden immer groesser. Das Verbot, juedische Zeitungen im Strassenhandel oder [an] Kiosken zu verkaufen, beeintraechtigt die wirtschaftliche Lage der juedischen Presse ueberaus schwer.[13] Auch die redaktionellen Schwierigkeiten werden immer groesser. Die immer schaerfer werdende Zensur zwingt die Redaktionen zur groessten Vorsicht; unbedeutender Bemerkungen wegen erfolgen langfristige Verbote. So war die C.V.-Zeitung drei Monate verboten, spaeter das Israelitische Familienblatt ebenfalls drei Monate.[14] Es ist klar, dass eine derartig lange Verbotszeit derart grosse materielle Schaeden zur Folge hat, dass das Wiedererscheinen der Zeitungen nach einem nochmaligen Verbot sehr in Frage gestellt wird. Am 21. November hat der nationalsozialistische Kommissar fuer das juedische Kulturwesen, Herr Hinkel,[15] in einer der weiten Oeffentlichkeit bekannt gewordenen Aeusserung mitgeteilt, dass die juedischen Kulturbuende ueber 100 000 Mitglieder haben und dass 650 juedische Kuenstler beschaeftigt waeren. Abgesehen davon, dass diese Zahlen weit uebertrieben sind, ist festzustellen, dass die Notlage der juedischen Kuenstler, Schauspieler und Musiker sowie der Bildhauer und Maler ausserordentlich schwer ist. Nur ein Teil der darstellenden Kuenstler und Musiker kann ueberhaupt beschaeftigt werden, wobei sie kaum mehr als zwei bis dreimal im Monat auftreten und nicht einmal soviel verdienen, als es erforderlich ist, um den Lebensunterhalt

10 Vermutlich handelte es sich dabei um die Rede auf der Tagung der Reichsfachgruppe Rechtsanwälte des NS-Juristenbunds am 23. 11. 1935 in Berlin. Dort hatte Frank die Beseitigung aller Juden und „unwürdigen Elemente" aus der Anwaltschaft als ein Gebot des Nationalsozialismus bezeichnet; VB (Norddt. Ausg.), Nr. 328 vom 24. 11. 1935, S. 2.

11 Am 13. 12. 1935 wurde die Neuapprobation von Juden per Änderung der Reichsärzteordnung untersagt, wenn der Anteil der Juden an der Ärzteschaft den Anteil der Juden an der Bevölkerung überstiege; RGBl., 1935 I, S. 1433.

12 Die brit. Mandatsregierung hatte 1935 einen Numerus clausus für Ärzte in Palästina eingeführt, durch den die Ausgabe von Lizenzen stark verringert wurde. Daraufhin hatten viele Ärzte aus Deutschland versucht, Palästina vor dem Stichtag zur Einführung dieser Regelung zu erreichen.

13 Am 6. 9. 1935 hatte der Präsident der Reichspressekammer ein Verkaufsverbot für jüdische Zeitungen im Straßenhandel angeordnet; VB (Norddt. Ausg.), Nr. 251 vom 8. 9. 1935, S. 5.

14 Die C.V.-Zeitung war vom 20. 6. bis 26. 9. 1935, das Israelitische Familienblatt von Mitte August bis Anfang November 1935 verboten.

15 Hans Hinkel (1900–1960), Journalist; 1921 NSDAP- und 1931 SS-Eintritt, 1923 Teilnahme am Hitler-Putsch, 1924–1933 Redakteur mehrerer NS-Zeitungen; 1933–1934 Staatskommissar im preuß. Kultusministerium, 1935–1938 Sonderbeauftragter für die Überwachung der kulturellen Betätigung von Nichtariern im RMfVuP, 1938–1941 dort Judenreferent, 1941–1944 Generalsekretär der Reichskulturkammer, 1944–1945 Reichsfilmintendant; 1947 an Polen ausgeliefert, 1952 in die Bundesrepublik entlassen.

fuer eine Woche zu bestreiten. Auch die Kulturbuende, die [ein] festes Ensemble haben, fuehren einen schweren Kampf um ihre Existenz, da die Zahl der Juden, die es sich noch leisten koennen, Mitglieder der Kulturbuende zu sein, immer geringer wird.
Die von nationalsozialistischer Seite aus Deutschland kommenden Nachrichten ueber die kulturelle Freiheit der Juden sowie ueber die Beschaeftigungsmoeglichkeiten fuer juedische Kuenstler sind daher weitgehende Uebertreibungen.

V. Lage der auslaendischen Juden.

Auch die Lage der noch immer sehr grossen Zahl auslaendischer Juden, die in Deutschland leben, wird immer schwerer. Neben den allgemeinen, gegen Juden gerichteten Massnahmen auf allen Gebieten des Lebens sind die auslaendischen Juden besonderen Bedrueckungen ausgesetzt. Auf Grund geltender gesetzlicher Bestimmungen beduerfen Auslaender einer besonderen Genehmigung, wenn sie als Arbeiter oder Angestellte taetig sein sollen. Frueher erhielten Auslaender, die laenger als zehn Jahre in Deutschland lebten, ohne weiteres die Genehmigung, jede Stelle anzunehmen. Diese Bestimmungen sind heute sehr verschaerft und werden mit rigorosester Strenge durchgefuehrt. Immer haeufiger werden die Faelle, in denen juedische Auslaender, die in Deutschland geboren oder bereits 20 und mehr Jahre hier leben, keine Arbeitserlaubnis erhalten. Sie werden dadurch gezwungen, arbeitslos zu bleiben und oeffentliche Unterstuetzung in Anspruch zu nehmen. Diese wird ihnen jedoch mit dem Hinweis darauf verweigert, dass sie fuer den Arbeitsmarkt nicht zur Verfuegung stehen, denn sie duerfen ohne Erlaubnis keine Arbeit annehmen und die Erlaubnis wird ihnen nicht erteilt. Das heisst also, erst werden die Menschen arbeitslos gemacht, dann verweigert man ihnen die Unterstuetzung, daraufhin werden sie ausgewiesen, weil sie ihren Lebensunterhalt nicht selbstaendig bestreiten koennen. Diese Faelle haeufen sich in erschreckendem Umfang. Ebenso die Faelle, in welchen Personen, die seit Jahrzehnten in Deutschland leben, aus nichtigen Gruenden die Verlaengerung ihrer Aufenthaltserlaubnis in Deutschland verweigert wird; Ausweisungen und Bestrafungen wegen Nichtbefolgung dieser Ausweisungen haeufen sich in enormem Ausmasse. Ebenso werden die Schwierigkeiten und Schikanen gegen Auslaender, die auf oeffentliche Unterstuetzung angewiesen sind, immer groesser, immer mehr staedtische Verwaltungen gehen dazu ueber, den juedischen Auslaendern jede Unterstuetzung zu versagen. Von diesen Massnahmen werden besonders hart die staatenlosen Auslaender betroffen, da ihnen ja nicht einmal der primitive konsularische Schutz zur Verfuegung steht. Unter diesen staatenlosen Auslaendern befinden sich tausende von Personen, die die deutsche Staatsangehoerigkeit bereits besessen haben, aber ausgebuergert worden sind. Die Lage dieser Menschen wird geradezu tragisch. Sie haben keine Lebensmoeglichkeit, geniessen keinen wie immer gearteten Schutz, koennen Deutschland nicht verlassen, da sie auf Grund ihrer Staatenlosigkeit neben den allgemeinen Auswanderungserschwernissen kaum die Einreise-Erlaubnis nach irgendeinem Land erhalten koennen.
Auch jene sehr zahlreichen Auslaender, die bisher ihren Lebensunterhalt als Hausierer und Haendler fanden, befinden sich in groesster Notlage, da ihnen die Erlaubnis zum Handel entzogen wird.[16] Tausende juedischer Familien, die sich bisher kuemmerlich, aber selbst erhalten konnten, werden dadurch gezwungen, oeffentliche Hilfe in Anspruch zu nehmen. Diese wird ihnen, ebenso wie bei den Arbeitslosen, abgelehnt und ihre Ausweisung verfuegt.

16 Zum Entzug der Wandergewerbescheine durch lokale Polizeistellen siehe Runderlass des RWM vom 28. 12. 1935, LAB, Rep. 142/7, 1-11-1/Nr. 13.

VI. Auswanderung.
Diese nur kurz skizzierten Verhaeltnisse haben eine ungeheure Steigerung des Auswanderungsbeduerfnisses der Juden zur Folge, und zwar sind es jetzt nicht nur die juengeren und wenig bemittelten Menschen, die sich zur Auswanderung entschliessen, sondern auch die sehr wohlhabenden und heute noch gut fundierten Familien sehen sich zur Auswanderung gezwungen. Es gibt keine Gruppe im deutschen Judentum, die heute nicht davon ueberzeugt ist, dass Auswanderung die einzige Rettungsmoeglichkeit bedeutet. Die Palaestinaaemter sind von Auswanderungswilligen derart ueberlaufen, dass sie die Anzahl der ihnen zustroemenden Menschen kaum bewaeltigen koennen. Der Hilfsverein der deutschen Juden, der die Auswanderung nach allen anderen Laendern bearbeitet, hat ebenfalls eine so grosse Anzahl von Auswanderungswilligen zu beraten, dass er seinen Apparat bedeutend vergroessern und ungefaehr 15 Provinzstellen einrichten muss.
Diesem gesteigerten Auswanderungsbeduerfnis stehen nur geringe Auswanderungsmoeglichkeiten gegenueber. Die Zahl der in diesem Jahr noch zur Verfuegung stehenden Einwanderungszertifikate ist noch nicht zu uebersehen,[17] die Auswanderungsmoeglichkeiten nach anderen Laendern sind sehr gering. Die ICA hat jetzt einen Versuch mit der Kolonisierung von 20 juedischen Familien in Argentinien eingeleitet, der Transport dieser besonders ausgewaehlten Leute duerfte in den naechsten Tagen die Ausreise nach Argentinien antreten. Ihm soll in wenigen Wochen eine Gruppe von 60 Jugendlichen, die ebenfalls fuer landwirtschaftliche Ansiedlung in Argentinien bestimmt ist, folgen. Es ist zu hoffen, dass, wenn diese Versuche sich bewaehren, eine groessere Auswanderung nach Argentinien erfolgen kann. Diese geringen Moeglichkeiten bedeuten jedoch angesichts des enormen Umfangs der Auswanderungswilligkeit nur eine sehr geringe Hilfe. Falls nicht bald neue und grosszuegige Einwanderungsmoeglichkeiten erschlossen werden, ist zu befuerchten, dass die an Deutschland grenzenden Laender von neuen Fluechtlingswellen ueberflutet werden. Die juedischen Organisationen bemuehen sich zwar, die aufgeregten, uebernervoesen und aengstlichen Menschen zu beruhigen und vor unbesonnener Flucht ins Ausland zu warnen; bei der katastrophalen Verschlechterung der Verhaeltnisse werden diese Warnungen fuer die Dauer keine Wirkung haben.
VII. Schlussbemerkung.
Angst, Unsicherheit, nervoese Unruhe sind die Kennzeichen, die heute den Zustand der Juden in Deutschland charakterisieren. Der wirtschaftliche Niedergang, die Steigerung der Zahl der Hilfsbeduerftigen erfordern von den juedischen Gemeinden groesste Anstrengung und groesste Opfer, um den enormen Bedarf an Hilfsmitteln aufbringen zu koennen. Die immer groesser werdende Zahl der bemittelten und wohlhabenden Auswanderer, die bisher zur Erhaltung der juedischen Gemeinden beitrugen, bedeutet eine ausserordentliche Schwaechung der Leistungefaehigkeit der Gemeinden. Den neuen schweren Lasten steht eine von Tag zu Tag aermer werdende Gemeinschaft gegenueber. Es gibt bereits zahlreiche Gemeinden, die nicht in der Lage sind, die primitivsten Erfordernisse des religioesen und sozialen Lebens zu erfuellen, Gemeinden, die ausschliesslich aus Beduerftigen bestehen, die ihren Lebensunterhalt nur noch aus den Zuwendungen bestreiten koennen, die sie aus den zentralen juedischen Stellen erhalten.[18]

17 Gemeint sind Einwanderungszertifikate für Palästina.
18 Zur Situation in Schlesien siehe die Dok. 101 vom 5. 2. 1934 und 272 vom 16. 4. 1937.

DOK. 214
Reichsjustizminister Gürtner diskutiert mit Hitler am 12. Dezember 1935 über die Entfernung der Juden aus den freien Berufen[1]

Vermerk des RJM, Gürtner, vom 12. 12. 1935[2]

Empfang beim Kanzler 12 1/2 Uhr mittags.
I.
Ich habe den Kanzler befragt, welches seine Absicht sei bei der Durchführung der Judengesetzgebung in den freien Berufen. Die Justizverwaltung sei an dieser Frage wegen der Rechtsanwälte interessiert und werde in der nächsten Kabinettssitzung ein Gesetz zur Änderung der Rechtsanwaltsordnung vorlegen.[3] Aus diesem Grund bäte ich ihn, mich über seine Absichten zu unterrichten.
Nach meiner Meinung kämen drei Lösungen in Frage:
a) gesetzliche Zurücknahme sämtlicher Zulassungen auf einmal,
b) Ermächtigung zur Zurücknahme der Zulassungen, wobei man sich über die Art des Gebrauchs dieser Ermächtigung von vornherein im klaren sein müsse,
c) Lösung der Frage auf natürlichem Weg, d. h. durch Aussterbenlassen. Der Kanzler fragte mich, ob das in 20 Jahren möglich sei. Ich erklärte ihm, das wäre die mathematische Höchstdauer, in Wirklichkeit käme ein viel kürzerer Zeitraum in Betracht.
Der Kanzler erklärte darauf, im Augenblick schiene es ihm nicht zweckmäßig zu sein, den Weg a) oder b) zu gehen. Er wünsche nicht, daß auf dem Gebiet der freien Berufe jetzt überhaupt Maßnahmen ergriffen würden.
II. Herrn Staatssekretär Schlegelberger[4] mit der Bitte um Kenntnisnahme.

1 BArch, R 3001/8521, Bl. 275. Abdruck in: AdR, Teil II/2, S. 986.
2 Im Original handschriftl. Kürzel. Der stellv. Reichsjuristenführer Dr. Walter Raeke (*1878) hatte am 6. 12. 1935 vom RJM gefordert, in die neue Rechtsanwaltsordnung eine Zulassungsbeschränkung für Juden und die Möglichkeit zur Rücknahme der Zulassung aufzunehmen; wie Anm. 1, Bl. 378 f.
3 Am 4. 12. 1935 hatte Reichsminister Gürtner eine Kabinettsvorlage mit einer Änderung der Rechtsanwaltsordnung versandt, die eine Rücknahme von Bestallungen vorsah, sofern der Anteil jüdischer Rechtsanwälte den Anteil der Juden an der Gesamtbevölkerung übersteige; wie Anm. 1, Bl. 346 f. Siehe auch AdR, Teil II/2, Dok. Nr. 282.
4 Dr. Franz Schlegelberger (1876–1970), Jurist; von 1901 an im Justizdienst, von 1931 an StS im RJM; 1938 NSDAP-Eintritt; 1941–August 1942 Wahrnehmung der Geschäfte als RJM; 1947 im Nürnberger Juristenprozess zu lebenslanger Haft verurteilt, 1950 entlassen.

DOK. 215
Ein leitender Beamter des Reichserziehungsministeriums berichtet über die Chefbesprechung am 12. Dezember 1935 zur Fortführung der antijüdischen Politik[1]

Vermerk des REM, ungez., vom 12. 12. 1935 (Abschrift zu E II e 2883/35)

1) Vermerk:
An der heutigen Chefbesprechung über die Judenfrage[2] habe ich[3] teilgenommen. Sie war sehr zahlreich von sämtlichen Ministern bezw. deren Stellvertretern besucht.
Zu den uns berührenden Fragen wurde von Herrn Reichsminister *Frick* und Herrn Staatssekretär *Stuckart* folgendes erklärt: Die Juden (hier und im folgenden sind immer die Juden nach den Nürnberger Gesetzen also Voll- und Dreivierteljuden gemeint) müssen aus den Volksschulen heraus und in eigene öffentliche Schulen gebracht werden. Die Mischlinge müssen in den normalen öffentlichen Schulen, also nicht in den Judenschulen, untergebracht werden, da sie ja wie Deutsche zu behandeln seien.
Auch aus den höheren Schulen seien die Juden zu entfernen. Es sei den Juden zu überlassen, sich selbst private höhere Schulen zu schaffen. Von den bestehenden Gesetzen wurde nur erklärt, sie müßten auf den neuen Judenbegriff abgestimmt werden.
Bezüglich der Hochschulen wurde erklärt, die Mischlinge müssen unbeschränkt auf die Hochschulen gelassen werden. Der als Vertreter des Stellvertreters des Führers anwesende Reichsärzteführer *Wagner* brachte die Sprache auf die Reichsschaft der deutschen Studierenden und verlangte, daß diese ebenfalls die Mischlinge aufnehmen müsse. Die Auslese sei lediglich Sache des NS-Studentenbundes, dem ja die politische Erziehung der Studenten von unserem Minister übertragen sei.
Ich habe dagegen entschieden und mit längerer Begründung protestiert. Herr Minister *Frick* stellte sich jedoch auf denselben Standpunkt.
Ich erklärte, daß wir für die Reichsschaft der Studierenden einen Antrag auf Beibehaltung der Parteibestimmungen bereits in Arbeit hätten. Die Nichtzugehörigkeit zur Deutschen Studentenschaft hindere ja niemanden zu studieren.
Bezüglich der Hochschulen für Lehrerbildung und ähnlichen Anstalten, die ausschließlich die Ausbildung späterer Lehrer oder Beamten zum Ziel haben, wurde trotz der Tatsache, daß Mischlinge als Lehrer und Beamte nicht angestellt werden könnten, ihre Aufnahme verlangt.
Bezüglich des Landjahres herrschte Übereinstimmung, daß die Zugehörigkeit des einzelnen Landjahrpflichtigen und Landjahrführers zur Hitlerjugend die Anwendung der Parteigrundsätze notwendig mache.

1 BArch, R 4901/11787, Bl. 30.
2 Es liegt kein Protokoll der ganzen Besprechung vor. Aus einem anderen Vermerk gehen noch folgende Beschlüsse hervor: Bei einer Neufassung der Rechtsanwaltsordnung müsse nichts über die Zulassung jüdischer Rechtsanwälte gesagt werden. Die Approbation jüdischer Mediziner könne zurückgenommen werden, wenn ihr Anteil an der Ärzteschaft den Anteil der Juden an der Bevölkerung übersteige; Vermerk von Schlegelberger, BArch, R 3001/8521, Bl. 272–279. Einen Tag nach der Besprechung, am 13. 12. 1935, wurde per Änderung der Reichsärzteordnung mit dieser Begründung die Neuapprobation von Juden untersagt; RGBl., 1935 I, S. 1433.
3 Hierbei handelt es sich vermutlich um Ministerialdirektor Siegmund Kunisch (1900–1978), 1934–1936 kommissar. StS im REM.

DOK. 216
Die Stadt Radeberg berichtet dem Sächsischen Staatsminister für Wirtschaft und Arbeit am 14. Dezember 1935 über den Boykott jüdischer Geschäfte[1]

Schreiben des stellv. Bürgermeisters der Stadt Radeberg (XI A VII Zu I 3b: J 68), gez. Gubitz,[2] an den Staatsminister für Wirtschaft und Arbeit,[3] Dresden, vom 14. 12. 1935 (Abschrift)

Betr.: *Jüdische Geschäfte in Radeberg.*
Auf die Verordnung vom 7. Dezember 1935 berichte ich unter Rückgabe der beiden Eingaben[4] des Rechtsanwalts Dr. Neumark[5] aus Dresden an das Reichswirtschaftsministerium auf Grund meiner Unterlagen und insbesondere der polizeilichen Ermittlungen folgendes:
Die in der Eingabe vom 11. September 1935 angeführten Auftraggeber Franz *Schaefer* (Geschäftsinhaberin ist die Ehefrau Rosa Schaefer geb. Ikenberg),[6] Franz *Hofstein*, Martin (nicht Max) *Liegner*[7] und Franz *Herzfeld*[8] sind die Inhaber der hier allgemein bekannten und an der Hauptstraße liegenden vier jüdischen Geschäfte.[9]
In der Nacht zum 20. Juli 1935 sind die Schaufenster dieser vier Geschäfte und der Fußsteig davor mit einer Farbe aus Schlemmkreide und Wasserglas mit den Worten „Jude!" und „Rasseschänder" bemalt worden. Die Geschäftsinhaberin Rosa Schaefer geb. Ikenberg hat dies früh in der sechsten Stunde der Polizei angezeigt und als Täter den hier Pulsnitzer Straße 28 wohnhaften, am 11. März 1911 in Breslau geborenen Drogisten Rudolf *Dauster* bezeichnet. Den Namen des Täters hat sie von dem hiesigen Wachtmann des Deutschen Schutz- und Sicherheitsdienstes Max *Anders*[10] erfahren. Bei seiner Vernehmung hat Dauster zugegeben, ohne irgendeinen Auftrag und lediglich aus eigener Überzeugung als Antisemit die Tat ausgeführt zu haben. Dauster ist kein Mitglied der NSDAP. Er befand sich vom Oktober 1933 bis 1934 im Arbeitsdienst. Dauster ist von mir persönlich am 27. Juli 1935 an Amtsstelle nachdrücklichst verwarnt worden.
In der Nacht zum 26. Juli sind nochmals Schaufenster dieser jüdischen Geschäfte und die

1 Sächs. HStA, Außenministerium/1723, Bl. 145–147.
2 Paul Gubitz (*1886), war 1920 Polizeiassistent, dann von Juni 1935 bis März 1936 stellv. Bürgermeister und 1936–1945 Bürgermeister von Radeberg.
3 Sächsischer Staatsminister für Wirtschaft und Arbeit war 1935–1943 Georg Lenk (1888–1945), Kaufmann; 1930 NSDAP- und 1934 SS-Eintritt.
4 Verordnung und Eingaben nicht aufgefunden. Vermutlich handelt es sich bei der angesprochenen Verordnung um die ministerielle Aufforderung, über die in den Eingaben an das RWM geschilderten Vorfälle Bericht zu erstatten.
5 Dr. Ernst Josef Neumark (*1888), Jurist; 1925–1938 Rechtsanwalt in Dresden, danach als „Rechtskonsulent" tätig.
6 Rosa Schaefer (*1889), lebte in Dresden; von dort Anfang März 1943 nach Auschwitz deportiert.
7 Martin Liegner (*1883), Kaufmann; aus Dresden zugezogen, eröffnete 1931 in Radeberg ein Trikotagengeschäft.
8 Vermutlich Franz Herzfeld (*1902). Er war später Häftling im KZ Buchenwald und wurde am 25. 4. 1939 entlassen.
9 Alle Geschäftsinhaber gaben wegen des öffentlichen Drucks ihre Geschäfte auf und verließen Radeberg. Zuletzt wurde im Sommer 1938 die Firma Ikenberg durch den Textilkaufmann Rudolph Martin „arisiert"; Radeberger Land unterm Hakenkreuz, S. 55.
10 Max Anders (*ca. 1891) war 1927 Hausmeister in der Pestalozzi-Schule und 1937 Wachmann in Radeberg.

Fußsteige vor den Ladentüren mit dem Wort „Jude" bemalt worden. Die polizeilichen Ermittlungen nach den Tätern waren aber erfolglos.
Von der Ortsgruppe Radeberg der NSDAP. ist mit meiner Genehmigung am 17. August 1935 ein größerer Aushangkasten zum Aushang der Zeitschrift „Der Stürmer" am Rathaus angebracht worden. Der Kasten enthält die Aufschriften: „Der Jude siegt mit der Lüge und stirbt mit der Wahrheit. Wer beim Juden kauft, ist ein Volksverräter". In einem kleinen Teil dieses Kastens sind auch eine zeitlang *ohne* eine besondere Überschrift, wie etwa „Schandecke", Fotografien der vier jüdischen Geschäfte durch die Partei ausgehangen worden. Es trifft auch zu, daß einige Male Käufer beim Verlassen eines der vier jüdischen Geschäfte fotografiert und die Bilder in dem genannten Kasten ausgehangen worden sind. Einen Anlaß zu einem polizeilichen Einschreiten dagegen habe ich nicht finden können.
Es entspricht auch den Tatsachen, daß von der Ortsgruppenleitung der NSDAP. an die Parteimitglieder und von der hiesigen Leitung der Deutschen Arbeitsfront an ihre Gefolgschaftsmitglieder Zettel des Inhalts verteilt worden sind, daß Judengeschäfte unbedingt zu meiden sind. Auch ich habe meinen Beamten, Angestellten und Arbeitern verboten, in jüdischen Geschäften zu kaufen. Ich halte das Verbot auch heute noch aufrecht. Andererseits ist es aber unwahr, wenn behauptet wird, daß vor diesen Geschäften regelmäßig Posten stehen oder gestanden haben, um die Käufer abzuschrecken.
Auf Grund eines Rundschreibens der Kreisleitung Dresden der NSDAP. vom 6. 8. 1935, wonach alle antijüdische Propaganda durch Zettelankleben, Plakate und Transparente zu verschwinden habe,[11] ist auch hier alles unterlassen worden, was gegen diese Anordnung und die der Regierungsstellen verstoßen hätte.
Nach den Unterlagen des hiesigen Finanzamtes haben die fraglichen vier Geschäfte in den vergangenen Monaten folgende Umsätze erzielt:

	Schaefer	Hofstein	Liegner	Herzfeld
April 1935	11 579 RM	12 529 RM	1 778 RM	1 515 RM
Mai »	10 992 »	13 637 »	1 296 »	1 790 »
Juni »	11 431 »	12 328 »	1 860 »	193 »
Juli »	8 951 »	10 473 »	1 248 »	1 400 »
Aug. »	8 312 »	10 455 »	938 »	1 047 »
Sept. »	4 945 »	4 686 »	410 »	430 »
Okt. »	6 627 »	7 591 »	593 »	502 »
Nov. »	8 125 »	8 200 »	675 »	530 ».

Aus diesen Umsatzbeträgen geht hervor, daß diese ihre Höhe nach in den Monaten Juli und August etwas niedriger sind als in den Vormonaten, daß aber die Angabe des Dr. Neumark, die Umsätze seien um $^2/_3$ zurückgegangen, stark übertrieben ist. Daß die Umsätze im Monat September noch weiter gesunken sind, kann nicht auf irgendwelche Boykottmaßnahmen zurückgeführt werden, die tatsächlich nicht stattgefunden haben.
Nicht unerwähnt will ich lassen, daß der jüdische Kaufmann Martin Liegner am 24. September ds. Js. wegen staatsfeindlicher Einstellung in Schutzhaft genommen werden mußte und sich auf Anordnung des Geheimen Staatspolizeiamtes für Sachsen in Dresden bis 8. November 1935 im Konzentrationslager Sachsenburg[12] befand.

11 Nicht aufgefunden.
12 Das Konzentrationslager Sachsenburg bestand von Juni 1933 bis Mitte 1937. Es war in einem Fabrikgebäude unterhalb des Schlosses Sachsenburg bei Frankenberg/Sachsen eingerichtet worden.

DOK. 217
Ministerialvertreter diskutieren am 17. Dezember 1935 wirtschaftliche und finanzielle Vor- und Nachteile der jüdischen Emigration[1]

Vermerk des RFM (F 4380-1061 I A), ungez., vom 17. 12. 1935 (Abschrift)[2]

Sitzungsvermerk:
Ministerialdirektor Wohlthat[3] betonte einleitend, daß es sich nicht darum handeln könne, eine Entscheidung zu treffen, ob und wie die *jüdische Auswanderung* gefördert werden solle. Zweck dieser Besprechung sei vielmehr nur, die Wege zu suchen, auf denen eine Förderung der jüdischen Auswanderung überhaupt möglich sei, und ihre Vor- und Nachteile unter rein wirtschaftlichen Gesichtspunkten zu untersuchen. Das RWM beabsichtige, zum Problem der jüdischen Auswanderung dem Führer eine Aufzeichnung über die rein wirtschaftlichen Gesichtspunkte vorzulegen und eine abschließende Entscheidung zu erbitten.[4]
Die Darlegungen des Vertreters des Stellvertreters des Führers und des Vertreters des Reichsinnenministers über die bisherigen Entschließungen des Führers zur jüdischen Auswanderungsfrage waren nicht einheitlich. Beide meinten zwar übereinstimmend, daß der Führer einen Druck auf die Juden, auszuwandern, nicht ausgeübt wissen möchte. Während jedoch der Vertreter des Reichsinnenministers als die letzte ihm bekannte Meinungsäußerung des Führers mitteilte, daß die Juden in der Wirtschaft nicht oder möglichst wenig behelligt werden sollten, legte der Vertreter des Stellvertreters des Führers dar, dieser habe sich dahin schlüssig gemacht, man solle den Juden durch Eröffnung von Möglichkeiten zur Vermögensmitnahme zunächst einen Anreiz zur Auswanderung geben und schließlich einen Zwang zur Auswanderung auf sie ausüben, sobald sich ein Weg als gangbar erwiesen habe, den Juden die Vermögensmitnahme, wenn auch unter Verlusten für sie, zu ermöglichen. Hiermit habe sich der Führer einverstanden erklärt.
Die Wege, auf denen nach Meinung des RWM, den Auswanderern die Möglichkeit eröffnet werden kann, wenigstens einen Teil ihres Vermögens bald oder allmählich ins Ausland zu überführen, sind folgende:
1. begünstigte Verwendung der zurückgelassenen Auswanderersperrguthaben[5] für Reise-

1 BArch, R 2/56014, Bl. 60–64.
2 Im Original mehrere handschriftliche Korrekturen sowie Vermerke, u. a. „Ref. Groth", „Zülow", sowie am linken Rand: „z. d. A. ‚Jude' bei III a.".
3 Helmuth Wohlthat (1893–1982), Volkswirt; 1920–1933 Tätigkeit als Kaufmann (Import/Export); 1934–1938 im RWM tätig, dort Leiter der Reichsstelle für die Devisenbewirtschaftung, 1938–1945 im Amt des Beauftragten für den Vierjahresplan (BVP); 1940 NSDAP-Eintritt; 1940–1941 Vertreter des BVP bei der Zentralbank der Niederlande in Amsterdam, 1941–1945 Leiter der Deutschen Delegation für Wirtschaftsverhandlungen in Japan; 1947 zurück nach Deutschland, 1947–1973 in der Privatwirtschaft tätig.
4 Siehe dazu die Aufzeichnung der Volkswirtschaftlichen und Statistischen Abteilung der Reichsbank für Hjalmar Schacht vom 22. 1. 1936, betr. Auswirkungen der antijüdischen Maßnahmen auf die Wirtschaft; BArch, R 2501/6789, Bl. 181–190; Abdruck in: AdR, Teil III, S. 67–73.
5 Aufgrund der Devisenbestimmungen durften emigrierende Juden auch nach der Zahlung aller Steuern und Abgaben ihr restliches Geld nicht ins Ausland transferieren. Sie mussten es auf einem „Auswanderersperrmark"-Konto im Reich zurücklassen. Die Sperrmark konnte nur unter erheblichen, im Lauf der Zeit steigenden Verlusten in Devisen umgetauscht werden.

zwecke oder für Warenlieferungen; da indes die Auswanderer etwa $^2/_3$ bis $^3/_4$ ihres Vermögens verlieren, soll auf die Erhebung der Reichsfluchtsteuer verzichtet werden;
2. Bezahlung von Warenbezügen zur eigenen Verwendung oder für eigene Rechnung mit eigenen Auswanderersperrguthaben bis zu 50 % des Rechnungsbetrags; dies allerdings nur dann, wenn es sich um *zusätzliche* Warenbezüge handelt, Verrechnungsabkommen nicht entgegenstehen und die Gewähr gegeben ist, daß der Auswanderer im Ausland die ausgeführten Waren nicht verschleudert und damit die normalen deutschen Ausfuhrbeziehungen nicht stört;
3. Gründung von ausländischen Vertriebsstätten, sofern der Auswanderer an den inländischen Unternehmungen kapitalmäßig beteiligt bleibt und Vermögensverschiebungen mittels künstlich niedrig gehaltener Ausfuhrpreise durch Einschaltung zuverlässiger Personen in den inländischen Betrieb vorgebeugt wird (die Zulassung der Gründung von ausländischen Herstellungsstätten erscheint aus handelspolitischen Gründen nicht möglich);
4. Verwendung von Auswanderervermögen zur inländischen Finanzierung langfristiger großer Ausfuhraufträge, die sonst Schwierigkeiten begegnet, Überlassung eines Teils der anfallenden Devisen und damit Ermöglichung der Aufnahme langfristiger Darlehen im Ausland durch die Auswanderer;
5. Ablösung jüdischer Beteiligungen an inländischen Unternehmungen durch ausländische Sperrmarkbesitzer;
6. Verrechnung des Vermögens von Rück- und Einwanderern mit Auswanderersperrmarkguthaben.
Wirklich reizvoll und vielleicht auch erfolgversprechend scheint der Weg unter Ziff. 4 zu sein. Allerdings ist nach Meinung des RWM die Schaffung einer Stelle in Deutschland notwendig, die die Liquidation der jüdischen Vermögen durchführt. Alsdann könnten auch mittlere und kleine Vermögen einbezogen werden. Verhandlungen über Schaffung einer solchen Stelle sollen bereits stattfinden.
Wenig Aussicht auf Erfolg hat nach den Ausführungen des RWM der Weg unter Ziff. 2, da die Frage der Zusätzlichkeit große Schwierigkeiten biete und vor allem die Gefahr der Störung der Auslandsmärkte ungeheuer groß sein soll. Diese Beurteilung ist deshalb von Bedeutung, weil es sich um den Weg handelt, der dem Stellvertreter des Führers in erster Linie vorschwebt und den er auch auf Grund eines praktischen Falles dem Führer vorgetragen hat.
Ganz allgemein wurden – immer vom wirtschaftlichen Gesichtspunkt aus – gegen die Erzwingung jüdischer Auswanderung folgende Bedenken festgestellt:
1. Zur Auswanderung entschließt sich nur der Jude mit Vermögen, nicht dagegen der arme Jude, der schließlich Deutschland zur Last fällt.
2. Mit der Auswanderung vermögender Juden verliert Deutschland Steuerzahler. Dies erschwert auch den Verzicht auf die Erhebung der Reichsfluchtsteuer.
3. Der Auswanderung der Juden geht die Versilberung ihres Vermögens voraus. Die Folge ist, daß Grundstücks-, Effektenmärkte usw. noch auf längere Zeit unter Druck gehalten werden.
4. Jede noch so verfeinerte Vermögensübertragung ins Ausland verzögert die Verminderung der Auslandsverschuldung, bringt sie unter Umständen sogar wieder zum Steigen.
5. Die jüdische Auswanderung hat nicht unbedingt die Überführung jüdischer Vermögen in arische Hände zur Folge. Vielmehr werden vielfach an die Stelle der auswandernden

Juden ausländische Juden treten, besonders dann wenn die ausländischen Sperrguthaben nutzbar gemacht werden sollen.
Schließlich wurde noch die Möglichkeit erörtert, die Auswanderung *junger* Juden durch Unterstützung der Berufsumschichtung zu fördern. In Frage kommt die Ausbildung junger Juden als Landwirte oder Handwerker. Gegen die Ausbildung als Landwirte hat sich der Reichsernährungsminister aus rassepolitischen Gründen ausgesprochen.[6] Gegen die Ausbildung als Handwerker hat sich das Handwerk zur Wehr gesetzt, insbesondere deshalb, weil eine bevorzugt schnelle Ausbildung der Juden verlangt wurde.
Kurz besprochen wurde zum Schluß noch die Entziehung der Pässe, damit den Juden die Möglichkeit genommen wird, ihr Vermögen ins Ausland zu verschieben. Gegen die Entziehung der Pässe sprach sich der Sachbearbeiter des Reichswirtschaftsministeriums aus, da durch diese Maßnahme die wirtschaftlichen Fäden zum Ausland zerrissen werden.[7]

DOK. 218

Das Geheime Staatspolizeiamt Berlin teilt am 19. Dezember 1935 mit, wie der Begriff der „verbotenen Einzelaktionen" gegen Juden zu verstehen sei[1]

Runderlass des Gestapa (II 1 B 2 77318 J J 1057/35 E), i. V. gez. Dr. Best, an alle Staatspolizeistellen vom 19. 12. 1935 (Abschrift)[2]

Betr: Einzelaktion gegen Juden.
Im Zusammenhang mit dem wiederholt ausgesprochenen Verbot aller Einzelaktionen in der Judenfrage ist in zahlreichen Fällen angefragt worden, was unter „Einzelaktionen" zu verstehen sei.
Nunmehr hat der Reichs- und Preuss. Minister des Innern in Übereinstimmung mit dem Herrn Reichs- und Preuss. Wirtschaftsminister und dem Stellvertreter des Führers zu dieser Frage Stellung genommen und als Einzelaktionen alle Massnahmen bezeichnet, die nicht auf einer ausdrücklichen Anordnung der Reichsregierung oder der Reichsleitung der NSDAP. beruhen.[3]
Ich ersuche für eine Bekanntmachung dieser Auffassung bei den Dienststellen Sorge zu tragen und weise darauf hin, dass auch dann eine Einzelaktion nicht vorliegt, wenn die entsprechenden gegen Juden gerichteten Massnahmen von dem Geheimen Staatspolizeiamt bezw. dem Politischen Polizeikommandeur als Zentralbehörde der Politischen Polizei angeordnet oder genehmigt worden sind.

6 Siehe dazu Dok. 107 vom 27. 2. 1934.
7 Das Gestapa (II 1 B 2 – J. 23/36) bestimmte daraufhin am 25. 3. 1936, Juden dürften nicht allein wegen ihres Judentums die Reisepässe entzogen bzw. keine Reisepässe, Legitimationskarten und Wandergewerbescheine erteilt werden. Gleichwohl sei aber Juden gegenüber besondere Vorsicht geboten; Sonderrecht, S. 158.

1 BLHA, Pr.Br.Rep. 2 A I Pol/1919, Bl. 291.
2 Im Original handschriftl. Unterstreichungen. Der Gestapa-Runderlass wurde hier per Runderlass der Stapoleitstelle Potsdam am 7. 1. 1936 an die Landräte übermittelt; wie Anm. 1. Er wurde auch als Erlass des Politischen Polizeikommandeurs der Länder mit gleichem Aktenzeichen am 19. 12. 1935 an die Politischen Polizeien der Länder übersandt; BArch, R 58/276, Bl. 34.
3 Siehe dazu den Schriftwechsel zwischen RWM, RMdI und StdF vom Oktober 1935; Abdruck in: Dokumente Frankfurter Juden, S. 27.

DOK. 219
Die neue Weltbühne: Heinrich Mann protestiert im Dezember 1935 gegen die Judenverfolgung in Deutschland[1]

Die Deutschen und ihre Juden
von Heinrich Mann

Die deutschen Juden werden planmässig vernichtet, daran ist nicht mehr zu zweifeln. Vorsichtige ältere Juden sagten vor zwei Jahren: „Wir leben doch in einem Rechtsstaat" – was sie für den unabänderlichen Schutz halten wollten gegen alle noch drohenden Ausschreitungen des Gefühls und der Propaganda. Damals waren die ersten Pogrome schon gewesen. Da dann Ruhe eintrat, konnte man sich einreden, das Gesetz wäre dennoch der stärkere Teil, nicht aber die Volksseele und ihre Lenker. Jetzt glaubt das niemand mehr. Es ist erwiesen, dass das nationalsozialistische Interesse über dem Gesetz steht und dass es Gesetze macht. Recht ist inzwischen geworden, was „dem deutschen Volke nützt", auch das Bösartigste, auch das Infamste.

Es ist dahin gekommen, dass die Juden auf die Gewalttaten der ersten Zeit wahrscheinlich zurückblicken wie auf ein Idyll. Sie wurden manchmal niedergeschlagen, manchmal verhöhnt und mit Plakaten auf der Brust durch die Strassen gejagt. Ihre Läden wurden tageweise boykottiert und einmalig geplündert: das alles ging noch. Sie konnten es auf Rechnung der bewegten Umstände, überhaupt der „Bewegung" setzen. Selbst die „Bewegung" braucht auf die Dauer die Norm, anstatt der Willkür. Gewiss – und grade die Willkür ist seitdem normalisiert worden. Pogrom und Boykott sind in die regelmässigen sozialen Beziehungen eingeführt worden, sie haben jetzt ihre ordentliche Bestimmung sowohl im menschlichen Verkehr wie im Geschäftsleben. Der Jude, der 1935 mit einem sozusagen arischen Kaufmann über den Verkauf seines Geschäfts verhandeln muss, würde weit lieber den sozusagen arischen Janhagel[2] von 1933 bei sich sehen. Der zertrümmerte die Einrichtung und stahl die Kasse; das lässt sich verschmerzen. Ein einsichtsvoller Jude, wie sie oft sind, erkennt darin die überschwengliche Laune eines Völkchens, das ihm wohlgefällig, ja, ein Gegenstand seiner wehmütigen Bewunderung wäre, wollte es nur nicht grade ihn als Opfer ausersehen. Aber der arische Kaufmann 1935 handelt bewusst, anstatt im Rausch, alkoholischer oder nationaler Rausch. Keine Rede kann davon sein bei dem arischen Kaufmann, der dem Juden sein Geschäft abnehmen will für ein Zwanzigstel des Wertes. Er drückt sich zwar aus, wie ein normaler Unterhändler jederzeit gesprochen hätte; in der ganzen Welt sind solche Abschlüsse mit ähnlichen Sätzen eingeleitet worden. Anzug und Manieren des arischen Kaufmanns entsprechen gleichfalls der Übung und Übereinkunft, – wodurch die Täuschung erhöht wird. Denn vom ersten Wort an und schon vorher hat der Jude durchaus gewusst, dass hier nicht Gleichgestellte eine gesittete Auseinandersetzung haben: sondern es wird vergewaltigt, es wird enteignet, und die Zustimmung des Verkäufers wird erpresst mit aussergeschäftlichen Machtmitteln. Es sind

1 Die neue Weltbühne, 1935, H. 49, S. 1532–1536. Abdruck in: Mann, Es kommt der Tag, S. 39–46. Die neue Weltbühne, Wochenschrift für Politik, Kunst und Wirtschaft, erschien als Nachfolgerin der im März 1933 in Deutschland verbotenen Weltbühne von Juni 1933 an in Prag, dann 1938–1939 in Paris.

2 Janhagel: Niederländisch für Pöbel.

nicht die Machtmittel des einzelnen arischen Kaufmanns, – man kann höchstens fragen: woher nimmt er den Mut, vor zwei Jahren hätte er dem nicht geglaubt, der ihm die Szene und seine Rolle darin vorhergesagt hätte. Wer aber durch ihn eigentlich handelt, ist sein Verein, eine Organisation zum zwangsweisen Aufkauf der jüdischen Geschäfte, – dahinter steht drohend die Partei oder der Staat, man kann beides sagen, es ist dasselbe.

Während kurzer Wochen hatten die Juden vielleicht gehofft, dass die „Judengesetzgebung" das gegen sie erlaubte Unrecht festlegen und begrenzen würde. Es gibt eine Judengesetzgebung: so sieht jetzt der Rechtsstaat aus. Nein, auch die Judengesetze sagen nichts über die letzten wirklichen Erlebnisse der Juden, zum Beispiel über den Zwangsaufkauf ihrer Geschäfte. Ein Gesetz darüber wird vielleicht später erlassen werden, wenn das Verfahren alt genug ist und niemand[en] mehr aufregt. Die Judengesetzgebung bleibt absichtlich hinter den Ereignissen zurück. Zuerst kommt jedesmal ein neuer Rechtsbruch, er wird geduldet, dringt in die Sitten und Gebräuche ein: dann folgt, in einem günstigen Augenblick, seine Rechtfertigung durch ein Gesetz. Die Welt muss gerade anderweitig stark beansprucht sein und darf nicht genau hinsehen. Zu der Zeit als in Nürnberg die ersten Judengesetze verkündet wurden, erregte Mussolini mehr Ärgernis bei der Welt als sie.[3] Ausserdem betrafen sie nur die bürgerlichen Rechte der Juden, die allerdings auf nichts herabgesetzt wurden; praktisch waren sie aber schon vorher bei nichts angelangt. Die Stellung der Juden in der Wirtschaft dagegen ist gesetzlich auch jetzt noch gar nicht berührt worden, bis vor kurzem wurde sie sogar amtlich für unberührt erklärt. Inzwischen werden sie, unter Mitwirkung der Partei und des Staates, von sogenannten Ariern einzeln enteignet. Auch „Rassenschande" war lange nur der Vorwand dirigierter Ausschreitungen, bevor der Staat sie ordentlich in Paragraphen fasste. Der nationalsozialistische Staat hatte den Begriff der Rassenschande selbst aufgebracht und seinem Anhang eine neue Betätigung verschafft, Lynchjustiz gegen Rassenschande. Dann greift er ein und übernimmt die gesetzliche Bestrafung. Neuerdings wird die Bevölkerung angeregt, an Juden nichts Essbares abzugeben. Vorbehalten bleibt, etwa infolge der Knappheit von Lebensmitteln, die vollständige, gnadenlose Aushungerung der Juden zum öffentlichen Recht zu erheben.

Das wäre der letzte Schritt. Sie sind keine Bürger mehr, haben keinen Anspruch auf die freie Geschlechtswahl, haben in Wirklichkeit auch die Freizügigkeit verloren, da jeder Ort einzeln sie mit der Aufschrift „unerwünscht" empfängt. Die Sicherheit des Eigentums ist nur für sie allein beseitigt worden, wenigstens offenkundig geschieht es vorerst nur ihnen. Die körperliche Sicherheit wird ihnen nicht mehr verbürgt: wer sie angreift, handelt in Notwehr, ihre Gefährlichkeit gilt für bewiesen durch ihr blosses Dasein. Ihr Geld liegt fest, grössere Abhebungen von einem jüdischen Guthaben werden verfolgt. Sie können das Land nur als Bettler verlassen, und können auch das nicht, denn alle Länder haben Bettler genug. Auf den ersten Blick erscheint das Schicksal dieser Menschen ausserhalb jedes Vergleichs, ihr Lebensgefühl nahezu unvorstellbar. Das ist es aber mitnichten. Ihre Erlebnisse liegen durchaus auf dem deutschen Weg, und was jüdisch ist, das heisst in einem verkürzten, zusammengerafften Sinn: deutsch.

Die deutschen Juden sind, abgerechnet dass sie auch Juden sind, so deutsch wie alle anderen – und sind es mehr als manche Deutsche, die nicht in der tiefen Mitte der Nation sitzen, wie sie. Das sind lauter Kleinbürger und beflissene Schüler des deutschen Wesens, wenn nicht einfach seine unwissenden Erzeugnisse. Sie kennen kein anderes Wesen als

3 Am 3. 10. 1935 war die italienische Armee in Abessinien einmarschiert.

das deutsche, keinem andern Schlag als dem deutschen haben sie sich auf Erden verbunden gefühlt. Die Kategorien des deutschen Denkens, nicht weniger als alle Gemeinplätze und Besonderheiten der deutschen Lebensgemeinschaft, die Juden sind darin völlig befangen. Eigentümlichkeiten zu pflegen, hatten sie schon längst weder Sinn noch Beruf. Eigentümlich, im Verhältnis zu Europa, sind die Deutschen selbst, und ihre Juden waren es mit ihnen. Grössere Begabtheit, gesetzt, die Juden hätten sie oft, stempelt noch niemanden zur nationalen Ausnahme. Intellektualismus überhaupt ist eine soziale Tatsache, er ist nur das. Er kann so wenig „artwidrig" als „artgemäss" sein. Bedauerlich genug, dass Wahrheiten wie diese erst noch vorgetragen werden müssen.

Wären die deutschen Juden weniger deutsch, dann hätten sie es gerade dem Dritten Reich beweisen können – durch Widerstand gegen seine Angriffe. Das sollte nicht gehen? Sie wären zu wenige? Aber die rumänischen Juden zum Beispiel sind nicht zahlreicher; sie sind nur aufgewachsen in Gewohnheiten, die nichts Deutsches haben und weder von Gesetzfrömmigkeit noch vom Vertrauen auf den Staat bestimmt werden. Ein rumänischer Jude hat zu einem deutschen gesagt: „Ihr macht uns Schande, wie viel ihr euch bieten lasst. Bei uns zu Lande kommen Pogrome vor. Aber wenn die Leute eindringen in mein Haus, auf meinen Hof, ruf ich: Halt! Oder alles fliegt in die Luft, mit mir und mit euch." – „Bluff", war bei dieser Erzählung der erste Gedanke des deutschen Juden. „Es wäre nichts aufgeflogen." Der Rumäne aber: „Doch. Alles." Nun ist dies eine exotische Art, das Leben zu nehmen; es wäre ungerecht, sie von jedem zu verlangen; in deutschen Bureaus, an deutschen Stammtischen ist sie bis gestern nicht gediehen. Die deutschen Juden hatten keine Zeit gehabt, sie sich anzueignen, als es nützlich gewesen wäre. Die Nationalsozialisten haben sie in einem gesitteten Zustand der Wehrlosigkeit vorgefunden, wie übrigens alle anderen Deutschen. Darum eben besteht das Dritte Reich.

Das Schicksal der deutschen Juden ist furchtbar; verfolgt man indessen seine Fortsetzung, dann hat man das der Deutschen, ihrer untrennbaren Gefährten. Die Ausführungsbestimmungen der „Judengesetze" sind genau so kleinlich und peinlich, wie alles was durch die Hände des deutschen Spiessers geht, besonders auf dem Gebiet des Grausigen. Die Einzelheiten der Hexen-Prozessordnung überliessen damals auch nichts dem Zufall; festgelegt war, wie die Fingernägel der Frauen beschaffen sein müssten, damit sie als Hexen verbrannt würden. Das ist deutsch, nur deutsch, die Genauigkeit im Abscheulichen. Derart sind jetzt die Blutmischungen sortiert, dreiviertel jüdisches, halbjüdisches, einviertel jüdisches Blut, und jede Sorte wird besonderen Befehlen oder Verboten unterworfen. Viertelsjuden dürfen nur arisch heiraten, – als ob der Rassenzüchter vorhersehen könnte, was dabei herauskommt. Nachdem aber alles pedantisch eingereiht ist, erscheint ein einzelner Herr und behält sich vor, „Dispense" zu erteilen. Der einzelne Herr kann machen, dass ein Jude kein Jude mehr ist. Sein Belieben stösst die Natur um, es siegt über die „Rasse", um derentwillen das Gesetz vorgeblich beschlossen ist.[4] Das ist deutsch, nur deutsch, der Trick und die Ungläubigkeit angesichts beschworener Grundsätze.

So wird mit allen Deutschen umgesprungen, keineswegs nur mit Juden. Die Menschenmenge, die das Objekt der Judengesetzgebung geworden ist, besteht nicht entfernt aus Juden: ein „Arier" wird wegen Verkehrs mit Jüdinnen eingesperrt. Schon im „Rassischen"

4 Bezieht sich auf § 7 der 1. VO zum Reichsbürgergesetz vom 14. 11. 1935: „Der Führer und Reichskanzler kann Befreiungen von den Vorschriften der Ausführungsverordnungen erteilen"; siehe Dok. 210 vom 14. 11. 1935.

sind die Grenzen überschritten. Wie erst, was die bürgerliche Entrechtung betrifft, wie erst in Hinsicht der willkürlichen Enteignungen. Die grosse Mehrheit der Deutschen unterliegt Gesetzen, die den „Judengesetzen" kaum nachstehen. Aber sie stehen ihnen um etwas nach. Man könnte daher meinen, dass die „Judengesetze" nur gemacht worden sind als Entschädigung der Deutschen für ihre eigene Knechtschaft. Zwölf Millionen Vollbürger spielen in Deutschland eine Herrenkaste, ihnen unterworfen sind vierundfünfzig Millionen, einschliesslich der Juden. Über das ersparte Vermögen der vierundfünfzig Millionen wird verfügt von denen, die sich Schlösser bauen und Leibwachen halten, aber ihre Lehr- und Wanderjahre vergingen einst in Anstalten für Minderwertige und Asylen für Entgleiste. Die Deutschen, denen ihre Ernährung täglich mehr erschwert wird, müssen sich sagen lassen, dass Kanonen wichtiger sind als Butter. „Weltherrschaft", auf so etwas vertröstet man eine heruntergekommene Gesellschaft von Deutschen, die noch nicht einmal sich selbst haben beherrschen können, und grade darum sind sie in solche Hände gefallen.

Wahrhaftig, die Deutschen nehmen den Weg ihrer Juden, erkennen sich übrigens in ihnen genau. Selbst unterworfen, selbst rechtlos, der äussersten Armut nahe und vernichtenden Katastrophen entgegengetrieben – geht eine grössere Zahl von ihnen in der sittlichen Entartung weit genug, um das alles zu rächen an den noch Gequälteren. Grade dies war auch die Absicht ihrer Erzieher. Die Juden, sie müssen Ungeheures erleiden, weil die übrigen Deutschen vieles erleiden. Alle zusammen sind dahin gelangt – nicht unvermittelt, nicht von gestern auf heute, sondern ausführlich und planmässig bearbeitet durch eine Schicht, ach, zuerst war es nicht mehr als ein Haufen Ungeziefer. Aber die Schicht hat sich eingefunden und gebildet; sie ist keine Klasse, einige Klassen haben zu ihr beigetragen. Die Schicht, die jetzt herrscht, versammelt in sich alles, was bei den Deutschen durchaus schlecht und zweifellos lebensfeindlich ist. Das regierende Ungeziefer und seine zwölf Millionen Vollbürger: das konnte zur Macht kommen – musste es sogar, weil lebensfeindliche Instinkte, mehr als anderswo, in Deutschland herangezogen worden sind, durch lange Jahrhunderte einer unglücklichen Geschichte. Jetzt leidet! Eure Juden machen es euch vor, sie sind durch Leiden um einiges über euch erhöht. Der Berg des Leidens, den sie bewohnen, verläuft aber in das Land, und einmal höher, einmal tiefer, es ist dasselbe überall.

DOK. 220
Die Jewish Telegraphic Agency informiert Anfang Januar 1936 über Pläne zur Finanzierung einer Massenemigration von Juden aus Deutschland[1]

Binnen vier Jahren sollen 15 Millionen Dollar für den Massenexodus der Juden aus dem Reich aufgebracht werden

London, 6. Januar[2] (JTA) – Wie die Jewish Telegraphic Agency heute erfuhr, würden für den Plan zur Übersiedlung von 1 00 000 bis 250 000 Juden aus Deutschland nach Palästina und in andere britische Territorien, – wir berichteten darüber –[3] 15 Millionen Dollar aufgebracht werden müssen.

Wie ebenfalls bekannt wurde, haben bereits drei britische Juden jeweils 500 000 Dollar für den Fonds zugesagt, darunter Viscount Bearsted,[4] Vorsitzender der Shell Oil, und Simon Marks,[5] Kaufhaus-Magnat und Vizepräsident der englischen Zionistischen Organisation. Sir Herbert Samuel,[6] ehemaliger Hochkommissar in Palästina, bestätigte heute gegenüber der Jewish Telegraphic Agency, dass er sich am 15. Januar gemeinsam mit Viscount Bearsted und Herrn Marks auf der „Majestic" nach New York einschiffen werde.

Vertreter des Reichs kennen den Plan eines Juden-Transfers, verweigern jedoch nähere Auskünfte

Berlin, 4. Januar (JTA) – Regierungskreise erklärten heute gegenüber der Jewish Telegraphic Agency, dass sie von dem im Ausland bekannt gewordenen Plan wüssten, zwischen 1 00 000 und 250 000 Juden mit der finanziellen Unterstützung britischer und amerikanischer Juden aus Deutschland nach Palästina und in andere britische Territorien zu bringen. Die Regierungsvertreter weigerten sich jedoch, Einzelheiten des Plans oder ihre Haltung dazu bekannt zu geben.

Vermutlich geht der Plan auf frühere Vorschläge zurück, eine internationale Bank mit Sitz in London einzurichten, die es den aus Deutschland emigrierenden Juden ermöglicht, ihr Geld dort abzuheben. Die Jewish Telegraphic Agency berichtete darüber am 16. November 1935.[7]

1 News. Jewish Telegraphic Agency. Latest Cable Dispatches, Vol. 1, Nr. 128 vom 7. 1. 1936, S. 5 f. Dok. in: AJA, The World Jewish Congress Collection Series A: Central Files, 1919–1975, Subseries 1: Organizational History and Activities, 1919–1970, Box A3, File 4, International bank plan for Reich fund withdrawal, 1935. Das Dokument wurde aus dem Englischen übersetzt.

2 Handschriftl. „6" ersetzt die gedruckte „4".

3 Siehe Anm. 7.

4 Sir Walter Horace Samuel, 2nd Viscount Bearsted (1882–1948), brit. Geschäftsmann, einflussreicher Repräsentant des brit. Judentums, mit Sir Herbert Samuel an Verhandlungen von Vermögenstransferplänen beteiligt; Präsident der Shell Company.

5 Sir Simon Marks (1888–1964), Kaufmann; Vorsitzender der brit. Keren Hajessod; Vizepräsident der Zionist Federation of Great Britain and Ireland.

6 Sir (Viscount) Herbert Luis Samuel (1870–1963), Politiker und Diplomat; 1916 und 1931–1932 brit. Innenminister, 1920–1925 Hochkommissar in Palästina; Vorsitzender des Council for German Jewry; 1944–1955 Fraktionsvorsitzender der Liberal Party im House of Lords.

7 „Report International Bank is planned to aid German Jews withdraw funds from Reich"; JTA. Latest Cable Dispatches, Vol. 1, Nr. 94 vom 26. 11. 1935, S. 1–2, in: wie Anm. 1.

Das Reich fordert 50 % Provision auf alle im Rahmen des Plans exportierten Güter
Berlin, 7. Januar (JTA) – Berichte über die bevorstehende Reise der drei britisch-jüdischen Führer in die Vereinigten Staaten haben hier einiges Aufsehen erregt. Höchste Regierungskreise deuteten gegenüber der Jewish Telegraphic Agency jedoch an, diese Reise werde nur dann erfolgreich sein, wenn Deutschland wenigstens eine fünfzigprozentige Provision in ausländischer Währung auf die Güter erhalte, welche die deutschen Juden im Rahmen des Emigrationsplans exportieren dürften.
Von denselben Kreisen wurde deutlich gemacht, dass die in der New York Times genannten Bedingungen nicht von der deutschen Regierung stammen. (Die Times hatte gemeldet, dass die deutsche Zustimmung zu einer Massenauswanderung der Juden davon abhänge, dass Großbritannien der Ansiedlung der Juden in Palästina und anderen britischen Gebieten zustimme. Ferner muss ein ähnliches Transferabkommen, wie es zwischen Deutschland und Palästina besteht, abgeschlossen werden.[8] Die deutschen Exporte müssten im Rahmen des Transferabkommens aus einem eigens dafür bereitgestellten Fonds finanziert werden.)
Der gesamte Plan, zwischen 100 000 und 250 000 Juden die Emigration aus Deutschland zu ermöglichen, sei, so hieß es, in jüdisch-deutschen Finanzkreisen entwickelt worden. Diese seien daran interessiert, eine massenhafte jüdische Auswanderung durch ein erweitertes Transferabkommen sowie durch die Gründung einer internationalen jüdischen Bank, die den Emigranten mit Hilfe des Transfers vergünstigte Kredite zur Verfügung stellt, zu unterstützen. Das Vorhaben wurde Wirtschaftsminister Hjalmar Schacht unterbreitet und liegt nun in seinen Händen.[9]

DOK. 221

Danziger Echo: Artikel vom 7. Januar 1936 über den Rücktritt des Völkerbundkommissars wegen der Judenverfolgung in Deutschland[1]

Der Völkerbund soll eingreifen. Der Hohe Kommissar ist nicht in der Lage, sein Amt auszuüben

Der vor zwei Jahren vom Völkerbund zur Wahrung der Interessen der Flüchtlinge aus Deutschland eingesetzte Hohe Kommissar *James McDonald* hat sein Amt in die Hände des Völkerbundes zurückgelegt und bei dieser Gelegenheit ein Schreiben an das Völkerbundssekretariat gerichtet, das *eine einzige schwere Anklage gegen die Rassenpolitik des Dritten Reiches* ist, und in einem Appell an den Völkerbund und an die Mächte ausklingt, bei der deutschen Regierung zugunsten der mit Vernichtung bedrohten Juden einzu-

8 Bezieht sich auf das sog. Haavara-Abkommen.
9 Zur Haltung der Reichsbank und ihres Präsidenten Schacht zur Frage der Devisen und der Massenemigration siehe Dok. 194 vom 7. 9. 1935.

1 Danziger Echo, Nr. 1 vom 7. 1. 1936, S. 1. Das jüdische „Wochenblatt für Wirtschaft, Kultur und Politik" erschien seit 1934. Es wurde 1936 vom Danziger Senat wegen seiner Berichte zur Judenverfolgung in Deutschland verboten.

schreiten.[2] In den Kreisen des Völkerbundes hat James McDonalds Abschiedsbrief größtes Aufsehen erregt.

Der Brief, den wir im folgenden unter Fortlassung zahlreicher Stellen anführen, beginnt mit McDonalds Betrauung mit der Leitung des Amtes für deutsche Flüchtlinge, das bekanntlich *nicht* als ein Völkerbundsamt organisiert worden war. Es galt damals, im Herbst 1933, *für etwa 80 000 jüdische und nichtjüdische Flüchtlinge aus Deutschland zu sorgen*, von denen etwa 15 000 bisher noch nicht seßhaft gemacht werden konnten. *Heute* stehe man vor der Tatsache, daß infolge der Rassengesetze, durch die 450 000 Juden und Zehntausende christliche „Nichtarier" betroffen wurden, *eine neue Welle von Flüchtlingen* sich aus Deutschland über die Länder ergießen wird. Man zählt aber auch *sehr viele Märtyrer der christlichen Glaubensbekenntnisse.* Durch die Nürnberger Gesetze wurde die Gemeinschaft der Staaten einer gewichtigen Tatsache gegenübergestellt: über eine halbe Million Menschen, denen nichts anderes vorgeworfen werden kann, als daß sie nicht „nordisch" sind, sind der Vernichtung preisgegeben. Zehntausende von ihnen suchen verängstigt Wege zur Flucht ins Ausland. Man könne wohl erwarten, daß die jüdischen und die christlichen Privatorganisationen ihren Teil zur Lösung des Problems beitragen, wenn die im Völkerbund vertretenen Regierungen eine solche Lösung möglich machen. Aber das Problem kann gar nicht dadurch gelöst werden, daß man sich lediglich jener Personen annimmt, die aus dem Dritten Reich fliehen; es muß einmal der Versuch gemacht werden, *den Ursachen dieses Flüchtlingsstromes an den Leib zu gehen.* Das war nicht die Aufgabe des Hohen Kommissariats. Es kann dies *nur eine politische Funktion sein, die der Völkerbund selbst ausübt.*

Ohne Erbarmen – fährt James McDonald fort – werden Juden und Nichtarier aus allen öffentlichen Aemtern, aus den freien Berufen und aus jedem Bereich des geistigen Lebens Deutschlands ausgemerzt. Sie sind auch von jedem gesellschaftlichen Verkehr mit „Ariern" ausgeschlossen und jeder Demütigung unterworfen. Geschlecht und Alter werden nicht berücksichtigt, auch die Kinder werden isoliert. In offiziellen Parteibefehlen werden arische Kinder aufgefordert, die Juden zu hassen.

James McDonald stellt in seinem Brief fest, daß die Juden in Deutschland, eingeschlossen in ein soziales und rechtliches Ghetto, es immer schwerer haben, ihren Lebensunterhalt zu verdienen: schon heute sei *mehr als die Hälfte der in Deutschland verbliebenen Juden ihrer Existenz beraubt.* Die Hilfsquellen der jüdischen sozialen Institutionen in Deutschland sind erschöpft. Die Opfer werden bis zu einem solchen Grad der Angst und Verzweiflung getrieben, daß zu erwarten ist, daß *neue Flüchtlingswellen* die Grenzen sprengen. Wie so oft in seiner Geschichte, weise man in Deutschland auch jetzt wieder dem jüdischen Volke die Rolle eines Sündenbocks zu, trotz der stets *opferbereiten Loyalität der Juden zum Staat.* Im Kaiserreich hatten die Juden geholfen, Deutschland zu einigen und zu festigen, die jüdische Jugend hat sich nicht minder als die übrige Jugend für das Vaterland geopfert. Die jüdischen Gelehrten und Kaufleute haben sehr viel dazu beigetragen, daß Deutschland den Krieg durchhalten konnte. Unter der Republik haben sie geholfen, Deutschland vor

2 Der Hochkommissar für die Flüchtlinge aus Deutschland, James G. McDonald, war Ende 1935 zurückgetreten. Seinem Rücktrittsschreiben vom 27. 12. 1935 an den Generalsekretär des Völkerbunds legte er 37 Seiten Dokumente zur Verfolgung der deutschen Juden bei. Brief und Dokumente wurden vom Völkerbund veröffentlicht: James G. McDonald, Lettre de démission adressée au Secrétaire général de la Société des Nations. Avec une annexe contenant l'analyse des mesures prises en Allemagne contre les „non-Aryens" et de leurs effets sur la question des réfugiés, Genf 1936. Siehe auch Archives of the Holocaust, Vol. 7, Doc. 53, S. 241–286.

den schwersten Folgen der Niederlage zu bewahren, sie haben Deutschland geholfen, die Fäden zu der übrigen Welt zu knüpfen. Trotzdem mache man sie, die nur ein Hundertstel der Bevölkerung sind, für die Niederlage und alles andere Unglück verantwortlich. Abgesehen von der Oberschlesien-Konvention vom Mai 1922, schreibt McDonald, ist Deutschland durch keinen ausdrücklichen Vertrag gebunden, rassischen, religiösen und sprachlichen Minderheiten Bürgerrechte zu gewähren. Aber der Grundsatz der *Achtung der Minderheitenrechte* ist in das *öffentlich geltende Gesetz Europas* eingegangen und wurde in den bedeutendsten internationalen Instrumenten des 19. Jahrhunderts anerkannt. Ich verweise auf den Wiener Kongreß, den Kongreß in Berlin 1878, schließlich auf den Friedenskongreß 1919. Auf diesem Friedenskongreß erklärte die deutsche Delegation spontan, daß Deutschland entschlossen sei, Minderheiten fremden Ursprungs Gleichberechtigung und gleiche Behandlung zu gewähren. Vom Augenblick seiner Zulassung zum Völkerbund an übernahm Deutschland sogar die Führung in der Verwirklichung der Grundsätze des internationalen Minderheitenschutzes.

Der Völkerbund und seine Mitglieder, so erklärt McDonald, müssen *im Namen der Menschlichkeit und des internationalen Rechtes* sich mit einem energischen Appell an die deutsche Regierung wenden und Deutschland zu einer Respektierung der international geltenden Grundsätze veranlassen. Alle die oben angeführten Tatsachen gäben die Grundlage zu einem sehr nachdrücklichen Appell, den alle Staaten, seien sie Mitglied des Völkerbundes oder nicht, bei der deutschen Regierung vorbringen sollten, einem Appell, der sich auf die Grundsätze der Menschlichkeit und des internationalen Friedens beruft.

Sollte dieser Appell gegen alle Erwartungen des gesunden Menschenverstandes und des menschlichen Fühlens nichts nützen, so entsteht eine Lage, daß die bedrohte Lage der Juden, der christlichen Nichtarier, der Protestanten und der Katholiken nicht bloß durch philanthropische Maßnahmen gelöst werden kann. Man wird sich entschließen müssen, auf die Grundursache aller dieser Verfolgungen zurückzugehen, denn sie stellen *eine dauernde Bedrohung des internationalen Friedens* und eine Schädigung der berechtigten Interessen der anderen Staaten, insbesondere der Nachbarstaaten Deutschlands, die die Flüchtlinge aufgenommen haben, dar. Der Völkerbund als ein Verband von Staaten müsse selbst diese Frage des gemeinsamen Interesses der Staaten prüfen. Der Völkerbundspakt sehe ausdrücklich vor, daß Rat und Völkerbundsversammlung sich mit allen Fragen zu befassen haben, die den Weltfrieden berühren oder sonst in die Tätigkeit des Völkerbundes eingreifen. Das wichtigste Element des Friedens und der internationalen Sicherheit stelle aber *die Sicherung des Individuums gegen die religiöse und rassische Verfolgung* dar. Der Völkerbund müsse dort eingreifen, wo es gilt, eine drohende menschliche Tragödie zu verhüten.

Der Hohe Kommissar James McDonald schließt sein Schreiben an das Völkerbundssekretariat mit den folgenden Worten:

In der Ueberzeugung, daß, wenn die gegenwärtig im Reich geltenden Tendenzen nicht geändert werden, Not und Verzweiflung der Flüchtlinge in den an Deutschland grenzenden Ländern sich steigern und ein noch furchtbareres menschliches Elend innerhalb der deutschen Grenzen platzgreifen wird, kann ich es mir nicht erlauben, zu schweigen. Tritt ein Fall ein, wo die Innenpolitik eines Staates Hunderttausende mit Demoralisierung und Exil bedroht, dann müssen Erwägungen diplomatischer Courtoisie zugunsten allgemein menschlicher Erwägungen zurückgestellt werden. Es wäre eine Feigheit von mir, wenn ich nicht die Lage so darstellen sollte, wie sie wirklich ist, und nicht dafür plädieren würde, daß die öffentliche Meinung der Welt, repräsentiert durch den Völkerbund und seine Mit-

gliedstaaten, sowie durch andere Länder, etwas unternimmt, um die bestehende Tragödie aus der Welt zu schaffen und in Zukunft drohende Tragödien abzuwenden.
Hoher Kommissar McDonald fügt seinem Schreiben *einen Tatsachenbericht* bei, der die amtlichen Urkunden über die Lage der Juden in Deutschland anführt. McDonald nennt sie *„erschütternde menschliche Dokumente"*.

DOK. 222

Der Stürmer: Ein nationalsozialistischer Christ warnt im Januar 1936 die Kirchen vor der massenhaften Taufe von Juden[1]

Brief aus Berlin
Urkunden, die zu denken geben. Massenübertritte der Juden zur katholischen Kirche. Sinn und Zweck der Judentaufe. Der Notschrei eines Berliner Nationalsozialisten

Lieber Stürmer!
In der Hauptstadt des Reiches wohnen Hunderttausende von Arbeitern. Zumeist sind sie nicht Angehörige der NSDAP. Durch die Mitgliedersperre konnten sie nicht mehr zur Bewegung stoßen. Dennoch sind sie *echte Nationalsozialisten.* Sie wissen, daß nicht das Parteibuch und Abzeichen allein den Parteigenossen schaffen können. Ausschlaggebend sind Gesinnung und Charakter. Hunderttausende von Berliner Arbeitern beweisen durch die Tat, daß sie Nationalsozialisten geworden sind. Auch ich kam nicht mehr zur Bewegung. Ich gehörte als guter Katholik, wie es früher nun einmal Sitte war, der Zentrumspartei an. Es war mir nicht leicht, die Gedankengänge eines *Adolf Hitler* zu verstehen. Dazu war ich noch viel zu sehr mit dem Ideengut eines Zentrumsmannes belastet. Heute habe ich mich frei gemacht. Habe all die wirren Gedankengänge über Bord geworfen. Heute stehe ich bedingungslos und – ich weiß es – für alle Zeiten zum Hakenkreuz. Ich rechne mich zu jenen, die sich durch die Tat und ihre unwandelbare Treue zum Führer den Ehrentitel „Nationalsozialist" *verdienen wollen.*
Nationalsozialismus und Christentum
Seit dem Jahre 1933 bin ich regelmäßig Leser des *Stürmers.* Aber ich „lese" den *Stürmer* nicht, ich *studiere* ihn. Studiere ihn jede Woche. Von der ersten bis zur letzten Seite. Und ich danke es ausschließlich dem Stürmer, daß ich heute die Grundlage der nationalsozialistischen Weltanschauung, die *Rassenfrage*, verstanden habe. Es gibt Volksgenossen, die behaupten, der Nationalsozialismus wäre religionsfeindlich. Hakenkreuz und Christuskreuz würden sich nicht vereinen können. Wer derlei Dinge behauptet, ist entweder mit Blindheit geschlagen, oder er ist ein Lügner. Ich bin Nationalsozialist. Gleichzeitig bin ich aber auch ein guter Christ. Und ich weiß es, daß ein Nationalsozialist gleichzeitig [ein] guter Christ sein kann, vorausgesetzt natürlich, daß er das Christentum mit dem *politisierenden Katholizismus* nicht auf eine Stufe stellt. Nein! Mit politisierendem Konfessionalismus hat das wahre Christentum nichts gemeinsam.
Juden im katholischen Gottesdienst
Nahezu jeden Sonntag besuche ich den Gottesdienst. Ich habe das von Jugend an so gehalten. Und ich habe auch als reifer Mann das Bedürfnis im Gotteshause zu weilen. Aller-

1 Der Stürmer, Nr. 3 vom Januar 1936, S. 7.

dings muß ich zugeben, daß ich heute nicht mehr so bei der Sache bin, wie es früher gewesen ist. Sonntag für Sonntag muß ich eine Feststellung machen, die mir den Kirchenbesuch immer mehr verleidet. Früher, da waren wir deutschen Kirchenbesucher doch ausschließlich *unter uns.* Jetzt aber ist das anders geworden. Ganz gleich, ob ich im Kirchenstuhl knie oder ob ich in einer Ecke der Kirche stehe, immer wieder sehe ich Menschen in meiner Nähe, die nicht zu uns gehören. *Es sind Juden! Getaufte Juden!* Und sie werden immer mehr! Monat für Monat nimmt ihre Zahl zu. Als ich das Hochamt am zweiten Weihnachtsfeiertag besuchte, stand ich sogar mitten in einem *Knäuel von Juden.*

Aus ist es mit der Andacht!

Wenn ich in einer christlichen Kirche einen *Juden* sehe, dann ist es aus mit meiner Andacht. Ich mag mich noch so zusammennehmen, es hilft nichts. Meine Gedanken wandern hinauf in den *Kalvarienberg.* Ich sehe *Christus* am Kreuze hängen. Und die Christusmörder, die den Menschensohn verspotteten, haben die gleichen Gesichter, wie die Juden, die um mich stehen. Meine Gedanken wandern hinüber nach *Rußland.* Ich sehe, wie jüdische Untermenschen die Kirchen einäschern und die Geistlichen ermorden. Meine Gedanken beschäftigen sich mit dem jüdischen Geheimgesetzbuch *Talmud.* Und ich lese die Talmudsprüche, die da lauten:

„*Christus ist ein Hurensohn. Er ist der Sohn einer Menstruierenden. Er ist der Sohn eines Unzuchttieres.*“

Ich denke an die Legion von getauften Juden, die unserer Kirche nur Schmach und Schande gebracht haben. Denke an die Aussprüche von prominenten getauften Juden, die offen erklären, daß der Übertritt des Juden zum Christentum nur ein *Mittel zum Zweck* ist. Es fallen mir die Worte des Juden *Öttinger*[2] ein, der sagte: „*Ich bin von Geburt Jude. Und ich bin nur Christ geworden, um desto ungefährlicher Jude bleiben zu können.*“[3]

Schließlich aber wandern meine Gedanken zum *Stürmer.* Und ich sehe all die Aufsätze vor meinen Augen, die die Kirchen vor dem Juden und seinem *Schein*-Übertritt zum christlichen Glauben gewarnt haben. Ich sehe die Zeichnung des Malers *Fips*[4] vor mir, die unter der Überschrift „Die Judentaufe“ den Text trägt: „Naß werd mer, katholisch werd mer, aber mer bleibt doch ä Jud!“

Massenübertritte der Juden

Seit dem Nürnberger Reichstag[5] nimmt das Hinüberwechseln der Juden zu den christlichen Konfessionen ungeheure Ausmaße an. Zum besonderen können wir Berliner diese Feststellung machen. Mir selbst sind Juden bekannt, die früher jahrelang den *Gottlosenverbänden* angehörten. Mit einer Schamlosigkeit sondergleichen bespuckten und verlästerten sie alles, was mit unserer Religion zusammenhängt. Und heute? Heute sind sie über Nacht zu „Christen“ geworden. Zu „Christen“, die mit der gleichen Kunst, wie sie

2 Richtig: Eduard Maria Oettinger (1808–1872), Journalist und Schriftsteller; Herausgeber mehrerer, auch satirischer Zeitschriften sowie Verfasser zahlreicher Romane und Novellen.

3 Im Original schrieb Oettinger, der damit auf Richard Wagners Schmähschrift „Das Judenthum in der Musik“ (1869) antwortete: „Vor allem muß der Schreiber dieser Zeilen vorausschicken, daß er, von Geburt ein Jude, nur darum katholischer Christ geworden war, um das Recht zu haben, ungefährdet Jude bleiben zu dürfen“; Eduard M. Oettinger, Offenes Billet-doux an den berühmten Hepp-Hepp-Schreier und Juden-Fresser Herrn Wilhelm Richard Wagner, Dresden 1869, S. 5 f.

4 Fips: Pseudonym von Philipp Rupprecht (1900–1975), Zeichner und Dekorateur; 1925–1945 Karikaturist des Stürmers; nach 1945 zu Zwangsarbeit verurteilt, 1950 entlassen.

5 Gemeint sind die im September 1935 vom Reichstag in Nürnberg verabschiedeten antijüdischen Gesetze; siehe die Dok. 198 und 199 vom 15. 9. 1935.

früher ihre Gebetsriemen aufrollten, heute die *Rosenkränze* durch ihre Finger gleiten lassen. Die das „*Ave Maria*" mit der gleichen „Andacht" hersagen, wie sie früher ihre gotteslästerlichen *Talmudsprüche* mauschelten. Jeden Sonntag sehe ich sie, diese erbärmlichen Lügner, an meiner Seite in der Kirche. Ihre wulstigen Lippen flüstern Gebete. Ihre krummen Finger machen das Kreuzzeichen. Man sieht ihnen an, dass sie noch nicht recht sicher sind in ihren Bewegungen. Schade, daß ich kein Kenner des jüdischen Rituals bin. Ich bin überzeugt, daß ich sonst des öfteren sehen könnte, wie die Juden in ihre gewohnten *Synagogengebräuche* zurückfallen. Und immer wieder denke ich mir: „Herrgott, wenn ich nur Gedankenleser wäre! Wenn ich nur wüßte, was in diesen Gehirnen vor sich geht, während der Mund katholische Gebete lispelt und die Judenhände affenartig den Rosenkranz bearbeiten?"

Eine ernste Warnung

Lieber Stürmer! Nun habe ich meinem Herzen einmal Luft gemacht. Nun habe ich einmal das gesagt, was mich seit langem bedrückt. Ich habe es gesagt, weil ich es gut meine mit meiner Kirche und meinen wahren Glaubensgenossen. Und ich bitte Dich, lieber Stürmer, sag Du all das wieder Deinen Millionen von Lesern! Wie oft hast Du das deutsche Volk gewarnt vor Alljuda. Wie viel verdankt Dir die Nation! *Und darum warne heute die christlichen Kirchen. Warne sie immer wieder vor der Judentaufe. Ich weiß, es wird einmal die Zeit kommen, da wird man Dir auch von konfessionellen Kreisen Dank zollen und sagen: „Der Stürmer hat recht gehabt.*" H.K.

DOK. 223

Aus den Sopade-Berichten vom Januar 1936 über die Reaktionen in Deutschland auf die Nürnberger Gesetze[1]

Deutschland-Bericht der Sopade, Januar 1936, Prag (Typoskript)

Die nachstehenden Berichte über die Wirkungen dieser nationalsozialistischen *Aufklärungsarbeit* sind nicht ganz einheitlich. Immerhin stimmt die Mehrzahl in der Feststellung überein, dass zwar die Methoden Streichers allgemeine Ablehnung erfahren, dass aber doch die antisemitische Propaganda nicht ohne Einfluss auf die Einstellung der Bevölkerung zu den Juden bleibt. Dass es eine „Judenfrage" gibt, ist allgemeine Auffassung.

Sachsen, 1. Bericht: Von seiten der Partei wird aber die Judenhetze nach wie vor mit höchster Energie und Gehässigkeit fortgesetzt. Die Behörden und die Schulen sind in der gleichen Richtung unermüdlich tätig und eine Stelle sucht die andere mit immer neuen judenfeindlichen Einfällen zu übertrumpfen, um damit ihre Tüchtigkeit nach oben darzutun. Es wird aber auch berichtet, dass ein beträchtlicher Teil der Bevölkerung heute schon von der Richtigkeit der nationalsozialistischen Rassenlehre überzeugt ist und ihre Anwendung auf das deutsche Volk für eine geschichtliche Notwendigkeit hält, so bedauerlich die harten Folgen für den jüdischen und arischen Einzelmenschen leider auch seien.

2. Bericht: Der Antisemitismus hat zweifellos in breiten Kreisen des Volkes Wurzel gefasst. Wenn die Leute trotzdem beim Juden kaufen, dann tun sie es nicht, um den Juden zu helfen, sondern um die Nazis zu ärgern. Die allgemeine antisemitische Psychose wirkt auch

1 AdsD, Deutschland-Berichte der Sopade, 3. Jg., Nr. 1 vom Januar 1936, Teil A 17–21. Abdruck in: Sopade-Berichte, Bd. 3, S. 24–27.

auf denkende Menschen, auch auf unsere Genossen. Alle sind entschiedene Gegner der Ausschreitungen, man ist aber dafür, dass die jüdische Vormachtstellung ein für alle Mal gebrochen und den Juden ein bestimmtes Betätigungsfeld zugewiesen wird. Streicher wird überall abgelehnt, aber im Grunde gibt man doch Hitler zum grossen Teil recht, dass er die Juden aus den wichtigsten Positionen herausdrängt. Die Arbeiter sagen: in der Republik und auch in der Partei sind die Juden gross geworden.
3. Bericht: Die Meinung der Bevölkerung zur Judenfrage ist: dass die Juden zwar in Zukunft in Deutschland leben dürfen, dass sie aber keine führenden Staatsstellungen mehr einnehmen sollen. Das deutsche Volk soll von Deutschen regiert werden. Bei der Haltung [zu] Juden in der Arbeiterbewegung dagegen ist es etwas anderes. Dagegen, dass auch Juden in der Arbeiterbewegung führende Stellen einnehmen, hat man nichts. Der Jude ist schliesslich auch Mensch. Mit dem Judenboykott ist der grösste Teil der Bevölkerung nicht einverstanden, und die Nazis haben das auch selbst eingesehen und diese Form der Judenbekämpfung jetzt eingestellt.
4. Bericht: Die meisten Menschen bezeichnen die Judengesetze als Unsinn. Das Mitleid mit den Juden ist viel häufiger als die Zustimmung zu den Gesetzen anzutreffen. In den breiten Volksschichten hat der Antisemitismus keine Wurzeln gefasst, vielleicht gerade, weil man in Leipzig mehr als in anderen Städten Juden als Arbeitgeber erlebt und keine schlechten Erinnerungen daran hat. Die Leute beginnen zu merken, was mit dem Antisemitismus beabsichtigt wird. Eine bürgerliche Lehrerin sah sich den schwedischen Antisemitenfilm[2] an und meinte: „Wenn man sich aller Züge einzelner mieser Oberlehrer erinnert und diese Züge zusammensetzt und verallgemeinert, kann man den Oberlehrer genau so anprangern wie den Juden." Das kritische Nachdenken über den Rassenwahn nimmt sichtbar zu.
Mitteldeutschland: Ein jüdischer Geschäftsreisender berichtet: Bei meinen vielen Reisen sind mir noch keine Schwierigkeiten gemacht worden. Die Bevölkerung beteiligt sich an den Hetzereien entweder überhaupt nicht oder nur dem Zwang gehorchend. Auch die Geschäftsleute stehen dem Judenboykott innerlich ablehnend gegenüber. Dafür einige Beispiele:
In X. betrat ich mit einigen jüdischen Freunden ein Hotel. Wir wurden freundlichst empfangen und nach unseren Wünschen gefragt. Wir antworteten, dass wir frühstücken wollen, wir hätten aber leider das Schild „Juden nicht erwünscht" übersehen und bitten deshalb vielmals um Entschuldigung. „Aber bitte meine Herren, lassen Sie sich nicht beirren, das Schild hat gar nichts zu sagen, wir müssen es ja heraushängen", bekamen wir zur Antwort. Wir verliessen natürlich das Lokal.
In Y. ging ich in ein bekanntes Restaurant. Ich bestellte ein Glas Bier und die Speisekarte. Plötzlich entdeckte ich das ominöse Schild: „Juden nicht erwünscht". Ich rief sofort den Kellner, bat höflichst um Entschuldigung, dass ich das Schild übersehen hätte. Der Ober, sichtlich erstaunt, erklärte, dass das Schild gar nichts zu sagen hätte, ich könnte ruhig hier verkehren, sie könnten ja gar nicht anders. Ich erklärte jedoch, dass für mich das Schild schon massgebend ist, bezahlte mein Glas Bier und verliess das Lokal.
Solche Sachen habe ich schon öfters erlebt. Auch eingeschworene Nationalsozialisten richten sich oft nicht nach der Parteilosung.
Schlesien, 1. Bericht: Die Judenhetze wird weiterbetrieben, aber ohne besonderen Erfolg

2 Bezieht sich auf den Film „Petterson und Bendel", der den Anlass zu den Berliner antijüdischen Ausschreitungen vom Juli 1935 gegeben hatte; siehe Dok. 176 vom 16. 7. 1935.

in der Bevölkerung. Nur die lautesten Nazischreier halten sich an die Aufforderung, nicht beim Juden zu kaufen. Es gibt Leute, die den Stürmerkasten sich ansehen und dann in ein jüdisches Geschäft kaufen gehen.
2. Bericht: Neben einem grösseren Steinbruch in X. ist eine Schankwirtschaft, deren Besitzerin Jüdin ist. Fast die ganze Belegschaft verkehrt hier. Vor kurzem hat der Vertrauensmann der Fachschaft „Steine und Erde" einen Anschlag angebracht, der den Verkehr in diesem Lokal untersagt. Die Arbeiterschaft geht trotzdem hin, da sie einmütig auf dem Standpunkt steht, dass das ihre Privatsache ist.
Bayern: Der Kampf gegen Juden und Katholiken hat wieder nachgelassen. Hier ist die Meinung der Leute auch sehr verschieden. Es gibt nicht wenige, die, obwohl keine Nationalsozialisten, dennoch in gewissen Grenzen damit einverstanden sind, dass man den Juden die Rechte beschneidet, sie vom deutschen Volk trennt. Diese Meinung vertreten auch sehr viele Sozialisten. Sie sind zwar nicht mit den harten Methoden einverstanden, die die Nazis anwenden, aber sie sagen doch: „Dem Grossteil der Juden schadet's nicht."
Hessen: Die Bevölkerung dieses Landstrichs ist nicht antisemitisch. Allerdings muss man bedenken, dass in Süddeutschland die Juden von altersher eine andere Stellung einnahmen als in anderen Landesteilen. Dort gibt es auch keine Diskussion unter den Arbeitern über die Stellung der Juden in der Politik. Im allgemeinen sind allerdings die Leute so verroht, dass sie das menschlich-niedrige des Antisemitismus nicht empfinden. Nur die bürgerlichen Kreise, die über eine geistige Tradition verfügen, machen davon eine Ausnahme.
Berlin, 1. Bericht: Auch die Judenhetze bleibt nicht ohne Einfluss auf die Volksmeinung. Ganz langsam werden da Anschauungen hineinfiltriert, die früher abgelehnt wurden. Zunächst liest man den „Stürmer" nur aus Neugier, dann aber bleibt schliesslich doch etwas hängen. Gleichwohl muss man sagen: es spricht viel für das deutsche Volk, dass trotz der jahrelangen Judenhetze es überhaupt noch möglich ist, dass Juden in Deutschland leben können. Wenn nicht das deutsche Volk von Natur aus gutartig wäre, müsste die Propaganda dahin geführt haben, dass die Juden einfach auf der Strasse totgeschlagen würden.
2. Bericht: Im allgemeinen kann man sagen, dass die Rassenfrage als Weltanschauungsfrage sich nicht durchgesetzt hat. Der „Stürmer" wird von niemandem ernst genommen. Gewisse psychologische Wirkungen hat die Judenhetze allerdings gehabt, aber nicht allein für die Juden nachteilige. Es gibt auch Fälle, in denen die Juden unter den Gebildeten als Märtyrer erscheinen, so dass neben dem allgemeinen Antisemitismus hie und da sich Ansätze für einen deutlichen Philosemitismus zeigen.
Dabei muss man berücksichtigen, dass der Antisemitismus im ganzen unter den Intellektuellen nicht mehr aktuell ist; einerseits weil die Polemik gegen die Juden zu grobschlächtig und plump ist, und dann, weil der Antisemitismus überhaupt eine zu wenig problemreiche Sache ist, als dass sie länger die Aufmerksamkeit und das Interesse der Intellektuellen beanspruchen könnte.
3. Bericht: Ich habe den Eindruck, dass der Höhepunkt des Antisemitismus erreicht ist. Gewiss kann es noch zu weiteren gesetzgeberischen Massnahmen in Ausführung der Nürnberger Gesetze kommen, aber der reine Radau-Antisemitismus hat seinen Höhepunkt überschritten. Wenn man bedenkt, dass das Volk trotz jahrelanger Judenhetze auch heute noch diese Hetze nur in seinem kleinen Teil mitmacht, dass die meisten sogar den Judenboykott selbst boykottieren, dann muss man geradezu Achtung davor haben, wie wenig die antisemitischen Parolen im Volke verfangen haben. Andererseits muss man bedenken, dass das deutsche Volk innerlich immer antisemitisch gewesen ist. Dieser gemässigte Antisemi-

tismus hat auch heute noch Boden in den Kreisen, die den Radau-Antisemitismus ablehnen. Die Deutschnationalen z. B., die zum Regime in Opposition stehen, lehnen zwar den Antisemitismus des „Stürmers" ab, haben aber im Grunde gegen die Nürnberger Rassengesetze nichts einzuwenden. Wenn man mit ihnen über die Judenfrage spricht, dann halten sie eine „Lösung" dieser Frage ebenfalls für nötig, wenn auch mit anderen Methoden, als die Nazis sie anwenden. Ganz allgemein kann man feststellen, dass es die Nationalsozialisten tatsächlich fertiggebracht haben, die Kluft zwischen dem Volk und den Juden zu vertiefen. Das Empfinden dafür, dass die Juden eine andere Rasse sind, ist heute allgemein.
Inwieweit in den Kreisen der Nationalsozialisten selbst die antisemitischen Ausschreitungen verurteilt werden, lässt sich schwer feststellen. Es ist bei dieser Frage ebenso, wie bei allen anderen. Die radikalen Schreier geben den Ton an, und die Ruhigen merkt man nicht. Sie trauen sich unter den heutigen Umständen wohl auch kaum, etwas zu sagen. Immerhin kann man auch heute noch von jüdischen Aerzten hören, dass sich nach wie vor Pgs. von ihnen behandeln lassen.

DOK. 224
Der Regierungspräsident in Potsdam berichtet dem Oberpräsidenten und Gauleiter Kube am 4. Februar 1936 über seine geplante Rundverfügung zur Judenfrage[1]

Schreiben (geheim) des Regierungspräsidenten in Potsdam[2] (I Pol. gh. 903), an den Gauleiter und Oberpräsidenten der Provinz Brandenburg, Preuß. Staatsrat Wilhelm Kube,[3] Berlin, vom 4. 2. 1936 (Entwurf)[4]

Betrifft: Erlaß einer Rundverfügung zur Judenfrage. Ohne Erlaß.
Berichterstatter: Regierungs-Assessor *Radmann*[5]
Die Judengesetzgebung hat durch den Erlaß der Durchführungs- und Ausführungsbestimmungen zu den Nürnberger Gesetzen vorläufig ihren Abschluß gefunden. Eine bis ins einzelne gehende Regelung der künftigen Behandlung der Juden ist indessen durch sie noch nicht getroffen. Eine Reihe von Landräten meines Bezirkes haben bereits vorher Berichte über örtliche Maßnahmen zur Lösung der Judenfrage vorgelegt.[6] Sie behandeln u. a. vor allem Beschlüsse einzelner Gemeinden über den künftigen Rechtsverkehr und den

1 BLHA, Pr.Br.Rep. 2 A I Pol/1919, Bl. 281–283RS.
2 Regierungspräsident in Potsdam war Dr. Ernst Fromm (1881–1971), Staatswissenschaftler; 1932 NSDAP-Eintritt; 1923–1930 im Reichsministerium für die besetzten Gebiete, 1930–1933 im RMdI tätig, von 1933 an Regierungspräsident in Potsdam, 1937 erzwungene Versetzung in den Wartestand, von 1943 an Verwaltung des Landratsamts Oschersleben.
3 Wilhelm Kube (1887–1943), Journalist; 1919–1923 DNVP-Mitglied, 1927/28 NSDAP- und 1933 SS-Eintritt, 1927–1933 Gauleiter Ostmark; 1933–1936 Oberpräsident der preuß. Provinz Brandenburg und Gauleiter der Kurmark, 1936 Verlust aller Ämter, 1941–1943 Generalkommissar für Weißruthenien; starb durch ein Partisanenattentat.
4 Im Original handschriftl. Änderungen und Bearbeitungsvermerke. Das ursprüngliche Datum 29. 12. 1935 ist gestrichen und handschriftl. durch „4. 2. 1936" ersetzt. Am linken Rand handschriftl. Vermerk: „gef. u. ab Sch 4/2.", „2) Wv. 2. 3. 1936". Der Runderlass des Regierungspräsidenten in Potsdam erging dann am 3. 3. 1936 an Polizeipräsidenten, Landräte, Oberbürgermeister und Ortspolizeiverwalter; wie Anm. 1, Bl. 307–308RS.
5 Vermutlich Helmuth Radmann (*1908), Jurist; 1932 NSDAP-Eintritt; 1932 Gerichtsreferendar in Beuthen; 1933–1935 wohnhaft in Breslau, 1935–1937 in Potsdam und von 1937 an in Berlin.
6 Nicht aufgefunden.

Umgang ihrer Einwohner mit Juden. Ich beabsichtige mit einer im Entwurf beigefügten Rundverfügung zu den von ihnen und zu von mir beobachteten Mißständen auf dem Gebiete der öffentlichen Aufklärung über die Judenfrage Stellung zu nehmen.
Ich bitte aber mit Rücksicht auf die grundsätzliche Bedeutung der Angelegenheit, und um die Einheitlichkeit ihrer Behandlung im gesamten Gau Kurmark zu sichern, um eine Stellungnahme zu meinem Entwurf.
Ich würde es begrüßen, wenn die genehmigte Verfügung auch allen in Betracht kommenden Parteistellen des Gaus zugeleitet werden würde, denn die Beschlüsse der Gemeinden sind häufig gerade durch die Parteidienststellen veranlaßt worden.
Die in meinem Entwurf angezogene Rundverfügung vom 22. August 1935 – I Pol.g.705 geh. – hat den mir unterstellten Behörden lediglich den Geheimen Runderlaß des Herrn Reichs- und Preußischen Ministers des Innern vom 20. August 1935 – III P.3710/59 XIII g –[7] über das Verbot von Einzelaktionen gegen Juden zur Kenntnis gebracht.[8]

2. Als Anlage zu 1 ist folgender Entwurf zu fertigen:
Entwurf.
Die Judenfrage hat durch die Nürnberger Gesetze und die zu ihnen ergangenen Durchführungs- und Ausführungsbestimmungen ihre zunächst abschließende Regelung gefunden. Ich nehme das zum Anlaß, um unter Hinweis auf meine Rundverfügung vom 22. August 1935 – I Pol.g.705 geh. – das Verbot jeglicher Einzelaktion gegen die Juden allen beteiligten Stellen nochmals mit aller gebotenen Eindringlichkeit in Erinnerung zu bringen. Die Erfahrungen der letzen Zeit haben den geringen Wert – richtiger gesagt: den Unwert – eines Vorgehens Einzelner bei Bekämpfung des schädlichen Einflusses des Judentums gezeigt. Die Stellung der Schädlinge ist im allgemeinen unverändert geblieben. Der Jude hat dagegen seinerseits den ihm angeblich zugefügten Schaden benutzt, um unter Hinweis auf ihn Mitleid zu erregen und letzten Endes auf diese Weise für sich zu werben.[9]
Eine Reihe von Gemeinden meines Bezirks hat geglaubt, der vorhandenen, bewußten und gefühlsmäßigen Ablehnung der Juden seitens der deutschen Volksgenossen durch veröffentlichte Beschlüsse über eine Beschränkung des Rechtsverkehrs und des Umgangs

7 Siehe Runderlass des RuPrMdI, Frick, vom 20. 8. 1935; BArch, R 1501/5513, Bl. 2. Abdruck in: Dokumentation Rheinland-Pfalz, S. 54 f.

8 Der folgende Absatz ist im Original gestrichen: „Der von mir mit Bericht vom 22. Dezember 1935 – I Po g. 3040 – abschriftlich überreichte Erlaß des Herrn Reichs- und Preußischen Wirtschaftsministers vom 12. Dezember 1935 – IV 26037/35 – mit der ihm abschriftlich anliegenden Stellungnahme des Herrn Stellvertreters des Führers, des Herrn Reichs- und Preußischen Ministers des Innern und des Herrn Reichs- und Preußischen Wirtschaftsministers zu dem Begriff der Einzelaktion gegen Juden ist von mir bei dem Entwurf meiner Rundverfügung berücksichtigt. Ich beabsichtige dementsprechend, wie in meiner Verfügung zum Ausdruck gebracht, bei etwa notwendig gewordenen Beschlüssen der Gemeinden meines Bezirks zur Judenfrage die Genehmigung des Herrn Reichs- und Preußischen Ministers des Innern einzuholen. Ein Vorgehen gegen jede Art von aufklärenden Anschlägen gegen Juden (Stürmerkästen) ist nach meiner Anschauung auch auf Grund der durch den Herrn Reichs- und Preußischen Wirtschaftsminister eingeholten Stellungnahmen und seiner von ihm selbst über die Einzelaktion vertretenen Auffassung nicht zu erwarten. Anweisungen über sie sind also noch weiter notwendig." Am Blattende handschriftl.: „Ein Durchschlag zur Verwendung bei der Gauleitung anbei".

9 Der folgende Absatz ist im Original gestrichen: „Beobachtungen über die vielfach in den Gemeinden meines Bezirks von der Volksgemeinschaft geführte Abwehrarbeit gegen das Judentum veranlassen mich, über das Vorgesagte hinaus noch Folgendes zu bemerken."

ihrer Bürger mit den Juden Ausdruck geben zu müssen. Die Beschlüsse gehen häufig über die der kommunalen Verwaltung durch das Gesetz auferlegten Schranken hinaus. Sie versagen, um ein Beispiel zu nennen, den Juden etwa die Bauerlaubnis und Wohnsiedlungsgenehmigung, deren Erteilung oder Versagung in Wahrheit Sache der staatlichen Behörden ist. Ihr Bekanntwerden und ihre Veröffentlichung muß zudem – und darin sind besonders die Bedenken gegen sie zu erblicken – in jedem mit den wirklichen Verhältnissen nicht Vertrauten den Eindruck entstehen lassen, der Jude habe in Deutschland unabhängig von der Rassenschutzgesetzgebung eine dem deutschen Bürger gegenüber schwer gedrückte Stellung. Tatsächlich ist dagegen die Lebensmöglichkeit des Juden in Deutschland auch nach der neuen Gesetzgebung keineswegs beeinträchtigt. Sie haben insbesondere weiter die von ihnen erwünschte Gelegenheit, einer gewinnbringenden Tätigkeit frei nachzugehen. Die Bekanntgabe solcher Beschlüsse dient daher nur dazu, im In- und Ausland völlig irrige Ansichten über die Lage des Judentums in Deutschland aufkommen zu lassen und der Hetze des Weltjudentums gegen Deutschland willkommenen Agitationsstoff zu geben. Ich kann infolgedessen förmliche und grundsätzliche Gemeindebeschlüsse über die künftige Behandlung der Juden nicht gutheißen und verbiete es den Gemeinden meines Bezirks mit sofortiger Wirkung, ohne meine ausdrückliche vorher eingeholte Genehmigung noch Beschlüsse zur Judenfrage zu fassen. Das soll eine notwendig gewordene Lösung von Einzelfragen natürlich nicht ausschließen. Ich bin mir zum Beispiel der Unzuträglichkeiten, die sich aus einer Benutzung gemeindlicher Badeanstalten durch Juden ergeben können, bewußt. Ich ersuche aber, entsprechend dem Vorgesagten in solchen Fällen vor einer Beschlußfassung mit eingehendem Bericht meine Zustimmung einzuholen.[10] Eine überflüssige und vermeidbare Veröffentlichung etwa genehmigter Beschlüsse hat zu unterbleiben.
Die antideutsche Propaganda des Judentums zwingt mich auch – ich wende mich dabei insbesondere an die Gemeinden mit starkem Fremdenbesuch –, vor der gebräuchlich gewordenen Aufstellung von Tafeln usw. mit aufklärendem Inhalt über die Judenfrage an Straßen und Plätzen mit großem Verkehr zu warnen.[11] Der Deutschland besuchende Ausländer ist vorher einer ständigen und schrankenlosen antideutschen Hetze durch die Judenpresse ausgesetzt gewesen, er glaubt vielfach in der öffentlichen Ausstellung der aufklärenden Schriften und Schilder ein Zeichen einer, nach seinen Begriffen „intoleranten" Gesinnung sehen zu müssen. Die antideutsche Propaganda wertet das geschickt aus und die vermeintlichen Erfolge der Aufklärungsarbeit im deutschen Volke treten, im Großen gesehen, gegenüber der Einbuße an deutschfreundlicher Gesinnung im Auslande zurück. Es wird sich nach meiner Anschauung weiter, abgesehen von der Rücksicht auf den Fremdenverkehr, verbieten, Anschlagstafeln mit aufklärendem Inhalt, die notwendigerweise oft sehr unerfreuliches Material aus dem Geschlechtsleben enthalten müssen, in unmittelbarer Nähe von Schulen und sonst von der Jugend viel besuchten Orten aufzustellen. Die Jugend wird dadurch in einer sicherlich ungewollten, aber doch schädlichen Nebenwirkung sehr unerwünschterweise zu Eindrücken gelangen, die sich in der Entwickelungszeit nur ungünstig auswirken können.
Die Anbringung von Schildern mit bedenklichem Inhalt, wie etwa: „Das Betreten des Or-

10 Im Original gestrichener Satz: „Ich werde gegebenenfalls höheren Orts berichten."

11 Im Original gestrichener Satz: „Die Erfolge der auf dem Gebiete der Aufklärung des deutschen Volkes über die jüdische Gefahr unermüdlich, insbesondere durch die zielbewußt kämpfende Zeitschrift ‚Der Stürmer' geleisteten Arbeit sind unbestreitbar."

tes ist für Juden mit Lebensgefahr verbunden", hat, wie schon wiederholt in Einzelfällen bekannt gegeben worden ist, selbstverständlich zu unterbleiben.
Der im Sinne vorstehender Weisungen richtigen Behandlung der Judenfrage kommt gerade im laufenden Jahre wegen der Olympiade eine auf das Aeußerste gesteigerte Bedeutung zu und zwar gerade im Regierungsbezirk Potsdam, in welchem sich nicht nur das olympische Dorf befindet, sondern welcher auch sonst ausflugsweise stark von Angehörigen aller Nationen aufgesucht werden wird. Unter den fremdländischen Besuchern befinden sich nicht nur Juden, sondern vor allem auch zahlreiche Nichtjuden, die, wenn sie auch nicht gerade Judenfreunde, so doch jedenfalls keine grundsätzlichen Gegner sind und die der deutschen Rassengesetzgebung vorerst noch verständnislos gegenüberstehen. Die Gefühle aller dieser fremdländischen Teilnehmer und Besucher der olympischen Spiele dürfen schon aus Gründen der Höflichkeit gegenüber den Gästen Deutschlands nicht durch außenpolitisch aufreizend wirkende Plakate, Anschläge und Boykottmaßnahmen verletzt werden.
Allgemein und grundsätzlich bleibt stets zu beachten, daß die Judenfrage, soweit sie nicht bereits im Sinne des nunmehr im Aufbau befindlichen Dritten Reiches gesetzlich geregelt ist, nicht durch mehr oder weniger ungesetzliche Kampfmittel entscheidend und bleibend gelöst werden kann, sondern allein durch erzieherische Einwirkung auf die deutschen Volksgenossen und durch die als Folge dieser Einwirkung zunehmend geübte Selbstzucht und Zurückhaltung aller deutschen Volksgenossen gegenüber den Juden. Alle erzieherischen Maßnahmen in diesem Sinne müssen sich in den Grenzen halten, bei deren Ueberschreitung sie aufhören, erzieherische Einwirkung auf die deutschen Volksgenossen zu bedeuten, und vielmehr anfangen, unzulässiger Zwang zu sein, der sich öffentlich und mehr oder weniger unmittelbar gegen die Juden richtet.

DOK. 225

Der Reichsinnenminister ordnet am 5. Februar 1936 an, antijüdische Ausschreitungen wegen der Ermordung Gustloffs in Davos zu verhindern[1]

Runderlass des RuPrIM (III P 3710/459) an die Reichsstatthalter, den Reichskommissar für die Rückgliederung des Saarlandes[2], die Landesregierungen, für Preußen an die Oberpräsidenten sowie an sämtl. Polizeibehörden vom 5. 2. 1936[3]

Betr. Verhütung von Ausschreitungen aus Anlass der Ermordung des Gruppenleiters Schweiz der NSDAP Gustloff.[4]
Unter Bezugnahme auf meinen Erlass zur Verhinderung von Ausschreitungen vom

1 BArch, R 58/276, Bl. 36.
2 Reichskommissar für die Rückgliederung des Saarlandes war 1935–1936 Josef Bürckel (1895–1944), Volksschullehrer; 1921 NSDAP-Eintritt, von 1926 an NSDAP-Gauleiter der Rheinpfalz und von 1933 an zugleich des noch von Frankreich verwalteten Saarlandes; 1936–1940 Reichskommissar für das Saarland und 1938–1940 Reichskommissar für die Wiedervereinigung Österreichs mit dem Reich, 1940–1944 Chef der Zivilverwaltung in Lothringen; nahm sich 1944 das Leben.
3 Hier übermittelt durch Funkspruch aus Berlin (K 8 126) vom 5. 2. 1936 an alle Bezirksämter, Polizeipräsidien und Polizeidirektionen (aufgen. vom Polizeidienst Freiburg i. Br. am 6. 2. 1936, Eingang Badisches Bezirksamt Schopfheim 7. 2. 1936).
4 Wilhelm Gustloff (1895–1936), Bankkaufmann; 1929 NSDAP-Eintritt, von 1932 an Landesgruppenleiter der NSDAP-Auslandsorganisation in der Schweiz.

20. 8. 1935 III P 3710/59[5] ordne ich im Einvernehmen mit dem Stellvertreter des Führers Rudolf Hess an, dass Einzelaktionen gegen Juden aus Anlass der Ermordung des Leiters der Landesgruppe Schweiz der NSDAP Wilhelm Gustloff in Davos unbedingt zu unterbleiben haben.[6] Ich ersuche gegen etwaige Aktionen vorzugehen und die öffentliche Sicherheit und Ordnung aufrecht zu erhalten. Sofern es zu Ausschreitungen kommen sollte, ist mir unverzüglich fernmündlich oder telegraphisch zu berichten.

DOK. 226

Der Vertreter Eidmann beschwert sich bei Kaufmann Bertram am 13. Februar 1936 über den Verkauf von Waren jüdischer Firmen in arischen Geschäften[1]

Schreiben von Bernhard Eidmann,[2] Berlin-Zehlendorf, Eckener-Allee 61, z. Zt. Erlangen, an Firma Ludwig Bertram,[3] Gera/Thüringen, vom 13. 2. 1936 (Abschrift)[4]

Bei meinem Besuch am gestrigen Mittwoch haben Sie, Herr Bertram, Ihrer Gattin gegenüber eine Äusserung getan, von der ich Ihnen sagte, dass ich sie als schwere Beleidigung empfinden müsse. Trotzdem nahmen Sie keine Veranlassung, sich zu entschuldigen. Ich bin nicht in der Lage, diese Beleidigung auf mir sitzen zu lassen und fordere Sie hierdurch um eine entsprechende Erklärung auf.

Ich betrat Ihren Laden mit der Frage: „Bin ich hier in einem deutschen Geschäft?" Die mich empfangende Dame, Ihre Gattin, antwortete darauf mit offenbarer Entrüstung „Aber selbstverständlich." Hierauf entgegnete ich, dass ich mir diese Frage nur erlaubt hätte, weil draussen noch das Eres-Transparent[5] hängt, welches im Allgemeinen nur noch bei jüdischen Geschäften zu sehen sei. Ihre Gattin entgegnete darauf, dass das wohl nicht der Fall wäre. Auch andere und grössere Firmen führten noch Eres-Artikel, und die sollten erst einmal mit der Aufgabe der jüdischen Verbindungen vorausgehen, z. B. Hollenkamp. Meine Antwort hierauf, dass Hollenkamp wohl nicht mehr mit Eres arbeite, mindestens aber am Geschäftsäusseren keine Eres-Reklame mehr mache (in

5 Runderlass des RuPrMdI (III P 3710/59), Frick, vom 20. 8. 1935; BArch, R 1501/5513, Bl. 2. Abdruck in: Dokumentation Rheinland-Pfalz, S. 54 f.

6 Wilhelm Gustloff war am 4. 2. 1936 in Davos durch den Studenten David Frankfurter (1909–1982) ermordet worden. Frankfurter stellte sich freiwillig und wurde vom Kantonsgericht Graubünden in Chur im Dezember 1936 zu 18 Jahren Zuchthaus verurteilt. 1945 wurde er begnadigt und emigrierte nach Palästina.

1 StAHH, 131-6, Nr. 106.

2 Bernhard Eidmann (*1886), Kaufmann; 1903–1924 als Angestellter, dann als Geschäftsführer in mehreren Textilfirmen tätig, von 1925 an Inhaber des Textil-Einkaufshauses Bernhard Eidmann in Berlin, der Leo Taverne AG-Herrenkleiderfabrik in Stettin und der Fa. Gebrüder Rockmann Leipzig; zugleich als Vertreter der Szillath & Co. Berlin tätig.

3 Ludwig Theodor Bertram (1874–1941), Kaufmann; Inhaber der gleichnamigen Textilfirma in Gera.

4 Das hier abgedruckte Schreiben befindet sich als Teil eines Briefwechsels in einer Akte der Hamburger Staatskanzlei mit einem Vorgang zur Hamburger Firma Rappolt. Ludwig Bertram hatte diesen Briefwechsel der Firma Rappolt am 27. 4. 1936 zur Kenntnisnahme vertraulich übersandt.

5 Die Plakate warben für die unter dem Qualitätssiegel „Eres" hergestellten Textilien der Firma Rappolt (Eres = R. S. = Rappolt & Söhne). Die Textilfirma Rappolt & Söhne Hamburg, gegründet Mitte des 19. Jahrhunderts, hatte zur NS-Zeit 610 Belegschaftsmitglieder und 200 Heimarbeiter. Sie wurde 1938 „arisiert" und in Eres Kommanditgesellschaft Hamburg umbenannt.

Erfurt hat man an Stelle des Wortes Eres die äussere Rundung im Transparent durch eine rote Scheibe ersetzt), überbrachte Ihre Gattin Ihnen, wodurch ich die Ehre hatte, mit Ihnen ins Gespräch zu kommen. Das erste, was Sie sagten, war, Sie könnten das Verhalten von Hollenkamp und auch das Ihres Freundes Zelle in Leipzig nur als feige bezeichnen. Sie sähen keine Veranlassung, die 36jährige Verbindung mit Rappolt aufzugeben, zumal Sie mit den Inhabern (oder einem Inhaber) persönlich gut befreundet wären. Zudem gäbe es keinen Ersatz für Rappolt. Seine Leistungen seien einzig. Hiergegen machte ich geltend, dass dies nicht mehr der Fall sei. Unter Beweis stellen könnte ich diese meine Behauptung jedoch nur durch Vorlage der Kollektion und Lieferung einwandfreier, erstklassiger Ware. Dazu bedürfe es aber erst Ihrer freundlichen Zustimmung, und ich bat Sie um diese Zustimmung. Auch das lehnten Sie ab mit der Bemerkung, dass Sie grundsätzlich sich ins Geschäft nicht hereinreden liessen. Sie kauften ausschliesslich da, wo Sie es für richtig hielten. Sie liessen die Politik aus dem Geschäft heraus. Demgegenüber erlaubte ich mir den höflichen Hinweis darauf, dass das Tragen des SS-Abzeichens nicht im Einklang mit dem öffentlichen Zeigen des ERES-Plakates stehe. Hiergegen machten Sie geltend, Sie seien seinerzeit aufgefordert worden, der SS als förderndes Mitglied beizutreten (wenn ich mich nicht irre, sagten Sie sogar, Sie seien gedrängt worden). Sie hätten dem nachgegeben und seien Mitglied geworden, um der Verbundenheit mit der neuen Bewegung Ausdruck zu verleihen. Das sei aber eine private Angelegenheit, mit dem Geschäft habe das nichts zu tun.
Bei der Zurückhaltung, der ich mich befleissigte, habe ich Ihnen, da Sie ein älterer Herr sind, etwa 10 bis 20 Jahre älter als ich, nicht die Vorhaltung gemacht, dass im Allgemeinen solche *äusseren* Abzeichen *im Geschäft* aus dem ganz bestimmten Grunde getragen werden, um damit diejenigen Kunden heranzuziehen oder zu behalten, die Wert darauf legen, in deutschen Geschäften deutsche Ware zu kaufen. Sie fühlten dabei offenbar selbst den Widerspruch gegen Ihre Äusserung, dass Sie die Politik aus dem Geschäft heraus halten wollen, und ich beschränkte mich darauf, Ihnen nahezulegen, mit solchen Äusserungen, wie Sie jetzt mehrere getan hätten, doch zurückhaltend zu sein, da sie der allgemeinen heutigen Auffassung nicht mehr entsprächen. Wenn ich z. B. meiner Firma die Unterredung wortgetreu berichten würde und diese würde diesen Bericht an die Adefa[6] weitergeben, so würde wohl innerhalb weniger Tage entweder das SS-Abzeichen oder das Eres-Plakat verschwinden. Sie bestritten dies und sagten wörtlich: „Sie können meinetwegen Ihrer Firma dies alles berichten. Ich lasse mich keinesfalls belehren, und ich werde mir keinesfalls in meine geschäftlichen Massnahmen hereinreden lassen." Wörtlich sagten Sie noch: „Ich bin auch Antisemit. Ich lese auch ab und zu den Stürmer. Aber diese Politik hat alles mit dem Geschäft nichts zu tun. Mein Vater hat mir vor 40 Jahren schon den Rat gegeben, ‚lass die Politik aus dem Geschäft'." Am wenigsten liessen Sie es gelten, dass die Herren von der Adefa sich in Ihr Geschäft einmischten. Ich sagte darauf, dass das, was Sie Politik nennen, m. E. heute kaum noch vom Geschäft getrennt werden könnte. Auch wenn man nicht Antisemit sei, könne man als deutscher Kaufmann den Standpunkt vertreten, dass es eine wichtige Aufgabe ist, den bestehenden oder wenigstens bislang bestandenen Zustand des jüdischen Übergewichts in der Konfektionsbranche zu beseitigen. Das sei sowohl Auf-

6 Die Arbeitsgemeinschaft deutsch-arischer Fabrikanten der Bekleidungsindustrie e. V. (Adefa) wurde 1933 gegründet. Sie vertrat ca. 500 Unternehmen und stattete die Produkte der Mitgliedsfirmen mit dem Etikett „Adefa – das Zeichen für Ware aus arischer Hand" aus.

gabe der Adefa, als auch meine Aufgabe, und ich erlaubte mir der Meinung Ausdruck zu geben, dass es auch Ihre Aufgabe sei, insbesondere als Angehöriger einer P.O.[7]
Nach der Fortsetzung der Unterredung, die im Allgemeinen aus der Wiederholung des Vorstehenden bestand, wollte ich meinen Besuch enden und liess mir von Ihnen bestätigen, dass Sie mit dem Bericht an meine Firma einverstanden seien. Sie wiederholten Ihr Einverständnis, wandten sich dann aber doch inkonsequenterweise mit folgenden Worten an Ihre Gattin: „Da siehst Du wieder mal diese deutschen Vertreter, wie sie mit Erpressung Geschäfte machen wollen."
Ich verbat mir diese in Gänsefüsschen ausgesprochenen Worte, *diese deutschen* Vertreter und das Wort von der Erpressung, und sagte Ihnen, dass ich mir diese Beleidigung nicht gefallen lassen könne. Trotzdem nahmen Sie keinen Anstand, sich zu entschuldigen, obwohl die Unterhaltung von mir aus in den konziliantesten Formen und höflichstem Ton gehalten war. Weder meine Firma noch ich haben es nötig, geschäftliche Erfolge durch Hervorkehrung unseres Deutschtums, geschweige durch Erpressung zu erzielen. Wir legen unsere Ehre darein, durch Leistungen ins Geschäft zu kommen. Umso mehr bin ich nicht in der Lage, die ausgesprochene Beleidigung auf mir sitzen zu lassen. Wie anfangs betont, fordere ich Sie nunmehr zu einer entsprechenden Erklärung auf.[8]
Mit deutschem Gruss!

DOK. 227

Das Landesfinanzamt Karlsruhe berichtet dem Reichsfinanzminister am 3. März 1936 über die Zusammenarbeit mit der Gestapo bei der Überwachung von Juden[1]

Schreiben des Präsidenten des Landesfinanzamts Karlsruhe, i. V., (Schneider),[2] Berichterstatter Oberregierungsrat Brandt, an RFM/Abt. III (Eing. 4. 3. 1936) vom 3. 3. 1936[3]

Vorgang: Erlaß vom 23. 1. 36 O 2011 – 5 III/O 1729 – 998 II[4]
Anlage: 1 Durchschlag des Berichts.
1 Abschrift.[5]

Bei den meisten Finanzämtern und Hauptzollämtern meines Bezirks sind Wahrnehmungen, daß Steuerpflichtige – insbesondere nichtarische Personen – ihre Bank- oder

7 P.O.: Parteiorganisation (NSDAP).
8 Am 18. 2. 1936 antwortete Bertram und verbat sich, von einem Vertreter nach Abzeichen, Herkunft und Lieferanten befragt zu werden. Eidmann habe außerdem kein Recht, ihm mit der Anzeige bei der Adefa zu drohen; wie Anm. 1.

1 BArch, R 2/5978, Bl. 34–38.
2 Ludwig Eduard Schneider (1873–1941); von 1920 an Oberregierungsrat beim Landesfinanzamt Karlsruhe, 1933–1938 Direktor desselben; 1938 NSDAP- Eintritt; 1938 pensioniert und 1939–1941 als Finanzbeamter im Finanzamt Stockach reaktiviert.
3 Im Original mehrere handschriftl. Bearbeitungsvermerke.
4 Der RFM hatte am 23. 1. 1936 die Landesfinanzämter aufgefordert, bis zum 1. 3. 1936 zu berichten, welche Erfahrungen „bei der Abwanderung nichtarischer Personen" gemacht worden seien; wie Anm. 1, Bl. 9. Siehe dazu in derselben Akte die Berichte der Landesfinanzämter, z. B. Schreiben des Präsidenten des LFA Berlin an das RFM vom 27. 2. 1936; ebd., Bl. 12–17RS. Abdruck in: Die Reichsfinanzverwaltung, Dok. Nr. 11, S. 42 f. Eine Zusammenfassung der Berichte; wie Anm. 1, Bl. 96–106.
5 Ebd., Bl. 67–72RS.

Postscheckguthaben abheben oder ihre Wohnungseinrichtungen, Grundstücke, Maschinen u. dergl. zu verkaufen suchen und hiernach anzunehmen ist, daß sie ins Ausland flüchten wollen, nicht gemacht worden. Soweit solche Feststellungen getroffen wurden, habe ich die Ämter veranlaßt, das Geheime Staatspolizeiamt in Karlsruhe, Gartenstraße 25, und die Zollfahndungsstelle Freiburg/Breisgau hiervon zu benachrichtigen.
Die Zusammenarbeit zwischen der Geheimen Staatspolizei, den Staatspolizeistellen,[6] Finanz- und Hauptzollämtern, der Devisenstelle und der Zollfahndungsstelle Freiburg (einschließlich Zweigstellen) bei der Überwachung von Auswanderern und auswanderungsverdächtigen Personen vollzieht sich im allgemeinen reibungslos. Den Finanzämtern und der Zollfahndungsstelle ist in einer Reihe von Fällen durch die Staatspolizeistellen (insbesondere die Paßstellen) und die Geheime Staatspolizei von auswanderungsverdächtigen Personen Kenntnis gegeben worden, sodaß die zur Sicherstellung der Steuern, insbesondere der Reichsfluchtsteuer, erforderlichen Maßnahmen getroffen werden konnten. Ein Teil der Finanzämter arbeitet auch mit verschiedenen anderen Stellen zusammen, z. B. Postämtern, Notariaten, Handelskammern, Kreisleitungen der NSDAP, Arbeitsfront, Auswanderungsberatungsstellen u. a. m.
Die steuerliche Überwachung der abwandernden nichtarischen Personen obliegt im LFA.-Bezirk Karlsruhe insbesondere dem Steuerfahndungsdienst, soweit erforderlich unter Zuziehung des Zollfahndungsdienstes. Die bei den Finanzämtern eingehenden Mitteilungen über Auswanderer oder Auswanderungsverdächtige werden in der Regel dem Steuerfahndungsdienst zur steuerlichen Nachprüfung und Überwachung der betreffenden Steuerpflichtigen zugeleitet. Um ein möglichst enges Zusammenarbeiten zwischen StFD. und ZFD. zu erzielen, habe ich die Steuerfahndungs- und Zollfahndungsbeamten angewiesen, sich über die Maßnahmen gegen Steuerflüchtlinge, soweit irgend möglich, gegenseitig zu verständigen.
Die Zahl der nichtarischen, insbesondere der fluchtverdächtigen Personen ist in den meisten FA.-Bezirken meines Bezirks gering, sodaß umfassende Anordnungen zur vollen steuerlichen Erfassung dieser Personen für diese Bezirke bis jetzt nicht nötig wurden. Dagegen ist die Zahl derartiger Personen in den großen Städten (Mannheim, Karlsruhe, Freiburg, Heidelberg, Pforzheim) sehr erheblich.
Besonders groß ist die Zahl der nichtarischen Personen (5 000) sowie der Auswanderer und auswanderungsverdächtigen Personen in Mannheim. Um diese Personen steuerlich voll zu erfassen und zu verhindern, daß sie in das Ausland flüchten können, hat das Finanzamt Mannheim-Stadt die Bearbeitung sämtlicher Reichsfluchtsteuersachen und aller mit der Auswanderung zusammenhängenden Steuer- und sonstigen Fragen bei *einer* besonderen Stelle – der Reichsfluchtsteuerstelle – vereinigt. Wegen der Einrichtung dieser Stelle und der Maßnahmen des FA. Mannheim-Stadt zur Überwachung der nichtarischen Personen und zur Sicherung der Reichsfluchtsteuer und sonstiger Steuern darf ich auf den in Abschrift beiliegenden Bericht dieses Amtes vom 30. 11. 35 o 2011/X verweisen.[7]
Die zentrale Bearbeitung der Reichsfluchtsteuer und sämtlicher mit der Auswanderung zusammenhängenden Fragen beim FA. Mannheim-Stadt hat sich sehr bewährt. Es wird dadurch erreicht, daß alle diese Arbeiten beim Finanzamt einheitlich erledigt werden und

6 Gemeint sind das Geheime Staatspolizeiamt in Berlin und die regionalen Staatspolizeistellen.
7 Vermerk des Finanzamts Mannheim vom 30. 11. 1935, BArch, R 2/5973, Bl. 67–72RS. Gekürzter Abdruck in: Die Reichsfinanzverwaltung, Dok. Nr. 8, S. 35–37.

daß sich die damit befaßten Beamten gründlich einarbeiten können. Ich habe deshalb den übrigen Finanzämtern, soweit sich in ihrem Bezirk eine größere Zahl von nichtarischen Personen befindet, empfohlen, in ähnlicher Weise zu verfahren.
Beim FA. Freiburg-Stadt ist im Dezember 1935 ebenfalls eine besondere Stelle für die Bearbeitung der Reichsfluchtsteuer und der mit der Auswanderung nichtarischer Personen verbundenen Fragen geschaffen worden, die mit einer Reihe sonstiger Stellen (Paßstellen, Polizeidirektion, Geheime Staatspolizei, Kriminalpolizei, Zollfahndungsstelle, Kreisleitung der NSDAP, Arbeitsfront, Grundbuchamt usw.) eng zusammenarbeitet. Die Paßstelle bei der Polizeidirektion Freiburg hat Ende November und Anfang Dezember 1935 durch die Polizeibeamten schlagartig die Geltung des Reisepasses sämtlicher in Freiburg wohnhafter Nichtarier auf das Inland beschränken lassen. Dies geschah durch Einzug und Sicherstellung der Pässe oder durch Streichung des Auslandsvermerkes. Durch diese Maßnahmen wurde es ungefähr 1000 Nichtariern unmöglich gemacht, ungehindert nach dem Ausland zu entkommen, dorthin ihr Vermögen zu bringen, oder dort ihr vorher in das Ausland verschobenes Vermögen zu verwalten, ohne daß es zur Kenntnis der Steuerbehörde kam.
Für die Nichtarier, die aus irgendwelchen Gründen (Exporttätigkeit, Reisetätigkeit, familiäre und verwandschaftliche Besuche bei Erkrankungs- oder Todesfällen usw.) nach dem Ausland reisen wollen und deshalb beim Paßamt wegen Ausdehnung des Inlandspasses auf das Ausland vorstellig werden, ist vor Erteilung der Genehmigung zur Auslandsreise die Beibringung einer Unbedenklichkeitsbescheinigung durch das FA. Freiburg-Stadt vereinbart worden.
Durch das Bekanntwerden der Zuteilung eines Auslandspasses ist dem Finanzamt die Möglichkeit gegeben, Auskunft über den Zweck der Auslandsreise zu erlangen oder selbst Schlüsse zu ziehen, was der Steuerpflichtige im Ausland tun könnte. Das FA. (Freiburg-Stadt) hat die Unbedenklichkeitsbescheinigung ohne weiteres nur in denjenigen Fällen erteilt, in denen es sich um geringere Einkünfte und Vermögen sowie um steuerehrliche Personen handelte, von denen angenommen werden kann, daß ihre Veranlagungen in Ordnung gehen, und die keine Steuerrückstände hatten. In allen anderen Fällen ist die Erteilung der Unbedenklichkeitsbescheinigung von der Sicherstellung etwa fällig werdender Reichsfluchtsteuer, gegebenenfalls auch sonstiger Steuern, abhängig gemacht worden. Insbesondere bei den Pflichtigen mit großen Vermögen oder bei den als steuerunehrlich bekannten Personen oder solchen Steuerpflichtigen, die für ihre ganze Familie einen Auslandspaß beantragt haben, oder deren Vermögen flüssig angelegt ist, hat das Finanzamt Hinterlegung oder Sicherstellung eines Teils ihrer Vermögenswerte verlangt.
Die Zentralstelle für Reichsfluchtsteuer beim Finanzamt Freiburg-Stadt hat auch die Aufgabe, innerhalb des Finanzamts alle steuerlich zu erfassenden und auszuwertenden Fälle bis zu ihrem Abschluß zu überwachen und, soweit erforderlich, selbst zu bearbeiten.
In ähnlicher Weise verfahren die übrigen größeren Ämter.
Die Hauptzollämter, Bezirkszollkommissare und die Zollfahndungsstelle (nebst Zweigstellen) beteiligen sich, wenn auch in geringerem Umfang, ebenfalls an der Überwachung der Auswanderer und auswanderungsverdächtigen Personen. Sie arbeiten hierbei vielfach (außer mit den FÄ. und dem Steuerfahndungsdienst) eng mit den Bezirksämtern, der Gendarmerie und der Geheimen Staatspolizei zusammen. Da ein Eingreifen des Zollfahndungsdienstes in der Regel nur oder erst dann erfolgt, wenn flüssiges Vermögen erworben, bei Banken angelegt und nach Grenzorten umdisponiert wird oder in sonstiger Weise Devisen- und Zollvergehen in Frage kommen, ist eine stärkere Belastung des Zollfahndungsdienstes durch diese Tätigkeit bis jetzt nicht eingetreten.

Dagegen ist der Steuerfahndungsdienst durch derartige Arbeiten sehr stark in Anspruch genommen, zum Teil außerordentlich überlastet, insbesondere in Mannheim.
Von den Wahrnehmungen und Anregungen der Ämter dürften noch folgende von Interesse sein:
a) *Exporteure.* In letzter Zeit machen die Juden in zahlreichen Fällen geltend, daß sie zu Exportzwecken nach dem Ausland reisen müßten. Die Ermittlungen haben ergeben, daß es sich bei den angeblichen Exporteuren häufig um Personen handelte, die bisher überhaupt keinen Export oder nur ganz geringe Exportgeschäfte betrieben haben. Bei anderen Exporteuren ist aufgefallen, dass sie erhebliche Außenstände im Ausland haben, übermäßig große Zahlungsfristen gewähren usw., sodaß der Verdacht nicht von der Hand zu weisen ist, daß es sich hier um Kapitalverschiebungen in das Ausland handelt. Z. Zt. schweben Verhandlungen eines Finanzamts mit der zuständigen Reichsbankstelle mit dem Ziele, einen Weg zu suchen, der es ermöglicht, diese Kapitalverschiebungen rechtzeitig aufzudecken. Das Amt, das diese Wahrnehmungen gemacht hat, hält es für zweckmäßig, die Exportvalutaerklärungen, die bei der Reichsbank eingereicht werden, eingehender als bisher nachzuprüfen, und insbesondere auch die Zahlungsfristen mit den allgemein in den einzelnen Branchen üblichen Kreditfristen zu vergleichen und bei erheblichen Fristüberschreitungen die Exporteure auf die Ablieferungspflicht für ihre Devisen hinzuweisen. Wenn die Exporteure hierbei Schwierigkeiten machen, dürfe dies ein hinreichender Grund sein, einen Sicherheitsbescheid zu erlassen.
b) *Bankguthaben usw.* Es ist wiederholt vorgekommen, daß nichtarische Personen kurz vor ihrer Auswanderung erhebliche Bankguthaben abgehoben haben. Nach Auffassung des Amtes, in dessen Bezirk diese Beobachtung gemacht wurde, sollte ein Weg gefunden werden, der es ermöglicht, die Banken zu verpflichten, in solchen Fällen das Finanzamt umgehend zu benachrichtigen. Vielleicht könne der Bankenkommissar in dieser Hinsicht allgemeine Anweisungen an die Banken geben.
c) *Kauf von ausländischen Wertpapieren.* In letzter Zeit mehren sich die Fälle, daß nichtarische Personen ihre Kapitalien in ausländischen Wertpapieren anlegen. Diese Tatsache dürfte darauf zurückzuführen sein, daß die ausländischen Wertpapiere, im Gegensatz zu den deutschen, im Ausland zu günstigeren Kurswerten flüssig gemacht werden können.
d) *Rückkauf von Versicherungen.* Es wurde in zahlreichen Fällen festgestellt, daß nichtarische Personen kurz vor ihrer Auswanderung ihre im Inland abgeschlossenen Versicherungen zurückkaufen. Es sollte ein Weg gefunden werden, der es ermöglicht, die Versicherungsunternehmen zu verpflichten, vor Auszahlung der Versicherungssumme an nichtarische Versicherungsnehmer dem Finanzamt Mitteilung zu machen.
e) *Entziehung von Auslandspässen.* Um eine Flucht nichtarischer Personen zu verhindern, sollte nach Auffassung eines Amtes dringend dahin gewirkt werden, daß allen diesen Personen die Auslandspässe entzogen werden, so weit es sich nicht um Personen handelt, die häufig in das Ausland reisen müssen, um volkswirtschaftlich erwünschte und fruchtbringende Geschäfte abzuschließen.
f) *Zurückhaltung großer Geldbeträge durch nichtarische Personen.* Ein Finanzamt hat in zwei Fällen bei der steuerlichen Nachprüfung nichtarischer Personen festgestellt, daß diese Personen ungeachtet des Zinsverlustes längere Zeit größere Summen Bargeld im Safe der Bank liegen hatten, offensichtlich in der Absicht, im Notfall sofort flüssiges Geld zur Hand zu haben.
Ein Durchschlag des Berichts ist angeschlossen.

DOK. 228

Der Deutsche Gemeindetag stellt dem Oberbürgermeister von Stuttgart am 3. März 1936 frei, Beschränkungen für Juden in städtischen Bädern einzuführen[1]

Schreiben (Eilt sehr!) des DGT (I 1454/36), der Geschäftsführende Präsident, i. A. gez. Schlempp,[2] an den OB von Stuttgart[3] vom 3. 3. 1936 (Abschrift)

Betr.: Juden in städt. Bädern
Zum Schreiben vom 21. 2. 1936 – 7-E/941/22[4]

Wegen der Benutzung der städtischen Bäder durch Juden hat der Deutsche Gemeindetag eine Eingabe an den Herrn Reichs- und Preussischen Minister des Innern gerichtet. Der Bescheid auf diese Eingabe steht noch aus.[5] Die Stellungnahme des Deutschen Gemeindetages ersehen Sie aus dem in der Anlage beigefügten Auszug der Eingabe.[6]

Bekanntlich haben die zuständigen Reichsstellen ein Verbot aller Einzelaktionen in der Judenfrage ausgesprochen. Im Zusammenhang hiermit hat der Reichs- und Preussische Wirtschaftsminister unter dem 12. 12. 1935 mitgeteilt, dass sowohl der Stellvertreter des Führers als auch der Reichs- und Preussische Minister des Innern seiner Auffassung zugestimmt hätten, wonach unter Einzelaktion alle gegen Juden gerichteten Massnahmen zu verstehen seien, die nicht auf einer ausdrücklichen Anordnung der Reichsregierung oder der Reichsleitung der NSDAP beruhen.[7]

Der Deutsche Gemeindetag ist jedoch der Auffassung, dass durch dieses Verbot der Einzelaktionen die einzelnen Gemeinden nicht gehindert sind, die Benutzung von Bädern durch Juden besonders zu regeln. Diese Auffassung wird auch von den Sachbearbeitern im Reichs- und Preuss. Ministerium des Innern geteilt. Die räumliche und zeitliche Beschränkung der Benutzung für Juden gründet sich auf eine reichsgesetzliche Bestimmung (§ 17 DGO)[8] sowie auf die Ausführungsanweisung zu § 17 Ziffer 2. Hiernach können die Gemeinden die Voraussetzungen, Bedingungen und die Art und Weise der Benutzung näher regeln. Die zeitliche und räumliche Absonderung der Juden bei der Benutzung von Badeanstalten der Gemeinde ist also keine Massnahme, die einer ausdrücklichen Anordnung der Reichsregierung entbehrt. Eine solche Handhabung bedeutet auch nicht schlechthin die Aus-

1 BArch, R 36/2060, Bl. 34+RS.
2 Dr. Hans Schlempp (*1907), Jurist; 1932 NSDAP-Eintritt; vertrat mindestens bis 1941 in der Abteilung I des DGT den Präsidenten Jeserich und leitete das Referat Organisation; Mitautor von „Deutsches Kommunalrecht“ (1939–1943) sowie Autor von „Die hessischen Landkreise“ (1958).
3 Oberbürgermeister von Stuttgart war Dr. Karl Strölin (1890–1963), Berufsoffizier und Staatswissenschaftler; 1923 NSDAP-Eintritt; von 1923 an in der Stadtverwaltung Stuttgart tätig, 1931–1933 Stadtrat und 1933–1945 OB von Stuttgart; nach 1945 zeitweise interniert, später bei der Entnazifizierung als Minderbelasteter eingestuft.
4 Liegt nicht in der Akte.
5 Mit Erlass (V a 12518/36) vom 2. 4. 1936 erlaubte das RMdI eine Separierung von Juden in städt. Bädern, verbot zugleich aber Schikanen gegen Juden; siehe den Erlass des badischen MdI an die Bezirksämter vom 27. 5. 1936, Abdruck in: Dokumente Baden-Württemberg, Teil I, S. 87 f.
6 Liegt nicht in der Akte.
7 Siehe dazu Dok. 218 vom 19. 12. 1935.
8 Abs. 1 des § 17 der Deutschen Gemeindeordnung vom 30. 1. 1935 lautete: „Die Einwohner sind nach den hierüber bestehenden Vorschriften berechtigt, die öffentlichen Einrichtungen der Gemeinde zu benutzen, und verpflichtet, die Gemeindelasten zu tragen“; RGBl., 1935 I, S. 51.

schliessung der Juden von der Benutzung. Welche Regelung die grösseren Städte im einzelnen getroffen haben, darüber liegt dem Deutschen Gemeindetag leider erschöpfendes Material nicht vor. Ich werde jedoch in Erwägung ziehen, zumal die Stellungnahme des Herrn Reichs- und Preuss. Ministers des Innern auf meine Eingabe noch immer aussteht, eine Rundfrage zu veranstalten. Soweit hier aus den Akten bekannt ist, beabsichtigt z. B. Frankfurt a. M. den Nichtariern ein besonderes städtisches Strandbad für die Sommermonate zur Verfügung zu stellen und sie von den sonstigen städtischen Strandbädern auszuschliessen.[9] Ebenso hat Stettin die Benutzung bestimmter städtischer Schwimmbäder den Juden überhaupt verboten und im übrigen die Benutzung eines Bades den Juden nur an einem bestimmten Tage jeder Woche freigegeben.[10]

DOK. 229
Der Beck-Verlag preist dem Nationalsozialistischen Lehrerbund am 5. März 1936 seine kommentierte Ausgabe der Nürnberger Gesetze an[1]

Schreiben der C.H. Beck'schen Verlagsbuchhandlung München und Berlin, (Unterschrift unleserlich), München, Wilhelmstr. 9, an den NSLB, Hauptamt für Erzieher[2] (Eing. 6. 3. 1936), Bayreuth, Ludwigstr. 20, vom 5. 3. 1936[3]

Nach gründlichen Vorarbeiten erschien soeben der I. Band des *Kommentars zu den deutschen Rassegesetzen* von Staatssekretär im Reichsinnenministerium Dr. Stuckart und Oberregierungsrat im Reichsinnenministerium Dr. Globke:[4]
Reichsbürgergesetz, Blutschutzgesetz[5] *und Ehegesundheitsgesetz*[6] nebst allen Ausführungsvorschriften und den einschlägigen Gesetzen und Verordnungen, XII, 287 Seiten. Leinenband RM 5.80.
Der Kommentar von Stuckart-Globke erhält seine besondere Bedeutung dadurch, dass in ihm die drei eng zusammenhängenden grundlegenden Rassengesetze von zwei am Zustandekommen der Rassengesetzgebung *amtlich beteiligten Verfassern – in einheitlicher Form* erläutert werden. Das Werk wird eröffnet mit einer wissenschaftlich gründlichen und praktisch wertvollen „Einführung", die eine ausführliche Begründung der nationalsozialistischen Rassengesetzgebung gibt. In den Erläuterungen werden alle Zweifelsfragen und Ein-

9 Zur Diskussion in Frankfurt a. M. siehe Dokumente Frankfurter Juden, S. 360 f.
10 Fast gleichlautende Schreiben schickte der DGT 1936 und 1937 an mehrere Städte, die Beschränkungen für Juden in unterschiedlichen kommunalen Einrichtungen einführen wollten; wie Anm. 1.

1 BArch, NS 12/1458.
2 Die NSDAP richtete im September 1934 ein Hauptamt für Erzieher bei der Reichswaltung des NS-Lehrerbunds (NSLB) ein, das Reichswalter Hans Schemm (1891–1935), seit März 1933 auch bayer. Kultusminister, leitete. Nach dem Unfalltod Schemms übernahm 1935 Fritz Wächtler (1891–1945), zugleich Gauleiter der Bayer. Ostmark, die Leitung des Hauptamts.
3 Im Original Eingangsstempel des NSLB mit handschriftl. Abzeichnungen.
4 Dr. Hans Globke (1898–1973), Jurist; 1922 Eintritt in die Zentrumspartei; von 1925 an stellv. Polizeipräsident in Aachen, 1929 Regierungsrat im preuß. MdI, von 1932 an Referent für Staatsangehörigkeitsfragen im RMdI, dort 1938 Ministerialrat; nach 1945 bei der Entnazifizierung als Mitläufer eingestuft, CDU-Mitglied; 1949 Ministerialdirigent im Bundeskanzleramt, 1953–1963 dort StS.
5 Siehe die Dok. 198 und 199 vom 15. 9. 1935.
6 Gesetz zum Schutze der Erbgesundheit des deutschen Volkes (Ehegesundheitsgesetz) vom 18. 10. 1935; RGBl., 1935 I, S. 1246.

zelheiten und Verarbeitung der Ausführungsvorschriften und Erlasse eingehend geklärt. Jedes Gesetz und jede Durchführungsverordnung ist für sich erläutert, der Zusammenhang wird durch zahlreiche Verweisungen hergestellt. Die einschlägigen Bestimmungen aus 41 Gesetzen und Verordnungen und 13 wichtige Erlasse sind außerdem im Wortlaut abgedruckt. Der Benutzer des Werkes hat also *das gesamte gesetzgeberische Material* zur Hand. In gleicher Bearbeitung werden – in sich abgeschlossen und einzeln käuflich – später jeweils nach Verabschiedung auch das *Reichsangehörigkeitsgesetz, Sippenamtsgesetz* usw. erscheinen.[7]
Der Kommentar von Stuckart-Globke wird als authentische Auslegung der neuen Rassengesetze den Parteistellen wertvolle Dienste leisten. Unter Beifügung eines Ansichtsstückes gestatten wir uns die Anschaffung des Werkes zu empfehlen.
Heil Hitler!

DOK. 230

Der Auswandererberater bei der Jüdischen Gemeinde Leipzig berichtet am 12. März 1936 über die Ratsuchenden und deren wirtschaftliche Lage[1]

Bericht, undat. und ungez. (Abschrift)

Auszug aus dem Bericht des Auswandererberaters in *Leipzig*, Dr. A. *Wachtel*,[2] vom 12. 3. 1936
Die Beratungsstelle Leipzig hat ihre Tätigkeit am 1. 2. 36 begonnen. Sie konnte sich leider nicht an eine bestehende Einrichtung der Gemeinde anlehnen. Das Büro musste erst rein technisch aufgebaut, Einrichtung musste beschafft werden, usw. Das hemmte zunächst die eigentliche Beratungstätigkeit.
Obwohl ich meine Sprechstunden zunächst nur der Gemeinde Leipzig mitgeteilt hatte, war der Andrang ein nicht unerheblicher. Seit Veröffentlichung in den jüdischen Blättern kommen auch Auswärtige, vor allem viele schriftliche Anfragen. Im Februar gingen 130 Briefe hinaus, darunter aber auch viele an den Hilfsverein mit mehreren Schreiben. Der Andrang wird sicherlich erheblich zunehmen, sobald, wie jetzt beabsichtigt ist, die Sprechstunden bekanntgegeben sind. Ein Bedürfnis nach einer solchen Beratungsstelle liegt zweifellos vor, umsomehr, als viele das Geld gar nicht haben, nach auswärts zu fahren.
Zusammensetzung der Fragesteller.
a.) Staatsangehörigkeit.
Ein wesentliches Kontingent stellt zunächst der *ostjüdische Teil der Gemeinde Leipzig*. Die schlechte wirtschaftliche Lage am Brühl[3] hat viele brotlos gemacht. Dazu kommt, dass *eine grosse Anzahl Hausierer keinen Gewerbeschein mehr erhalten hat*, dass *anderen die Arbeitserlaubnis entzogen*, anderen wiederum die *Aufenthaltsgenehmigung genommen ist.*

7 Beide Gesetze sind lange diskutiert, aber nie fertiggestellt worden.

1 CZA, S 7/357.
2 Dr. Alex Siegfried Wachtel (*1881), Jurist; bis 1933 Landgerichtsrat in Gotha; lebte von 1936 an in Leipzig, dort Leiter des örtlichen Büros des Hilfsvereins der Juden in Deutschland; emigrierte im Februar 1939 in die Niederlande; im Januar 1944 von Westerbork nach Theresienstadt deportiert und im Oktober 1944 von dort nach Auschwitz.
3 Brühl: Straße im Zentrum Leipzigs. Der Brühl war bis zum Zweiten Weltkrieg ein weltbekanntes Zentrum für Pelzverarbeitung und -handel.

Eine besonders *grosse Anzahl* ist *staatenlos*, mehrfach weil sie der Militärpflicht in Rumänien und Polen nicht genügt haben. Ein nicht unerheblicher Teil waren polnische Staatsangehörige. *Ein grosser Teil steht buchstäblich vor dem Nichts*; ersparen konnten sie sich nichts, handeln dürfen sie nicht mehr; sie fallen der Gemeinde Leipzig zur Last, die bald Notstandsgemeinde werden dürfte. Wie diesen Leuten, auch vielen jungen Leuten, die nichts als den Handel gelernt haben, keine Sprachen, ausser deutsch und jiddisch kennen, geholfen werden soll und kann, ist z. Zt. unerfindlich. Es belastet stark die Beratungstätigkeit. Das Gefühl vollkommener Ohnmacht wirkt oft stark deprimierend.

b.) Beruflich.

Der grösste Teil der Fragesteller sind Kauf- und Handelsleute, Handelsangestellte.

Von Handwerkern sind [es] Schuhmacher, Schneider, Kürschner. Unter den Schuhmachern, Schneidern, vielfach ältere Leute, die bisher selbständig waren, aber arische Kundschaft hatten und diese verloren haben, die aber in der jüdischen Gemeinde nicht ausreichend Ersatz finden können. Kürschner und Pelzarbeiter sind durch den Niedergang des Rauchwarengeschäfts brotlos. Leider besteht keine Aussicht, sie nach dem neuen grösseren Centrum des Rauchwarenhandels wie London, New York zu bringen, obwohl es öfters tüchtige Fachleute sind.

Aus dem flachen Lande melden sich zunehmend Handelsleute, Inhaber kleiner Textilwarengeschäfte, die ein klägliches Dasein fristen, besonders z. B. aus der Rhön. Diese Leute sind geradezu am Ende. Der Aufenthalt in den kleinen Orten ist eine Qual, geschäftlich sind sie fast völlig boykottiert. Hier würde vielleicht ein Feld für Umschichtung in die Landwirtschaft sein, weil diese Leute sie öfters nebenbei betreiben; sie könnten ein kleines Vermögen flüssig machen, haben bisweilen aber auch nichts.

c.) Alterszusammensetzung.

Soweit ich es übersehen kann, kamen Leute allen Alters, bis zu 60 Jahren und vereinzelt darüber, vielleicht eine grössere Anzahl jüngere, weil viele ihre Stellung verloren haben oder das bevorsteht. Die begrenzte Einwanderung nach Palästina lässt auch viele, die schon auf Hachscharah waren oder noch sind, sich nach anderen Auswanderungsmöglichkeiten umsehen.

Landwirtschaft.

Auf dem Land gibt es m. E. unter Viehhändlern, Metzgern, auch Textilhändlern, eine gewisse Anzahl, die sich zur Familiensiedlung eignen.[4] Ich schätze aus meinem Bezirk ganz oberflächlich genommen etwa 40–50 Familien. Ich beabsichtige das im Laufe der nächsten Monate durch Besuch des Landes genauer festzustellen, vor allem glaube ich aber, dass sich sehr viele junge Leute finden würden; deren Zahl schätze ich ganz unverbindlich auf 70–100.

Vermögen.

Der grösste Teil der Fragesteller war leider völlig vermögenslos.

Es wird wirklich höchste Zeit, dass sich alle verantwortlichen Stellen, insbesondere im Ausland, darauf besinnen, dass die Not im Ansteigen ist und ein weiteres Zögern die Schwierigkeit, sie dereinst zu meistern, immer mehr vergrössert und zum Schluss dieses Meistern unmöglich macht, ungeheures Elend heraufbeschwört, wenn nicht bald etwas Durchgreifendes geschieht.

bis dat, qui cito dat.[5]

4 Bezieht sich auf Pläne, Familien in anderen Ländern in landwirtschaftlichen Siedlungen unterzubringen.
5 Latein: Zweimal gibt, wer schnell gibt.

DOK. 231
Die Regierung Potsdam umgeht einen Erlass des Reichsjustizministers Gürtner zum Grundstückserwerb durch Juden (ca. 26. April 1936)[1]

Erlass des RJM (Nr. IV b 3493), Gürtner, an den Oberlandesgerichtspräsidenten in Köln[2] vom 14. 3. 1936 mit einem undat. Vermerk der Regierung Potsdam[3]

Betrifft: Grundstückserwerb durch Juden.[4]
Zu dem dortigen Vorgang vom 13. Dezember 1935 – IV 23/579 –[5] teile ich Ihnen, Herr Oberlandesgerichtspräsident, im Einvernehmen mit dem Stellvertreter des Führers und dem Reichsminister des Innern folgendes mit:
Die Nürnberger Gesetzgebung hat die Judenfrage – abgesehen von der Mischlingsfrage – nur in staats- und eherechtlicher Hinsicht geordnet. Das Wirtschaftsrecht der Juden ist vorläufig gesetzlich noch nicht geregelt. Auch diese Regelung bleibt der obersten Staatsführung vorbehalten, so wie allein diese befugt war, die staats- und eherechtliche Seite des Problems zu ordnen. Es kann nicht Aufgabe einzelner Stellen im Lande sein, der obersten Staatsführung die Lösung dieses Teils der Judenfrage vorwegzunehmen. Die wirtschaftliche Betätigung der Juden richtet sich allein nach den bestehenden[6] Gesetzen. Da diese eine Beschränkung beim Erwerb von Grundeigentum durch Juden nicht vorsehen, ist keine Rechtsgrundlage vorhanden, die Veräußerung eines Grundstücks als verboten oder nichtig anzusehen, weil der Erwerber Jude ist.
Die Land- und Amtsgerichte und die Notare Ihres Bezirks ersuche ich zu benachrichtigen.
gez. Dr. Gürtner.

Grundstücksverkäufe an Juden[7]
1) Erlaß und unsere *Verfügung* inhaltlich vortragen. *Regelung wird kommen*
2) Im allg. bedürfen Grundstücksverkäufe durch Juden keiner Genehmigung, aber es gibt andere Mittel:
a) Einwirkung auf die Verkäufer und die Käufer

1 BLHA, Pr.Br.Rep. 2 A I Pol/1919, Bl. 225 f. Abdruck des RJM-Schreibens vom 14. 3. 1936 in: Dokumentation Rheinland-Pfalz, S. 80.
2 Oberlandesgerichtspräsident von Köln war 1933–1943 Dr. Alexander Bergmann (1878–1965).
3 Das RJM-Schreiben wurde hier übermittelt durch den Runderlass des RuPrMdI (I A 5831/5012), i. A. Dr. Stuckart, an die Reichsstatthalter, den Reichskommissar für die Rückgliederung des Saarlandes, die Landesregierungen, die Oberpräsidenten, den Staatskommissar der Hauptstadt Berlin und die Regierungspräsidenten mit Überdrucken für die unteren staatlichen Verwaltungsbehörden (für Preußen: die Landräte, für Bayern: die Vorstände der Bezirksämter usw.) vom 21. 4. 1936. Das Original ging bei der Regierung Potsdam am 26. 4. 1933 ein und weist mehrere handschriftl. Bearbeitungsvermerke und Unterstreichungen auf.
4 Am linken Rand hier handschriftl. Zusatz: „Es wird bei der Weitergabe an die Landräte eines Zusatzes mindestens dahin bedürfen, daß über aufsehenerregende Fälle vorher an RJ zu berichten ist", am rechten Rand: „Für die Landratsfassung".
5 Nicht ermittelt. Zur Frage des Grundstückserwerbs durch Juden siehe bereits die vom Gestapa erhobene Forderung eines Verbots am 9. 9. 1935, Dok. 195.
6 Wort handschriftl. unterstrichen, am Rand des Satzes Anstreichung und „!".
7 Handschriftl. Vermerk aus der Regierung Potsdam (I, 5).

b) keine Verkäufe durch *Gemeinden*!
3) Verkäufe landwirtschaftl. genutzter Grundstücke über 5 Morgen sind nach V[eror]d-[nun]g 1918 genehmigungspflichtig. Hier kann man i. d. R. versagen!

DOK. 232
Schlachthofdirektor Karl Boerner kündigt Gustav Schroeder in Waren (Müritz) am 30. Mai 1936 die geschäftlichen Beziehungen auf[1]

Schreiben, gez. Dr. Boerner,[2] Schlachthofdirektor, Waren (Müritz), an G.W. Schroeder,[3] Waren (Müritz), Rosenstraße, vom 30. 5. 1936 (Abschrift)

Sie haben mich in die ausserordentlich peinliche Lage versetzt, trotzdem Sie mir persönlich nichts getan haben, Ihnen die bisherigen Beziehungen zu mir und meiner Familie aufsagen zu müssen. Parteiseits ist amtlich durchgegeben worden, dass Sie mit dem Juden Leopold[4] geschäftliche Beziehungen unterhalten, ja dass Sie dessen Waren vertreiben. Es wird sogar angenommen, dass die Drahtbürsten für Schlachthof und Wasserwerk aus diesen jüdischen Händen stammen.
Als Städtischer Schlachthofdirektor ist es ganz unmöglich, dass ich oder jemand aus meiner Familie Beziehungen irgendwelcher Art zu Ihnen unterhalten kann. Sie wissen, dass parteiseits derartige Beziehungen zu Juden als Volksverrat und Judenknechtschaft angesehen w[erden]. Ich muss sogar die gekauften Bürsten Ihnen zur Verfügung stellen, da Judenware natürlich nicht stadtseits gekauft werden kann. Ihre Ursprungsangabe, dass diese Bürsten aus Röbel stammen, wird nicht geglaubt.
Es ist mir ausserordentlich peinlich, Ihnen solche Mitteilung machen zu müssen. Aber ich tue dies ja nicht aus persönlichen Motiven. Jedoch die sachlichen Motive sind sehr schwerwiegend und in meinem Angestelltenverhältnis absolut zwingend, solange Sie nicht den gegen Sie bestehenden Vorwurf parteiamtlich entkräften können. Persönlich kann ich nur dazu sagen, dass mir jedes Verständnis fehlt, sollten Sie tatsächlich derartige Beziehungen unterhalten. Solche sind doch einfach nicht zu verbergen. Es gibt keine Vorteile, die die Nachteile solcher Beziehungen aufwiegen können.
Ich darf wohl annehmen, dass Sie wohl die Peinlichkeit wie die zwingende Notwendigkeit meiner Mitteilung einsehen werden.
Mit den besten Wünschen für Ihre Zukunft[5]

1 RGVA, 721k-1-258.
2 Dr. Karl Boerner (1883–1965), Tierarzt; von ca. 1933 bis mindestens 1941 Schlachthofdirektor in Waren (Müritz); nach 1945 in Stalinstadt/Eisenhüttenstadt.
3 Gustav Wilhelm Schroeder (1883–1943), Kaufmann; von 1913 an Besitzer eines Automobilhauses in Waren (Müritz); nahm sich im August 1943 das Leben.
4 Joseph Arnold Leopold (1876–1945), Kaufmann; Inhaber eines Eisenwarengeschäfts in Waren (Müritz); 1920–1937 Vorsteher der Jüdischen Gemeinde Waren. Er zog mit seiner Frau Karoline (*1884) 1937 nach Berlin. Beide wurden von Berlin aus Ende Oktober 1942 nach Theresienstadt deportiert. Joseph Leopold starb dort am 19. 5. 1945.
5 Am unteren Blattrand handschriftl. Vermerk: „Leop. ist Schwerkriegsbeschädigter!“

DOK. 233

Der Regierungspräsident in Königsberg erläutert dem Reichsinnenminister am 17. Juni 1936 eine die Juden diskriminierende Satzungsänderung der Driesen-Stiftung[1]

Schreiben des Regierungspräsidenten[2] in Königsberg i. Pr. (Nr. I A 46 K.1.d.1), i. V. (Unterschrift unleserlich), an den RuPrMdI vom 17. 6. 1936[3]

Betrifft: Satzungsänderung der Driesen-Stiftung in Königsberg (Pr) – Einführung des Arierprinzips.
Anlagen: 1) Antrag des Oberbürgermeisters der Stadt Königsberg (Pr)[4] vom 24. Oktober 1935 mit einer Niederschrift vom 26. September 1935 und 2 Ausfertigungen der neuaufgestellten Satzung vom 15. Oktober 1935.
2) Die z. Zt. geltende Satzung vom 28. Februar 1934.
3) Das Testament des Kaufmanns Driesen vom 8. April 1880 mit der Stiftssatzung vom 16. Januar 1884.
4) 1 Heft Vorgänge.
Berichterstatter: Regierungsrat von Cardinal und Regierungsrat Urbanus als Justitiar.[5]
Der am 1. Januar 1881 zu Königsberg (Pr) verstorbene jüdische Kaufmann Adolf *Driesen* hatte in seinem Testament vom 8. April 1880 eine nach den näheren Bestimmungen des Testaments zu errichtende Armenstiftung in Königsberg (Pr) zu seiner alleinigen Erbin eingesetzt. Zu seinem Testamentsvollstrecker bestimmte er den Magistrat der Stadt Königsberg. Die Errichtung der Stiftung wurde auf Grund des Stiftsstatuts vom 16. Januar 1884 durch allerhöchsten Erlaß vom 18. April 1884 genehmigt. Gleichzeitig wurden ihr die Rechte einer juristischen Person verliehen. Sie ist mithin eine selbständige Stiftung. Zweck der Stiftung war – abgesehen von der Errichtung von „Freihäusern" – die Errichtung eines „Hospitals". Dieses sollte schuldlos arbeitslos gewordenen unbescholtenen Personen beiderlei Geschlechts ohne Rücksicht darauf, zu welchem Glauben sie sich bekennen, ein lebenslängliches Asyl und möglichst freies Auskommen gewähren – S. 16 unter C des anl. Testaments. Aufnahmeberechtigt sollen nach § 10 Abs. 2 Seite 17 des Testaments vorzugsweise bedürftige über 40 Jahre alte Verwandte des Erblassers unter Befreiung der sonstigen für die Aufnahmefähigkeit fremder Personen gestellten Bedingungen sein.
Auf Seite 18 Abs. 3 des Testaments heißt es dann weiter:
„Mit Rücksicht darauf, daß ich selbst mich zur mosaischen Religion bekenne und für meine Glaubensgenossen in der hiesigen Stadt bedeutend weniger Einrichtungen gleich der von mir durch Erbauung eines Hospitals bezweckten, als für die übrigen Mitbürger der Stadt Königsberg vorhanden sind, bestimme ich, daß vorzugsweise ein Drittel der vorhandenen Stellen sowohl für verheiratete als auch für unverheiratete Personen, die der

1 BArch, R 1501/127202, Bl. 97–99RS.
2 Regierungspräsident war Werner Friedrich (1886–1966), Jurist; 1932–1936 Regierungspräsident in Königsberg i. Pr., im Juli 1936 in den einstweiligen Ruhestand versetzt, dann kommissar. Vorstand des schleswig-holsteinischen Sparkassen- und Giroverbands, 1939 am Rechnungshof des Deutschen Reichs tätig.
3 Im Original mehrere Bearbeitungsvermerke sowie ein Eingangsstempel: „Der Oberpräsident 18. 6. 1936 Königsberg/Pr."
4 Oberbürgermeister von Königsberg war 1933–1945 Dr. Hellmuth Will (1900–1982), Jurist.
5 Die Anlagen sind hier nicht abgedruckt.

hiesigen Synagogengemeinde angehören, reserviert bleiben, indem ich gleichzeitig dem jedesmaligen Vorstande der Synagogengemeinde das Vorschlagsrecht hiermit einräume."
Diese testamentarische Bestimmung – der Vorbehalt von ein[em] Drittel der Hospitalstellen für jüdische Personen – ist in das ursprüngliche Statut der Stiftung vom 16. Januar 1884 unter § 3 daselbst aufgenommen und bei späteren Satzungsänderungen (insbesondere auch in § 3 der z. Zt. geltenden Satzung vom 28. Februar 1934 aufrecht erhalten geblieben (Anl. 2).
Die Stiftung besitzt z. Zt. 4 Häuser – nämlich die Häuser Nr. 6, 7, 10/11 und 12/13 in der Yorkstraße in Königsberg. In ihnen befinden sich 44 Stiftswohnungen – 22 für Verheiratete und 22 für Unverheiratete. Von ihnen entfallen satzungsgemäß je ein Drittel vorzugsweise auf jüdische Personen.
Unter dem 26. September 1935 hat das Kuratorium der Stiftung unter Vorsitz des Vertreters des Oberbürgermeisters der Stadt Königsberg erneut Satzungsänderungen beschlossen und sie mir unter gleichzeitiger Neufassung der Satzung zur Genehmigung vorgelegt. (Anl. 1). Unter den in diese Neufassung aufgenommenen Satzungsänderungen befindet sich in § 3 im letzten Satz die Bestimmung „Nichtarier sind nicht aufzunehmen".
Der Bestimmung liegt der Gedanke zugrunde, daß es bei der klaren rassischen Scheidung, die der nationalsozialistische Staat in immer stärkerem Maße zwischen deutschen Volksgenossen und Juden vornimmt, ein untragbarer Zustand sei, deutschen Volksgenossen mit Juden zusammen die Wohltat des freien Wohnens in einem Stift zuteil werden zu lassen.
Der Umstand, daß das Vermögen, mit dessen Hilfe das Driesenstift errichtet wurde, von einem Angehörigen der jüdischen Rasse hinterlassen wurde, könne demgegenüber nicht ausschlaggebend sein (Bericht des Oberbürgermeisters der Stadt Königsberg vom 19. Oktober 1935 in dem Anlageheft 4).
Die Aufnahme des Arierprinzips in die Satzung der Stiftung widerspricht der von dem Stifter bei ihrer Gründung getroffenen und vom Staat genehmigten Anordnung, daß ein Drittel der Stiftsstellen vorzugsweise mit jüdischen Personen besetzt werden solle.
Nach § 38 Teil II Titel 19 des Allgemeinen Landrechts hat die Aufsichtsbehörde darauf zu achten, daß „nach den vom Staat ausdrücklich oder stillschweigend genehmigten Verordnungen verfahren werde und [sich] nichts einschleiche, was dem allgemeinen Endzweck solcher Stiftungen zuwider sei." Der Endzweck geht dahin, nicht nur deutschen Volksgenossen – Ariern –, sondern auch hilfsbedürftigen Juden Aufnahme in den Stiftsgebäuden zu gewähren.
Nach der oben angeführten z. Zt. noch geltenden Bestimmung glaube ich als Aufsichtsbehörde verpflichtet zu sein, meine Zustimmung zu dem von dem Kuratorium beschlossenen gänzlichen Ausschluß von Nichtariern von den Stiftsvergünstigungen versagen zu müssen. Andererseits ist allerdings anzuerkennen, daß seit dem Tode des Stifters durch die in dem neuen nationalsozialistischen Staat durchgeführte klare Scheidung zwischen arischen Volksgenossen und Juden veränderte Umstände im Sinne des § 41 II 19 Allgemeinen Landrechts und des § 1 des Gesetzes vom 10. Juli 1924 (G.S. S.575)[6] eingetreten sind, welche auch eine Abänderung der bisherigen Stiftssatzung in dieser Hinsicht gerechtfertigt erscheinen lassen.

6 Gesetz über Änderungen von Stiftungen vom 10. 7. 1924; Preuß. Gesetzsammlung, Nr. 42 vom 18. 7. 1924, S. 575 f.

Um diesem Gedanken unter möglichster Berücksichtigung der Absicht des Stifters Rechnung zu tragen, beabsichtige ich, dem Kuratorium der Stiftung vorzuschlagen, anstelle des Schlußsatzes in § 3 der neuen Satzung: „Nichtarier sind nicht aufzunehmen", folgende Bestimmung zu setzen:
„Der dritte Teil der vorhandenen Stelle soll vorzugsweise Personen jüdischer Religion, welche der hiesigen Synagogengemeinde angehören, vorbehalten bleiben, insoweit arische Stiftsinsassen nicht mit Juden in demselben Hause wohnen müssen. Das Vorschlagsrecht für diese Personen steht dem Vorstande der Synagogengemeinde in Königsberg zu.
Unter jüdischen Bewerbern sind in erster Linie über 40 Jahre alte Verwandte des Stifters zu berücksichtigen, auch wenn sie der hiesigen Synagogengemeinde nicht angehören und nicht Einwohner der Stadt Königsberg sind. Bei Verwandten des Stifters fällt das Vorschlagsrecht der Synagogengemeinde fort."
Wie bereits oben bemerkt – sollen zwar nach der Stiftungsurkunde bedürftige Verwandte des Stifters bevorzugt und ohne Rücksicht auf die für fremde Personen gestellten Bedingungen aufgenommen werden. Sie haben hiernach ein Aufnahmerecht auch dann, wenn der für jüdische Personen vorzugsweise vorbehaltene dritte Teil der Stiftsstellen besetzt, aber eine andere nicht zu diesem vorbehaltenen Teil gehörige Stiftsstelle frei ist.
Bisher haben indessen in der langen Zeit seit Gründung der Stiftung im Jahre 1884 Verwandte des Stifters von dieser Vergünstigung keinen Gebrauch gemacht. Es erscheint daher ausreichend, wenn – wie in meinem Vorschlage vorgesehen – Verwandte des Stifters als Bewerber in den für jüdische Personen vorbehaltenen dritten Teil der Stiftsstellen mit eingerechnet werden.
Eine räumliche Trennung zwischen jüdischen und arischen Stiftsinsassen ließe sich zur Zeit im wesentlichen dadurch herbeiführen, daß von den 4 Stiftsgebäuden das Haus Yorkstraße Nr. 6 lediglich jüdischen Stiftsinsassen überwiesen würde.
Hierdurch würden 12 jüdische Haushaltungen mit 6 Zweizimmerwohnungen und 6 Einzimmerwohnungen von der Berührung mit den übrigen Haushaltungen völlig getrennt werden.
Die hinter dem Hause Nr. 6 liegende Gartenfläche ließe sich durch einen Zaun von den übrigen Gärten abtrennen. Der Kostenaufwand für den Zaun würde sich auf etwa 200,- RM stellen. Weitere Kosten würden nicht entstehen.
Mit Rücksicht auf die grundsätzliche Bedeutung der Angelegenheit bitte ich um Entscheidung darüber, ob meine Absicht, meine Zustimmung zu dem gänzlichen Ausschluß jüdischer Personen von dem Genuß der Stiftswohltaten zu versagen und dem Kuratorium statt des gänzlichen Ausschlusses von Nichtariern eine Abänderung der zur Zeit geltenden Satzungsbestimmungen hinsichtlich der Abgrenzung der Stiftungsberechtigten in der oben angegebenen Fassung vorzuschlagen, die dortige Billigung findet.[7]

7 Der RuPrMdI antwortete am 10. 8. 1937 dem Regierungspräsidenten, dass gegen seinen Vorschlag nichts einzuwenden sei; Schreiben (Entwurf) des RuPrMdI an den Regierungspräsidenten in Königsberg (ausgef. am 10. 8. 1937), wie Anm. 1, Bl. 109+RS.

DOK. 234
Historische Zeitschrift: Einrichtung der Rubrik „Geschichte der Judenfrage" (Frühjahr 1936)[1]

Geschichte der Judenfrage[2]
von Wilhelm Grau

Vorbemerkung: Zum erstenmal erscheint mit diesem Heft in der H.Z. die Einrichtung eines wissenschaftlichen Referates zur Geschichte der Judenfrage, das in freier Folge fortgesetzt wird. Ein Referat über diesen Gegenstand ist auch für das übrige deutsche geschichtswissenschaftliche Zeitschriftenwesen eine Neuerung. Daß diese Seiten heute bei ihrem ersten Erscheinen noch als ungewöhnlich empfunden werden können, ist wohl die bitterste Begründung, die man ihnen mit auf den Weg geben muß.
Zu den vordringlichsten Aufgaben dieser Berichte gehört die wissenschaftliche Kritik aller wichtigen Forschungen zur Judenfrage in der Geschichte, vor allem der deutschen Geschichte. Es liegt nicht nur in der universalen Blickrichtung der H.Z., sondern auch im Problem selbst begründet, wenn wir die territoriale Beschränkung auf den deutschen Raum nicht vollkommen durchzuführen vermögen. Ebensowenig ist es möglich, das Stoffgebiet nach den Sonderdisziplinen der Geschichtswissenschaft aufzuteilen: Semitistisch-philologische, philosophische, theologische, literaturgeschichtliche, wirtschaftsgeschichtliche, rechtsgeschichtliche, rassenkundliche Betrachtungen: sie alle müssen mithelfen, aber durch die allgemeine, politische Geschichte geeint werden: denn die Judenfrage ist ein politisches Problem, heute wie zu allen Zeiten. Je eher und öfter wir dieser kritischen Tätigkeit eigene Forschungen kleineren und größeren Umfangs an die Seite stellen können, desto eindrucksvoller wird unsere Absicht werden, die diesem Referat zu Grunde liegt: erkennend die Wahrheit erkämpfen und geistige und seelische Kräfte entbinden, die der Wahrheit Folge leisten.

Um den jüdischen Anteil am Bolschewismus.
Während allgemein die Auffassung besteht, daß das Judentum entscheidend an der bolschewistischen Revolution und am bolschewistischen Staat Anteil hat – man vergleiche nur das bemerkenswerte Buch des Engländers Hilaire *Belloc*, „Die Juden", München 1927 und Hermann *Fehst*, „Bolschewismus und Judentum", Berlin 1934 – will eine neuerschienene wissenschaftliche Untersuchung von Abraham *Heller*[3] („Die Lage der Juden in Rußland von der Märzrevolution 1917 bis zur Gegenwart", Schriften der Gesellschaft zur För-

1 Historische Zeitschrift (1936), Bd. 153, S. 336–343. Die HZ, gegründet 1859 von Heinrich von Sybel, wurde 1894–1935 von Friedrich Meinecke und von Herbst 1935 bis zur letzten Kriegsausgabe 1943 (Bd. 168) von Karl Alexander von Müller herausgegeben.

2 Die erste von Karl Alexander von Müller verantwortete Nummer der HZ enthielt neben der neu eingerichteten Rubrik „Geschichte der Judenfrage" einleitend eine programmatische Erklärung des Herausgebers mit einem Bekenntnis der Geschichtswissenschaft zur „neuen Zeit", außerdem die Rede „Zunft und Nation", die der künftige Präsident Dr. Walter Frank (1905–1945) zur Eröffnung des Reichsinstituts für Geschichte des neuen Deutschlands am 19. 10. 1935 gehalten hatte. Darin skizzierte er als Forschungsprogramm des Instituts: 1. der Einfluss der westlichen Ideen in Deutschland zwischen der Französischen Revolution und der Märzrevolution, 2. die nationalkirchlichen Bestrebungen des 19. Jahrhunderts, 3. die Geschichte der deutschen Philosophie, 4. die Geschichte der deutschen Judenfrage 1789–1933; wie Anm. 1, S. 1–23. Die Erklärung von Müllers druckte der VB vollständig ab; VB (Norddt. Ausg.), Nr. 333 vom 29. 11. 1935, S. 5.

derung der Wissenschaft des Judentums Nr. 39 M. & H. Marcus, Breslau 1935, XII und 128 S.)[4] auf Grund „authentischen Materials" und mit Hilfe statistischer Tabellen nachdrücklichst zeigen, „wie der Vernichtungskampf gegen die Juden Rußlands" auch nach dem Sturz des zaristischen Regimes „seinen Fortgang nimmt" (S. V). In der Tat gewinnt man aus dem Buch den Eindruck, daß trotz der schlagartig mit der Revolution von 1917 ausgesprochenen Gleichberechtigung der Juden der russische Antisemitismus nicht zum Erliegen gekommen ist. Dem Verfasser geraten aber bei seiner Betrachtung innerjüdische Kämpfe und antijüdische Maßnahmen durcheinander; als zionistischer Nationaljude nimmt er leidenschaftlich Stellung gegen die Anordnungen jüdischer Bolschewisten, die das Gemeindeleben der Zionisten bedrohen, den jüdischen Kult und die hebräische Sprache vernichten wollen. Als Jude geißelt er jede antisemitische Regung, auch dann, wenn diese offensichtlich antibolschewistischen Charakter trägt und er verschleiert die diabolischen Zusammenhänge zwischen Judentum und Bolschewismus. Was soll man dazu sagen, wenn eine wissenschaftliche Arbeit den führenden Anteil des *jüdischen* Elementes an der bolschewistischen Bewegung mit dem kategorischen Satz abtut, daß diese bolschewistischen Juden „nicht als Juden, sondern als ‚reine Internationalisten' im nichtjüdischen Kreise" wirkten und daß man deshalb ein „geschichtliches Unrecht" beginge, würde man sie als Juden bewerten (S. 7). Weil „beim Lesen" der Selbstbiographie Trotzkis „der Laie [jawohl!] eher den Eindruck bekommen" kann, „Trotzki sei der Sohn eines russischen Grundbesitzers, als der eines jüdisch-traditionellen Kolonisten", weil Trotzki den Namen seiner Eltern nicht nennt, weil er sich nur kurz an seine jüdische Schulzeit – die einige Monate währte – erinnert, weil ihm „nationale Leidenschaften und Vorurteile rationalistisch unfaßbar gewesen" sind und die marxistische Erziehung ihm einen „aktiven Internationalismus" angewöhnt hat (S. 7), deshalb soll er nicht als Jude bewertet werden dürfen?[5] Die Juden galten im Zarenreich als „Fremdstämmige" (S. 1). Die russischen Juden aber, einschließlich der Zionisten, von denen man meinen sollte, sie wären sich ihrer „Fremdstämmigkeit" ebenso bewußt gewesen wie ihres Baseler Programmes,[6] das „die Schaffung einer öffentlich-rechtlich gesicherten Heimstätte für das jüdische Volk in *Palästina*" vorsieht (S. 101), erstrebten die staatsbürgerliche Gleichberechtigung in *Rußland*. „Das jüdische Problem schien im Zarenreich als Einzelerscheinung nicht lösbar. Es war

3 Dr. Abraham Heller (*1911), Historiker; von 1929 an studierte er an der Hochschule für die Wissenschaft des Judentums sowie an der Universität in Berlin, wo er 1934 promovierte; 1935 emigrierte er über Wilna nach Palästina und arbeitete dort bis 1973 als Gymnasiallehrer für die Fächer Geschichte und Bibelkunde; Autor u. a. von „Wer hat ein Anrecht auf dieses Land?" (hebräisch, 1969).

4 Ein Nachdruck des Buches erschien 1992. Zu diesem Buch siehe Loose, Verfemt und vergessen, S. 219–241.

5 Fußnote im Original: „Vgl. dazu die jüdische Auffassung über die Apostasie vom Judentum: ‚Religionsgesetzlich ist und bleibt jeder von einer jüdischen Mutter Geborene Glied des Judentums, der Taufjude gilt also gesetzlich lediglich als Übertreter des Religionsgesetzes.' (Jüdisches Lexikon, V, 884). Dem Abstammungsprinzip ist also eindeutig der Primat zuerkannt. Trotzki war nicht getauft. Ob er als ‚reiner Internationalist' das jüdische Religionsgesetz übertreten hat, müßte erst nachgewiesen werden. Gesetzt den Fall, Trotzkis Weltanschauung wäre ein betonter Gegensatz zum jüdischen *Religionsgesetz*, so wäre damit noch nicht ausgesagt, daß Trotzkis Wesen und Denken der jüdischen *Art* fremd wäre. Denn die jüdische Abstammung äußert sich auch jenseits des jüdischen Religionsgesetzes."

6 Der erste Zionistenkongress, geleitet von Theodor Herzl, fand im August 1897 in Basel statt. Dort wurde das Baseler Programm verabschiedet, das die hier im Text zitierte Passage als Hauptforderung enthielt.

ein untrennbarer Teil des Gesamtkomplexes des absolutistischen Staates und war nur im allgemeinen Rahmen des staatlichen Überbaus zu behandeln. In diesem Glauben nahmen auch viele Juden einen regen Anteil an den revolutionären Bewegungen Rußlands" (S. 1 f.).

Es haben also nicht nur die „reinen Internationalisten", sondern ebenso die zionistischen Juden Anteil am Sturz des Zarentums und an der Errichtung der bolschewistischen Herrschaft. Diese geschichtliche Schuld wird auch dadurch nicht vermindert, daß die jüdischen Parteien nach dem Umsturz Bedenken bekamen, weil die bolschewistische Wirtschaftspolitik (Kriegskommunismus) die privatkapitalistische Struktur der russischen Judenheit schwer traf. Diese ökonomische Beeinträchtigung wie überhaupt alle Schäden, die die Juden Rußlands in den stürmischen Tagen der Revolution und des damit zusammenhängenden Bürgerkrieges gehabt haben, sind vom Verfasser peinlich genau geschildert. Vergeblich aber suchen wir einen Hinweis auf das Elend, das jüdische Führer über das russische Volk und die Völker dieser Welt gebracht haben. Vieles von dem, was dem großen nationaljüdischen Bevölkerungsteil in Rußland an Unerfreulichem geschah, stellt sich bei näherem Zusehen als Folge eines *innerjüdischen Richtungsstreites* dar, der um das Prinzip der Assimilation auf der einen Seite und um die zionistische Gedankenwelt auf der anderen Seite geführt wurde. „Die Hauptkämpfer gegen das hebräische Bildungswesen in der Sowjetunion sind die assimilierten jüdischen Bolschewisten" (S. 114, vgl. S. 115).

Diese Kämpfe sind aber keine spezifisch russischen und bolschewistischen. Sie sind seit den Tagen Mendelssohns und David Friedländers eine Wesenserscheinung der Geschichte der Juden in *allen* Ländern. So gelingt es dem Verfasser auch nicht, eine spezifisch *antibolschewistische* Position der jüdischen Bevölkerung aufzuzeigen. Wohl ist davon die Rede, daß die zionistische Partei „sich konsequent dem Kommunismus nicht beugte" (S. 104), aber unter „Kommunismus" sind ganz deutlich jüdische Kommunisten gemeint, die mit Hilfe ihrer politischen Machtstellung ihre Assimilationsideen durchzusetzen versuchten, entsprechend ihrer Überzeugung, daß „das jüdische Volk durch die Geschichte zur Assimilation verurteilt" sei (S. 115).

Ebensowenig kann man von einer spezifisch antijüdischen Haltung des Bolschewismus sprechen. Die Juden haben in Rußland das Recht auf eigene Schulen, Räte, Gerichte und administrative Autonomie in den Gebieten, in denen sie die Mehrheit bilden (S. 123). Sie haben die Umgangssprache der Mehrheit der jüdischen Bevölkerung, das „Jiddisch" (jüdisch-deutscher Dialekt), staatlich anerkannt erhalten. Das Judentum ist nicht nur durch *einzelne*, sehr bedeutsame Führer mit der bolschewistischen Revolution und dem bestehenden Sowjetstaat verbunden, sondern ist auch soziologisch an der kommunistischen Herrschaft in außerordentlicher Weise beteiligt.

Die absolute Zahl der Juden in Rußland betrug im Jahre 1926: 2 672 398, das bedeutet einen Anteil von 1,8 vH. an der gesamten russischen Bevölkerung (S. 65). 1926 betrug die Zahl der jüdischen Kommunisten in Rußland 44 300, das sind 4 vH. unter allen Kommunisten. 1922 betrug der jüdische Hundertsatz sogar 5,2 vH. (S. 107). Wie hoch er 1917/18 gewesen ist, sagt das Buch nicht. Diese „verhältnismäßig große Zahl der jüdischen Kommunisten" weiß Heller nur „damit zu erklären, daß die Juden ein städtisches Element sind" (S. 108).

Noch deutlicher wird uns die Symbiose zwischen Judentum und Bolschewismus, wenn wir die Veränderungen in der sozialen Struktur der russischen Judenheit betrachten. Während die Gruppe „*Staatsangestellte*" im sozialen Organismus der Juden im Zarenreich so gut wie gar nicht in Erscheinung trat, umfaßt sie im Sowjetstaat 23,4 vH. aller russischen Juden.[7] Die Staatsangestellten stellen mit diesem Prozentsatz die größte soziale Gruppe in der russischen Judenheit überhaupt dar.

Die jüdische Berufsstatistik für das Jahr 1926 hat folgende Größenordnung (vgl. S. 74):[8]

Staatsangestellte	23,4 vH.
Handwerker u. Heimarbeiter	19,5 »
Arbeiter	14,8 »
Händler	11,8 »
Arbeitslose	9,3 »
Bauern	9,1 »
Freie Berufe	1,6 »
Unbestimmte Berufe	10,5 »

Von besonderem Interesse ist, daß in Moskau 50,1 vH., in Leningrad 40,1 vH. aller Juden[9] Staatsangestellte sind. Die jüdischen Staatsangestellten machen nun 8 vH. aller Beamten und Staatsangestellten der Sowjetunion überhaupt aus. In einzelnen Gebieten steigert sich dieser an sich schon ungeheure Hundertsatz um das Doppelte und Dreifache. In USSR sind 16,8 vH., in WSSR sind 25,5 vH. aller Staatsangestellten Juden.[10]

Was sagt Heller, der leidenschaftliche Gegner der Assimilation und des Bolschewismus, zu diesem Rekordanteil des Judentums am bolschewistischen Staatsapparat? „Dieser übermäßige Anteil der Juden am Beamtentum erklärt sich einerseits daraus, daß das russische, das ukrainische (83,0 vH.) und das weißrussische (85,1 vH.) Volk in erster Reihe ein Agrarvolk ist; er erklärt sich andererseits aus der vollständigen Urbanisierung der jüdischen Bevölkerung. Vor allem war auch die bolschewistische Regierung von Anfang an auf das geistig rege jüdische Element angewiesen, weil das frühere Beamtentum dem alten Regime noch zu sehr verbunden war, als daß man ihm Vertrauen schenken konnte; außerdem sabotierte die russische Intelligenz die Sowjetmacht bis zum Jahre 1921 fast völlig. Ein bedeutender Teil der assimilierten jüdischen Intelligenz dagegen, der in den revolutionären Parteien eine angesehene Rolle spielte, schien den neuen Machthabern ein gutes Werkzeug in ihrem Regierungsapparat zu sein. Doch auch ein anderer Teil der jüdischen Intelligenz (respektive Halbintelligenz), der dem Bolschewismus im Grunde ablehnend gegenüberstand, wurde durch den Verlust seiner Erwerbsmöglichkeit bei Einführung der neuen bolschewistischen Ordnung zum Beamtentum hingedrängt" (S. 77).

Heller findet also die hohe jüdische Beamtenzahl ganz in Ordnung und lehnt alle politischen und weltanschaulichen Gründe für diese Erscheinung ab. Mit Rührung lesen wir, daß „die bolschewistische Regierung von Anfang an auf das geistig rege jüdische Element *angewiesen*" war. Nicht weil sie jüdisch-marxistisch fühlten und planten, wurden so viele Juden russische Beamte, sondern weil sie „geistig rege" waren, weil sie zum bolschewistischen Beamtentum „*hingedrängt*" worden sind. Daß „die neuen Machthaber", die in den

7 Gemeint ist: aller erwerbstätigen Juden.

8 Grau gestaltete diese Tabelle etwas anders als Heller. Dieser hatte z. B. Arbeiter und Handwerker mit 34,3 % zusammengefasst; Abraham Heller, Die Lage der Juden in Rußland von der Märzrevolution 1917 bis zur Gegenwart, Breslau 1935, S. 74.

9 Gemeint sind alle erwerbstätigen Juden.

10 USSR: Ukrainische Sozialistische Sowjetrepublik; WSSR: Weißrussische Sozialistische Sowjetrepublik.

Juden ein gutes Werkzeug für den Regierungsapparat sahen, selbst Juden waren, wertet Heller in keiner Weise. Daß Millionen von Russen ebenfalls ihre Erwerbsmöglichkeit verloren haben und doch nicht Beamte des bolschewistischen Staates wurden, verschweigt Heller ebenfalls.
Vergegenwärtigen wir uns: Die bolschewistische Weltanschauung ruht auf der Lehre des Juden Karl Marx. Neben Lenin standen fast nur jüdische Bolschewisten auf den weithin sichtbaren Kommandostellen der russischen Revolution: Trotzki-Bronstein, Radek-Sobelsohn, Joffe, Kopp, Kamenew-Finkelstein, Scheinmann, Sokolnikow-Brilliant, Sinowjew-Radomylski.
Ein Viertel aller russischen Juden befinden sich als Beamte meist in führenden Stellungen im Dienst des bolschewistischen Staates.
Die sowjetistische Siedlungspolitik hat die Juden vor allen anderen Völkern des russischen Reiches bevorzugt behandelt: „Kein zweites Volk Rußlands hat so ausgedehnte und gut eingerichtete Landstellen erhalten, wie jüdische Bauern in der Krimhalbinsel". (Theodor Seibert, Das rote Rußland, München 1932, S. 43; ähnlich, aber zögernder, Heller, S. 95.)
In parteipolitischen Richtungskämpfen wurden zwar mit dem Heraufkommen Stalins bedeutende jüdische Bolschewisten der Leninzeit in die Opposition gedrängt. Gleichwohl gibt es auch heute noch außerordentlich viele jüdische Bolschewisten. „Die Volkskommissariate wimmeln von ihnen; in den Ministerien des Handels, der Außenpolitik und des Volkserziehungswesens sind die Juden heute noch absolut dominierend" (Seibert, S. 47).
Alle diese Tatsachen werden von niemand bestritten. Und doch soll die Herrschaft der Juden im bolschewistischen Rußland nur eine „Legende" und eine „Wahnvorstellung" sein (Seibert, S. 45 und 47). Und Heller meint, die „bolschewistische Gesinnung der Juden" sei nur „ein gesuchter Vorwand" für antisemitische Ausschreitungen gewesen! (S. 38.)
Gewiß, Bolschewismus ist nicht gleichbedeutend mit Judentum und Judentum ist nicht gleichbedeutend mit Bolschewismus. Nicht jeder Bolschewist ist ein Jude und nicht jeder Jude ist ein Bolschewist. Die geistige Verwandtschaft zwischen den beiden Mächten aber ist offenkundig, die moralische, politische und soziologische Beteiligung des Juden am Bolschewismus ist unbestreitbar, und sie ist nur der offene Ausdruck jener geistigen und seelischen Gemeinsamkeit. Wer dies nicht einsehen will, trotz der deutlichen Sprache der geschichtlichen Tatsachen, wird auch die Erscheinung der russischen Judengegnerschaft nicht begreifen können.
Wie alle jüdischen Historiker steht auch Heller vor dem elementaren Gefüge des Antisemitismus ratlos und benommen. Er bringt ihn ganz auf die Formel: Bösartigkeit, Unkultur, zaristische Reaktion.
Ein zermürbtes und niedergeschlagenes Volk, am Ende eines lange währenden Krieges, durch die schrecklichste Revolution der Weltgeschichte an den Rand der Verzweiflung geworfen, stand in der Ukraine mit letzter Einsatzbereitschaft gegen den Bolschewismus auf. Eine ukrainische Proklamation aus jener Zeit (6. Sept. 1917) ruft gegen den Feind im eigenen Land: „Russisches Volk erwache! Noch vor kurzer Zeit leuchtete die Sonne in Kiew und der russische Zar pflegte hierher zu kommen. Nun sind überall die Juden! Wir wollen dieses Joch abwerfen, wir können es nicht mehr ertragen! Sie werden das Vaterland verderben. Nieder mit den Juden! Russisches Volk einige Dich! Gebt uns den Zaren wieder" (bei Heller S. 27). Es kam der Bürgerkrieg: Rote gegen weiße Armee. In diesem Krieg wurden Juden ermordet, ausgeraubt, geplündert. Pogrome! Viele Unschuldige,

Frauen und Kinder waren darunter. Tief bedauerlich! Aber das große geschichtliche Recht und die Gerechtigkeit standen in diesem *Krieg* auf Seiten der antibolschewistischen Opposition. Die Juden in der Ukraine fühlten sich mit dem bolschewistischen Moskau und Leningrad verbunden, gegen den ukrainischen Nationalismus. Die Juden waren es, die „aus Gründen der Vorsicht", wie Heller sagt (S. 30), sich dem entscheidenden antibolschewistischen Akt der staatlichen Abtrennung der Ukraine von Rußland entzogen haben. So wütete das Strafgericht hart, aber gerecht.

Ein Historiker, der es mit der Wahrheit halten will, kann nicht einseitig das jüdische Leid schildern. Ein viel gewaltigerer und tieferer Strom von Blut als alle Juden, die Heller sorgsam errechnet, vergossen haben, ein Strom, in dem das edelste und wertvollste Blut des russischen Volkes und der Zarenfamilie selbst fließt, hat seinen Quellsprung im tierhaften Mordbefehl auch bolschewistischer Juden.

Der Antisemitismus in Rußland trägt zum größten Teil antibolschewistischen Charakter. Dann aber trat er auch zeitweise innerhalb der kommunistischen Partei selbst auf, in der vor allem aus der Provinz und aus den unteren Gliederungen antijüdische Äußerungen als Ausdruck gesellschaftlicher und politischer, gewiß auch rassischer Instinkte sich bemerkbar machten. Daß man auch diesen „kommunistischen" Antisemitismus meistens als Kritik und Opposition gegen den Bolschewismus empfand, beweisen die scharfen Maßnahmen, die von der *zentralen* bolschewistischen Macht gegen diese Erscheinung getroffen wurden (S. 127).

Gegen die Hellersche Arbeit wären noch viele Einzelheiten vorzubringen. Es sollte an dieser Stelle aber nur gezeigt werden, daß das „authentische Material", das Heller vorlegt, den historischen Betrachter nach einer ganz anderen Richtung führt, als Heller das „authentische Material" führen will. Die tendenziöse Absicht und die unzureichende Fragestellung des Buches sind so auffallend, daß man sich wundern muß, wie Heller mit dieser von Professor Dr. Hoetzsch[11] und Professor Dr. Vasmer[12] veranlaßten Arbeit im Oktober 1935 an der Philosophischen Fakultät der Universität Berlin promovieren konnte.[13]

[…][14]

11 Dr. Otto Hoetzsch (1876–1946), Historiker; 1918 DNVP-Eintritt; 1911–1914 Redakteur der Zeitschrift für osteuropäische Geschichte, 1914–1924 als außenpolitischer Kolumnist für Tageszeitungen tätig; forderte 1919 als DNVP-Reichstagsabgeordneter ein Einwanderungsverbot für Juden aus Osteuropa; von 1920 an Professor der Geschichte und Landeskunde Osteuropas an der Universität Berlin, 1935 zwangspensioniert.

12 Dr. Max Vasmer (1886–1962), Slawist; 1917–1925 Professor für vergleichende Sprachwissenschaft in Saratow, Dorpat und Leipzig, von 1925 an für Slawistik an der Universität Berlin, 1938–1939 Gastprofessor an der Columbia Universität, nach 1948 Professor an der FU Berlin; Hrsg. von „Russisches Etymologisches Wörterbuch" (4 Bde. 1950–1958).

13 Heller hatte die Promotion im Februar 1934 an der Philosophischen Fakultät der Berliner Universität eingereicht und im Juli 1934 das mündliche Examen bestanden. Die Schrift wurde im Oktober 1935 gedruckt. Als der neueingesetzte Dekan der Fakultät, Ludwig Bieberbach, durch die Belegexemplare von Hellers Dissertation Kenntnis erhielt, verweigerte er die Ausfertigung der Promotionsurkunde. Bieberbach führte am 10. 3. 1936 u. a. auf der Grundlage der hier abgedruckten Rezension von Wilhelm Grau und eines weiteren Gutachtens einen Universitätsbeschluss gegen die Annahme der Promotion herbei. Heller galt somit als nicht promoviert. Er erhielt die Urkunde erst 1992 in Tel Aviv überreicht; UA der HUB, Phil. Fak. 791 (Promotionsakte Abraham Heller), Bde. 1 und 2.

14 Es folgt in der Rubrik „Geschichte der Judenfrage" noch eine Besprechung von Ismar Elbogens „Geschichte der Juden in Deutschland" sowie eine Sammelrezension jüdischer Zeitschriften; wie Anm. 1, S. 343–349.

DOK. 235
Pariser Tageszeitung: Artikel vom 23. Juni 1936 über die Lage der deutschen Juden kurz vor den Olympischen Spielen in Berlin[1]

Ein Paradies für Erpresser
Das Martyrium der deutschen Juden dauert an

London, 22. Juni. *In den letzten Monaten war in der ausländischen Presse wenig über die Lage der Juden in Deutschland zu lesen. Das hat offenbar seinen Grund darin, dass die Presse in Deutschland angewiesen wurde, im Hinblick auf die bevorstehende Olympiade nicht viel über die antijüdische Bewegung in der Partei und die antijüdischen Massnahmen der Behörden zu berichten. Dass aber das Martyrium der etwa 480 000 jetzt noch in Deutschland lebenden Juden*[2] *unter dem Regime der Nürnberger Gesetze keine Abschwächung, in mancher Beziehung sogar eine Steigerung erfahren hat und dass für die Zeit nach der Olympiade ein neuer antijüdischer Feldzug befürchtet wird, geht aus der nachstehenden Darstellung eines Sonderberichterstatters der Jüdischen Telegraphenagentur hervor; diese Darstellung stützt sich auf eine längere gründliche Beobachtung:*
Ueber die wirkliche Lage der Juden in Deutschland dringt in letzter Zeit weniger als je in das Ausland. Dies ist zum Teil darauf zurückzuführen, dass mit Rücksicht auf die bevorstehende Olympiade von Aktionen grösseren, nach aussen in die Erscheinung tretenden Stils abgesehen wird. Es kommt hinzu, dass das Netz der Geheimen Staatspolizei immer engmaschiger und somit die Weitergabe von Nachrichten schwieriger geworden ist. Immerhin lassen sich auch heute noch bei einer Reise durch Deutschland eine Reihe von nicht allgemein bekannten Feststellungen treffen. Zunächst: dass der Eifer der untergeordneten Organe der Partei gerade mit Bezug auf die Judenfrage nicht nachgelassen hat. Jeder Gaufürst regiert auf diesem Gebiet, wie er will, und die wirtschaftliche Existenz vieler Tausender Juden hängt viel weniger von den Richtlinien ab, die das Reichswirtschaftsministerium erlässt, als von dem Fanatismus der hundert und aberhundert Unter- und Unterunterführer.
Im Schatten der Nürnberger Gesetze
In den Mittel- und Kleinstädten ist fast durchweg eine weitere Verschlimmerung der Gesamtlage der noch dort wohnenden Juden festzustellen. Der Schatten der Nürnberger Gesetze lastet riesengross über ganz Deutschland, aber besonders über den Kleinstädten und den Orten mittlerer Grösse. Mit diesen Gesetzen, besonders dem über Rassenschande, ist Deutschland ein klassisches Land für Erpresser geworden. Die Natur der hier in Betracht kommenden Dinge und eine gewisse Scheu, die Intimitäten des geschlechtlichen Lebens der Oeffentlichkeit vorzusetzen, haben die ausführliche Erörterung bisher verhindert.
Von einem nur sehr geringen Teil der erfolgenden Verurteilungen berichtet in wenigen Zeilen die Presse Deutschlands und der verschiedenen Länder. Man weiss daher, dass Zuchthausstrafen nur so hageln. Aber von all den Tragödien im Bezirk der geheimsten

1 Pariser Tageszeitung, Nr. 12 vom 23. 6. 1936, S. 2. Die Pariser Tageszeitung war die Nachfolgerin des Pariser Tageblatts. Sie erschien von Juni 1936 bis Februar 1940 in Paris. Chefredakteur 1936–1938 war Georg Bernhard.
2 Die tatsächliche Zahl der Glaubensjuden wurde zu diesem Zeitpunkt auf 409 000 geschätzt; siehe Dok. 240 vom 24. 7. 1936.

Dinge des menschlichen Lebens, die in der viel grösseren Zahl nicht veröffentlichter Fälle beschlossen liegt, von der damit verbundenen wirtschaftlichen Vernichtung der Betroffenen, von der Zerstörung lang andauernder Beziehungen menschlicher Art, die aus nicht immer einfach mit einer Handbewegung abzutuenden Gründen nicht zur Legitimierung geführt haben, spricht niemand.

Verarmung der jüdischen Intellektuellen

Die wirtschaftliche Lage der Juden ist natürlich örtlich und den Berufen nach nicht einheitlich. Im allgemeinen folgt ihre Lage, aber um vieles verschlimmert, der ihrer Berufsgenossen. In der Anwaltschaft, die in früheren Zeiten einer erheblichen Anzahl von Juden eine gute Position gegeben hat, liegen die Dinge im allgemeinen schlimm. Man braucht nur auf eine einzige Ziffer hinzuweisen: in Berlin ist die Zahl der ordentlichen Prozesse, die im Jahre 1932 etwa 64 000 betrug, für 1935 auf 14 000 zurückgegangen! Die jüdischen Anwälte sind heute zum grössten Teil fast ohne jede Praxis. Jüdische Beamte, jüdische Notare gibt es nicht mehr. Unter den jüdischen Aerzten ist die Abwanderung besonders gross, da ihnen anders als z. B. den Juristen trotz aller Erschwerungen des Fortkommens in der Welt immerhin noch Möglichkeiten zur Verfügung stehen. Auf manchen Spezialgebieten stellt sich bereits eine gewisse Knappheit an jüdischen Aerzten ein.

Auf dem weiten Gebiet der künstlerischen, literarischen Betätigung reichen die in Deutschland bestehenden jüdischen Organisationen, die Zeitungen, der Kulturbund natürlich bei weitem nicht aus, um allen Fähigen und Bedürftigen Arbeit und Brot zu geben. Auch aus diesen Berufen muss fortgesetzt eine weitere Abwanderung erwartet werden.

Wachsender Auswanderungswille

Aber es gibt für den, der einige Zeit von Deutschland abwesend war und jetzt wieder Gelegenheit hatte, den Seelenzustand der jüdischen Gemeinschaft zu beobachten, einen tiefgehenden Unterschied gegen das, was er vor Erlass der Nürnberger Gesetze und der Hetze, die ihrem Erlass vorausgegangen ist, bei den deutschen Juden feststellen konnte: der Auswanderungswille ist in ausserordentlichem Grade gewachsen. Während früher bei den zwischen den einzelnen Vorstössen der radikalen Wellen liegenden, etwas ruhigeren Zeiten sich sofort auch ein entsprechender Optimismus in den jüdischen Kreisen zeigte, ist die Ueberzeugung heute allgemein, dass der Vernichtungswille der nationalsozialistischen Bewegung gegen das deutsche Judentum und, wenn sie die Macht hätte, gegen das Judentum in der Welt, ungebrochen fortlebt und sich Einschränkungen nur insofern auferlegen lässt, als die innere ökonomische Lage und die Gebote der Aussenpolitik sie unabweisbar erscheinen lassen.

Es ist heute dem überwiegenden Teil der deutschen Juden klar geworden: der Nationalsozialismus wird nur einen völlig proletarisierten, aller seiner Rechte beraubten kleinen Teil des deutschen Judentums im Reich leben lassen, soweit er nicht durch die wirtschaftliche Lage des Landes oder durch internationale Interventionen gezwungen wird, anders zu handeln. Es ist darum ein verhängnisvoller Irrtum, zu glauben, die jüdische Auswanderung aus Deutschland sei schon zu Ende. Wahr ist vielmehr, und die Welt muss, ob sie will oder nicht, diesen Dingen ins Auge sehen, dass beim ersten Einsetzen einer neuen Verschärfungswelle mit einer zahlenmässig die der Jahre 1933 und 1934 noch übersteigenden Wanderungsbewegung zu rechnen ist.

Die Situation in Oberschlesien

Ein Problem besteht in Oberschlesien. Die deutsch-polnische Konvention ist an sich nur für 15 Jahre geschlossen. Durch die Verhandlungen in der Völkerbundsversammlung des

Jahres 1933 anlässlich der Petition Bernheim i[st] Deutschland gezwungen worden, anzuerkennen, dass den Juden in Deutsch-Oberschlesien Minderheitenrechte zustehen.[3] Der Zustand, der sich infolge dieses Anerkenntnisses dort herausgebildet hat, ist von dem des übrigen Deutschland so verschieden, dass sich die etwa 20 000 Juden in Oberschlesien mit Besorgnis fragen, welcher Rechtszustand ab 15. Juni 1937 dort herrschen wird.[4] Die ganze Ariergesetzgebung ist dort nicht eingeführt, es gibt noch jüdische Richter, Beamte, Notare; die Nürnberger Gesetze gelten dort nicht. Kurz, es ist eine Art „Naturschutzpark" geschaffen, den man nach den Aeusserungen von massgebender deutscher Seite so schnell wie möglich beseitigt haben möchte. Das wird aber angesichts der erworbenen Rechte, die den oberschlesischen Juden zustehen, nicht so leicht sein, zumal Deutschland an der Erhaltung eines Minderheitenschutzes in diesem Gebiet ein weit grösseres Interesse hat als Polen.

Furchtbare Zahl der Selbstmorde

Noch auf einen psychologischen Vorgang sei zum Schluss hingewiesen. Die deutschen Juden stehen jetzt im vierten Jahr unter einem Ausnahmerecht, das das des Mittelalters weit hinter sich lässt. Die tiefen Demütigungen, die ihnen fortgesetzt zugefügt werden, haben ihre Spuren auch bei denen hinterlassen, die an sich entschlossen sind, in Deutschland solange auszuharren, wie dies überhaupt möglich ist. Sie bleiben also bewusst an der Front. Aber die Verbindungslinien zum Hinterland und zur Etappe existieren kaum mehr. Die weitaus grösste Zahl der in Deutschland wohnenden Juden hat von den Vorgängen in der Welt keine andere Vorstellung als die, die ihr aus den Zeitungen, deren strenge Zensur bekannt ist, übermittelt wird. Auch die jüdischen Zeitungen, deren Wirkungskreis durch mehrfache Eingriffe des Propagandaministeriums sehr beschränkt worden ist, können den Lesern nicht einmal andeutungsweise etwas von der Bewegung übermitteln, die es trotz allem in der gesamten Kulturwelt in der Frage der deutschen Judengesetzgebung noch gibt. Auslandsreisen sind nur einer kleinen Minderheit möglich. Dieser vorhandene Mangel an Fühlung mit der Welt vertieft die Verzweiflungsstimmung, von der manche Juden in Deutschland erfasst sind. Die schreckliche Zahl der Selbstmorde, über die nicht einmal eine Statistik geführt werden kann, spricht hier eine beredte und unwiderlegliche Sprache.[5]

DOK. 236

Albert Herzfeld berichtet am 1. Juli 1936 über seinen Ausschluss aus dem Reichsverband deutscher Künstler und über das Berufsverbot als Maler[1]

Handschriftl. Tagebuch von Albert Herzfeld, Eintrag vom 1. 7. 1936

1. Juli 1936. Nachdem ich wochenlang nichts mehr aufgeschrieben habe, muß ich heute meine Korrespondenz mit dem Reichsverband deutscher Künstler u. der Reichskammer chronologisch u. der Reihe nach nachholen. Am *24. Aug.* 1933 erhielt ich einen Fragebogen

3 Siehe Dok. 46 vom 24. 5. 1933.
4 Siehe Dok. 292 vom 11. 8. 1937.
5 Zum Problem der Suizide siehe die Dok. 36 vom 25. 4. 1933 und 41 vom 9. 5. 1933.

1 Albert Herzfeld, Tagebuch, S. 133–139; StadtA Düsseldorf, XXII H 61. Abdruck in: Herzfeld, Ein nichtarischer Deutscher, S. 63–66.

vom damaligen 1. Vorsitzenden des altbestehenden Vereins zur Veranstaltung von Kunstausstellungen, Erich Freiherr v. Perfall,[2] dem ich seit langen Jahren angehöre, zugestellt, in dem ich alle möglichen privaten Fragen, darunter auch die nach der „Konfession (auch früheren Konfession)" erhielt, den ich richtig ausgefüllt habe. Ich finde in meiner diesbezügl. Mappe, daß ich diesen Fragebogen anscheinend erst im Januar 1934 erhielt, denn laut mir vorliegender Kopie meines Schreibens habe ich diesen Fragebogen erst am 1. Februar 1934 an das Reichskartell der bildenden Künstler, Gau Westfalen-Niederrhein, D'dorf, Wilhelm-Marx-Haus, gesandt u. dabei in längerem Begleitschreiben ausgeführt, daß ich einer durchaus nationalen, väterlich[er-] u. mütterlicherseits über 200 Jahre in Deutschland lebenden Familie angehöre, daß ich mich trotz meiner damaligen 49 Jahre am ersten Mobilmachungstage zum Eintritt in die Armee gemeldet habe, aber wegen meines Alters nicht eingestellt wurde. Darauf habe ich mich noch 7 Mal gemeldet u. erst bei der achten Meldung wurde mir angeraten, mich als damaliger Vizewachtmeister der Kavallerie bei der Infanterie zu melden. Das that ich sofort u. wurde am 1. Novbr. 1914 nach Minden i./W. einberufen und dort [an] Kaisers Geburtstag 1915 zum Leutnant befördert. Ich kam im Herbst 1915 als Kompanieführer an die Front, erkrankte dort schwer an der Ruhr u. wurde dann bis zum 1. Dcbr. 1916 an mehreren militärischen Stellen verwendet. Ich besitze das EK II (später erhielt ich auch noch das Frontkämpferabzeichen) u. die letzten Zeugnisse meiner Vorgesetzten. Gleichzeitig sandte ich RM 1,– als Einschreibegebühr und 2 Paßbilder ein. – Darauf erhielt ich nach mehreren Monaten im Nov. 34 vom Präsidenten der Reichskammer der bildenden Künste eine Aufforderung, bis zum 10. Decbr. 1934 den Nachweis zu erbringen, daß ich als Frontkämpfer am Kriege teilgenommen habe. Ich antwortete sofort mit einem längeren Schreiben am 25. November 34 u. zeigte dem hiesigen Geschäftsführer der Reichskammer, Hr. Siekmeyer,[3] meinen Militärpaß aus dem Felde vor u. fügte auf dringenden Rat von Hr. Siekmeyer noch einmal eine Bestätigung meiner nationalen Gesinnung bei. Am 29. November 34 erhielt ich darauf eine Aufforderung, den Jahresbeitrag von M 12,– zu zahlen, worauf ich am gleichen Tag antwortete, daß mir von einem rückständigen Beitrag nichts bekannt sei u. daß ich bis zur Stunde noch keinen Bescheid erhalten hätte, ob ich Mitglied der Reichskammer sei oder nicht, da mir am 28. 11. 34 mitgeteilt worden sei, daß man mein Eintrittsgesuch in die Reichskammer „prüfen" wolle. Ich erhielt dann am 15. Mai 1935 ein vom Landesleiter, dem hiesigen Akademiedirektor Prof. Grund,[4] unterzeichnetes hektografiertes Schreiben mit der Aufforderung zur pünktlichen Zahlung des Jahresbeitrages, auf das ich in einem längeren Schreiben am 7. Juni 35 antwortete u. ausführte, daß ich bis heute noch keine Antwort auf meine ausführlichen Bewerbungsschreiben erhalten hätte u. bat nochmals um Aufnahme u. versprach, dann sofort die fälligen Beiträge zu zahlen. Am 11. Juni 36, also nach einem Jahr, erhielt ich dann einen Einschreibe-Brief des Präsidenten der Reichskammer des Inhalts, daß nach dem Ergebnis der Ueberprüfung der in meinen persönlichen Eigenschaften begründeten Thatsachen ich nicht die erforderliche Eignung u. Zuverlässigkeit besäße, an

2 Erich Freiherr von Perfall (1882–1961), Landschaftsmaler in Düsseldorf; zeitweise 1. Vorsitzender des Künstlervereins Malkasten.

3 Emil Siekmeyer (1891–1967), Maler; 1933 NSDAP-Eintritt; 1931–1934 als Maler und 1934–1945 als Büroarbeiter bei der Stadt Düsseldorf tätig.

4 Dr. Peter Grund (1892–1966), Architekt; 1933–1937 Professor und Leiter der Staatlichen Kunstakademie in Düsseldorf; Landesleiter der Reichskammer der bildenden Künste in Düsseldorf.

der Förderung deutscher Kultur in Verantwortung gegenüber Volk u. Reich mitzuwirken. Ferner heißt es in dem Brief wörtlich: „Sie erfüllen somit nicht die Voraussetzung für eine Mitgliedschaft bei der Reichskammer der bildenden Künste. – Auf Grund des § 10 der ersten Verordnung zur Durchführung des Reichs[kultur]kammergesetzes vom 1. Novbr. 1933 (RGBI. I S. 797) lehne ich Ihre Aufnahme in die Reichskammer der bildenden Künste ab u. untersage Ihnen die weitere Ausübung des Berufs als Maler. I. Auftrag gez. Hoffmann". – Dies traf mich natürlich wie ein Donnerschlag. Auf Veranlassung meines Kollegen Pagenstecher,[5] der sehr schriftgewandt ist, u. mich bereits früher in den Korrespondenzen mit der Kunstkammer beraten hatte, ging ich dann zu dem hiesigen Rechtsanwalt Hengeler[6] u. unterbreitete ihm den Fall. Dieser setzte mir einen Brief an den Präsidenten auf, in dem ich ihn um Angabe der gesetzlichen Bestimmungen bat. Doch ich habe diesen Brief nicht zur Absendung gebracht, weil ich mich vorher am 18. Juni 1936 an den Reichsverband der [nicht]arischen Christen E.V. Berlin gewandt habe u. um event. Aufnahme in diesen Verband nachsuchte. Dieser schrieb mir nun am 19. Juni 36, daß er sich freue, wenn ich beitreten würde, da ich ihm wohlbekannt sei, daß er eine unter Aufsicht des Staatskommissars Hinkel stehende von ihm (Dr. Spiess) geleitete Kulturabteilung mit einer Gruppe „bildender Künstler" habe u. bereits eine Kunstausstellung veranstaltet habe. Am 21. Juni 36 sandte ich diesem Verband meine bisherigen Korrespondenzen mit dem Reichsverband in Abschrift ein. Darauf erhielt [ich] am 27. Juni einen Brief, worin mir ein G. Lewaldt mitteilt, daß kraft Verfügung des Staatskommissars Hinkel die Mitglieder des Reichsverbandes der nichtarischen Künstler ihren Beruf insoweit ausüben dürfen, als sie ihre Leistungen lediglich Nichtariern u. Ausländern zugänglich machen u. gegebenen Falles an diese veräußern dürfen. Diesen Brief beantwortete ich am 29. Juni 36 mit der Anfrage meinerseits, wie es nun sei, wenn *ohne* ein Angebot meinerseits sich Kaufinteressenten an mich wenden, ob ich diese erst nach ihrer Abstammung fragen müsse. Dann fügte ich den mir von Hr. R[echts]anw[al]t Hengeler aufgesetzten Brief in der Abschrift bei u. frug an, ob ich diesen zum Versand bringen solle oder nicht. Gleichzeitig überwies ich das Eintrittsgeld für den Verband sowie den Vierteljahresbeitrag u. fügte auch einen ausgefüllten Fragebogen über meine Personalien etc. bei. Auf diesen Brief erhielt ich heute Morgen die Antwort, unterzeichnet Lewaldt, vom 30. Juni 1936, die wörtlich lautet: In Beantwortung Ihres Schreibens vom 29. d. M. teile ich Ihnen mit, daß Sie bedauerlicher Weise die Unannehmlichkeit in Kauf nehmen müssen, Interessenten für Ihre Bilder, sofern es sich nicht um Ausländer handelt, zunächst nach ihrer Abstammung zu fragen. Im Uebrigen empfehle ich Ihnen *dringendst* (von Lewaldt unterstrichen) auf das Ausschlußschreiben des Präsidenten der Reichskammer der bildenden Künste überhaupt nicht zu antworten, um nicht erst besonders auf Sie aufmerksam zu machen. Mit Verbandsgruß! – So geht es einem jetzt 71jährigen ehemaligen Frontkämpfer! – Man nimmt mir nun das letzte, was ich auf der Welt habe, u. ich stehe rechtlos all dem gegenüber! Ein Fernerstehender wird das Unrecht, das mir geschieht (u. neben mir voraussichtlich noch tausenden anderen sogenannten Nichtariern) gar nicht begreifen u. in späteren Jahrzehnten wird man das Verhalten treuen Staatsbürgern gegenüber nicht fassen können. Es wird eine Zeit kommen, in der man die uns zugefügte Schmach als solche erkennen wird.

5 Wolfgang Pagenstecher (1880–1953), Maler und Heraldiker; entwarf nach dem Zweiten Weltkrieg u. a. das Wappen von Nordrhein-Westfalen.

6 Hans Hengeler (*1902), Rechtsanwalt.

DOK. 237

Die schlesische Regierung plant am 9. Juli 1936, Landräte und Bürgermeister zur Erfassung der Personenstandsregister der Juden zu verpflichten[1]

Entwurf einer Verfügung des Regierungspräsidenten in Breslau an die Landräte und Bürgermeister vom 9.7.1936 (Abschrift)[2]

Der Verein für Geschichte Schlesiens gibt unter der Schriftleitung des Staatsarchivdirektors[3] ein neues Verzeichnis der Kirchenbücher Schlesiens beider Konfessionen heraus, da das im Jahre 1902 erschienene und inzwischen vollkommen überholte Verzeichnis von Jungnitz-Eberlein vergriffen ist und dieser Nachweis für jede Familien- und Sippenforschung unentbehrlich ist.[4]
Für das neue Kirchenbücherverzeichnis hat sich auch die Aufnahme der Personenstandsregister der Juden als notwendig erwiesen, weil sie zu den nach dem Reichsbürgergesetz vom 15.9.35 und nach dem Gesetz zum Schutze des deutschen Blutes und der deutschen Ehre vom 15.9.35 (RGBl. I Seite 1146) nebst den Ausführungs-Verordnungen notwendigen Feststellungen, wer deutschen Blutes ist, auch amtlich sehr viel gebraucht werden. Zudem kann beim Fehlen anderer Unterlagen aus der Tatsache, daß eine bestimmte Person oder Familie nicht in den jüdischen Personenstandsregistern enthalten ist, ein gewisser Anhalt für die arische Abstammung gefunden werden.
Durch das Edikt vom 11.3.1812[5] in Verbindung mit der Instruktion vom 26.6.1812 (Kamptz Annalen Bd. V, Seite 364) ist erstmalig eine geordnete Personenstandsregister-Führung für die Juden vorgeschrieben worden. Die Juden mußten fest bestimmte Familiennamen annehmen und sich in eine Staatsbürgerliste eintragen lassen. Die Personenstandsregister wurden in den Städten von den örtlichen Polizeiobrigkeiten, auf dem Lande vom Landrat geführt. Ein Duplikat dieser Verzeichnisse war der Regierung abzuliefern. Im Jahre 1847 ging die Registerführung auf die Gerichte, 1874 auf die Standesämter über.
Es wird ersucht, bis zum 31.8.36 nach anliegendem Muster alle dort noch vorhandenen Staatsbürgerlisten und Personenstandsregister der Juden genau zu verzeichnen, wobei sorgfältig die Aufschrift mit dem Inhalt der Register zu vergleichen ist. Es wird auch zu beachten sein, daß diese Register oft unter anderen, heute nicht mehr gebräuchlichen Namen wie Beschneidungsregister u.s.w. geführt worden sind. Auch Scheidungsregister und dergl. gehören dazu. Sollten aus der Zeit *vor* 1812 Judenverzeichnisse vorhanden sein, so

1 APW, Rejencja Wrocław, I/7639, Bl. 3 f.
2 Im Original mehrere handschriftl. Unterstreichungen sowie ein handschriftl. Vermerk am Ende des Textes „1.) Beschneidungsregister 2.) Scheidungsregister".
3 Dr. Erich Randt (1887–1948), Lehrer und Archivar; 1921–1930 Archivar im Staatsarchiv Breslau, 1930–1935 Direktor des preuß. Staatsarchivs Stettin, danach des Staatsarchivs Breslau; 1937 NSDAP-Eintritt; 1939–1944 Leiter der dt. Archivverwaltung des Generalgouvernements in Krakau, 1944–1945 Direktor des Geheimen Staatsarchivs in Berlin; von 1947 an Beauftragter der polnischen Militärmission für Archivfragen des Ostens.
4 „Die älteren Personenstandsregister Schlesiens" gab Staatsarchivar Erich Randt in Zusammenarbeit mit Hellmut Eberlein 1938 im Verlag für Sippenforschung und Wappenkunde Görlitz heraus.
5 Das von Friedrich Wilhelm III. unterzeichnete „Edikt betreffend die bürgerlichen Verhältnisse der Juden in dem Preußischen Staate" vom 11.3.1812 erklärte die Juden zu Einwohnern und preuß. Staatsbürgern. Sie wurden zu akademischen Lehr-, zu Schul- und Gemeindeämtern zugelassen. Ihre Zulassung zu anderen öffentlichen Ämtern sowie ihre Militärpflicht sollten später geregelt werden.

ist ihre Verzeichnung naturgemäß ebenfalls dringend notwendig. Sollten dort etwa noch Kirchenbücher oder Kirchenbuchduplikate aus der Zeit vor 1874 verwahrt werden, sind diese am Schluß der Liste mitzuteilen.

DOK. 238
Der Reichsring für Propaganda und Volksaufklärung gibt am 16. Juli 1936 Empfehlungen für das Verhalten der SA gegenüber Ausländern und Juden während der Olympischen Spiele[1]

Bekanntmachung des Leiters des Reichsrings für Propaganda und Volksaufklärung,[2] Tießler,[3] München, vom 16. 7. 1936 für die SA, übermittelt durch Rundschreiben der Obersten SA-Führung (F 1 a Nr. 11159), Chef des Führungsamts, i. V. Michaelis,[4] München, zur Bekanntgabe an die Führer, Unterführer und Männer der SA vom 22. 7. 1936 (Druck)[5]

Erste Durchgabe des Reichsrings für nationalsozialistische Propaganda u. Volksaufklärung.
Am Sonnabend, den 11. 7. 1936 hat die Welt wieder einen neuen Beweis für die Friedensliebe des neuen Deutschland erhalten. Die deutsch-österreichische Verständigung ist wieder ein Schritt weiter auf dem Weg zur Sicherung des Friedens Europas und der Welt.[6] Dieser neue Friedensbeweis ist so überzeugend, daß auch die böswilligsten Gegner hiergegen kaum etwas vorbringen können. Und dennoch ist es unsere Aufgabe, das gesamte Ausland weiter davon zu überzeugen, daß in Deutschland Ruhe, Ordnung und Sicherheit herrscht und daß das deutsche Volk von ganzem Herzen den Frieden wünscht.
Eine nie wiederkehrende Gelegenheit, die ganze Welt in diesem Sinne aufzuklären, bietet sich in der vor uns liegenden Olympiade.[7] Von fast allen Staaten der Welt kommen die Vertreter als Sportler oder als Zuschauer nach Deutschland und werden nach der Rückkehr in ihre Länder Bericht geben, über das, was sie in Deutschland vorgefunden haben.
Es ist daher die Aufgabe eines jeden einzelnen Deutschen, sich in den kommenden Wo-

1 BArch, NS 23/556.
2 Der Reichsring für nationalsozialistische Propaganda und Volksaufklärung unterstand dem Stabsleiter der Reichspropagandaleitung der NSDAP. Aufgebaut seit 1934 durch Walter Tießler, sollte er die Propaganda aller Gliederungen der NSDAP und der ihr angeschlossenen Verbände koordinieren.
3 Walter Tießler (*1903), Parteifunktionär; 1922 NSDAP-Eintritt, von 1925 an Kreisleiter, von 1926 an bei der Gaupropagandaleitung Halle, von 1934 an bei der Reichspropagandaleitung München tätig, 1934–1944 Leitung des Reichsrings für nationalsozialistische Propaganda und Volksaufklärung; von 1940 an Abteilungsleiter im Stab des StdF, Verbindungsbüro zu Goebbels; 1944 Verbindungsmann der Parteikanzlei zu Generalgouverneur Frank.
4 Rudolf Michaelis (1902–1945), Ingenieur; 1923 NSDAP-Eintritt und Mitglied der Schwarzen Reichswehr, 1934 SA-Brigadeführer und Abteilungschef der Obersten SA-Führung, 1937–1938 Chef des Amts für Körperertüchtigung in der Obersten SA-Führung, 1938 SA-Gruppenführer, von 1940 an Kriegsteilnahme.
5 Im Original ein Umlauf-Stempel des Gerichts- und Rechtsamts der Obersten SA-Führung und handschriftl. Bearbeitungsvermerke.
6 Am 11. 7. 1936 sicherte das Deutsche Reich Österreich zu, dessen Souveränität zu achten. Hierzu wurde ein gemeinsames Kommuniqué veröffentlicht. In einem geheimen „Gentlemen's Agreement" verpflichtete sich Österreich u. a., seine Außenpolitik an die des Dritten Reichs anzupassen; Faksimiles beider Dokumente in: Volsansky, Pakt auf Zeit, S. 285–292.
7 Die XI. Olympischen Sommerspiele fanden vom 1. bis 16. 8. 1936 in Berlin statt.

chen bewußt zu sein, daß es auch auf den letzten deutschen Volksgenossen ankommt, welchen Eindruck die Olympiade-Besucher mit nach Hause nehmen. Gerade jetzt hat ein jeder zu begreifen, daß auch er Propagandist des neuen Deutschland ist. Daher soll es besondere Aufgabe der SA sein, unauffällig aber doch eindringlich auf die Wichtigkeit der kommenden Wochen für die Zukunft und den Weiteraufbau Deutschlands in ihrem Bekanntenkreis hinzuweisen. Wir wollen in diesen Wochen der Olympiade dem Ausland beweisen, daß es Lüge ist, wenn dort immer wieder behauptet wird, daß in Deutschland Judenverfolgungen an der Tagesordnung sind. Die Olympia-Besucher sollen die Wahrheit erfahren, daß in Deutschland jeder Ausländer, einschließlich der Juden, unbelästigt leben kann. Aus diesem Grunde müssen wir alles vermeiden, was evtl. einen falschen Eindruck erwecken könnte. Daher sind auch Lieder aus der Kampfzeit vor der Machtübernahme, soweit aus ihnen evtl. ein falscher Eindruck in dieser Hinsicht entstehen kann, nicht zu singen, da ja die Ausländer nicht wissen, daß es sich lediglich hier um ein altes Kampflied handelt, sondern sich den Text dieser Kampflieder ganz anders erklären und daher daraus falsche Schlüsse ziehen.

Ganz besonders aber muß sich ein jeder deutsche Volksgenosse darüber klar sein, daß allen Ausländern nicht nur mit der selbstverständlichen Höflichkeit entgegenzukommen ist, sondern daß auch dann, wenn evtl. irgendein Ausländer sich nicht korrekt benimmt, kein Volksgenosse das Recht hat, zur Selbsthilfe zu greifen, sondern sich in schwerwiegenden Fällen an die Polizeiorgane zu wenden hat. Wir erinnern in diesem Zusammenhang noch einmal an den Aufruf des Reichspropagandaleiters:

„Nach dem Willen des Führers hat Deutschland für die Olympischen Spiele 1936 Vorbereitungen wie kaum ein anderes Land zuvor getroffen. Die Hunderttausende ausländischer Gäste sollen würdig empfangen werden und ein besonders glänzendes Beispiel deutscher Gastfreundschaft erleben. Ich bin gewiß, daß jeder Deutsche seine Ehre daran setzen wird, den ausländischen Besuchern, die alle unter dem Schutz des Deutschen Reiches stehen, zuvorkommend gegenüberzutreten und, wenn sie einer Hilfe bedürfen, ihnen mit Rat und Tat Beistand zu leisten."[8]

DOK. 239

Der Historiker Willy Cohn kritisiert während eines Kuraufenthalts am 21. Juli 1936 das Benehmen von osteuropäischen Juden[1]

Handschriftl. Tagebuch von Willy Cohn, Eintrag vom 21. 7. 1936

21. 7. 36. Kudowa,[2] Dienstag – Abend. Heute nach Tisch am Abend 2 Stunden gelegen, ohne recht zur Ruhe zu kommen. – wenn ich etwas aus dem gewohnten Trott herauskomme, merke ich es gleich am Schlaf. Die Nachmittagspost brachte nichts Besonderes. – Verhältnismäßig früh am Brunnen. Lesesaal. – In Spanien große Revolution; man sieht noch nicht klar, wie das ausgehen wird. – Überall vollziehen sich diese Auseinanderset-

8 Nicht aufgefunden.

1 Willy Cohn, Tagebuch Kudowa-Breslau Juli-August 1936, Bl. 22–26; CAHJP, P 88/71. Gekürzter Abdruck in: Cohn, Kein Recht, nirgends, Bd. 1, S. 339.

2 Bad Kudowa: Kurort in Schlesien.

zungen zwischen den beiden entgegengesetzten Weltanschauungen. – Sonst sind die Zeitungen voll von der Olympiade. –
Ich ging dann langsam den Weidenweg entlang, heute traute ich mir wieder einmal ein größeres Stück zu; den früheren Bürgermeister Schindler[3] getroffen, der in seinem Garten arbeitete. Es geht ihm materiell schlecht; er muß jetzt seine Bibliothek verkaufen. – Im Gasthaus im Wiesengrunde eingekehrt, wo ich gern auch schon im vorigen Jahr gewesen [bin]. Es gehört der Schwägerin der Heimatdichterin Anna Bernard,[4] die ich ja schon sehr lange kenne; wir haben eine Stunde sehr angenehm verplaudert; sie hat mir viel auch von ihren Arbeiten erzählt, die im Entstehen begriffen sind. – Sie versteht ja wundervoll den Glatzer Menschen zu schildern. – Teilweise kam auch der Herr Kohn aus Schweidnitz heran, der [zu ihr] aus seiner Neißer Zeit Beziehungen hat. – Langsam dann nach Hause gegangen. – Nach dem Abendbrot noch meinen gewohnten Spaziergang gemacht und die Abfahrt des Zuges beobachtet. – Es wurde rasch kühl, die Natur hüllte sich in Nebelschwaden. – Es war heute da oben ziemlich einsam. –
Langsam fange ich an, kräftiger zu werden; ich bin auch mit meinem Aufenthalt hier zufrieden; nur ist es im Haus nicht ruhig genug. – Unter den östlichen Glaubensbrüdern findet man viele wenig Erfreuliche. – Ihr Benehmen läßt alles zu wünschen übrig. – Sie verziehen ihre Kinder aufs Schlimmste. Vor allem haben sie gar kein Gefühl dafür, daß man nicht auffallen soll. – Heute sage ich einer älteren Frau, die ich schon vom vorigen Jahr her kenne, sie soll [sich] nicht die Lider schminken. –
Man kann sich vorstellen, daß, wenn solche Leute in größeren Mengen auftreten, dann eben auch in einem solchen Ort die judengegnerische Stimmung wächst. – Es mögen gute Menschen sein, aber das kann der dritte ihnen nicht ansehen; da verurteilt man sie nach ihrem Auftreten, und das ist unerfreulich – durch und durch. Traurig genug, daß man das feststellen muß.

DOK. 240
Jüdische Rundschau: Artikel vom 24. Juli 1936 über die Zahlen und die Zielländer jüdischer Emigranten[1]

Ziffern, die sprechen[2]
Die Auswanderung aus Deutschland 1933–36

Die Reichsvertretung der Juden in Deutschland teilt mit: Der *Wanderungsausschuß der Reichsvertretung* hat eine Untersuchung der bisher verfügbaren Materialien über die Statistik der Auswanderung von Juden in Deutschland gemeinsam mit dem *Hilfsverein* der

3 Vermutlich Dr. Karl Schindler (1905–1986), Literaturwissenschaftler.
4 Anna Bernard (1865–1938), Schriftstellerin; Autorin u. a. von „Am Landestor" (1924).

1 Jüdische Rundschau, Nr. 59 vom 24. 7. 1936, S. 3.
2 Der hier abgedruckte Artikel wurde auch in der RjF-Zeitung Der Schild vom 24. 7. 1936 unter der Überschrift „Die jüdische Bevölkerungsziffer Deutschlands. Starker Rückgang durch Auswanderung" veröffentlicht. Er basiert auf dem Bericht „Eine Untersuchung des Wanderungsausschusses der Reichsvertretung. Zur Problematik der Auswanderungsstatistik und -planung" vom 21. 7. 1936. Abdruck in: Deutsches Judentum, Bd. 1, S. 289–292.

Juden in Deutschland und dem *Palästina-Amt* durchgeführt. Diese Untersuchung soll dem Zweck dienen, für die Erörterung der Wanderungsfragen und der Wanderungsplanung eine einheitliche zahlenmäßige Grundlage festzustellen und damit etwaige Unklarheiten oder Differenzen in bisher erfolgten privaten Publikationen zu beseitigen. Das Ergebnis dieser Untersuchung stellt eine bei dem Fehlen völlig ausreichender exakter Unterlagen unter Berücksichtigung aller für die Wanderungsbewegung maßgebenden Faktoren vorgenommene *Schätzung* dar.[3] Zugrunde gelegt wurden hierbei für die Palästina-Wanderung die statistischen Veröffentlichungen der Jewish Agency, für die Wanderung nach den übrigen Ländern die Zahl derjenigen Auswanderer, deren Wanderung mit Mitteln jüdischer Organisationen durchgeführt wurde. Dabei mußten die Zahlen derjenigen Auswanderer, die *ohne Unterstützung* der jüdischen Organisationen und daher auch ohne Registrierung ausgewandert sind, durch *Schätzung* ermittelt werden. Das *Verhältnis der freien zur unterstützten Auswanderung* wies in den letzten Jahren starke Schwankungen auf. Es kann angenommen werden, daß die freie Auswanderung mindestens ebenso groß wie die unterstützte Auswanderung gewesen ist, ja zeitweilig sogar das Doppelte der unterstützten Auswanderung erreicht hatte.
Im einzelnen ergibt sich für die Zeit vom 1. Februar 1933 bis 1. April 1936 nach der Richtung der Auswanderung in die verschiedenen Länder folgendes *Gesamtbild*:

Europa-Wanderung

Die 1933 nach Westeuropa Ausgewanderten sind auf 36 000 zu schätzen,
davon sind zurückgewandert

nach östlichen Ländern	3 000	
weitergewandert nach Palästina	3 000	
weitergewandert nach Übersee	8 000	
	= 14 000	
so daß insgesamt in westeuropäischen Ländern verblieben sind		22 000

Diese 22 000 in Europa verbliebenen Auswanderer verteilen sich auf:

Westeuropa (Belgien, England, Frankreich, Holland)	15 600
Mittel- und Südosteuropa (Schweiz, Österreich, Italien, Tschechoslowakei, Jugoslawien)	3 000
Nordische Länder	1 000
Südwesteuropa (Spanien, Portugal)	2 000
Sonstige europäische Länder	400

Rückwanderung (aus Deutschland)

von Juden ausländischer Staatsangehörigkeit in ihre Heimatländer, besonders nach Osteuropa (Polen, Randstaaten, Balkan)		18 000
Palästina-Wanderung		31 000

3 Der Reichsvertretung standen nur Informationen über die Mitglieder jüdischer Gemeinden zur Verfügung, nicht über Personen, die aus den Gemeinden ausgetreten bzw. konvertiert waren und nach der NS-Gesetzgebung als Juden verfolgt wurden.

Uebersee-Wanderung

Vereinigte Staaten v. Nordamerika	9 500	
Brasilien	4 500	
Argentinien	2 000	
Chile	600	
übrige süd- und zentralamerikanische Länder	2 000	
Südafrika	3 000	
Sonstige überseeische Länder	400	
		22 000
		93 000

Die Zahl der Glaubensjuden in Deutschland betrug nach der Volkszählung vom 16. Juni 1933 499 682.

Die *Zahl der Glaubensjuden in Deutschland* am 1. April 1936 kann unter Berücksichtigung der *gesamten* Auswanderung seit dem 1. Februar 1933, die also teilweise schon vor dem Stichtag der Volkszählung erfolgt ist, und der natürlichen Bevölkerungsverminderung durch *Sterbeüberschuß* auf *409 000* geschätzt werden.[4]

Die Ziffern entsprechen, wie unseren Lesern erinnerlich sein wird, den von Dr. Michael *Traub*[5] in seinem Referat bei der letzten Landesvorstandssitzung der *ZVfD*[6] ermittelten Angaben. Die genauere Behandlung und Kommentierung dieses auch der obigen Publikation zugrunde liegenden Materials erfolgt in einer Broschüre von Dr. Traub, die demnächst im Verlag der „Jüdischen Rundschau" erscheinen wird.[7]

4 Der vorliegende Bericht wurde beinahe wörtlich in den Arbeitsbericht der Reichsvertretung für 1936 aufgenommen, die Daten für das zweite Halbjahr wurden vervollständigt; Arbeitsbericht des Zentralausschusses für Hilfe und Aufbau bei der Reichsvertretung für das Jahr 1936, Berlin 1937, S. 14–23, ZfA/A Berlin, Arbeitsberichte, MF 2.

5 Dr. Michael Traub (1891–1946) Jurist; Zionist und Vorsitzender der Keren Hajessod in Deutschland; Autor u. a. von „Jüdische Wanderungen" (1922) und „Realpolitik und konstruktive Selbsthilfe der Keren Hajessod" (1936).

6 ZVfD: Zionistische Vereinigung für Deutschland.

7 Siehe Michael Traub, Die jüdische Auswanderung aus Deutschland. Westeuropa, Übersee, Palästina, Berlin 1936.

DOK. 241
Amtsarzt Wilhelm Dopheide aus Hagenow rechtfertigt vor dem Mecklenburgischen Staatsministerium am 30. Juli 1936 seinen Boykott des Dr. Hans Sommerfeld[1]

Schreiben des Staatlichen Gesundheitsamtes des Kreises Hagenow, Amtsarzt Dopheide,[2] Hagenow, z. Zt. St. Andreasberg i. H., an das Meckl. Staatsministerium, Abt. Medizinalangelegenheiten, Schwerin, vom 30. 7. 1936[3]

Etwa Mitte Juni 1935 kam ein Volksgenosse zu mir mit der Bitte, ihn für das Heer zu untersuchen bzw. zu durchleuchten. Es wurde ihm erklärt, daß es nicht möglich sei, da das Gesundheitsamt noch keinen Röntgenapparat besitze. Er möge sich an die zuständige Stelle wenden und dort anfragen, ob er eine Röntgenaufnahme machen lassen könne. Nach etwa 30 Minuten kam er wieder: „Mein Arzt hat mir gesagt, das müsse hier gemacht werden, das sei auch sonst so gewesen." Auf den nochmaligen Hinweis hin, daß es lediglich aus technischen Gründen nicht ginge, antwortete er: „Aber mein Arzt hat es doch gesagt." „Wer ist denn das?" „Dr. Sommerfeld."[4] – „Soo. Wissen Sie übrigens, daß Dr. Sommerf. ein jüdischer Arzt ist? Ich wollte es Ihnen nur sagen, da sie ja zum Militär wollen." – Am folgenden Morgen rief Dr. S. ganz erregt bei mir an: „Wie kommen Sie dazu, so etwas zu sagen??" „Ich bin als Nationalsozialist verpflichtet, meine Volksgenossen aufzuklären." „Das ist Boykottieren. Ich bin so schon geschädigt genug. Sie scheinen nicht zu wissen, daß ich Schwerkriegsbeschädigter bin." – „Nein, das habe ich allerdings nicht gewußt. Ich will Ihnen aber auf Grund dessen den Gefallen tun und in Zukunft es den Leuten nicht mehr ganz so deutlich sagen. Genügt Ihnen das? – „Ja." –
In der Folgezeit habe ich wiederholt als Vertrauensarzt der Krankenkassen des Kreises Hagenow feststellen müssen, daß auffallend viele Volksgenossen sich von Dr. S. behandeln ließen und habe die Gelegenheit benutzt, diese Leute darauf hinzuweisen, daß Dr. S. ein nichtdeutscher Arzt sei, in allen Fällen, in denen ich es glaubte verantworten zu können. Wenn z. B. ein Kranker mit dem Abzeichen der DAF kam, habe ich ihn gefragt, ob er mit diesem Abzeichen zum Arzt gegangen sei. Wenn er dann „Ja" sagte, habe ich ihn gefragt, ob er glaube, daß das Abzeichen mit dem Hakenkreuz in das Haus eines jüdischen Arztes passe. Oder als eine Hebamme meines Bezirkes sich von Dr. S. von Zwillingen entbinden ließ, habe ich sie ganz unumwunden gefragt, ob es ihrer Ansicht nach passen könne, daß der jüdische Arzt in ein Haus käme, in dem die Kinder einer Organisation angehören, die den

1 Meckl. LHA, 5. 12-7/1, Nr. 9918a.
2 Dr. Wilhelm Dopheide (1901–1970), Mediziner; zunächst Arzt in Schwaan (Krs. Bad Doberan); 1933 NSDAP-Eintritt; von 1935 an Kreismedizinalrat, Kreisarzt und Leiter des Gesundheitsamts in Hagenow, 1941–1944 Leiter der Abt. Gesundheit des Distrikts Galizien im Generalgouvernement, 1944–1945 stellv. Leiter des Gesundheitsamts Parchim; 1945–1947 interniert; dann Arzt in den Bodelschwingh'schen Anstalten, später Leiter des Gesundheitsamts Hagen.
3 Das hier abgedruckte Schreiben ergänzte einen ersten Bericht Dopheides vom 18. 7. 1936, der vom Staatsministerium als nicht ausreichend angesehen worden war. Das Ministerium hatte die Berichte angefordert, nachdem sich Sommerfeld beschwert hatte, der Amtsarzt habe ihn boykottiert und andere zum Boykott aufgefordert. Er habe in der Öffentlichkeit Hebammen gedroht: „Wer mit Judenärzten arbeitet, fliegt raus". Sommerfeld hatte auch schon zweimal beim StdF gegen die seit 1935 stattfindenden Schikanen des Amtsarztes protestiert; wie Anm. 1.
4 Dr. Hans Adolf Sommerfeld (1894–1965), Mediziner; von 1922 an Praxis für Allgemeinmedizin in Hagenow, 1938 Entzug der Approbation; lebte in einer „Mischehe"; später in Hamburg.

Namen des Führers trägt. (Eins der Kinder hat m.W. eine Freistelle in Neukloster.)[5] Oder wenn Angehörige der H.J. von Dr. S. kamen, habe ich als H.J.-Arzt es für meine Pflicht gehalten, den Kameraden zu sagen, daß Dr. S. ein Jude ist.
Stets aber habe ich betont, daß es jedem Einzelnen freistünde, sich den Arzt zu suchen, den er wolle. Nur müsse er sich über die Folgen klar sein, besonders, wenn er einer der Gliederungen der Partei angehöre; ich hielte es aber für meine Pflicht, ihn darauf aufmerksam zu machen, daß Dr. S. kein deutscher Arzt sei.
Auch habe ich gelegentlich einer erweiterten Mitgliederversammlung der Partei in Hagenow über Erb- und Rassenpflege im Dritten Reich gesprochen und – nach Rücksprachen mit dem Kreisleiter, damit mir nicht der Vorwurf einer Einzelaktion gemacht würde – u. a. auch über die Nürnberger Gesetze gesprochen: Jude ist, wer … Für uns Nationalsozialisten bleibt ein Jude stets ein Jude, mag er nun katholisch oder evangelisch getauft sein. Immer habe ich betont, daß ich diese Aufklärung gäbe als Parteigenosse oder H.J.-Arzt oder Amtswalter der Partei.

DOK. 242
Martin Gumpert beschreibt seiner Schwester in Palästina am 31. Juli 1936 die Probleme des Geld- und Besitztransfers bei der Emigration in die USA[1]

Handschriftl. Brief von Martin Gumpert, Camp Mount Soy, Roscoe, N.Y. (ab 1. 9. 1936 Hotel Bedford 118 East 40th St., New York City),[2] an Minni Steinhardt, Jerusalem, vom 31. 7. 1936

Liebe Minni,
ich erhielt soeben einen Brief von meiner Schwiegermutter aus [dem] Hotel Penegal auf der Mendel,[3] wo sie mit Nina[4] zur Zeit ist. Sie schreibt, sie hätte einen verzweifelten Brief von Dir erhalten, dass ich Deine Briefe nicht beantworte. Ich kann mich nicht entsinnen, einen Deiner Briefe nicht beantwortet zu haben, soweit ich sie erhalten habe.
Sie schreibt, Du möchtest Jaks[5] Bilder, „Ahnenbilder", Bücher und Geschenke für Josefa.[6]
Ich habe meine Wohnung bis 1. Oktober in Berlin möbliert vermietet, dann wird sie aufgelöst. Ich kann nur einen Teil der Sachen hierherkommen lassen, weil ihr Wert im Vergleich zu den Transportkosten viel zu gering ist.
Jaks Bilder, 2, eines hattet Ihr mir zur Hochzeit geschenkt, stehen dann zu Eurer Verfügung. Meine Bücher will ich, soweit es irgend geht, hierherkommen lassen, aber ich schreibe meiner Schwiegermutter, dass sie Euch nach Auflösung der Wohnung einige Bücher überlässt.

5 Gemeint ist eine Freistelle am Lehrerseminar Neukloster.

1 JMB, DOK-95-27-518, Bl. 1–4.
2 Martin Gumpert war offenbar gerade erst in die Vereinigten Staaten eingewandert und befand sich noch im Einwandererlager Mount Soy im Bundesstaat New York. Zu Gumpert siehe Dok. 37 vom 26. 4. 1933.
3 Gemeint ist das Grand Hotel Penegal auf der Mendel in der Nähe von Bozen.
4 Tochter von Martin Gumpert.
5 Gemeint ist Jacob Steinhardt; siehe Dok. 37 vom 26. 4. 1933.
6 Tochter von Minni und Jacob Steinhardt, die mit nach Palästina emigriert war.

Was Du für „Ahnenbilder" willst, weiss ich nicht recht, es sind ein paar alte Familienbilder da. Unter Geschenken für Josefa meinst Du wahrscheinlich einige Goldstücke. Es waren 30 M[ark] in Gold und 20 oder 25 $ in Gold, die ich von Tante Martha vor 3 Jahren zur Aufbewahrung erhielt. Die Golddollar musste ich nach einem Gesetz gegen Landesverrat[7] bei der Reichsbank anmelden. Auf den unberechtigten Besitz stehen 10 Jahre Zuchthaus und, da in unserem Haus oft Haussuchungen stattfanden, konnte ich dieses Risiko nicht auf mich nehmen. Ich schrieb der Reichsbank, dass es sich um mir zur Aufbewahrung übergebenes Geld handelt und die Reichsbank schrieb zurück, dass ich es sofort abzuliefern hätte. Also erhielt ich dafür 42,– oder 64,– [RM] (4,20 = 1 $). Das Geld ist in meinem verschlossenen Schrank aufbewahrt. Wie man es Dir übermitteln kann, weiss ich nicht. Ich selbst bin mit M. 10,– ausgewandert und lebe von geborgtem Geld. Es ist vielleicht das Beste, zu versuchen, es mit meinem Umzugsgeld unerkannt hierherzubringen. Aber, bitte, schreibe meiner Schwiegermutter *nichts* von Geld oder Gold, denn sie hat eine pathologische, wenn auch nicht unberechtigte Angst vor allen Geldtransfergeschichten. Das Gold jemandem mitzugeben, war und ist unmöglich. Diese Verantwortung könnt Ihr niemandem zumuten. Ihr habt anscheinend keine Ahnung, was es heisst, dafür sein Leben zu riskieren. Die Kosten für Gräberpflege habe ich in den letzten Jahren bezahlt und für 2 Jahre vorausbezahlt. Dann muss man das Geld späterhin einsenden.

Ich halte die Lage in Europa für äusserst beunruhigend und werde erst ruhiger sein, wenn ich Nina bei mir habe. Sofort nach meiner Rückkehr will ich ihre Einwanderung betreiben. Aber auch darüber schreibe bitte nichts nach Deutschland.

Im Übrigen schreibt meine Schwiegermutter, sie glaubt nicht, dass Liliens, deren Pläne noch ganz unsicher seien, Euch die Sachen in absehbarer Zeit mitbringen können. Sie wären nicht sehr freundlich.

Deinen Brief habe ich nicht erhalten.

Ich hoffe, bald einmal wirkliche Nachrichten von Euch zu erhalten, denn man kann sich schwer ein Bild machen, was in Palästina nun eigentlich los ist. Habt ihr Dr. Heinz Ludwig getroffen?

Herzliche Grüsse für Euch alle

7 Gemeint ist das Gesetz gegen Verrat der Deutschen Volkswirtschaft vom 12. 6. 1933, nach dem der Besitz von Devisen sowie von Vermögenswerten im Ausland angemeldet werden musste; RGBl., 1933 I, S. 360.

DOK. 243
Das Jüdische Wohlfahrts- und Jugendamt Berlin bittet die Devisenstelle des Landesfinanzamts am 14. August 1936, die Unterstützung einer jüdischen Flüchtlingsfamilie zu genehmigen[1]

Schreiben der Jüdischen Gemeinde zu Berlin/Jüdisches Wohlfahrts- und Jugendamt (Jug D/K), i. A. Mendelsohn,[2] an die Devisenstelle des LFA Berlin (Eing. 17. 9. 1936), Neue Königstr., vom 14. 8. 1936[3]

An uns wendet sich Frau Feiga *Gayer*, z. Zt. Veteranenstr. 4 bei Bilbel wohnhaft, geb. 14/2.1900[4] in Bialostock/Polen.[5] Sie ist mit ihren beiden Kindern, Sally,[6] geb. 7/7.28, und Leo, geb. 20/7.29, aus Spanien geflohen und bittet um Unterbringung ihrer beiden Kinder.[7] Sie hat keine geeignete Unterkunft für sich und die Kinder, sodass wir von uns aus die beiden Kinder am 13. August cr.[8] in unserm Ahawah-Heim,[9] Auguststr. 14/15 unterbringen mussten.
Wir bitten um Genehmigung, Frau Gayer sowie ihre beiden Kinder durch Geld und geldwerte Leistungen im Rahmen unserer Mittel, die sämtlich in Deutschland zum Verbrauch gelangen, unterstützen zu dürfen. Insbesondere bitten wir in diesem Falle, die Mittel für die Unterbringung der Kinder genehmigen zu wollen.[10]

DOK. 244
Staatssekretär Pfundtner beschwert sich beim bayerischen Ministerpräsidenten am 30. August 1936 über jüdische Kurgäste in Bad Kissingen[1]

Handschriftl. Brief des StS im RuPrMdI, Pfundtner, z. Zt. Kissingen, an den bayer. Ministerpräsidenten,[2] vom 30. 8. 1936[3]

Sehr verehrter Herr Ministerpräsident!
Mit verbindlichem Dank für Ihr freundliches Schreiben vom 21. d. M.[4] darf ich Ihnen mitteilen, daß ich seit 4 Tagen hier im staatl. Kurhaushotel wohne und mich in Kissingen

1 BLHA, Rep. 36 A/2661, Bl. 12.
2 Vermutlich Dr. Bruno Mendelsohn (1888–1942), Jurist; Rechtsanwalt und Notar in Berlin; von 1933 an für die Jüdische Gemeinde Berlin tätig, Leiter der Wirtschaftshilfe; im Dezember 1942 als Geisel ermordet.
3 Im Original mehrere handschriftl. Bearbeitungsvermerke.
4 Richtig: 1901.
5 Richtig: Białystok.
6 Richtig: Salomon.
7 Feiga Gayer, geb. Zonstein, wurde mit ihren beiden Söhnen von Berlin im Juni 1942 nach Minsk deportiert und dort vermutlich sofort ermordet.
8 Cr: lateinisch currentis – hier des laufenden Jahres.
9 Ahawah: hebräisch für Liebe, hier Verein für Kinder- und Jugendheime in Berlin.
10 Handschriftl. Vermerk am linken Rand: „Betrag?".

1 BayHStA, MF 67937.
2 Ministerpräsident war Ludwig Siebert (1874–1942), Jurist; von 1897 an im bayer. Staatsdienst, 1908–1919 Bürgermeister von Rothenburg o. T. und 1919–1933 von Lindau; BVP-Mitglied, 1931 NSDAP-Eintritt; 1933–1942 bayer. Finanzminister und Ministerpräsident.
3 Im Original handschriftl. Unterstreichungen. Das Schreiben ist auf Briefpapier des StS im RuPrMdI verfasst.
4 Liegt nicht in der Akte.

wieder ganz wohl fühle. Zwei Dinge sind allerdings geeignet, den hiesigen Aufenthalt etwas zu beeinträchtigen. Das eine ist der gerade um das Kurhaushotel besonders starke Auto- und Motorradverkehr, namentlich der Laster, der mit Maschinengewehrgeknatter oft bis in die späte Nacht und wieder an den Morgen währt. Ich glaube, man wird für diesen Verkehr doch einmal an eine Umgehungsstraße denken müssen, damit wenigstens der eigentliche Kurhaus- und Kurgartenkomplex einigermaßen lärmfrei wird. Schon jetzt könnte m. E. mit Polizeiverordnung oder Polizeivorschrift gesorgt werden, daß der übermäßige Lärm durch Knattern oder Hupen, namentlich in der Nacht, eingeschränkt wird.

Das zweite sind die vielen Juden! Ich habe in den [letzten] Jahren nirgends so viel Juden beisammen gesehen, wie jetzt hier in Kissingen.[5] An manchen Orten, wie z. B. an der Saline, sind sie direkt „massiert". Ich glaube, daß Stadt- und Badverwaltung hiergegen doch etwas tun müssen, zumal ja die Olympiade jetzt vorbei ist. Bei aller Duldsamkeit gegenüber einzelnen Schwerkranken braucht Kissingen doch wohl kein Judenbad zu werden!

Für Ihre mir wieder zu teil gewordenen Freundlichkeiten, insbesondere auf jagdlichem Gebiet, herzlichen Dank! Am Parteitag[6] werde ich voraussichtlich nur teilweise anwesend sein! Danach will ich mit meiner Frau im Auto nach Oberbayern (Garmisch). Beim Passieren von München möchte ich mir u. a. auch die Nymphenburger Porzellanfabrik ansehen! Hoffentlich dann auf Wiedersehen!

Mit den besten Grüßen und Empfehlungen von Jahr zu Jahr und

Heil Hitler,

Ihr sehr ergebener[7]

5 Bad Kissingen war schon 1934 wegen eines Boykotts jüdischer Kurgäste in die internationalen Schlagzeilen geraten. 1935 diskutierten die bayer. Behörden eine angebliche „Überschwemmung" des Bades durch Juden, die sich aber nach einer Registrierung der Besucher als realitätsfern herausstellte; siehe Schriftwechsel des Staatsministeriums des Innern vom Herbst 1934 und 1935, wie Anm. 1.

6 Der NSDAP-Parteitag fand in Nürnberg vom 8. bis 14. 9. 1936 statt.

7 Siebert antwortete am 2. 9. 1937, dass er sich um den Verkehrslärm kümmern werde. Pfundtners Aussage über die Juden erstaune ihn jedoch, im Vorjahr wären unter 4 200 Besuchern gerade einmal 80 Juden gewesen, die meisten Ausländer, die als Devisenbringer erwünscht seien. Siebert wolle aber der Sache nachgehen, da er selbst kein Interesse an einem „verjudeten Kissingen" habe; wie Anm. 1. Pfundtner gab im Juli 1937 einen Erlass heraus, um Juden in Kurbädern zu separieren; siehe Dok. 289 vom 24. 7. 1937.

DOK. 245
Mally Dienemann berichtet am 2. September 1936 über Antisemitismus in Offenbach am Main[1]

Tagebuch von Mally Dienemann,[2] Eintrag vom 2. 9. 1936 (Abschrift)

Wir saßen beim Frühstück. Uns gegenüber ist das Gymnasium (die einzige humanistische Bildungsanstalt der Stadt). Von den Fenstern drüben erscholl es: Judenschweine, Judenschweine! Max[3] sagt, ihn berührt das nicht. Mich chokierte es sehr.
Gestern ging ich zur Haltestelle der Elektrischen. Da sahen wir ein Schild: Sammelplatz bei Fliegerangriffen in der Schule. Gaby soll morgen einen Spaziergang mit der Klasse machen! Die Kinder wollen in einem Hotel auf dem Feldberg (Berg im Taunus) einkehren. Dort steht auf der Mauer des Hotels ein Plakat „Juden unerwünscht". Was soll das Kind nun tun? Als einzige Jüdin, die den Ausflug mitmacht. Max und ihre Klassenlehrerin Frau Professor Peters meinen, sie soll den Ausflug, es handelt sich um Besichtigung des Observatoriums, mitmachen. Aber sie wird auf dem ganzen Wege denken, was wird werden. Ihre Unbefangenheit ist restlos vorbei.

DOK. 246
Das Reichswirtschaftsministerium informiert den Reichsernährungsminister am 16. September 1936 über Beschwerden jüdischer Getreidehandelsfirmen[1]

Schreiben des RuPrWM (I 1035/36 C XI), gez. Dr. Soltau,[2] an den RMEuL (Eing. 18. 9. 1936) vom 16. 9. 1936[3]

Betr.: Beteiligung jüdischer Firmen am Getreide- usw. -handel.
In der Anlage übersende ich auszugsweise Abschriften aus zwei Eingaben grosser jüdischer Getreidehandelsfirmen an den Reichskommissar bei der Berliner Börse zur gefälligen Kenntnisnahme. Es wäre mir einmal erwünscht zu wissen, ob es sich hierbei um Auswirkungen eines planmässigen und mit Ihrer Billigung eingeleiteten Vorgehens gegen die jüdischen Getreidehandelsfirmen oder nur um eigenmächtige Massnahmen einzelner Ge-

1 Abschrift des Tagebucheintrags in: Mally Dienemann, Mein Leben in Deutschland vor und nach dem 30. Januar 1933 (15. 3. 1940), S. 23a; Harvard-Preisausschreiben, Nr. 50.
2 Mally Dienemann (1883–1963), Frau des Rabbiners Dr. Max Dienemann, lebte in Ratibor (OS), dann Offenbach a. M.; sie emigrierte am 30. 12. 1938 zunächst nach London, dann nach Palästina.
3 Dr. Max Dienemann (1875–1939), Schriftsteller und Rabbiner; 1919–1938 Rabbiner in Offenbach a. M.; 1931–1933 Mitherausgeber von Der Morgen und Vorstandsmitglied für Deutschland der World Union for Progressive Judaism; 1938 zeitweilig Gestapo-Haft und Haft im KZ Buchenwald; 1938 emigrierte er nach Großbritannien, 1939 nach Palästina; Autor mehrerer religionsphilosophischer Schriften.

1 BArch, R 3601/1859, Bl. 44–50.
2 Dr. Fritz Soltau (*1886), Statistiker und Volkswirt; 1919–1940 Referent für Statistik im RWM, von 1926 an dort Ministerialrat in der Abt. Geld-, Bank-, Börsen- und Versicherungswesen und Finanzierung der Wirtschaft; 1945–1946 Internierung; 1946–1948 Leiter der agrarstatistischen Abt. des Statistischen Amts der brit. Zone, 1948 stellv. Leiter des Statistischen Amts des Vereinigten Wirtschaftsgebiets Wiesbaden, 1949–1952 Abteilungsleiter im Statistischen Bundesamt.
3 Im Original handschriftl. Bearbeitungsvermerke und Unterstreichungen.

treidewirtschaftsverbände handelt. Ferner möchte ich die Eingaben auch deswegen zu Ihrer Kenntnis bringen, weil eine plötzliche Ausschaltung und Liquidierung der kapitalkräftigen jüdischen Grosshandelsfirmen unter Umständen Störungen in der Abwicklung der Erntebewegung zur Folge haben könnte, wenn für sie kein ausreichender Ersatz vorhanden ist. Das Gleiche würde für die Bewältigung des In- und Exports gelten.[4]
Im Auftrag
gez. Dr. Soltau

Abschrift zu Nr. I 1035/36 C XI.
Berlin, den 31. August 1936.
Meine Firma ist ins hiesige Handelsregister im Jahre 1853 eingetragen. Sie ist das älteste Mitglied der Produktenbörse von Berlin. Schon mein Grossvater und mein Vater waren im Börsenvorstand, wie ich selbst es auch bis zum Jahre 1933 gewesen bin.[5]
Von meinen Angestellten, die zum grössten Teil länger als 10 Jahre bei mir sind, sind drei Viertel Arier, ein Viertel Nichtarier.
Nach dem Umbruch wurde mir eine Reihe meiner Geschäftszweige genommen; so der Verkehr mit der Landwirtschaft (s. Zirkular des Kreisbauernführers Belbe)[6] und das Hafer- und Futtermittelgeschäft mit den hiesigen Viehhaltern und Fouragehändlern, weil mir von der Reichsstelle für Getreide fast keine Futtermittel zugeteilt wurden. Ich betreibe daher nur noch das Braugersten- und das Saatengeschäft.
Nun werde ich auch in diesen, weil ich Nichtarier bin, derart behindert, dass, wenn dem nicht Einhalt geboten wird, ich gezwungen bin, mein Geschäft schleunig zu schliessen.
I. Der Getreidewirtschaftsverband Kurmark.
Dieser verwarnt Händler und Genossenschaften, die Warengeschäfte mit Nichtariern machen. Sollten Nichtarier auf den Bezugsscheinen stehen, so würde er den Umtausch in Bezugsmarken sehr lange verzögern. Diese Drohung ist wirksam, denn der Landwirt, der seine Gerste verladen will und das Geld braucht, kann nicht warten. Diese Drohung führt auch der GWV aus. Er hat an die Firma Max Gagelmann, Meyenburg, die mir einen Waggon Braugerste verkauft hat, folgendes geschrieben:
„Ich habe davon Kenntnis genommen, dass Sie 15 To. Braugerste an die nichtarische Firma Simon Boehm, Berlin, verkauft haben. Ich bedauere, Ihnen die Ware nicht freigeben zu können, da mir im Augenblick keine Bezugsmarken zur Verfügung stehen."
Dazu schreibt Gagelmann:
„Damit ist das eingetreten, was ich Ihnen sofort nach Abschluß sagte. Ich bin auf der schwarzen Liste und sitze mit der Gerste immer noch fest."
Die Firma Gustav Noeske & Kirstein, Schneidemühl, ein bedeutender Lieferant, mit dem

4 Auf Anfrage des RMEuL schrieb die Hauptvereinigung der Deutschen Getreidewirtschaft am 13. 10. 1936, dass durch die „Liquidierung einer Anzahl jüdischer Getreidehandelsfirmen" keine Gefahr für den Getreidehandel entstehe, denn die Sparte sei im Inland sowieso „übersetzt"; wie Anm. 1, Bl. 59. Die Reichsstelle für Getreide, Futtermittel und sonstige landwirtschaftliche Erzeugnisse antwortete dem RMEuL am 10. 10. 1936, dass die Ablehnung einiger Lieferungen nicht deswegen erfolgt sei, weil die Firma Boehm jüdisch sei; ebd., Bl. 65–67.
5 Der Verfasser des Schreibens, Simon Boehm, betrieb ein Bank-, Getreide-, Malz-, Düngemittel-, Futtermittel- und Sämereiengeschäft in Berlin.
6 Liegt nicht in der Akte.

ich seit Jahren dauernd gearbeitet habe, sah sich durch diese und ähnliche Stellen gezwungen, nichtarische Käufer abzulehnen.
Das hat mir die Firma Arno Vieth mitgeteilt.
Am 29. August teilte mir Arno Vieth[7] telefonisch mit, die Firma Haase & Schrodt, Frankfurt a. O., habe sich geweigert, mein Gebot auf Gerste zu akzeptieren, weil der Getreidewirtschaftsverband Kurmark ihr den Handel mit Nichtariern verboten habe; übertrete Haase & Schrodt das Verbot, so würden sie weder die Genehmigung zum Kleiehandel noch Futtermittel zugeteilt erhalten.
Heute teilte mir die Firma Ernst Nehring & Co., Deutsch-Krone, mit, sie habe zwar an mich 15 To. Gerste verkauft, könne aber die Bezugsmarken nicht erhalten und müsse daher vom Vertrag zurücktreten.
Der GWV Kurmark hat Ende voriger Woche bei der grössten deutschen Brauerei – Schultheiss-Patzenhofer A.G.[8] – angerufen und ihr verboten, von Nichtariern zu kaufen. Mit Schultheiss-Patzenhofer stehe ich seit unvordenklichen Zeiten in Verbindung; ich handele mit dieser Brauerei sehr erhebliche Quanten. Erreicht der GWV, dass ich von Schultheiss-Patzenhofer ausgesperrt werde, so ist für mich ein vernünftiges Geschäft kaum noch möglich.
Der grösste Industriegersten-Konsument Deutschlands – Kathreiner G.m.b.H.[9] – hat es mir gegenüber abgelehnt, von nichtarischen Firmen zu kaufen, weil er für sein nächstjähriges Kontingent Angst hätte.
Um nun den Schwierigkeiten aus dem Weg zu gehen, die dadurch entstehen, dass die hiesigen Agenten für viele Händler und Genossenschaften aus Angst vor den Getreidewirtschaftsverbänden arische Käufer verlangen, habe ich mit dem Getreidekaufmann Alfred Freytag,[10] der mit mir seit langen Jahren in Verbindung steht, vereinbart, dass er in solchen Fällen für mich einkauft. F. erhielt darauf am 29. August den in Abschrift beigefügten Brief von der Kurmark.[11] Der Geschäftsführer, Herr Schlemmermeyer, sagte alsdann zu F., so lange sich F. dazu hergäbe, sich vor eine nichtarische Firma zu stellen, würde er weder die Genehmigung zum Kleiehandel bekommen noch Zuteilung von Futtermitteln. Nur das eine könne er F. nicht verdenken: Wenn F. Gerste, die ihm angeboten wäre, und die er *entweder gar nicht oder nur zu unvorteilhaften Bedingungen* an die Brauereien verkaufen könne, an Simon Boehm verkaufte. Das könne ja aber nur 2–3 mal im Jahr vorkommen!
II. Ein Beamter der Hauptvereinigung der deutschen Getreidewirtschaft hat der Niederschlesischen Landwirtschaftlichen Hauptgenossenschaft Raiffeisen G.m.b.H. und der Handelsgesellschaft schlesischer Landwirte in Breslau verboten, mit Nichtariern zu handeln. Beide Firmen gehören zu den grössten Gerstenlieferanten Schlesiens. Von ihnen allein habe ich in der vorigen Kampagne über ein Viertel meines Bedarfs an schlesischer Gerste bezogen.
Der Sachbearbeiter bei der Hauptgenossenschaft Raiffeisen G.m.b.H. hat uns vor weni-

7 Vermutlich Arno Vieth, Kaufmann in Berlin-Adlershof.
8 Gegründet 1843 als Schultheiss' Brauerei. Nach der Fusion mit der Patzenhofer Brauerei AG im Jahr 1920 Schultheiss-Patzenhofer Brauerei-AG Berlin, von 1938 an Schultheiss-Brauerei AG.
9 Die Firma wurde 1829 von Franz Kathreiner gegründet. Unter dem Namen Franz Kathreiners Nachfolger seit 1870 Handel mit Kaffee, Tee, Gewürzen, Südfrüchten, Zucker, Speiseöl und Spirituosen. Von 1890 an produzierte das Unternehmen auch Malzkaffee.
10 Vermutlich Alfred Freytag, Kaufmann in Berlin.
11 Liegt nicht in der Akte.

gen Tagen telefonisch gesagt, wie leid es seiner Direktion tue, mit Simon Boehm nicht mehr handeln zu dürfen.

III. Pommern.

Wie der Agent Gutzeit, Mitinhaber der Firma Johannes Wenzel, berichtet, sind auch in Pommern Händler gewarnt worden, mit Nichtariern geschäftlich zu verkehren. Die Pommersche landwirtschaftliche Hauptgenossenschaft handelt in Berlin nur mit arischen Firmen.

Die Firma Landhandel G.m.b.H., Ratzebuhr (Pommern), verkaufte an mich am 25. August durch Vermittlung des Agenten Arno Vieth Gerste. Die Verkäuferin teilte mir heute mit, sie wolle nicht erfüllen, weil ich Nichtarier sei.

IV. Dresden.

Dass diese Drohungen, die Bezugsscheine nicht in Marken umzutauschen, auch anderwärts wirksam werden, erweist die beiliegende Karte der Firma Arno Schlesier in Dresden.[12]

V. Reichsstelle für Getreide, Monopolstelle für Saaten.

Von dieser Monopolstelle werde ich bei den Zuteilungen von Raps, Rübsen, Senf und Mohn unbillig behandelt. Ich habe im Laufe der letzten 12 Monate ganze 360 Ztr. Senf zugeteilt bekommen. Für diese Ölsaaten, die zum grössten Teil aus Polen kommen, war ich zeitweise der grösste Importeur aus Polen. Es sind Fälle vorgekommen, in denen ich mit den mir befreundeten polnischen Abladern Verträge zu Preisen abgeschlossen hatte, die der Monopolstelle genehm waren und dann von der Monopolstelle gezwungen wurde, diese Verträge an arische Firmen abzugeben.

Nach alledem steht folgendes fest: Wenn es keine alsbaldige Hilfe gegen die oben gekennzeichneten Massnahmen gibt, so bin ich gezwungen, mein Geschäft zu liquidieren und meine Angestellten zu entlassen. Es wäre unmöglich und sinnlos weiterzuarbeiten, wenn ich beim Ein- und Verkauf boykottiert werde und zwar von Stellen, die die Macht haben, den Landhändlern durch Verweigerung von Handelserlaubnissen und Versagung der Zuteilung von Futtermitteln ihren Willen aufzuzwingen.

Auszugsw. *Abschrift zu Nr. I 1035/36 C XI.*

Seit etwa 14 Tagen wird unsere Firma,[13] weil nichtarisch, an der Ausübung ihrer Geschäftstätigkeit derart behindert, dass wir gezwungen sein werden, unserer Gefolgschaft zu kündigen, wenn nicht diesen Behinderungen schleunigst Einhalt geboten wird.

Wir bemerken, dass unsere Firma seit 1857 besteht und zur Zeit noch 21 Angestellte beschäftigt, von denen ⅔ arisch sind. Über unsere Firma sonstige Einzelheiten zu geben, dürfen wir uns versagen, weil dem Herrn Präsidenten und den Mitgliedern des Vorstandes wohl die frühere Tätigkeit bekannt ist.

Die Behinderungen, von denen wir sprechen, gehen in diesem Jahre von der Kaufseite aus. Wir werden wohl von unseren regelmässigen Abnehmern bestürmt, Offerten zu machen, sind aber dazu nicht in der Lage, weil uns kein Material angeboten wird.

Wir wissen, dass von den Getreidewirtschafts-Verbänden Ostpr., Pr. Sachsen und Hannover schon lange dem Landhandel untersagt worden ist, mit nichtarischen Firmen zu handeln. In diesem Jahr sind die Getreidewirtschafts-Verbände Pommern, Schlesien, Kur-

12 Liegt nicht in der Akte.
13 Name nicht ermittelt.

mark, Freistaat Sachsen hinzugetreten, sodass wir praktisch nicht mehr in der Lage sind, Ware in irgendwie nennenswerten Mengen einzukaufen.
Die Behinderung geschieht in der Weise, dass seitens der Getreidewirtschafts-Verbände auf den Landhandel ein Druck ausgeübt wird. Sie werden verwarnt, es wird ihnen gesagt, dass bei weiterem Verkehr mit nichtarischen Firmen sie von der Zuteilung der zur Verteilung gelangenden Futtermittel ausgeschlossen werden, dass sie Gefahr laufen, auch die Erlaubnis zum Kleiehandel nicht mehr zu bekommen. Die Agenten bekommen infolgedessen, einer nach dem andern, Anweisung, nichtarische Aufgaben als Käufer nicht mehr zu bringen.
Unser Geschäft droht also mangels Einkaufsmöglichkeiten zum völligen Stillstand zu kommen. Bei der ungeheuren Spesenlast, die wir zu tragen haben, ist unter solchen Umständen eine Weiterführung unmöglich.
Zur Illustration unserer Ausführungen geben wir nachstehend den Wortlaut eines Briefs wieder, den ein Getreidewirtschafts-Verband an eine arische Firma geschrieben hat:
„Zurückkommend auf Ihr Schreiben vom 17. d. M. teile ich Ihnen mit, dass ich nicht in der Lage bin, Ihnen die Genehmigung, Kleie zum Zwecke des Weiterverkaufs beziehen zu dürfen, erteilen zu können.
Die von mir für die Erteilung der Kleiegenehmigung vorauszusetzende Zuverlässigkeit erstreckt sich nicht nur auf die von Ihnen getätigten Kleie-Kontrakte, sondern vielmehr auf die gesamten Geschäfte. Vielleicht prüfen Sie in dieser Hinsicht Ihre gesamten Abschlüsse."
Wir dürfen für uns in Anspruch nehmen, dass wir eine wichtige Funktion im deutschen Getreidehandel in untadeliger Weise ausgeübt haben, und dass wir das Vertrauen unserer Berufsgenossen nicht nur im Inlande, sondern weit über Deutschlands Grenzen hinaus besitzen.

DOK. 247

Alex Löwenstein schildert Rosalie Gehrike in Berlin am 28. September 1936 sein neues Leben in Argentinien[1]

Schreiben von Alex Löwenstein,[2] Buenos-Aires, an Rosalie Gehrike,[3] Berlin, vom 28. 9. 1936

L[ie]b[es] Röschen!
Unseren Brief mit der Cap-Arcona wirst Du inzwischen erhalten haben. Der Hauptzweck unseres heutigen Schreibens ist, Dir, lb. Röschen, die Reichsversicherungspapiere einzusenden. Nach Überwindung einiger Schwierigkeiten erhielt ich gestern vom deutschen Konsul die nötigen Papiere. Inzwischen erfuhr ich auch, dass das Geld auch hier ausgezahlt wird, es sollen allerdings einige Monate darüber vergehen, Du kannst Dich ja mal erkundigen, wie lange es dauert. So nötig brauchen wir das Geld ja nicht, aber, wenn man es hat, ist es umso besser. In dem Formular, welches Gretel[4] unterschrieben hat, musst Du noch die

1 JMB, DOK-94-1-4008, Bl. 4RS.
2 Alex Löwenstein emigrierte Mitte der 1930er-Jahre nach Argentinien, seine Frau Margarete Löwenstein, geb. Cyrus, im Jahr 1936. Beide waren zuvor Angestellte bei der Firma N. Israel in Berlin. Zur Firma siehe Dok. 298 vom 3. 10. 1937.
3 Rosalie Gehrike (*1910), geb. Elsner, war eine nichtjüdische Angestellte der Firma N. Israel in Berlin.
4 Gemeint ist Margarete Löwenstein.

Nummern der Versicherungskarten einschreiben. Erkundige Dich auch, ob Du über die ab[zu]liefernden Dokumente eine Quittung bekommst, damit man eventuell später reklamieren kann. Mein Vater schrieb mir inzwischen, dass er die Karten hat und [er wird] sie Dir wohl schon ausgehändigt haben. Das wäre der Punkt Reichsversicherung.
In den letzten 8 Tagen hat sich bei uns weiter nichts ereignet. Wir hoffen, dass es Dir gesundheitlich recht gut geht, was wir auch von uns berichten können. Mein Vater und Schwager [haben] ja nun auch vor, alles schnell zu realisieren, Häuser etc. zu verkaufen, um bald denselben Weg zu gehen, wie viele andere. Ich bin mal gespannt, wie das noch alles werden wird. Dass ich dann meinen lb. Vater so schnell schon wiedersehen werde, freut mich ganz besonders, er macht sich ja über alles sehr grosse Sorgen. Hier wird alles viel leichter genommen als in Europa. Die Leute mit Sorgen schlafen hier genau so gut, wie die ohne Sorgen, man kann das nicht alles zu Papier bringen, denn es ist hier alles anders. Die Menschen leben hier alle freier und ungezwungener, jeder macht, was er für richtig hält. Man ist nicht polizeilich gemeldet, solange wie ich hier bin, hat mich noch niemand nach meinen Papieren gefragt, aber jeder Schutzmann weiss genau, wo man wohnt, dazu gehört ja auch ein wenig Tüchtigkeit. Jetzt ist auch endlich das Wetter beständig und schön warm, aber meine lb. Gretel friert ja immer, das kenne ich nun schon zu Genüge. Du kannst bitte Herrn Borchheim Grüsse von mir ausrichten und ihm meine neue Adresse geben, ich werde ihm demnächst wieder schreiben, sage ihm, dass ich von der entferntesten Verwandtschaft dauernd Post erhalte, die mich sehr in Anspruch nimmt, was die Leutchen alles wissen wollen, da fragt jemand an, ob man hier auch baden kann, es gibt hier ja kein Wasser, ob man hohe Schuhe oder halbe trägt, und vieles mehr. Von Leuten bekomme ich jede Woche Post, wo ich mich erst erinnern muss, wer sie sind. Sofern ich Zeit habe, beantworte ich alle Fragen. Einer sendet mir einen spanischen Brief, ob er als Musiker hier Beschäftigung findet und ich möchte doch für ihn mal inserieren, legt seine Zeugnisabschriften mit bei, wir haben schon oft darüber gelacht, hier gelten keine Zeugnisse, hier heisst es, was kannst Du. Ja, so ein Auswandern ist doch nicht so leicht, wie man es sich vorstellt. Ich habe es darin etwas schwerer gehabt, mir hat keiner geholfen, mich hat auch niemand gefragt, als ich Fässer gestrichen habe, was waren Sie denn vorher. Alles geht am laufenden Band, einer kümmert sich nicht um den anderen, wenn man seine Arbeit macht. Erst nach drei Monaten Tätigkeit hat man eine Kündigungsfrist, vorher kann man täglich entlassen werden. Das ist eben Amerika. Bei Euch wird es sicher jetzt schon sehr herbstlich sein, hier behalten die meisten Bäume im Winter ihre grünen Blätter, und die Palmen sind ja immer grün. Gestern hatte ich den ganzen Tag Beschäftigung in Devoto,[5] ich musste alle Kisten wieder vorschriftsmässig zumachen, ich habe dann gleich draussen gegessen, denn es lohnt ja nicht, extra wieder in die Stadt zu fahren. Ich war aber nachher froh, diese Arbeit geschafft zu haben. So, lb. Röschen, habe ich Dir für heute wieder genug erzählt, bestätige uns bald den Empfang der Papiere, schreibe uns recht bald wieder, und sei für heute recht herzlich gegrüsst von
Deinem *Alex.*

5 Villa Devoto: Stadtteil im Norden von Buenos Aires.

DOK. 248
Staatssekretärsbesprechung im Reichsinnenministerium am 29. September 1936 über die weitere Gestaltung der antijüdischen Politik[1]

Vermerk (geheim) RMdI, gez. Stuckart (Abschrift)[2]

Vermerk über die Besprechung am 29. September 1936
An der Besprechung haben teilgenommen:
für das Reichs- und Preussische Ministerium des Innern
Herr Staatssekretär Dr. Stuckart
Herr Ministerialrat Dr. Lösener[3]
Herr Regierungsassessor Dr. Schiedermair
für das Reichswirtschaftsministerium
Herr Staatssekretär Dr. Posse
Herr Ministerialrat Dr. Hoppe
Herr Regierungsassessor Dr. Humbert
Für den Stellvertreter des Führers
Herr Ministerialdirektor Sommer
Herr Reichsamtsleiter Dr. Blome.

Staatssekretär Dr. Stuckart legte einleitend dar, die Besprechung diene der Vorbereitung einer Chefbesprechung über die *Judenpolitik*.[4] Zur Regelung der wirtschaftlichen Stellung der Juden sei es notwendig, die grundsätzliche Richtung der gesamten Judenpolitik und damit die Einheitlichkeit aller judenpolitischen Massnahmen sicherzustellen. Die wirtschaftliche Stellung der Juden müsse jetzt geklärt werden, um der Gefahr vorzubeugen, dass die Juden in wirtschaftlicher Beziehung in Deutschland neue Positionen gewinnen. Präsident Schacht habe bereits in seinem Schreiben vom 28. Juli 1936[5] die Fragen formuliert, die als Möglichkeiten für die Judenpolitik in Betracht kommen. Es handle sich also zunächst darum zu erörtern, welcher der dort erörterten Wege beschritten werden soll.
Ministerialdirektor Sommer[6] führte aus: Vom Standpunkt der NSDAP aus könne entsprechend dem Parteiprogramm die Judenfrage erst dann als gelöst angesehen werden, wenn es in Deutschland keinen Juden mehr gibt. Dieses Endziel stehe fest. Die jetzige Lösung

1 BArch, R 1501/5514, Bl. 199–211. Abdruck in: AdR, Teil III, S. 525–532.
2 Im Original mehrere handschriftl. Vermerke und Abzeichnungen. Ein handschriftl. Vermerk unten links legt nahe, dass die Abschrift für StS Pfundtner bestimmt war.
3 Dr. Bernhard Lösener (1890–1952), Jurist; zunächst in der Zoll- und Finanzverwaltung tätig; 1930 NSDAP-Eintritt; von April 1933 bis Ende 1942 im RMdI beschäftigt, von Mitte 1933 an dort Rassereferent für Judenfragen in der Abt. I (Verfassung und Gesetzgebung); von 1943 an im Reichsverwaltungsgericht; 1944–1945 im Zusammenhang mit dem Attentat vom 20. Juli 1944 in Haft; 1949–1952 in der Oberfinanzdirektion Köln tätig.
4 Es konnte kein Nachweis dieser Chefbesprechung ermittelt werden.
5 Nicht aufgefunden.
6 Walther Sommer (1893–1946), Jurist; 1928 NSDAP-Eintritt, 1936–1942 SS-Mitglied; 1925–1934 im thür. MdI tätig, zuletzt als Ministerialrat, 1934 beim Stab des StdF, dort Leiter der Staatsrechtlichen Abt., von 1941 an Präsident des Reichsverwaltungsgerichts, 1942 Rücktritt, um Amtsenthebung zuvorzukommen; 1946 nach Todesurteil in der Sowjetunion hingerichtet.

könne nur als eine Teillösung zu diesem Ziel angesehen werden. Es könne sich daher nur darum handeln, Mass und Tempo der einzelnen Massnahmen zu bestimmen.
Staatssekretär Dr. Posse[7] erklärte, wenn es sich darum handelt, das Parteiprogramm auszuführen, dann müssten auch die wirtschaftlichen Dinge diesem Ziel angepasst werden. Das sei möglich. Die Etappen müssten jedoch festgelegt werden.
Nach dem jetzigen Zustand würde praktisch verschiedenerlei Recht gelten. Der staatliche Grundsatz sei, den Juden freie wirtschaftliche Betätigung zu gewähren. Die Durchführung dieses Grundsatzes sei nicht einheitlich. Der Grundsatz wird besonders in den Verwaltungen nicht durchgeführt, die stärker an die Partei angelehnt seien, wie etwa im Geschäftsbereich des Propagandaministeriums oder des Ernährungsministeriums. Andererseits wurden die Juden dadurch, dass sie von vielen Berufen schlechthin ausgeschlossen sind, zwangsläufig in die wirtschaftliche Betätigung gedrängt. Dem Wirtschaftsministerium komme es darauf an, eine klare Rechtslage zu bekommen. Es müsse daher in erster Linie eine Angleichung der bestehenden verschiedenen Auffassungen erfolgen.
Staatssekretär Dr. Stuckart wies darauf hin, dass über das endgültige Ziel der Judenpolitik keine Meinungsverschiedenheit bestehen könne: es sei restlose Auswanderung, denn für den Staat sei ebenfalls das Parteiprogramm massgebend. Das Ziel könne aber nur in Etappen erreicht werden. Richtlinie und Masstab für das Tempo der Auswanderung müsse der jeweilig grösstmögliche Nutzen für das deutsche Volk sein. Die Auswanderung müsse nach dem jeweils Tragbaren durchgeführt werden. Es sei notwendig, alle Massnahmen auf dieses Ziel auszurichten. Aus dem Ziel selbst ergäbe sich als *Grundlinie* für alle Massnahmen die *Förderung der Auswanderung der Juden.* Alle Massnahmen auf dem Gebiet der Judenpolitik müssten sich nach diesem Ziel ausrichten. Wirtschaftliche Betätigung von Juden dürfe nur in dem Rahmen gestattet sein, dass sie ihren Lebensunterhalt selbst verdienten, ohne dass aber durch ihre wirtschaftliche und politische Lage ihr Auswanderungswille verschwände. Letzten Endes müsse in Betracht gezogen werden, die Auswanderung auch zwangsweise durchzuführen.
Danach sei die Tatsache in Rechnung zu stellen, dass es bis auf weiteres in Deutschland noch Juden gibt. In diesem Zusammenhang müsse daher die Frage geklärt werden, ob und in welchem Umfang die Juden vom deutschen Volke abgesondert und ihnen eine Art Selbstverwaltung zuerkannt werden soll. Für die kulturelle und religiöse Betätigung sei diese Frage bereits bejaht worden. Die Einrichtung eines eigenen jüdischen Schulwesens sei in Vorbereitung.[8] Über diesen Kreis sollte man jedoch nicht hinausgehen, insbesondere den Juden auf sozialpolitischem Gebiet keine Selbstverwaltung einräumen. Denn dadurch würden die Geschlossenheit und der Zusammenhalt des Judentums gefördert. Das könne, innerpolitisch gesehen, nur unerwünscht sein und würde vor allem bei den Juden den Wunsch, auszuwandern, in den Hintergrund treten lassen.
Staatssekretär Dr. Posse erklärte, man solle den Juden bis zur Ermöglichung der Auswanderung eine Betätigungsmöglichkeit in Deutschland lassen und nicht den Weg beschrei-

7 Dr. Hans Ernst Posse (1886–1965), Jurist; von 1924 an Ministerialdirektor und Leiter der zoll- und handelspolitischen Abteilung im RWM, von 1935 an StS im RWM.

8 Am 10. 9. 1935 hatte REM Rust die Trennung jüdischer Schüler von nichtjüdischen Schülern in öffentlichen Schulen angeordnet, siehe Dok. 196. Da viele jüdische Schüler nun auf jüdische Einrichtungen angewiesen waren, mussten letztere erweitert bzw. neue Schulen errichtet werden. Die angeordnete Trennung konnte aber aus Geld- bzw. Raummangel bis zum Jahr 1938 nicht überall realisiert werden.

ten, die Juden der Armenunterstützung zuzuweisen. Englische Banken hätten am 24. August 1936 dem Wirtschaftsministerium einen Plan unterbreitet, der darauf hingeht, mit Hilfe ausländischen Kapitals den Juden die Auswanderung aus Deutschland zu ermöglichen.[9] Im Zusammenhang mit diesem Plan könne es notwendig werden, den Juden auch auf wirtschaftlichem Gebiet eine gewisse Selbständigkeit einzuräumen, denn nur diejenigen deutschen Juden könnten damit rechnen, von einem anderen Lande aufgenommen zu werden, die entweder Kapital oder irgendeine Vorbildung besitzen. Man werde also den Juden mindestens gestatten müssen, die notwendigen Schulen einzurichten.

Ministerialdirektor Sommer wies darauf hin, dass reiche Juden im allgemeinen nicht gern auswandern werden. Man dürfe also den Juden nicht allzu grosse Möglichkeiten zur wirtschaftlichen Betätigung offen lassen. Andererseits solle aber auch die Bildung eines jüdischen Proletariats verhindert werden. Man werde nicht darum herumkommen, den Juden auch, abgesehen von der kulturellen und religiösen Betätigung und dem Schulwesen, einige Selbstverwaltungseinrichtungen zu gestatten, wie z. B. den jüdischen Frontkämpferbund, jüdische Blindenvereine, Einrichtungen der jüdischen sozialen Fürsorge u. ä.

Es sei notwendig, den Juden auch die Möglichkeit zu einer Ausbildung in der Landwirtschaft zu geben. Der Ernährungsminister müsste wohl seinen bisher in dieser Frage eingenommenen ablehnenden Standpunkt aufgeben.[10] Im übrigen würden auch gegen Schulen zur gewerblichen Ausbildung keine Bedenken bestehen.[11]

Staatssekretär Dr. Posse stimmte dem zu.

Staatssekretär Dr. Stuckart stellte zusammenfassend fest: Schulen und sonstige Einrichtungen, die der Vorbereitung der jüdischen Auswanderung dienen, sollen geduldet werden. Jedoch muss sichergestellt werden, dass die Auswanderung auch tatsächlich erfolgt. Diese Sicherstellung sei besonders für das Gebiet der gewerblichen Wirtschaft notwendig. Auf dem Gebiete der Landwirtschaft sei eine gewisse Gewähr für die Auswanderung gegeben, da in Deutschland für einen Juden kaum die Möglichkeit bestehen dürfte, sich dauernd in der Landwirtschaft zu betätigen.

Staatssekretär Dr. Stuckart schnitt dann die Frage des Ziellandes der jüdischen Auswanderung an. Es müsse geklärt werden, wohin der Strom der jüdischen Auswanderung gelenkt werden soll. Dabei sei zu bedenken, dass die deutschen Juden im allgemeinen den Einwohnern des Ziellandes überlegen sein werden; so besonders in den südamerikanischen Staaten. Es könne daher nicht ausbleiben, dass die Juden dort bald zu Einfluss kommen werden und dort eine deutschfeindliche Wirtschaftsschicht bilden würden. Aus diesem Grunde sei bisher in erster Linie die Auswanderung der Juden nach Palästina gefördert worden.

Reichsamtsleiter Dr. Blome[12] vertrat die Auffassung, erster Grundsatz müsse sein, Auswan-

9 Zu den Ursprüngen dieses Plans siehe die JTA-Meldungen von Anfang Januar 1936, Dok. 220.

10 Zu dieser Diskussion siehe die Dok. 107 vom 27. 2. 1934 und 122 vom 13. 6. 1934. Noch im Mai 1936 hatte das Reichsministerium selbst eine separate Ausbildung von Juden unter Kontrolle eines „arischen Inspektors“ abgelehnt; Vermerk des Referats IV/8 vom 19. 5. 1936, BArch, R 3601/1845, Bl. 34–37.

11 Das REM hatte am 13. 7. 1936 angeordnet, handwerkliche und landwirtschaftliche Fachschulen für Juden dürften nur errichtet werden, wenn diese für ihre Auswanderung ausgebildet würden. Aufbau und Tätigkeit dieser Schulen unterlägen strengster Kontrolle; Sonderrecht, S. 167 f.

12 Dr. Kurt Blome (1897–1969), Mediziner; 1920 Teilnahme am Kapp-Putsch, 1922 NSDAP- und 1931 SA-Eintritt; 1924–1934 Arzt in Rostock; von 1934 an im NSDAP-Hauptamt für Volksgesundheit tätig, 1939–1945 Stellvertreter des Reichsärzteführers sowie stellv. Leiter des NS-Ärztebunds und des NSDAP-Hauptamts für Volksgesundheit; 1942–1945 Bevollmächtigter für biologische Waffenforschung; 1948 im Nürnberger Ärzteprozess freigesprochen, von 1948 an Arzt in Dortmund.

derung der Juden unter allen Umständen. Man solle keine nur auf Palästina eingestellte Auswanderungspolitik treiben.
Staatssekretär Dr. Posse wies darauf hin, dass dann, wenn die Auswanderung der Juden mit Hilfe ausländischen Geldes ermöglicht werde, eine Einflussnahme auf die Wahl des Ziellandes nicht gegeben sein wird.
Staatssekretär Dr. Stuckart erklärte abschliessend, dass selbstverständlich die Auswanderung der Juden ohne Rücksicht auf das Zielland gefördert werden müsse, dass aber *deutsche* Mittel in erster Linie für Palästina angesetzt werden könnten.[13]
Auf die Frage, ob nicht auf die Presse eingewirkt werden soll, dass nicht durch besonders betonte Berichte über judenfeindliche Vorgänge im Ausland, wie etwa in Palästina, den Juden die Lust an der Auswanderung genommen wird, erklärte Min.Dir. Sommer, man könne es anderen Völkern nicht übel nehmen, wenn sie sich gegen die Juden wehren. Eine Einwirkung auf die Presse erscheine nicht angebracht.
Die Erörterung der Frage der Behandlung der jüdischen Mischlinge und jüdisch versippten Personen in der Wirtschaft ergab Übereinstimmung dahin, dass alle Massnahmen auf Juden (§ 5 der Ersten Verordnung zum Reichsbürgergesetz)[14] beschränkt bleiben sollen. Die jüdischen *Mischlinge und jüdisch versippten Personen* sollen in wirtschaftlicher Beziehung den Deutschblütigen gleichgestellt sein.
Die Erörterung der in dem Schreiben des RMdI vom 3. Juni 1936[15] enthaltenen Fragen ergab folgendes:[16]
1.) Aus dem Auskunfteiwesen, dem Bewachungsgewerbe, der Ehevermittlung (mit Ausnahme der Vermittlung jüdischer Ehen), dem Waffenhandel und dem Wandergewerbe sollen die Juden ausgeschlossen werden.
Ministerialdirektor Sommer regte an, auch keine jüdischen *Reisebüros* mehr zu dulden. Denn diese Büros gingen darauf aus, den Reisestrom in Länder zu lenken, in denen auf die deutschen Reisenden in deutschfeindlichem Sinne eingewirkt würde.[17]
Staatssekretär Posse sagte zu, eine Prüfung der Frage zu veranlassen.
Die Entscheidung über diese Frage wurde der Chefbesprechung vorbehalten.
2.) Zur Frage des Ausschlusses der Juden vom *Grundstückshandel* wies Staatssekretär Dr. Posse darauf hin, dass sich dieser Gewerbezweig weitgehend noch in jüdischen Händen befinde, in Berlin etwa zu 90 %. Der völlige Ausschluss der Juden müsse daher zwangsläufig zu einer Erschütterung des Grundstückshandels führen.
Es wurde Übereinstimmung erzielt, dass diejenigen Juden, die jetzt den Grundstückshandel betreiben, bis auf weiteres belassen werden sollen. Dabei sei jedoch die Frage zu prüfen, welche Möglichkeiten bestehen, um jüdische Maklerfirmen, die in Form einer Gesellschaft geführt werden, ebenfalls mit der Zeit zum Verschwinden zu bringen. (In Betracht kommt

13 Bezieht sich auf das Haavara-Abkommen.
14 Siehe die 1. VO zum Reichsbürgergesetz vom 14. 11. 1935, Dok. 210.
15 Nicht aufgefunden.
16 Zu den folgenden Gewerbebeschränkungen siehe den Gesetzentwurf zur Stellung der Juden in der Wirtschaft vom 9. 10. 1935, Dok. 205.
17 Erfolgte mehrheitlich mit dem Gesetz zur Änderung der Gewerbeordnung für das Deutsche Reich vom 6. 7. 1938; RGBl., 1938 I, S. 823. Die Lizenz zur Reisevermittlung konnte bereits nach dem Gesetz über die Ausübung der Reisevermittlung vom 26. 1. 1937 bei „Unzuverlässigkeit" des Gewerbetreibenden entzogen werden; RGBl., 1937 I, S. 31.

die Einführung des Erlaubniszwanges für neue Gesellschafter oder für die Gesellschaft bei einer Änderung in der Zusammensetzung des Vorstandes oder des Aufsichtsrates.)
Für die Zukunft sollen jedoch jüdische Grundstücksmakler nicht mehr zugelassen werden (Konzessionspflicht).[18]
3.) Zur Frage der Waffenherstellung erklärte Min. Dir. Sommer, es sei nicht tragbar, dass jüdische Firmen Waffen herstellen und damit an der deutschen Aufrüstung verdienen. Den Juden sei daher die Waffenherstellung zu verbieten. Dieses Ziel könne erreicht werden durch folgende Massnahmen:
a) Ausschluss der Juden aus dem Vorstand und Aufsichtsrat aller Firmen, die sich mit der Waffenherstellung befassen,
b) zwangsweise Umbildung der jüdischen Kapitalbeteiligung an diesen Firmen in Obligationen mit einer Verzinsung von höchstens 4 %.
Die Entscheidung über diese Frage wurde der Chefbesprechung vorbehalten.
Es solle jedoch zunächst durch das Wirtschaftsministerium geprüft werden, welche Firmen in Betracht kommen.[19]
4.) Es wurde Übereinstimmung dahin erzielt, dass es zwar notwendig ist, ausser den Juden auch die jüdischen Mischlinge von dem Kultur*schaffen* auszuschliessen, dass es aber nicht gerechtfertigt erscheint, die jüdischen Mischlinge auch von der Betätigung in den kultur*wirtschaftlichen* Betrieben auszuschliessen, wie das zur Zeit durch das Propagandaministerium geschieht. Es werde daher an dieses Ministerium herangetreten werden müssen, um eine Änderung der bisherigen Praxis zu erreichen.
5.) *Min.Rat Dr. Hoppe*[20] wies darauf hin, dass es nicht angehen werde, dem einzelnen Geschäftsmann als Parteigenossen zu verbieten, mit Juden geschäftliche Beziehungen zu unterhalten,[21] denn es gäbe noch gewisse Gewerbezweige, die sich ganz oder fast ganz in jüdischen Händen befinden. Es sei daher praktisch nicht möglich, den Bedarf bei nichtjüdischen Firmen zu decken. Auch müsse ein solches Verbot zu schweren Schädigungen des deutschen Aussenhandels führen, ganz abgesehen davon, dass sich bei ausländischen Firmen in der Regel nicht feststellen lässt, ob es sich um eine jüdische oder nichtjüdische Firma handelt.
Nach eingehender Erörterung dieser Frage wurde Übereinstimmung erzielt, dass Beschränkungen für Parteigenossen und Beamte im geschäftlichen Verkehr mit Juden und jüdischen Firmen nur für die *Verbraucher* gelten sollen, nicht aber für den internen geschäftlichen Verkehr und nicht für das gesamte Gebiet der Aus- und Einfuhr.
Der Verkauf an Juden solle schlechthin zulässig sein.
6.) Was den Kreis der Personen anlangt, die Beschränkungen unterworfen werden sollen, so bestand Übereinstimmung, dass erfasst werden sollen die Mitglieder der NSDAP., der

18 Der Grundstückshandel und die Vermittlung von Immobilienverträgen wurde Juden 1938 verboten; Gesetz zur Änderung der Gewerbeordnung für das Deutsche Reich vom 6. 7. 1938; RGBl., 1938 I, S. 823.
19 Zur Enteignung der Waffenfabrik Simson Suhl siehe die Dok. 134 vom 31. 8. 1934 und 165 vom 22. 5. 1935. Am 14. 3. 1938 wurde Juden die Herstellung und der gewerbsmäßige Verkauf von Waffen per Gesetz verboten; RGBl., 1938 I, S. 265.
20 Dr. Alfred Hoppe (*1882), Jurist; 1915–1920 Amtsrichter in Berlin-Köpenick, von 1920 an Referent, später Ministerialrat im RWM, bis 1933 Reichskommissar für den Mittelstand; 1932 NSDAP-Eintritt; Mitglied im Aufsichtsrat der Deutschen Bau- und Bodenbank AG Berlin.
21 Bezieht sich auf die von StdF Rudolf Heß am 11. 4. 1935 herausgegebene Anordnung Nr. 63/35 für den Verkehr von Mitgliedern der NSDAP mit Juden; Abdruck in: Herrschaftsalltag, S. 430 f.

Gliederungen, der Wehrmacht und des Arbeitsdienstes, nicht aber auch die Mitglieder der angeschlossenen Verbände.
Zur Frage der Ausdehnung des Verbots auf Beamte teilte Min.Rat Dr. Hoppe mit, dass Herr Präsident Schacht voraussichtlich einem solchen Verbot für seinen Geschäftsbereich widersprechen werde.
Staatssekretär Dr. Stuckart erklärte dazu, dass für das Verbot in erster Linie beamtenpolitische Gründe sprechen. Der Beamte gelte als Repräsentant des Staates. Es könne daher nicht angehen, dass es ihm gestattet sei, in jüdischen Geschäften zu kaufen.
Staatssekretär Dr. Posse machte den Vorschlag, den Beamtenbegriff hier zu differenzieren. Als gangbar wurde der Weg angesehen, das Verbot zu beschränken auf Beamte im Sinne des staatsrechtlichen Beamtenbegriffs und es insbesondere nicht auszudehnen auf Angestellte und Arbeiter im öffentlichen Dienste.[22]
7.) *Staatssekretär Dr. Posse* schnitt die Frage an, ob es beanstandet werden solle, wenn für eine deutsche Firma im Ausland jüdische Vertreter tätig sind. Solche Fälle würden in der Regel durch die Auslandsorganisation der NSDAP. aufgerollt, die von den Firmen die Entlassung der jüdischen Vertreter verlange. Aus der Praxis ergäbe sich jedoch, dass die Entlassung der jüdischen Vertreter meist erhebliche Störungen des deutschen Aussenhandels und damit des Devisenaufkommens nach sich ziehe.
Die Erörterung dieser Frage ergab, dass in der Regel nicht zu beanstanden sein wird, wenn ein jüdischer Vertreter für eine deutsche Firma im Ausland tätig ist.
Die Regelung von Einzelfällen soll dem Wirtschaftsministerium vorbehalten bleiben. In Österreich sollen jedoch – wo möglich – keine jüdischen Vertreter für deutsche Firmen auftreten.
8.) Die Besprechung der Frage, inwieweit es der öffentlichen Hand gestattet sein soll, mit Juden in geschäftliche Beziehungen zu treten, insbesondere öffentliche Aufträge an Juden zu erteilen, ergab, dass sich ein striktes Verbot zur Zeit nicht durchführen lassen wird. Die Regelung müsse wohl auf der Linie erfolgen, dass an jüdische Firmen nur *notfalls* öffentliche Aufträge vergeben werden dürfen. Bereits dieser Grundsatz würde eine erhebliche Verschärfung der bisher geltenden Richtlinien bedeuten.[23]
Die Grundsätze, nach denen die NSDAP. bei ihren Aufträgen verfährt, müssen ihr überlassen bleiben, jedoch muss der Begriff des jüdischen Geschäfts für Partei und Staat der gleiche sein.
9.) Es bestand Übereinstimmung, dass jüdischen Firmen das Hissen der Reichs- und Nationalflagge zu verbieten ist.[24] Zwar müsse anerkannt werden, dass die deutsche Gefolgschaft eines jüdischen Betriebes meist ein Interesse und auch ein gewisses Recht auf die Beflaggung ihres Betriebes haben wird. Die Berücksichtigung der Gefolgschaft müsse

22 In der Praxis wurden Angestellte und Arbeiter im öffentlichen Dienst an vielen Orten bereits in solche Verbote einbezogen; siehe Dok. 97 vom Januar 1934.

23 Im Sommer 1933 untersagte das RWM zunächst eine Benachteiligung jüdischer Firmen bei öffentlichen Aufträgen. „Arische" Firmen konnten gleichwohl bevorzugt werden; siehe den RWM-Erlass mit Schreiben an den Industrie- und Handelstag vom 8. 9. 1933, BArch, R 3101/13863, Bl. 6. Das RWM schloss dann am 1. 3. 1938 jüdische Firmen von der Vergabe öffentlicher Aufträge aus; Dokumente Baden-Württemberg, Teil I, S. 195–197.

24 Der § 4, Abs. 1 des Blutschutzgesetzes vom 15. 9. 1935 verbot Juden „das Hissen der Reichs- und Nationalflagge und das Zeigen der Reichsfarben"; siehe Dok. 199 vom 15. 9. 1935.

aber nicht im Zusammenhang mit der Flaggenfrage, sondern bei der Aufstellung des Begriffs des jüdischen Geschäfts erfolgen.
10.) Übereinstimmend wurde anerkannt, dass ein dringendes Bedürfnis besteht zu klären, welche Betriebe als jüdische Betriebe anzusehen sind. Dabei ergaben sich in erster Linie drei Fragen:
a) Welche materiellen Bestimmungen sollen zur Anwendung kommen? – Als Grundlage wird der vom RMdI vorgelegte Entwurf dienen können.[25] Bedenken grundsätzlicher Art wurden gegen diesen Entwurf nicht geäussert.
b) Welche Stellen sollen zur Entscheidung berufen sein? Auch hier soll von der im Entwurf des RMdI vorgesehenen Regelung ausgegangen werden. An der Entscheidung wird eine Parteidienststelle zu beteiligen sein. Es solle geprüft werden, ob nicht für diese Entscheidung in jedem Gau ein Sonderbeauftragter aufgestellt werden kann.
c) In welcher Form sollen die Vorschriften ergehen? Eine Verordnung zum Reichsbürgergesetz würde zweifellos grosses Aufsehen erregen. Es sei daher daran zu denken, die Bestimmungen lediglich in die Form eines Erlasses zu kleiden. Dieser würde zwar keine gesetzliche Kraft haben. Wenn jedoch unter den beteiligten Ressorts volle Übereinstimmung bestehe und die Vorschriften einheitlich von den staatlichen Stellen und den Parteidienststellen angewendet werden, dann könnte dadurch doch praktisch derselbe Erfolg erreicht werden wie durch eine Verordnung. Es komme in erster Linie darauf an, die Unruhe, die im Wirtschaftsleben hinsichtlich der Unklarheit über den Begriff des jüdischen Geschäfts besteht, zu beseitigen. Diesem Zwecke könnte auch ein Erlass dienen.[26]
Die Entscheidung über diese Frage wurde der Chefbesprechung vorbehalten.
11. Die Kennzeichnung der jüdischen Geschäfte ist auf Anordnung des Führers bisher unterblieben. Es müsse daher in Erwägung gezogen werden, eine einheitliche Kennzeichnung aller nichtjüdischen Geschäfte einzuführen. Evtl. solle für diesen Zweck ein besonderes Zeichen geschaffen werden, das auch von den jüdischen Mischlingen und insbesondere auch von den Ausländern geführt werden darf. Das Zeichen könne etwa da angebracht werden, wo nach den Vorschriften der Gewerbeordnung der Name des Geschäftsinhabers anzubringen ist. Um jede Art von Kennzeichnung werde man nicht herumkommen, denn wenn gewissen Personenkreisen der Einkauf in jüdischen Geschäften verboten wird, dann müssen diese Personen auch die Möglichkeit haben, festzustellen, ob im Einzelfall ein Geschäft jüdisch ist oder nicht.
Diese Art der Kennzeichnung sei naturgemäss beschränkt auf die offenen Ladengeschäfte. Für die übrigen jüdischen Unternehmungen wird man den Plan der Anlegung eines besonderen Verzeichnisses weiterverfolgen müssen. Denn insbesondere bei der Frage der Vergebung öffentlicher Aufträge und bei der Durchführung des Flaggenverbots bestehe ein Bedürfnis, sich schnell und zuverlässig über die einzelnen Betriebe zu unterrichten. Die Einzelheiten werden noch festzulegen sein.

25 Nicht aufgefunden.
26 Die 3. VO zum Reichsbürgergesetz legte am 14. 6. 1938 fest, dass ein Gewerbebetrieb jüdisch sei, wenn der Inhaber Jude im Sinne des § 5 der 1. VO zum Reichsbürgergesetz sei; RGBl., 1938 I, S. 627.

DOK. 249
Die Deutsche Botschaft Warschau berichtet dem Auswärtigen Amt am 6. Oktober 1936 über polnische Initiativen zur Auswanderung der Juden[1]

Schreiben der Deutschen Botschaft in Warschau (PI 11/ 10.36.), (Unterschrift unleserlich), an das AA (Eing. 7. 10. 1936 VM) vom 6. 10. 1936[2]

Anschluß an den Bericht vom August d. J. – P I IIa/ 8.36 –[3]
[Betriff]t: Aufrollung der Kolonialfrage und der Auswandererfrage durch Polen beim Völkerbund.
Die Rede, in der der Vizeminister Rose[4] in Genf die polnischen Ansprüche zur Frage der Neuverteilung von Rohstoffen und zur Lösung des Übervölkerungsproblems [fest]gehalten hat, wird in der polnischen Presse aller Schattierungen eingehend gewürdigt. Die dem Außenministerium nahestehende Agentur *Iskra* stellt fest, daß die polnischen Forderungen in der Kolonial- und Auswandererfrage in der polnischen Außenpolitik gegenwärtig an erster Stelle stehen. Polen müsse Zugang zu Rohstoffen erlangen [und] gesicherte Möglichkeiten einer kolonisatorischen [Auswande]rung haben. Polen, das das große Problem seiner Industrialisierung zu lösen habe, wünsche die Frage des Zugangs zu den Rohstoffen und der Expansion über See auf dem Wege der internationalen Zusammenarbeit zu lösen. Da Polen annähernd den stärksten Bevölkerungsüberschuß in der Welt habe, sei es zu weiterer Industrialisierung gezwungen, wofür es die entsprechenden Rohstoffe benötige.
Die nationaldemokratische Presse behandelt besonders eingehend die Ausführungen des Vizeministers Rose über die Judenfrage und stellt die Forderung auf, daß der Völkerbund Polen bei der Abwanderung der Juden zu Hilfe kommen müsse.[5] Die Aufrechterhaltung der Auswanderungsmöglichkeit für die hier ansässigen Juden sei für das polnische Volk eine Lebensfrage.

1 BArch, R 901/68371, Bl. 8–10.
2 Im Original Vermerk: „Doppel ist dem l[ei]t[enden] Dir[ektor] vorgelegt worden. Büro W." sowie mehrere handschriftl. Vermerke und Unterstreichungen.
3 In diesem Bericht hatte die Botschaft die aktuellen Diskussionen in Polen zu Fragen der Auswanderung und der Bevölkerungspolitik dargestellt. Drei Themen spielten dabei eine Hauptrolle: die Frage der polnischen Auswanderung im Allgemeinen, die polnischen Kolonialansprüche und die Frage der jüdischen Auswanderung aus Polen; Bericht der Deutschen Botschaft Warschau (P I 11a/8. 36) vom 21. 8. 1936, wie Anm. 1, Bl. 1–6.
4 Adam Karol Rose (1895–1951), Ökonom; 1921–1922 polnischer Gesandter beim Internationalen Arbeitsbüro in Genf, 1930–1936 Leiter der Wirtschaftsabt. des Agrarministeriums, 1936–1939 stellv. Minister für Industrie und Handel, 1936 polnischer Abgesandter bei der Wirtschaftskommission des Völkerbunds, 1940 inoffizieller Gesandter der polnischen Exilregierung in Frankreich; 1942–1945 Exil in Genf; 1945–1949 Berater des polnischen Vizeministers für Außenhandel und Schifffahrt; 1949–1951 Exil in Paris.
5 Rose hatte seinen Vorstoß im Völkerbund mit dem ungewöhnlich hohen Anteil der Juden an der Gesamtbevölkerung und der „ungesunden" wirtschaftlichen Struktur des polnischen Judentums begründet. In Polen seien von zehn Millionen städtischen Einwohnern 3,5 Millionen Glaubensjuden, die meist im Handel tätig seien. Mehr als eine Million Juden habe kein Einkommen. Eine Lösung sehe man nur in der Auswanderung. Polen könne, so der Delegierte Komarnicki (siehe Anm. 8) in einer anderen Rede, diese Auswanderung aber weder finanzieren noch den Juden die Mitnahme ihrer eigenen Geldmittel gestatten; Schreiben der Deutschen Botschaft Warschau an das AA vom 13. 10. 1936, wie Anm. 1, Bl. 12–16. Nach der polnischen Volkszählung von 1931 bekannten sich 3 136 000 Einwohner zur jüdischen Religion; Mały Rocznik Statystyczny, S. 10.

Der polnische Vorstoß in Genf ist sicherlich in erster Linie darauf zurückzuführen, daß die bisher übliche Auswanderung von jährlich etwa 20 000 polnischen Juden nach Palästina infolge der dortigen politischen Zustände gefährdet ist.[6] Die Polnische Regierung mag sich ferner auch durch den immer stärker werdenden Antisemitismus, besonders der bäuerlichen Kreise, zu einem aktiven Vorgehen in der Judenfrage veranlaßt gesehen haben. Die weitere Entwicklung des Judenproblems kann allerdings auch noch von großer außenpolitischer Bedeutung deshalb werden, weil führende politische Kreise, darunter vor allem Außenminister Beck,[7] wie ich aus zuverlässiger Quelle erfahre, mit Hilfe des Völkerbundes die Sowjetregierung dazu bringen wollen, einen großen Teil der polnischen Juden in Sowjetrußland aufzunehmen.
Die Auffassung allerdings, die auch der hiesige Englische Botschafter vertritt, daß Polen bei der Aufrollung der Kolonialfrage allein an die Schwierigkeiten in Palästina denke, halte ich für nicht zutreffend. Auch die Erklärungen, die Herr Komarnicki[8] Herrn Krauel[9] gegenüber in Genf abgegeben hat (vgl. Bericht vom 30. September d. J. – Pol. V 3786 –),[10] wonach Polen keineswegs die Absicht habe, Teile des früheren deutschen Kolonialbesitzes zu beanspruchen, findet in meinen hiesigen Beobachtungen keine Bestätigung. Das polnische Bedürfnis nach nationalem Prestige erfordert den Erwerb von Kolonien. Die Kolonial- und Meeresliga, die über 500 Tausend Mitglieder verfügt und die mit der Regierung Hand in Hand arbeitet, hat die Aufrollung der polnischen Kolonialansprüche bereits seit Monaten propagandistisch vorbereitet. Allein im Juli haben etwa 200 Versammlungen stattgefunden, in denen offen ausgesprochen wurde, dass der frühere deutsche Kolonialbesitz, an dem die ehemals preussischen Teilgebiete einen prozentualen Anteil gehabt hätten, Polen einen Rechtstitel für den Erwerb der Kolonien gebe. Wenn der polnische Vertreter in Genf heute die polnischen Forderungen mit der Notwendigkeit der Unterbringung des jüdischen Bevölkerungsüberschusses zu begründen sucht, so darf doch m. E. kein Zweifel darüber bestehen, dass Polen letzten Endes in der Kolonialfrage weiter gesteckte Ziele hat, und dass es die Absicht Becks war, sich mit seinem Vorstoss in Genf rechtzeitig in alle diesbezüglichen Entwicklungsmöglichkeiten einzuschalten.

6 Bezieht sich auf die Unruhen und gewalttätigen Auseinandersetzungen zwischen Arabern und Juden im Jahr 1936.
7 Józef Beck (1894–1944), Offizier und Diplomat; 1922–1925 polnischer Militärattaché in Paris, 1926–1930 Kriegsminister Polens, 1930–1932 StS im Außenministerium, 1932–1939 polnischer Außenminister; enger Mitarbeiter Marschall Piłsudskis.
8 Vermutlich Tytus Komarnicki (1896–1967), Diplomat; von 1924 an im diplomatischen Dienst Polens; 1934–1938 Delegierter Polens beim Völkerbund.
9 Wolfgang Krauel (1888–1977), Jurist; von 1914 an im preuß. Justizdienst, 1922–1944 im AA, von 1928 an als Legationsrat, von 1932 an als Konsul in Genf; 1939 NSDAP-Eintritt; 1944 Wohnsitz in der Schweiz und Ausbürgerung; von 1951 an für das AA als Konsul in Brasilien.
10 Liegt nicht in der Akte.

DOK. 250

Amtsblatt der Regierung zu Königsberg: Verordnung des Oberpräsidenten vom 7. Oktober 1936 zur Änderung von Ortsnamen[1]

Verordnungen und Bekanntmachungen des Oberpräsidenten.

542. Entscheidung
gemäß §10 in Verbindung mit §117 Absatz 3 der Deutschen Gemeindeordnung vom 30. Januar 1935.[2]
Der Name der Gemeinde Judendorf, Kreis Pr. Holland, wird hierdurch in „Hermannswalde" und der Name des zur Gemeinde Kalthof, Kreis Pr. Holland, gehörigen Wohnplatzes Juden in „Buchental" geändert.
Königsberg (Pr), den 7. Oktober 1936.
Der Oberpräsident der Provinz Ostpreußen.[3]

DOK. 251

Pariser Tageszeitung: Artikel vom 11. Oktober 1936 über die Verdrängung deutscher Juden aus dem Wirtschaftsleben[1]

Geschäfts- und Immobilien-Raub wird organisiert
Neue Periode der Judenverfolgung

Ein Sonderberichterstatter der Jüdischen Telegraphen-Agentur, der in den letzten Wochen in Deutschland geweilt hat, konnte feststellen, dass die Befürchtungen, dass der letzte Nürnberger Parteitag der NSDAP eine neue Periode der Verfolgung der Juden in Deutschland einleiten wird, sich bewahrheitet haben. In vielen grösseren und kleineren Provinzstädten wurden die jüdischen Inhaber von Unternehmungen, die Arbeiter in grösserer Zahl beschäftigen, von den örtlichen nationalsozialistischen Führern aufgefordert, ihre Betriebe an Arier abzugeben; für den Weigerungsfall wurden einschneidendste Massnahmen angedroht. Eine Reihe jüdischer Geschäfts- und Betriebsinhaber wurde sogar ohne vorhergegangene Warnung von der Gestapo verhaftet.

Diese Aktion geht von der Deutschen Arbeitsfront aus, deren Funktionäre die Inhaber und Leiter jüdischer Unternehmungen der Reihe nach aufsuchen und ihnen dringend nahelegen, die Geschäfte und Betriebe aus ihren Händen zu geben. Die Funktionäre er-

1 Amtsblatt der Regierung zu Königsberg, Nr. 45 vom 24. 10. 1936, S. 285.
2 §10 bestimmte: „Die Gemeinden führen ihre bisherigen Namen. Der Reichsstatthalter spricht nach Anhörung der Gemeinde die Änderung von Gemeindenamen aus und bestimmt die Namen neugebildeter Gemeinden. Das gleiche gilt für die besondere Benennung von Gemeindeteilen." Der Absatz 3 des §117 übertrug die Aufgaben des Reichsstatthalters in Preußen auf den Oberpräsidenten; Deutsche Gemeindeordnung vom 30. 1. 1935; RGBl., 1935 I, S. 49 f.
3 Erich Koch (1896–1986), Bahnbeamter; 1918 Mitglied des Freikorps von Killinger; 1919–1926 bei der Reichsbahn tätig; 1922 NSDAP-Eintritt, 1928–1945 NSDAP-Gauleiter von Ostpreußen; 1933–1945 Oberpräsident der Provinz Ostpreußen, 1941–1944 Reichskommissar für die Ukraine; 1950 nach Polen ausgeliefert, dort 1959 zum Tode verurteilt, dann zu lebenslänglicher Haft begnadigt; Autor von „Aufbau im Osten" (1934).

1 Pariser Tageszeitung, Nr. 122 vom 11. 10. 1936, S. 2.

klären dabei, dass noch während des Nürnberger Parteitages an alle Mitglieder der Arbeitsfront die Instruktion erging, ihren Feldzug gegen die jüdischen Handels- und Produktionsunternehmungen zu erneuern und u. a. Boykottposten vor jedes jüdische Geschäft zu stellen; gegen Arier, denen es etwa einfallen sollte, in jüdischen Geschäften zu kaufen, sollen die schärfsten Disziplin- und sonstigen Druckmassnahmen ergriffen werden. Bevor jedoch diese neue Boykottaktion sich voll entfaltet, mögen die Funktionäre der Arbeitsfront die jüdischen Handels- und Industrie-Unternehmungen auffordern, „auf stille Weise" ihre Tätigkeit zu liquidieren und die Geschäfte und Betriebe an Arier abzugeben.

Unter den bereits verhafteten jüdischen Unternehmern befindet sich der Direktor der Bielefelder Textilwarenfabrik Katz und Michel,[2] Sigmund Heymann.[3] Er wurde von Gestapo-Beamten mit der Begründung verhaftet, dass er die Deutsche Arbeitsfront „verhöhnt habe, indem er am jüdischen Versöhnungstage die Fabrik, die über 100 Arbeiter beschäftigt, anderthalb Stunden früher als gewöhnlich habe schliessen lassen."[4] In Wirklichkeit aber bedeutet die Verhaftung eine Druckmassnahme, um das Uebergehen dieser Gesellschaft in arische Hände einzuleiten.[5] Der Berliner „Angriff" spricht seine Genugtuung über die Verhaftung Heymanns aus, der angeblich die „Frechheit" hatte, in Gegenwart von Funktionären der Arbeitsfront sitzen zu bleiben.[6]

Parallel mit der neuen Aktion gegen die Juden in Handel und Industrie wurde – unter Ausnutzung der Misstimmung wegen der wachsenden Lebensmittelknappheit – der Feldzug zur Ausschaltung der Juden aus dem Lebensmittelhandel erneuert. Mehr als 2000 jüdische Fleisch-, Fett- und Eier-Händler wurden in den letzten zwei Wochen durch das Reichsamt für Nahrungsmittelversorgung zur Liquidation gezwungen. Allein in Berlin wurden mehr als 50 jüdische Getreidefirmen, von denen einige seit mehr als einem Jahrhundert am Platze sind, zur Liquidierung gezwungen.[7] In der Provinz wurden jüdische Lebensmittelgeschäfte von der Belieferung mit Fleisch, Butter, Fett und Eiern zum Detailverkauf ausgeschlossen.

Wie der Sonderberichterstatter der Jüdischen Telegraphen-Agentur weiter erfährt, ist zwar ein Sondergesetz über ein Verbot des Besitzes von Immobilien (Haus- und Grundbesitz) durch Juden vorderhand nicht zu erwarten; allein das gegenwärtig von der Regierung in Beratung gezogene Projekt betreffend Immobilienbesitz werde solche Durchführungsbestimmungen erhalten, die den Behörden die Handhabe bieten, den Juden die in ihrem Besitz befindlichen unbeweglichen Güter wegzunehmen. Das Reichswirtschaftsministerium hat sich gegen dieses Gesetzprojekt ausgesprochen und darauf hingewiesen,

2 Die Firma, gegründet 1923 in Bielefeld, hieß von 1928 an Katz & Michel Textil-AG. Neben einer Wäschefabrik gehörten 1934 noch 107 Kaufhäuser in verschiedenen Städten zu dieser Firma.
3 Siegmund Heymann (*1878), Kaufmann; 1924–1937 Vorstandsmitglied und von 1926 an Direktor der Katz Textil-AG in Bielefeld; 1938 emigrierte er in die USA.
4 Die Westfälischen Neuesten Nachrichten berichteten unter dem Titel „Unerhörte jüdische Frechheit" über die Auseinandersetzung zwischen dem Direktor Heymann und den DAF-Funktionären, die sich über dessen Ankündigung verkürzter Arbeitszeit und die Nacharbeit an den folgenden Tagen beschwert hätten. Heymann habe sich provozierend benommen und vor den DAF-Waltern ausgespuckt. Nach dem Einschreiten der DAF-Kreiswaltung in Verbindung mit dem Treuhänder der Arbeit habe schließlich die Gestapo Heymann verhaftet; Westfälische Neueste Nachrichten, Nr. 229 vom 30. 9. 1936, 2. Blatt „Bielefelder Stadtanzeiger".
5 Am 1. 4. 1937 wurde die Textilfirma durch ein Konsortium „arisiert".
6 Nicht ermittelt.
7 Zur Lage der Getreidefirmen siehe Dok. 246 vom 16. 9. 1936.

dass der Staatsschatz durch den Verlust einer grossen Reihe jüdischer Steuerzahler stark in Mitleidenschaft gezogen werden würde. Andere Ministerien jedoch stehen unter dem Einfluss der extremen Nationalsozialisten, die auf einer Beschlagnahme der Immobilien von Juden bestehen. Es scheint, dass diesen Extremisten gewisse Konzessionen gemacht werden müssen.
Inzwischen erfolgte in Franken, im Machtbereich Julius Streichers, die erste Massnahme nach der Richtung der Kontrolle des gesamten Immobilienbesitzes. Es wurde dort ein Amt zur „Regelung der Beziehungen zwischen Hausbesitzern und Mietern“[8] geschaffen, welches Vollmachten hat, die Höhe der Mieten in jedem einzelnen Falle zu bestimmen und auch darüber zu befinden, ob gewisse Personen ihre Häuser und Grundstücke vermieten dürfen und an wen. Schon diese Massnahme gibt den Behörden in Franken die Möglichkeit, jüdische Immobilienbesitzer zu zwingen, sich ihres Besitzes zu entledigen.
Die jüdischen Kunsthändler in Berlin haben soeben von der Reichskulturkammer die Weisung erhalten, sich ihrer Bestände in kürzestmöglicher Zeit zu entäussern, da noch vor Ende des Jahres Juden der Handel in Kunstgegenständen verboten werden soll.[9]
Die „Essener National-Zeitung“, das Organ Görings, fordert, dass Juden der Handel mit Börsenpapieren verboten sein soll, weil die jüdischen Händler die Aktientransaktionen in der Weise beeinflussen, dass Aktien deutscher Unternehmungen, auch wenn sie eine durchschnittliche Dividende von 4 Prozent abwerfen, nicht gefragt werden, während die Nachfrage nach Auslands-Aktien, die nur 2 Prozent abwerfen, steigt.[10]

DOK. 252
Der Chef der Sicherheitspolizei ersucht den Chef der Ordnungspolizei in Berlin am 12. Oktober 1936, zur besseren Erfassung getaufter Juden das Meldewesen zu ändern[1]

Schreiben des Chefs der Sicherheitspolizei (II B 1532/36), gez. i. V. Müller,[2] an den Chef der Ordnungspolizei (Eing. 15. 10. 1936), Berlin, vom 12. 10. 1936[3]

Betr.: Überwachung des Judentums.
Nach der Machtübernahme konnte festgestellt werden, daß ein großer Teil der in Deutschland lebenden Juden sich evangelisch oder katholisch hat taufen lassen mit der Absicht, nach einem Wechsel des Wohnorts in den Melderegistern nicht mehr als Jude in Erscheinung zu treten und um ferner den Behörden, insbesondere den Politischen Polizeien, in Einzelfällen die Feststellung der jüdischen Abstammung zu erschweren.[4]

8 Nicht ermittelt.
9 Zur Kritik Görings an den Auswirkungen dieser Maßnahme siehe Dok. 277 vom 3. 5. 1937.
10 Siehe „Wirtschaftliche Aufgaben der Banken und Börsen“, National-Zeitung, Nr. 272 vom 3. 10. 1936, S. 5.

1 GStAPK, I HA, Rep. 77, Tit. 343, Nr. 17, Sonderakte Bd. 2, Bl. 269.
2 Heinrich Müller (1900–1945?), Flugzeugmonteur; von 1919 an in der Polizeidirektion München tätig; 1934 SS-Eintritt; Versetzung zum Gestapa Berlin, 1936 stellv. Chef des Amts Politische Polizei im Hauptamt Sicherheitspolizei; 1938 NSDAP-Eintritt; 1939 Geschäftsführer der Reichszentrale für jüdische Auswanderung und Chef des Amts IV (Gestapo) im RSHA.
3 Im Original mehrere handschriftl. Bearbeitungsvermerke.
4 Zum Vorwurf der Verschleierung der Herkunft durch die Taufe siehe auch den Artikel im Stürmer vom Januar 1936, Dok. 222.

Ich darf daher ergebenst anregen, geeignete Maßnahmen zu treffen, nach denen der Anmeldepflichtige neben der Religion anzugeben verpflichtet ist, ob er Jude im Sinne der Nürnberger Gesetze ist. Eine solche Maßnahme würde die staatspolizeilichen Ermittlungen sowie die Überwachung des Judentums wesentlich erleichtern.[5]
Ich darf bitten, mich gegebenenfalls bei der weiteren Bearbeitung zu beteiligen.[6]

DOK. 253
Einladung des Volksbunds für deutsche Reichskirche zu einem Reformationsgottesdienst in Grabow am 2. November 1936[1]

Rundschreiben des Volksbunds für deutsche Reichskirche, Ortsgemeinde Grabow/Mecklenburg, in Gemeinschaft mit dem Ältestenrat und Obmann, Günter Niemack,[2] undat. [Ende Oktober 1936], Abschrift (M/X/1862 A)[3]

An alle unsere Mitglieder und alle treuen Gesinnungsfreunde in Stadt und Land!
Am kommenden *Montag, den 2. Nov. 1936* besuchen wir alle den *Reformationsgedenkgottesdienst Abends 8 ¼ Uhr* in unserer Grabower Kirche.
Herr Landessuperintendent *Schönrock*[4] aus Wittenburg wird die Predigt, ich selbst werde die Lesung halten. Der Gemeindekirchenchor wirkt mit.
Die jüdische Glaubensbewegung der sogenannten „Bekenntnis-Sekte"[5] hat unsere Kirche kürzlich dazu mißbraucht, dort am 23. August durch den abgesetzten Superintendenten Galley[6] in seiner „Missionsfest-Predigt" zu erklären, die Heidenmission sei ein christlicher Selbstzweck, der höher sei als „die höchsten nationalen Zwecke!"
Dieses schändliche Bekenntnis in einer Zeit, wo uns allen treue Nächstenhilfe an den vom jüdischen Bolschewismus aus Spanien vertriebenen deutschen Volksgenossen und Förderung des Winterhilfswerks höchste nationale und Christenpflicht ist!
Unsere Grabower Kirche ist keine internationale Judensynagoge, zu der sie am 4. 10. durch

5 Seit Februar 1937 sollten im polizeilichen Meldewesen in Durchführung des Reichsbürgergesetzes Angaben über die Religion, „insbesondere bei Personen jüdischer Abstammung", besonders sorgfältig registriert werden; siehe Anordnung des Polizeipräsidenten von Berlin vom 22. 2. 1937, Beilage C zu den Amtlichen Nachrichten des Polizeipräsidiums in Berlin, Nr. 14 vom 26. 2. 1937.
6 Am 4. 11. 1936 legte der Chef der Ordnungspolizei das Schreiben der Abt. I im RMdI vor. Das RMdI antwortete am 4. 2. 1937, es sei beabsichtigt, bei der für das Jahr 1938 geplanten Volkszählung auch die „blutmäßige Zusammensetzung der deutschen Bevölkerung festzustellen". Die Ergebnisse könnten dann auf den polizeilichen Meldekarten vermerkt werden; wie Anm. 1, Bl. 270–272. 1937 fanden dann Besprechungen zwischen der Ordnungspolizei und der Sicherheitspolizei sowie zwischen den Judenreferaten des SD und der Gestapo über das Vorgehen statt, wobei die Erfassung der Juden per Volkszählung anstelle einer Meldepflicht oder einer Sondererhebung favorisiert wurde; ebd., Bl. 275+RS sowie Dok. 288 vom 12. 7. 1937.

1 ADW, CA, AC-S/73.
2 Günter Niemack, Autor u. a. von „Die völkische Sendung der Reformation" (1935).
3 Im Original handschriftl. Anstreichungen.
4 Johannes Schönrock (1901–1971), Pfarrer; 1925 NSDAP-Eintritt; von 1934 an Pfarrer in Wittenburg und Landessuperintendent des Kirchenkreises Hagenow, 1937 Leiter der Gaugemeinde Mecklenburg der DC; Kriegsteilnahme; nach 1945 Pfarrer in Schwerin und Hahn/Oldenburg.
5 Gemeint ist vermutlich die Bekennende Kirche.
6 Alfred Galley (1873–1938), Pfarrer; 1931 Landessuperintendent in Parchim, 1935 zwangsweise emeritiert.

das Bekenntnis Propst Burchards[7] zum jüdischen Alten Testament gemacht werden sollte! Die Kirchen auf deutschem Boden sind und bleiben allein Eigentum des deutschen Volkes, dessen *Heiliges Land* – wie Alfred Rosenberg es neulich ausrief – *nicht Palästina*, sondern *Deutschland* heißt!
Dazu bekennen wir alle uns am Montag abend feierlich in dem Gedenkgottesdienst jener deutschen Reformation, die in unserer Zeit endlich vollendet werden muß, zum Segen unseres ganzen Volkes!
Im Anschluß hieran versammeln wir uns alle geschlossen *um 9 Uhr abends* im Saale des *„Fürst Bismarck"* – nahe der Kirche – *zu unserer Jahresversammlung von 9–10 Uhr.*
Auch hierzu sind alle unsere Gesinnungsfreunde in Stadt und Land herzlich eingeladen! Auch einer wichtigen Veröffentlichung wegen.
Nachmittags von 6–7 Uhr tagt im Saale bei Dambeck (Bützows Bier- und Weinstuben) der Ältestenrat, wozu auch *alle alten Mitkämpfer (nur Mitglieder)* und Begründer des Völkischen Studienkreises vor einem Jahr um ihr Erscheinen gebeten werden.
Sorgt für geschlossene Teilnahme aller deutschbewussten Volksgenossen, die jüdisches Pfaffentum in der Kirche einer einigen deutschen Volksgemeinde nicht länger dulden wollen.
Heil Hitler!

DOK. 254

Das Geheime Staatspolizeiamt informiert die Gestapostellen am 14. November 1936 über die Vorschriften für die Jüdische Winterhilfe 1936/37[1]

Runderlass des Gestapa (II 1 B 2 – 915/36 J.), i. A. gez. Müller, an alle a) Staatspolizeileitstellen, b) Staatspolizeistellen, c) nachrichtlich an die Ober- und Regierungspräsidenten in Preußen (Eing. Regierung Potsdam 16. 11. 36) vom 14. 11. 1936[2]

Betrifft: Betreuung der Juden im Winterhilfswerk 1936/37 und die Beteiligung der Juden am Spendenaufkommen.
Der Reichsbeauftragte für das Winterhilfswerk des Deutschen Volkes 1936/37[3] hat nachstehende Richtlinien für die Betreuung der Juden im Rahmen des Winterhilfswerks und für die Beteiligung der Juden am Spendenaufkommen erlassen.
„I. *Betreuung.*
1.) Hilfsbedürftige Juden werden durch das Winterhilfswerk des Deutschen Volkes nicht betreut. Ihre Unterstützung obliegt ausschliesslich der Zentral-Wohlfahrtsstelle der Juden in Deutschland und den ihr angeschlossenen Stellen.[4]

7 Heinrich Burchard (*1876), Pfarrer; 1902 Predigerseminar in Schwerin, 1903 Leiter der Privatknabenschule in Gadebusch, von 1922 an Probst in Grabow (Kirchenkreis Ludwigslust).

1 BLHA, Pr.Br Rep. 2 A I Pol/1919, Bl. 249–251.
2 Im Original mehrere Bearbeitungsvermerke. Der Erlass ging außerdem an die Staatspolizeistelle Düsseldorf als Antwort auf deren Bericht vom 19. 9. 1936 (II 1 B – 71,02/11. 9).
3 Reichsbeauftragter war seit 1933 Erich Hilgenfeldt (1897–1945), kaufm. Angestellter; 1927 NSDAP-Eintritt, von 1933 an Reichsamtsleiter des NSDAP-Hauptamts für Volkswohlfahrt.
4 Im Winter 1935/36, dem ersten nach dem Ausschluss der Juden vom WHW, betreuten die jüdischen Wohlfahrtsstellen 83 761 Hilfsbedürftige, was einem Anteil von 20,5 % der 409 000 noch in Deutschland lebenden Juden entsprach; Adler-Rudel, Selbsthilfe, S. 163.

Sie erfolgt unter meiner Aufsicht nach den von mir genehmigten Richtlinien.
2.) Jüdische Mischlinge werden durch das Winterhilfswerk des Deutschen Volkes unterstützt.
3.) Familien aus Mischehen zwischen Deutschblütigen und Juden werden betreut:
a) vom Winterhilfswerk des Deutschen Volkes, wenn der Haushaltungsvorstand Deutschblütiger ist.
b) von der Zentral-Wohlfahrtsstelle der Juden in Deutschland, wenn der Haushaltungsvorstand Jude ist.
II. *Beteiligung am Spendenaufkommen.*
1.) Bei Juden darf für das Winterhilfswerk des Deutschen Volkes weder gesammelt noch dürfen von ihnen Spenden für das Winterhilfswerk des Deutschen Volkes entgegengenommen werden.
2.) Jüdische Mischlinge werden durch das Winterhilfswerk des Deutschen Volkes zu Spenden herangezogen.
3.) Familien aus Mischehen zwischen Deutschblütigen und Juden werden zu Spenden herangezogen.
a) durch das Winterhilfswerk des Deutschen Volkes, wenn der Haushaltungsvorstand Deutschblütiger ist.
b) durch die Zentral-Wohlfahrtsstelle der Juden in Deutschland, wenn der Haushaltungsvorstand Jude ist.
4.) Die jüdische Spendenwerbung ist auf den Kreis der jüdischen Gemeinschaft in Deutschland beschränkt. Demnach ist eine Spendenwerbung der jüdischen Winterhilfe bei Firmen, deren Inhaber nicht jüdisch sind, unzulässig, da sie über den Kreis der jüdischen Gemeinschaft hinausgeht und eine auf Grund des Sammelgesetzes vom 5. November 1934 verbotene öffentliche Sammlung ist.[5] Eine Werbung bei Kapitalgesellschaften (namentlich Aktiengesellschaften und Gesellschaften mit beschränkter Haftung) durch die jüdische Winterhilfe erfolgt nicht.
III. *Begriffsbestimmung.*
Die Entscheidung, ob eine Person Deutschblütiger, Jude oder jüdischer Mischling ist, erfolgt auf Grund des Reichsbürgergesetzes vom 15. Sept. 1935 und seiner ersten Durchführungsverordnung vom 14. Nov. 1935 (s. Anlage).[6] Konfessionelle Gesichtspunkte finden keine Berücksichtigung.[7]
IV. *Hilfsbedürftige Ausländer.*
Im deutschen Reich lebende hilfsbedürftige Ausländer werden ohne Berücksichtigung ihrer rassischen Zugehörigkeit durch das Winterhilfswerk des Deutschen Volkes betreut, wenn sie sich durch ihre Haltung und Einstellung gegenüber dem Deutschen Reich dieser Unterstützung würdig erweisen."

5 Nach dem Gesetz zur Regelung der öffentlichen Sammlungen und sammlungsähnlichen Veranstaltungen (Sammlungsgesetz) vom 5. 11. 1934 mussten Sammlungen in der Öffentlichkeit genehmigt werden; RGBl., 1934 I, S. 1086.
6 Liegt nicht in der Akte. Siehe Dok. 210 vom 14. 11. 1935.
7 Im vorangegangenen Winter hatte es Unklarheiten darüber gegeben, welche Gruppen von welchen Einrichtungen zu betreuen seien. Das WHW wies alle Juden ab, jüdische Wohlfahrtsstellen betreuten aber nur Hilfsbedürftige jüdischen Glaubens. Siehe dazu die Diskussion im Münchener Wohlfahrtsamt über die Versorgung von Juden mit Brennmaterial; Vermerk vom 6. 12. 1935, YVA, M1DN/168, Bl. 7.

Sofern in Versammlungen der jüdischen Organisationen oder des „Paulus Bundes"[8] gegenteilige Behauptungen aufgestellt werden sollten, ersuche ich das Erforderliche in eigener Zuständigkeit zu veranlassen und mir zu berichten.
Der Erlass ist zur Bekanntgabe an die Orts- und Polizeibehörden bestimmt.

DOK. 255

Der Kaufmann Julius Block bittet am 19. November 1936 die Berliner Polizei, ihm ausnahmsweise einen für fünf Jahre gültigen Reisepass auszustellen[1]

Schreiben von Julius Block an das Polizeirevier Berlin-Charlottenburg, Neue Grolmannstraße, vom 19. 11. 1936 (Abschrift)

Ich, der unterzeichnete Julius Block, bin alleiniger Inhaber der handelsrechtlich eingetragenen Firma Block & Simon, Berlin W.8, Kronenstraße 58 (Bekleidungsindustrie).
Mein Paß läuft am 24. II. 1938 ab. Da die Paß-Seiten durch Stempel und Bescheinigungen vollständig ausgenutzt sind, beantrage ich, mir einen neuen Paß auszustellen.
Wie mir mitgeteilt worden ist, soll eine allgemeine Bestimmung bestehen, daß Nichtariern ein Paß auf nur ein Jahr, höchstens auf zwei Jahre ausgestellt wird.[2] Mir ist diese Bestimmung nicht bekannt. Ich beantrage, mir einen Paß auf fünf Jahre auszustellen, und zwar aus folgenden Gründen:
Die Auslandsreisen mache ich ausnahmslos persönlich, um die Beziehungen gerade in der heutigen schweren Zeit aufs innigste zu gestalten. Schon wegen des sehr empfindsamen Gegenstands meiner Fabrikation, nämlich von hochmodischen Damenkleidern, ist dies unerläßlich. Wie in der Branche üblich, sind 4 Saison-Reisen in jedes Land notwendig, daneben werden je ein nichtarischer Vertreter in der Schweiz, Holland und in Skandinavien beschäftigt.
Mein Erfolg zeigt sich in folgenden Zahlen:
Der Gesamtexport meiner Firma betrug:

im Jahre 1933	RM 553 000.–
im Jahre 1934	RM 456 000.–
im Jahre 1935	RM 351 000.–
in der ersten Hälfte 1936	RM 200 000.–

Für diese Beträge sind effektive Devisen auf dem Wege des Clearings oder in Form von Direktdevisen dem Deutschen Reich zugeflossen.
Meine Firma besitzt eine „allgemeine Genehmigung" zur Zahlung von Nebenkosten im Warenverkehr jeweils für ein Jahr.
Das Hauptabsatzgebiet ist England. Dort hole ich mehr als ein Drittel meiner Gesamtaufträge ein. Es folgen Schweden, die Schweiz, Holland und Norwegen, neuerdings bearbeite ich auch Frankreich.

8 Ursprünglich Reichsverband der nichtarischen Christen e. V., seit Herbst 1936 in Paulus-Bund umbenannt; siehe Dok. 85 vom 19. 10. 1933.

1 BArch, R 2/5978, Bl. 246–248.
2 Es konnte nicht ermittelt werden, ob diese Bestimmung tatsächlich erlassen wurde.

Meine persönlichen Besuche sind nötig, um die Kunden zu veranlassen, sich in Berlin mein Lager anzusehen. Auch hierdurch entsteht dem Reich ein Vorteil.
Wenn mir nicht wie jedem Deutschen ein fünfjähriger Paß erteilt wird, so habe ich mit großen Schwierigkeiten zu rechnen. Die französischen Konsulate erteilen dem Besitzer eines nur auf ein Jahr laufenden Passes keine Dauervisen. Ich wäre also genötigt, für jede Reise ein Visum zu beantragen.
In England würde ich mit einem auf kürzere Zeit als 5 Jahre lautenden Paß sofort auffallen, ja dem Emigration-Officer wahrscheinlich sogar verdächtig vorkommen. Er wird nicht begreifen können, daß ein Deutscher einen kurzfristigen Paß aus einem anderen Grunde erhalten hat, als daß er kriminell verdächtig ist. In einem solchen Falle habe ich bei den englischen Einreisebehörden die größten Schwierigkeiten zu erwarten. Wenn ich mich aber nicht vollständig frei im Ausland bewegen kann, so ist es unmöglich, meinen Absatz aufrechtzuerhalten oder gar zu vergrößern. Das Reich wird eine Einbuße an Devisen erleiden.
Ich betone, daß ich noch niemals in meinem ganzen Leben in irgendeiner Weise politisch tätig gewesen bin. Mein ganzes Vermögen ruht in meinem Geschäft und dieses ist erdgebunden[3] mit dem Deutschen Reich.
Ich bin Mitglied des Verbandes der Deutschen Damen-Oberbekleidungs-Industrie e. V., Berlin W. 62, Kielganstraße 1 (Fachverband).
Meine Gesamt-Jahres-Umsätze waren folgende:

1934	RM 836 754.–
1935	RM 719 767.–
1936 (bis einschl. September)	RM 608 182.–

Von diesen Umsätzen entfallen ca. 55 bis 60 % auf den Export.
Meine Firma beschäftigt:

im Haus:	25 kaufmännische Angestellte
	22 gewerbliche Angestellte
außer Haus:	10 Heimarbeiter
	37 Zwischenmeister.

Ich bitte, die Industrie- und Handelskammer über die Richtigkeit meine Ausführungen zu hören, sie wird dieselben bestimmt als richtig anerkennen und somit die Notwendigkeit der Ausstellung eines 5 Jahrespasses befürworten müssen.[4]
Die Richtigkeit und Vollständigkeit vorstehender Angaben versichere ich hiermit an Eidesstatt.

3 Das Wort „erdgebunden“ ist handschriftl. unterstrichen und am linken Rand steht ein Fragezeichen.

4 Das Finanzamt hatte eine Unbedenklichkeitsbescheinigung für die Ausstellung eines neuen Reisepasses nach Sicherheitshinterlegung von 35 000 RM erteilt. Block hatte gefordert, das RFM, das RWM und die Industrie- und Handelskammer sollten sich beim Berliner Polizeipräsidenten für eine entsprechende Regelung zur Ausstellung von 5-Jahres-Reisepässen einsetzen. Der Präsident des LFA Berlin sah keine Veranlassung, der Forderung Blocks nachzukommen; der Präsident des LFA Berlin an den RFM vom 10. 2. 1937, wie Anm. 1, Bl. 249–253.

DOK. 256

Deutsches Recht: Artikel vom 15. Dezember 1936 über ein Urteil gegen die Einsetzung von Juden anstelle der gesetzlichen Erben[1]

Zur Erbeinsetzung von Juden durch deutsche Erblasser

Die Erbeinsetzung eines Juden durch einen Deutschen unter Ausschluß der gesetzlichen Erben ist als dem gesunden Volksempfinden widersprechend durch Urteil des *Amtsgerichts Leipzig* vom 29. September 1936 für *nichtig* erklärt worden („Deutsche Justiz", 1936, 1579).
Die entscheidenden Sätze der Urteilsbegründung lauten:
„Auf keinen Fall würde es dem gesunden Volksempfinden, dem Anstandsgefühl aller billig und gerecht Denkenden sowie dem herrschenden Volksbewußtsein entsprechen, wenn – entgegen den Zielen des Nationalsozialismus, der eine reinliche Scheidung der Rassen und die Distanzierung vom Judentum in gesellschaftlicher und wirtschaftlicher Beziehung fordert – arisches Volksvermögen unter Ausschluß der gesetzlichen Erben durch Erbeinsetzung eines Nichtariers in jüdische Hände übergeleitet würde."
Diese geradezu revolutionäre Entscheidung eines deutschen Gerichts wird im jüdischen Lager diesseits der Grenzen – wir sind es schon gewohnt! – einen *Sturm der Entrüstung* hervorrufen. Gewisse dunkle Kräfte, denen die Herabsetzung der nationalsozialistischen Rechtspflege zu einer Art Existenzaufgabe geworden zu sein scheint, wittern einen neuen Beweis für die „Rechtswillkür" deutscher Gerichte. Wird hier nicht allgemein gültiges „Menschenrecht" mit Füßen getreten? Wird hier nicht ein eindeutiger, auf Grund eines formell vollgültigen Testamentes entstandener rein privat-vermögensrechtlicher Anspruch gegen den klaren Wortlaut des Gesetzes nur deshalb für ungültig erklärt, weil es sich um einen – *Juden* handelt?
Daß das Urteil des Leipziger Amtsgerichts dem im Volke lebendigen Recht entspricht, daran besteht kein Zweifel – wenigstens nicht für den, der selbst im Volke steht, der die Besinnung auf die Wurzeln eines völkischen Daseins in sich erlebt und ihre Aussprache in den Nürnberger Gesetzen begriffen hat. Denn an den rassegesetzlichen Notwendigkeiten unserer völkischen Existenz hat *jede Möglichkeit der privaten Verfügung die absolute Grenze ihrer Rechtswirkung.*
Aber mehr: In einem Rechtsleben, das die Ordnung des Volkes auf die Ordnung von Familie und Sippe gründet, das die Eigentumsbildung, wenigstens an Grund und Boden, in entscheidendem Bereich wieder auf die Sippe orientiert, kann die Verfügung von Todes wegen überhaupt kein privatrechtliches Rechtsgeschäft mehr sein. Das ist sie denn auch in den Zeiten unverfälschten deutschen Rechtsdenkens nie gewesen. Die Erbfolge des alten deutschen Rechtes ist zunächst eine familienrechtliche, im weiteren Sinne daher auch rassengesetzliche und volksrechtliche Institution. In einer Besprechung des Leipziger Urteils hat Amtsgerichtsrat Friedrich[2] vom Reichsjustizministerium (in der Deutschen Ju-

1 Deutsches Recht, 6 (1936), H. 23/24 vom 15. 12. 1936, S. 506 f. Die Zeitschrift erschien 1931–1945 und wurde von Hans Frank herausgegeben. Sie war bis 1935 das Organ des Bundes National-Sozialistischer Deutscher Juristen, danach des NS-Rechtswahrerbundes.

2 Kurt Friedrich (*1902), Jurist; 1921 Mitglied des Freikorps Roßbach O/S.; 1932 NSDAP-Eintritt; von 1933 an Amtsgerichtsrat im preuß. Justizministerium; von 1935 an Fachschaftsgruppenleiter der Gruppe „Justizministerium", Gaufachschaft X, und Referent des Gemeinschaftslagers Hanns Kerrl; von 1936 an Kammergerichtsrat, 1938 Referent Roland Freislers im RJM, von 1938/39 an dort Ministerialrat.

stiz am angegebenen Ort) aus einer rechtsgeschichtlichen Betrachtung des deutschen Erbrechts bereits nachgewiesen, daß das Recht der Erbfolge nach deutscher Rechtsauffassung in der Familie, in der Sippe wurzelt, daß demgemäß an die dem deutschen Recht früher unbekannte freie Verfügung von Todes wegen besonders strenge Anforderungen zu stellen sind.

Das Leipziger Urteil stützt sich nicht nur auf das heute lebendige Rechtsdenken, es hat zugleich hinter sich das Gewicht entscheidender, in der deutschen Rechtsgeschichte lebendiger Motive.

Ein Sturm der Entrüstung wird die Antwort im jüdischen Lager sein. Das ist nun in diesem Fall von *ganz besonderem* Reiz. Denn: Wenn nur irgendeiner keine *ehrliche* Möglichkeit zur Entrüstung über dieses Urteil hat – abgesehen von allen fachlichen Erwägungen –, so ist es jedenfalls der Jude! Wir brauchen nur einen kurzen Blick auf das jüdische Recht zu werfen und brauchen uns nur die Frage zu stellen, wie denn nach diesem Recht der gleiche Fall entschieden worden wäre. Wie wäre das Urteil ausgefallen, wenn ein Jude einen Nichtjuden unter gleichen Bedingungen als Erblasser eingesetzt und an Stelle des BGB das jüdische Gesetzbuch des *Schulchan aruch* gestanden hätte?[3]

Das Erbfolgerecht des Schulchan aruch ist, wie das ganze jüdische Recht, das Instrument einer *unerbittlichen Rassenpolitik*, und zwar von *spezifisch jüdischer Färbung* – wenigstens, was die *Motive* oder *Ziele* anbetrifft. Die *Formen* sind die einer jeden Rassengesetzgebung: Grundsätzlich kennt das jüdische Recht nur die familienrechtlich gebundene, auf der Parentelenordnung[4] aufgebaute gesetzliche Erbfolgeordnung. Es gibt keine Enterbung, also auch keine Testierfreiheit.[5] Die entsprechende Stelle des Schulchan aruch lautet:

„Man soll keinen als Erben einsetzen, der kein gesetzmäßiger Erbe ist, und dadurch sein Vermögen den rechtmäßigen Erben entziehen". (Choschen hamischpath,[6] Abschn. 281, § 1.)

Da ein Nichtjude nach jüdischem Gesetz keine gültige Ehe mit einem Juden eingehen kann,[7] fällt allein schon durch diese Bestimmung die Erbfolge eines Nichtjuden außerhalb des Bereichs der Möglichkeit.

Aber so einfach, so klar und geradlinig ist nun allerdings das jüdische Rechtsdenken nicht. Für die angeführte Bestimmung des Erbrechtes haben die talmudischen Rabbiner eine gesetzliche Umgehungsmöglichkeit ausgearbeitet, die zwar nicht formell gegen das Gesetz verstößt, die aber praktisch auf Enterbung und *Testierfreiheit* hinausläuft. Die Schenkung zu Lebzeiten und für den Todesfall ist gültig, wenn sie *nur als Schenkung bezeichnet ist.*[8]

Danach kann infolge der praktisch vorhandenen völligen Testierfreiheit also doch ein

3 Fußnote im Original: „Zum Nachweise dessen, daß es sich bei dem Schulchan aruch um ein durchaus lebendig gebliebenes und auch von den Juden selbst anerkanntes Gesetzeswerk handelt – von jüdischer Seite wird so gern das Gegenteil behauptet –, kann an dieser Stelle nur auf das Buch von Hermann Schroer ‚Blut und Geld im Judentum' (München 1936) verwiesen werden. Schroer hat diese gegenteilige Behauptung des Judentums mit zahlreichen Zitaten aus rechtswissenschaftlichen Werken jüdischer Rabbiner schlagend widerlegt."

4 Parentelsystem: Eine Parentel (Verwandtschaftslinie) wird von einer Person und ihren Nachkommen gebildet.

5 Die Testierfreiheit gibt dem Erblasser die Freiheit (begrenzt durch die Pflichtteilsregelung), über sein Vermögen auch abweichend von der Erbfolge zu verfügen.

6 Richtig: Choschen ha-Mischpat (Schild des Rechts), derjenige der vier Hauptteile des Schulchan Aruch, der sich mit dem Zivilrecht beschäftigt.

7 Fußnote im Original: „Vergl. Schroer a. a. O., Seite 13 ff."

8 Fußnote im Original: „Choschen hamischpath, Abschnitt 281, § 1 ff."

Nichtjude faktisch zum Erben eingesetzt werden? Weit gefehlt! Wenn die rabbinische Rechtspraxis solche Umgehungsmanöver ausklügelt, so geschieht es aus rein jüdischen Belangen, und wenn dabei die rassengesetzlichen Interessen in Gefahr kommen, so wird von vorneherein eine entsprechende Schutzbestimmung erlassen. Die Gefahr, daß ein Nichtjude infolge der praktisch vorhandenen Testierfreiheit zum Erben eingesetzt werden könnte, wird denn auch abgewendet durch eine *strikte gesetzliche Bestimmung*. Sie liegt uns vor in einer geradezu klassischen, jede weitere Erörterung erübrigenden Prägung:
„Sagt er (der Erblasser) aber, man solle nach seinem Tode einem benannten *Nichtjuden* ein Geschenk machen, *so wird nicht darauf geachtet* – denn dies ist ebenso, als wenn er gesagt hätte, man solle mit seinem Vermögen *eine Sünde begehen.*" (Choschen hamischpath, Abschn. 256, § 3.)
Es ist kaum vorstellbar, wie aus solchem jüdischen Rechtsdenken heraus – trotz aller Verschiedenheiten in den Grundmotiven – das Urteil des Leipziger Amtsgerichts in jüdischen Kreisen Entrüstung oder auch nur Befremden auslösen könnte. Oder vielmehr: Es ist allein vorstellbar, wenn man bedenkt, wie *echt und ehrlich die Komödien der „Menschenrechte" auch sonst von jüdischer Seite auf der Bühne der Weltöffentlichkeit gespielt zu werden pflegen.*
Gerichtsassessor Erbslöh,[9] Wuppertal

DOK. 257
Staatssekretär Stuckart übermittelt dem Reichsfinanzministerium am 18. Dezember 1936 den Entwurf eines antijüdischen Sondersteuergesetzes[1]

Schreiben (geheim) des RuPrMdI/Der Abteilungsleiter (I B 2 112/5012 g), gez. Stuckart, an StS Reinhardt[2] (RFM) vom 18. 12. 1936 (Abschrift für StS von MR Blümich[3] B 20/1.) mit Anlage[4]

Lieber Parteigenosse Reinhardt!
Seit einiger Zeit schweben Erörterungen über die Bildung eines Judengarantieverbandes.[5] Nach dem bisherigen Ergebnis dieser Erörterungen erscheint die Durchführung eines solchen Plans nur auf steuerlichem Gebiet möglich. Zu ihrer Unterrichtung über den Stand der Sache füge ich Abschrift von Aufzeichnungen des Herrn Reichsministers Dr. *Gürtner* und Abschrift eines hier skizzierten Vorentwurfs entsprechender gesetzlicher Vorschriften bei.

9 Peter Erbslöh (1907–ca. 1941), Jurist; Gerichtsassessor in Wuppertal-Barmen; 1937 NSDAP-Eintritt.

1 BArch, R 2/31097. Dok. auch in: AdP, Teil I/2, Nr. 10322499-10.
2 Fritz Reinhardt (1895–1969), Kaufmann; von 1919 an Direktor der Thür. Handelsschule; 1923 NSDAP-Eintritt, 1929–1931 Gauleiter von Oberbayern; 1933–1945 StS im RFM, zugleich 1934–1941 Hauptdienstleiter im Stab des StdF; 1945–1949 Haft, 1950 bei der Entnazifizierung von der Spruchkammer München als Hauptschuldiger eingestuft, aber nach Haftanrechnung entlassen, dann als Steuerberater tätig; Autor u. a. von „Die Herrschaft der Börse" (1927).
3 Dr. Walter Blümich (1888–1950), Jurist und Staatswissenschaftler; 1920–1922 beim Finanzamt Sagan und dann im RFM, 1922–1924 im Vorstand des Finanzamts Kolberg, 1924–1933 im LFA Berlin, 1933–1938 im RFM tätig; 1937 NSDAP-Eintritt; 1938–1943 OFP in Düsseldorf, 1943–1945 OFP in Berlin-Brandenburg; 1945 Inhaftierung, dann bis 1948 als Bauarbeiter und Mitarbeiter eines Steuerberaters tätig, später Leiter der Steuerabt. der Dt. Revisions- und Treuhand AG in Düsseldorf; Autor u. a. von „Einkommensteuergesetz" (1943).
4 Im Original handschriftl. Bearbeitungsvermerke.
5 Bezieht sich auf die Forderung nach einer „zivilrechtlichen Gesamthaftung der Juden".

Inzwischen hat der Führer und Reichskanzler auf Vortrag des Herrn Ministers Dr. *Frick* über die Fortführung der Judengesetzgebung den Plan der Erhebung einer Judensondersteuer grundsätzlich gebilligt und angeordnet, die Vorbereitungen eines entsprechenden Gesetzentwurfs so zu beschleunigen, daß die Möglichkeit gegeben wäre, das Gesetz bereits nach Ende des Gustloff-Prozesses[6] zu verkünden. Das Gesetz wäre wohl vom Reichsfinanzminister unter Beteiligung des Reichsinnenministers und des Stellvertreters des Führers einzubringen.[7]
Ich darf Sie bitten, mir möglichst umgehend Ihre Stellungnahme mitzuteilen.
Mit den besten Grüßen
Heil Hitler!
Ihr sehr ergebener
gez. Stuckart.

Abschrift zu Nr. I B[2] 112/5012 g
Entwurf eines Leistungsausgleichssteuergesetzes[8]
§ 1
(1) Als Ausgleich für die Befreiung von Gemeinschaftsleistungen, zu denen Staatsangehörige deutschen oder artverwandten Blutes verpflichtet sind, wird von Juden ein Zuschlag zur Einkommen- und Vermögensteuer erhoben.
(2) Von jüdischen Gewerbebetrieben, die körperschaftssteuerpflichtig sind, wird ein Zuschlag zur Körperschaftssteuer erhoben.
(3) Die Höhe der Zuschläge wird jährlich von dem Reichsminister der Finanzen im Einvernehmen mit dem Stellvertreter des Führers und dem Reichsminister des Innern festgesetzt.
§ 2
(1) Das Aufkommen aus den Zuschlägen (§ 1) ist eine Einnahme des Reichs, an der die Länder und Gemeinden (Gemeindeverbände) nicht teilhaben.
(2) Das Aufkommen wird als Sondervermögen des Reichs getrennt von dem übrigen Vermögen aufgeführt und verwaltet.
§ 3
(1) Über die Verwendung des Sondervermögens (§ 2) entscheidet der Reichsminister des Innern im Einvernehmen mit dem Stellvertreter des Führers und den beteiligten Reichsministern.
(2) Das Sondervermögen kann zur Förderung der Auswanderung der Juden aus dem Deutschen Reich verwendet werden.
(3) Das Sondervermögen kann auch herangezogen werden zum Ersatz eines Schadens, der dem Deutschen Reich durch die Handlung eines einzelnen Juden zugefügt wird.
§ 4
Der Reichsminister der Finanzen erläßt im Einvernehmen mit dem Stellvertreter des

6 Der Prozess gegen David Frankfurter, der den Leiter der Schweizer NSDAP-Auslandsorganisation, Wilhelm Gustloff, am 4. 2. 1936 getötet hatte, fand im Dezember 1936 statt. Das Gericht des Schweizer Kantons Graubünden in Chur verurteilte Frankfurter am 14. 12. 1936 zu 18 Jahren Zuchthaus. Zur Reaktion auf das Attentat siehe Dok. 225 vom 5. 2. 1936.

7 Am 9. 2. 1937 lud StS Fritz Reinhardt zu einer Ressortbesprechung für den 13. 2. 1937 ein und schickte das hier abgedruckte Dokument per Schnellbrief an AA, RWM, RMfVuP, StdF, Göring und StS Dr. Lammers (Reichskanzlei); wie Anm. 1 bzw. AdP, Teil I/2, Nr. 10322511.

8 Dieses Gesetz wurde nicht erlassen.

Führers und dem Reichsminister des Innern die zur Durchführung und Ergänzung des Gesetzes erforderlichen Rechts- und Verwaltungsvorschriften.

Abschrift zu Nr. I B2 112/5012 g
Gesamthaftung der Juden für Schäden an der deutschen Wirtschaft, soweit sie von Juden veranlaßt sind.
Daß es sich bei diesem Gedanken nicht um eine strafrechtliche, sondern um eine materielle Mithaftung handelt, scheint mir klar zu sein.
Der Gedanke, eine Mehrheit von Personen für einen Schaden haften zu lassen, ist in der Rechtsordnung vielfach verwirklicht (Haftung der offenen Handelsgesellschaft, Haftung des Ehemanns für die Ehefrau und ähnliche Fälle). In allen diesen Fällen besteht unter den Mithaftenden ein auf Rechtsverhältnisse oder Schuld begründeter Zusammenhang.
Der Gedanke, eine Mehrheit von Personen haftbar zu machen, unter deren Angehörigen kein anderer Zusammenhang besteht als die Zugehörigkeit zu einer bestimmten Rasse (einer bestimmten politischen oder sozialen Gruppe u. ä.), ist der Rechtsordnung fremd.
Tatsächlich ist in der Geschichte beim Kampf zwischen zwei Völkern oder beim Bürgerkrieg innerhalb eines Volkes von dieser Art der Haftung oft und viel Gebrauch gemacht worden. Dahin gehört die Geiselbürgschaft der römischen Staatspraxis ebenso wie die zu allen Zeiten der Geschichte geübte Festsetzung und Haftung (mit Gut und Leben) von Personen, die an der schädlichen Handlung selbst nicht beteiligt und mit dem Schädiger nur durch gemeinsame Rassen-, Klassenzugehörigkeit etc. verbunden sind.
Eine solche Inanspruchnahme scheint mir als Kampfhandlung, aber schwer als Rechtssatz denkbar zu sein. Auch im Minderheitenrecht hat dieser Gedanke keinen Eingang gefunden.
Ein Gedanke, der m. E. sehr ernst geprüft werden müßte, ist dieser: wenn Deutschland eine solche Sonderhaftung der Juden einführt, bereitet es damit nicht den Weg, daß die Staaten, die in ihrem eigenen Gebiet im Kampf mit deutschen Minderheiten liegen, sich diese Rechtsfigur zu eigen machen und die Gesamtheit der in ihrem Gebiet wohnenden Deutschen für alle Schäden haftbar machen werden, die ein Deutscher ihrer Volkswirtschaft zufügt? Dieser Gedanke scheint mir augenblicklich nicht ganz abwegig zu sein, wenn ich an die Tschechei und vielleicht auch an die Vereinigten Staaten denke.
Sollte man aber über alle diese Bedenken hinwegkommen, dann könnte das Problem nach meiner Überlegung nur auf steuerlichem Gebiet gelöst werden, etwa in folgender Weise:
1. Jeder deutsche Staatsangehörige haftet bei gewissenloser Schädigung der deutschen Wirtschaft dem deutschen Volk für den Schaden.
2. Ist der Täter ein Jude, so haftet *zusätzlich* die Gesamtheit der Juden deutscher Staatsangehörigkeit.
3. Durchführung dieser Gesamthaftung durch eine Sondersteuer, etwa anknüpfend an die Vermögen- oder Einkommensteuer. Aus dem Aufkommen dieser Sondersteuer werden die Schäden gedeckt.
4. Verfahren nach dem Vorbild des Revolutionsschädengesetzes, also nicht durch die Gerichte.[9]

9 Das Gesetz über die durch innere Unruhen verursachten Schäden vom 12. 5. 1920 sah in § 1 vor, dass die Länder für die Entschädigung verantwortlich waren und dies auf die Gemeinden übertragen konnten. Nach § 6 errichteten die Länderbehörden (bzw. die Gemeinden) Ausschüsse, die über Ansprüche entscheiden sollten; RGBl., 1920, S. 941.

DOK. 258
Das Geheime Staatspolizeiamt erlässt am 21. Dezember 1936 ein Versammlungsverbot für Juden[1]

Runderlass des Gestapa (II 1 B 2 - 1319/36 J), gez. Heydrich, an die Staatspolizeileitstellen, Staatspolizeistellen sowie nachrichtlich an die Regierungs- und Oberpräsidenten in Preußen vom 21. 12. 1936

Betrifft: Verbot jüdischer Versammlungen und Veranstaltungen
Im Hinblick darauf, daß in letzter Zeit wiederholt Meldungen über Anordnungen des Geheimen Staatspolizeiamts in der Judenfrage in entstellter Weise in ausländischen Blättern erschienen sind,[2] besteht der dringende Verdacht, daß diese jüdischen Tendenzmeldungen von Vertretern der jüdischen Organisationen an die Auslandspresse weitergegeben worden sind.
Ich ordne daher an, daß mit sofortiger Wirkung bis zum 1. 2. 1937 sämtliche jüdisch-politischen Veranstaltungen und Versammlungen (ausgenommen sind Versammlungen religiöser und kultureller Art) verboten werden.[3]

DOK. 259
Zeitschrift des Vereins für Geschichte Schlesiens: Rezension des antisemitischen Buchs „Die Juden in Deutschland" von 1936[1]

[Alfred Schellenberg,[2] Breslau]
18. Juden[3]
201. *Die Juden in Deutschland.* Herausgegeben vom Institut zum Studium der Judenfrage. Verlag Franz Eher Nachf. München 1936, 416 S., Gr. 8°. Brosch. 6.50 RM

In 9 Kapiteln, einer Einführung und einem Schlußwort wird die deutsche Judenfrage behandelt.[4] Sie setzt ein mit der Emanzipation; wir sehen die Bevölkerungsentwicklung der Juden in Deutschland seit Beginn des 19. Jahrhunderts bis zur Gegenwart, lernen die gewaltige Macht der Juden im Wirtschaftsleben, in der Presse, in der Politik und im Kulturleben des deutschen Volkes kennen und sehen herausgestellt jene Vertreter der Kor-

1 RGVA, 500k-1-290.
2 Nicht aufgefunden.
3 Hier folgt im Original noch: „Zusatz für Stapo Berlin: Auf die Berichte vom 17. 11. 36 – D 1 A.F. 653/36 –, 25. 11. 36 – D 1 a J 2879/36 – und 1879/36."

1 Zeitschrift des Vereins für Geschichte Schlesiens, Bd. 70, Breslau 1936, S. 534. Die Zeitschrift wurde seit 1935 von Erich Randt herausgegeben, davor bis 1934 von Wilhelm Dersch. 1935 tauchten erstmals im Besprechungsteil der Zeitschrift die Rubriken „Rassenkunde", „Volkskunde" und „Juden" auf. Mitglied der Schriftleitung im Jahr 1936 war neben dem Herausgeber auch der völkische Historiker Hermann Aubin (1885–1969).
2 Dr. Alfred Schellenberg (*1888), Schriftsteller; 1935 NSDAP-Eintritt; lebte in Breslau, von 1941 an in Warschau; Autor von „Schlesisches Wappenbuch" (1938) und Hrsg. von „Der Sippenforscher" (1938).
3 Die Zahl 18 bezeichnet einen Themenabschnitt des Rezensionsteils, die Zahl 201 die laufende Nummer der Rezension.
4 Das Buch enthält u. a. die Kapitel „Juden als Träger der Korruption", „Die Juden und die Unsittlichkeit" sowie „Die Kriminalität und rassische Degeneration der Juden".

ruption und der Unmoral, mit denen als typische Erscheinungen einer rassischen Degeneration die deutschen Gerichte sich beschäftigen mußten. Dieses Buch ist ein Buch der Tatsachen. Die Kronzeugen sind einmal Juden selbst, Männer wie Rathenau, Weininger,[5] Theilhaber[6] und Krojanker,[7] deren Kassandrarufen das jüdische Volk sich verschloß, zum anderen: Akten in den Ressorts der Behörden oder bei den Gerichten und schließlich: die jedem bewußten Deutschen bekannten Tatsachen der Nachkriegszeit, die sich vor allen Augen abspielten.
Die Absicht dieses Buches ist, die Schuld des Judentums gegenüber dem deutschen Volk aufzuzeigen und dadurch jedem begreiflich zu machen, warum der Nationalsozialismus aus der Notwehr heraus zur Gesundung des deutschen Volkes seine die Judenfrage für Deutschland lösenden Gesetze schaffen mußte. Und so wird diese Tatsachensammlung nicht nur eine furchtbare Anklage gegen das Judentum in Deutschland, sondern auch ein erschütterndes Zeugnis für viele unserer Volksgenossen, die für das unheilvolle Treiben der Juden in unserem Vaterland keinen Sinn hatten. Niemand – auch kein Philosemit – kann die in diesem Buch vorgebrachten Tatsachen wegleugnen oder sie als „Ausnahmeerscheinungen" nicht gelten lassen wollen, das Material ist zu ungeheuerlich in seiner ganzen Breite und schweren Wucht. Deshalb konnte sich die Darstellung im wesentlichen auf die Wiedergabe der *Facta* beschränken, ihre Sprache ist für jeden Sehenden und Sehen-Wollenden deutlich genug. Wir standen vor einem Abgrund. Dieses Buch ist eine wissenschaftliche Leistung, die vor allem dem Klatsch und unbeweisbaren Hypothesen aus dem Weg geht und für alles, was es sagt, den Beweis bringt. Nur so ist es möglich, auch den Gegner zu überzeugen und bei ihm das Verständnis zu wecken, warum unsere Politik gerade so und nicht anders die Judenfrage im Interesse einer gesunden Zukunft des deutschen Volkes lösen mußte.

DOK. 260

Berichte über antijüdische Maßnahmen und Vorfälle in Deutschland (1936)[1]

Vermerk, undat. und ungez.

Einzelnachrichten.
„Neue Badeordnung fuer die staedtischen Flussbaeder".
Der „Wuerzburger General-Anzeiger" (Nr. 96 v. 24. 4. 1936) meldet:
„Die Badeordnung fuer die staedtischen Flussbaeder vom 2. Mai 1930 und ihre Ergaenzungen bedurften einer Neufassung, die in der gestrigen Ratssitzung vom Referenten

5 Dr. Otto Weininger (1880–1903), Philosoph und Schriftsteller in Wien.
6 Felix Aaron Theilhaber (1884–1956), Mediziner; als aktiver Zionist 1907–1910 Hrsg. der Zeitschrift Palästina; von 1910 an Arzt in Berlin, 1913 Gründer der Gesellschaft für Sexualforschung in Berlin; emigrierte 1935 nach Palästina, dort Mitbegründer und Vorstandsvorsitzender der Maccabi-Krankenkasse; Autor u. a. von „Der Untergang der deutschen Juden. Eine volkswirtschaftliche Studie" (1911).
7 Dr. Gustav Krojanker (1891–1945), Journalist; Zionist; für die Jüdische Rundschau und Jüdische Revue tätig; 1932 warnte er die deutschen Juden vor dem Nationalsozialismus und emigrierte nach Palästina, dort seit Anfang der 1940er-Jahre bei der hebräischen Tageszeitung Haaretz tätig.

1 CZA, S 7/357. Der Bericht fand sich im Bestand Central Bureau for the Settlement of German Jews in Palestine.

Stadtrat Rolf Schmitt[2] unterbreitet wurde. Aus den vorgelesenen 17 Paragraphen sei hervorgehoben, dass Zuschauern, Hautkranken und Juden der Zutritt zu den staedtischen Flussbaedern nicht gestattet ist. Fuer jede angefangenen 3 Stunden ist eine Badekarte zu loesen."

„Disziplinverfahren wegen Teilnahme an nichtarischer Beerdigung".
„Der weltbekannte Gehirnchirurg Professor Heymann,[3] Nichtarier, Protestant, Leiter einer Abteilung an dem privaten Kaiserin-Augusta-Hospital, ist am 1. Januar 1936 entlassen worden und hat sich jetzt erschossen. Darauf erging ein Verbot an die Aerzte und an das Personal, an der Beerdigung teilzunehmen. Das Verbot erging von der Betriebszelle des Krankenhauses. Eine Krankenschwester und der Direktor des Hospitals, der arische und nationalsozialistische Professor Schleier,[4] nahmen dennoch an der Beerdigung teil. Daraufhin wurde gegen ihn ein Disziplinverfahren mit dem Ziel der Entlassung anhaengig gemacht."

„Die Synagoge wird Bierverlag".
Die „Westpreussische Zeitung" (Elbing, den 16. 4. 1936) meldet:
„Dt. Eylau. Die Synagoge in Dt. Eylau wurde fuer 9000 RM versteigert. Den Zuschlag erhielt der Bierverleger Willy Kerber, der in dem Gebaeude einen Bierverlag einrichten will. Es handelte sich um eine Zwangsversteigerung."

Deutsche Universitaeten 1936.
Geheimrat Professor Neckel,[5] Literarhistoriker an der Universitaet Berlin, hat kuerzlich in einem Examen einen arischen Studenten nach Heinrich Heine gefragt. Daraufhin erklaerte der Student, er gaebe ueber diesen Juden keine Antwort. Neckel hat daraufhin den Studenten hinausgewiesen. Jetzt schwebt ein Disziplinverfahren gegen den Gelehrten. Trotz des Universitaetsgesetzes, das Juden unter gewissen Voraussetzungen zum Studium zulaesst, verweigert der Dekan der philosophischen Fakultaet an der Universitaet Berlin, Professor Bieberbach,[6] unter fadenscheinigen Vorwaenden juedischen Studenten, die promoviert haben, das Diplom, oder er laesst sie nicht zum Doktorexamen zu.[7]

2 Rolf (Rudolf) Schmitt (1904–1972), Bankkaufmann; 1924–1933 beim Städt. Elektrizitätswerk Würzburg tätig; 1928 NSDAP- und 1939 SS-Eintritt; von 1933 an Stadtrat von Würzburg; nach 1945 in der Privatwirtschaft tätig.

3 Dr. Emil Heymann (1878–1936), Mediziner; Chefarzt der Chirurgischen Abteilung des Kaiserin-Augusta-Hospitals in Berlin, 1935 beurlaubt; nahm sich im Januar 1936 das Leben.

4 Richtig: Dr. Karl Robert Schlayer (1875–1937), Mediziner; 1912–1913 Professor in Tübingen, von 1913 an in München, von 1921 an Leitung des Kaiserin-Augusta-Hospitals in Berlin; Mithrsg. der Zeitschrift für Urologie und Mitautor des „Pathologisch-physiologischen Lehrbuches" (1922).

5 Dr. Gustav Neckel (1878–1940), Philologe; von 1920 an Professor für nordische Philologie an der Universität Berlin, 1935–1937 in Göttingen und von 1937 an wieder in Berlin.

6 Dr. Ludwig Bieberbach (1886–1982), Mathematiker; 1933 SA- und 1937 NSDAP-Eintritt; 1913–1915 Professor für Mathematik in Basel, 1915–1921 in Frankfurt a. M. und 1921–1945 in Berlin, 1935–1936 dort Dekan der Philosophischen Fakultät, von 1936 an Dekan der Mathematisch-Naturwissenschaftlichen Fakultät; 1936–1942 Hrsg. der Zeitschrift Deutsche Mathematik.

7 Einen solchen Fall stellt das Promotionsverfahren von Abraham Heller dar. Er erhielt die ihm vorenthaltene Urkunde erst 1992 in Jerusalem; siehe ausführlich dazu: Loose, Verfemt und vergessen, S. 219–241. Zu Hellers Dissertation siehe Dok. 234 vom Frühjahr 1936.

Aus deutschen Staedten und Kurorten im Olympiajahr.
In *Bad Toelz* werden trotz der Sommer-Olympiade juedischen Kurgaesten die Kurkarten verweigert.

In *Bad Brueckenau* sind in der Nacht nach dem 29. Maerz die juedischen Familienvaeter von der SA herausgeholt und eingesperrt, dann am anderen Tag wieder entlassen worden.

In *Wuerzburg* werden unter irgendwelchen Vorwaenden besonders wohlhabende Juden verhaftet und gegen Zahlung hoher Geldbussen wieder freigelassen.

An einer *Berliner Berufsschule* wurde das Thema gestellt „Die Juden sind unser Unglueck". Eine juedische Schuelerin, die sich weigerte, das Thema zu bearbeiten, erhielt eine schlechte Note.

Fuer juedische Beerdigung nur 15 Leidtragende zugelassen.
Im Regierungsbezirk Arnsberg in Westfalen hat der Landrat angeordnet, dass juedische Beerdigungen in der Stille stattzufinden haben. Der Buergermeister der Stadt verfuegte daraufhin, dass juedische Beerdigungen nicht nach 8 Uhr morgens und nicht vor 6 Uhr abends stattfinden duerfen. Als in einer anderen Stadt dieses Bezirks ein juedischer Kriegsinvalide starb, baten die Angehoerigen um die Erlaubnis, mit dem Leichenzug durch die Stadt zu gehen. Dies wurde gestattet, aber mit der Anordnung, dass nicht mehr als 15 Personen dem Sarg folgen duerften.

DOK. 261

Walter Gottheil erzählt von seinem Leben in einer deutschen Kleinstadt im Jahr 1936[1]

Bericht von Walter Gottheil[2] für ein Preisausschreiben der Harvard University (1940)

[…][3]
Das Jahr 1936 kam heran. Schon drei Jahre hatte Hitler das Regiment in Deutschland in der Hand. Die Nürnberger Gesetze waren erschienen. Sie bedeuteten für viele Juden eine ausserordentlich scharfe Maßnahme. Ich fiel eigentlich gar nicht darunter. Denn unsere Religionsgemeinde, zu der wir korporativ steuerlich veranlagt wurden, lag in einer benachbarten größeren Stadt. Die Juden unseres Ortes wollten aber einen eigenen Kultus sich ermöglichen und hatten darum eine Religionsgesellschaft gegründet. Um Doppelbesteuerung zu vermeiden, waren sie aus der offiziellen Religionsgemeinde, also richtig durch eine Erklärung vor dem Amtsgericht, ausgetreten. Wegen religiöser Bedenken, so wurde

1 Walter Gottheil, Mein Leben in Deutschland vor und nach dem 30. Januar 1933 (Januar 1940), S. 49–52; Harvard-Preisausschreiben, Nr. 81.
2 Walter Gottheil (*1888), Kaufmann; emigrierte Ende 1938/Anfang 1939 mit seiner Ehefrau und seinem sechzehnjährigen Sohn nach Palästina.
3 Der gesamte Bericht umfasst 66 Seiten. Zunächst schildert Gottheil seine Kindheit, dann seine Lehrzeit in einer nichtjüdischen Firma, später in einem Berliner Textilgeschäft. Er war zunächst aktiver Sozialdemokrat, später Zionist. Anschließend beschreibt er die Zeit ab 1933. Gottheil musste aufgrund des Boykotts bereits gegen Ende 1933 sein vom Vater geerbtes Geschäft aufgeben.

es genannt. Nun waren jene alle nach den Nürnberger Gesetzen Volljuden, weil sie trotz der offiziellen Dissidenteneigenschaft (sie fühlten sich trotzdem als Juden) zwei jüdische Elternteile hatten.
Ich dagegen hatte einen arischen Eltern- und zwei arische Großelternteile, war also ein Mischling ersten Grades. Ich hätte also eine Sonderbehandlung für mich haben können, was eine Trennung von der Familie bedeutet hätte. Ich kenne leider auch solche Fälle, in denen das gemacht wurde. Ich kenne aber auch genug arische Frauen, die mit ihren jüdischen Männern in die Fremde hinauszogen, und lieber das Schwerste auf sich nahmen, als sich diesen Bestimmungen zu fügen.
Ja es gab verschiedene Menschen auch im deutschen Volk, wie in jedem anderen schließlich auch. Wir haben mit unserem Nachbarn über dreißig Jahre lang gemeinsam die Butter aus Schleswig-Holstein, einem Butterversandgebiet bezogen. Die Butter fing an knapp zu werden. Göring's Wort „Kanonen sind wichtiger als Butter" kam auf. Was machte nun unser Nachbar. Als die Wochenpakete anfingen kleinere Quantitäten zu liefern, schloß er uns einfach von der weiteren Verteilung aus; die Erhöhung *seiner* Butterration wurde mit nationalpolitischen Gründen verteidigt. Mit den Juden konnte man alles machen, das kam allmählich immer mehr in die Köpfe der deutschen Bevölkerung. Sie verurteilten natürlich dies und jenes, was andere taten, aber wenn es ihren Eigennutz betraf, da haben sie weidlich dieses Motto für sich ausgenutzt. Am Anfang des nationalsozialistischen Regimes hieß es immer groß, nach Punkt 24 des Programms „Gemeinnutz vor Eigennutz", später ist es recht still auch um diesen Punkt geworden.[4]
Auch in der Familie mußte ich wieder den Einfluß der antisemitischen Losungen spüren. Mein Junge ging in die Quarta der höheren Schule. Fast die ganze Klasse war in der H.J., der Hitlerjugend, vereinigt. An Schulausflügen konnte er schon nicht mehr mit teilnehmen. Beim gemeinsamen Schwimmen mußte er zwar, da es die Unterrichtszeit war, anwesend sein, aber ausziehen und mitschwimmen, das durfte er nicht; das Wasser des großen Flusses konnte durch den kleinen Judenjungen scheinbar gesundheitsschädlich werden. Spötteleien und Anremplungen blieben nicht aus, diese wurden immer schlimmer, die Seelen der Kinder antisemitisch immer vergifteter, bis er eines Tages während des Unterrichts heimkam, und unter einem Strom von Tränen erklärte, lieber sterben zu wollen, als dies noch ertragen zu müssen. Was war zu tun? Schulpflicht bestand noch, in einer benachbarten Großstadt war zwar eine jüdische Schule, die aber wegen Überfüllung keine Schüler mehr aufnahm. Ich mußte also den schweren Gang zur Schule antreten und dort um Abhilfe ersuchen. Abhilfe von was? Von etwas, das der Staat jeden Tag seinen Volksgenossen als die wichtigste Tat des Lebens befahl. Ich muß allerdings ehrlich bemerken, daß die meisten Schulleiter, die ja noch aus der alten Zeit stammten, den Mißhandlungen und Anpöbelungen jüdischer Schüler den schärfsten Widerstand entgegensetzten. Die meisten sage ich ausdrücklich, nicht alle! Wir hatten Glück. Es wurde uns Abhilfe und Bestrafung der Schuldigen bei Wiederholung zugesagt. Ja, einer der Lehrer, ein alter konservativer, königstreuer Herr, hat die Schüler noch einmal besonders ermahnt, niemand seines Glaubens wegen zu schädigen und zu verachten. Mir war trotzdem die ganze Sache leid; in zwei Monaten war Ostern, ich nahm den Jungen zu diesem Termin aus der Schule und schickte ihn in ein landwirtschaftliches Lehrgut in der Nähe Berlins.

4 Bezieht sich auf das NSDAP-Parteiprogramm von 1920.

Ich kenne andere Beispiele, von Eltern und Kindern, die keine so guten Erfahrungen gemacht haben. Die Haltung der Bevölkerung war, wie auch der Behörden, immer uneinheitlich. Das konnte man so recht in der Behandlung der aus Polen stammenden Juden sehen. Das Dritte Reich brauchte Freunde, und die fand es im polnischen Staat.[5] Die Freundschaft Polens mit Deutschland kam nun dessen Staatsangehörigen im Reich zugute. Und dies waren fast nur Ostjuden; jene Ostjuden, Galizier, Planjes und Pollacken,[6] zu deren Bekämpfung soviel oratorische Kraft aufgewendet worden war. Die Ostjuden haben dieses Privileg auch weidlich ausgenutzt und auch diejenigen entpuppten sich als solche, die vorher immer ihre Herkunft verleugnet hatten. Man trug das rot-weiße Bändchen mit dem weißen polnischen Adler stolz im Knopfloch. Und wie vorher die Mehrzahl der deutschen Juden es nicht zugeben wollte, daß auch in Deutschland einmal der Antisemitismus ihnen zu schaffen machen werde, so glaubten nun umgekehrt die polnischen Juden, sie wären die allein Gesicherten. Welche schmähliche Enttäuschung sollten aber gerade sie erleben. In den ersten Jahren der Hitlerregierung hatten sie es gut. Zwar wurde ihnen das Leben auf den Jahrmärkten, einer geschäftlichen Domäne von ihnen, wie ich schon einmal schrieb, schwer gemacht, aber sie blieben doch. Ausschreitungen erfolgten. Die Ware wurde aus den Ständen gerissen, mit den Füssen zertrampelt, in die Gossen geworfen, die Buden kurz und klein geschlagen. Ein Anruf beim nächsten polnischen Konsul genügte. Die Ruhe wurde wieder hergestellt, die Gemeinde leistete vollen Schadensersatz.[7] Nur nichts nach oben dringen lassen. Hitler ließ sich in seinen ersten Regierungsjahren die polnische Freundschaft etwas kosten. Ich kannte einen schwerkriegsbeschädigten jüdisch-polnischen Markthändler, der im Weltkrieg als österreichischer Soldat, seine Heimat war Galizien, seine Verwundung als Bundesgenosse davongetragen hatte. Diesem Mann wurde die Plane seines Standes zerschnitten und auch sonst wurde ihm schwer zugesetzt. Auf Vorstellung bei der Polizei wurde ihm folgender Vorschlag gemacht, auf den er auch einging. Er solle seinen Stand aufgeben, da sind die andern arischen Händler zufrieden, man wird ihm eine anständige Unterstützung aus Wohlfahrtsmitteln zahlen, er kann leben. Alle sind zufrieden. Aus! Ein Jahr später pfiff es schon anders. Da hat man bei einem Betrieb, der Rohstoffe aufkaufte, alle Lieferer zusammengetrommelt und ihnen erklärt, daß sie ihre Gewerbescheine entzogen bekommen, wenn sie dem Juden noch etwas liefern. Da wars auch aus, nämlich mit dem Juden, aber weniger schmerzlich.
Allmählich belebte sich das Bild der deutschen Städte, mit etwas, was den Deutschen, sei er jung oder alt, immer wieder mit Begeisterung erfüllt – mit Militär. Jeder Deutsche ist ein geborener Soldat, nicht nur die Männer oder Knaben, auch Frauen und erst recht die weibliche Jugend schwärmt dafür, und wenn eine Militärkapelle kommt, marschieren alle Geschlechter unterschiedslos im strengen Marschtakte mit. Der Bau der Kasernen, der dazu gehörigen Verwaltungsgebäude, alles dies trug zu einem merklichen geschäftlichen Aufschwung bei. Man konnte dies auch an der steigenden Anzahl der Kraftwagen merken.
Nur mein Ladenmieter, der entweder die Zeit verschlief oder glaubte, den Juden eins auszuwischen, war unzufrieden und quälte mich dauernd mit einer Herabsetzung der Miete. Ich nehme an, er hat geglaubt, einmal, wenn er erst im Haus sitzt, wird er das Haus über-

5 Gemeint ist die deutsch-polnische Annäherung nach dem Nichtangriffspakt vom 26. 1. 1934; RGBl. 1934 II, S. 117–119.
6 Galizier, Planjes und Polacken: Pejorative Begriffe für Juden und Polen.
7 Zur Intervention polnischer Diplomaten zugunsten jüdischer Händler siehe Dok. 45 vom 22. 5. 1933.

nehmen, und nun ging ihm als alten Pg., Parteigenossen, die Entwicklung zu langsam. Jedenfalls versuchte er alles Mögliche. Er meldete mich bei der Polizei, wegen Mietwucher, wurde aber abgelehnt. Dann wieder beim Mietseinigungsamt. Auch ohne Erfolg, dann kamen die Instanzen der Partei; ich wurde vorgeladen und einmal wurde mir von einem Manne entgegengehalten, ich solle doch nachgeben, weil ich als Jude doch nicht Recht bei Gericht bekäme. Ich wies dieses Ansinnen entrüstet zurück und sagte ihm, *ich* hätte mir diese Behauptung nicht erlauben dürfen. Aber diese dauernden Belästigungen machen mürbe, und das war ja auch schließlich der Zweck.
Viele der früheren Bekannten profitierten von dem Aufblühen. Manche fanden Anstellung, oder ihre Kinder; kurz jede Bindung an das Regime veranlaßte wieder einen mehr, uns auf der Strasse nicht mehr zu grüßen, und so viele Kleinigkeiten dazu. Viele Juden zogen weg. Auch uns war der Aufenthalt verleidet. In kein Dorf der Nachbarschaft konnten wir mehr gehen, überall wurden wir durch Schilder begrüßt: „Juden unerwünscht", „Juden ist der Zutritt verboten", „Für Juden ist kein Platz hier" und welche Nuancen es alles noch gab.
Die alte Heimat, in der ich geboren, fast fünfzig Jahre gelebt, geachtet und angesehen, in der ich Freud und Leid erlebte, mit der ich gelebt, gefühlt und gedacht hatte, die hatte keinen Platz mehr für mich und die Meinen, wir waren überflüssig geworden. Wir lösten unsere Wohnung [auf], machten es wie so viele Juden, die ihre Wohnungseinrichtung verschleuderten, der erste Vierjahresplan war bald um, er vertrieb uns aus unserem bisherigen Domizil, wir zogen nach Berlin.
[...][8]

DOK. 262
Ernst Marcus berichtet über die Ängste des jüdischen Bürgertums im Breslau der Jahre 1936/37[1]

Bericht von Ernst Marcus[2] für ein Preisausschreiben der Harvard University (1940)

[...][3]
In den Jahren 1936/37 hat sich der „Lebensraum" unseres Daseins ständig verkleinert, die Beängstigung und Gefährdung von Tag zu Tag vergrößert. Wir wußten, daß jede unvorsichtige Äußerung am Telefon, jede unbedachte Bemerkung in einem Brief Vernehmungen bei der Staatspolizei, Verhaftungen, Konzentrationslager zur Folge haben konnte. Ein Breslauer Kaufmann wurde auf die Staatspolizei geladen und einem stundenlangen Verhör über angebliche kommunistische Beziehungen unterworfen. Man bedrohte ihn mit Verhaftung; er beteuerte, nie Kommunist gewesen zu sein. Schließlich stellte sich folgen-

8 Anschließend schildert Gottheil seinen Umzug nach Berlin, das Jahr 1938, den Novemberpogrom und seine Haft im KZ Sachsenhausen.

1 Ernst Marcus, Mein Leben in Deutschland vor und nach dem 30. Januar 1933 (1940), S. 48 f.; Harvard-Preisausschreiben, Nr. 124.
2 Dr. Ernst Marcus (*1890), Jurist; 1922–1938 Rechtsanwalt in Breslau; er emigrierte 1940 in die USA.
3 Der gesamte Bericht, abgesandt aus New York, umfasst 130 Seiten. Zunächst schildert Marcus seine Jugend, die Zeit des Studiums in Breslau und München, die Arbeit im Justizdienst, die Zeit als Rechtsanwalt in Breslau, dann die Zeit ab 1933.

des heraus: Der Betreffende war einige Zeit vorher in einem schlesischen Gebirgsort gewesen. Er führte von dort einige Ferngespräche mit seinem Büro und fragte gelegentlich nach einer Sendung, die er aus *Muskau*, einer kleinen Stadt in Niederschlesien, erwarte. Die Fernsprechbeamtin, die das Gespräch mithörte, verstand statt Muskau *Moskau* und erstattete Anzeige.

Es kam damals das Gerücht auf, daß die Arbeiter des Telefonamtes, die gelegentlich zur Revision der Apparate kamen, eine Abhörvorrichtung einbauten, so daß also alles gehört werden könne, was in der Nähe des Apparates, auch wenn dieser nicht benutzt wurde, gesprochen wurde. Es wurde erzählt, daß auf diesem Weg Gespräche belauscht und die Beteiligten verhaftet worden seien. Ich habe nie erfahren, ob an diesen Gerüchten etwas Wahres sei. Genug, daß dadurch schon die bloße Existenz eines Telefons zur Quelle der Angst wurde. Viele wagten nicht, in dem Zimmer, in dem sich das Telefon befand, laut zu sprechen.

Eine Idee von der Unsicherheit des Lebens kann man sich machen, wenn man bedenkt, daß wir uns auch im Ausland nicht mehr sicher fühlten. Es wurden Leute, die von Auslandsreisen zurückkehrten, bezichtigt, deutschfeindliche Zeitungen, z. B. das „Pariser Tageblatt", gelesen zu haben und man hielt ihnen, wenn sie leugneten, Fotografien vor, die im Ausland von Spitzeln aufgenommen [worden] waren. Im Jahre 1936 wollte ich in Marienbad eine soeben erschienene Broschüre lesen, in der sich ein früherer Nazi mit dem Reichstagsbrand, den Vorgängen vom 30. Juni 1934[4] usw. beschäftigte. Ich wagte nicht, die Broschüre in Marienbad zu kaufen, sondern benutzte dazu einen vorübergehenden Aufenthalt in Karlsbad, las sie hinter verschlossenen Türen und entledigte mich ihrer dann im Wald. Unsere letzten Reisen ins Ausland waren für meine Frau infolge dieser Beängstigungen und infolge des Schocks, den die Rückreise jedesmal darstellte, kaum noch eine Erholung.

Auch das Zusammensein mit Freunden war nicht mehr wie früher Erholung und Entspannung. Nur wenige brachten es fertig, sich wenigstens für einige Stunden von den Schrecknissen des Tages und der Sorge um die Zukunft zu distanzieren.

[…][5]

DOK. 263

Pariser Tageszeitung: Artikel vom 28. Januar 1937 über die Praxis der Verfolgung und Bestrafung von „Rassenschande"-Fällen in Deutschland[1]

Ein Jahr „Blutschutz"-Justiz …
Todesstrafe für „Rassenschande". Neue „Blutschutzkammern" als Ausnahmegerichte gegen die Juden. Die genaue Zahl der Gesetzes-Opfer des ersten Jahres

Als vor einigen Wochen das eine Jahr um war, in dem, in Verfolg der „Nürnberger Gesetze" von 1935, der „deutsche Blutschutz" durch die Justiz praktisch durchgeführt wurde, sind zum ersten Mal genaue Ziffern über die Zahl der – in fast allen Fällen – jüdischen

4 Gemeint ist der sog. Röhm-Putsch.
5 Hier folgen Passagen über die Verfolgungen im Jahr 1938, die Emigrationsvorbereitungen, über die Stellung der Rechtsanwälte und über die Wirkung des Nationalsozialismus auf die deutsche Bevölkerung.

1 Pariser Tageszeitung, Nr. 231 vom 28. 1. 1937, S. 1 f.

Opfer dieses Rassewahns bekanntgegeben worden. Das Reichsjustizministerium selbst informierte die juristisch interessierte Welt innerhalb seiner Reichweite, dass bis zum Stichtag, nämlich dem 25. November 1936, insgesamt genau 299 rechtskräftig abgeurteilte „Rassenschande"-Fälle ihm bekannt geworden seien, weitere 125 Fälle schwebten ferner bereits bei den zuständigen Gerichten. Nicht eingerechnet in diese einjährige „Ausbeute" seien aber alle die Fälle, die sich am genannten Tag erst im Vorstadium der polizeilichen oder staatsanwaltlichen Recherchen befanden.

Dieser reichsamtliche Zahlenaufschluss deckt sich ungefähr mit den Angaben des letzten (Dezember-)Monatsberichts des emigrierten Vorstands der Deutschen Sozialdemokratischen Partei, der etwa 100 Fälle mit genauen Namen der Verurteilten und Ortsangaben der Gerichte nennt, und zwar solche Fälle, die nur in den letzten vier Monaten in Prag bekannt geworden sind.[2]

Bei allen diesen Aburteilungen wegen „Rassenschande" bewegten sich die Urteile durchschnittlich zwischen ein und zwei Jahren Gefängnis oder Zuchthaus. Besonders harte Urteile, die freilich nicht selten sind, lauteten auf drei Jahre Zuchthaus, die ganz „milden", dafür aber um so selteneren, auf vier oder sechs Monate Gefängnis.

Widerstrebende Richter

Gerade anlässlich dieses Ein-Jahres-Jubiläums des hitlerdeutschen gerichtlichen „Blutschutzes" kam es an den Tag, wie wenig die Entwicklungen innerhalb dieses abscheulichsten aller Neo-Barbarismen bereits als abgeschlossen gelten können, und welch wahrhaft „ungeahnte Möglichkeiten" sich hier das nationalsozialistische Regime gegen eine – zum Teil – aus Selbsterhaltungstrieb renitente und mindestens passiv resistente Gerichtsbehördlichkeit noch vorbehält. Dieses eine Jahr nämlich, in dem der „Blutschutz" durch den Talar praktiziert wurde, war, gerade wenn man den nervösen und aufgeregten innerdienstlichen Aeusserungen des Reichsjustizministeriums zur Sache genauer folgt, eigentlich ausgefüllt durch einen harten und zähen Kampf zwischen der obersten Justizbehörde unter dem unmittelbaren Antrieb des „Führers" selbst und seiner hohen Fachmandatare, wie des Staatssekretärs im Reichsjustizministerium, „Staatsrats- und Reichstagsabgeordneten" Roland Freisler einerseits, die fortwährend und unermüdlich auf die Verschärfung des nun schon einmal hergerichteten „Rechts"-Zustands drängten, und andererseits den unteren Justizdienststellen, vor allen den Richtern selbst, die aus Selbstachtung, aus Rücksicht auf die Volksstimmung, die sie vor allem in den westlichen Grosstädten umgibt, und sicherlich noch aus manchem anderen guten Grund eher das Gegenteil zu realisieren trachteten. Schon nach kaum viermonatiger „Blutschutz"-Gerichtsbarkeit, am 2. April 1936 bereits, verfügte ein Runderlass des Reichsjustizministers Gürtner an alle Staatsanwaltschaften, dass „nunmehr die Uebergangszeit vorüber" sei. Weiter hält sich diese Dienstanweisung ausdrücklich bei der Praxis der Gerichte auf, da, wo das „rassenschänderische" Verhältnis bereits vor Erlass der Nürnberger Gesetze angeknüpft gewesen sei, generell Milde walten zu lassen; das erscheine jetzt „unter keinen Umständen mehr angängig". Die

2 Die Liste der „Rassenschande"-Fälle für die Zeit September bis Dezember 1936 enthielt die Namen der Verurteilten und das Strafmaß, wobei die Mehrzahl der Urteile bei über einem Jahr Freiheitsstrafe lag. Der Bericht gibt u. a. für Breslau zwölf, für Hamburg neun und für Berlin sechs Fälle an, die in Prag bekannt geworden waren; Sopade-Berichte, Bd. 3, S. 1660–1664. Der Stürmer, Nr. 51 vom Dezember 1936, führt in einem Sonderdruck unter dem Titel „Eine Liste des Grauens" für ganz Deutschland 358 Urteile mit Namen und Strafmaß im Jahr 1936 auf; DHM, D2A09339.

Rundverfügung schliesst mit dem drakonischen Befehl: „Alle Durchschnittsfälle sind zuchthauswürdig!"[3]
Im Verlauf des Jahres 1936 ist dann diese „Dressur auf den Mann", wie sie Hitler und sein Freisler und wohl auch der Reichsjustizminister Gürtner selbst, vor allem aber auch die lokalen Nazistellen betreiben, die ja in den meisten Fällen selbst als Denunziatoren gegenüber den „Rassenschändern" auftreten, angesichts der offenkundigen passiven Resistenz innerhalb der deutschen „Reichswahrerei" weiter gegangen, und zwar in immer unzweideutigeren Formen, die auch vor massiven Drohungen gegenüber der „Justizreaktion" nicht zurückschreckten. Ein eigenes Ministerial-Rundschreiben ordnet zum Beispiel an, was zu unternehmen ist, wenn „das Pärchen sich zur Begehung seiner Tat ins Ausland begeben hat", also ein „typischer Versuch der Umgehung der Gesetze" vorliege, was vor allem die Grenzgerichte zu beschäftigen habe.[4]
Ein letzter Runderlass des vergangenen Herbstes[5] bemängelt dann sogar höchst abfällig die „durch nichts begründeten auffallenden Unterschiede der Strafhöhe in den verschiedenen Gebieten des Reichs". Er verfügt aber auch gleichzeitig das, was dem ungeheuerlichen Sachverhalt zur Stunde das neue Gepräge gibt, das auch die Zukunft noch charakterisieren wird:
In allen grösseren Städten des Reichs sind nunmehr durch diese Ministerialverfügung besondere „Blutschutzkammern" – so der amtliche Ausdruck! – bei den Landgerichten eingerichtet worden. Jede „Blutschande" kommt also jetzt vor ein Ausnahmegericht!
Das war die – bisher – letzte Antwort des Regimes auf die Erscheinung, dass es hier doch immerhin auf einen letzten Rest von Rechtsmoral innerhalb seiner Juristenwelt, auf ein verhalten-vorsichtiges Sich-Aufbäumen des letzten Anstands der äusserlich „Gleichgeschalteten" stiess. Auf jeden Fall hat sich auf diese Weise die Lage für die vom Gesetz hauptsächlich betroffenen Juden erheblich verschlimmert.[6]
Vor neuer Verschaerfung
Das geht auch aus folgendem hervor: In einer ihrer letzten Sitzungen hat die sogenannte „Strafrechtskommission", die jetzt unter dem Vorsitz des schon genannten Staatssekretärs Freisler steht, ausdrücklich beschlossen: „Mit Rücksicht auf die Fortdauer der Rassenschande in Deutschland ist eine Verschärfung des bisherigen Strafrahmens vorzunehmen."[7] Nun geht aus dem halbamtlichen Kommentar zu diesem Beschluss, den Freisler

3 Rundverfügung des RJM (1121 II a 18501/36) betr. Handhabung des Gesetzes zum Schutze des deutschen Blutes und der deutschen Ehre vom 15. 9. 1935; Sonderrecht, S. 159.
4 Nicht aufgefunden.
5 Freisler (RJM) hatte eine strengere Bestrafung der nach den Nürnberger Gesetzen wegen „Rassenschande" Verurteilten gefordert; Runderlass des RJM (1120 – III a 28031/36) an die Oberlandesgerichtspräsidenten, nachrichtlich: an die Generalstaatsanwälte vom 1. 9. 1936, Abdruck in: Justiz im Dritten Reich, S. 91 f. Nach einer Entscheidung des Reichsgerichts vom 7. 1. 1937 galt der Tatbestand der „Rassenschande" selbst beim Versuch des Geschlechtsverkehrs als erfüllt; ebd., S. 177 f.
6 1936 wurden 102 Männer (überwiegend Juden) wegen „Rassenschande" vor Berliner Gerichten angeklagt. 53 der Angeklagten erhielten Gefängnisstrafen von drei bis zwölf Monaten, 37 Gefängnisstrafen von über einem Jahr und sieben Zuchthausstrafen. Ein Angeklagter kam mit einer Geldstrafe davon; Statistisches Jahrbuch der Stadt Berlin, 14 (1938), Berlin 1939, S. 206 f. Im Jahr 1937 wurden vor Berliner Gerichten bereits 149 Männer (überwiegend Juden) wegen „Rassenschande" angeklagt, davon 128 verurteilt. Die Hälfte von ihnen erhielten nun Zuchthausstrafen; Statistisches Jahrbuch der Stadt Berlin, 15 (1939), Berlin 1943, S. 209 f.
7 Zur Strafrechtskommission siehe Dok. 121 vom 5. 6. 1934.

selbst in der von ihm geleiteten Fachzeitschrift „Deutsches Strafrecht"[8] jetzt gibt, hervor, unter welcher Betrachtungsweise die Kommission zu diesem Beschluss gekommen ist, so dass sich daraus auch alle logischen Folgerungen eben über die Höhe des geplanten verschärften Strafmasses ergeben. Die „Rassenschande" soll nunmehr unter den von Hitler ins strafrechtliche Denken erst eingeführten, reichlich konfusen Komplex des „Volksverrates" Einreihung finden. Die Konfusion hindert allerdings nicht, dass dieser Komplex mit dem Begriff des „Landesverrats" verkoppelt wurde. Auf Landesverrat wie Volksverrat steht im Hitlerreich bei erschwerenden Umständen die Todesstrafe. „Rassenschande" würde dann als ein erschwerter Fall von „Volksverrat" angesehen werden.

Zuneigung ist keine Zuneigung

Prozessual hat sich jetzt jeder angeklagte jüdische „Rassenschänder" vor einem Ausnahmegericht zu verantworten. Es ist das mit fast völliger Rechtlosigkeit für ihn als Angeklagter verbunden. Wie soll man es sonst nennen, wenn eben jener mächtige Freisler für zwei verschiedene Arten der Selbstverteidigung des Angeklagten folgende Generalanweisungen an die Gerichte gibt:

1. Es tritt der Fall ein, dass der angeklagte Jude behauptet, er habe nicht aus Leidenschaft, sondern aus Zuneigung gehandelt, also ein menschlich anständiges Motiv als mildernd für seine Missetat geltend machen will. Freisler belehrt da folgendermassen die zuständigen „Blutschutzkammern": „Solche „Zuneigung" ist nach allein massgeblicher Auffassung des Gesetzgebers (!) unnatürlich. Sie ist also keine Zuneigung. Die Feststellung, dass ein Dauerverhältnis vorliegt, erscheint daher immer als Strafverschärfungs- und nicht als Strafmilderungsgrund."

2. Der angeklagte Jude behauptet zu seiner Entlastung, er habe nicht aus Zuneigung, sondern wirklich aus Leidenschaft, etwa in einem leichtsinnigen Akt mit einer Prostituierten, so gehandelt. Für diesen Fall hat nach Freisler das Ausnahmegericht folgende Dienstanweisung zu befolgen: „Mögen die Staatsanwaltschaften und Gerichte verhindern, dass der Rassenschandeprozess auf dem Rücken der missbrauchten deutschen Frau ausgetragen wird. Mögen die Gerichte daran denken, dass kaum etwas widerlicher ist, als dem Juden, der die deutsche Frau geschändet hat, auch noch zu gestatten, zu Zwecken des Beweises ihrer Unglaubwürdigkeit als (meist einzige Belastungs)-Zeugin in ihrer Vergangenheit herumzuwühlen, um etwas zu finden, das man ihr anhängen kann."[9]

8 Die Zeitschrift Deutsches Strafrecht mit dem Untertitel „Strafrecht, Strafrechtspolitik, Strafprozeß" erschien 1934–1944 als Nachfolgerin u. a. des 1839 gegründeten Justiz-Ministerialblatts für die preußische Gesetzgebung und Rechtspflege. Das Deutsche Strafrecht wurde vom RJM und von StS Freisler herausgegeben.

9 Die vorstehenden Zitate finden sich weitgehend wortgleich in dem Artikel von Roland Freisler: „Ein Jahr Blutschutzrechtsprechung in Deutschland. Erfahrungen und Lehren"; Deutsches Strafrecht, Nr. 11/12 vom November/Dezember 1936, S. 385–397.

DOK. 264
Reinhard Heydrich informiert den Stellvertreter des Führers am 1. Februar 1937 über die Erteilung von Gaststättenkonzessionen an Juden[1]

Schreiben des RFSS/Chef der Deutschen Polizei im RuPrMdI (S.-PP (II B) Nr. 2265/36.), i. V. gez. Heydrich, an StdF in München, Braunes Haus, vom 1. 2. 1937 (Abschrift)[2]

Betrifft: Errichtung jüdischer Schankwirtschaften in München.
In der Anlage [sende] ich Abschrift[3]
a) der Verordnung über neu zu errichtende Gast- und Schankwirtschaften vom 16. März 1936,[4]
b) des Runderlasses des Reichs- und Preussischen Ministers des Innern vom 16. 3. 1936 über neu zu errichtende Gast- und Schankwirtschaften,[5]
c) des Runderlasses des Reichsführers SS und Chefs der Deutschen Polizei im Reichsministerium des Innern vom 11. Juli 1936 über neu zu errichtende Gast- und Schankwirtschaften,[6]
d) des Erlasses des Reichs- und Preussischen Wirtschaftsministers vom 11. 12. 1936 betreffend Gaststättengesetze.[7]
Die Frage der Errichtung jüdischer Gaststätten ist im Reichsmasstabe (a–c ist der jetzige gesetzliche Stand in Preussen) nunmehr dahin geregelt, dass grundsätzlich gegen die Errichtung jüdischer Gastwirtschaften keine Bedenken bestehen, sofern die im Erlass des Reichsführers SS und Chef der Deutschen Polizei vom 11. 7. 1936 und im Erlass des Reichs- und Preussischen Wirtschaftsministers vom 11. 12. 1936 gemachten Auflagen befolgt werden und die allgemeinen Voraussetzungen (Bedürfnis u. s. w.) vorliegen.
Damit ist in Anlehnung an die Nürnberger Gesetze eine weitere Möglichkeit [gegeben], das Judentum in ein Ghetto zurückzudrängen, es von dem Besuch deutscher Lokale zurückzuhalten und schärfer als bisher von Deutschblütigen zu trennen. Auch in sicherheitspolizeilicher Hinsicht ist dieser Regelung zuzustimmen, da sie – wie sich in der Praxis gezeigt hat – den Polizeibehörden eine bessere Überwachungsmöglichkeit bietet, als bei einer Vermischung der Juden mit der deutschblütigen Bevölkerung. Der Gesichtspunkt, dass jüdische Schankwirtschaften Gefahrenpunkte für Einzelaktionen bilden können, dürfte im Hinblick auf die gegebenen Vorteile zurückzustellen sein, zumal in der letzten Zeit Einzel-Aktionen in dieser Richtung nicht mehr beobachtet worden sind.

1 BArch, NS 25/836, Bl. 3 f.
2 Das Schreiben wurde am 18. 2. 1937 vom NSDAP-StdF/Stab München an das NSDAP-Hauptamt für Kommunalpolitik München übermittelt; ebd., Bl. 1.
3 Randvermerk maschinenschriftl.: „Die hier angezogenen Verordngn. liegen nicht an".
4 Danach durften Juden in Preußen nur noch Gaststätten eröffnen, wenn sich deren Besuch auf Juden beschränkte; Preußische Gesetzessammlung, hrsg. vom Preußischen Staatsministerium, Berlin 1936, S. 81.
5 Nicht aufgefunden.
6 Nicht aufgefunden.
7 Der Runderlass des RWM orientierte sich an der preuß. Verordnung vom 16. 3. 1934; wie Anm. 1, Bl. 2.

DOK. 265
Der Israelitische Verein für Altersversorgung und Krankenpflege beantragt beim Regierungspräsidenten in Hannover am 8. Februar 1937 die Genehmigung, Spenden einzuwerben[1]

Schreiben des Israelitischen Vereins für Altersversorgung und Krankenpflege in Hannover, Ellernstraße 16, Wolfes[2] und Spiegelberg,[3] an den Regierungspräsidenten in Hannover vom 8. 2. 1937 (Abschrift)[4]

Auf Grund des Sammlungsgesetzes bitten wir, uns die Genehmigung zu erteilen:
im Regierungsbezirk Hannover den in der Anlage beigefügten Geschäftsbericht versenden und auch sonst für die Zwecke des Vereins Mitgliedsbeiträge und Spenden sammeln zu dürfen.
Zur Begründung dieses Antrags erlauben wir uns, folgendes vorzutragen:
Unserem Verein sind durch Allerhöchsten Erlass vom 22. 5. 1890 die Rechte einer juristischen Person verliehen worden. Nach seinen, von dem Herrn Regierungspräsidenten genehmigten Satzungen ist sein Zweck der Betrieb eines Alters- und Krankenhauses. Er verfolgt also Zwecke, welche bis vor kurzer Zeit als gemeinnützig und mildtätig anerkannt wurden. Da altersschwache und kranke Personen unbedingt, wenn sie nicht der Allgemeinheit zur Last fallen sollen, versorgt werden müssen, dürften die Vereinszwecke auch heute noch im öffentlichen Interesse eine Förderung verdienen.
Aus Gründen, die wir nicht näher darzulegen brauchen, sind die Einnahmen in den letzten Jahren ständig zurückgegangen. Da die Unkosten sich nur in sehr beschränktem Masse verringern lassen, arbeitet der Verein mit einem ständig wachsenden Betriebsverlust. Im vergangenen Jahr hat dieser Verlust rund RM 9442.– betragen. Hierzu kommen noch andere Unkosten und Abschreibungen in Höhe von rund RM 4500.–. Die Verlustrechnung für 1936 schliesst hiernach mit einem Betrag von *RM 13 945,64* ab. Um die Existenz des Vereins zu erhalten, ist es hiernach unbedingt geboten, um Mitgliederbeiträge und Spenden zu werben. Wir bitten, dem Verein hierzu durch Genehmigung unseres Antrags die Möglichkeit zu geben.
Israelitischer Verein für Altersversorgung und Krankenpflege Hannover[5]
[Hans Wolfes] u. Spiegelberg[6]

Israelitischer Verein für Altersvorsorgung und Krankenpflege in Hannover.
Bericht über das Jahr 1936.
Über das Berichtsjahr können wir Erfreuliches leider nicht sagen. Das ist umso bedauerlicher, als wir für absehbare Zeit eine Besserung nicht sehen, vielmehr uns noch auf eine weitere Verschlechterung einstellen müssen.

1 BArch, R 1501/27713, Bl. 418 f.
2 Hans Wolfes (1876–1945), Kaufmann und Vorsitzender des Trägervereins des jüdischen Krankenhauses in Hannover; emigrierte Ende Juni 1939 zunächst nach Luxemburg, später nach Argentinien.
3 John Spiegelberg (*1868), Bankier und langjähriges Vorstandsmitglied des Israelitischen Vereins für Altersversorgung und Krankenpflege in Hannover; emigrierte im Mai 1938 in die USA.
4 Im Original mehrere handschriftl. Unterstreichungen.
5 Stempel.
6 Handschriftl. Unterschriften.

Die Zahl der *Verpflegungstage* ist gegen das Jahr 1935 um rund 13 % zurückgegangen, nachdem im Jahre 1935 schon ein Rückgang von 14 % zu verzeichnen war. Dieser Rückgang ist auf die geringe Inanspruchnahme unseres Hauses durch die Krankenkassen zurückzuführen, denn der Anteil der jüdischen Patienten ist um 36 %, ihre effektive Zahl um 16 % gestiegen.

Die aufschlussreichen *Vergleichszahlen* der letzten 5 Geschäftsjahre sind folgende:

	1932	1933	1934	1935	1936
Behandelte Fälle:	773	690	731	702	608
Verpflegungstage:	17 013	15 760	16 310	14 034	11 933
Anteil der jüdischen Patienten:	23,5 %	26,7 %	23,5 %	32,8 %	44,8 %
Belegte Betten durchschnittlich pro Tag:	46,6	43,6	44,7	38,4	33,4
Behandlungsdauer in Tagen:	22,1	22,6	22,8	20	19,5

Der *klinische Betrieb* verlief normal.

Die *rituelle Verpflegung* machte erhebliche Schwierigkeiten. Die Beschaffenheit des aus Paraguay gelieferten Fleisches war häufig mangelhaft und die Zufuhren von anderer Seite waren nicht ausreichend.[7] Infolgedessen wurden Klagen über die Verpflegung laut. Wir mussten deshalb – wenn auch schweren Herzens – beschliessen, auf rituelle Verpflegung zu verzichten, wohingegen wir im übrigen die Vorschriften, insbesondere die Trennung von milch- und fleisch[ig]er Küche aufrecht erhalten haben. Denjenigen Insassen des Altersheims und Patienten, die Wert auf rituelle Verpflegung legen, wird diese nach wie vor gewährt.

Die *Einnahmen* betrugen:	RM	103 582 05
die *Ausgaben* betrugen:	»	113 024 62
sodass sich ein Fehlbetrag von	»	9 442 57
ergibt. Hierzu kommt noch ein Betrag von	»	2 341 19
der durch eine technische Umbuchung unserer Forderungen an die Krankenkassen entstanden ist.	»	11 783 76

7 Seit April 1933 bestand in Deutschland ein Schächtverbot. Deshalb musste für die Verpflegung orthodox lebender Juden koscheres Fleisch importiert werden.

DOK. 266
Der sechzehnjährige Werner Angress beschreibt am 18. Februar 1937 seine Reaktion auf den Selbstmord seines Gruppenleiters im Umschulungslager Groß-Breesen[1]

Handschriftl. Tagebuch von Werner Angress,[2] Eintrag vom 18. 2. 1937

Groß-Breesen,[3] d. 18. 2. 37.
Hannio[4] ist tot! Drei kurze, banal klingende Worte, und was für schwerwiegende Worte. Ich habe damals nicht gleich geschrieben, teils weil ich es nicht konnte, teils weil ich später nicht dazu kam. Hannio hat sich am 2. Februar, in der Nacht vom 1. zum 2., in einem Breslauer Hotel das Leben genommen. Es klingt ganz furchtbar roh und kalt, wie ich das hier schreibe, aber ich tue es, um nicht sentimental zu schreiben, was noch schlimmer wär. Hannio war körperlich schwach, er war krank, hatte eine Nierenkrankheit, und fühlte sich nicht fähig, Siedler zu werden. Er hatte sein ganzes Leben endlich, nach vielen verunglückten Versuchen in anderen Berufen und Gemeinschaften, auf Breesen aufgebaut. Das war der innere Grund. Der Anlaß war, daß bei der Kantinenabrechnung aus seiner Zeit mehrere Hundert Mark fehlten. Er wurde zur Rede gestellt, beteuerte, daß er nicht wüßte, wo das Geld sei. Man glaubte ihm, aber trotzdem fehlte das Geld. In dieser Stimmung und dem Gefühl, daß er vielleicht nicht mitkommen könnte und siedeln könnte,[5] daß er sowohl krankheitshalber als auch wegen der ungeklärten Kantinensache Groß Breesen verlassen müßte, daß er nicht [sehen] wollte, wie alle nach und nach rübergingen und er zurückbleiben muß, weil er Gr[oß] Breesen liebte, nahm er eine Überdosis Schlafpulver, an der er am 2. Februar, Dienstag um fünf Uhr, starb.
Hannio war in der Kantinensache zwar schlampig und unordentlich gewesen, aber ehrlich. Hannio ist, das ist ganz gewiß, kein unehrlicher Mensch gewesen. Hannio war mein Führer, seitdem er mich Gerts[6] Einfluß entriß, und in letzter Zeit war er mein Freund. Jetzt merkt man hier, äußerlich, kaum mehr etwas von diesem Verlust. Alles geht weiter. Nur in einem selbst ist eine leere Stelle, wie damals bei Stella.[7] 2 Freunde, 2 Jungen der

1 Werner Angress, Tagebuch [Anfang Mai 1936 bis 6. 5. 1941], (o. S.); LBIJMB, Sammlung Werner Angress.
2 Dr. Werner Thomas Angress (*1920), Historiker; 1936–1937 Lehrausbildung in Groß-Breesen; emigrierte im Oktober 1937 in die Niederlande, von dort 1939 in die USA; 1941–1945 Soldat der US-Armee; später Professor für europäische Geschichte, zuerst in Berkeley, dann in Stony Brook, New York. Lebt heute in Berlin; Autor u. a. von „… immer etwas abseits: Jugenderinnerungen eines jüdischen Berliners“ (2005). Zu seiner Emigration siehe Dok. 310 vom 20. 11. 1937.
3 Groß-Breesen (Kreis Trebnitz in Schlesien): Das Lager wurde im April 1936 auf einem gepachteten Rittergut als freies Lehrgut für Übersee-Gruppenwanderer von der Reichsvertretung der Juden in Deutschland eingerichtet, um jüdische Jugendliche in der Landwirtschaft auszubilden. Seit 1939 unterstand Groß-Breesen mehr und mehr dem Zwangseinsatz. Die letzten Insassen wurden 1943 nach Auschwitz deportiert.
4 Hermann Ollendorf (ca. 1917–1937) stammte aus Breslau und trug den Spitznamen Hannio, in Anlehnung an die literarischen Figuren Hanno Buddenbrook und Tonio Kröger aus Werken Thomas Manns.
5 Ziel war eine gemeinsame Gruppenwanderung nach Übersee, die jedoch scheiterte. Dennoch gelang es den meisten Jugendlichen, mit oder ohne ihre Familien, Deutschland zu verlassen.
6 Gert Lippmann (*1914), letzter Bundesführer der Jungenschaft Schwarzes Fähnlein, emigrierte 1935 nach Paris und kämpfte während der deutschen Besetzung in der Résistance; von 1946 an lebte er in Australien, dort später Inhaber eines Versicherungsunternehmens.
7 Gemeint ist Herbert Stern (1919–1936) aus Nürnberg. Er ertrank in Groß-Breesen am 30. 8. 1936 beim Baden; siehe Tagebucheintrag von Werner Angress vom 30. 8. 1936; wie Anm. 1.

Gruppe, der Hanniotengruppe, in einem knappen halben Jahr. Hannio fehlt überall, die Gruppe führt Bondy.[8] Jochen[9] leitet den technischen Ordnungsteil. Aber Hannio fehlt. Daß wir ihn nicht vergessen, ist klar. Einen Menschen, den man gern hatte, dem man viel verdankt, und der einem fehlt, den kann man ja gar nicht vergessen. Hannios Wunsch war es, daß wir weiterarbeiten, in der Gruppe und an uns, so wie er uns den Weg wies. Ich schreibe erst heute, weil ich heute ruhiger bin. Ich habe heute eine schwere Verantwortung, genauso wie alle anderen Jungen, die wichtig in der Gruppe sind, seine Gruppe. Wir bleiben weiter: „die Hannioten", äußerlich, und hoffentlich auch innerlich. Wenn ich mir das eben Geschriebene durchlese, so habe ich das Gefühl, gar nicht das geschrieben zu haben, was ich denke. Aber das ist, glaube ich, gut so. Ich will hart werden. „Töp[10] werde hart, Du mußt es!", das war das Ende jedes Gesprächs mit Hannio. Ja, ich will es! Ich gehe und sehe vorwärts, ohne daß das jetzt phrasenhaft sein soll. Ich hoffe, daß die Gruppe klappt. Ich werde meinen Teil dazu tun. Ich glaube, daß die Freundschaft Prinz-Töpper-Stefan klappt. Auch dazu will ich alles tun. Hannio hat uns ja allen unsern Weg gezeigt, wir brauchen ihn nur zu gehen: „Der Weg von dem Mitglied der Gemeinschaft über die Härte sich selbst gegenüber zur Persönlichkeit!" Das ist mein Weg, wie Hannio ihn mir zeigte. Ich will ihn gehen.
Hannio war nicht feige. Hannio hat aus keinem Impuls heraus gehandelt, sondern er war konsequent. Alles für Groß-Breesen! Als er sich dieser Idee verschworen hatte, und er sah sie für sich zerbrechen, da machte er Schluß, da er sein Leben für sinnlos hielt. Man lobt einen Toten immer. Ich tue es nicht. Ich kannte Hannios Fehler, aber ich kannte auch seine Stärken. Und eine davon war: „Was ich mir vornehme und als richtig erkannt habe, das führe ich aus." Mit diesem Gedanken führte er diesen Schritt aus. Nein, Hannio war nicht feige. Er bleibt mir Führer.

8 Dr. Curt Bondy (1894–1972), Psychologe; 1921–1923 im Jugendgefängnis Hahnöfersand bei Hamburg tätig, später Leiter der Jugendstrafanstalt Eisenach, 1930–1933 Professor für Sozialpädagogik in Göttingen, nach der Entlassung Arbeit im Jüdischen Hilfswerk in Frankfurt a. M., 1936–1939 Leiter des Lehrguts Groß-Breesen; emigrierte 1939 nach Großbritannien, 1941 in die USA, dort Professor in Richmond (Virginia), dann 1951–1959 Professor und Leiter des Psychologischen Instituts der Universität Hamburg.

9 Jochen Feingold (1919–ca. 2002), von Mai 1936 an Ausbildung in Groß-Breesen; emigrierte 1939 nach Kenia, dort als Landwirt und später Berater der kenianischen Regierung tätig; lebte zuletzt in England.

10 Töp/Töpper: Spitznamen von Werner Angress.

DOK. 267
Werbung für das antisemitische Bühnenstück „Der tanzende Jude" im Anhang eines Briefs des Franz Wulf Verlags vom 20. Februar 1937[1]

Werbezettel als Anhang zu einem Schreiben des Franz Wulf Verlags[2] an den Nationalsozialistischen Lehrerbund,[3] Reichswaltung, vom 20. 2. 1937[4]

Der tanzende Jude. Lustiges Spiel nach einem Grimmschen Märchen
von *Hermann Homann*[5]
Das Grimmsche Märchen „Der Jude im Dorn"[6] gab Anregung und Stoff zu diesem lustigen und lehrreichen Spiel, und wie das alte Volksmärchen die derbe Meinung des Volkes und seinen gerechten Zorn über den Schacherjuden zum Ausdruck bringt, so zeigt dieses Spiel womöglich noch geschlossener, noch deutlicher und darum noch wirkungsvoller und nachhaltiger, daß dieser Zorn nur zu berechtigt war und ist. Während im Märchen die Schandtaten des Juden einfach und mit Recht als bekannt vorausgesetzt werden und nur seine Bestrafung in recht lustiger und drastischer Weise erfolgt, fordert das Bühnenspiel auch die Darstellung dieser Schandtaten, damit aus der Schuld die verdiente Strafe sich ergebe. Darum wurde eine Betrugsszene eingefügt, die für den jüdischen Schacher und Wucher geradezu typisch ist, und die sich in dieser oder ähnlicher Form in allen deutschen Dörfern und Städten mehr als einmal zugetragen hat. – „Der tanzende Jude" ist ein Spiel für Spielscharen, die in ihrem Schaffen zeigen wollen, was sie denken. Das geschieht hier auf die lustigste Weise, und dazu können alle Kräfte daran gesetzt werden, denn hier muß gebastelt, musiziert, gesungen und nicht zuletzt gemimt werden.
Aufführungsrecht mit 7 Exemplaren zu 7,– RM.

Dieser Bestellzettel ist abzutrennen und *für 3 Pfennig im offenen Briefumschlag einzusenden.*

Es darf jedoch in diesem Falle nur die Adresse des Bestellers angegeben und außerdem dürfen gewünschte Werke nur mit einem Zeichen oder mit einer Zahl bezeichnet werden.
Wenn darüber hinaus irgendwelche weiteren schriftlichen Zusätze und Bemerkungen beigefügt werden sollen, dann muß die Versendung als Brief für 12 Pf. geschehen.
Franz Wulf Verlag, Warendorf in Westfalen

1 BArch, NS 12/1048.
2 Gegründet von Franz Wulf (1885?–1940) im Jahr 1908 als Verlag für die katholischen Vereinsbühnen. Der Franz Wulf Verlag in Warendorf veröffentlichte Spiele und Stücke, seit 1919 jährlich mehr als 200 Titel. Als nach 1933 katholische Vereine verboten wurden, geriet der Verlag in Schwierigkeiten und schloss 1939. Nach dem Krieg führte Wulfs Tochter Maria den Verlag bis 1968 weiter, wobei sie sich auf Stücke des niederdeutschen Dialekttheaters konzentrierte.
3 Der Nationalsozialistische Lehrerbund, gegründet 1929, bildete von 1933 an die alleinige Berufsorganisation der Lehrer, geführt bis 1935 von Hans Schemm, danach von Fritz Wächtler. Organ des NSLB war die Nationalsozialistische Lehrerzeitung.
4 Im Original stehen auf der linken Seite der Titel und eine Zeichnung, rechts der Text.
5 Hermann Homann (1899–1985), Lehrer; 1921–1933 im Schuldienst tätig; KPD-Mitglied; 1933–1936 Organisation einer Laienspielschar in Ostbevern; von 1939 an Soldat; 1945–1960 Lehrer in Meinberg und freiberuflicher Mitarbeiter des NDR, WDR und von Radio Bremen; Autor diverser, vor allem plattdeutscher Laienspiele, u. a. veröffentlichte er 1938 „Wir spielen Soldaten" im Franz Wulf Verlag.
6 Das Märchen handelt von einem Knecht, den ein reicher Herr um seinen Lohn betrogen hatte. Mit Hilfe einer Geige, die Menschen tanzen lässt, rächte der Knecht sich dafür willkürlich an einem Juden, der ihm begegnete; Kinder- und Hausmärchen, Bd. 2, S. 79–84.

DOK. 268

Der Leiter des Personalreferats der Stadt München kritisiert am 2. März 1937 einen Sachbearbeiter des Fürsorgereferats wegen zu weit gehender Fürsorge für einen Juden[1]

Vermerk Stadt München, Personalreferat/Abt. I (Nr.930/36), Tempel,[2] an Fürsorgereferat 6[3] vom 2. 3. 1937[4]

Mit Fürsorgeakt Rosenbusch
an das Referat 6.
Von der Einleitung eines Strafverfahrens gegen den Sachbearbeiter V.J. *Weiss*[5] habe ich aus subjektiven Gründen Abstand genommen. Ich stelle jedoch fest, dass objektiv und in der grundsätzlichen Linie besehen, die Sachbehandlung nicht gerechtfertigt war. Wenn auch bei Rosenbusch nervöse Erschöpfungszustände gegeben waren, so können solche Beschwerden, die lediglich glaubhaft gemacht wurden, keinen Erholungsurlaub in einem Bad rechtfertigen, zumal nach dem amtsärztlichen Gutachten Zeichen einer erheblichen nervösen Störung oder einer starken Depression nicht bestanden, selbst auf die Gefahr hin, dass das nervöse Leiden des Rosenbusch sich verschlimmern und evtl. zu weiteren Folgen führen könnte. Eine derart weitgehende Fürsorge mag veranlasst sein bei alten Kämpfern, die sich um die nationalsozialistische Bewegung verdient gemacht haben, nicht aber bei einem Juden. Vorstehende Gesichtspunkte bitte ich bei Behandlung gleichgelagerter Fälle zu beachten.

DOK. 269

Die Kameradschaft: Vorschlag eines antisemitischen Heimabendthemas für die Hitler-Jugend vom 10. März 1937[1]

Brandstifter Jude[2]
1. Teil: der Heimabend
Kameraden!

Rußland wird brutal vom Bolschewismus beherrscht. Wir lernten seine beiden Machtapparate, die Rote Armee und die Komintern, kennen, deren Ziel es ist, die Welt zu erobern. Wir fragen uns: Warum will das bolschewistische Rußland die ganze Welt erobern? Ist es

1 StadtA München, Wohlfahrt/4599, Bl. 84.
2 Dr. Karl Tempel (1904–1940), Jurist; 1923 Teilnahme am Hitler-Putsch, 1929 NSDAP-Eintritt; von 1930 an als Rechtsanwalt tätig, von April 1933 an Leiter des Lebensmittel- und Sozialreferats der Stadt München, von Juli an Leiter des Personalreferats, von Mai 1934 an 1. stellv. Bürgermeister, 1935–1940 1. Beigeordneter der Stadt München; Hauptstellenleiter des NSDAP-Hauptamts für Kommunalpolitik.
3 Das Fürsorgereferat leitete Friedrich Hilble (1881–1937), BVP-Mitglied, von 1917 an in der Münchener Stadtverwaltung tätig.
4 Im Original mehrere handschriftl. Bearbeitungsvermerke.
5 V. J. Weiss, Sachbearbeiter des Wohlfahrtsreferats München, hatte – ungeachtet der Diskussion im Wohlfahrtsamt über die Diskriminierung jüdischer Fürsorgeempfänger – einen jüdischen Fürsorgeberechtigten nach den geltenden Vorschriften behandelt.

1 Die Kameradschaft, Folge 4 vom 10. 3. 1937, S. 1. Die Zeitschrift wurde 1934–1939 mit dem Untertitel „Blätter für Heimabendgestaltung in der Hitler-Jugend“ von der Reichsjugendführung in Berlin herausgegeben.
2 Zugleich Titel der gesamten Ausgabe vom 10. 3. 1937.

der *russische* Bauer, Arbeiter, Soldat oder Gelehrte, der solche Pläne ausgearbeitet hat und verwirklichen will?
Nein, es ist nicht der russische Mensch, der alle Völker sich untertan machen will. Der russische Mensch herrscht nicht einmal in seinem eigenen Land. Er wird beherrscht von einer fremden Macht – dem Bolschewismus.
Hinter dem Bolschewismus aber steht der Jude!
Er ist es, der das russische Volk unter seine brutale Herrschaft gebracht hat und *für seine Ziele arbeiten und sogar hungern* läßt.
Die Ziele des Juden aber sind, die Welt zu erobern und zu beherrschen.
Wir wollen an diesem Heimabend sehen,
1. daß Rußland nicht von Russen, sondern von Juden beherrscht wird,
2. daß der Jude durch den Bolschewismus die Welt erobern will und daß das Ziel des Juden, die Welt zu beherrschen, nicht erst in unserer Zeit entstanden, sondern schon Jahrtausende alt ist,
3. daß der Jude, der in Rußland sein Ziel erreicht hat, nun dort *sein* „Paradies" aufgerichtet hat – und wie dieses „Paradies" für die unterjochten Völker aussieht.
[...][3]

DOK. 270

Jüdische Rundschau: Artikel vom 16. März 1937 über zwei Gerichtsurteile zum Einkauf in jüdischen Geschäften[1]

Aus der Rechtsprechung
Kauf im jüdischen Geschäft als Eheverfehlung

In der „*Hanseatischen Rechts- und Gerichts-Zeitschrift*"[2] vom 27. Februar/6. März wird ein Urteil des *Hanseatischen Oberlandesgerichts* vom 19. Januar 1937 bekanntgegeben, das den Kauf eines Mantels im jüdischen Geschäft als *Eheverfehlung* betrachtet hat.
Die Ehe der betreffenden Parteien, die noch sehr jung sind und nur ein halbes Jahr zusammengelebt haben, wurde durch beiderseitige Schuld als zerrüttet angesehen und aus § 1568 BGB. geschieden. Das Gericht bemerkt u. a., daß die grundsätzlich falsche Einstellung der – erst 17 Jahre alten – Beklagten zum Kläger sich in dem *Kauf eines Mantels im jüdischen Geschäft* offenbare. In diesem Zusammenhang heißt es in den Entscheidungsgründen des angeführten Urteils u. a.:
„Eine schwere eheliche Verfehlung liegt aber darin, daß sie in einem *jüdischen Geschäft* kaufte, obwohl sie wußte, daß der Kläger als Parteigenosse und Politischer Leiter damit nicht einverstanden war. Die Beklagte hätte der politischen Tätigkeit des Klägers Interesse

3 Es folgen Handreichungen für den Heimabend mit Zitaten zu den Themen 1–3; wie Anm. 1, S. 3–16. Der Teil II „Die Führerschulung" war dem Thema „Das Weltjudentum an der Arbeit" gewidmet; ebd., S. 17–24.

1 Jüdische Rundschau, Nr. 21 vom 16. 3. 1937, S. 5.
2 Die Hanseatische Rechts- und Gerichts-Zeitschrift erschien 1928–1943 als Nachfolgerin der 1861 gegründeten Hanseatischen Gerichtszeitung. Sie gliederte sich in Abt. A (wissenschaftliche Abhandlungen) und Abt. B (Gerichtsentscheidungen). Die Abt. A erschien monatlich, die Abt. B wöchentlich.

entgegenbringen müssen. Zum mindesten konnte der Kläger verlangen, daß seine Ehefrau Rücksicht auf seine Stellung in der Partei nahm und ihm nicht durch Kauf in jüdischen Geschäften Schwierigkeiten verursachte."[3]

Käufe der Ehefrau eines Nationalsozialisten bei Juden

Das Amtsgericht *Remscheid* hat in einem Urteil, über das in der „*Deutschen Justiz*" berichtet wird,[4] entschieden, daß Käufe, die die *Ehefrau eines Nationalsozialisten bei Juden* vornimmt, *den Ehemann nicht verpflichten könnten*, da sie nicht im Rahmen der Schlüsselgewalt (§ 1357 des Bürgerlichen Gesetzbuches) lägen. In den *Entscheidungsgründen* heißt es:

„Nach § 1357 Abs. 1 BGB. ist die Frau berechtigt, innerhalb des häuslichen Wirkungskreises den Mann zu vertreten, und nach Zusatz 2 dieser Bestimmung gelten die in diesem Rahmen getätigten Rechtsgeschäfte als im Namen des Mannes vorgenommen. Diese Regel entfällt aber nach der erwähnten Vorschrift dann, wenn sich aus den Umständen ein anderes ergibt. Letztere Voraussetzung ist hier gegeben. Ende 1934 und Anfang 1935, als die Ehefrau des Beklagten die Waren kaufte, hatte sich allgemein bereits die Erkenntnis durchgesetzt, daß es sich *für einen deutschen Volksgenossen nicht geziemt, bei Juden zu kaufen.* Derartige Käufe waren damals schon durchaus *Ausnahme* geworden. Eine Bindung des deutschen Ehemannes an einen solchen Vertrag muß auch regelmäßig für ihn als *unzumutbar* angesehen werden. Diese Umstände ergeben, daß die von der Ehefrau mit einem Juden getätigten Kaufverträge gegenüber dem deutschblütigen Ehemann *keine Rechtswirkung* im Rahmen des § 1357 BGB. haben sollen. Vielmehr schließt die Person des Vertragsgegners hier im Regelfall diese weitgehende Bindung aus. Umstände, die ausnahmsweise eine andere Beurteilung rechtfertigen könnten, sind nicht dargetan. Zur Darlegung solcher Umstände ist die Klägerin um so weniger in der Lage, als der Beklagte am 28. Oktober 1934 bereits der NSDAP beigetreten war. Die Klage war daher abzuweisen, ohne daß es eines Eingehens auf das weitere Vorbringen der Parteien bedurfte."

Dieses weitere Vorbringen der Parteien erstreckte sich unter anderem darauf, daß der Ehemann behauptete, er habe zur Zeit der Käufe getrennt von seiner Ehefrau gelebt, was diese bestritt.

DOK. 271

Karl Scherk lädt am 9. April 1937 die jüdischen Grund- und Hauseigentümer in Stettin zur Gründung einer Interessenvereinigung ein[1]

Rundschreiben von Karl Scherk,[2] Stettin, Kaiser-Wilhelm-Str. 42, an die jüdischen Grund- und Hauseigentümer in Stettin vom 9. 4. 1937

In einer am 8. ds. Mts. stattgehabten Aussprache einiger jüdischer Hauseigentümer wurde der Beschluss gefasst, eine Interessengemeinschaft jüdischer Grund- und Hauseigentümer in Stettin zu begründen.[3]

3 Siehe Hanseatische Rechts- und Gerichts-Zeitschrift, Abt. B, Nr. 9/10 vom 27. 2. / 6. 3. 1937, S. 87 f.
4 Siehe das Urteil vom 20. 1. 1937; Deutsche Justiz, Ausg. A, Nr. 10 vom 12. 3. 1937, S. 402.

1 RGVA, 503k-1-382.
2 Karl Scherk, Kaufmann und Mitglied der Synagogengemeinde Stettin.
3 Im Original am linken Seitenrand handschriftl. Bemerkung: „*nein* tel. Kenntnis gegeben", daneben Namenskürzel und Datum „9/4". Das Schreiben befindet sich in den Unterlagen der Gestapo Stettin.

Im Anschluss hieran findet nun eine weitere und ausführlichere Beratung in einem grösseren Kreis am *Donnerstag, den 15. ds. Mts., abends 20 Uhr (pünktlichst) im Saale der Vereinigung Bne-Briss,*[4] *Friedrich Karlstr. 3, II Tr., rechtes Seitenhaus* statt, und erlaube ich mir, Sie hierzu einzuladen.
Die veränderten Verhältnisse und insbesondere der Ausschluss der jüdischen Mitglieder aus dem Hausbesitzerverein bedingt unseren Zusammenschluss, um unsere Interessen und Verpflichtungen als Hauseigentümer gemäss allen Verordnungen zu vertreten.
Ich bitte deshalb, der vorstehenden Einladung Folge zu leisten.[5]
Als prov[isorischer] Leiter

DOK. 272
Rabbiner Wahrmann berichtet am 16. April 1937 über die gravierenden Probleme der jüdischen Gemeinden in Schlesien[1]

Vermerk, ungez. [Wahrmann], vom 16. 4. 1937

Bericht über meine Tätigkeit vom 1. April 1936 – 31. März 1937[2]
1.) *Allgemeines:*
Die Feststellungen, die ich in meinem letzten Tätigkeitsbericht in bezug auf die Lage der Juden in den Kleingemeinden gemacht habe, treffen in vollem Umfange auch auf die Berichtszeit zu. Die Wanderbewegung hielt im letzten Jahr weiter an: sie war zum grössten Teil eine Binnenwanderung. Zu den Gemeinden, die durch Verminderung ihrer Seelenzahl die Gotteshäuser aufgegeben haben (Festenberg, Freystadt, Neusalz), ist im letzten Jahr Striegau dazu gekommen. Während es sich aber in den genannten Orten nur um gemietete Betstuben handelte, die nicht mehr aufrecht erhalten werden konnten, beabsichtigt jetzt eine Gemeinde (Winzig) ihr schönes Gotteshaus gerade im 75. Jahr seines Bestehens an die Stadt zu verkaufen, weil die dort wohnenden jüdischen Familien die erforderlichen Mittel für die Dachreparatur (400 Mark) nicht aufbringen können. Sehr erschüttert wurde in der Berichtszeit auch der Bestand der Gemeinden Gross-Wartenberg, Bernstadt und Sagan. Die Gemeinde Ohlau hat ihr Betlokal, das seit Jahrzehnten in einem städtischen Gebäude untergebracht war und vor einigen Jahren unter grossen Opfern der Gemeinde renoviert und neu eingerichtet wurde, eingebüsst, da sie den Raum der Stadt wieder freigeben musste. Hoffentlich gelingt es der Gemeinde, eine neue Betstätte zu bekommen, damit sie das bisher bestandene rege Gemeindeleben auch fernerhin aufrecht erhalten kann.
2.) *In Oels:*
Auch die hiesige Gemeinde ist in der Berichtszeit durch Abwanderung, Tod und Ueber-

4 Die jüdische Loge Bne-Briss (B'nai B'rith) wurde nur Tage später, am 19. 4. 1937, in ganz Deutschland durch die Gestapo aufgelöst und ihr Besitz beschlagnahmt, siehe dazu Dok. 274.
5 Die Gestapo Stettin hatte am 14. 4. 1937 auf der Rückseite des Rundschreibens notiert, dass sie die Versammlung auf Grund eines Erlasses vom 5. 4. 1937 verboten und Scherk telefonisch in Kenntnis gesetzt habe. Der Runderlass des Gestapa (II B 4 – V 12 J) verbot sämtliche Veranstaltungen jüdischer und insbesondere assimilatorisch eingestellter Organisationen für den Zeitraum vom 10. 4.–10. 6. 1937. Ausgenommen blieben nur Veranstaltungen religiöser und kultureller Art; BArch, R 58/276.

1 CAHJP, P 33/26.
2 Siehe auch den Bericht Wahrmanns vom 5. 2. 1934, Dok. 101.

tritt in die katholische Kirche (Zahnarzt Dr. Brieger) kleiner geworden. Dessen ungeachtet konnte das jüdische Leben in vollem Umfange aufrecht erhalten werden. Ich predigte hier an allen Festtagen, erteilte an zwei Nachmittagen in der Woche in drei Gruppen Religionsunterricht und leitete auch bis vor kurzem einen Kursus in Neuhebräisch für Erwachsene. (Leider nehmen die beiden Kinder des Rittergutsbesitzers Oliven in Buselwitz bei Oels seit Jahren am katholischen Religionsunterricht teil; alle meine bisherigen Bemühungen deswegen waren ohne jeden Erfolg.) Ich arbeitete ferner im Gemeindevorstand mit, indem ich an seinen Sitzungen teilnahm, betreute regelmässig die jüdischen Insassen des hiesigen Gefängnisses und stand den charitativen Vereinen und darüber hinaus vielen Gemeindemitgliedern mehrfach mit Rat und Tat zur Seite. Schliesslich wäre noch meine Beteiligung an der Sammlung für die Reichsvertretung, die hier einen ansehnlichen Betrag ergeben hat, zu erwähnen. Besondere Veranstaltungen in der Gemeinde waren ein Chanukkah-Gottesdienst für die Kinder mit Bewirtung und Geschenken an diese, ein Kulturabend des Preussischen Landesverbandes jüdischer Gemeinden (Dr. Heinrich Stern)[3] und zwei Vortragsabende (Direktor Dr. Abt[4] und Frau Rose Blum) des Verbandes der Synagogengemeinden der Provinz Niederschlesien. Ueber die Bedeutung des Isaak Abarbanel[5] sprach ich am zweiten Pessachtag[6] im Rahmen meiner Festtagspredigt. Beide Vortragsabende sind von mir angeregt und geleitet worden.

3.) *Im Bezirk:*

Infolge des andauernden Schrumpfungsprozesses entstehen immer mehr Zwerggemeinden mit wenigen Familien, die ziemlich isoliert fast ohne jede jüdische Anregung und Belehrung leben müssen. Diesen Menschen das Gefühl des Verlassenseins zu nehmen und ihnen in ihrem schweren Existenzkampfe mit Rat und Tat zur Seite zu stehen, betrachtete ich als die wichtigste Aufgabe meiner Tätigkeit im Bezirk. Ich habe daher oft Reisen in derartige Zwerggemeinden gemacht, die wenigen Familien in ihren Wohnungen besucht und mit ihnen ausführlich ihre Lage besprochen. Diese Besuche stellten oftmals für längere Zeit die einzige Verbindung mit der jüdischen Aussenwelt dar und sind daher stets mit inniger Dankbarkeit begrüsst worden. Um aber diese Menschen auch durch das Wort der Lehre seelisch aufzurichten und innerlich zu stützen, habe ich gemeinsam mit einem Breslauer Kantor an zentralen Punkten (z. B. Löwen, Münsterberg, Strehlen, Sprottau, Städtel und Steinau) religiöse Feierstunden veranstaltet, an denen sich mehrere Gemeinden beteiligten und die sichtlich einen nachhaltigen Eindruck hinterliessen. Darüber hinaus habe ich in mehreren Gemeinden an Sonnabenden (wo die Möglichkeit einer rituellen Verpflegung vorhanden war) und an Sonntagen Predigtgottesdienste abgehalten. Gegen Ende der Berichtszeit hat mein Bezirk eine kleine Aenderung erfahren. Durch die

3 Dr. Heinrich Stern (1883–1951), Jurist; Rechtsanwalt in Berlin; von 1917 an Präsident der Vereinigung für das liberale Judentum, von 1930 an Vorsitzender der Repräsentantenversammlung der Jüdischen Gemeinde Berlin und Vorstandsmitglied des CV; emigrierte 1938 nach Großbritannien, dort als Kaufmann tätig und in verschiedenen jüdischen Organisationen aktiv.

4 Dr. Harry Abt (1900–1977), Rabbiner und Pädagoge; 1927–1936 Studienrat in Berlin, 1936–1939 Direktor des jüdischen Realgymnasiums Breslau; 1927 Leiter des orthodox-jüdischen Jugendbunds Esra, 1930 Vorsitzender des Bundes gesetzestreuer jüdischer Lehrer Deutschlands; emigrierte 1939 nach Südafrika.

5 Auch Abrabanel, Abravanel oder Abarvanel, Don Isaak ben Jehuda (1437–1508), Religionsphilosoph und Schatzmeister von König Alfonso V. von Portugal.

6 Pessach: eines der drei Hauptfeste des Judentums.

Auflösung des Bezirksrabbinats in Gross-Strehlitz erhielt ich die oberschlesischen Gemeinden Konstadt, Kreuzburg, Landsberg und Pitschen, während die Gemeinden Brieg und Löwen in Zukunft vom Rabbinat in Oppeln betreut werden sollen. Die Betreuung des Bezirks wird ergänzt durch meine Beteiligung an den Sitzungen des Arbeitsausschusses des Verbandes der Synagogengemeinden der Provinz Niederschlesien in Breslau sowie durch eine umfangreiche Korrespondenz mit den Gemeinden, Verbänden, Behörden und Einzelpersonen der verschiedenen Orte. Im ganzen habe ich in der Berichtszeit 56 Dienstreisen unternommen und folgende Orte besucht: Bernstadt, Festenberg, Fraustadt, Gross-Wartenberg, Jauer, Kanth, Konstadt, Kraschnitz, Leubus, Löwen, Militsch, Neumarkt, Namslau, Obernigk, Ohlau, Sagan, Schweidnitz, Sprottau, Städtel, Steinau, Strehlen, Striegau, Trachenberg, Trebnitz, Winzig, Wohlau. Ferner habe ich in dieser Zeit 789 Schriftstücke abgesandt.

4.) *Anstaltsseelsorge:*

Während ich die Seelsorge in dem Gefängnis in Oels, der Strafanstalt Wohlau, der Provinzialheil- und Pflegeanstalt Leubus und dem Deutschen Samariterordensstift Kraschnitz von jeher ausübte, hat in der Berichtszeit meine Tätigkeit auf diesem Gebiete einen grossen Umfang erfahren. Durch einen Einzelfall hat sich die Notwendigkeit der Zentralisierung der Seelsorge in den Strafanstalten meines Bezirks ergeben. Auf Veranlassung des Verbandes der Synagogengemeinden der Provinz Niederschlesien ist mir durch Verfügung des Herrn Generalstaatsanwalts in Breslau die Seelsorge in allen Strafanstalten Niederschlesiens, die keinem Rabbinat unterstehen (einschliesslich Jauer) übertragen worden. Gerade die Strafanstalt Jauer, in der regelmässig 10–15 Insassen aus allen Teilen Preussens untergebracht sind, erfordert ihrer besonderen Struktur wegen (Frauenzuchthaus) eine intensivere Betreuung und einen umfangreichen Schriftwechsel mit den Angehörigen. Ich halte dort Religionsstunden ab (Vorlesung und Besprechung religiöser und allgemeinjüdischer Texte) mit anschließender Einzelsprechstunde. Mit Hilfe des Verbandes der Synagogengemeinden der Provinz Niederschlesien und des jüdischen Wohlfahrtsverbandes für Niederschlesien konnte ich an die Insassen der Strafanstalten mehrfach Gebetbücher, Chumoschim[7] und Bibeln verteilen. Ebenso bekommen jetzt einige Anstalten, in denen Insassen mit längeren Haftstrafen vorhanden sind, regelmässig das Breslauer und Berliner Jüdische Gemeindeblatt zur Weiterleitung an die jüdischen Insassen. Desgleichen sind diese zu den Pessachfeiertagen mit Mazzoth[8] versorgt worden.

5.) *Jugendarbeit:*

In allen Gemeinden des Bezirks ohne Ausnahme hat sich die Zahl der Jugendlichen vermindert. Dies wurde hervorgerufen zum Teil durch die Wanderbewegung (s. Nr. 1), zum Teil aber auch durch die Umschulung vieler Kinder in die jüdischen Schulen Breslaus. Vielfach bestehen die Gruppen für den Religionsunterricht aus je einem Kinde. Dessen ungeachtet wurde überall der Unterricht in der bisherigen Weise durchgeführt und von mir durch laufende Inspektionen überwacht. Eine besondere Hervorhebung verdient die grosse Jugendfeier in Breslau, die der Verband der Synagogengemeinden der Provinz Niederschlesien mit Unterstützung anderer Organisationen für die Kinder der Provinz am

7 Chumoschim, Plural von Chumasch, Jiddisch. Stammt vom hebräischen chamesch für fünf, gemeint sind hier die fünf Bücher Moses.

8 Mazzot (Plural von Mazza): hebräisch für ungesäuertes Brot. Der Verzehr von Mazzot ist für die Pessach-Tage als Symbol der Erinnerung an den biblischen Auszug aus Ägypten vorgeschrieben.

Sukkothfeste veranstaltete und an der ich auch mitwirken durfte. Sie war ein voller Erfolg und hat bei den Kindern einen nachhaltigen Eindruck hinterlassen.

6.) *Archivalien:*

Trotz mehrfacher Aufforderungen seitens der zentralen Verbände, entbehrliche Akten den jüdischen Archiven zuzuführen, sind immer noch in vielen Gemeinden Archivalien vorhanden, denen allmähliche Vernichtung droht, wenn sie nicht sorgfältig aufbewahrt werden. Auch in der Berichtszeit habe ich bei meinen Besuchen in den Gemeinden jeweils nach Archivalien geforscht, und es ist mir auch in einem Falle gelungen, beträchtliches Material dem Archiv der Synagogengemeinde Breslau zuzuführen (Gemeinde Fraustadt). In zwei Fällen sind durch meine Vermittlung dem Archiv Personenstandsregister zur Abschrift überlassen worden (Festenberg und Oels).

DOK. 273

Der Düsseldorfer Lederwarenvertreter Paul Malsch berichtet seinem Sohn am 17. April 1937 aus den Niederlanden über die politische Situation in Deutschland[1]

Handschriftl. Brief von Paul Malsch[2] aus Venlo (Niederlande), an Willy Malsch,[3] Corona, New York, vom 17. 4. 1937[4]

Mein lieber Willy,

da bin ich also heute nach hier gefahren u[nd] habe Deinen l[ieben] Brief in Empfang genommen. Um es gleich vorweg zu sagen. Es war nicht der Mühe & des Portos wert. Wir wussten sehr wohl, daß Dich die „La Guardia-Sache"[5] nervös gemacht hat. Du musst noch lernen, alle Dinge kühler zu betrachten. Es ist in all den Zeitungsausschnitten keinerlei Neuigkeit vorhanden, die ich nicht schon gewusst habe. Dass in deutschen Blättern immer Deutschland siegt, ist doch klar. Alle diese Mitteilungen glaubt kein Mensch mehr. Jetzt ergehen sie sich in neuer Hetze gegen einen Film, der in Kirchen vorgeführt wird. Alles das bringt uns nicht aus der Ruhe. Es ist erfreulich, daß gerade die besseren Kaufleute nichts von Boycott jüdischer Firmen & Vertreter wissen wollen. Leder [...][6] ist so knapp, daß es von allen Seiten genommen wird, wenn man es nur kriegen kann. Daß nicht alles schön ist, ja das viel recht grausam & gemein ist, wissen wir & wissen selbst die anderen. Denk mal nach, wie es mir erginge, wenn die Kunden nun auch den von Streicher ge-

1 USHMM, RG 10. 086, Malsch family letters.
2 Paul Malsch (1885–1942), Vertreter; lebte in Düsseldorf zusammen mit seiner Frau Amalie, geb. Samuel (1889–1942). Beide wurden am 27. 10. 1941 mit dem ersten Düsseldorfer Transport nach Lodz deportiert und 1942 in Chełmno ermordet.
3 Wilhelm Malsch, später William Ronald Malsh (1913–1994), emigrierte Ende 1935/Anfang 1936 nach Großbritannien, von dort im Januar 1937 in die USA, wo er zunächst bei Verwandten wohnte.
4 Der Brief ist auf Papier des Hotels Germania in Venlo geschrieben.
5 Am 3. 3. 1937 hatte der Bürgermeister von New York, Fiorello H. La Guardia (1882–1947), in einer Rede vor den Frauen des American Jewish Congress über Hitler gesagt, er würde diesen gern auf der kommenden New Yorker Weltausstellung in einer Schreckenskammer als das fanatische Braunhemd ausstellen, das den Weltfrieden bedrohe. Die Deutsche Botschaft legte offiziellen Protest ein, woraufhin Außenminister Hull Bemerkungen solcher Art bedauerte; The New York Times vom 5. 3. 1937, S. 1 und 9.
6 Wort unleserlich.

wünschten Boycott durchführen wollten! Sie tun es nicht aus dem Gefühl des Anstandes heraus & aus einer *schweigenden* Opposition.
Daß dort aus der Sache ein noch grösseres Gedöhns gemacht wurde als hier, ist doch klar. Mache, hier, wie dort. Warum protestiert denn der Herr Hull[7] nicht mal gegen die Beschimpfungen seiner Millionen Untertanen jüdischen Glaubens, die alle mit getroffen, mitbeschimpft sind, wenn der Streicher mal wieder wie vor 14 Tagen mit Ritualmord kommt!?[8] Das wäre ein Protest, der die gesamte Welt anginge, der dem Naziregime schwerste Wunden schlüge. Soll mal der Herr Dr. Stefan Wise[9] die dortige Regierung dagegen scharf machen!
Ob da in Spanien die einen oder anderen „Sieger" lügen, ist mir ganz schnuppe! Die Spanier haben seit 120 Jahren nur von Revolutionen gelebt. Weshalb sollten es die anders machen. Im spanisch amerikanischen Krieg waren wir, d. h. unsere Familie in Meiningen ganz auf amerikanischer Seite, obwohl alle Mitschüler & alle Gojims spanisch eingestellt waren! Wir hatten aber den Bruder Eugen in Amerika & Spanien seine Inquisition war für uns ein Begriff. Mögen sie sich ruhig gegenseitig die Köpfe einschlagen. Dann die Geschichte mit dem Hirtenbrief des Papstes![10] Was nützt uns das? Eine Simche,[11] wenn auch andere stänkern! Lass dich weder aufregen noch ablenken. Du bist jung & nimmst rasch Partei, das ist verständlich, aber kühlen Verstand behalten. Also lass das Schreiben nach Holland sein, sieh zu, Dir erst mal eine gesicherte Unterlage im amerikanischen Leben zu schaffen. Erst dann kannst Du mitreden. Ich habe hier die Pariser Zeitung gekauft. Es steht auch nichts Sachliches drin!
Wir schreiben Dir morgen mit der Europa![12]
Also lass die Hand von der Politik. Ich lese viel zu viele Auslandblätter, was vorgeht, weiss ich schon! Bis auf ein paar Kleinigkeiten ist mir wirklich in all den Zeitungsausschnitten nichts Neues gesagt worden! Es tut mir leid, Dich damit vielleicht enttäuschen zu müssen. Nach 6 Wochen habe ich meinen Pass bekommen auf – 6 Monate. Vielleicht werden wir inzwischen Millionäre & steuerflucht-verdächtig. Heute ist nur „nebbich" dazu zu sagen.[13]
Herzl. Gruß-Kuss
Dein Dich l[iebender] Papa
Grüße Alle

7 Cordell Hull (1871–1955) war 1933–1944 US-Außenminister.
8 Siehe den Artikel „Ritualmord. Der Mord an der zehnjährigen Gertrud Lenhoff in Quierschied (Saarpfalz)"; Der Stürmer, Nr. 14 vom April 1937, S. 1 f.
9 Richtig: Dr. Stephen Samuel Wise. Zu Wise siehe Dok. 14 vom 27. 3. 1933.
10 Die Enzyklika des Papstes Pius XI. mit dem Titel „Mit brennender Sorge" war in Deutschland vervielfältigt und am 21. 3. 1937 in den katholischen Gemeinden verlesen worden. Zurückgehend auf einen Entwurf von Kardinal Faulhaber, befasste sie sich mit der Lage der Kirche, deren Betätigung trotz des Reichskonkordats aus dem Jahr 1933 von den Nationalsozialisten beschränkt wurde, und kritisierte die nationalsozialistische Ideologie.
11 Simcha: hebräisch für Freude.
12 Der Passagierschnelldampfer „Europa" des Norddeutschen Lloyd verkehrte regelmäßig zwischen Europa und den USA.
13 Dieses Schreiben, abgesandt aus den Niederlanden, stellt mit seiner offenen Kritik an der NS-Führung eine Ausnahme in dem sehr umfangreichen Briefwechsel von Paul und Amalie Malsch mit ihrem Sohn aus dem Jahr 1937 dar. Paul Malsch war offenbar überzeugt, dass Briefe aus Düsseldorf geöffnet würden; siehe dazu das Schreiben von Paul Malsch aus Venlo an Willy Malsch vom 10. 11. 1937, wie Anm. 1.

DOK. 274
Joseph B. Levy beschreibt die B'nai Brith Loge in Frankfurt a. M. und deren Auflösung durch die Gestapo am 19. April 1937[1]

Bericht von Joseph B. Levy[2] für ein Preisausschreiben der Harvard University (April 1940)

[…][3]

F.

In den letzten 30 Jahren, bis 1937, war ich Mitglied des Unabhaengigen Ordens B'nai Brith,[4] der bekanntlich seinen Ursprung in U.S.A. hat. Die Bestrebungen und die Arbeitsweise der Loge in Deutschland sind von dem Betaetigungsfeld der Loge in Amerika einigermassen verschieden. Auch in der Wahl seiner Mitglieder war der Orden in Deutschland wohl etwas staerker exklusiv als er es heute in seinem Geburtsland ist. Besonders ausgepraegt war diese Richtung in meiner Loge, einer der aeltesten Ordensniederlassungen in Deutschland, der Frankfurt-Loge. Sie ist 1887 gegruendet worden und war gerade im Begriff, ihr Jubilaeum festlich zu begehen. Die alten traditionellen Bestrebungen des Ordens wurden anerkannt selten so streng, so intensiv und extensiv befolgt wie gerade hier. Unsere Parole lautete: „Alles fuer andere, nichts fuer uns!" Verbreitung allgemeiner und juedischer Bildung, Kunst und Wissenschaft, Selbsterziehung, Wohltun auf allen Gebieten der Caritas, Bruederlichkeit und Eintracht im engen Kreise und in der Verbreitung nach aussen, Liebe zum Vaterland, wie zum angestammten Glauben unter Ausschluss aller politischen und parteilichen Bestrebungen, alles Wahre, Schoene und Gute wurde in diesem Kreis gepflegt. So kam es auch, dass sich gerade in dieser Stadt, in dieser juedischen Gemeinde mit ihren vielfachen Zersplitterungen, Elemente aus allen Lagern zusammenfanden, um auf diesem Boden, in diesem Tempel des Friedens solche edlen Bestrebungen zu unterstuetzen und sich an ihnen zum eigenen Besten und zum Wohle der Gesamtheit zu beteiligen. Meiner ganzen persoenlichen Veranlagung nach musste ich mich in solcher Sphaere wohl fuehlen, und so kam es, dass ich mich bald sehr aktiv an der Logenarbeit beteiligte, in vielen Ausschuessen arbeitete, um bald eine fuehrende Rolle, besonders auf den Gebieten des Wohltuns und der Bildung und Wissenschaft zu uebernehmen. So wurde ich etwa 1912, und blieb mehrere Jahre hindurch, protokollierender Sekretaer, kam auf diesem Weg in die Leitung, den sogen. Beamtenrat und konnte nun, besonders waehrend des Kriegs und der folgenden Jahre, mich an vielen Werken der Menschenliebe und der Geistesbildung aktiv beteiligen. Etwa 1928 wurde ich zum ersten Mal zum Praesidenten erwaehlt und nahm diesen leitenden Ehrenposten im Laufe der naechsten 9 Jahre fuenfmal ein.

Da begann auch fuer diesen edlen Wirkungskreis am 30. Januar 1933 die Krise hereinzubrechen. Es kann als bekannt vorausgesetzt werden, dass sowohl im Faszismus, wie im

1 Joseph B. Levy, Mein Leben in Deutschland vor und nach dem 30. Januar 1933, S. 49–60; Harvard-Preisausschreiben, Nr. 135.

2 Joseph B. Levy (1870–1950), Volksschullehrer; Lehrer und Kantor der jüdischen Gemeinde in Frankfurt a. M., 1907–1937 Mitglied der Loge B'nai B'rith; am 10. 11. 1938 verhaftet, aber aus Altersgründen freigelassen; 1939 emigrierte er in die USA.

3 Der gesamte Bericht, abgesandt aus Dorchester/Mass., umfasst 90 Seiten. In den Teilen A bis E schildert Levy Kindheit und Jugend in Bremen, sein Leben in Frankfurt a. M. und den Beginn der NS-Zeit.

4 Fußnote im Original: „Siehe Beilage 9." Die Beilage ist hier nicht abgedruckt.

Nationalsozialismus das Freimaurertum wegen seiner Ausdehnung ueber die ganze Welt und wegen seiner ausgesprochen pazifistischen Ideale heftig befehdet wird und der Ausrottung verfallen ist. Nun hat zwar der U.O.B.B. (in Amerika J.O.B.B. genannt) gar nichts mit Freimaurerei zu tun und steht dieser weit aelteren Bewegung in keiner Weise nahe. Der Name „Loge" jedoch fuehrte dazu, den U.O.B.B. der Freimaurerei zu verdaechtigen bezw. zu beschuldigen. So kam es, dass bald nach der Machtergreifung Hitlers auch die juedischen Logen vorlaeufig geschlossen wurden oder vorsichtshalber ihren Betrieb einstellten, bis nach einigen Monaten (man sprach damals vom Eingreifen der amerikanischen Mutterloge, die die Beschuldigung der internationalen Verschwoerung zurueckwies) die Logentaetigkeit wieder aufgenommen werden konnte. Allerdings in stark beschraenktem Masse, denn alle Versammlungen und Zusammenkuenfte, besonders alle Vortraege, mussten bei der „*Ge*heimen *Sta*ats-*Po*lizei" (Gestapo) angemeldet werden. Vortraege und Referate mussten im Wortlaut vorgelegt und durften nach Genehmigung (nach etwa 14 Tagen) nur streng nach dem Manuskript gehalten werden. Das war natuerlich nur selten von unseren Rednern zu verlangen, denn sie wurden meistens nicht honoriert. Auch war es nicht jedermanns Geschmack, sich erstens an das geschriebene Wort zu klammern und zweitens sich von den meist anwesenden Gestapo-Beamten kontrollieren und gelegentlich auch stoeren zu lassen. Es war ueberdies verboten, hebraeische Zitate zu bringen, wiederum eine Erschwerung in der Behandlung von grossenteils religioesen und religions- und bibelwissenschaftlichen Stoffen, die in unserem Kreis beliebt und bevorzugt waren und den Inhalt unserer Vortraege und Besprechungen bildeten. So wurde bald auf diese bisherigen Themen unserer Logen-Abende verzichtet und man begnuegte sich mit Diskussionen ueber angemeldete Themen, Schriften, Buecher und mit Rezitationen oder mit musikalischen Darbietungen. Selbst diese letzteren wurden oft von der Zensur der Gestapo gestrichen, besonders, wenn es sich um „arische" Autoren handelte (wie oben bereits ausgefuehrt). Dennoch waren unsere Zusammenkuenfte besser als frueher besucht, denn sie waren den Bruedern und Schwestern doch ein schwacher Ersatz fuer die entbehrten Theater, Konzerte und andere Abendunterhaltungen. Auch war man gluecklich, mit Freunden, Gesinnungs- und Leidgenossen ein gemuetliches Stuendchen verleben zu koennen. – Die humanitaere Taetigkeit der Loge vervielfaeltigte sich jedoch von Tag zu Tag. Die steigende Not und Arbeitslosigkeit aller juedischen Kaufleute, Gewerbetreibenden, Kuenstler, Aerzte und Rechtsanwaelte griff sogar in unsere Kreise empfindlich ein. Unsere alte Parole, einst unser Stolz, uneigennuetzig nur anderen zu helfen, konnte nicht mehr gewahrt bleiben. Einst zahlungsfaehige Helfer wurden Notleidende und Unterstuetzte. Der materielle Abstieg der ehemals potenten und hilfsbereiten Mitglieder – nur solche waren ja grundsaetzlich aufgenommen worden – wurde immer deutlicher sichtbar, und die zunehmende Auswanderung verminderte die Zahl unserer Brueder, so dass 1937 von unseren einst 600 Mitgliedern nur noch etwa die Haelfte uebrig geblieben war. Meine Taetigkeit als Praesident und Mentor, welche Aemter ich in den letzten Jahren abwechselnd bekleidete, bestand daher groesstenteils in der Caritas ausserhalb und innerhalb der Loge, und ich tat einen tiefen Blick in die durch Hass und Verfolgung entstandene Not. Hier helfend eingreifen zu koennen, entsprach meinem Wunsch und beglueckte mich so sehr, dass ich trotz aller Warnungen meiner Frau und meiner naechsten Freunde das schwere, verantwortungsvolle und – vielleicht – Gefahr bringende Amt der Logenfuehrung immer wieder annahm, zumal bei der stetigen Abwanderung der Intellektuellen ein fuehlbarer Mangel an geeigneten Persoenlichkeiten eintrat. Die Warnungen waren leider berechtigt, denn meine Bereitwilligkeit, verbunden mit einem starken Bewusstsein der Verantwortung fuer die notwendige und richtige Weiterfuehrung einer so alten, im ganzen Orden geachteten Loge, wurde mir persoenlich zum Verhaengnis, als ploetzlich, „schlagartig“ – wie es der Brauch im nationalsozialistischen Staat – das Unglueck ueber unsere Vereinigung hereinbrach.

In manchen Laendern des Reichs, zuerst in Bayern, aber auch an einzelnen Orten Preussens, waren bereits frueher die juedischen Logen geschlossen, ihre Taetigkeit verboten und ihr Besitz beschlagnahmt worden. Wir aber fuehlten uns, mit den geschilderten Einschraenkungen, gewissermassen sicher, so dass ich das Jubilaeum der Loge festlich vorzubereiten begann. Da – es war nach meiner Erinnerung Anfang Februar 1937[5] – erschienen eines Montag Morgens gegen 7 Uhr in meiner Wohnung zwei Herren, liessen sich von der erschrockenen Hausangestellten an mein Schlafzimmer fuehren und weckten mich mit starken Schlaegen gegen die Tuer. Ich kleidete mich notduerftig an und fragte nach dem Grunde dieser Stoerung. Die Herren, bei aller Strenge uebrigens hoeflich, stellten sich als Beamte der Gestapo vor, liessen sich in mein Arbeitszimmer fuehren und fragten mich nach den etwa vorhandenen Logenakten und anderen auf die Loge bezueglichen Papiere, Buechern, Geldern u.s.w. Ich konnte ihnen nur wenig Material geben, da, wie ich ihnen sagte, die Logenakten fast ausschliesslich im Buero in unserem Logengebaeude verblieben. Ich lieferte also meine Aktenmappe mit wenig Inhalt, sowie einige Schriften und Buecher aus. Die Herren nahmen eine bedeutungslose „Haussuchung“, hauptsaechlich in meinem Buecherschrank und meinem Schreibtisch vor, besonders nach Auslandskorrespondenz suchend und die wenige vorhandene fluechtig lesend. Sie erlaubten mir, mein Morgengebet zu verrichten und zu fruehstuecken, und dann fuehrte man mich, oder umgekehrt ich die Herren, da sie sich als ortsfremd bekannten, in das nicht ferne Logenhaus. Als ich die Vermutung aussprach, dass das Haus noch geschlossen sei, eroeffneten mir die Herren, dass hier die Durchsuchung schon um 5 Uhr morgens begonnen habe, und wirklich war es fuer mich beim Eintreffen ein erschreckender Anblick, dass das Haus bereits von fremden Leuten wimmelte, die eine radikale Bestandsaufnahme veranstalteten, alle beweglichen Gegenstaende, besonders Schreibtische, Tische, Stuehle und Schreibmaschinen, sammelten, alle Schraenke aufbrachen und so das einst so wohnliche Heim bald in ein scheussliches Wirrwarr versetzten. An aufgestellten Wachen und Posten vorbei wurde ich in eines der Clubzimmer gefuehrt, wo ein kleiner Gerichtshof (3–4 Herren) auf mich wartete und mich vernahm. Wenn ich geglaubt hatte, nun ueber den Betrieb der Loge, deren Tendenzen, Taetigkeit, Mitglieder u.s.w. befragt zu werden, so wurde ich bald eines andern belehrt. Nach ganz kurzer Aufnahme meiner Personalien und meiner Stellung in der Loge wurde lediglich kurz und buendig nach dem Vermoegen der Loge gefragt, worin dieses bestehe und wo sich vor allem das Barvermoegen befinde. Meine Auskunft ueber diese finanziellen Fragen konnte natuerlich nicht befriedigend sein, da diese Dinge nicht in mein Ressort fielen. Ich verwies nach dieser Richtung auf den Schatzmeister und den Finanzsekretaer, die allein genaue Angaben darueber machen koennten. Doch war man damit noch nicht zufrieden, denn man wollte offenbar gern recht bald genau wissen, was an Barvermoegen zu erwarten und zu ergattern sei. So gab ich eine oberflaechliche Zusammenstellung der Vermoegensverhaeltnisse der Loge, die ein großes wertvolles Grund-

5 Tatsächlich geschah das am 19. 4. 1937; siehe Lagebericht des SD II 112 für die Zeit vom 1. 4.–30. 6. 1937, Die Judenpolitik des SD, S. 121.

stueck an einer der bedeutendsten Verkehrsstrassen der Stadt besass, im Wert von etwa 750 000.– Mark, und ein wunderschoenes Versammlungshaus mit grossen Saelen und Clubraeumen, mit einer umfangreichen Bibliothek, mit schoener Moebelausstattung und wertvollen Originalgemaelden, Aquarellen und Zeichnungen, ferner in den oberen Stockwerken zwei grosse Mietwohnungen. Das Haus war durch Hypotheken nicht stark belastet, und eines der kleinen, dazu gehoerigen Nachbargrundstuecke war kurz vorher an den „Rundfunk" verkauft worden. Auf die wiederholten barschen Fragen: „Wo ist das Geld? Wo haben Sie es versteckt?" konnte ich den Herren wahrlich keine ihnen genuegende Antwort geben. Ihre Verdaechtigungen liessen mich kalt.

Das ganze Verhoer, das sich also in der Hauptsache um den zu beschlagnahmenden Besitz drehte, dauerte infolgedessen nur etwa eine halbe Stunde. Es verlief im ganzen in ruhigen, anstaendigen Formen. Nach seiner Beendigung wurde ich in den grossen Festsaal verwiesen, wo ich mit gemischten Gefuehlen eine ganze Zahl von Leidensgenossen, Praesidenten, Expraesidenten und anderen Beamten der eigenen und der zwei anderen Frankfurter Logen begruessen durfte, deren Domizil sich gleichfalls in unserem Gebaeude befunden hatte. Diese Begruessung konnte allerdings nur in einem Blick bestehen, da jedes Gespraech von den Aufsichtsbeamten, mehr oder weniger freundlichen, nicht uniformierten S.S.-Leuten und Beamten der Gestapo, verboten wurde. Auch das Rauchen wurde mit dem Hinweis auf Feuergefahr untersagt, waehrend manche, besonders die juengeren Aufseher eine Cigarette nach der anderen anzuendeten, sich dabei auf Baenken und Stuehlen raekelnd und uns aeltere Herren offenbar verspottend. Der Saal war und wurde uebrigens trotz vorhandenem Heizmaterial und trotz Anwesenheit des angestellten Heizers nicht geheizt, so dass wir empfindlich froren und uns durch Bewegung zu erwaermen suchten. Meine bescheidene Frage an den leitenden Beamten, ob wir nunmehr nicht nach Hause gehen koennten, da ja doch die Akten der Loge zur Verfuegung staenden und wir selbst jederzeit befragt werden koennten, wurde verneint. Es war augenscheinlich mit unserer Vernehmung und der ganzen Aktion auch eine gewisse Strafmassnahme verbunden, und ich sollte persoenlich darueber noch recht drastisch eines besseren belehrt werden.

Schon um 9 Uhr morgens etwa rief mich der Oberfuehrer des Untersuchungsstabs zu sich und ueberreichte mir feierlich das Aufloesungsdekret.[6] Es war vom Ministerium des Innern (Himmler) ausgestellt und vom Regierungspraesidenten unterzeichnet.[7] Es war an mich als derzeitigen Praesidenten der Frankfurt-Loge adressiert und enthielt unter Hinweis auf das entsprechende „Recht" die Entscheidung, dass die Loge und der U.O.B.B. „staatsfeindliche Bestrebungen" verfolgt und unterstuetzt haetten, darum aufgeloest wuerden, dass unser gesamtes Vermoegen bis auf weitere Verfuegung beschlagnahmt sei und wir unter Androhung schwerster Strafen keinerlei aehnliche Vereinigung gruenden oder ihr angehoeren und keine Zusammenkuenfte mehr veranstalten duerften. Der Aktionsfuehrer forderte mich auf, dieses Dekret mit meiner Unterschrift zu versehen. Ich verweigerte dies, da ich unmoeglich anerkennen koenne, jemals staatsfeindliche Bestrebungen verfolgt oder unterstuetzt zu haben. Erst nach der Versicherung, dass ich mit meiner Un-

6 Fußnote im Original: „Es ist noch im Original in meinem Besitz, befindet sich aber leider in meinem Lift, der noch in Deutschland verblieb."

7 Auflösungsdekret: Mit dem Runderlass des RFSS (S–PP II B Nr. 331/36) wurde am 10. 4. 1937 der „Unabhängige Orden Bne Briß" aufgelöst und dessen Vermögen beschlagnahmt; Ministerialblatt des Reichs- u. Preuß. MdI, Nr. 27 vom 7. 7. 1937, S. 1062.

terschrift nur den Empfang des Dekrets bescheinige, unterzeichnete ich das Todesurteil meiner, der Frankfurt-Loge. Es war einer der schmerzlichsten Augenblicke meines Lebens.

Inzwischen waren auch alle anderen Funktionaere und Beamten unserer eigenen und der zwei Schwesterlogen, sowie der drei Frauenvereinigungen erschienen und zum Teil sehr unfreundlich vernommen worden. Trotz des Sprechverbots erfuhr ich von den mitanwesenden Freunden, dass diese zum Teil schon um 6 Uhr morgens und von sehr groben und unfreundlichen Personen verhaftet waren, wobei Beschimpfungen, Beleidigungen und Verdaechtigungen ihnen ins Gesicht geschleudert wurden. Den erhofften Erfolg hatten die Haussuchungen natuerlich nicht; doch wurden allerhand Wertgegenstaende kurzerhand mitgenommen und konfisziert. Der Saal fuellte sich. Die Stimmung im Haus verschlechterte sich zusehends, je mehr die Zeit vorrueckte und das Resultat offenbar materiell nicht befriedigt hatte – man hatte uns fuer reicher gehalten! – Nun verlegte man sich auf persoenliche Verdaechtigungen und Quaelereien verschiedener Art. So wurde einer meiner Freunde beschuldigt, zu einer angeblich „arischen" Angestellten unmoralische Beziehungen gehabt zu haben. Auf seinen Wunsch wurde diese Dame herbeigeholt – das Resultat der genauen Untersuchung, die mit allen Schikanen, Kreuz- und Querfragen gefuehrt wurde, war nicht dem Wunsch des Untersuchenden entsprechend: es bestanden keinerlei persoenliche oder gar unsittliche Beziehungen zwischen dem Chef und der Angestellten, die obendrein eine Juedin war. – Ein anderer, ein bekannter Maler und Graphiker, wurde bei dem „schrecklichen" Verbrechen ertappt, zum Zeitvertreib kleine Skizzen zu entwerfen. Der Aufsichtsbeamte glaubte, selbst karikiert worden zu sein, und stellte den ehrenwerten Mann wie einen Schulbuben an die Wand, befahl ihm auch, hingefallene Papierstuecke vom Boden aufzuheben und den Saal mit einem Besen zu reinigen.

Ich selbst blieb bis etwa 2 Uhr nachmittags unbehelligt. Dann ploetzlich wurde ich zu einer besonderen Vernehmung aufgerufen. Ein ganz sachlich handelnder Beamter befragte mich ueber einen Frankfurter Verein „Gesellschaft der Freunde",[8] der angeblich mit der Loge zusammenhaengen sollte. Natuerlich glaubte man mit dieser Begruendung, wenn sie sich bewaehrt haette, auch diesen Haus- und Vereinsbesitz konfiszieren zu koennen. Die Fragen nach einem Zusammenhang der beiden Korporationen verneinte ich nach bester Kenntnis ganz entschieden. Der Verein hatte mit der Loge und dem Orden ganz und gar nichts zu tun. Was ich ueberdies von ihm wusste, war nur sehr wenig. Meines Wissens hatte er ausschliesslich juedische Mitglieder und verfolgte nur gesellschaftliche Zwecke. Die Zusammenkuenfte seiner Mitglieder waren, so hatte ich gehoert, nur dem Kartenspiel gewidmet. Das teilte ich dem Untersuchenden mit, konnte ihm aber auf seinen Wunsch nur ein einziges Mitglied namhaft machen, dessen Zugehoerigkeit zu dem besagten Verein ich zufaellig durch den Herrn selbst einmal erfahren hatte, da er auch zu meinen Logenbruedern gehoerte. – Mit dieser knappen Auskunft war man wiederum offenbar nicht zufrieden, und nach etwa einer Stunde wurde ich nochmals und zwar dieses Mal vor einen groesseren Gerichtshof geladen. Er bestand aus mehreren aelteren und

8 Die Gesellschaft der Freunde wurde u. a. von dem Schriftsteller Isaac Abraham Euchel 1791 in Berlin gegründet. Neben Bildung und Aufklärung widmete sie sich karitativen Aufgaben. In Breslau, Dessau, Leipzig und Frankfurt a. M. entstanden später ähnliche Gesellschaften. Die ursprünglich jüdische Gesellschaft der Freunde förderte die Verständigung mit den Christen und nahm in der Weimarer Republik auch nichtjüdische Mitglieder auf.

juengeren Beamten und S.S.-Leuten. Waehrend die Aelteren und Vernuenftigeren sich bei meiner auch jetzt negativen Auskunft scheinbar beruhigten, bekamen nun zwei Juengere die Oberhand. Es war leicht zu beobachten, dass ueberhaupt waehrend der ganzen Aktion die ruhigeren, vornehmeren, aelteren Beamten die juengeren Draufgaenger fuerchteten. Jetzt begann fuer mich ein 2- bis 3-stuendiges Martyrium. Ich lernte zum ersten Mal in drastischer Form die Untersuchungsmethoden des „Dritten Reiches" und die grausame, qualvolle Art des Verfahrens gegen meist unschuldige, selten schuldige Verfolgte kennen. Was ich auch von meiner belanglosen und unklaren Kenntnis genannter Vereinigung vorbrachte – es wurde mir nichts geglaubt, weil man nichts glauben *wollte*. Ich *muesse* diesen Verein kennen. Ich sei einer der aeltesten im Logenkreise, sei ein alter Beamter der juedischen Gemeinde, wohne seit mehr als vier Jahrzehnten am Orte, alle meine Angaben seien luegenhaft, falsch, ungenuegend. Ich verschweige die mir nur allzu bekannte Wahrheit. Ich *muesse* mehr wissen, sowohl ueber die Zwecke des Vereins, wie ueber seine Mitglieder – kurz, ich sei ein Luegner! Ich verwies auf meine Position in der Gemeinde und in der Schule, auf meine fuehrende Stellung in der Loge und in vielen Vereinen und Verbaenden, auf meine Unbestraftheit, auf meine Ehrbarkeit, bot meinen Eid an – alles half nichts. „Was ist schon ein Judeneid?!" wurde mir frech entgegnet, was ich freilich ganz energisch zurueckwies mit den Worten: „Ich nehme fuer mich die volle Wahrhaftigkeit meines Eides in Anspruch." Aber alles half nichts. Man glaubte mir angeblich nicht: man wolle schon die ganze Wahrheit erfahren, und wenn es nach meiner Verhaftung und Verbringung ins Zellengefaengnis waere. Ich sagte, alles, was ich mehr von diesem Verein sagen wuerde, koenne von mir nur erdichtet werden, da ich das Heim der „Gesellschaft der Freunde" nur von aussen kenne und nie betreten habe. Uebrigens sei ja das Haus in der naechsten Naehe, man koenne es schnell aufsuchen und alles Wissenswerte dort leicht erfahren. Das geschah nicht – ein Beweis dafuer, dass es jetzt nur noch auf meine Drangsalierung abgesehen war. Man wurde immer erregter, bedrohte mich wiederholt mit strengeren Massnahmen, stellte mich stundenlang mit dem Gesicht zur Wand, ohne dass ich diese zu meiner Stuetze auch nur beruehren durfte. Bei einem Versuch schlug man meine Hand frech herunter. Ich bemerkte, dass ich 67 Jahre alt sei und erst kuerzlich einen schweren Autounfall ueberstanden habe. „Daran sind Sie gewiss selbst schuld gewesen!" war die bloede, gefuehlsrohe Antwort. Jede Viertelstunde kam einer der Quaelgeister an mich heran mit der haemischen Frage, ob ich immer noch nicht mehr wisse. Einmal kam dieser Bursche aus dem Saal und behauptete mit erhobener Stimme, unter meinen Freunden da drinnen seien mehrere, die bestaetigt haetten, mich schon oft in der „Gesellschaft der Freunde" gesehen zu haben. Ich haette dort oft Skat gespielt. Ich erwiderte ihm, diese Leute seien offenbare Luegner. Darauf erfolgte natuerlich keine Antwort und ebenso selbstverstaendlich keine Konfrontierung mit diesen angeblichen Zeugen.
Nach fast 3 Stunden solcher Quaelerei und mittelalterlichen Untersuchungsmethoden schien man doch endlich die Hoffnung aufzugeben und entliess mich – ich war nahe daran, meine Kraefte zu verlieren und einer Ohnmacht nahe – in den grossen Saal. – In diesem hatte inzwischen unter der Anfuehrung einiger der frechsten Luemmel unter den „Beamten" ein foermliches Schreckensregiment Platz gegriffen, dessen Ausbrueche ich bereits durch die Saaltuere vernommen hatte. Die verhafteten Herren (meist 50–60 jaehrig) wurden in Reih und Glied geordnet und mussten soldatisch marschieren und exerzieren (natuerlich aus Mitgefuehl, damit sie in dem kalten Saal nicht frieren!). Dabei fielen die groeblichsten Beleidigungen und Beschimpfungen, wenn einer der immerhin bejahr-

ten Herren ein wenig nachliess; nur Herzkranke wurden zeitweise beruecksichtigt, jedoch erst dann, wenn ein anwesender Arzt, einer der Verhafteten, auf sein Ehrenwort die Notwendigkeit der Schonung bestaetigte. Ich versuchte nach meiner Rueckkehr in den Saal, an den Marschuebungen teilzunehmen. Einer der aelteren Aufsichtsbeamten jedoch bemerkte, wie schwer es mir wurde, und erlaubte mir gnaedig, mich niederzusetzen. Da aber versagten auch schon meine Kraefte, und ich erlitt einen heftigen Nervenzusammenbruch. Endlich, etwa 7 Uhr abends, wurden wir unter nochmaliger Verwarnung vor der Fortsetzung jedweder Logen-aehnlichen Zusammenkuenfte und Taetigkeit entlassen.
In den naechsten Tagen hatte ich noch oefter telefonische Rueckfragen ueber den Verbleib einiger Akten und aehnlicher fuer die Scheinuntersuchung notwendigen Schriften zu beantworten, was sich noch bis zum Herbst erstreckte. Meine letzte persoenliche Vernehmung war am juedischen Neujahrsfeste, wovon man mich trotz meines Protests unter Hinweis auf die Heiligkeit des hoechsten Feiertags nicht befreite. Auch diese Untersuchung galt wie die erste lediglich dem zu raubenden Logenbesitz, den Haeusern und dem Vermoegen, und niemand anders wurde ausser mir damit behelligt, als unser Finanzsekretaer. Von da ab aber habe ich von unserem ehemaligen praechtigen Logenheim nichts mehr vernommen. Die Gebaeude blieben scheinbar lange unbenutzt. Wahrscheinlich machte die Besitzergreifung durch die Uebernahme der Hypothek (der Glaeubiger wohnte in der Schweiz) einige Schwierigkeiten. Das Emblem der Loge ueber dem Eingang wurde einige Monate spaeter durch den Steinmetz abgehauen. Was aus unserer kostbaren Bibliothek, den Bildern und Kunstgegenstaenden geworden ist, wurde nicht bekannt. Natuerlich ging es unseren zwei Schwesterlogen in Frankfurt und saemtlichen deutschen Logen nicht anders. Auch sie und ihre Frauenvereinigungen wurden ihres Besitzes enteignet, manchmal sogar unter mehrtaegiger Freiheitsberaubung der Praesidenten und anderen Beamten. Die Damen-Vorsitzenden wurden ohne Ruecksicht gleichfalls gepeinigt und belaestigt, besonders die Leiterin *unserer* Logenschwestern, die, weil sie den Geldbesitz ueber ihr eigenes Postscheck-Konto hatte fuehren lassen, sogar ein betraechtliches eigenes Vermoegen einbuesste, trotzdem sie natuerlich genau Buch gefuehrt hatte. Zu bedauern waren auch die Angestellten der Loge, der Kastellan des Hauses, ein Nichtjude, und unsere Sekretaerin, eine Juedin. Beide verloren mit der Aufloesung und Schliessung der Loge urploetzlich ihre langjaehrige Stellung, ihre Einkommen und ihre Altersversorgung. Alles das waere im frueheren Deutschland mit seiner ausgezeichneten Fuersorge fuer das Alter und die Invaliditaet, vor allem auch bei einer so achtbaren Vereinigung nicht moeglich gewesen. Schwer lastete besonders auf mir als dem einst Verantwortlichen die Sorge um unsere Witwen und Waisen, die bis dahin von uns eine monatliche Rente bis zur Hoehe vollkommener Versorgung bezogen hatten. All meine und meiner Freunde Bemuehungen nach dieser Richtung hatten nur den schwachen Erfolg, dass wir aus anderen Quellen fuer etwa ein Jahr ueber die Aufloesung der Loge hinaus den Armen mit einem kleinen Teilbetrag ihrer frueheren Bezuege helfen konnten. Dann sind sie der juedischen oder allgemeinen Armenfuersorge anheimgefallen, und so leiden die Angehoerigen und Hinterbliebenen einst wohl situierter Logenbrueder jetzt bittere Not.
Dass unsere Freundesschar gar nicht mehr zusammenkommen durfte und alle frueher so engen Beziehungen aufgeloest wurden, schmerzte uns ebenfalls sehr. Aber alle Zusammenkuenfte, selbst solche aus religioesen Gruenden, waren ausserhalb der Synagogen verboten und, wenn nicht ausnahmsweise besonders genehmigt, mit Gefahr, mindestens mit laengerer Freiheitsberaubung verbunden. So endete ein Vereinsleben, wie es wert- und

wirkungsvoller nicht vorstellbar ist, durch die rohe Gewalt, die Gier nach fremdem Besitz, Zerstoerungswut und Menschenhass. –
[...][9]

DOK. 275
Hermann Lesser schlägt dem Reichsverband Deutscher Kleintierzüchter am 27. April 1937 die Gründung einer jüdischen Hundezüchter-Organisation vor[1]

Schreiben von Hermann Lesser, Berlin-Wilmersdorf, Rudolstädterstr. 53/8, an Präsident K. Vetter,[2] M.d.R., Reichsverband Deutscher Kleintierzüchter, Berlin SW 11, Hafenplatz 5, vom 27. 4. 1937 (Abschrift)[3]

Sehr geehrter Herr Präsident!
Durch Anordnung des früheren Reichsverbandsführers des Reichsverbands für das Deutsche Hundewesen wurde mit Wirkung vom 1. 1. 1937 den nichtarischen Mitgliedern nahegelegt, aus dem R.D.H. auszuscheiden.[4] –
Um Schädigungen in der Zucht durch unkontrollierte Züchtungen von Hunden durch Nichtarier zu vermeiden, habe ich mich damals sofort an Herrn Glockner gewandt und angefragt, ob die Gründung eines Verbands nichtarischer Hundeliebhaber nicht in Frage kommen könnte. Dieser Verband sollte vollkommen selbständig und ohne jede Belastung des R.D.H. die Zucht von Hunden durch Nichtarier kontrollieren und die Eintragung dieser Zuchtprodukte in die Stammbücher des R.D.H. vermitteln. Damit würde nach meiner Ansicht eine Schädigung der Hundezucht in Deutschland vermieden. – Nach meinen Ermittlungen befinden sich viele Zuchttiere in Händen von Nichtariern.
Auch die Ausbildung der Diensthundrassen, wie Schäferhunde usw., von denen ich selbst 3 Tiere besitze, ist durch den Austritt der Nichtarier aus dem R.D.H. vollständig unterbunden, da ein gemeinschaftliches Arbeiten der Ausgeschiedenen evtl. als verbotene Vereinigung angesehen würde. –
Herr Glockner teilte mir am 19. d. Mts. mit, dass ich mich dieserhalb an Sie wenden sollte. –
Ich war 10 Jahre Mitglied der jetzigen Fachschaft für deutsche Schäferhunde, früher S.V.
Falls die Möglichkeit der oben angeführten Gründung bestehen sollte, stehe ich jederzeit zwecks näherer Ausführungen zu Ihrer Verfügung. –
Ihrer diesbezüglichen geschätzten Nachricht gern entgegensehend, zeichne ich
mit vorzüglicher Hochachtung

9 Im folgenden Teil seines Berichts schildert Levy die Jahre 1938 und 1939, vor allem die Verhaftungen von Juden im Juni 1938 und den Pogrom vom November 1938.

1 BArch, R 3601/1859, Bl. 317.
2 Karl Wanfried Vetter (*1895), Landwirt; 1929 SA- und NSDAP-, 1934 SS-Eintritt; 1933–1935 Hauptabteilungsleiter und 1935–1937 Generalinspekteur des Reichsnährstands; von 1933 an Präsident des Reichsverbands Deutscher Kleintierzüchter.
3 Im Original handschriftl. Unterstreichungen. Die Abschrift übersandte der Reichsverband Deutscher Kleintierzüchter e. V. am 13. 12. 1937 an den StdF mit der Bitte um Stellungnahme; wie Anm. 1, Bl. 316.
4 Im Vergleich zu vielen anderen Organisationen schloss der Reichsverband für das deutsche Hundewesen jüdische Mitglieder sehr spät und offenbar auf Druck der Obersten SA-Führung aus. Max Jüttner (1888–1963) hatte Ende 1936 der SA untersagt, mit dem Reichsverband gemeinsame Veranstaltungen durchzuführen, so lange dieser nicht „Juden und Judenstämmlinge restlos aus seinen Reihen ausgeschieden hat"; Rundschreiben Oberste SA-Führung vom 12. 11. 1936, BArch, NS 23/557.

DOK. 276
Adolf Hitler erläutert NSDAP-Kreisleitern in der Eliteschule NS-Ordensburg Vogelsang am 29. April 1937 sein taktisches Vorgehen gegenüber den Juden[1]

Auszug aus der Ansprache von Adolf Hitler, Ordensburg Vogelsang, am 29. 4. 1937[2]

Meine Parteigenossen! […][3]
Wir erleben diese Krise heute in unserer Umwelt.[4] Sehen Sie nur nach Frankreich. Der französische Staat ist nicht aus einer demokratischen Freizügigkeit entstanden, aber die demokratische Freizügigkeit wird diesen Staat zugrunde richten, oder sie wird abgelöst werden durch irgendeine neue Führungsform. Auch wir in Deutschland haben dieses Problem ja erlebt, und wir sind ja aus dieser Krise selbst geworden. Und wir haben sie in Deutschland gemeistert. In Deutschland ist diese demokratische Form abgelöst worden durch den nationalsozialistischen Führungsstaat. In anderen Ländern ist es ersichtlich der Kommunismus, der siegt, der aber auch die Demokratie beseitigt. In diesen Ländern ist es dann letzten Endes die Aufrichtung der Herrschaft eines internationalen Judentums, das mit Mitteln der brutalsten Gewalt sich den Völkern aufpfropft und diese Völker dann auch führt. Wieder in anderen Ländern ist dieser Kampf heute teils in der Entwicklung begriffen, teils bereits im hellen Ausbruch, teils kündigt er sich an.
[…][5]
Und der Führerstaat braucht ja vorm Genie keine Angst zu haben, das ist ja der Unterschied von der Demokratie. Wenn in der Demokratie einer z. B. Gauleiter sein würde, so müsste er eine wahnsinnige Angst haben, dass vielleicht unter ihm ein Talent kommt, wenn er sagen muss: „Wenn der Kerl so weitermacht, in kurzer Zeit hat der die Leute hinter sich, und dann setzt er mich ab. Bums! Dann habe ich den Lohn für meine ganze Arbeit." Also, in der Demokratie muss man aufpassen, dass ja kein Talent zum Vorschein kommt. Wenn irgendwo ein Talent zum Vorschein kommt, dann muss man es schleunigst umbringen. Das ist Selbsterhaltungstrieb dort. [Gelächter] Im Führerstaat ist das gar nicht der Fall, denn er weiß ganz genau, der kann noch so talentiert sein, der kann ja den gar nicht beseitigen. Im Gegenteil, wenn er sich Mühe macht ihn zu beseitigen, versündigt er sich an der Disziplin und am Gehorsam, und damit zeigt er, dass er nicht fähig ist, selber zu führen. Damit ist er erledigt.
Daher wird im Führerstaat weitaus eine größere Wahrscheinlichkeit bestehen, dass das Talent gefördert wird. Es kann ja keinem Führer gefährlich werden. Im Gegenteil, indem er das Talent findet, stützt er sich selbst noch, er schafft sich klassische und glänzende Mitarbeiter, und von all diesen Mitarbeitern kann nur der rechnen, es zu etwas zu bringen, der selber wieder absolut treu und gehorsam ist. Denn der zeigt nur, dass er allein fähig ist, wirklich auch eines Tages zu führen. Denn wo käme man denn hin, wenn der, der selbst nicht Treue und Gehorsam üben will, später einmal Treue und Gehorsam verlangen

1 DRA, 2613005. Abdruck der Rede in: Es spricht der Führer, S. 123–177.
2 Texttranskription hier nach der Tonaufnahme. Gesamtdauer der Rede: 137 Minuten, 40 Sekunden.
3 Im Original hier zunächst eine einleitende Passage zur Vorgeschichte.
4 Hitler bezieht sich hier auf die Krise der Demokratie, über die er im vorhergehenden Teil der Rede gesprochen hatte.
5 Hier folgen Passagen zur antidemokratischen NS-Auffassung von der Staatsführung, zur Rolle der NSDAP, zur Auslese in der Jugend sowie über Disziplin und Gehorsam.

wollte? Denn das muss er ja auch, ohnedem geht es nun einfach nicht. Das sind eiserne Grundsätze, die durchgehalten werden müssen.
Es gibt daher in der Partei grundsätzlich kein Fordern, das gibt es nicht. Was heißt das auch, in der Partei z. B. „fordern"? Ich habe vor ein paar Tagen in einer Zeitung gelesen – ich werde mir den Mann kommen lassen und werde mich mit ihm über dieses Problem ganz kurz unterhalten –, der schrieb: „Wir fordern, dass auf jüdische Geschäfte nun ein Abzeichen kommt, und dass die jüdischen Geschäfte gekennzeichnet werden." In der *Zeitung*: „Wir fordern!" Nun muss ich sagen, sehen Sie: „Von wem fordert er das? Wer kann das anordnen? Ich ganz allein." Also, der Herr Redakteur fordert im Namen seiner Leser von mir, dass ich das tue. Zunächst: Längst eh' dieser Herr Redakteur von der Judenfrage eine Ahnung hatte, habe ich mich doch schon sehr gründlich damit beschäftigt; [Lachen] zweitens, dieses Problem der Kennzeichnung wird seit zwei, drei Jahren fortgesetzt erwogen und wird eines Tages so oder so natürlich auch durchgeführt.[6] Denn: das Endziel unserer ganzen Politik ist uns ja allen ganz klar. Es handelt sich bei mir immer nur darum, keinen Schritt zu machen, den ich vielleicht wieder zurück machen muss, und keinen Schritt zu machen, der uns schadet. Wissen Sie, ich gehe immer an die äußerste Grenze des Wagnisses, aber auch nicht darüber hinaus. Da muss man nun die Nase haben, ungefähr zu riechen: „Was kann ich noch machen, was kann ich nicht machen?" [Heiterkeit] Auch im Kampf gegen einen Gegner. [Große Heiterkeit und starker Beifall] Ich will ja nicht gleich einen Gegner mit Gewalt zum Kampf fordern, ich sage nicht: „Kampf!", weil ich kämpfen will, sondern ich sage: „Ich will dich vernichten! Und jetzt, Klugheit hilf mir, dich so in die Ecke hineinzumanövrieren, dass du zu keinem Stoß kommst, und dann kriegst du den Stoß ins Herz hinein." Das ist es! [Bravorufe und Beifall]
Das aber kann nicht die Masse entscheiden. Man muss glauben, dass eine Führung letzten Endes, die ein Ziel aufgestellt hat, auch die Verwirklichung dieses Zieles anstreben wird. Und da muss es Prinzip sein, und da muss jeder Parteiführer, ganz gleich wo er steht, muss das wieder von seinen Untergebenen genauso fordern, dass das dem jeweilig Zuständigen überlassen bleibt. Es wäre denkbar, dass z. B. so jemand, der eine solche Sache für richtig hält, sich an die zuständige Stelle wendet oder das auch persönlich weitergibt und sagt: „Wir halten das doch jetzt vielleicht für notwendig, dass das geschieht." Dann würde man ihm sagen: „Nein, das ist noch nicht der Zeitpunkt." Aber es ist ausgeschlossen, dass in dieser Bewegung jemals die Masse als entscheidendes oder auch nur als ein Druckmittel verwendet wird. Das gibt es nicht. Wenn wir hier *einmal abgleiten* würden, dann gibt es hier gar kein Halten, meine Parteigenossen. Und das dürfen Sie auch als Kreisleiter nirgends dulden, das gibt es grundsätzlich nicht. Immer ist einer dafür verantwortlich, der entscheidet. Wenn ein Ortsgruppenleiter oder ein Blockleiter oder so eine Meinung hat, dann kann er sich zu dem wenden. Er kann aber nicht seinen Block, seine Zelle oder seine Ortsgruppe zusammenholen und kann sagen: „Wir fordern jetzt vom Kreisleiter." Genausowenig können die Kreisleiter das vom Gauleiter fordern, und genausowenig können die Gauleiter das mit ihrem Anhang von mir fordern.
Das sind Grundsätze, die selbstverständlich sein müssen. Es gibt überhaupt in der Bewegung keinen Appell an die Masse, außer stets den Appell der zuständigen Stellen. Und dann hat unser Appell nie zu erfolgen, um die Masse zu bewegen, etwas zu fordern, son-

6 Zur interministeriellen Diskussion im Jahr 1935 siehe die Dok. 189 vom 20. 8. 1935 und 202 vom 25. 9. 1935.

dern um der Masse etwas Vollzogenes verständlich zu machen, oder sie auf etwas vorzubereiten, was im Vollzug begriffen ist. Denn das ist ja klar, dass wir nun stets die engste Beziehung mit dem Volk wünschen, und dass wir wissen, dass jede Entscheidung nur dann ihre letzte durchschlagende Kraft erhält, wenn man die möglichst große Masse des Volkes dahinterbringt, und dass es daher zweckmäßig ist, jede Entscheidung so lapidar zu fassen, dass das Volk das begreift, dass das Volk sagt: „Natürlich, das muss jetzt geschehen; ja, die haben ganz recht, wenn sie das machen; es ist richtig, die sollen das jetzt machen, wir sind auch dafür, ganz richtig." Im Gegenteil, es muss so sein, dass das Volk, wenn so eine Entscheidung fällt, dann sagt: „Aha, na, das haben wir schon lange geahnt, dass so etwas kommen wird [Lachen]; das ist auch richtig, das musste geschehen, Gott sei Lob und Dank."
[…][7]

DOK. 277

Die Behörde des Beauftragten für den Vierjahresplan bilanziert am 3. Mai 1937 die Auswirkungen der „Arisierung" des jüdischen Kunsthandels[1]

Vermerk des Ministerpräsidenten, Generaloberst Göring, Beauftragter für den Vierjahresplan (St.M.I. 601/37 II, 11020/36, 12042/36, 727/37), Ref. von Normann,[2] vom 3. 5. 1937 (Abschrift)

1.) *Vermerk*
Aus Einzeleingaben und einer Sammeleingabe des Rechtsanwalts und Notars Dr. Moral[3] Ende v. J. ging hervor, daß sich auf dem Gebiet des deutschen Kunsthandels eine sowohl nach der ideellen wie wirtschaftlichen Seite gefährliche Entwicklung angebahnt hat. Da sich eine große Zahl auch der bedeutendsten Kunsthandlungen in jüdischem Besitz befindet, schaltete der Reichspropagandaminister (die Reichskulturkammer) im Laufe des Jahres 1936 diese Betriebe k. Hd. aus, indem er ihre Weiterführung untersagte. Dadurch, daß den jüdischen Vorbesitzern nicht einmal gestattet wurde, den arischen Erwerbern der Betriebe an die Hand zu gehen, insbesondere ihnen ihre Erfahrungen zu vermitteln und ihre internationalen Verbindungen zu übertragen, wurde die Übernahme durch arische Interessenten gleichzeitig erschwert, wenn nicht gar verhindert.
Zu den verschiedenen Eingaben wurde über den Kulturminister der Generaldirektor der staatlichen Museen[4] gehört, der sich in seinem Gutachten vom 4. Januar 1937[5] ausführlich zu der Frage äußert und u. a. sagt:

7 Hier folgen Passagen zur Presse im NS-Staat, zur persönlichen „Volksführung" anstelle von schriftlicher Kommunikation, gegen die Bürokratie, zum nationalsozialistischen Lebensstil sowie zur kommenden Auseinandersetzung zwischen Demokratie und autoritärem Staat.

1 GStAPK, I HA, Rep. 90 M/44, Bl. 5–7.
2 Hans-Henning von Normann (*1903), Beamter; von 1926 an im Staatsdienst, 1933 als Regierungsassessor im Preuß. Staatsministerium Berlin, später Ministerialrat und Leiter des Referats 2 beim Beauftragten für den Vierjahresplan; 1937 NSDAP-Eintritt.
3 Dr. Reinhard Moral (1894–1958), Jurist; Rechtsanwalt und Notar in Berlin; galt seit 1933 als „Mischling" und beriet jüdische Auswanderer; Mitbegründer der Vereinigung Berliner Strafverteidiger.
4 Dr. Otto Kümmel (1874–1952), Kunsthistoriker; von 1924 an Direktor des Museums für Ostasiatische Kunst und 1933–1945 Generaldirektor der Staatlichen Museen in Berlin; NSDAP-Mitglied.
5 Nicht aufgefunden.

„Der vor einigen Jahren noch blühende ... in Deutschland beheimatete Kunsthandel ist heute so gut wie zerschlagen. ... Die großenteils durchgeführte Zerstörung des deutschen Kunsthandels ist das Werk der Reichskammer der bildenden Künste ... Werden die Geschäfte, weil sie jüdische sind, geschlossen oder von unerfahrenen Nichtjuden übernommen und damit ihres Rufes beraubt, so haben die Sammler keine Veranlassung mehr etwa Berlin oder München zu besuchen ... .
In Übereinstimmung mit den Direktoren Demmler,[6] Schmidt,[7] Winkler[8] und Zimmermann[9] empfehle ich daher, die Auflösung oder Arisierung derjenigen jüdischen Kunsthandlungen, gegen deren Geschäftsgebarung nur der Einwand zu erheben ist, daß ihre Inhaber Juden sind, mit größter Vorsicht vorzunehmen."
Um an Hand eines Einzelfalls ein klareres Bild zu erhalten, hat der hiesige Sachbearbeiter – einem Wunsch von Professor Binder[10] folgend – mit dem Kunsthistoriker Dr. phil. Grosse mündlich verhandelt und anschließend die beigefügte Notiz vom 3. Februar d. J. erbeten.[11] Aus ihr geht hervor, daß die Tätigkeit der Reichskammer der bildenden Künste sich anscheinend nur negativ auswirkt. Sie verbietet jüdische Betriebe, genehmigt einen Vorschlag zur Arisierung nicht, enthält sich aber auch zweckmäßiger Gegenvorschläge. Interessant ist auch die Behauptung Dr. Grosses, daß seit dem Herbst v. J. mindestens 200 Kunsthandelsunternehmen ausgeschaltet [worden] sind. Ersatz für diese Geschäfte ist, soweit sie Spezialgeschäfte sind, kaum oder gar nicht vorhanden. Eine Überführung der Geschäfte in arische Hände sei nur denkbar, wenn den bisherigen Inhabern während einer gewissen Übergangszeit die Einarbeitung des neuen Besitzers gestattet werde.
Über die geschäftliche und persönliche Qualität einiger bedeutender jüdischer Kunsthändler liegt eine Reihe positiver Gutachten vor; so wird z. B. zu Lederer auf den Oberpräsidenten Philipp von Hessen, Gen.Oberst von Seeckt und den ebenfalls verstorbenen Staatsrat Wiegand, zu Cramer auf den Geheimrat Zimmermann, die Direktoren Luthmer und Schmidt usw. verwiesen.
Da der Herr Ministerpräsident der Kunst und dem Kunsthandel besonderes Interesse entgegenbringt und da er überdies als Beauftragter für den Vierjahresplan – wenn andere es nicht tun oder nicht tun können – darauf hinwirken muß, daß vermeidbare Schädigungen unseres Devisenaufkommens vermieden werden, empfiehlt es sich, den Herrn Propagandaminister um Stellungnahme zu bitten und ihn dadurch auf eine Angelegenheit aufmerksam zu machen, deren Auswirkungen ihm anscheinend nicht bekannt sind.[12]

6 Dr. Theodor Demmler (1879–1944), Kunsthistoriker; Direktor des Deutschen Museums Berlin.

7 Dr. Robert Schmidt (1878–1952), Kunsthistoriker; 1918–1927 Direktor des Kunstgewerbemuseums in Frankfurt a. M., von 1928 an des Schlossmuseums in Berlin, von 1947 an des Zonal Fine Art Repository in Celle.

8 Dr. Friedrich Horst Winkler (1988–1965), Kunsthistoriker; von 1933 an Direktor des Kupferstichkabinetts in Berlin.

9 Dr. Ernst Heinrich Zimmermann (1886–1971), Kunsthistoriker; 1920–1936 Direktor des Germanischen Nationalmuseums in Nürnberg.

10 Vermutlich Dr. Dr. Julius Binder (1870–1939), Jurist und Staatswissenschaftler; 1900–1913 Professor in Rostock und Erlangen, von 1913 an in Würzburg sowie von 1919 an für römisches und deutsches bürgerliches Recht und Rechtsphilosophie in Göttingen.

11 Liegt nicht in der Akte.

12 Ein entsprechender Entwurf folgt in der Akte; wie Anm. 1, Bl. 6 f.

DOK. 278

Die Behörde des Beauftragten für den Vierjahresplan diskutiert am 7. Mai 1937 die Klassifizierung der Wertheim AG als „arisches" Unternehmen[1]

Vermerk des BVP (V.A.w.St.M.I. 5153.), gez. Marotzke,[2] Berlin, vom 7. 5. 1937 (Abschrift)

1.) *Vermerk:*
In der Wertheim-Angelegenheit sprach am 20. 4. 1937 Herr Reg.Präs. i.R. *Schönner*,[3] Vorsitzender des Aufsichtsrats, vor. Er erklärte, dass die personelle Umstellung der Wertheim A.G. nunmehr durchgeführt sei, womit die jüdischen Mitglieder aus den führenden Stellen restlos entfernt wären.[4] Bei dieser Sachlage würde es die Gesellschaft begrüßen, wenn nunmehr der Herr Ministerpräsident[5] seinen Einfluß dahin geltend machte, daß Wertheim zum arischen Betrieb ernannt würde. Ich wies Herrn Schönner darauf hin, daß gegen die Arisierung noch insofern Bedenken bestehen könnten, als das Aktienpaket von 51 %, das durch das Kuratorium zwar zur Zeit im Besitz der arischen Frau Wertheim[6] geb. Gilka sei, nach dem Ableben der Frau Wertheim geb. Gilka in den Besitz [von] deren Kindern gelange, die als Halbjuden anzusprechen seien. Es bliebe zu erwägen, ob es nicht möglich wäre, dieses Aktienpaket unter 50 % durch den Abverkauf von Aktien zu vermindern.
Herr Reg.Präs. i. R. Schönner als Vorsitzender des Aufsichtsrats sagte eine dementsprechende Klärung der Angelegenheit zu.
Herrn Staatsrat Neumann[7] ist Vortrag gehalten worden.
2.) *Wv. nach einem Monat.*

1 GStAPK, I HA, Rep. 90 B/222, Bl. 1 f.
2 Wilhelm Marotzke (*1897), Beamter; 1919 DNVP-, 1937 NSDAP- und SS-Eintritt; bis 1934 Leiter der Staatspolizeistelle Elbing, 1934 im Preuß. Staatsministerium tätig, von 1936 an im SD, von 1937 an beim Beauftragten für den Vierjahresplan, 1940 dort Ministerialdirigent.
3 Kurt Schönner, Jurist; von den 1920er-Jahren bis 1932 Ministerialrat im Preuß. MdI und 1932–1934 Regierungspräsident in Frankfurt (Oder).
4 Das Unternehmen hatte Abraham Wertheim (1819–1891) mit einem Geschäft in Stralsund begründet. 1930 betrieb die Familie Wertheim sieben Kaufhäuser. 1933 übertrug Georg Wertheim (1857–1939) seine Anteile an seine nichtjüdische Frau Ursula. Auf behördlichen Druck mussten 1936 auch die anderen Aktien „arisiert" werden. Nachdem 1937 Georg Wertheim zwangsweise ausgeschieden war, wurde die Firma 1938 in Allgemeine Warenhandels-Gesellschaft (AWAG) umbenannt. Der Name Wertheim blieb aber weiter in Gebrauch.
5 Gemeint ist Hermann Göring. Er sprach sich dafür aus, das RWM solle Gauleitung und Presse über die „vollzogene Arisierung" verständigen; Vermerk des Preuß. Ministerpräsidenten (Körner) vom 18. 6. 1937, wie Anm. 1, Bl. 2.
6 Ursula Wertheim, geb. Gilka (1885–1975), seit 1906 Ehefrau von Georg Wertheim. Beide ließen sich 1938 scheiden, um ihre Anteile an der Firma zu sichern. Nach Wertheims Tod heiratete sie 1941 Arthur Lindgens (1899–1976), den Vorsitzenden des Konsortiums der AWAG.
7 Erich Neumann (1892–1951), Jurist und Volkswirt; DNVP-Mitglied, 1933 NSDAP- und 1934 SS-Eintritt; von 1920 an im Preuß. MdI, von 1923 an im preuß. Handelsministerium tätig, 1932 Ministerialdirektor im Preuß. Staatsministerium; 1933–1942 Preuß. Staatsrat, 1936–1942 Leiter der Geschäftsgruppe Devisen des Beauftragten für den Vierjahresplan, von 1938 an StS; 1942 Teilnehmer der Wannsee-Konferenz; von 1942 an Generaldirektor der Deutschen Kalisyndikat GmbH; 1945–1948 Internierung.

DOK. 279

Die nach Prag emigrierte Bertha Meyer bittet die Devisenstelle beim Finanzamt Groß-Berlin am 14. Mai 1937 darum, ihr die Gebühren für die Lagerung ihres Hausrats zu erlassen[1]

Schreiben von Bertha Meyer, geb. Zwindorfer, Prag-Bubenec, an die Devisenstelle beim Finanzamt Groß-Berlin (Eing. 15. 5. 1937) vom 14. 5. 1937[2]

Bei der Hausrat-Verwahrung der Jüd. Gemeinde in Berlin NO. 55 Greifswalder Strasse 140/141 habe ich acht Kisten mit gebrauchtem Hausrat untergestellt, für die mir Mk. 135.– als Lagergebühr berechnet wurden und mangels Zahlung der Lagervertrag gekündigt ist.[3] Meine Bitte um Niederschlagung bezw. Erlassung dieses Betrages ist, da wir Devisenausländer sind, abhängig von der Genehmigung des Finanzamtes. Die Hausrat-Verwahrung der Jüd. Gemeinde dürfte, sofern die eben erwähnte Genehmigung erteilt würde, meiner Bitte stattgeben. Sie dürfte sich davon überzeugt haben, dass eine Versteigerung meines Hausrates nicht einmal die Kosten für diese erbringt. Irgendwelche Beträge zu zahlen, sind mein Mann oder ich nicht in der Lage. Mein Mann hat nach Kahlpfändung beim hiesigen Exekutions-Gericht zum Aktenzeichen E.IV 280/36 am 5. Oktober 1936 den Offenbarungseid geleistet. Er kann als Folge seiner Kriegsbeschädigung keinerlei Tätigkeit ausüben und wir haben beide keinerlei Verdienst noch sonstiges Einkommen.
Dass gegen uns nichts vorliegt, dürfte die Tatsache, dass die Deutsche Gesandtschaft in Prag uns neue Pässe erst im Jahr 1936 ausgestellt hat, am besten beweisen. Wir haben soeben unsere Einreiseerlaubnis nach Argentinien erhalten und bedürfen, nachdem wir durch die Pfändung unsere gesamte Habe verloren haben, *dringend* des Inhaltes der oben angeführten Kisten, die wir im Falle der Genehmigung unserer Bitte nach Argentinien mitnehmen wollen.
Aus all diesen Gründen bitte ich zu genehmigen, dass die Lagergebühren für die bei der Hausratverwahrung der Jüdischen Gemeinde zu Berlin NO. 55 Greifswalder Strasse 140/141 von mir untergestellten 8 Kisten erlassen bezw. niedergeschlagen werden.
Hochachtungsvoll

1 BLHA, Rep. 36 A/2661, Bl. 77.
2 Im Original mehrere Bearbeitungsvermerke, u. a. „Zu den Akten, 25. Mai 1937".
3 Viele Emigranten mussten bei der Ausreise Hausrat zurücklassen, welcher vorübergehend bei Spediteuren oder – wie hier – bei der Jüdischen Gemeinde gelagert wurde.

DOK. 280

Frankfurter Zeitung: Artikel vom 16. Mai 1937 über die infolge der jüdischen Massenemigration gestiegenen Einnahmen aus der Reichsfluchtsteuer[1]

Der Ertrag der Reichsfluchtsteuer. Vom Abschreckungsmittel zur Einnahmequelle.

In diesen Tagen erscheint Heft II des Jahrgangs 1937 der „Wirtschaftskurve".[2] Wir entnehmen dem Heft den folgenden Beitrag, der sich mit den Erträgen und dem im Laufe der Jahre gewandelten Charakter der Reichsfluchtsteuer befaßt. Die Schriftleitung.

Die Reichsfluchtsteuer war ursprünglich in der Notverordnung vom 8. Dezember 1931 als ein fiskalisches Abschreckungsmittel gegen Kapitalflucht geschaffen worden. Sie hat sich aber im Laufe der Jahre, obwohl dies von Haus aus gar nicht ihr Zweck war, für das Reich zu einer ziemlich ergiebigen Einnahmequelle entwickelt. Nach den Absichten, die bei ihrer Einführung maßgebend waren, sollte die Fluchtsteuer die legale Verbringung von Vermögen ins Ausland nicht verhindern, sie sollte sie aber in steuerlicher Beziehung „unrentabel" machen; wer seinen Wohnsitz verlegen wollte, um etwa in einer ausländischen Steueroase dem Zugriff des deutschen Finanzamts zu entgehen, sollte der Hoffnung beraubt werden, damit wirklich ein Geschäft machen zu können. Die Verordnung verbot deshalb ursprünglich weder die Verlegung des Wohnsitzes ins Ausland noch die Mitnahme des Vermögens, sie bestimmte aber, daß jeder Reichsangehörige, der seinen Wohnsitz oder seinen gewöhnlichen Aufenthalt im Inland aufgab, um ins Ausland überzusiedeln, ein Viertel seines Vermögens als „Fluchtsteuer" zu entrichten hatte, sofern er mehr als 200 000 Reichsmark Vermögen oder jährlich mehr als 20 000 Reichsmark Einkommen hatte; die Steuerpflicht trat unabhängig davon ein, ob das Vermögen ins Ausland mitgenommen wurde oder nicht.

Wenn man aus den verhältnismäßig geringen Erträgen, die die Fluchtsteuer in der ersten Zeit ihres Bestehens erbrachte, einen Schluß ziehen darf, dann scheint sie damals die beabsichtigte abschreckende Wirkung einigermaßen erzielt zu haben. Da sie auch die Personen erfaßte, die schon vor dem Erlaß der Verordnung, seit dem 1. Januar 1931, ins Ausland gegangen waren, gab es zunächst einiges an Steuer nachzuholen, aber im Laufe des ganzen Jahres 1932 blieb der monatliche Steuerertrag im Durchschnitt unter 100 000 Reichsmark. Erst vom Jahre 1933 an begann sich die Ergiebigkeit der Steuer allmählich zu heben. Dafür dürften vor allem zwei Gründe maßgebend sein: zunächst die strengere Kontrolle der Grenzen und die Ueberwachung des Geldverkehrs mit dem Ausland, die sich im Laufe der Zeit zur vollen Devisenbewirtschaftung ausbildete, verbunden mit einer schärferen Praxis der Finanzbehörden, zum anderen die vom Jahre 1933 an in stärkerem Maße beginnende jüdische Auswanderung ins Ausland. Die Tabelle zeigt für jedes Rechnungsjahr die Entwicklung der Steuer nach Kalendervierteljahren.

Bis Anfang 1933 blieb der Steuerertrag fast in jedem Quartal unter 1 Million Reichsmark, von 1933 an wurde dann ein Niveau von 4 bis 6 Millionen Reichsmark im Kalendervierteljahr erreicht. Die scharfe Spitze im Jahre 1934/35 ist durch eine „außergewöhnliche Einnahme" von 16 Millionen Reichsmark im August 1934 verursacht worden, die mit der

1 Frankfurter Zeitung, Nr. 245/246 vom 16. 5. 1937, S. 9.
2 Die Fachzeitschrift Wirtschaftskurve erschien 1922–1944 in Frankfurt a. M. unter Mitwirkung der Frankfurter Zeitung.

Auswanderung einer besonders wohlhabenden jüdischen Familie zusammenhing.[3] In das Jahr 1934 fällt auch eine Aenderung der Steuergesetzgebung, die geeignet war, ihre Ergiebigkeit zu erhöhen: Die *Freigrenze* für das Vermögen wurde von 200 000 auf 50 000 Reichsmark herabgesetzt, außerdem wurde der Kreis des steuerpflichtigen Vermögens, das von der Fluchtsteuer betroffen wird, durch Einbeziehung sonst vermögenssteuerfreier Gegenstände erweitert. Ein zweiter steiler Aufstieg des Ertrags der Fluchtsteuer begann 1935, zum Teil wohl auch im Zusammenhang mit der stärkeren Auswanderung jüdischer Kreise nach der Nürnberger Gesetzgebung. Vom Herbst 1935 an lag das durchschnittliche Aufkommen der Steuer in jedem Kalendervierteljahr auf einer Höhe von etwa 15 bis 16 Millionen Reichsmark. Das Rechnungsjahr 1935/36 schloß so mit einem Steuerertrag von 45,3 Millionen Reichsmark, nachdem das vorangegangene Jahr 38,1 und, wenn man die einmalige Sondereinnahme absetzt, 22,1 Millionen Reichsmark erbracht hatte. Das Rechnungsjahr 1936/37, dessen Ergebnis jetzt ebenfalls vorliegt, weist ein Gesamtaufkommen von 69,9 Millionen Reichsmark auf. Insgesamt hat bis Ende März 1937 die Reichsfluchtsteuer fast 174 Millionen Reichsmark eingebracht.

Die Reichsfluchtsteuer 1931 bis 1937 (in Millionen RM.)

Rechnungs-Jahr	April/Juni	Juli/Sept.	Okt./Dez.	Jan./März	Insgesamt
1931/32	–	–	0 565	1 363	1 938
1932/33	0 689	0 116	0 005	0 129	0 938
1933/34	2 425	5 498	5 710	3 970	17 602
1934/35	6 344	21 471*)	5 533	4 771	38 120
1935/36	2 934	4 651	22 881	14 872	45 337
1936/37	15 221	18 781	15 971	18 938	69 911
				zusammen	173 846

*) Darunter RM 16 Mill. „außergewöhnliche Einnahme".

Da die Fluchtsteuer ein Viertel des erfaßbaren Vermögens beträgt, läßt sich für die ganze Dauer ihres Bestehens, also seit Ende 1931, ein steuerpflichtiger Vermögensbetrag von ungefähr 680 Millionen Reichsmark errechnen. Das bedeutet jedoch nicht, daß etwa Werte in dieser Größenordnung oder auch nur drei Viertel davon, also etwa eine halbe Milliarde, ins Ausland gebracht worden wären und mit ihrem vollen Gewicht die deutsche Devisenbilanz belastet hätten. Denn die Steuerschuld entsteht ja nicht aus der Uebertragung von Vermögen, sondern aus der *Verlegung des Wohnsitzes* ins Ausland. Da die Transferierungsmöglichkeiten gerade seit dem Aufstieg der Steuer zu stärkerer Ergiebigkeit stark beschränkt waren, dürfte, etwa von Hausrat abgesehen, nur ein geringer Teil der erwähnten Summe tatsächlich ins Ausland übertragen worden sein.[4]

3 Nicht ermittelt.

4 Über den Artikel aus der „Wirtschaftskurve" berichtete die Pariser Tageszeitung; „Die Judensteuer. Vom Abschreckungsmittel zur unsauberen Einnahmequelle", Pariser Tageszeitung, Nr. 340 vom 18. 5. 1937, S. 2.

DOK. 281

Der Amtsleiter der Standesämter in Frankfurt a. M. berichtet dem Oberbürgermeister am 19. Mai 1937 über seinen Plan, jüdische Paare an besonderen Tagen zu trauen[1]

Vermerk des Amtsleiters der Standesämter, Fischer-Defoy,[2] an den OB von Frankfurt a. M. (Hauptverwaltungsamt, Eing. 20. 5. 1937, C 1745) vom 19. 5. 1937

Urschr. – mit 2 Anl. – dem Herrn Oberbürgermeister[3]
Hier zurückgereicht.
Ich setze als selbstverständlich voraus, dass es sich nicht, wie der Kreis Gross-Frankfurt/M schreibt, um die Gegenüberstellung von Juden und Christen handelt, sondern um die von Juden und *Deutschen.*[4]
Gesetzliche Vorschriften darüber, *wo* die Eheschliessungen stattfinden sollen, bestehen nicht; die ministeriellen Anweisungen enthalten nur Vorschriften darüber, dass besondere Gebühren zu erheben sind, wenn die Eheschliessung „ausserhalb des Amtsraumes" gewünscht wird. Solche Fälle werden hier nur dann berücksichtigt, wenn es sich z. B. um eine Eheschliessung am Krankenbett usw. handelt. Daneben werden *vereinzelt* auch Eheschliessungen im Dienstgebäude des Standesamtes (Mainkai 53) vorgenommen – namentlich dann, wenn das Paar ausserhalb der üblichen Eheschliessungszeit getraut sein will bezw. die vom Amt festgesetzte Zeit nicht eingehalten hat.
Wenn in der beiliegenden Anregung gesagt ist, dass die Juden „bisher wahllos zwischen den *christlichen* (d. h. = deutschblütigen) Paaren" getraut wurden,[5] so trifft dies nicht zu; es wurde schon seither versucht, derartige Eheschliessungen entweder an den Anfang oder an das Ende der vermutlichen Trauzeit zu setzen. Immerhin lässt sich dieser Zeitpunkt nicht genau vorausbestimmen, weil manche Paare schon mehrere Wochen vor der beabsichtigten Eheschliessung die Frist festsetzen lassen, während andere Paare erst kurz vor der gewünschten Zeit die Ansetzung beantragen.
Ein Vergleich mit dem Städt. Fürsorgeamt, wo die Betreuung sämtlicher Juden bei *einer* Kreisstelle jetzt durchgeführt wird,[6] ist in dieser Form für das Standesamt nicht möglich, da die Standesamtsbezirke durch die höhere Verwaltungsbehörde festgesetzt sind. Jedenfalls könnte ohne gesetzliche oder ministerielle Regelung die Einrichtung besonderer Standesämter für die Beurkundung von Deutschen einerseits und Juden andererseits nicht getroffen werden. Es kommt hinzu, dass ausser den Eheschliessungen im Standesamt auch die Geburten- und Sterbefälle beurkundet werden und dass beispielsweise bei

1 IfS Frankfurt a. M., Magistratsakten/5850.
2 Dr. Werner Fischer-Defoy (1880–1955), Mediziner; 1908–1913 Arzt in Quedlinburg, 1913–1919 Direktionsassistent am Hygienemuseum Dresden, von 1919 an Stadtschularzt in Frankfurt a. M.; 1929 NSDAP-Eintritt; 1934–1945 Beigeordneter in Frankfurt a. M., zuständig für das Dezernat des Stadtgesundheitsamts, des Fürsorgeamts und der Standesämter.
3 Oberbürgermeister war Dr. Friedrich Krebs.
4 Die NSDAP-Kreisleitung Frankfurt a. M. hatte den von Fischer-Defoy diskutierten Plan angeregt. Sie hatte einen getrennten Raum für Trauungen gefordert und die Stadt auf deren eigenes Beispiel der bei einer Kreisstelle zusammengefassten Betreuung jüdischer Fürsorgeempfänger verwiesen; siehe undat. Schreiben der Kreisleitung; wie Anm. 1.
5 Siehe das undat. Schreiben der NSDAP-Kreisleitung; wie Anm. 1.
6 Geschah auf Anordnung des OB seit dem 1. 10. 1936; YVA, M1DN/75, Bl. 2 f. und 8.

Aufgeboten erst im Laufe der Verhandlung auf Grund der vorgelegten Urkunden es sich erweist, ob die künftigen Ehepartner zu den Juden, den Deutschblütigen oder den Mischlingen ersten bezw. zweiten Grades zu rechnen sind.
Andererseits muss zugegeben werden, dass für die deutschdenkende Bevölkerung ein Zusammentreffen mit Juden im Warteraum zum Trausaal – also bei einem solch wichtigen Anlass – im höchsten Grade unerwünscht ist. Lediglich die Frage der Eheschliessung wäre daher wohl am besten dadurch zu regeln, dass Trauungen für jüdische Paare im Trausaal nur an einem bestimmten Wochentag und auch dies ausserhalb der sonstigen Trauungszeit – soweit ein anderer Tag (etwa wegen bevorstehender Auswanderung) nicht abgelehnt werden kann, im Dienstgebäude Mainkai 53 – stattfinden.
Trauungen für Juden grundsätzlich „in besonderen Räumen" vorzunehmen, erscheint bedenklich, wenn man berücksichtigt, dass ja auch unter den jüdischen Paaren sich vielfach Ausländer befinden, und nicht bekannt ist, wie sich die Reichsregierung gegebenenfalls aus aussenpolitischen Gründen zu dieser Frage stellen würde.
Ich werde daher veranlassen, dass die Eheschliessungen für Juden künftig an einem besonderen Tag der Woche – und zwar getrennt von den übrigen Eheschliessungen – angesetzt werden.

DOK. 282

Der Deutsche Gemeindetag fasst am 21. Mai 1937 die Ergebnisse einer Umfrage zur Behandlung jüdischer Patienten in städtischen Krankenhäusern zusammen[1]

Vermerk des DGT, ungez., Berlin, vom 21. 5. 1937 (Abschrift)[2]

Ergebnis einer Rundfrage vom 14. April 1937 – III 2205/37 – über die Aufnahme und Behandlung von Juden in städt. Krankenhäusern.[3]
Einige Stadtverwaltungen sind um Beantwortung folgender Fragen gebeten worden:
1. Unter welchen Voraussetzungen und Beschränkungen erfolgt bei den dortigen städt. Krankenanstalten die Aufnahme von Juden
a) auf der allgemeinen Abteilung?
b) auf der Privatabteilung?
2. Werden die Juden von den nichtjüdischen Kranken stets abgesondert? Wie erfolgt die Absonderung insbesondere auf der allgemeinen Abteilung, d. h. in den Krankensälen?
3. Ist den leitenden Krankenhausärzten die Beratung und Behandlung von Juden in der Privatsprechstunde gestattet, wenn ja, unter welchen Voraussetzungen und Beschränkungen?

1 LAB, Rep. 142/7, 3-10-11/Nr. 72.
2 Im Original handschriftl. Unterstreichungen.
3 Die Rundfrage führte der DGT durch, da er 1936 mehrere Anfragen erhalten hatte, wie jüdische Patienten an öffentlichen Krankenhäusern zu behandeln seien; siehe z. B. das Schreiben der DGT-Provinzialdienststelle Schleswig-Holstein an den DGT Berlin vom 13. 3. 1936, LAB, Rep. 142/7, 3-10-11/Nr. 72. Am 10. 6. 1937 diskutierten Leiter städt. Wohlfahrtsämter mit Vertretern des DGT über die unterschiedliche lokale Praxis der Diskriminierung jüdischer Armer in der städt. Fürsorge; Abdruck des Protokolls in: Lohalm, Fürsorge und Verfolgung, Anhang, Dok.Nr. 1, S. 84–94.

4. Wie erfolgt die Feststellung, dass sich unter den Besuchern der Privatsprechstunde keine Juden befinden?
5. In welchen Fällen dürfen die leitenden Krankenhausärzte Konsilien mit jüdischen Ärzten verabreden?
6. Wird die Untersuchung der von jüdischen Ärzten eingesandten Untersuchungsstoffe durch Ärzte, Laboratorien oder Institute der Krankenhäuser zugelassen, wenn ja, unter welchen Beschränkungen? (in Frage kommen hauptsächlich bakt.-serol., chemische und histologische Untersuchungen).
7. Welche Einschränkungen gelten für ambulante Untersuchung und Behandlung von Juden im Krankenhaus, z. B. Röntgenuntersuchung oder -behandlung, physikalische Behandlung usw.?
Als Juden im Sinne dieser Anfrage werden alle Personen jüdischen Bluts nach den Nürnberger Gesetzen, also auch Halb- oder Dreivierteljuden, betrachtet.
Auf diese Rundfrage sind folgende Antworten eingegangen:
Breslau:
Zu 1 a: Es bestehen keine Beschränkungen für die Aufnahme von Juden in der Heilstätte Breslau-Herrnprotsch (Tbc.) und Heilstätte Nord (Nervenkranke); in den anderen Krankenhäusern werden nur vom Fürsorgeamt betreute Juden aufgenommen.
Zu 1 b: Privatabteilungen bestehen in den städtischen Krankenhäusern nicht.
Zu 2: Die Juden werden nach Möglichkeit in besonderen Zimmern zusammengelegt, sodass die Unterbringung in Krankensälen für gewöhnlich nicht in Frage kommt. Eine grundsätzliche Unterbringung in Einzelzimmern erfolgt nicht, da dies einer Bevorzugung jüdischer Kranker gegenüber arischen gleichkäme.
Zu 3: Besondere Bestimmungen bezüglich der Beratung von Juden in der Privatsprechstunde der Ärzte bestehen nicht. Die Privatsprechstunde wird außerhalb der Krankenhäuser abgehalten. Soweit hier bekannt, haben jüdische Patienten die Privatsprechstunde der Anstaltsärzte noch nicht aufgesucht. Im übrigen sind hierfür die Richtlinien der Ärztekammer maßgebend.
Zu 4: Die Feststellung würde der Arzt selbst treffen können.
Zu 5: Auch hierfür bestehen keine Bestimmungen, jedoch würden die leitenden Ärzte in den städtischen Krankenanstalten Konsilien mit jüdischen Ärzten vorkommendenfalls von sich aus ablehnen.
Zu 6: Die Laboratorien der Krankenanstalten nehmen nur Untersuchungen für stationäre Kranke vor.
Zu 7: Die ambulante Behandlung von Juden in den Polikliniken, Röntgenabteilungen usw. kommt nur dann in Betracht, wenn es sich um vom Fürsorgeamt Betreute handelt.
Dortmund:
Zu 1: Seit 1922 nehmen die Juden die städt. Krankenanstalten kaum in Anspruch, sondern suchen die beiden grossen konf. Krankenhäuser auf. Ein Verbot für die Aufnahme von Juden besteht weder für die allgemeine Abteilung, noch für die Privatabteilung.
Zu 2: Wenn Juden in der Privatabteilung aufgenommen werden, dann werden sie in Einzelzimmer gelegt. In der allgemeinen Abteilung erfolgt die Aufnahme im allgemeinen nur noch, wenn es sich um Patienten handelt, die den städt. Krankenanstalten vom Wohlfahrtsamt überwiesen werden. Auch dort wird dann eine abgesonderte Unterbringung durchgeführt.
Zu 3: Vorschriften über die Beratung und Behandlung von Juden in der Privatsprechstunde bestehen für die leitenden Krankenhausärzte noch nicht.

Zu 4: Bei den Feststellungen, ob es sich um Juden handelt, sind sowohl die Ärzte wie auch die Aufnahmeschwestern auf die Aussagen der Patienten angewiesen.
Zu 5: Beschränkungen für die Untersuchung der von jüdischen Ärzten eingesandten Untersuchungsstoffe bestehen nicht. Ebenso bestehen auch keine Einschränkungen für die ambulante Behandlung der Juden im Krankenhaus.
Frankfurt a. M.:
Zu 1: Die Aufnahme von Juden in die städtischen Krankenanstalten erfolgt unter den gleichen Voraussetzungen wie für Kranke arischer Abstammung. Beschränkungen bestehen nicht. Im allgemeinen handelt es sich aber um die Aufnahme auf Fach- oder Infektionsabteilungen, da jüdische Kranke im Regelfall das hier bestehende Krankenhaus der israelitischen Gemeinde aufsuchen. Auf den Privatabteilungen besteht keine Beschränkung.
Zu 2: Eine Absonderung der Juden von den nichtjüdischen Kranken erfolgt, wenn sie von den letztgenannten gewünscht wird. Wenn sich in solchem Fall eine Entlassung vom ärztlichen Standpunkt aus nicht vertreten lässt, erfolgt die Unterbringung in einfachen, kleinen Einzelzimmern.
Zu 3: Den leitenden Ärzten ist die Beratung von Juden in der Privatsprechstunde nicht verboten; auch Beschränkungen sind nicht auferlegt. Behandlung findet in der Privatsprechstunde im Krankenhaus grundsätzlich nicht statt, auch nicht bei Kranken arischer Abstammung.
Zu 4: fällt nach den Ausführungen zu 3 ohne weiteres fort.
Zu 5: Ein Verbot besteht nicht. Konsilien mit jüdischen Ärzten kommen aber in einer Universitätsklinik kaum vor.
Zu 6: Die Untersuchung ist ohne Beschränkung zugelassen, zumal sie oft im Interesse der Seuchenbekämpfung nicht abgelehnt werden kann.
Zu 7: keine Einschränkungen!
Leipzig:
Die Aufnahmen von jüdischen Patienten in die städtischen Krankenhäuser sind so vereinzelt, dass sie keine Rolle spielen. Die Dinge liegen aber so, dass die Aufnahme nicht verweigert werden kann. Unter Umständen wird sie, wie z. B. bei der Bekämpfung von Infektionskrankheiten, aus allgemeinen gesundheitlichen Interessen erforderlich. Es ist deshalb für die hiesigen städtischen Krankenanstalten in keiner Weise irgendeine besondere Anordnung getroffen worden, weder für die allgemeine noch für die Privat-Abteilung, noch für die ambulante Behandlung. Im übrigen besteht in Leipzig ein jüdisches Krankenhaus mit 92 Betten, das von den Juden in der Regel aufgesucht wird, wenn nicht gerade eine Behandlung auf einer Fachabteilung (Dermatologische oder Otologische) notwendig ist. Auch in anderer Beziehung sind keine allgemeinen Regelungen von hier aus erfolgt.
München:
Für den Bereich der städtischen Krankenanstalten besteht lediglich die Vorschrift, dass Juden, die in ein städtisches Krankenhaus aufgenommen werden wollen oder von einer Kasse oder einem Arzt eingewiesen werden, in besonderen Zimmern, also getrennt von arischen Patienten, untergebracht werden. Eine Benachteiligung von arischen Kranken in Bezug auf die Zuweisung von Krankenräumen darf natürlich durch diese Regelung nicht eintreten; damit ist ausgedrückt, dass – von Notfällen (Lebensgefahr, Ansteckungsgefahr) abgesehen – bei Mangel an entsprechenden Räumen eine Abweisung von Juden erfolgen kann.
Vorschriften oder Richtlinien, die Fälle nach den Fragen 3 [bis] 7 regeln, sind nicht erlassen.

DOK. 283
Der Sicherheitsdienst der SS erörtert am 28. Mai 1937 vorbereitende Maßnahmen gegen die Juden für den Fall eines Krieges[1]

Vermerk des SD II 112[2] (C 422 Hg.), SS-Untersturmführer Wisliceny,[3] Berlin, für Abteilung II 1, vom 28. 5. 1937

Betrifft: Die Stellung der Juden im A-Fall.[4]
Gleichwie ihre Kriegsdienstleistung gemäß § 15 des Wehrgesetzes besonderer Regelung vorbehalten bleibt,[5] werden die Juden Deutschlands im A-Fall zweifellos unter Ausnahmegesetz gestellt.
Ein derartiges Gesetz, dessen Wortlaut hier nicht bekannt ist, dürfte jedoch mit Erlaß des Wehrgesetzes ausgearbeitet und an höchster Stelle niedergelegt worden sein, um gegebenenfalls sofort in Kraft gesetzt werden zu können.
Die vorbereitende Aufgabe des Sicherheitsdienstes für den A-Fall kann heute nur sein, eine Judenkartei[6] aufzustellen und darin durch Bezeichnung jüdische Wirtschaftsexponenten, führende jüdisch-politische, sowie marxistisch eingestellte Juden besonders festzulegen.

1 RGVA, 500k-1-485, Bl. 6.
2 1936 hatte Heydrich das SD-Hauptamt reorganisiert: Das Amt II (Inland) übernahm die Gegnerüberwachung. In dessen Zentralabteilung II 2 gliederte sich die Hauptabteilung II 11 (Weltanschauungen) in die Abteilungen II 111 (Freimaurer), II 112 (Judentum) und II 113 (Konfessionelle politische Strömungen).
3 Dieter Wisliceny (1911–1948); 1931 NSDAP- und SA-, 1934 SS-Eintritt, im SD-Hauptamt Referent für Freimaurerfragen, von April bis November 1937 Leiter des Judenreferats (II 112), 1937–1940 beim SD in Danzig tätig, 1940–1943 Berater für Judenfragen in der Slowakei, 1943 Leitung des Sonderkommandos Judenangelegenheiten in Saloniki, 1944 Mitorganisator der Deportation der Juden aus Ungarn; 1945 verhaftet, 1948 in Bratislava zum Tode verurteilt und hingerichtet.
4 A-Fall: Tarnbezeichnung für Krieg.
5 § 15, Abs. 5 besagte: „Die Dienstleistung der Nichtarier im Kriege bleibt besonderer Regelung vorbehalten"; Wehrgesetz vom 21. 5. 1935, RGBl., 1935 I, S. 609.
6 Die Erfassung der jüdischen Bevölkerung in einer speziellen Kartei wurde seit 1935 von der Gestapo betrieben und auch im SD intensiv diskutiert; siehe die Dok. 188 vom 17. 8. 1935 und 288 vom 12. 7. 1937.

DOK. 284
Vortrag von Theodor Oberländer über die Stärkung des deutschen Einflusses im östlichen Europa, Frühjahr 1937[1]

Vortrag von Theodor Oberländer,[2] Anlage zum Schreiben des Bundes Deutscher Osten e. V. (I. 7365/37), stellv. Bundesleiter Hoffmeyer,[3] an die Deutsche Stiftung, Regierungsrat Krahmer-Möllenberg,[4] Berlin, vom 7. 6. 1937[5]

Der Kampf um das Vorfeld

Wir leben im Osten in einem doppelten Dualismus. Wo zwei Staaten zusammenarbeiten – wie Deutschland und Polen – im deutsch-polnischen Gewaltverzichtspakt,[6] kämpfen Völker im Volkstumskampf erbittert weiter. Dieser Dualismus von Staat und Volk ist unseren östlichen Nachbarn aus ihrem langen Kampf um die eigene Staatlichkeit klarer als uns. Wir müssen versuchen, alle zwischen der deutschen und sowjetrussischen Grenze gelegenen Völker und Staaten weltanschaulich an uns heranzuziehen. Volkspolitisch geschieht durch die Abwehr[7] deutschen Volkstums in diesem Raum, die natürlich vom Gesamtvolk im Reich unterstützt wird, häufig das Gegenteil. Die Tatsache, daß Polen die Sowjetunion 1920 an der Weichsel geschlagen hat, das sogenannte Wunder an der Weichsel, ist für uns von entscheidender Bedeutung gewesen. Dieser Tatsache ist es zu verdanken, daß die Tschechoslowakei, die glaubte, durch Curzon eine direkte Grenze mit Sowjetrußland zu bekommen, diese Grenze nicht bekommen hat.[8] Das gleiche ist für Ostpreußen der Fall. Eine direkte Grenze zwischen Deutschland und der Sowjetunion würde den Wert des deutsch-polnischen Paktes um ein wesentliches vermindert haben. Denn die ganze friedliche Aufbauarbeit der letzten Jahre ist ohne den deutsch-polnischen Pakt und ohne einige 100 km zwischen deutscher und sowjetrussischer Grenze kaum denkbar. Ist diese Voraussetzung richtig, dann haben wir ein ungeheueres Interesse daran, daß dieses Vorfeld unkommunistisch bleibt, daß es den Sowjetrussen nicht gelingt, in diesem Vor-

1 BArch, R 8043/1168, Bl. 186–195.
2 Dr. Dr. Theodor Oberländer (1905–1998), Agrarwissenschaftler; 1923 Teilnahme am Hitler-Putsch, 1933 NSDAP-Eintritt; von 1934 an Direktor des Instituts für osteuropäische Wirtschaft in Königsberg, 1934–1937 Leiter des Bunds deutscher Osten, von 1938 an Professor in Greifswald und von 1940 an in Prag; Kriegsteilnahme, 1945–1946 in Kriegsgefangenschaft; 1951 StS für das Flüchtlingswesen in Bayern, 1953–1960 Bundesminister für Vertriebene; 1960 in der DDR in Abwesenheit zu lebenslänglichem Zuchthaus verurteilt.
3 Horst Hoffmeyer (1903–1944), Bankkaufmann; 1927–1939 SA-Mitglied, 1937 NSDAP- und 1939 SS-Eintritt; 1939–1941 Leiter verschiedener Kommandos zur Umsiedlung Volksdeutscher, von 1941 an Leiter des Sonderkommandos R der Volksdeutschen Mittelstelle in der Ukraine; zuletzt SS-Brigadeführer und Generalmajor der Polizei; nahm sich in sowjetischer Haft das Leben.
4 Dr. h.c. Erich Krahmer-Möllenberg (1882–1942); 1918–1920 in der preuß. Innenverwaltung tätig, 1920–1940 Vorsitzender der Deutschen Stiftung, einer verdeckten Regierungsorganisation zur Förderung der deutschen Minderheiten im Ausland.
5 Im Original mehrere handschriftl. Unterstreichungen.
6 Gemeint ist der polnisch-deutsche Nichtangriffspakt von Januar 1934; RGBl. 1934 II, S. 117–119.
7 Meint vermutlich: Abwehrkampf.
8 Lord Curzon, brit. Außenminister, hatte nach dem Ersten Weltkrieg eine Linie, die ungefähr der heutigen polnischen Ostgrenze entsprach, als polnisch-russische Grenze vorgeschlagen. Unter Marschall Piłsudski eroberte Polen im polnisch-sowjetischen Krieg von 1919–1921 große Gebiete jenseits dieser Linie.

feld Fuß zu fassen. Die weltanschauliche Beherrschung dieses Vorfelds kann im Fall einer deutsch-sowjetrussischen Auseinandersetzung an Militär sparen. Es kann uns nicht gleichgültig sein, ob jene 60 bis 70 % Bauernbevölkerung in diesem Raum zum Kommunismus neigt oder völlig unkommunistisch ist. Es ist dabei nicht notwendig, für den Nationalsozialismus an sich Propaganda zu machen, wohl aber alles zu stärken, was dem kommunistischen Vordringen schädlich ist. Denn die Wahrscheinlichkeit, daß sich diese Staaten einmal für Moskau oder Berlin entscheiden müssen, daß Moskau von sich aus zu einer solchen Entscheidung zwingt, ist außerordentlich groß. Unter diesen Gesichtspunkten sollte einmal kurz der Raum, den wir als Zwischeneuropa oder Ostmitteleuropa bezeichnen können und der mit deutscher und sowjet-russischer Grenze und mit Ostsee und Schwarzem Meer bezw. Mittelmeer abgegrenzt sein soll, untersucht werden, gleichzeitig die Möglichkeiten, die Sowjetrußland und Deutschland in diesem Raum haben.

Allgemeine Züge des Vorfelds

Das vor der deutschen Grenze gelegene Vorfeld (Ostmitteleuropa) hat wenig eigene gewerbliche Rohstoffe, eine nicht sehr entwickelte Industrie, die zum großen Teil aus der russischen oder österreichischen Zeit stammt und stark konzentriert ist, in weiten Teilen dieses Gebiets, vor allem in Südpolen, haben wir eine starke agrarische Überbevölkerung, die nach den Erfahrungen der russischen Revolution von 1917 als eine besonders große soziale Gefahr angesehen werden muß. Agrarische Dichte bei geringen Erträgen, Mangel an lebendem und totem Inventar und schlechte Absatzverhältnisse sind immer ein sozialer Unruhefaktor. Sie äußern sich in einer großen Not auf dem Lande, vor allem in Ostpolen, wo der Bauer kaum das Geld hat, um sich Salz oder Beleuchtungsmittel zu kaufen. Mit den Folgen der Erzeugungsschlacht in Deutschland und der Zunahme der englischen Einfuhr von Agrarprodukten aus den eigenen Dominien wachsen in diesem Raum die Absatzschwierigkeiten. Die agrarischen Überschüsse können kaum mehr ohne starke Staatssubvention (Exportprämie) abgesetzt werden. Das Investieren fremden Kapitals kann nur unter Schwierigkeiten verzinst und getilgt werden. Im gesamten Raum hat die Unterdrückung der Nationalitäten ein kaum vorstellbares Maß erreicht. Alles Unternehmertum, vor allem fremden Kapitals, wird unterdrückt, der Staat wird der große Wirtschaftsführer und Unternehmer, das System des Etatismus könnte als Vorläufer kommunistischer Wirtschaftsform überall da angesehen werden, wo der Staat im Gegensatz zur deutschen Wirtschaft auf die Bildung und Erhaltung eines eigenen Unternehmertums verzichtet. Denn staatliche Wirtschaftslenkung bei Erhaltung eines eigenen Unternehmertums oder staatliche Wirtschaft bei Unterdrückung eines Unternehmertums sind völlig verschiedene Begriffe. Die Nationalitätenvernichtung hat zu einer gewaltsamen Unifizierung und Vernichtung innerer kultureller Werte geführt und führt weiterhin dazu. Ein großer Teil der Staaten dieses Vorfelds ist zwar zum autoritären Prinzip übergegangen, ohne sich aber gedanklich vom Liberalismus getrennt zu haben. Polen ist heute mit seinen innerpolitischen Schwierigkeiten als ein weltanschauliches Chaos zu bezeichnen. Die baltischen Staaten sind trotz ihrer Staatspräsidenten und deren Machtvollkommenheiten völlig im liberalen Gedankengut stecken geblieben. Ähnliches ist für den Südosten festzustellen.

In dem für uns so entscheidenden Vorfeld läßt die sowjet-russische Propaganda nichts unversucht, den Kommunismus zu verbreiten. Was spricht für Rußland? Daß überhaupt Rußland in diesem Raum seine eigenen Verhältnisse häufig unwidersprochen als beispielhaft darstellen kann, liegt an der gewaltigen Unkenntnis, die über die russischen Verhältnisse in diesem ganzen Raum herrscht. Rußland macht Propaganda mit der sogenannten kulturellen Autonomie. In ganz Rußland werden die Nationalitäten trotz der Sprachfreiheit durch die Vernichtung der Bodenständigkeit, der Familie, der Religion mit Stumpf und Stiel ausgerottet. Und trotzdem versucht Rußland mit der angeblichen kulturellen Autonomie und seiner ja jetzt zur „Demokratie" gewordenen Verfassung Propaganda zu treiben. Auch das Kollektiv wird immer wieder als Mittel zur Beseitigung der Landnot dem landarmen ostpolnischen oder ostrumänischen Bauern vorgehalten. Wir wissen heute, daß das Kollektiv eine neue Form der Leibeigenschaft ist ohne wirkliche Möglichkeiten zum Fortschritt. Wie wäre es sonst möglich, daß trotz der Milliarden-Investition in der russischen Landwirtschaft die Erträge von 1914 noch nicht erreicht sind. Also für Rußland spricht aus seiner eigenen Leistung heraus nichts. Wohl aber sprechen für die russische Propaganda gewisse Umstände in dem uns vorgelagerten Vorfeld, die wir nüchtern überblicken müssen.

1.) Zunächst finden wir in verschiedenen Städten (Lodz, Lemberg, Gdingen) ein gewerbliches Proletariat zum großen Teil jüdischer Herkunft, das bei den augenblicklichen Arbeitsverhältnissen in Polen außerordentlich unzufrieden ist. Verschiedene Unruhen in Lodz, Lemberg und Gdingen im Jahr 1936 haben deutlich gezeigt, daß die kommunistische Propaganda nicht darauf verzichtet, gerade in diesen Zentren tätig zu sein.[9]

2.) Das Landproletariat ist zum Teil ein dankbares Arbeitsfeld der kommunistischen Propaganda. Wenn 50 % der polnischen Bauern ohne die Möglichkeit, Nebenverdienst zu haben, auf einer Fläche weit unter der Ackernahrung wirtschaften muß, so ist das ein absolut ungesunder Zustand. Die neue polnische Agrarreform, die keine Bauernbetriebe schafft, sondern 3 ha Parzellen-Wirtschaften, kann nur als ein Verzweiflungsversuch angesehen werden, ohne eine wirkliche Lösung und Behebung der Landnot. Zur Behebung der Landnot würde nur Intensivierung der Landwirtschaft oder Abwanderung in die Industrie beitragen. Ersteres ist wegen der auf den Markt drückenden Überschüsse Posen-Pommerellens nicht möglich, letzteres nicht bei einem in der Landwirtschaft vorhandenen Menschenüberschuß von ca. 8 Millionen. Die Agrarfrage ist die Zukunftsfrage Polens. Sie wird darüber entscheiden, ob Polen künftig der kommunistischen Propaganda wirksam entgegenarbeiten kann.

3.) Die Proletarisierung der Oberschicht nimmt außerordentlich bedenkliche Form an. Denn die 8–10 000 Städte der Union der drei baltischen Staaten Litauen, Lettland und Estland können genau so wenig auf dem Arbeitsmarkt dieser drei Staaten untergebracht werden wie die gewaltige Städtezahl Polens und Rumäniens. Und wer einmal den Pflug verlassen hat, kehrt – das zeigen gerade die Erfahrungen dieser Länder – nicht wieder zum Pflug zurück. Das akademische Proletariat Ostmitteleuropas ist der aktivste Träger kommunistischer Ideen. Über dieses akademische Proletariat ist durchaus eine weite Propaganda auf dem Land möglich, zumal ja gerade dieses Proletariat vom Land stammt.

4.) Das osteuropäische Judentum ist, soweit es nicht orthodox ist, sondern Assimilationsjudenheit, der aktivste Träger kommunistischer Ideen. Da Polen allein 3 ½ Millionen Juden hat, von denen immerhin über 1,5 Millionen als Assimilationsjuden angesehen werden können, da diese Juden in den Gettos der Städte in kaum glaubhaft schlechten, sozialen Verhältnissen wohnen, da sie Proletarier im wahrsten Sinne des Wortes sind, so haben sie wenig zu verlieren aber viel zu gewinnen. Sie sind es, die als die Aufkäufer auf dem Land am aktivsten und erfolgreichsten Propaganda für den Kommunismus treiben.

9 1936 kam es in mehreren polnischen Städten zu politischen Unruhen. Allein bei Auseinandersetzungen im April 1936 in Lemberg wurden 12 Personen erschossen.

5.) Die nationale Frage sollte bei einer Betrachtung der kommunistischen Arbeit in Ostmitteleuropa nicht unterschätzt werden. Der Bolschewismus hat sich häufig in einem nationalen Kleid getarnt. Den unterdrückten Weißrussen und Ukrainern muß schließlich, wenn sie keine gute Kenntnis über die Nationalitätenverhältnisse Sowjetrußlands haben, eine kulturelle Autonomie bei angeblich weitestgehender Selbständigkeit besser gefallen, als die versuchte Assimilation der Nationalstaaten. Man soll hier die Sprengkraft jener 30 Millionen Menschen, die unter 90 Millionen Einwohnern dieses ostmitteleuropäischen Raumes nicht dem Staatsvolk angehören, sondern eigene Volksgruppen bilden, nicht unterschätzen. Es gibt in Ostpolen und Ostrumänien immerhin Kreise gerade im Bauerntum, die nicht nur aus sozialen, sondern ebenso aus nationalen Erwägungen über die östliche Grenze sehen.

6.) Die geringe Kenntnis über Sowjetrußland, wie sie in ganz Ostmitteleuropa leider vorhanden ist, ist einer der großen Aktivposten der kommunistischen Propaganda, ebenso wie die geringere Differenzierung, die sie im sozialen Aufbau jener Völker vor uns sehen. Die Frage lautet: Was würde die Sowjetunion erreichen, wenn sie 5–6 Millionen Menschen in diesem Raum hätte, die im Gegensatz zu den die Sowjetunion schärfstens ablehnenden weißen Russen Anhänger des Kommunismus wären? Die Frage muß deswegen gestellt werden, um die Gegenfrage stellen zu können: Welche Möglichkeiten hat Deutschland mit seinen 6 Millionen Auslandsdeutschen in diesem Raum, um für seine Ideen draußen zu werben?

Die 6 Punkte zeigen, daß, auch wenn Rußland über solche Menschengruppen nicht verfügt, die Voraussetzungen für eine kommunistische Propaganda nicht ungünstig sind. Gegen eine Arbeit der Sowjetunion spricht die Erinnerung an das Auftreten und Verhalten der kommunistischen Truppen in Riga, Litauen oder in Ostpolen kurz vor dem Wunder an der Weichsel, kurz überall da, wo solche Truppen aufgetreten sind. Gegen die Arbeit der Sowjetunion könnten sprechen gewisse regionale Fragen, die zu Reibungen Anlaß geben, z. B. Karelien, die Ukraine oder Bessarabien. Wohl steht fest, daß Rußland mit allen Mitteln zur Entscheidung zwingt. Über die russische Arbeit könnten außerordentlich viele Beweise beigefügt werden, doch sollen hier diese Fragen in kurzen Zügen dargestellt werden.

Welche Stellung hat Deutschland diesem Raum gegenüber?

1.) Deutschland ist stark, und in Osteuropa wirkt jede militärische Macht. Ein 8 Millionen starkes Heer ist heute ein großes Aktivum.

2.) Unter der nichtjüdischen Bevölkerung ist der Antisemitismus ein außerordentliches Aktivum. Der osteuropäische Bauer, der in Bezug und Absatz vom Juden abhängig ist, dessen Geldgeschäfte zum größten Teil vom Juden getätigt werden, ist ein ausgesprochener Antisemit. Gespräche mit verschiedenen Bauern haben immer wieder gezeigt, daß die Achtung vor einem Deutschland, das den Kampf mit dem Judentum aufgenommen hat, ungewöhnlich groß ist und damit auch die Sympathie für uns, allerdings *nur* in der bäuerlichen Bevölkerung. [Dafür] spricht ferner die Stärkung der Bodenständigkeit. Das Erbhofgesetz[10] wird von verschiedensten Bauerngruppen Osteuropas diskutiert. Die Mobilisierung und Beleihbarkeit des Bodens, die gerade dem Judentum in Ostmitteleuropa eine große Stärke verleiht, wird vom Bauerntum radikal bekämpft. Das Erbhofgesetz ist als ein Positivum für uns und als Propaganda zu werten.

10 Gemeint ist das Reichserbhofgesetz vom 29. 9. 1933; RGBl., 1933 I, S. 685.

3.) Ähnliches gilt von unserer Volksgruppenpolitik. Die Reden des Führers vom Jahre 1933 über die Freiheit des Volkstums, die Kampfansage gegen alle Germanisierung haben in Osteuropa weitgehenden Widerhall gefunden. Die Fragen ukrainischer Bauern: Wie behandelt ihr eure Volksgruppen, haben die Polen in Deutschland eigene Schulen mit polnischen oder mit deutschen Lehrern??? zeigen, welche Möglichkeiten einer eindeutigen Volksgruppenpolitik unter dem Motto: Freiheit des Volkstums künftig sich Deutschland einmal auftun werden.

4.) Auch die Winterhilfe und der Arbeitsdienst spielen eine entscheidende Rolle. Die Winterhilfe ist von einem großen Teil der deutschen Volksgruppe draußen durchgeführt und auch von den Staatsvölkern übernommen worden. Auch der Arbeitsdienst hat Nachahmung gefunden. Es gibt also eine Menge Dinge, die positiv auf diesen Raum einwirken können, die geeignet sind, die kommunistische Propaganda lahm zu legen und die Stimmung vor allem der breiten Bauernmasse positiv für uns zu gestalten.

Das bedeutet, daß positiv nach außen gearbeitet werden muß und daß nichts unversucht gelassen werden darf, die 6 Millionen Deutschen in diesem Raum voll und ganz in dieses weltanschauliche Ringen einzusetzen. Gegen uns spricht einmal eine weitgehende Unkenntnis über Deutschland. Diese Unkenntnis ist vor allem bei den Bauerngruppen vorhanden und führt dazu, daß der scharf antideutschen jüdischen Propaganda nichts Gleichwertiges entgegengesetzt werden kann. Diese jüdische Propaganda hat ein außerordentliches Ausmaß, beherrscht die Städte zum großen Teil ganz und auch eine Gegenarbeit auf dem Land ist nur mit Schwierigkeiten verbunden. Aber diese Gegenarbeit ist so entscheidend, daß hier nichts unversucht gelassen werden dürfte. Gegen uns sprechen die Erinnerungen an die Besatzungszeit.[11] Denn schließlich mag eine Besatzung noch so gerecht sein, für die Betroffenen ist eine Besatzungszeit immer eine schwere Zeit. Die jüdische Propaganda läßt nichts unversucht, heute diese Besatzungszeit in den ungünstigsten Farben immer wieder in Erinnerung zu bringen. Gegen uns sprechen die regionalen Verluste Deutschlands, die bei den Nutznießern immer wieder das schlechte Gewissen wachrufen. Litauen, Polen und die Tschechoslowakei rechnen dauernd mit dem Verlust der im Versailler Vertrag annektierten Gebiete, sodaß allein aus diesen Gebietsabgrenzungen erhebliche Reibungen erwachsen müssen. Gegen uns sprechen gewisse psychologische Fehler, die Deutsche machen, wenn sie ohne entsprechendes Wissen und entsprechende Vorbereitung ins Ausland fahren. Alle Ostvölker haben ein sehr empfindliches Nationalgefühl. Wo der Deutsche als Kulturträger draußen auftritt, als der Angehörige eines großen Volkes, der überall mit Achtung und Ehrerbietung behandelt sein will, aber mit entsprechender Verachtung auf die kleinen Völker herabsieht, wird bei jenen national sehr empfindlichen Völkern die Abneigung gegen Deutschland nur vergrößert. Die deutschen Massenbesuche beim Fußballspiel in Warschau haben in keiner Weise glücklich gewirkt.[12] Gegen uns spricht auch die geringe Stärke der deutschen Sender im Osten, die von anderen Sendern übertönt werden und so nicht in der Lage sind, eine genügende Verbindung zu den deutschen Volksgruppen draußen darzustellen bezw. auch propagandistisch eingesetzt zu werden. Wenn unseren positiven Seiten auch eine Menge Minusseiten gegenüberstehen, so werden die Minusseiten doch durch die Existenz der 6 Millionen Menschen deutschen Blutes draußen ausgeglichen. Wenn die deutschen Volksgruppen draußen überall, ohne

11 Bezieht sich auf die deutsche Besetzung polnischer Gebiete im Ersten Weltkrieg.
12 Gemeint ist offenbar das Freundschaftsspiel zwischen Polen und Deutschland am 13. 9. 1936.

irgendwie die Form des Nationalsozialismus herauszukehren, bei voller Loyalität den Staatsvölkern gegenüber versuchen, durch Stärkung der Selbsthilfe ein kleines Drittes Reich in sich darzustellen, so können sie dann ungeheuer viel gegen den Kommunismus in diesen Ländern tun. Stärkung, Differenzierung und Stärkung des Bauerntums sind die Grundgesetze unserer Arbeit in Osteuropa. Der Einsatz dieses Auslandsdeutschtums unter einheitlicher Leitung und unter Aktivierung auch der letzten vorhandenen Kräfte ist eine entscheidende Aufgabe, auf die nicht verzichtet werden kann. Zugegeben, daß kaum ein Volk im Laufe von 1½ Jahrzehnten so ungeheuere volkspolitische Verluste hat wie Deutschland. Zugegeben, daß die Arbeit von Jahrhunderten im Laufe der letzten 1½ Jahrzehnte in Ostmitteleuropa zum großen Teil liquidiert worden ist. Das besagt nicht, daß wir jetzt zusehen dürfen, wie der ansehnliche Rest deutschen Einflusses in Osteuropa dadurch liquidiert wird, daß wir nicht in der Lage sind, allen jenen zersetzenden liberalen und bolschewistischen Einflüssen ein neues, eigenes Gedankengut entgegenzusetzen. Wir haben kein Recht, von jenen Deutschen zu verlangen, daß sie für ihr Deutschtum kämpfen und sich dafür einsetzen, wenn wir doch nicht an eine Rettung glauben. Denn wenn wir einmal glauben, daß dieses Volk assimiliert wird, dann braucht dieser Prozeß nicht verlängert und dadurch schmerzhafter gestaltet zu werden. Weil wir aber glauben, daß jeder Deutsche in Osteuropa auch eine große weltanschauliche Aufgabe hat, weil wir glauben, daß erst, wenn die Grundsätze des Führers über die Freiheit des Volkstums allgemein Anerkennung gefunden haben, eine Rettung des Deutschtums möglich ist, weil wir jedes deutsche Dorf und jeden deutschen Menschen draußen als Gefechtsvorposten vor der großen deutschen Ostfront ansehen, dürfen wir nichts unversucht lassen, dieses Deutschtum weltanschaulich und geistig zu stärken, ohne damit auch nur irgendwie gegen den Staat der Staatsvölker etwas zu tun, wohl zum Teil gegen das liberale Gedankengut, das dieser Staatsform heute zugrunde liegt. Das Beispiel, daß wenige deutsche Kinder aus einem galizischen Dorf, die, von der Ferienverschickung aus Deutschland kommend, dieses ganze Dorf wieder innerlich mit dem Reich verbunden haben, die durch ihre positiven Berichte über Deutschland für eine große Zahl ukrainischer Bauern lebendige Zeugen dafür gewesen sind, daß die jüdische Propaganda über Deutschland unrecht hatte, sollte uns zeigen, welche große Waffe uns hier im Auslandsdeutschtum gegeben ist. Wir haben diese Waffe bisher nicht voll eingesetzt, wir haben bisher zugesehen, wie im Auslandsdeutschtum ein Kampf aller gegen alle ausbrach. Wir haben nicht versucht, wie es nach dem großen Umbruch 1933 selbstverständlich war, das Auslandsdeutschtum geistig für uns zu gewinnen und dabei gleichzeitig den großen Riß zu vermeiden, der in den unter fremdem Staatsrecht lebenden Volksgruppen auf lange Sicht tödlich wirken muß. Und all das ist doch nur deshalb eingetreten, weil in Ostmitteleuropa nicht gleich die eine große Aufgabe gezeigt wurde, die von 1933 an gestanden hat. Ohne große Aufgaben kommt es immer zu kleinlichen Kämpfen und Auseinandersetzungen. Die Beherrschung des Vorfelds ist eine der großen Aufgaben, die unserer im Osten harren und die als Vorbereitung für eine machtpolitische Auseinandersetzung gar nicht leicht überschätzt werden kann. Und diese Aufgabe kann nur gelöst werden, wenn sie von allen führenden Kräften der Bewegung gesehen und die dabei einzusetzenden Faktoren auch von allen führenden Kräften der Bewegung getragen werden.

DOK. 285
Das Reichsfinanzministerium bittet den Stellvertreter des Führers am 16. Juni 1937 um Stellungnahme zur geplanten Einführung von Sondersteuern für Juden[1]

Schreiben (geheim) des RFM (Nr. 31/37 III g), gez. Hedding,[2] an den StdF, z. Hd. von Hauptdienstleiter Fritz Reinhardt, vom 16. 6. 1937 mit Anlage (Abschrift)

Betrifft: Besteuerung der Juden
Hiermit übersende ich den Entwurf eines Gesetzes über den Ausgleich von Schäden, die dem Deutschen Reich durch Juden zugefügt werden. Die Fassung des Entwurfs entspricht dem Ergebnis der Ressortbesprechung vom 18. Februar 1937. Ich bitte, mir ihre Stellungnahme zu dem Entwurf mitzuteilen.
Im Auftrag
gez. *Hedding*

An den Stellvertreter des Führers
z. Hd. von Hauptdienstleiter Reinhardt *Berlin*

Geheim! *Zu Nr. 31/37 IIIg*
Entwurf eines Gesetzes über den Ausgleich von Schäden, die dem Deutschen Reich durch Juden zugefügt werden[3]
Die Reichsregierung hat das folgende Gesetz beschlossen, das hiermit verkündet wird:
§ 1
(1) Um den Ausgleich von Nachteilen zu gewährleisten, die dem Deutschen Reich durch Juden zugefügt werden, wird aus Steuern der Juden ein Sondervermögen des Reichs gebildet. Das Sondervermögen wird getrennt von dem übrigen Vermögen des Reichs verwaltet.
(2) Zur Bildung des Sondervermögens (Absatz 1) werden von Juden deutscher Staatsangehörigkeit, die im Deutschen Reich einen Wohnsitz oder ihren gewöhnlichen Aufenthalt haben, Zuschläge zur Einkommensteuer (einschließlich der Lohnsteuer) und Vermögensteuer erhoben. Die Zuschläge betragen bei der Einkommensteuer … vom Hundert, bei der Vermögensteuer … vom Hundert.
(3) Die Zuschläge können von dem Reichsminister der Finanzen im Einvernehmen mit dem Reichsminister des Innern und dem Stellvertreter des Führers entsprechend dem Umfang der durch Juden verursachten Nachteile anders festgesetzt werden.
§ 2
(1) Über die Verwendung des Sondervermögens entscheidet der Reichsminister des Innern im Einvernehmen mit dem Stellvertreter des Führers und den beteiligten Reichsministern.
(2) Das Sondervermögen kann auch zur Förderung der Auswanderung minderbemittelter Juden aus dem Deutschen Reich verwendet werden.

1 BArch, R 2/31097.
2 Dr. Otto Hedding (1881–1960), Jurist; 1909–1914 als Rechtsanwalt tätig, 1918–1920 Syndikus in der Firma Sal. Oppenheim in Köln, von 1920 an in der Reichsfinanzverwaltung im Bezirk Köln, 1926–1930 Abteilungspräsident im LFA Köln, 1930–1932 Präsident des LFA Oberschlesien, von 1932 an Ministerialdirektor im RFM, dort von 1936 an Leiter der Abt. III (Einkommensteuer, Steuerrecht u. a.).
3 Schon Ende 1936 war solch ein Sondersteuergesetz intensiv beraten worden; siehe Dok. 257 vom 18. 12. 1936.

§ 3
Die Zuschläge nach § 1 Absatz 2 werden erstmalig erhoben:
bei der Lohnsteuer auf Grund der Steuerbeträge, die für einen nach dem 31. Dezember 1937 endenden Lohnzahlungszeitraum einzubehalten sind;
bei der veranlagten Einkommensteuer auf Grund der für das Kalenderjahr 1938 festgesetzten Steuerschuld;
bei der Vermögensteuer auf Grund der Steuerbeträge, die für das Rechnungsjahr 1938 zu entrichten sind.
§4
Der Reichsminister der Finanzen erlässt im Einvernehmen mit dem Reichsminister des Innern und dem Stellvertreter des Führers die zur Durchführung und Ergänzung des Gesetzes erforderlichen Rechts- und Verwaltungsvorschriften.[4]

DOK. 286
Das Auswärtige Amt informiert die Botschaften am 22. Juni 1937 über die deutsche Haltung zur Gründung eines jüdischen Staats in Palästina[1]

Runderlass (Streng vertraulich!) des AA (83-21 A.15/6.), i. A. von Bülow-Schwante,[2] an alle Missionen, die Deutschen Generalkonsulate in Batavia, Beirut, Danzig, Jerusalem, Kalkutta, Memel, Ottawa, Singapore, Sydney, die Deutschen Konsulate in Hongkong, Tetuan, Genf vom 22. 6. 1937

Die Unruhen in Palästina im Laufe des Jahres 1936 führten zur Einsetzung einer Königlich Britischen Kommission unter Leitung von Lord *Peel*.[3] Diese Kommission hatte die Aufgabe, die jüdischen und arabischen Ansprüche in Palästina zu untersuchen und eine Lösung des arabisch-jüdischen Gegensatzes zu finden. Der inzwischen fertiggestellte Bericht der Kommission ist noch nicht veröffentlicht worden. Aus Pressestimmen ist jedoch bekannt geworden, daß in diesem Bericht offenbar auch der Gedanke einer Teilung Palästinas in einen arabischen und einen jüdischen Teil erwogen wird.
Die jüdische Presse – auch in Deutschland – setzt sich seit Monaten in leidenschaftlicher Form für die Bildung eines jüdischen Staates oder wenigstens eines jüdisch geleiteten Staatsgebildes unter britischer Mandatshoheit ein, wobei für eine möglichst große Ausdehnung des jüdischen Territoriums Propaganda gemacht wird. In geschickter Weise rührt das Weltjudentum in der judenfreundlichen Presse des Auslands die Trommel für die Bildung eines jüdischen Palästinastaates. Nach Berichten der Deutschen Gesandtschaften in Stockholm und Helsingfors haben bekannte Zionistenführer bei der Schwedischen

4 Der StdF drängte auf die Verabschiedung dieses Gesetzes, doch wurde aus wirtschaftlichen Erwägungen heraus das Vorhaben 1937 nicht mehr realisiert; Schreiben des StdF an StS Reinhardt vom 10. 12. 1937 sowie Schreiben Reinhardts an den StdF vom 23. 12. 1937, wie Anm. 1.

1 BArch, R 34/3309 (Film), Aufn. 370133-370138. Abdruck in: ADAP, Serie D, Bd. V, Nr. 564, S. 632–634.
2 Vicco von Bülow-Schwante (1891–1970), Diplomat; von 1914 an für das AA tätig; SA-Mitglied; von 1934 an Chef des Protokolls im AA und Leiter des Referats Deutschland, 1938–1940 Botschafter in Belgien; nach 1945 in der Privatwirtschaft tätig.
3 Lord William Robert Wellesley Peel (1867–1937), Jurist; 1921–1922 brit. Minister für Transport, 1922–1924 und 1928–1929 Minister für die Kolonie Indien, 1931–1932 Mitglied der Indian Round Table Conference, 1936–1937 Vorsitzender der Königlich-Britischen Kommission für Palästina, deren Teilungsvorschlag nicht umgesetzt wurde.

und Finnischen Regierung vorgesprochen und versucht, für die Bildung eines jüdischen Palästinastaates zu werben.
Die arabische Welt verfolgt mit brennendem Interesse diese Entwicklung und bekämpft jede Maßnahme der britischen Mandatsmacht, die den jüdischen Einfluß in Palästina stärken könnte. Auch das Arabertum beginnt, die Weltpresse mobil zu machen und die Aufmerksamkeit auf die Gefahr eines Judenstaates in Palästina hinzulenken. Dabei stehen die Regierungen der arabischen Staaten insbesondere des Iraks, aber auch Ägyptens, nach den vorliegenden Meldungen völlig auf der Seite der Araber in Palästina.
Die Haltung der verschiedenen Regierungen gegenüber der möglichen Gründung eines jüdischen Palästinastaates ist bisher nicht immer deutlich. Welche Vorschläge die Peel-Kommission der britischen Regierung machen wird, ist vorläufig nicht zu erkennen. Der britische Außenminister Eden[4] hat dem deutschen Botschafter in London[5] auf eine Anfrage lediglich erklärt, daß es sich bei der Lösung der Palästinafrage um eines der schwierigsten Probleme der britischen Außenpolitik handelt. In der Tat dürfte sich die britische Mandatsmacht in der schwierigen Lage befinden, die von Balfour während des Krieges gegebene Zusage der Gründung eines jüdischen „Nationalheimes" in Palästina loyal einzulösen, ohne die dringende Rücksicht des Empire auf das Arabertum außer acht zu lassen. Nach Lage der Dinge ist wohl anzunehmen, daß diese Rücksicht stark genug ist, um eine den jüdischen Wünschen völlig gerechtwerdende Lösung zunächst auszuschließen. Andererseits ist nicht zu verkennen, daß das internationale Judentum, insbesondere in den Vereinigten Staaten von Amerika, nicht ohne Erfolg den Entschluß der Britischen Regierung zu beeinflussen versucht.
Eine einigermaßen klare und zwar ablehnende Stellungnahme hat die italienische öffentliche Meinung eingenommen. In der letzten Zeit häufen sich die italienischen Pressestimmen, die der Judenfrage auch in Italien eine kritische Aufmerksamkeit zuwenden. Für die italienische Einstellung gegenüber dem Gedanken eines jüdischen Staates in Palästina fällt allerdings weniger eine antisemitische Animosität ins Gewicht als die Befürchtung, daß England die Gründung eines jüdischen Palästinastaates zu einer Plattform seiner Mittelmeer-Politik ausbauen könnte. Daß diese Befürchtung nicht ganz unbegründet ist, zeigt die Sprache der jüdischen Presse, die, – wenn vielleicht auch nur als eine für das Ohr der Peel-Kommission berechnete captatio benevolentiae – immer wieder auf die Identität jüdischer und britischer Interessen in Palästina hinweist. Die Freundschaftskundgebung Mussolinis an die Araber bei der Übernahme des „Schwertes des Islam"[6] könnte wohl auch für die Beurteilung der italienischen Haltung gegenüber der Entwicklung in Palästina richtungsweisend sein.
Soweit bisher zu übersehen ist, würden französische Mittelmeerinteressen durch die Bildung eines jüdischen Palästinastaates nicht in gleichem Maße wie das italienische Interessengebiet berührt werden. Immerhin ist nicht abzuschätzen, welche Haltung

4 Sir Anthony Eden (1897–1977), brit. Politiker; 1935–1938 Außenminister, 1940 Kriegs-, dann 1940–1945 und 1951–1955 Außenminister, 1955–1957 Premierminister Großbritanniens.

5 Botschafter in London war 1936–1938 Joachim von Ribbentrop (1893–1946), Kaufmann; 1932 NSDAP- und 1933 SS-Eintritt; 1938–1945 Außenminister; 1945 verhaftet, im Nürnberger Prozess zum Tode verurteilt und 1946 hingerichtet.

6 Im März 1937 bereiste Mussolini die italienische Kolonie Libyen. Während einer aufwendigen Zeremonie überreichten ihm am 18. März in Tripolis zwei libysche Veteranen des Abessinienkriegs das „Schwert des Islam". In seiner Dankesrede bekundete Mussolini seine Sympathien für den Islam und die Muslime in aller Welt.

Frankreich gegenüber einer von England der Mandatskommission des Völkerbundes vorgelegten Resolution über eine Neuorganisation des Palästinamandats einnehmen würde.
Die geschilderten Vorgänge haben zu einer Revision des deutschen Standpunkts gegenüber dem Problem der Bildung eines Judenstaates in Palästina geführt. Bisher war es das primäre Ziel der deutschen Judenpolitik, die Auswanderung der Juden aus Deutschland nach Möglichkeit zu fördern. Um dieses Ziel zu erreichen, werden sogar devisenpolitische Opfer gebracht. Durch Abschluß eines Transfer-Abkommens mit Palästina (sogenanntes Haavara-Abkommen) wird es den nach Palästina auswandernden Juden ermöglicht, bestimmte Beträge zur Gründung einer Existenz im Wege zusätzlichen deutschen Exports nach Palästina frei zu bekommen. Diese aus innenpolitischen Gründen diktierte deutsche Haltung, die praktisch die Konsolidierung des Judentums in Palästina fördert und damit den Aufbau eines jüdischen Palästinastaates beschleunigt, hätte zu der Auffassung beitragen können, daß Deutschland der Bildung eines Judenstaates in Palästina wohlwollend gegenüberstehe. In Wirklichkeit besteht aber ein größeres deutsches Interesse daran, die Zersplitterung des Judentums aufrecht zu erhalten. Denn die Judenfrage wird für Deutschland nicht gelöst sein, wenn kein Angehöriger der jüdischen Rasse mehr auf deutschem Boden seßhaft ist. Vielmehr hat die Entwicklung der letzten Jahre gelehrt, daß das internationale Judentum zwangsläufig stets der weltanschauliche und damit politische Gegner des nationalsozialistischen Deutschlands sein wird. Die Judenfrage ist daher zugleich eines der wichtigsten Probleme der deutschen Außenpolitik. Es besteht daher auch ein erhebliches deutsches Interesse an der Entwicklung in Palästina. Denn ein Palästinastaat wird das Judentum nicht absorbieren, sondern ihm – etwa entsprechend dem Wirkungskreis des Vatikanstaats – eine zusätzliche völkerrechtliche Machtbasis schaffen, die sich für die deutsche Außenpolitik verhängnisvoll auswirken könnte.
Obwohl ein direktes deutsches Eingreifen in die Entwicklung der Palästinafrage nicht beabsichtigt ist, hat die Deutsche Botschaft in London sowie die Deutsche Gesandtschaft in Bagdad und das Deutsche Generalkonsulat in Jerusalem Instruktionen erhalten, die diesem Standpunkt Rechnung tragen.[7]
1) Der Britischen Regierung ist durch den Deutschen Botschafter in London mitgeteilt worden, daß Deutschland zwar bisher die Auswanderung der Juden nach Palästina möglichst gefördert habe. Es sei aber irrig anzunehmen, daß deutscherseits etwa auch die Bildung eines mehr oder weniger unter jüdischer Leitung stehenden Staatsgebildes in Palästina begrüßt würde. Deutschland könne angesichts der antideutschen Hetze des internationalen Judentums nicht annehmen, daß die Bildung eines jüdischen Palästinastaates der friedlichen Entwicklung der Völker dienlich sei.
2) Die Deutsche Gesandtschaft in Bagdad hat die Weisung erhalten, das deutsche Interesse für die arabischen nationalen Bestrebungen deutlicher als bisher zu bekunden.
3) Jerusalem hat gleichlautende Instruktionen erhalten.
Inwieweit diese außenpolitischen Instruktionen eine Änderung innerpolitischer Maßnahmen auf dem Gebiet der Wanderungspolitik zur Folge haben werden, unterliegt vorläufig der Prüfung und Entscheidung der beteiligten innerdeutschen Stellen.

7 Am 1. 6. 1937 hatte Außenminister von Neurath diese Botschaften und Gesandtschaften instruiert, dass Deutschland jetzt gegen die Bildung eines jüdischen Staates sei, damit keine Machtbasis für das internationale Judentum entstehen könne; ADAP, Serie D, Bd. V, Nr. 561, S. 629 f.

Ich bitte um Bericht, falls sich dort Bestrebungen des Judentums bemerkbar machen, in der Öffentlichkeit oder bei der dortigen Regierung für die Bildung eines jüdischen Palästinastaates Interesse zu wecken.

DOK. 287
Zwischen Weichsel und Nogat: Artikel vom Juni 1937 mit der Aufforderung an einen jüdischen Landwirt, das Dorf Gnojau zu verlassen[1]

Wie lange ist noch Jud Anker Besitzer einer Landwirtschaft!

Nachdem nunmehr Juden und Judengenossen, soweit sie im Kreis Großes Werder[2] ansässig waren, das Weite gesucht haben bzw. eifrig bemüht sind, ihre Koffer zu packen, dürfte es auch an der Zeit sein, den Juden Anker darauf aufmerksam zu machen, daß die Bevölkerung des Kreises Großes Werder erwartet, daß auch er den deutschen Grund und Boden in dem Dorf Gnojau, den er zur Zeit sein eigen nennt, in deutsche Hände zurückgibt.
Es ist die typisch jüdische Frechheit, nicht selbst bereits die Folgerungen gezogen zu haben. Es ist eine Schande, daß durch land- und rassefremde Elemente den volkseigenen, bodenständigen Bauern das von unseren Vorfahren und nicht vom Juden urbar gemachte Land vorenthalten wird.

DOK. 288
Der Sicherheitsdienst der SS bespricht mit der Gestapo am 12. Juli 1937 die nächste Volkszählung und die rassische Erfassung der Juden[1]

Vermerk des SD, Abt. II 112 (Wi./Hrt.), Wisliceny, für II 1 vom 12. 7. 1937[2]

Vorlage II 1 mdl. um Entscheidg., da neue Sachlage, Eichm.[3]
Betr.: Judenkartei.
Am 12. 7. 1937 fand im Geheimen Staatspolizeiamt eine Besprechung zwischen Reg.Rat Dr. Haselbacher,[4] Assessor Flesch und SS-Untersturmführer Wisliceny statt. Gegenstand

1 Zwischen Weichsel und Nogat, Nr. 2 vom Juni 1937, S. 2. Die Zeitschrift Zwischen Weichsel und Nogat erschien seit 1935. Die Ausgabe Nr. 2 von 1937 stand unter der Losung: „Wer will wider sein deutsches Blut den Stachel löcken!"
2 Der Landkreis Großes Werder lag östlich der Weichsel. Er wurde 1920 als Folge des Versailler Vertrags aus Teilen der Kreise Elbing und Marienwerder gebildet und dem Gebiet der Stadt Danzig zugeschlagen. Danzig stand seitdem als Freie Stadt unter dem Schutz des Völkerbunds.

1 RGVA, 500k-1-495, Bl. 11 f.
2 Im Original handschriftl. Unterstreichungen.
3 Handschriftl. Vermerk von Eichmann. Adolf Karl Eichmann (1906–1962), Vertreter; 1932 NSDAP- und SS-Eintritt, 1934–1938 im SD-Hauptamt in Berlin tätig, von Sommer 1938 an leitende Funktion in der Zentralstelle für jüdische Auswanderung Wien und 1939 in der Zentralstelle in Prag, von Herbst 1939 an im RSHA Organisation der Deportationen der Juden aus dem Reichsgebiet, von Dezember 1939 an Sonderreferent für die Räumung der Ostprovinzen, dann Leiter des RSHA-Referats IV D 4, mind. von März 1941 an Leiter von IV B 4 (Judenangelegenheiten, Räumungsangelegenheiten); 1945–1946 Inhaftierung, 1946 Flucht, 1950–1960 in Argentinien untergetaucht, 1960 vom israel. Geheimdienst entführt und in Israel 1962 nach Todesurteil hingerichtet.

der Rücksprache war die geplante Aufstellung einer Judenkartei durch den SD. in Zusammenarbeit mit den infrage kommenden Dienststellen der Partei und des Staates.[5]
Zu Beginn der Unterredung gab Reg.Rat Dr. Haselbacher ein eben bei ihm eingegangenes Schreiben des Chefs der Sicherheitspolizei bekannt, welches sich mit der Erfassung der Juden in Deutschland befasst.[6] Darin wird mitgeteilt, dass z. Zt. Verhandlungen mit dem Innenministerium stattgefunden haben und im August fortgesetzt werden sollen, die den Zweck haben, auf Grund einer Volkszählung eine Kartei des Deutschen Volkes aufzustellen. Bei dieser Volkszählung, die für 1938 festgesetzt ist, sollen eingehende Erhebungen über die rassische Zusammensetzung und die konfessionellen Bekenntnisse angestellt werden.[7] Falsche Auskünfte bei dieser Erhebung werden dabei mit Gefängnisstrafen bedroht. Auf diese Weise ist es möglich, auch die Viertel- und Halbjuden zu erfassen. Nach Abschluss und Auswertung der Volkszählung wird also bei jeder Ortspolizeibehörde eine Kartei der Juden, Halbjuden und jüdisch Versippten stehen. Alle Auskünfte über Rassenzugehörigkeit können dann die Polizeibehörden erteilen. In Anbetracht dieser Tatsache vertrat Dr. Haselbacher den Standpunkt, dass es unzweckmässig sei, sofort durch die Parteiorganisationen Erhebungen über die Juden anstellen zu lassen. Es bestände absolut keine Gewähr, dass die Block- und Zellenleiter der Partei einwandfreies Material heranbrächten. Ausserdem würde der SD. durch die Aufstellung einer solchen Kartei zu einer Auskunftsstelle für die Partei.[8] Noch ehe die Judenkartei des SD. fertig sein könne, käme die Volkszählung. Dr. Haselbacher vertrat daher den Standpunkt, dass die Aufstellung der Kartei bis 1938 zurückgestellt werden müsse. Er wolle in diesem Sinne mit Klopfer[9] sprechen.
Die Auswertung der Volkszählung durch den SD. soll dann folgendermassen vorgenommen werden:
Die Polizeireviere geben ein Doppel ihrer Juden- und Mischlingskarteiblätter an die SD-Unterabschnitte. Der UA.-Referent ergänzt dann diese Angaben nach SD-mässigen Gesichtspunkten. Um aber überhaupt einen Anfang zu machen, schlug Dr. Haselbacher vor, dass der SD. die im Geheimen Staatspolizeiamt lagernden Mitgliederverzeichnisse der organisierten Juden übernimmt. Diese Verzeichnisse umfassen ca. 90 % der in Deutschland lebenden Volljuden.[10] Dieses Material wird den SD-Unterabschnitten zur Verfügung gestellt, die nach den Richtlinien des SD-Hauptamtes mit der Aufstellung einer Volljudenkartei beginnen. Nach der geplanten Volkszählung wird diese Kartei nur hinsichtlich der Nichtorganisierten und der Mischlinge ergänzt werden. Damit wird eine Menge unnützer Doppelarbeit vermieden. Die Verzeichnisse der jüdischen Organisationen werden auf dem Laufenden gehalten, da diese verpflichtet sind, jeden Monat ihre Mitglieder zu mel-

4 Dr. Karl Haselbacher (1904–1940), Jurist; 1933 NSDAP- und SA- und 1934 SS-Eintritt, von 1934 an im Gestapa tätig, dort 1936 Leiter der Dienststelle II B (Kirchen, Freimaurer, Juden, Emigranten), 1939 Chef der Gestapo Düsseldorf, 1940 Befehlshaber der Sicherheitspolizei und des SD in Brüssel.
5 Siehe dazu auch den Vermerk des Gestapa II B 4 vom 12. 7. 1937; wie Anm. 1.
6 Nicht aufgefunden.
7 Die für 1938 geplante Volkszählung wurde erst im Mai 1939 durchgeführt. Auf sog. Ergänzungskarten musste die Religion aller vier Großeltern angegeben werden, woraus die „Rassezugehörigkeit" ermittelt wurde.
8 Am linken Rand handschriftl.: „richtig".
9 Vermutlich Regierungsrat Dr. Klopfer, im Gestapa zuständig für Organisation und Geschäftsbetrieb.
10 Siehe dazu den Erlass der Gestapo über die Anfertigung einer Judenkartei vom 17. 8. 1935, nach dem alle jüdischen Organisationen, auch die Jüdischen Gemeinden, Mitgliederlisten an die Gestapo abzuliefern hatten; Dok. 188.

den. Dr. Haselbacher sagte ausserdem die sofortige Übersendung des obenerwähnten Schreibens des Chefs der Sicherheitspolizei zu.
Es wird um Entscheidung gebeten, ob die Umarbeitung der von C.[11] genehmigten Richtlinien in dieser Hinsicht erfolgen soll. Genaue Anweisungen können den UA.-Referenten dann auf der am 1. 9. 1937 geplanten Tagung gegeben werden.[12]

DOK. 289

Der Fremdenverkehr: Abdruck des Erlasses von Staatssekretär Pfundtner vom 24. Juli 1937 zur Trennung der jüdischen von nichtjüdischen Gästen in Bädern und Kurorten[1]

Reichsausschuß für den Fremdenverkehr[2]
Der Präsident:[3] *Anweisung Nr. 7*

Jüdische Kurgäste
Der Herr Reichs- und Preußische Minister des Inneren hat mit Erlaß an die Landesregierungen (für Preußen: die Oberpräsidenten und die Regierungspräsidenten) vom 24. Juli 1937 – I B 3 1043 X/5012 e – ausgeführt:[4] Soweit für Bäder und Kurorte der Besuch auswärtiger jüdischer Kurgäste geregelt wird, sind von den staatlichen und gemeindlichen Trägern der Kureinrichtungen folgende Richtlinien zu beachten:
1) Jüdische Kurgäste sind in *Heilbädern*, in denen die Möglichkeit besteht, sie *getrennt von den übrigen Kurgästen* in jüdischen Kuranstalten, Hotels, Pensionen, Fremdenheimen oder dgl. unterzubringen, *zuzulassen*; *Voraussetzung* ist dabei, daß in diesen Betrieben deutschblütiges weibliches Personal unter 45 Jahren nicht beschäftigt wird.
Gemeinschaftseinrichtungen, die Heilzwecken dienen, z. B. Trinkhallen, Badehäuser, sind *auch den Juden* zur Verfügung zu stellen; es ist jedoch angängig, den Juden mit Rücksicht auf die nichtjüdischen Kurgäste angemessene *örtliche und zeitliche Beschränkungen hinsichtlich der Benutzung* aufzuerlegen, z. B. Beschränkung auf bestimmte Badekabinen oder Badezeiten. Von den Gemeinschaftseinrichtungen, die nicht unmittelbar Heilzwecken dienen, z. B. von Kurgärten, Sportplätzen, Kurgaststätten, können die Juden ausgeschlossen werden.
In allen *übrigen Bädern und Kurorten* können Juden von den Kureinrichtungen *allgemein* oder *teilweise ausgeschlossen* oder auf bestehende jüdische Betriebe (Ziff. 1 Abs. 1) beschränkt werden.
Heilbäder im Sinne dieses Erlasses sind diejenigen Badeorte, in denen natürliche oder

11 C: Chef der Sicherheitspolizei, Reinhard Heydrich.
12 Die geplante Tagung fand dann offenbar erst am 1. 11. 1937 im Sicherheitshauptamt statt; zum Tagungsprogramm und Vortrag siehe Die Judenpolitik des SD, Dok. 16 und 23, S. 123 f. und 153–155.

1 Der Fremdenverkehr, Nr. 33 vom 14. 8. 1937, S. 5. Das Reichsorgan für den deutschen Fremdenverkehr erschien 1936–1945. Es wurde in Berlin vom Reichsausschuß für Fremdenverkehr, später vom Reichsfremdenverkehrsverband, herausgegeben.
2 Der Reichsausschuß für Fremdenverkehr ging 1931 aus der 1929 gegründeten Reichsarbeitsgemeinschaft für deutsche Verkehrsförderung hervor. Der Reichsausschuß hatte die Stellung einer Reichsbehörde.
3 Geschäftsführender Präsident war 1935–1945 Hermann Esser.
4 Schnellbrief des RuPrMdI, i. V. gez. Pfundtner, an die Landesregierungen, für Preußen: die Oberpräsidenten und die Regierungspräsidenten vom 24. 7. 1937; BArch, R 58/276, Bl. 83 f. Abdruck in: Verfolgung, Vertreibung, S. 138. Zur Vorgeschichte siehe Dok. 244 vom 30. 8. 1936.

ortsgebundene Heilkräfte in geeigneter Weise der Öffentlichkeit zur Wiedererlangung der Gesundheit bereitgestellt werden.
2) Wer Jude ist, bestimmt § 5 der Ersten Verordnung zum Reichsbürgergesetz vom 14. November 1935 (RGBl. I S. 1333). Eine *Unterscheidung* zwischen in- und ausländischen Juden findet nicht statt.
3) Vor Erlaß einer Regelung soll dem *Reichsausschuß für Fremdenverkehr* Gelegenheit zur Stellungnahme gegeben werden.
Ich ersuche, das Weitere zu veranlassen und im Benehmen mit dem *Reichsausschuß für Fremdenverkehr* dahin zu wirken, daß diese Richtlinien auch von den übrigen Trägern von Kureinrichtungen beachtet werden.
In Zweifelsfällen ist meine Entscheidung einzuholen. Dies gilt insbesondere auch dann, wenn zweifelhaft ist, ob ein Bad oder Kurort als Heilbad anzusehen ist.
Die vorstehenden Richtlinien, die der Herr Reichs- und Preußische Minister des Inneren mit Beziehung auf die *staatlichen* und *gemeindlichen* Träger von Kureinrichtungen erlassen hat, sind auch von den übrigen Trägern der Kureinrichtungen einzuhalten, soweit diese den Besuch auswärtiger jüdischer Kurgäste zu regeln wünschen.
Berlin, 10. August 1937.
I.A. Dr. Hessel.[5]

DOK. 290

Pariser Tageszeitung: Artikel vom 24. Juli 1937 über die Einführung einer gegen Juden gerichteten Wehrsteuer im NS-Staat[1]

Deutschland führt eine Wehrsteuer ein. Zunächst 50 Prozent Zuschlag zur Einkommensteuer – eine Sondersteuer vornehmlich gegen die Juden

Berlin, 23. Juli.
Ein neues Reichsgesetz vom 20. Juli, das soeben verkündet wird, führt eine „Wehrsteuer" ein, die von denjenigen deutschen Staatsangehörigen zu tragen ist, die dem Militärdienst nicht unterworfen sind. Die Verpflichtung zur Zahlung der Wehrsteuer dauert bis zum 45. Lebensjahr.[2] *Während der ersten beiden Jahre soll die Wehrsteuer 50 Prozent der Einkommensteuer betragen, später soll sie auf 6 Prozent herabgesetzt werden.*
Die Deutschen, die im Ausland ihren Wohnsitz haben, sowie diejenigen, die durch Unfall oder durch beim Arbeitsdienst erworbene Krankheit dienstuntauglich geworden sind, und schliesslich diejenigen mit einem Einkommen unter einer bestimmten sehr niedrigen Jahresgrenze, sind von der Steuer ausgenommen. Immerhin müssen die nicht zur Einkommensteuer herangezogenen Personen eine Mindeststeuer zahlen.

5 Dr. August Hessel (1896–1976), Jurist; von 1923 an im bayer. Staatsdienst tätig, 1931–1933 im Bayer. Staatsministerium des Äußeren, 1933–1934 in der Bayer. Staatskanzlei, 1934–1936 im Bayer. Staatsministerium für Wirtschaft, von 1936 an im Reichsausschuß für den Fremdenverkehr; 1937 NSDAP-Eintritt.

1 Pariser Tageszeitung, Nr. 406 vom 24. 7. 1937, S. 1.

2 Gesetz über eine Steuer der Personen, die nicht zur Erfüllung der zweijährigen aktiven Dienstzeit einberufen werden (Wehrsteuer) vom 20. 7. 1937; RGBl., 1937 I, S. 821 f.

Die Wehrsteuer wird ab 1. September von den jungen Leuten der Geburtsjahrgänge 1914, 1915 und 1916 erhoben.
In einer offiziösen Begründung wird gesagt, dass die zum Heeresdienst herangezogenen jungen Leute im Erwerbsleben benachteiligt seien, während die anderen ihre Lehrzeit fortsetzen oder ihren Beruf ausüben könnten. Die Wehrsteuer solle diese Ungleichheit ausgleichen.
Offenbar hat man an die in der Schweiz seit fünfzig Jahren gültige Militärsteuer angeknüpft, aber abweichend von der Schweiz zielt das neue deutsche Gesetz in erster Linie auf eine ganze Kategorie deutscher Staatsangehöriger, die für unwürdig erklärt werden, Waffen zu tragen.[3] Es sind dies die jüdischen Untertanen Deutschlands, die durch die Nürnberger Gesetze einem Ausnahmeregime unterworfen sind. Ausserdem ist der 50prozentige Zuschlag auf die Einkommensteuer enorm, und es besteht nicht die geringste Sicherheit, dass er nach zwei Jahren wirklich herabgesetzt wird.

DOK. 291
Max Warburg unterbreitet Staatssekretär Stuckart im Sommer 1937 Vorschläge zur Förderung der jüdischen Auswanderung[1]

Denkschrift für die Besprechung mit Stuckart, undat. und ungez. (Ende Juli/Anfang August 1937)[2]

Akten-Exemplar[3]
I. *Ziel: Förderung der Auswanderung.*
Unbeschadet der Tatsache, dass die Stellung der deutschen Regierung zur jüdischen Frage eine grundlegend andere ist als die der Juden in Deutschland selbst, treffen sich beide Seiten in dem Bestreben, die Auswanderung der Juden aus Deutschland mit allen Mitteln zu fördern.
Förderung der Auswanderung heisst, die Voraussetzungen für die Übersiedlung der Juden in andere Länder schaffen oder verbessern.
Da die für die Einwanderung in Frage kommenden Länder Einwanderer nicht wahllos aufnehmen, sondern ganz bestimmte Ansprüche an die Ausbildung und wirtschaftliche Kraft ihrer künftigen Angehörigen stellen, müssen die aus Deutschland kommenden jü-

3 Das Wehrgesetz vom 21. 5. 1935 hatte die „arische" Herkunft als Voraussetzung für den aktiven Wehrdienst eingeführt; RGBl., 1935 I, S. 609.

1 Stiftung Warburg Archiv Hamburg, Besprechung mit Staatssekretär Dr. Stuckart (1937).
2 Die Denkschrift entstand für eine Besprechung von Max Warburg mit Stuckart. Warburg, der sich hier als Sprecher der deutschen Juden verstand, wollte sich ursprünglich mit Reichsinnenminister Frick treffen, der sich vertreten ließ; Schreiben von Walther Dauch an Dr. Frick vom 18. 6. 1937, wie Anm. 1 Für die Besprechung war zuerst ein Termin Ende Juli vorgesehen. Aus einem Brief Warburgs vom 9. 8. 1937 geht hervor, dass die Besprechung am selben Tag stattgefunden und dass er den hier abgedruckten Plan „inhaltlich vollkommen" vorgetragen hatte. Otto Hirsch sollte als geschäftsführender Vorsitzender nun ein entsprechendes Schreiben der Reichsvertretung an Stuckart aufsetzen; Schreiben Warburgs an Hirsch vom 9. 8. 1937, ebd. Nach der Besprechung informierte Warburg persönlich RWM Schacht telefonisch über seine Initiative und das Gespräch mit Stuckart; Vermerk von Warburg vom 10. 8. 1937, ebd. Das Memorandum wurde am 23. 8. 1937 an Stuckart übersandt; siehe ungez. Vermerk vom 10. 11. 1937, ebd.
3 Im Original handschriftl.

dischen Einwanderer entsprechend beruflich vorbereitet und ausgestattet sein; dies gilt umso mehr, als sie mit der starken Konkurrenz der japanischen und polnischen Einwanderung zu rechnen haben. *Richtige Ausbildung und ausreichende Ausstattung der jüdischen Auswanderer sind also von entscheidender Bedeutung für die Förderung der Auswanderung.*
II. *Ausbildung der Auswanderer. Berufliche Umschichtung.*
Im Ausland gebraucht werden in erster Linie *Handwerker, Facharbeiter, selbständige Landwirte und Landarbeiter*, bei den Frauen, deren Tätigkeit bei einer Auswanderung mindestens ebenso wichtig ist wie die der Männer, *hauswirtschaftlich und pflegerisch geschulte Kräfte.*
Die allgemeine Voraussetzung für die *Schaffung von Lehrwerkstätten* für die auswanderungswillige jüdische Jugend ist in dem unter Mitwirkung des Herrn Reichs- und Preussischen Ministers des Innern zustande gekommenen Erlass des Herrn Reichs- und Preussischen Ministers für Wissenschaft, Erziehung und Volksbildung, Geschäftszeichen E IV 3842 M. vom 13. 7. 1936 gegeben worden.[4]
Die auf Grund dieses Erlasses errichteten Lehrwerkstätten können aber nur zum Teil das Bedürfnis nach handwerklichen Ausbildungsmöglichkeiten decken, da für eine grosse Anzahl von Berufen eine Ausbildung nicht in Lehrwerkstätten, sondern nur in Einzelbetrieben des Handwerks und der Industrie selbst durchgeführt werden kann.
Obgleich der Herr Reichs- und Preussische Erziehungsminister in dem oben erwähnten Erlass ausgeführt hat, dass „die Erlernung des Handwerks jedenfalls nur in ordnungsmässiger Lehre erfolgen kann, der sich zu unterziehen der jüdischen Jugend unbenommen bleibt", nehmen Betriebe mit nichtjüdischen Inhabern jüdische Lehrlinge nicht auf. Die jüdischen kaufmännischen und handwerklichen Betriebe gehen an Zahl und Bedeutung mehr und mehr zurück, und die Lehrlinge in solchen Betrieben werden in der Mehrzahl der Fälle zu den vorgeschriebenen Prüfungen nicht zugelassen.
Um den Bedarf an Ausbildungsstellen zu decken, sollte daher die Ausbildung künftiger Auswanderer auch in solchen Industriebetrieben gestattet werden, die an sich zur Ausbildung von Lehrlingen im Sinne der Gewerbeordnung nicht berechtigt sind, weil die Ausbildung nicht von einem Handwerksmeister durchgeführt werden kann.
Um die Aufnahme in die Betriebe zu erleichtern, müsste sie unentgeltlich möglich sein, und zu diesem Zweck müsste entsprechend der Rechtsprechung einiger Oberversicherungsämter für bisherige Empfänger von *Arbeitslosen-, Krisen- und Wohlfahrtsunterstützung* der Fortbezug dieser Unterstützung *auch während der Umschulung gewährleistet werden*, wobei natürlich vorbehalten werden könnte, dass diese Personen jederzeit für einen Arbeitseinsatz zur Verfügung stehen.
Für die *landwirtschaftliche Ausbildung* konnten auf Grund von Vereinbarungen mit dem Verwaltungsamt des Herrn Reichsbauernführers eine Anzahl von landwirtschaftlichen Ausbildungsstellen für die jüdische Jugend errichtet werden. Es muss aber darauf hingewiesen werden, dass hier leider durch das oft langwierige – über ein Jahr währende – Genehmigungsverfahren kostbare Zeit verloren gegangen ist. *Dieses Verfahren sollte also beschleunigt werden.* Im übrigen sollte auch, soweit die sehr kostspieligen jüdischen Ausbildungsstätten nicht ausreichen, eine *Ausbildung in landwirtschaftlichen Grossbetrieben oder in bestimmten bäuerlichen Betrieben* zugelassen werden.

4 Der Runderlass vom 13. 7. 1936 erlaubte die Einrichtung von handwerklichen und landwirtschaftlichen Fachschulen für Juden zur Vorbereitung ihrer Emigration; Sonderrecht, S. 168.

Neben der beruflichen Ausbildung wird es nötig sein, dass die Juden, die auswandern wollen, sich Sprachkenntnisse aneignen und Deutschland nicht verlassen, ohne der Sprache des Landes, in das sie gehen werden, kundig zu sein. *Dieser sprachlichen Ausbildung* auf allen Stufen (in jüdischen Schulen, Lehrhäusern, Kursen) *sollten von staatlicher Seite keinerlei Schwierigkeiten bereitet werden.*
Sollen die Auswanderer den schweren Anforderungen an ihre körperliche Leistungsfähigkeit, die sie draussen erwarten, genügen, so wird es ferner nötig sein, sie durch sportliche Ausbildung zu schulen. Dazu gehört vor allem auch die *Ausbildung im Schwimmen,* die heute der jüdischen Jugend fast überall unmöglich gemacht wird.
Unbedingt zu verhindern wäre es, dass Personen, die nach Alter, Beruf und körperlicher Leistungsfähigkeit für eine Existenzgründung im Ausland *völlig ungeeignet* sind, zur Auswanderung veranlasst werden. Solche Menschen werden vom Auslande nicht nur nicht aufgenommen werden, ihr Erscheinen ist vielmehr geeignet, die Aufnahmewilligkeit der fremden Länder aufs Schwerste zu beeinträchtigen. Können solche Menschen aus irgendwelchen Gründen in ihren gegenwärtigen Wohnorten nicht bleiben, so sollte man ihnen die Möglichkeit geben, an anderen Orten in Deutschland, sei es bei Verwandten, sei es in einer anderen Berufstätigkeit unterzukommen. *Es dürfte aber nicht vorkommen, dass ihnen diese Auswege verschlossen werden, um sie „freiwillig" zu einer Auswanderung zu veranlassen.*
III. *Ausstattung der Auswanderer. Aufbringung der Mittel.*
Weder der Handwerker noch der Landwirt oder der Kaufmann kann eine Existenz gründen, ohne dass er selbst über bescheidene Mittel verfügt oder ihm geldlich geholfen wird. Der Arbeitnehmer muss wenigstens die allererste Zeit, bis er einen Arbeitsplatz gefunden hat, überdauern können.
Eine sehr erhebliche Erschwerung der Auswanderung bedeutet angesichts des niedrigen Kurses der Auswanderer-Sperrmark die Erhebung der *Reichsfluchtsteuer* schon bei einem Vermögen von RM 50 000 aufwärts. Bei einem Durchschnittskurs der Auswanderer-Sperrmark von 20 % ist dieses Kapital im Ausland für den Auswanderer tatsächlich nur noch RM 10 000 wert. Hat er dann davon noch vorher 25 % abzugeben, so behält er von einem Inlandsvermögen von RM 50 000 im Ausland tatsächlich nur noch RM 7 500 übrig. *Wir bitten ernstlich zu prüfen, ob angesichts dieser Sachlage nicht eine Erhöhung der Vermögensfreigrenze bei der Reichsfluchtsteuer möglich ist* derart, dass wenigstens die kleinen Auswanderervermögen von der Steuer freigestellt werden und dass die Auswanderer einen ausreichenden Betrag für den Aufbau einer neuen Existenz im Ausland behalten.[5]
Es ist zu bedenken, dass gerade die Inhaber dieser kleinen Vermögen meistens Menschen im mittleren Alter sind, die die Vermögen in jahrelanger Arbeit langsam gesammelt haben und nun durch die Auswanderung besonders hart betroffen werden und sich auch ohne Kapital im Ausland kaum eine neue Existenz schaffen können. In diesem Zusammenhang bitten wir auch zu erwägen, ob nicht *ein Teil des Aufkommens aus der Reichs-*

5 Ein Verzicht auf die Reichsfluchtsteuer wurde auf einer Ministerialsitzung am 18. 10. 1937 diskutiert, siehe Dok. 301. Die Geltungsdauer des Reichsfluchtsteuergesetzes wurde jedoch am 19. 12. 1937 für ein Jahr verlängert. Am 23. 12. 1937 bestimmte das RFM, bei „auswandernden Juden oder jüdischen Mischlingen" würden die Voraussetzungen für eine Befreiung von dieser Steuer in der Regel nicht vorliegen. Wenn die Erhebung der Steuer die „erwünschte Auswanderung eines Juden" jedoch verhindere, könnten Anträge auf Ermäßigung oder Befreiung dem RFM vorgelegt werden; Runderlass des RFM (S 19115 – 20 III) vom 23. 12. 1937, RStBl., Nr. 96 vom 29. 12. 1937, S. 1295.

fluchtsteuer abgezweigt werden kann, um einen Fonds zu bilden, aus dem *Unterstützungen an würdige unbemittelte Auswanderer* geleistet werden können. Für die Empfänger von Wohlfahrtsunterstützung, die auswandern wollen, sollte – in Übereinstimmung mit der Praxis einiger Bezirksfürsorgeverbände – allgemein als Ablösung der sonst zu zahlenden öffentlichen Unterstützung ein *Beitrag zu den Übersiedlungskosten* gewährt werden.
Soweit die eigenen Mittel der Auswanderer nicht genügen, muss ihnen wie geschildert finanzielle Beihilfe in Gestalt von Unterstützung geleistet werden. Träger dieser Unterstützung sind, soweit ihnen das noch möglich ist, die in Deutschland verbleibenden Juden, insbesondere die jüdischen Gemeinden, und das Ausland.
Vom Ausland ist die unerlässliche finanzielle Beihilfe nur zu erlangen, wenn ein wesentlicher Teil der Unterstützung von den Juden in Deutschland geleistet wird. *Jede Verhandlung mit den ausländischen Hilfsorganisationen beginnt mit der Frage nach den eigenen Leistungen der Juden in Deutschland.* Daher ist es von grösstem Interesse, dass die in Deutschland zurückbleibenden Juden zahlungsfähig bleiben, sonst können sie nicht helfen. Bleiben die Juden nicht wenigstens in der Mehrheit solvent, so können sie nicht nur selbst nicht mehr helfen, sondern sie fallen auch als Steuerzahler für die jüdischen Gemeinden aus. Die jüdischen Gemeinden würden dann die grossen Ansprüche, die an sie gestellt werden, nicht mehr erfüllen können.
Schon heute ist ein grosser Teil der *jüdischen Gemeinden* infolge der Abwanderung von leistungsfähigen Gemeindemitgliedern und der Verarmung der Zurückgebliebenen nicht mehr in der Lage, einen Anteil an den Kosten für die Ausbildung der Auswanderer und die Durchführung der Auswanderung zu übernehmen. Diese Gemeinden sind darauf angewiesen, dass diese Kosten vollständig von den zentralen jüdischen Organisationen, insbesondere der Reichsvertretung der Juden in Deutschland, übernommen werden. Die Mittel hierfür fliessen den zentralen Organisationen in der Hauptsache aus Spenden ausländischer jüdischer Hilfsorganisationen und inländischer Einzelpersonen zu.
Nachdem auf Grund des Steueranpassungsgesetzes vom 16. Oktober 1934 und des Ausführungsgesetzes zu den Realsteuergesetzen vom 1. Dezember 1936 jüdische Organisationen nicht mehr als kirchlich, gemeinnützig und mildtätig anerkannt werden, sind solche Zuwendungen *schenkungssteuerpflichtig* geworden.[6] Bei den Zuwendungen der ausländischen Organisationen handelt es sich um sehr erhebliche Beträge, die infolgedessen den höchsten Steuersätzen der Schenkungssteuer unterliegen würden.
Es muss mit grösstem Ernst darauf hingewiesen werden, dass die ausländischen Hilfsorganisationen nicht bereit sein werden, diese hohen Abzüge von den Mitteln, die sie für die Auswanderung und die Auswanderungsvorbereitung von Juden aus Deutschland zur Verfügung stellen, hinzunehmen. Sollen also die Auslandsspenden, deren Fortfall die gesamte Arbeit der zentralen jüdischen Organisationen in Frage stellen würde, nicht verloren gehen, so muss in diesem Punkt Abhilfe geschaffen werden. Aber auch die Zuwendungen inländischer Juden an jüdische Organisationen sollten zum mindesten soweit sie für Zwecke der Auswanderung und Auswanderungsvorbereitung gegeben werden, *von der Schenkungssteuer befreit werden.*
Hingewiesen werden muss in diesem Zusammenhang auch auf die neuerdings ergange-

6 In der am 1. 12. 1936 novellierten Fassung des Steueranpassungsgesetzes vom 16. 10. 1934 wurden in § 18 Abs. 1 die Worte „bedürftige, im Inland befindliche Personen oder bedürftige Deutsche Volksgenossen im Ausland" durch die Worte „bedürftige Deutsche Volksgenossen" ersetzt; RGBl., 1936 I, S. 977.

nen Richtlinien des Reichsfinanzministers zum *Grundsteuergesetz*, durch die für jüdische Synagogengemeinden eine besondere Regelung in Bezug auf Grundsteuer vorbehalten ist.[7] Die jüdischen Gemeinden würden den Rest ihrer Leistungsfähigkeit verlieren, wenn sie etwa auch noch Grundsteuer für ihren Synagogen- und sonstigen Grundbesitz entrichten müssten.

IV. *Planmässige Auswanderung! Keine Massnahmen, die zur Panik führen!*

Die vorstehend skizzierte planmässige Ausgestaltung der Auswanderung und die Aufbringung sowie der zweckvolle Einsatz der für die Auswanderung erforderlichen Mittel sind nur möglich, *wenn die Auswanderung sich in Ruhe vollziehen kann.* Entsteht in jüdischen Kreisen eine Panik, so wird das Ziel der deutschen Regierung, eine möglichst vollständige Auswanderung aus Deutschland zu bewirken, nie erreicht. *Nichts ist dafür gefährlicher, als eine planlose Emigration* und die mit ihr verbundene Verschleuderung jüdischen Vermögens: im Innern geht der letzte wirtschaftliche Rückhalt der präsumptiven Auswanderer verloren, das Ausland weist die wirtschaftlich schwachen und für ihre neue Arbeit schlecht vorbereiteten Menschen zurück und sperrt sich nach und nach vollkommen gegen *jede* weitere Einwanderung ab.

Es ist der deutschen Regierung bekannt, dass der *Ausschluss der Juden aus dem Erwerbsleben* weit über die Bestimmungen der Nürnberger Gesetze hinaus immer weiter vorangetrieben wird. Mit allem Ernst müssen wir noch einmal auf die Gefahr hinweisen, *dass dadurch auch die wirtschaftliche Grundlage der von der deutschen Regierung gewünschten möglichst vollständigen Auswanderung untergraben und vernichtet wird.*

Aus den Betrieben werden – insbesondere unter dem Druck der Deutschen Arbeitsfront – die jüdischen Angestellten restlos entfernt.

Alle zum Reichsnährstand gehörigen jüdischen Erwerbstätigen werden systematisch aus ihren Berufen ausgeschlossen.

Handelsvertreter, für deren Tätigkeit eine Legitimationskarte notwendig ist, Juden, die im Wandergewerbe tätig sind, Strassenhändler usw. können vielfach ihren Beruf nicht mehr ausüben. Oft nimmt die lokale Polizeibehörde den Gewerbetreibenden die Erlaubnisscheine, die sie von den Verwaltungsbehörden bekommen haben, wieder ab.

Ausserordentlich einschneidende Einschränkungen sind neuestens für den jüdischen Buchverlag und Buchvertrieb verfügt worden. Der jüdische Buchvertrieb darf nur an Juden gegen Ausweis und ausschliesslich jüdische Bücher liefern. Er darf weder den Bedarf der jüdischen Schulen an allgemeinen Lehrbüchern decken, noch jüdischen Auswanderern die für die Auswanderung erforderliche Sprach- und Fachliteratur liefern. Nicht einmal der Verkauf der noch am Lager befindlichen allgemeinen Literatur an jüdische Abnehmer wird ihm gestattet.[8] Die Mehrzahl der jüdischen Buchhandlungen muss infolgedessen zugrunde gehen. Damit verliert auch der jüdische Verlag seine Existenzfähigkeit, da ihm die Absatzorganisation durch einen leistungsfähigen Buchhandel fehlt, ganz abgesehen von der Schwierigkeit, die es für ihn bedeutet, dass jedes jüdische Buch der Vorzensur unterliegt.

7 Die VO zur Durchführung des Grundsteuergesetzes vom 1. 7. 1937 bestimmte zunächst, dass das Grundvermögen der Jüdischen Gemeinden bis zur Klärung von dessen Status von dem Gesetz ausgenommen bleiben sollte; RGBl., 1937 I, S. 733.

8 Jüdische Buchhändler mussten vom 1. 7. 1937 an ihre Tätigkeit auf „jüdisches Schrifttum" und auf einen „jüdischen Abnehmerkreis" beschränken. Nur die in einer Liste zum „reinjüdischen Buchhandel" zugelassenen Verlage und Buchvertriebe durften weiter ihre Tätigkeit ausüben; Abdruck der Liste vom 1. 7. 1937, in: Dahm, Das jüdische Buch, S. 518.

Nicht-jüdischen Firmen und Privatleuten wird verboten, mit ihren alten jüdischen Geschäftsfreunden in Zukunft zu arbeiten. Dies führt zur Lösung wertvoller Geschäftsbeziehungen und muss auf die Dauer auch Firmen, die sich im Augenblick noch als kräftig betrachten dürfen, zum Erliegen bringen.

Dies sind nur Beispiele.

V. *Passwesen.*

Von grösster tatsächlicher und psychologischer Bedeutung für die Auswanderung ist auch die *Passfrage* und die Behandlung der sogenannten „Rückwanderer". Die Dauer neuer für Juden ausgestellter Pässe ist ausserordentlich kurz, meist nur 6 Monate.[9] Sie genügt in vielen Fällen nicht einmal, um den Juden zu ermöglichen, eine *Erkundungsreise* zu machen, um festzustellen, welche Aussichten sich ihnen für eine Existenz im Ausland bieten. In vielen Gebieten Deutschlands werden Juden Pässe nur ausgestellt auf Grund einer Bescheinigung der Industrie- und Handelskammer, eines amtsärztlichen Attestes oder zur Auswanderung. In anderen Gegenden erhalten Juden ausser zur Auswanderung überhaupt keine Pässe. So sind zum Beispiel den Absolventen einer jüdischen Lehrerbildungsanstalt Pässe für eine Studienreise nach Palästina verweigert worden, trotzdem solche Studienreisen ausschliesslich dem Zweck dienen, den jüdischen Lehrern die Vorbereitung ihrer Schüler für die Auswanderung nach Palästina zu erleichtern.

Juden, die sich einige Zeit im Ausland aufgehalten haben, etwa, um die Möglichkeit einer Existenzgründung im Ausland zu untersuchen, wissen nicht, ob sie *ungehindert nach Deutschland zurückkehren können.* Selbst Kindern und Jugendlichen, die ausländische Ausbildungsstätten besuchen, sind an der Grenze schon Schwierigkeiten gemacht worden, wenn sie in den Ferien zu ihren Familien nach Hause kommen wollten. Aus Deutschland ausgewanderten Juden wird vielfach der Grenzübertritt verweigert oder ihnen die Verbringung in ein Schulungslager[10] angedroht, wenn sie nicht eine Bescheinigung der deutschen Auslandsvertretung ihres neuen Wohnsitzes vorweisen, dass ihrer Einreise keine Bedenken entgegenstehen. Die Ausstellung solcher Bescheinigungen wird in den meisten Fällen verweigert und dauert in den günstigsten Fällen viele Wochen.

Die meisten jüdischen Familien sind unter dem Zwang der Verhältnisse heute auseinandergerissen. Wird ein Zusammenkommen auch in Notfällen dadurch verhindert, dass weder die im Inland verbliebenen Familienmitglieder ins Ausland fahren noch die ausgewanderten zum Besuch ihrer Angehörigen nach Deutschland kommen können, so werden in vielen Fällen die Familien versuchen, so lange als irgend möglich, selbst unter grössten Entbehrungen, zusammenzubleiben. Die Auswanderung wird infolgedessen nicht gefördert, sondern *gehemmt.*

VI. *Die Reichsvertretung der Juden in Deutschland.*

Die jüdischen Hilfsorganisationen des Auslandes, ohne deren weitere Mitwirkung die Auswanderung in ihrem seitherigen Umfang nicht fortgeführt, geschweige denn unter den erschwerten Verhältnissen ausgebaut werden kann, bedürfen für ihre Hilfstätigkeit einer entsprechenden jüdischen Organisation in Deutschland, mit der sie zusammenarbeiten können. Diese Aufgabe hat schon bisher die *Reichsvertretung der Juden in Deutschland* als

9 Als Beispiel für einen solchen Fall siehe Dok. 255 vom 19. 11. 1936.

10 Schulungslager: Gemeint sind Konzentrationslager. Die Bayer. Politische Polizei hatte z. B. im März 1935 angeordnet, alle zurückkehrenden Emigranten zu verhaften, Männer waren ins KZ Dachau, Frauen ins KZ Moringen einzuweisen; Wetzel, Auswanderung, S. 498.

die Zusammenfassung der jüdischen Gemeinden, Landesverbände und sonstigen grossen Organisationen erfüllt. Wie sie die Spitzenorganisation für das jüdische Schulwesen, die Berufs-Ausbildung und -Umschichtung und das jüdische Wohlfahrtswesen ist, so hat sie auch auf dem Gebiet der Auswanderung die Tätigkeit des Palästina-Amtes für die Auswanderung nach Palästina und des Hilfsvereins der Juden in Deutschland für die Auswanderung nach den übrigen Ländern coordiniert, die Verhandlungen mit den ausländischen Hilfsorganisationen geführt, die von diesen zur Verfügung gestellten Mittel übernommen und für die genannten Zwecke an die Organisationen, Landesverbände und Gemeinden weitergeleitet. Es ist ihr und ihren leitenden Persönlichkeiten, Rabbiner Dr. Leo Baeck als Präsident und Ministerialrat a. D., Dr. Otto Hirsch[11] als geschäftsführender Vorsitzender, gelungen, sich das volle Vertrauen der für die Hilfstätigkeit in Betracht kommenden jüdischen Kreise des Auslandes wie der Judenschaft in Deutschland zu erwerben und die Zusammenarbeit harmonisch zu gestalten. Die Wirksamkeit dieser Zusammenarbeit, sowohl was die Aufbringung der Mittel wie die Organisation der Auswanderer angeht, würde noch gesteigert werden, wenn der *Reichsvertretung* die Möglichkeit der Erörterung der einschlägigen Fragen mit allen zuständigen amtlichen Stellen gegeben und *sie als Gesamtorganisation der Juden in Deutschland amtlich anerkannt würde.*[12]
VII. *Englisches Vorschuss-Syndikat.*
Unter der Voraussetzung, dass eine Organisation der jüdischen Auswanderung im Sinne der bisherigen Ausführungen möglich sein sollte, die Gewähr gibt für eine planmässige, nicht überstürzte Verpflanzung der Auswanderer in andere Länder, die ihnen den Aufbau einer neuen Existenz gestatten, aber *nur* unter dieser Voraussetzung besteht unter Umständen die Möglichkeit, auf mehr wirtschaftlicher Basis im Ausland noch weitere Mittel zur Förderung der jüdischen Auswanderung aus Deutschland flüssig zu machen. In diesem Sinne ist bereits vor einem Jahr mit einem erstklassigen englischen Konsortium von sowohl jüdischen als nichtjüdischen Bankfirmen verhandelt worden, und es wurde von ihm ein Betrag von englischen Pfund 1,5 Millionen in Aussicht gestellt.[13] Als diese Verhandlungen scheiterten, weil auf deutscher Seite die Voraussetzungen für die finanzielle Hilfe der deutschen Banken damals nicht erfüllt werden konnten, war man auch bereit, eventuell durch ein Vorschuss-Syndikat Summen von kleinerem Ausmass zur Verfügung zu stellen. *Es würde sich jetzt darum handeln, diese Verhandlungen wieder aufzunehmen.*
VIII. *Zusammengefasst:*
Nur bei einer *planmässig gestalteten, wirtschaftlich fundierten* und *nicht überstürzten* Auswanderung wird das Ziel erreicht, das – aus verschiedenen Motiven – die deutsche Regierung und die Juden erstreben. Richtige *Ausbildung* und ausreichende wirtschaftliche *Ausstattung* der Auswanderer sind von entscheidender Bedeutung, wo es sich darum handelt, eine möglichst vollständige Übersiedlung der Juden in andere Länder zu bewerkstelligen. Um die *Ausbildung* zu gewährleisten, dürfen die von jüdischer Seite geschaffenen *Lehrwerkstätten, Lehrgüter* und *ähnliche Einrichtungen* zur beruflichen Vorbereitung der Aus-

11 Dr. Otto Hirsch (1885–1941), Jurist; von 1920 an Ministerialrat im württembergischen Innenministerium; von 1919 an in jüdischen Organisationen aktiv, von 1933 an geschäftsführender Vorsitzender der Reichsvertretung der deutschen Juden; wurde 1941 verhaftet und im KZ Mauthausen ermordet.
12 Diese Auffassung hatte die Reichsvertretung schon in ihrer Reaktion auf die Nürnberger Gesetze vertreten; siehe Dok. 201 vom 24. 9. 1935.
13 Siehe dazu Dok. 220 von Anfang Januar 1936.

wanderer in ihrer Tätigkeit nicht gehemmt, und die *Genehmigung* neuer derartiger Einrichtungen muss *beschleunigt* werden.
Die *Ausbildung in Einzelbetrieben*, auch mit nicht-jüdischen Inhabern, muss gestattet sein, soweit jüdische Ausbildungsstätten nicht ausreichen, ebenso die *Ausbildung in Industriebetrieben*. Unterstützungsberechtigten Teilnehmern soll der Besuch durch *Fortzahlung der Unterstützung* erleichtert werden.
Die sprachliche Vorbereitung der Auswanderer darf nicht gehindert, ihre körperliche Durchbildung muss ermöglicht werden. *Ungeeignete Personen* dürfen *auf keinen Fall* zur Auswanderung veranlasst werden.
Um die notwendige wirtschaftliche *Ausstattung* der Auswanderer zu gewährleisten, sollte die Vermögensfreigrenze der *Reichsfluchtsteuer* heraufgesetzt, und ein Teil des Aufkommens der Reichsfluchtsteuer sollte für die Ausstattung unbemittelter jüdischer Auswanderer abgezweigt werden.
Schenkungssteuer sollte für Spenden, die von ausländischen oder inländischen Juden zum Zweck der Auswanderung und Auswanderungsvorbereitung gegeben werden, nicht erhoben werden.
Um die Hilfstätigkeit der Juden in Deutschland für die Auswanderer nicht zum Erliegen zu bringen, dürfen die noch im Erwerbsleben stehenden Juden *nicht diskriminiert* und darf eine weitere Ausschaltung von Juden aus dem Erwerbsleben nicht vorgenommen werden. Eine die Auswanderung hemmende Sonderbehandlung der Juden in *Passangelegenheiten* darf nicht stattfinden.
Zur grösstmöglichen Konzentration der Hilfeleistung der ausländischen Juden und zum Ausbau der organisatorischen Massnahmen unter den Juden in Deutschland sollte die *Reichsvertretung der Juden in Deutschland* als deren Gesamtorganisation *amtlich anerkannt werden.*

DOK. 292

Bericht des Jewish Central Information Office vom 11. August 1937 über die antijüdischen Ausschreitungen in Oberschlesien nach dem Ablauf des Minderheitenabkommens[1]

Rundschreiben (Streng geheim!) des Jewish Central Information Office,[2] Amsterdam Z., Jan van Eijckstr. 14, vom 11. 8. 1937[3]

Sehr geehrte Herren,
sehr geehrter Herr,
nachdem das zwischen Deutschland und Polen geschlossene Abkommen zum Schutz der polnischen und jüdischen Minderheiten in Oberschlesien ausgelaufen ist, fällt die jüdische Minderheit seit dem 15. Juli unter die speziellen Judengesetze des Deutschen Rei-

1 WL, 066-WL-1625. Das Dokument wurde aus dem Englischen übersetzt.
2 Der Literaturwissenschaftler Alfred Wiener (1885–1964) gründete das Nachrichtenbüro nach seiner Emigration im Sommer 1933 in Amsterdam zusammen mit Professor David Cohen, einem führenden Mitglied der Amsterdamer Jüdischen Gemeinde. Seit 1934 veröffentlichte bzw. verbreitete das Büro Nachrichten über die Judenverfolgung in Deutschland. 1939 wurde es nach London transferiert und bildete den Grundstock für die spätere Wiener Library.
3 Links steht im Briefkopf im Original „When ordering please Ref.: V/37/35".

ches.[4] Das hat zu schweren pogromartigen Angriffen auf die Juden geführt, vor allem auf Wirtschaftskreise.

Zu diesen Ereignissen können wir einen Bericht veröffentlichen, der an Ort und Stelle von einer absolut vertrauenswürdigen Quelle verfasst wurde und den wir anliegend beifügen. Wir wollen, dass der Bericht eine weite Verbreitung findet; wie üblich soll unser Name nicht als Urheber genannt werden.

Der Bericht wird außerdem in Deutsch, Englisch, Französisch und Spanisch veröffentlicht werden. Weitere Exemplare sind zum Preis von 0,50 niederländischen Gulden zuzüglich Porto erhältlich.

Mit freundlichen Grüßen
Jewish Central Information Office
Institut für Öffentlichkeitsdienste

Einführende Bemerkung

Die schweren Unruhen, die in Oberschlesien ausgebrochen sind,[5] wurden entscheidend von einer Artikelserie im Nürnberger „*Stürmer*" vorbereitet, die unglaublich grobe Beschimpfungen und Verleumdungen der oberschlesischen Juden, vor allem von Geschäftsinhabern, enthielt.

Ein Sonderberichterstatter des „Stürmer" besuchte in Oberschlesien mehrere Städte und hat in den letzten Ausgaben der Zeitung lange Artikel mit Fotografien jüdischer Unternehmer veröffentlicht. Die Juden, die in diesen Städten irgendeine wichtige Rolle spielen, wurden mit vollem Namen genannt und der schlimmsten Verbrechen bezichtigt.[6] Um eine Vorstellung vom Inhalt dieser Artikel zu geben, drucken wir ein kurzes Zitat aus der Ausgabe 30 des „Stürmer" (Juli, 1937). Mehr oder weniger ähnliche Zitate lassen sich auf jeder Seite dieser Ausgabe finden, begleitet von den Fotos jüdischer Geschäftsleute. In dieser Ausgabe des „Stürmer" sind die Namen aller Juden ausgeschrieben; wir geben nur die Initialen an:

„In *Oberglogau* eröffnete der jüdische Arzt Dr. A. B. eine Praxis. Da zu den Patienten dieses Juden auch Mitglieder der Unterorganisationen der Bewegung zählten, kritisierte ‚Kreisleiter'[7] C. diese nicht zu tolerierende Situation in aller Schärfe. Und was tat der Jude? Er war unverschämt genug, eine Beschwerde beim Oberpräsidenten[8] über das einzureichen, was in der Parteiversammlung gesagt worden war.

Ein ähnlicher Fall ereignete sich in *Klein-Strehlitz*. Dort unterhielt die Jüdin D. E. seit längerem eine Gaststätte. Durch ihre bösen talmudischen Machenschaften brachte sie die deutschen Arbeiter, die diese ‚Kneipe' besuchten, dazu, ihren gesamten Wochenlohn dort aus-

4 Durch das Gesetz über Maßnahmen im ehemaligen oberschlesischen Abstimmungsgebiet vom 30. 6. 1937 wurden die in Deutschland geltenden antijüdischen Gesetze in Oberschlesien eingeführt, insbesondere die Beschränkungen für jüdische Beamte, Juristen, Ärzte, Zahnärzte, Veterinäre und Apotheker; RGBl., 1937 I, S. 717–720.

5 Zu den Ausschreitungen siehe auch den Artikel „Schwere Pogrome in Oberschlesien"; Pariser Tageszeitung, Nr. 414 vom 1. 8. 1937, S. 1.

6 Es handelt sich um die Artikelserie „Reise durch Oberschlesien" von Ernst Hiemer mit Beiträgen wie diesen: „Unvergeßliche Eindrücke vom Osten des Reiches – Talmudjuden in Neiße, Neustadt, Leobschütz und Ratibor" oder „In Hindenburg O.S. – Wie die Juden unter dem Schutze des Genfer Abkommens ihre Sonderrechte mißbrauchten"; Der Stürmer, Nr. 30–33 vom Juli bzw. August 1937 (alle o. S.).

7 Im englischen Original deutsch.

8 Meint den Oberpräsidenten der Provinzen Nieder- und Oberschlesien, Josef Wagner (1899–1945), der zugleich NSDAP-Gauleiter Schlesiens war.

zugeben. Der aufklärende Einfluss ehrlicher deutscher Männer auf das Volk hat dann die Arbeiter dazu veranlasst, diese Räumlichkeiten zu meiden. Und was tat die Jüdin? Vermittelt durch den Anwalt F. in *Beuthen*/O.S. (auf den wir noch zurück kommen werden. Autor des ‚Stürmer') reichte sie deswegen eine Klage ein, in der sie 10 000.– Mk. Schadenersatz forderte. Das ausgezeichnete Verhalten der Arbeiter hat ihre Absichten letztlich vereitelt.
Wir verlassen *Neustadt* und bewegen uns Richtung *Ratibor*. Der Weg führt uns durch den Ort *Leobschütz*. Erinnerungen werden wach. In Leobschütz lebt der Jude G. H. Er war der Geschäftsführer der L.-Brauerei und ein rassischer Eindringling der schlimmsten Sorte. Der Jude H. nahm nur sehr junge und gut gebaute deutsche Mädchen in seine Dienste. Wenn diese nicht taten, was er von ihnen verlangte, warf er sie raus."[9]
Schon vor dem Auslaufen des Genfer Vertrags zum Schutz der oberschlesischen Minderheiten zwischen Deutschland und Polen wurde starker Druck auf jüdische Betriebe ausgeübt und eine beträchtliche Anzahl von ihnen wurde bereits in arische Betriebe umgewandelt. Der Tag, an dem der Vertrag auslief, verging ohne Zwischenfälle. Auch die folgende Woche verlief ziemlich ruhig. In den kleineren Ortschaften entlang der polnischen Grenze wurden dann jüdische Standbesitzer auf den Märkten massiv behindert, so zum Beispiel in *Klausberg* und *Hindenburg*. Auf dem Jahrmarkt in *Kreuzburg* am 20. Juli konnten jüdische Kaufleute nichts mehr verkaufen, da Unruhestifter die Leute dazu aufriefen, nicht bei Juden zu kaufen. Wer es dennoch tun wollte, wurde mit Gewalt von den Ständen weggestoßen. Gleichzeitig tauchten in den Schaufenstern aller Städte der Industrieregion Plakate mit der Aufschrift „Arisch" auf. In einer Reihe von Städten wie *Kreuzburg*, *Pitschen*, *Landsberg* oder *Konstadt* lautete die Aufschrift auf den Plakaten: „Deutsch-Arisches Geschäft – Juden nicht erwünscht". Dadurch wurde die Nahrungsmittelversorgung der Juden ernsthaft behindert. Juden konnten Lebensmittel nur über christliche Mittelsmänner beziehen. Außer diesen Plakaten wurden Transparente quer über die Straßen gespannt, so zum Beispiel in *Kreuzburg*, *Langendorf* oder *Gleiwitz*. Der Text auf diesen Transparenten lautete: „Wer bei Juden einkauft, hasst das deutsche Volk". In der Stadthalle von *Gleiwitz* lasen wir ein Plakat mit der Aufschrift: „Deutsche Landsmänner! Geht nur zu deutschen Ärzten, Anwälten und Kaufleuten". Gleichzeitig konnte man am größten Gleiwitzer Hotel „Haus Oberschlesien" lesen: „Der Jude lebt von der Lüge und stirbt an der Wahrheit". Im kleinen Ort *Altbandendorf* wurde das Plakat „Kauft nicht bei Juden" am einzigen jüdischen Geschäft angenagelt.
Von Tag zu Tag wurde der Boykott spürbarer. Vor allem an Markttagen wurden jüdische Geschäftsleute von den dort platzierten „Stürmer"-Verkäufern belästigt und Kunden am Betreten jüdischer Geschäfte gehindert. Es wurde fotografiert, außerdem drohte man den Kunden damit, Filmaufnahmen zu machen. Der Absatz in allen jüdischen Geschäften fiel um 70 %. In der Zwischenzeit rückte Montag, der 26. Juli, näher, der Tag, an dem der Ausverkauf in den Textilgeschäften beginnen sollte. Dieser Umstand wurde in *Beuthen* als Vorwand *für schwere Ausschreitungen* gegen einige der größeren jüdischen Textilgeschäfte genutzt. Die NS-Unterorganisationen wurden von Hunderten von Jugendlichen unterstützt, die ganz offensichtlich dazu abgestellt waren, die weiblichen Kundinnen beim Betreten und Verlassen der Geschäfte zu belästigten. Während der Abend- und Nachtstunden ließen die Unruhen kaum nach. 17- bis 20jährige Jungen lösten die Jugendlichen ab. Die künstlich aufgewiegelte Menge, aus drei Richtungen angetrieben, zerschlug schließ-

9 Die hier rückübersetzte englische Übertragung aus dem Stürmer ist weit milder formuliert als das Original; siehe Der Stürmer, Nr. 30 vom Juli 1937, (o. S.).

lich die Fenster auf beiden Seiten der Synagoge.[10] *Am Nachmittag wurden außerdem Schokoladengeschäfte sowie Lebensmittelläden geplündert und die Schaufenster eingeschlagen.* An diesem Tag und an den nächsten drei bis vier Tagen belagerte eine große Menge die jüdischen Geschäfte und verscheuchte jeden Käufer. Christliche Frauen, die dennoch dort einkaufen wollten, wurden angespuckt. Auch christliche Angestellte wurden belästigt. In einem Fall wurde das Geschäft von außen mit Hilfe einer Fahrradkette versperrt, sodass man es weder betreten noch verlassen konnte. In derselben Woche wurden Boykottposten vor jüdischen Geschäften aufgestellt und es kam zu Gewalttaten.

So wurde zum Beispiel in *Guttentag* die unter Denkmalschutz stehende Innenausstattung der Synagoge vollkommen zerstört. Festgeschraubte Bänke wurden umgestoßen, Kronleuchter abgerissen und Balustraden zerbrochen, und ungeachtet des großen Lärms, den all dies verursachte, griff die Polizei, deren Wache sich gegenüber der Synagoge befindet, nicht ein. In *Gross-Strehlitz* wurden die großen Schaufenster der vier jüdischen Geschäfte eingeschlagen. An eine beträchtliche Anzahl anderer Geschäfte wurden Schriftzüge wie „Jude“ oder ein Totenkopf geschmiert. Unter das Türschild des bekannten jüdischen Arztes D. König[11] wurde in roter Farbe geschmiert: „Patient: Die Juden sind für Dich tödlich“. Juden konnten nicht in Restaurants gehen, da sie nicht bedient wurden und überall wurden Plakate wie „Juden nicht erwünscht“ oder „Juden hier nicht erwünscht“ aufgehängt. Teilweise auf offizielle Anordnung durften jüdische Kaufleute keine „Bedarfsdeckungsscheine“[12] mehr annehmen, und ähnliches mehr.

Aus dem „*Beuthener Stadtblatt*“ lässt sich deutlich schließen, dass der Boykott von offizieller Seite unterstützt und gefördert wird.[13] Zugleich wurde einer großen Anzahl jüdischer Angestellter christlicher Firmen gekündigt. Jüdischen Handelsvertretern wurden ihre Firmen entzogen, obwohl die Mehrzahl von ihnen diesen Beruf seit vielen Jahren frei ausgeübt hatte. In *Beuthen* ist Juden nicht nur der Zutritt zu Schwimmbädern, sondern auch zu medizinischen Heilbädern verboten. Da erst vor ein paar Tagen die Schulferien endeten, kann von Zwischenfällen in Schulen nicht berichtet werden.

Besonders schwierig ist die Situation einer kleinen Gruppe von Juden in dem winzigen Ort *Langendorf nahe Tost* und in *Tost* selbst. Dort bildeten die Gäste der Jugendherbergen Sprechchöre und zogen mit antijüdischen Parolen durch die Straßen.

Hinter all diesen antijüdischen Zwischenfällen steht der „*Stürmer*“. Der „Stürmer“ wird überall in speziellen Schaukästen ausgestellt. In den kleinen Ortschaften wird das Aufstellen dieser Schaukästen von Feierlichkeiten begleitet, die normalerweise stattfinden, wenn

10 Die Pariser Tageszeitung berichtete über die Vorgänge in Beuthen unter dem Titel „Die Kinder-Pogrome in Oberschlesien. Einzelheiten von der Judenverfolgung des 27. Juli“, dass 300 Kinder im Alter von 8 bis 14 Jahren unter der Leitung von NS-Frauenschaftsmitgliedern und unter Mitwirkung der Hitlerjugend jüdische Geschäfte und die Synagoge in Beuthen beschmiert, gestürmt und geplündert sowie Leute belästigt hätten; Pariser Tageszeitung, Nr. 421 vom 8. 8. 1937, S. 1.

11 Sussmann König (1888–1943), Mediziner; Arzt in Groß Strehlitz; im September 1943 in Auschwitz ermordet.

12 Vermutlich handelt es sich um die für Arbeitslose und Empfänger von Ehestandsdarlehen ausgegebenen Gutscheine, die die zugelassenen Verkaufsstellen bei den Finanzämtern gesammelt einzulösen hatten. Das Gesetz zur Verminderung der Arbeitslosigkeit vom 1. 6. 1933 bestimmte in § 25, dass die Gemeindebehörden darüber entscheiden sollten, welche Verkaufsstellen zur Entgegennahme von Bedarfsdeckungsscheinen zugelassen werden würden; RGBl. 1933 I, S. 323 ff.

13 Auf Seite 1 hatte das vom Bürgermeister herausgegebene Stadtblatt zum Boykott jüdischer Geschäfte aufgerufen: „Deutsche Volksgenossen, kauft nur in deutschen Geschäften“; Beuthener Stadtblatt, Nr. 29, vom 23. 7. 1937, S. 1.

ein Denkmal enthüllt wird: Es spielen Musikkapellen. Neben den bekannten Überschriften in den Schaukästen finden sich auch solche wie „Der Stürmer ist die beste Waffe gegen die jüdische Kriminalität".
Die Behörden haben bisher über all das hinweggesehen und nicht eingegriffen. Nur wenn wiederholt vorgebrachte Beschwerden bei den unteren Polizeibehörden ergebnislos blieben, haben die höheren Beamten (Regierungspräsident) vorläufige Schutzmaßnahmen ergriffen.
Was diese wert sind, demonstriert eine Meldung aus dem *Gleiwitzer* Polizei-Pressebüro (*Ostdeutsche Morgenpost, Gleiwitz, vom 29. 7. 1937*). Danach wird die vollkommen machtlose jüdische Minderheit wie üblich für die schweren Ausschreitungen verantwortlich gemacht. Gleichzeitig wird auf ausländische Provokationen angespielt, eine in solchen Fällen häufig vorgebrachte, abgedroschene Entschuldigung.[14]
Diese offizielle Erklärung ist deshalb von bleibender Bedeutung, weil sie die Schwere der antijüdischen Ausschreitungen selbst im Versuch, deren Ausmaß weitmöglichst herunterzuspielen, überaus deutlich macht.

DOK. 293
Der Emigrant Günter Bodlaender in Prag fordert eine Hilfsorganisation am 11. August 1937 auf, seine Emigration auf die Philippinen zu unterstützen[1]

Schreiben von Günter Bodlaender,[2] Prag III, Sersikovà ul. 7, an die Hicem-Emigdirect, Paris, vom [11. 8. 1937][3] (Abschrift)

Von der hiesigen Hicem erhielt ich heute die Mitteilung, dass Sie liebenswuerdigerweise sich bemuehen werden, meiner Frau[4] und mir [die] Visa fuer Uruguay zu besorgen. – Ich nahm zwar an, nachdem ich bereits geimpft wurde, mein Pass bereits ca. 12 Tage in den Haenden der Hicem sich befindet, dass alles in Ordnung waere, was aber keinesfalls der Fall scheint, da man mir ausdruecklich schreibt: „die Pariser werde versuchen",[5] die Visa zu besorgen.[6]

14 In der Rubrik „Aus Oberschlesien und Schlesien" war eine „Warnung vor ungesetzlichen Ausschreitungen" der Polizeipressestelle in Gleiwitz erschienen. Sie bezog sich auf Kundgebungen gegen jüdische Geschäfte am 27. 7. 1937 in Beuthen und Hindenburg. Die Menschenmenge sei in mehrere Geschäfte eingedrungen. Gegen strafrechtlich relevante Handlungen werde von amtlicher Seite eingeschritten. Die Polizei erklärte, vom Ausland bezahlte Subjekte würden die Unruhen in Oberschlesien schüren; Ostdeutsche Morgenpost, Nr. 205 vom 29. 7. 1937, [o. S.].

1 CJA, 1/75 C Hi 1, Nr. 23-12499, Bl. 44 f.
2 Günt(h)er Bodlaender (*1905), Kaufmann und Weber; von 1924 an in verschiedenen Textilfirmen in Breslau tätig, übernahm 1929 das väterliche Agenturgeschäft; 1936 emigrierte er nach tätlichen Angriffen nach Prag.
3 Im Original fehlt das Datum. Eine zweite Abschrift des Briefs in derselben Akte enthält das Datum, nicht aber die hier am Ende des Texts abgedruckte Nachbemerkung; wie Anm. 1, Bl. 37 f.
4 Ilse Bodlaender, geb. Müller (*1913), Schneiderin und Modistin; bis zu ihrer Heirat 1935 in verschiedenen Breslauer Firmen tätig.
5 In der Abschrift steht hier in Klammern „versuchen unterstrichen".
6 Die HICEM Paris hatte Ende 1936 eine Unterstützung mit der Begründung abgelehnt, das Paar hätte direkt von Deutschland aus emigrieren sollen. Nach genauerer Prüfung sicherte die HICEM dann eine Unterstützung zu, weil Bodlaender im April 1935 seine christliche Frau Ilse geheiratet habe, die jetzt zum Judentum übertreten und mit ihm auswandern wolle; wie Anm. 1, Bl. 6 und 11.

Gleichzeitig schreibt man mir, die Auswanderung nach den Philippinen wuerde zuviel Zeit in Anspruch nehmen, es solle sich um 6–8 Wochen Verzoegerung handeln.
Nun, glauben Sie mir, die paar Wochen spielen wirklich keine Rolle mehr, wenn ich aber andererseits *positiv* weiss, in Manila kann ich existieren, andererseits, dass es in Montevideo heute fuer *mittellose* Emigranten *unmoeglich* ist, irgendeine Existenz zu finden. Ich zitiere da nur lediglich das, was im Auswanderungsblatt des Berliner Hilfsvereines[7] bereits 36 geschrieben stand.
Es handelt sich bei unserer Verschickung ja nicht darum, nur heraus aus Europa und in der Statistik erscheinen 2 erledigte Faelle mehr, sondern darum, uns Emigranten dorthin zu senden, wo nach menschlichem Ermessen eine Moeglichkeit zum Leben sich uns bietet.
Abgesehen davon, dass wir kein Wort spanisch können, *aber wiederum englisch beherrschen.*
Ich bin ja kein Straefling, den man deportiert, also glaube ich wohl, ein Recht zu haben, Sie hoefl. zu ersuchen mich dorthin zu verschicken, wo ich leben kann, wo ich sprechen kann, wo ich die Chance habe, Mensch wieder zu sein und nicht von vorneherein zum Untergang als ewiger Emigrant oder bestenfalls Landstreicher verurteilt bin.
Die Emigrantenschicksale sollten doch nicht nur als „Faelle“ bearbeitet werden, sondern in erster Linie nur erst einmal von der menschlichen Seite aus geprueft werden. Ich weiss, das Umaendern meiner Reise macht Ihnen gewiss sehr viel Arbeit und wuerde ich gerne, wenn ich die Moeglichkeit habe, Ihnen meinen Dank zeigen. Es wird Sie aber besonders interessieren, *dass ich vom hiesigen amerikanischen Generalkonsulat um 15.- K.*[8] *das Einreisevisa fuer die Philippinen erhalte, u[nd] z[war] innerhalb von 5 Minuten.*
Also Visaschwierigkeiten bestehen ueberhaupt nicht.
Ich bitte Sie also nochmals herzlich, meine Auswanderung dahin zu aendern, dass wir nach Manila reisen koennen, anstatt nach Montevideo. Sie werden wohl verstehen, welch Entschluss es bedeutet, Europa zu verlassen, ins Ungewisse zu reisen, irgendwo in der Welt ohne Sous zu landen und lediglich ein paar Gramm Hoffnungen zu haben – da erscheint es wohl dann begreiflich, wenn man zumindest versucht, dorthin zu kommen, wo man es als gewiss annimmt, wieder arbeiten zu können und sich in die normale Menschheit einzureihen.
Ich danke Ihnen schon jetzt fuer Ihre Liebenswuerdigkeit, meine Auswanderungsangelegenheit in der von mir erbetenen Weise zu betreiben, denn ich weiss, Sie werden menschlich und nicht buerokratisch handeln, und uns helfen, unser Schicksal nach bestem Wollen und Koennen zu leiten, soweit es in Menschenhand liegt.[9]
In dieser Erwartung empfehle ich mich Ihnen
hochachtungsvoll
(gez. Guenther Bodlaender)

7 Gemeint ist das Korrespondenzblatt über Auswanderungs- und Siedlungswesen, gegründet 1905. Die unregelmäßig erscheinende Zeitschrift wurde bis 1935 vom Hilfsverein der Juden in Deutschland in Berlin herausgegeben. 1935 betrug die Auflage 5 000. Von 1936 an hieß die nun vom Kulturbund der Juden in Deutschland herausgegebene Zeitschrift: Jüdische Auswanderung. Korrespondenzblatt über Auswanderungsfragen und Siedlungswesen.

8 K.: Kronen.

9 Am 3. 10. 1937 teilte die HICEM Paris der HICEM Prag mit, dass Bodlaenders Reisepass für Uruguay sowie das Geld für die Überfahrt aus dem Reisebüro gestohlen wurde. Als dann die Ausreise doch möglich wurde, erklärte Bodlaender am 14. 10. 1937, dass es ihm wegen der Familie und der Abwicklung eines kleinen Geschäfts unmöglich sei, binnen 24 Stunden Prag zu verlassen. Die Ausreise wurde auf Anfang November verschoben. Dadurch verpasste Bodlaender die Emigration nach Uruguay; wie Anm. 1, Bl. 52, 54 und 69.

NB. Wissen Sie, was es heisst, bereits 13 Monate ohne Betaetigungsmoeglichkeit, stets nur geduldet von den Behoerden etc., hier leben zu muessen? *Das* macht die Nerven kaputt. Ich *muss* endlich wieder *arbeiten* koennen.

DOK. 294
Der Historiker Willy Cohn kommentiert am 13. September 1937 das Scheitern seiner Bemühungen, nach Palästina auszuwandern[1]

Handschriftl. Tagebuch von Willy Cohn, Eintrag vom 13. 9. 1937

13. 9. 37. Breslau, Montag. Gestern war ich mit Ruth[2] im Kunstgewerbemuseum, in dem ich wohl schon über 4 Jahre nicht gewesen bin; es ist außerordentlich übersichtlich neu aufgestellt und so eingerichtet, daß auch der Laie etwas davon hat! Ein wenig zu sehr betont ist die Vorgeschichte, die jetzt sehr in den Mittelpunkt gestellt wird, besonders in Schlesien, um den deutschen Charakter der Landschaft zu unterstreichen. – Ich habe mich gefreut, wie Ruth an all dem Interesse hat; sie kommt jetzt in ein Alter, in dem der Geist erwacht; vielleicht ist es für sie, die frühzeitig nach Erez Israel gehen wird,[3] wichtig, alle diese Eindrücke noch mitzunehmen. – Vorher waren wir in der Konditorei Seelig, was ich Ruth schon lange versprochen hatte. Das Publikum war nicht sehr erfreulich, eine nicht angenehme Auslese unseres Volkes. –
Nach Tisch schön geschlafen, dann an meiner Arbeit gemacht, später alte Briefschaften geordnet und interessante Jugendbriefe von mir, die 36 und 37 Jahre zurückliegen, gefunden. – Abends mit Trudi[4] in schöner Luft den üblichen Spaziergang gemacht, von schlimmen Gedanken im Bett noch gequält worden; es ist sehr schwer, sich von Verbitterung freizuhalten; früh auch schon munter gewesen. – draußen regnet es gewaltig!
13. 9. 37. Breslau, Montag. Die heutige Morgenpost brachte mir einen Brief, der mich wenig erfreute. Frau Borger schrieb aus Giwath Brenner,[5] daß die Maskiriuth[6] unsere Aufnahme abgelehnt hat. Gewiß, ich hatte nach den langen Monaten des Wartens nicht mehr damit gerechnet, aber jetzt wo man es schwarz auf weiß hat, ist es doch auch schlimm. Ein Traum geht aus meinem Leben; dort hätte ich vielleicht noch einmal ein Stück Heimat finden können. – Jedenfalls habe ich mich natürlich sehr aufgeregt. Gründe habe ich ja nicht zum Erfahren bekommen. Vielleicht hat es auch daran gelegen, daß Trudi damals dort so gar nicht in den Geist der Gemeinschaft hineingekommen ist. Die Menschen sind ja für so etwas sehr empfindlich. – Nun, ich werde versuchen müssen, auch über diesen Schlag hinwegzukommen; ein schwerer Schlag bleibt es, und allzu viele kann ich nicht mehr aushalten; ich habe oft grausige Beschwerden. Man muß sehr tapfer sein, um mit ihnen fertigzuwerden. –

1 Willy Cohn, Tagebuch Kudowa, Breslau August-Oktober 1937, Bl. 65–69; CAHJP, P 88/80. Gekürzter Abdruck in: Cohn, Kein Recht, nirgends, S. 467 f.
2 Ruth Cohn, Tochter von Willy Cohn.
3 Ruth Cohn konnte erst Ende 1940 nach Palästina emigrieren.
4 Gertrud Karoline Cohn, Ehefrau von Willy Cohn.
5 Giwat Brenner: Kibbuz in Palästina, in dem der Sohn Ernst lebte, und den Willy und Gertrud Cohn 1937 auf einer längeren, als Auswanderungsvorbereitung gedachten Palästinareise besucht hatten.
6 Richtig: Maskirut: hebräisch für Sekretariat, hier Verwaltung eines Kibbuz.

Wie schwer ist es, stets neue Projekte zu machen! Ich glaube, ich lasse es bald. – Meine Seele hatte sich sehr an diesen Plan gehängt, und gerade Giwath Brenner erschien mir wie ein Hafen. – Nun ist das vorbei, ganz vorbei.
Heute vormittag habe ich 2 Stunden Frl. Cohn Post diktiert; ich wollte auch eine Skizze diktieren, aber es lagen so viele Briefe vor, daß ich nicht mehr dazu gekommen bin; ich habe auch an Wölfl[7] einen ausführlichen Brief diktiert; er war schon sehr unruhig, weil er von uns keine Post hatte. – Man hat viele Beziehungen in der ganzen Welt.
Barbier, Post, einige Besorgungen für Trudi gemacht, vor Tisch ein paar Augenblicke geschlafen; nach Tisch mußte ich mich sehr quälen.

DOK. 295
Völkischer Beobachter: Adolf Hitlers Abschlussrede vom 13. September 1937 auf dem neunten NSDAP-Parteitag in Nürnberg über Judentum und Bolschewismus[1]

Der Führer spricht
Parteigenossen und Parteigenossinnen! / Nationalsozialisten!
Wenige Stunden noch, und der neunte Parteitag der nationalsozialistischen Bewegung findet sein Ende. Acht Tage lang stand die deutsche Nation wieder unter den Eindrücken ihres größten Festes. Was Hunderttausende selbst erlebten oder mit eigenen Augen verfolgen konnten, begleiteten Millionen Deutsche innerhalb und außerhalb des Reichs mit nicht weniger ergriffener Aufmerksamkeit. Wann gäbe es auch eine bessere Gelegenheit, sich von der Wirklichkeit des neuen deutschen Staates so überzeugen zu können, als in dieser Woche seiner größten und demonstrativsten Bekundung?
[...][2]
Kleine Rassenkerne – der Ursprung aller europäischen Staaten
Wir wissen es heute, daß das, was vor uns als das vollendete Gebilde „Staat" steht, im Laufe von Jahrtausenden erst künstlich entstanden ist. Und zwar nicht etwa als das Ergebnis des Abschlusses eines allgemeinen, freiwillig unterzeichneten Gesellschaftsvertrags, sondern als das Resultat eines Entwicklungsprozesses, der durch das natürliche Recht auf dieser Welt seinen entscheidenden Anfang und Ausgang erhielt: nämlich durch das Recht der Befähigung und der Kraft, der Willensstärke und der heroischen Gesinnung! *Alle unsere europäischen Staaten entstanden durch ursprünglich kleine Rassenkerne,* die aber als die wirklich kraftvollen und damit gestaltenden Faktoren dieser Gebilde anzusprechen sind.
Am schärfsten sehen wir aber diese Tatsache bestätigt in solchen Staaten, bei denen noch bis in unsere Zeit hinein ein Ausgleich zwischen der geformten und geführten Masse und den formenden und führenden Kräften nicht stattfand, vielleicht nicht gelingen konnte, wahrscheinlich aber auch gar nicht beabsichtigt war. Einer dieser Staaten war *Rußland.* Eine sehr dünne, nicht rassisch-volkliche, das heißt also nicht slawische Führerschicht hat diesen Staat aus einem Gemengsel kleiner und kleinster Gemeinschaften zu einem förm-

7 Wolfgang Cohn, Sohn aus erster Ehe, studierte in Paris.

1 Völkischer Beobachter (Norddt. Ausg.), Nr. 258 vom 15. 9. 1937, S. 1–5.
2 Hier stehen zunächst Passagen über den zurückliegenden Parteitag sowie über die Entwicklung Deutschlands seit 1918 und den Kampf gegen eine „Weltkrankheit des Bolschewismus".

lichen Koloß von Staat gemacht, der scheinbar unerschütterlich war, dessen größte Schwäche aber stets in der Diskrepanz der Zahl und des Wertes seiner blutmäßig nichtrussischen führenden Schicht zur Zahl und dem Wert seiner nationalrussischen Elemente lag.

Rußland unter brutaler Diktatur einer fremden Rasse

Hier konnten daher auch besonders leicht das Eindringen und der Angriff eines neuen Rassenkerns zum Erfolg gelangen, der bewußt als getarnter volklicher Führer zum Unterschied der alten offiziellen staatlichen Leitung in Erscheinung trat. Hier gelang es der zahlenmäßig zum russischen Volk selbst in keinem Verhältnis stehenden *jüdischen Minorität*, über den Umweg einer Aneignung der Führung des nationalrussischen Proletariats die bisherige gesellschaftliche und staatliche Führung aus ihrer Stellung zu verdrängen. Gerade deshalb ist aber das heutige Rußland im Grunde genommen nichts anderes als das Rußland vor 2 oder 300 Jahren. Eine brutale Diktatur einer fremden Rasse, die die Herrschaft über das eigentliche Russentum restlos an sich gerissen hat und demgemäß ausübt. Insoweit dieser Prozeß einer neuen Staatenbildung nun in Rußland zum Abschluß kam, könnte man den Vorgang wie jeden ähnlichen als geschichtliche Realität einfach zur Kenntnis nehmen und sich im übrigen damit abfinden. Insoweit aber dieser jüdische Rassenkern nun auch in anderen Völkern nach derselben Auswirkung strebt und dabei im heutigen Rußland seinen bereits eroberten Stützpunkt und Brückenkopf über eine weitere Ausdehnung sieht, ist *dieses Problem über ein russisches hinaus zu einer Weltfrage geworden*, die so oder so entschieden wird, weil sie entschieden werden muß.

Sie kennen, meine Parteigenossen und Parteigenossinnen, den bisherigen Weg dieses bemerkenswertesten Phänomens unserer Zeit.

In die Völker dringt, ohne gerufen worden zu sein, die jüdische Rasse ein und versucht zunächst, sich als eine im wesentlichen mit dem Handel und dem Austausch der Güter beschäftigende fremde Kaufmannschaft, einen gewissen wirtschaftlichen Einfluß zu sichern. Nach Jahrhunderten führt dieser Prozeß dahin, daß die wirtschaftliche Macht der Eindringlinge allmählich zu heftigen Reaktionen von seiten des Gastvolkes Anlaß gibt. Diese natürliche Abwehr beschleunigt im Judentum den Versuch, durch die Vortäuschung einer allmählichen Anassimilierung nicht nur die Hauptangriffsfläche als fremdes Volk zu beseitigen, sondern darüber hinaus einen direkten, und zwar *politischen* Einfluß auf das in Frage kommende Land zu gewinnen. Teils wegen wirtschaftlicher Interessen, teils aber auch aus angeborener bürgerlicher Trägheit werden die Gefahren dieser Entwicklung von vielen verkannt. Die warnende Stimme einflußreicher oder geistreicher Menschen wird dabei genau so bewußt überhört wie dies ja nun einmal geschichtlich immer dann der Fall zu sein pflegt, wenn die prophezeiten Folgen unangenehmer Natur sind.

Vom Handel zur Politik – das ist der Weg des Juden

So gelingt es dieser jüdischen, aber mit der Sprache der Gastvölker operierenden Rassengemeinschaft, vom Einfluß auf den Handel ausgehend, immer mehr Einfluß auf die politische Entwicklung zu gewinnen. Sie bewegt sich dabei ebensosehr im Lager der Fürsten wie umgekehrt auch im Lager ihrer Oppositionen. In eben dem Maß, in dem es ihrer Tätigkeit aber mitgelingt, die allerdings auch aus anderen Gründen allmählich schwächer werdende Position eines dynastisch verankerten Königtums zu erschüttern, verlagert sie ihre Interessen mehr auf die Förderung demokratischer Volksbewegungen. Die Demokratie aber gibt dann erst die Voraussetzung zur Organisation jener terroristischen Gebilde, wie wir sie als Sozialdemokratie, Kommunistische Partei oder bolschewistische Internationale kennen. Während aber durch die Demokratie der lebendige Abwehrwille an tausend Formalitäten und vor allem dank der bewußten *Züchtung* möglichst schwacher Staatsrepräsentanten allmählich erstickt wird, entwickelt sich in den radikalen revolutionären Bewegungen die Avantgarde der jüdischen Weltrevolution. Gesellschaftliche und wirtschaftliche Schwächen helfen mit, den zersetzenden Angriff dieser *nur von jüdischen Elementen* organisierten bolschewistischen Internationale zu erleichtern.

Das letzte Ziel – die endgültige bolschewistische Revolution

So wiederholt sich in diesem Stadium derselbe Vorgang wie im vorhergehenden. Während ein Teil der „jüdischen Mitbürger" die Demokratie besonders durch den Einfluß der Presse demobilisiert oder gar durch das Zusammenkoppeln mit revolutionären Erscheinungen in der Form von *Volksfronten* mit deren Gift infiziert, trägt der andere Teil des Judentums bereits die Fackel der bolschewistischen Revolution mitten in die bürgerlich-demokratische Welt hinein, ohne daß von ihr noch eine wirkungsvolle Abwehr befürchtet zu werden braucht.

Das letzte Ziel ist dann die endgültige bolschewistische Revolution, d. h. aber nun nicht etwa die Aufrichtung der Führung des Proletariats durch das Proletariat, sondern die *Unterwerfung* des Proletariats unter die Führung seines neuen fremden Herrn.

Sowie erst einmal die verhetzte, wildgewordene und wahnsinnige Masse, unterstützt durch die aus den Gefängnissen und Zuchthäusern freigelassenen asozialen Elemente, die natürliche, arteigene Intelligenz der Völker ausgerottet hat und sie auf dem Schafott zum Verbluten brachte, bleibt als letzter Träger eines, wenn auch miserablen intellektuellen Wissens der Jude übrig. Denn das eine ist hier festzuhalten: *Es handelt sich bei dieser Rasse weder geistig noch moralisch um eine überlegene, sondern in beiden Fällen um eine durch und durch minderwertige!* Denn Skrupellosigkeit, Gewissenlosigkeit können niemals gleichgesetzt werden einer wahrhaftigen, genialen Veranlagung.

Werfen Sie, meine Volksgenossen, nur einen Blick auf die Bedeutung des Judentums in kommerzieller Hinsicht und dann einen zweiten auf die wirklich wertvollen, aus schöpferischer Phantasie, Genialität und redlicher Arbeit kommenden Erfindungen oder Großleistungen der Menschheit. Wenn irgendwo die Feststellung zutrifft, daß nicht die Befassung mit Tatsachen, sondern *die Schaffung der Tatsachen das Entscheidende* ist, dann gilt dies vor allem für die Beurteilung der wirklichen Werte des Judentums. Es kann in manchen Ländern 90 Prozent aller Intelligenzstellen besetzen, aber es hat nicht die Elemente des Wissens, der Kultur, der Kunst usw. gefunden, geschaffen oder gezeugt. Es kann den Handel durch gewisse Manipulationen in seinen Besitz bringen, allein die Grundlage des Handels, d. h. die Werte sind nicht von Juden entdeckt, erfunden und entwickelt worden. Es ist *eine schöpferisch durch und durch unbegabte Rasse.*

Daher muß sie, wenn sie jemals irgendwo dauernd herrschen will, zur baldigen Ausrottung der bisherigen intellektuellen Oberschichten der anderen Völker schreiten. Sonst würde sie doch in kurzer Zeit wieder deren überlegener Intelligenz unterliegen. Denn sie sind in allem, was *wirkliche Leistung* betrifft, seit *jeher Stümper* gewesen und Stümper geblieben.

Wie ist der Nationalsozialismus entgegen den Prophezeiungen unseres weisen Beurteilers mit diesen arroganten Nichtskönnern fertig geworden? Sie haben als Demokraten nicht einmal die Möglichkeiten, die in der Demokratie lagen, beherrscht, noch als Sozialdemokraten die Massen zu führen vermocht. Sie haben als Interessenten unserer Wirtschaft ihren Verfall weder verhindert, noch gelang es ihnen, aus dem Zusammenbruch als Kommunisten die erhofften Konsequenzen zu ziehen. Und nur, *weil ihnen bewußt der erkennende Nationalsozialismus gegenüberstand.*

Und daher sind wir Nationalsozialisten auch so selbstsicher und so überzeugt von der Unzerstörbarkeit unseres Staates. Allerdings sehen wir die übrige Welt zum Teil als sehr gefährdet an, weil sie bewußt vor dieser Frage die Augen schließt, und vor allem nicht sehen will, daß die Diktatur des Proletariats nichts anderes ist als die Diktatur des jüdischen Intellektualismus.

Wir haben im vergangenen Jahre durch eine Reihenfolge erschütternder statistischer Belege bewiesen, daß *im derzeitigen Sowjetrußland des Proletariats über 98 Prozent der führenden Stellen von Juden besetzt* sind. Das heißt also: nicht das Proletariat diktiert, sondern jene Rasse, deren David-Stern ja endlich auch das Symbol des sogenannten Proletarierstaates geworden ist. Wir haben damit die Lage in Deutschland verglichen, in dem ohne Zweifel durch die Arbeit des Nationalsozialismus ohne Ansehen der Person und Herkunft oder gar des Vermögens die fähigsten Köpfe zur Führung herausgesucht und herangebildet werden. Über sehr vieles hat damals die jüdische Weltpresse und auch die Presse Sowjetrußlands, d. h. Sowjet-Judäas, geschrieben, aber es wurde kein Wort gebracht über diesen statistischen Nachweis der gesamtjüdischen Führung des sogenannten „Staates der Arbeiter und Bauern". Sie *mußten* hierzu auch schweigen. Hier gab es weder etwas zum Weglügen noch zum Verdrehen, wohl aber bestand die Gefahr der Aufklärung für andere Völker!

Wir selbst haben übrigens in Deutschland das gleiche erlebt. Wer sind die Führer unserer *bayerischen Räterepublik* gewesen? Wer waren die Führer von *Spartakus*? Wer waren die wirklichen Führer und Geldgeber unserer kommunistischen Partei? Das können nun aber auch die wohlwollendsten Herren Weltdemokraten nicht wegbringen oder ändern: Es waren nur *Juden!*

Und so ist es in *Ungarn* gewesen, und so in jenem Teil *Spaniens*, der zur Zeit noch nicht vom eigentlichen spanischen Volk zurückerobert ist!

Es gibt daher auch keinen Zweifel, daß es in allen Ländern nicht die Faschisten, sondern die *jüdischen* Elemente sind, die die Demokratie zu erschüttern versuchen. Und es gibt weiter keinen Zweifel, daß als ein Mittel dazu auch die Zerstörung der nationalen Produktion dient. Denn wenn jemand durch bestimmte Methoden die nationale Wirtschaft eines Landes bewußt vernichtet und damit einen allgemeinen Gütermangel erzeugt, dann kann dies nur geschehen in der Hoffnung, die daraus resultierende Unzufriedenheit politisch auswerten zu können.

Auch in Deutschland war das Proletariat jahrzehntelang Sturmbock des Judentums

Jahrzehntelang hat auch in unserem Lande dieses Judentum die marxistischen Parteien des Proletariats als Sturmbock benützt, um nicht etwa gegen die Parasiten am nationalen und wirtschaftlichen Leben, nein im Gegenteil*: im Dienste der Parasiten* immer nur *gegen* die nationale Produktion. Es hat dieser nationalen Produktion solange zugesetzt, bis endlich sieben Millionen Erwerbslose auf der Straße lagen. Und dies alles nur in der Hoffnung, aus den sieben Millionen Erwerbslosen endlich doch noch die bolschewistische Revolutionsarmee aufstellen zu können. Mit ihr hoffte man dann die nationale Intelligenz in unserem Volk genauso ausrotten zu können, wie man dies jetzt in Spanien zu tun versucht und in Rußland getan hat.

In diesem Kampf, den ausgerechnet der Jude als das führende Element sozialer Gerechtigkeit organisiert und leitet, wird aber nicht ein einziger Jude selbst als sozial abträgliches

Element angegriffen. Nur dort, wo eine volksgebundene Führung nicht mehr vorhanden ist, beginnen sich die letzten Triebe des Juden auszuleben. Die minderwertigste Führung, die für die Menschen zu denken ist, beginnt sich dann wie in Sowjetrußland gegenseitig selbst abzuschlachten und auszurotten. Wenn aber jemand diesen scheinbar sozialen Weltkampf nur führt, um am Ende in der Form einer brutalsten Diktatur die Angehörigen fremder Völker unter die Führung dieser Rasse zu zwingen, und sich dabei bemüht, diesen Vorgang zu einer *Weltrevolution auszuweiten*, dann ist an einer solchen Entwicklung nicht nur jeder direkt Betroffene interessiert, sondern auch *jeder indirekt dadurch Bedrohte.*

Und dies gilt für Deutschland! Denn wie nötig es ist, sich mit diesem Problem zu befassen, konnten wir im letzten Jahr zur Genüge studieren.

Ueber den Umweg der Demokratie zur offenen Revolution

Wie Sie wissen, ist in *Spanien* dieser jüdische Bolschewismus nach einem ähnlichen Verfahren über den Umweg der Demokratie zur offenen Revolution geschritten. Es ist eine große Verdrehung der Tatsachen, wenn behauptet wird, daß die bolschewistischen Volksunterdrücker dort die Träger einer legalen Gewalt, und die Kämpfer des nationalen Spaniens illegale Revolutionäre wären.

Nein! Wir sehen in den Männern des Generals Franco das echte und vor allem das bleibende Spanien und in den Usurpatoren von Valencia[3] *die von Moskau besoldete internationale Revolutionstruppe, die zurzeit Spanien und morgen vielleicht wieder einen anderen Staat heimsucht.*

Können wir nun diesen Vorgängen gegenüber gleichgültig sein? Ich möchte zunächst eine kurze Feststellung treffen:

In der Presse unserer westlichen Demokratien und aus den Reden mancher Politiker vernehmen wir immer wieder, wie groß die natürlichen Interessengebiete dieser Mächte sind. Es erscheint den Vertretern dieser Staaten ganz selbstverständlich, daß ihre Interessen sowohl jedes Meer als auch jeden Staat in Europa einschließen und auch über Europa hinaus einfache, von der Natur allgemein gegebene sind. Umgekehrt erleben wir sofort Ausbrüche der Empörung, so wie ein nicht zu diesem exklusiven Kreise der internationalen Besitzenden gehörendes Volk ebenfalls von bestimmten Interessen, die außerhalb seiner eigenen Grenzen liegen, zu sprechen wagt. Ich möchte nun dieser Anmaßung gegenüber hier folgendes erklären:

Aus England und Frankreich hören wir immer wieder die Behauptung, in Spanien heilige Interessen zu besitzen. Welcher Art sind diese nun? Handelt es sich um politische oder um wirtschaftliche Interessen? Soll es sich um politische Interessen handeln, so verstehen wir dies genau so wenig, wie wir es nicht begreifen würden, wenn jemand behaupten wollte, in Deutschland politische Interessen zu besitzen. Ob und wer z. B. in Deutschland regiert, geht außer uns zumindest so lange niemand etwas an, als nicht dieses Regime Feindseligkeiten gegen andere Staaten beabsichtigt oder gar ausführt. Hat man aber in England und Frankreich bestimmte wirtschaftliche Interessen in Spanien im Auge, dann wollen wir dies ohne weiteres zugestehen, nur muß festgestellt werden, daß wir genau dieselben wirtschaftlichen Interessen auch für uns in Anspruch nehmen, das heißt mit anderen Worten: Das nationalsozialistische Deutschland verfolgt z. B. den Versuch der jüdischen Weltrevolutionierung in Spanien mit angespanntem Interesse, und zwar nach zwei Richtungen hin:

1. So wie England und Frankreich es nicht wünschen, daß in Europa eine Verschiebung

3 Bezieht sich auf die Volksfrontregierung, die von Madrid nach Valencia auswich.

der Kräfteverhältnisse eintritt, etwa nach der deutschen oder nach der italienischen Seite hin, sowenig wünschen wir, daß eine Verschiebung der Kräfte eintritt im Sinne einer Mehrung der bolschewistischen Macht, denn: Wenn in Italien der Faschismus herrscht, so ist das eine rein italienisch-nationale Angelegenheit. Es würde eine Dummheit sein, zu unterstellen, daß diesem faschistischen Italien von einer außerhalb liegenden Stelle Anweisungen oder gar Befehle gegeben werden könnten.
Noch dümmer würde es sein, zu behaupten, daß dieses faschistische Italien etwa ein Bestandteil einer größeren, darüberstehenden faschistischen internationalen Organisation sei. Im Gegenteil. Es liegt im tiefsten Wesen des Faschismus und des Nationalsozialismus begründet, daß es sich hier um politische Lehren handelt, deren Ideologie und Wirksamkeit *nur innerhalb der Grenzen der eigenen Völker* liegt.
Ebenso ist es sicher, daß ein nationales Spanien *national*, das heißt spanisch sein wird, wie es umgekehrt aber nicht abgestritten werden kann, daß der Bolschewismus bewußt *international* ist und nur eine Zentrale besitzt, im übrigen aber nur Sektionen dieser Zentrale kennt. Genau so wie man in England und Frankreich vorgibt, beunruhigt zu sein wegen des Gedankens, daß Spanien vielleicht gar von Italien oder Deutschland besetzt werden könnte, genau so entsetzt sind wir angesichts der Möglichkeit, daß es von Sowjetrußland erobert wird! Diese Eroberung braucht dabei keineswegs in der Form einer Besetzung durch sowjetrussische Truppen zu erfolgen, sondern sie ist in dem Augenblick eine vollzogene Tatsache, in dem ein bolschewisiertes Spanien Sektion, d. h. ein integrierender Bestandteil der bolschewistischen moskauischen Zentrale geworden ist, eine Filiale, die von Moskau sowohl ihre politischen Direktiven als auch materiellen Subventionen erhält.
Überhaupt:
Wir sehen in jedem Versuch einer weiteren Ausbreitung des Bolschewismus in Europa grundsätzlich eine Verschiebung des europäischen Gleichgewichts.
(Brausender Beifall!) Und so wie England interessiert ist an der Verhinderung einer solchen nach seinen Auffassungen, so sind wir interessiert an der gleichen Verhinderung nach unserer Auffassung!
Wir müssen es dabei kategorisch *ablehnen, Belehrungen entgegenzunehmen* über das Wesen einer solchen bolschewistischen Gleichgewichtsverschiebung von Staatsmännern, die auf diesem Gebiete nicht das Wissen haben wie wir und auch nicht in der Lage waren, jene praktischen Erfahrungen zu sammeln, wie wir es leider mußten.
2. Nicht weniger schwer wiegt darüber hinaus die Tatsache, daß eine solche bolschewistisch politische Gleichgewichtsverschiebung vor allem identisch ist mit einer wirtschaftlichen Entwicklung, die in dem nun einmal so eng miteinander verbundenen europäischen Staatengebilde nur von katastrophalen Folgen sein kann.
Denn: Der erste sichtbare Erfolg jeder bolschewistischen Revolution ist zunächst keine Steigerung der Produktion, sondern eine *totale Zerstörung* der vorhandenen wirtschaftlichen Werte sowohl als aller wirtschaftlichen Funktionen in den davon betroffenen Ländern. Nun lebt aber die Welt nicht von den von Zeit zu Zeit irgendwo abgehaltenen Weltwirtschaftskonferenzen – wie es die Erfahrung bewiesen hat –, sondern sie lebt vom Austausch ihrer Güter und damit primär von der Produktion der Güter. Wenn also durch einen verbrecherischen Wahnsinn allmählich die Güterproduktion in den einzelnen Staaten vernichtet wird, dann können die Folgen nicht durch Weltwirtschafts-Konferenzen beseitigt werden, sondern sie werden zwangsläufig auch auf jene Völker übergreifen, die innerhalb ihrer eigenen Grenzen vor dem Bolschewismus selbst gesichert sind, aber

durch die Art ihrer wirtschaftlichen Verflechtung mit den so heimgesuchten Völkern wichtige wirtschaftliche Beziehungen verlieren werden. Wir haben nun allerhand Erfahrungen auf diesem Gebiete praktisch vor uns liegen. Im Moment, in dem in Spanien der Bolschewismus zum Ausbruch kam, wurde die gesamte nationale Produktion so geschädigt, daß ein augenblickliches Nachlassen eines wirtschaftlich wertvollen Güteraustausches eintrat. Wenn mir demgegenüber entgegengehalten wird, daß andere Länder mit Rotspanien noch gute Geschäfte machen konnten, so handelt es sich dabei um eine Bezahlung ihrer Lieferungen in Gold, das nicht durch den spanischen Bolschewismus seinen Wert erhalten hatte, sondern nur als Wertausdruck früherer nationalspanischer Arbeit und Leistung durch den spanischen Bolschewismus *gestohlen* und geraubt und in das Ausland gebracht wurde. Darauf aber kann man nicht einen dauernden und soliden Wirtschaftsverkehr aufbauen, denn der kann nur fußen auf dem Austausch reeller Werte und nicht auf der Betätigung von Hehler- oder Diebesgeschäften!
Die Produktion wirklicher Werte wird aber zunächst vom Bolschewismus restlos vernichtet und kann von ihm – wie dies Sowjetrußland beweist – unter der Zugrundelegung eines wahren Hundedaseins für seine Arbeiter noch nicht einmal nach zwanzig Jahren wieder in Ordnung gebracht werden! Dies mag nun z. B. das reiche Großbritannien gar nicht interessieren. Vielleicht ist es für England auch gänzlich gleichgültig, ob *Spanien eine Wüste* wird, wirtschaftlich zum bekannten bolschewistischen Chaos ruiniert wird oder nicht. Vielleicht denkt England in dieser spanischen Frage wirklich nur politisch. Allein *für uns Deutsche, die wir nicht die Möglichkeit besitzen, unseren Handelsverkehr auf ein eigenes Weltreich zu verlagern, ist Europa, und zwar so wie es heute ist, eine der Voraussetzungen für unsere eigene Existenz.*
Ein bolschewisiertes Europa würde jede Handelspolitik unseres Staates unmöglich machen, und zwar nicht weil wir nicht Handel treiben wollen, sondern weil wir keinen Handelspartner mehr bekämen.
Dies ist daher für uns nicht eine Angelegenheit theoretischer Betrachtungen, moralischer Bekümmernisse, allerdings auch kein Problem zu internationalen Klagen – denn wir haben nicht so viel Respekt vor den internationalen Institutionen, als dass wir auch nur eine Sekunde glaubten, von ihnen außer Redensarten irgendeine praktische Hilfe erhalten zu können –, sondern eine der *lebenswichtigsten Fragen.*
Wir wissen es ganz genau: Wenn Spanien endgültig bolschewistisch geworden wäre und sich dann diese Welle vielleicht über das übrige Europa weiter ausgebreitet hätte oder wenn sie sich noch einmal ausbreiten sollte – und der Bolschewismus selbst behauptet dies ja als sicher, und er will es jedenfalls – dann würde dies für Deutschland eine schwere wirtschaftliche Katastrophe bedeuten.
Denn wir müssen nun einmal mit diesen Ländern im gegenseitigen Güteraustausch stehen, und zwar im nackten Interesse der Erhaltung des Lebens des deutschen Volkes selbst. Dieser Austausch ist aber nur möglich, wenn diese Länder unter geregelten normalen Verhältnissen auch selbst Güter fabrizieren. Sollte dies nun durch eine bolschewistische Katastrophe aufhören, dann würde auch Deutschland wirtschaftlich schwersten Zeiten entgegengehen.
Wir alle sind uns nun dessen bewußt, daß im Falle einer solchen Entwicklung der Genfer *Völkerbund* vermutlich dieselbe Kraft entwickeln würde wie einst unser innerdeutsches Frankfurter Bundesparlament. Wie wenig von einer solchen internationalen Hilfe überhaupt zu erwarten ist, sehen wir doch schon heute.

Niemals darf sich die bolschewistische Pest über Europa weiter ausbreiten!
Kaum begann in Spanien der bolschewistische Aufruhr, als nicht nur der Handel mit Deutschland sofort zurückging, sondern vor allem auch über 15 000 Reichsangehörige dieses von inneren Unruhen zerrissene Land verlassen mußten. Ihre Geschäfte wurden geplündert, deutsche Schulen zerstört, die Gemeinschaftshäuser zum Teil angezündet, das Vermögen aller dieser fleißigen Menschen war mit einem Schlage vernichtet. Sie sind um die Ergebnisse jahrelanger redlicher Arbeit gebracht worden. Ich glaube nun kaum, daß sie der Völkerbund dafür entschädigen wird. Wir kommen in Kenntnis dessen auch mit gar keiner Bitte zu ihm. Wir wissen, er hat seine eigenen Probleme und Aufgaben. Er muß sich z. B. seit Jahren bemühen, die verschiedenen marxistischen und jüdischen Emigrationen zu unterstützen, um sie so am Leben zu erhalten! (Jubelnder Beifall.)
Ich stelle ja auch nur fest, was ist! Wir besitzen daher ein ernstes Interesse daran, daß sich diese bolschewistische Pest nicht weiter über Europa ausbreitet. Im übrigen haben wir mit einem nationalen Frankreich z. B. im Laufe seiner Geschichte natürlich viele Auseinandersetzungen gehabt. Allein *irgendwie und irgendwo gehören wir doch in der großen europäischen Völkerfamilie zusammen* und vor allem, wenn wir alle ganz in unser Innerstes blicken.
Dann glaube ich, möchten wir doch keine der wirklichen europäischen Kulturnationen vermissen oder sie auch nur wegwünschen. Wir verdanken uns nicht nur mancherlei Ärger und Leid, sondern doch auch eine ungeheure gegenseitige Befruchtung. Wir gaben uns ebenso Vorbilder, Beispiele und Belehrungen, wie wir uns aber auch manche Freude und vieles Schöne schenkten. Sind wir gerecht, dann haben wir allen Grund, uns gegenseitig weniger zu hassen als uns zu bewundern!
In dieser Gemeinschaft europäischer Kulturnationen ist der jüdische Weltbolschewismus ein absoluter Fremdkörper, der nicht den geringsten Beitrag zu unserer Wirtschaft oder unserer Kultur stiftet, sondern nur Verwirrung anrichtet, der nicht mit einer einzigen positiven Leistung auf einer internationalen Schau des europäischen und Weltlebens aufwarten kann, sondern nur mit propagandistischen Tabellen und verlogenen Ziffern und hetzerischen Plakaten.
Ich möchte dabei auch nicht versäumen, jenen zu antworten, die mit Beharrlichkeit der Notwendigkeit internationaler Weltwirtschaftsbeziehungen, ihrer dauernden Verbesserung und in Zusammenhang damit der internationalen Solidarität das Wort reden, und die nun glauben, beklagen zu müssen, daß sich das nationalsozialistische Deutschland nach ihrer Meinung in eine gewollte Vereinsamung zurückzuziehen versucht.
Ich habe schon betont, wie groß der Irrtum der Staatsmänner oder Leitartikler ist, die so etwas ernstlich glauben. Er wird durch die praktische Wirklichkeit schlagend widerlegt. Wir haben weder die Lust noch die Absicht, politisch oder wirtschaftlich Eremiten zu sein! Deutschland hat sich gar nicht isoliert, und zwar weder politisch noch wirtschaftlich!
Nicht politisch isoliert, denn es ist im Gegenteil bestrebt, mit allen denen zusammenzuarbeiten, die ein wirklich europäisches Gemeinschaftsziel im Auge behalten. Wir lehnen es nun kategorisch ab, uns mit jenen zusammenkoppeln zu lassen, deren Programm die Zerstörung Europas ist und die aus diesem Programm auch gar kein Hehl machen!
Auch wenn wir selbst uns vor dieser Zerstörung sicher fühlen, dann scheint es uns doch ein Widerspruch in sich zu sein, für die europäische Solidarität mit Leuten Abmachungen zu treffen, die gerade diese Solidarität zu vernichten beabsichtigen.
Mit diesen Elementen ein Zusammengehen ablehnen, heißt deshalb auch nicht sich isolieren, sondern heißt nur, sich *sichern.* Um so größer ist daher auch unsere Entschlossenheit, mit allen denen eine Verständigung zu suchen und zu finden, die nicht nur von Soli-

darität reden, sondern die sie vor allem auch *ernstlich wollen*, und zwar nicht eine Solidarität im negativen Sinne einer gemeinsamen Zerstörung, sondern im positiven eines gemeinsamen Aufbaues. Noch wahnsinniger aber ist der Vorwurf, wir suchten eine wirtschaftliche Isolierung. Ich glaube, unsere Handelsziffern sind die beste Widerlegung dieser durch nichts begründeten einfältigen Meinung. Allein, selbst wenn unser Handel nicht wachsen würde, so wünsch[t]en wir trotzdem keine wirtschaftliche Isolierung, sondern wir würden sie höchstens erleiden, und zwar gegen unseren Wunsch. Diese wirtschaftliche Isolierung aber muß ganz zwangsläufig in dem Augenblick kommen, in dem Europa bolschewistisch würde. Wir erleben allerdings das erheiternde Schauspiel, daß gerade die Presse der Länder, in denen man glaubt, uns immer zugunsten einer stärkeren Beteiligung der Weltwirtschaft zureden zu müssen, sofort zu schreien beginnt, wenn zum Beispiel bekannt wird, daß wir mit dem nationalen Spanien Geschäfte machen! Daß wir diesem nationalen Spanien Maschinen und so weiter liefern und dieses nationale Spanien uns dafür Rohstoffe und Lebensmittel zurückgibt. Ja, hier tun wir das, was diese Weltwirtschaftsapostel dauernd wünschen! Weshalb nun plötzlich die Empörung darüber? Nein! Wir kennen die inneren Ursachen dafür zu genau.

Deutschland hat die Waffen, um jeden bolschewistischen Eingriffsversuch blitzschnell niederzubrechen.

Es ist der Ärger, daß wir nun einmal unter keinen Umständen bereit sind, in Deutschland als Handelsware jene marxistischen Infektionsstoffe wieder einzuführen, die uns schon einmal an den Rand des Abgrunds gebracht haben. Dieses Handelsgeschäft allerdings lehnen wir ab. Es ist der Ärger darüber, daß wir uns nicht nur nicht isolieren, sondern im Gegenteil, daß wir eine *feste Anlehnung* gefunden haben an Staaten mit ähnlichen Idealen und einer ähnlich denkenden und handelnden Führung. Ich kann aber hier nur wiederholen, daß für Deutschland eine *andere Orientierung gar nicht möglich* ist. Denn: Wir sind an Europa mehr interessiert als es vielleicht manche andere Länder zu sein brauchen. Unser Land, unser Volk, unsere Kultur, unsere Wirtschaft sind aus den allgemein europäischen Bedingtheiten herausgewachsen. Wir müssen daher der Feind jedes Versuches sein, in diese europäische Völkerfamilie ein Element der Zersetzung und Zerstörung im einzelnen und gesamten hineinzutragen.

Außerdem ist uns Deutschen der Gedanke, daß dieses Europa ausgerechnet von Moskau dirigiert oder regiert werden könnte, ein einfach unerträglicher.

Wenn in anderen Staaten eine solche Anmaßung als politische Forderung geduldet wird, dann können wir dies nur mit Erstaunen und Bedauern zur Kenntnis nehmen. Für uns jedenfalls würde aber schon die bloße Vorstellung, Direktiven aus einer so tief unter uns stehenden Welt entgegenzunehmen, ebenso lächerlich wie empörend sein. Außerdem ist der Anspruch einer unzivilisierten jüdischen bolschewistischen internationalen Verbrechergilde, von Moskau aus über Deutschland als altes Kulturland Europas zu regieren, auch noch eine Frechheit. Moskau bleibt Moskau und Sowjetrußland unsertwegen Sowjetrußland. Unsere deutsche Hauptstadt heißt aber jedenfalls Berlin, und im übrigen bleibt Deutschland, Gott sei Dank, immer noch Deutschland!

Man soll daher auch über etwas sich keiner Täuschung hingeben:

Der Nationalsozialismus hat die bolschewistische Weltgefahr aus dem Inneren Deutschlands gebannt. Er hat dafür gesorgt, daß nicht der Abhub volksfremder jüdischer Literaten bei uns über das Proletariat, das heißt den deutschen Arbeiter, diktiert, sondern daß das deutsche Volk endlich seine Bestimmung begreift und seine Selbstführung findet. Er

hat unser Volk und damit das Reich im übrigen immun gemacht gegenüber einer bolschewistischen Verseuchung. Abgesehen davon wird er auch nicht davor zurückschrecken, jeder Wiederholung früherer innerer Eingriffe gegen die Souveränität unseres Volkes mit den entschiedensten Mitteln entgegenzutreten.
Wir Nationalsozialisten sind im Kampf gegen diesen Feind groß geworden. In über 15 Jahren haben wir ihn geistig, weltanschaulich und tatsächlich in Deutschland vernichtet. Weder seine unzähligen Morde und sonstigen Gewalttaten noch die Unterstützung, die er durch die damaligen marxistischen Machthaber des Reiches erhielt, haben unseren Siegeszug verhindern können. Wir werden heute sorgfältig darüber wachen, daß niemals wieder eine solche Gefahr über Deutschland kommt.
Sollte sich aber jemand unterstehen, von außen diese Gefahr an Deutschland heran- oder nach Deutschland hereinzutragen, dann mag er wissen, daß der nationalsozialistische Staat sich auch jene Waffen geschaffen hat, um einen solchen Versuch blitzschnell niederzubrechen.
Daß wir gute Soldaten gewesen sind, das wird die Welt sicher noch nicht vergessen haben. Daß wir heute noch bessere Soldaten sind, das können sie uns glauben. Daß aber der nationalsozialistische Staat mit einem anderen Fanatismus für seine Existenz eintreten und kämpfen würde als das bürgerliche Reich von einst, daran soll niemand zweifeln! (Stürmische Zustimmung, immer wieder aufbrausender Beifall.)
[…][4]

DOK. 296

Der Oberstaatsanwalt in Frankfurt a. M. bittet den Reichsjustizminister am 15. September 1937, eine Strafverfolgung wegen Beleidigung des SS-Organs Das Schwarze Korps zu genehmigen[1]

Schreiben (Haft!, Vfg.) des Oberstaatsanwalts beim Landgericht Frankfurt a. M. als Leiter der Anklagebehörde beim Sondergericht (6 S Js 549/37), ungez., an den RJM vom 15. 9. 1937 (Durchschrift)[2]

In der Anlage überreiche ich die Vorgänge gegen den Abonnentenwerber Dr. Eduard *Schreiber*,[3] geboren am 11. 4. 1892 in Frankfurt a. M., wohnhaft daselbst, Burgfeld 55, verheiratet, israelitisch, nicht bestraft (Bl. 15 d. A.),[4] in dieser Sache in Untersuchungshaft im Untersuchungsgefängnis in Frankfurt am Main seit 25. 8. 1937, mit der Bitte, die Anordnung zur Strafverfolgung zu erteilen.
Der Beschuldigte ist Jude. Er war bis zum Jahre 1934 Amts- und Landrichter im Bezirk des Oberlandesgerichts Frankfurt a. M. und zuletzt bei den Gerichten in Limburg/Lahn tätig. Er wurde auf Grund des § 6 des Gesetzes über die Wiederherstellung des Berufsbeamtentums in den Ruhestand versetzt. Er bezieht eine monatliche Pension von RM 276,–. Seit

4 Es folgen Ausführungen über Großbritannien, über die Stärke der deutschen Wehrmacht und über die Einigkeit des deutschen Volks.

1 HHStA Wiesbaden, Abt. 461/16835, Handakte, Bl. 3 f. Gekürzter Abdruck (mit geänderten Namen) in: Juden vor Gericht, S. 201 f.
2 Im Original mehrere Bearbeitungsvermerke.
3 Dr. Eduard Schreiber, später Edward Schreiber (1892–1968); emigrierte in die USA.
4 Hier nicht abgedruckt.

Januar 1937 ist er als Abonnentenwerber für die Zeitschrift „Der Morgen"[5] tätig. Er war Kriegsteilnehmer. Nach einer schweren Verwundung geriet er 1918 in englische Gefangenschaft, aus der er im Oktober 1919 entlassen wurde. Er ist nicht bestraft. In politischer Beziehung ist über ihn bisher nichts bekannt geworden.
Am Vormittag des 13. 8. 1937 gegen 10½ Uhr ging der Beschuldigte durch die Bockenheimer Landstraße in Frankfurt am Main. Vor dem Postamt 4 blieb er an einem dort aufgehängten Schaukasten der Ortsgruppe Nordwest der NSDAP stehen. In diesem Schaukasten kommen NS-Zeitschriften zum Aushang. An dem fraglichen Tag war die Ausgabe des „Schwarzen Korps" vom 12. 8. 1937 ausgehängt. Der Beschuldigte las den auf dem Titelblatt veröffentlichten Artikel „Brief an Herrn Feilchenfeld".[6] Während der Beschuldigte vor dem Schaukasten stand, ging der Zeuge Völp vorüber. Als dieser den Beschuldigten, den er als einen Juden erkannte, vor dem Schaukasten stehen sah, blieb er stehen und stellte sich hinter den Beschuldigten. Der Beschuldigte merkte dies und wollte weggehen. Bevor er sich zum Weitergehen umdrehte, spie er kräftig gegen die Scheibe des Schaukastens. Der Zeuge Völp hielt ihn fest. Der Beschuldigte suchte sich zu entschuldigen und erklärte sich bereit, den Speichel abzuputzen. Dies tat er auch. Dann wollte er flüchten. Der Zeuge Völp und der inzwischen hinzugekommene Zeuge Zinnel hielten ihn aber fest und brachten ihn zur SS-Wache.
Der Beschuldigte gibt den Sachverhalt zu. Er behauptet in Erregung gehandelt zu haben. Er will zwei Tage vor der Tat krank gewesen sein und nichts verdient haben, was seine Erregung noch verstärkt habe. Welche Ausführungen des erwähnten Artikels des „Schwarzen Korps" ihn in Erregung gebracht haben, kann er nicht angeben.
Die Tat des Beschuldigten erfüllt den Tatbestand des § 134 b StGB.[7] Bei der Zeitschrift „Das Schwarze Korps" handelt es sich um das Organ der Reichsführung SS. Die in Frage kommende Nummer war in einem parteiamtlichen Schaukasten ausgehängt. Aus diesen dem Beschuldigten bekannten und erkennbaren Tatsachen ergibt sich, dass er durch das Anspucken des Schaukastens die Partei und insbesondere die SS treffen und böswillig und mit Überlegung verächtlich machen wollte. Dass die Tat öffentlich begangen ist, bedarf keiner weiteren Darlegung.
Mit Rücksicht auf die von dem Beschuldigten an den Tag gelegte niedrige Gesinnung empfehle ich die Anordnung der Strafverfolgung. Von dem Beschuldigten, der als Jude von dem Deutschen Reich jetzt noch eine nicht unerhebliche Pension bezieht, hätte man bei seinem Bildungsgrad größte Zurückhaltung erwarten können. Der Tatsache, dass der Beschuldigte im Feld seine Pflicht getan hat, kann keine ausschlaggebende Bedeutung zu seinen Gunsten beigemessen werden. Im Falle der Anordnung der Strafverfolgung ist mit einer Verurteilung zu rechnen.[8] [...][9]

5 Die Zeitschrift Der Morgen, gegründet von Julius Goldstein (1873–1929), erschien von 1925 bis zu ihrem Verbot 1938 zweimonatlich und beschäftigte sich mit der jüdischen Kultur-, Sozial- und Religionsgeschichte.
6 Es handelte sich dabei um einen wüsten antisemitischen Leitartikel; Das Schwarze Korps, Folge 32 vom 12. 8. 1937, S. 1 f.
7 Der § 134 des StGB bestrafte denjenigen, der öffentlich angeschlagene Bekanntmachungen von Behörden böswillig entfernte oder beschädigte. 1935 wurde diese Bestimmung durch Einfügung des § 134 b auch auf die NSDAP und ihre Symbole ausgedehnt.
8 Das RJM lehnte den Antrag auf Strafverfolgung ab. Daraufhin wurde der Angeklagte wegen groben Unfugs und Beleidigung zu einer Strafe von vier Monaten Gefängnis verurteilt; Juden vor Gericht, S. 202–205.
9 Hier folgen technische Vermerke 1 bis 6.

DOK. 297
Eine Berliner NSDAP-Ortsgruppe fordert am 30. September 1937 die Kündigung jüdischer Mieter der städtischen Wohnungsbaugesellschaften[1]

Sonderbericht NSDAP-Gau Berlin/Kreis I Charlottenburg vom 30.9.1937[2]

Betrifft: Wohnungsfragen.
Die Ortsgruppe Heerstrasse berichtet folgendes:
„In unserem Bezirk gibt es kaum Wohnungen zu erschwinglichen Preisen. In Neubauten werden, wie schon mehrfach berichtet, 150.– bis 170.– RM für 3½ Zimmer verlangt. Der Bau solcher Wohnungen ist als unsozial abzulehnen, solange noch kinderreiche Familien sich vergeblich nach erschwinglichen Wohnungen umsehen müssen.
In den Häusern der Gemeinnützigen Baugesellschaft Berlin-Heerstrasse (einer Gesellschaft der Berliner Stadtverwaltung), Westendallee 72–76, wohnen mehrere jüdische Familien in Wohnungen, die nicht dem Mieterschutz unterliegen. Da diese Wohnungen an Volksgenossen mit grösserer Familie eventuell unter behördlicher Zuschussgewährung abgegeben werden könnten, erscheint es dringend erforderlich, der Berliner Stadtverwaltung nahezulegen, die Wohnungen bei passender Gelegenheit für deutsche Volksgenossen frei zu machen.[3] Es ist andererseits dieser Wunsch auch aus dem Grund verständlich, dass die dort jetzt schon wohnenden Volks- und Parteigenossen die Hausgemeinschaft mit Juden ablehnen."

DOK. 298
Gary Samuelis beschreibt Kurt Polley in Berlin am 3. Oktober 1937 seine Anfangsschwierigkeiten in den USA[1]

Schreiben von Gary Samuelis,[2] Portland/Oregon, c/o Mrs. Becher, 735 SW Hallstr., an Kurt Polley,[3] Berlin, vom 3. 10. 1937

Mein lieber Herr Polley,
ich bin noch nicht gestorben und habe Sie auch noch nicht vergessen. Dass ich so spaet schreibe, ist einfach zu erklaeren. Ich habe in den 6 Monaten meines Hierseins wie ein Irrsinniger gearbeitet, um festen Fuss zu fassen, was mir aber nicht gelungen ist. Nun

1 LAB, A Rep. 009/31419, Bl. 15.
2 Im Original mehrere An- und Unterstreichungen. Das Dokument findet sich im Bestand Magistrat der Stadt Berlin, Deputation für das Siedlungs- und Wohnungswesen/Amt für Siedlungs- und Wohnungswesen.
3 Mehrere Städtische Siedlungs- und Wohnungsbaugesellschaften in Berlin hatten Verträge von Kleinwohnungen jüdischer Mieter bereits 1935/1936 gekündigt.

1 JMB, DOK-97-5-32, Bl. 1 f.
2 Vermutlich Gerhard Samuelis (1912–1984), kaufmännischer Angestellter; im Berliner Warenhaus N. Israel in der Abteilung Stoffe unter der Leitung Kurt Polleys tätig; emigrierte in die USA.
3 Kurt Polley (*1898), kaufmännischer Angestellter; 1921–1938 Leiter der Abt. Waschstoffe der Fa. N. Israel. Seine Auswanderungsversuche misslangen. Er wurde später als Zwangsarbeiter bei der Fa. Siemens eingesetzt und am 19. 4. 1943 aus Berlin nach Auschwitz deportiert; dort zuletzt im Oktober 1943 im Krankenbau des Lagers Buna-Monowitz registriert.

hoffe ich allerdings den ersten Schritt gemacht zu haben. Ab morgen arbeite ich in der Schreibwarenabteilung in einem der groessten Warenhaeuser in den Vereinigten Staaten (Ca. 5 000 Angestellte). Was aber alles dazwischen liegt, ist einfach unmoeglich zu beschreiben. Waren Sie im Krieg oder haben Sie einmal mit einem Soldaten gesprochen, der an der Front war? Ich glaube, es ist dasselbe. Man hat so viel durchgemacht und schlechtes erlebt und gesehen, dass man einfach unfaehig ist, Worte dafuer zu finden ohne sie zu verflachen. Aber ich glaube, dass ich ueber den groessten Berg bin. D. h. ich bin nun ein ganz kleiner Angestellter mit dem kleinsten Gehalt und es wird nun wieder mehrere Jahre dauern, um ueberhaupt die Erfolgsleiter zu sehen. Wenn man von anderen hoert, dass es leichter ist und schneller geht, so sind das Ausnahmen oder Gluecks-pilze oder Grosschnauzen mit reichen Verwandten. Ich will versuchen, Ihnen in Stichworten *mein* Amerika aufzuzeichnen. Also: Herrliche Ueberfahrt, Tante empfaengt mich grossartig, fuehrt mich aus, sehe alle Herrlichkeiten der Riesenmetropole, nach 8 Tagen Stellenangebot, das meine Tante ablehnt, da sie mich noch etwas fuer sich haben will. Nach 4 Wochen Start: Arbeitssuche. Juni, Sommerhitze, alles entlaesst Angestellte, Versuch, in irgendein[em] Warenhaus anzukommen, schlaegt fehl. Versuche als Tischler, Chauffeur, Kellner, Bossboy, als alles. Meine Tante hat ueberhaupt keine Beziehungen und ist geschaeftlich vollstaendig unwissend. Renne 2 Monate wie ein Wahnsinniger umher, alles vergeblich. Bin beinahe down. Bekomme von Council Angebot nach dem Westen, acceptiere, Tante heult, nennt mich undankbar, dampfe nach 3 Tagen ab, fahre ununterbrochen 3 000 Meilen in 3½ Tagen, komme nachmittags an, gehe in den Laden (Herrenausstattungen fuer Arbeiter) und habe sofort bis 9 Uhr abends zu arbeiten. Arbeite wie ein Tier von 8 Uhr morgens bis 9 Uhr abends, Sonnabends bis 11 Uhr, Sonntags von 9 Uhr bis 6 Uhr. Allmaehlich gewoehnt man sich, in der uebrigen Zeit des Tages schreibe ich Bewerbungen, Briefe an Committees etc. Nach 2 Monaten lasse ich mir 2 Tage Urlaub geben (wird vom Gehalt gekuerzt) fahr nachts los, 8 Stunden, und treffe verschiedene Leute vom Committee, bekomme Referencen, stelle mich vor – alles vergeblich. Unternehme selbststaendig einen Versuch – es klappte. Kaum zu glauben, fast ein Geschenk vom Himmel. Innerhalb 3 Tage wieder zurueck, alles packen, bezahlen, wieder nach Portland, Zimmersuche, zwischendurch Operation (2) am Zeh, da wegen Zeitmangel nicht die noetige Sauberkeit. 2 mal 4 Tage mit Hausschuhen umherrennen. Musste ins Geschaeft, da sie sonst wieder das Gehalt kuerzen und es ist sowieso nicht gross. Nun sitze ich hier in Portland. Habe ein schoenes Zimmer, immer Warmwasser, und habe seit 2 Monaten das erste Bad nehmen koennen.

Ja so gehts. Das sind nur Stichworte. Die Arbeit, Zeit, Muehen und Gedanken, die man dabei so hat, sind eben nicht zu beschreiben. Aber wenn man dann doch ein ganz klein bisschen Erfolg hat, dann vergisst man schnell und gern und haelt sich vor Augen, wieviel man doch gewonnen hat. Unsagbar schoene Freiheit. Koennen Sie das verstehen?

Wenn ich nun erst ein kleines Weilchen arbeite und mich etwas sicher fuehle, dann beginnen die Vorbereitungen fuer mein Maedchen. Ein schweres, aber herrliches Ziel. Gebe Gott, dass ich es doch noch schaffe. Nun, mein lieber Herr Polley, wie geht es Ihnen? Was machen die NIer und N.I.[4] selbst? Wie ist die Stimmung? Was gibt es neues, was schoenes? Ich wuerde mich sehr freuen, wenn Sie mir ein paar Zeilen schreiben

4 N.I.: Warenhaus N. Israel in Berlin, Spandauer Straße. Das Kaufhaus wurde 1939 „arisiert" und in die Emil Köster AG überführt.

wuerden. Ich denke gerade an den Abschiedsabend. War es nicht nett? Wann wird es wieder so oder so ungefaehr wenigstens? Nun seien Sie recht herzlich gegruesst von Ihrem,
Gary Sam

DOK. 299
Denkschrift vom 16. Oktober 1937 über die Errichtung der größten europäischen Bibliothek zur Judenfrage in München[1]

Schreiben, ungez., vom 16. 10. 1937 (Abschrift)[2]

Denkschrift
über die Errichtung der grössten europäischen Bücherei zur Judenfrage in der Hauptstadt der Bewegung.
Die Judenfrage ist durch die Nürnberger Gesetze innerhalb der deutschen Reichsgrenze gelöst. Rings um das deutsche Reich aber ist sie nach wie vor brennend. Das nationalsozialistische Deutschland ist von einem Ring des internationalen Judentums umgeben, der nicht nur einen wirtschaftlichen, sondern auch einen geistigen und moralischen Boykott anstrebt. Gegen den wirtschaftlichen Boykott des Judentums ist der Vierjahresplan angesetzt. Gegen den geistigen und moralischen Boykott des Judentums ist ebenfalls ein Vierjahresplan geistiger und moralischer Gegenwehr nötig. Hier ergibt sich u. a. auch für die deutsche Wissenschaft eine neue grosse Aufgabe. In der Erforschung der Rassenfrage und insbesondere der Judenfrage hat sie früher weitgehend versagt. Erst unter dem Einfluss der nationalsozialistischen Revolution vollzog sich eine Änderung.
Das Reichsinstitut für Geschichte des neuen Deutschlands[3] hat sofort nach seiner Gründung der Judenfrage ein besonderes Augenmerk zugewandt und mit dem Sitz in München eine besondere Forschungsabteilung Judenfrage geschaffen. Sie wurde im Herbst 1936 in Gegenwart des Stellvertreters des Führers, Reichsminister Hess, des Bayerischen Ministerpräsidenten Siebert und zahlreicher Vertreter von Partei, Staat und Wehrmacht eröffnet. (Anlage: Reden zur Eröffnung der Forschungsabteilung Judenfrage).[4]
Die Abteilung wird von dem Präsidenten der Bayerischen Akademie der Wissenschaften, Professor Karl Alexander von Müller,[5] sowie von Dr. Wilhelm Grau als geschäftsführendem Leiter verwaltet. Sie besitzt einen grossen Stab von Sachverständigen für die ver-

1 BayHStA, StK 6411, Bl. 17–21.
2 Im Original mehrere Stempel und Abkürzungen, u. a. Eingangsstempel: „Der Bayerische Ministerpräsident". Das Dokument stammt vermutlich aus dem Reichsinstitut für Geschichte des neuen Deutschlands.
3 Das im Sommer 1935 gegründete Reichsinstitut unterstand der Aufsicht des REM und sollte die neuere deutsche Geschichte seit der Französischen Revolution erforschen.
4 Siehe die Reden Karl Alexander von Müllers, Theodor Vahlens und Walter Franks, in: Walter Frank, Deutsche Wissenschaft und Judenfrage. Schriften des Reichsinstituts für Geschichte des neuen Deutschlands, Hamburg 1937.
5 Dr. Karl Alexander von Müller (1882–1964), Jurist und Historiker; 1917–1945 Professor an der Universität München; 1933 NSDAP-Eintritt; von 1935 an Mitglied im Beirat des Reichsinstituts für Geschichte des neuen Deutschlands; 1935–1944 Herausgeber der Historischen Zeitschrift; Autor u. a. von „Deutsche Geschichte und deutscher Charakter" (1926).

schiedensten Spezialgebiete der Judenfrage, führende Persönlichkeiten nicht nur des gelehrten, sondern auch des praktischen, politischen und militärischen Lebens, die einmal im Jahr zu einer mehrtägigen Sitzung mit Vorträgen und Aussprache zusammentreten. Die Ergebnisse dieser Tagung erscheinen gedruckt in den „Forschungen zur Judenfrage", deren Band I bereits vorliegt,[6] während Band II in Kürze erscheint.[7] Daneben verfügt die Abteilung über eine Reihe ständiger Forschungsbeauftragter, meist junger Forscher, die wichtige Einzelthemen der Judenfrage bearbeiten. Z.B. eine historische Statistik der Judentaufen und Mischehen im 19. Jahrhundert – eine Geschichte der spanischen Judenaustreibung und des Marranenproblems[8] – die Rolle des Judentums in der Aufklärung – die Rolle des Talmuds – und endlich als Arbeit des Leiters, Dr. Grau selbst, eine umfassende Geschichte der Judenfrage von der französischen zur nationalsozialistischen Revolution.

Als grundlegende Voraussetzung für diese Arbeit soll endlich in München die grösste internationale Bibliothek zur Judenfrage geschaffen werden.[9]

Eine derartige Bibliothek besteht noch nirgends in der Welt. Anläufe, sie zu schaffen, sind bisher nur von *jüdischer* Seite und mit *jüdischer* Tendenz gemacht worden. So haben die Juden früher in Frankfurt am Main eine umfangreiche Judaica-Bücherei geschaffen, die bisher grösste dieser Art in Deutschland. Sie gehört der Stadt Frankfurt *und wird heute noch vor allem von Juden benutzt.*[10]

Das Reichsinstitut für Geschichte des neuen Deutschlands hat sich zunächst bemüht, von der Stadt Frankfurt eine – sei es kauf-, sei es leihweise – Überführung der Judaica-Bücherei in die Forschungsabteilung Judenfrage in München zu erwirken, da allein an dieser Stelle *die wissenschaftliche Auswertung der Bücherei zum Nutzen des nationalsozialistischen Deutschlands* gewährleistet war.[11] Es braucht nicht betont zu werden, dass die Überführung der jüdischen Bücherei aus der ehemaligen Hochburg der Juden in die Hauptstadt der nationalsozialistischen Bewegung zugleich ein weithin sichtbares *politisches Symbol* dargestellt haben würde.

6 Sitzungsberichte der 1. Arbeitstagung der Forschungsabteilung Judenfrage des Reichsinstituts für Geschichte des neuen Deutschlands vom 19. bis 21. November 1936, Hamburg 1937.

7 Sitzungsberichte der 2. Arbeitstagung der Forschungsabteilung Judenfrage des Reichsinstituts für Geschichte des neuen Deutschlands vom 12. bis 14. Mai 1937, Hamburg 1937.

8 1492 wurden die spanischen Juden auf Befehl des Königspaars Ferdinand und Isabella von Kastilien aus Spanien vertrieben. Als Marranen wurden diejenigen spanischen Juden bezeichnet, die zum Christentum konvertierten und deshalb bleiben durften.

9 Im August 1937 bewilligte die DFG 10 000 RM zur Anschaffung von Büchern für den Aufbau der Bibliothek zur „Erforschung der Judenfrage"; siehe Dankschreiben von Walter Frank an den DFG-Präsidenten Rudolf Mentzel vom 1. 9. 1937, BArch, R 1/51.

10 Dieser Judaica-Bestand der Stadtbibliothek Frankfurt a. M., der 1932 über 20 000 Bände umfasste, war durch jüdische Stiftungen und Schenkungen entstanden.

11 Wilhelm Grau hatte schon 1935 versucht, die Sammlung käuflich zu erwerben. Die Bibliothek in Frankfurt a. M. sah Graus Preisvorschlag von bis zu 40 000 RM als zu niedrig an und wollte den Bestand nur zusammen mit einer ebenfalls 20 000 Bände umfassenden Hebraica-Sammlung verkaufen. Daraufhin schaltete Grau 1936 das REM ein, um seine Vorstellungen durchzusetzen und das Geld dafür aufzubringen. Ein vom Ministerium bestelltes Gutachten bezifferte den Wert der Sammlung auf mehrere hunderttausend Reichsmark. Ein Kauf käme daher, so das REM, nicht in Frage, nur eine langfristige Leihgabe. Nach einer Intervention des OB Krebs, der die Sammlung in seiner Stadt halten wollte, weigerte sich die Bibliothek in Frankfurt a. M., die Sammlung nach München zu verkaufen oder zu verleihen.

Das Ersuchen des Reichsinstituts an den Oberbürgermeister Krebs in Frankfurt am Main wurde sowohl vom Reichswissenschaftsminister *Rust* wie vom Reichsinnenminister *Frick* wie vom Stellvertreter des Führers Reichsminister *Hess* in Zuschriften an den Oberbürgermeister befürwortet.

Der Oberbürgermeister lehnte jedoch dieses Ersuchen schroffstens ab, sowohl was eine kauf- als auch was eine leihweise Überlassung anging. Die Ablehnung wurde nicht nur durch Stadtratsbeschluss bekräftigt, sondern im November 1936 *in der „Frankfurter Zeitung" veröffentlicht.* Von dort ging sie in *die jüdische Presse des Auslands* über, die es begrüsste, dass die Bücherei der antisemitischen Ausbeutung durch das Reichsinstitut entzogen werde.

Zu bemerken ist, dass der „Gegenvorschlag" des Oberbürgermeisters Krebs: er sei bereit, die Errichtung einer Zweigstelle des Reichsinstituts in Frankfurt zu fördern, ein gegenstandsloses Scheinangebot ist, da der Oberbürgermeister nicht verkennen kann, dass die mit voller Absicht *in der Hauptstadt der Bewegung* errichtete „Forschungsabteilung Judenfrage" des Reichsinstituts selbstverständlich München nicht verlassen kann.

Ein *Zwang* zur Herausgabe ihres Eigentums kann auf die Stadt Frankfurt von keiner Partei- und Staatsstelle ausgeübt werden – es sei denn, dass eine Anregung vom Führer und Reichskanzler selbst ausginge.

Die *zweite* Möglichkeit – und diese suchte das „Reichsinstitut für Geschichte des neuen Deutschlands" nach dem Scheitern der Frankfurter Verhandlungen zu verwirklichen – ist die, mit Hilfe besonderer Mittel in München eine Judaica-Bücherei aufzumachen, auch wenn sie teilweise dieselben Bestände neu ankaufen muss, die die Juden in Frankfurt am Main bereits gesammelt haben.

Zu diesem Zweck hatte das Reichsinstitut beim Reichswissenschaftsminister für das kommende Haushaltsjahr 1938 die Bereitstellung einer *einmaligen* Summe von rund 150 000 Mark (einhundertfünfzigtausend Reichsmark) durch den Reichsfinanzminister beantragt. Mit dieser Summe würde es möglich sein, alle wesentlichen vor dem Jahr 1936 erschienenen Werke zur Judenfrage anzukaufen. Die nach 1936 jährlich anfallenden Neuerscheinungen zur Judenfrage könnten mit einem normalen jährlichen Etat von 15 000 (fünfzehntausend) Reichsmark bewältigt werden.

Das Reichswissenschaftsministerium teilt mir nunmehr unter dem 4. Oktober mit, dass mit Rücksicht auf die vom Führer gestellten vordringlichen Aufgaben des Reichs die Beantragung der genannten Summe für [die] Bücherei abgelehnt werden müsse, da eine derartige Mehrforderung aussichtslos sei.

So sehr ich den Standpunkt des Reichswissenschaftsministeriums grundsätzlich würdige, so sehr glaube ich doch in dem vorliegenden Fall beim Führer und Reichskanzler um eine Prüfung bitten zu dürfen, ob nicht angesichts der Wichtigkeit der Aufgabe besondere Mittel im Reichshaushalt bereitgestellt werden könnten.

Das Ergebnis, das mit den verhältnismässig so bescheidenen Mitteln von 150 000 RM erreicht werden könnte, ist ein ausserordentliches:

In der Hauptstadt der Bewegung würde die erste grosse, in ganz Europa einzig dastehende Bücherei zur Judenfrage erstehen. Die Hauptstadt der Bewegung und die Hauptstadt der deutschen Kunst würde damit zwangsläufig für alle Politiker und Forscher, die sich für die Judenfrage näher interessieren, ein Anziehungspunkt; zugleich würde den Kritikern, die dem neuen Deutschland „Geistfeindlichkeit" vorwerfen, die Waffe in der Hand umgedreht, indem nämlich gerade die als „geistfeindlich" erscheinen, die einem ähnlich gros-

sen Werk wissenschaftlicher Erforschung der Judenfrage in ihren Ländern nichts entgegenzusetzen haben.
Zu erwähnen ist, dass ein breites Wachstum der Münchener Juden-Bibliothek in einigen Jahren zweifellos zu der Frage führen würde, ob nicht im Rahmen der Münchener Baupolitik des Führers auch ein eigenes, grosses, repräsentatives Gebäude, die „Bibliothek der Judenfrage" errichtet werden könnte.
Es darf zum Schluss betont werden, dass die Errichtung einer wissenschaftlichen Zentrale zur Erforschung der Judenfrage wichtiger Teil einer *geistigen Aufrüstung* der deutschen Nation gegen den jüdischen Weltgegner sein würde. Das internationale Judentum hat die Vorteile eines kulturell und wissenschaftlich geführten oder auch nur getarnten Kampfes voll erkannt. *Nach Berechnungen geben die Juden jährlich zwölf Millionen für diesen Kampf aus. Es muss möglich sein, dass das nationalsozialistische Deutschland für dieselben Zwecke die einmalige Summe von 150 000 Mark zur Verfügung stellt.*[12]

DOK. 300

Haynt: Artikel vom 17. Oktober 1937 über die Lage in Deutschland und den Widerstand der Juden in Polen[1]

Dr. M[oshe] Kleinbaum:[2]
Wir schleudern ihn zurück, den gelben Fleck!

Nach dem Hitlerumsturz in Deutschland, als sich Schlag um Schlag, Verfolgungen um Verfolgungen, Meineide und Entrechtungen über das deutsche Judentum zu ergießen begannen, als mehr als fünfhunderttausend Bürger plötzlich aus dem staatlichen Leben ausgestoßen wurden, – hieß ihre Antwort: „Lasst ihn uns mit Stolz tragen – den gelben Fleck!"[3]
Es begann ein Prozess der innerlich-jüdischen Vertiefung, der Verschönerung und Verbesserung des aufgezwungenen Ghettolebens, der Einrichtung jüdisch-nationaler Kulturinstitutionen, der Rückkehr zum eigenen jüdischen Ursprung. Im „Dritten Reich" war das für Juden der einzige Weg, die einzige Wahl. Denn dort gab es nicht die geringste Möglichkeit, sich der brutalen Übermacht entgegenzustellen; denn das menschliche, das humane Deutschland ist völlig von der Oberfläche verschwunden und in die unterirdische Welt hinabgestoßen worden; denn der braune Nazismus hat die Alleinherrschaft

12 Nachdem von Müller und Grau zusammen persönlich die Zustimmung von Rudolf Heß eingeholt hatten, richtete Walter Frank ein Gesuch mit Empfehlungen des bayer. Ministerpräsidenten und des Münchener Oberbürgermeisters Fiehler direkt an Hitler. Nach Hitlers Zustimmung wies Anfang 1938 der Chef der Reichskanzlei das RFM an, 130 000 RM zur Beschaffung von Büchern für die Münchener Bibliothek zur Judenfrage zu bewilligen; Heiber, Walter Frank, S. 430–435.

1 Haynt vom 17. 10. 1937, S. 4. Der Artikel wurde aus dem Jiddischen übersetzt.
2 Moshe Kleinbaum, später Moshe Sneh (1909–1972), Mediziner, Journalist und Politiker; politisch aktiv für die Allgemeinen Zionisten; 1940 emigrierte er über Wilna nach Palästina, dort 1941 Chefkommandeur der Hagana, 1945 Mitglied des Jewish Agency Executive, von 1947 an Knesset-Abgeordneter für die kommunistische Mapam und sozialistische Linke.
3 Nach dem antijüdischen Boykott vom 1. 4. 1933 hatte Robert Weltsch in der Jüdischen Rundschau einen programmatischen Artikel mit dem Titel: „Tragt ihn mit Stolz – den gelben Fleck!" veröffentlicht; siehe Dok. 25 vom 4. 4. 1933.

über das ganze Land erlangt. Der Kampf ist (jedenfalls auf Jahre hinaus) – beendet, verloren; der Ruin ist – hundertprozentig, und es bleibt nichts übrig, als „mit Stolz den gelben Fleck zu tragen".

In Polen aber ist der Kampf um das Gesicht der Republik, um die Staatsordnung, um die innerliche und äußere politische Linie noch bei weitem nicht beendet. Das Ringen zwischen zwei Welten im polnischen Volk dauert noch an und die Welt der Reaktion gewinnt zwar Schlacht um Schlacht, aber den Krieg hat sie noch nicht gewonnen. Im polnischen Leben wirken noch Kräfte in aller Offenheit, starke und reine, die nicht Frieden schließen wollen und nicht schließen werden mit dem Gedanken, dass in Polen Mächte herrschen sollen, die unter dem Zeichen von Finsternis und Rassenhass kämpfen. In Polen sind noch Möglichkeiten zu legalem Widerstand vorhanden – begrenzte, bis auf ein Minimum reduzierte, aber sie sind doch vorhanden. Diese letzten Möglichkeiten des Kampfs und Widerstands nicht auszunutzen würde bedeuten: *Kapitulation* von vornherein, Kapitulation aus eigenem Willen, aus Müdigkeit, aus Mutlosigkeit, aus Verzweiflung und Gebrochenheit. Und gerade *das* darf nicht, das wird nicht geschehen!

Das nationale Judentum, im weitesten Sinne des Wortes, das Judentum, das nicht untergehen will, das seine Eigenart, seine Besonderheit, die historische Kontinuität seiner Kultur behalten und weiterentwickeln will, – verteidigt sich, natürlich, gegen den Strom der Assimilation und will sich auch unter den Bedingungen der Diaspora eine eigene jüdische Welt aufbauen. In der politischen Sprache heißt das: das Streben nach national-kultureller Autonomie. Hüten wir uns davor, diesen Begriff mit dem des Ghettos zu verwechseln. Beide haben einen gemeinsamen Charakterzug – die Abgesondertheit. Aber Ghetto bedeutet eine Zwangsisolation von Aussätzigen, eine von außen entworfene Abgesondertheit von verachteten Geschöpfen, ein abgeschlossenes Lager von Parias, von Unreinen, mit welchen die „Wohlgeborenen" sich ekeln, in Berührung zu kommen. Wir aber streben nach der Anerkennung unserer Besonderheit als Volk, nach Gleichberechtigung ohne den Preis des nationalen Untergangs, nach der vollen Gleichstellung nicht bloß als Individuen und Bürger, sondern als national-kulturelle Gemeinschaft, welche aber nicht mit einer Ghettomauer von der umliegenden Welt ausgeschlossen sein, sondern mit ihr in einer ständigen Beziehung des Werteaustauschs, der friedlichen und brüderlichen Symbiose stehen wird. Die Idee der Erneuerung des Ghettos ist daher nichts anderes als eine Schwächung und eine Verletzung unseres Strebens nach nationaler Eigenart, unserer Forderung nach kultureller Autonomie. Und wenn die Rektoren der polnischen Hochschulen besondere Bänke für jüdische Studenten[4] auf Forderung der Endecja,[5] der O.N.R.[6] und von „Jung-Polen"[7] bestimmt haben, sehen wir darin instinktiv eine Ansage der Erneuerung des Ghettos, des gelben Flecks, der Symbole des Mittelalters. Und weil

4 Separate Bänke für jüdische Studenten in den Hörsälen wurden nach Forderungen von rechtsradikalen Studenten seit 1937 an vielen polnischen Universitäten eingerichtet. Diese Maßnahmen werden im hier abgedruckten Text auch als „Ghettobänke" bzw. „Ghettoverordnung" bezeichnet.

5 Endecja: nach der Abkürzung ND für Narodowa Demokracja (Nationaldemokratie), gegründet 1886 als geheime Liga Polska, von 1897 an als Nationaldemokratie; populäre Partei mit antisemitischer und antideutscher Ausrichtung.

6 Obóz Narodowo-Radykalny: Nationalradikales Lager, gegründet 1934 als Jugendorganisation der Endecja, besonders für Studenten.

7 Vermutlich die rechtsradikale Jugendorganisation Związek Młodej Polski (Verband des Jungen Polen) des regierungsnahen Lagers der Nationalen Einigung; im April 1937 gegründet und von ONR-Funktionären geleitet.

wir derzeit noch das auszusprechen vermögen, was unsere deutschen Brüder nicht mehr über ihre Lippen bringen können, sagen wir:
„Reißt ihn mit Ekel herunter – den gelben Fleck!"
„Mit Zorn und Verachtung sollt ihr von ihnen weichen – von den gelben Ghetto-Bänken!"
Das Schicksal hat gewollt, dass gerade die Studenten die Avantgarde im Kampf der jüdischen nationalen Minderheit in Polen gegen Ausrottung bilden sollen. Sie haben sich nicht selbst für diese Rolle gemeldet. Sie sind keine freiwillige Avantgarde, aber sie wurden – nicht zum ersten Mal – in die Position einer Avantgarde gedrängt, und sie müssen in der ersten Linie der Front stehen.
Nicht zum ersten Mal. Das wirtschaftliche Verstoßen und Verdrängen der jüdischen Massen begann mit der Praxis des Numerus clausus in den bedeutenderen Fakultäten der Hochschulen. Der physische antisemitische Terror begann in den Mauern der Universitäten, und von dort erst hat sich die Welle über die Straßen ergossen. Und jetzt, wenn unsere Feinde tagein tagaus propagieren, dass man den Juden auch ihre verbrieften, formellen Rechte wegnehmen soll, hat der erste Schlag auf diesem Gebiet wieder – die jüdischen Studenten getroffen.
Ja, der „Numerus clausus" hat begonnen bei den Studenten, aber seine Fortsetzung war der Boykott gegen jüdische Händler, Handwerker und Arbeiter. Die Pogrome begannen damit, dass man jüdische Studenten geschlagen hat, aber ihre Fortsetzung spielte sich in jüdischen Städten und Kleinstädten ab, bis sie ihre höchste, tragische Anspannung in Przytyk, Minsk, Brest und Tschenstochau erreichten.[8] Deshalb müssen jetzt *alle Juden* die Ghetto-Verordnung für unsere Studenten als *ihre Angelegenheit* betrachten, und den Kampf der jüdischen Studenten als Kampf der jüdischen Allgemeinheit.
Der Streik, der von der großen Mehrheit der jüdischen Parteien für Dienstag ausgerufen wurde,[9] wird deutlich machen, dass gegen die Ghettoisierung in den Hochschulen nicht nur die studierende Jugend, sondern die ganze jüdische Öffentlichkeit aufbegehrt. – Männer, Frauen und Schulkinder. Viereinhalb Millionen Juden[10] werden am Dienstag streiken und demonstrieren, dass wir nicht ins Ghetto gehen, dass wir uns den gelben Fleck abreißen und ihn dem Feind in die schwarze Fratze zurückschleudern …

8 1936 hatten antijüdische Pogrome in Przytyk und in Minsk Mazowiecki, 1937 in Brest und Tschenstochau stattgefunden. Nach dem Pogrom in Brest organisierten jüdische Parteien am 24. 5. 1937 einen mehrstündigen Streik aller jüdischen Firmen und Geschäfte in Polen.
9 Auf einer Tagung beschlossen mehrere jüdische Parteien in Polen, am 19. 10. 1937 gegen die Einführung der „Ghettobänke" zu protestieren.
10 In Polen lebten zu dieser Zeit weniger als 3,5 Millionen Juden.

DOK. 301
Besprechung im Reichsinnenministerium am 18. Oktober 1937 über die jüdische Massenauswanderung[1]

Vermerk (geheim) des RuPrMdI (I B 191 VI/ 5012 d g), ungez., vom 28. 10. 1937 (Abschrift)[2]

Vermerk über die Besprechung am 18. Oktober 1937.
Den Vorsitz führte Ministerialdirigent Geheimrat Hering.
Zunächst gab der Direktor der Reichsstelle für das Auswanderungswesen[3] einen Überblick über den Gesamtumfang der jüdischen Auswanderung seit 1933, über die Auswanderung nach Palästina und über den augenblicklichen Umfang der jüdischen Auswanderung: Danach kann die Gesamtzahl der jüdischen Auswanderer mit etwa 105 000 angegeben werden, von denen etwa ⅓ Palästina als Zielland gewählt haben. Im Verlauf des letzten Halbjahres ist ein starker Rückgang der jüdischen Auswanderung festzustellen. Die Gründe dafür liegen in den Widerständen, die eine große Anzahl von Ländern der jüdischen Auswanderung entgegensetzen, ferner in den Unruhen in Palästina, in der Erweiterung der sogenannten negativen Liste des Haavara-Verfahrens[4] und schließlich auch in dem wirtschaftlichen Aufschwung Deutschlands. Es wird darauf zu sehen sein, den Auswanderungswillen der Juden in Deutschland durch innerpolitische Maßnahmen zu erhalten. Allerdings wird man sich darüber im klaren sein müssen, daß solche Maßnahmen in erster Linie die reichen Juden zur Auswanderung bringen werden, während die nicht vermögenden Juden in noch größerem Umfang als bisher der Fürsorge zur Last fallen werden.
Nach einer kurzen Darstellung des Haavara-Verfahrens durch den Vertreter der Reichsstelle für Devisenbewirtschaftung[5] wurde in die Erörterung über den gegenwärtigen Wert des Haavara-Abkommens eingetreten. Die eingehende Aussprache hat zu dem Ergebnis geführt, daß bei dem starken Rückgang der jüdischen Auswanderung nach Palästina die Nachteile des Abkommens seine Vorteile so sehr überwiegen, daß vom Standpunkt der innerdeutschen Judenpolitik aus ein Interesse an dem Abkommen nicht mehr besteht und es nicht mehr gerechtfertigt erscheint, das Abkommen weiterhin aufrecht zu erhal-

1 BArch, R 2/56269, Bl. 65–68.
2 Im Original mehrere handschriftl. Unterstreichungen. Der Vermerk wurde durch ein Rundschreiben Stuckarts (RuPrMdI) an den StdF, das AA, das RuPrWM, den Chef der Sicherheitspolizei, den Leiter der Reichsstelle für Devisenbewirtschaftung, den Leiter der Reichsstelle für das Auswanderungswesen und die NSDAP-Auslandsorganisation am 28. 10. 1937 übermittelt, mit dem Zusatz: „Ich wäre für eine Mitteilung dankbar, zu welchem Ergebnis die Prüfung der Frage einer erweiterten Zulassung jüdischer Gewerbetreibender zur Ausbildung jüdischer Lehrlinge für Auswanderungszwecke geführt hat"; ebd., Bl. 64.
3 Direktor war Dr. Schmidt. Zur Reichsstelle für das Auswanderungswesen siehe Dok. 133 vom 29. 8. 1934.
4 In sog. Negativlisten verzeichneten die deutschen Behörden alle Waren, die vom Export im Rahmen des Haavara-Transfers ausgenommen wurden, z. B. weil sie wertvolle Rohstoffe enthielten.
5 Die Reichsstelle für Devisenbewirtschaftung wurde durch die VO vom 19. 12. 1933 (RGBl., 1933 I, S. 1088) gegründet und damit die Devisenbewirtschaftung aus dem Zuständigkeitsbereich des RWM herausgelöst. Im Zuge der Reorganisation von Vierjahresplanbehörde und Reichswirtschaftsministerium wurde die Reichsstelle im April 1938 wieder aufgelöst. Ihre Aufgaben übernahm das Devisenreferat des RWM.

ten. Diesem von dem Vorsitzenden für das Reichsministerium des Innern eingenommenen Standpunkt haben sich die Vertreter des Auswärtigen Amts und des Stellvertreters des Führers einschließlich der Auslandsorganisation der NSDAP angeschlossen. Von den Vertretern des Wirtschaftsministeriums und des Preußischen Ministerpräsidenten[6] wurde allerdings betont, daß das Haavara-Abkommen auch jetzt noch – devisenmäßig gesehen – der billigste Weg sei, um jüdische Auswanderung zu ermöglichen.
Übereinstimmung bestand darüber, daß entsprechend der bereits früher getroffenen Entscheidung des Führers und Reichskanzlers weiter auf die möglichst umfassende Auswanderung der Juden hinzuarbeiten ist. Auch soll der bisherige Grundsatz, die Durchführung der Auswanderung den Juden zu überlassen, bestehen bleiben. Eine unmittelbare staatliche Organisierung der jüdischen Auswanderung soll also nicht einsetzen, dagegen ist eine staatliche Mitwirkung bei der *Auffindung neuer Zielländer* für die jüdischen Auswanderer erforderlich. Diese Frage wird vom Auswärtigen Amt weiter verfolgt werden. Im übrigen wird mit der Einschränkung oder dem Wegfall des Haavara-Verfahrens Palästina als Zielland nicht ganz wegfallen, denn auch bisher haben von der Gesamtzahl der jüdischen Auswanderer nach Palästina nur 37,8 % das Haavara-Verfahren in Anspruch genommen (Kapitalisten),[7] während der größere Teil auf Arbeiter-Zertifikate dort eingewandert ist. Diese Möglichkeit wird nach wie vor bestehen bleiben.
Übereinstimmung bestand auch darin, daß die *Bereitstellung von Devisen* zur Förderung der jüdischen Auswanderung bei der jetzigen Lage der Devisenwirtschaft nur im allerbeschränktesten Umfang in Frage kommen kann, weil die lebenswichtigen Interessen des deutschen Volkes dem Interesse an der jüdischen Auswanderung vorgehen müssen. Es wird daher in erster Linie darauf auszugehen sein, die Auswanderung der unbemittelten Juden zu fördern. In dieser Hinsicht kommt vor allem die *handwerkliche und landwirtschaftliche Ausbildung und Umschulung* jüngerer Juden in Betracht. Die Einrichtung der notwendigen Schulen und Lager soll wie bisher den Juden überlassen bleiben. Ihnen sollen jedoch von Staat und Partei keine Schwierigkeiten in den Weg gelegt werden.[8] Der Vertreter des Stellvertreters des Führers erklärte sich bereit, in diesem Sinn auf die örtlichen Parteidienststellen und die Organisationen des Handwerks einzuwirken. In Anbetracht des Mangels an jüdischen Lehrlingsstellen und mit Rücksicht darauf, daß deutschen Betriebsinhabern die Ausbildung jüdischer Lehrlinge nicht zugemutet werden kann, sagten die Vertreter des Wirtschaftsministeriums eine Prüfung der Frage zu, inwieweit die Zulassung jüdischer Gewerbetreibender zur *Ausbildung jüdischer Lehrlinge* erweitert werden kann. In allen Fällen soll Vorsorge gegen die Möglichkeit getroffen werden, daß die ausgebildeten oder umgeschulten Juden ihr Gewerbe später in Deutschland ausüben.
Außerdem bestand Übereinstimmung, daß auch der Errichtung von *Sprachschulen* zur

6 Für Göring als Beauftragten des Vierjahresplans nahm auch ein Vertreter der Geschäftsgruppe Devisen an der Sitzung teil. In einem Tätigkeitsbericht der Geschäftsgruppe Devisen für die Zeit vom 16. bis 31. 10. 1937 hieß es, dass verschiedene Seiten die bisherige Regelung der Palästinaauswanderung bekämpften, weil die Erfolge in keinem Verhältnis zu den Problemen des Haavara-Verfahrens gestanden hätten. Bei der Prüfung der Aufnahmewilligkeit anderer Länder habe sich herausgestellt, dass ohne „Devisenopfer" eine umfangreiche Emigration nicht zu organisieren sei; GStAPK, I HA, Rep. 90 M/42, Bl. 36.

7 Personen mit einem Vermögen von mindestens 1 000 brit. Pfund konnten mit sog. Kapitalistenzertifikaten nach Palästina einwandern.

8 Siehe dazu die Diskussion des Jahres 1934, Dok. 107 und 122.

Vorbereitung der jüdischen Auswanderer keine Schwierigkeiten bereitet werden sollen. Das Reichsministerium des Innern wird wegen dieser Frage an das Erziehungsministerium herantreten. Die Vertreter des Hauptamts Sicherheitspolizei erklärten sich bereit, eine Änderung der Bestimmungen über die Behandlung jüdischer Rückwanderer zu erörtern in dem Sinn, daß solchen Juden, die als Lehrer, insbesondere als Sprachlehrer an jüdischen Auswanderer-Schulen tätig werden sollen, die Einreise nach Deutschland in geeigneten Fällen gestattet werden soll.

Von den Vertretern der Reichsstelle für Devisenbewirtschaftung wurde angeregt, diejenigen Juden, die als Kapitalisten auswandern, zu veranlassen, jeweils eine gewisse Zahl armer Juden mitzunehmen. Dem wurde zugestimmt.[9]

Anerkannt wurde, daß die *Reichsfluchtsteuer* auswanderungshemmend wirkt. Dazu teilten die Vertreter der Reichsstelle für Devisenbewirtschaftung mit, daß im Finanzministerium zurzeit eine Lockerung der Reichsfluchtsteuer geprüft wird. Der Stichtag für die Höhe des Vermögens soll von 1933 auf 1935 verlegt werden.[10] Außerdem wurde vom Reichsministerium des Innern angeregt, auch eine Ermäßigung der *Schenkungssteuer* für Zuwendungen ausländischer Juden zur Förderung der jüdischen Auswanderung zu erwägen, da diese Steuer schenkungshemmend wirkt. An möglichst hohen Zuwendungen aus dem Ausland besteht jedoch ein Interesse. Das Reichsministerium des Innern wird in diesem Sinne an das Finanzministerium herantreten. Der Vertreter des Stellvertreters des Führers stellte seine Zustimmung für diese steuerrechtlichen Neuerungen in Aussicht.

Übereinstimmung bestand auch darin, daß sich die Regelung *der Paßausstellung an Juden* nicht auswanderungshemmend auswirken soll.[11] Die Vertreter des Hauptamts Sicherheitspolizei sagten eine nochmalige Überprüfung der bereits seit längerer Zeit in Vorbereitung befindlichen Vorschriften in diesem Sinne zu. Die Veröffentlichung dieser Vorschriften wird beschleunigt betrieben werden.[12]

9 Zu den Plänen der Reichsstelle für Devisenbewirtschaftung siehe Dok. 304 vom 26. 10. 1937.

10 Die Geltungsdauer der Vorschriften über die Reichsfluchtsteuer wurde später trotz Bedenken des RWM und des RFM bis zum 31. 12. 1938 verlängert; Gesetz zur Reichsfluchtsteuer vom 19. 12. 1937, RGBl., 1937 I, S. 1385 f. Zu den Bedenken siehe Vermerk des Referats Zülow (RFM) vom 26. 11. 1937; BArch, R 2/56269, Bl. 63.

11 Mehrere dieser Vorschläge hatte Warburg dem RMdI im Sommer 1937 unterbreitet; siehe Dok. 291.

12 Am 16. 11. 1937 gab das RMdI einen Erlass zur Begrenzung der Ausgabe von Reisepässen an Juden heraus. Pässe sollten nur noch für Emigranten sowie Personen ausgestellt werden, deren Reisen in volkswirtschaftlichem Interesse lagen, oder in Fällen von Erkrankung und Tod von Angehörigen im Ausland; Blau, Ausnahmerecht, Nr. 135, S. 40.

DOK. 302
Julius Salinger berichtet Kaspar Arendt in Berlin am 18. Oktober 1937 über die Immigrationsbedingungen in Südafrika[1]

Schreiben von Julius Salinger,[2] Kapstadt, an Kaspar Arendt,[3] Berlin, vom 18. 10. 1937[4]

Lieber Kasper!
Vielen Dank für heute angekommenen Brief vom 5. Okt. Hatte schon gedacht, dieser Dein Brief könnte verloren gegangen sein, weil die Luftpost irgendwo gecrasht ist. Post aber nicht beschädigt. Von mir ist nichts verloren gegangen. Viele Haare konnten sich über euren Brief bei mir nicht mehr sträuben. Im übrigen werde ich mitunter jetzt doch leicht meschugge vor Vergnügen in dem Gedanken, euch, meine werten Lieben, bald alle wieder in meine Arme schliessen zu können. Wenn nur eben diese merkwürdige Immigration-Gesellschaft keinen Strich dazwischen macht. Nun zu Deinen verschiedenen Fragen und Paragraphen: 1) „Ich bitte Dich, auf jeden Fall jemand zu finden" etc. Mensch, grossartig! Meine einzige Hoffnung augenblicklich ist, jemanden damit zu gewinnen, dass man ihm Aussicht auf sehr baldige Rückgabe machen kann. Du glaubst nicht, wie kalte Füsse die Leute in diesem warmen Land bekommen, sobald es sich um Bargeld handelt. Inzwischen habt ihr meinen Brief vom 11. X. erhalten, was der Immigration-Mann zu unserem Abgesandten gesagt hat, also £ 35 Depot für jeden hier, dann brauchen sie nichts in der Hand zu haben. Also wenn ich Geld schicken kann, tue ich das. Sonst Quittung über Depot hier. Am besten aufs Schiff in Southampton. 2) Die Einladung kann ja auf jeden Fall geschickt werden. Notarielle Beglaubigung ist unnötig. Es ist ja überhaupt hier garnichts vorauszusehen. Wie die Leute gerade gefrühstückt haben. Im übrigen warne ich, dem Imm.-Mann hier was von der eingereichten Application zu sagen. Denn wenn ihr auch im Recht seid, sind die Leute hier völlig selbstherrlich, und bis einer dem Mann das klar gemacht hat (wenn er es sich überhaupt klarmachen lässt), ist das Schiff schon wieder weiter gefahren. Besonders, wenn der da ist, der jeden Morgen zum Frühstück drei Immigranten frisst. Es giebt hier schon Leutechen, sage ich euch. Herr O hat noch keinen Bescheid über seine Schwiegereltern, ob die Reclamation Erfolg hat. Dass Peters[5] Anträge in der betreffenden Woche entschieden werden sollten, wurde dem Agenten des Anwalts im Büro in Pretoria gesagt, als sich die Dokumente wiederfanden. Damit ist nun keineswegs gesagt, dass das auch geschehen ist (die Entscheidung), denn hier geht alles in einem unglaublich langsamen Tempo, und Verlass ist überhaupt auf nichts, was man nicht schriftlich hat. Und auch dann ist das man soso. Also es kann u. U. noch ewig dauern. Dass Peter nur mit dem Staatsexamen hier studieren kann, ohne Dr., glaube ich nicht. Früher ging es, glaube ich. Ich hoffe aber doch, dass er den Dr. bekommen wird.

1 JMB, DOK-89-2-242-4.
2 Julius Salinger (*1884), Mediziner; Arzt in Berlin; verheiratet seit 1910 mit Marta Salinger, geb. Saft. Beide emigrierten ungefähr 1936 nach Südafrika.
3 Kaspar Arendt, Architekt; heiratete 1929 Liesbeth, die Schwester von Julius Salinger. Aufgrund der Ehe mit einer „Nichtarierin" wurde Arendt seit 1936 in der Ausübung seines Berufs behindert. Das Paar emigrierte, vermutlich im August 1938, nach Südafrika. Kaspar Arendt starb 1994 in Kapstadt.
4 Grammatik und Rechtschreibung wie im Original.
5 Peter Salinger war der Sohn von Julius und Marta Salinger; er wurde Arzt in Südafrika.

Hapert es da? Ob man es durch Fürsprache durchdrücken kann, ist fraglich. Er muss auf jeden Fall versuchen, den Dr-Grad zu bekommen.
!! Ich würde mir die Auskunft von der Südafrik. Gesandsch. schriftl. geben lassen wegen der Besuchserlaubnis nach gestelltem Antrag. Etwa in Form einer Antwort auf briefliche Anfrage. Das würde vielleicht nötigen Falls auf den Beamten hier mehr Eindruck machen, in jedem Fall beweisen, dass Peter in gutem Glauben handelt! Auch müssen sie eine Bescheinigung in der Hand haben (möglichst), dass Rückfahrt bezahlt ist. Habt ihr die von der Schiffahrtslinie? Müsst ihr doch haben, da Du geschrieben hast, es sei Mitteilung eingetroffen, dass das Rückfahrtsgeld hinterlegt sei. Also diesen Brief unbedingt mitnehmen. Also jetzt gehe ich erstmal weiter auf die Geldsuche. Peter soll doch auch versuchen, Beziehungen zu Albert Schweitzer zu bekommen. Der hat doch sicher Beziehungen zu den Missionen, für den Fall, dass doch Ostafrika in Frage kommt. Die Missionen in Ostafrika werden übrigens, wie uns der deutsche Pastor hier sagte, von den Bethel-Bielefeldern (also Bodelschwingh)[6] betrieben. Peter schrieb was von Empfehlungen. Kann sich ja da auch mal umtun. Peter soll unbedingt eine *grosse* Packung Laryngsan[7] mitbringen, und ihr nachher auch. Ich warte immer noch auf die versprochene Laryngsanzwischensendung. Haben es nötig! Auf dem Schiff mit Dir, Kasper, wird wahrscheinlich ein Herr Guericke mit Frau fahren. Er ist [der] Bruder von der Dame, die hier im Archiv angestellt ist (ich schrieb darüber) und für uns mit dem Immigration-Mann gesprochen hat. Seine Frau soll sehr künstlerisch interessiert sein. Werden aber wohl erster Klasse fahren. Kommen nur zu Besuch, d. h. er fährt geschäftlich nach Süd-West (Ottawi-Minen oder sowas). Peter und Hilda sollen auf jeden Fall hier die Sache mit dem A T 10 forcieren, d. h. mit Prof. H. sprechen und soviele Empfehlungen wie möglich zu bekommen suchen. Sehr schade, dass das nicht früher gemacht werden konnte, so dass die Leute mehr Interesse an Bewilligung einer Einreiseerlaubnis hatten, na, vielleicht ist es später noch in diesem Sinn zu verwerten. Denn mit einmaliger Ablehnung ist die Sache noch keineswegs erledigt.
Ich lege einen Brief an Lieschen bei.[8] Einer an Onkel Engel ist schon geschrieben. Den lege ich Gewichts wegen aber erst mit nächster Post bei. Schreibe ich direkt Luftpost an ihn, schimpft er sicher ob der Verschwendung.
Rike ist singen gegangen. Nachmittags giesst sie wieder Weihnachtsmänner, kann es schon sehr schön. Haben von Frl. Guericke einen sehr schönen grossen Lampenschirm für unsere Stehlampe gemacht bekommen, wofür ich ihr eine Stehlampe für ihren Lampenschirm gemacht habe. Ja so hilft man sich hier gegenseitig. So die Leute, die nichts haben, helfen sich auch hier gegenseitig immer sehr nett.
Na nu grüss man alle sehr schön. Alles alles wird sich irgendwie regeln.
Nicht wahr? Aber wie kann man das bloss mit Eva und Trine[9] machen!? Ich schicke Dir weiter die archit. Beilagen aus dem Argus.[10] Giebt Dir vielleicht ein ungefähres Bild, was

6 Diakonische Einrichtung in Bethel, benannt nach Pastor Friedrich von Bodelschwingh (1831–1910), der von 1872 an die Anstalt bei Bielefeld leitete, die später in Bethel umbenannt wurde. In ihr werden bis heute Menschen mit körperlichen, geistigen oder psychischen Beeinträchtigungen betreut. Friedrich von Bodelschwingh war von 1890 an Vorstandsmitglied der Evangelischen Missionsgesellschaft für Deutsch-Ostafrika. 1896 wurde die Missionsgesellschaft nach Bethel verlegt.
7 Laryngsan: Medikament gegen Erkältung, Husten und Heiserkeit.
8 Lieschen: Liesbeth Salinger.
9 Eva: Tochter von Julius und Marta Salinger, sie starb 1978 in Großbritannien. Trine war vermutlich deren Nichte Katherine.
10 Argus: Cape Argus. Die Zeitung erschien 1863–1969 in Kapstadt, von 1969 an The Argus.

und wie hier gebaut wird. Es wird auch in C[ape] T[own] ungeheuer gebaut, und besonders die neuen Baupläne um den Pier, wo ein ganz neues Stadtviertel sozusagen ins Meer hinein gebaut werden soll, werden für die nächsten 10 Jahre allerlei Arbeitsmöglichkeit[en] geben. (So lange nämlich soll es dauern, bis alles fertig ist.)
Gruss allerseits
Schickt bloss die P. bald zurück![11]

DOK. 303
Der Kriminalpolizist Ernst Patzer bittet Hitler am 18. Oktober 1937 um eine neue Stellung, da er wegen seiner „Mischehe" entlassen worden ist[1]

Schreiben von Ernst Patzer,[2] Polizeipräsidium, Elbing, an den Führer und Reichskanzler, Adolf Hitler, vom 18. 10. 1937[3]

Mein Führer!
Als Frontkämpfer und schwerkriegsbeschädigt erlaube ich mir heute, an unseren Führer eine Bitte zu richten, weil bisher alle beteiligten Stellen ihre Entscheidung ohne meine Anhörung getroffen haben und weil ich den festen Glauben habe, dass unser Führer, selbst Frontkämpfer, mir in meiner schwierigen Lage helfen wird.[4]
Ich bin am 29. 9. 1895 geboren und trat am 15. 10. 1912 als Freiwilliger in das Heer ein. Am 30. 9. 1914 wurde ich (erst 19 Jahre alt) vor Verdun schwer verwundet. Mein linkes Bein ist steif und in der körperlichen Entwicklung bin ich seit dieser Zeit zurückgeblieben. Es dürfte nicht viele Frontkämpfer in meinem Alter gegeben haben, die dieses Opfer für das Vaterland unter Hintansetzung aller persönlichen Interessen und Aussichten für die Zukunft gebracht haben. Meine Altersgenossen, die nicht freiwillig ins Feld gegangen sind, sicherten sich in dieser Zeit Stellungen, waren zum Teil unabkömmlich und bekleiden heute gehobene Posten, während ich schon manchen Nachteil hinnehmen musste, nur weil ich mich dem Vaterlande in schwerer Zeit zur Verfügung gestellt habe. Ich besitze das EK. 2. Klasse, das Frontkämpferkreuz und das Verwundetenabzeichen in schwarz.
Vor meiner Militärzeit hatte ich einen Beruf nicht erlernt, weil ich im Hause meines Vaters tätig und der Eintritt ins Heer vorgesehen war. Nach meiner Verwundung wurde ich zwar zunächst bis zur Entlassung in die Heimat beurlaubt, musste aber wieder zur Truppe zurück, da die Bestimmung erging, dass Kapitulanten während des Krieges nicht entlassen werden durften. Hierdurch wurde auch die s. Zt. noch geplante Berufsausbildung hinfällig.

11 Im Original handschriftl. Zusatz. Meint vermutlich Post oder Papiere.

1 DHM, D2Z16728.
2 Ernst Patzer (*1895), Soldat und Polizeibeamter; von 1912 an Militärlaufbahn; 1922–1927 beim Leitenden Grenzkommissariat der Regierung Marienwerder und 1927–1937 bei der Kriminalpolizei in Elbing tätig.
3 Die Eingabe an Hitler übermittelte Patzer am selben Tage in Abschrift an das RMdI und das RArbM; wie Anm. 1, D2Z16727 und D2Z16731.
4 Der Polizeipräsident von Elbing hatte Patzer am 29. 9. 1937 mit Wirkung zum 1. 4. 1938 entlassen, denn er sei aufgrund seiner Heirat mit einer Jüdin seit 1925 „jüdisch versippt". Patzer legte am 11. 10. 1937 Widerspruch beim Oberpräsidenten/Hauptfürsorgestelle für Kriegsbeschädigte in Königsberg ein. Die Behörde wies den Widerspruch jedoch am 16. 10. 1937 ab; ebd., D2Z16723-26.

Ich tat bis 1919 weiter Dienst als Unteroffizier beim Bezirkskommando Posen, als Beamtenstellvertreter bei der Intendantur dortselbst, als Schirrmeister bei der Königl. Munitionsfabrik in Spandau und beim Artilleriedepot in Breslau und wurde dann infolge Verringerung der Wehrmacht entlassen.
Am 1. 3. 1922 fand ich Stellung bei der Grenzpolizei in Marienwerder und wurde am 1. 4. 1927 zum neuerrichteten Polizeipräsidium Elbing versetzt. Ich bin heute bereits 25 Jahre im Dienst und davon über 15 Jahre ununterbrochen bei der Polizei in meiner jetzigen Stellung. Ich bin Mitglied der DAF., des RLB.,[5] des Opferrings[6] und der NSV. Als Schulungsleiter der deutschen Stenografenschaft und Leiter eines Kleingartenvereins habe ich seit 1933 an dem Wiederaufbau des Vaterlandes im Sinne unseres Führers unter Aufbietung aller meiner Kräfte mitgearbeitet.
Die Interessen der NSDAP. habe ich, soweit es in meinen Kräften stand, jederzeit vertreten. Ich bitte, hierüber den jetzigen Kreisamtsleiter Thebud[7] zu hören, der früher Angestellter des Elbinger Tageblatts (jetzt Westpreussische Zeitung) war und dem ich bei den Schwierigkeiten in der Systemzeit öfters helfend zur Seite stehen konnte. Weiter habe ich (soweit ich erfahren konnte, als einziger Kleingärtner in Elbing) bei Einrichtung der Alten-Kämpfer-Siedlung in Elbing diese durch Abgabe von Gartengewächsen usw. zur Einrichtung ihrer Gärten unterstützt. Als Zeuge hierfür mache ich den Sturmhauptführer Kiesser[8] vom Polizeipräsidium Elbing namhaft.
Als weitere Zeugen dafür, dass ich jederzeit nationalsozialistisch gelebt und gehandelt habe, gebe ich an: Die alten Parteigenossen Kriminalbezirkssekretär Hänke[9] von der Staatlichen Kriminalpolizei Elbing und den Kriminalsekretär Kurt Schulz[10] von der Staatl. Kriminalpolizei Königsberg Pr. Beide sind langjährige Parteimitglieder und ich hatte wiederholt Gelegenheit, mit ihnen gemeinsam für die Ziele der NSDAP. einzutreten. Weitere Zeugen kann ich, falls erforderlich, jederzeit namhaft machen. Die Amtsleiter der NSV. und des RLB. wohnen jahrelang mit mir in einem Hause. Langjährigen SS.- und Stapoangehörigen bin ich seit vielen Jahren bekannt. Wenn ich heute von der Angabe weiterer Zeugen absehe, so nur deshalb, weil auf das Zeugnis der alten Kämpfer das grösste Gewicht gelegt werden dürfte.
Am 30. 9. 1937, dem Tage meiner Verwundung 1914 vor Verdun, erhielt ich die in Abschrift beigefügte Kündigung zum 31. 3. 1938, wozu die Hauptfürsorgestelle in Königsberg Pr. am 11. 10. 1937 die Zustimmung gegeben hat. Abschrift des Bescheides dieser Stelle füge ich ebenfalls bei.[11] Die Entscheidungen sind ohne Berücksichtigung meiner schwierigen Lage gefallen, ohne Hinweis auf ein Rechtsmittel und ohne Angabe der für die Kündigung massgebenden gesetzlichen Bestimmungen. Ich bin hierzu bis heute, obwohl ich mich darum bemühte, von keiner Stelle gehört worden.
Meine Ehe habe ich 1925 geschlossen. Diese Mischehe war s. Zt. weder verboten noch strafbar. Die heutige Entwicklung war leider noch nicht vorauszusehen. Meine Frau habe ich bei einer Lazarettbescherung kennen gelernt. Meine Pflegerin war ebenfalls eine

5 RLB: Reichsluftschutzbund.
6 Opferring: Organisation zur Unterstützung der NSDAP.
7 Franz Thebud (*1909), Redaktionsgehilfe; 1930 NSDAP-Eintritt.
8 Vermutlich Walter Kießer (*1910), Polizist; 1930 NSDAP- und 1932 SA-Eintritt.
9 Heinrich Hänke (*1883), Kriminalbeamter; 1932 NSDAP-Eintritt.
10 Kurt Schulz (*1898), Kriminalbeamter; 1933 NSDAP-Eintritt, SS-Mitglied.
11 Siehe Anm. 4.

Jüdin, die für die Verwundeten viel Gutes getan hat. Ausserdem habe ich s. Zt. leider die Erfahrung machen müssen, dass sich andere Mädchen mir gegenüber ablehnend verhielten und zu einem Lebensbund nicht zu bewegen waren. Ich selbst war jung und unerfahren und durch den Krieg und seine Folgen derart mitgenommen, dass ich, ohne Rat von anderer Seite, unüberlegt diesen Fehler beging, dessen Folgen heute für mich nicht nur den Verlust meiner Stellung, sondern die Vernichtung meiner Existenz überhaupt bedeuten.
An der deutschen Gesinnung der Familie meiner Ehefrau war nicht zu zweifeln. Der Vater war Handwerker (Schneidermeister). Zwei Brüder waren als Infanterist bezw. Fußartillerist im Felde, und besitzen das EK. bezw. Frontkämpferkreuz. Ein weiterer, noch nicht wehrfähiger Bruder wurde nach dem Umsturz in Posen von den Polen wegen seiner deutschen Gesinnung längere Zeit interniert. Der Vater erlitt an diesen Aufregungen einen Herzschlag und verstarb noch in Polen. Auch für die deutsche Gesinnung meiner Ehefrau kann ich einwandfreie Zeugen beibringen.
Ich bin heute 42 Jahre alt, habe keine Berufsausbildung, bin schwer kriegsbeschädigt und infolge meiner Verwundung gesundheitlich schon sehr anfällig. Nach den Erfahrungen, die ich bisher trotz aller Bemühungen machen musste, ist es unmöglich, für mich einen neuen Arbeitsplatz zu finden, wenn ich ohne Rücksicht auf die für alte und langjährige Angestellte und Schwerkriegsbeschädigte ergangenen Schutzbestimmungen am 31. 3. 1938 nicht nur meine Stellung, sondern auch die durch langjährige Tätigkeit erworbenen Rechte auf Kündigungsschutz usw. verliere. Selbst Arier, würde ich mich dabei ungleich schlechter stehen, wie ein Jude, der, wenn auch nur Frontkämpfer, bei seiner Entlassung volles Gehalt bis zur Pensionsgrenze bezieht, wenn er im Beamtenverhältnis stand.
Nachdem ich jetzt 25 Jahre, auch seit 1933, dem Staate dienen durfte, hoffe ich, zumal nach dem Runderlass des Herrn Reichs- und Preussischen Minister des Innern vom 8. 4. 1937, II S B 6 100/1 091 selbst jüdisch versippte Beamte in ihrer Stellung verbleiben dürfen, wenn sie Frontkämpfer oder schwerbeschädigt sind,[12] dass sich auch für mich eine Möglichkeit zur Weiterbeschäftigung an irgendeiner Stelle finden lassen wird.
Ist meine Weiterbeschäftigung auf meinem jetzigen Arbeitsplatz nicht möglich, so wird durch meine Entlassung eine Stelle frei. Ich bitte daher, mir im Austauschwege die Weiterbeschäftigung an einer anderen Stelle zu ermöglichen, damit ich am 1. 4. 1938 nicht, aller meiner Rechte entblößt, auf die Strasse gesetzt und dem Verderben ausgeliefert werde.[13]
Unseren Führer bitte ich hiermit nochmals inständigst, mir Gelegenheit zu geben, dem Staate weiter treu zu dienen und ich gelobe, meine Pflicht jederzeit gewissenhaft zu erfüllen und meine nationalsozialistische Gesinnung weiter unter Beweis zu stellen.
Sollte dieses Gesuch in irgend einer Form nicht den Vorschriften entsprechen, so bitte ich um Nachsicht, da ich in meiner schwierigen Lage, auf mich allein gestellt, keine andere Möglichkeit gefunden habe.
Heil Hitler!

12 Siehe Runderlass des RMdI vom 8. 4. 1937 betr. des Vollzugs des Reichsbürgergesetzes; Sonderrecht, S. 187.

13 Die Eingaben an Hitler und an das RMdI wurden an den Regierungspräsidenten in Marienwerder abgegeben, der am 10. 11. 1937 Patzer ablehnend beschied. Er verwies Patzer aber an den OB von Elbing, der ihm bei der Erlangung eines Arbeitsplatzes im Auftrag der Fürsorgestelle für Kriegsbeschädigte beim Oberpräsidenten behilflich sein sollte; wie Anm. 1, D2Z16732. Da dies offenbar nichts bewirkte, richtete Patzer Mitte Dezember 1937 weitere Eingaben an das Arbeitsamt in Elbing und an Generalfeldmarschall von Mackensen, unter dem er im Ersten Weltkrieg als Soldat gedient hatte; ebd., D2Z16736–37.

DOK. 304
Die Reichsstelle für Devisenbewirtschaftung informiert am 26. Oktober 1937 über Änderungen in der Finanzierung der jüdischen Massenemigration[1]

Rundschreiben der Reichsstelle für Devisenbewirtschaftung (A4/53704/37), gez. Wohlthat, Berlin, an den RuPrMdI, den RFM (Eing. 28. 10. 1937), den StdF, den Ministerpräsidenten Generaloberst Göring, BVP, z. Hd. von Herrn Ministerialdirigent Gramsch,[2] das AA, das Reichsbank-Direktorium, die Deutsche Golddiskontbank, die Auslands-Organisation der NSDAP und die Reichsstelle für das Auswanderungswesen vom 26. 10. 1937[3]

Um im Rahmen der bisher bereits für Auswanderungszwecke eingesetzten Mittel die Auswanderung minderbemittelter und vermögensloser Juden in erweitertem Umfang zu ermöglichen, habe ich das bisher durch die Runderlasse Nr. 153/36 D.St.-Ue.St[4] und 73/37 D.St.-Ue.St.[5] geregelte Einwanderer- und Auswanderer-Clearing hinsichtlich der zugelassenen Vermögenswerte der jüdischen Auswanderer erweitert. An dem Verfahren sollen in Zukunft Antragsteller teilnehmen, deren Vermögen bei der

Auswanderung von 3 und mehr Personen	RM 50 000,–
bei der Auswanderung von 2 Personen	RM 40 000,–
bei der Auswanderung von 1 Person	RM 30 000,–

nicht übersteigt.

Der Transfersatz bemißt sich nach der Höhe des zu transferierenden Kapitalbetrages und der Zahl der auswandernden Personen. Eine nach diesen Richtlinien aufgestellte, in der Anlage beigefügte Transfertabelle[6] sieht Transfersätze im niedrigsten Falle von 27 %, im höchsten Falle von 50 % vor. Die „Altreu"[7] wird die Überschüsse, die sie dadurch erzielt, daß sie die Einwandererdevisen von der deutschen Golddiskontbank mit einem Auf-

1 BArch, R 2/14518, Bl. 34–36.

2 Dr. Friedrich Gramsch (1894–1955), Jurist; 1927 Regierungsrat Kreis Heiligenbeil, 1933 Ministerialrat im preuß. Innenministerium, 1937 Ministerialdirigent, von 1938 an Ministerialdirektor in der Vierjahresplanbehörde; 1953–1955 Hauptgeschäftsführer des Deutschen Landkreistags und im Vorstand des Deutschen Vereins für öffentliche und private Fürsorge.

3 Im Original mehrere handschriftl. Vermerke, u. a. „1) die Vorgänge für weit überholt und daher als erledigt zu betrachten, z. d. A. [...] 18/2".

4 Der Runderlass der Reichsstelle 153/36 vom 26. 10. 1936 ergänzte den Runderlass 1/36 in Bezug auf Freigrenzen, Umzugsgut und Warenmitnahmen sowie den Ankauf von Auswandererguthaben durch die Deutsche Golddiskontbank mit einem Abschlag von 50 %; RStBl., Nr. 58 vom 3. 11. 1936, S. 1067 f.

5 Der Runderlass der Reichsstelle 73/37 vom 24. 5. 1937 bestimmte, Devisenzuteilungen an Palästina-Auswanderer dürften die Beträge nicht übersteigen, die für den Erwerb von Einwanderungszertifikaten der verschiedenen Kategorien in Palästina erforderlich waren; RStBl., Nr. 37 vom 27. 5. 1937, S. 631 f.

6 Hier nicht abgedruckt.

7 Altreu: Allgemeine Treuhandstelle für die jüdische Auswanderung GmbH Berlin. Sie wurde neben der seit 1933 für Palästina zuständigen Paltreu-Haavara im Frühjahr 1937 zur Förderung der Auswanderung in andere Länder eingerichtet. Emigranten, deren Vermögen 25 000 RM nicht überstieg, zahlten Reichsmark auf ein Altreu-Konto ein und erhielten bei einem Kursabschlag von 50 % Kleinzuteilungen zwischen 2 000 und 4 000 RM an Devisen. Nach dem im hier abgedruckten Dokument diskutierten Vorschlag wurde das Altreu-Verfahren ab dem 26. 10. 1937 auf Vermögen von bis zu 50 000 RM ausgedehnt. Ab dem 17. 12. 1937 sollten Auswanderer ihr gesamtes Vermögen der Altreu übergeben und erhielten dafür nach einem noch höheren Kursabschlag Devisen. Die Reichsmarküberschüsse stellte die Altreu der Reichsvertretung zur Verfügung, die aus dem Fond Darlehen an unbemittelte Juden für deren Emigration gewährte.

schlag von 100 % erwirbt und gemäß der Transfertabelle mit höherem Aufschlage an die jüdischen Auswanderer abgibt, der Reichsvertretung der Juden zur Bildung eines besonderen Fonds überweisen. Dieser Fonds wird ausschließlich zur Förderung der Auswanderung von bedürftigen Juden aus Deutschland verwendet. Bedürftigen Personen wird ein Höchstbetrag von RM 1 800,– pro Kopf im Durchschnitt darlehnsweise zur Verfügung gestellt und von der „Altreu“ mit 50 % in Devisen umgewandelt werden. Der Devisenbetrag, der zu Lasten des Einwanderer- und Auswanderer-Clearings an diese „Subventionskategorie“ pro Kopf im Durchschnitt entfallen darf, beträgt also höchstens RM 900,– Devisenkurswert. Durch die Verkoppelung von vermögenslosen Auswanderern mit Auswanderern, die Vermögen bis zu RM 50 000,– besitzen, wird erreicht, daß der Devisenbetrag, der im Gesamtdurchschnitt (beide Kategorien zusammengenommen) auf einen Auswanderer entfällt, voraussichtlich RM 1 700,– keinesfalls aber mehr als RM 1 800,– beträgt. Durch das neue Verfahren wird erreicht,

1) daß die Auswanderung von Juden mit kleineren bis mittleren Vermögen (bis RM 50 000,–) wesentlich höher wird;

2) daß durch Bildung des Subventions-Fonds auch mittellose Juden zur Auswanderung kommen, die bisher überhaupt nicht auswandern konnten;

3) daß der Devisenbetrag, der im Durchschnitt pro Kopf auf einen Auswanderer entfällt, auf höchstens RM 1 800,– ermäßigt wird;

4) daß viele kleine Auswandererguthaben nicht mehr zur Entstehung kommen.

Die Einzelheiten des neuen Verfahrens sind aus dem als Anlage beigefügten Allgemeinen vertraulichen Erlaß Nr. 131/37 D.St.-Ue.St. nebst Anlagen zu ersehen.[8]

Durch diese Regelung werden nicht mehr Einwanderungsdevisen zur Verfügung gestellt, als nach dem bisherigen Verfahren gemäß RE 153/36 D.St.-Ue.St. und 73/37 D.St.-Ue.St. Es wird lediglich eine andere Verteilung vorgenommen, um die Auswanderung einer größeren Zahl von Juden zu erreichen. Unabhängig von dem jetzt abgeänderten Auswanderungsverfahren beabsichtige ich, in nächster Zeit eine grundsätzliche Entscheidung der beteiligten Stellen darüber herbeizuführen, inwieweit in Zukunft noch Devisen zu Auswanderungszwecken bereitgestellt werden können, und ob insbesondere fernerhin Einwandererdevisen in dem bisherigen Rahmen für die Auswanderung der Juden verwandt werden sollen.

8 Mit ihrem Erlass an die Oberfinanzpräsidenten vom 26. 10. 1937 über den Devisenerwerb bei der Altreu, der die hier aufgeführten Bestimmungen wiedergab, hob die Reichsstelle für Devisenbewirtschaftung ihren vertraulichen Erlass vom 24. 5. 1937 auf; wie Anm. 1, Bl. 37-38RS.

DOK. 305
Jüdisches Gemeindeblatt für Rheinland und Westfalen: Artikel vom 29. Oktober 1937 über die Situation der Juden in den Gemeinden Köln und Breslau[1]

[Dr. Fritz Becker][2]
Von Osten nach Westen. Streiflichter aus zwei jüdischen Großgemeinden

Seit mehr als vier Jahren geht der Strom der Auswanderung jüdischer Menschen aus allen Teilen Deutschlands in fast alle Länder und Kontinente der Welt. Nicht minder bedeutend und sogar zunehmend immer stärker geht daneben eine jüdische *Binnenwanderung* vor sich, die vor allem Juden aus kleinen und kleinsten Orten in benachbarte mittlere und große Gemeinden führt, die aber auch zahlreiche Wanderungen aus einer Gemeinde in eine andere, seien es mittlere oder Großgemeinden, mit sich gebracht hat. Fast alle mittleren und großen jüdischen Gemeinden werden von dieser Binnenwanderung betroffen, und in vielen Fällen wird der Verlust durch Auswanderung in größerem und geringerem Maße durch diese Binnenwanderung kompensiert.

Die Gründe für die starke Binnenwanderung der Juden in Deutschland, die auch den Schreiber dieser Zeilen vom Osten Deutschlands, von der schlesischen Großgemeinde *Breslau*, nach dem Westen, in die rheinische Großgemeinde *Köln* gebracht hat, sind bekannt. Noch ist unsere Wanderung im Fluß, niemand weiß, wohin sie uns führen, wann und wo sie enden wird. Sie hat das Bild der einzelnen Gemeinden teilweise schon beträchtlich umgeformt, beeinflußt es täglich neu, und eine Konsolidierung ist nach Lage der Dinge nicht zu erwarten. Die Konzentration wird sich fortsetzen, der Bestand zahlreicher Gemeinden wird nicht zu halten sein.

Bei allen sonstigen Verschiedenheiten ist die Situation der Juden in den verschiedenen Teilen Deutschlands, unter diesen Gesichtspunkten betrachtet, vielfach einander sehr ähnlich geworden. Man sagt, daß ein Jude, wenn er in den Tempel komme, woher er auch sei, sich nicht fremd fühle. Heute, scheint es uns, fühlt er sich auch sonst nicht fremd. Die Gespräche der Juden hier sind kaum andere als dort, dieselben Fragen, dieselben Sorgen, dieselben Freuden und dieselben Leiden; im äußersten Osten dieses Reiches ebenso wie im äußersten Westen; die Namen sind vielfach andere, aber sonst sind nicht einmal in den Gesichtern große Verschiedenheiten – mit einer Ausnahme, die, wenn wir so sagen dürfen, das Gesicht der Gemeinde betrifft, und von der noch zu sprechen sein wird.

Die Unsicherheit, die unser Dasein kennzeichnet, die ausgegangen ist von der Erschütterung unserer wirtschaftlichen Existenzen und begleitet bzw. gefolgt war von schweren seelischen Konflikten, zeigt im großen und ganzen im Westen dieselben Spuren wie im Osten. Das äußere Bild, das das Leben zweier solcher Großgemeinden bietet – Breslau ist mit jetzt noch knapp 17 000 Juden etwas größer als Köln – unterscheidet sich daher trotz der beträchtlichen Entfernung nicht wesentlich. Unsere Aussonderung aus dem allgemeinen Leben und unsere Absonderung [sind] hier so vollständig wie da, und jeder Einsichtige und verantwortlich Fühlende fügt sich den gegebenen Tatsachen. Das Haus ist wieder

1 Jüdisches Gemeindeblatt für Rheinland und Westfalen, Nr. 38 vom 29. 10. 1937, S. 337 f. Das Jüdische Gemeindeblatt für Rheinland und Westfalen erschien in Köln 1937–1938. Vorgänger war das 1931 gegründete Gemeindeblatt für die jüdischen Gemeinden in Rheinland und Westfalen.

2 Dr. Fritz Becker (*1895), Redakteur; wohnte bis ca. 1941 in Köln, emigrierte dann nach Großbritannien.

stärker zur Stätte unseres privaten und geselligen Lebens geworden, und daneben geben jüdische Unternehmungen dem, der danach verlangt, Gelegenheit zum Zusammensein. Wenn sich so der äußere Rahmen des Lebens der Juden in diesen beiden Großgemeinden recht ähnlich ist, so zeigt auch das, was ihn ausfüllt, manchen übereinstimmenden Zug. Die berufliche Struktur der Juden zeigt in Köln und im Rheinland nicht ganz dieselbe Massierung in einigen wenigen Berufen und Berufszweigen. Das, was man hierüber sagen kann, gilt naturgemäß mehr für die Vergangenheit als für die Gegenwart, in der sich die Verhältnisse teilweise stark geändert haben und täglich weiter ändern. Der Westen hat, was die Berufssituation der Juden angeht, eine gesündere Struktur aufzuweisen. Hier ist die Verteilung im Einzelhandel, im Großhandel und in der industriellen Fabrikation besser als da, wo einige Branchen wie Konfektion, Leinen- und Baumwollwarengroßhandel, Getreidehandel seit je sehr stark jüdisch besetzt waren. Ein wesentlicher Unterschied liegt darin, daß die schlesische Provinz sogar einschließlich Oberschlesiens niemals eine so starke jüdische Bevölkerung aufzuweisen hatte, wie das Rheinland. Heute leben in beiden Schlesien noch rd. 3–4 000 Juden außerhalb Breslaus, während in der Rheinprovinz in einer großen Anzahl von kleinen und kleinsten Gemeinden noch etwa 25 000 jüdische Seelen leben. Daß dieser Faktor in wirtschaftlicher wie in jeder anderen Beziehung von Bedeutung ist, liegt auf der Hand, wenn auch die Situation der Juden in der rheinischen Provinz, über die wir demnächst gesondert berichten werden, sich ständig erheblich verschlechtert. Die wirtschaftliche Lage der Juden in Schlesien muß man im allgemeinen als schlecht bezeichnen, wobei in Rechnung zu stellen ist, daß die Provinz Schlesien innerhalb der deutschen Wirtschaftsbezirke immer ein besonderes Notstandsgebiet gewesen ist. Schon die Krisenjahre vor 1933 haben daher dem jüdischen Wirtschafts-Sektor in Schlesien viele und schwere Wunden geschlagen. Nach dem von der Jüdischen Winterhilfe (Berlin) veröffentlichten Material kamen im vergangenen Winter 1936/37 in Schlesien bei einem Bevölkerungsanteil von 5,04 % an der jüdischen Gesamtbevölkerung Deutschlands 5,83 % auf je 100 Hilfsbedürftige im Reiche, in der Rheinprovinz bei einem Bevölkerungsanteil von 9,78 % ein Prozentsatz von 9,66 % Hilfsbedürftige. Das Spendenaufkommen zur Winterhilfe betrug in Schlesien 3,90 %, im Rheinland 8,39 %, ist also am prozentualen Bevölkerungsanteil gemessen in Schlesien etwas schlechter gewesen. Die Breslauer Gemeinde selbst hat rd. 4 500 Menschen betreuen müssen gegen rd. 2 500 in Köln. Noch deutlicher als diese Zahlen spiegeln die Zahlen des Breslauer Gemeinde-Etats die schlechtere Lage dieser Großgemeinden wider. Auch die Lage einzelner Institutionen, die direkt oder indirekt von der Gemeinde abhängig sind, zeigt dasselbe Bild, erwähnt sei nur die schwere finanzielle Krise, in der sich das Breslauer Jüdische Krankenhaus seit einigen Jahren trotz bedeutender Subventionen durch die Gemeinde befindet. Im Etatanschlag für 1937/38 machten die Ausgaben des Wohlfahrtsamtes der Breslauer Gemeinde allein rd. 33 % der Gesamtausgaben aus.

Auf das jüdische Leben der Breslauer Gemeinde hat, das kann erfreulicherweise gesagt werden, die schlechte wirtschaftliche Situation keinen Einfluß gehabt. In vielem sind hier die Dinge ähnlich wie in Köln. Das jüdische Leben kristallisiert sich um die jüdischen Schulen, das Jüdisch-Theologische Seminar, das Jüdische Lehrhaus, den Kulturbund und die jüdisch-weltanschaulichen Gruppen, die sämtlich sehr aktiv sind. Zum jüdischen Leben muß man ja wohl auch die Gemeindepolitik rechnen, die in Breslau in den letzten Jahren eine sehr große Rolle gespielt hat und noch spielt. Die Verhältnisse auf diesem Gebiet können nicht gerade als erfreulich bezeichnet werden, und ihr Ablauf in Köln scheint

wesentlich harmonischer zu sein. Eine Reihe von Streitpunkten hat die Breslauer Gemeinde wiederholt in starke Unruhe versetzt. Wollte man daraus den Schluß ziehen, daß die jüdischen Fragen dort so viel ernster genommen werden als etwa in Köln, so wäre das wohl nicht ganz richtig. Aber nicht zu übersehen ist, daß trotz des seit Jahren bestehenden Kompromisses die Parteipolitik wiederholt viel zur Verschärfung mancher Situation beigetragen hat; und der bewußt und immer sehr korrekt über den Parteien stehende Vorsitzende der Breslauer Gemeinde, Stadtrat a. D. *Less*,[3] hat, wie uns scheint, einen viel weniger leichten Stand als sein Kollege, Konsul *Bendix*.[4] Sicher ist auch, daß sich in diesen Dingen das verschiedene Temperament der Menschen im Osten und im Westen zeigt. Der Einfluß, den die geographischen, die wirtschaftlichen und die soziologischen Gegebenheiten auf den Menschen haben, zeigt sich bei den rheinischen Juden unverkennbar in dem gleichen Sinne, in dem sich der Mensch des deutschen Westens von dem des Ostens unterscheidet.
In jüdisch-religiöser Hinsicht besteht in Breslau nur die Einheitsgemeinde mit konservativem und liberalem Ritus. Eine Trennungsgemeinde ist nicht vorhanden. Der Gottesdienst im einzelnen unterscheidet sich nicht wesentlich, kleine Besonderheiten im Brauch, in den Gebeten und Gesängen, sind bekanntlich den westlichen bzw. den östlichen Gemeinden seit je eigentümlich. Viel Hilfe und Anregung empfängt das religiöse wie allgemein das jüdische Leben durch das schon genannte Rabbinerseminar, dessen Dozenten und Hörer überall zur Verfügung stehen. Leider ist auch diese Anstalt – neben Berlin die einzige in Deutschland – in ihrem Bestand bedroht, wenn die erforderlichen Mittel nicht weiter aufgebracht werden können. Das Seminar enthält eine der größten und bedeutendsten jüdischen Bibliotheken.
Im großen und ganzen ist ein Aufschwung des jüdischen Lebens, eine verstärkte Hinwendung zur Beschäftigung mit Juden und Judentum in den letzten Jahren zu verzeichnen gewesen. Aber nicht anders als in Köln und anderswo im Reiche ist ein Rückschlag gefolgt. Die zarte Pflanze in dem aufgewühlten und aufgelockerten Boden ist mit zuviel Kunstdünger behandelt, ist überhaupt von viel zu vielen Gärtnern bearbeitet worden. Das scheint uns der wesentliche Grund für die Fehlleitungen und die verlorene Liebesmühe, die man heute überall täglich beklagt.
Daß die Breslauer Gemeinde an Alter sich mit der Kölner Gemeinde nicht messen kann, ist bekannt. Der Stolz, die älteste jüdische Gemeinde in Deutschland zu sein, kann Köln nicht streitig gemacht werden. Immerhin stammt auch die Gemeinde in Breslau aus dem Anfang des 13. Jahrhunderts, und Juden aus dem Westen Deutschlands, die seit den Kreuzzügen unaufhörlich nach dem Osten wanderten, können als Vorväter der Breslauer Juden angesehen werden. Urkundlich bezeugt sind Juden in Breslau seit dem Jahre 1203. Ein Teil der schlesischen Juden scheint aus dem Orient gekommen zu sein, worauf u. a. der älteste bekannte Name eines Breslauer Juden (David b. Sar Scholaum) hindeutet. Auf die bedeutende Rolle, die die dortige Gemeinde in der Zeit nach der Emanzipation der Juden in Deutschland wieder ge-

3 Georg Less (1871–1953), Unternehmer und Kommunalpolitiker; Beiratsvorsitzender der Industrie- und Handelskammer und des Kuratoriums der Städtischen Bank Breslau; von 1932 an Vorstandsmitglied und 1934–1941 Vorsitzender der Synagogengemeinde Breslau; emigrierte 1941 nach Uruguay.

4 Albert Bendix (1879–1940), Bankkaufmann; Direktor verschiedener Filialen und später Inhaber des Barmer Bank-Vereins Hinsberg, Fischer & Co. bis zur Fusion 1932 mit der Commerzbank; 1933–1939 Vorstandsvorsitzender der Synagogengemeinde Köln; Konsul für Litauen; nahm sich 1940 das Leben.

spielt, auf den Anteil, den sie beispielsweise an den religiösen Kämpfen des vergangenen Jahrhunderts (Geiger–Tiktin) gehabt hat,[5] soll hier nicht näher eingegangen werden. Judengemeinden in Deutschland. Sie haben alle ihre Geschichte, ihre Tradition; sie hatten eine Blüte wirtschaftlichen, geistigen und sozialen Lebens, und sie zeigen heute alle mehr oder minder übereinstimmend die Zeichen des Verfalls, weil die Nöte der Gegenwart nicht mehr gemeistert werden können. Deshalb möchten wir mit dieser Gegenüberstellung, die keinen Anspruch auf eine erschöpfende Darstellung macht, die Harmonie und den Frieden, den sich die Gemeinde Köln errungen hat, als ein Beispiel und Vorbild ansehen, das in unserer Zeit überall Nachahmung finden sollte.

DOK. 306

Der Stadtpräsident von Berlin begründet dem Reichserziehungsminister am 9. November 1937 seine Entscheidung, die Schülerzahl einer jüdischen Privatschule zu begrenzen[1]

Schreiben des Stadtpräsidenten der Reichshauptstadt Berlin/Allgemeine Abteilung (I 9a. 201/37.), gez. Lippert, an den REM (Eing. 11. 11. 1937) vom 9. 11. 1937[2]

Betrifft: Jüdische Privatschule Kaliski[3] in Berlin-Dahlem, Beschränkung der Schülerzahl.
Erlaß vom 11. Oktober 1937 – C. III.b.Nr. 2598. –[4]
Berichterstatter: Oberregierungsrat und Oberbaurat Klemme.[5]
Oberregierungsrat von Lettow-Vorbeck.[6]

Nach nochmaliger Prüfung der Angelegenheit[7] glaube ich an der bisher von mir getroffenen Entscheidung festhalten zu müssen. Ein Anspruch auf Zulassung der Judenschule

5 Bezieht sich als Beispiel für die Auseinandersetzung zwischen reformerisch und traditionell orientiertem Judentum auf den Streit zwischen Abraham Geiger und dem Breslauer Rabbiner Salomon Abraham Tiktin. 1838 wurde der Reformer Geiger in Breslau gegen den Willen des orthodoxen Oberrabbiners Tiktin zum Rabbiner gewählt. Letzterer verhinderte Geigers Amtsantritt bis 1840.

1 BArch, R 4901/5368, Bl. 13+RS.
2 Im Original mehrere handschriftl. Bearbeitungsvermerke.
3 1932 gründete die Lehrerin Lotte Kaliski (1908–1995) in Berlin-Charlottenburg die nicht konfessionell gebundene Private Waldschule Kaliski. Bis Ostern 1934 mussten jedoch alle „arischen" Schüler und Lehrer die Schule verlassen. Die Schule befand sich von 1936 an in Berlin-Dahlem, Im Dol 2–6, und musste die Bezeichnung Private Jüdische Schule Kaliski führen. Im Sommer 1938 wurde sie von 405 Schülern und Schülerinnen besucht. Lotte Kaliski emigrierte 1938 in die USA, wo sie einen Kindergarten für Flüchtlingskinder und 1947 die New Kaliski Country Day School for the child with learning disabilities gründete. Die Berliner Schule wurde von Dr. Paul Jacob bis zur Schließung im März 1939 weitergeführt.
4 Schreiben des REM vom 11. 10. 1937; wie Anm. 1, Bl. 12.
5 Emil Klemme (*1876), Beamter; von 1900 an im Staatsdienst, 1937–1942 als Oberregierungs- und Oberbaurat Referent in der Allgemeinen Abt. des Stadtpräsidenten der Reichshauptstadt Berlin.
6 Kurt von Lettow-Vorbeck (1879–1960), Jurist; von 1917 an im preuß. Staatsdienst tätig; 1925–1927 DNVP- und 1928–1931 DVP-Mitglied, 1933 SA-Eintritt; von 1934 an Referent beim Staatskommissar Berlin bzw. Stadtpräsidenten Berlin.
7 Julius Lippert hatte im März 1937 die Genehmigung zum Betrieb der Schule mit der Auflage erteilt, die Schülerzahl auf 100 zu begrenzen. Die Schule richtete am 17. 8. 1937 eine Eingabe an den Reichserziehungsminister, um diese Beschränkung aufheben zu lassen; wie Anm. 1, Bl. 1–5. Das REM erklärte sich am 11. 10. 1937 mit einer Reduzierung der Schülerzahl auf 100 nur einverstanden, wenn alle zu entlassenden Schüler in anderen privaten jüdischen Einrichtungen aufgenommen werden könnten; ebd., Bl. 12.

im Wohngebiet besteht überhaupt nicht, da es hierzu einer Befreiung von den in Frage kommenden Bestimmungen des § 8, Ziffer 25 der Berliner Bauordnung bedarf, über die zu befinden in das Ermessen der zuständigen Stellen gestellt ist. Von diesem Ermessen habe ich insoweit Gebrauch gemacht, als ich gegenüber der an sich ablehnenden Stellungnahme der Baupolizei eine Schülerzahl von 100 als noch vertretbar angesehen und im Beschwerdeverfahren dementsprechend entschieden habe. Hierdurch sollte die Errichtung von jüdischen Schulen grundsätzlich gefördert werden. Über diese Schülerzahl hinaus glaube ich aber, in einem Wohngebiet von der Bedeutung wie Dahlem, Judenschulen nicht zulassen zu können, da dies von den Anwohnern mit Recht als eine empfindliche Beeinträchtigung angesehen werden muß. Es kommt noch hinzu, daß nur rund ein Viertel der jetzt die Schule besuchenden Schüler aus Dahlem stammt, die übrigen dagegen in weiter entfernten Stadtbezirken, zum Teil in Charlottenburg, wohnen. Ob und inwieweit sich durch die gezogene Einschränkung eine Belastung der öffentlichen Schulen durch Übernahme der zu entlassenden 351 – 100 = 251 jüdischen Schüler ergibt, kann ich zur Zeit nicht angeben.[8]
Abschrift dieses Berichtes hat der Preußische Finanzminister als zuständiger Ressort-Minister für baupolizeiliche Angelegenheiten erhalten.

DOK. 307
Der Düsseldorfer Paul Malsch schreibt über die Eröffnung der Propagandaausstellung „Der ewige Jude" (ca. 10. November 1937)[1]

Handschriftl. Vermerk von Paul Malsch, undat. ungez., vermutlich als Anlage zu seinem Schreiben aus Venlo an Willy Malsch, USA, vom 10. 11. 1937[2]

In München haben sie also eine Ausstellung eröffnet, „Der ewige Jude".[3] Träger der Ausstellung ist das Deutsche Reich!! Also eine höchst amtliche Ausstellung. Inhalt ist Beschimpfung, Beleidigung, Verhöhnung, Kränkung der deutschen Juden und der Juden der Welt. Alle tollsten Ammenmärchen, alle Gemeinheiten, die ein finsteres Mittelalter zusammentrug, alle neuen Nazilügen, die niederträchtige und verleumderische Gleichstellung von Judentum und Bolschewismus [werden] da „bildlich" vorgeführt. Der beabsichtigte Protest der deutschen Rabbiner wurde sofort verhindert mit Androhung von Concentrationslager bei Protest im Lande, von Zuchthaus, wenn der Protest von außen kommt!! Der niederträchtige Lump und Verleumder Streicher, der Freund des Führers (drum soll der Verleumder mit dem Führer gehen, die Nazis sehn sie auf der Menschheit Höh'n!!) durfte diese Ausstellung eröffnen & der Dr. Göbbels mußte seinen amtlichen Senf dazu geben![4]

8 Das preuß. Finanzministerium entschied in Kontakt mit dem REM am 18. 12. 1937, die Schülerzahl lediglich auf 300 zu begrenzen; ebd., Bl. 17.

1 USHMM, RG 10. 086, Malsch family letters.
2 Im Original am unteren Rand unleserliche Bemerkung.
3 Die am 8. 11. 1937 eröffnete Propagandaausstellung im Deutschen Museum in München war bis zum Dezember bereits von 210 000 Personen besucht worden, darunter viele Schüler- und KdF-Gruppen. Die Ausstellung wurde später in weiteren Städten, u. a. in Berlin und Wien, gezeigt.
4 Siehe Artikel „Eröffnung der Ausstellung ‚Der ewige Jude'. Gauleiter Streicher über die jüdische Weltpest – Eröffnungsansprache Dr. Goebbels"; VB (Norddt. Ausg.), Nr. 313 vom 9. 11. 1937, S. 2.

Narren, Banditen, Hörige der Nazis, prostituierte Richter und „Gelehrte" klatschen Beifall. Der anständige deutsche Mensch, der noch denken kann, empfindet nur tiefste Scham über solche Gemeinheit. Das macht wahrlich Deutschland niemand nach: Das mundtot gemachte, still leidende deutsche Judentum, eine verschwindende Minderheit mit Eselstritten zu traktieren, Wehrlose zu schänden, zu quälen, das macht & kann nur Hitler![5]
Und was sagt etwa der König von England dazu: der Herr Palästinas?[6] Er verschließt die Tore des Landes & hat kein Empfinden in des Thrones Glanz von seelischen Qualen jener, die auf ihn hoffend sehen! Er schickt Gratulationstelegramme dem Reichskanzler & Führer, der sich an Wehrlosen mit sadistischer Roheit vergreift.
Kann man sich ein zivilisiertes Volk, ja ein halbzivilisiertes vorstellen, das sich so tief fallen läßt?
Das sind keine Menschen mehr, das sind Leichenfledderer, für die ein ehrlicher Soldat nur eines übrig hat! Die erlösende Kugel.

DOK. 308
Der Hilfsverein der Juden in Deutschland berichtet am 12. November 1937 über Verlauf und Organisation der Emigration[1]

Bericht des Hilfsvereins der Juden in Deutschland vom 12. 11. 1937 (Umdruck)[2]

I. Stand und Möglichkeiten der Auswanderung von Juden aus Deutschland nach überseeischen Ländern

Stand und Möglichkeiten der Uebersee-Wanderung
Die Gesamtauswanderung der Juden aus Deutschland ist im Jahre 1936 auf 24 000 zu schätzen. Diese Auswanderung erstreckte sich auf folgende Länder:

Palästinawanderung:	9 000
Ueberseewanderung:	10 000
Europawanderung:	1 500
Rückwanderung: (heimkehrende Ausländer)	3 500
	24 000

Im ersten Halbjahr 1937 ist die gesamte jüdische Auswanderung (unterstützte und nicht unterstützte Auswanderung zusammen) auf etwa 12 000 Personen zu schätzen.
Im folgenden soll lediglich die durch den Hilfsverein bearbeitete Auswanderung in ausserpalästinensische Länder behandelt werden und zwar

5 Der US-Konsul Bower in München schrieb hingegen in einem ausführlichen Bericht für den US-Außenminister, der Versuch, die Juden der Verachtung auszusetzen, sei gescheitert. Die Ausstellung liefere „einen (oftmals unerwarteten) Beweis jüdischer Schaffenskraft"; Voluntary Report „The Eternal Jew – the great political show" by Roy E. B. Bower, American Consul in Munich, to the Secretary of State, 11. 12. 1937, NARA, RG 59, General Records, Decimal File 862. 4016/1696.

6 König des Vereinigten Königreichs von Großbritannien und Nordirland war von 1936 bis zu seinem Tod Georg VI. (1895–1952). Großbritannien übte das Völkerbund-Mandat über Palästina aus.

1 LBIJMB, MF 57, Reel 2.

2 Im Original, mit dem Titel „Zwei Berichte", folgt dem hier abgedruckten Teil I (S. 1–14) ein Teil II (S. 1–18).

I. Umfang der Ueberseewanderung in 1936 und 1937
II. Gegenwärtiger Stand der Ueberseewanderung nach den einzelnen Ländern
III. Grundlagen und Möglichkeiten einer Förderung der Ueberseewanderung.

I.
Für die Auswanderung von Juden aus Deutschland in Länder ausserhalb Palästinas haben sich in den letzten vier Jahren grundlegende Erfahrungen für die Durchführung der künftigen Auswanderung der Juden aus Deutschland ergeben. Diese Erfahrungen erstrecken sich in erster Linie auf diejenigen Auswanderer, die mit beratender und finanzieller Unterstützung des Hilfsvereins ihre Auswanderung durchgeführt haben. Dabei ergibt sich die Tendenz einer Verstärkung der Auswanderung nach Uebersee, während die Auswanderung nach europäischen Ländern einen Rückgang erfahren hat. Dieser Grundrichtung entsprechend sucht der Hilfsverein, die durch ihn betreute Auswanderung in überseeische Länder zu leiten.
Im Jahre 1936 umfasste die durch den Hilfsverein finanziell unterstützte Auswanderung insgesamt 5 555 Personen. Davon gingen nach Uebersee 4 738.
In den ersten zehn Monaten des Jahres 1937 belief sich die durch den Hilfsverein unterstützte Auswanderung nach Uebersee auf 3 532 Personen. In der gleichen Zeit des Vorjahres betrug die durch den Hilfsverein beförderte Personenzahl (ohne die durch den Dampfer „Stuttgart" nach Südafrika beförderten Personen)[3] 3 586.
Es ergibt sich daraus, dass die Ueberseewanderung, obwohl im Jahre 1937 wichtige Einwanderungsländer, wie vor allem Südafrika[4] und Brasilien,[5] durch neue Einwanderungsbeschränkungen für die jüdische Auswanderung fast völlig in Fortfall kamen, auf der Höhe des Vorjahres gehalten werden konnte. Dies war nur dadurch möglich, dass alle anderen Auswanderungsmöglichkeiten weitgehendst ausgenutzt und neue Einwanderungsmöglichkeiten (wie z. B. Australien) erschlossen wurden.
Die Gesamtaufwendungen für die Auswanderung von Juden in die ausserpalästinensischen Länder betrugen RM 2 319 639,07. Es ist damit zu rechnen, dass im Jahre 1937 derselbe Betrag wird aufgebracht werden müssen. Diese Aufwendungen sind aber nur dadurch möglich gewesen, dass die jüdischen Gemeinden in Deutschland in der Lage waren, für die Durchführung der Auswanderung einen grossen Teil der Wanderungskosten selbst aufzubringen und dass andererseits die ausländischen jüdischen Hilfsorganisationen erhebliche Zuschüsse zu diesen Kosten zur Verfügung gestellt haben.
II.
Zur Klarstellung der gegenwärtigen Situation wird eine Darstellung der Einwanderungsmöglichkeiten für die wichtigsten Ueberseeländer gegeben.
Im Jahre 1937 haben besonders wichtige Einwanderungsländer, wie Brasilien und Südafrika, die Einwanderungsbestimmungen oder ihre praktische Handhabung erheblich ver-

3 Das mit 537 Flüchtlingen aus Hamburg kommende Schiff „Stuttgart" erhielt 1936 in Südafrika zunächst keine Landeerlaubnis.
4 Die Südafrikanische Union hatte 1936 ein Vorzeigegeld von 100 Pfund eingeführt, dann zu Beginn des Jahres 1937 ein Gesetz erlassen, welches die Einwanderung stark beschränkte. Immigranten wurden nun nach finanzieller Unabhängigkeit, beruflicher Qualifikation und „Assimilierbarkeit" ausgewählt.
5 Brasilien stoppte zu Beginn des Jahres 1937 die Visaerteilung an Staatenlose und verhängte im Juli 1937 eine generelle Visasperre.

schärft, während gesetzliche Erleichterungen der Einwanderung nirgends eingetreten sind. Neben Brasilien und Südafrika sind hier Chile,[6] Peru, Paraguay[7] und Bolivien[8] zu nennen; andere Staaten, wie z. B. Columbien und Ecuador,[9] nach neuesten Meldungen anscheinend auch Uruguay, haben durch Erhöhung der gesetzlich vorgeschriebenen Vorzeigegelder und Landungsdepots die Einwanderung praktisch erschwert. Für die jüdische Auswanderung aus Deutschland wirken sich die Einwanderungsbeschränkungen in Südafrika und Brasilien deshalb besonders kritisch aus, weil in diesen grossen Ländern an sich die wirtschaftlichen Voraussetzungen für die Einordnung einer grossen Anzahl von jüdischen Einwanderern gegeben wären.
Diese Verschärfung der Einwanderungsbestimmungen ist mit in erster Linie darauf zurückzuführen, dass in den vergangenen Jahren mit ihrer teilweise ungeregelten und planlosen Auswanderung eine Anzahl ungeeigneter Personen in die betreffenden Länder gekommen ist, die ohne entsprechende Berufsausbildung und ausreichende Sprachkenntnisse, meist fast völlig mittellos, den Arbeitsmarkt belasteten und hierdurch die Bereitschaft zur Aufnahme weiterer Einwanderer verringerten. Denn die Aufnahmebereitschaft der überseeischen Länder ist vor allem abhängig von der wirtschaftlichen und moralischen Bewertung, die der jüdischen Einwanderung als solcher entgegengebracht wird. Bei einer Betrachtung der Einwanderungsmöglichkeiten in Uebersee ist grundsätzlich zwischen Einzel-und Gruppenwanderung zu unterscheiden. Zweifellos wird auch in Zukunft der Einzelwanderung die grösste Bedeutung zukommen, da bei der Auswanderung einzelner Personen und ihrer Familien auf die Einwanderungsbestimmungen der in Betracht kommenden Länder und auf die dort gegebenen wirtschaftlichen Einordnungsmöglichkeiten sowie auf besondere persönliche oder verwandtschaftliche Beziehungen weitgehend Rücksicht genommen werden kann. Dagegen ist die Gruppenwanderung im wesentlichen davon abhängig, dass ein geeignetes Siedlungsgelände, geeignete Siedler und die für eine landwirtschaftliche Kolonisation erforderlichen Mittel zur Verfügung stehen. Diese Voraussetzungen sind unter den gegebenen Verhältnissen nur in beschränktem Umfang zu erfüllen. Soweit siedlungsfähige Familien vorhanden sind, hat die Gruppensiedlung deshalb eine besonders grosse Bedeutung, weil sie die Möglichkeit bietet, Personen, die sonst keine Auswanderungsgelegenheit hätten, zur Auswanderung und Ansiedlung zu bringen. Infolgedessen werden die vorhandenen Möglichkeiten für Gruppensiedlungen im weitesten Umfange wahrzunehmen sein. Dies ist aber in grösserem Rahmen nur durchführbar, wenn als Träger der Siedlung eine erfahrene Kolonisations-Gesellschaft vorhanden ist, die den Siedlern das Gelände zur Verfügung stellt und ihre Ansiedlung betreut. Als eine diesen Voraussetzungen entsprechende Kolonisationsgesellschaft hat sich ausserhalb Palästinas bisher im wesentlichen nur die Jewish Colonization Association betätigt. Durch Verhandlungen mit der ICA ist es gelungen, diese Gesellschaft zur Aufstellung eines Kolonisationsplanes zu veranlassen, in dessen Rahmen die Ansiedlung von mehreren hundert Familien im Laufe der nächsten Zeit vorgesehen ist.[10] Neben dieser Zusammenarbeit mit

6 Chile hatte seit 1933 mehrfach die Einreisebestimmungen verschärft. Die jüdische Immigration wurde quotiert und die Einwanderung auf Landwirte beschränkt.
7 Paraguay verbot zu Beginn des Jahres 1937 die Einwanderung von Juden.
8 Bolivien erleichterte erst ab Ende 1938 die Einreise für jüdische Flüchtlinge.
9 In Ecuador mussten Familienvorstände ein Vorzeigegeld von 400 bis 1 000 Dollar vorweisen.
10 Geplant waren Gruppenansiedlungen über die ICA in Argentinien.

der ICA wird es darauf ankommen, zunächst kleinere landwirtschaftliche Ansiedlungen in den verschiedenen dafür in Betracht kommenden geeigneten Ländern zu errichten.[11] Eine Anzahl geeigneter Landwirte ist bereits in Paraguay, Ecuador, Columbien und Kenya angesiedelt worden. Darüber hinaus werden alle anderen Möglichkeiten einer Gruppensiedlung in verstärktem Umfange wahrgenommen werden. Die Anzahl der für eine Ansiedlung geeigneten jüdischen Familien in Deutschland ist jedoch begrenzt und nur durch entsprechende landwirtschaftliche Ausbildung allmählich zu steigern.[12] Daher wird auch in Zukunft das Schwergewicht der jüdischen Auswanderung aus Deutschland in der Einzel- und Familienwanderung liegen müssen.
Bei der Einzelwanderung ist allgemein festzustellen, dass ihre Durchführung entscheidend von den beruflichen und sprachlichen Kenntnissen und Fähigkeiten des Auswanderers abhängig ist. Ueber die Einwanderungsmöglichkeiten selbst sind zusammenfassend folgende Erfahrungen festzustellen: Gut ausgebildete Handwerker, gelernte Arbeiter, Kaufleute mit besonderen Branchenkenntnissen sind wohl in allen für die Einwanderung von Juden aus Deutschland in Frage kommenden Ländern zur Einwanderung zu bringen. Das Gleiche gilt für Frauen mit spezifischen Frauenberufen, wie Hauswirtschaft, Kranken- und Kinderpflege. Dagegen sind Kaufleute ohne besondere Branchenkenntnisse und Akademiker ohne zusätzliche berufliche Umschulung und Vorbereitung auf das Einwanderungsland, vor allem aber ohne Sprachkenntnisse und Anlaufkapital, nur mit grossen Schwierigkeiten einzuordnen.
Um einen Ueberblick über die Auswanderung in die wichtigsten überseeischen Länder zu geben, sind in der folgenden Tabelle, gegliedert nach den einzelnen Einwanderungsländern, jeweils für zehn Monate des Jahres 1936/1937 die Zahlen der unterstützten Auswanderer wiedergegeben:

Unterstützte Ueberseewanderung nach Ländern
erste 10 Monate 1936 und 1937 (vorläufige Zahlen)

Amerika	*1936*	*1937*
Vereinigte Staaten und Kanada	978	1768
Argentinien	450	663
Brasilien	788	254
Chile	53	31
Columbien	52	178
Ecuador	26	47
Mexiko	18	4
Peru	23	25
Paraguay	269	39
Uruguay	183	195
übrige amerikanische Staaten	25	39
Afrika		
Südafrikanische Union[13]	668	142
Britisch-Ost-Afrika	4	17

11 Der Hilfsverein plante Siedlungsprojekte in Brasilien, Kolumbien, Argentinien und Kenia.
12 Zu den Hindernissen einer landwirtschaftlichen Ausbildung in Umschulungslagern siehe die Dok. 107 und 122.
13 Fußnote im Original: „ohne Sondertransport Dampfer ‚Stuttgart'".

übrige afrikanische Staaten	11	5
Asien		
alle Länder	23	29
Australien und Neuseeland		
Australien	15	92
Neuseeland	--	4
	3586	3532 [14]

Aus den vorstehenden Zahlen ergibt sich, wie sehr der Ausfall so wichtiger Einwanderungsländer wie Brasilien, Südafrika und Paraguay ins Gewicht fällt. Doch konnte durch Steigerung der Auswanderung nach Nordamerika, Argentinien, Columbien, Ecuador und vor allem Australien, ein Ausgleich geschaffen werden. Die gesteigerte Auswanderung nach Nordamerika und Argentinien ist im wesentlichen darauf zurückzuführen, dass durch die Auswanderung von Juden aus Deutschland in früheren Jahren eine Reihe von verwandtschaftlichen Beziehungen bestehen, die bei der besonderen Natur der Einwanderungsbestimmungen in diesen beiden Ländern (Anforderungsschreiben bezw. Bürgschaft im Lande Ansässiger) eine entscheidende Voraussetzung für die Nachwanderung bilden.

Dagegen ist die gesteigerte Auswanderung nach Ländern wie Columbien, Ecuador und Uruguay im wesentlichen ein Ergebnis der planmässigen Bemühungen um die Erschliessung neuer Einwanderungsmöglichkeiten in bisher von der jüdischen Einwanderung kaum berührte Länder. Einen Sonderfall stellt Australien dar, wo es in Zusammenarbeit mit den englischen und australischen jüdischen Organisationen gelungen ist, eine schon in diesem Jahr nicht unbedeutende und für die Zukunft aussichtsreiche Einwanderung in Gang zu bringen.

Die Erschliessung dieser neuen Einwanderungsmöglicheiten ist deshalb für die Gesamtgestaltung der jüdischen Auswanderung von so entscheidender Bedeutung, weil jede plötzliche Verstärkung der Auswanderung in ein einzelnes Land zu Schwierigkeiten bei der Unterbringung der Einwanderer und sogar gesetzlichen Einwanderungsbeschränkungen, wie in Südafrika, führen kann.

III.

Es kann davon ausgegangen werden, dass unter den Juden in Deutschland die Auswanderungsbereitschaft in weitestem Umfang besteht. Diese Auswanderungsbereitschaft findet jedoch ihre natürliche Grenze in der persönlichen Auswanderungsfähigkeit und in den vorhandenen Einwanderungsbedingungen.

Die jüdische Bevölkerung in Deutschland ist zurzeit unter Berücksichtigung der bisherigen Auswanderung von 120 000 und eines Sterbeüberschusses von jährlich etwa 4 000 auf etwa 365 000 Seelen zu veranschlagen.

Die bisherigen Auswanderer setzten sich aus den jüngeren Altersschichten zusammen. Da der Geburtenrückgang der Juden in Deutschland durch die Auswanderung der zeugungs- und gebärfähigen Altersgruppen ausserordentlich zunimmt, weist die jüdische Bevölkerung in Deutschland nicht nur eine zahlenmässige Abnahme, sondern auch eine steigende Ueberalterung auf. Von den älteren Personen wird nur ein Teil im Wege der Familienwanderung zur Auswanderung gebracht werden können, indem ausgewanderte Kinder ihre Eltern oder andere Angehörige anfordern. Bei der künftigen Auswanderungsplanung wird daher besonders darauf zu achten sein, in erster Linie solche jüngeren Men-

14 Im Original fälschlich 3 555.

schen zur Auswanderung zu bringen und ihnen bei der Einordnung im Zielland behilflich zu sein, bei denen die Erwartung einer Nachwanderung von Angehörigen begründet erscheint. Darüber hinaus wird allgemein in der Auswanderungsplanung in erster Linie für die Auswanderung der jüngeren Altersschichten Vorsorge getroffen werden müssen, weil nur bei diesen die erforderliche Auswanderungsfähigkeit in weitem Umfange unterstellt werden kann. Sehr viel schwieriger erscheint die Einordnung für Menschen der mittleren Generation, die bisher in Berufen tätig waren, die in den Einwanderungsländern nicht ausgeübt werden können. Hier kann die Auswanderung nur auf Grund einer gründlichen individuellen Beratung und oft erst nach sorgfältiger Berufsumschichtung durchgeführt werden.

Die Auswanderungsbereitschaft findet, von der persönlichen Auswanderungsfähigkeit abgesehen, eine weitere Grenze in den Bestimmungen und Lebensbedingungen der Einwanderungsländer. In einigen Ländern, wie z. B. in Nordamerika und Argentinien, ist die Einwanderung im wesentlichen nur möglich, wenn eine Anforderung durch Verwandte erfolgt. In anderen Ländern ist Voraussetzung für die Einwanderung die Verfügung über ein mehr oder weniger erhebliches Vorzeigegeld oder Landungsdepot. Von diesen gesetzlichen Einwanderungshemmungen abgesehen, steht häufig einer Einwanderung der Mangel an Kapital für die Errichtung einer neuen Existenz im Einwanderungsland entgegen. Für manche Berufe ist die wirtschaftliche Einordnungsmöglichkeit in vielen Ländern nicht gegeben. Dies liegt zum Teil an der wirtschaftlichen Struktur dieser Länder, zum anderen Teil an besonderen gesetzlichen Betätigungsbeschränkungen für diese Berufe.

Im Rahmen dieser objektiv gegebenen Grenzen der Auswanderung werden wir alles daran setzen, um die Auswanderung der Juden aus Deutschland in grösstmöglichem Umfang zu fördern.

Um eine Erweiterung der Auswanderung nach Uebersee zu gewährleisten, ist es erforderlich, die Auswanderung der Juden aus Deutschland *planmässig* und *geordnet* durchzuführen. Ein Auswanderungsdruck, der eine überstürzte und planlose Auswanderung zur Folge haben könnte, enthält die Gefahr, dass sich die Einwanderungsländer weitgehend verschliessen, weil ein plötzlicher Anstrom ungenügend vorbereiteter Einwanderer selbst in einwanderungsfreundlichen Ländern eine untragbare Belastung des Arbeitsmarktes darstellt. Infolgedessen muss jeder Auswanderungsplan genügend Zeit vorsehen, damit die Auswanderer beruflich und sprachlich für das in Betracht kommende Einwanderungsland so ausreichend vorgebildet werden können, dass ihre Einordnung möglichst reibungslos vor sich geht und die weitere Einwanderung nicht beeinträchtigt wird. Dies bedingt, namentlich für die jüngeren Altersschichten, eine gründliche Ausbildung in handwerklichen und landwirtschaftlichen Berufen und zwar mit der in diesen Berufen notwendigen längeren Ausbildungsdauer.

Um diese Ausbildung durchzuführen, ist es erforderlich, dass die Juden in Deutschland über die entsprechenden Ausbildungsmöglichkeiten in Schulen, Lehrgütern und Lehrwerkstätten verfügen. Diese Ausbildungseinrichtungen und die Erhaltung der Praktikanten in der Zeit der Ausbildung erfordern erhebliche Aufwendungen, die schon jetzt nur unter grössten Opfern der jüdischen Gemeinschaft in Deutschland aufgebracht werden können. Die Aufbringung der für die Berufsausbildung und für die Durchführung der Auswanderung erforderlichen Mittel wird künftig in dem notwendigen Umfang nur möglich sein, sofern die wirtschaftliche Existenzgrundlage der Juden in Deutschland die jüdische Gemeinschaft zu dieser Leistung befähigt. Da Unterstützungen seitens der ausländischen jüdischen Hilfsorganisationen nur unter der Bedingung zu erlangen sind, dass ein beträchtlicher Teil der zur Vorbereitung und Durchführung der Auswanderung erforderlichen Mittel von den Juden in Deutschland selbst aufgebracht wird, kann der bisherige Umfang der Auswanderung und ihre weitere Steigerung nur erreicht werden, wenn die bisherige wirtschaftliche Existenzgrundlage der in Deutschland verbleibenden Juden erhalten bleibt, während eine weitgehende Verarmung der jüdischen Bevölkerung die Auswanderung in ihrem bisherigen Umfange in Frage stellen, erst recht aber ihre Steigerung aufs schwerste gefährden würde. Die Zahl von rund 82 000 Unterstützten der Jüdischen Winterhilfe 1936/37 erweist das Ausmass der bereits eingetretenen Verarmung.[15]

Unter Berücksichtigung dieser Voraussetzungen für die Planung der Auswanderung von Juden aus Deutschland wird eine grösstmögliche Steigerung des Umfanges dieser Auswanderung erreicht werden müssen. Hierbei werden vor allem drei Faktoren zu berücksichtigen sein.

a) Die Erweiterung von Einwanderungsmöglichkeiten durch Verhandlungen mit den jüdischen Hilfsorganisationen in den Einwanderungsländern.

b) Die Steigerung der Auswanderung Minderbemittelter und hilfsbedürftiger Personen.

c) Die Behebung von Schwierigkeiten innerhalb Deutschlands, die der jüdischen Auswanderung entgegenstehen.

a)

In Verhandlungen mit den ausländischen jüdischen Hilfsorganisationen ist anzustreben, dass Einwanderer mit entsprechender beruflicher Vorbildung in noch stärkerem Masse als bisher zur wirtschaftlichen Einordnung gelangen. Dabei kommt es darauf an, dass Arbeitsplätze nachgewiesen werden, die mittellosen jüdischen Auswanderern die Verwertung ihrer Kenntnisse und Fähigkeiten im Einwanderungsland ermöglichen. Ausserdem ist anzustreben, dass die Gruppensiedlung, insbesondere der ICA, eine Erweiterung erfährt. Darüber hinaus wird die Hilfe der ausländischen jüdischen Hilfsorganisationen für die Beschaffung der notwendigen Einwanderungspapiere in noch stärkerem Umfange als bisher in Anspruch genommen werden müssen.

b)

Eine weitere Steigerung der Auswanderung ist dadurch möglich, dass den Auswanderern mit Kapital durch einen Transfer die Gründung einer neuen Existenz im Einwanderungsland erleichtert wird. Inzwischen haben die zuständigen Behörden ihre grundsätzliche Zustimmung zu einer Erweiterung des bisherigen Transferverfahrens der Allgemeinen Treuhandstelle für die jüdische Auswanderung G.m.b.H. gegeben, die es künftig ermöglichen soll, dass Auswanderer Kapitalien bis zu RM 50 000 transferieren können. Um auch eine Steigerung der Auswanderung minderbemittelter Personen zu gewährleisten, wird innerhalb dieses Transferverfahrens der sogenannte Altreu-Fonds bei der Reichsvertretung der Juden in Deutschland gebildet, aus dem minderbemittelte jüdische Auswanderer Darlehen in Devisen des Einwanderungslandes bis zum durchschnittlichen Betrag von 900 Goldmark pro Kopf erhalten können, sofern ihre Auswanderung nur durch die Bereitstellung eines solchen Darlehns möglich wird und ohne dieses Darlehn unterbleiben müsste.[16] Auf diese Weise wird es möglich sein, minderbemittelte und hilfsbedürftige

15 Siehe dazu den Arbeitsbericht der Reichsvertretung der Juden in Deutschland für das Jahr 1937, Dok. 320.

16 Zum Altreu-Verfahren siehe Dok. 304 vom 26. 10. 1937.

Personen und Familien zusätzlich in diejenigen Einwanderungsländer zu bringen, in denen eine Einordnung nur durch den Besitz eines Vorzeigegeldes, eines Landungsdepots oder Anlaufskredits möglich ist.
Ueber die Förderung der Auswanderung minderbemittelter Personen werden wir uns erlauben, einen besonderen Bericht zu überreichen.
c)
Bezüglich der Schwierigkeiten, die sich auf die jüdische Auswanderung hemmend auswirken, wird besonders auf folgendes hingewiesen:
Die Vorbereitung und Durchführung der Auswanderung ist davon abhängig, dass der Auswanderer sich im Besitz eines regulären und noch auf längere Zeit gültigen *Passes* befindet. Besondere Beschränkungen des Passes in zeitlicher oder räumlicher Hinsicht machen die Auswanderung nach bestimmten Ländern unmöglich, weil die Einwanderungsbehörden bei Vorlage eines eingeschränkten Passes das Einwanderungsvisum verweigern. Häufig ist die Voraussetzung für eine Auswanderung die Durchführung einer Informationsreise des Auswanderungsanwärters in das Einwanderungsland, die oft auch zur Beschaffung der erforderlichen Einwanderungspapiere notwendig ist. Bei der Durchführung solcher Informationsreisen haben sich bisher zwei Schwierigkeiten ergeben: einmal ist nicht selten die Ausstellung eines Passes zum Zweck einer Informationsreise abgelehnt oder nur mit erheblicher zeitlicher Verzögerung bewilligt worden. In gewissen Ländern, wie z. B. USA, ist die Erteilung eines Touristenvisums davon abhängig, dass der Pass mindestens 60 Tage über den Rückreisetermin hinaus gültig ist. Auf der anderen Seite werden derartige an sich notwendige Reisen häufig aus der Befürchtung vermieden, dass der Reisende bei seiner Rückkehr als Rückwanderer behandelt werden könnte. Da die Kinderauswanderung in der Regel die Vorstufe einer Familienauswanderung darstellt, würde die Ausstellung von Pässen für die Eltern zum gelegentlichen Besuch ihrer zur Berufsausbildung im Ausland befindlichen Kinder die Bereitschaft der Eltern, sich von den Kindern zu trennen, erheblich verstärken und auf diese Weise mittelbar einer Steigerung der Kinderauswanderung dienen. Es würde daher allgemein zur Förderung der jüdischen Auswanderung beitragen, wenn grundsätzlich die Ausstellung von Pässen an Juden verfügt, wenn die Frist von der Antragsstellung bis zur Aushändigung des Passes verkürzt und wenn die Gültigkeitsdauer des Passes auf einen längeren Zeitraum als sechs Monate erstreckt werden könnte.[17]
Fast sämtliche Einwanderungsländer machen die Erteilung des Visums von dem Nachweis eines guten Leumunds – insbesondere eines lückenlosen *Führungszeugnisses* für die letzten fünf Jahre abhängig. Kleine und unbedeutende Vorstrafen im Führungszeugnis führen oft zur Verweigerung des Visums. In vielen Fällen wird daher die Durchführung der Auswanderung abhängig sein von der Beibringung eines lückenlosen reinen Führungszeugnisses. Es würde der Förderung der Auswanderung daher dienen, wenn es möglich wäre, in geeigneten Fällen – falls nicht allzu erhebliche oder bereits längere Zeit zurückliegende Vorstrafen vorhanden sind – einen Weg zu finden, um in einem möglichst beschleunigten und vereinfachten Verfahren die Anordnung der beschränkten Auskunftserteilung aus dem Strafregister zu erwirken.
Eine grosse Anzahl von Einwanderungsländern fordert von den Angehörigen bestimmter Berufskategorien, wie insbesondere von Handwerkern, den *Nachweis einer bestimmten*

17 Zu solchen Fällen, in denen Pässe lediglich für sechs Monate ausgestellt wurden, siehe die Dok. 255 vom 19. 11. 1936 und 273 vom 17. 4. 1937.

Berufsausbildung durch entsprechende Zeugnisse. Eine abgeschlossene handwerkliche Ausbildung ist daher in vielen Fällen die Voraussetzung für die Durchführung der Auswanderung. Da die Ausbildungsplätze in den jüdischen Lehrwerkstätten für die Ausbildungsanwärter einerseits nicht ausreichen und andererseits eine Erweiterung der Lehrwerkstätten finanziell nicht möglich ist, würde daher die Zulassung jüdischer Lehrlinge und Gesellen zur Ausbildung in Betrieben des Handwerks und in der Industrie zum Zwecke der Vorbereitung der Auswanderung die Auswanderungsfähigkeit einer beträchtlichen Anzahl von Personen begründen. Darüber hinaus würde die Ermöglichung einer Ablegung der Gesellen- und Meisterprüfung, gegebenenfalls vor einem unter Kontrolle und Mitwirkung der Handwerkskammer gebildeten jüdischen Prüfungsausschuss, unter Ausstellung entsprechender Zeugnisse eine wesentliche Förderung der Auswanderung bedeuten.
Zusammenfassend glauben wir zu der Feststellung gelangen zu können, dass unter Berücksichtigung der in diesem Bericht erwähnten Gesichtspunkte und unter der Voraussetzung, dass die gegenwärtigen Einwanderungsbedingungen im wesentlichen erhalten bleiben, eine Steigerung des Gesamtumfanges der jüdischen Auswanderung aus Deutschland gegenüber dem Vorjahr um etwa 15 % erreicht werden dürfte.
[...][18]

DOK. 309
Die Ärztin Hertha Nathorff beklagt am 18. November 1937 die Überwachung ihres Vortrags beim Jüdischen Frauenbund durch die Gestapo[1]

Tagebuch von Hertha Nathorff, Eintrag vom 18. 11. 1937 (Typoskript 1940)

18. 11. 1937. Ich hab einen Vortrag gehalten über Frauenhygiene. Nur meinen Frauen vom jüdischen Frauenbund[2] zulieb – mir selber hat es keinen Spass gemacht – erst das Manuskript der Gestapo einreichen – dann in Gegenwart eines Beamten den Vortrag ablesen!! – Wie lächerlich, wie deprimierend – ich war so gewöhnt, stets frei zu sprechen – aber da hätte ich ja vielleicht irgend etwas gegen die Regierung sagen können! Es ist ebenso dumm wie lächerlich, was sie Einem zumuten, nur um zu schikanieren und zu kränken. Und um 10 Uhr pünktlich musste Schluss sein.
Aber der Frauenbund ist noch die einzige Möglichkeit, uns zu treffen. Alles andere ist untersagt.

18 Im Original folgt Teil II „Förderung der Auswanderung minderbemittelter Auswanderer". Er gliedert sich in „Einzelwanderung", „Familienwanderung" und „Gruppenwanderung" und behandelt die Förderung durch Darlehen, die Berufsvermittlung, den Familiennachzug sowie die Organisation von Siedlungsprojekten.

1 Hertha Nathorff, Tagebuch 30. 1. 1933 bis 9. 5. 1965, S. 33; ZfA/A Berlin, Lebensgeschichtliche Sammlung, Hertha Nathorff. Abdruck in: Das Tagebuch der Hertha Nathorff, S. 99 f.
2 Der Jüdische Frauenbund wurde 1904 gegründet. 1935 gehörten dem Dachverband 450 Vereine mit insgesamt 50 000 Mitgliedern an.

DOK. 310
Der siebzehnjährige Werner Angress schildert am 20. November 1937 seine Flucht aus Deutschland[1]

Handschriftl. Tagebuch von Werner Angress, Eintrag vom 20. 11. 1937

London, d. 20. 11. 37.
Lange, sehr, sehr lange, habe ich nicht eingeschrieben. Viel hat sich ereignet, viel Schönes ist geschehen und wieviel Trauriges auch. Seit dem 30. Oktober bin ich nicht mehr in Breesen[2]. Mein Vater[3] mußte sein Geschäft aufgeben und rettete sein Geld in's Ausland, entgegen allen Devisengesetzen.[4] Ich mußte mit, da man mich sonst evtl. als Geisel in's KZ gesteckt hätte. Ich fuhr am 30. nachts allein nach Amsterdam, während mein Vater nach Prag fuhr. Das Geld, meine Mutter und meine Brüder[5] waren schon im Ausland, in London. Ich blieb 1 Woche allein in Amsterdam und traf dort Meui.[7] Wir wurden Freunde, wir 2, die wir uns noch nie gesehen hatten und doch uns schnell kennenlernten, über ein Ziel, Deutschland.
Viel ist mir Breesen, ja alles, auch wenn ich von seinen Menschen räumlich getrennt bin. Da ist erst Leus,[8] das Mädel, das ich liebe und das mich liebt, meine Freundin. Dann Stef,[9] Prinz,[10] Jochen, Bondy, Traut,[11] Büh[12] und all die anderen, die mir zum Teil sehr viel sind und bedeuten. Unfreiwillig verließ ich Deutschland, unfreiwillig Groß-Breesen. Ich liebe Breesen und seine Menschen, und die 3 Menschen, die es mit ihrem Tod besiegelten, sie sollen mir auch helfen, Breesen weiter treu zu sein, alles zu erreichen, um mit den mir wesentlichen Leuten zusammenzubleiben.[13] 1½ Jahre Breesen sind viel.[14] Sie binden.

1 Werner Angress, Tagebuch [Anfang Mai 1936 bis 6. 5. 1941], (o. S.); LBIJMB, Sammlung Werner Angress.
2 Breesen: Groß-Breesen, seit 1936 landwirtschaftliches Ausbildungslager der Reichsvertretung der Juden in Deutschland für die Gruppenwanderung nach Übersee; siehe dazu Dok. 266 vom 18. 2. 1937.
3 Ernst Angress (1883–1943), Bankkaufmann; von 1918 an 1. Prokurist und von 1932 an Inhaber der Privatbank Königsberger und Lichtenhein; emigrierte 1937 nach London, dann 1938 nach Amsterdam; 1941 wurde er in Amsterdam verhaftet und wegen Devisenvergehens in Berlin verurteilt, 1941–1942 Haft im Zuchthaus Brandenburg, Ende 1942 von dort deportiert, im Januar 1943 in Auschwitz umgekommen.
4 Zur Veränderung der Devisengesetzgebung zuungunsten jüdischer Emigranten im Jahr 1937 siehe Dok. 304 vom 26. 10. 1937.
5 Henny Angress, geb. Kiefer (1892–1985), überlebte in Amsterdam im Untergrund; heiratete 1947 nach Großbritannien. Die beiden jüngeren Söhne Fritz Peter (*1923) und Hans Herbert (*1928) emigrierten 1947 in die USA und leben heute in Kalifornien.
7 Dr. Werner Warmbrunn (*1920). Angress hatte dessen Adresse beim Abschied aus Groß-Breesen erhalten. Warmbrunn emigrierte in die USA und wurde dort später Professor für Geschichte am Pitzer College in Claremont/Kalifornien; Autor u. a. von: „The Dutch under German Occupation 1940–1945" (1963).
8 Anneliese Fränkel (*1921), Tochter eines Nürnberger Sägewerkbesitzers; lebt in den USA.
9 Stefan Katz (1920–ca. 2004), Freund und Zimmergenosse von Angress in Groß-Breesen.
10 Hermann Neustadt, später Harvey P. Newton (1920–1998), stammte aus Breslau; emigrierte in die USA, leistete vier Jahre Dienst in der US-Armee; arbeitete als Agronom; lebte zuletzt in Costa Rica.
11 Traut Fleischer (ca. 1922–1947), emigrierte nach London, dort als Haushaltshilfe und Krankenschwester tätig.
12 Gerd Bühler (1922–1942) stammte aus Köln und emigrierte 1939 zunächst in die Niederlande, dann mit seinen Eltern in die USA; er fiel im Sommer 1942 als Angehöriger der US-Armee in der Normandie.
13 Während des Aufenthalts von Werner Angress starben zwei Jugendliche bei Unfällen, ein guter Freund nahm sich das Leben; siehe Dok. 266 vom 18. 2. 1937.
14 Angress hatte von Mai 1936 bis Oktober 1937 im Lager Groß-Breesen gelebt.

Schwer war der Abschied von Breesen, schwer und hart. Auch ich blieb hart, das erste Mal in meinem Leben. Diesmal kam es aber auch drauf an. Ich war, als meine Eltern mir ihren verzweifelten Plan unterbreiteten, ausgerissen, weggerannt von Berlin, nach Breesen. Ich hatte meinen Eltern einen Brief dagelassen, in dem ich ihnen mit Selbstmord drohte. Mir war es ernst. Ich sah im Leben ohne Breesen keinen Sinn mehr. Das war schwach, denn Breesen ist ja so stark in mir, daß es mir auch in der Ferne noch Sinn gibt, daß ich weiter Hanniot[15] bin und unter den Breesener Gesetzen stehe.
Mitte Dezember will ich zu Meui, mit ihm trampen, mit ihm auf Fahrt gehen. Wir, 2 Jungen, die Emigranten sind, aber keinen Haß auf Deutschland haben, sondern nur grenzenlose Liebe zu ihm, dem Land, dessen Kraft, Schönheit und Stärke uns schon in's Blut geimpft sind. Dem wir verfallen sind und das wir weiter lieb behalten werden. Ich will jetzt öfter einschreiben, will schreiben, was ich tue und treibe und will eine Kontrolle über mich selbst führen. Will meine Wünsche, meine Gedichte, meine Gedanken hier hineinschreiben, und will einst sehen, ob ich mich wirklich allein leiten konnte, so, wie ich es jetzt vorhabe. Gerade, ehrlich, treu, hart und Deutsch, allem und allen zum Trotz: Deutsch.

DOK. 311
Das Auswärtige Amt drängt beim Chef der Reichskanzlei am 23. November 1937 auf die Kennzeichnung jüdischer Geschäfte[1]

Schreiben des StS des AA (83-21 D.5./11.), gez. von Mackensen,[2] an den Staatssekretär und Chef der Reichskanzlei, Lammers,[3] vom 23. 11. 1937 (Abschrift)[4]

Sehr geehrter Herr Lammers!
Bekanntlich ist es den Beamten und Angestellten des Reichs verboten, in jüdischen Geschäften zu kaufen. Im Geschäftsbereich des Auswärtigen Amts haben sich bei der praktischen Durchführung des Verbots ständig große Unzuträglichkeiten daraus ergeben, daß Beamte des auswärtigen Dienstes im Einzelfalle sich nur unvollkommen darüber unterrichten können, ob eine Firma als jüdisch zu gelten hat oder nicht. Besonders schwierig ist diese Feststellung für diejenigen Beamten, die im Auslande dienstlich tätig sind und von dort aus Waren bestellen oder auf Urlaub in der Heimat kaufen. Ein langwieriger Schriftwechsel ist beispielsweise mit den zuständigen Behörden schon geführt worden, nur um

15 Hanniot: Angehöriger der bis zu dessen Suizid von Hannio geführten Lagergruppe. In Groß-Breesen benannten sich die Gruppen nach den Zimmerältesten.

1 BArch, R 3601/1859, Bl. 289+RS.
2 Dr. Hans Georg von Mackensen (1883–1947), Offizier und Jurist; von 1911 an im preuß. Justizdienst, von 1919 an im AA tätig; 1934 NSDAP- und 1937 SS-Eintritt; 1933–1937 Gesandter in Budapest, März 1937 StS im AA, 1938–1943 Botschafter in Rom, 1944 in den Ruhestand versetzt.
3 Dr. Hans Heinrich Lammers (1879–1962), Jurist; zunächst Richter, von 1921 an im RMdI tätig; 1932 NSDAP- und 1933 SS-Eintritt; von 1933 an StS und Chef der Reichskanzlei, mit der Vorbereitung der Regierungsgeschäfte betraut, von 1937 an als Reichsminister, von 1939 an Geschäftsführung im Ministerrat für die Reichsverteidigung; 1949 im Wilhelmstraßenprozess zu 20 Jahren Haft verurteilt, 1951 entlassen.
4 Eine Abschrift des Schreibens wurde den Obersten Reichsbehörden zur Kenntnisnahme übersandt. Reichskirchenminister Kerrl schrieb am 2. 12. 1937 den Reichsministern, auch an ihn sei das Anliegen mehrfach herangetragen worden. Mit Rücksicht auf die Weihnachtsverkäufe und im Interesse weiter Volksteile bitte er um baldige Regelung; wie Anm. 1, Bl. 290.

Klarheit darüber zu schaffen, ob das Warenhaus Wertheim als jüdisch anzusehen ist oder nicht.[5] Im Interesse der ihm anvertrauten Gefolgschaft des Auswärtigen Amts, die bei einem Verstoß gegen das Verbot großen Unzuträglichkeiten ausgesetzt ist, hält es der Herr Reichsaußenminister[6] daher für notwendig, zunächst einmal die Frage zu klären, welche Geschäfte *in Berlin* als jüdisch anzusehen sind.

Soweit mir bekannt ist, hat das Reichs- und Preußische Ministerium des Innern bereits einen Gesetzentwurf vorgelegt, der die Kennzeichnung jüdischer Geschäfte und zugleich die Vorbereitung einer Liste jüdischer Geschäfte vorsieht.[7] Es erscheint mir aber notwendig, wenigstens die angeschnittene Frage schon jetzt zu klären, und ich wäre Ihnen daher dankbar, wenn Sie dafür Sorge tragen würden, daß die geplanten Maßnahmen schnellstens getroffen werden.

Weiterhin würde es der Herr Reichsaußenminister begrüßen, wenn in diesem Zusammenhange auch die Frage der Behandlung solcher Firmen zur Entscheidung gebracht würde, die zwar nichtarischen Einschlag haben, aber in ihrer Gefolgschaft hunderten oder gar – wie in großen Warenhäusern – tausenden von rein arischen Volksgenossen Lebensunterhalt gewähren.

Mit bestem Gruß und Heil Hitler!

Ihr sehr ergebener

DOK. 312

Propagandaminister Goebbels propagiert am 26. November 1937 den Ausschluss der Juden aus dem deutschen Kulturleben[1]

Ansprache von Joseph Goebbels, Jahrestagung der Reichskulturkammer und der NS-Gemeinschaft Kraft durch Freude, Berlin, vom 26. 11. 1937

[…][2]

Nur so haben wir im Bereiche des deutschen Kulturlebens ohne nennenswerte Erschütterung eine Frage lösen können, die gerade auf diesem Gebiet in der vornationalsozialistischen Zeit für schlechterdings unlösbar galt: Wir haben die Juden beseitigt und Führung und Repräsentanz des deutschen Geisteslebens der Nation und der Welt gegenüber wieder in deutsche Hände gelegt. Was das bedeutet, kann nur der ermessen, der eine Vorstellung davon besitzt, wie tief der jüdische Einfluß gerade in das deutsche Kultur-

5 Siehe dazu Dok. 278 vom 7. 5. 1937.

6 Reichsaußenminister war zu diesem Zeitpunkt Konstantin Freiherr von Neurath.

7 Die Forderung nach der Registrierung und Kennzeichnung jüdischer Gewerbebetriebe wurde mit der 3. VO zum Reichsbürgergesetz vom 14. 6. 1938 realisiert; RGBl., 1938 I, S. 627.

1 DRA, FHB NM 59/5/3, Transkription: 5.45-12.25 Min; Abdruck nach: Roller/Höschel, Judenverfolgung und jüdisches Leben, Bd. 1, S. 98–100.

2 Gesamtdauer der Rede 35 Minuten. Goebbels leitete seine Rede mit Erörterungen zum Wesen der „Organisation" ein, die im Leben der Völker eine ausschlaggebende Rolle spiele. Zugunsten „eines größeren und umfassenderen Lebensgesetzes" müsse die „Aufgabe gewisser individueller Privatrechte" verlangt werden. Danach kam Goebbels auf die „Säuberung" des Kunstbetriebs zu sprechen. Die Rede wurde gekürzt vom Völkischen Beobachter wiedergegeben: VB (Norddt. Ausg.), Nr. 331 vom 27. 11. 1937, S. 2.

leben eingedrungen war. Nirgendwo herrschte und dominierte der Jude so uneingeschränkt und ungestört wie gerade hier. Wenn man sich vergegenwärtigt, daß wir – ganz abgesehen von den Juden, die schon bei Ausbruch der nationalsozialistischen Revolution rechtzeitig als Emigranten das Weite suchten – seit 1933 annähernd dreitausend Juden[3] aus dem deutschen Kulturleben entfernt, gleichzeitig aber auch die leer gewordenen Stellen mit Deutschen besetzt haben, ohne daß bei diesem riesigen Personenschub eine auch nur in Betracht kommende Stagnation im deutschen Kulturleben eintrat; wenn man weiterhin dabei bedenkt, daß es sich hier in der Hauptsache selbstverständlich um ausschlaggebende Stellen handelte – die übten ja im allgemeinen führende Funktionen im öffentlichen Leben aus –, so kann man sich ungefähr eine Vorstellung davon machen, wieviel Arbeit hier geleistet wurde und wie leicht der eine oder andere personelle Mißgriff dem erreichten Ziel gegenüber wiegt. In keiner deutschen Zeitung schreibt heute mehr ein Jude, und trotzdem erscheinen die Zeitungen zahlreicher und besser aufgemacht denn je. Auf keiner Bühne tritt heute mehr ein Jude auf, und trotzdem spielen die Theater, und sie sind überfüllt wie nie. In keinem Film wirkt heute noch ein Jude mit, und trotzdem produzieren wir Filme, zahl- und erfolgreicher denn je.[4]
Noch klingt uns in den Ohren das Geschrei unserer Gegner, es sei unmöglich, die Juden aus dem deutschen Kulturleben zu entfernen, da sie nicht ersetzt werden könnten. Wir haben es getan, und es geht besser als zuvor! Auf diesem Gebiet ist die Forderung des Nationalsozialismus restlos durchgeführt worden, und die Welt hat den Beweis vor Augen, daß das Kulturleben eines Volkes auch, und zwar sinn- und zweckgemäß, ausschließlich von seinen eigenen Söhnen verwaltet, geführt und repräsentiert werden kann.
Wie tief der jüdische Ungeist in das deutsche Kulturleben eingedrungen war, das zeigte in erschreckenden und geradezu grauenerregenden Formen die in München als warnendes Beispiel durchgeführte Ausstellung der ‚Entarteten Kunst'.[5] Wir sind ihretwegen vielfach in der sogenannten Weltpresse angegriffen worden, aber es hat sich bis heute kein ausländischer Enthusiast gefunden, der zur Wiedergutmachung dieser Kulturbarbarei etwa bereit gewesen wäre, die in München ausgestellten „Kunstschätze" zu kaufen und sie damit für die Ewigkeit zu retten. *(Beifall)* Sie mögen sie nicht, aber sie verteidigen sie. Und sie verteidigen sie nicht aus kulturellen, sondern lediglich aus politischen Gründen. Es bedarf kaum einer wegwerfenden Handbewegung, um sich mit ihren Argumenten auseinanderzusetzen. Aber auch in Deutschland hat dieses Vorgehen hier und da Mißverständnisse hervorgerufen.
Man war zwar mit der allgemeinen Tendenz dieser Bereinigung eines kulturellen Notstandes einverstanden, behielt sich aber vor, im einzelnen leise Einwände zu erheben. Diese Einwände klangen sehr nach dem Motto derer, die ehedem wegen unserer Judenfeindschaft erhoben wurden: Man dürfe das Kind nicht mit dem Bade ausschütten, man sei ja auch antisemitisch, aber was zu viel sei, sei eben zu viel. – Wir kennen diese Melodie: Wasch mir den Pelz, aber mach mich nicht naß.

3 Im Völkischen Beobachter heißt es: „Juden und Judengenossen"; ebd.
4 Bis auf den letzten Satz des Dokuments wurde der folgende Text in der Redewiedergabe des Völkischen Beobachters ausgelassen; ebd.
5 Die Ausstellung „Entartete Kunst" wurde am 19.7.1937 in München eröffnet und später in zwölf Städten gezeigt. Die von insgesamt drei Millionen Menschen besuchte Ausstellung präsentierte in diffamierender Form expressionistische, dadaistische und andere Kunstwerke, die in deutschen Museen konfisziert worden waren.

Für die in München angeprangerten Bilder und Plastiken der „Entarteten Kunst" wurde im Ernst kein einziges durchschlagendes Argument vorgebracht. Man plädierte nicht für die dort ausgestellten Dokumente des Verfalls, sondern gegen die sogenannte Methode. Auch diese Schundfabrikanten besäßen ein starkes Wollen, repräsentierten im Aktivismus einer neuen Künstlerschaft und wie diese faulen Ausreden sonst noch lauten mochten. Man meinte, man solle diese Entwicklung sich selbst auswirken lassen, sie werde sich so am ehesten totlaufen. Man hätte dasselbe in der Innenpolitik über den Marxismus oder über den Parlamentarismus, in der Wirtschaft über den Klassenkampf oder über den Standesdünkel, in der Außenpolitik über den Versailler Vertrag oder über den Raub der deutschen Souveränitätsrechte sagen können. So etwas läuft sich nicht selbst tot; das muß beseitigt werden. Je gründlicher, schneller und radikaler das geschieht, um so besser! [Beifall] Das hat gar nichts mit Unterdrückung künstlerischer Freiheit und jugendlichen Fortschritts zu tun. Im Gegenteil, die Machwerke, die hier ausgestellt waren und ihre Schöpfer sind von gestern und vorgestern. Es handelt sich bei ihnen um die vergreisten, gar nicht mehr ernst zu nehmenden Vertreter einer Zeitepoche, die wir geistig und politisch längst überwunden haben und deren scheußliche Abarten nur noch auf dem Gebiet der bildenden Künste in unsere Zeit hineingeisterten.
Wie gesund eine solche Reinigungskur war, das zeigt die Reaktion beim Publikum und vor allem bei den Käuferschichten der Großen Deutschen Kunstausstellung im Haus der Deutschen Kunst in München."[6]
[...][7]

DOK. 313
Die Jüdische Gemeinde Merzig schreibt dem Reichskommissar für das Saarland am 29. November 1937 wegen der Reparatur der beschädigten Synagoge[1]

Handschriftl. Brief von Leo Weil,[2] Staatlicher Kommissar der Synagogen-Gemeinde Merzig (Saar), an den Reichskommissar für das Saarland, Abt. III Kultus u. Schulwesen (Eing. 30. 11. 1937), Saarbrücken, vom 29. 11. 1937[3]

In unserer Filialgemeinde Brotdorf, Landbürgermeisterei Merzig-Land, wurden in der letzten Zeit in der Synagoge öfters Fensterscheiben eingeworfen. Am Abend des 12. November wurden wiederum cirka 20 Scheiben eingeworfen. Da nun in unserer Gemeinde

6 Die erste Große Deutsche Kunstausstellung fand vom 18. 7. bis 31. 10. 1937 statt und hatte 400 000 Besucher. Die Verkaufsausstellung wurde bis 1944 insgesamt acht Mal im eigens hierfür gebauten Haus der Deutschen Kunst in München veranstaltet.
7 Im folgenden Teil der Rede behauptete Goebbels, das breite Publikum habe niemals zuvor an der Bildenden Kunst so intensiv Anteil genommen wie im NS-Staat. Mit Subventionen und Aufträgen habe die Regierung in den Kulturbetrieb eingegriffen. Neben der Nachwuchsförderung werde auch für die alternden Künstler durch die Förderung von Alters- und Erholungsheimen gesorgt; VB (Norddt. Ausg.), Nr. 331 vom 27. 11. 1937, S. 2. Zur Nutzung „arisierten" Besitzes für die Künstlerhilfe siehe die Anm. 4 im Dok. 180 vom 24. 7. 1935.
1 LAS, MK, Nr. 3314, Bl. 187. Abdruck in: Dokumentation Rheinland-Pfalz und Saarland, S. 440 f.
2 Leo Weil (*1870); von 1925 an Mitglied und von 1932 an Vorsitzender der Vertretung der Synagogen-Gemeinde Merzig; im Oktober 1940 nach Gurs, dann im Mai 1944 von Drancy nach Auschwitz deportiert.
3 Im Original mehrere handschriftl. Unterstreichungen.

nur mehr einige ganz arme Leute wohnen, so ist es diesen nicht mehr möglich, die Ausgaben zu tragen. Die Täter wurden in den Schulen festgestellt.
Ich wandte mich an die zuständige Bürgermeisterei Merzig-Land mit der Bitte, die Gemeinde Brotdorf zu veranlassen, die Fenster wieder einsetzen zu lassen. Ich blieb bisher ohne Antwort. Es wurde immer Gottesdienst dort abgehalten, was dadurch bei dieser kalten Witterung unmöglich ist. Was soll ich weiter tun? Würden Sie die Gemeinde Brotdorf bitte veranlassen, den Schaden wieder gut zu machen. Ihrem gefl. Bescheid entgegensehend, zeichnet Hochachtungsvoll[4]

DOK. 314
Die Deutsche Arbeitsfront plant am 7. Dezember 1937, den gesetzlichen Ausschluss der Juden als Betriebsführer durchzusetzen[1]

Schreiben (Vertraulich!) des DAF-Zentralbüros/Abt. Vertrauensrat (Wy/St, V 01.24, Tagebuch Nr. A 2231/2357), Abteilungsleiter Weygold,[2] an das Büro für Arbeitsausschüsse, Referat Vertrauensrat, Gauwaltung Schlesien der DAF, Breslau, vom 7.12.1937 (Durchschrift)

Ich benötige umgehend – jedoch ohne Bezugnahme auf unsere Anregung – ein Schreiben etwa folgenden Inhaltes:
Bei einer kommenden Neufassung des AOG[3] muß verankert werden, dass Juden nicht mehr Betriebsführer im Sinne des AOG = Menschenführer sein können. – Man kann vom deutschen Arbeiter nicht erwarten, dass er sein Gelöbnis, für Führer und Volk zu arbeiten, in die Hand eines Juden ablegt. – Es sind Fälle bekannt, wo durch die Weigerung der Vertrauensmänner, ihr Gelöbnis vor einem Juden abzulegen, die Verpflichtung, damit Einsetzung (und Kündigungsschutz!) der Männer nicht erfolgen konnte.
Die Hersendung solcher Schreiben – wenn möglich mit Beispielen belegt – sollte *sofort* erfolgen.[4] (Rückdatierung bis zu zwei Monaten!)[5]
Heil Hitler!

4 Nach der Stellungnahme des Amtsbürgermeisters von Merzig-Land lehnte die Behörde eine Ersatzpflicht durch die Gemeinde ab; Dokumentation Rheinland-Pfalz und Saarland, S. 440 f.

1 BArch, NS 5 IV/199, Bl. 155.
2 Karl Josef Weygold (1897–1982), Kaufmann; 1929 NSDAP-Eintritt; 1933 Vorstandsvorsitzender der Allgemeinen Ortskrankenkasse München-Stadt; später bis 1943 Abteilungsleiter im DAF-Zentralbüro, von 1943 an Leiter des Gebiets Arbeit und Sozialgestaltung im Arbeitsbereich Osten der NSDAP.
3 Gesetz zur Ordnung der Nationalen Arbeit vom 20. 1. 1934; RGBl., 1934 I, S. 45–56.
4 In der Akte liegt keine Antwort auf dieses Schreiben.
5 Eine entsprechende Regelung erfolgte durch die VO zur Ausschaltung der Juden aus dem deutschen Wirtschaftsleben vom 12. 11. 1938; RGBl., 1938 I, S. 1580.

DOK. 315
Als kommissarischer Reichswirtschaftsminister beschränkt Göring am 15. Dezember 1937 die Devisen- und Rohstoffzuteilungen für jüdische Unternehmen[1]

Runderlass des RuPrWM, mit der Führung der Geschäfte beauftragt: gez. Göring,[2] Preuß. Ministerpräsident (II R 45578/37), an die Reichsbeauftragten der Überwachungsstellen[3] VII bis XXVII (persönlich) vom 15. 12. 1937 (Abschrift)

Betr.: Devisen- und Rohstoffzuteilungen an jüdische Unternehmen.
Die Zuteilungen von Devisen und Rohstoffen nach Stichzeiten, die vor Beginn oder in den Anfangsjahren der Devisen- bezw. der Rohstoffbewirtschaftung liegen, hat bewirkt, daß jüdische Unternehmen am Handel und an der Gütererzeugung auch heute noch in einem Maße beteiligt sind, das der grundsätzlichen Forderung nach einer Ausschaltung des jüdischen Einflusses in der Wirtschaft nicht genügt und auch der tatsächlichen Entwicklung nicht gerecht wird. Für die Wareneinfuhr bestimmt der Allgemeine vertrauliche Erlaß der Reichsstelle für Devisenbewirtschaftung vom 8. Juni 1936 – 88/36 Ü.St. – bereits, daß Devisengenehmigungen nicht starr nach dem Umfange der Beteiligung an der Einfuhr innerhalb der Vergleichzeit zu bemessen sind. Die Überwachungsstellen haben am 27. November 1937 neue Weisungen für die Zuteilung von Devisen und Rohstoffen an jüdische Unternehmen erhalten.[4] In Ergänzung dieser Anweisungen bestimme ich folgendes:
I. Über die in dem Erlaß vom 27. November 1937 – II R 40181/ 37 vorgesehenen Nachprüfungen hinaus haben die Überwachungsstellen zu prüfen, ob die Beibehaltung der früheren Stichzeiten bei jüdischen Unternehmen noch gerechtfertigt ist. Diese Prüfung ist im Einzelfalle auf das Devisenkontingent und das Rohstoffkontingent zu erstrecken.
Der Umfang der Einfuhr bei Beginn oder in den Anfangsjahren der Devisenbewirtschaftung darf künftig in der Regel nicht mehr als Maßstab für die Bemessung des Einfuhrkontingents jüdischer Unternehmen dienen. Das Devisenkontingent ist vielmehr an die Einfuhrbeteiligung späterer Jahre (– etwa 1936/37 –) anzulehnen.
In der gleichen Weise ist künftig bei der Zuteilung von Kontingenten auf dem Gebiete der innerdeutschen Bewirtschaftung (Verarbeitungs-, Einkaufs-, Lagerhaltungs- und Handelskontingente) zu prüfen, ob die Durchführung der vorstehenden Grundsätze die Beibehaltung der meist in den Jahren 1933 und 1934 liegenden Vergleichszeiten für jüdische Unternehmen verträgt. Im allgemeinen wird auch hier für jüdische Unternehmen ein späterer Vergleichszeitraum zu wählen sein. Im übrigen kann die in dem Erlaß vom 27. November 1937 vorgesehene Kontingentskürzung um 10 %, die nur eine Mindestforderung darstellt, in geeigneten Fällen überschritten werden.

1 BArch, R 3601/1859, Bl. 359 f.
2 Nach der Entlassung Hjalmar Schachts leitete Göring das RWM vom Herbst 1937 bis zum Frühjahr 1938.
3 Seit März 1934 richtete das RWM zur Kontrolle der Beschaffung, Lagerung und Verteilung von Waren sog. Überwachungsstellen ein; RGBl., 1934 I, S. 212. Später existierten solche Überwachungsstellen für landwirtschaftliche und industrielle Produkte.
4 Mit dem Erlass vom 27. 11. 1937 hatte das RWM u. a. bestimmt, die „Einfuhrkontingente jüdischer Firmen" laufend zu überprüfen und bei nachlassender Kundennachfrage zu senken. Eine Erhöhung des Einfuhrkontingents oder zusätzliche Devisenzuteilungen waren ausgeschlossen; Erlass des RuPrWM (Posse) an die Reichsbeauftragten der Überwachungsstellen VII bis XXVII vom 27. 11. 1937, wie Anm. 1, Bl. 357–358RS.

II. Nach dem Erlaß vom 27. November 1937 sind die eingesparten Devisen und Rohstoffe vor allem dazu zu verwenden,
1. förderungswerten deutschen Unternehmen Sonderzuteilungen zu gewähren,
2. die Notlage der Grenzgebiete zu mildern,
3. die Neuerrichtung deutscher Unternehmen in stark jüdisch besetzten Wirtschaftszweigen zu unterstützen.
Ich weise in diesem Zusammenhange besonders auch auf den Erlaß vom 28. Mai 1937 – II R 18659/37 – betreffend Sonderregelung für alte Kämpfer der Bewegung[5] hin und ersuche, einen bestimmten Teil der eingesparten Menge für diese Zwecke zur Verfügung zu halten. Der Erlaß vom 28. Mai 1937 greift künftig auch hinsichtlich der Zuteilung von Einfuhrkontingenten Platz.
III. Bestehen Zweifel darüber, ob ein Unternehmen als jüdisches Unternehmen anzusehen ist, so können die Überwachungsstellen ein Gutachten der zuständigen Industrie- und Handelskammer einholen. Die Industrie- und Handelskammern werden von mir nähere Weisung erhalten. In Zweifelsfällen ist mir einstweilen bis zu einer abschliessenden gesetzlichen Regelung zu berichten.
Die etwa notwendige Aufklärung von Zweifelsfällen darf die Durchführung der gebotenen Maßnahmen gegenüber solchen Unternehmen, die als jüdische Unternehmen bekannt sind, nicht verzögern.

DOK. 316
Staatssekretär Pfundtner übersendet dem Chef der Reichskanzlei am 18. Dezember 1937 den Entwurf einer gegen jüdische Ärzte gerichteten Verordnung[1]

Schreiben (geheim) des StS im RuPrMdI (I B 215/5016 g), Pfundtner, an den Chef der Reichskanzlei, Lammers, vom 18. 12. 1937[2]

Betrifft: Ausschaltung der jüdischen Ärzte.
Auf das gefällige Schreiben vom 25. August 1937 – Rk. 13354 A. –[3]
Lieber Herr *Lammers*!
Hiermit übersende ich Ihnen mit der Bitte um zunächst vertrauliche Kenntnisnahme einen vorläufigen Referentenentwurf einer Vierten Verordnung zum Reichsbürgergesetz.[4]
Zu dem Entwurf bemerke ich im allgemeinen:
Wenn der Entwurf dieser Verordnung über die in dem Vortrag des Reichsärzteführers[5] beim Führer und Reichskanzler vom 14. Juni d. Js.[6] allein angeschnittene Frage der Aus-

5 Nicht aufgefunden.

1 BArch, R 43 II/733, Bl. 60–66. Abdruck in: AdR, Teil IV, S. 678–682.
2 Im Original handschriftl. Bearbeitungsvermerke.
3 Lammers hatte StS Pfundtner am 25. 8. 1937 darüber unterrichtet, dass auf einer für den 1. 9. 1937 in Berchtesgaden geplanten Sitzung auch die „Frage der Ausschaltung der jetzt noch tätigen Ärzte“ behandelt werden solle; wie Anm. 1, Bl. 44 f.
4 Hier nicht abgedruckt; ebd., Bl. 67–69.
5 Reichsärzteführer war seit 1935 Gerhard Wagner.
6 Gegenüber Wagner äußerte Hitler, er wolle im Fall eines Krieges die jüdischen Ärzte „ausgeschaltet“ sehen. Hitler entschied, Lammers solle die gesetzliche Grundlage ausarbeiten, um die noch tätigen Ärzte durch Approbationsentzug zu entfernen; Vermerk vom 14. 6. 1937, wie Anm. 1, Bl. 43. Abdruck in: AdR, Teil IV, S. 351 f.

schaltung jüdischer Ärzte hinausgeht und die Verdrängung der Juden aus einer Reihe weiterer Berufe vorsieht, so war hierfür die Erwägung maßgebend, daß es zweckmäßig erschien, in einer Gesamtregelung die Ausschaltung der Juden aus bestimmten Berufen auszusprechen, aus denen sie früher oder später doch ausgeschieden werden müssen. Die Einbeziehung der Rechtsanwälte und Patentanwälte in den Entwurf ist dabei, wie ich betonen möchte, ohne vorherige Fühlungnahme mit dem Reichsjustizministerium und zu dem Zweck erfolgt, von dem Standpunkt der von uns zu vertretenden Judenpolitik aus den Kreis der zu erfassenden Berufsgruppen abschließend zu umreißen.
Es ist weiter davon abgesehen worden, die Form eines besonderen Gesetzes zu wählen. Das Reichsbürgergesetz ist das Gesetz, das die Grundlage zur Ausscheidung der Juden aus Körper und Leben des Deutschen Volkes geschaffen hat.[7] Es ist immer nur folgerichtig, wenn weitere Maßnahmen, die der Durchsetzung dieses Zieles zu dienen bestimmt sind, in der Form einer Durchführungsverordnung zu dem Reichsbürgergesetz erscheinen. Soweit durch eine solche Verordnung Gesetzesrecht – es kommt hier nur die Reichsärzteordnung[8] und das Gesetz über Maßnahmen im ehemaligen oberschlesischen Abstimmungsgebiet in Frage[9] – materiell abgeändert wird, dürften Bedenken nicht bestehen, insbesondere, wenn die in Aussicht genommene Verordnung die Unterschrift des Führers und Reichskanzlers erhält, was ich für notwendig halte.
Im einzelnen ist zu dem Entwurf folgendes zu sagen:
Zu § 1[10]
Bevor das Problem der Ausschaltung der jüdischen Ärzte auf gesetzgeberischem Wege angefasst wird, müssen m. E. – und zwar durch eine *verbindliche* Äußerung der Reichsärztekammer – folgende Vorfragen geklärt werden:
1. a) Kann bei völliger Ausschaltung von 4 000 jüdischen Ärzten in Friedens- und Kriegszeiten eine ausreichende ärztliche Versorgung an allen Orten sichergestellt werden? Hierbei ist die Tatsache besonders zu berücksichtigen, daß die praktizierenden deutschblütigen Ärzte zur Zeit und in Zukunft durch die vielen Aufgaben, die ihnen fortgesetzt neu zugewiesen werden, schon sehr in Anspruch genommen sind.
b) Welche vorbereitenden Maßnahmen wären erforderlichenfalls zu treffen?
2. Zu welchem Termin kann, wenn die Frage zu 1 a bejaht wird, die Ausschaltung der jüdischen Ärzte ohne Gefahr erfolgen?
Sind diese Vorfragen positiv geklärt, so ist der Weg für die geplante Regelung frei.
Was die *Art* des Vorgehens betrifft, so empfiehlt es sich nicht, durch die in der Reichsärzteordnung vorgesehene Zurücknahme der Bestallung das Ausscheiden der jüdischen Ärzte herbeizuführen, da angesichts ihrer Zahl eine solche Belastung der Verwaltungsbehörden nicht vertretbar erscheint. Es ist daher vorgesehen, daß die Bestallungen (Approbationen) der jüdischen Ärzte kraft Gesetzes erlöschen, wie dies in § 12 des Gesetzes über Maßnahmen im ehemaligen oberschlesischen Abstimmungsgebiet vom 30. Juni 1937 (RGBl. I S. 717) auch

7 Siehe Dok. 198 vom 15. 9. 1935.
8 Laut Reichsärzteordnung vom 13. 12. 1935 konnte eine Neuapprobation untersagt werden, wenn der Anteil der jüdischen Ärzte den Anteil der Juden an der Gesamtbevölkerung überstieg; RGBl., 1935 I, S. 1433.
9 Durch das Gesetz vom 30. 6. 1937 waren die „Rassengesetze" in Oberschlesien, u. a. mit Beschränkungen für jüdische Ärzte, eingeführt worden; RGBl., 1937 I, S. 717–720.
10 Nach § 1 des VO-Entwurfs sollten Approbationen jüdischer Ärzte zum 31. 3. 1938 erlöschen; wie Anm. 1, Bl. 67.

bestimmt worden ist. Als Zeitpunkt ist vorläufig der 31. März 1938 vorgesehen. Seine endgültige Festlegung wird wesentlich auch noch davon abhängen, bis wann die notwendig werdenden Ersatzzulassungen von Krankenkassenärzten überall durchgeführt werden können. Besonderer Prüfung bedarf, ob die jüdischen Ärzte ausnahmslos ausgeschieden werden sollen. Hierbei ist zu beachten, daß in einigen Städten Deutschlands noch caritative jüdische Krankenhäuser (schätzungsweise etwa 9 bis 10 Anstalten mit rund 1500 Betten) vorhanden sind. Es besteht keine Veranlassung, solche Einrichtungen, die aus Mitteln des Judentums unterhalten werden, eingehen zu lassen und dadurch öffentliche Mittel vermehrt in Anspruch zu nehmen. Diese Anstalten sind auch unentbehrlich für die Ausbildung jüdischer Krankenpflegerinnen, deren wir weiterhin für die Pflege jüdischer Kranker ständig bedürfen, da man es deutschblütigen Pflegerinnen kaum zumuten kann, in jüdische Haushalte zur Krankenpflege zu gehen; eine Unmöglichkeit häuslicher Krankenpflege würde aber die Benutzung der öffentlichen Krankenhäuser durch Juden zur Folge haben und damit bei Pflichtversicherten eine vermehrte Inanspruchnahme der Versicherungsleistungen zugunsten der Juden mit sich bringen. Schließlich erscheint es auch bei der starken Beanspruchung der deutschblütigen Ärzte nicht vertretbar, in Bezirken, in denen – wie z. B. Berlin, Breslau, Frankfurt a/Main – Juden in größerer Zahl ihren Wohnsitz haben, diesen Ärzten auch noch die Behandlung jüdischer Kranker zuzumuten und dadurch die Zeit für die Behandlung deutschblütiger Kranker weiter zu verknappen.
Aus allen diesen Erwägungen heraus sieht der Entwurf vor, daß Ausnahmen von dem Erlöschen der Bestallung bei jüdischen Ärzten zugestanden werden können. Um sicherzustellen, daß diese jüdischen Ärzte auch tatsächlich ausschließlich für den jüdischen Teil der Bevölkerung zur Verfügung stehen, ist neben der Widerruflichkeit der Ausnahmegenehmigung und der Zulässigkeit bestimmter Auflagen auch das unter Strafe gestellte Verbot der Behandlung deutscher Staatsangehöriger deutschen oder artverwandten Blutes vorgesehen, soweit nicht die allgemeinen Strafvorschriften eine Pflicht zur ärztlichen Hilfeleistung vorschreiben.
Absatz 4 von § 1 ist durch die augenblickliche Fassung der Reichsärzteordnung geboten. Absatz 5 soll eine vereinfachte Herbeiführung der notwendigen Änderungen der Reichsärzteordnung sicherstellen.

Zu § 2[11]

Bei den Zahnärzten und Tierärzten taucht das Problem einer Mangellage bei dem Ausscheiden der Juden nicht auf. Nach Mitteilung der Zahnärztekammer gibt es unter den vorhandenen 16 217 Zahnärzten 606 Juden; unter den 8500 bis 9000 Tierärzten finden sich nur 78 Juden.
Einer Änderung der Reichstierärzteordnung bedarf es im Gegensatz zur Reichsärzteordnung nicht. Eine Reichszahnärzteordnung ist noch nicht erlassen; die Prüfungsordnung für die Zahnärzte kann ohne besondere Ermächtigung im Rahmen unserer eigenen Zuständigkeit jederzeit abgeändert werden.

Zu § 3[12]

Bei den jüdischen nichtapprobierten Zahnbehandlern, Heilpraktikern und Hebammen

11 Der § 2 des VO-Entwurfs bestimmte, dass Bestallungen jüdischer Zahn- und Tierärzte zum 31. 3. 1938 erlöschen würden; wie Anm. 1, Bl. 67.

12 Der § 3 des VO-Entwurfs verbot „jüdischen Zahnbehandlern und Heilpraktikern", Nichtjuden zu behandeln; ebd., Bl. 67 f.

erschien es, um das Problem der Kurierfreiheit nicht durch eine auf einem gänzlich anderen Gebiet liegende Regelung anzuschneiden, nicht erwünscht, den Ausschluß der Juden aus diesen Berufsgruppen herbeizuführen, ganz abgesehen davon, dass der Anteil der Juden an diesen Berufen unbedeutend ist. Es genügt in diesem Falle das Behandlungsverbot deutschblütiger Personen.

Zu § 4[13]

Wie bereits betont, ist die Einbeziehung der Rechtsanwälte und Patentanwälte zunächst ohne Fühlungnahme mit dem Reichsjustizministerium erfolgt. Es ist mit Sicherheit zu erwarten, daß die Anwaltschaft den Ausschluß der Juden aus ihren Reihen fordern wird, wenn sie aus dem Beruf des Arztes, Zahnarztes und Tierarztes ausgeschaltet werden.

Zu §§ 5 und 6

Die vorgesehenen Bestimmungen entsprechen dem bisherigen Recht, wie sie in § 2 und § 4 der Zweiten Verordnung zum Reichsbürgergesetz vom 21. Dezember 1935 (RGBl. I S. 1524) enthalten sind.[14]

Zu § 7

Die Bestimmung, daß die auf Grund von § 4 der Ersten Verordnung zum Reichsbürgergesetz ausscheidenden jüdischen Beamten als Ruhegehalt die vollen zuletzt bezogenen Dienstbezüge bis zur Erreichung der Altersgrenze erhalten, hat erhebliche Gegenvorstellungen der deutschblütigen Beamten hervorgerufen, die im Gegensatz zu den Juden bei vorzeitigem Ausscheiden aus dem Amt nur ihre Pensionsbezüge erhalten. Diese Regelung war seinerzeit wesentlich aus außenpolitischen Erwägungen getroffen worden, die heute wohl nicht mehr zutreffen dürften. Auch aus finanziellen Erwägungen erscheint es geboten, die Besserstellung der jüdischen Beamten nunmehr aufzuheben. Entsprechendes gilt in bezug auf die jüdischen Beamten, die nach § 2 Nr. 1 des Gesetzes über Maßnahmen im ehemaligen oberschlesischen Abstimmungsgebiet mit Ablauf des 31. August 1937 unter Beibehaltung ihrer vollen bisher bezogenen Dienstbezüge in den Ruhestand getreten sind. Einer ausdrücklichen Abänderung des Gesetzes über Maßnahmen im ehemaligen oberschlesischen Abstimmungsgebiet bedarf es nicht, da die Vorschriften, auf die Satz 2 in Nr. 1 von § 2 a. a. O. Bezug nimmt, durch Absatz 1 von § 7 des Entwurfs aufgehoben worden sind, so daß damit die Bezugnahme in dieser Vorschrift ohne weiteres entfällt.

An dem Entwurf sind das Auswärtige Amt, der Reichsfinanzminister, der Reichserziehungsminister, der Reichsarbeitsminister und auch der Reichskriegsminister wesentlich interessiert. Bevor ich den Entwurf weiter bearbeiten lasse, lege ich Wert darauf, mich über seine Grundsätze zunächst mit Ihnen auszusprechen. Ich bitte Sie, einen diesbezüglichen Zeitpunkt mit mir zu vereinbaren.[15]

Heil Hitler!

13 Der § 4 des VO-Entwurfs bestimmte, dass Zulassungen jüdischer Rechts- und Patentanwälte zum 31. 3. 1938 erlöschen würden; ebd., Bl. 68.

14 Die §§ 2 und 4 der 2. VO zum Reichsbürgergesetz vom 21. 12. 1935 regelten die Möglichkeit eines Unterhaltszuschusses für bedürftige Beamte sowie die Anwendung der Vorschriften des Gesetzes über das Kündigungsrecht von Mietwohnungen der durch das BBG betroffenen Personen; RGBl., 1935 I, S. 1524.

15 Hitler entschied später, die 4. VO habe sich ausschließlich auf Ärzte zu beschränken; Schreiben von StS Pfundtner an Lammers vom 24. 1. 1938, wie Anm. 1, Bl. 76 f. Die 4. VO zum Reichsbürgergesetz wurde am 25. 7. 1938 erlassen. Damit erloschen alle Approbationen jüdischer Ärzte zum 30. 9. 1938. Nur eine begrenzte Zahl dieser Ärzte wurde als „Krankenbehandler" für Juden zugelassen; RGBl., 1938 I, S. 969.

DOK. 317

Der Sicherheitsdienst der SS fordert am 28. Dezember 1937 von den SD-Oberabschnitten Auskunft über die Praxis bei der Erteilung von Wandergewerbescheinen an Juden[1]

Rundverfügung des SD (II 112 o/C 4222 Hg/Pi), Hagen,[2] an die SD-Führer der SS-Oberabschnitte vom 28.12.1937[3]

Betr.: Neuregelung der Zuerteilung von Wandergewerbescheinen an Juden
Vorg.: Ohne
Eine mit der Hauptabteilung II 22[4] geführte Besprechung bezüglich einer Neuregelung bei der Zuerteilung von Wandergewerbescheinen an Juden hat ergeben, daß die Hauptabteilung bereits seit einem halben Jahre bemüht ist, die Vorbereitungen für einen diesbzgl. Gesetzentwurf zu treffen. Die Vorbereitungen sind im Einvernehmen mit Staatssekretär Stuckart getroffen worden.[5] Durch das geplante Gesetz soll es den Verwaltungsgerichten unmöglich gemacht werden, eine Entscheidung der Geheimen Staatspolizei bei der Erteilung von Wandergewerbescheinen, Hausierscheinen und Legitimationskarten an Juden abzuändern. Damit wäre praktisch erreicht, daß die Erteilung ausschließlich von der Entscheidung des Geheimen Staatspolizeiamtes abhängig gemacht würde.
Im Hinblick darauf, daß die Erneuerung der Wandergewerbescheine usw. mit dem Ablauf des Jahres vorgenommen werden muß, wird gebeten, sich sofort mit der Abteilung II 22 bei den O.A. in Verbindung zu setzen und den Bearbeitern alles bei II 112 vorliegende Material zu dieser Frage zur weiteren Behandlung zu übergeben und die Abteilungsleiter über die auf diesem Gebiete gesammelten Erfahrungen zu unterrichten.
2. Wiedervorlage: II 112
3. II 22 z. Gegenzeichn. vor Ausfertigung[6]

1 RGVA, 500k-1-290, Bl. 203.
2 Herbert Hagen (*1913), kaufmännischer Angestellter; 1933 SS-Eintritt, von 1934 an für den SD tätig, 1937–1939 Leiter der Abt. II 112 („Judenreferat") des SD, von 1940 an für den SD in Frankreich tätig, 1942–1944 dort persönlicher Referent des Höheren SS- und Polizeiführers; 1945–1948 interniert; dann Geschäftsführer eines Maschinenbauunternehmens; 1955 in Paris wegen Kriegsverbrechen in Abwesenheit zu lebenslanger Zwangsarbeit verurteilt, 1980 in Köln zu zwölf Jahren Haft verurteilt, nach vier Jahren entlassen.
3 Im Original mehrere handschriftl. Bearbeitungsvermerke.
4 Die Abteilung II 22 (Gemeinschaftsleben) gehörte zur Zentralabteilung II 2 (Lebensgebietsmäßige Auswertung) des SD-Amts II (Inland).
5 Geplant war dies mit dem Gesetz zur Änderung der Gewerbeordnung; Schreiben von Pfundtner (RuPrMdI) an den Regierungspräsidenten in Magdeburg vom 15.7.1937, LHA-SA Magdeburg, C 20 Ib/2523 IV, Bl. 169.
6 Hier folgen im Original mehrere Abteilungskennziffern und handschriftl. Abzeichnungen.

DOK. 318
Im Reichsmedizinalkalender von 1937 werden jüdische Ärzte mit einem Doppelpunkt markiert[1]

§ 1194 — 1196 (Seite 562) Thüringen

Bad Köstritz (Thür.) 2489 E
Engelhardt ○, Max 99
Gerdes, Louis 19
Helwig, Ernst 18, BadeA

°**Großenstein über Schmölln (Thür.)** 934 E
Jelke, Walter 24

°**Hundhaupten über Gera** 196 E
Engelstädter ○, Alfred 21, Hom, VertrauensA d. AOK Gera

°**Kleinaga über Gera** 359 E
Franke, Manfred 20

Kraftsdorf (Thür.) 793 E
Hardt, Karl 21

Langenberg (Thür.) 3998 E
Börner ○, Johannes 89, SR
Heubel, Heinrich 24,
Mulert ♀, Friederike 22
Mulert, Martin 20,

°**Liebschwitz (Elster)** 1295 E [Gera]
Focke, Werner 20

°**Mannichswalde über Crimmitschau** 781 E
: Hirsch, Ernst 22

Münchenbernsdorf (Thüringen) 3117 E
Händel, Paul 85, SR
Höller, Ernst 19
Vierhub, Walter 26
Willgeroth, Wilhelm 96

Neustadt (Orla) 7890 E
Grimm, John 11, , d. Städt. Kh
Heck, Richard 04
Lautenschläger, Karl 27
Rupprecht, Paul 16
Schilling, Hermann 99
Schlipp, Friedrich 00
Wendel ♀, Käthe, geb. Stapff 36, AssÄ a. Städt. Kh

°**Nöbdenitz (Kr. Gera)** 462 E [Schmölln (Thür.)]
Nordbeck, Johann 14
HAnst Tannenfeld f. - und -kranke
Cauer ♀, Johanna geb. Gläser 20, Ä
Lemmer, Ludwig 13,
Tecklenburg, Arthur 94, ,

°**Pölzig über Zeitz 2** 1057 E [Zeitz 1]
Gerth, Emil 04

Ronneburg (Thür.) 7852 E
Engelberg, Georg 14, d. Städt. Kh
Findeisen, Georg 99
Müller, Fritz 22
Paulus, Gustav 20
Waurick, Ernst-Otto 26

°**Töppeln (Kr. Gera)** 437 E [Gera]
Luft, Johannes 25

Triptis (Thür.) 3068 E
Gäbler, Rudolf 09
Laraß, Paul 04

Weida 11 040 E
Bahl, Johannes 21
Hegewald, Hans 21
Hollesen, Thomas 19
Leuthäusser ♀, Hilde 36, AssÄ a. Städt. Kh
Sauer, August 35, AssA a. Städt. Kh
Schiffer, Heinrich 25,
Welcker, Hans 20
Zum Winkel, Karl-Gustav 14
Zum Winkel ♀ ○, Martha, geb. Geber 14

Wünschendorf (Elster) 1606 E
Hoßmann, Arthur 16

1195
Stadtkreis Gotha
47 848 E 48 qkm
ÄKam .... Thüringen
BzVgg .... Gotha

Gotha
[Postzeitungsverkehr:] ~
°~Siebleben [~]
Baerwolf, Fritz 20, (a. ZA),
Becker, Gerhard 35, Vertreter (ständ. Anschrift)
Brehm, Willy 11, ,
Crusius, Fritz 30,
Crusius ♀ ○, Margarete, geb. Baumann 32
Drecklé ○, Walter 22, , AmtsA, Leiter d. Staatl. Gesundh-Amts Gotha-Stadt
Drewes ○, Herbert 35, A a. Staatl. GesundhAmt Gotha-Land
Ehrsam ○, Alexander 00, , ORegMR, Leiter d. VAmt
Engler, Horst 32, AssA a. Thür. LKh
: Falkenstein ♀, Auguste 21, ~ Siebleben
: Falkenstein, Leo 14, ~Siebleben
Fischer, Fritz 10, , I. BankA d. Goth. LebensversichBank
Florschütz ○, Georg 84, Prof
Fürbringer ○, Julius 03, , Prof, OMR, , a. Thür. LKh
Glanz, Franz 18,
Greffrath, Karl 83, SR
Gries, Karl 20,
Günther ○, Willy 09, VertrauensA d. AOK
Haertel, Wolf 36, Vertreter, Kunstmühlenweg 1 (ständ. Anschrift)
Hager, Konrad 94, SR, ,
Haserodt, Hans 10, StadtA
: Heilbrunn, Max 24
Heym ○, Hans 36, A a. Staatl. GesundhAmt Gotha-Stadt
Hochheim, Kurd 00
Janssen ○, Vincent 86, SR
Juhl ♀, Elisabeth, geb. Stein 22
Jusatz ○, Helmut J. 31, Doz f. Hyg. u. Bakteriol. a. d. Unv Marburg, Liebetraustr. 17 (zZ Berlin)
Käckell, Rudolf 14, , OA a. Thür. LKh
Kleinsorgen ○, Wilhelm 14, , MR, Leiter d. Staatl. Bakteriol. UAnst
Knauf ○, Max 83, SR, OStA aD
König, Hugo 99
Krüger, Gerhard 27
Krusch, Hans 27, -FürsA f. Stadt- u. Landkreis
Krusch ♀ ○, Martha, geb. Klein 31
Krumhaar, Friedrich 14, ,
Liebold, Herbert 35, AssA a. Thür. LKh
Lose, Peter 23,
Meyburg, Hans Joachim 33, d. Abt a. Thür. LKh
: Meyer, Adolf 88, SR
: Meyer, Kurt 17
Müller, Erich 31
Mueller, ♀ Ilse 26
Müller, Willy 96, HofR
Nagel, Viktor 19, PolMR aD,
Noltmann, Ernst 22,
Plaesterer, Ludwig 21
Prillipp, Wilhelm 24, , StA d. Luftw.
Reichenbächer, Wilhelm 21,
Schauer, Wilhelm 27, OA a. Thür. LKh
Schlichting, Walter 14,
Schmidt, Friedrich 20, , O-FeldA d. Luftw.
Schmidt, Paul 96, SR, ,
: Schulenklopper, Richard 21
Schulz, Ernst 25, , OStA d. Luftw.
Schulz, Josef 29
Schuster ♀ ○, Erika 37
Schuster ○, Paul 04, VertragsA b. VAmt
Schulze, Horst 36, AssA a. Thür. LKh
Stockmann ○, Herbert 34, A d. VersichBank Gotha
Sporberg ○, Otto 03, , OStA aD, RegMR a. VAmt
Trautmann, Max 96, SR
Versmold, Heinrich 34
Vierheilig, Max 35, AssA a. Thür. LKh
Waldeck, Anton 34, , StA d. Luftw.
: Wassermann, Wilhelm 20
Winkler ○, Herbert 27, , MR, AmtsA, Leiter d. Staatl. GesundhAmts Gotha-Land
Zengeler, Hermann 28
Zimmermann, Werner 14, ,

1196
Landkreis Gotha
106 262 E 998 qkm
ÄKam .... Thüringen
BzVgg .... Gotha

°**Bischleben (Kr. Gotha)** 1752 E [Erfurt]
Gehrhardt, Hans 23

°**Crawinkel (Kr. Gotha)** 1966 E [Ohrdruf]
Schellmann ○, Friedrich 97, GenOA aD
Schellmann, Rolf 27

°**Finsterbergen** °**(Thüringerwald)** 1445 E [Friedrichroda]
Kleinschmidt, Georg 03

Friedrichroda 5521 E
Bieling, Kurt 98, SR, , , d. Sanat Tannenhof,
Bieling, Kurt 36, AssA a. Sanat Tannenhof
Brackmann, Erich 34, AssA a. Sanat Tannenhof
Braun, Willy 01
Bucerius, Gerhard 25,
Jaeger, Martin 34
: Kawalek-Cohn ♀, Leonie, geb. Kawalek 21
Ortlepp, Max 03
Rauch, Walter 13
Ries, Adam 24, , d. Sanat Thüringerwald

°**Friemar über Gotha** 1262 E
Lehmann, Herbert 18

°**Georgenthal (Thüringerwald)** 1610 E
Köhler, Christian 93, GenOA aD
Mayer-Faulborn ♀, Helene 22
Pagel, Max 90, SR

°**Gräfentonna** 1907 E [Gotha]
Pfeifer, Ernst

°**Großenbehringen über Eisenach** 862 E
Salzmann, Otto 31

°**Herbsleben (Kr. Gotha)** 3050 E [Gotha]
Jordan, Gerhard 30
Jordan, Michael 92, SR

°**Mechterstädt über Wutha (Thür.)** 1059 E
Kindt, Alfred 01

°**Molschleben über Gotha** 1083 E
Keller, Max 36, Dr med et jur, Vertreter (ständ. Anschrift)

Neudietendorf 701 E
Diener, Helmut 24
Lottmann, Curt 20,

Ortsnamen für Briefverkehr: fette Schrift. Zeichen ° und Zusätze in [ ] gelten nur für Postzeitungsverkehr

1 Hermann Lautsch/Hans Dornedden (Hrsg.), Verzeichnis der deutschen Ärzte und Heilanstalten. Reichs-Medizinal-Kalender für Deutschland Teil II. Zugleich Fortsetzung des Ärzteverzeichnisses des Verbandes der Ärzte Deutschlands (Hartmannbund), Jg. 58, Leipzig 1937, S. 562. Im Vorwort (S. VI) wird zur Kennzeichnung ausgeführt: „Eine schon seit 1933 wiederholt gewünschte und zuletzt parteiamtlich geforderte Ergänzung hat das vorliegende Handbuch durch die Kennzeichnung der im Sinne der Nürnberger Gesetze *jüdischen* Ärzte erfahren, vor deren Namen im Haupt-Ärzteverzeichnis ein Doppelpunkt (:) gesetzt worden ist. Es handelt sich dabei um eine Auswertung der für die Reichsärztekammer von jedem Arzt selbst ausgefüllten Fragebogen." In der Beilage zum Reichs-Medizinal-Kalender findet sich die folgende Erklärung: „: = *Jude* im Sinne der ‚Ersten Verordnung z. Reichsbürgergesetz v. 14. November 1935' (RGBl. I Seite 1333)".

DOK. 319
Der Vorstand der Berliner Jüdischen Gemeinde berichtet über Berufsausbildung und Umschulungsmaßnahmen im Jahr 1937[1]

Verwaltungsbericht des Vorstandes der Jüdischen Gemeinde zu Berlin für das Jahr 1937.
(Erstattet vom Vorsitzenden des Gemeindevorstandes in der Sitzung der Repräsentantenversammlung vom 20. 12. 1937)

[...][2]
A. Berufsumschichtung
Die Berufsumschichtungsstelle betreut neben eingehender Beratungstätigkeit die Umschulungslehrgänge für Erwachsene und die Ausbildungslehrgänge für Jugendliche und sorgt für die Einrichtung dieser Lehrgänge sowie die Planung und Bearbeitung neuer Vorhaben.
Das Ziel, das durch die Umschichtung angestrebt wird, ist fast ausschließlich Auswanderung nach Palästina und nach Uebersee. Um dieses Ziel zu fördern, sind im Jahre 1937 erstmalig laufend Verhandlungen mit dem Hilfsverein der Juden in Deutschland und dem Palästina-Amt ausgeführt worden, durch die erreicht wurde, daß bisher annähernd *50 % der Teilnehmer* nach beendeter Umschichtung *auswandern konnten.* Dem gleichen Ziel der Förderung der Auswanderung dient die Verpflichtung der Teilnehmer an den Lehrgängen, notfalls mit finanzieller Unterstützung der Gemeinde, mindestens eine Fremdsprache zu erlernen. Damit die für eine Betätigung im Ausland notwendigen Fähigkeiten erlangt werden, mußte das im Jahre 1937 verstärkt beobachtete Bestreben der Ratsuchenden nach besonderer *Kurz*ausbildung regelmäßig abgelehnt werden. Diese Einstellung hat ihren Lohn gefunden: *Die Umschichtler, die nach beendeter Ausbildung zur Auswanderung gelangt sind, haben sich nach den bisherigen Feststellungen mit dem neuen Beruf im Ausland durchweg eine Existenz verschaffen können.*
Die Berufsumschichtungsstelle sorgt erforderlichenfalls auch für die *Finanzierung* der Ausbildung. Sie wird in Form von Ausbildungszuschüssen, Ernährungsbeihilfen, Fahrgeldzuschüssen und Arbeitskleidung *darlehnsweise* bewilligt, sofern die Prüfung der wirtschaftlichen Verhältnisse des Antragstellers und seiner Familie die Bedürftigkeit erweist und eine derartige Unterstützung rechtfertigt.
Das gesamte Ausbildungswerk der Gemeinde untersteht der „Leitung der technischen Lehrgänge" in Verbindung mit einem Sachverständigenbeirat aus Handwerkerkreisen.
a) Berufsumschichtung für Männer:
Zu Anfang des Jahres 1937 bestanden folgende Lehrgänge der Jüdischen Gemeinde:
1. Umschulungslehrgang für Metallbearbeitung Bln.-Siemensstadt, Nonnendamm 4 (Maschinenschlosser) mit 30 Ausbildungsplätzen,
2. Umschulungslehrgang für Holzbearbeitung ebendort (Tischler) mit 25 Ausbildungsplätzen,

1 Verwaltungsbericht des Vorstandes der Jüdischen Gemeinde zu Berlin für das Jahr 1937, [Berlin 1937/1938], S. 24–28.
2 Im Original stehen zuvor die Kapitel I „Allgemeines" bis VI „Jugendpflegedezernat". Der hier abgedruckte Abschnitt stammt aus dem Kapitel VII „Wirtschaftshilfe".

3. Umschulungslehrgang für Bau- und Siedlungsarbeiten, Fruchtstr. 74 (Maurer) mit 30 Ausbildungsplätzen,

4. Umschulungslehrgang in der Friedhofsgärtnerei Weißensee.

Im Laufe des Jahres 1937 wurde ein weiterer *Lehrgang im Schmelzschweißen*, Melchiorstr. 30 mit 40 Ausbildungsplätzen eröffnet.

Der Lehrgang in der Friedhofsgärtnerei, in den nur von den zuständigen Organisationen empfohlene Teilnehmer aufgenommen werden, dient im allgemeinen als Uebergang zu einer intensiven landwirtschaftlichen Schulung in anderen Ausbildungsstellen für die Vorbereitung zur Auswanderung nach Palästina.

Im Gegensatz zu den übrigen Lehrgängen ist in dem neu errichteten Umschulungslehrgang für Schmelzschweißer *auch älteren Menschen* (etwa 35–45 Jahre) Gelegenheit zur Umschichtung im Handwerk gegeben. Die Ausbildungszeit beträgt hier nur 9 Monate gegenüber 1½ Jahren in den anderen Lehrgängen.

Für die Ausbildung der Kursusteilnehmer standen am Ende des Berichtsjahres insgesamt 6 Handwerksmeister, 7 Gesellen und 5 Lehrkräfte für theoretischen Unterricht zur Verfügung.

Neben der Ausbildung in den genannten gemeindeeigenen Umschulungslehrgängen wurde Umschichtlern Gelegenheit gegeben, sich bei Zwischenmeistern, in Industriebetrieben usw. anzulernen (z. B.: Zuschneiden von Herrenwäsche und Berufskleidung, Taschen- und Futtermacher, Bügler, Gürtelherstellung und dergleichen, Stricker, Wirker, Seifensieder, Tabletteure usw.). Ebenso wurden Umschichtler Privatschulen zugewiesen, wo sie Gelegenheit hatten, sich u. a. in Dekorieren, Plakat- und Reklamezeichnen, Modezeichnen, Photographie auszubilden. Endlich sei erwähnt, daß zur Ausbildung von Kantoren im Benehmen mit einer jüdischen privaten Musikschule ein Beth Hachasanim[3] eingerichtet worden ist, dem laufend Schüler zugewiesen werden.

Die Gesamtbesucherzahl der Berufsumschichtungsstelle für Männer betrug im Jahre 1937: 3 927. Zur neuen Berufsausbildung konnten 316 Personen untergebracht werden.

Der Kreis der Ratsuchenden setzte sich mehr als früher aus älteren Jahrgängen zusammen: waren im Jahre 1936 nur 22 % der Männer über 35 Jahre alt, so gehörten im Jahre 1937 38 % der Männer diesen Altersstufen an.

b) Berufsumschichtung für Frauen:

In der Berufsumschichtung für *Frauen* bestanden 1937 als Lehrgänge unter der Trägerschaft der Jüdischen Gemeinde: 5 Umschulungslehrgänge für Schneiderei, 2 für Putz und 1 für Frisieren. Daneben wurden die bestehenden jüdischen Privatschulen zur Ausbildung in Schneiderei und Putz ständig beschickt. Den weiteren Bedarf an Ausbildungsmöglichkeiten in anderen Berufszweigen suchte die Umschichtungsstelle dadurch zu decken, daß sie Anlernstellen beschaffte und den bestehenden Privatschulen Anregungen zur Erweiterung ihres Aufgabenkreises gab, denen in gewissem Umfange auch entsprochen wurde. Hierbei handelt es sich u. a. um Konfektions- und Konfektionsteilberufe, Wäschenäherei, Lampenschirmherstellung, Fototechnik, Entflecken und Kunststopfen. Ferner wurden in größerem Umfange Auswanderungswillige in Privatkursen für Kosmetik, Manicure, Pedicure, Massage, Heilgymnastik, Säuglings- und Kleinkindergymnastik untergebracht, sowie kaufmännische Nachschulungen für den In- und Auslandsbedarf durchgeführt.

3 Chasan: hebräisch für Kantor, Vorbeter und Vorsänger in der Synagoge. Ein Bet Hachasanim (Haus der Kantoren) ist eine Ausbildungsstätte bzw. Schule für Kantoren.

Die Gesamtbesucherzahl der Berufsumschichtungsstelle für Frauen belief sich im Berichtsjahr auf 1654. Zur neuen Berufsausbildung konnten 332 Personen untergebracht werden. Auch hier ist der Prozentsatz der älteren Jahrgänge gestiegen. Von den Frauen, die die Stelle in Anspruch genommen haben, waren im Jahre 1937 45 % über 35 Jahre alt gegen nur 38 % im Jahre 1936.

B. Berufsfürsorge

Eine Berufsberatung und Lehrstellenvermittlung für *Jugendliche* ist seit der am 1. 1. 1937 erfolgten Uebernahme der gesamten Berufsberatung und Lehrstellenvermittlung auf die öffentlichen Arbeitsämter bei der Jüdischen Gemeinde nicht mehr vorhanden.[4]

Die Tätigkeit der Berufsfürsorgestelle erstreckt sich seit dieser Zeit im wesentlichen auf Einweisung in jüdische Ausbildungsstätten, Auskunftserteilung über Lehrlingsfragen und Entgegennahme von Anträgen auf Bewilligung von Ausbildungsdarlehen.

Da die Unterbringungsmöglichkeiten in Einzellehrstellen, insbesondere für Jungen, stark verringert worden sind, war es notwendig, vermehrte *Kollektivausbildungsstätten* zu schaffen. Dieser Notwendigkeit wurde im Jahre 1937 Rechnung getragen: Es kommen seither in Betracht:

a) Für die Unterbringung der *Jungen* die gemeindeeigenen Lehrwerkstätten, die zum Teil zusammen mit den von der Umschichtungsstelle eingerichteten Umschulungslehrgängen für Erwachsene unterhalten werden, nämlich Lehrwerkstätten für Bauschlosser, Maschinenschlosser, Tischler, Maurer, ferner die Lehrwerkstätten der Gesellschaft „Ort“ für Mechaniker, Elektrotechniker, Gas- und Wasserinstallateure (Klempner), sowie Lehrwerkstätten der jüdischen Organisationen im Reich, Chemieschule, Handelsschule, Zeichenschulen und Lehrerbildungsanstalten.

b) Für die Unterbringung der *Mädchen*: Haushaltungsschulen und Heime zur hauswirtschaftlichen Ausbildung, Krankenhäuser und Säuglingsheime zur Ausbildung als Krankenschwester, Säuglingsschwester, Säuglingspflegerin, der Lehrgang der Jüdischen Kinderhilfe zur Ausbildung als Kinderpflegerin, der gemeindeeigene Lehrgang zur Ausbildung für die Erziehungsarbeit, das jüdische Kindergärtnerinnenseminar, Lehrerbildungsanstalten, Chemieschule, Handelsschule, Zeichenschulen.

c) Außerdem für *Jungen und Mädchen*: Die Unterbringung in Lehrgütern sowie im Rahmen der Jugendalijah[5] und in mittleren Hachscharahstellen in Gemeinschaft mit den Bünden.

Die Anzahl der Fälle, in denen die Gemeinde für diese Unterbringung in Kollektivausbildungsstätten infolge von Bedürftigkeit Zuschüsse gewähren mußte, war im Berichtsjahr erheblich. Es handelt sich hierbei nicht nur um die Uebernahme der reinen Ausbildungskosten (Schulgelder, Unterhaltskosten in geschlossener Ausbildung), sondern auch um die Gewährung von Lehrlingsbeihilfen, Fahrgeldern und Arbeitskleidung.

Aufgesucht wurde die Berufsfürsorgestelle im Berichtsjahr von 3252 Jungen und 1635 Mädchen. Zuschußbewilligungen wurden ausgesprochen für 354 Jungen und 247 Mädchen.

4 Mit dem Gesetz vom 5. 11. 1935 war die Arbeitsvermittlung, Berufsberatung und Lehrstellenvermittlung ausschließlich der Reichsanstalt für Arbeitsvermittlung und Arbeitslosenversicherung übertragen worden; RGBl., 1935 I, S. 1281.

5 Die Jugendalija wurde 1933 als Abteilung der Jewish Agency gegründet, um jüdische Kinder und Jugendliche aus Deutschland zu retten.

C. Arbeitsnachweis
Der Arbeitsnachweis der Gemeinde mußte nach der Uebernahme auf die öffentlichen Arbeitsämter jegliche Vermittlungstätigkeit einstellen. Es findet lediglich noch eine *Vermittlung von Auslandsstellen* statt, die nach jeweiliger vorheriger Genehmigung durch das Landesarbeitsamt in der jüdischen Presse angezeigt werden. Es ist zu hoffen, daß sich diese im Jahre 1937 aufgenommene, die Auswanderung fördernde Tätigkeit günstig entwickeln wird.
[…][6]

DOK. 320
Die Reichsvertretung der Juden in Deutschland berichtet über den Ausbau und die Probleme der jüdischen Wohlfahrtspflege im Jahr 1937[1]

Arbeitsbericht der Reichsvertretung der Juden in Deutschland für das Jahr 1937, [Berlin 1938], (Typoskript)

[…][2]
B. Wohlfahrtspflege.
1. Offene Wohlfahrtspflege. In der Berichtszeit trat das Missverhältnis zwischen den Möglichkeiten zu helfen und den Notwendigkeiten der Arbeit bereits sehr stark hervor. Während es in den letzten Jahren noch möglich war, allen berechtigten Anforderungen an die Wohlfahrtspflege zu genügen, tritt jetzt immer mehr eine Situation ein, in der die Gegebenheiten des Budgets das entscheidende Wort sprechen müssen und oft selbst dringend notwendige Anforderungen auf dem Gebiete der Wohlfahrtsbetreuung aus Mangel an Mitteln nicht mehr erfüllt werden können. Dies kommt gerade in der Arbeit der *Zentralwohlfahrtsstelle der Juden in Deutschland,* der als Abteilung der Reichsvertretung der Juden in Deutschland die Leitung der Wohlfahrtsabteilung obliegt, zum deutlichen Ausdruck. Der Zentralwohlfahrtsstelle unterstehen direkt die Landes- und Provinzialfürsorgestellen, deren Aufgabe in der Betreuung der Gemeinden liegt, die nicht mehr aus eigener Kraft ihre Wohlfahrtsarbeit finanzieren können, und hier zeigt sich die Differenz zwischen Anforderungen und Möglichkeiten am stärksten.
Aus allen Bezirken erhielt die Zentralwohlfahrtsstelle Anträge, die Kontingente zu erhöhen, weil der Bedarf gestiegen war. Alle diese Anträge mussten schweren Herzens abgelehnt werden. Dabei war die Ablehnung besonders schmerzlich, wenn sie sich denjenigen Personen gegenüber auswirkte, die auf Grund ihres Wandergewerbescheines bisher noch ihren Lebensunterhalt verdienen konnten und denen jetzt durch Versagung der Neuerteilung ihrer Legitimation die Möglichkeit, sich selbst zu ernähren, genommen wurde.[3] Konnte in den ersten und den letzten drei Monaten des Jahres die Jüdische Winterhilfe

6 Im Original folgen nach diesem Abschnitt die Kapitel VIII „Sammlungen" bis XV „Schluss".

1 Arbeitsbericht der Reichsvertretung der Juden in Deutschland für das Jahr 1937, S. 43–49; ZfA/A Berlin, Arbeitsberichte, Mikrofilm 2.
2 Im Original stehen zunächst die Kapitel I „Einleitung" sowie II „Leistungsfähigkeit und Leistungen". Das Kapitel III „Die Tätigkeit im Einzelnen" unterteilt sich in „Wanderung" und „Wohlfahrtspflege".
3 Siehe dazu Dok. 317 vom 28. 12. 1937.

noch über manche Schwierigkeiten hinweghelfen, so entfiel diese Möglichkeit für die Zeit vom 1. April – 1. Oktober 1937.
Je länger, je mehr werden die Ausgaben der Provinzialwohlfahrtsstellen für bestimmte Zwecke auf längere Zeit festgelegt, so dass neu hinzukommende Anträge immer schwerer Berücksichtigung finden können. Dabei werden alle laufenden Fälle immer wieder einer Durchsicht daraufhin unterzogen, ob nicht die Möglichkeit besteht, auf einige Zeit die Unterstützung auszusetzen oder wenigstens zu kürzen. Das ist aber in all denjenigen Fällen nicht möglich, in denen mit Hilfe unserer Unterstützung und der öffentlichen Unterstützung die Unterbringung in Altersheime durchgeführt wurde. Dabei konnte das ständig wachsende Bedürfnis der Unterbringung von alten Leuten in Altersheimen auch jetzt noch nicht befriedigt werden. Die Zahl der Plätze in den Altersheimen ist durch die Massnahmen der Zentralwohlfahrtsstelle und der beteiligten Gemeinden zwar auch in der Berichtszeit wieder vermehrt worden; der Mangel an billigen Plätzen für alte Leute bleibt aber bestehen. Dieser Mangel wird besonders dann fühlbar, wenn, wie es sehr häufig der Fall ist, die alten Leute als öffentliche Unterstützung nur einen Betrag von etwa RM 30.– pro Person erhalten. Wenn die Mindestkosten der Unterbringung in einem Altersheim sich auf RM 50.– belaufen, so können die Wohlfahrtsstellen auch mit Hilfe der Zentralwohlfahrtsstelle nicht den Differenzbetrag für die Dauer aufbringen. In der Berichtszeit musste daher schon eine ganze Anzahl von Gesuchen von alten Leuten aus finanziellen Gründen unberücksichtigt bleiben.
Ueberlegt man, dass die Hälfte der hilfsbedürftigen Personen über 45 Jahre alt ist, so ergeben sich für die Zukunft die allerschwierigsten Perspektiven. Die wirtschaftliche Lage in den kleinen Orten verschlechtert sich dabei immer mehr. Die Abwanderung der zahlungsfähigen Gemeindemitglieder in grössere Gemeinden oder ins Ausland nimmt solche Masse an, dass die Last für die Unterhaltung der zurückbleibenden Bevölkerung immer mehr zu Lasten der Wohlfahrtspflege geht.[4] Die Entscheidung, ob diesen hilfsbedürftigen Personen eine Abwanderung in die grösseren Städte zugeraten werden soll, oder ob sie solange als möglich und solange als tragbar an ihrem bisherigen Wohnort bleiben sollen, ist ausserordentlich schwierig. Gewöhnlich ist das Verbleiben am bisherigen Wohnort – wenn keine Auswanderung in Frage kommt – die billigste Lösung, weil man hier in der gewohnten Umgebung mit den geringsten Mitteln auskommen kann.
Unter diesem Gesichtspunkt waren auch Wohlfahrtsstellen und Wirtschaftshilfsstellen gemeinsam bemüht, bei der Erhaltung bescheidenen Grundbesitzes in den kleinen Gemeinden zu helfen, da es immer noch weniger Mittel erfordert, als die Uebersiedlung in die grössere Gemeinde und dann völlige Uebernahme des Unterhaltes auf dem Wohlfahrtswege. Oft können aber die Hypothekenzinsen für das Haus nicht aufgebracht oder das Kapital für eine gekündigte Hypothek nicht beschafft werden. Dann bleibt nichts anderes übrig, als das Haus aufzugeben, wobei in der Regel von dem Verkaufserlös kaum mehr verbleibt, als für die Zahlung der aufgelaufenen Verpflichtungen notwendig ist.
Die Abwanderung in die grossen Städte macht die Menschen völlig wurzellos und stösst auch auf finanzielle Schwierigkeiten, weil Wohnungen dort nur zu wesentlich höherem Preis zu erlangen sind und öffentliche Unterstützung neu Zuziehenden nicht in ausreichendem Masse gewährt wird.

4 Siehe dazu Dok. 305 vom 29. 10. 1937.

Auch auf den übrigen Gebieten der Offenen Wohlfahrtspflege macht sich die Verknappung der Mittel zunehmend bemerkbar. Wir nehmen hier als Beispiel die
2. *Gefährdeten-Fürsorge.* Das ihr für das Berichtsjahr zur Verfügung gestandene Budget von RM 12 000.– musste um RM 4 300.– überschritten werden, obwohl in der Ablehnung von Gesuchen in einer kaum noch tragbaren Härte vorgegangen wurde. Wir führen nur zwei Fälle zur Illustrierung an: *Kurt H. in Ostpreussen*, ein geistig zurückgebliebener Junge, der in einem kleinen Dorf in Ostpreussen als einziger jüdischer Jugendlicher gänzlich isoliert lebt. Die verwitwete Mutter führt ein ganz kleines Geschäft, das sie kaum ernährt. Für den Jungen war eine Unterbringung in der Farm vorgesehen, wo man ihn gegen ein monatliches Pflegegeld von RM 45.– aufnehmen wollte. Ein in Berlin lebender Bruder war bereit, RM 10.–, der Provinzialverband weitere RM 10.– aufzubringen. Der Antrag lautete daher auf RM 25.– monatlich. Er musste aus Mangel an Mitteln abgelehnt werden, obwohl sich die Farm, die für den Jungen durchaus geeignet gewesen wäre, zur Aufnahme bereit erklärt hatte.
Hildegard B., Bezirk Kassel, 13 Jahre alt. Nach völliger Verarmung der Familie Auflösung des Haushaltes, damit die Eltern Stellungen annehmen können; die Kinder, sonst ohne Aufsicht und Pflege, sind inzwischen in das Waisenhaus Kassel aufgenommen worden. Von den aufzubringenden RM 45.– monatlich können RM 20.– durch Angehörige, RM 10.– durch die Wohlfahrtsstelle Kassel aufgebracht werden. Der Antrag an die Gefährdeten-Fürsorge der Zentralwohlfahrtsstelle auf Uebernahme der restlichen RM 15.– monatlich musste wegen Mittelverknappung abgelehnt werden.
Die gleichen Schwierigkeiten traten bei der Arbeit des
3. *Schulkinder-Fonds* auf, der auch trotz grösster Sparsamkeit mit dem budgetmässig zur Verfügung stehenden Betrage von RM 50 000.– nicht auskommen konnte. Immer wieder müssen Fälle von Kindern, die die einzigen jüdischen Jugendlichen des Ortes sind und in denen ihnen der Besuch einer öffentlichen Schule kaum noch zugemutet werden kann, aus Mangel an Mitteln abgelehnt werden. Als Beweis, in welchem Umfange selbst notwendigste Ausgaben nicht vorgenommen werden können, geben wir die Statistik eines kleinen Provinzialverbandes, nämlich des Verbandes Grenzmark (Schneidemühl). Ueber 140 Kindern kann der Besuch einer jüdischen Schule, der angesichts der gegebenen Verhältnisse dringend wünschenswert wäre, aus Mangel an Mitteln nicht ermöglicht werden. In Schneidemühl wird die Errichtung einer jüdischen Bezirksschule notwendig. Es würden dann 29 Kinder aus Schneidemühl die Schule besuchen können, 47 Kinder würden durch Bahnfahrt die Schule erreichen, während 71 Kindern aus Kleingemeinden nur durch Unterbringung in Schneidemühl geholfen werden könnte. Für die Schüler, die zur Schule fahren, würde monatlich ein Betrag von RM 250.– erforderlich sein, für die Pensionskinder ein Betrag von monatlich RM 2 306,25, monatlich insgesamt also RM 2 556,25. Das würde bedeuten, dass allein für *eine* Provinz ein Betrag von jährlich RM 30 675.– erforderlich wäre, um die grossen Notstände dieser Jugendlichen einigermassen beheben zu können. Es handelt sich dabei um einen ganz kleinen Bezirk, in dem zurzeit nur noch 1 600–1 700 Juden wohnen. Insgesamt aber stand für den Schulkinder-Fonds für das ganze Reichsgebiet nur ein Betrag von rund RM 50 000.– zur Verfügung.

Noch ein weiteres Beispiel zur Beleuchtung: In Birstein (Hessen) bestand bis Ostern 1937 eine jüdische Schule, die auch von Kindern aus Hellstein besucht wurde. Diese Schule musste, weil nicht mehr die genügende Kinderzahl erreicht wurde, geschlossen werden. Die Eltern der Kinder aus Hellstein haben nun den Antrag gestellt, die Kinder anderweitig unterzubringen. Die Kinder besuchen jetzt wieder die allgemeine Schule, wo sie in Unterricht und Umgang ganz isoliert sind. Unterbringung in einer jüdischen Schule wäre dringend notwendig. Trotzdem musste der Antrag, die Kinder anderweitig unterzubringen, aus Mangel an Mitteln abgelehnt werden.

Wir führen diese Beispiele, die beliebig vermehrt werden könnten, nur an, um zu zeigen, in welchem Masse heute schon ein Missverhältnis zwischen den dringendsten Anforderungen und den zur Verfügung stehenden Mitteln besteht.

4. Jüdische Winterhilfe 1936/37.

Wie schon in dem letzten Jahresbericht dargelegt,[5] ist die Durchführung der Jüdischen Winterhilfe durch eine Anordnung des Reichsbeauftragten für das Winterhilfswerk des deutschen Volkes der Zentralwohlfahrtsstelle der Juden in Deutschland und den ihr angeschlossenen Einrichtungen der jüdischen Wohlfahrtspflege übertragen. Durch Richtlinien, die vom Reichsbeauftragten genehmigt wurden, wurde [der] Kreis der Hilfsbedürftigen, Umstände und Leistungen, Trägerschaft, Aufbringung der Mittel, Werbung, Lastenausgleich und Abrechnung geregelt.[6] Bezüglich des Kreises der Hilfsbedürftigen wurde bestimmt, dass die Jüdische Winterhilfe alle diejenigen im Deutschen Reich, mit Ausnahme des oberschlesischen Abstimmungsgebiets, lebenden Personen zu erfassen hat, die Juden im Sinne des Reichsbürgergesetzes sind. Für Familien aus Mischehen zwischen Deutschblütigen und Juden sollte die Jüdische Winterhilfe dann zuständig sein, wenn der Haushaltsvorstand Jude im Sinne des Reichsbürgergesetzes ist. Werbung für die Mittelaufbringung und Betreuung der Hilfsbedürftigen erfolgte in einheitlicher Weise durch die Wohlfahrtsämter der jüdischen Gemeinden. Die Zentralwohlfahrtsstelle betreute direkt die Hilfsbedürftigen in den kleinen Gemeinden durch die Provinzialwohlfahrtsstellen. Ferner führte die Zentralwohlfahrtsstelle neben der Propaganda der Jüdischen Winterhilfe, wie sie durch die grösseren jüdischen Gemeinden in direkter Werbearbeit vorgenommen wurde, eine einheitliche Werbeaktion mit den grossen jüdischen Zeitungen, den Organisationen und Hilfsorganisationen durch. Sie sorgte für eine einheitliche Aufzeichnung der Eingänge und Leistungen und übernahm den *Lastenausgleich*, der der Sicherstellung der Winterhilfe in den leistungsschwachen kleinen Gemeinden dient. 15 % aller Spendeneinnahmen nach Abzug der Unkosten waren an die Zentralwohlfahrtsstelle als zentralem Träger der Jüdischen Winterhilfe abzuführen, die aus dem dadurch gebildeten Fonds den kleineren Gemeinden Mittel zur Verfügung stellen konnte. Die *Aufbringung der Mittel* war in den Richtlinien für die Jüdische Winterhilfe nach den gleichen Grundsätzen geregelt, die auch für das Winterhilfswerk des deutschen Volkes galten. Demgemäss gliederte sich die Mittelaufbringung in monatliche Spenden, in die Eintopf-Spende und die Pfund-Sammlung.[7] Die Sammlungen der Jüdischen Winterhilfe konnten angesichts des zunehmenden Notstandes eines beträchtlichen Teiles der jüdischen Bevölkerung nur unter äusserster Anspannung aller Kräfte durchgeführt werden. Gegenüber dem Vorjahr wirkte sich der bereits vorhandene organisatorische Aufbau der Jüdischen Winterhilfe günstig aus. Es kommt hinzu, dass die Durchführung der Jüdischen Winterhilfe die Mithilfe aller jüdischen Organisationen und die Unterstützung aller jüdischen

5 Arbeitsbericht des Zentralausschusses für Hilfe und Aufbau bei der Reichsvertretung der Juden in Deutschland für das Jahr 1936, S. 61–69; ZfA/A Berlin, Arbeitsberichte, Mikrofilm 2.

6 Zu den Richtlinien für 1936/37 siehe Dok. 254 vom 14. 11. 1936.

7 Pfund-Sammlung: Lebensmittel, die nach Gewicht gesammelt wurden.

Gemeinden fand. Die Anteilnahme aller Schichten der jüdischen Bevölkerung an der Winterhilfe findet auch darin ihren Ausdruck, dass sich neben den hauptamtlichen Kräften in den Zentralstellen insgesamt *10 366 ehrenamtliche Helfer* (davon in Berlin 4 486) zur Verfügung gestellt hatten. Nur durch das Zusammenwirken aller dieser Faktoren und den immer erneuten eindringlichen Appell[en] an das Verantwortungsbewusstsein der jüdischen Gemeinschaft war es möglich, die Ergebnisse wenigstens auf einer Höhe zu halten, die die Versorgung aller Hilfsbedürftigen ermöglichte. Die Sammlungen der Jüdischen Winterhilfe hatten aber wie alle jüdischen Sammlungen in diesem Winter zum ersten Male seit 1933 ein deutlich rückläufiges Ergebnis, das im Durchschnitt bei 12–15 % Verminderung der Aufbringung liegt. Dieser Rückgang angesichts eines beständig anwachsenden Bedarfs gibt für die nahe Zukunft zu grösster Besorgnis Anlass.

Die Jüdische Winterhilfe hatte im Winter 1936/37 insgesamt *82 067 Personen* zu betreuen. Obwohl damit die absolute Zahl der Hilfsbedürftigen gegenüber dem Vorjahr (83 761 Hilfsbedürftige 1935/36) nicht ganz erreicht ist, ist doch der Anteil der durch die Jüdische Winterhilfe Betreuten an der jüdischen Gesamtbevölkerung gestiegen, da diese sich gegenüber dem Vorjahr durch Auswanderung und Sterbeüberschuss erheblich verringert hat.

Das Anwachsen des Anteiles der Hilfsbedürftigen an der Gesamtbevölkerung kann nicht eindrucksvoller als in den folgenden Zahlen demonstriert werden. Gegenüber dem Vorjahr ist die Zahl der Hilfsbedürftigen um etwa 1 000 zurückgegangen, während sich die Zahl der Gesamtbevölkerung um etwa 20 000 vermindert hat. Es muss dabei allerdings auch berücksichtigt werden, dass Jahr um Jahr neue Schichten hilfsbedürftig werden, sodass ein stärkerer Rückgang auch der Hilfsbedürftigen durch Auswanderung immer wieder überdeckt wird durch die Zunahme der Not in bisher noch nicht von ihr erfassten Schichten.[8]

Immerhin bedeutet die Tatsache, dass mehr als die Hälfte der von der Jüdischen Winterhilfe unterstützten Personen über 45 Jahre alt sind, eine sehr schwer übersteigbare Schranke auch für die Abwanderung dieser Schicht, weil ja die Menschen dieser Gruppe in der Regel nur dann auswandern können, wenn sie sich im Einwanderungsland auf Angehörige stützen können, die ihnen längere Zeit hindurch ihre Hilfe leisten.

Die Zahl der durch die Jüdische Winterhilfe Betreuten übersteigt ein Fünftel der jüdischen Gesamtbevölkerung in Deutschland. Die besonderen Verhältnisse in den Notstandsgebieten sind auch dadurch zum Ausdruck gekommen, dass die Zahl derjenigen Bezirke eine Zunahme erfahren hat, denen die Beiträge zum Ausgleichsfonds erlassen, oder denen im Wege des Lastenausgleiches erhebliche Zuschüsse gewährt werden mussten. So traten zu den bisherigen Notstandsgebieten Teile der Provinzen Pommern und Schleswig-Holstein hinzu. Insgesamt wurden für die Betreuung der 82 067 Hilfsbedürftigen *RM 3 630 353,63* aufgewendet. Die Verteilung der Zahl der Hilfsbedürftigen und des Umfanges der Leistungen ergibt sich aus der nachstehenden Tabelle.

8 Die Zahl der jüdischen Erwerbslosen wurde zu diesem Zeitpunkt auf etwa 40 000 geschätzt. Auch diese Zahl hatte sich gegenüber dem Vorjahr kaum verändert, während sich die Gesamtzahl der Juden stark verminderte; wie Anm. 1, S. 70.

Zahl der Hilfsbedürftigen und Umfang der Leistungen innerhalb der Jüdischen Winterhilfe 1936/37

Bezirk	Zahl d. Hilfsbedürft.	Umfang d. Leistungen	
Baden	2 836	RM	140 605,29
Bayern	3 847	»	169 772,64
Hansestädte	3 795	»	195 082 60
Hessen	2 825	»	96 975,55
Mecklenburg	131	»	5 018,95
Sachsen	3 228	»	130 315,40
Württemberg	1 258	»	51 280,84
Berlin	29 610	»	1 501 068,77
Brandenburg	1 152	»	45 585,94
Grenzmark Posen-Westpr.	530	»	15 723,85
Hannover-Braunschweig	2 086	»	86 846,67
Hessen-Nassau	7 865	»	350 429,59
Hohenzollern	46	»	1 405,23
Ost-Westpreussen	1 409	»	52 813,78
Pfalz (Rheinpfalz)	949	»	36 965,68
Pommern	1 113	»	38 238,49
Rheinprovinz	8 109	»	321 339,25
Saarland	308	»	7 986,24
Sachsen-Anhalt	1 120	»	42 410,79
Südsachsen-Thüringen	603	»	40 654,87
Schlesien	4 921	»	144 376,52
Schleswig-Holstein	1 027	»	44 072,46
Westfalen (einschl. Lippe)	3 299	»	111 384,23
	82 067	RM	3 630 353,63

Die *Leistungen der Jüdischen Winterhilfe* erstreckten sich auf die Gewährung von Nahrungs-und Genussmitteln, von Wäsche und Kleidungsstücken und von Kohlengutscheinen. Nur in solchen Gemeinden, in denen weniger als 10 hilfsbedürftige Parteien zu betreuen waren und in denen der Sachversorgung erhebliche Schwierigkeiten entgegenstanden, wurden die Leistungen ausnahmsweise in Geld bewirkt. Der Bedarf der Hilfsbedürftigen an Kleidung, Leib- und Hauswäsche hat eine weitere Steigerung erfahren, weil es dem Kleidungsbestand eines grossen Teiles der Hilfsbedürftigen oft am Notwendigsten fehlte. Die Zuteilung von warmer Kleidung war insbesondere für die auf dem Lande Wohnenden und für diejenigen hilfsbedürftigen Jugendlichen erforderlich, die sich in landwirtschaftlicher oder handwerklicher Ausbildung befanden. Die Verteilung von Wäsche und Kleidung erfolgte überwiegend im Rahmen der anlässlich des Chanukkah-Festes im Dezember durchgeführten Sonderbetreuung.

[...][9]

9 Im Kapitel III folgen noch die Abschnitte C–F „Schulwerk", „Wirtschaftshilfe", „Berufsumschichtung" und „Erziehungsclearing", danach die Kapitel IV–V „Finanzbericht" und „Schlußwort".

Glossar

Alija: hebräisch für Aufstieg. Gemeint ist die jüdische Einwanderung nach Palästina.

Chanukka: hebräisch für Einweihung. Bezeichnung für das jüdische Lichterfest. Es beginnt am 25. Tag des Monats Kislew (November/Dezember) und dauert acht Tage.
Erez: hebräisch für Land. Meist ist damit Palästina gemeint.

Haavara: hebräisch für Transfer.

Haavara-Abkommen: Nach dem 1933 zwischen der Jewish Agency und dem Deutschen Reich geschlossenen Abkommen konnten jüdische Emigranten für ihr in Deutschland eingezahltes Kapital deutsche Waren in Palästina erhalten. Damit konnten sie indirekt einen Teil ihres Vermögens transferieren, ohne dass dies den NS-Staat Devisen kostete.

Hachschara: hebräisch für Vorbereitung. Gemeint ist hier die landwirtschaftliche Ausbildung als Vorbereitung zur Emigration.

Kibbuz: hebräisch für Versammlung bzw. Gemeinschaft. Gemeint ist eine landwirtschaftliche Kollektivsiedlung, meist basisdemokratisch organisiert und mit Gemeineigentum. Der erste Kibbuz wurde in Palästina vor dem Ersten Weltkrieg von Zionisten aus Weißrussland gegründet.

Laubhüttenfest, siehe Sukkot

Schulchan Aruch: hebräisch für gedeckter Tisch. Zusammenfassung jüdischer Ritualgesetze (Erstausgabe Venedig 1564/1565).

Sukka: hebräisch für Obdach oder Hütte.

Sukkot, Plural von Sukka: hebräisch für Laubhüttenfest. Das jüdische Fest beginnt fünf Tage nach Jom Kippur, dem Versöhnungstag, und dauert vom 15. bis 22. Tag des Monats Tischri (September/Oktober).

Abkürzungsverzeichnis

AA	Auswärtiges Amt
A.A.D.	Arbeitsgemeinschaft deutscher Automobilbesitzer e.V.
a. a. O.	am angegebenen Ort
A.B.	Augsburger Bekenntnis
abges.	abgesandt
a. D.	außer Dienst
Adefa	Arbeitsgemeinschaft deutsch-arischer Fabrikanten der Bekleidungsindustrie e.V.
AdP	Akten der Parteikanzlei
AdR	Akten der Reichskanzlei
AdsD	Archiv der sozialen Demokratie der Friedrich Ebert Stiftung Bonn
ADW	Archiv des Diakonischen Werkes der Evangelischen Kirche Deutschlands Berlin
AEG	Allgemeine Elektrizitäts-Gesellschaft
AG/A.G.	Aktiengesellschaft
AJA	American Jewish Archives Cincinnati
AJC./A.J.C.	American Jewish Congress
AJDC	American Joint Distribution Committee (Joint)
Akt. Ges./AG	Aktiengesellschaft
Anm.	Anmerkung
antis.	antisemitisch/-e
AO	Anordnung
a. o./ao.	außerordentlich/-er
AOG/Arb.OG	Arbeitsordnungsgesetz/Gesetz zur Ordnung der nationalen Arbeit
Apg.	Apostelgeschichte (Neues Testament)
a. Pr.	auf Probe
APW	Archiwum Państwowe we Wrocławiu
ArbG.	Arbeitsgericht
ausgef.	ausgefertigt
Ausl./ausl.	Ausland/ausländisch
AWAG	Allgemeine Warenhandels-Gesellschaft
BArch	Bundesarchiv
BayHStA	Bayerisches Hauptstaatsarchiv München
BBG	Berufsbeamtengesetz
Bd./Bde.	Band/Bände
BDM	Bund Deutscher Mädel
Bearb.	Bearbeiter
Bekl.	Beklagter/Beklagte
BerErst.	Berichterstatter
bes.	besonders
Bewag	Berliner Städtische Elektrizitätswerke AG

BG.	Berufungsgericht
BGB/BGB.	Bürgerliches Gesetzbuch
Bl.	Blatt
BLHA	Brandenburgisches Landeshauptarchiv Potsdam
Bln.	Berlin
BNSDJ	Bund Nationalsozialistischer Deutscher Juristen
B.T./BT./BT	Berliner Turnerschaft
BU.	Berufungsurteil
BVP	Bayerische Volkspartei
BVP	Beauftragter für den Vierjahresplan
BWHG	Berufsbeamtenwiederherstellungsgesetz/Gesetz zur Wiederherstellung des Berufsbeamtentums
B.Z. am Mittag	Berliner Zeitung am Mittag
bzgl.	bezüglich
C.	Chef der Sicherheitspolizei und des SD
CAHJP	Central Archives for the History of the Jewish People Jerusalem
Card.	Kardinal
chem.	chemisch/-en
CJA	Stiftung Neue Synagoge Berlin – Centrum Judaicum Archiv Berlin
CDU	Christlich-Demokratische Union
Co.	Compagnie/Company
CSU	Christlich-Soziale Union
CV/C.V.	Centralverein deutscher Staatsbürger jüdischen Glaubens e.V.
CZA	Central Zionist Archives Jerusalem
d. A.	der Akte
DAAD	Deutscher Akademischer Austauschdienst
DAF	Deutsche Arbeitsfront
DAP	Deutsche Arbeiterpartei
dar.	darunter
DAZ/D.A.Z.	Deutsche Allgemeine Zeitung
DBG	Deutsches Beamtengesetz
DC	Deutsche Christen
Dcbr.	Dezember
DDP	Deutsche Demokratische Partei
d. E.	dem Ermessen
DEA	Deutsche Nationalbibliothek/Deutsches Exilarchiv 1933–1945 Frankfurt a. M.
DFB	Deutscher Fußballbund
DFG	Deutsche Forschungsgemeinschaft
DGO	Deutsche Gemeindeordnung
DGT	Deutscher Gemeindetag
DHM	Deutsches Historisches Museum Berlin
d. i.	das ist
Dipl.	Diplom

d. J./d. Js./d. Jrs.	des Jahres
d. L.	der Landwehr
d. M./d. Mts.	des Monats
DNB/dnb	Deutsches Nachrichtenbüro
DNVP	Deutschnationale Volkspartei
Dok.	Dokument
D. Phil-Blatt	Deutsches Philologenblatt
d. R.	der Reserve
DRA	Deutscher Reichsausschuß für Leibesübungen
DRA	Stiftung Deutsches Rundfunkarchiv Wiesbaden
DRK	Deutsches Rotes Kreuz
d. s.	das sind
ds. Js/ds. Jrs/ds. Jhs.	des Jahres
ds. Mts.	des Monats
DSP	Deutsche Soziale Partei
dss.	desselben
dt./Dt.	deutsch/-er
DT/D.T.	Deutsche Turnerschaft
DVO	Durchführungsverordnung
DVP	Deutsche Volkspartei
EAM	Erzbischöfliches Archiv München
EBA	Erzbischöfliches Archiv Freiburg im Breisgau
ebd.	ebenda
ehem.	ehemalige/-er
eig.	eigentlich
Eing.	Eingang
EK/EK.	Eisernes Kreuz
Emigdirect	Emigrations-Direktorium
EPA	Einheitspreis AG
Eph.	Epheser (Neues Testament)
erg.	ergebenst
erl.	erledigt
ErbStG	Erbschaftsteuergesetz
EStG	Einkommensteuergesetz
Ew.	Ehrwürdige(r)
Exz.	Exzellenz
Fa.	Firma
FA/FA.	Finanzamt
FÄ	Finanzämter
f.	folgende Seite
ff.	folgende Seiten
FG.	Finanzgericht
FU	Freie Universität Berlin

Gebr.	Gebrüder
gef.	gefertigt
gefl.	gefällig/-e
Geh.	Geheim/-e
Geh.Ch.V.	Geheimes Chiffrierverfahren
Gend.	Gendarmerie
GerAss./Ger.-Ass.	Gerichtsassessor
geschäftsführ.	geschäftsführend/-er
Gestapo	Geheime Staatspolizei
Gestapa	Geheimes Staatspolizeiamt
Gew.Leg.K.	Gewerbelegitimationskarten
Gew.Ber.Scheine	Gewerbeberechtigungsscheine
gez.	gezeichnet
GG	Generalgouvernement
GH	Genesungsheim
GmbH/G.m.b.H.	Gesellschaft mit beschränkter Haftung
GStAPK	Geheimes Staatsarchiv Preußischer Kulturbesitz Berlin-Dahlem
GWV	Getreidewirtschaftsverband
H	hour (Uhr)
H.	Heft
Ha	Hektar
HA	Hauptabteilung
Hamb.	Hamburger
Harvard-Preis-ausschreiben	Preisausschreiben der Harvard Universität, The Houghton Library Cambridge
Hauptm. d. R. a. D.	Hauptmann der Reserve außer Dienst
Hess. StA	Hessisches Staatsarchiv Darmstadt
HG.	Handel und Gewerbe, Abteilung im RWM
HHStA	Hessisches Hauptstaatsarchiv Wiesbaden
HIAS	Hebrew Sheltering and Immigrant Aid Society of America
HICEM/Hicem	Abkürzung aus HIAS, JCA und Emigdirect
Hl.	Heilig/Heilige
HJ/H.J.	Hitler-Jugend
hoefl.	höflich/höflichst
Hr.	Herr/Herrn
HWA	Heereswaffenamt
HZ/H.Z.	Historische Zeitschrift
i. A.	im Auftrag
IB	Illustrierter Beobachter
ICA/JCA	Jewish Colonization Association
i. d. A.	in der Akte
i. d. R.	in der Regel
i. Fa.	in Firma
IfS	Institut für Stadtgeschichte Frankfurt a. M.

IfZ/A	Institut für Zeitgeschichte/Archiv München
IGDJ	Institut für die Geschichte der deutschen Juden Hamburg
IHK	Industrie- und Handelskammer
IKG	Israelitische Kultusgemeinde
im folg.	im folgenden
Ing.	Ingenieur
insb.	insbesondere
i. Pr.	in Preußen
i. R.	im Ruhestand
israel.	israelitisch/-e
i. V.	in Vertretung
i/W.	in Westfalen
Jah.	Jahre
JMB	Jüdisches Museum Berlin
JMBl.	Justizministerialblatt
Joint	American Joint Distribution Committee
JR	Jüdische Rundschau
J.T.A./JTA	Jewish Telegraphic Agency
JW	Juristische Wochenschrift
JWH	Jüdische Winterhilfe
K.	Kronen
KdF	Kraft durch Freude (Organisation der DAF)
KFDK/KfdK	Kampfbund für deutsche Kultur
KG	Kommanditgesellschaft
KH	Krankenhaus
k. Hd.	kurzerhand
Kl.	Kläger/Klägerin
kommissar.	kommissarisch/-er
konf.	konfessionell
Kor.	Korinther (Neues Testament)
KP	Kommunistische Partei
KPD/KPD./K.P.D.	Kommunistische Partei Deutschlands
Krs.	Kreis
kuk./k.u.k.	kaiserlich und königlich (Österreich-Ungarn)
k.w.	künftig wegfallend
KWI	Kaiser-Wilhelm-Institut
LAB	Landesarchiv Berlin
LAG	Landesarbeitsgericht
Landsberg a. L.	Landsberg am Lech
Landsberg a. W.	Landsberg an der Warthe
LAS	Landesarchiv des Saarlands Saarbrücken
LBI	Leo Baeck Institute
LBIJMB	Bestände des Leo Baeck Instituts im Jüdischen Museum Berlin

leit.	leitend/-er
LFA	Landesfinanzamt
LHA-SA	Landeshauptarchiv Sachsen-Anhalt Magdeburg
Lstr.	Livre sterling = Pfund Sterling
lt.	laut
Ltd.	limited
M/Mk.	Mark/Reichsmark
MBliV.	Ministerialblatt der inneren Verwaltung
Meckl.	Mecklenburgisch/-e
Mithrsg.	Mitherausgeber
MdI	Ministerium des Innern
MdL	Mitglied des Landtags
mdl.	mündlich
M. d. R.	Mitglied des Reichstags
Meckl. LHA	Mecklenburgisches Landeshauptarchiv Schwerin
MF	microfilm/Mikrofilm
M.-Kreis	Maccabi-Kreis
MinDir./Min.Dir.	Ministerialdirektor
morg.	morgens
MPG-Archiv	Archiv zur Geschichte der Max-Planck-Gesellschaft Berlin
Mr.	Mister
MS	Manuskript
m.W.	meines Wissens
N.A./n.a.	Nichtarier/nichtarisch
NARA	US National Archives and Records Administration College Park/Maryland
NB.	Nachbemerkung
ND	Narodowa Demokracja (Nationaldemokratie)
NDR	Norddeutscher Rundfunk
N.I.	Warenhaus N. Israel in Berlin
N.J.	New Jersey
NL	Nachlass
NSBO/N.S.B.O.	Nationalsozialistische Betriebszellenorganisation
NSDAP/N.S.D.A.P.	Nationalsozialistische Deutsche Arbeiterpartei
NSLB	Nationalsozialistischer Lehrerbund
NS-Hago/NS.-Hago	NS-Handwerks-, Handels- und Gewerbe-Organisation
NSK	Nationalsozialistische Partei-Korrespondenz
NSKK	Nationalsozialistisches Kraftfahrzeugskorps
NSKOV	NS-Kriegsopferversorgung
NSV/NSV.	Nationalsozialistische Volkswohlfahrt
NYT	The New York Times
NZZ	Neue Zürcher Zeitung und schweizerisches Handelsblatt
OA/O.A.	Oberabschnitt (Sicherheitsdienst der SS)

OB	Oberbürgermeister
obengen.	obengenannten
Oberpr.	Oberpräsident/Oberpräsidium
Oberreg.	Oberregierungsrat
Oberschl.	Oberschlesien/oberschlesisch
o. D.	ohne Datum
OFP	Oberfinanzpräsident
OHG	Offene Handelsgesellschaft
O-Korr.	Ortskorrespondent
OKW	Oberkommando der Wehrmacht
OLG	Oberlandesgericht
ONR/O.N.R.	Obóz Narodowo-Radykalny
ORR.	Oberregierungsrat
ORT	Gesellschaft zur Förderung des Handwerks, der Industrie und Landwirtschaft unter den Juden
o. S.	ohne Seitenangabe
OS/O.S./O/S.	Oberschlesien
p. a.	per annum (pro Jahr)
PAAA	Politisches Archiv des Auswärtigen Amtes Berlin
Pal./Paläst.	Palästina
Pfg.	Pfennig
Pg./P.-G./Pgs.	Parteigenosse (NSDAP)
Pgn.	Parteigenossin
P.I.	Pädagogisches Institut
PKW	Personenkraftwagen
planm.	planmäßig
PO/P.O.	Parteiorganisation (NSDAP)
pp.	und so weiter
Pr.	Preußen
prakt.	praktizierend/-er
Preuß. FM	Preußisches Finanzminister/-ium
Preuß. MdI/PrMdI	Preußisches Ministerium des Innern
Preuß.Wiss.Min.	Preußisches Ministerium für Wissenschaft, Kunst und Volksbildung
PrJM	Preußisches Justizministerium
Prsdt.	Präsident
P.Sch.A.	Postscheckamt
RA	Rechtsanwalt
Rabb.	Rabbiner
RAG	vermutlich Reichsarbeitsgesetzgebung
RAM	Reichsaußenminister/-ium
RArbM	Reichsarbeitsminister/-ium
RArbG	Reichsarbeitsgericht
RAS	Rasse- und Siedlungsamt der SS
RBewG	Reichsbewertungsgesetz

R.D.H.	Reichsverband für das Deutsche Hundewesen
RDM	Reichsverband Deutscher Makler
Ref.	Referat
Reg.	Regierung
Reg.Bez.	Regierungsbezirk
Reg.Präs.	Regierungspräsident
Reg.Rat	Regierungsrat
REM	Reichserziehungsministerium/Reichsministerium für Wissenschaft, Erziehung und Volksbildung
Rep.	Repositur
resp.	respektiv/-e
Rev.	Revision
RFH	Reichsfinanzhof
RFM	Reichsfinanzministerium
RFSS	Reichsführer SS
RGBl.	Reichsgesetzblatt
RGO/R.G.O.	Revolutionäre Gewerkschafts-Opposition
RGVA	Rossijskij Gosudarstvennyj Voennyj Archiv (Sonderarchiv) Moskau
RjF/R.j.F.	Reichsbund jüdischer Frontsoldaten e.V.
RJM/RJ	Reichsjustizminister/-ium
R.J.W.G.	Reichsjugendwohlfahrtsgesetz
Rk.	Reichskanzlei
RLB.	Reichsluftschutzbund
RM	Reichsmark
RM	Reichsminister
RMinBl.	Reichsministerialblatt
RMdI	Reichsminister/-ium des Innern
RMEuL/REM	Reichsministerium für Ernährung und Landwirtschaft
RMfVuP	Reichsministerium für Volksaufklärung und Propaganda
RS	Rückseite
RSHA	Reichssicherheitshauptamt
RStBl.	Reichssteuerblatt
RuPrJM	Reichs- und Preußisches Justizministerium
RuPrKM	Reichs- und Preußisches Kirchenministerium
RuPrMdI	Reichs- und Preußisches Ministerium des Innern
RuPrMEuL	Reichs- und Preußisches Ministerium für Ernährung und Landwirtschaft
RuPrWM	Reichs- und Preußisches Wirtschaftsministerium
RuSHA/R.u.S.-Hauptamt	Rasse- und Siedlungshauptamt der SS
Rv.	Reichsverband
RV.	Reichsverfassung
RWM	Reichswirtschaftsminister/-ium
RVM	Reichsverkehrsministerium
R.W.Z.	Rheinisch-Westfälische Zeitung

S.	Seine
S.	Seite
SA/S.A.	Sturmabteilung der NSDAP
Sächs. HStA	Sächsisches Hauptstaatsarchiv Dresden
SBZ	Sowjetische Besatzungszone
SD/SD.	Sicherheitsdienst der SS
SLUB	Sächsische Landesbibliothek, Staats- und Universitätsbibliothek Dresden
SNG/A	Senckenbergische Naturforschende Gesellschaft Archiv Frankfurt a. M.
Sopade	Sozialdemokratische Partei Deutschlands im Exil
Sp.	Spalte
SPD/SPD.	Sozialdemokratische Partei Deutschlands
SS/S.S./SS.	Schutzstaffel
SS-Staf	SS-Standartenführer
SS-Stubaf	SS-Sturmbannführer
SS-Ustuf	SS-Untersturmführer
StA	Staatsarchiv
StadtA	Stadtarchiv
StAHH	Staatsarchiv Hamburg
StAnpG	Steueranpassungsgesetz
Stapo	Geheime Staatspolizei
StdF	Stellvertreter des Führers
Stellv./stellv.	Stellvertreter/stellvertretender
StFD.	Steuerfahndungsdienst
StGB/St.G.B	Strafgesetzbuch
StI.	vermutlich Steuerinspektor
StK	Staatskanzlei
StPO	Strafprozeßordnung
StS	Staatssekretär
SU	Sowjetunion
s. Zt./s. Z.	seiner Zeit
Tbc.	Tuberkulose
Tgb.	Tagebuch
TH	Technische Hochschule
Tit.	Titel
To.	Tonne/Tonnen
Tr.	Treppen
Tsd.	Tausend
UA	Unterabschnitt (Sicherheitsdienst der SS)
UA der HUB	Universitätsarchiv der Humboldt-Universität zu Berlin
u. ä.	und ähnliche
u. a. m.	und andere/-s mehr
u. dgl.	und dergleichen

UdSSR	Union der Sozialistischen Sowjetrepubliken
u. E.	unseres Erachtens
UFA	Universum Film AG
ul.	ulica (polnisch/tschechisch für Strasse)
undat.	undatiert
ungez.	ungezeichnet
U.O.B.B.	Unabhängiger Orden B'nai B'rith
Urschr.	urschriftlich
Urt.	Urteil
USHMM	United States Holocaust Memorial Museum Washington/D.C.
USPD	Unabhängige Sozialdemokratische Partei Deutschlands
u. U.	unter Umständen
UuF	Ursachen und Folgen, hrsg. von Michaelis/Schraepler
u. z.	und zwar
VB/V.B.	Völkischer Beobachter
VDMA	Verein Deutscher Maschinenbau-Anstalten
Verf.	Verfasser
versch.	verschiedene/-er
Vfg.	Verfügung
vH/v.H.	vom Hundert
Viag	Vereinigte Industrieunternehmungen AG
v. J.	voriges Jahr
v. M./v. Mts.	vorigen Monats
vm./VM	vormittags
VO/V.O.	Verordnung
vorm.	vormals
VStG	Vermögensteuergesetz
VStDB	Vermögensteuergesetz, Durchführungsbestimmungen
W.-Abt.	Wirtschaftsabteilung/-en
W.-Gruppe	Wirtschaftsgruppe
WDR	Westdeutscher Rundfunk
Westpr.	Westpreußen
WHW/W.H.W.	Winterhilfswerk des Deutschen Volkes
Wirtschaftsabtg.	Wirtschaftsabteilung
WJC	World Jewish Congress
WL	Wiener Library London
WM	Weltmeisterschaft
WTB	Wolffsches Telegraphenbüro
Wv.	Wiedervorlage
Ww./Wwe.	Witwe
Wz.	Wirtschaftszweige
YVA	Yad Vashem Archive Jerusalem

Z.	Ziffer
z. b. V.	zur besonderen Verwendung
z. D.	zur Disposition
z. d. A.	zu den Akten
ZfA/A	Zentrum für Antisemitismusforschung/Archiv Berlin
ZFD.	Zollfahndungsdienst
z. Hd./z. Hdn.	zu Händen
z. Schrb. v.	zum Schreiben vom
Ztr.	Zentner
zus.	zusammen
ZVfD	Zionistische Vereinigung für Deutschland

Verzeichnis der im Dokumententeil genannten Archive, Quellen und Darstellungen

Unveröffentlichte Dokumente

Archive

American Jewish Archives Cincinnati
Archiv der sozialen Demokratie der Friedrich Ebert Stiftung Bonn
Archiv des Diakonischen Werkes der Evangelischen Kirche Deutschlands Berlin
Archiv zur Geschichte der Max-Planck-Gesellschaft Berlin
Archiwum Państwowe we Wrocławiu
Bayerisches Hauptstaatsarchiv München
Brandenburgisches Landeshauptarchiv Potsdam
Bundesarchiv Berlin
Central Archives for the History of the Jewish People Jerusalem
Central Zionist Archives Jerusalem
Deutsche Nationalbibliothek/Deutsches Exilarchiv 1933–1945 Frankfurt a. M.
Deutsches Historisches Museum Berlin
Erzbischöfliches Archiv Freiburg im Breisgau
Erzbischöfliches Archiv München
Geheimes Staatsarchiv Preußischer Kulturbesitz Berlin-Dahlem
Hessisches Hauptstaatsarchiv Wiesbaden
Hessisches Staatsarchiv Darmstadt
Houghton Library der Harvard University
Institut für die Geschichte der deutschen Juden Hamburg
Institut für Stadtgeschichte Frankfurt a. M.
Institut für Zeitgeschichte/Archiv München
Jüdisches Museum Berlin
Landesarchiv Berlin
Landesarchiv des Saarlands Saarbrücken
Landeshauptarchiv Sachsen-Anhalt Magdeburg
Leo Baeck Institute, New York: Bestände im Jüdischen Museum Berlin
Mecklenburgisches Landeshauptarchiv Schwerin
Politisches Archiv des Auswärtigen Amts Berlin
Privatarchiv Trapp
Privatarchiv Gerhard Lüdecke
Rossijskij Gosudarstvennyj Voennyj Archiv (Sonderarchiv) Moskau
Sächsische Landesbibliothek, Staats- und Universitätsbibliothek Dresden
Sächsisches Staatsarchiv, Hauptstaatsarchiv Dresden
Sächsisches Staatsarchiv Leipzig
Senckenbergische Naturforschende Gesellschaft/Archiv Frankfurt a. M.
Staatsarchiv Hamburg
Staatsarchiv Nürnberg
Stadtarchiv Braunschweig
Stadtarchiv Duisburg
Stadtarchiv Düsseldorf
Stadtarchiv Hannover

Stadtarchiv Leipzig
Stadtarchiv München
Stiftung Deutsches Rundfunkarchiv Wiesbaden
Stiftung Neue Synagoge Berlin – Centrum Judaicum Archiv Berlin
Stiftung Warburg Archiv Hamburg
United States Holocaust Memorial Museum Washington D.C.
Universitätsarchiv der Humboldt-Universität zu Berlin
US National Archives and Records Administration College Park/MD
Wiener Library London
Yad Vashem Archive Jerusalem
Zentrum für Antisemitismusforschung/Archiv Berlin

Zeitgenössische Zeitungen und Zeitschriften

Amtliche Nachrichten des Polizeipräsidiums in Berlin
Amtsblatt der Regierung zu Königsberg
Der Angriff
Berliner Börsen-Zeitung
Berliner Tageblatt
Beuthener Stadtblatt
Braunschweiger Neueste Nachrichten
C.V.-Zeitung
Daily News
Daily Telegraph
Danziger Echo
Deutsche Allgemeine Zeitung
Deutsche Immobilien-Zeitung
Deutsche Juristen-Zeitung
Deutsche Justiz
Deutsches Ärzteblatt
Deutsches Philologenblatt
Deutsches Recht
Deutsches Strafrecht
Deutsche Volksgesundheit aus Blut und Boden
Dienstblatt des Magistrats von Berlin
Frankfurter Zeitung
Der Fremdenverkehr
Gesetz- und Verordnungsblatt für den Freistaat Bayern
Hanseatische Rechts- und Gerichts-Zeitschrift
Haynt
Hessisches Regierungsblatt
Historische Zeitschrift
Jüdische Rundschau
Jüdisches Gemeindeblatt für Rheinland und Westfalen
Junge Kirche
Juristische Wochenschrift
Die Kameradschaft
Der Kicker. Mitteldeutschland
Kirchliches Gesetz- und Verordnungs-Blatt
Meeraner Zeitung
Ministerialblatt der Preußischen Verwaltung

Ministerialblatt des Reichs- u. Preußischen Ministeriums des Innern
Ministerialblatt der inneren Verwaltung
Nachrichtenblatt der Berliner Turnerschaft (Korporation)
National-Zeitung
Der National-Sozialistische Erzieher
Nationalsozialistische Monatshefte
Nationalsozialistische Partei-Korrespondenz
Neue Augsburger Zeitung
Neuer Vorwärts
Die Neue Welt
Die neue Weltbühne
Neue Zürcher Zeitung und schweizerisches Handelsblatt
News. Jewish Telegraphic Agency
New York Herald Tribune Magazine
The New York Times
Ostdeutsche Morgenpost
Pariser Tageblatt
Pariser Tageszeitung
Preußische Gesetzsammlung
Reichsgesetzblatt
Reichsministerialblatt
Reichssteuerblatt
Rote Erde
Sächsisches Justizministerialblatt
Sächsisches Verwaltungsblatt
Der Schild
Das Schwarze Korps
Seele. Monatsschrift im Dienste christlicher Lebensgestaltung
Der sozialistische Arzt
Der Stürmer
Le Temps
The Times
Verordnungsblatt der Obersten SA-Führung
Völkischer Beobachter
  Berliner Ausgabe
  Norddeutsche Ausgabe
Vossische Zeitung
Werdauer Zeitung
Westfälische Neueste Nachrichten
Zeitschrift des Vereins für Geschichte Schlesiens
Zwischen Weichsel und Nogat

Veröffentlichungen bis 1945

Amtlicher Führer durch Berlin. Mit Plan der Innenstadt, hrsg. vom Ausstellungs-, Messe- u. Fremdenverkehrs-Amt der Stadt Berlin, Berlin 1933.
Die Bekenntnisse und grundsätzlichen Äußerungen zur Kirchenfrage des Jahres 1933. Gesammelt und eingeleitet von Kurt Dietrich Schmidt, Göttingen 1934.
Die Juden in Deutschland, hrsg. vom Institut zum Studium der Judenfrage, München 1936.
Entscheidungen des Reichsgerichts in Zivilsachen, 145. Band, Berlin 1935.

Europäischer Nationalitäten-Kongress. Sitzungsbericht des Kongresses der organisierten Nationalen Gruppen in den Staaten Europas, Bern, 16. bis 19. September 1933, Wien 1934.
Der gelbe Fleck. Die Ausrottung von 500 000 deutschen Juden, mit einem Vorwort von Lion Feuchtwanger, Paris 1936.
Frank, Walter: Deutsche Wissenschaft und Judenfrage. Schriften des Reichsinstituts für Geschichte des neuen Deutschlands, Hamburg 1937.
Die jüdischen Gefallenen des deutschen Heeres, der deutschen Marine und der deutschen Schutztruppen 1914–1918. Ein Gedenkbuch, hrsg. vom Reichsbund jüdischer Frontsoldaten, Berlin 1932.
Heller, Abraham: Die Lage der Juden in Rußland von der Märzrevolution 1917 bis zur Gegenwart, Breslau 1935.
Hilfe und Aufbau in Hamburg. April 1933 bis Dezember 1934, hrsg. vom Hilfsausschuß der Vereinigten Jüdischen Organisationen Hamburgs, Hamburg 1935.
Künneth, Walther: Antwort auf den Mythus. Die Entscheidung zwischen dem nordischen Mythus und dem biblischen Christus, Berlin 1935.
McDonald, James G.: Lettre de démission adressée au Secrétaire général de la Société des Nations. Avec une annexe contenant l'analyse des mesures prises en Allemagne contre les „non-Aryens" et de leurs effets sur la question des réfugiés, Genf 1936.
Nationalsozialistisches Strafrecht. Denkschrift des Preußischen Justizministers, Berlin 1933.
Oettinger, Eduard M.: Offenes Billet-doux an den berühmten Hepp-Hepp-Schreier und Juden-Fresser Herrn Wilhelm Richard Wagner, Dresden 1869.
Rumpelstilzchen: Nee aber sowas! Rumpelstilzchen 15 (1934/1935), Auflage 11.–16. Tausend, Berlin [1935].
Die Schrift nach der Übersetzung Martin Bubers und Franz Rosenzweigs, Bd. XIII: Das Buch der Zwölf (verdeutscht von Martin Buber), Berlin o. J.
Schwarz, Karl: Die Juden in der Kunst, Berlin 1928.
Sitzungsberichte der 1. Arbeitstagung der Forschungsabteilung Judenfrage des Reichsinstituts für Geschichte des neuen Deutschlands vom 19. bis 21. November 1936, Hamburg 1937.
Sitzungsberichte der 2. Arbeitstagung der Forschungsabteilung Judenfrage des Reichsinstituts für Geschichte des neuen Deutschlands vom 12. bis 14. Mai 1937, Hamburg 1937.
Statistik des Deutschen Reichs, Bd. 451/3, Volks-, Berufs- und Betriebszählung vom 16. Juni 1933, Berlin 1936.
Statistik des Deutschen Reichs, Bd. 451/5, Volks-, Berufs- und Betriebszählung vom 16. Juni 1933, Berlin 1936.
Statistisches Jahrbuch der Stadt Berlin, 14 (1938), Berlin 1939.
Statistisches Jahrbuch der Stadt Berlin, 15 (1939), Berlin 1943.
Das kommende deutsche Strafrecht. Allgemeiner Teil. Bericht über die Arbeit der amtlichen Strafrechtskommission, hrsg. von Roland Freisler, Berlin 1934.
Das kommende deutsche Strafrecht. Besonderer Teil. Bericht der amtlichen Strafrechtskommission, hrsg. von Franz Gürtner, Berlin 1935.
Traub, Michael: Die jüdische Auswanderung aus Deutschland. Westeuropa, Übersee, Palästina, Berlin 1936.
Verwaltungsbericht des Vorstandes der Jüdischen Gemeinde zu Berlin für das Jahr 1937. Erstattet vom Vorsitzenden des Gemeindevorstandes in der Sitzung der Repräsentantenversammlung vom 20. 12. 1937, [Berlin 1937/1938].
Verzeichnis der deutschen Ärzte und Heilanstalten. Reichs-Medizinal-Kalender für Deutschland Teil II. Zugleich Fortsetzung des Ärzteverzeichnisses des Verbandes der Ärzte Deutschlands (Hartmannbund), Jg. 58, hrsg. von Hermann Lautsch und Hans Dornedden, Leipzig 1937.
Zionisten-Congress in Basel (29., 30. und 31. August 1897). Officielles Protocoll, Wien 1898.

Veröffentlichte Quellen

Quelleneditionen und Dokumentationen

1936. Die Olympischen Spiele und der Nationalsozialismus. Eine Dokumentation, hrsg. von Reinhard Rürup, Berlin 1996.

Adam, Uwe Dietrich: An Overall Plan for Anti-Jewish Legislation in the Third Reich?, in: Yad Vashem Studies 11 (1976), S. 33–55.

Akten deutscher Bischöfe über die Lage der Kirche 1933–1945, Bd. II (1934–1935), bearb. von Bernhard Stasiewski, Mainz 1976.

Akten Kardinal Michael von Faulhabers 1917–1945, Bd. I (1917–1934), bearb. von Ludwig Volk, Mainz 1975.

Akten der Partei-Kanzlei der NSDAP, Teil 1, Bd. 1 – Mikrofiche –, hrsg. vom Institut für Zeitgeschichte, München 1983.

Akten der Reichskanzlei, Regierung Hitler 1933–1938, Teil I, Bd. 1: 1933, bearb. von Karl Heinz Minuth, München 1983.

Akten der Reichskanzlei. Regierung Hitler 1933–1945, Teil II, Band 2: 1934/35, bearb. von Friedrich Hartmannsgruber, München 1999.

Akten der Reichskanzlei. Regierung Hitler 1933–1945, Teil III: 1936, bearb. von Friedrich Hartmannsgruber, München 2002.

Akten der Reichskanzlei. Regierung Hitler 1933–1945, Teil IV: 1937, bearb. von Friedrich Hartmannsgruber, München 2005.

Akten zur deutschen auswärtigen Politik 1918–1945. Aus dem Archiv des auswärtigen Amtes, Serie C: 1933–37.

Akten zur deutschen auswärtigen Politik 1918–1945. Aus dem Archiv des auswärtigen Amtes, Serie D: 1937–45.

Archives of the Holocaust. An International Collection of Selected Documents, ed. by Henry Friedlander and Sybil Milton. Vol. 7: Columbia University Library papers, James Mc Donalds papers, New York 1990.

Die Ausbürgerung deutscher Staatsangehöriger 1933–45 nach den im Reichsanzeiger veröffentlichten Listen, hrsg. von Michael Hepp /Expatriation Lists as Published in the „Reichsanzeiger" 1933–45, 3 Bde., München 1985.

Blau, Bruno: Das Ausnahmerecht für die Juden in Deutschland 1933–1945, 3. Aufl., Düsseldorf 1965.

Bonhoeffer, Dietrich: Werke, hrsg. von Eberhard Bethge u. a., Bd. 12: Berlin 1932–1933, hrsg. von Carsten Nicolaisen und Ernst-Albert Scharffenorth, Gütersloh 1997.

Deutsches Judentum unter dem Nationalsozialismus. Bd. 1: Dokumente zur Geschichte der Reichsvertretung der deutschen Juden 1933–1939, hrsg. von Otto Dov Kulka, Tübingen 1997.

Documents Diplomatiques Suisses. Diplomatische Dokumente der Schweiz. Documenti Diplomatici Svizzeri 1848–1945, Bd. 11 (1934–1936), hrsg. von der Nationalen Kommission für die Veröffentlichung Diplomatischer Dokumente der Schweiz, bearb. von M. Cerutti/J.-C. Favez/M. Fleury-Seemüller, Bern 1989.

Dokumente zur Geschichte der Frankfurter Juden 1933–1945, hrsg. von der Kommission zur Erforschung der Geschichte der Frankfurter Juden, Frankfurt a. M. 1963.

Dokumentation zur Geschichte der jüdischen Bevölkerung in Rheinland-Pfalz und im Saarland von 1800 bis 1945, hrsg. von der Landesarchivverwaltung Rheinland-Pfalz in Verbindung mit dem Landesarchiv Saarbrücken, bearb. von Johannes Simmert, Bd. 6, Koblenz 1974.

Dokumente über die Verfolgung der jüdischen Bürger in Baden-Württemberg durch das nationalsozialistische Regime 1933–1945, Teil I und II, hrsg. von Paul Sauer, Stuttgart 1966.

Einige Dokumente zur Rechtsstellung der Juden und zur Entziehung ihres Vermögens 1933–1945, hrsg. von Georg Weiss, Berlin 1954.

„Es spricht der Führer“. Sieben exemplarische Hitler-Reden, hrsg. von Hildegard von Kotze und Helmut Krausnick: Gütersloh 1966.
Herrmann, Klaus J.: Das Dritte Reich und die deutsch-jüdischen Organisationen 1933–1934, Köln 1969.
Herrschaftsalltag im Dritten Reich. Studien und Texte, hrsg. von Hans Mommsen und Susanne Willems, Düsseldorf 1988.
Internationales Ärztliches Bulletin. Zentralorgan der internationalen Vereinigung Sozialistischer Ärzte Jg. I–VI (1934–1939), (Reprint. Beiträge zur nationalsozialistischen Gesundheits- und Sozialpolitik, Bd. 7), Berlin 1989.
Die Juden in den geheimen NS-Stimmungsberichten 1933–1945, hrsg. von Otto Dov Kulka und Eberhard Jäckel, Düsseldorf 2004.
Juden vor Gericht 1933–1945. Dokumente aus hessischen Justizakten, hrsg. von Ernst Noam und Wolf-Arno Kropat, Wiesbaden 1975.
Die Judenpolitik des SD 1935–1938. Eine Dokumentation, hrsg. von Michael Wildt, München 1995.
Justiz im Dritten Reich. Eine Dokumentation, hrsg. von Ilse Staff, Frankfurt a. M. 1978.
Kennzeichen J. Bilder, Dokumente, Berichte zur Geschichte der Verbrechen des Hitlerfaschismus an den deutschen Juden 1933–1945, hrsg. von Helmut Eschwege, Berlin 1981.
Die Kinder- und Hausmärchen der Brüder Grimm in ihrer Urgestalt, Bd. 2, München 2005.
Mann, Heinrich: Es kommt der Tag. Deutsches Lesebuch, hrsg. von Peter-Paul Schneider (Heinrich Mann. Studienausgabe in Einzelbänden), Frankfurt a. M. 1992.
Der Nationalsozialismus. Dokumente 1933–1945, hrsg. von Walter Hofer, Frankfurt a. M. 1988.
Philo-Lexikon. Handbuch des jüdischen Wissens, 3., vermehrte und verbesserte Auflage, Berlin 1936, [Reprint 1992].
Die Protokolle der Weisen von Zion: die Grundlage des modernen Antisemitismus – eine Fälschung. Text und Kommentar, hrsg. von Jeffrey L. Sammons, Göttingen 1998.
Quellen zur Reform des Straf- und Strafprozeßrechts. II. Abteilung: NS-Zeit (1933–1939) – Strafgesetzbuch, Bd. 2: Protokolle der Strafrechtskommission des Reichsjustizministeriums, hrsg. von Jürgen Regge und Werner Schubert, 1. und 2. Teil, Berlin 1988 und 1989.
Die Reichsfinanzverwaltung im Nationalsozialismus. Darstellung und Dokumente, hrsg. von Martin Friedenberger, Klaus-Dieter Gössel und Eberhard Schönknecht, Bremen 2002.
Roller, Walter/Höschel, Susanne (Bearb.): Judenverfolgung und jüdisches Leben unter den Bedingungen der nationalsozialistischen Gewaltherrschaft, Bd. 1: Tondokumente und Rundfunksendungen 1930–1946, Potsdam 1996.
Sopade – Deutschland-Berichte der Sozialdemokratischen Partei Deutschlands 1934–1940, hrsg. von Klaus Behnken, Bd. 1–4: 1933–1937, 7. Aufl., Salzhausen 1989.
Ursachen und Folgen. Vom deutschen Zusammenbruch 1918 und 1945 bis zur staatlichen Neuordnung Deutschlands in der Gegenwart. Eine Urkunden- und Dokumentensammlung zur Zeitgeschichte, hrsg. und bearb. von Herbert Michaelis und Ernst Schraepler, Bd. 9: Das Dritte Reich. Die Zertrümmerung des Parteienstaates und die Grundlegung der Diktatur, Berlin 1964.
Ursachen und Folgen. Vom deutschen Zusammenbruch 1918 und 1945 bis zur staatlichen Neuordnung Deutschlands in der Gegenwart. Eine Urkunden- und Dokumentensammlung zur Zeitgeschichte, hrsg. und bearb. von Herbert Michaelis und Ernst Schraepler, Bd. 11: Das Dritte Reich. Innere Gleichschaltung. Der Staat und die Kirchen. Antikominternpakt – Achse Rom–Berlin. Der Weg ins Großdeutsche Reich, Berlin 1966.
Verfolgung, Vertreibung, Vernichtung. Dokumente des faschistischen Antisemitismus 1933–1942, hrsg. von Kurt Pätzold, Leipzig 1983.
Weltsch, Robert: Tragt ihn mit Stolz, den gelben Fleck. Eine Aufsatzreihe der „Jüdischen Rundschau“ zur Lage der deutschen Juden, Nördlingen 1988.

Tagebücher und Erinnerungen

Angress, Werner T.: ... immer etwas abseits: Jugenderinnerungen eines jüdischen Berliners 1920–1945, Berlin 2005.

Cohn, Willy: Kein Recht, nirgends – Tagebuch vom Untergang des Breslauer Judentums 1933–1941, Bd. 1, hrsg. von Norbert Conrads, Köln 2006.

Gyssling, Walter: Mein Leben in Deutschland vor und nach 1933 und Der Anti-Nazi. Handbuch im Kampf gegen die NSDAP, hrsg. u. eingel. von Leonidas Hill, Bremen 2003.

Herzfeld, Albert: Ein nichtarischer Deutscher. Die Tagebücher des Albert Herzfeld 1935–1939. Im Auftrag der Landeshauptstadt Düsseldorf, bearb. und hrsg. von Hugo Weidenhaupt, Düsseldorf 1982.

Klemperer, Victor: Ich will Zeugnis ablegen bis zum letzten. Tagebücher 1933–1941, Bd. 1, hrsg. von Walter Nowojski unter Mitarbeit von Hadwig Klemperer, 2. Aufl., Berlin 1995.

Schacht, Hjalmar: 76 Jahre meines Lebens, Bad Wörishofen 1953.

Schwab, Hermann: 1933. Ein Tagebuch, Zürich 1953.

Das Tagebuch der Hertha Nathorff: Berlin – New York. Aufzeichnungen 1933–1945, hrsg. von Wolfgang Benz, München 1987.

Die Tagebücher von Joseph Goebbels, Teil I: Aufzeichnungen 1923–1941, hrsg. von Elke Fröhlich im Auftrag des Instituts für Zeitgeschichte und mit Unterstützung des Staatlichen Archivdienstes Rußlands, Band 2/III: Oktober 1932–März 1934, bearb. von Angela Hermann, München 2006.

Die Tagebücher von Joseph Goebbels, Teil I: Aufzeichnungen 1923–1941, hrsg. von Elke Fröhlich im Auftrag des Instituts für Zeitgeschichte und mit Unterstützung des Staatlichen Archivdienstes Rußlands, Band 3/I: April 1934–Februar 1936, bearb. von Angela Hermann u. a., München 2005.

Literatur

Adam, Uwe Dietrich: Judenpolitik im Dritten Reich, Düsseldorf 1972.

Adler-Rudel, S.: Jüdische Selbsthilfe unter dem Naziregime 1933–1939. Im Spiegel der Berichte der Reichsvertretung der Juden in Deutschland, Tübingen 1974.

Bajohr, Frank: „Arisierung" in Hamburg. Die Verdrängung jüdischer Unternehmer 1933–1945, Hamburg 1997.

Barkai, Avraham: Oscar Wassermann und die Deutsche Bank. Bankier in schwieriger Zeit, München 2005.

Beutner, Gunnar: Das Pogrom von Gunzenhausen 1934. Anfänge des NS-Terrors in Westmittelfranken, in: „Was brauchen wir einen Befehl, wenn es gegen die Juden geht?" Das Pogrom von Gunzenhausen 1934, hrsg. von Heike Tagsold, Nürnberg 2006, S. 7–30.

Block, Ernst: „Wir waren eine glückliche Familie". Zur Geschichte und den Schicksalen der Juden in Salzwedel/Altmark, Salzwedel 1998.

Breitmann, Richard D./Kraut, Alan M.: American Refugee Policy and European Jewry, 1933–1945, Bloomington 1987.

Dahm, Volker: Das jüdische Buch im Dritten Reich, 2. überarbeitete Auflage, München 1993.

Dalaman, Cem: Die Türkei in ihrer Modernisierungsphase als Fluchtland für deutsche Exilanten, unveröff. Diss-MS, Berlin 1998.

Erhart, Hannelore/Meseberg-Haubold, Ilse/Meyer, Dietgard: Katharina Staritz 1903–1953. Dokumentation Band 1: 1903–1942, Neukirchen 1999.

Essner, Cornelia: Die „Nürnberger Gesetze" oder die Verwaltung des Rassenwahns 1933–1945, Paderborn 2002.

Graf, Philipp: Die „Bernheim-Petition" 1933 – Ein Fall jüdischer Diplomatiegeschichte, in: Leipziger Beiträge zur jüdischen Geschichte und Kultur, 2 (2004), S. 283–306.

Heiber, Helmut: Walter Frank und sein Reichsinstitut für Geschichte des neuen Deutschlands, Stuttgart 1966.

James, Harold: Die Deutsche Bank und die „Arisierung", München 2001.
„Aus Kindern werden Briefe". Dokumente zum Schicksal jüdischer Kinder und Jugendlicher in der NS-Zeit, hrsg. von der Behörde für Schule, Jugend und Berufsbildung, Amt für Schule, Hamburg, Hamburg 1999.
Leibfried, Stephan/Tennstedt, Florian: Berufsverbote und Sozialpolitik. Die Auswirkungen der nationalsozialistischen Machtergreifung auf die Krankenkassenverwaltung und die Kassenärzte, Bremen 1979.
Lohalm, Uwe: Fürsorge und Verfolgung. Öffentliche Wohlfahrtsverwaltung und nationalsozialistische Judenpolitik in Hamburg 1933 bis 1942, Hamburg 1998.
Loose, Ingo: Verfemt und vergessen. Abraham Hellers Dissertation „Die Lage der Juden in Rußland von der Märzrevolution 1917 bis zur Gegenwart" an der Berliner Universität 1934–1992, in: Jahrbuch für Antisemitismusforschung 14 (2005), S. 219–241.
Mały Rocznik Statystyczny, styczen 1939–czerwiec 1941, Warszawa 1990.
Müller, Klaus-Jürgen: Das Heer und Hitler. Armee und nationalsozialistisches Regime 1933–1940, Stuttgart 1969.
Neliba, Günther: Wilhelm Frick. Der Legalist des Unrechtsstaates. Eine politische Biographie, Paderborn 1992.
Radeberger Land unterm Hakenkreuz. Fakten und Ereignisse aus unserer Stadt und umliegenden Orten während des „Dritten Reiches", hrsg. vom Bund der Antifaschisten, Region Dresden, Autorengruppe unter Leitung von Prof. Dr. Helfried Wehner [o. O., ca. 1999].
Das Sonderrecht für die Juden im NS-Staat. Eine Sammlung der gesetzlichen Maßnahmen – Inhalt und Bedeutung, hrsg. von Joseph Walk, Heidelberg–Karlsruhe 1981.
Trapp, Joachim: Kölner Schulen in der NS-Zeit, Köln 1994.
Volsansky, Gabriele: Pakt auf Zeit. Das Deutsch-Österreichische Juli-Abkommen 1936, Wien 2001.
Walter, Dirk: Antisemitische Kriminalität und Gewalt. Judenfeindschaft in der Weimarer Republik, Bonn 1999.
Wetzel, Juliane: Auswanderung aus Deutschland, in: Wolfgang Benz, Die Juden in Deutschland 1933–1945, München 1989, S. 412–498.
Zinke, Peter, Der Strick mit dem Knoten – Suizid oder Mord bei Max Rosenau und Jakob Rosenfelder?, in: „Was brauchen wir einen Befehl, wenn es gegen die Juden geht?" Das Pogrom von Gunzenhausen 1934, hrsg. von Heike Tagsold, Nürnberg 2006, S. 31–44.

Register der Institutionen, Firmen und Zeitschriften

Firmen werden unter ihren Namen aufgeführt, wenn sie als Unternehmen erkennbar sind, sonst durch den Zusatz „Fa." als solche kenntlich gemacht. Zeitungen und Zeitschriften sind ins Register nur aufgenommen, wenn der Text Informationen über die Zeitung/Zeitschrift als Institution enthält (z. B. Erscheinungszeitraum, Herausgeber), nicht, wenn sie lediglich erwähnt oder aber als Quelle genannt werden.

Ortsregister

Orte, Regionen und Länder sind i.d.R. nur verzeichnet, wenn sie Schauplätze historischen Geschehens sind, jedoch nicht, wenn sie nur als Wohnorte erwähnt werden.

Personenregister